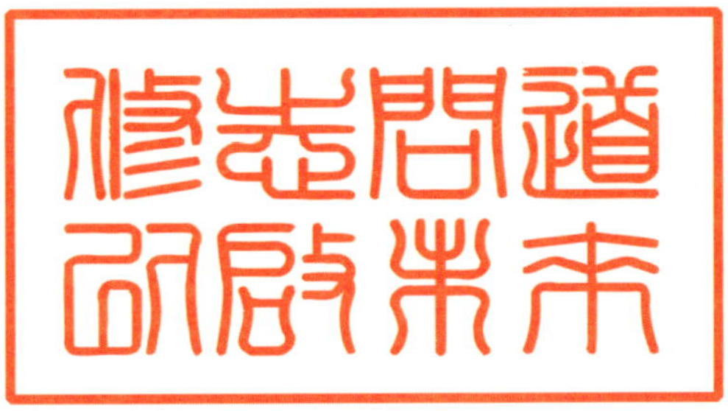

雨湖公园

白石公园

鸟瞰雨湖区

2000年,全国政协副主席毛致用(右三)视察先锋企业集团公司

1992年,中共湖南省委副书记、省长陈邦柱(左三)视察湘潭国药城

1995年，中共湖南省委书记王茂林（右三）在雨湖区视察先锋企业集团公司

1998年，中共湖南省委副书记、省长储波（右三）视察雨湖区区街工业

2002年，中共湖南省委书记、省人大主任杨正午（右二）视察雨湖区社会服务工作

2005年，中共湖南省委副书记、省长周伯华（右二）在湖南一格制药公司视察

2006年，中共湖南省委副书记、省长周伯华（右三）在十万垅大堤视察抗洪抢险

1997年，中共湘潭市委副书记、市长蒋建国（左五）出席雨湖区在湘交会与台商的签约仪式

1998年，中共湖南省委副书记、省长储波（左四）在市委书记卞翠屏（左三）、市长蒋建国（左六）陪同下视察旧货市场

2006年，副省长甘霖在雨湖区城正街道社区卫生服务中心调研城市社区卫生服务工作

2005年，中共湘潭市委书记陈润儿(左二)，市长彭宪法在雨湖区检查文明城市创建工作

2007年，中共湘潭市委书记彭宪法(左五)在湘潭平安电器集团有限公司视察工作

雨湖公园

白石公园

和平公园

杨梅洲公园

雨湖区机关一院

大洋百货

华银歌城夜景

红月亮大酒店

嘉园大酒店

湘潭火车站

湘潭大学体育馆

湘潭移动通信公司

湘江一大桥夜景

一大桥河西引桥段

湘江三大桥

三大桥河西引桥

护潭广场

建设北路大洋百货路段

熙春路

韶山中路新貌

新景家园小区

雨湖路夜景

阳光山庄

湘潭平安电气集团有限公司生产的防爆风机

湘潭平安电气集团有限公司

先锋工业园一角

江南机器集团有限公司

江麓机电集团生产区

江麓机电集团有限公司办公大楼

湖南一格制药有限公司

湘潭锰矿(1991年摄)

湖南恒盾集团有限公司

湖南凌天科技有限公司

湖南衡利重工机械有限公司

精正设备生产的汽车座椅多组份高压发泡机

湖南精正设备有限公司

湖南超宇科技有限公司

江大机械制造有限公司

建发伟业

湘潭市化工研究院(1991年摄)

老铁休闲农庄

长城乡新月村村民庭院

湘河寨

星荷农业文化庄园

插秧机插秧

农机销售

长城乡农村道路

兴修水利

羊牯村新貌

先锋乡中心村村部

生猪养殖场

雨湖区农村风光

金湘潭步步高

基建营步步高夜景

大洋百货

国内家电巨头苏宁电器进驻雨湖

心连心百货超市

湘潭宾馆前门

湘潭宾馆菊花楼

湘潭宾馆主楼

湘潭供销大厦夜景(1994年摄)

1992年12月30日湘潭国药城开业庆典

湘亚宾馆(1994年摄)

湘潭百货大楼全貌(1991年摄)

湘潭百货大楼夜景(1992年摄)

大同世界购物中心(1993年摄)

金海水果批发大市场（1999年摄）

潭城大厦

金都大市场主楼

曙光照相馆(1991年摄)

凯旋门酒店

民主路农贸市场

湘潭布市

湘潭金海布市

湘潭商业大厦(1995年摄)

中国农业银行湘潭市分行

中国工商银行湘潭支行

中国银行湘潭市支行

雨湖信用联社具有经营、管理、服务功能，图为直属营业部大楼

七天连锁酒店

大明眼镜店

位于砂子岭的市建筑装饰材料市场为全市规模最大的建筑材料专业市场

龙牌酱油

位于人民路旁的米阑婚纱

昭潭乡所属的中外合资企业金豪大酒店

集商贸娱乐于一体的八仙大厦(1993年摄)

槟榔包装车间一角

1992年的千里鞋店

金属材料市场开工仪式

南北特产食总公司(1992年摄)

湘潭海水产肉禽蛋市场

中南农机大市场

金海果蔬大市场

大湖南路

不夜城——建设北路与韶山中路路口

人民路

雨湖路

湘潭汽车站

雨湖区中心城区

建设北路

建设北路与韶山路交汇口

韶山东路

护潭广场

雨湖区街道夜景

韶山西路夜景

雨湖区河西大堤

湘潭汽车西站

湘潭市电业局大楼

湘潭市煤气公司办公大楼夜景

新三义井社区办公楼

十四总码头

市港务管理处

市港务管理处

新景家园

城市公共交通

潭城大厦路口

市自来水一厂

现代化的水表检定站

雨湖区成片小区群

阳光山庄

香樟园小区

人民路雨湖路建设北路交汇口

湘潭市电业局大楼

湘潭市电业局(带电更换220千伏线路绝缘子)

富有民族风格的街头宣传橱窗

湘潭市长途电信线路局

和平公园的百年罗汉松

关圣殿广场冬日雪景

商贸工业特区开发的新城区

砂子岭广场

秀丽的雨湖公园

霖园“天桥”

霖园广场

韶山中路旧貌

韶山中路

湘潭大学

湖南科技大学

湘潭广播电视大学

湘潭教育学院

湖南省湘潭农业学校

雄伟的教学大楼

学生在微机室上电脑课

湘潭市第一职业中专学校

湘潭市第二中学

湘潭市第十一中学

湘潭市第一中学

和平小学

金庭小学电教装备室

金庭小学

台湾亲民党主席宋楚瑜访问曙光小学

风车坪小学文艺汇演

风车坪学校

第一幼儿园

第二幼儿园

齐白石纪念馆

湘潭大学体育馆

湘潭市群众艺术馆

湘潭市新华书店

正月十五燃放礼花

雨湖区第四届文化艺术节

全民健身活动

龙舟比赛

湘潭市中心医院

湘潭市中医院

湘潭市二医院

和平公园

华银歌城

云塘街道社区卫生服务中心

关圣殿春秋阁

关圣殿

鲁班殿

鲁班殿

潭宝汽车站

望衡古亭

唐兴桥

陶侃、何腾蛟墓

海会寺

云居寺

湘潭文庙

夕照亭

抗日将士纪念碑

刘道一烈士祠

双壁无暇

秋瑾故居

历史上的万楼

评审会现场

评审会参评人员合影

雨湖区志编纂会议

雨湖区志编纂人员

湘潭市雨湖区志

（1988–2007）

湘潭市雨湖区地方志编纂委员会

方志出版社
Publishing House of Local Records

图书在版编目(CIP)数据

湘潭市雨湖区志:1988~2007 / 湘潭市雨湖区地方志编纂委员会编. --北京:方志出版社,2015.12
ISBN 978-7-5144-1872-9

Ⅰ. ①湘… Ⅱ. ①湘… Ⅲ. ①区(城市)-地方志-湘潭市-1988~2007 Ⅳ. ①K296.43

中国版本图书馆CIP数据核字(2015)第311394号

湘潭市雨湖区志(1988–2007)

编　　者:湘潭市雨湖区地方志编纂委员会
责任编辑:张 颢

出 版 人:冀祥德
出 版 者:方志出版社
地址:北京市朝阳区番家园东里9号(国家方志馆4层)
邮编:100021
网址:http://www.fzph.org
发　　行:方志出版社发行中心
电话:(010)67110500
经　　销:各地新华书店
印　　刷:湘潭地调彩印厂

开　　本:889×1194　1/16
印　　张:53
字　　数:1176千字
版　　次:2016年6月第1版　　2016年6月第1次印刷
印　　数:0001-8000册

ISBN 978-7-5144-1872-9/　　**定价**:280.00元

湘潭市雨湖区地方志编纂委员会

顾　　问：	陈小山	刘永珍（女）		
主　　任：	徐亚健（女）	刘永珍（女）	何　锋	
常务副主任：	柳军辉	黄朝阳	白云峰	颜　炬（女）
	杨　贵	刘奖红	邓望军	
副 主 任：	严　励（女）	侯爱萍（女）	杨去疾（专职）	
委　　员：	区直各部门（单位）主要负责人			
	各乡（镇）、街道、园区行政主要负责人			

《雨湖区志（1988-2007）》编纂人员

特约编审：	曹建英				
主　　编：	宋定一				
副 主 编：	杨去疾	李　萍			
责任编辑：	宋定一	李　萍	陈金培	徐谷昌	
编　　辑：	宋定一	李　萍	陈金培	徐谷昌	朱先湘
	林　凯	殷新华（女）		刘建仁	
文　　印：	戴慧香（女）		楚双凤（女）		

《雨湖区志（1988-2007）》审稿小组

责任领导：	柳军辉	颜　炬（女）	刘奖红	邓望军
专职审稿：	杨去疾	王文辉（女）	宋定一	李　萍
	陈金培	徐谷昌		

省、市地方志编纂委员会审稿验收人员

一、湘潭市地方志编纂办公室审稿人员

易小兰（女）　陈育松　黄小平　曹建英　胡亿群　张跃安

蒋子君　周方应

二、湖南省地方志编纂委员会审稿人员

易介南　邓建平　杨盛让　隆新华（女）　杨　帆（女）

李章进　阳雍悦（女）

雨湖区人民政府地方志办公室人员

主　任： 杨去疾

副主任： 王文辉（女）

《雨湖区志（1988-2007）》校对人员

第一校稿人： 陈欢呼（女，特聘）

第二校稿人： 周渊龙（特聘）

第三校稿人： 朱先湘（特聘）

序

《雨湖区志(1988～2007)》历时九载，数易其稿，终于编竣。这是我区文化史上的一大盛事，是非常值得庆贺的一件喜事。《雨湖区志(1988～2007)》的编纂出版，得到了各级领导、专家、学者和社会各界的大力支持，凝聚了全体编纂者、审稿人和诸方面人士的心血和汗水。在此，谨向为了编修此志而付出艰辛劳动的人们致以深深的敬意!

观今宜鉴古，无古不成今。

地方志是中华民族特有的文化基因，为传承文明与进步发挥了重要作用。我国历史悠久，文化源远流长，历代都有修志的优良传统，尤其是明清以来，修志进入鼎盛时期。中华人民共和国成立以后，20世纪80年代，政通人和，百业繁兴，适逢盛世修志之际，全国各地先后编纂地方志。《雨湖区志》(1987年)《湘江区志》(1985年)《湘潭市郊区志》(1987年)，在此时期首志成书。今《雨湖区志(1988～2007)》是续编，也是新雨湖区成立后的第一轮志稿。

修志是一项重要的文化建设。目的是为了记载历史的变迁，总结前人的经验教训。本志书将成为雨湖区子孙后代研究雨湖地方历史的乡土教材，这就是“存史”，即起到保存历史资料的作用。为后代研究雨湖历史提供了素材，这一点，正是我们撰写本方志的宗旨。诚如李克强总理所云:“地方志是传承中华文明、发掘历史智慧的重要载体，存史、育人、资政，做好编纂工作十分重要。”

雨湖区境，自北宋哲宗元符元年(1098)以来，历为湘潭县治所在地。至明末房舍鳞次栉比，江中帆樯林立，商业相当繁荣，素有“小南京”之誉。千年的文明，辉煌的历史，为雨湖区这片热土注入持重厚实的赋情和旺盛勃发的生机。1988年至2007年的20年，值改革、开放、发展的重要时期，特别是1992年7月新区成立以后，负重攀登，敢为人先的雨湖人民在区委、区政府的领导下，乘邓小平同志“南方谈话”精神东风，抢抓机遇，团结拼搏，与时俱进，勇立潮头，经济和社会发展不断加速。今天的雨湖区已是高楼林立，道路宽阔，车水马龙、花木扶疏，霓虹辉煌，商贸发达，人民安康。全国科技工作先进城区、湖南小康区、先锋工业园区是雨湖人拼搏的缩影，全国文化先进县(区)、社区建设示范区、全国社区卫生服务示范区、全国残疾人工作示范区……是雨湖风貌的写照。

“修志问道，以启未来”。

国务院副总理刘延东在第五次全国地方志工作会议上强调指出:“用人们喜闻乐见的方式利

用地方志、传播地方志，鼓励和倡导全社会‘读志、传志、用志’，用历史的智慧推进治理体系和治理能力的现代化，为实现中华民族伟大复兴的中国梦作出新的更大的贡献。”《雨湖区志（1988～2007）》记述的一切已经成为历史，但历史不能割断，如果不了解过去，就不能更好地把握现在、开创未来。古人云：“鉴于往事，有资于治道”“治天下者以史为鉴，治郡国者以志为鉴”。就一部志书来说，成志目的在于“用志”。过去是众手修志，今后要众人用志。我们要积极组织开展《雨湖区志》的宣传、发行和读志、用志工作，充分发挥志书的“存史、资政、教化和交流”功能，使广大人民群众和海内外人士更加深刻地了解雨湖区、熟悉雨湖区，从而推动雨湖区不断走向全国、走向世界、走向更加美好的明天。

“人间正道是沧桑”。

雨湖的过去已载入史册，雨湖的未来等待我们去开拓。我们深信：在区委、区政府的坚强领导下，勤劳智慧、充满活力和创造力的雨湖人，一定会“百尺杆头、更进一步”，在向着“幸福雨湖”“和谐雨湖”“文化雨湖”“平安雨湖”“绿色雨湖”阔步前行的征途中，铸造新的辉煌。

金无赤足，文无至善。本志瑕疵在所难免，热望社会各界批评指正。

是为序，亦为愿。

中共湘潭市雨湖区委书记 刘永珍

湘潭市雨湖区人民政府区长 徐峰

2016年元月18日

方志出版社审稿意见

“全书指导思想明确，整体设置科学，记述内容全面，条目信息丰富，编纂质量俱佳，符合《图书质量管理规定》的相关要求，是一部优秀的综合性志书，完全可以公开出版。

——初审：张颢

2015年11月5日

“全书观点正确，框架设计大体合理、资料较为翔实、信息量大，具有鲜明的地域和时代特点。《湘潭市雨湖区志（1988～2007）》是一部较好的县级志书，有出版价值，同意公开出版。

——复审：徐宏

2015年11月20日

《湘潭市雨湖区志（1988～2007）》较全面地记载了雨湖区1988～2007年度的政治、经济、文化、社会生活等方面的重大事项和基本情况，对于人们了解和研究湘潭市雨湖区有重要的史料价值，有较大出版意义。

通读本书稿，明显看得出作者较丰富的年鉴编纂经验和较强的文字表达能力，也看得出初审和复审两位编辑认真的态度和扎实的年鉴编纂功底。终审同意初审、复审的意见。

——终审：冀祥德

2015年12月5日

凡 例

一、本志以马列主义、毛泽东思想、邓小平理论、“三个代表”重要思想和科学发展观为指导，坚持辩证唯物主义和历史唯物主义，实事求是记述雨湖区自然、政治、经济、社会的历史与现状，为全区人民提供一部资料性历史著述，发挥资治、存史、教化的作用。

二、本志是1991年1月首次编印的《雨湖区志》、1992年6月编印的《湘江区志》和1990年8月编印的《湘潭市郊区志》的续修，记述的时间范围是：上限为1988年，下限为2007年，部分史实为保持其连续性和完整性，作适当上溯或下延。

三、本志记述的空间是：立足雨湖区管辖之域，驻区单位酌情入志。1992年前均以雨湖区、湘江区、郊区分别表述或称为境内。1992年7月新区组建后，则统称雨湖区或表述为区内。

四、本志体例采用述、记、志、传、图、表、录等，以志为主，依据“横排竖写、依时纵述”的原则，按事物的领属关系设置篇、章、节、目，用现代语体文撰写，力求史实翔实，数据准确，语言通顺，行文简洁。

五、本志彩色、黑白图片均使用1988–2007年照片，部分上溯或下延。

六、本志严格执行国家新闻出版署、国家语言文字工作委员会发布的《出版物汉字使用管理规定》《国务院关于在我国统一实行法定计量单位的命令》、国家技术监督局《出版物上数字用法的规定》，力求行文规范正确。

七、本志的公元纪年、民国时期纪年及月日，均用阿拉伯数字；民国以前的历史朝代，均用历史纪年，年月日使用汉字，在括号内注明公元纪年，连续出现同一历史纪年时不连续加注。

八、本志记述机构名称时第一次使用全称，并加注括号说明以后所使用的简称，记述其他有关事物须使用简称的亦依此办理。

九、本志《人物篇》由传、录、表三部分组成。入传人物的范围与标准：（一）范围：1988–2007年逝世者；本籍或长期在雨湖境内生活和工作、符合立传条件、有重大贡献或影响的客籍人士。（二）标准：担任过区委、区人大、区政府、区政协的“一把手”；担任副师级实职、享受正师级待遇及其以上职务的领导者；享受正高职称的专业人才；省、部级或全国劳动模范；中国人民解放军、公安、武警、消防等立一等功人员；社会名流。人物录只收入1988–2007年雨湖区革命烈士和区属单位省部级及其以上的劳动模范、先进工作者；本区在职或退休的、正县级实职、本区现在外任职的副厅级以上党政军领导、知名学者、作家、艺人、有较大贡献的企业家则列入《当代人物表》。1988–2007年雨湖区各部、办、委、局主要负责人名单编入志本《附录二》。

十、地名、街名均以湘潭市地名委员会认定的名称为准。如需使用古旧地(街)名,均加注今名。

十一、本志资料由各基层单位提供,统计数据以政府资料为准。

十二、本志使用的资料一般不注明出处,如确需注明出处的,或某些记述需要作出必要说明和解释的,一般采用随文加括号注解的办法。

《雨湖区志(1988-2007)》编纂人员

总述

主　编：宋定一

大事记

主　编：宋定一

编纂人员：朱先湘

第一篇　地理

主　编：陈金培

副主编：朱先湘

编纂人员：谭泽喜　周名亮　罗　丹(女)

第二篇　人口

主　编：陈金培

副主编：朱先湘

编纂人员：黄珊珊(女)　陈旭东

第三篇　中国共产党地方组织

主　编：陈金培

副主编：徐谷昌

编纂人员：陈欢呼(女)　宋定一　袁文海　陈良德　廖立军
葛志斌　凌革岚(女)　王梦龙　谷伟华　王荣林

第四篇　人民代表大会

主　编：陈金培

编纂人员：梁　华(女)

第五篇　人民政府

主　编：陈金培

编纂人员：陈金培　殷新华(女)　汤文超　沈凤兰(女)

第六篇　人民政协

主　编：陈金培

编纂人员：袁文海　胡芳园　陈金培　宋定一

第七篇　民主党派和群众团体

主　编：陈金培

副主编：林 凯

编纂人员：葛志斌　陈贵湘　文香军（女）　杨　卫（女）　余仕赫　罗学群　李若伦

第八篇　武装

主　编：陈金培

副主编：朱先湘

编纂人员：傅先锋

第九篇　法治

主　编：徐谷昌

副主编：朱先湘

编纂人员：冯　德　李少杰　黄珊珊（女）　周思思（女）　柏燕林　钟夏莲（女）　马　翠（女）　李　琦　杨尧山

第十篇　民政

主　编：徐谷昌

副主编：朱先湘

编纂人员：谭泽喜　邓仁学　王宏图

第十一篇　编制　人事　劳动

主　编：徐谷昌

副主编：朱先湘

编纂人员：陈旭东　刘跃时（女）　谭泽喜　杨婧伟（女）　蔡利亚（女）

第十二篇　工业

主　编：徐谷昌

副主编：宋定一　林 凯

编纂人员：李若伦

第十三篇　农业

主　编：徐谷昌

副主编：陈金培

编纂人员：贺耀云　彭玉富　罗　丹（女）　朱晓婷（女）

第十四篇　商贸 旅游 金融　保险　证券

主　编：徐谷昌

副主编：林　凯　陈金培

编纂人员：彭易文　蒋亚芳（女）　戴自力　周方应　林　凯

第十五篇　交通　物流　电力　邮政　电信

主　编：徐谷昌

编纂人员：李若伦　曾华海　林　凯

第十六篇　园区经济

主　编：李　萍

副主编：林　凯

编纂人员：蔡卫强　马江南　梁春明

第十七篇　财政　税务

主　编：李　萍

副主编：徐谷昌

编纂人员：田书炜　郭绛仙(女)

第十八篇　综合经济管理

主　编：李　萍

副主编：徐谷昌

编纂人员：陈建光　何卫红　蒋孟来　余仕赫　刘　琛　周明亮　许俊奇　杜　虹(女)

第十九篇　城乡建设　环境保护

主　编：李　萍

副主编：宋定一　林　凯

编纂人员：熊丽彬　曾华海　乐秀英(女)　李业春

第二十篇　教育　科技

主　编：李　萍

副主编：殷新华(女)

编纂人员：陈旭东　李若伦

第二十一篇　文化　体育　卫生

主　编：李　萍

副主编：殷新华(女)

编纂人员：陈文清　胡映媛(女)　陈欢呼(女)　陈旭东　张细球(女)

第二十二篇　社会

主　编：李　萍

编纂人员：刘建仁　宋定一

第二十三篇　乡镇街道

主　编：李　萍

副主编：宋定一　林　凯

编纂人员：长城乡　袁展容(女)

昭潭乡　萧亚红

先锋乡　刘　菁(女)

护潭乡　严罗林

鹤岭镇　陈光辉

楠竹山镇　郭自强

城正街街道　刘立泉

平政路街道　侯锡华

雨湖路街道　　彭　文
云塘街道　　朱祖权
中山路街道　　周佩君(女)　唐经纬
窑湾街道　　章　礼(女)
广场街道　　刘棉丰
羊牯塘街道　　马江南

人　物

主　编：李　萍

副主编：殷新华(女)　宋定一

编后记

主　编：宋定一

编纂人员：李　萍　陈金培　宋定一

目 录

第四篇 人民代表大会

第五篇 人民政府

第六篇 人民政协

第七篇　民主党派和群众团体

第八篇　武　装

第九篇　法　治

第十篇 民 政

第十一篇 编制 人事 劳动

第十二篇 工 业

第十三篇 农 业

第十四篇 商贸 旅游 金融 保险 证券

第十五篇 交通 物流 电力 邮政 电信

第十六篇 园区经济

第十七篇 财政 税务

第十八篇 综合经济管理

第十九篇 城乡建设 环境保护

第二十篇 教育 科技

第二十一篇 文化 体育 卫生

第二十二篇 社 会

第二十三篇 乡镇街道

人　物

附　录

Contents

Part Six The Chinese People's Political Consultative Conference

Chapter VII Democratic Parties and Community Organizations

Part Eight Military Affairs

Part Nine Law and Enforcement

Part Ten Civil Administration

Part Eleven Authorized Size; Human Resource Matters; Labor

Part Twelve Industry

Part Thirteen Agriculture

Part Fourteen Commercial Trade; Tourism; Finance

Part Fifteen Traffic, Transportation, Electric Power, Postal Service

Part Sixteen Industrial Park and District Economy

Part Seventeen Finance and Taxation

Part Eighteen Economic Management

Part Nineteen Urban and Rural Construction

Part Twenty Education, Science and Technology

Part Twenty-one Culture, Sports and Health

Part Twenty-two Society

Part twenty-three Township and Streets

Prominent Figures

Appendix

总　述

一

雨湖区位于湘潭市区西北部，处北纬27°48′21.44″-27°59′30.15″，东经112°36′59.47″-112°57′09.85″之间。东面隔湘江与岳塘区相望，南、西、北面为湘潭县夹裹，最南端犁头嘴处于涟水与湘江的交汇处。因境内有千年名胜“雨湖”而得名。全区总面积78.92平方公里。境内有107国道、320国道、上瑞高速公路、湘黔铁路通过。有湘潭火车站、长途汽车站、汽车西站及湘潭公交中心站，十四总千吨级集装箱码头；区中心到长沙黄花国际机场约70公里，交通便捷。

雨湖区地处衡山山脉小丘陵地带、湘中盆地边缘，丘陵、冈地、平原、水面具备，以平原为主。西北部地势较高，中、东、南部低平。境内最高点为先锋岭，海拔100.5米；最低点竹山围子，海拔31.6米；两点高差68.9米，地势比降8.6‰。红壤占土地总面积的62%。属中亚热带季风湿润气候区，四季分明，热量丰富，雨水集中；年平均气温16.7℃-17.2℃，年平均日照时数在1558.7-1610.9小时，年平均无霜日269-281天；年平均降雨量1389.4-1437.8毫米，雨量集中在春夏两季。境内地质属白垩系地层，地下水较丰富。湘江水、地下水是主要水资源。湘江在区域内径流15公里，年均径流总量648.7亿立方米，年均输沙量1139万吨。境内野生植物资源1300余种，分为食用、药用、观赏、林木和其他五类。有国家一级珍贵树种银杏、红豆杉2种，国家二级珍贵树种香樟、花榈木、马褂木3种。野生动物资源330余种。其中陆生动物150余种，水生动物180 余种。境内矿产资源相对丰富，锰矿、煤矿和矽砂矿分别分布在鹤岭镇、楠竹山镇和长城乡，有一定的开采价值。

2007年，全区耕地1326.67公顷。其中粮食播种面积1006.67公顷，人均拥有耕地为0.0036公顷。区内辖长城、昭潭、先锋、护潭4个乡，鹤岭、楠竹山2个镇，雨湖路、平政路、城正街、云塘、中山路、窑湾、广场、羊牯塘8个街道办事处及先锋企业集团，下有行政村37个，社区居委会76个。户籍总人口370252人。其中男性190222人，女性180030人，非农人口322322人；加上外来进城经商务工人员，全区常住人口达38.46万余人。

雨湖区境，自北宋哲宗元符元年(1098)以来，历为湘潭县治所在地。至明末房舍鳞次栉比，江中帆樯林立，商业相当繁荣，素有“小南京”之誉。今雨湖区境城区含原湘潭县城和总(街)半都。上四都一、二甲，二都一、二、三、四甲，下五都至五甲和七甲至十甲；飞地鹤岭镇为上五都七至九甲，楠竹山镇为七都一部分。1949年8月11日，湘潭县和平解放后，划为6个行政管辖区，昭潭镇改为城关区。1950年7月，以城关区为基础成立湘潭市(县级市)。1952年8月，湘潭市以大同路(今建设北路)为界，成立南、北两个区公所，作为湘潭市人民政府的派出机构，南、北区均属今雨湖区境。1958年5月，成立南、北两区人民委员会。1960年4月，撤销南、北两个区，成立河西人民公社，同时，下设湘江、雨湖分社。1961年4月，湘江、雨湖分社改称湘江、雨湖人民公社，下辖管区。11月，撤销湘江、雨湖人民公社，成立湘江、雨湖区人民委员会。1965年5月，湘江、雨湖两个区合并为河西区。1980年7月，河西区又分为湘江、雨湖两个区，均系省辖市的县级区。1992年6月，湘潭市城区行政区划调整，撤销湘江、雨湖、岳塘、板塘、郊区五个区的建制，设雨湖、岳塘两个区。以湘潭市城区湘江以西区域设雨湖区，辖4乡2镇8个街道办事处，至2007年无变化。

雨湖区人文底蕴深厚。护潭乡曾出土过战国时期的“石斧”（俗称雷公钻）。有始建于晋朝的唐兴寺，唐朝的望衡亭，宋朝的万寿宫、夕照亭、文庙，元朝的海会寺，明朝的万楼（文昌阁）、关圣殿、唐氏义门，清朝的鲁班殿、建于民国的刘烈士祠，潭宝（窑湾）汽车站等文物景点56处。其中省、市重点文物保护单位10处，皆具有浓厚的文化内涵和较高的文化价值。境内雨湖公园、和平公园、白石公园、杨梅洲公园风景迷人，各具特色。自古以来，许多著名诗人在“雨湖”留下佳作。“垂柳碧孤塔，夕阳红半桥”的名句一直流传至今。今日的雨湖公园，亭台楼阁、曲槛回栏，竹树浓荫、假山矗立、湖水涟漪，备极幽雅，是市民休闲好去处。

雨湖人民具有光荣的革命传统和爱国主义精神。清光绪二十年（1894），秋瑾从湘乡移居十八总由义巷，在这里度过8个年头。“不惜千金买宝刀，貂裘换酒也堪豪”“拼将十万头颅血，须把乾坤力挽回”。她怀着对清政府腐败和封建家庭束缚的痛恨，坚持习剑练武，并写了许多忧国忧民、对封建家庭不满的诗篇。清末刘揆一、刘道一协助孙中山、黄兴为推翻帝制，建立共和立下不朽功勋。1925年，共产党员杨昭植在关圣殿组建中国共产党湘潭城区第一个支部，领导境内工农革命运动。1926年，毛泽东回湘潭住在唐兴寺处毛槐林家，向群众宣传革命道理。1927年，毛泽东到塔公祠、和化坛考察湘潭农民运动，在这里播下革命火种。王南秋带领工人纠察队，参加湘潭雪耻会举行的反帝示威游行，焚毁河东太平街英商的“洋油池”。1938年，“军事委员会政治部宣传站湘潭基站”在十八总福音堂开办阅览室，陈列大量进步书籍和画册，开展多种形式的抗日宣传，并秘密组织进步人士阅读马克思、列宁和毛泽东著作，传播马列主义，扩大革命影响。是年8月，湘潭各界人民集资在城内学坪建立起抗日阵亡将士纪念碑。有李祖球等30多人在抗日前线为国捐躯。在血与火的年代，一批革命志士在白色恐怖下加入中国共产党。共产党员李爱莲、杨昭植、庞淑侃、王戈白分别在十三总“洋船码头”，在学坪、在十七总柳林巷、在小东门河边惨遭敌人杀害。但愈是有压迫，愈是有反抗，雨湖人民没有被吓倒……反抗怒潮风起云涌。1948年3月28日，境内中共湘潭县委领导下的武工队，由张鹏飞、耿泽孝带领10名队员奔袭国民党湘潭县警察局窑湾警察所，震动湘潭城。在社会主义革命和建设时期，党和国家领导人华国锋、胡耀邦曾在境内中共湘潭地委工作一段时间，为湘潭的革命和建设事业做出了卓越贡献。还有48名同志为祖国的安宁和共和国大厦的构建献出自己的宝贵生命。“人生自古谁无死，留取丹心照汗青”，他们的事迹，感人至深；他们的精神，永垂不朽。

二

2004年10月和2005年6月，市政府、市委机关先后迁至河东。之前，雨湖区一直是湘潭市政治、经济、商贸和文化中心。依靠这一优势，20年间，区委、区政府团结和带领全区人民始终坚持以经济工作为中心，实施“以商贸为龙头、强商促工、加速区域经济发展”战略，加快传统农业向现代农业的转变，在机遇和挑战中前进，在改革开放中发展，取得世人瞩目的成就。

1988年，境内地区生产总值（GDP）1.87亿元。其中第一产业增加值0.29亿元，占GDP的15.51%；第二产业增加值1.23亿元，占GDP的65.78%；第三产业增加值0.35亿元，占GDP的18.71%。一、二、三产业按所占比重排列依次为二、三、一。境内人均地区生产总值677元。财政收入1019.42万元（雨湖、湘江和郊区河西部分）。社会固定资产投资0.13亿元。工业从业人员15567人，工业总产值1.16亿元，全员劳动生产率7481

元。商业从业人员14370人，社会消费品零售总额3.89亿元。境内有耕地面积1666.67公顷，林地面积523.2公顷。其中：粮食播种面积1006.67公顷，总产量1.29万吨；蔬菜种植面积1220公顷，总产量3.6万吨。养殖面积257.33公顷，鲜鱼总产量1018吨。全年农林牧渔业总产值4278万元，占境内地区生产总值22.88%。农业总产值与工业总产值结构比为1:2.71。农机总动力1.12万千瓦。农民人均年纯收入645元，居民年均可支配收入895元。

1992年，区委、区政府贯彻邓小平南方谈话精神，区第一次党代会提出以商贸为龙头，强商促工，加速区域经济发展和“三年打基础，五年迈大步，十年再造一个新雨湖”的奋斗目标，区域经济发展提速。是年，全区地区生产总值4.26亿元，比1988年增长127.81%，年均增长31.95%。一、二、三产业的比重为18.9∶60.4∶20.7。全区人均地区生产总值1435元，实现财政收入2440万元，比1988年增长139.35%，年均增长34.84%。社会固定资产投资0.29亿元。全区工业企业从业人员16034人，工业总产值1.52亿元，比1988年增长31.03%。全员劳动生产率人均9480元。全区商业从业人员21078人，完成社会消费品零售总额7.21亿元，比1988年增长85.35%，年均增长21.34%。区内农业连续丰收，粮食总产量1.35万吨，出栏肉猪13.31万头，比1988年分别增长4.65%和20.13%；农林牧渔业总产值6967万元，比1988年增长86.03%；农业总产值与工业总产值结构比为1:2.18。全区农机总动力1.35万千瓦，比1988年增长33.66%。农民人均年纯收入1222元，居民年人均可支配收入2564元，分别比1988年增长89.46%和186.48%。

1992年8月，新区第一次党代会后，雨湖经济快速发展。区委、区政府提出以农业为基础，乡镇、区街企业为主体，城建开发和商贸第三产业为两翼的经济工作思路，先后制定《关于加快乡镇企业发展的决定》《关于加强招商引资工作若干规定》《关于进一步深化企业产权制度改革的意见》和《关于加快科学技术进步的决定》，实施“三三工程”。即第一产业抓农业产业化，乡村企业化，农村城镇化；第二产业以市场为导向，抓拳头产品的培育，以资产为纽带，抓骨干企业的扶持，以名牌产品为链条，抓支柱产业的形成；第三产业抓市场建设，抓小区开发，抓科技与经济的结合。全区工业企业强化管理，转机建制，在区内推行承包、租赁等形式责任制，增强企业活力。1995年，全区工业发展速度、效益经市经委考核，在湘潭市排名第一位。云塘、平政路街道工业总产值突破6000万元，并涌现市淀粉厂、市包装厂等10个年工业产值过1000万元的骨干企业。湘潭神龙实业有限公司注册的“神州龙”商标服装销往阿尔及利亚等国际市场。湘潭市防爆电器厂被省政府授予“湖南省经济活力百强企业”称号。商业服务业迅速发展。区委、区政府作出《关于加快第三产业发展，促进市场繁荣的若干意见》的决定，区内逐步形成“二城”“三街”“十市”市场群。市场群体总面积7.2万平方米，建筑面积6.7万平方米，门面摊位4700多个。驻区南北特产食品公司职工王填投资5万元，创办湘潭步步高食品有限公司，租赁解放南路国营菜肉市场，在区内开办首家超市“步步高量贩店”，开莲城超市自选购物之先河。区委、区政府贯彻中共中央、国务院关于减轻农民负担精神，清理和废除加重农民负担的文件，使农民负担控制在国务院规定的5%以内，提高农民种田的积极性。全区把农业、农村、农民摆在重要位置，制定《关于创建小康示范村工作方案》，加快奔小康步伐。在全省农村奔小康考核的16项指标中所有指标全部达标，综合评分97.4分，成为全省第一批小康县(市、区)。1997年，全区地区生产总值8.03亿元，比1992年增长88.49%，年均增长17.69%。一、二、三产业的比重为20.8∶35.2∶44.0。全区人均地区生产总值2448元。完成财政总收入6368万元，比1992年增长161.09%，年均增长32.33%。社会固定资产投资2.16亿元，是1992年的7.45倍。全区工业从业人员23197人；工业总产值4.98亿元，比1992年增长2.28倍；全员劳动生产率2.15万元，比1992年增加11978元。全区商业从业人员35042人，实现社会消费品零售总额14.53亿元，比1992年增长101.53%，年均增长20.31%。全区粮食总产量1.35万吨，与1992年基本持平；出栏生猪18.79万头，比1992年增长41.17%；农林牧渔业总产值1.94亿元，比1992年增长178.81%；全区农机总动力

1.45万千瓦，比1992年增长7.4%；农民人均年纯收入3337元，居民年人均可支配收入4387元，分别比1992年增长173.08%和71.10%。

1997年9月，区第二次党代会后，雨湖经济稳步增长。区委、区政府提出“市场带动，实业兴区”发展战略，作出“繁荣一片（砂子岭市场群）、开发两线（107国道和320国道沿线）、建设三个新集市（三大桥桥头、桃园路、羊牯塘）”的部署，相继出台《关于加快个体私营经济发展的若干意见》《雨湖区企业股份合作制试行方案》《雨湖区企业体制改革攻坚方案》，企业通过破产、拍卖、重组等形式进行改革，实行“两买断、两解除”（企业买断产权、职工买断集体工人身份，企业解除与政府的依附关系，职工解除与企业的依附关系）。1998年，市防爆电器厂等16家企业率先实行股份制。美华涂料厂、跃进服装厂等30多家街（委）乡（村）企业因长期停产歇业采用关停解散方式退出市场。2000年，国家科委授予雨湖区“全国科技进步先进区”称号。2001年，区内集体企业改制基本完成。商贸中心地位进一步巩固。民营和个体私营商业基本取代国营、集体企业。以金都市场、建材、糖酒副食为骨干的砂子岭市场群，不断调整结构和布局，提升市场品位。金都大市场被省政府列为“湖南省十大龙头市场”。2002年，步步高连锁店纳税536万元，成为雨湖区第一纳税大户。区委、区政府实施科教兴农战略。先后制定《关于加快传统农业向现代农业转变的意见》《关于开展创万元亩、十万元户工程建设意见》发展规模农业，提高经济效益，增加农民收入。区内建设五大农业基地（即先锋乡金塘村种苗基地、护潭乡湘竹村白毛肉丝瓜基地、红星村和永红村红菜苔基地、长城乡犁头村大头莴笋基地、羊牯村蔬菜花卉农业综合基地），雨湖区被农业部确认为全国100个无公害蔬菜示范县（区）之一。全区农业土地承包期15年到期后，再延长30年不变，农民生产积极性提高。2002年，全区地区生产总值14.7亿元，比1997年增长83.06%，年均增长16.12%；一、二、三产业的比重调整为12.4:42.4:45.2。全区人均地区生产总值4068元，实现财政总收入1.26亿元，比1997年增长98.30%，年均增长19.66%。全区社会固定资产投资6.45亿元，比1997年增长198.61%。工业从业人员21084人，工业总产值10.22亿元，比1997年增长105.22%；全员劳动生产率4.87万元。商业从业人员47898人，全区社会消费品零售总额25.14亿元，比1997年增长73.02%，年均增长14.60%。全区粮食总产0.91万吨，比1997年减少0.44万吨；出栏生猪29.35万头，比1997年增长56.20%；农林牧渔业总产值2.39亿元，比1997年增长23.20%；全区农机总动力1.93万千瓦，比1997年增长33.10%；农民人均年纯收入6438元，居民年人均可支配收入7117元，分别比1997年增长92.93%和62.23%。

2002年10月，区第三次党代会后，雨湖经济实现跨越式发展。区委、区政府制定《关于加快发展民营经济的若干意见》，进一步明确依托工业园区建设、强商兴工的发展思路，加快对民营企业协调服务，并从区财政预算每年安排150万元作为民营企业发展扶植资金。2003年始，湖南一格制药有限公司、湖南超宇科技有限公司等民营企业先后落户先锋工业园。是年，全区有集体工业企业6家、私营（民营）工业企业530家，从业人员17735人，完成工业产值12.64亿元，上缴税金1.5亿元，产值、税金分别比1998年增长1.11倍和1.10倍。

2006年，区委、区政府制定《关于加强引进战略投资者，发展壮大区域经济的意见》和《关于增强自主创新能力，提升雨湖产业竞争力的实施意见》等，全区经济工作重点移向发展工业园区，对重点产业、引进对象和激励政策有明确规定，同时走出一条以市场为导向、企业为主体、人才为根本、特色产业技术为重点、政府协调服务为引领的自主创新路子。先锋工业园初步形成以生猪和竹制品为核心的农业产业链，以平安电气矿用通风机为龙头的矿山装备产业链两大主导产业，以一格制药为中心的生物医药产业，以江大机械、超宇科技、奥峰重工等企业为首的机械制造业。是年，全区规模企业为70家，完成工业总产值23.62亿元，占全区工业总产值的70%。其中先锋工业园完成产值6.61亿元，占全区工业总产值的19.6%，上缴税金2559万元，占全区工业上缴税金的12.1%。在规模企业中，年产值过亿元的企业5家，过5000万元的企业16家，过3000万元的企业29家。有高新技术企业18家，实现高新技术产值10.59亿元，占全区工业总产值的31.4%。是年，落实《中共中央、国务院关于推进社会主义新农村建设的意见》精神，羊牯、犁头、湘竹等8个村被湘潭市政府列为“新农村建设示范村”。

2007年，区委、区政府出台《关于加速推进新型工业化的实施方案》，提出以技术创新为重点调整经济结构，承接企业裂变加快项目建设，壮大优势产业集群，走“两高两低”（高效、高速、低排放、低能耗）具有雨湖区特色的新型工业化发展道路。加大对先锋工业园区建设的扶植，项目、资金、技术、人才等生产要素向园区集中，充分发挥其聚集效应。恒盾厨具、凌天科技、平安电器等一批企业扩规提质。先锋工业园规模企业达25家，完成工业总产值12.7亿元，占全区工业总产值25.7%；上缴税金3500万元，占全区工业上缴税金12.0%。全区有高新技术企业24家，实现高新技术产值16亿元，占全部工业总产值32.3%，新型工业化发展步伐加快。是年，全区地区生产总值（GDP）36.38亿元，比2002年增长151.97%，年均增长30.39%；一、二、三产业的比重为10.4∶47.3∶42.3。全区人均地区生产总值9826元。实现财政总收入3.13亿元，比2002年增长147.48%，年均增长29.50%；全区社会固定资产投资33.83亿元，比2002年增长424.50%，年均增长84.90%；全区工业企业从业人员35078人，工业总产值49.51亿元，比2002年增长384.44%。全员劳动生产率14.15万元。商贸中心地位进一步巩固。全区商业网点总数5000多个，其中限额以上批零贸易餐饮53家。以步步高、心连心等品牌连锁超市和“康星百货”“友华电器”店为主带动商业区域发展，以建设北路、韶山中路、车站路、解放南路为主的品牌专卖商业街，以砂子岭市场群、金都大市场等为主的大众消费商业区，以熙春路、大湖路、沿江大堤的特色餐饮街，都在加快集合，走向成熟。全区商业从业人员64800人；实现社会消费品零售总额37.17亿元，比2002年增长47.85%，年均增长9.57%。全区贯彻《中共中央、国务院关于发展现代农业，扎实推进新农村建设的若干意见》精神，区政府落实支农资金120万元，重点扶持农业产业化龙头企业，农产品加工企业，促进农业增效，农民增收。全区粮食播种面积1006.67公顷，粮食总产量1.37万吨，与2002年相比，粮食产量增收0.46万吨。出栏生猪27.46万头，比2002年下降6.4%，生猪出栏率65.44%；农林牧渔业总产值4.91亿元，比2002年增长105.44%；全区农机总动力2.96万千瓦，比2002年增长53.37%，农机化率94.2%。农民人均年纯收入9649元，居民年人均可支配收入12826元，分别比2002年增长49.88%和80.22%。

三

雨湖区社会事业全面发展。

旧城改造步伐加快。1988年，境内主次干道长39.34公里，房屋建筑最高四层，人均住房面积7.74平方米。1996年，市第五次总体规划确立以河西、河东和易俗河三片为主体的思路，为全区旧城改造增添了活力。至2007年的11年中，市、区两级政府采取财政拨款、单位集资、银行贷款以及建设单位垫资等措施，先后拓宽改造民主西路、大湖路、宝庆路、建设北路、富洲路、车站路，新建白石、江麓、护潭、关圣殿、望衡亭、雨湖广场和北二环路、熙春路延长线；城区主次干道73.34公里、乡村道路214.13公里、街巷总长89.66公里，分别是1988年的1.86倍、1.94倍和1.25倍，区内交通便利；拆除旧房27.5万平方米，新建房屋581万平方米，大埠桥、关圣殿、文化街口等10多处小游园点缀其中；城市居民人均住房面积26.16平方米，是1988年的3.38倍；新景集团4栋18层的电梯住宅楼耸立江边、区内人均绿地面积26.13平方米，市民居住环境改善。城市公交、供水、排水、供电、天然气、路灯等基础设施建设逐步完善，邮政、电信事业迅速发展，电视、固定电话、移动电话逐步普及、互联网覆盖城乡，人民幸福指数大步提高。

教育事业保持强劲。雨湖区教育资源历来丰富，教育事业发达。自1988年起，区委、区政府推行教育体制改革，坚持普通教育、职业教育和幼儿教育同步发展，大力推行素质教育，不断完善办学条件，教学质量稳步提升。是年，境内共有各级各类学校96所。其中：驻区高校（包括江南、江麓职大）7所，驻区中专4所、技校6所，市属中学9所（普通中学6所、职业中学3所），厂矿、院校办学校27所（中学10所、小学17所），市属小学1所，区属中学5所，小学37所。区直管学校在校学生23469人，教职员工1025人。学龄儿童入学率100%，在校学生巩固率98%，毕业班学生合格率97%。有幼儿园52所，入园幼儿7821人，教职工577人。

1993年，区委、区政府作出《关于加快普及九年义务教育的决定》。1995年作出《关于1996年全区实现"两基"的决定》（基本普及九年义务教育、基本扫除青壮年文盲），至1996年的4年中，区、乡两级共投入资金5700万元，用于"两基"硬件建设，全区办学条件明显改善。新建高标准的韶西小学，改造10所小学，新建教学楼33栋，面积达6.1万平方米。同时学校基本做到"三配套"（校园校舍配套，仪器、图书配套、音体美卫设施配套），一次通过省人民政府"两基"评估检查团"两基达标"和"普实"验收。是年，适龄儿童入学率100%，巩固率100%，小学毕业合格率99.8%，初中阶段适龄少年入学率96.46%，辍学率0.54%。教育工作在巩固中发展，在创新中提高。

1997年，区委、区政府作出《关于巩固发展"两基"成果，争创全国教育先进城区的决定》。雨湖区获"湖南省'两基'工作先进县（市、区）和省艺术教育先进县、市（区）"称号。1998年，湘潭市一中的初中部改制为"益智中学"。2001年，省船厂学校剥离到雨湖区，首开"主辅分离"。2002年，驻区省煤炭学校并入湘潭大学。湘潭师院与湘潭工学院合并组成湖南科技大学。2003年，教育部授予雨湖区"两项督导评估"先进城区称号。2004年，区委、区政府发出《关于进一步加强教育工作的实施意见》，按照"相对集中、方便入学、改善条件、确保质量"的原则，稳步推进中小学布局调整、教学资源重组工程。设立"莲花奖"，鼓励教师到农村中、小学任教。继续实施教育品牌工程，加强窗口示范学校建设。风车坪、金庭、唐兴寺小学"名"气未减，生源爆满。是年，中国教育学会中小学整体改革专业委员会华中协会和湖南初中小学校长工作研究专业委员会在雨湖区召开会议，扩大雨湖区教育在全省乃至全国的影响。2005年1月，湘潭卫生学校并入湘潭职业技术学院（更名为：湘潭职业技术学院医学院）。9月，中宣部向全国推介雨湖区未成年人思想道德建设经验，"学校放假、社区开学"工作得到拓展，"德育"目标具体化、内容系列化、活动经常化、考核制度化落到实处。至2007年，区政府接收厂矿学校17所，全区共接收在职教师520人，退休教师508人。年末全区共有学校64所。其中：驻区大、院校6所，在校学生75532人。驻区中学10所，在校学生11010人；高校附中2所，学生500人。驻区小学3所，在校学生2443人。驻区中专、职高及职业技术学校12所，在校学生14774人。区属中学6所、小学27所，在校学生22020人。其中：中学生2619人，小学生17401人；幼儿园56所，入园幼儿6800人。全区小学入学率、巩固率、升学率和初中入学率均达到100%，中小学教育教学质量综合评价指标一直居于全市先进行列。雨湖区荣获省人民政府颁发的"两项评估考核"先进单位称号，区教育局被教育部、国家环保总局授予"绿色学校创建活动优秀组织单位"奖牌。

科技事业方兴未艾。1988年，境内有区属各类专业技术人员818人。1989年，形成区、乡（街道）村（居委会）三级科技工作网络。1991年12月，区委作出《关于科技兴区的决定》，从高校、大型企业聘请高科技人才，成立雨湖区科技顾问团。至1992年的5年中，共研发新产品18项。其中获国家级"双新"（新产品、新技术）金奖12项，省科研成果奖4项，技术创新奖2项。引进科技成果14项，投入技改资金500多万元。1995年，区政府连续出台《科技引进奖》《科技开发奖》等政策性奖励文件；设立区科技开发中心、区科技信息协作网。1997年，雨湖区被国家科委命名为“全国科技进步先进城区”。1998年，全区按照区委、区政府“围绕经济抓科技、抓好科技促经济”的工作思路，稳步推进技术改造和科技成果转化应用。是年，雨湖区为省级“星火计划”密集区，推广抛秧333.34公顷，两系杂交稻500公顷，新建蔬菜大棚500个。2000年，雨湖区蝉联“全国科技进步先进城区”称号。至2005年的8年中，全区研发新产品51项。其中列入国家“十五”成果推广项目6项，获国家部1级新产品11项，省级新产品14项，市级新产品42项；新增产值4亿元，新增利税达5000万元。平安电器集团公司研发的BD－11系列弯掠组合正交型隔爆对旋轴流式主通风机获“湖南省新产品”“国家级重点新产品”证书，被列为省重大科技项目、省重点技术创新项目及国家技术创新项目；电器设备公司研发的系列挖掘机成套电控设备新产品，被列入国家星火计划项目，通过省级科技成果鉴定，被科技部、国家质量技术监督局等5部委(局)授予“国家级重点新产品”证书，并被湖南省列为“十大专利示范工程”。2005年，雨湖区被省委、省政府评为“湖南省科普示范城区”。2006年，雨湖区召开第四届科学技术大会，提出全面落实科学发展观，始终坚持“科技兴区”战略，创建科技型城区。至2007年的2年中，全区研发新产品9个。其中获省级新产品3项、市级新产品6项，取得科研成果15项，获省、市科技进步奖8项。2007年，区属各类科技人员1459人。其中高级职称190人，中级职称1034人，初级职称235人。雨湖区的科技工作经国家科委考核、复查，连续11年保持“全国科技进步先进城区”称号。护潭乡红星村被省科普技术协会命名为“全省农村科普示范基地”。

文化体育事业蓬勃发展。1988年，境内有市级文体活动场所8处，区级文化馆3个，乡(街)文化室12个，各类大小文化活动场所42处。1993年5月，齐白石纪念馆落成。1995年，参加全市第七届运动会，荣获团体总分、金牌总数第一。至是年的8年中，区属单位创作各类文艺作品900余件，组织文艺演出活动52场，开展全区性群众体育活动54场，乡、镇、街道文体活动800多场次。1996年10月，举办区首届文化艺术节。1998年，区委、区政府作出开展《创建全国文化先进区》活动的决定，乡、镇(街)有文化站、图书室、业余文艺宣传队，形成广场文化、企业文化、农村文化、校园文化、社区文化、社会主义新型文化的新格局。硬件、软件提质建设，快乐不分城市乡村，群众文化活动“百花齐放、推陈出新”。正月十五龙狮群舞闹元宵、端午节龙舟竞赛，五一、国庆文艺演出和“送文化下乡”活动，三年一届的雨湖文化艺术节和择期举行的职工(农民)运动会，魅力辐射台上台下。市民“健康运动是福”“锻炼保健康”的意识越来越浓厚，自发组织腰鼓队、秧歌队等体育团体100多个。莲城(雨湖)群众体育活动风生水起，广场舞成为市民的爱好项目。清晨的和平、雨湖公园里，傍晚的白石、护潭广场上，他们“青春”飞扬的身影，正逐渐成为一道独特的风景。白石广场夏季每晚休闲人数达2万人，冬季也有1万多人。仅跳广场舞的就有近3000人。是年，省政府授予雨湖区“全省文化先进城区”称号。1999年，先锋乡获中央精神文明建设办公室颁发的“全国创建文明村镇先进单位”奖牌；中山路街道民主村被省政府命名为“全省文明建设示范点”。2000年，人事部、文化部授予雨湖区“全国文化先进县(区)”称号。2005年，中山路街道迎宾社区、护潭乡被国家体育总局评为“全国群众体育先进单位”。2006年，国家体育总局授予云塘街道办事处、昭潭乡“全民健身周活动先进单位”称号；长城乡被农业部、国家体育总局、中国农民体育协会命名为“全国亿万农民健身周活动先进乡”。单人健骑机、腰背按摩器、伸背器……各种既简单又相对安全的全民健身器材陆续进入社区和住宅小区，成为保障雨湖人民健康的新朋友。1000多名登记注册的社会体育指导员活跃在80多个晨晚锻炼健身辅导站(点)，形成区、街(乡镇)、社区(村)三级群众体育网络服务体系。2007年，金都股份有限公司被国家体育总局评为全国社区健身俱乐部先进单位。全区有区级文化馆1个，基层文化站13个，社区(村)文化活动室113个，公共图书馆8个，大中型企业学校文体活动中心、俱乐部、体育场馆50余处，电影放映队8支，有线数字电视覆盖全区城乡，基本完成广播电视“村村通”“户户通”工程。20年间，雨湖区共创作文艺作品1900多件，获国家、省、市级奖作品1100多件。

医疗卫生事业日臻完善。1988年,境内医疗机构131家,共有医务人员1596人,床位1435张。其中市级医疗机构4家,区级3家。有医务人员1268人,万人平均拥有病床52张。至1992年的5年中,区级投入医疗卫生事业经费266.46万元。1995年,区内医疗机构190家,医卫人员2464人,床位2020张,比1988年分别增长45.04%、54.39%、40.79%。至2000年,区级投入卫生事业经费593.89万元,年均98.98万元。2001年,城正街道卫生院被定为湘潭市唯一社区服务试点单位。此后,在雨湖路、云塘、窑湾、平政路、中山路街道和湘潭锰矿、江麓、湘大职工医院推开,设立社区卫生服务中心,向辖区居民提供基本医疗、预防、保健、康复、健康教育、计划生育技术指导"六位一体"的综合性服务。2002年,全国爱国卫生运动委员会授予雨湖区"改水改厕先进区"称号。平政路街道社区卫生服务中心康复工作被省人民政府授予"全省精防工作先进单位"奖牌。2005年,根据国家卫生体制改革的要求,乡镇卫生院管理改为区卫生局直接管理,加速村卫生室建设。卫生部、民政部、国家中医药管理局命名雨湖区为"全国社区卫生服务示范区"。至是年的5年中,区级投入医疗卫生事业经费2981万元,年均596.2万元,主要用于区级医疗机构的设施更新和改建、扩建基层卫生院。2006年11月,全区有30个村卫生室建设全部达标。同时区内启动城乡合作医疗,参合98692人。其中:城市无单位居民参合率为33.7%,村民参合率达100%。2007年,全区构建三级基本医疗预防保健网,形成布局合理、基础扎实、网络健全、管理规范、服务优良与社会经济相适应的城乡卫生服务体系。雨湖区进入全省一类社区卫生服务工作行列。是年末,区域内医疗机构有226家,共有医务人员3100人,床位2258张,万人平均拥有病床61张。民政部、中国残联授予雨湖区"全国残疾人社区康复示范区"称号。

人民生活水平显著提高。随着改革的深入,经济的发展,城乡居民收入水平提高较快。1988年,雨湖区农民年人均纯收入645元,人均住房面积22.75平方米。城镇居民年均可支配收入895元,人均住房面积7.74平方米。1997年,雨湖区人民生活步入"小康型"。农村昔日的土砖、青瓦旧式平房被砖混结构的楼房替代,电灯入户率实现100%。人均住房面积32.15平方米,农民人均年纯收入3337元,分别是1988年的1.41倍和5.17倍。城镇居民年人均可支配收入5465元,人均住房面积18.5平方米,分别为1988年的4.90倍和2.39倍。摩托车、冰箱、彩电、洗衣机、电话、VCD"新六件"在家庭中越来越普及。进入21世纪,新景家园4栋18层的电梯住宅楼拔地而起,开区内高层电梯住宅之先河。农村楼房率达到99%,且庭院式小别墅亦多呈现。家庭电器设备逐年增加,品种更新。空调、电脑、手机、热水器进入寻常百姓家。经济能力较好的家庭,开创拥有"小轿车"时代。城乡公路四通八达,实现公路"村村通"。社会保障逐步覆盖全区,职工养老保险、医疗保险先后建立,城乡居民最低生活保障制度、新型合作医疗制度、农村养老保险制度等逐渐实施,"老有所养、病有所医、人有所乐",人民的幸福指数提升。

2007年,区内农民人均年纯收入9649元,人均住房面积达35.85平方米,分别比1988年增长13.96倍和0.58倍;城镇居民年人均可支配收入12826元,人均住房面积26.16平方米,分别比1988年增长13.33倍和2.38倍。

四

1988-2007年的20年,雨湖区乘改革开放的强劲东风,发展变化令人惊喜。

纵观雨湖区的发展历程,是一部区委、区政府带领全区人民抢抓机遇,开拓创新,砥砺奋进,取得辉煌成就,并在全市形成经济持续健康发展、教育发达、商贸繁荣、人文荟萃相对优势的创业史。尽管发展中遇到社会变革时期的曲折与艰辛，也留下过探索奋斗中的失误与遗憾；尽管前进的道路上还有园区建设步伐不快、商贸档次仍然不高、财源建设后劲不足诸多困难和挑战，但雨湖人前进的步伐永远不会停息，“为有牺牲多壮志，敢教日月换新天”“只争朝夕”的雨湖精神将一以贯之。

中共雨湖区第五次代表大会提出至2015年，力争实现地区生产总值、全社会固定资产投资、财政总收入“三个翻番”，跻身全省8强城区的战略目标。喜看今朝，任重道远。“天道酬勤”，天时、地利、人和，雨湖实力倍增，后发赶超更具优势：园区发展进入实质发力期，商贸优势进入巩固提升期，农业发展进入资源释放期，城市基础设施进入功能优化期，项目建设进入效益显现期。正在崛起的雨湖，将继续向前发展，谱写壮丽的历史新篇章。

大 事 记

1988年

1月24日　湘潭市煤气第一期工程送气成功，境内6000户居民率先使用。

3月1日　境内启用居民身份证。

4月27-29日　中共雨湖区第七次代表大会召开。出席会议代表158人，列席31人。大会选举产生中共雨湖区第七届委员会委员20人，候补委员4人和区纪委委员15人。区委七届一次全会，选举产生常委9人。萧克华为书记，谭世明、陈显良为副书记。区纪委全会选举纪委常委5人。陈述钦为书记，尹卫民为副书记。

4月30日　雨湖区干部陈金石"下海"，创立自收自支、自负盈亏性质的"平政法律服务所"，开街道法律服务所先河。1993年12月，开办湘潭市第一家合作制律师事务所——彩虹法律服务所(1999年更名为湖南晶石律师事务所)。

5月10-13日　中共湘潭市郊区第三次(实为第五次)代表大会召开。出席会议代表180人，列席代表31人，特邀人员7人。大会选举产生中共郊区第三届委员会委员20人，候补委员3人和区纪委委员9人。区委三届一次会议选举常委8人。章亮春为书记，闵应章、吴建凯为副书记。区纪委一次全会选举区纪委常委5人，李乾安为书记，赵志林为副书记。

5月　雨湖、湘江和郊区区委分别在区内开展"生产力标准"大讨论，深入进行党的基本路线教育。

6月26-29日　中共湘江区第七次代表大会召开。出席会议代表160人，列席13人，特邀人员10人。市委书记郑培民出席大会并作重要讲话。大会选举中共湘江区第七届委员会委员21名，候补委员4名和区纪委委员13名。七届一次全会选举区委常委8人。刘异群为书记，张汉良、张年国(女)为副书记。区纪委一次全会选举纪委常委4人。

11月19日　中共中央原总书记胡耀邦在市委书记郑培民陪同下，到任湘潭地委书记期间工作和生活的大院(广云路602号)察看。

11月27-28日　全国人大常委会副委员长、中华全国总工会主席倪志福到驻区江南机器厂、市总工会视察。

12月19日　根据中共十三届三中全会提出的"治理经济环境、整顿经济秩序、全面深化改革"的指导方针，中共雨湖区委作出《关于广泛深入地开展形势任务教育的安排意见》。

12月　中共雨湖区委发出《关于全区开展创建文明单位活动的通知》。

1989年

4月17日　境内部分大学生上街游行，借悼念胡耀邦逝世喊出"要民主""要自由"的口号。中共雨湖区委、湘江区委、郊区区委认真组织广大党员、干部、群众学习《人民日报》社论《必须旗帜鲜明地反对动乱》，在思想上和行动上与党中央保持一致。

5月16-18日 境内部分高校学生上街游行，并到市政府办公楼（雨湖路292号）前坪静坐，声援北京绝食学生。极少数工人、教师、新闻工作者、干部也参与其中。

5月22日 境内发生严重打砸抢烧事件。平政路派出所被不法分子捣毁，打伤公安干警60多人。公安机关采取果断措施，迅速处置打砸抢事件。24日，20名打砸抢分子被收审。

5月23日晚 境内少数不法分子趁市政府办公楼前坪人多拥挤之机，大搞打、砸、抢、烧。事后，16名歹徒被公安机关抓获。

5月 九汇大厦落成。位于雨湖路316号，由省建三公司承建，为境内第一栋13层的电梯楼。

6月5日 中共雨湖、湘江、郊区区委组织各级党委、政府学习贯彻中共中央、国务院发表《告全体共产党员和全国人民书》，做好稳定工作。接着又组织各级负责同志学习邓小平6月9日接见首都戒严部队军以上干部时的讲话，提高认识，统一思想。

8月1日 中共郊区区委、区政府制定《关于从严治党、惩治腐败暂行规定》。

9月12日 中共雨湖区委制定《关于当前廉政建设方案》。

10月15-17日 中共湖南省委书记熊清泉在市领导郑培民、李壬申陪同下，先后视察境内湘潭锰矿、江南机器厂、市柴油机厂等大中型企业。

10月 中共雨湖、湘江和郊区区委组织党员干部学习、贯彻《中共中央关于加强党的建设的通知》，做好党员的登记和民主评议工作。

是年 建设北路二期工程竣工通车。

1990年

1月25日 零时45分，境内市检察院检察员游炳炎在解放路抓捕逃犯时牺牲。2月3日该院举行游炳炎同志追悼大会。4月6日省人民政府批准追认游炳炎为烈士。6月21日中共湘潭市委、市政府作出《关于开展向游炳炎同志学习活动的决定》。11月29日，最高人民检察院追授游炳炎为“模范检察员”称号。

2月13-16日 政协雨湖区三届一次会议召开。出席会议的代表100人。大会选举产生区政协第三届常务委员会委员16人。选举杨慧君为主席，刘光祥、卢汉生、冯晓楣（女）、黄棣华为副主席，刘菊珍（女）为秘书长。

2月14-18日 政协郊区三届一次会议召开。出席会议委员118人。大会选举产生区政协第三届常务委员会委员24人。选举何炳霖为主席，周惠华（女）、陈颂如、何光明、丁剑虹、龚楚武、易映华（女）为副主席，张石林为秘书长。

2月15-19日 郊区五届人大一次会议召开。出席会议代表159人，列席183人（包括政协委员），特邀28人。选举区人大常委会委员16人，陈泽声为区人大常委会主任，胡海清、罗舜清、周心垓、叶运丰为副主任。选举闵应章为区人民政府区长，王秀莲（女）、宋厚源、刘治武、孟季华、邹崇埴、王建辉为副区长。选举周春华为区人民法院院长，欧辉云为区人民检察院检察长。

2月20-25日 雨湖区九届人大一次会议召开。出席会议代表149人，列席76人。选举区人大常委会委员15人。选举向满洪为区人大常委会主任，罗桂连、李秀兰（女）、陈应昭为副主任。选举陈述钦为区人民政府区长，朱岳汉、余康圣、李斌松、粟汉云为副区长。选举刘耀初为区人民法院院长，荣龙富为区人民检察院检察长。

2月23-26日 政协湘江区三届一次会议召开。出席会议的委员86人。选举产生政协湘江区第三届常务委员会委员15人。选举戚映清为主席,邓友生、李永明、向显德、赵克宽为副主席,吴任奎为秘书长。

2月24-28日 湘江区九届人大一次会议召开。出席会议代表149人。选举区人大常委会委员11人。选举梁开云为区人大常委会主任,田赐良、黄福汉、唐秀元、李淑珍(女)、官金莲(女)为副主任。选举张汉良为区人民政府区长,孙峰、郭特强、赵寿清为副区长。选举彭铁光为区人民法院院长,王国栋为区人民检察院检察长。

7月18日 湖南省农村老龄工作现场经验交流会在境内召开,刘亚南副省长出席并讲话。会议期间各地、州、市(县)领导参观境内先锋乡建新村,并听取经验介绍。

9月 《湘江区志》编印完成并内部发行。该志收录时间段为1952-1985年,全志约29万字。

10月 雨湖区工商联成立。

11月24日 中共中央原主席华国锋到中共湘潭市委机关(广云路602号)院内,与部分老同事和机关干部摄影留念,并题词:"清正廉洁"。

是年 湘江区被国家计生委、人事部授予"全国计划生育工作先进集体"称号。

1991年

1月1日 境内市公共汽车公司开通车站路至鹤岭冷水冲公共汽车。

1月9日 市科委在驻长城乡花园村的湘潭市农科所召开全市水稻优质米推介会议。该所负责人向与会者介绍经验并推介新品种"洞庭猫牙"米。

1月 《雨湖区志》编印完成并内部发行。该志收录时段为1952-1987年,全志约50万字。

2月1日 境内最大的集贸市场——民主路综合集贸市场第二期改造扩建工程竣工并开业。该市场建筑面积由2000多平方米扩展为7000平方米。

3月20日 湘潭市直拨美国的电话在境内首次接通,开市内国际长途电话之先河。

3月 市政府投资180万元动工兴建杨梅洲水上公园,并于1992年6月1日建成对外开放。

4月18日 坐落境内的湘潭火车站扩建工程竣工并投入使用。

5月21-23日 陈邦柱省长一行5人在视察湖南农药厂、湘潭钢铁厂、湘潭化纤厂后,并考察境内民主路农贸市场。

6月16日 凌晨,位于大湖路口的中山湘潭工贸大厦,因二楼电线短路发生特大火灾,大火从2楼烧至8楼,商品全部烧毁,烧死营业员2人,直接经济损失310余万元。责任人承租经营者广东省中山市石岐贸易商场经理雷启华被公安机关收审。

9月22日 凌晨4时,境内湘潭电信第一期5000门程控电话全部开通。

12月10日 南起江麓机械厂子弟小学门口,北至湘潭市第一职业技术学校,全长3538.4米的高岭路大修工程,全线竣工通车。

12月21-28日 省人大常委会主任刘夫生率全国人大代表和省人大代表9人,到境内江南机器厂、湘潭大学和中山路街道企业——市儿童服装厂考察。

12月28日 中共雨湖区委、区政府作出《关于科技兴区的决定》。

1992年

1月 《中国共产党湖南省湘潭市湘江区组织史资料》编印完成并内部发行。该书收录时段为1952.8-1987.12,全书约18万字。

2月 省委副书记孙文盛在市领导陪同下,先后考察云塘街道办事处的公园居委会、万人新村居委会,窑湾街道办事处的正福街居委会,城正街街道办事处的通济门居委会和平政路街道办事处的关圣殿居委会。

6月24日 经民政部批复,撤销湘潭市城市五区(雨湖、湘江、岳塘、板塘、郊区),成立雨湖区、岳塘区。

6月 《中国共产党湖南省湘潭市雨湖区组织史资料》编印完成并内部发行。该书收录时段为1952-1987年,全书约18.9万字。

7月1日 中共雨湖区工委、雨湖区经济工作领导小组召开庆"七·一"暨贯彻市委"六二四"会议精神大会。大会宣读了市委、市政府《关于成立雨湖、岳塘两个新区筹备领导机构及人员配备的通知》。中共雨湖区工委由7人组成:书记闵应章,副书记劳动、郭学辉、杨雄赳,委员陈湘南(女)、粟汉云、周利萍(女)。

7月 《湘潭市郊区志》编印完成并内部发行。该志收录时段为1950-1987年,全书约60万字。

8月5日 省长陈邦柱,副省长汪啸风、储波在市长孔令志陪同下考察杨梅洲水上公园。

8月18-19日 中共雨湖区(新)第一次代表大会召开。出席会议的代表225人。大会审议和通过工委书记闵应章代表工作委员会所作《团结务实,开拓创新,为建设文明富庶的雨湖区而努力奋斗》的工作报告,陈湘南(女)所作的纪委工作报告。选举中共湘潭市雨湖区第一届委员会委员23人,候补委员4人和区纪律检查委员会委员15人。8月20日,中共雨湖区委、区纪委一届一次全体会议先后召开。分别选出区委常委11人,闵应章为书记、劳动、郭学辉、杨雄赳为副书记;区纪委常委5人,陈湘南(女)为书记,萧碧光为副书记。

8月29日 中共雨湖区委制定《区委常委会议议事制度》。

8月 湘潭市经济开发区由直属市政府管辖改属雨湖区政府管辖。1992年10月经省政府批准,开发区第一期先后出让土地33.2公顷,土地合同总金额6000余万元。

9月18日 湘潭移动通信开通。

10月 《中国共产党湖南省湘潭市郊区组织史资料》编印完成并内部发行。该书收录时段为1950.6-1987.12,全书约21万字。

10月21-23日 政协雨湖区一届一次全会召开。出席会议的委员171人。选举区政协第一届常务委员会委员23名。选举戚映清为主席,刘光祥、朱岳汉、邓友生、赵克宽(兼)、涂楚国(女、兼)、杨桂祁(兼)为副主席,刘菊珍(女)为秘书长。

11月1日 湘潭市放开粮油市场。

11月17-20日 雨湖区一届人大一次会议召开。出席会议的代表263人,列席25人。选举产生区人大常委会委员13人。选举向满洪为人大常委会主任,罗桂连、李秀兰(女)、唐秀元、叶运丰、易映华(女)为副主任。选举劳动为区人民政府区长,粟汉云、李乾安、赵国荣、余康圣、汤泽培为副区长。选举刘耀初为区人民法院院长,王国栋为区人民检察院检察长。选举雨湖区出席湘潭市第十届人民代表大会代表78人。

12月31日 大湖路竣工通车,该路为区内内环线道路工程的重要组成部分。

1993年

1月18日 雨湖区首届科学技术大会召开。

2月20日 全国妇联主席彭珮云(女)在省长陈邦柱的陪同下到区内先锋乡指导工作。

3月10日 雨湖区工商联首次会员代表大会暨区工商联成立大会举行。到会代表195人,选举15名执委组成区工商联首届执委会,余士赫为主任委员。

3月13日 境内湘潭市经济开发区与台湾汉鼎股份有限公司签订合作经营合同,组建汉湘建筑投资开发有限公司,开发宝庆路西侧2.67公顷土地,建商业一条街。

3月23-24日 雨湖区第一届工会会员代表大会召开。出席大会代表110人。选举产生雨湖区总工会第一届委员会,吴有林为主席。

3月25日 省政府批准区内湘潭市经济开发区列为省级开发区,并更名为湘潭市商贸工业特区。

4月20日 副省长周伯华考察区内湘潭市先锋企业集团公司。

4月27日 雨湖区第一次妇女代表大会召开。出席大会代表200人,选举产生雨湖区妇联第一届执行委员会委员31人,常委11人,张雪娥(女)为主席。

4月 雨湖区第一届残疾人代表大会召开。出席大会代表56人。成立雨湖区残疾人联合会,选举产生雨湖区残联理事会成员22人,谭立云为理事长。

5月4日 共青团雨湖区第一次代表大会召开。出席大会代表142人。选举产生共青团雨湖区第一届委员会,选出委员29人。其中常务委员11人,徐亚健(女)为书记。

5月18日 金都大市场即湘潭金都股份有限公司成立。该大市场位于湘潭市西大门107国道和320国道交汇处,占地4.53公顷,建筑面积10.80万平方米,总投资2亿元。

7月1日 驻区湘潭市邮电局"127"自动寻呼台正式开通。

7月16日 中共雨湖区委、区政府作出《关于加快普及九年义务教育的决定》。

7月31日 中共雨湖区委、区政府发出《关于贯彻中央、省、市精神,切实减轻农民负担的通知》,建立健全农民负担监督管理制度,切实维护农民利益。

8月9日 经省人民政府批复,撤销雨湖区楠竹山、鹤岭街道办事处建制,恢复为楠竹山镇、鹤岭镇。

9月13日 东接解放南路、西与大湖路相连的民主西路延伸工程竣工,至此,雨湖地区小内环线的西半环形成。

10月25日 320国道伍家花园至七里铺段水泥路面铺设工程竣工。

11月8日 在纪念毛泽东100周年诞辰暨"1993年湘潭经技贸洽谈会"期间,雨湖区有95个单位提供7大类、300多个品种的产品参展,邀请中外客商268人赴会洽谈,成交额1.68亿元,超过1亿元的预期目标。

12月25日 宝庆路十八总到砂子岭段建设工程全线竣工,市政府举行通车仪式。

12月29日 中山路十四总千吨级码头主体工程竣工。

是年 雨湖区被国家计生委授予"全国城市计划生育工作先进单位"称号。

1994年

2月28日 区纪委、区监察局在全区首次开展行风评议活动。被评议的单位有计统局、城建局、财政局、文体局、环保局、教育局、卫生局、国土管理局、劳动人事局、法院等10个单位。

3月15-18日 雨湖区第一届人大第三次会议召开。出席代表265人。选举粟汉云为区人民政府区长。

4月13日 中共雨湖区委党校成立。

5月25日 中共雨湖区委提出《关于进一步深化企业产权制度改革的几点意见》。

6月4日 驻区湘潭锰矿子弟中学初中一年级学生王志坚为抢救溺水同学,献出年仅13岁的宝贵生命。

6月18日 湘江湘潭段水位达41.94米,为新中国成立以来通过区内的最高洪峰。

6月22日 中共中央政治局候补委员、书记处书记温家宝率中央和国家有关部门领导,在省长陈邦柱、省军区司令员庞为强和市领导范多富、孔令志等陪同下,乘船视察区内的犁头嘴、十万垅大堤,并代表党中央、国务院慰问战斗在抗洪救灾第一线的干部、群众和解放军指战员。

6月23-24日 省委书记王茂林来区内考察灾情,慰问受灾群众。

7月29日 市财政局退休干部、民革市委委员杜志平,将区内九汇街29号1栋砖木结构、建筑面积250平方米的两层楼房私产捐赠希望工程。

10月18日 区内湘江大堤——石嘴垴至大埠桥段,整修工程开工典礼举行,副省长郑培民参加典礼并讲话。

11月11日 经市委、市政府批准,《湘潭市雨湖区党政机构改革方案》出台。改革后区委工作机构5个,区政府工作机构19个。

11月 运动员周美红(长城乡人),在伊斯坦布尔举行的世界女子举重锦标赛上,获70公斤级总成绩世界冠军。

12月26日 湘黔铁路复线湘潭湘江特大桥工程开工。

是年 雨湖区实验教学被评为全省达标县(区)。雨湖区被省委、省政府授予"计划生育工作先进单位"称号。

1995年

1月1日 省委书记王茂林、副省长周伯华率省总工会、省经贸委等部门领导慰问驻区特困企业湘潭市针织厂职工,并考察湘江河西防洪大堤。

2月13日 区委、区政府根据湘潭市《关于在全市国家行政机关开展公务员过渡培训工作的意见》,对全区各级党政机关及人武部开展国家公务员过渡培训工作。

3月15日 雨湖区获省委、省政府授予"文明单位建设工作先进区"称号。

4月25日 中共雨湖区委根据中共中央的决定,号召全区党员、干部向孔繁森同志学习。

5月6日 湘潭市电话号码从6位升为7位。

5月10日 根据《中华人民共和国全民所有制企业法》和《全民所有制工业企业转换经营机制条例》,中共雨湖区委批转区纪委、区监察局《关于对企业的合法权益实行挂牌重点保护的报告》。首批挂牌重点保护的单位有先锋企业集团公司、市金都商业城股份有限公司、市淀粉厂、市城郊开发公司、市包装总厂。

5月13日 驻区江南工学院学生邓远亚为从急流中抢救同学献出年轻生命。

6月9日 区委、区政府决定在全区实行“两公开一监督”制度：即公开办事制度，公开办事结果，接受群众监督。

6月15日 区纪委为落实《中共中央纪律检查委员会关于党政机关县（处）级以上领导干部廉洁自律补充规定的实施和处理意见》，坚决刹住“用公款吃喝玩乐”歪风，加强党风廉政建设，制定《关于狠刹用公款“吃喝玩乐”的几项规定》。

7月25日 中共雨湖区代表会议召开。选举出席市第八次党代会的代表12人：王为民、朱培立、刘国坚、池飞舟、杨桃英（女）、劳动、宋定一、张双菊（女）、陈玉春、周舞椿、粟汉云、曾清玉（女），推荐出席省第七次党代会的代表候选人的预备人选。

8月23日 湘潭市最低工资保障制度出台，雨湖区每月最低标准工资175元。

8月30日 执行市教委规定：小学5年级将英语列为基础课程，先行试点，逐步推开。

9月28日 湘潭县县治由城正街迁至湘潭县易俗河镇。

10月18–21日 1995湖南（湘潭）秋季商品交易会在区内金都大市场（砂子岭）开幕。湘潭市人民政府副市长张汉良主持开幕式，副省长周时昌为开幕式剪彩。全省14个地、州、市参加，参展品种1.6万多种。国内客商2000多人、外商35人到会。签订合同2380份，签订合作项目13个，贸易和合作项目总金额19.35亿元。

10月26日 省委书记王茂林到区内先锋企业集团考察万头猪场和市防爆电器厂。

11月12日 省人大常委会主任刘夫生，副主任朱东阳、吴运昌，秘书长郭俊秀带领全省地、州、市人大常委会负责人，在市领导范多富等陪同下，考察区内先锋企业集团公司。

12月5日 区委制定《雨湖区关于耕地延长承包期的实施办法》。耕地延包期一律从1996年1月1日起再延长承包期30年，至2025年12月31日止。

是年 在全省卫生检查评比中，雨湖区爱卫组织管理、城区灭鼠、居民区及学校卫生被评为全省第一名。

是年 雨湖区被省委、省政府授予“计划生育工作先进单位”称号。

1996年

1月9日 中共雨湖区委一届九次全体（扩大）会议召开。提出实施“三三工程”，即：对第一产业抓农业产业化、乡村企业化、农村城镇化。对第二产业以市场为导向、抓拳头产品的培育；以资产为纽带，抓骨干企业的扶持；以名牌产品为链条，抓支柱产业的形成。对第三产业抓市场建设，抓小区开发，抓科技与经济的紧密结合。

3月1日 区内执行《湘潭市人民政府关于在城区禁止燃放烟花爆竹的通告》。

3月26–29日 雨湖区第一届人大第五次会议审查和批准《湘潭市雨湖区国民经济和社会发展“九五”计划和2010年远景目标》。

4月2日 区委、区政府作出《关于进一步加快乡镇企业发展的决定》。

4月17日 区委、区政府作出《关于进一步加强财源建设，严格财政管理的决定》。

4月22日 区委、区政府确认先锋乡、护潭乡已基本普及九年义务教育，基本扫除青壮年文盲并各奖1万元。

5月14日 区委作出《关于在区管领导干部中实行诫勉的规定》。

5月31日 区委、区政府决定在民主党派和无党派人士中聘请特约监察员、审计员、教育督导员。

6月 雨湖区被省政府授予“残疾人工作先进县、市(区)”称号。

7月16日 中共雨湖区委一届十次全体(扩大)会议通过《关于开展“文明建设在雨湖”活动的决定》。

9月26日 1978年7月21日,湘潭机电职业中等专业学校学生戴跃龙(雨湖人),在湘江湘潭段古桑洲为救落水同学而献身。

10月17日 区委发出《关于学习贯彻党的十四届六中全会精神的通知》,要求扎扎实实地抓好社会主义精神文明建设。

11月1-2日 全省星火计划工作会议在湘潭召开。省科委副主任李益贵和市委副书记陈坤、市人大常委会副主任吴昌续等出席会议。会议期间,省科委领导到区内先锋企业集团公司、市防爆电器厂等单位视察。

11月30日 河西大堤上段(石嘴垴至大埠桥)改造工程竣工通车。

12月11日 区委、区政府制定《雨湖区企业股份合作制试行方案》,要求将具备条件的区街企业和乡镇企业改组为股份合作制企业。

是年 全区基本普及九年义务教育、基本扫除青壮年文盲工作,经省验收合格,雨湖区被评为省“‘两基’先进县、市(区)”。

是年 区级财政收入突破6000万元。

1997年

1月26日 雨湖区党员、干部双休日“心连心”义务服务团成立。区设总团,区委书记兼任团长,区长、分管党群工作的区委副书记及组织部长分别兼任副团长。22个基层党(工)委分别成立服务分团。

2月26日 区委、区政府作出《关于实行依法治区的决定》。

3月18-21日 雨湖区第一届人大六次会议召开。出席会议代表265人。作出《关于深入开展法制宣传教育,积极推进依法治区的决定》。

3月26日 中共雨湖区委、区政府作出《关于巩固发展“两基”成果,争创全国先进的决定》。

3月28日 区委、区政府授予长城乡砂子村等37个单位“小康村”称号。

4月3日 区委、区政府作出《关于切实做好减轻乡镇企业负担的决定》。

5月6日 区委、区政府作出《关于加快卫生改革和发展的决定》。

6月16日 省委副书记胡彪,省政府副秘书长、省委农村工作部部长谢康生率省直有关部门负责人到区内先锋企业集团公司现场办公。

7月9日 区委、区政府作出《关于进一步加强招商引资工作若干规定》。实施“干部带动、部门联动”招商引资战略,凡客商来雨湖区投资办企业,免缴企业管理费三年。

7月16日 区委作出《关于规范支出管理,加强廉政建设的规定》。

7月 雨湖区经省农村小康验收检查团检查核实,实现小康目标。

8月 雨湖区实施城市居民最低生活保障制度。

9月18-20日 中共雨湖区第二次代表大会召开。出席代表236人。大会听取和审议区委书记周巧艺代表区委所作《高举旗帜,加快发展,为建设繁荣、富裕、文明的新雨湖而奋斗》的工作报告,区纪委书记宋定一所作《把握大局,狠抓落实,努力取得反腐败斗争和党风廉政建设新成果》的报告。选举产生中共雨湖区第二届委员会委员25人,候补委员4人,区纪委委员15人。选举区委常务委员11人,周巧艺为书记,周放良、刘国坚、池飞舟为副书记。选举区纪委常委7人,宋定一为书记,沈淑兰(女)、萧碧光、罗金玉(女)为副书记。

10月10日 区委、区政府制定《雨湖区企业体制改革攻坚方案》。

10月28日 湘潭商品交易会暨中国艺术大展·齐白石回顾展在区内金都大市场开幕。省领导刘夫生、刘正,市领导卞翠屏、蒋建国等和有关部门负责人及钟正山(马来西亚艺术学院院长)、娄师白、王憨山等艺术家参加开幕式。

11月8日 省委副书记胡彪率省直有关部门负责人在市领导卞翠屏、陈坤等陪同下到区内先锋企业集团公司参加"乡里美食"开业庆典暨一期工程验收活动。

11月26日 省领导王茂林、郑培民、文选德到区内商贸工业特区、先锋企业集团公司考察工作。

12月5-7日 政协雨湖区第二届一次会议召开。出席会议委员170人。选举产生政协雨湖区第二届委员会主席、副主席和常务委员。郭特强为主席,刘光祥、刘翠英(女)、赵克宽、杨桂祁、张晋安、秦菊芳(女)为副主席,刘家池为秘书长。

12月11-16日 雨湖区第二届人大一次会议召开。出席代表184人。选举区人大常委会委员18人,向满洪为区人大常委会主任,李枝松、李秀兰(女)、余康圣、杨放军、邓建成、陈桂兰(女)为副主任。选举周放良(女)为区人民政府区长,余国伟、李乾安、汤泽培、刘更明、曹志明、陈忠红为副区长。选举王春桃(女)为区人民法院院长,王国栋为区人民检察院检察长。

是年 雨湖区被国家科委授予"全国科技工作先进城区"称号。

是年 雨湖区被省委、省政府授予"湖南省小康区"、"全省先进县(区)"、"艺术教育先进县(区)"、"计划生育工作先进单位"称号。

1998年

1月12日 区委提出《关于规范金都商业城股份有限公司管理体制的意见》。

2月23日 凌晨,雨湖区福利院(大湖街幸福巷45号)发生重大火灾,死亡6人。

2月26日 长城乡"科学基地"举行授牌仪式,市领导刘运前、刘光辉、马扬出席。

3月5日 "湘潭市仙峰工业园管理委员会"成立。

4月3日 区委、区政府作出《关于在全区党员、干部中开展向王泽其同志学习活动的决定》。王泽其是雨湖区人民法院审判委员会委员,楠竹山人民法庭庭长,他先后荣立二等功2次,三等功1次,被评为市"人民满意公仆",市级"劳动模范",1998年被评为省"人民满意公仆",全国法院系统"优秀法官"。

4月27日 区委办公室、区政府办公室发出《关于在全区农村普遍推行村务公开制度,进一步加强村民自治工作的通知》。

5月10日 以朝鲜民主同盟中央委员会副委员长郑明姬(女)为团长的朝鲜妇女代表团在市领导刘运前等陪同下,到区内先锋企业集团公司考察。

5月18日 区委、区政府作出《关于开展"创建全国文化先进区"活动的决定》,力争在两年内成为"全国文化先进城区"。

7月1日 区内70岁以上老人可以免费乘坐市内公共汽车,免费入市内公园、博物馆、纪念馆。

7月4日　区内金都大市场被省政府列为全省十大龙头市场。

8月28日　区内南岭南路一期工程竣工通车。这是湘潭纪念彭德怀诞辰100周年第一个竣工的纪念工程。

10月1日　潭邵路、宝庆路、涟水大道工程竣工通车，雨湖区砂子岭广场新城雕落成。

10月16日　雨湖区第二次妇女代表大会召开。出席大会代表148名，选举产生雨湖区妇联第二届执行委员会，曾晓玲（女）为主席。

10月18日　区内连接岳塘区的湘潭湘江三大桥开工建设，于2001年4月30日竣工、通车。该桥为双塔双索面预应力斜拉桥，全长1345.56米，桥宽24米，设4车道。

11月13日　区内湘江湘潭段水位降至27.30米，为历史最低水位。市自来水公司供水告急。

12月8日　雨湖区第二次工会会员代表大会召开。出席会议代表111人。选举产生雨湖区工会第二届委员会，赵爱荣（女）为主席。

12月24日　中共雨湖区第二届四次全体（扩大）会议召开。会议讨论通过中共雨湖区委、区政府《关于加快个体私营经济发展的若干意见》和《关于加快传统农业向现代农业转变的意见》。

12月　雨湖区被人事部、国家计生委授予“计划生育工作先进集体”称号，被省委、省政府授予“计划生育工作先进单位”“人口与计划生育目标管理先进单位”称号。

1999年

2月　雨湖区被省委、省政府授予“文明建设先进区”称号，成为全市第一家省级文明建设先进县（市）区。

3月1日　区委、区政府发出《关于加快个体私营经济发展的若干意见》。

3月4日　区委、区政府发出《关于加快传统农业向现代农业转变的意见》。

4月6日　区委、区政府作出《关于巩固提高“普九”成果，实施全面素质教育的决定》。

4月21日　共青团雨湖区第三次代表大会召开。选举产生共青团雨湖区第三届委员会，选出委员27人，其中常务委员11人；周长林任书记。

5月9日　经公安部门批准，驻区湘潭大学、湘潭师院、湘潭工学院等高校学生上街举行游行示威活动，强烈抗议以美国为首的北约用导弹袭击中国驻南斯拉夫大使馆，造成馆舍严重毁坏和人员伤亡的野蛮暴行。

5月12日　区委发出《关于在区管领导班子、领导干部中开展以“讲学习、讲政治、讲正气”为主要内容的党性党风教育的实施方案》。

6月8日　以全国优秀法官、雨湖区楠竹山法庭庭长王泽其为原型的大型现代话剧《乡村法官》，在市政府大礼堂进行预演。

7月12日　区内分7处清退“两会”（农村合作基金会、互助储金会）基金。

8月25日　区委、区政府作出《关于加快科技进步，促进科技与经济结合的决定》。

9月5日　驻区湘潭大学为江泽民总书记题词（办好湘潭大学，为培养和造就高素质人才作出新贡献）举行揭幕仪式，副省长唐之享及省教委和市有关领导参加揭幕仪式。

9月　《中国共产党湖南省湘潭市雨湖区组织史资料》第二卷编印完成并内部发行，该书收录时段为1988年1月–1997年12月，全书约45.6万字。

10月20日 区委印发《关于开展争创人民满意政法基层单位(干警)活动的意见》。

11月12日 区委、区政府发出《关于印发〈湘潭市雨湖区党风廉政建设责任制实施办法〉的通知》。

11月29日 国家教育部"九五"重点课题"运动处方在中小学体育工作中的应用和研究"暨1999年年会及论文报告会在区内召开。

12月28日 驻区湘潭大学成立全省首家高校法律救助中心。

12月31日 霁园天桥竣工。

是年 雨湖区被全国双拥工作领导小组、民政部授予"全国'爱心献功臣活动'先进区"称号,被省委、省政府授予"计划生育工作先进单位""人口与计划生育目标管理红旗单位"称号。

2000年

1月9日晚8点20分 地处车站路的金泉大酒店发生特大火灾,12人丧生,12人受伤被送进医院抢救。3月19日,市检察院侦察终结金泉大酒店特大火灾案,犯罪嫌疑人陶艺文、段缘明因涉嫌失火罪被依法批捕。

2月19日 雨湖区被人事部、文化部授予"全国文化先进区"称号。

2月21日 全国政协副主席毛致用在市领导卞翠屏、齐美成等陪同下考察区内先锋企业集团。

2月28日 河西大堤下段(大埠桥—小东门)、白马湖公园、大湖南路、杨梅洲大桥工程同时开工。

3月24日 区委、区政府发出《关于开展创万元亩、十万元农户工程建设的意见》,《意见》中提出实施科技兴农,着力提高农业科技含量。

4月3日 雨湖区农网改造工程经省计委、物价局、农业银行湖南省分行、省电力公司组成的农网改造验收组验收合格。

4月8日 区委、区政府发出《关于开展"一创三满意"活动的实施办法》("一创":争创农村基层建设先进县、市、区;"三满意":争当农民群众满意的农村基层组织、争当农民群众满意的农村基层干部、争当农民群众满意的农村党员)。

9月30日 大湖南路通车。

11月15日 驻区工商银行湘潭市湘江支行向湘潭工学院学生发放480万元国家助学贷款举行签约仪式。

11月21日 为调整产业结构,区政府出台新的奖励措施:区、乡各级财政设立农业结构调整专项资金,对水田连片100亩以上改种经济作物的,连片200亩以上改种蔬菜的,水田改挖鱼塘达50亩以上的,分别每亩奖励100元。

12月 《中国共产党湖南省湘潭市雨湖区历史大事记》编印完成并内部发行。该书时段为1949年8月–1999年12月,全书约13万字。

12月 雨湖区被省委、省政府授予"计划生育优质服务先进单位""人口与计划生育目标管理红旗单位"称号。

2001年

1月21日 区委发出《关于贯彻落实中央关于在农村开展"三个代表"重要思想学习教育活动决定的实施意见》。

2月26-27日 由副省长周时昌主持的长株潭市场一体化座谈会在驻区湘潭宾馆召开。会议就加快长株潭三市市场一体化建设步伐形成纪要。8月26-28日，省委、省政府在驻区湘潭宾馆召开长株潭经济一体化工作会议，筹划新世纪长株潭经济一体化发展大计，要求以推进工业化进程为重点，加快推进长株潭经济一体化。

2月26-3月1日 雨湖区二届人大四次会议召开，大会审查和批准《雨湖区国民经济和社会发展“十五”计划纲要》并作出决议。

3月2日 连接南岭南路和大湖路的迎宾东路建成通车，全长683米，主车道宽13米。

5月3日 19时40分，位于区内韶山中路的世纪星商场发生火灾，数百平方米营业厅被烧毁。

6月26日 以“百舸争流，湘潭腾飞”为主题的“城郊杯”龙舟展示赛在湘潭湘江一、三大桥之间举行。

6月30日 护潭广场竣工，广场总用地面积52430平方米。其中绿化面积30480平方米，建设总投资1500万元。

7月10日 区委、区政府发出《关于加强城市社区建设的决定》。

7月13日夜-14日凌晨 雨湖区各界群众欢庆北京获得2008年奥运会主办权。

8月 区内最低工资标准从每月259元提高到265元。

11月5日 杨梅洲大桥通车。

11月16日 区委发出《关于加强统一战线工作的意见》。

12月28日 区委发出《关于加强预防职务犯罪工作的决定》。

是年 区财政收入突破1亿元。

2002年

1月25日 区委、区政府发出《雨湖区区级机构改革方案实施意见》，改革后的区委机构9个，区人民政府机构16个。

同日 区委、区政府发出《关于乡镇机关事业单位机构改革的意见》，提出全区乡镇财政拨款事业编制总体精简20%。

2月20日 市政府召开大会，表彰2001年度全市32家经济目标考核先进单位，雨湖区获城区组第一名。

3月22日 雨湖区在全市依法行政工作会议上作《加强依法行政，加快经济发展》典型发言；11月全市依法行政经济交流会在雨湖区召开，是年雨湖区政府被湖南省评为“政府系统法制工作年度先进单位”。

3月25日 区委、区政府发出《湘潭市雨湖区农村税费改革实施方案》，从根本上治理对农民的乱收费，切实减轻农民负担。

5月14日 区委、区政府将仙峰工业园更名为先锋工业经济园并发出《关于加快先锋工业经济园建设的意见》。

5月16-17日 省委副书记胡彪由市领导陈润儿、陈坤等陪同，先后到驻区湘潭大学，区内东环小区、广场街道南盘岭钟点服务中心考察社区党建、下岗职工再就业和社会治安综合治理工作。

9月23日 省委书记、省人大常委会主任杨正午率14个市(州)委书记、市(州)长来广场街道南盘岭社区、云塘街道杉树巷社区考察。

10月29-30日 中共雨湖区第三次代表大会召开。出席大会代表248人，列席65人。大会听取和审议周放良(女)代表区委所作《实践“三个代表”，实现跨越发展，为建设民富区强的现代化雨湖而努力奋斗》工作报告，听取和审议宋定一代表区纪委所作的《与时俱进，真抓实干，努力开创全区党风廉政建设和反腐败斗争新局面》工作报告。大会选举产生中共雨湖区第三届委员会委员27人，候补委员5人，区纪委委员15人。在区委三届一次全会上，选举区委常务委员13人。周放良（女）为书记，陈忠红、宋定一、徐秋良、徐亚健（女）、邓建农为副书记。在区纪委一次全会上，选举区纪委常委7人。宋定一为书记，沈淑兰（女）、罗金玉（女）、易小兰（女）为副书记。

10月30日 国家女子排球队队长杨希兰（女）向驻区湘潭市二中女子足球队捐赠运动服，谭山平副市长出席捐赠仪式。

11月26日 区内6路、15路城市公交车实行无人售票。

12月2–5日 政协雨湖区第三届委员会第一次全体会议召开，出席会议代表175人。会议协商讨论代区长陈忠红同志所作的《政府工作报告》以及其他报告，选举郭特强为主席，刘翠英（女）、曾彩奕（女）、张晋安（兼）、任可鸣（兼）、彭先国（兼）、黄腾其（兼）为副主席，许晓著（女）为秘书长。

12月8–12日 雨湖区第三届人民代表大会举行第一次会议。出席会议代表190人。会议听取和审议区人民政府工作报告及计划、财政报告，以及区人大常委会、区人民法院、区人民检察院工作报告，并依法作出相应决议。会议选举陈长清为区人大常委会主任，刘国平、杨放军、王春桃（女）、李志强、陈淑兰（女）、姜军松（兼）为副主任。选举陈忠红为区人民政府区长，刘更明、刘光明、傅国平、秦菊芳（女）、吴收安、宋善武为副区长。选举杨立初为区人民法院院长、贺卫平为区人民检察院检察长。

12月26日 连接雨湖区的潭邵高速公路连接线竣工通车。

是年 雨湖区被民政部授予"全国社区建设示范区"称号；被全国爱卫会授予"改水改厕先进区"称号；被省委、省政府授予"计划生育工作模范单位"称号。

2003年

2月28日 全省"放心菜"工作经验交流会在湘潭召开，区内护潭、羊牯两个基地被列入全省第一批"放心菜"基地。

4月22日 区委、区政府发出《湘潭市雨湖区创建文明城市区工作方案》。

5至9月份 雨湖区发生历史上最严重的旱灾，全区共投入抗旱劳力5600人，区、乡两级干部共650多人次到抗旱一线开展工作，区、乡、村三级共投入抗旱资金350万元，确保人畜饮水安全。

7月31日 全市最低工资标准调整，雨湖城区最低月工资标准为340元。

8月8日 区委、区政府发出《关于深化事业单位人事制度改革的实施意见》，。

9月23日 中山路派出所为农业银行湘潭市支行成功追回134万错汇款。

10月18日 东起潭邵高速公路连接线，西至驻区湘潭大学，全长8.8公里，总投资1.93亿元的湘潭市北二环路第一期工程竣工通车。

11月5日 区委、区政府发出《关于加快民营经济发展的意见》，从2003年起，区政府每年安排50万元作为民营企业发展专项资金。

12月10日 共青团雨湖区第四次代表大会召开。会议代表92人，选举产生共青团第四届委员会，选出委员29人，其中常务委员7人；夏建波为书记。

12月11日 雨湖区第三次妇女代表大会召开，出席会议代表148名，选举产生雨湖区妇联第三届执行委员会委员31人，常委11人，杨柳（女）为主席。

12月29–30日　雨湖区第三次工会代表大会召开。出席大会代表115人，选举产生雨湖总工会第三届委员会，李志强为主席。

12月30日　区内连接岳塘区的湘潭湘江四大桥奠基，市领导陈润儿、彭宪法等出席开工典礼。

2004年

1月8日　中国红十字总会党组书记江亦曼（女）到湘潭视察，向区红十字会捐赠一批价值6万多元的物资。

3月2日　《湘潭市实施〈城市居民最低生活保障条例〉细则》在区内实施。

3月6日　经省工商行政管理局批准，区内民营企业、湘潭市恒盾（集团）厨具制品总厂注册的“红盾”、湖南乡里美食有限责任公司注册的“乡里美食”商标被评为2003年湖南省著名商标，有效期为3年。

3月18日　区委、区政府发出《关于加强农村基层组织和农村全面小康示范村建设工作的实施意见》，提出示范村要实现“农民富、村庄美、风尚好”的小康建设目标。

4月16日　区委发出《关于建立健全问责制度的意见》，区政府下发《雨湖区行政问责暂行办法》。

4月　湖南省人民政府清理和整顿开发园区，区内湘潭市商贸工业特区被纳入撤销范围。

7月30日　中共雨湖区委三届六次和区政府三届四次全体（扩大）会议召开，提出“人才兴区”战略。

9月6日　区委、区政府发出《关于进一步加强教育工作的实施意见》，积极引导鼓励教师到农村中小学任教。从2004年开始，区委、区政府设立“莲花奖”，对实绩突出的教师给予重奖，每三年评选一次，每次评选1–3名，获得者每人奖金5000元。

9月23日　区委发出《关于开展向陈秋明同志学习的决定》。2005年6月，陈秋明被评为2004年度感动湘潭十大新闻人物。

11月12日　首届中国（湘潭）齐白石国际文化艺术节开幕式在白石广场举行。全国人大常委会原副委员长王光英宣布文化艺术节开幕，副省长许云昭主持开幕式。中国文联党组书记、常务副主席李树文，省委副书记谢康生，齐白石后人齐展仪，市委书记陈润儿分别讲话。艺术节两天期间，评出9名“齐白石艺术新人奖”金银奖获得者；签约项目16个，签约金额12.44亿元。

12月21日　潭邵高速公路楠竹山连接线工程开工。该工程全长3028米，总投资1400多万元。

12月　雨湖区被省委、省政府授予“计划生育优质服务先进单位”、“全省社会治安综合治理先进县市区”称号。

2005年

1月28日　湖南省红十字会在湘潭举行“博爱送万家”活动，慰问区内窑湾街道100户特困户。

4月21日　区委发出《关于向陈长清同志学习的决定》。

5月9日　台湾亲民党主席宋楚瑜来到母校——雨湖区曙光学校参观访问，捐款20万元建校图书馆，亲笔题词“春风化雨、未来曙光”。学校回赠宋先生1949年上半年在该校读二年一期的学籍表等资料复制件作纪念。

6月30日　区委、区政府机关办公地址由建设北路224号迁至雨湖路292号（即原市人民政府办公地）。

7月25日　中共雨湖区委三届八次和区政府三届六次全体（扩大）会议召开，会议提出突出抓好财源建设,树立项目兴财、产业兴财、开放兴财的理念,把园区建设成为产业发展的大本营、财源建设的新基地。

8月4日 科技部确认湘潭市为国家火炬计划机电一体化产业基地,并审查认定6家企业为首批骨干企业,驻区江麓机械集团有限公司、区内平安电气集团公司列入其中。

8月26日 区委、区政府发出《关于创建全国文明城市的意见》,《意见》中提出建设“富裕雨湖、生态雨湖、文明雨湖、诚信雨湖、和谐雨湖”。

12月29日 省委副书记谢康生率省委、省人大、省政府、省政协四大家和20多个省直部门的150余人一行到楠竹山镇开展理论、法律政策、文化、科技、卫生服务“五下乡”活动。

是年 雨湖工商分局协助市工商局,经过3年的努力,为私营企业“心连心”集团办理不冠行政区划名的手续,获国家工商总局批准。雨湖区被国家婚姻新风进万家活动领导小组授予全国“婚育新风进万家活动先进单位”称号,被国家计生委授予“全国计划生育优质服务先进城区”称号,被省委、省政府授予“人口与计划生育工作优质服务先进单位”称号。

是年 区财政收入突破2亿元。

2006年

1月6日 湘潭白石步行商业城首期工程开工,省政协副主席王汀明以及市领导等出席开工剪彩仪式。

1月12日 广东省副省长李容根在湖南省副省长杨泰波等陪同下参观区内“恒盾”农产品加工企业。

2月13日 副省长甘霖(女)一行在市领导陪同下,到区内部分社区就发展城市社区卫生服务工作进行调研。

2月17日 全省重点商贸流通企业座谈会在区内“心连心”集团召开。全省20家重点商贸企业负责人与会交流,副省长贺同新作重要讲话。

3月24日 区委、区政府发出《关于加快推进社会主义新农村建设的意见》。

4月7日 区委、区政府发出《关于加快引进战略投资者,发展壮大区域经济的意见》。

5月7日 熙春路延长线(熙春路与泗洲路交叉处至湘江三桥北)正式动工。2007年1月4日通车,该工程总投资5700万元,全长1181.5米,宽30米。

5月18日 全市首个社区行政执法执行室在雨湖路街道办事处挂牌成立。

6月1日 湘潭市启动农村最低生活保障制度,区内执行其补助标准上限为每人每年800元。

6月24日 在第三次全国残疾人事业工作会上,国务院残疾人工作委员会授予雨湖区“全国残疾人工作先进区”奖牌。

6月28-30日 中共雨湖区第四次代表大会召开。出席大会代表249人,列席102人,大会听取和审议梁志峰代表区委所作的《坚持科学发展,实现全面小康,为建设繁荣富强文明和谐的新雨湖而努力奋斗》工作报告,听取和审议罗扬义代表区纪委所作的《强化四项职能,服务发展大局,为构建和谐新雨湖提供坚强的政治保障》工作报告。大会选举产生中共雨湖区第四届委员会委员35人,候补委员6人,区纪委委员17人。在区委四届一次会议上,选举区委常委13人。梁志峰为书记,徐亚健(女)、张伯文为副书记。在区纪委全会上,选举纪委常委7人。罗扬义为书记,沈华强、谢琦峰、彭清良为副书记。

7月1日 区内全日制最低工资标准由原来的每月420元上调至每月480元,非全日制小时最低工资标准由原来的每小时5元上调至每小时6元。

7月18日23时 湘江洪峰达40.30米,区内干部群众全力抗洪抢险。

同日 省长周伯华到区内十万垅大堤巡堤,并看望全力抗洪的干部群众。

8月16日 区内湘潭平安电气集团有限公司纳入国家首批创新型企业试点。

8月20日 区委、区政府出台《湘潭市雨湖区合作医疗制度实施暂行办法》。

9月11日 区委、区政府发出《关于增强自主创新能力,提升雨湖产业竞争力的实施意见》。

9月20日 雨湖区农村饮水安全项目工程顺利通过市级验收。该工程分别在先锋乡桐梓村和长城乡新月村各钻深井一口;建蓄水池两个、水泵房两座;铺设输水管道1万多米,入户管道2.60万米;安装无塔供水设备两套。确保两村村民饮水安全。

11月27日 共青团雨湖区第五次代表大会召开。会议代表113人,选举产生共青团雨湖区第五届委员会,选出委员29人,其中常务委员7人。颜炬(女)为书记。

11月 区内城市居民最低生活保障标准线由原来的每月156元调至180元。

12月13日 驻建设北路的湘潭布市实施搬迁,搬迁后的布市一分为三,即:三桥北布市、盘龙布市、长株潭大市场布市。

12月21日 湘潭市隆重纪念区内民主革命先驱刘道一就义100周年。

是年 雨湖区被国家计生委授予"全国计划生育优质服务先进单位"称号。

2007年

1月26日 长株潭三市一体化公交开通。

1月 区委、区政府主办的内部刊物——《雨湖视窗》试刊号创办。

2月4日 湘潭三桥北大市场布市开业。

2月6日 长潭西线高速公路区内段通车。

3月22日 区委、区政府下发《关于加速推进新型工业化的实施方案》,提出加强节能降耗,以信息化带动工业化,走出一条高效、高速、低排、低耗,具有雨湖特色的新型工业化道路。

3月20日 驻区步步高公司纳税过亿,成为湖南省零售业界纳税最多的民营企业和区内纳税大户。

4月12日 区委、区政府出台《关于引进外来资金的奖励办法》。

6月4日 区委、区政府出台《关于加快商贸物流业发展的意见》,提出建立重大物流企业和现代商贸物流体系。

6月11日 区委、区政府出台《关于进一步加强人才队伍建设的实施意见》,提出大力加强以党政人才、企业经营管理人才和专业技术人才为主体的人才队伍建设。

6月28日 湘潭电化集团有限公司出资1亿元接收驻区湘潭锰矿。

7月12日 莲城大桥(湘潭湘江四大桥)建成通车。

8月29日 驻区市第四职业技术学校(八中)、市第五职业技术学校(九中)、第一职业技术学校合并,组建湘潭市工业贸易中等专业学校。

10月 在世界夏季特奥会上,云塘街道黄周博(女)获高尔夫球金牌,中山路街道的刘毅获男子男球铜牌。

11月28日-12月1日 政协雨湖区四届一次全会召开。出席会议的委员171人,列席148人。选举产生政协雨湖区第四届委员会主席、副主席和常务委员。邓建农为主席,陈卫兵(女)、刘金明、彭先国、张立忠、郭萱怀为副主席,萧学明为秘书长。

11月28日-12月2日 雨湖区四届人大一次会议召开。会议出席代表199人。选举徐秋良为区人大常委会主任，王春桃（女）、李志强、陈淑兰（女）、彭欣、贾彦卿为副主任。徐亚健（女）为区人民政府区长，朱红兵、傅国平、秦菊芳（女）、王振华、杨贵、夏建波为副区长。郑红为区人民法院院长，贺卫平为区人民检察院检察长。选举区人大常委会委员15人，选举出席湘潭市第十三届人民代表大会代表83人。

12月10日 国务院批准长株潭城市群为全国资源节约型和环境友好型综合社会配套改革试验区。

12月 区内有线电视用户完成从模拟电视向数字电视转换。

雨湖区被国家计生委授予“全国计划生育优质服务先进区”称号，省委、省政府授予“人口和计划生育工作优质服务先进单位”和“全省社会治安综合治理先进县市区”称号。

是年 区财政收入突破3亿元。

第一篇　地　理

第一篇　地 理

第一章　建制区划

第一节　区域位置

一、区位面积

雨湖区位于湖南省中东部，湘江下游，湘潭市区西北部。处北纬27°48′21.44″-27°59′30.15″，东经112°36′59.47″-112°57′09.85″之间，土地总面积78.92平方公里。

二、区域界定

雨湖区辖湘潭市城区湘江以西的全部范围。雨湖区东南与岳塘区隔江相望，东北角与九华示范区相邻，西从涟水出口上溯至新渡口与湘潭县河口镇以河为界，折北经黄砂坪、马东桥、宋家咀、洪皮塘、来池塘、雷打岭、栗塘桥、烟棚岭、太平庵、塔岭与湘潭县姜畲镇接壤，自青山坳往东经先锋岭、鸭婆咀、蔡家坝、腰塘顺水至殷家坝、黄泥岭、石码头、板桥、千家坝、牛婆山至竹埠港口对岸与湘潭县响水乡为邻。另有楠竹山和鹤岭两镇两处"飞地"，楠竹山镇的罗金塘村四周与湘潭县毗连，鹤岭镇的七亩丘村位于湘潭县响水、响塘乡与望城县的白泉乡之间，呈倒立的"▽"状。1999-2004年，联合区界勘定：雨湖区与岳塘区界线15公里，与湘潭县界线46.16公里(其中涟水河界4.3公里)。

（区位图）

第二节　建置沿革

一、历史沿革

1949年8月11日，湘潭县和平解放，划为6个行政管辖区，昭潭镇改为城关区。1950年7月，以城区为基础成立湘潭市(县级市)。1952年8月，湘潭市以大同路(今建设北路)为界，设南北两个区公所，作为湘潭市人民政府的派出机构。南、北区均属现雨湖区境。1956年3月，湘潭市成立水上区公所，将原南区所辖船民委员会划归水上区公所管辖。1958年5月，成立南、北两区人民委员会。1960年4月，撤销南、北两区人民委员会，成立河西人民公社，下辖湘江、雨湖等4个分社。1961年4月，湘江、雨湖分社改称湘江、雨湖人民公社，下辖管区。同年11月，撤销湘江、雨湖人民公社，成立湘江、雨湖区人民委员会。1962年下辖新设立街道办事处。1965年5月，湘江、雨湖两个区合并为河西区。1980年7月，河西区分为湘江、雨湖两个区，均系省辖市的县级区。1988年,境内分属雨湖区、湘江区、郊区管辖。1992年6月,为统筹城乡发展,经国务院批准湘潭市撤销城市四区和郊区,以湘江为界建立岳塘区和雨湖区。湘江以西的原雨湖区、湘江区及郊区所辖的4乡1场合并建立新雨湖区。至2007年年末,雨湖区管辖范围未变。

二、区划调整

1989年,湘江区中山路街道将部队老干所、湘潭宾馆周围散户划入,组建迎宾路居委会。1990年,雨湖区雨湖路街道办事处增设和平新村居委会。1991年,中山路街道办事处将郊区昭潭乡广场村周围"农转非"新户划入,增设坝子塘居委会。1992年5月27日,市政府批准建立湘潭市经济开发区,直属市政府领导。以砂子岭广场为中心规划总面积7.98平方公里。是年8月,改属雨湖区政府管辖。1992年8月13日,湘政函〔1992〕67号通知:调整湘潭市市辖区。撤销湘潭市的原雨湖区、湘江区、岳塘区、板塘区和郊区的行政建制。以湘江为界,设立雨湖区、岳塘区。1993年3月25日,省政府批准同意湘潭市经济开发区更名为湘潭市商贸工业特区,为省级开发区,隶属关系不变。1995年,云塘街道办事处增设杨家湾、东环(草塘、雪园新村)居委会。繁城西村从护潭乡繁城村析出划入城正街街道办事处与板石巷居委会合并,1996年,板石巷居委会更名为熙春路居委会。1998年,新设宝丰街、富民城2个居委会,隶属于商贸工业特区。2001年,平政路街道办事处将8个居委会调整为大埠桥、南步街、关圣殿、新梁街、寿佛殿5个(撤销上河街、万寿宫、护国寺居委会);鹤岭镇将6个居委会调整为红旗、白冲、果沙、冷水冲、跃进5个(撤销工农桥居委会);雨湖路街道办事处和平新村调整为建城路居委会。2004年4月,省政府清理和整顿开发园区,湘潭市商贸工业特区纳入撤销范围。2007年11月,湘潭市商贸工业特区全体职工会议通过《商贸工业特区职工安置方案》。至此,湘潭市商贸工业特区撤销。

第三节　行政区划

1988年,境内分属雨湖区、湘江区、郊区管辖。雨湖区辖城正街、平政路、雨湖路、云塘、鹤岭5个街道办事处,共37个居委会和1个行政村,588个居民小组和4个村民小组;湘江区辖中山路、窑湾、广场、楠竹山、羊牯塘5个街道办事处,33个居委会和2个行政村,542个居民小组和5个村民小组;郊区河西辖长城、昭潭、先锋、护潭4个乡及先锋综合农场,下辖38个行政村,340个村民小组。1992年,根据民政部批复文件,原雨湖区、湘江区和郊区撤销,新区由原雨湖区的云塘、鹤岭、城正街、雨湖路、平政路5个街道,原湘江区的窑湾、羊牯塘、广场、楠竹山、中山路5个街道,原郊区的长城、昭潭、先锋、护潭4个乡和先锋综合农场组成,行政区划共10个街道、4个乡、1个农场,下设32个村、63个居民委员会、1337个居民小组,441个村民小组。1993年1月,先锋综合农场更名为先锋企业集团公司。8月,省政府批复:楠竹山、鹤岭两街道恢复镇建制。当年,雨湖区辖8个街道、4个乡、2个镇及先锋企业集团公司,下设74个居民委员会,38个行政村,1130个居民小组,340个村民小组。2001年,按照国家民政部对城区基层政权实行调整改革精神,以尊重历史,便于社会管理,利于经济发展为原则,对全区103个居民(家属)委员会(包括窑湾街道梅州村)以街巷道路为界,调整为76个社区。2002年5月,先锋企业集团公司加挂"先锋工业园"的牌子。2007年,雨湖区对开发小区和部分新建商品房的行政区划管理以雨湖区民政局《关于明确部分开发小区和新建商品房行政区划管理的意见》明确管理归属。全区有8街4乡2镇和先锋工业园及商贸工业特区,下辖76个社区居委会,37个行政村,1829个居民小组和353个村民小组。

2007年雨湖区行政区划一览

1-1-3-1 单位：个

乡、镇、街道名称	村(居)委会	村(居)民小组	村(居)委会名称及小组数
长城乡	16村	157	砂子(7)和平(5)工农(5)高坪(13)立云(13)羊牯(9)上新(8)花园(9)红旗(8)石基(8)卫星(13)犁头(12)新月(18)白云(15)繁荣(10)洪桥(4)
先锋乡	5村	58	中心(3)建新(15)金塘(19)桐梓(10)先锋(11)
昭潭乡	6村2居	36	楷树园(5)广场(4)高标(4)许家铺(6)烟竹(6)建城(11)
护潭乡	8村	93	繁城(20)富强(23)红星(6)悦星(10)永红(15)文昌(6)渔业(2)湘竹(11)
楠竹山镇	1村9居	5+21	罗金塘村(5)云湖桥(7)大屋湾(11)盛家山(3)
鹤岭镇	1村5居	4+134	七亩村(4)冷水冲(10)果沙(20)红旗(40)白冲(38)跃进(26)
雨湖路街道	9居	176	和平桥(30)工人(25)雨湖路(18)古梁巷(15)民主路(14)解放路(15)风车坪(17)建城路(22)车站路(20)
平政路街道	5居	80	大埠桥(21)南步街(13)寿佛殿(14)关圣殿(14)新梁街(18)
城正街街道	8居	203	通济门(21)瞻岳门(30)观湘门(25)洗脚桥(38)三义井(21)泗洲庵(36)熙春路(19)桃园路(13)
云塘街道	9居	225	万新(26)繁城(22)火车站(19)公园(35)杉树巷(32)调塘(22)雪园(29)杨家湾(20)东环(20)
窑湾街道	6居	141	杨梅洲(12)窑湾(23)唐兴寺(19)正福街(24)文运街(25)砂子岭(38)
中山路街道	9居	262	大码头(25)罗祖殿(35)龙子巷(34)自力(28)大湖(26)湘建(36)鲁班殿(41)坝子塘(14)迎宾(23)
广场街道	11居	186	高岭(12)金塘(44)南岭(29)和平(85)韶山路(14)西塘(2)
羊牯塘街道	3居	55	花园(6)羊牯(2)湘大(47)
商贸工业特区	2居	28	宝丰街(16)富民城(12)
江麓机械厂	5居	83	新建(17)福利(16)中心(16)建设(20)友谊(14)
江南机器厂	6居	235	新桥(25)爱国(48)楠竹(35)丁字(21)团结(81)永丰(25)

第二章　自然环境

第一节　自然状况

一、地质地貌

雨湖区位于衡山山脉的小丘陵地带，地处湘中盆地边缘，地貌依形态组合特征和物质组合特征分变质岩、碎屑岩丘陵冈地、红层碎屑岩丘陵冈地、低丘化冈地和堆积河谷平原四类。境内山地、丘陵、冈地、平原、水面具备。总的地貌轮廓是北部地势较高，中部、东部、南部较低平，地势起伏和缓。境内最高点为先锋岭，海拔100.5米；最低点竹山围子，海拔31.6米，两点高差68.9米，地势比降8.6%。

境内山峰、河洲主要有：

先锋岭　位于先锋乡西部，原称西风岭，乃区内最高处。

陶公山　又名壶山，位于沿江西路，临湘江。晋时著名将领陶侃曾驻兵于此，故称“陶公山”。山下有石，石呈赤色，形似马蹄，故称“锦石”或“马蹄石”。石崖下有潭，称“陶公鱼潭”，潭西有陶公桥和唐兴桥。山侧原有寺，曾先后称石头寺、石塔寺、大唐兴寺。

白马湖　位于区内西面，1958年在大湖和洗砚塘的基础上修整，称百亩湖，后演变成白马湖，今为白石公园内。

杨梅洲　位于区内南部的湘江河中，四面环水，洲长2500米，宽200余米，面积0.5平方公里，原为湘潭市造船业基地。今洲上植树造林，筑路修堤，绿树成荫，已成为公园。

二、地质结构

雨湖区地质结构由燕山运动所奠定。境内地质结构主要由变质岩、红岩、砂砾岩、石灰岩、沙岩和第四纪松散堆积物组成。地质稳定，承载力强，适宜于工程建设，是区域工业发展得天独厚的地理条件之一。

三、土壤

境内土壤按性状主要分为四类：

红壤　广泛分布在丘陵和冈地，约占土地总面积的62%。

潮土　分布于湘江和涟水沿岸的河谷地带，约占总土地面积的8%。

淹育性水稻土　分布于山冈和丘陵之间的谷地，约占总土地面积的18%。

紫色土　分布于地势较高的山地，约占总土地面积的12%。

不论哪种土壤，土质均呈弱酸性，PH值在5.5–7.5之间，有利于以水稻为主的种植业生产。

四、气候

(一)特点

境内属中亚热带季风湿润气候区,四季分明,热量丰富,雨水集中;春温多变,夏秋多旱,严寒期短,暑热期长;光、热、水基本同季是区域气候的基本特点。春多阴雨、气温低;夏多阵雨,气温高,天气炎热;秋季少雨高温,气温由高到低,时凉时热,变化不稳定;冬季少雨,寒冷干燥。

按公元纪年划分,一般春季始于3月上旬,止于5月中旬,为70天左右。夏季始于5月中旬,止于9月中旬,为125天左右。秋季始于9月中旬,止于11月下旬,为75天左右。冬季始于11月下旬,止于次年3月上旬,为95天左右。按民间农历划分,1、2、3月为春季,4、5、6月为夏季,7、8、9月为秋季,10、11、12月为冬季。从传统观念上,人们大多以“立春”“立夏”“立秋”“立冬”为四季之首。

(二)气温

境内年平均气温16.7℃-17.2℃。元月气温最低,平均4.6℃-5.0℃。年极端最低气温为零下12.1℃(1991年12月29日)。7月气温最高,平均28.6℃-29.5℃。年极端最高气温为41.8℃(2003年8月3日)。按季度划分,春季平均气温16.7℃,夏季平均气温27.8℃,秋季平均气温18.4℃,冬季平均气温6.3℃。年际变化幅度约在1.5℃左右。

(三)降雨

境内年平均降雨量在1389.4-1437.8毫米。极端降雨最高值1923.3毫米(2003年),最低值1021.8毫米(1988年)。雨量相对集中在4-6月。按季节分,春季300毫米,约占全年21.6%。夏季586.9毫米,约占全年42.2%。秋季308.2毫米,约占全年22.2%。冬季194.3毫米,约占全年14%。由于雨水相对集中,所以夏季常发生洪涝灾害,秋冬季受干旱威胁,给农业生产造成一定危害。

(四)日照

境内年平均日照时数在1558.7-1610.9小时。极端最长1722.3小时(1988年),最短1356.2小时(2002年)。一年内7-8月日照时间最长,月平均在200小时以上。2月日照最少,仅约61小时,且从3月开始逐渐增加,9月开始渐次减少。

(五)风向

境内冬春两季多北风,夏秋两季多南风,平均风速2-3级。5级以上强风一般在3、4月(冷空气活动频繁)和7月(内陆热低压活动)出现,但强风暴少见。

(六)无霜期

境内无霜期一般从2月下旬起到11月中、下旬,平均无霜日269-281天。最长年份301天(1988年),最短年份227天(1996年)。初霜期一般在11月中、下旬,终霜期在次年2月下旬。年均降霜日一般在3-7天左右,基本没有霜冻危害。

(七)降雪

境内一般年份在1-2月会出现2-4天降雪日,多数年份只有一次,最多年份不超过3次,总降雪量一般在10-12毫米。

(八)湿度

境内年平均相对湿度为80%,各月平均相对湿度均在75%左右。其中冬季为80%,春季为82%(最大),夏季为81%,秋季79%(最小)。湿度变化与温度变化恰好相反,凌晨的湿度一般在80%以上,下午1-4时前后湿度最小,一般在75%左右(不含阴雨天)。春夏季阴雨天闷热潮湿,最大湿度可达100%,光滑的地面和墙面出现泛水。

(九)雷暴

境内属多雷暴区,年平均雷暴日数45-46天,集中在春夏两季。雷暴往往危及飞行安全,干扰电信,击毁电器设施甚至引发火灾,造成人畜伤亡。感应雷电对现代通信网络和家用电器也造成一定损坏。

五、水文

境内水系主要属湘江水系,湘江在区域内径流15公里。另有涟水从新渡口入境,径流4.3公里,经犁头嘴入湘江。地表水由山塘、水库蓄积后,经自然水坝和人工排渍渠系排往湘江。

(一)水位

境内湘江常年水位均值在31.0米左右。最高41.94米(1994年6月18日)。2006年始,湘江提前至10月底出现枯水。至2007年的20年中,区内湘江超过警戒水位的有16年。洪水多发生在5-7月。枯水季多在12月至次年2月。

(二)流量

境内湘江平均流量2060立方米/秒,年均径流总量648.7亿立方米。最大流量20800立方米/秒(1994年6月18日),最大年径流量949.1亿立方米(1994年)

(三)流速

境内湘江最大流速2.5米/秒(1994年6月18日),最小流速0.067米/秒(2007年)。

(四)泥沙量

境内湘江河段输沙率最高为365公斤/秒(1994年),最小85.6公斤/秒(2007年)。多年年平均输沙量1139万吨,最高年份(1994年)1950万吨。含沙量平均为0.179公斤/立方米,最高0.338公斤/立方米(1994年)。

第二节 自然资源

一、野生植物资源

雨湖区属中亚热带绿阔叶树区,树种资源较丰富。境内有野生植物资源1300余种,大致可分为食用、药用、观赏、林木和其他五类。食用类野生植物有瓜果类植物、糖类植物和菌类植物,计110余种。药用类野生植物有中草药和中药材,计300余种。观赏类野生植物有菊花、杜英、紫薇等计120余种。林木(竹)类野生植物共有360余种。竹类有楠竹、斑竹和丛竹三大类计30余种。其他类野生植物约410余种。并先后引进湿地松、火炬松、意大利杨、玉兰、雪松、花梨、胡柚、油棕等林木65种。

境内有国家一级珍贵树种银杏、红兰杉两种,国家二级珍贵树种香樟、花榈木、马褂木3种。现存树龄60-208年古树9科21种114株。

二、野生动物资源

境内野生动物资源共有330余种。其中,陆生野生动物有龟、蛇、鸟、蛙、蝶、野兔等近150种,水生野生动物180余种,以鱼最为常见。20世纪90年代以后,通过植树造林、封山育林,森林覆盖率提高,野生动物生存环境改善,国家、省级保护野生动物,如雉(野鸡)、虎纹蛙、穿山甲、猫头鹰、野鸭、山鸡等时有出现。水生野生动物资源由于水质的污染和环境破坏,种群和数量总体逐年减少,少数已濒临灭绝。

三、矿产资源

境内矿产资源较少，比较缺乏，主要有锰和煤。

（一）金属矿

锰矿石　分布于鹤岭丘陵地带，总储量约1000万吨。鹤岭镇素有“中国锰都”之称，全国最大锰矿和锰资源加工中心。2005年，锰矿企业破产。至2007年，鹤岭地带锰矿石储量约100万吨。

（二）非金属矿

煤　分布于楠竹山一带，主要为烟煤，总储量约100万吨，年开采量为5万吨。

黏土　广泛分布于全区境内。储量丰富，主要用于烧制红砖。

河砂　广泛分布于湘江水域，储量在8000万吨以上，年开采量在500万吨左右，广泛用于基建。

四、水资源

（一）地表水

雨水　境内雨量充沛，年平均降雨量在1389.4–1437.8毫米，但降水不均衡，雨量相对集中在4–6月，约占年降雨量的50%，且年际变化较大，最高年份较最低年份相差近1000毫米。年均蒸发量约在950–1020毫米，干旱指数为0.73。按径流法计算，全区范围降水总量约为1亿立方米，其中渗入地下成为地下水的约占10%。500万立方米经溪流塘坝汇入湘江，400万立方米经地面蒸发返回大气。从资源总量看，区域内地表水资源较丰富，但降雨时间集中造成地表水相对集中，4–6月满水径流时常造成洪涝灾害，而11月至次年1月降雨少时，径流也明显下降，地表水不能满足生活需要，必须采取工程措施提取湘江水补充。

湘江水　湘江在境内的径流15公里，断面最宽1.4公里，最窄断面373米，平均年径流量648.7亿立方米。另有涟水在区域的径流4.3公里，由犁头嘴入湘江，年汇入量约0.053亿立方米。

（二）地下水

境内系大片第四纪和白垩系地质结构，水资源极为丰富，除含浅层地下水外，还有深层地下水，属大型、特大型地下水资源区。羊牯塘一带含水层厚20米–300米，单井涌水量903–7296吨/日，楠竹山一带除有白垩系深层水外，尚有石灰岩的溶洞水。块断面积约50平方公里。按渗水系数法计算，地下水动储量约20亿立方米。境内不少企业、院校、单位、居民生活用水，除已使用自来水的用户外，主要靠打井汲水。水质各项指标符合国家生活饮用水标准要求。

五、土地资源

雨湖区土地总面积78.92平方公里。1988年时，有农业用地20.58平方公里，约占总面积26.08%；山冈地7.58平方公里，约占总面积9.61%；水面15.37平方公里，约占总面积19.47%；工矿城市居住交通用地35.39平方公里，约占总面积44.84%。

1993年，对土地位置、数量、类型、分布和利用现状进行详查。区内有土地总面积78.92平方公里。土地利用地格局是：农用地与工矿用地的比例为6:4。人均占有土地0.026公顷。在土地总面积中，由于湘潭市行政中心在雨湖区，国有土地3282.18公顷，约占总面积41.59%；集体土地4592.35公顷，约占总面积58.19%；争议土地17.36公顷，约占总面积0.22%。全耕地1800公顷，约占总面积22.81%，人均耕地0.006公顷；园地267.3公顷，林地531.87公顷；工矿城镇居住交通用地3516公顷，约占总面积44.55%。水域面积1037公顷，约占总面积13.14%；未利用土地371.1公顷，约占总面积4.70%。

2007年末,全区土地总面积78.92平方公里。其中,农业用地17.30平方公里,占总面积21.92%;山岗地5.58平方公里,占总面积7.07%;水域9.50平方公里,占总面积12.04%;工矿城市居住交通用地46.54平方公里,占总面积58.97%。土地资源具有耕地、水域和丘陵地较多较好的优势。全区人均占有耕地面积虽少,但土地质量好,利用率高,水稻土、红壤土、菜园土的分布格局,有利发展以水稻为主的种植业。

第三节 自然灾害

一、水灾

1989年6月28日-7月25日,连遭暴雨,湘江水位39.40米,出现洪涝。淹渍早稻1000余公顷,全区25个村受灾,直接经济损失约3万元。

1990年6月6-15日,连遭三次暴雨,形成洪涝。其中,6月12日区内降雨109.90毫米,造成市合成化工厂水淹0.70米,停产停气12小时,城区居民无气为炊。湘潭锰矿3个分厂和一个矿井停产3天,造成直接经济损失近500万元。

1992年3月17-27日,连降大雨、暴雨,出现罕见的春汛,湘江水位达39.74米,为历史上3月湘江水位之最。同年7月6-10日,再次遭受暴雨,湘江水位达到40.50米,形成特大洪灾。窑湾街两次被淹,直接经济损失12万元。

1993年6月12-19日,两次暴雨,造成区内不少交通要道积水0.30-0.50米,市种子公司仓库进水深达1米。7月2-7日再次遭受特大暴雨,湘江水位达到40.50米,造成特大洪涝,全区6.40万人受灾,5800人被困,倒塌、损坏房屋1600间,农作物和淡水养殖受灾450公顷,18个工矿企业停产,造成直接经济损失上千万元。

1994年4月25-28日、6月16-23日、8月6-9日3次洪水,湘江水位分别达到40.50米、41.94米和39.50米。特别是6月份的洪水,使十万垅防洪堤犁头段两处决堤,长达200米。造成10个乡镇、街道,20个村、居委会1.76万人受灾,被困人口近1万人,转移安置人口2500人,倒房2034间,损坏房屋6200多间,农作物绝收面积833.3公顷,工矿企业和交通也受灾严重,造成直接经济损失1.45亿元。

1998年3月9-12日,湘江上游普降暴雨,水位陡涨至40.48米,再次出现罕见的春汛。6月24-30日,普降暴雨,湘江水位达到40.97米,形成特大洪涝灾害;造成长城乡团结渠、宋樟线四处溃堤,缺口达41米。有21个村、12个居委会严重受灾,受灾人口1.30万人,被困人口0.50万人,倒塌、损坏房屋97间,农作物受灾面积686.7公顷,绝收面积430公顷,全区直接经济损失4007.70万元。

2002年是水灾最频繁的一年,全年出现5次洪灾,其中4次特大洪灾。6月13-21日,连降大雨,加上受上游降雨影响,湘江水位达到39.47米。6月28日-7月5日,普降暴雨,湘江水位达到40.10米。8月8-11日,湘江流域普降暴雨,水位39.83米。8月18-23日连降暴雨、大暴雨,湘江水位达到40.32米。10月28日-11月1日,又降大到暴雨,出现严重秋汛,湘江水位达37.55米,区内长城乡、护潭乡和窑湾街道受灾严重,直接经济损失在1000万元以上。

2003年5月15-20日,连降暴雨、大暴雨,湘江水位达39.90米。造成全区5000人受灾,农作物受灾严重,7家企业停产,直接经济损失近100万元。

2006年7月15-19日,受四号热带风暴“碧利斯”登陆后的影响,出现连续暴雨到大暴雨,湘江水位达到40.40米,部分乡镇(街)受灾,受灾人口1万人,转移安置1200人,倒房51间,损坏房屋206间,农作物绝收面积40.7公顷,5个企业停产,直接经济损失1500万元。

二、旱灾

1991年6月20日-10月10日，出现夏秋连旱，湘江水位急剧下降，区内用水告急，通过人工增雨作业，缓解旱情。

1992年8月20日-12月10日，发生秋冬连旱113天，总降水量只有46.80毫米，比历年同期184毫米减少79.70%。全区3万余人饮水困难，通过人工增雨作业缓解。

1995年7-9月，71天干旱，降水量仅43.30毫米。形成秋旱，晚稻受灾，严重减产。

2003年6月29日-11月3日，出现127天连续干旱。全区受旱面积340公顷，致粮食减产。

2004年7月20日-10月31日出现干旱，湘江水位一直很低，10月29日降至27.50米。形成秋旱，晚稻受灾，严重减产。

2007年6月27日-8月9日出现干旱。同年9月12日至12月6日特大干旱，部分地方出现人、畜饮水困难，湘江水位降到历史最低，区内用水告急。

三、风灾

1992年4月21日晚，遭受大雨大风袭击，并伴有小量直径20毫米左右的冰雹，农业春播受到危害。

1995年5月31日下午，区内遭受雷雨大风，造成倒树、倒房，部分电线、通讯中断和局部停电、停水。

2002年4月7日，区内遭大风袭击，最大风力达9级，市大众汽修厂等企业的车间、屋顶玻璃瓦、石棉瓦和临街广告牌被吹掉，许多树被吹倒，损坏民房15间，供电线路吹断9处，造成部分地段停电30小时。

四、冷害与冻害

1991年12月25-30日，出现大雪冰冻，最低气温达零下12℃，积雪厚达18厘米，此次大雪冰冻持续时间、强度均为区内少见。

1995年1月2-4日，降大雪，积雪厚达20厘米，最低气温零下6℃。造成交通、邮电、通讯和农业受损。

1997年9月12-30日，出现寒露风天气，平均气温低于20℃，最低达13℃，造成低温冷害。

2002年4月16-30日，连续低温阴雨，平均气温15.40℃，最低气温10℃，造成低温冷害。

2003年2月10-12日，出现寒潮，普降大雪，并发生冰冻。最低气温零下5℃，造成冰冻灾害。

五、雷击与大雾

1996年12月20日至1997年元月1日，区内出现历史罕见的连续12天大雾，每天凌晨至10时左右，能见度极差，对交通造成严重影响。

2000年7月29日和8月5日，区内两次出现雷击大雨天气。7月29日江麓聚富村新村四栋遭雷击，击坏20余家住户的电视机，同时区内市自来水公司也遭雷击，击坏电子仪器数台。8月5日驻区市中心血站遭雷击，击坏3台计算机，直接经济损失近100万元。

2003年6月9日，区内出现雷雨天气，多处遭雷击。驻区市集装箱公司一台门式吊车、市自来水公司3台电器设备、市电业局一台程控交换机、市工商银行计算机系统、市体育彩票中心4台计算机分别遭雷击，直接经济损失近20万元。

2007年8月29日，区内突然电闪雷鸣，强雷电击坏砂子岭一带居民的电视机40余台，雨湖工商分局等单位电脑被击坏，直接经济损失达30万元。

第二篇　人　口

第二篇　人　口

第一章　人口状况

第一节　人口数量及分布

一、人口数量

1988年，境内总人口为276360人。其中男性144885人，女性131475人；非农业人口227884人，占总人口的82.46%。

1990年，全国第四次人口普查，境内总人口为285041人。其中男性149762人、女性135279人；非农业人口234246人，占总人口的82.1%。

2000年，全国第五次人口普查，全区总人口为346232人。其中男性178177人，女性168055人；非农业人口301327人，占总人口的87.03%。

2007年，全区总人口为370252人。其中男性190222人，女性180030人；非农业人口322322人，占总人口的87.05%。由于城市经济的发展，外来进城经商务工人员逐年增加，是年，全区登记的暂住人口为14294人。

1988-2007年雨湖区人口及其变动情况

2-1-3-1　　单位：个

年份	区域	年末总户数（户）	年末总人口（人）				
			合计	性别		合计中	
				男	女	非农业人口	未落常住户口人员
1988	雨湖区	32756	110427	58610	51817	108259	1427
	湘江区	32143	115151	62289	52862	113542	794
	郊区（河西）	15178	50782	23986	26796	6083	709
	合计	80077	276360	144885	131475	227884	2930
1989	雨湖区	34733	113232	60419	52813	111044	1454
	湘江区	33324	114225	62967	51258	113360	32
	郊区（河西）	15577	53118	25068	28050	6799	499
	合计	83634	280575	148454	132121	231203	1985

续2-1-3-1

年份	区域	年末总户数（户）	年末总人口（人）				
			合计	性别		合计中	
				男	女	非农业人口	未落常住户口人员
1990	雨湖区	36196	114828	61450	53378	112883	1178
	湘江区	34380	115331	62097	53234	114431	58
	郊区河西	16539	54882	26215	28667	6932	822
	合计	87115	285041	149762	135279	234246	2058
1991	雨湖区	37352	117429	62630	54799	115574	1071
	湘江区	35620	117092	62990	54102	116221	31
	郊区河西	16816	55356	26708	28648	6910	711
	合计	89788	289877	152328	137549	238705	1813
1992	雨湖区	91169	296839	155773	141066	244050	3241
1993	雨湖区	94515	301563	157508	144055	252399	1141
1994	雨湖区	97925	315181	163047	152134	265664	2514
1995	雨湖区	100343	320942	166443	154499	272365	2319
1996	雨湖区	101472	323861	168084	155777	275284	2665
1997	雨湖区	110127	328076	169938	158138	278833	3754
1998	雨湖区	103180	331959	171415	160544	284204	2216
1999	雨湖区	102970	338605	174562	164043	293131	2179
2000	雨湖区	104426	346232	178177	168055	301327	1935
2001	雨湖区	105814	353338	181969	171369	307929	2262
2002	雨湖区	107288	361334	185801	175533	316956	1303
2003	雨湖区	109155	367756	189459	178297	324292	603
2004	雨湖区	110658	372431	192468	179963	318617	10830
2005	雨湖区	112208	375048	193940	181108	319599	11340
2006	雨湖区	113092	373402	192360	181042	328083	1313
2007	雨湖区	115118	370252	190222	180030	322322	3396

注：农业人口=总人口-非农业人口-未落常住户口人员

二、人口分布

雨湖区人口分布的特点是城区人口密度较大,农村人口相对密度较小。非农业人口占总人口比例逐年上升,农业人口占总人口比例呈逐年减少趋势。1988年,境内城区面积仅占全区总面积的44.84%,而城区总人口达227884人,非农业人口占总人口数82.46%。雨湖路街道人口密度最高,每平方公里达29664人。农业人口占总人口17.54%,长城乡人口密度最小,每平方公里827人。1992年,雨湖区非农业人口占总人口82.2%,雨湖路街道每平方公里达32708人。农业人口占总人口17.8%,人口密度最小的长城乡每平方公里935人。2000年,区内非农业人口占总人口87.03%。雨湖路街道人口密度最高,每平方公里38099人。农业人口占总人口12.97%,人口密度最小的长城乡每平方公里932人。2007年,区内非农业人口占总人口87.05%。雨湖街道人口密度最高,每平方公里37548人。农业人口占总人口12.95%,人口密度最小的长城乡每平方公里986人。

第二节　人口变动

1988年,境内总人口276360人。1990年总人口285041人,比1988年增加8681人,增长3.14%。2000年,全区总人口346232人,比1990年增加61191人,增长21.47%。2004年,市委、市政府及部分政府职能部门迁至河东岳塘区,区内人口增长率持稍减趋势。2007年,全区户籍总人口为370252人,比2000年增加24020人,增长6.94%。

一、机械变动

人口机械变动增加的主要因素是干部职工调动、婚配、"农转非"及"蓝印户口"迁入,驻区大中专院校学生入学迁入,住房调整迁入等;人口机械变动减少的主要因素是市政中心东移,干部职工调动、婚配迁出、驻区大中专院校学生毕业迁出、住房调整迁出及其他原因。

1988-1993年,境内共迁入104392人,年均迁入17399人;共迁出222399人,年均迁出37067人。6年中机械变动净减118007人,年均减少19668人。

1994-2000年,区内共迁入133773人,年均迁入19110人;共迁出95020人,年均迁出13574人。7年中机械变动净增38753人,年均增加5536人。

2001-2007年,区内共迁入114891人,年均迁入16413人;共迁出101019人,年均迁出14431人。7年中机械变动净增13872人,年均增加1982人。

二、自然变动

1988-1991年,境内共出生16113人,年均人口出生率14.24‰。自然死亡6205人,年均人口死亡率5.48‰。4年净增人口9908人,年均增加2477人,年均人口自然增长率8.75‰。

1992-2000年,全区共出生32328人,年均人口出生率11.14‰。自然死亡15547人,年均人口死亡率

5.36‰。9年净增人口16781人,年均增加1865人,年均人口自然增长率5.78‰。

2001-2007年,区政府加大计划生育工作力度,有效控制人口增长。7年共计出生23809人,年均人口出生率9.25‰。自然死亡9281人,年均人口死亡率3.61‰。7年净增人口14528人,年均增加2075人,年均人口自然增长率5.64‰,比前13年下降14.67%。

三、社会变动

1988年9月,境内公安机关实施流动人口管理,雨湖区、湘江区共登记流动人口1.23万人。1990年,两区登记流动人口1.98万人,比1988年增加61%。2000年后,部分长期在城市经商的流动人口纳入实有人口统计。随着城市商贸、建筑工程、城市基础建设、第三产业等迅速发展,进城务工流动人口增加至3.35万人,比1990年增加69%。2007年,区内有流动人口3.64万人。其中进城经商务工人员和建筑工人占90%以上,比2000年增加8.7%。

第三节 人口结构

一、性别结构

1988年,境内总人口为276360人。其中男性144885人,占境内总人口的52.4%;女性131475人,占境内总人口的47.6%,男女性别比为110.2:100。

1990年,境内总人口285041人。其中男性149762人,女性135279人,分别占总人口52.54%和47.46%,男女性别比为110.7:100。

2000年,区内总人口346232人。其中男性178177人,占境内总人口的51.46%;女性168055人,占境内总人口的48.54%,男女性别比为106.02:100。

2007年,全区总人口370252人。其中男性190222人,占境内总人口的51.38%;女性180030人,占境内总人口的48.62%,男女性别比为105.66:100。

二、年龄结构

1988年,境内0至14岁人口50574人,占总人口数的18.3%;15岁至64岁211216人,占总人口数的76.4%;65岁以上老年人14570人,占总人口数的5.3%。

1990年,境内0至14岁人口58465人,占总人口数的20.51%;15岁至64岁213508人,占总人口数的74.9%;65岁以上13068人,占总人口数的4.58%。

2000年,区内0至14岁人口55536人,占总人口数的16.04%;15岁至64岁267291人,占总人口数的77.2%;65岁以上23405人,占总人口数的6.76%。其中95至99岁35人,百岁老人4人。按照国际上对年轻型、成年型及老年型人口规定标准,区内人口将步入老龄化。按年龄构成指数,总抚养比为100:29.53,其中少儿抚养比100:20.78,老年抚养比100:8.76。

2007年,全区18岁以下人口56389人,占总人口数的15.23%;18岁至60岁255844人,占总人口数的69.1%;60岁以上58019人,占总人口数的15.67%。雨湖区成为人口老龄化城区。

三、文化结构

1990年,境内总人口285041人。其中,大专以上文化18232人,占总人口的6.4%;高中文化74105人,占总人口的26%;初中文化49322人,占总人口的17.3%;小学文化90072人,占总人口的31.6%。2000年,区内总人口346232。其中,大专以上文化35627人,占总人口的10.29%(男性22470人,女性13157人),比1990年提高3.89%;高中(含中专)文化91659人(男性46629人,女性45030人),占总人口的26.47%,比1990年提高0.3%;初中文化126652人(男性65055人,女性61597人),占总人口的36.58%,比1990年提高19.28%;小学文化84133人(男性43928人,女性40205人),占总人口的24.3%,比1990年下降7.3%;15岁以上文盲人口8161人(男性1714人,女性6447人),文盲人口占15岁以上人口的2.81%(男性0.59%,女性2.22%)。与省、国家确定的文盲率比(省文盲率5.99%,国家文盲率为7%,区内的文盲率分别低3.18和4.51个百分点。

2007年,全区总人口370252人。其中大专以上文化48873人,占总人口的13.2%,比2000年上升2.9%;高中(含中专)文化96265人,占总人口的26%,比2000年下降0.47%;初中文化132545人,占总人口的35.8%,比2000年下降0.78%;小学文化77012人,占总人口的20.8%,比2000年下降3.5%;15岁及其以上文盲人口7025人,占总人口的1.9%,低于国家、省文盲率标准4-5个百分点。

四、民族结构

区内多民族成分是随着大工业发展、历年干部职工调动、学生分配和婚姻习俗改变而形成的。1988年,境内共有汉、满、蒙、回、苗、瑶、侗、土家、壮、朝鲜、维吾尔等18个民族。其中少数民族17个,总人数1271人,占总人口的0.46%。2000年,全区共有29个民族。其中28个少数民族共有人口2912人,占总人口数的0.84%。2007年末,区内有少数民族30个,少数民族人数增加到3184人,占总人数0.86%。少数民族人员主要来自大中专学校在读学生和毕业后招工就业,集中在大中专院校和驻区大型工业企业。

五、姓氏结构

2007年,区内共有582个姓氏,其中复姓17个,万人(含万人)以上姓氏9个,万人以下千人(含千人)以上姓氏61个,千人以下百人(含百人)以上姓氏165个。按人口数量多少顺序排列,10000人以上的姓氏分别为:刘25312人、李20491人、陈17235人、张16596人、王16343人、周16327人、罗13028人、黄12836人、杨11640人。

1000人以上、不足10000人的姓氏依次排列为:郭9823人、唐8658人、彭7826人、戴7451人、冯7395人、胡6859人、谭6730人、袁5984人、赵5932人、许5829人、萧5366人、吴5274人、何4927人、朱4902人、邓4529人、谢4435人、宋4157人、严4018人、曾4056人、蒋3413人、易3184人、贺2950人、邹2517人、徐2396人、龙2287人、熊1982人、沈1943人、马1904人、尹1874人、曹1826人、颜1812人、向1804人、文1786人、傅1622人、欧阳2218人、廖1597人、孙1480人、丁1475人、邱1322人、潘1293人、程1220人、林1211人、叶1208人、夏1194人、龚1190人、郑1183人、楚1192人、汤1185人、方1140人、左1127人、钟1083人、苏1076人、言1034人、田1022人、余1005人、成1002人。

100人以上、不足1000人的姓氏依次为:高970人、梁969人、蔡935人、韩912人、凌889人、姜885人、段880人、石872人、伍850人、莫803人、万794人、姚765人、雷752人、汪744人、康692人、倪680人、董653人、毛634人、陶630人、卢914人、孟614人、齐603人、殷602人、金598人、黎597人、章595人、任590人、喻588人、杜564人、范560人、魏546人、甘537人、聂525人、江522人、童510人、吕492人、崔465人、舒446人、盛432人、粟424人、于415人、柳408人、宾397人、谷381人、符380人、侯371人、项353人、秦350人、陆334人、游320人、钱313人、晏309人、卢295人、史290人、匡288人、葛278人、娄275人、裴260人、庞258人、申(申屠)240人、宁232人、俞227人、骆223人、樊223人、洪219人、赖207人、常205人、鲁204人、涂203人、贾196人、佘192人、武191人、瞿184人、屈180人、顾174人、尚170人、饶165人、白164人、蓝162人、孔160人、桂158人、詹157人、旷155人、谌155人、覃148人、施145人、温144人、单(单于)133人、邵133人、艾130人、翁130人、郝129人、薛129人、鄢128人、乐127人、关120人、包105人。

99人以下的姓氏有:社、简、帅、梅、全、吉、巫、庄、祝、皮、邝、耿、谈、解、邬、漆、荣、寻、岳、师、柏、焦、阮、闰、邢、辛、翟、乔、阎、禹、卜、费、官、季、封、韦、缪、仇、闵、霍、米、管、安、鲍、柯、曲、卿、滕、扶、宫、危、毕、祁、席、查、纪、牛、华、麻、隆、戈、湛、宗、巢、蒲、应、敖、卓、雍、冷、路、银、穆、柴、古、靳、资、辜、阙、车、侯、连、司徒、司马、丰、牟、羊、奉、茹、房、尤、虞、萧、胥、厉、楼、丑、虢、盘、时、褚、戚、仲、蒙、印、丛、冉、庚、刁、义、诸(诸葛)、景、佟、党、后、苗、池(池汝)、濮、窦、岑、苑、糜、轩(轩辕)、奚、边、圣、廉、过、臧、丘、昌、那、济、富、寇、明、上、阚、屠、刁、伏、畅、都、冀、晋、卞、杭、鞠、郁、祖、裘、桑、芮、揭、闻、姬、平、强、隋、原、迟、初、海、皇(皇甫)、檀、卫、部、容、栗、由、贝、宣、巩、莢、亢、宇、劳、栾、眭、暨、储、占、花、腾、和、况、钮、荀、抄、敬、战、井、奕、於、戎、信、达、回、沙、邸、长(长孙)、凤、南(南宫)、扈、凡、商、锁、郎、殳、惠、伊、里、茅、仝、幸、俸、权、种、琚、硕、修、冬、苟、麦、满、浦、铁、郜、竺、干、蔺、果、农、湘、狄、么、门、殴、沃、支、綦(綦目)、法、提、玄、玉、甄、弋、晁、薄、别、黑、首、寿、冼、浣、鄂、盖、还、历、练、释、燕、尧、蹇、税、补、来、树、校、朴、庹、利、密、扬、亓、敢、山、台、伟、乌、衣、郅、鄷、冒、先、冶、员、招、呙、步、居、慕(慕容)、秋、束、相、蒯、稂、蒴、东、普、尉(尉迟)、阴、镇、郗、訾、颜、但、计、经、巨、宛、彦、壮、贲、操、公(公孙、公羊)、宦、家、腊、鹿、伞、双、水、他、蔚、五、忻、移、负、禚、雒、涂、阿、巴、布、格、贵、哈、睦、能、闪、善、帖、续、竹、闾、泠、斐、羿、彪、纯、贡、区、延、主、戢、嵇、穰、斛、产、寸、雕、豆、赫、怀、蒴、流、卯、年、墙、索、天、系、兴、鱼、越、云、真、佐、剡、谯、钏、闭、滨、淳(淳于)、从、淡、奠、衡、买、弥、勉、琴、顺、拓(拓拔)、望、鲜、秧、肇、啜、扁、辰、丹、独、芳、弓、矿、润、斯、宿、香、蒽、端(端木)、呼(呼延)

第二章 计划生育

第一节 机构队伍

一、区级机构

1988年,境内雨湖、湘江区和郊区设计划生育委员会,管辖区内计划生育工作。1992年7月,新雨湖区成立,三区计生机构合并。1993年3月,设立雨湖区计划生育局。下设办公室等6个机构,在鸡公嘴2号区政府二院办公,定编4人,在职17人。1995年2月,增设二级机构——计划生育服务站,局机关干部职工仍为17人。1996年,雨湖区计划生育局复名为雨湖区计划生育委员会。2005年9月,计划生育委员会更名为雨湖区人口和计划生育局,与区人口和计划生育协会合署办公。内设办公室、政策法规股、计划统计股、宣教股、科技股、药具股、协会办公室及计划生育服务站,流动人口管理站两个直属事业机构,核定编制15名。2007年,定编12人,在职13人。

二、基层机构

1988年，境内各乡、镇、街道设计划生育办公室，负责辖区计划生育工作。乡、镇、街道计生办一般由3-5人组成，除党政主要领导负总责外，规定一名副职担任专职领导，村（居委会）计划生育工作一般由妇代会主任代管。1991年10月，为加强计划生育业务指导和技术服务，各乡计生办增设技术服务站（室），配备专业技术人员1-2名，配备B超仪，用于生殖健康监测和孕检。至1994年的7年中，区、乡（街）举办专（兼）干培训班共80期，参训人数8000余人次。1995年，根据《湖南省计划生育条例》，加大计划生育工作力度，提出"村为主"计划生育工作目标。1996年，在各村、居委会配备计生专干，全区136个村、居委会全面实施"三位一体"（计生服务室、协会活动室、人口学校）建设，做到服务设施、服务手段、服务内容、服务措施四到位。全区投入30多万元购置2台计算机、5台红外线光谱治疗仪，80%的工作场地更新、完善，为育龄群众提供良好的环境和全方位服务。1999年，全区有112 名计生专干获得专业技术任职资格。2003年，各乡（镇）、街道计划生育办公室确定人员编制2-6人，并设立统计、技术、流动人口管理、宣传教育、政策法规、药具管理等岗位，建立计划生育机构队伍。2007年，在乡镇换届中，配强乡级计生分管领导和计生办主任，乡村计生专干队伍保持稳定。区计生领导小组制定《雨湖区关于全面推进计划生育村（居）民自治工作实施意见》，在全区全面推行计划生育村（居）民自治。

第二节　计划生育服务

一、政策宣传

1988年，落实中共中央《关于控制人口增长问题致全体共产党员、共青团员的公开信》，计生部门结合湖南省《关于进一步做好当前计划生育工作的通知》精神，认真组织学习，开展宣传教育。雨湖、湘江、郊区三区区委、区政府和区有关部门，利用广播、黑板报宣传计划生育政策、法律法规，并直接与群众对话，加深广大群众对计划生育政策的理解，引导群众从国情、区情、乡情以及自己家庭实际情况出发，自觉地实行计划生育，是年境内计划生育率达96.25%。

1990年，宣传贯彻《湖南省计划生育条例》、计划生育系列保险和少生优生知识，对计划生育困难家庭提供生产上扶持、生活上照顾和计生上服务，推动计划生育工作。是年，境内计生率上升到98.28%。1993年，开展全区性的大型宣传8次，参加人数达5万人次。建立各级计划生育学校15所，参加学习人数7.5万人，占全区总人口的25%；其中，已婚育龄妇女参学率100%。群众的计划生育意识普遍增强，全区计划生育率上升至99.7%。

1995年，区内结合"二五"普法，进行计划生育政策的宣传。各村（居委会）将计划生育纳入村规民约，计划生育工作由单纯的行政命令向依法管理、村（居）民自治、优质服务转化，由突击型向经常工作转化，是年，计划生育率99.66%。1998年，全区贯彻国家计划生育委员会颁布的《流动人口计划生育管理办法》，将流动人口计划生育管理纳入当年计划生育目标管理责任制。区计划生育工作人员在公安、工商等部门协同下，到区内流动人口聚居地、集中点宣传《流动人口计划生育管理办法》，同时对流动人口中已婚育龄夫妇提供避孕节育服务，流动人口计划外生育现象明显下降。是年，全区计划生育率99.4% 。

2001年，组织开展"世纪人口大论坛"活动，利用多种载体，全方位、多角度地宣传中共中央、国务院《关于加强人口与计划生育工作稳定低生育水平的决定》《湖南省计划生育条例》《流动人口工作管理方法》，促使计划生育、优生优育、生殖保健成为人们的自觉行动。

2003年，全区学习贯彻《中华人民共和国人口与计划生育法》，并再次学习《湖南省计划生育条例》。对全区副处级以上领导干部及乡、镇、街一把手进行《条例》的辅导培训，对各乡、镇、街、计生综治部门分管领导、计生办主任及业务骨干进行计生法规培训，对全区计生工作人员进行业务培训，累计760人次。是年，全区计划生育率99.13%。

2005年4月，举办全区乡村计生专干业务培训班，就政策法规、宣传教育、药具、协会、统计等工作进行专题培训。基层人口学校和基层计生专干、协会会员，分别以开办培训班和面对面交流的形式，对育龄人群进行计划生育知识教育。在雨湖人民广播电台开办《人口与国策》专栏，每周一期。是年，全区计划生育率99.72%。

2007年，开展对中央《决定》和省《条例》的宣传、学习，先后两次组织宣传车在区内进行巡回宣传，举办为期三天的乡、村计生专干培训班，组织1400名群众代表参加省计生委组织的学《决定》有奖知识竞赛。共发放宣传资料3万份。在“5·29”“6·1”“7·11”前后举办独生子女家庭才艺展示、计划生育有奖知识竞赛、广场文艺晚会、独生子女拔河比赛、独生子女家庭运动会、生殖保健知识讲座、男性参与孕产妇保健等活动。是年，全区计划生育率达99.75%。

二、优质服务

（一）服务设施

1988年，境内城区的计划生育技术服务由驻区湘潭医院和市二医院承接，郊区农村由各乡（场）卫生院承接。1991年，市计划生育委员会、郊区人民政府和各乡人民政府共同建立乡计划生育技术服务所9所，并配备专业技术人员、B超仪和手术器械，计划生育硬件设施基本满足服务需要。2001年起，区政府投入210万元，统一为各乡（镇）、街道配置计算机96台，红外线光谱治疗仪14台，B超机36台，电教设备128套，服务电话128部，累计改造计生服务阵地3150平方米，工作用房170多间，建起高标准的办公室、协会活动室、人口学校、“悄悄话”室，为优质服务创造良好的工作环境。至2007年，各项计生服务设施全面配套。

（二）服务内容

1988年，计划生育提倡晚婚和少生。妇检着重于孕前监测，对妇科疾病和新生儿疾病注重不够，新生儿出生缺陷偏高。1990年，境内计生、卫生部门联手举办婚检培训班，规定新婚对象必须进行婚前体格检查。1993年，对户籍人口推行孕前的管理。一年4次孕情检查，参检达192048人次。全区各计划生育服务站共施行各类节育手术1203例，有效控制计划外生育。利用药具计划发放和零售发放两条渠道，积极为已婚育龄妇女提供避孕药具服务。1997年，创造性地提出六创优系列服务。即宣传教育创优、避孕节育知识选择创优、技术系列创优、生殖保健创优、社会功能创优、信息管理创优服务。

2000年，紧紧围绕生育、节育、不育开展计划生育、优生优育、生殖保健服务。充分利用社区资源，开展“三查一治”工作，累计检查达4万人次，普查面达55%以上。开展遗传优生监测，确保新生婴儿质量。开展上门服务，为育龄家庭答疑解难，把计生科普知识读本及避孕药具发放到育龄妇女手中。2001年，全方位、多层次开展技术服务，建立137个技术服务咨询点，免费为已婚育龄妇女查环、查孕、查病，全年累计检查7万多人次。开展遗传优生检查。参加检测107对，查出11对异常，对之实施及时医治，确保新生婴儿健康。2003年，全面推行节育措施和知情选择，大大降低意外妊娠的发生。始终坚持计划生育的科技知识普及到人、生

殖保健服务到人的工作原则。全年累计接待计生科技咨询9638人次，接受优生遗传咨询4568人次。区计生服务站在全区开展纯居民户已婚育龄妇女和单位下岗育龄妇女妇科病查治工作，参与者1万多人次。

2005年，建立经常性工作“九上门”服务机制。各乡镇和街道办事处为育龄群众开展宣传教育服务上门、政策法规咨询上门、避孕药具送上门、产前保健服务上门、产后访视上门、新婚辅导上门、办理证件服务上门、困难扶助上门、小孩入学入托联系上门，进一步拉长“服务链”。是年，雨湖区获“全国计划生育优质服务先进区”“全国婚育新风进万家活动先进单位”称号。2007年，在继续开展“四优一满意”（环境优美、技术优良、服务优质、管理优秀，群众满意）服务站（所）创建活动，规范村级服务室，加强对技术服务人员的培训，着力强化技术队伍能力建设。通过进一步完善计卫联合体系，计划生育部门与乡级卫生院、社区卫生服务中心以及市内有关医院联手，为全区育龄群众开展以查环、查孕、查病治病为主的服务活动。

第三节　计划生育管理

一、常住人口

1988年，计划生育工作强化岗位责任，区级领导班子成员到各乡（场）、街道联点，督促计划生育工作各项指标的落实，对完不成任务的单位和个人评先评优实行“一票否决”。境内各区计划生育工作主要任务是执行党和政府提出的“城市实行除特殊情况外，只生一个孩子”“农村第一个孩子是女孩的可以生育二孩”的政策，是年，境内出生婴儿4405人，计划生育率为98.8%，人口出生率为15.94‰，人口自然增长率为10.58‰。对领取独生子女光荣证的家庭，城乡均发放独生子女费，城市高于农村。

1990年，政府对计划生育实行目标管理，计划生育部门分别将计划生育各项指标分配到各乡（场）、街道，分解到村（居委会）。是年，湘江区获国家计划生育委员会、人事部授予的“全国城市计划生育工作先进单位”称号。1992年，雨湖区计划生育率98.17%，人口出生率9.66‰，人口自然增长率4.38‰，国家计划生育委员会授“全国计划生育先进城区”称号。

1993年，坚持以宣教为主、避孕为主、经常工作为主的“三为主”方针，不断提高计生工作水平。建立健全计划生育责任纵横交错的管理体系。纵向：从区到村（居）委会、驻区单位逐级签订以计划生育指标任务和基础工作为主要内容的双向目标管理责任状；横向：区委、区政府确定区领导联点、部门同所联系点的同奖同罚制度和公安、工商、城建、民政、卫生、国土等部门在计划生育上的综合治理责任。是年，计划生育率99.7%，人口出生率10.47‰，人口自然增长率5.43‰，杜绝多孩，成为全市唯一的无多胎县市区。雨湖区被省政府授予“省计划生育先进单位”称号，排名全省一类地区第4名。同时，荣获国家计划生育委员会授予的“全国城市计划生育工作先进单位”称号。

1997年，计生工作指标由原有的计划生育率、人口出生率、人口自然增长率、统计准确率4项增加出生性别比1项，以遏制重男轻女现象。1998年，加强计划生育的组织领导、责任管理和考核奖惩。开展计卫联手，加强与卫生部门的联系。卫生部门及时通报无证怀孕情况，为计生部门及时落实违法怀孕对象的流、引产手术。当年出生婴儿3547人，人口出生率10.69‰，人口自然增长率6.19‰，计划生育率99.4%，出生男女性别比为110:100，雨湖区保持了“全国计划生育先进集体”称号。

2000年，区内14个乡镇街道先后制定计划生育优惠政策补充性规定。农村村民及城市纯居民实行计划生育节育手术免费，每年为育龄群众进行一次妇科病普查，独生子女家庭发放不低于60元的独生子女保健费，全区可生二孩而自愿放弃二孩生育指标的一次性发放奖金300元。在突出管理的同时，深化优质服务。

全年出生婴儿3533人，人口出生率10.2‰，人口自然增长率3.14‰，计划生育率98.92%，出生男女性别比109:100，雨湖区保持省委、省政府授予的“计划生育优质服务先进单位”荣誉。

2001年，推进综合治理，形成齐抓共管的工作合力。全区各部门、单位联系实际制定本单位的计划生育目标管理责任制度，并实行考核。在省级年度考核评估中，各部门都获得满分。同时，加大对计生违法行为，尤其是孕期进行性别鉴别后对女婴堕胎的查处力度，出生婴儿男女性别比比例缩小，由2000年的109:100降至107:100。2003年，计划生育工作指标新增节育措施落实率、独生子女领证率、晚婚晚育率、怀孕上报及时率、避孕节育措施知情选择率5项。

2005年，全面贯彻落实《国务院关于修订〈计划生育技术服务管理条例〉的决定》和《湖南省禁止非医学需要鉴定胎儿性别和选择性别终止妊娠规定》，区成立打击“两非”集中整治联合执法领导小组，区政府办出台《〈计划生育技术服务管理条例〉意见》，落实打击“两非”（非医学需要的胎儿性别鉴定、非医学需要的人工终止妊娠）的各项工作。计划生育工作部门对2003年以来领取生育证后的生育情况进行摸底清查，对计划生育技术服务机构的B超机及B超操作人员情况进行摸底备案，并签订B超设备管使用责任书。开展对奖励扶助对象的摸底调查和资格确认，并将奖励扶助对象名单分别在乡（镇）、村进行公示，在7月底将奖励扶助金存折和光荣证全部发放到35名符合政策的奖励扶助对象手中。农村独生子女家庭和城市纯居民的独生子女保健费由区乡财政全部发放到位，独生子女父母退休后应享受的5%的奖励工资也由社保部门发放到位。放弃二孩生育的家庭由乡镇街道给予一次性的奖励。全年共出生婴儿3613人，无多孩生育，计划生育率99.72%；人口出生率9.63‰，人口自然增长率6.7‰；新生儿性别比为104:100。是年，国家婚育新风进万家活动领导小组授予雨湖区“全国婚育新风进万家活动先进单位”称号。

2007年，区内各责任单位严格按照区计划生育领导小组的统一部署开展工作，进一步健全计划生育综合治理责任制度。全区59个农村计划生育家庭和219名独生子女死亡伤残扶助对象全部领取扶助金。符合条件再生育夫妇已免费施行出生缺陷干预检测，计划生育优惠政策全部落实。是年，计划生育率99.75%，出生婴儿3214人，人口出生率8.68‰，人口自然增长率 5.16‰；新生儿性别比102:100，节育措施落实率90.98%，独生子女领证率90.21%。5项重要指标排名全省第一位，获国家计划生育委员会授予的“全国计划生育优质服务先进单位”称号。至2007年的17年内，雨湖区在计划生育工作中获得国家级（部级）及省委、省政府的奖励共计17次。

二、流动人口

1988年，流动人口计生管理尚未纳入属地管理，只是发现一例处理一例。1992年，区内实行流动人口婚育证明制度，对外来流动人口每年进行两次以上清查核证，同时对区内外出务工人员实行办理流动人口婚育证明制度，对居住在雨湖区的外来流动人口怀孕者，查验原户籍地发放的生育许可证。1993年，采取经常管理与集中清查相结合，加强对流动人口计生工作的管理。以“三联系”（即流动人口从业与居住的单位与个人联系、掌握其生育情况；流动人口中的计划生育协会会员与非会员流动人口联系，掌握其生育意向，为其排忧解难；与流动人口流出地计划生育工作部门联系，堵塞管理漏洞）制度为基础，建立经常性的管理机制，有效地控制流动人口中的计划外生育。1995年，为加强部门的协调配合，增补公安分局、工商分局为区委计生领导小组成员单位，还根据全区商品楼房多，流动人口购房情况复杂的特点，在综合治理单位中增加市房地局，通过其下属房屋产权交易中心，在房屋产权交易活动中，把好计划生育关。2001年，加强对流动人口的管理，公安、工商、劳动、民政、建设、卫生、计生等部门齐抓共管，责任归口，跟踪服务，形成"以块为主、条块结合、条抓块管"的流动人口管理模式。全区流动人口持证率98.30%。2005年，建立"市场和产权单位主管，街道和社区属地管理"的管理体制，流动人口管理工作有秩开展，流动人口计划生育管理的"五率"均达95%以上，其中，流入人口验证率达100%。2007年，实行流动人口信息适时变动、异地查询和跟踪管理，充分利用全国流动人口信息交换平台、湖南省育龄妇女信息系统（WIS）和公安部门人口信息库，加强信息沟通和共享，提高流动人口管理和服务水平。

三、行政执法

1990年7月，计划生育工作以一孩上环、二孩结扎，依法征收计划外生育费为重点，落实《湖南省计划生育条例》精神。基于计划生育工作的国策地位，违法行政行为亦有发生。1992年，全区清理计划外怀孕、计划外生育，落实生育政策，村、居民计划外生育和多胎生育大幅度下降。1994年，继续认真贯彻落实《湖南省计划生育条例》《关于加强计划生育工作的暂行规定》等政策法规，全面实行法治管理。区内全面考核计划外怀孕率，农村晚育率，把好《准生证》的发放关，以强有力的手段控制早婚早育，杜绝再婚多孩生育，再次对历年来的计划外生育对象进行认真清理，处罚到位。1995年，执行国家计划生育委员会"七不准"（1.不准非法关押、欧打、侮辱违反计划生育规定的人员及其家属。2.不准毁坏违反计划生育规定人员家庭的财产、庄稼、房屋。3.不准不经法定程序将违反计划规定人员的财物抵缴计划外生育费。4.不准滥设收费项目、乱罚款。5.不准因当事人违反计划生育规定而株连其亲友、邻居及其他群众；不准对揭发、举报的群众打击报复。6.不准以完成人口计划为由而不允许合法的生育。7.不准组织对未婚女青年进行孕检。）规定，加强执法监督和执法管理，建立办事公开制度，公开执法项目、收费内容、金额。

1998年7月，区计划生育局与区人民法院联合成立计划生育行政执法联络室，依法行政，按章办事，结束过去一些过激行为。计划生育工作终于由行政管理向综合治理转化，由突击工作向经常工作转化，逐步走上法制轨道。2000年3月，全区贯彻落实中共中央、国务院《关于加强人口与计划生育工作管理，稳定低生育水平的决定》，计划生育工作采取"奖励扶助、利益导向、优质服务"三大措施，计划生育人性化管理得以加强。

2001年，通过举办培训班和参加省、市培训，全区计划生育执法人员的持证上岗率100%。大力查处计划生育违法行为，区计划生育委员会设立举报电话和举报信箱，是年收到举报案件37例，经调查核实，8例计外怀孕对象施行引产手术，5例计外生育对象被处罚。同时加大对非法从事计划生育手术的单位和个体诊所的处罚执行力度。2003年，坚持持证上岗，保护群众的合法权益，对因事实不清，处理不公，打击报复等案件欢迎举报和申请行政复议。2006年，依法打击阻碍计划生育行政执法和"两非"行为。对违法生育拒不缴纳社会抚养费，且阻碍计划生育行政执法的7名对象申请法院强制执行并对其中3人拘留。2007年，查处1起"两非"典型案件。对涉案单位驻区某康复门诊部及涉案个人予以行政处罚，并撤消其区政协委员职务。

1988-2007年雨湖区计划生育综合统计

2-2-3-1 单位：个

年份	总人口	出生(人)		合计	人口出生率‰	人口自然增长率‰	计划生育率%	男女性别比
		男	女					
1988	276360	1051	976	2027	15.94	10.58	98.8	107.68
1989	280575	1044	989	2033	15.21	9.89	98.26	105.56
1990	285041	1032	965	1997	14.13	8.21	98.28	106.90
1991	289877	1011	971	1982	11.77	6.45	99.66	104.10
1992	296839	1078	982	2060	9.66	4.38	98.17	109.70
1993	301563	1025	989	2014	10.47	5.43	99.7	103.60
1994	315181	1043	959	2002	12.89	7.42	99.73	108.70
1995	320942	1077	947	2024	12.73	7.2	99.66	113.70
1996	323861	1069	963	2032	12.83	6.7	99.71	111.00
1997	328076	1828	1604	3432	10.46	5.24	99.59	113.97
1998	331959	1857	1690	3547	10.69	6.19	99.4	109.88
1999	338605	1888	1600	3488	10.3	6.09	99.26	118.00
2000	346232	1842	1691	3533	10.2	3.14	98.92	108.93
2001	353338	1793	1678	3471	9.82	6.52	99.39	106.85
2002	361334	1805	1784	3589	9.93	4.65	99.47	101.18
2003	367756	1661	1607	3268	8.89	5.43	99.13	103.36
2004	372431	1665	1630	3295	8.85	5.67	99.72	102.15
2005	375048	1838	1775	3613	9.63	6.7	99.72	103.55
2006	373402	1692	1667	3359	9.88	5.42	99.79	101.50
2007	370252	1626	1588	3214	8.68	5.16	99.75	102.39

附　计划生育协会

1988-1992年6月，雨湖区、湘江区、郊区均设立计划生育协会。它是计划生育战线一支重要的群众工作大军，以"五老"即老党员、老干部、老教师、老模范、老职工和已婚育龄妇女中实行计划生育积极分子为主体的群众团体。1993年，全区有计划生育协会组织701个，团体会员685个，协会专（兼）干943人，会员达2.10万人，其中，农村会员占总人口6%以上，城市会员占总人口8%以上；建立"会员之家"601个，"会员联系户"1.90万户。是年11月召开区计划生育协会首届会员代表大会，选举产生以代区长粟汉云为核心的区计划生育协会领导班子。以后，区计划生育协会每5年进行一次换届选举。

1995年，雨湖区计划生育协会本着"面向基层、注重实效、好中求快、巩固提高"的方针，大力加强组织建设。基层计划生育协会普遍进行换届选举，选出一名名副其实的好会长，推动协会工作的开展，使协会真正担负起组织群众、自我教育、自我管理、自我服务的责任。全区共有各级计划生育协会组织656个，理事会员27328人，城市计划生育协会员占总人口9.50%，农村会员占总人口6.10%。

20世纪90年代后期，计划生育协会作用发挥不明显，部分成墙上协会、干部协会。2000年，区计划生育协会进一步加强协会建设，促进协会职能作用的发挥。首先整建村级协会，要求协会由"五老"人员组成，定期组织开展宣传教育服务和帮困扶贫活动。并开发"三结合"（计划生育与发展社会主义市场经济相结合，与群众勤劳致富奔小康相结合，与建设文明幸福家庭相结合）项目。区计划生育委员会、区计划生育协会投资3000元扶植一个体户发展养殖业，同时各乡镇街也结合实际定点扶贫，取得较好的经济效益，从而推动计划生育工作进展。是年发展计划生育系列保险11500份，保额35万元。协会与区计生委共同组织文明幸福小家庭的评选、纪念中共中央9.25《公开信》发表20周年活动，有力地支持计划生育工作的开展。2001年，全区计划生育协会组织671个。其中村级37个，街道、居委会和机关、事业单位633个，协会会员39622人，占全区总人口的11.21%。

2006年3月，雨湖区计划生育协会下发《关于进一步完善村（社区）计划生育协会工作规范的通知》，对村级协会工作进行规范。在健全和完善好区乡村三级协会组织的前提下，各级协会组织在参与村（居）民自治、扶贫帮困、婚育新风进万家等活动中发挥重要的作用。全年共培植示范协会25个，开展各类活动500多场次，慰问计生贫困家庭10户，组织捐款3.80万元。

2007年，计划生育协会会长进入同级人口计生领导小组任副组长。利用区乡两级换届之机全力配备好基层协会队伍。保证乡村计划生育协会常务副会长的报酬及协会工作经费。全区开展大型生育关怀集中活动4次，扶助计划生育困难家庭279户，累计金额17万余元。各乡镇街道针对不同的关怀对象实施重点关怀。加强对基层协会骨干的培训，动员协会会员开展为协会做贡献，为协会增光彩系列活动。从组织网络、工作制度、协会活动以及工作效果等方面规范村民自治的标准和要求，全区有14个村（社区）进入市、区模范村行列。

第三篇　中国共产党地方组织

第三篇　中国共产党地方组织

第一章　党的代表大会

1985年4月-1992年6月，中共雨湖区委召开第六次、第七次党员代表大会。根据《党章》规定，区委每届任期3年。1992年7月-2007年12月，中共雨湖区委先后召开一、二、三、四次党员代表大会，每届任期5年。

第一节　党员代表

1988年4月，根据党章规定，各基层支部（党委）民主选举产生中共雨湖区第七次代表大会代表158名。其中，各级领导干部代表102名，占64.5%；各类专业技术人员代表29名，占18.4%；先进模范人物代表27名，占17.1%；中专（含高中）以上文化程度代表86人，占54.4%；妇女代表57名，占36.1%；年龄在45岁以下的代表78名，占49.4%。代表全区1182名党员。

1992年8月，适应湘潭市行政区划调整后的新情况，各基层支部（党委）民主选举产生中共雨湖区第一次代表大会代表225名。其中，领导干部党员代表126名，占56%；经济、科学技术、文化教育战线党员代表42名，占18.7%；先进模范人物党员代表57名，占25.3%；女党员代表59名，占26.2%；少数民族党员代表2名，占0.89%。年龄在45岁以下代表的113名，占50.2%；45岁至60岁的代表112名，占49.8%。具有大专及其以上文化的代表88名，占39.1%；高中、中专文化的代表74名，占32.9%；初中及其以下的代表63名，占28%。代表全区4514名党员。

1997年9月，各基层支部（党委）民主选举产生中共雨湖区第二次代表大会代表248人。其中，领导干部党员代表146名，占59.3%；专业技术人员党员代表48名，占19.3%；各条战线的劳动模范、先进工作者党员代表51名，占20.6%；解放军党员代表3名，占1.2%；女党员代表71名，占28.6%；少数民族党员代表4名，占1.6%；大专以上文化程度的代表131名，占52.8%。代表全区4800多名共产党员。

2002年10月，各基层支部（党委）民主选举产生中共雨湖区第三次代表大会代表248名。其中，领导干部党员代表144名，占58%；专业技术人员党员代表49名，占19.8%；各条战线的劳动模范、先进工作者党员代表52名，占21%；解放军党员代表3名，占1.2%；女党员代表89名，占35.9%；少数民族党员代表2名，占0.8%；大专以上文化程度的党员代表160名，占64.5%。代表全区5400多名共产党员。

2006年6月，各基层支部（党委）民主选举产生中共雨湖区第四次代表大会代表249名。其中，领导干部党员代表120名，占48.19%；专业技术人员党员代表54名，占21.69%；各条战线的先进模范人物党员代表73名，占29.32%；解放军党员代表2名，占0.8%。女党员代表98名，占39.36%；少数民族党员代表3名，占1.2%；大专以上文化程度的党员代表190名，占76.31%。代表全区8036名共产党员。

附 雨湖区出席历届省、市党代会代表名单

一、出席中共湖南省党代会代表

1991年,中共湖南省第六次代表大会代表:陈显良

1996年,中共湖南省第七次代表大会代表:宋定一 颜向阳

2001年,中共湖南省第八次代表大会代表:周巧艺

2006年,中共湖南省第九次代表大会代表:陈卫兵(女) 梁志峰

二、出席中共湘潭市党代会代表

1990年,中共湘潭市第七次代表大会代表:陈显良 荣龙富 陈湘南(女) 王权生 陈正阳

1995年,中共湘潭市第八次代表大会代表:王为民 朱培立 刘国坚 池飞舟 劳 动 杨桃英(女) 宋定一 张双菊(女) 陈玉春 周舞椿 粟汉云 曾清玉(女)

2000年,中共湘潭市第九次代表大会代表:王泽其 邓幼农(女) 刘印根 刘国坚 刘建元 宋定一 陈秋莲(女) 周巧艺 周放良(女) 周舞椿 官国辉(女) 徐秋良

2005年,中共湘潭市第十次代表大会代表:邓旭红 邓建农 张伯文 陈卫兵(女) 罗扬义 徐亚健(女) 徐秋良 梁志峰 刘建元 言建冬 张利萍(女)

第二节 历次党的代表大会

1988年4月,中共雨湖区第六届委员会届满。是年4月27-29日,中共雨湖区第七次代表大会召开。出席大会的代表158人,列席31人。大会主席团由19人组成。大会审议和通过萧克华代表区委所作《统一思想,团结奋斗,努力开创雨湖区改革和建设新局面》的工作报告,确立"以改革总揽全局,以有利于生产力发展为尺子"的指导思想。大会选举产生中共雨湖区第七届委员会委员20人,候补委员4人和区纪委委员15人。区委七届一次全会上,选举产生区委常务委员9人,萧克华任书记,谭世明、陈显良任副书记。在区纪委全会上选举纪委常委5人,陈述钦任书记,尹卫民任副书记。

1992年8月18-19日,行政区划调整后的中共雨湖区第一次代表大会召开。出席大会代表225人,代表全区17个党委、8个党总支部、315个党支部、4514名党员。列席代表72人。大会审议和通过工委书记闵应章代表工作委员会所作《团结务实,开拓创新,为建设文明富庶的雨湖区而努力奋斗》的工作报告。提出以开发区为突破口,开拓城郊型经济,以工业为主导,农业为基础,以土地房产开发和大力兴办第三产业为两翼,大力发展区街、乡村经济的工作思路和"三年打基础,五年迈大步,十年再造一个新雨湖"的目标。大会

采取无记名投票方式，选举产生中共雨湖区第一届委员会委员23人，候补委员4人，区纪委委员15人。8月20日，中共雨湖区委一届一次全体会议选举区委常务委员会委员11人，闵应章任书记，劳动、郭学辉、杨雄赳任副书记；区纪委全会选举纪委常委5人，陈湘南(女)任书记，萧碧光任副书记。

1997年9月18-20日，中共雨湖区第二次代表大会召开。出席大会的代表248人，实到代表236人，代表全区4800多名共产党员。列席代表72人。大会听取和审议区委书记周巧艺代表区委所作《高举旗帜，加快发展，为建设繁荣、富裕、文明的新雨湖而奋斗》的工作报告，确定"市场带动，实业兴区"的发展战略和"繁荣一片(砂子岭市场群)、开发两线(老320国道和韶山东路沿线)、建设三个集贸镇(大桥桥头、桃园路、羊牯塘)、壮大四个实业群(加工、房地产、第三产业、种养殖)，形成城乡经济一体化的发展格局"的经济工作思路。大会听取和审议区纪委书记宋定一所作《把握大局，狠抓落实，努力取得反腐败斗争和党风廉政建设新成果》的报告和区委副书记郭特强所作《关于深入学习、贯彻中共十五大精神，努力建设繁荣、富裕、文明的新雨湖的决议(草案)》的报告。大会通过无记名投票方式，选举产生中共雨湖区第二届委员会委员25人，候补委员4人，区纪委委员15人。区委二届一次全会上，选举区委常务委员会委员11人，周巧艺任书记，周放良(女)、刘国坚、池飞舟任副书记。区纪委全会上，选举产生区纪委常委7人，宋定一任书记，萧碧光、沈淑兰(女)、罗金玉(女)任副书记。

2002年10月29-30日，中共雨湖区第三次代表大会召开。出席大会代表248人，列席65人。会议听取和审议周放良(女)代表区委所作《实践"三个代表"，实现跨越发展，为建设民富区强的现代化雨湖而努力奋斗》的工作报告。明确今后五年：全力拓展城区空间(主要是"东扩""西建""北进""外拓")，精心营造两个中心(即巩固提高商贸中心、迅速形成科教中心区)，大力培育支柱产业，全面提升雨湖形象，推动经济跨越式发展的总体发展思路。大会听取和审议宋定一代表区纪委所作的《与时俱进，真抓实干，努力开创全区党风廉政建设和反腐败斗争的新局面》的工作报告。大会选举产生中共雨湖区第三届委员会委员27人，候补委员5人，区纪委委员15人。区委三届一次全会上，选举区委常务委员会委员13人，周放良(女)任书记，陈忠红、宋定一、徐秋良、徐亚健(女)、邓建农任副书记。区纪委全会上，选举区纪委常委7人，宋定一任书记，沈淑兰(女)、罗金玉(女)、易小兰(女)任副书记。

2006年6月28-30日，中共雨湖区第四次代表大会召开。出席大会代表249人，列席102人。会议听取和审议区委书记梁志峰所作《坚持科学发展，实现全面小康，为建设繁荣富强文明和谐的新雨湖而努力奋斗》的工作报告。明确今后五年全区大力实施"项目强区、产业富区、开放活区、人才兴区"的发展战略和"打造工业园区，提升商贸档次，调优农业结构，创建文明城区"的发展思路，把雨湖建设成舒适宜人的居住区、繁荣兴旺的商务区、文明进步的科教区、经济发达的小康区，力争跻身全省十强城区。会议听取和审议罗扬义代表区纪委所作《强化四项职能(思想教育、制度建设、权力监督、案件查处)，服务发展大局，为构建和谐新雨湖提供坚强的政治保障》的工作报告。大会选举产生中共雨湖区第四届委员会委员35人，候补委员6人；选举区纪委委员17人。区委四届一次全会上，选举区委常务委员会委员13人，梁志峰任书记，徐亚健(女)、张伯文任副书记；区纪委全会上，选举区纪委常委7人，罗扬义任书记，沈华强、谢琦峰、彭清良任副书记。

第二章　中共雨湖区委员会

第一节　区委全会

区委全会每年至少召开一次，议题由常委会确定，遇有重要情况可随时召开。全会必须有三分之二以上委员到会方能举行。每届第一次区委全会，均在当次党代会闭幕后紧接着举行，选举当届区委常务委员、副书记、书记。各届最后一次区委全会，决定下一次全区党员代表大会代表名额和代表选举办法，会议主要议题和党代会召开的时间、地点。

1988年4月-1992年6月，中共雨湖区第七届委员会先后召开9次全体（扩大）会议。其中区委七届二次全会，针对改革开放新形势，如何进一步加强党的自身建设提出若干意见。区委七届三次全会，就认真贯彻党的十三届三中全会精神，为区街经济的发展创造良好环境作出决定。区委七届四次、五次、六次全会，传达学习中共十三届四中、五中、六中全会精神，结合区情，落实深化改革的各项措施。区委七届八次、九次全会，分别学习《中共中央关于加强党同人民群众联系的决定》以及江泽民总书记“七一”重要讲话精神，作出加强机关作风建设，密切干群关系的决定并提出相应的工作措施。

1992年8月-1997年9月，中共雨湖区第一届委员会期间，召开13次全体（扩大）会议。区委一届二次全会，传达贯彻党的十四大会议精神，研究区级机构筹备工作的进展情况和问题。区委一届三次全会，确定今后一个时期的总体工作思路：以实现“再造一个新雨湖”为目标，以开发区建设为龙头，突出发展非公有制经济、第三产业、外向型经济，使全区的“两个文明”建设走在全市前列。区委一届四次全会，学习贯彻全省地、州、市、县（区）委书记会议、市委七届七次全会精神。要求各级党组织切实加强对经济工作的领导，加快经济建设步伐，维护社会稳定，抓好党的建设，确保全年工作目标的实现。区委一届五次全会，贯彻中共十四届三中全会《关于建立社会主义市场经济体制若干问题的决定》、中央农村工作会议精神。确定“112456”的工作思路：即瞄准经济增长速度争取走在全市前列这一目标，建设好一个商贸工业特区，兴建仙峰工业小区和砂子岭至羊牯塘商贸小区，培育壮大乡镇区街工业、第三产业、个体私营经济和外向型经济四个新的经济增长点，推进财税体制、企业经营机制转换、农村、社会保障制度和转变政府职能五项改革，实现在商贸工业特区建设、发展两高一优（高产、高效、优质）农业、工业技改开发新产品、培育壮大新的经济增长点、房地产开发、科技兴区等六个方面的新突破。区委一届六次全会，传达贯彻全省地、州、市委书记会议和市委七届九次全体（扩大）会议精神。明确坚持三个不变：全年工作思路不变，经济工作目标不变，抗灾夺丰收的决心不变。区委一届七次全会，学习贯彻中共十四届四中全会、中央经济工作会议和省委工作会议及市委七届十次全会精神。提出1995年的经济工作坚持以商贸特区为龙头，以农业为基础，以乡镇、区街企业为主体，以城建开发和商贸第三产业为两翼（“一体两翼”），以经济效益为中心，抓好基础，突破重点，拉长短腿，加大发展，形成区域经济的新格局。区委一届八次全会，传达中共湘潭市委关于召开第八次代表大会的精神，决定在当月召开雨湖区党的代表会议。区委一届九次全会，提出1996年工作实施“三三工程”，即对第一产业抓农业产业化、乡村企业化、农村城镇化。对第二产业以市场为导向，抓拳头产品的培育；以资产为纽带，抓骨干企业的扶持；以名牌产品为链条，抓支柱产业的形成。对第三产业抓市场建设，抓小区开发，抓科技与经济的紧密结合等，不断提高经济总量和经济素质，大力增强各级党组织的凝聚力、战斗力，推动全区“两个文明”建设再上新台阶。区委一届十次全会，作出对区委委员×××（因经济问题）给予党内严重警告处分的决定。通过《关于开展“文明建设在雨湖”活动的决定》。区委一届十一次全会，在明确指导思想和具体目标的同时，就如何克服经济工作面临的困难，提出若干具体措施。区委一届十二次全会，传达贯彻市委工作会议精神，提出实施重点突破，深化“三三工程”，促进城乡经济大发展。区委一届十三次全会，讨论如期召开中共湘潭市雨湖区第二次代表大会事宜。

1997年9月-2002年10月，中共雨湖区第二届委员会期间，召开11次全体（扩大）会议。其中：区委二届二次全会，研究加快市场建设步伐，推动民营经济大发展问题。区委二届四次全会，研究《关于加快个体私营经济发展的若干意见》和《关于加快传统农业向现代农业转变的意见》。区委二届九次全会，提出围绕“市场带动、实业兴区”的发展战略，推动全区商品市场、个体私营经济发展；推进企业体制创新和科技进步，推进农业结构调整和农业产业化，发展开放型经济；加强城市社区建设等。区委二届十次全会，学习贯彻江泽民总书记在庆祝中国共产党成立八十周年大会上的讲话和市委工作会议精神，要求按照“三个代表”重要思想要求，大力推进党的建设和经济、社会各项事业的全面发展。区委二届十一次全会，提出坚持以经济建设为中心，解放思想，转变作风，抓好经济结构调整、培育支柱产业、拓展社区工作领域，推进制度创新。

2002年10月-2006年6月，中共雨湖区第三届委员会期间，召开9次全体（扩大）会议。其中区委三届二次全会，提出深入贯彻落实党的十六大精神和区第三次党代会精神，以加快发展统领各项工作，着力培植新的经济增长点，大力推进工业化进程，全力巩固商贸中心地位，进一步加强精神文明、政治文明和党的建设，全面推进建设小康雨湖进程。区委三届三次全会，提出打造工业园区、提升商贸档次、调优农业结构、创建文明城市的经济和社会发展思路。区委三届四次、五次全会，提出大力开展“树旗帜、促发展”党建主题教育活动实施意见。讨论通过《雨湖区基层党（工）委、党组议事制度（试行）》《雨湖区党政领导干部辞职制度暂行办法（试行）》《关于在区管领导干部中实行诫勉的规定（试行）》《关于进一步加强述职述廉的意见》《党风廉政建设巡视工作规程》《关于建立健全问责制度的意见》六项制度。区委三届六次全会，提出实施“项目兴区”和“人才兴区”两大战略，确保经济社会发展继续走在全市前列。区委三届七次全会，就切实加强党的执政能力建设问题作总体部署和安排，区委书记还向全会报告区委及个人的工作和廉洁自律情况。

2006年6月-2007年12月，中共雨湖区第四届委员会先后召开3次全体（扩大）会议。区委四届二次、三次全会，学习贯彻胡锦涛总书记“6·25”重要讲话和党的十六届六中全会、中央和省、市委经济工作会议精神。提出“项目强区、产业富区、开放活区、人才兴区”的发展战略，鼓足干劲，奋发有为，又好又快地建设和谐新雨湖。

中共雨湖区委员会书记、副书记、常务委员名单及任职时间一览

（1985.4–2007.12）

3–1–1–1

届次和时间	书记姓名 及任职时间	副书记姓名 及任职时间	常委姓名及任职时间	顾问、 调研员
第六届 （1985.4– 1988.4）	萧克华 1986.3–1988.4	谭世明 1985.4–1988.4 陈显良 1985.4–1988.4	萧克华 1986.3–1988.4 谭世明 1985.4–1988.4 陈显良 1985.4–1988.4 向满洪（土家族）1985.4–1988.4 陈述钦 1985.4–1988.4 段元满（女）1985.9–1988.4 齐宝成（满族）1986.6–1988.4 谭明远 1986.12–1988.4	
第七届 （1988.4– 1992.6）	萧克华 1988.4–1989.8 陈显良 1989.12–1992.6	谭世明 1988.4–1990.11 陈显良 1988.4–1989.12 陈述钦 1989.12–1992.6 郭学辉 1989.12–1992.6 段元满（女） 1990.4–1992.6	萧克华 1988.4–1989.8 陈显良 1988.4–1992.6 谭世明 1988.4–1990.11 陈述钦 1988.4–1992.6 段元满（女）1988.4–1992.6 齐宝成（满族）1988.4–1992.3 阳海东 1988.4–1992.6 谭明远 1988.4–1992.6 粟汉云 1988.4–1992.6 郭学辉 1989.12–1992.6 向满洪（土家族）1990.7–1992.6 陈湘南（女）1990.7–1992.6	杨怀德 唐同丰

续3-1-1-1

届次和时间	书记姓名及任职时间	副书记姓名及任职时间	常委姓名及任职时间	调研员助理调研员
第一届(新)(1992.8-1997.8)	闵应章 1992.8-1993.7 劳　动 1993.7-1995.7 颜向阳 1995.8-1997.8 周巧艺 1997.8任	劳　动 1992.8-1993.6 郭学辉 1992.8-1994.10 杨雄赳 1992.8-1995.6 粟汉云 1993.6-1997.7 郭特强 1994.3-1997.8 刘国坚 1995.7-1997.8 朱培立 1995.7-1996.5 周放良(女) 1996.5-1997.8 何胜才 1997.6-1997.8	闵应章 1992.8-1993.7 劳　动 1992.8-1995.7 颜向阳 1995.8-1997.8 郭学辉 1992.8-1994.10 杨雄赳 1992.8-1995.6 粟汉云 1992.8-1997.7 陈湘南(女)1992.8-1994.3 周莉萍(女)1992.8-1993.9 郭特强 1992.8-1997.8 李枝松(苗族)1992.8-1997.8 陈运昌 1992.8-1997.8 胡湘生(女)1992.8-1997.8 赵国荣 1993.6-1996.7 刘国坚 1993.8-1997.8 池飞舟 1994.3-1997.8 李景风 1994.3-1997.8 朱培立 1995.7-1996.5 周放良(女)1996.5-1997.8 徐秋良 1996.10-1997.8 何胜才 1997.6-1997.8 周巧艺 1997.8任	朱海清 赵福林 易新玉(女) 杨放军 朱光云
第二届(1997.9-2002.10)	周巧艺 1997.9-2002.10	周放良(女) 1997.9-2002.10 刘国坚 1997.9-2002.10 池飞舟 1997.9-2002.10 陈长清 1998.8-2002.10 宋定一 2002.5-2002.10	周巧艺 1997.9-2002.10 周放良(女)1997.9-2002.10 刘国坚 1997.9-2002.10 池飞舟 1997.9-2002.10 陈运昌 1997.9-2002.10 李景风 1997.9-2002.10 徐秋良 1997.9-2002.10 余国伟 1997.9-2002.10 徐亚健(女)1997.9-2002.10 宋定一 1997.9-2002.10 刘国平 1997.9-2002.10 陈长清 1998.8-2002.10 胡　文 2001.3-2002.10	朱海清 刘耀初 朱光云 丁　毅(女) 陈良德 涂志新 蔡绍泉 谭建贵

续 3-1-1-1

届次和时间	书记姓名及任职时间	副书记姓名及任职时间	常委姓名及任职时间	调研员助理调研员
第三届（2002.10-2006.6）	周放良（女） 2002.10-2003.5 梁志峰 2003.5-2006.6	陈忠红 2002.10-2006.6 宋定一 2002.10-2006.6 徐秋良 2002.10-2006.6 徐亚健（女） 2002.10-2006.6 邓建农 2002.10-2006.6	周放良(女)2002.10-2003.5 梁志峰 2003.5-2006.6 陈忠红 2002.10-2006.6 宋定一 2002.10-2006.6 徐秋良 2002.10-2006.6 徐亚健(女)2002.10-2006.6 邓建农 2002.10-2006.6 胡　文 2002.10-2006.6 胡署先 2002.10-2006.6 刘更明 2002.10-2006.6 马良清 2002.10 -2006.6 邓旭红 2002.10-2006.6 周长林 2002.10-2006.6 罗扬义 2002.10-2006.6	刘国坚 池飞舟 陈良德 丁　毅（女） 谭建贵 涂志新 沈淑兰（女） 张汉湘（女）
第四届（2006.6-　）	梁志峰 2006.6-2006.11 杨真平 2006.11 任	徐亚健（女） 2006.6任 张伯文 2006.6任	梁志峰 2006.6-2006.11 杨真平 2006.11任 徐亚健（女）2006.6任 张伯文 2006.6任 胡　文 2006.6-2007.4 胡署先 2006.6-2007.9 朱红兵 2006.6任 邓旭红 2006.6任 周长林 2006.6任 罗扬义 2006.6任 傅国平 2006.6任 曾彩奕（女）2006.6任 柳军辉 2006.6任 周复明 2006.6任 文孝男 2007.4任 宋善武 2007.9任	宋定一 丁　毅（女） 谭建贵 涂志新 沈淑兰（女） 张汉湘（女）

中共雨湖区纪律检查委员会书记、副书记名单及任职时间一览

（1985.4–2007.12）

3–1–1–2

届次和时间	书记姓名及任职时间	副书记姓名及任职时间
第六届（1985.4－1988.4）	陈述钦 续任–1988.4	陈湘南（女）1986.7－1988.4
第七届 1988.4－1992.6）	陈述钦 1988.4–1990.7	尹卫民 1988.4–1992.6
	陈湘南（女）1990.7–1992.6	
第一届（新）（1992.8－1997.8）	陈湘南（女）1992.8–1994.3	萧碧光 1992.8－1997.8
	池飞舟 1994.3–1997.8	沈淑兰（女）1993.5–1997.8
第二届（1997.9－2002.10）	宋定一 1997.9–2002.10	沈淑兰（女）1997.9–2002.10
		萧碧光 1997.9–2002.10
		罗金玉（女）1997.9–2002.10
		易小兰（女）2000.12–2002.10
第三届（2002.10－2006.6）	宋定一 2002.10–2006.6	沈淑兰（女）2002.10–2005.5
		罗金玉（女）2002.10–2006.6
		易小兰（女）2002.10–2003.11
		谢琦峰 2003.11–2006.6
		沈华强 2005.5－2006.6
第四届（2006.6－）	罗扬义 2006.6	沈华强 2006.6任
		谢琦峰 2006.6–2007.12
		彭清良 2006.6任

第二节　区委常委会

区委常委会，由每届区委第一次会议选举产生。1988–1992年，区委常委会由9人组成。1992年8月，新的中共雨湖区委成立，常委会由11人组成。其中书记1人、副书记3人，纪委书记、常务副区长、政法委书记、组织部长、宣传部部长、区委办公室主任、人武部部长为常委。1997年，第二届区委常委会组成，人数和设置不变。2002年，第三届区委常委会由13人组成。其中书记1人、副书记5人。2006年，第四届区委常委会组成人数与上届相同，但只设正副书记3人（区委书记、区人民政府区长、专职副书记），增设统战部部长和一名副区长为常委。

区委常委会严格实行民主集中制。由书记主持常委会日常工作,对区委及常委会工作负主要责任;副书记协助书记主持工作;每一位常委都有发表个人意见、参与集体领导的平等权利,并实行分工负责制。区委常委会在区委全会闭会期间,行使全会职权,处理区委日常工作,向全会负责并报告工作。常委会一般每月召开一至两次,如有特殊情况需增开常委会议,由区委书记确定。常委会的议题,由区委书记确定,也可以由书记委托一位副书记确定。区人大常委会、区政府、区政协提请常委会议讨论的议题,由其党组提出。所有提交常委会议讨论的议题,由区委办公室汇总,经区委办主任统筹提出安排意见后,报区委书记或由书记委托副书记确定。常委会由书记或其委托的副书记召集并主持,必须有半数以上常委出席方能举行。讨论干部时,必须有三分之二以上常委参加。区人大常委会、区政协的主要负责人列席常委会,与会议内容有关的领导和部门负责人列席常委会。至2007年年底的20年中,共召开区委常委会议389次。

第三节　区委工作机构

一、本级机构

中国共产党湘潭市雨湖区委员会(简称雨湖区委),从1988年4月第六届四次全会至1992年2月第七届十二次全会,5年时间历经两届任期。1992年6月,经国务院民政部批准,湘潭市调整行政区划,中共湘潭市委决定组建雨湖区委,任命中共雨湖区委筹备领导小组成员,领导组建新雨湖区各项筹备工作。是年8月18-19日,中共雨湖区第一次党员代表大会召开,选出中共雨湖区委第一届领导班子,中共雨湖区委员会从1992年8月-2007年12月的15年中,经历4届任期。

二、工作部门

1988年,中共雨湖、湘江、郊区三区区委均设置区纪委、区委办公室、组织部、宣传部、统一战线工作部、政法委员会、机构编制委员会办公室7个工作部门,1989年1月增设老干部工作局,至1992年6月,各设8个工作机构。1992年8月,中共雨湖区委下设工作机构有办公室、组织部、宣传部、统战部、政法委员会、机构编制委员会办公室、老干部工作局、直属机关党委、区委党校共9个工作部门。1995年6月成立雨湖区档案局。1997年1月,增设农村工作部,与政府的农村工作办公室实行两块牌子,一套人马。是年6月成立区保密局,2002年,保密局并入区委办,保留牌子。是年,信访办升格为信访局,由区委、区政府共同管理,以区委管理为主,农村工作部改称农村工作领导小组。至2007年12月,共设有9个工作部门。

专录一　中共湘江区委员会

1980年7月,经民政部和湖南省人民政府批准,设立湘潭市湘江区。成立中共湘江区委员会。12月召开中共湘江区第五次代表大会(沿用河西区党代表大会届次)。1985年4月,中共湘江区委第六次代表大会召开。1988年6月,召开中共湘江区第七次代表大会。1992年6月,撤销湘江区,中共湘江区委机构、工作终止。

一、组织机构

1988年,中共湘江区委设办公室、组织部、宣传部、统战部、政法委、直属机关党委。1989年,增设中共湘江区纪律检查委员会办公室、湘江区机构编制委员会办公室、湘江区信访工作办公室(挂牌区委办)。至1992年6月,中共湘江区委设有办公室、组织部、宣传部、统战部、政法委、信访办、编委办公室、直属机关党委等工作部门,下设中山路、窑湾、广场、楠竹山和羊牯塘5个街道党委和计经委、教育局2个机关部门党委,区人大常委会、区人民政府、区政协、区检察院、区法院、工商局、公安分局7个党组,3个党总支,86个基层党支部。

二、党的代表大会

中共湘江区委第七次代表大会

1988年6月26-29日,中共湘江区召开第七次代表大会,到会代表159人,代表全区920名中共党员。列席会议13人,邀请10人。主席团21人。组成6个代表团10个组。中共湘潭市委书记郑培民出席大会并在开幕式上作重要讲话。大会听取、审议并通过刘异群代表第六届区委作的《认真贯彻落实党的十三大会议精神,为把湘江区的改革和建设事业不断推向前进而奋斗》工作报告。听取、审议并通过唐秀元代表区纪委所作的工作报告。大会选举出中共湘江区第七届委员会委员21人,候补委员4人。会议选出区纪委委员13人。在中共湘江区第七届一次会议上,选举区委常务委员会委员8人。刘异群任书记,张汉良、张年国(女)任副书记。在区纪委第一次全会上,选举出纪委常委4人。

三、主要工作

(一)经济建设

1988-1989年,中共湘江区委组织研究制定《关于加速湘江区经济建设的若干规定》《关于厂长(经理)负责制暂行办法》《关于在区机关和街道实行行政经费包干办法》,领导落实全区43个大小企业承包经营责任制。1989年,全区工业总产值2542.27万元。1990年,区政府与上海、杭州、长沙等地实施经济联合,推进湘潭市淀粉厂改革,发展个体工商户1400多户。是年,全区完成工业总产值3020.13万元。1991-1992年,区委重视经济建设,注重治理整顿经济秩序,加大企业改制力度,使全区每年增加集体商业营业额1000多万元。农业土地承包期延长,农民年人均纯收入逐年增加。全区工业经过体制改革,期间两年工业总产值超过6000万元。

(二)民主法治建设

1988-1989年,中共湘江区委推进全区民主法制建设,组织政法部门破获各类刑事案件447起,查处严重经济犯罪案件69起,打击各类犯罪分子300多名,通过查处各类案件挽回经济损失600多万元。1990年,区委注重亚运、国庆维稳,组织专项打击。是年,全区重特大案件、一般刑事案件、治安案件分别比上年下降18.52%、20.13%和25.67%。1991年,区委按照党的民主法治建设的政策,推进全区社会治安综合治理,全区落实政策和信访工作受到中共湖南省委和湘潭市委政法部门的表扬。

(三)精神文明建设

1988年6月-1992年6月,中共湘江区委组织制定《关于加速湘江区教育事业发展的意见》《关于加强青少年教育的意见》《关于“七五"期间加强社会主义精神文明建设的若干措施》。根据这些措施,区委组织全区开展文明竞赛活动,对党员干部进行形势、政策教育、理想纪律和职业道德教育,组织干部提高学历教育水平,督促举办脱产初高中文化补习班和专业培训班12期,职工文化补习班27期,共培训学员1485人。并送90多人到广播电视大学、职工大学、业余大学、夜大、函大进行学历教育。举办幼师培训班70期,培训幼师560人。全区成人教育、职业教育被省市评为先进单位。

中共湘江区委员会书记、副书记、常务委员名单及任职时间一览

（1985.4～1992.6）

3-1-4-1

届次和时间	书记姓名及任职时间	副书记姓名及任职时间	常委姓名及任职时间	区委顾问调研员
第六届委员会（1985.4-1988.6）	刘异群 1985.4-1988.6	张汉良 1985.4-1988.6 张年国（女） 1985.4-1988.6	唐秀元 1985.4-1988.6 萧春和 1985.4-1988.6 吴帅珍 1985.4-1986.3 周莉萍（女） 1985.9-1988.6 谭甫臣 1986.12-1988.6	郭鉴唐 楚仕泉 罗学义 郭勋愚 赵福林
第七届委员会（1988.6-1992.6）	刘异群 1988.6-1992.6	张汉良 1988.6-1992.6 张年国（女） 1988.6-1992.6 吴帅珍（女） 1989.6-1992.6 孙　峰 1992.3-1992.6	孙　峰 1988.6-1992.6 萧春和 1988.6-1992.6 周莉萍（女） 1988.6-1992.6 谢爱玲（女） 1988.6-1992.6 谭甫臣 1988.6-1992.6 梁开云 1990.7-1992.6 戚映清 1990.7-1992.6	

注：各届书记、副书记同时是本届区委常委

中共湘潭市湘江区纪律检查委员会书记、副书记名单及任职时间一览

（1985.04-1992.06）

3-1-4-2

届次和时间	书记姓名及任职时间	副书记姓名及任职时间
第四届（1985.4-1988.6）	唐秀元 1983.12-1988.6	庞昌升 1984.9-1988.6
第五届（1988.6-1992.6）	谢爱玲（女） 1989.2-1992.6	李声明 1989.1-1992.6

注：1988年6月纪委换届后至1989年1月缺书记、副书记。后经区委研究，报市委、市纪委同意，谢爱玲（女）任区纪委书记，李声明任副书记。

专录二　中共郊区委员会

1988年5月，中共湘潭市郊区第三次代表大会召开。1992年6月，行政区划调整，郊区被撤销，中共湘潭市郊区委员会机构终止运转。

一、组织机构

1988年6月–1992年6月，中共湘潭市郊区委员会设办公室、组织部、宣传部、统战部、政法委、机关党委、老干部局。下设昭山、荷塘、板塘、宝塔、霞城、护潭、先锋、昭潭、长城9个乡，仰天湖、红旗、先锋3个农场及郊区供销社机关共13个党委，区人大常委会、区人民政府、区政协、区检察院、区法院、工商局、公安分局7个党组，3个党总支，292个基层党支部(其中101个村党支部，191个企事业单位党支部)。

二、党的代表大会

1988年5月10–13日，中共湘潭市郊区第三次代表大会召开。出席大会的代表180人，代表全区5000多名党员。邀请参加会议7人。主席团由22人组成。大会听取、讨论并通过章亮春代表第二届郊区委员会所作的《贯彻党的基本路线，把改革和建设继续推向前进》的工作报告。报告明确全区"城乡融合，一体化发展"的经济发展战略和"依托城市，面向市场，以经济效益为目标，以生产鲜活副食为基础，以乡村(联个体)企业为主体，实行农工商综合经营"的经济发展基本方针。大会听取和审查区委常委、区纪委书记李乾安代表区纪委所作的工作报告。大会选出中共湘潭市郊区第三届委员会委员20人，候补委员3人，区纪委委员9人。在区第三届一次全会上，选举区委常务委员会委员8人，章亮春任书记，刘平任副书记。在区纪委第一次全会上，选举区纪委常委5人，李乾安任书记，赵志林任副书记。

三、主要工作

(一)发展城郊农业

1988年5月，中共郊区委员会召开第三次代表大会，要求服务城市，发展城郊农业。1989年，区委落实党的农村政策，坚持公有制为主，发展多种经济成分的农村经济，稳定家庭联产承包责任。是年，全区粮食总产量48600吨，出栏生猪30万头，上市蔬菜4863吨。1990年，区党委重视发展农村经济，设立农业发展基金，投资213.74万元投入农田水利建设，兴修水利1016处；举办农业科学技术培训班250期，在全区建立600多个科技联系户。是年，全区粮食总产50043吨，蔬菜上市47105吨，农民人均纯收入979元。1991年，区党委根据市场需要，鼓励农民为城市服务，共生产粮食51251吨，饲养出栏生猪24.02万头，上市蔬菜72000吨，全区农业总产值13837万元。

(二)鼓励发展乡(场)、村企业

1988年5月–1989年，中共郊区委员会鼓励发展乡镇企业，企业产值1000万元以上企业5家，100–500万元企业49家。1989年，区委坚持维稳和发展两手抓，大力鼓励发展村办企业。是年，全区村办企业总收入6958万元，工业总产值24274.6万元。1990–1991年，区委坚持改革开放，完善200多家企业经济合同，支持区政府组织各种商品订货会150多场，实现交易额6000多万元，促进全区名特优新产品的开发。至1991年年底，全区发展乡(场)、村企业4234个，其中农业企业24个，工业企业775个，建筑企业61个，交通运输企业872个。企业完成工业总产值35231万元，实现总收入54915万元。

(三)整顿党的组织,发展文化教育事业

1988年5月-1989年,中共郊区委员会根据中共湖南省委、湘潭市委的意见,制定了贯彻《关于在农村深入开展社会主义思想教育的决定》的意见。全区加强党纪党风建设,查处党员干部违纪案件34起,处分党员15人,对34名领导干部违纪营建私房作出处理。1990年,区委关心教育事业发展,领导政府教育部门投资对12所学校的4500平方米危房进行改造,修缮校舍3790平方米。1991年,区委支持政府投资163万元发展教育事业,4所中心完小实现验收合格,小学生毕业会考合格率97.58%,初中生毕业会考合格率80.86%。

中共湘潭市郊区委员会书记、副书记、常务委员名单及任职时间一览

(1985.10-1992.6)

3-1-4-3

<table>
<tr><th>届次和时间</th><th>书记姓名
及任职时间</th><th>副书记姓名
及任职时间</th><th>常委姓名及任职时间</th><th>区委
调研员</th></tr>
<tr><td>第二届
委员会
(1985.4-
1988.5)</td><td>章亮春
1985.4-1988.5</td><td>刘 平
1985.4-1987.3
吴建凯
1986.3-1988.5
闵应章
1986.12-1988.5</td><td>李乾安 1985.4-1988.5
周华林 1985.4-1988.5
谭回和 1985.4-1988.5
刘福全 1985.4-1988.5
戚映清 1985.4-1988.5</td><td rowspan="2">朱海清</td></tr>
<tr><td>第三届
委员会
(1988.5-
1992.6)</td><td>章亮春
1988.5-1989.12
符国保
1989.12-1992.6</td><td>闵应章
1988.5-1992.6
吴建凯
1988.5-1991.7
杨雄赳
1990.12-1992.6</td><td>李乾安 1988.5-1992.6
周华林 1988.5-1992.6
李枝松 1988.5-1992.6
王映玲(女) 1988.5-1992.6
王秀莲(女) 1988.5-1992.6
何炳霖 1990.8-1992.6</td></tr>
</table>

注:各届书记、副书记同时是本届区委常委

中共湘潭市郊区纪律检查委员会书记、副书记名单及任职时间一览

(1985.10-1992.6)

3-4-1-2

<table>
<tr><th>届次和时间</th><th>书记姓名及任职时间</th><th>副书记姓名及任职时间</th></tr>
<tr><td>第二届
(1985.4-1988.5)</td><td>李乾安
1985.4-1988.5</td><td>赵志林
1985.4-1988.5</td></tr>
<tr><td rowspan="2">第三届
(1988.5-1992.6)</td><td rowspan="2">李乾安
1988.5-1992.6</td><td>赵志林
1988.5-1989.3</td></tr>
<tr><td>沈淑兰(女)
1990.7-1992.6</td></tr>
</table>

第三章　区委重大决策

一、发展区街委办企业

1988年，中共雨湖区委制定《关于大力发展区街委办企业若干规定》，鼓励支持区街企业开展以“四新”（新产品、新技术、新设备、新材料）推广应用，带动工业科技进步，并实施安排项目扶持资金、税费减免、跟踪服务等措施，至1992年年底，全区区街委企业共完成工业产值1.14亿元，是1988年3272万元的3.56倍。1996年，区街委工业总产值达到3.83亿元，区街工业走上发展的快车道。

二、“十年再造一个新雨湖”的发展战略

1992年7月，新雨湖区建立。在8月18-19日的中共雨湖区第一次代表大会上，区委确立了以开发区为突破口，开拓城郊型经济；以土地房屋开发和大力兴办第三产业，大力发展区街、乡村经济（即“一体两翼”），努力实现“三年打基础，五年迈大步，十年再造一个新雨湖”的发展战略和宏伟目标。

1993年2月，区委一届三次全会提出“突出发展非公有制经济”思路，会后并制定《关于加快个体私营经济发展的若干意见》。工作中突出四个重点，即培育砂子岭市场群、扶植个体私营经济大户、培植名牌和特优产品、鼓励兴办实业，促进个体私营经济的发展。1993年年底，全区实现地区生产总值4.88亿元，财政收入2574万元。

1994年1月，区委一届五次全会确定“112456”工程。提出围绕经济增长速度争取走在全市前列这一目标，建设好一个商贸工业特区，兴建仙峰工业小区和砂子岭至羊牯塘商贸小区，培育壮大乡镇区街工业、第三产业、个体私营经济和外向型经济四个新的经济增长点，推进财税体制、企业经营机制转换、农村、社会保障制度和转变政府职能五项改革，实现在商贸工业特区建设、发展两高一优（高产、高效、优质）农业、工业技改开发新产品、培育壮大新的经济增长点、房地产开发、科技兴区等六个方面的新突破。是年，全区实现地区生产总值5.59亿元，财政收入3888万元。

1996年，在全市实施“强工富市”发展战略中，区委先后作出《关于进一步加快乡镇企业发展的决定》和《雨湖区企业股份合作制试行方案》，把发展乡（镇）村企业作为全区振兴农村经济的第一增长点来抓，同时鼓励支持具备条件的区街企业和乡镇企业改组为股份合作制企业。至1997年底，全区实现地区生产总值8.03亿元，比1992年增长88.49%；实现财政收入6368万元，是1992年2440万元的2.61倍。2002年，实现地区生产总值14.7亿元，财政收入1.26亿元，分别是1992年的3.45倍和5.16倍。

三、普及九年义务教育

1993年7月16日，区委、区政府贯彻实施《中国教育改革和发展纲要》，作出《关于加快普及九年义务教育的决定》，要求提高认识，增强加快普及9年义务教育的紧迫感和责任感；全面规划，确保如期完成普及9年义务教育任务；增加投入，坚持多渠道筹措“普九”经费；尊师重教，建设一支素质优良、结构合理、相对稳定的教师队伍；全面贯彻党和国家教育方针，提高教育质量；加强领导，把义务教育纳入法治轨道。7月20日，区委、区政府与各乡镇、街道签订《关于加快普及九年义务教育责任书》。1995年3月，根据省、市教育工

作会议精神，为确保1996年“两基”目标，区委、区政府作出《关于教育改革和发展的决定》，并对先锋乡、昭潭乡“两基”达标各发给奖金1万元，授予刘国钦“兴教功臣”称号，发放奖金1000元；授予22个单位“尊师重教先进单位”称号。1996年，全区小学、初中入学率、巩固率均达100%，小学毕业生合格率达到99.8%，初中毕业生合格率达到97%。当年10月，经省人民政府“两基”评估检查团验收，雨湖区达到“两基”目标。1997年3月，区委、区政府作出《关于巩固发展“两基”成果，争创全国先进城区的决定》，进一步落实办学责任，加大教育投入，改善办学条件，全面实施素质教育。区、乡镇、街道、学校之间通力合作，是年，雨湖区又获得“湖南省‘两基’工作先进区”称号。

四、发展农业与建设社会主义新农村

1993年，区委、区政府作出《关于发展农业的决定》，增加对农业的投入，加大农业产业结构调整步伐；2000年3月出台《关于开展创万元亩、十万元农户工程建设的意见》，达到农业增效、农民增收的目的；2004年3月，区委、区政府出台《关于加强农村基层组织和农村全面小康示范村建设工作的实施意见》，提出因地制宜，切实抓好全面小康建设，实现“农民富、村庄美、风光好”的小康建设目标。2006年，提出《关于加快推进社会主义新农村建设的意见》，完善现代农业投入保障，建立现代农业体系，加大基础设施建设，实施科技兴农。2007年，全区农林牧渔业总产值达4.91亿元，比1992年增长6.01倍；农民年人均纯收入9649元，是1992年的7.89倍。

五、深化企业体制改革

1995年，区委贯彻市委、市政府企业体制改革会议精神，作出《关于进一步深化企业产权制度改革的几点意见》。要求解放思想，转变观念，提高认识；明确产权制度改革的原则、要求、形式、途径；强调加强领导，搞好协调，确保企业产权制度改革顺利进行。1996年，全区绝大多数企业开始实施产权体制改革，在湘潭市处于领先地位。1997年10月，区委、区政府制定《雨湖区企业体制改革攻坚方案》，至2007年年末，全区区属集体企业改制全部完成，区属集体企业从此退出历史舞台。

六、科技兴区

1996年，区委、区政府作出《关于加速科学技术进步的决定》。明确“九五”期间雨湖区科技兴区工作的中心任务是科技兴农，发展“两高一优”农业；科技兴工，加速区、街、乡镇企业由劳动密集型向技术密集型转变；推进经济社会全面科技进步，加速科技成果转化和高新技术产业商品化、产业化进程；普及推广实用技术；加快教育发展，提高全民文化素质，科技普及率达到80%以上。科技兴农，科技兴工，促进区域经济快速发展。2007年，全区工业总产值达到49.51亿元，为1997年的9.94倍。其中，区内有高新技术企业24家，实现高新技术产值16亿元，占工业总产值的32.3%，科技对经济增长贡献率达到51%。

七、“市场带动，实业兴区”发展战略

1997年9月18-19日，在中共雨湖区第二次代表大会上，区委提出“市场带动、实业兴区”发展战略和“奋战5年，财政收入过亿元”的奋斗目标。通过增加农业投入，扶持工业企业技术改造，引进新项目，培植财源，2001年，全区财政收入达到10366万元，提前1年实现“财政收入过亿元”的目标。2002年，实现财政收入12628万元，为1997年的1.98倍。

八、组建先锋工业经济园

1998年3月，区委、区政府决定成立“湘潭市仙峰工业园管理委员会”，实施加快工业园建设步伐。2002年5月，区委、区政府决定组建“先锋工业经济园”，仙峰工业园并入先锋工业经济园。园区范围为北二环路两边3平方公里，定位湘潭市农副产品深加工发展基地和矿山装备制造业基地。通过实施企业优惠入园若干政策、园区与区政府税收完成等激励措施，发挥了两个积极性。到2007年年底，园内有企业25家，实现总产值12.7亿元，销售收入10亿元，缴纳税金3500万元。

九、“两线三圈十街”商贸发展规划

2002年6月，在中共雨湖区第三次党代会上，区委提出完善“两线三圈十街”商贸发展规划，巩固提高商贸中心地位的发展战略。“两线”：即韶山路、建设北路这两条主要骨干道作为骨架，重点发展连锁点、专卖店和超市。“三圈”：即砂子岭市场圈、基建营超市圈和民主路零售圈三个商业圈作为支撑。“十街”：即以雨湖路、民主路、广云路、解放路、中山路、平政路、车站路、城正街、熙春路、湖园路10条街道沿线发展专业街作为补充，重点发展各具特色的专业街，尤其是要加快建设民主路商业步行街。2007年，全区第三产业增加值达到15.65亿元，比2002年增长136.05%，年均增长27.21%；占GDP的42.3%。

十、“四区”发展战略

2007年3月，区委在四届三次全会上提出“项目强区、产业富区、开放活区、人才兴区”发展战略。6月，区委、区政府出台《关于进一步加强人才队伍建设的实施意见》，大力加强党政人才、企业经济管理人才和专业技术人才的队伍建设。与湘潭大学、湖南科技大学、江南、江麓等驻区学校和大企业建立合作互动机制，提升全区科技创新水平和产业素质。至2008年底，全区完成工业总产值69.6亿元，实现工业增加值19.8亿元。其中，规模工业总产值59.7亿元，实现规模工业增加值17.1亿元，同比增长30%。

第四章　纪检监察

第一节　机构

1988年，中共雨湖区纪律检查委员会（以下简称区纪委）驻雨湖路188号。1992年8月，在中共雨湖区第一次党代会上选举产生新一届区纪委。驻建设北路224号。1993年4月，根据市纪委、市监察局《关于县（市）区纪检监察机关合署办公的意见》，区纪委、区监察局（1988年成立）合并，即两块牌子、一套人马。根据

《党章》和《行政监察条例》之规定，行使纪律检查和行政监察职权。区纪委下设办公室、信访审理室、执法监察室、党风廉政建设室、案件检查室等工作部门，定编13人。遵照《党章》规定，各基层党委设纪委，区直部门设纪检组，至2007年，全区共有基层纪委和纪检组32个，专职纪检监察干部61人。时任区委调研员、区委原副书记、区纪委书记宋定一因敢于担当、从严执纪、勇于创新、廉洁从政受到中共中央纪委、监察部的嘉奖，并被省人民政府记一等功。

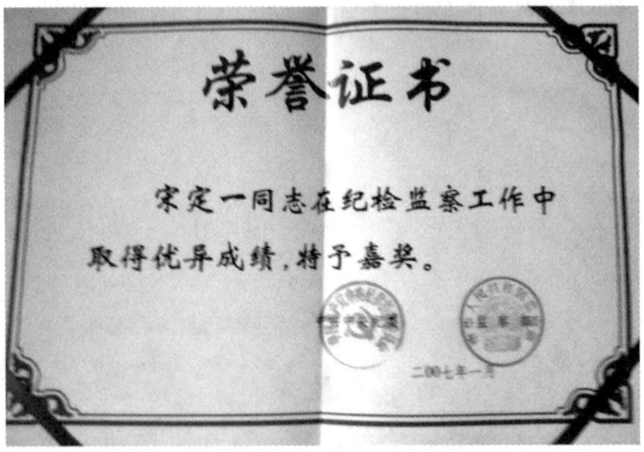

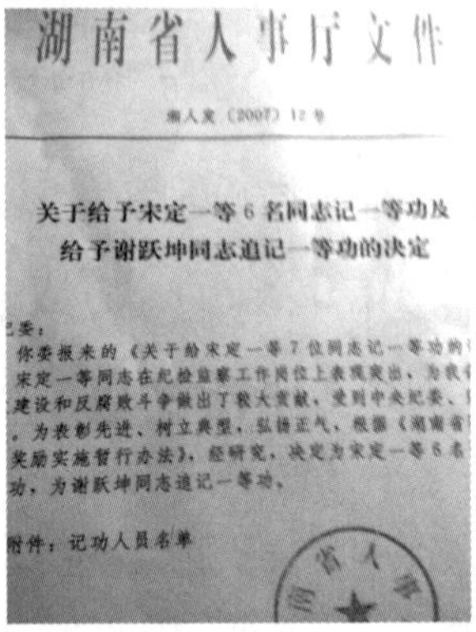

第二节 党纪政纪教育

1988年，雨湖、湘江区和郊区纪委，贯彻从严治党的方针，组织党员干部学习党规党纪。1989年，三区纪委紧跟中央部署，举办学习班，学习文件，进行“讲宗旨、讲义务、讲纪律、讲传统、讲要求”教育，增强广大党员遵守党的纪律的自觉性，与党中央在政治上保持一致。

1990–1991年，三区纪委组织党员学习中纪委《关于共产党员在经济方面违法违纪党纪处分的若干规定（试行）》和《对妨碍违纪案件查处的党组织和党员纪律处分的规定（试行）》，并组织全体党员参加测试。1992年6月，针对城市行政区划调整的实际，学习市纪委《关于保证城市区划调整顺利进行的纪律规定》，确保撤区建区和换届选举工作的顺利进行。

1993年，针对合区后的实际情况，区纪委坚持“预防为主、教育为主”的方针，加强对党员干部进行党风党纪教育，尤其是领导干部廉洁自律的教育。学习《邓小平论党风廉政建设和反腐败》文献，落实中央关于制止奢侈浪费的8条规定。区纪委充分发挥电教中心作用，在全区巡回播放《沉沦警示录》《贿赂忧思录》《公仆风情录》等7部电教片。至1996年的4年中，共播放500余场，观看人数达7万人次。

1997年8月，区委转发雨湖区直属机关工委开展抓“四治”、兴“三风”教育活动方案。“四治”即：治奢、治浮、治懒、治傲，“三风”即：大兴勤奋学习之风、调查研究之风、勤俭节约之风，以改进干部作风。

1998年，区纪委印发《在全区领导干部中开展“反腐治奢、艰苦奋斗”主题教育活动的通知》，各级党组织联系实际，召开专题民主生活会，自查自纠。同时，原原本本地学习《行政监察法》，聘请专家学者讲课，开展宣传咨询和组织知识考试等活动，提高公务员依法行政的自觉性。

1999年，《中国共产党纪律处分条例》颁布实施，区纪委作出学习安排，采取集中学习与辅导相结合。在市纪委组织的“七月电教月”活动中，组织党员观看《失职渎职大透视》《沉沦警示录》等电教片，警示党员干部“手莫伸”。是年10月，按照上级部署，区委制定《在区管领导班子、领导干部中开展“讲学习、讲政治、讲正气”为主要内容的“三讲”教育实施方案》。通过集中学习，征求意见、自我剖析、民主测评，召开民主生活会、开展批评与自我批评，认真整改、巩固成果四个阶段，使区内党员领导干部受到一次党性党风党纪的再教育。

2002年，区纪委创办《明镜》刊物，反映全区党风廉政建设动态，有针对性地报道典型案例、经验教训，推行区内查处的重点案件剖析通报制。编印《从政警言100句》2000本，发至全区县处级干部和提拔、交流干部手中。

2003年，区委印发《关于在全区开展"改进作风、拒腐防变"主题教育活动实施方案》和湖南省纪委、监察厅六条禁令，结合实际，区纪委制定《雨湖区干部"六不准"规定》。是年，评选出官国辉、邓德林等8名"艰苦奋斗、勤廉为民"优秀领导干部。

2004年，区纪委在全区开展"三个看一看"的教育活动（到贫困户家中看一看、到监狱看一看、到火葬场看一看）。是年5月，组织区管领导班子"一把手"100多人赴岳阳监狱进行警示教育，开全市之先河。参观者写的观后感汇编成《心灵的撞击》一书。时任市委副书记、市纪委书记余爱国为该书扉页题词："执政为民的心声、反腐倡廉的警示"。区纪委常委下基层宣讲《党章》《纪检条例》《实施纲要》等廉政党课46场。开展家庭廉内助"五个一"（与领导干部配偶签订一份家庭助廉责任书、上一堂廉政党课、开展一次警示教育、送一套廉政读物、区委常委和纪委常委走访"一把手"家庭）活动，较好地发挥"家庭纪委书记"的作用，《中国纪检监察报》以"守好家门"为题报道。

2005年，区纪委把"两纲要一条例"（建立健全教育、制度、监督并重的惩治和预防腐败体系实施纲要，"三个代表"重要思想反腐倡廉理论学习纲要，中国共产党党员权利保障条例）作为全年学习重点，并纳入区委和各基层党委中心学习组的学习内容，定购条例6000册，近6000名党员参加学习。邀请市委副书记、市纪委书记来区给党员干部作《建立健全教育、制度、监督并重，惩治和预防腐败体系实施纲要》专题辅导报告。区纪委领导下基层宣讲"两纲要一条例"28场。同时开展"争当一名合格党员、为党增光"主题活动，组织5000多名党员、干部参加中纪委"红船杯"学党章知识竞赛，创办"廉政警示漫画专刊"，组织参加全市"廉政之声"广场文艺演出，主办"公仆风采"党风廉政文艺专场演出并推介区级领导干部陈长清、陈秋明先进事迹。组织100多名基层领导干部到长沙监狱接受警示教育。

2006年，区纪委下发《农村党员、干部廉洁自律行为规范》，进一步加强农村党风廉政建设。这一做法得到省纪委的充分肯定并在省农村基层党风廉政建设经验交流会上作经验介绍。区纪委多形式抓好"六个一"教育活动。即：一次党员干部作风建设答题、一堂加强作风建设的主题党课、一次"服务赶超发展、构建和谐雨湖"为主题的演讲比赛、一次以作风建设为内容的领导干部专题民主生活会、一次以"我为雨湖发展献计策"的主题征文和一次优秀党组织、优秀党员表彰活动。

2007年，重点宣传雨湖区法院干警毛慧娟（女）、陈秋明等勤政廉政典型，宣传"身边的闪光点"，使全区党员干部学有目标，赶有方向。

第三节　廉政建设

一、廉政制度

1988-1992年，雨湖、湘江区及郊区纪委，遵照中央关于加强廉政建设的要求，结合各自的实际，分别制定《立党为公、执政为民、廉洁从政若干规定》，每年年终由纪委对各单位执行情况进行督查并记录在案。

1993年，区委提出“教育在前、预防为主”的廉政建设指导方针，加强制度建设，预防腐败发生。雨湖区反腐败工作协调领导小组和区领导干部廉洁自律领导小组相继设立，日常工作由区纪委、组织部直接抓；严格领导干部廉洁自律专题民主生活会制度，全区各基层党委（党组）按照一年召开两次民主生活会的要求，邀请区委组织部、区纪委的领导参加，督促领导干部自查自纠；落实中纪委《关于党政机关县（处）级以上领导干部廉洁自律补充规定的实施和处理意见》，区委制定《关于狠刹公款“吃喝玩乐”的几项规定》和建立《领导干部收入申报》《礼品登记》《个人重大事项报告》三项制度。

1995年，雨湖区作为全省推行办事公开制度的试点单位，区委出台“两公开一监督”（公开办事制度、公开办事结果、接受群众监督）制度，当年公开项目达705项；区纪委、区委组织部和区审计局联合制定《区管领导干部职务异动时公物移交的规定》。

1997年，逐步推行村务公开，设立村务公开栏、村务公开监督小组和民主理财小组，建立村民代表会议制度，1998年在区内全面铺开。1999年推行厂务公开制度。是年，区委、区政府发出《关于印发〈雨湖区党风廉政建设责任制实施办法〉的通知》，由区纪委具体组织实施。至2000年的4年中，全区有243人次将收受的红包礼金计14.6万元上交区纪委。

1998年5月，区委作出《关于加强县级领导班子思想作风建设的意见》的决定。要求新一届区委、区人大常委会、区政府、区政协领导班子严格执行民主集中制，自觉搞好党风廉政建设，切实改进工作作风。对县级领导干部提出了“十个不准”：即不准用公车接送上下班；不准在上班时间出入歌舞厅、茶楼；不准在下属单位拿固定补贴；不准到基层单位报销发票；不准向基层单位、业务单位要求钓鱼；不准在亲属子女建房、建门面等方面以权谋私；不准出面替违法违纪人员讲情、跑关系；不准傍“大款”；不准讲排场、摆阔气、挥霍公款；不准干预配偶、子女、亲属所在单位的日常工作等。区委常委率先垂范，促进了机关作风的转变。

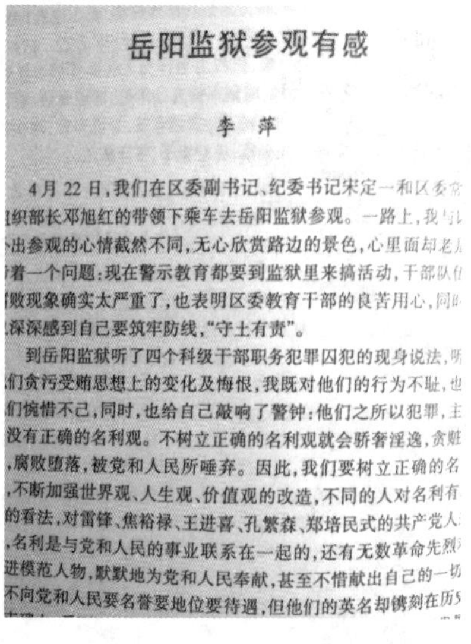
岳阳监狱参观有感

李　萍

4月22日，我们在区委副书记、纪委书记宋定一和区委常……组织部长邓旭红的带领下乘车去岳阳监狱参观。一路上，我与……出参观的心情截然不同，无心欣赏路边的景色，心里面却老……着一个问题：现在警示教育都要到监狱里来搞活动，干部队伍……败现象确实太严重了，也表明区委教育干部的良苦用心，同时……深深感到自己要筑牢防线，“守土有责”。

到岳阳监狱听了四个科级干部职务犯罪囚犯的现身说法，听……们贪污受贿思想上的变化及悔恨，我既对他们的行为不耻，也……们惋惜不已，同时，也给自己敲响了警钟：他们之所以犯罪，主……没有正确的名利观。不树立正确的名利观就会骄奢淫逸，贪赃……，腐败堕落，被党和人民所唾弃。因此，我们要树立正确的名……，不断加强世界观、人生观、价值观的改造，不同的人对名利有……的看法，对雷锋、焦裕禄、王进喜、孔繁森、郑培民式的共产党人……，名利是与党和人民的事业联系在一起的，还有无数革命先烈……进模范人物，默默地为党和人民奉献，甚至不惜献出自己的一切……不向党和人民要名誉要地位要待遇，但他们的英名却镌刻在历史……

2001年，区纪委对全区500多名副科级以上领导干部建立一人一档的廉政档案，实施《区纪委常委与区管班子“一把手”谈心制度。同年，区纪委实行“三书一单”（党风廉政建设责任书、党风廉政建设建议书、领导干部廉洁自律通知书和党风廉政建设信息单）制度，当年从区委书记到一般干部共有2362人签订责任书558份，发出信息单23期，建议书3份、监督通知书1份。

2002年，区委相继出台《雨湖区干部交流办法》《领导干部任期经济责任审计制度》《新提拔领导干部任前公示》和《干部考察预告制、考察责任追究制》等规定，加强对领导干部的监督。

2004年，区委印发《关于区管领导干部个人重大事项面向组织请示报告》制度，开展对四乡两镇党委党风廉政建设巡视。2005年，区委印发《中共雨湖区常委会党风廉政建设责任制》和《区委、区政府领导班子党风廉政建设责任分解》文件，进一步强化反腐倡廉责任。建立“三谈两述”（任前谈话、廉政谈话、诫勉谈话和述职、述廉）制度。至2007年年底，区纪委常委与区管班子“一把手”谈心219人次，区委组织部、区纪委主要领导和新提拔的领导干部任前集体廉政谈话458人次，区纪委书记同下级党政主要领导谈话165人次，对29名有轻微违纪或工作不力、政绩不佳的干部诫勉谈话，对77个单位、135名离任的党政“一把手”进行任期经济责任审计。

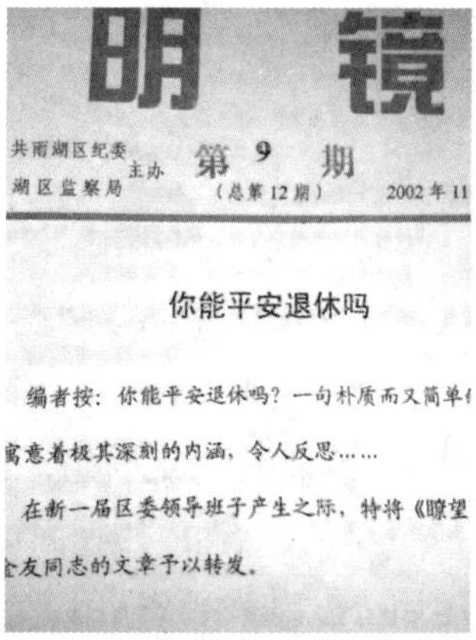

二、专项清理

1988-1991年，区纪委履行“四项职能”（教育、监督、保护、惩处），专项清理党政机关干部1987年以来营建私房的问题和在经济活动中的违纪违法问题，专项清理一些部门乱着制服、私设小钱柜、接受下属单位礼品红包和违反政策“农转非”的问题。

1992-1994年，新一届区纪委进行多项专项清理。清理乱收费工作。与区财政局配合，加强对行政事业性收费的统一管理，以区政府名义颁布《实施细则》，对个别行政单位乱收费进行处理；清理党政机关及其工作人员占用企业钱物工作，全区清出占用企业资金2500元、BP机57个、摩托车15辆、电话机5部，窗式空调机3台，一一作妥善处理；清理公费出境旅游工作。清查出组团赴港、新、泰旅游团9人一起，收回违纪支付的公款13万余元；清理购房工作。由区纪委与机关工委、信访办、妇联抽调人员组成清房工作组，进行调查清理，87人按政策标准补交超面积优惠购房款72.62万元。其中县级干部14人，科及科以下干部73人。对34户多处购房的进行清理，办理转房手续20户，清退住房14套。核实、处理党政干部违反政策在城镇建私房8户，总面积948m²。

1995-1997年，清理党政机关违规购车问题。督促2台车补办控购手续，取消2台车违规使用军警车号牌。对领导干部公费学车作出具体规定，并对1名科级干部用公款学车问题作出费用自负的处理。清理干部、职工拖欠公款、无偿占用企业钱物，共收回177人次拖欠的公款47.99万元。全面清理4个乡的43个站办所财务清出违纪资金107.32万元，纠正回收资金10多万元，整章建制，成效显著。

1998年年初，对用公款购置的移动电话和住宅电话进行清理，折价到人，收回资金1.8万元，尔后禁止用公款购置移动电话。同年6月1日，区领导干部的移动电话实行“统一核算、分户开票、单个审核、超支自负”，从2000年起，不再实行话费补贴。

2001年，参与区农村信用合作社清理党政干部不良贷款工作，会同区委组织部、人事局对借款、担保贷款的51名区管干部实行“停职、停薪”措施，敦促44名干部还清欠款160.5万元，其余7人则作出分期归还计划，金额为22万元。

2002年，清查和处理党政机关、政法机关干部借用企业和下属单位的小汽车、摩托车计26辆。

2003年，配合市纪委对市人大十二届一次会议期间部分人大代表违规收受钱物问题进行清查，涉及区内的代表及其工作人员12人，收缴礼金14700元、购物卡3200元和礼物53件。

2004年，遵照国务院《关于做好整顿统一着装工作的实施意见》，对全区着装单位进行清理。对不符合条件着装的区农机局、区建设局等5家单位责令中止，减少着装人员69人，收缴制式服装207套，价值271680元。

2005-2007年，贯彻执行《中华人民共和国行政许可法》和政府采购制度，全区清理行政审批事项547项，取消审批项目354项，保留193项。通过政府采购，节约资金183万余元。加强对水利、教育、科技、社保、低保、助残、扶贫救灾等专项资金管理使用情况的监督检查，规范机关公务员的津补贴。

第四节 纠正行业不正之风

1988-1992年，雨湖、湘江和郊区纪委发动各单位自查自纠违反《廉政准则》的行为。退交红包礼品折合人民币26488元，清理“三乱”（乱摊派、乱收费、乱罚款）违纪金额7.17万元，视其情况，分别作出退还原单位或上缴区财政处理。

1994年，区纪委组织开展对区内16个行政事业单位分两批进行行风评议，聘请行风评议员272名，至1996年的3年中，共收回征求意见函800份，收集各种意见和建议共400多条。纠正区物价局在机构改革中动用公款乱发物资、用废止发票收费，区计生局办理蓝印户口乱收“登记费”等单位、部门近100多个问题，制定和完善规章制度121项。

1997年，组织对中小学校的收费情况进行检查，对12所学校超标准收费、自立项目收费行为进行查处，共清退资金9.1万元，罚款8.1万元。

1998年，区纪委、区监察局会同区物价局等单位对全区229个部门、单位1557项收费项目进行清理，针对区卫生防疫站超标收取从业人员体检费、区民政局办理婚姻登记中“搭车收费”等问题予以纠正，违规所收取费用上缴财政。

2002年，区纪委、监察局会同财政、审计部门对行政执法部门的行政执法和“收支两条线”的执行情况进行监督检查，发现乱收费等50个问题，涉及违规金额112.40万元，针对问题分别进行处理。

2004年，针对向农民乱收费、乱摊派问题，在全区推行农民负担卡、农民负担监督员、涉农案件报告等制度，印发宣传资料一万份，聘请“农负监督员”8名，对农民税费和国家对农民的各项惠农补贴跟踪监督，使农民负担控制在中央规定的农民年收入5%的标准之内。

2006年，对行政事业性收费行为进行清理，共审核收费文件与收费许可证400多个，审核项目2100余项，取消收费文件12个，取消收费项目94个，降低36项收费标准，清查违规违纪资金320万元，并作出处理，使乱收费行为在区内有所遏制。

2007年，加强对义务教育阶段“一费制”落实情况的检查，查处违规收费3起，清退违规收费5.1万元；督促落实“两免一补”（免除对农村义务教育阶段的学生学杂费、课本费，补助穷困家庭寄宿生生活费）政策，减轻学费负担88.95万元。是年，配合物价局对涉农收费、电力价格、农资化肥价格执行情况进行专项督查，对相关问题进行了纠正。

第五节 行政监察

1988-1992年，雨湖、湘江和郊区先后设立监察机构，对干部进行工作纪律监督。共查处干部违纪经济案件32起。三区监察局对区直142个单位的行政性收费进行清查，共查处金额26万元，对其中无收费依据的11万元收缴财政。

1993-1996年，区纪委、监察局会同区财政、审计、物价局等部门，对区直单位、部门预算外资金和“小金库”进行清查，查出违规违纪金额300多万元，对有关单位分别给予处罚。

1997年，区纪委监察局制定《关于保护外商投资企业、个体私营企业合法权益的若干规定》，对3户外资企业和7户私营企业实行挂牌保护。

1998-2001年，会同雨湖工商分局、公安分局对医药购销行业进行清理。4年中，查处和销毁假劣药品

107种73件，依法取缔无证医疗机构68家，游医35人，药店内无证坐堂行医75家，清退无证执业人员22人；落实种粮“四项补贴”4900万元，查处涉农收费案件11起。对党政机关所办经济实体进行清理，对19个部门所办64个经济实体予以规范。其中，办理脱钩手续的39个，划转10个，注销15个。

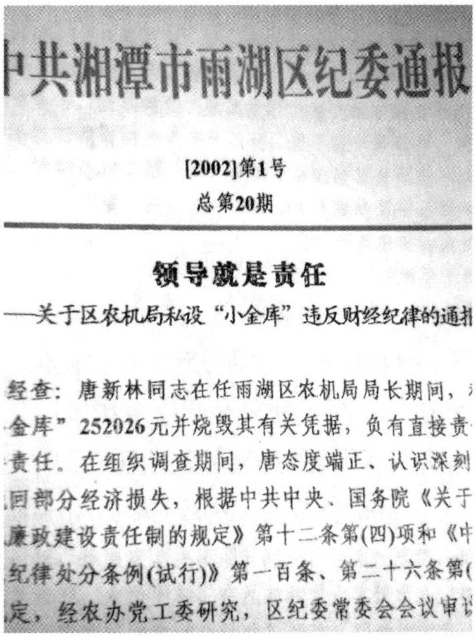
中共湘潭市雨湖区纪委通报

[2002]第1号

总第20期

领导就是责任

——关于区农机局私设“小金库”违反财经纪律的通报

经查：唐新林同志在任雨湖区农机局局长期间，
金库”252026元并烧毁其有关凭据，负有直接责
责任。在组织调查期间，唐态度端正、认识深刻
回部分经济损失，根据中共中央、国务院《关于
廉政建设责任制的规定》第十二条第(四)项和《中
纪律处分条例(试行)》第一百条、第二十六条第(
定，经农办党工委研究，区纪委常委会会议审议

2002年，会同区财政局、区审计局对全区党政机关和事业单位的财务监察，提出监察建议8份，监察通知4份，下达监察决定8份，查出各类违纪金额86.78万元，收缴7.8万元上交财政。对天星大堤文昌村、十万垅大堤草山里等处防洪保安工程项目全程监督，核减多计的工程款80万元。

2003年，对执收执罚部门专项执法监察，立案7件，查出违纪违法金额4.2万元，令其退回原单位金额1.4万元。

2004年，推行行政责任制，执法监察立案14件，查出违纪金额190.2万元，退还原单位20.3万元，收缴违纪金额5.4万元。

2005年，制定《雨湖区效能监察暂行办法》。实行《政务公开监督检查和责任追究制度》，加大行政审批制度改革，清理审批项目366项。其中：取消185项，保留181项。监管政府采购资金473.6万元，核减56.42万元。

2006年，协同执法机关专项治理商业贿赂，立案5起，涉案总金额900多万元。配合区安委加强企业安全生产监督和安全事故查处。当年参与3次安全生产执法检查，抽查40个单位，排查隐患96处，整改80处。同年，对区政府一、二院办公楼装修工程全程监督，核减工程造价80万元。区纪委还联合机关工委和区绩效考核办，采取不定期、不打招呼的方式进行机关效能监察。至2007年2年中，通报批评7个违章单位和9名干部。

第六节　查处违纪案件

1988年，雨湖、湘江区和郊区纪检监察机关，坚持从严治党的方针，以打击经济犯罪为重点，重点查办党政机关、领导干部失职渎职、贪污贿赂、滥用职权、腐化堕落的案件，为经济建设保驾护航。其中：郊区查处区农机水电局原局长和1名副局长的经济案，两人分别受到开除党籍、干籍和有期徒刑二年缓刑二年、有期徒刑四年的处理。雨湖区对1名人武部干部偷盗、赌博问题立案调查，给予开除党籍的处分。至1992年的5年中，共立案57件57人，办结52件，处分52人。其中，科级干部8人，挽回经济损失16.25万元。

1993年，新的雨湖区纪委认真贯彻中纪委《关于共产党员在经济方面违法违纪处分的若干规定》和市纪委《关于保证城市区划调整顺利进行的纪律规定》文件精神，加大执纪力度。区公安分局法制办某主任(副科级)多次在公共场所与按摩女吴某发生性关系，构成嫖娼，被开除党籍。区法院1名法警与卖淫女梅某多次淫乱，受到开除党籍的处分并调离法院。对农村合作经济管理局某局长，违反规定越权审批发放借款，擅自以基金会的名义为他人提供经济担保，造成巨大经济损失，作出开除党籍、公职和移送司法机关的处理。古梁巷居委会某主任任职期间，因贪污公款8500元(实得5000元)，伪造公章诈骗2000元，挪用公款20000元，收受贿赂653.9元，占用公物价值445元，烧毁收据一本，被开除党籍、罢免职务。先锋乡建新村1位时任党支部书记和1名支委，利用职权侵吞公款，分别受到开除党籍、党内严重警告的处分。长城乡犁头村1个村主任,任职期间利用职权贪污防洪保安资金5000元,为亲友谋取利益等,受到留党察看的处分。区纪委原委员、审计局原党组书记、局长×××任职期间受贿13900元,非法占有12944元、收礼2000元,区委对其作出开除党籍、撤销职务处分。区法院1名干警,将案件执行款10万元滞留在自己手中长达5年,受到开除党籍、开除公职的处分。至2000年的8年间,区纪委共立案89件118人,办结89件,处分118人。其中,科级干部28人,挽回经济损失380500万元。

2001年,区纪检监察机关,以《中国共产党纪律处分条例》和《行政监察法》为准绳,对违纪党员给予处分。南盘岭居委会原主任×××,利用职权,贪污低保金5040元,受到留党察看一年处分。关圣殿居委会原主任×××利用职务之便,为不符合低保条件的父母办理低保手续,骗取低保金3800元,非法占有1100元,受到留党察看两年处分。昭潭乡猪鬃厂某厂长、某董事在企业改制中,侵占集体资产36万元,挪用公款10万元,两人均被开除党籍,移交司法机关处理。

2006年,区纪委协同执法部门专项治理商业贿赂,查处5起商业贿赂案,涉案金额900多万元。其中,湖南华菱湘潭钢铁有限公司采购设备备件中心1名业务员利用工作职务便利在业务活动中数次收受上海某公司销售部门回扣约3.5万元,被法院以受贿罪判处三年有期徒刑,缓刑三年。至2007年的7年间,区纪检监察机关共立案86件、86人,办结86件,处分86人。其中,科级干部13人,挽回经济损失168万元。

1988–2007年雨湖区纪委查处案件一览

3–4–6–1

年度	立案		结案	处分人数(人)		挽回经济损失
	件	人	件	总数	其中科级干部	(元)
1988	9	9	8	8	2	24500
1989	12	12	12	12	1	25600
1990	15	15	12	12	3	32200
1991	11	11	11	11	1	41600
1992	10	10	9	9	1	38600
1993	15	17	15	17	5	28400
1994	10	10	10	10	2	53000
1995	12	14	12	14	4	246000
1996	10	18	10	18	4	55000
1997	7	7	7	7	1	21000
1998	12	12	12	12	5	72000
1999	11	21	11	21	3	495000
2000	12	19	12	19	4	77000
2001	16	16	12	16	3	1223000
2002	16	16	9	16	/	216000
2003	18	18	16	18	/	46000
2004	9	9	9	9	2	16000
2005	11	11	7	11	1	30000
2006	8	8	8	8	2	52000
2007	8	8	8	8	/	12000
合计	232	261	210	256	44	2804900

第五章　组织建设

1988-1992年，境内雨湖、湘江、郊区三区党组织建设：城区按《党组织建设工作意见》，落实党建、民主生活会、党风监督等项制度；农村按《基层党委考核标准和办法》《村党支部百分考核细则》开展工作，基层党组织建设稳步推进。

1993年，区委对基层党组织实行目标管理。区委与各基层党（工）委、各党（工）委与党支部签定责任状，用制度和责任落实党要管党。1997年，制订农村党支部“五好”（好班子、好队伍、好路子、好经营机制、好管理体制），居委会党支部“三好”（培养好支部书记、做好发展党员工作、办好居委会企业）标准。是年，中共中央组织部调查组到雨湖路街道调研，对街道党建工作给予充分肯定。

1998年起，区委注重非公有制企业党的建设。对全区非公企业进行跟踪调查，形成调研报告和经验文章，其中“雨湖区强化新经济组织党建工作”等8篇文章登载在《湘潭日报》《今日湘潭》等报纸杂志上。制定出台《关于加强新经济组织党建工作的意见》，规范党组织设置、隶属关系、职责任务。选派政治（党建）指导员15名进非公企业，助推党建和企业同发展。2003年，区委批准成立中共雨湖区非公有制经济组织党建工作委员会（与区工商联合署办公）。2007年，全区基层党（工）委25个、党总支14个、党支部338个。其中非公企业党总支1个、党支部39个。

第一节　党　员

一、党员队伍

1988年，境内雨湖、湘江、郊区三区共有党员7039名。1992年，新雨湖区组建时有党员4514名。其中，大专以上文化程度党员651名，占14.4%；女党员1516名，占35.8%；35岁以下党员762名，占16.9%。1993-1998年，发展党员按照“坚持标准、保证质量、改善结构、慎重发展”方针和成熟一个发展一个的原则。1999-2004年，发展党员严把入口关，率先实行“公示制”。2005年，按属地管理的要求，接收驻区改制企业、离退休和离职党员2000余人。2006年，发展党员完善为“培训、考察、票决、公示、审查、责任”六制。至2007年，全区党员8968名。其中，大专以上文化程度党员2841名，占31.7%；女党员3414名，占38.1%；35岁以下党员1224名，占13.65%。

二、党员教育

1988-1992年，在城乡党员中开展社会主义思想教育活动，强化党员的理想信念。1993-1995年，为适应社会主义市场经济的发展，区委确定在全区党员中，开展一论（“在社会主义市场经济条件下共产党员如何发挥先锋模范作用”的大讨论）、二争（争贡献、当模范，争先进、作表率）、三比（比学习、比工作、比作风）活动。1996年，在雨湖路街道办党员“双学”（学习建设中国特色社会主义理论、党章）试点，随后全区铺开。党员参学率达91%。《注重解决三难，扎实开展双学》的经验在全省“双学”经验交流会上作介绍。1997年，为全区党员印制和发放“政治生日卡”。

1998年始，全区党支部建立健全党员活动室、电教室、图书室。运用“三会一课”、民主评议等形式对党员进行常态化教育，注重把生动直观的电化教育、寓教于乐的演唱参观、分类施教的知识讲座融入党员教育中。

2000年，中央决定在县级以上领导班子中开展“讲学习、讲政治、讲正气”(简称三讲)教育活动。区委遵照省、市的部署，集中在2-5月间开展“三讲”教育，接受教育的是区委、区人大常委会、区政府、区政协及区纪委、组织部、宣传部、检察院、法院、公安分局的党员。教育活动分四个阶段，即思想发动、学习提高；自我剖析、听取意见；交流思想、开展批评；认真整顿、巩固成果。教育期间在省委巡视组的指导下，四套领导班子和六个工作部门的每个成员严格按“严、准、实、深”要求，接受教育，开门纳谏，主动做到“个人找、上级点、群众提、互相帮、坚决改”，达到“思想上有明显提高，政治上有明显改变，纪律上有明显增强”的要求。活动共征集各类意见建议798条，通过整改，经群众民主评议和民主测评，领导班子剖析材料满意率和基本满意率达97.4%。为配合活动开展，区委组织人员编写《领导干部三讲四字歌》，受到省委巡视组的肯定、干部欢迎，被广为吟唱。省、市报刊、电视台等10家媒体登载。

2001年2月至翌年元月，按照中央部署开展“三个代表教育”活动。全区乡、镇、街道、村、社区共164个单位2879名党员干部参加。围绕干部受教育，群众得实惠的目标，落实三到位(责任、教育、成效)，做好四访四问(访贫问苦、访富问计、访难问源、访民问策)。各级领导，广大干部纷纷下农村、下街道、下企业，贴近党员、群众。走访村民、居民27200多户，发放征求意见表12100份，收集意见和建议32500条，办实事1945件，减轻群众负担15万余元，为困难群众捐款捐物8.6万元，“学教”活动收到明显效果，《人民日报》、省市刊物、电视台、电台发稿11条(篇)。

2005年年初，全区分三批开展保持共产党员先进性教育活动。整个活动分学习动员，分析评议，整改提高三个阶段，参学单位和个人做到有计划、有发言、有记录、有心得、有笔记。历时一年，全区参加活动的党(工)委25个，党支部326个，党员7360名，占党员总数的92.4%。在活动中，组织开展学习讨论、党性剖析和兴办实事。据统计，发放《保持共产党员先进性教育读本》1200册，宣传资料5万多份，科技知识、信息2万多份。各类科技人员上门服务接待咨询3000多人次，司法援助169案，挽回经济损失800多万元，扶帮结对1051名，捐款捐物41万余元。达到“党员素质提高，基层建设加强，服务人民群众，促进各项工作”的目标。

1988-2007年雨湖区党员基本情况

3-5-1-1　　　　单位：人

年度	总数	其中：女	35岁以下	36岁~45岁	46岁~54岁	55岁~60岁	60岁以上	民族	文化程度					
								少数民族	研究生	大学	中专	高中	初中以下	文盲
1988	7039	1901	1757	1744	1774	929	835	7	-	384	523	967	5110	55
1989	7188	1884	1659	1816	1747	1023	943	9	-	489	560	979	5106	54
1990	7307	1893	1569	1967	1744	1056	971	12	-	548	627	927	5153	52
1991	7417	1991	1292	2095	1634	1061	1335	11	-	617	655	957	5150	38

续3-5-1-1

年度	总数	其中：女	35岁以下	36岁~45岁	46岁~54岁	55岁~60岁	60岁以上	民族	文化程度					
								少数民族	研究生	大学	中专	高中	初中以下	文盲
1992	4514	1516	762	1181	1007	617	947	7	–	651	531	580	2730	22
1993	4560	1585	711	1026	1021	756	1046	7	–	658	534	615	2734	19
1994	4648	1625	722	1061	1024	690	1151	6	–	709	571	649	2702	17
1995	4714	1707	770	1200	973	602	1169	7	–	684	609	713	2691	17
1996	4846	1765	908	1211	992	576	1159	8	–	711	638	841	2649	7
1997	4920	1789	976	1151	1002	565	1226	10	–	798	678	871	2566	7
1998	5086	1903	1048	1191	1046	550	1251	13	–	893	756	921	2516	–
1999	5171	1956	1074	1229	1042	569	1257	15	–	951	756	965	2499	–
2002	5450	2094	1025	1182	1131	595	1517	19	12	1316	770	974	2378	–
2003	5649	2139	1044	1162	1277	603	1563	21	13	1536	739	985	2376	–
2004	5971	2240	1121	1259	1282	637	1672	21	14	1687	812	1077	2381	–
2005	7948	2924	1068	1665	1820	981	2414	21	18	2170	973	1652	3135	–
2006	8417	3085	1152	1673	1857	1038	2697	29	20	2593	989	1761	3054	–
2007	8968	3414	1224	1758	1942	1167	2877	29	20	2821	1043	1907	3177	–

第二节　党建主题活动

一、党建理论研讨

1995年8月，区委成立党建学会，围绕社会主义市场经济条件下党组织建设、党员发展、反腐倡廉、勤政为民等系列主题，全区党员、党务工作者结合自己的实际，展开调研，撰写调研报告和理论文章。从学会成立至2004年3次换届，共收到论文209篇，经专家评选出86篇优秀论文汇编成3册，供党员和党务工作者学习。

二、先锋工程

1995年起，全区组织开展党建"先锋工程"争创活动。在农村以"一创两带"为抓手，落实"先锋工程"。党员带头学习实用技术，带头致富。1996年，结合区情将先锋工程细化为"三争一创"党建主题活动。是年全区建成31个远程教育站，传授种养、加工等方面的实用技术。农技干部上门授课、田间地头指导100多次，发放图书资料2400余份。涌现一批种养、加工制造专业户。长城乡新月村党员曹应满成为全村第一养猪大户，被评为省农业劳动模范。先锋乡桐梓村周少明获“全省第二届农村党员干部现代远程教育学习典型”暨“袁隆平科技奖”。在街道，实施“温暖工程”，组织为民服务小分队158个，帮困小组123个。在企业开展“党政同心”活动，发挥企业党组织的核心作用。在机关开展“争当人民满意公仆”活动。1998年评选出“人民满意公仆”3名，《湖南组织工作》第8期登载雨湖区开展“争当人民满意公仆”活动的文章。

2000年，按照市委的部署，开展“一创三满意”（创一流工作业绩、群众满意的村干部、群众满意的党支部、群众满意的乡党委）活动，强化乡镇党委“六好”（好班子、好乡镇干部队伍、好路子、好制度、好作风、好工作格局）、村党支部“五好”建设。典型引路。树立1名乡长，2名村主任为乡镇村干部先进典型，发挥示范作用；六个乡镇查摆问题16个，并及时整改到位；封闭式培训村党支部书记、主任70名。整治重点村。从区乡抽调80多名干部开展对“犁头、卫星、先锋、湘竹、建新”五个村的整改，为期二个月，解决突出问题21个。

2004年，党建先锋工程在城区开展争创五好街道党委（领导班子好、党员队伍好、工作机制好、工作业绩好、群众反映好）、五好社区党支部（有好的党支部书记、做好发展新党员工作、选好发展经济路子、完善好规章制度、建设好文明社区）活动，街道、社区形成“创一流党建、干一流业绩、建一流社区”的氛围。至2006年，全区创建1个省级党建示范点（云塘街道公园社区）、2个省级“五好党支部”（先锋乡中心村、护潭乡红星村）、3个市级党建示范点、12个区级党建示范点、8个新农村建设示范点。2007年，围绕科学发展观和构建和谐社会，扩展先锋工程，推出“心系群众、服务基层、服务发展”党建主题活动。

三、农村党支部建设

1994年，在农村开展党支部建设和整顿工作，全区38个村分二批进行。区委派驻村工作队36个，队员101名。1996年3月，区委提出《关于开展“三争一创”党建主题活动的意见》。活动的基本内容是：各级党组织争创实施“三三工程”（对第一产业抓农业产业化、乡村企业化、农村城镇化。对第二产业以市场为导向，抓拳头产品的培育；以资产为纽带，抓骨干企业的扶持；以名牌产品为链条，抓支柱产业的形成。对第三产业（抓市场建设，抓小区开发，抓科技与经济的紧密结合的战斗堡垒），各级领导班子成员争做“三三工程”的表率，全体共产党员争当实施“三三工程”的模范，努力创造一流的工作业绩。通过这一活动的开展，进一步增强基层组织的凝聚力和战斗力。1997-2007年，在巩固提高建整成果基础上，区委先后派出工作队34个、队员76人，分批对农村党支部建设进行指导帮助，整体提升全区农村党建水准。工作队召开座谈会230余次，走访村民群众8150人，走访党员2205人次，广泛听取群众的意见和建议。结合支村“两委”换届，调整村支部书记12名、支委37名，新选村主任15名、村委52名，培养发展新党员66人，健全村规民约、议事规则，理顺村级组织关系。结合农村实用技术培训和党员“双带”活动，举办各类培训班165期，培训村民14600人次，发展城郊型农业的观念明显提高。结合解决村民群众生产生活问题，争取农业发展项目7个，筹措资金315万元，硬化村道27公里，整修塘坝水渠42处，新建村部5个，帮村民解决实际问题93件，积极拓宽农民增收途径。先锋乡中心村和护潭乡红星村党支部被省委、市委授予“先进基层党组织”称号。

四、“心连心”义务服务

1997年，区委组织开展“心连心”义务服务活动。成立“雨湖区党员干部心连心双休日义务服务团”，区设总团，区委书记兼任总团长；22个基层党（工）委设分团。总团规定：服务团员做到五不（不取报酬、不收馈赠、不领补助、不吃免费餐、不给被扶助对象添麻烦）。义务服务团实施“十、百、千”行动计划。（即由总团、分团组织十次有影响的集中活动，做百件有意义的实事，扶助千名有困难的个人）。推出“五定”（定对象、定目

标、定人员、定责任、定时间）一卡（帮助与被帮助联系卡），保证实际效果。是年，组织集中与分散活动11次，帮助426名困难群众。《湘潭日报》以《“双休”搭金桥，干部心连心》首次予以报道，1998年，省委组织部《当代党建》第一期以《“双休”构筑“连心桥”》为题予以推介。

1999年，“心连心”义务服务活动，在队伍发展上，实现三个扩展，即参与活动的组织由党组织扩展到群团和社会组织；由区、乡镇街机关扩展到村、社区、驻区企事业单位；由党员干部扩展到广大群众、职工。服务分团增加到25个，分队300个，服务团员7744名。2002年，在义务服务方式上做到三个结合（结合党建主题、结合区委中心任务、结合全区中心工作）。中组部《党建研究》刊载《心连心活动有利于增强党员先进性》的文章，肯定湘潭市雨湖区“心连心”活动的做法。2003年，中央电视台7频道播发《架起一座连心桥》，省、市其他报刊、电视台都进行刊载或报道。

2005年，在义务服务的实际效果上落实到四送四帮（送科技帮困、送文化帮学、送政策帮教、送信息帮企）。2007年，区委召开“心连心”党建主题活动10周年总结表彰大会。十年中总团和分团组织35次集中活动和3000次分散活动，“送温问暖献爱心”捐款518.8万元，捐物价值90万元，慰问8657名困难党员和职工群众，“一帮一”帮扶对象8622人，扶助361家企业走上正常发展道路，法律咨询5664次，咨询人数102893人次。“开发式扶贫”4万人次，举办实用技术培训班300期，发放资料6万余份，提供科普技术572项，“整治市容市貌”40余次、捡废物、扫街道、运垃圾500余吨。

五、“双联”工作

根据省委、省政府有关精神，从1999年起，由区机关工委牵头，在全区开展“双联”工作（机关单位联系困难企业，机关干部联系困难职工）并组织“送温暖”活动。2000年，与“心连心”双休日义务服务活动有机结合，实现由扶贫送温暖变为开发扶贫，由“输血”向“造血”转变。2001年，因企施策，切实为困难职工帮助解困。2002年，开展“察民情、送温暖”活动，纳入全区目标管理考核范围，雨湖区获全省“双联”工作先进县（市、区）。2003年，开展“送岗位、送技术、送法律”活动，推动“双联”工作制度化、规范化、经常化。2004年，形成“横向到边、纵向到底”的“双联”工作新格局。2005年，建立全区“双联”工作三项制度：《雨湖区“双联”工作定期督查制度》《雨湖区“双联”工作办实事制度》《雨湖区“双联”工作领导走访制度》。明确“三个一”的工作要求：即每季至少走访一次，每个节日（“七一”“十一”“春节前”），至少慰问一次；每年至少办1-2件实事。2006年，开展“送温暖、解民困”“三送三帮”活动，出台《雨湖区“双联”工作目标管理考核方案》。2007年，完善“双联”工作长效机制，帮助下岗失业人员再就业。拓宽工作范围，向非公经济组织、村、社区延伸。是年12月，时任区直机关工委书记王荣林获全省“双联”工作先进个人称号。至是年的9年中，全区扶助特困企业18家，困难村5个、帮助困难家庭858户，其中复员转业退伍军人中的困难对象176户，重病家属25户，特困职工、村民、居民2571人，特困老党员892人，特困学生1501名，捐赠资金42万元。提供就业岗位4180个，减免困难企业、职工群众法律服务、就业培训、科技咨询、办证等各项费用近46万元，提供义务就诊2152人次，爱心助医捐赠资金11.4万元，办理爱心助医卡2286个，发给困难群众1425人，发放科技信息近5000条。家庭科普知识读本800份，防疫防病资料1000余份，办好事、实事1820件，参联党员干部共奉献“双休日”15000多个。雨湖区连续5年荣获湘潭市“双联”工作先进县（市、区）称号。

第三节　干部管理

一、领导班子建设

1988-1992年，雨湖、湘江、郊区三区有区管领导班子156个。各区委抓好班子配备、考核，注重思想、作风、纪律建设。1993-1996年，雨湖区管领导班子64个。区委多次进行调整充实，不断优化班子结构，提高整体素质。1997年，在区管领导班子中进行党性党风教育和整顿。全面考察每个班子及269名成员。集中班子成员学习，区委书记公开讲评班子现状，市委领导作辅导讲课，树立10个“立党为公、廉政勤政”优秀班子和个人。1名班子成员被免职，1名由区纪委立案查处。

1998年，开展“四观”(政治组织观念、群众观念、政策法制观念、勤政廉政观念)教育，2000年，下发《关于在区管领导班子、领导干部中开展“讲学习、讲政治、讲正气”为主要内容的党性党风教育的实施方案》。

2004年，继续在区管领导班子中开展“立党为公、执政为民”的专题教育。是年，由区委领导带队，走访312名区管领导班子成员，对年度绩考排名靠后和走访中有不良反映的64名成员进行诫勉谈话。为拓宽监督渠道，聘请19名特约监督员，加强对区管领导班子和区管干部的监督与管理。2006年，出台“区管领导班子民主生活会实行公告公示制、谈心交心制、分析评议制、整改责任制”，严肃民主生活会制度。

二、干部队伍

(一)干部选拔

1988-1992年，干部选拔基本是大中专毕业生分配，军转干部安置，优秀人才录干。

1994年，区委注重女干部培养选拔。出台《雨湖区培养选拔女干部工作(1994-1996)三年规划》。三年间，选拔正科级女干部8名，副科级21名，占同级使用干部数的42.6%。1995年，根据中共中央颁布《党政领导干部选拔任用工作暂行条例(试行)》，区委出台《区委常委会讨论决定干部任免事项守则》《雨湖区干部交流暂行办法》，保障干部选拔任用严把民主推荐关、考察酝酿关、讨论决定关。是年，区委选拔干部坚持德才兼备、任人唯贤，不搞论资排辈、平衡照顾，把5名德才兼备、成绩突出、群众拥护的副职干部提拔到正职岗位，4名科级干部闹不团结、能力平庸、工作实绩差，被分别免职和调整岗位。1998年，区委组织部转发江泽民在全国组织工作会议上讲话，催生改革干部选拔程序。1999年，制定公开选拔干部方案。2000年，区委批准在全区副科级干部中公开选拔护潭乡党委书记、区司法局局长等6个正科级单位一把手。通过公开选拔方案、定向报名、资格审查、笔试、竞职演说程序，并全程由纪检、司法部门和群众监督。在95名报名者中，公选了6名具有大专以上文化，平均年龄34岁的正科级单位一把手。2001年，选拔年轻干部工作在“选、育、用、管”相结合上下功夫。注重拓宽视野，多途径选人；培养锻炼，多方法育人；腾出位子，多渠道用人；强化监督，多形式管人。2003年，面向全省公开选拔区检察院副检察长、机关文秘等10个职位和岗位。按照“公开、公平、竞争、择优”原则，对参加报名的150人，经过笔试，进入面试60人，进入考察36人，最终录

用17名，其中女性4名。年内提拔干部76名，其中30岁以下14人，交流干部101人。区管班子平均年龄下降3.1岁。

2004年，出台《党政领导辞职暂行办法》《雨湖区关于选拔优秀专业人才的方案》。建立专业技术人才队伍83名，其中省、市级优秀人才9名。在全市率先创办《人才专刊》。是年，实施“育才工程”，建立选调生“接送分配、基层锻炼、教育使用、跟踪考察、典型激励”机制。优化选调生成长环境。全区17名选调生成长为区级领导1名，区管班子一把手6名，副职5名，科级后备5名。

2005年，全区选拔女干部337人，占干部总数的49%，选拔党外干部任科局正职4名、副职24 名、后备干部43人。“深化认识、加强培养、大胆使用、切实做好培养选拔女干部工作”“放宽视野、倾斜政策、用其所长使用党外干部”，在全市作典型经验介绍，省、市刊物予以宣传报道。是年，在湘潭大学、湖南师大等6所名校选调应届毕业生8名。当年起，区财政每年安排10万-20万元作为人才资源开发资金，用于培养、引进、奖励优秀人才。2006年，组织推荐报名、资格审查、笔试、面试、考察、公示，从全区138名干部中选拔36名副科级后备干部和23名区管班子一把手后备干部。落实拟任乡镇一把手，经区委全会投票表决制。9月，区委三届十次全会投票表决乡镇换届拟任的12名党政一把手。102名任职干部通过任前公示。

2007年，从乡机关中选派3名年轻后备干部到农村担任村党支部第一书记。同年，建立区优秀人才信息总库，区管各单位建立人才信息分库，对人才进行动态跟踪管理。进入总库人才534名。组织区专业技术骨干人才评选活动。入选优秀专业技术人才14名，其中3名享受区政府津贴。

（二）干部培训

1988-1992年，雨湖、湘江和郊区区委共建区级党校3所，乡镇街党校17所。1993年，区各级党校培训干部165名。同时组织80名干部参加市“立足基层增才干、投身改革创新功”竞赛活动，并在全区开展“三赛三争”（赛勇于开拓进取的行动，争当改革开放的排头兵；赛岗位实绩、单位效益，争创同行业先进水平；赛服务态度、党性锻炼，争当勤政廉政的表率）活动，让干部在实践中增长才干。1996年，出台“九五”（1996-2000）干部培训规划。实施“送训、跟班、挂职、委培”八字方针。1997年，选送16名干部参加省、市委党校主体班培训。选送10名进市直机关、市直大中型企业跟班学习。从区直机关选派20名下乡镇街挂职锻炼。是年，组织新任职干部“向党旗承诺”教育仪式，增强其使命感和责任感。1999年，举办两期电脑培训班，培训干部221人，其中133名取得省委组织部颁发的电脑操作合格证书。50名干部进党校、高校接受学历教育。2000-2002年举办WTO知识普及班三期，培训干部1079人，英语班6期，培训349名。委托湘潭市农校办农业实用技术班（为期两个月），参训乡镇班子成员22名。2003-2007年，经省、市委党校培训干部81名，区委党校培训1500余人次，选送到广东挂职培训3名。组织“向党旗承诺”仪式11次，参加仪式的干部达220人次。

（三）考察任免

1988-1992年，雨湖、湘江和郊区区委任免干部，坚持程序和制度，组织考察、拟定方案、常委会集体讨论决定。1992年7月，新雨湖区组建时，班子调整，干部异动大。区委组织三个考察组进行考察，谈话690人次。任免干部445名。1994年，经“民主推荐、组织考察、讨论决定”，建立一支由县级28人，科级64人组成的后备干部队伍。1997年，区委出台《关于加强和改进干部任免工作的规定》，实施“个人述职、组织考察、个别谈话、民意测验和任前公示”。2001年，出台《关于雨湖区行政事业单位主要行政负责人经济责任审计的规定》。是年，四乡两镇班子换届和区四大家组成机构班子调整。制定《乡镇换届考察方案》，增设考察预告制与考察责任追究制。将听（个别谈话听意见）、看（翻阅资料看依据）、查（任期审计查业绩）、问（发放表格问群众）、评（公开述职评等次）运用到考察中。张贴考察公告105份，谈话856人次，调整充实班子48个，任免干部315人次，提拔正职9名，副职306名。实行干部“考察预告制与考察责任追究制”，得到省、市组织部的肯定,并在《湘组信息》上予以推介。2003年,区委组织部被省委组织部命名为“2001-2002年度先进组织部”。2006年完善考察预告、任前公示等制外,又运用差额考察制和试用期制。全年对92名提拔对象进行差额考察,31名新任职干部实行一年的试用期。

(四)考核奖惩

1988-1992年,雨湖、湘江和郊区组织人事部门对干部按德、能、勤、绩进行考核,按优秀、良好、合格与不合格进行奖惩。1993年,健全干部岗位责任制,按百分制进行考核。1994年,区委批准《关于科级干部管理工作的规定》,实行下管一级,分级管理,严格考核。1996年,试行《关于在区管领导中实行诫勉的规定》。年终考核中,6名干部定为不及格档次,实行诫勉谈话。1997年起,设优秀、称职、不称职等档次。奖励种类分为嘉奖、立功、荣誉称号。2003年,实施《雨湖区领导班子和领导干部绩效考核办法》及《考核细则》。考核内容分解为“工作目标、自身建设、社会综合评估”三大部分,用百分量化,考核结果设一、二、三等档次。2004年,制定《雨湖区干部谈心谈话制度》,447名干部参加了谈话活动,占干部总数65%。21名任职异动的党政一把手通过经济责任审计。2005年绩效考核名列全市第一。区内列入绩考78个单位,一等17个、二等58个、三等3个;300名区管干部一等45人、二等249人、三等6人。区委责令三等单位进行整改,三等个人实行为期半年的诫勉。2007年,绩考工作从优化考核单位分类,完善考核目标设置,改进社会评估方式入手,用不定期抽查方式,实现动态考核。是年,进行四次抽查,年终考核结果无三等班子和个人。

第六章　宣传教育

第一节　社会宣传

1988年,雨湖、湘江、郊区区委宣传部围绕党的十三届三中全会精神,坚持以经济工作为中心,加大经济工作的宣传报道力度。1989年,面对北京发生的政治风波在党员干部中造成的影响,着力宣传党的十三届四中、五中全会精神,组织干部群众学习邓小平讲话和《中共中央关于进一步治理整顿和深化改革的决定》,开展强化社会治安,打击危害社会治安犯罪活动的宣传,举办各类报告会154场次。

1990年3月,开展“宣传雷锋思想,实践雷锋精神”活动,共购学习资料6800册,举办各类报告会、座谈会88场次,组织文艺宣传队演出17场次,3528人到雷锋纪念馆参观。1992年,雨湖区委宣传部组织开展财政、国土、计划生育、普法等宣传教育,举办知识抢答赛78场次,印发宣传资料14560份,普法宣传上课75场次。

1993年,以青少年教育为中心,开展学习孔繁森、许照约活动,深入进行爱国主义教育。1995年,区委宣传部和区武装部一道开展纪念红军长征胜利60周年活动,进行革命传统教育和爱国主义教育。1997年,围绕香港回归和党的十五大召开两件大事,抓好社会宣传工作。区教育局主办以“迎香港回归爱国主义教育”为主题的中小学文艺调演,区团委主办的18岁成人宣誓仪式,区宣传部举办《中华人民共和国香港特别行政区基本法》报告会和“迎香港回归,雪百年耻辱”为主题的歌咏比赛等。密切配合中心工作,抓“企业改制”宣传,共组织召开会议35场次,出动宣传车13台次。抓全区科技工作先进城区验收宣传发动,配合区科技局做好迎省检工作。

1999年,组织迎接新中国成立50周年及纪念党的十一届三中全会召开20周年系列宣传活动。参加全省纪念改革开放20周年和国庆50年成就展,制作“建国50周年辉煌成就”光盘,在《湘潭日报》辟专版介绍雨湖成就。组织庆国庆歌咏比赛、文艺会演、知识竞赛等活动。悬挂彩旗1万多幅,横幅80多条,气球2个。针对邪教法轮功,深入开展唯物主义“无神论”教育,认清邪教的反动本质。2000年,为迎接新世纪市第九次党代会召开、第五次人口普查和冬季征兵等开展宣传。悬挂横幅20条,气球40个。2001年,为纪念建党80周年,开展知识竞赛、演讲比赛、合唱比赛、文艺会演等活动。同时,开展税费改革、“一化三清”等宣传活动。出动宣传车12台次,悬挂标语1000条,彩旗4000面。

2003年,为推动创建文明城市工作,结合开展全国“第一次公民道德宣传日”活动,全区举办“创文明城市,做文明市民”讲演大赛,近百名参赛者参加。2名选手参加市文明办举办的决赛,均取得二等奖。2005年,以宣传中共中央1号文件为重点,宣传强农惠农政策。举行“致富思源感党恩”歌咏比赛。组织抗日战争胜利60周年纪念活动。2006年,开展送政策理论、法律、文化、科技、卫生入乡村,进社区的活动。深入开展全国“第四次公民道德宣传日”活动。是年8月,在白石公园设立“讲文明,树新风,告别不文明行为”文明倡导签名点,近1000名市民踊跃签名。发放“八荣八耻”及《湘潭市市民文明手册》等宣传资料近万份。2007年,开展以创建全国文明城市为主题的广场文艺活动10场次,发放创建全国文明城市倡议书6万多份,制作各类宣传橱窗(栏)、黑板报800余块。

第二节　新闻宣传

1988-1990年,雨湖、湘江、郊区区委宣传部,以巩固安定团结的政治局面为重点,开展稳定大局的宣传教育。组织新闻通讯座谈会,主办骨干通讯员学习班。上市级以上新闻单位稿件650多篇。1991年,在市级新闻单位发稿640篇。其中《湘潭日报》352篇,市电台264篇,市电视台24篇,省级以上新闻单位发稿101篇。

1993年,大力宣传科技兴区。重点宣传先锋企业集团公司推出的新产品、新项目,发展外向型经济。1994年,组织对抗洪救灾和堤垸建设的集中宣传,建立水上广播站,鼓励灾民振奋精神,同心协力,战胜洪灾。同时在广播电台开辟《经济宣传一分钟》和《新闻专栏》等特别节目。1996年,成立区文化企业联谊会和区新闻出版局与版权局。至1997年的5年中,在中央、省、市主要媒体上稿14512篇。其中中央、省重点报刊台突破100条。

1998年,成立对外宣传和新闻办公室,与各单位签订目标责任状,并制定奖励措施。2000年,新闻宣传围绕突出“三个重点”(省、市重大部署、重大活动、重大课题)抓好报道。2001年,在《湘潭日报》上开辟《雨湖新闻》专栏,宣传雨湖、推介雨湖,树立雨湖的主体形象。2002年,全区建立新闻宣传把关责任制,加强对电台的管理,严格新闻保密制。围绕砂子岭市场群的整顿、学习宣传贯彻党的十六大精神等组织新闻报道。至是年的5年中,在中央、省、市主要媒体上稿11545篇。

2003年,围绕重点工程、抗洪抢险、防“非典”、文明城区建设、产业结构调整、招商引资等工作,加强宣传力度。2004年10月,成立雨湖区新闻中心,下发《关于加强新闻宣传力度和加强新闻宣传管理的通知》。2005年,新闻中心与省级媒体协调合作力度加大。重点加强与《湖南日报》驻湘潭记者站及“市州新闻”版的联系。与《湘潭晚报》合办专版《雨湖新闻》,及时反映基层动态,推介先进典型和典型经验。为配合旧城改造等中心工作,制作3个电视专题片和一本宣传画册,及时推介雨湖区。2006年,精心制作发行名为“雨湖区明天会更好”专题宣传片,全面总结回顾雨湖区“十五”期间取得的巨大成就,对“十一五”规划各项发展目标、前景进行全面介绍和深入阐述。针对社会主义新农村建设热潮,先后在《湖南日报》《湘潭日报》刊登系列报道,推介新农村建设经验。在抗洪抢险期间,短短一周内,省市各媒体共刊发雨湖区新闻70余篇(条),《湘潭晚报》更是以专版形式报道窑湾地区抗洪救灾的实况。2007年,创办《雨湖视窗》,出刊10期,发行量

1400册，成为雨湖区对外宣传的主要阵地。与湘潭人民广播电台交通频道合作，开播《雨湖区时政新闻》，每周二、三、四、五早晚上下班高峰时段播报雨湖区的最新工作动态、成绩。与此同时，注重负面新闻的及时介入，建立新闻通报制度与季度媒体负责人见面制度，在保证正面报道及时刊登的同时，对楠竹山煤矿突发透水、端午节的杨梅洲龙舟倾覆、先锋乡管道堵塞、立云学校"账本"、怡园花苑跳楼事件、原雨湖区机关大院强拆等多起负面新闻及时沟通处理，从大局上维护雨湖区稳定。制定出台《雨湖区新闻指导考核办法》。2003至2007年的5年中，全区在中央、省、市主要媒体上稿共12977篇。

第三节 理论教育

1988-1990年，雨湖、湘江、郊区区委宣传部注重理论教育。组织党员干部学习《科学社会主义概论》。组织《关于社会主义若干问题学习纲要》学习12场次，上专题讲座59场，收到学习心得189篇。主办党员训练班26期、培训党员9542人。长城乡、昭潭乡党校由市验收为一级党校。1991年，区委中心组安排《马克思主义哲学学习纲要》学习，共9次12天。区机关对400多名党员进行为期两天的轮训。到各乡、场共上专题讲座60场，收到学习心得131篇。其中5篇获市党建优秀论文奖，7篇获区优秀论文奖。12个乡场党校举办各种类型的学习班152期，培训党员干部55000多人次，先锋乡党校达到市一级党校标准。1992年，区中心学习组集中辅导3次，基层党组织上辅导课45场次，在此基础上全区开展进一步解放思想的大讨论。中共中央、国务院《关于转换企业经营机制的条例》颁布后，先后三次组织宣传委员学习，布置宣传任务，到各乡、场、街道抓"三项制度改革"试点。

1993年，以纪念毛泽东同志100周年诞辰为契机，广泛开展党员教育活动。1994年，全区开展《邓小平文选》第三卷的学习活动。1995年，理论教育工作，突出抓区委学习中心组，抓骨干，抓培训，抓学习资料的落实。1996年，在省市组织的学习邓小平建设中国特色社会主义理论《学习纲要》和《基层读本》知识竞赛中，雨湖区荣获"市知识竞赛先进集体"称号，18人获市优胜奖。1997年，下发《关于全区"两级"党委（总支）学习中心组学习制度规范化的意见》，区委中心组在全区推广昭潭乡许家铺村在学习"特色理论"中开展村党支部成员联组包干、党员联片包户的学习经验，使"特色理论"进村入户。区委下发《关于深入学习、宣传、贯彻党的十五大精神的意见》，掀起学习贯彻十五大精神的热潮。

1998年，强化党委中心组学习。区委常委组带头联系实际，制定全年的学习任务。区委下发《关于加强副县级以上干部思想作风建设》的文件。全区收到学习论文85篇，其中5篇在全市获奖。为落实区委《在全区掀起学习邓小平理论新高潮的意见》精神，全区各级党校上党课100多场次，参加人数达5000人次，并写出心得体会。全区组织两次以学习邓小平理论、十五大报告为主题的大型竞赛活动，采取多种形式，坚持理论学习进工厂、入班组；进农村、入农户；进学校、入课堂；进街道、入居民户。1999年，抓好区、乡镇（街道）两级党委中心组学习，推进邓小平理论学习的不断深入。联系实际抓好特色理论、市场经济理论学习。全年上党课120场次，参加人数5400多人，写出心得体会240多篇。2000年，围绕"理想信念教育年"活动，以《信念教育丛书》为教材，在全区党员、干部、青年中开展理想信念教育。2001年，区委中心组集中学习6次，深入学习党的十五届五中、六中全会精神、"十五纲要""邓小平关于人口理论思想"和江泽民总书记纪念建党80周年的讲话，成员参学率达到98%。全区各级共召开座谈会、研讨会136次。在开展"三个代表重要思想""七一"讲话学习教育活动中，全区成立136支宣讲队，分别下到基层开展宣讲活动。两级中心组上课200场，听课人数达2万人次。是年，编辑《党的80年与雨湖区经济社会发展干部理论学习文集》，收录文章20篇。2002年，区委中心组集中学习WTO的基本规则与中国的"入世"应对策略、党的十六大精神等专题。组织全区副县级以上领导干部参加市举办的世界贸易组织(WTO)学习班和全区干部理论考试。组织“湘潭‘入世’对策”“雨湖区‘入世’对策”“市场带动、实业兴区、扩大内需、调整结构”等大型调研活动及理论研讨会,其中4篇文章被市研讨会评为优秀论文。

2003年,精心组织党的十六大精神学习活动。组织全区干部学习《“三个代表”的理论创新系列读本》和《“三个代表”理论学习纲要》。区委宣传部被省委宣传部授予全省“三创一争”先进集体称号。2004年,按照创建“学习型机关”的要求,采取集中学习和个人自学相结合的办法,先后集中学习一法两条例、《中共中央关于加强党的执政能力建设的决定》等。2005年,结合“新机关、新作风、新形象”主题创建活动,在全区广泛开展“学政策理论、学法律法规、学专业技能、学电脑、学外语、推广普通话”的“五学一推广”活动。2006年,区委学习中心组集中学习建设社会主义新农村、科学发展观、构建社会主义和谐社会、《江泽民文选》等理论知识。全年各中心组成员共发表理论文章30余篇。2007年年初,区委下发《关于加强全区学习中心组规范化建设的意见》,规范学习成员,明确组长职责。下发《中共湘潭市雨湖区委关于学习、宣传、贯彻胡锦涛同志十七大报告精神的通知》;在全区范围内开展“坚持科学发展 构建和谐雨湖”征文;在县级领导中开展“学习党的十七大精神 推动雨湖跨越发展”研讨会,收到理论文章128篇。

第四节 精神文明建设

一、“双文明”单位创建

1988年,雨湖、湘江、郊区三区共有146个单位参加“双文明(精神文明、物质文明)单位”创建工作。1989年,三区对26个文明单位进行复查,评选12个市级文明建设单位。协助市委宣传部编写“莲城升起一群灿烂的星”第二辑。1991年,区文明办出台《雨湖区文明建设双百分目标管理考核细则》。

1993年,推广文明建设先进单位经验。年初对198个区级文明建设先进单位摸底,对38个市级和8个省级文明建设先进单位复查、重新认定。雨湖建筑公司被评为省级文明建设先进单位。1995年,雨湖区文明建设工作协会成立,吸收会员单位170家,产生13名常务理事。1996年10月,中央十四届六中全会作出《关于加强社会主义精神文明建设若干重要问题的决议》,区委宣传部组织专题学习20次。1997年,开展创“文明机关”活动,18个窗口行业开展“做文明职工、创文明行业”活动。各中小学开展“文明学校”创建活动,在农村和居委会开展创“文明村镇”“文明示范小区”“文明示范一条街”“文明户”活动。唐兴街居委会被评为市级文明建设模范单位。

1998年,开展“文明建设在雨湖区”活动,做好创建省级文明区工作。组织开展“五创一争”活动,窑湾街道望衡亭小区与先锋乡分别被省文明办授予省级文明小区和文明乡(镇)称号。1999年,开展“六创”(即创文明小区、文明单位、文明窗口、文明学校、文明机关、文明家庭)活动。雨湖区被省委、省政府授予1998年度“文明建设先进县(市、区)”称号;先锋乡被中央文明办授予“全国精神文明建设工作先进单位”称号;中山路街道民主新村被省委、省政府评为文明建设示范点。2000年,雨湖区步入全国“百强文化城区”先进行列。2001年,区文明委组织驻区300多家文明单位,100多块展板,近2万人在雨湖路举行“建文明城市、创文明单位、做文明市民”的万人签名活动。在全区范围内开展评选100户“双文明户”活动。2002年6月,全区召开创建文明城区动员大会,实施建设“诚信雨湖”工程,区文明建设工作协会18个常务理事单位在“诚信雨湖”倡议书上签名,并印发倡议书。全区出动宣传车18辆,展出74块文明创建展板,为活动大造声势。是年11月,举行“伟人故里,文明湘潭”读书活动。

2005年6月,在全市争创全国文明先进城市活动中,全区在心连心粮贸店、东方红大酒店前坪设立调查问卷点,共发放调查问卷1000份,组织有关人员下社区发放宣传资料1万余份,组织各乡、镇、街道及区直部门出动150台次宣传车在区内巡回宣传,悬挂宣传横幅509条,制作宣传板报328块,印发宣传资料10万余份,组织举行30余场创建工作专题文艺演出,参演人数6500余人,观众达5万人。是年9月,召开创建省级文明城市工作总结表彰会和创建全国文明城市工作动员会。全区共有288家文明建设先进单位,其中省级以上的10家,市级71家,区级207家。雨湖区 文明建设工作协会修改《区文明建设工作协会章程》,出台《雨湖区文明创建工作先进单位评选表彰管理办法》。是年11月,开展"讲文明、树新风、告别不文明行为"倡导活动,征集文明倡导语600多条,招募文明倡导员500名。在白石广场举行签名活动,2000多名市民踊跃签名,并举行集体宣誓仪式。向省文明委推介雨湖区家庭、学校、社区三结合抓未成年人思想道德建设工作的经验,获全省创新案例奖。2006年,出台创建文明城区实施方案,建立区级领导、区直部门联点共建制度,制定考核细则。抓好各项荣誉的评选表彰工作。经市、区文明办初审,27个单位分别申报市、省级文明单位。开展湘潭市第二届市民文明标兵评选活动,市交通规费征稽处彭延兵、窑湾街道唐兴寺社区刘小妹(女)获得"市级文明标兵"称号,"大手拉小手、文明路上一起走"活动获全市创新案例奖,唐兴街社区获市未成年人先进活动基地,区文明办获市"未成年人思想道德建设"先进集体。2007年,组织13个结对村开展城乡文明共建活动。推荐广场街道和平社区申报省级文明社区,市交通规划一所申报省级文明窗口单位,窑湾街道沙子岭社区申报市级文明社区,市人保财险建北营销服务部等4个单位申报市级文明窗口单位,区教育局申报市级文明机关,韶山中路申报市级文明街道,均获通过。至2007年年底,雨湖区有创建全国文明单位工作先进单位3个,创建全国文明村镇工作先进村镇1个,省级标兵单位2个,省级文明单位11个,省级文明社区2个,省级文明村镇1个,省级文明窗口单位2个,省级文明街道1个,市级标兵单位 14个,市级文明单位53个,市级文明社区11个,市级文明村镇5个,市级文明机关3个。

二、文明素质教育

1995年,全区在商贸企业中大力倡导以诚实守信为重点的基本道德规范,开展"百城万店无假货"宣传活动。1996年9月,组织1500多名学生上街开展"讲社会公德、做文明市民、你查我检、文明服务"活动。1997年,区委宣传部编印"文明建设在雨湖区"宣传资料800多份,印发《湘潭市市民公约》和《湘潭市市民"十不"行为规范》6万份,开展"精神文明建设从自己做起,奉献在岗位"活动。

1999-2002年,开展"文明素质教育年"活动。全区以基层为重点,以"三义"(爱国主义、集体主义、社会主义)"三德"(社会公德、职业道德、家庭美德)"三观"(世界观、人生观、价值观)"四科"(科学知识、科学思想、科学精神、科学方法)教育为主要内容,深入开展文明素质教育活动。继续抓好对《公民道德建设实施纲要》的学习。以基层为重点,广泛开展群众性精神文明创建活动。在市文明委举办的"电化杯"《纲要》知识抢答赛中，雨湖区代表队荣获二等奖。

2003年，开展文化、科技、卫生进乡村、入社区”活动。全区共组织活动100多场次，发放党的十六大宣传资料1万份，群众自编自演文艺节目100多个。2004年，按照《中共中央、国务院关于进一步加强和改进未成年人思想道德建设的若干意见》，开展形式多样的思想道德建设工作。进一步建立健全学校、社会、家庭“三结合”教育网络，切实加强学校德育工作。2006年，在全区组织开展城市管理规范性文件宣传活动，印发宣传资料5000份、出动8台宣传车巡回宣传。是年12月，举行全区“创建文明城市，构建和谐社区（村）”主题演讲比赛。2007年，组织举办学习十七大精神专题报告会16场。指导区计生局顺利通过省级检查验收。组织开展“五下乡、四进社区”活动，共发放各类宣传资料2万余份，组织文艺演出14场次，演出节目120个。湘潭大学学生文花枝（女）、杨怀保被中央文明办、全国总工会授予“全国道德模范”称号。在乡镇街道和各文明单位中开展雨湖区“交通杯”《公民道德建设实施纲要》知识竞赛活动，共发放试卷2000份。配合市文明办举办《市民文明礼仪手册》发放启动仪式，发放《手册》近7000册。组织100名干部群众参加市文明办举办的文明礼仪培训班。组织200名干部群众在白石广场参加市文明办举办的“市民文明素质工程”启动仪式。在全区各文明单位以“携手共建倡新风，服务基层促发展”为主题开展活动，充分调动文明单位的参与热情。联手街道、乡镇开辟雨湖区青少年校外活动中心，在全区各中小学轮流抽调学生，定期到活动中心开展中小学生综合实践体验活动，培养他们的综合素质，文明之风在全区城乡始成风尚。

附　雨湖区域内文明单位（排名不分先后）

创建全国文明建设工作先进单位：

农业银行湘潭分行

湖南移动通信有限公司湘潭分公司

中国人民银行湘潭市中心支行

创建全国文明建设工作先进村镇：

护潭乡红星村

湖南省文明标兵单位：

雨湖区地税局

农业银行湘潭市分行

湖南省文明单位：

雨湖建筑公司

湘潭市地税局省级税收征收分局

雨湖区国税局

江南机器集团责任有限公司

湘潭市民政局

中共湘潭市委党校

湘潭市交通规费征稽处

湘潭市水利局

湘潭市中心医院

江麓机电科技责任有限公司

湘潭铁路工程学校

湖南省文明窗口：

湘潭市市区第一交通规费征稽处

湖南移动通信有限公司湘潭营业中心

湖南省文明社区：

雨湖区窑湾街道唐兴街社区

雨湖区广场街道和平社区

湖南省文明街道：

雨湖区建设北路

湖南省文明村镇：

昭潭乡许家铺村

第七章　统一战线

第一节　民主党派工作

1988－1992年6月，境内有中国国民党革命委员会（民革）、中国民主同盟（民盟）、中国民主建国会（民建）、中国民主促进会（民进）、中国农工民主党（农工）、中国致公党（致公）、九三学社7个民主党派组织，下设44个基层支部和6个基层支社，民主党派人士717人。1992年撤区建区后，雨湖区委为强化统战工作，在乡、镇、街道、党（工）委建立基层统战组织，统战委员由分管党群工作的副书记担任，同时兼任政协联络组组长。2003年，雨湖区统战进社区工作全面铺开。是年年底，省委统战部在雨湖区召开现场会，雨湖区的工作经验在全省迅速推行。在党的统一战线政策指导下，各民主党派不断发展扩大。至2007年年底，7个民主党派在区内共建有64个基层支部和11个基层支社，成员共计1570人。区委坚持党的“长期共存、互相监督、肝胆相照、荣辱与共”方针，积极创造条件，支持、帮助各民主党派参政议政。

一、政治协商

1988－1992年，雨湖、湘江、郊区三区委把政治协商纳入决策程序。政府工作报告、区经济与社会发展计划、区委区政府重大决策、区重大事项、区人大常委会、区政府、区政协和司法机关的领导人选及人事安排，都事先征求各民主党派的意见。并对“一府两院”的工作报告及每年经济、社会发展目标进行讨论协商，共召开各民主党派负责人协商会议27次。1993-2002年，区委、区政府共召开各民主党派负责人协商会45次，围绕区两个文明建设中的重大问题和重要人事安排，制止“三乱”、整治企业和校园周边环境，加快发展个体私营经济等问题进行讨论协商，坚持做到协商在决策之前。2003-2007年，区委、区政府召开各民主党派负责人协商会40次，围绕社会稳定、经济发展、两型社会建设等重大问题进行讨论协商，听取意见。

二、政治安排

1988-1992年，雨湖、湘江、郊区三区委统战部和上级统战部共推荐安排205人次民主党派人士担任人大代表和政协委员。其中担任全国人大代表1人次，全国政协委员2人次；省人大代表5人次，省政协委员16人次；市人大代表19人次，市政协委员54人次；区人大代表24人次，区政协委员84人次。

1993-1997年，区委统战部和上级统战部推荐安排99人次民主党派人士担任人大代表和政协委员。其中省人大代表1人次，省政协委员11人次；市人大代表19人次，市政协委员43人次；区人大代表4人次，区政协委员21人次。

1998-2002年，区委统战部和上级统战部推荐安排38 人次民主党派人士担任人大代表和政协委员。其中省政协委员3人次；市人大代表3人次，市政协委员20人次；区人大代表4人次，区政协委员8人次。

2003-2007年，区委统战部和上级统战部推荐安排232人次，民主党派人士担任人大代表和政协委员。其中，省人大代表1人次，省政协委员15人次；市人大代表9人次，市政协委员106人次；区人大代表13人次，区政协委员88人次。此外，还推荐安排民主党派人士担任区人大常委会副主任3名，政府副区长2名，区政协副主席15名，担任乡、镇、街道正职5名，副职4名。

三、民主监督

1988-1992年，雨湖、湘江、郊区三区委统战部门，按照民主党派人士在教育、监督、审计、检察等部门担任特约教育督导员、监察员、审计员、检察员的要求，共配备“四员”人员30名。组织民主党派人士参与党纪政风检查、评议共516人次。与此同时，雨湖区委为发挥民主党派人士在区域经济、社会发展中的积极作用，提出并开展“以贡献一个良策，提供一条重要信息，引进或开发一个生产项目，举荐一个人才，支持或帮助落实一项改革措施，促进用活、用够、用好一项政策”为内容的“六个一”活动。民主党派人士提出各类建议、意见120余条，提供各种重要信息87条，引进开发项目30余个。九三学社袁龙蔚在全国七届三次会议上提出的《关于加强对教育经费投资效果的监督》提案，得到国家教委采纳。

1993-1997年，区委统战部与各民主党派合作共事制度进一步健全和完善。为解决民主监督中调研活动经费的不足，区委对10个民主党派基层支部的调研活动经费列入区财政预算。民革集体提出的《要高度重视解决职工居民住房困难问题》提案，得到市政府的支持，并受到国务院的重视，湘潭因而被列入全国58个“安居工程”试点城市之一，由国家拨给低息贷款5000万元，用于安居工程建设。民革成员成尧锡、赵国庆帮助质监、国税部门率先在107国道推行税控加油机试点项目，得到国家税务总局的肯定并在全国推广。

1998-2002年，区委统战部组织民主党派、无党派人士展开涉及湘潭、雨湖区工业、农业、教育、金融、城市建设等方面的课题调研活动30次；参与公、检、法等单位的执法监督18次，执法检查12次；他们中的各级人大代表、政协委员撰写议案、提案140余件。区政协副主席、九三学社成员张晋安将区政协委员履职中形成的调研考察报告、发言材料编辑成《肺腑之声》。民革成员卢昌前利用所掌握的法律知识，为全市16个企业办理国家出口退税1300万元。

2003-2007年，区委统战部安排到各级政府、执法部门担任特约“四员”的民主党派人士有45名。在“六个一”活动中，民主党派、无党派人士中的人大代表、政协委员共撰写议案、提案368件，提供重要信息786条，引进开发项目126个，举荐人才208人，引进1.2亿元。同时，为希望工程、支灾救灾、扶贫助残、助学捐款160余万元。政协副主席伍可鸣《关于开放公园的建议》，被市政府采纳，市内公园2004年5月1日取消门票；政协委员、民盟盟员张强《关于规范客运市场，取缔“摩的”》的提案，被市政府采纳，2004年6月1日在全市开展取缔“摩的”专项整治行动。为协商雨湖区“十一五”规划，民主党派开展各类调研视察活动31次，提出建议26条，撰写《认真贯彻中央一号文件》和《城中村改造》等调研报告15份。

第二节　党外干部工作

一、党外干部培养

1988-1992年，雨湖、湘江、郊区三区区委根据省委组织部、省委统战部《关于加强党外后备队伍建设的意见》，将党外后备干部的培养、举荐工作列入统战工作评估的重要内容。同时根据市委《关于开展党内领导干部与党外人士交朋友活动的通知》，采取“一对一”方式，共安排18位区委领导与18位党外干部交友。

1993年始，雨湖区委统战部每年举行一次党外干部座谈会，并对30名党外干部定期进行走访。1998年，区委统战部完善《雨湖区培养选拔党外干部工作规则》《雨湖区党外干部工作八项制度》《统战部长与党外人士谈心制度》。建立党外干部人才档案和对党外干部的考察制度，对党外干部实行跟踪管理。区委组织部、统战部建立“两部联席会议制度”，共同研究党外干部的培养、任用、配备等工作，为培养选择党外干部提供保障制度。1999年，进一步完善区领导与党外人士交友制度，交友对象由30名增加到54名。

2005年始，每年相应安排2-3名党外干部到区直部门跟班学习。2006-2007年，党外朋友增加到80名。区委统战部向市委统战部推荐15名优秀党外干部，组织全区党外干部向国旗宣誓，自觉践行“八荣八耻”，组织100多人听取市委党校专题讲座。送省、市、区委党校40人次，考察党外干部100余人次。

二、党外干部任用

1988-1992年，雨湖、湘江、郊区三区委共提拔任用党外干部9人。

1993-1997年，雨湖区委根据《雨湖区培养选择党外干部规则》，在四乡两镇、人大、政府、政协、群团部门提拔任用党外干部19名。1998-2002年，区委在人大常委会、政府、政协、群团等部门提拔任用党外干部21名。2003-2007年，全区共有党外后备干部40名，任实职的26名，在副职岗位享受正科级待遇4名，任实职正科5名。四乡两镇党外人大代表占30%，政协委员占65%。共提拔安排政协副主席9人次，党外副区长1人次，党外人大常委会副主任1人次。

第三节　经济统战工作

一、服务非公有制经济

1988-1992年，雨湖、湘江、郊区三区非公有制经济尚处在起步阶段，经营者商业流通领域颇多。

1993年，区委统战部围绕区委、区政府“工业强区、商业富区”的工作思路，会同区工商联对非公经济进行帮扶，专访非公有制经济代表人士，了解情况、征询意见。注重安排非公有制经济人士参与政事。根据区委、区政府《关于在全区开展区级领导干部与非公有制经济代表人士交朋友活动的通知》，安排区委、区人大常委会、区政府、区政协共30位领导，采取“一对二”方式与60位非公有制经济代表人士交朋友，每年走访交友对象不少于两次。

1998-1999年，深入76家个体私营企业走访调研，就20家重点企业的生产、经营环境问题形成调研报告反映给相关部门，生产、经营环境得到改善。2002年，组织45名企业老板听取市委党校举办的加入世界贸易组织知识讲座。组织阳光山庄、东宝饮料厂等10家企业参加省委统战部举办的全省加入世界贸易组织后的民营企业成果展和名优商品交易会。组织80多位市、区政协委员到区内考察，由区领导通报区域经济发展情况。

2006年，区委统战部对全区11个重点项目进行问卷调查，走访40名经济界人士，召开专家学者座谈会4次。《关于民营企业家履行社会责任的调查与思考》《雨湖区新的社会阶层人士创业奉献》等调研报告的形成，为非公有制经济的健康发展起到较好作用。2007年，先后组织台胞近20人就砂子岭、金都市场和先锋工业园区进行经贸考察，促成三个项目落户雨湖区。帮助24家企业与银行建立良好关系，为企业解决资金6000多万元。协调企业与有关职能部门的关系300多家次，维护企业合法权益。并在全省率先组织非公有制经济代表人士和部分工商联委员免费体检。至是年年底，区委统战部协调政府各相关部门为非公有制企业解决各类矛盾纠纷98起，解决实际困难问题158个，为非公有制企业挽回直接经济损失1500万元。区委统战部先后举办非公有制经济人士培训班28期，1200余人参加。组织外出考察学习7次计280余人次。

二、组织非公有制经济人士服务社会

区委统战部会同区工商联组织非公有制经济人士扶贫帮困、回报社会始于1993年。1994年，区内遭受洪灾，非公有制经济企业捐款为犁头嘴受灾户重建房屋，并承担一名孤儿的生活、学习费用直至其初中毕业。洪水刚退，潭州家电中心陈斌率先向民政部门捐款，成为全市当年抗洪救灾捐款第一人。1995年，为纪念世界反法西斯战争暨抗日战争胜利50周年，市精益眼镜公司为全市抗日战争之前参加革命的老干部免费验光并赠送眼镜一副。湘潭市自行车销售公司捐款1万元，为湘潭县青山桥一小学改善办学条件。2001-2005年，组织50家企业195人次参加“光彩事业”，每年投入资金70万元；捐款40万元开展扶贫助困、扶贫助学活动，受助人员226人次；捐款5万余元扶助城区贫困人员参加城镇合作医疗。2006年，组织会员企业捐款5万余元救助遭受洪灾地区和受灾人员。至2007年，区委统战部组织30多家企业开展“百家企业帮百村，共同建设社会主义新农村”活动，城郊房地产公司出资2万元，为长城乡红旗村解决困难；碧松纸业捐资10万元，用于护潭乡湘竹村新农村建设。先后培训、安排农民就业2000余人；扶助农村贫困学生、贫困群众130余人。

第四节　海外联谊活动

1988-1992年，雨湖、湘江、郊区共有港澳同胞、台湾同胞、海外侨胞亲友2385人。三区均成立“三胞”亲友联谊会，形成发展区域经济的桥梁和纽带。1998年5月，雨湖区将基层“三胞”联谊会更名为海外联谊会。海外联谊会有会长1名，副会长6名，常务理事28名，理事135名，团体会员30个。每年进行联谊座谈活动。1999-2004年，区委统战部共走访三胞亲属及回乡探亲定居“三胞”同胞240余人次；利用中秋、国庆、春节发出贺卡、慰问信2000余封；为21名侨属解决实际问题58起，为台胞办理定居手续3起；协调解决赴台定居人

员诉求等10起;为45名特困侨胞侨属捐资捐物折合人民币1.8万元。2005年,为加强相互间的了解,增进海峡两岸的情谊,区政协副主席、区委统战部长先后赴台探访,受到台湾高层人士马英九的亲切接见。是年5月,台湾亲民党主席宋楚瑜来大陆探访(宋先生儿时母校——雨湖区曙光学校是探访的重要一站),区委统战部、海外联谊会对此进行周密安排和热情接待。2007年,雨湖区共有港澳同胞、台湾同胞、海外侨胞2000余人,“三胞”亲友7000余人。

第八章　其他党务

第一节　老干部工作

一、管理机构

1988-1990年,雨湖、湘江、郊区三区均设老干部工作办公室,由组织部兼管。1991年2月,三区分别成立老干部工作局,负责离退休干部的管理、服务工作。1992年9月,中共雨湖区委老干部工作办公室成立。1995年2月,更名为中共雨湖区委老干部工作局,驻建设北路224号区政府机关一院办公。2002年6月,更名为中共雨湖区委老干部局,由区委组织部管理。2005年6月,迁至雨湖路292号一办公楼办公。至2007年年底,区属机关及事业单位离退休人员已达1809人。老干部局直管的离退休干部115人。其中离休46人(含代管6人),正县级6人,副县级16人,副县三项(正科级干部享受与副县级一样的医疗保健、住房、用车三项待遇)14人,科级以下10人;退休干部69人,正县级16人,副县级35人,副县三项18人。其中60-69岁24人、70-79岁78人、80-90岁13人。

二、老干部活动

(一)老年教育

1995年,落实中央提出的“老有所学”的要求,发挥老年人在两个文明建设中的积极作用,雨湖区老年大学开办。2005年7月,雨湖区老年大学在原文西街学校挂牌成立。老年大学设施完备,功能齐全,制度完善,配备有电脑室、多媒体教室、阅览室、健身房等等。至2007年,开设书画班、按摩班、保健班、计算机班、普通话班等20余期,学员计1026人。

(二)政治生活

1988-1991年,三区区委以组织部牵头每季度组织1次老干部学习,每年春节慰问1次老干部,同时建立老干部住院慰问制度。1992年起,区老干部局建立老干部每月1次集中学习制度,为老干部订阅《人民日报》《湘潭日报》《老年人》《当代党建》等报纸杂志,编辑《老干简讯》(每年4期)7000余份。请老干部代表参加区人大代表会、党代会、政协会,听时事报告,参加表彰纪念庆祝会,向老干部代表通报工作情况。1993年,区直机关工委在老干部局组建离退休干部党支部3个,98名离退休党员按就近原则参加党的组织生活。至

2007年，全区有11个离退休干部党支部，共有党员898人。离退休支部坚持“三会一课”制度(党支部、党小组、党员大会、每年讲两次党课)。举办老干部党支部培训班10次。区委、区政府每年组织离退休老干部两次参观工农业生产建设项目和城市开发新面貌。

(三)文体活动

1995年9月，设老干部文体活动小组1个。2005年7月，活动小组增加到4个。第1组活动场地设在雨湖区机关二院内(鸡公嘴2号)，第2、3组活动场地设在区委党校内，第4组活动场地设在建设北路228号区机关宿舍大院内。老干部活动室配备有健身房、阅览室、棋牌室等。4个老干活动小组每月开展定期活动。四个小组都有区委、区政府的领导联点和老干部局工作人员参加。至2007年，区老干部局组织棋牌、门球、钓鱼、文化娱乐活动共400余次；举办庆香港回归，建党80周年，纪念世界反法西斯战争暨抗战胜利60周年等系列活动；发动老干部写回忆录，创作书画作品200余件(篇)。

(四)社会活动

1988–1992年，雨湖、湘江、郊区区委组织部共20余次组织老干部参观考察区域工农业生产情况。雨湖区《老干简讯》编纂下发(每季度一期)。1993年，区老干部局组织老干部参观市区内名胜景点。1994年，组织老干部参观韶山、湘潭湘江二大桥。1995年，成立雨湖区老年大学，落实老干部“老有所学”要求。在纪念抗日战争胜利50周年活动中，组织老干部宣讲抗日民族精神4场，听众达2500人次。1996年，组织纪念红军长征胜利60周年活动，组织老干部宣讲长征精神10场，听众达5000人次。1997年，庆祝香港回归祖国，老干部局发动离退休老同志等写回忆文章25篇。1998年，组织老干部视察区内经济建设，老干部提出的“调整结构，合理发展区域经济建设”等建议得到区委的重视和采纳。2000–2003年，区老干部局多次组织老干部参观市区内景点和视察区域经济建设。2003年起，在全区“五老”人员(老干部、老教师、老战士、老专家、老劳模)中开展“我为雨湖区建设献余热”活动，激发离退休党员干部激情。他们经常深入社区，宣传党的路线、方针政策，帮助化解家庭矛盾和邻里纠纷，维护社会稳定。2006–2007年，全区14个乡、镇、街道及部、办、局共有156名离退休老同志参加献余热活动，为雨湖区建设献计、献策210人次，提出意见和建议100余条。参加调处矛盾纠纷的100人，调处纠纷50起，涉及100多户。推介雨湖区的文章10余篇，分别在《老年人》杂志、《湘潭日报》、湘潭广播电台、电视台发表。使离退休老干部做到老有所学、老有所教、老有所为、老有所乐。

附　关心下一代工作委员会

1993年5月，区关心下一代工作委员会成立。区委副书记担任名誉主任，组织部长担任主任，部分老同志担任副主任。全区14个乡镇、街道，115个村、54个社区，成立基层关协组织210个，会员共1050人。2002年起，关工委每年开展关心下一代基金募集活动，至2007年的6年中，共募集扶贫助学资金50万元，先后扶助贫困学生200人次。建立爱国主义教育基地14个，校外辅导站14个，建立青少年图书阅览室48个，建立帮教小组14个，帮教青少年151人次，其中失足青少年24人。

1993-2007年雨湖区委老干部局管辖的离退休老干部一览

3-7-1-1 单位：个

年度	总计人数	离休干部					退休干部			
		小计	正县级	副县级	副县三项	科级以下	小计	正县级	副县级	副县三项
1993	98	51	5	21	17	8	47	6	16	25
1994	118	64	5	21	22	16	54	6	20	28
1997	122	66	5	21	22	18	56	6	22	28
1999	126	62	5	20	22	15	64	6	32	26
2000	120	59	7	18	22	12	61	6	32	23
2001	120	58	9	16	22	11	62	6	34	22
2002	121	56	9	18	17	12	65	9	34	22
2003	122	55	9	18	16	12	67	11	34	22
2004	119	53	8	18	15	12	66	11	34	21
2005	116	51	7	18	14	12	65	11	34	20
2006	116	51	7	18	14	12	65	12	33	20
2007	115	46	6	16	14	10	69	16	35	18

第二节 党校教育

一、设施建设

1994年4月，中共雨湖区委党校成立。建校时，条件简陋，仅有区政府机关一院7楼一间50平方米由会议室改成的教室和一间10平方米由保管室改成的办公室。1998年11月，区委党校办公室搬迁至办公楼边一间近20平方米的平房中办公，虽办公场地略微宽松，但仍难满足培训工作的需要。是年年底，区委党校加挂雨湖区行政学校牌子。2003年，区委、区政府决定按"高起点、有特色、规范化"的原则建设新的区委党校。2004年8月，区委常委会议确定城正街492号(原文西街小学)作为区委党校新校址。经全区上下努力，2005年7月26日，区委党校迁至新址办公，改变过去有校无舍和干部培训场地分散的状况。新校址内拥有中央党校远程教育C级远程教室、中心控制室、电脑教室、多媒体教室和多功能报告厅，配有会议室、图书室、阅览室、活动室、健身房、篮球场、排球场、羽毛球场等场地，能同时容纳500人学习培训。是年9月，全市党校建设工作现场会在区委党校召开。2006年7月，经省编委审定，区委党校升格为中专体制的副县级单位。2007年10月，市编委同意区委党校（区行政学校）为中专体制。机构级别为副县级。区委党校先后3次被省委党校评为“函授教育先进单位”、先进城区党校和被市委组织部、市委干教领导小组评为湘潭市干部教育工作“先进单位”。

二、干部培训

党校的教学班次设置分主体班、业务及基础知识培训班、专题研讨班3个系列。1995-2000年，党校共举办各类培训班33期，培训各类人员1463人次。其中，青干班5期211人次。组干班2期57人次。妇干班2期，培训乡、镇、街妇联主席及村、居委会妇女主任166人次。村级后备干部班1期28人次。科干班7期293人次。区直党支部书记培训班1期44人次。团干班2期77人次。入党积极分子班1期29人次。经济管理干部班1期22人次。村级干部班2期117人次。企业管理干部班1期37人次。十五大培训班2期106人次。党外干部班1期，培训民主党派人士和无党派干部35人次。电脑培训班4期170人次。“四观”教育班1期71人次。2001-2007年，党校共举办各类培训班62期，培训各类人员4637人次。其中，青干班3期130人次。科干班7期289人次。江泽民“七一”讲话学习班3期322人次。一把手培训班3期378人次。组织、宣传、纪检、统战干部培训班1期96人次。电脑培训班4期217人次。WTO培训班3期835人次。实用英语班7期415人次。农村主职干部培训班1期80人次。纪检、组织、人事干部业务班1期130人次。公务员班1期37人次。党的十六届四中全会文件学习辅导班1期67人次。新任职干部班2期152人次。通讯员班1期63人次。组工干部班1期45人次。检察干部班1期70人次。学习十七大精神1期38人次。阳光工程培训班3期350人次。农村劳动力转移培训班4期220人次。农村劳动力提升培训班8期436人次。

三、教研活动

1995年，区委党校实行教师聘任制和学员评课制，实行主体班学员百分制考核。采用答疑式、研讨式、案例式和现场观摩、社会考察、开展多媒体教学等方式进行教学。党校教员参与完成省级课题2个、市级课题3个、县级课题46个。其中，张伏英撰写的《“四化两型”发展蓝图》、陈伟中撰写的《“两型社会”建设》调研报告获湖南省委党校行政学院系统理论研讨会论文评审二等奖。至2007年的13年中，党校教育共写调研报告和论文30篇。其中获省级奖11篇，获市级奖19篇。

1995-2007年中共雨湖区委党校办班一览

3-7-2-1

年度	办班期数	总人数	班名及人数
1995	10	380	青干班（44）、组干班（26）、妇干班（75）、村级后备干部班（28）、第一期科干班（36）、区直党支部书记培训班（44）、团干班（42人）、区直建党积极分子班（29）、第二期科干班（34）、经济管理干部班（22）
1996	4	169	青干班（41）、科干班二期（81）、村级干部班（47）

续3-7-2-1

年度	办班期数	总人数	班名及人数
1997	7	362	科干进修班(50)、妇干班(91)、企业管理干部班(37)、青干班(43)、十五大培训班二期(106)、党外干部班(35)
1998	4	156	青干班(42)、组干班(31)、团干班(35)、电脑培训班(48)
1999	4	221	电脑培训班(29)、区法院电脑班(72)、科干班(49)、“四观”教育班(71)
2000	4	175	电脑培训班(21)、青干班(41)、副职科干班(43)、村干班(70)
2001	3	362	科干班(40)、江泽民“七一”讲话学习班一期(165)、江泽民“七一”讲话学习班二期(157)
2002	9	1278	一把手培训班(120)、组织、宣传、纪检、统战干部培训班(96)、青干班(46)、 公务员电脑培训班(46)、法院电脑培训班(66)、检察院电脑培训班(69)、第一、二、三期WTO培训班(835)
2003	6	386	科干班(41)、一把手培训班(149)、实用英语班(44)、03级省函大专行管学历班(58)、03级中函本科行管学历班(58)、电脑培训班(36)
2004	10	641	农村主职干部培训班(80)、纪检、组织、人事干部业务班(130)、青干班(40)、一把手培训班(109)、实用英语班四期(203)、科干班(39)、04级中函本科公共管理学历班(40)
2005	8	500	实用英语一、二期班(168)、公务员班(37)、党的十六届四中全会精神辅导班(67)、新任职干部班(82)、科干班(51)、通讯员班(63)、05省函本科法律班(32)
2006	5	206	组工干部班(45)、青干班(44)、科干班(38)、06省函本科班(44)、06农村基层大专班(35)
2007	20	1264	检察干部班(70)、科干班(39)、科干进修班(41)、新任职干部班(70)、学习十七大精神(38)、阳光工程培训班3期(350)、农村劳动力转移培训4期(220)、农村劳动力提升8期(436)

第四篇　人民代表大会

第四篇　人民代表大会

1988-1992年6月，原雨湖区第八、九届人民代表大会共举行6次会议，听取和审议区人民政府、区人民法院、区人民检察院（以下简称“一府两院”）、区人大常委会工作报告共85个，选举区级国家机关工作人员。闭会期间，共召开27次常委会，就城市建设管理、区街经济发展、义务教育、环境保护等工作进行审议，提出建议、批评和意见，积极支持政府工作，对《刑法》《刑事诉讼法》《土地管理法》《食品卫生法》《会计法》《治安管理处罚条例》《全国人大常委会关于严惩严重破坏经济犯罪的决定》等有关法律法规执行情况监督检查。常委会及办事机构受理人大代表和人民群众来信589件，来访917人次，督办代表建议、批评和意见563件。

1992年11月-1997年11月，行政区划调整后的雨湖区第一届人民代表大会共举行6次会议，召开30次常委会，审议各项议题92个。分别就《雨湖区国民经济“九五”计划及2010年远景规划纲要》《雨湖区教育“两基”规划》《尽快达到教育“两基”验收目标》《先锋企业集团“4321”工程》等重大问题作出相应的决定。听取和审议“一府两院”专项工作汇报128次，单独组织或会同市人大及有关部门组织42次执法检查。先后对14名“一府两院”组成人员的述职进行评议，依法任免“一府两院”国家机关工作人员21人次。接待人民群众来信617件，来访2000余人次。广泛深入开展“二五”“三五”普法工作，认真开展“保护蓝天碧水，建设宜居家园”创建活动。

1997年12月-2002年11月，雨湖区第二届人民代表大会举行5次会议，召开28次常委会，审议各项议题65个。常委会听取审议区政府关于“九五”计划头两年执行情况汇报，批准区政府对“九五”计划调整，审议批准“十五”计划纲要。常委会就市场建设和经济发展环境治理关系全区经济发展的大事调查考察和专题审议，支持区政府加大市场建设和经济环境治理力度。对全区经济发展空间过窄，经济辐射作用受到制约等问题，组织市、区两级人大代表就全区行政区划调整调查考察，先后两次在市人大常委会上提出议案。经过两年努力，促使市政府采纳对雨湖区区划进行调整的意见，正式列入湘潭市第六次城市规划修编方案。参与、支持“一化三清”（加强城市绿化、清理违规建筑、清理违法用地、清理违规房地产开发）工作，依法任命“一府两院”干部255人次，免职45人次，接待来信818件，接待来访4500余人次。深入开展代表“创三优”活动，率先在五个县、市（区）中实行代表工作百分评比办法，规范促进代表工作。

2002年12月-2007年11月，雨湖区第三届人民代表大会共举行5次会议，召开38次常委会。审议“一府两院”工作报告127个，审议议题142个。就依法治区、换届选举、区机关大院移址、“十五”计划调整、“十一五”规划、财政预决算、部门预算等重大事项依法作出决议、决定29项。围绕“十五”计划执行和“十一五”纲要编制开展调查研究，进行专题审议，批准“十一五”规划纲要，确定雨湖区五年发展目标和措施。加强财政预算审查监督，设立财政预算审查监督室，编制细化的具体预算方案，扩大部门预算范围。开展对科技兴区、园区建设、重点项目、“非典”疫情、高致病禽流感防疫、人口和计划生育、福利企业的规范管理、城镇合作医疗等重点工作进行监督检查。建立健全信访制度和信访主任接待日制度，共受理人民群众来信800多件，来访3000多人次，信访办结率100%。依据相关法律法规，任免国家机关工作人员、人民陪审员281名。督办代表建议、批评和意见501件。在全市率先开展人大代表创“五优”（优秀人大主席团、优秀人大代表小组、优秀人大代表、优秀人大工作联络员、优秀人大代表建议）、“双十佳”（十佳人大工作者、十佳人大代表）活动。

组织150名市、区人大代表向选民和原选举单位述职，培训人大代表300余人次。规范区人大常委会工作和机关管理，先后制定《党组会议议事制度》《常委会议事规划》等规章制度，并将其汇编成册。区人大机关被区委、区政府授予“文明机关”，档案工作达省一级标准。区人大常委会委员、联工委主任潘惠玲（女）爱岗敬业，勤服务、求实效、重创新，积极探索新形势下基层人大工作的新思路、新方法，区人大代表工作成效显著，被省人大常委会办公厅、省人事厅授予湖南省人大工作先进个人称号并记一等功。区人大常委会代表湘潭市人大系统参加全省人大干部作风建设经验交流会，其典型材料在会上进行书面交流。

第一章　人大代表和代表大会

第一节　人大代表

1989年11月，原雨湖区第九届人民代表大会代表换届选举工作全面铺开。全区登记选民80051人，剥夺政治权利不予登记21人，划分选区121个，推荐正式代表候选人271名，为应选代表的1.81倍。1990年元月11日前，70012名选民参加投票选举，参选率87.46%，选举产生区人大代表149名。其中：工人代表43名，占28.9%；知识分子代表21名，占14.1%；军人代表1名，占0.7%；干部代表69名，占46%；其他方面代表15名，占10%。代表中，中共党员104名，占69.8%；各民主党派、群众代表45名，占30.2%；妇女代表54名，占36.2%；原第八届人大代表继续当选的55名，占36.9%。第九届人大代表因行政区划调整，至1992年6月代表职务自行终止，任期两年半。

1992年6月，新的雨湖区成立。区划调整后的雨湖区第一届人民代表大会选举工作，从9月份开始，全区登记选民206919人，划分选区212个，省人大常委会确定区第一届人民代表大会代表名额为265名，分配到选区264名。按照差额选举原则，确定正式代表候选人465名，为应选代表的1.76倍。188813名选民参加投票选举，参选率91.25%，选举区人大代表263名（1名未选举产生）。其中：工人代表84名，占32%；农民代表39人，占14.8%；知识分子代表19名，占7.2%；干部代表121名，占46%。代表中妇女代表86名，占32.7%；非中共代表70名，占26.6%。根据修改后的《中华人民共和国地方组织法》，区人民代表大会每届任期五年。

1997年10月，雨湖区第二届人民代表大会代表换届选举。全区有选民237709人，划分选区126个。省人大常委会确定区第二届人民代表大会代表名额为185名，分配到选区185名。确定正式代表候选人317名，为应选代表的1.7倍。11月26日前，219643名选民参加投票选举，参选率92.4%。除1名代表没有选举产生出来以外，选举区人大代表184名。其中：工人代表34名，占18.5%；知识分子代表28名，占15.2%；农民代表28名，占15.2%；干部代表73名，占39.7%；军人代表1名，占0.5%；其他方面代表20名，占10.9%。代表中妇女代表43名，占23.4%；非中共代表30名，占16.3%。

2002年10月，雨湖区第三届人民代表大会代表换届选举，全区有选民274084人，划分选区128个。省人大常委会确定区第三届人民代表大会代表名额为202名，分配到选区193名。经酝酿协商确定正式代表候选人312名，为应选代表的1.54倍。11月20日前，251609名选民参加投票选举，参选率91.8%，除3名代表没有选举产生外，选举区人大代表190名。其中：工人代表61名，占32.1%；农民代表26名，占13.7%；知识分子代表16名，占8.4%；干部代表69名，占36.3%；军人代表1名，占0.5%；其他方面代表17名，占8.9%。代表中妇女代表31名，占16.3%；非中共代表45名，占23.7%。

2007年7月，雨湖区第四届人民代表大会代表换届选举，全区共登记选民316478人，划分选区131个。省人大常委会确定区第四届人民代表大会代表名额为202名，分配到各选区199名。经民主协商确定正式代表候选人332名，为应选代表的1.67倍。10月30日前选民292766人参加投票选举，参选率92.5%，依法选举产生199名区人大代表。其中：工人代表3名，占1.5%；农民代表21名，占10.6%；知识分子代表97名，占48.7%；干部代表78名，占39.2%。代表中妇女代表29名，占14.6%；非中共代表55名，占27.6%。

根据《中华人民共和国选举法》第二条规定，雨湖区出席湘潭市人民代表大会的代表，由湘潭市人民代表大会常务委员会分配代表名额，大会主席团确定代表正式候选人（含市因工作需要组织提名推荐的代表候选人），各政党、各人民团体联合或者单独推荐的代表候选人，代表十人以上联名推荐的代表候选人，在区人民代表大会上实行差额选举产生。

1987–2007年雨湖区人民代表大会代表结构

4-1-1-1　　单位：人

届次	代表总数	性别		年龄			政治面貌			文化程度				构成情况					其他方面
		男	女	35岁以下	36至56岁	56岁以上	共产党员	民主党派	群众	大专	中专	中学	小学	工人	农民	军人	干部	知识分子	
第八届(1987–1990)	152	92	60	21	121	10	104	1	47	40	49	49	14	56	–	–	63	15	18
第九届(1990.2–1992.6)	149	95	54	16	101	32	104	–	45	35	43	57	14	43	–	1	69	21	15
第一届(1992.11–1997.11)	263	177	86	34	207	22	193	4	66	104	67	79	13	84	39	–	121	19	–
第二届(1997.12–2002.10)	184	141	43	18	36–50岁 124	50岁以上 42	154	–	30	119	37	23	5	34	28	1	73	28	20
第三届(2002.12–2007.10)	190	159	31	23	134	33	145	7	38	132	35	21	2	61	26	1	69	16	17
第四届(2007.11–)	199	170	29	18	176	5	144	7	48	156	41	2		3	21		78	97	–

附　驻区历届出席全国、省、市人民代表大会代表名单

（排名不分先后）

一、全国人民代表大会代表

第八届全国人民代表大会代表（1名） 向显德
第九届全国人民代表大会代表（1名） 周汉湘（女）
第十届全国人民代表大会代表（1名） 王　填

二、湖南省人民代表大会代表

湖南省第八届人民代表大会代表（11名）

方绪统　朱仁美（女）　向满洪　李树清　宋世杰
陈秀华（女）　林清法　彭华林（女）　丁则三　艾福义
刘德莲（女）

湖南省第九届人民代表大会代表（8名）

陈政清　王为民　向满洪　毛虔心（女）　邓　谦（女）
李　星　胡永强　赵铁球

湖南省第十届人民代表大会代表（10名）

王　填　文选德　刘碧华（女）　萧国安　吴光辉
陈长清　赵铁球　贺锡强　黄腾其　徐秋良

三、湘潭市人民代表大会代表

湘潭市第十届人民代表大会代表（78名）

余明光　刘异群　刘德莲（女）　李文杰　邱昭开
何汉波　闵应章　张汉林　陈乃新　陈典啟
罗在平　张越湘　粟永清　王衍礼　王家言
王锡中　王德霞（女）　方秀英（女）　邓泽林　邓昭华（女）
叶承思　冯恒山　吕晓朵（女）　朱光云　向满洪
刘　平　刘正伦　刘更明　刘贻辉　汤　平（女）
劳　动　苏霖耀　李　星　李玉莲（女）　李玉娥（女）
李宏艺　李秀兰（女）　杨钧初　萧　温　萧学明
萧赞卿　何茂业　沈夷婷（女）　张孝国　张孟先
张国远　张春元（女）　张炳和　张炳炎　张雪芬（女）
陈安华　陈泽声　罗俊益　罗赞光　周学云（女）
周建设　周孟嘉　周莉萍（女）　庞若良　赵铁球
钟元本　侯　力　秦忠策　夏松柏　徐格莎（女）
唐治云　涂志新　陶静芳（女）　黄子康　黄洪发

符国保	梁开云	彭孝友	程振国	谭世明
谭正洪	谭海清	魏玲玲(女)		

湘潭市第十一届人民代表大会代表(78名)

王　填	王兴祥	王启云	王国栋	王国祥
王振华	王跃宗	毛世文	毛健强	邓德林
叶　鸣(女)	田银华	冯克宁	冯恒山	吕晓朵(女)
朱大起	朱培立	伍邵斌	向满洪	刘正伦
刘永珍(女)	刘异群	刘更明	刘胜美	齐美成
李　星	李云德	李文杰	李玉娥(女)	李秀兰(女)
李松枝	李宗剑	杨甲斌	杨运秋	杨国庆
杨建杰	杨桃英(女)	萧　温	萧学明	萧赞卿
吴收安	余明光	余康圣	张光辉	张利查(女)
张泽琪	张荣光	张炳和	张越湘	陈闯勋
陈金石	陈建成	陈智勇	林宣豹	罗扬义
罗俊益	罗桂莲	周　碧(女)	周巧艺	周放良(女)
周孟嘉	赵国荣	秦忠策	夏卫平(女)	夏国华
高臣唐	郭学辉	宾步云	陶静芳(女)	梁桂荣
喻伏莲(女)	曾志奎	蔡绍泉	谭正洪	谭献恒
谭甫臣	潘俊春	戴文辉		

湘潭市第十二届人民代表大会代表(84名)

王秀莲(女)	王国安	王国祥	王检忠	文　超
邓仁学	孔郊梨	龙建华	龙建播	成　雁
成文清	成仲山	朱利明(女)	伍劭斌	任　晨
任永俊	向满洪	刘　平	刘印根	刘光义
刘异群	刘进文	刘良衡	刘建元	刘蒙榕
许服民	阳泽明	李　星	李次生	李明申
杨建杰	杨荣波	杨雄纠	连建民	吴光辉
汪孝仁	张　岱	张汉林	张光辉	张丽婷(女)
张理生	陈长清	陈亚杰	陈伟林	陈忠红
陈建成	陈重新	陈桂兰(女)	陈淑兰(女)	陈惠林
陈智勇	陈献忠	林宣豹	易铁军	罗庆林
罗俊益	周　建	周以康	周放良(女)	郑月英(女)
胡　光	胡建凯	胡碧松	钟卫权	钟素红(女)
贺昆湘	贺锡强	秦忠策	夏卫平(女)	夏国华
徐秋良	郭务强	郭汉林	黄国兴	梅亚夫
彭大荣	彭宪法	蒋双鲤	童娴侠(女)	曾志奎
谭世明	谭晓磊	谭献恒	颜觉平	

湘潭市第十三届人民代表大会代表(83名)

于　琦(女)	王兰湘	王国安	王国祥	王检忠
王新民	文　翔	尹艺霖(女)	邓国平	左启群
龙建播	成文华	朱　伟	朱先进	刘光辉
刘兆平	刘兴隆	刘良衡	刘国才	刘建元
刘映平	刘蒙榕	阳泽明	劳　动	李光泉
李国强	李崇轩	杨国强	杨真平	连建民
肖公平	萧朝晖	何坤布	沈　墅	张　岱
张晓锋	陈亚杰	陈志强	陈金石	陈淑兰(女)
陈惠林	陈献忠	陈德才	林宣军	易　凯
罗庆林	周　建	周长林	周建新	周智平
周新国	郑月英(女)	郑世雷	赵　浪	胡建中
胡碧松	胡韶峰	贺卫平	贺光荣	夏卫平(女)
夏国华	徐　冰	徐亚健(女)	徐秋良	唐水平
唐文斌	唐世荣(女)	唐亚欧	唐勇健	凌建洪
黄国良	黄展新	黄常见	彭易文	董湘瑞
蒋利军	蒋国梁	喻　湘	程　献	阙严意(女)
谭晓磊	颜　剑	颜学初		

第二节　代表大会

第八届人民代表大会

1988年3月10-13日，雨湖区举行第八届人民代表第三次会议。出席会议代表150人，列席170人(包括政协委员)，会议听取和审议区人大常委会、区人民政府、区人民法院、区人民检察院工作报告，并作出相应决议。会议根据向满洪等15位代表的议案，作出《关于加强人大代表工作，充分发挥人大代表作用的决议》，会议通过《关于依法治区决议》。

1989年4月10-13日举行第四次会议，出席会议代表116人，列席53人。会议听取和审议区人大常委会、区人民政府、区人民法院、区人民检察院工作报告，并依法作出相应决议。

第九届人民代表大会

1990年2月20-25日，雨湖区举行第九届人民代表大会第一次会议，出席会议代表149人，列席76人。大会听取和审议区人民政府工作报告，听取和审议区人大常委会、区人民法院、区人民检察院工作报告，并作出相应决议。会议选举向满洪为区人大常委会主任，罗桂连、李秀兰(女)、陈应昭为副主任；选举陈述钦为区人民政府区长，朱岳汉、余康圣、李斌生、粟汉云为副区长；选举刘耀初为区人民法院院长，荣龙富为区人民检察院检察长；选举区人大常委会委员11人。

1991年3月21-24日，雨湖区举行第九届人民代表大会第二次会议，出席会议代表149人。会议听取和审议区人民政府工作报告，听取和审议区人大常委会、区人民法院、区人民检察院工作报告，并作出相应决议。会议补选涂楚国(女)为区人大常委会副主任,补选杨放军、裴国贤、张雪娥(女)、余泽良为区人大常委会委员。

第一届人民代表大会

1992年11月17-20日,区划调整后的雨湖区举行第一届人民代表大会第一次会议。出席会议代表263人,列席25人。大会听取向满洪作湘潭市雨湖区第一届人民代表大会筹备工作情况的报告,选举向满洪为区人大常委会主任,罗桂连、李秀兰(女)、唐秀元、叶运丰、易映华(女)为副主任;选举劳动为区人民政府区长,粟汉云、李乾安、赵国荣、余康圣、汤泽培为副区长;选举刘耀初为区人民法院院长、王国栋为区人民检察院检察长。选举区人大常委会委员13人。选举雨湖区出席湘潭市第十届人民代表大会代表78人。大会号召全区人民全面贯彻执行党的"一个中心,两个基本点"基本路线,以党的十四大精神为指针,解放思想,励精图治,为实现区党代会提出的"三年打基础,五年迈大步,十年再造一个新雨湖区"的宏伟目标而努力奋斗。

1993年3月29-31日,区第一届人民代表大会举行第二次会议,出席会议代表265人。会议听取和审议区人民政府工作报告及计划、财政报告,听取和审议区人大常委会、区人民法院、区人民检察院工作报告,并依法作出相应决议。大会审查批准《雨湖区国民经济和社会发展"八五"计划(修订方案)》。

1994年3月15-18日,区第一届人民代表大会举行第三次会议,出席会议代表265人。会议听取和审议区人民政府工作报告及计划、财政报告,听取和审议区人大常委会、区人民法院、区人民检察院工作报告,并依法作出相应决议。会议选举粟汉云为区人民政府区长(因市委人事变动,劳动任区委书记)。

1995年3月14-16日,区第一届人民代表大会举行第四次会议,出席会议代表264人。会议听取和审议区人民政府工作报告,区人大常委会、区人民法院、区人民检察院工作报告,审查和批准区人民政府计划、财政报告,并依法作出相应决议。

1996年3月26-29日,区第一届人民代表大会举行第五次会议,出席会议代表265人。会议听取和审议区人民政府工作报告及计划、财政报告,听取和审议区人大常委会、区人民法院、区人民检察院工作报告,并依法作出相应决议。会议审查和批准《湘潭市雨湖区国民经济和社会发展"九五"计划和2010年远景目标》,大会通过《关于接受赵国荣同志辞去雨湖区人民政府副区长职务的决定》。

1997年3月18-21日,区第一届人民代表大会举行第六次会议,出席会议代表265人。会议听取和审议区人民政府工作报告及计划、财政报告,听取和审议区人大常委会、区人民法院、区人民检察院工作报告,并依法作出相应决议。大会根据区人民政府议案作出《关于深入开展法制宣传教育,积极推进依法治区的决议》。

第二届人民代表大会

1997年12月11-16日,雨湖区举行第二届人民代表大会第一次会议。出席会议代表184人。会议听取和审议区人民政府工作报告及计划、财政报告,听取和审议区人大常委会、区人民法院、区人民检察院工作报告,并依法作出相应决议。会议选举向满洪为区人大常委会主任,李枝松、李秀兰(女)、余康圣、杨放军、邓建成、陈桂兰(女)为副主任,选举周放良(女)为区人民政府区长,余国伟、李乾安、汤泽培、陈忠红、刘更明为副区长;选举王春桃(女)为区人民法院院长,王国栋为区人民检察院检察长;选举区人大常委会委员11人,选举出席湘潭市第十一届人民代表大会代表78人。

1998年12月29日-1999年1月1日,区第二届人民代表大会举行第二次会议,出席会议代表185人。会议听取和审议区人民政府工作报告及计划、财政报告，听取和审议区人大常委会、区人民法院、区人民检察院工作报告，并依法作出相应决议。会议补选陈淑兰(女)、谭晓磊为区第二届人大常委会委员，补选申勤(女)为湘潭市第十一届人民代表大会代表。

2000年3月2-4日，区第二届人民代表大会举行第三次会议，出席会议代表185人。会议听取和审查区人民政府工作报告及计划、财政报告，听取和审议区人大常委会、区人民法院、区人民检察院工作报告，并依法作出相应决议，会议听取和审议关于治理经济环境专题报告。

2001年2月26日-3月1日，区第二届人民代表大会举行第四次会议，出席会议代表184人。会议听取和审议区人民政府工作报告及计划、财政报告，听取和审议区人大常委会、区人民法院、区人民检察院工作报告，并依法作出相应决议。大会审查和批准《雨湖区国民经济和社会发展"十五"计划纲要》并作出相应决议。会议补选成仲山、龙建华为湘潭市第十一届人民代表大会代表。

2002年3月5-8日，区第二届人民代表大会举行第五次会议，出席会议代表185人。会议听取和审议区人民政府工作报告及计划、财政报告，听取和审议区人大常委会、区人民法院、区人民检察院工作报告，并依法作出相应决议。

第三届人民代表大会

2002年12月8-12日，雨湖区第三届人民代表大会举行第一次会议。出席会议代表190人。会议听取和审议区人民政府工作报告及计划、财政报告，听取和审议区人大常委会、区人民法院、区人民检察院工作报告，并依法作出相应决议。会议选举陈长清为区人大常委会主任，刘国平、杨放军、王春桃(女)、李志强、陈淑兰(女)、姜军松为副主任。选举陈忠红为区人民政府区长，刘更明、刘光明、傅国平、秦菊芳(女)、吴收安、宋善武为副区长；选举杨立初为区人民法院院长，贺卫平为区人民检察院检察长，选举区人大常委会委员12人；选举出席湘潭市第十二届人民代表大会代表84人。

2003年12月29日-2004年1月1日，区第三届人民代表大会举行第二次会议，出席会议代表191人。会议听取和审议区人民政府工作报告及计划、财政报告，听取和审议区人大常委会、区人民法院、区人民检察院工作报告，并依法作出相应决议。会议依法补选章果(女)为区第三届人大常委会委员。

2005年3月28-30日，区第三届人民代表大会举行第三次会议，出席会议代表191人。会议听取和审议区人民政府工作报告及计划、财政报告，听取和审议区人大常委会、区人民法院、区人民检察院工作报告，并依法作出相应决议。会议依法依程序补选徐秋良为区第三届人民代表大会常务委员会主任(区人大常委会原主任陈长清于2005年1月因公殉职)。补选谢益新为湘潭市第十二届人民代表大会代表。

2006年2月28日-3月2日，区第三届人民代表大会举行第四次会议，出席会议代表201人。会议听取和审议区人民政府工作报告及计划、财政报告，听取和审查区人大常委会、区人民法院、区人民检察院工作报告，并依法作出相应决议。大会审查和批准《湘潭市雨湖区国民经济和社会发展第十一个五年规划纲要》并作出相应决议。

2006年12月28日-2007年1月1日，区第三届人民代表大会举行第五次会议，出席会议代表

191人。会议听取和审议区人民政府工作报告及计划、财政报告，听取和审议区人大常委会、区人民法院、区人民检察院工作报告，并依法作出相应决议。大会选举区人民政府代理区长徐亚健（女）为区长（因陈忠红调任湘潭县人民政府县长）。

第四届人民代表大会

2007年11月28日-12月2日，雨湖区第四届人民代表大会举行第一次会议。会议出席代表199人。会议听取和审议区人民政府工作报告及计划、财政报告，听取和审议区人大常委会、区人民法院、区人民检察院工作报告，并依法作出相应决议。会议依法依程序选举徐秋良为区人大常委会主任，王春桃（女）、李志强、陈淑兰（女）、彭欣、贾彦卿为副主任。选举徐亚健（女）为区人民政府区长，朱红兵、傅国平、秦菊芳（女）、王振华、杨贵、夏建波为副区长。选举郑红为区人民法院院长、贺卫平为区人民检察院检察长。选举区人大常委会委员15人。选举出席湘潭市第十三届人民代表大会代表83人。

专录一　郊区人民代表大会

一、历届人民代表大会

第四届人民代表大会

1988年3月4-7日，湘潭市郊区第四届人民代表大会举行第三次会议。出席会议代表174人，列席165人（包括政协委员），特邀10人，会议讨论通过《关于加强对“一府两院”组成人员进行任期考核的决定》，增选邹崇埴为副区长。

1989年3月7-10日，湘潭市郊区第四届人民代表大会举行第四次会议。出席会议代表174人，列席62人，特邀13人。会议根据党中央十三届三中全会精神，讨论通过《关于坚决贯彻执行治理经济环境，整顿经济秩序重大决策的决定》。

第五届人民代表大会

1990年2月15-19日，湘潭市郊区第五届人民代表大会举行第一次会议。出席会议代表159人，列席183人（包括政协委员），特邀28人。代表中工人农民108人，知识分子21人，干部30人，妇女37人，无党派人士50人。大会听取和审议通过闵应章作的区人民政府工作报告，陈泽声作的区人大常委会工作报告，王国祥作的区1989年国民经济计划执行情况与1990年国民经济社会发展计划（草案）的报告，左争天作的区1989年财政决算和1990年财政预算报告，周春华作的区人民法院工作报告，欧辉云作的区人民检察院工作报告。会议选举陈泽声为区人大常委会主任，胡海清、罗舜清、周心垓、叶运丰为副主任，选举闵应章为区人民政府区长，王秀莲（女）、宋厚源、刘治武、孟季华、邹崇埴、王建辉（科技副区长）为副区长；选举周春华为区人民法院院长、欧辉云为区人民检察院检察长。大会讨论通过《关于进行社会主义思想教育的决定》。

1991年3月20-24日，郊区第五届人民代表大会举行第二次会议。出席会议代表172人，列席60人，特邀7人。会议审议通过《关于郊区国民经济和社会发展第八个五年计划纲要的决议》《关于郊区“一五”普法情况和“二五”普法规划的决议》，补选区人大常委会副主任1名和常委会委员6名。

1992年2月25-27日，郊区第五届人民代表大会举行第三次会议。出席会议代表168人，列席61人，特邀10人。会议听取和审议《郊区人民政府依法治区五年实施规划（草案）的报告》，并作出决议。讨论通过《关于人大代表评议“一府两院”及其所属部门工作的决议》。

1988～1992年郊区人大常委会组成人员

4-3-7-1

届次	主任	副主任	常务委员
第四届 续任-1990	陈泽声	胡海清　罗舜卿 陈淑兰(女)　周心垓 田　畸(兼)	叶运丰　刘文魁(兼)　苏孝钦(兼) 李国兴(兼)　萧　堃　秦亚利(女,兼) 彭式抚　陈合忠　彭建国
第五届 1990.2-1992.6	陈泽声	胡海清　罗舜卿 周心垓　叶运丰 易映华(女,兼,1991.3增选)	刘德芝(女)　朱建玉(女)　苏孝钦 张　英(女)　陈合忠　陈桂兰(女) 周华林　周雪球　赵志林　彭式抚 彭建国　刘伯根(1991.3补选) 苏华兴(1991.3补选)　张树林(1991.3补选) 陈颂如(1991.3补选) 侯爱琪(女,1991.3补选) 戴启云(1991.3补选)

以上历次代表大会均听取和审议区人民政府工作报告及计划、财政报告，听取和审议区人大常委会、区人民法院、区人民检察院工作报告，并依法作出相应决定。

二、主要工作

1988-1992年6月，区人大常委会围绕郊区的重大事项和群众关心的问题，举行22次全体委员会议，听取和审议"一府两院"工作报告42个。常委会实事求是地肯定成绩，认真负责地提出批评和改进意见，并就有关重大问题作出决议、决定。区四届人大常委会第八次会议作出《关于加强统计工作的决议》，区五届人大常委会第八次会议作出《关于加强社会治安综合治理的决议》。常委会第十次会议作出《关于郊区九年制义务教育实施规划的决议》。

五年中，区人大常委会围绕党的中心工作，共开展调查研究28次。围绕治理经济环境，整顿经济秩序开展调查研究：区人大常委会对全区57个区、乡、村企业和联体、个体工商业进行实地调查，充分肯定水泥电杆厂、水电设备安装公司等企业加强企业管理，改革分配制度，加强财务管理的做法和经验，并提出"三抓一加强"(抓治理整顿、深入改革、横向联系、加强对村级企业发展研究)的建议；围绕中央决定，深入昭山、荷塘、护潭、长城等乡开展农业生产情况调查考察；围绕社会事业开展调研，关心支持教育、卫生改革，使农村医疗卫生条件和办学条件得到较好的改善。

郊区人大常委会在全区举办市、区、乡三级人大代表法律学习班4期。学习班采用集中辅导、案例分析、学用结合的办法，收到好的效果。区人大常委会组织乡人大主席团参加市人大常委会举办的全市乡、镇人大主席团常务主席法律知识抢答赛，取得团体总分第一名。为贯彻落实省人大常委会《关于开展执法检查的决定》，郊区人大常委会全面开展执法检查工作。通过执法检查，发现违法事例29起，纠正27起。有效地维护法律的尊严和人民群众的利益，较好地杜绝执法不公、执法不严的行为。

区人大常委会严格依照法定职权和法定程序，任命国家工作人员61名，因工作调动等原因，免职8人。

同时,加强对任命干部的监督,对其进行任期政绩考核,督促国家机关工作人员增强公仆意识和法治观念。

区人大常委会密切联系代表,充分发挥代表作用,积极督促办理代表提案,王炳生等代表提出的关于农业生产资料要正常供应,及时刹住乱涨价之风的提案,引起区政府及主管部门的高度重视。以区供销联社为主,农口各主管单位积极参与成立专门班子组织生产资料供应。全区计划内指标组织碳铵5000吨,亩均65公斤,尿素(包括外地进口的)550吨,亩均8公斤左右,各种农药350吨,亩均6公斤,计外碳铵、尿素、农药基本不缺。对于乱涨价的问题,区农委会同区物价委员会、区联社对农业生产资料价格先后进行两次检查。检查中,发现一些问题,及时进行纠正。区人大常委会积极帮助和指导乡人大主席团制定工作计划、工作制度,依法依程序开好乡人民代表会议,使乡人大工作逐步走向制度化、法律化。

专录二　湘江区人民代表大会

一、历届人民代表大会

第七届人民代表大会

1986年3月20–23日,湘江区第七届人民代表大会举行第三次会议,出席会议代表170人,列席34人,特邀3人。全体政协委员列席会议。会议听取审议和通过区人大常委会、区人民政府、区人民法院和区人民检察院的工作报告。

第八届人民代表大会

1987年3月2–7日,湘江区第八届人民代表大会举行第一次会议,出席会议代表155人。其中,工人农民52人,军人1人,知识分子38人,民主党派7人,爱国归侨1人,干部53人,其他劳动群众3人。大会听取和审议通过张汉良作的区人民政府工作报告、周艺良作的区人大常委会工作报告、吴志勇作的区人民法院工作报告、王国栋作的区人民检察院工作报告。会议选举产生区第八届人民代表大会常务委员会副主任、委员;区人民政府区长、副区长;区人民法院院长、区人民检察院检察长。鉴于该次会议未能选出区第八届人大常委会主任,区第八届人大常委会第一次会议推选副主任吴帅珍代理人大常委会主任职务。会议作出《关于湘江区国民经济和社会发展第七个五年计划的决议》及《关于宣传贯彻全国人大常委会关于加强法制教育,维护安定团结的决议》。为做好上级人大换届选举的衔接工作,经中山代表联组55位代表提议,区第八届人大常委会第五次会议决定,提前举行区第八届人民代表大会第二次会议。

1987–1992年湘江区人大常委会组成人员

4–3–7–2

届　次	主　任	副主任	常务委员
第八届 1987 ~ 1990.2	吴帅珍 (代)	吴帅珍　梁开云 黄福汉　彭菊秋 周艺良	刘卿陶　刘翠英(女)　朱蔚文　李　宁 陈懿翔(女)　官金莲(女)　林俊卿 钟源本　黄振席　谭世明
第九届 1990.2 ~ 1992.6	梁开云	田赐良　黄福汉(兼) 唐秀元　李淑珍(女) 官金莲(女)	钟源本　谭世明　刘翠英(女) 陈懿翔(女)　曾令先　黄景桂　郑永栋 周辛玉　罗俊益　赵文科(1991.3补选)

1987年12月22-23日，湘江区第八届人民代表大会举行第二次会议，出席会议代表155名。会议主要议程是选举湘潭市第九届人民代表大会代表。大会依法依程序选举湘潭市第九届人大代表45人。1988年4月6-9日，湘江区第八届人民代表大会举行第三次会议，出席会议代表158人，列席128人（包括政协委员）。会议推选吴帅珍、梁开云为区人大常委会主任候选人，实行差额选举，因两名候选人获赞成票均未过半，区人大常委会主任未能产生。1989年3月28-30日，湘江区第八届人民代表大会举行第四次会议。出席会议代表153人，列席132人（包括政协委员），特邀3人。以上历次代表大会均认真听取和审查区人民政府、区人大常委会、区人民法院、区人民检察院工作报告，并作出相应决议。

第九届人民代表大会

1990年2月24-28日，湘江区第八届人民代表大会举行第一次会议，出席会议代表149人。其中：工人农民62人，军人1人，知识分子15人，干部67人，其他劳动群众4人。大会听取、审议通过张汉良作的区人民政府工作报告、吴帅珍作的区人大常委会工作报告、王泽其作的区人民法院工作报告、王国栋作的区人民检察院工作报告，会议选举梁开云为区人大常委会主任，田赐良、黄福汉、唐秀元、李淑珍（女）、官金莲（女）为副主任。选举张汉良为区人民政府区长，孙峰、郭特强、赵寿清为副区长。选举彭铁光为区人民法院院长，王国栋为区人民检察院检察长。会议审议彭菊秋等10位代表提出的议案，并相应作出《关于贯彻实施湖南省县级以上各级人民代表大会常务委员会监督本级人民法院、人民检察院工作规定的决议》。1991年3月27-30日，湘江区第八届人民代表大会举行第二次会议。出席会议代表154人，会议审查和批准《湘江区国民经济和社会发展"八五"计划纲要》，并作出相应决议，会议还作出《关于进一步贯彻实施（湖南省计划生育条例），将我区计划生育工作不断推向前进的决议》《关于依法治区的决议》，会议依法补选邹锦清为区人民政府副区长，赵文科为区人大常委会委员。以上历次代表大会均认真听取和审议区人民政府、区人大常委会、区人民法院、区人民检察院工作报告，并作出相应决议。

二、主要工作

1986-1991年，湘江区第七、八、九届人民代表大会先后共召开常委会26次，听取和审议"一府两院"关于工业生产、国民经济和社会发展计划、财政收支、商业、农业、执法情况等报告59个，作出《关于认真贯彻执行〈全国人大常委会关于加强社会治安综合治理的决定〉的决议》等决定、决议。区人大常委会多次协调，为湘潭淀粉厂争取深加工线技术改造贷款48万元，使该厂技改项目顺利完成。6年中，区人大常委会听取和审议 "一府两院"关于执行法律法规的情况报告24个。重点检查《刑法》《刑事诉讼法》《湖南省计划生育条例》《义务教育法》《居民委员会组织法》等法律法规贯彻执行情况。区人大常委会为重点了解《行政诉讼法》实施前的准备工作和行政执法情况，组织法工委成员到区法院、公安分局、工商局、城建、国土等11个执法单位进行视察，查阅各类行政处罚案卷116卷，督促执法单位认真学法守法，增强依法行政的紧迫感和责任感。在人事任免工作中，常委会坚持党管干部的原则，按照"四化"（革命化、年轻化、知识化、专业化）要求，对拟任职对象进行考察，反复酝酿和讨论，由过去的举手表决改为无记名投票表决。通过人事任免议案后，还实行任命后谈话，6年共依法任免国家机关工作人员98人（次）。为做好代表工作，区人大常委会将人大代表划分为16个小组，又以街道或厂校为单位组成8个联组，6年来共组织代表开展考察活动72次。积极开展创"三优"（优秀代表小组、优秀人大代表、优秀联络员）活动，推动代表联络工作。通过人大代表的呼吁，窑湾水来坪居委会一栋返迁知青宿舍危房得到翻修，金庭小学综合楼建设追加投资，白马湖沿岸安装路灯，湖边垃圾被清运。十五总书店、客运码头、十七总河街、绿化村等四处新建或改建公厕。沿江楼二栋居民宿舍下水道长期不通和杨梅洲居民买煤难及部分人防工事无人管的问题得到解决。

第二章　区人民代表大会常务委员会

第一节　人大常委会会议

1988-1992年6月，雨湖区第八、九届人大常委会举行27次例会（人大常委会会议每两个月至少举行一次，决定重大事项，监督“一府两院”工作，依法进行人事任免）。常委会紧紧围绕经济建设中心，审议、通过和决定本行政区域重大事项。为加强常委会自身建设，区人大常委会通过《关于加强区人民代表大会及其常委会自身建设的意见》。

1993年3月，雨湖区第一届人民代表大会第三次常委会议通过《关于加强自身建设的决定》。1994年8月第十一次常委会议审议通过《湘潭市雨湖区普及九年义务教育的实施规划》。1995年10月，第十八次常委会议作出《关于加强先锋企业集团公司“生猪工程”建设的决议》；12月，第十九次常委会议作出《关于尽快落实我区在1996年达到“普九”规划验收标准的决定》。1997年4月，第二十六次常委会议作出《关于雨湖区“九五”和2010年科技发展规划的决议》等。至是年止，雨湖区第一届人民代表大会常委会5年中共举行30次例会，审议各项议题92项。

1998年3月，雨湖区第二届人民代表大会常委会第一次会议制定《湘潭市雨湖区人大常委会审议意见反馈办法》《湘潭市雨湖区人民代表大会常务委员会议事规则》《雨湖区人大常委会人事任免办法》；7月，第三次常委会议作出《关于批准雨湖区国民经济和社会发展“九五”计划调整方案的决议》。1999年9月，第九次常委会议作出《关于修改雨湖区人大常委会人事任免办法的决议》。2000年10月，第十五次常委会议作出《关于批准雨湖区2000年财政预算调整方案的决定》等。至2002年5年中，雨湖区第二届人民代表大会常委会共举行28次例会，审议各项议题65个，并就一系列关系全区经济和社会发展的重大问题作出相应的决定决议。

2003年7月，雨湖区第三届人民代表大会第三次常委会议作出《关于人事任免办法法律知识考试的补充规定》；9月，第四次常委会议作出《关于加强对雨湖区财政预算超收收入使用监督的决定》和《关于批准雨湖区国民经济和社会发展“十五”计划调整方案的决议》。2005年4月，第十五次常委会议作出《关于同意雨湖区人民政府驻地迁移的决定》；11月，第二十六次常委会议作出《关于同意雨湖区人民政府在国家开发银行贷款3000万元修建富洲路的决定》。2006年4月，第二十二次常委会议作出《湘潭市雨湖区人大常委会讨论、决定重大事项的规定》；10月，第二十五次常委会议作出《关于进一步加强法制宣传教育的决议》等。至2007年5年中，雨湖区第三届人民代表大会常委会共举行例会38次，对全区经济社会发展重大事项作出决议、决定29个。

第二节　工作机构

1988年，雨湖区人大常委会机关设办公室、代表联络工作委员会，是年12月，成立法制工作委员会、教育科学文化卫生工作委员会、城市建设工作委员会。

1990年3月31日，区第九届人大常委会第一次会议决定增设“财政经济工作委员会”，并将“代表联络工作委员会”更名为“选举任免联络工作委员会”，“城市建设工作委员会”更名为“城乡建设工作委员会”。

1992年12月8日，区划调整后的新雨湖区第一届人大常委会第一次会议，决定设立“人大常委会办公室、选举任免联络工作委员会、法制工作委员会、财政经济工作委员会、教育科学文化卫生工作委员会、城乡建设工作委员会”6个职能机构。1997年12月，区第一届人大常委会第三十次会议决定将“法制工作委员会”更名为“内务司法工作委员会”，“城乡建设工作委员会”更名为“城乡建设与环境保护工作委员会”。

2004年2月，由于工作需要，根据区编办(2004)01号文件设立区人民代表大会常务委员会财政预算审查监督室，不定级别，隶属于区人大财政经济工作委员会。

2007年，区人大常委会工作机构有：办公室、内务司法工作委员会、选举任免联络工作委员会、教育科学文化卫生工作委员会、城乡建设与环境保护工作委员会、财政经济工作委员会。

1988-2007年雨湖区历届人大常委会组成人员

4-2-1-1

届次	主　任	副主任	常务委员
第八届 1987.3-1990.2	向满洪 (土家族)	罗桂连 李秀兰(女) 陈应昭	刘云生 刘正伦(兼) 萧赞卿(兼) 陈友强 陈幼雄 李春华 余泽良 张承纶(女，兼) 杨慧君 罗双龙 罗极高
第九届 1990.2-1992.6	向满洪 (土家族)	罗桂连 李秀兰(女) 陈应昭 涂楚国(女，兼 1991.3补选)	刘云生 刘正伦(兼) 朱盈初 池飞舟(兼) 萧温(兼) 肖赞卿(兼) 张承纶(女，兼) 张桂秋(兼) 罗双龙 郭凯南 曾善初 杨放军(1991.3补选) 裴国贤(1991.3补选) 张雪娥(女，兼，1991.3补选) 余泽良(1991.3补选)
第一届 1992.11-1997.11	向满洪 (土家族)	罗桂连 李秀兰(女) 唐秀元 叶运丰 易映华(女，兼)	刘健明(兼) 刘翠英(女) 池飞舟(兼) 杨鹏程(兼) 萧赞卿(兼) 张光复(女，兼) 张雪娥(女，兼) 陈正安(兼，1995年病故) 陈合忠 陈桂兰(女) 侯爱琪(女) 曾善初 裴国贤
第二届 1997.12-2002.12	向满洪 (土家族)	李枝松(苗族) 李秀兰(女) 余康圣 杨放军 邓建成(兼) 陈桂兰(女)	王 填(兼) 刘健明(兼) 刘菊珍(女，1998.4辞) 杨鹏程 张 岱 陈良德(兼) 陈解平(女) 侯爱琪(女) 贺立平 蔡绍泉(兼) 裴国贤 陈淑兰(女，1999.1补选) 谭晓磊(1999.1补选)

续表4-2-1-1

届次	主 任	副主任	常务委员
第三届 2002.12-2007.11	陈长清 （2002.12-2005.1） 徐秋良 （2005.3-2007.12）	刘国平　杨放军 王春桃（女） 李志强 陈淑兰（女） 姜军松（兼）	冯绍华 刘建仁 刘映平（兼） 严端明（兼，2003.11辞） 李达希 陈解平（女）林宣军（兼） 郑世雷（兼）贺立平 徐 冰（兼） 梁 华（女）潘惠玲（女）章 果（女，2003.12补选）
第四届 2007.11-	徐秋良	王春桃（女） 李志强 陈淑兰（女） 彭 欣 贾彦卿（兼）	王秦枝 刘志坚（兼）旷亚军（兼，2011.6辞职） 姜伟雄（兼）徐红卫（兼）袁 勇 冯绍华 杨 柳（女，兼）陈新民 胡文俊 胡平仁（兼，2011.10调离本行政区） 唐绍琦 章 果（女，兼）潘俊春 潘惠玲（女）

第三章　职能履行

第一节　法律监督

1988-1992年6月，雨湖区第八、九届人大常委会组织执法检查42次，重点对《经济合同法》《工商企业登记管理条例》《食品卫生法》《会计法》等30余部法律法规执行情况组织调查考察。常委会听取和审议上述法律法规贯彻实施情况。组织人大代表参与法庭旁听4场，23人次参加。提高监督活动透明度，受到省、市人大领导高度重视，《湖南人大工作》专题报道。

1992年11月-1997年11月，区第一届人大常委会组织42次执法检查，重点检查《农业法》《企业法》《土地管理法》《城市规划法》《治安管理处罚条例》等50多部法律法规在辖区贯彻实施情况，督促“一府两院”严格执法。针对部分乡镇村民违法占地现象严重，常委会组织对《土地管理法》实施情况进行检查和审议。区人大常委会第四次会议向区政府提出意见和建议，责成区政府对已发现的违法占地案件进行查处。区国土局认真接受人大监督，先后查处各类违法占地案件97起。其中大要案17起，收回土地面积7474.7平方米，罚款36500多元。区人大常委会还组织开展《环境保护法》执法监督，深入驻区企业检查环保法执行情况。得知某单位计划在三水厂上游几百米筹建制革厂，其废水将严重污染湘江水源，区人大常委会责成区环保局提前干预，及时阻止这项计划的实施。

1997年12月-2002年11月，区第二届人大常委会组织45次执法检查，重点检查《刑法》《刑事诉讼法》《行政处罚法》《湖南省计划生育条例》等16部法律法规在辖区内的执行情况，听取和审议“一府两院”有关司法、执法单位关于执行上述法律、法规情况的汇报。区人大常委会把提高“一府两院”依法决策、依法行政、依法管理、依法办案的能力和水平放在突出位置，开展《行政处罚法》和依法治区决议执行情况检查和审议。针对少数执法人员在执法过程中素质不高、法律知识欠缺、程序不合法、法律文书不规范等问题，提出整改意见，要求区政府加强对执法人员行政法规学习培训，建立、健全行政执法责任制。区政府认真落实区人大常委会整改意见，组织全区行政执法人员参加各类学习班50期，500人获专业执法合格证，行政执法执行率达90%以上。各行政执法主体相继制定行政执法规范，做到执政上岗，亮证执法，从制度上规范行政行为。区人大常委会还先后两次组织对《刑法》《刑事诉讼法》实施情况检查，分别于第八次、十九次人大常委会议听取和审议“两法”执行情况报告，区人大常委会对公、检、法执行“两法”实施严打所做的工作给予充分肯定。同时对在执行“两法”过程中存在的重实体法、轻程序法，超期羁押、超期审结，重罪轻判、以罚代刑等带倾向性的问题，责成司法机关加以整改，严格办案程序，严格案件监督，严格错案责任追究。公检法机关认真落实区人大常委会审议意见，普遍实施案件检查、错案责任追究制以及案件跟踪监督制度，使存在的问题得以解决。

2002年12月-2007年11月，区第三届人大常委会组织48次执法检查，重点检查《农产品质量安全法》《科学技术进步法》《传染病防治法》《村民委员会组织法》等30多部法律法规在辖区内的执行情况，听取和审议“一府两院”执行上述法律法规情况的报告。区人大常委会加强对司法机关办案质量监督，建立干警办案电子档案，制定干警办案质量综合评价表，全面掌握干警办案情况。对个案采取交办、旁听、调阅案卷等方法，监督和支持公、检、法司法机关处理好一些疑难案件。其间，彭旭红、谢纳莫诉湘潭交通驾校工程承包合同纠纷一案（拖欠民工工资），区人民法院在执行时，该校对判决不服拒绝付款，造成数十人上访。对此，区人大常委会及时召开主任会议，落实督办责任，多方协调处理，使这一反映强烈的案件圆满解决。事后民工们送来一面“人大为人民”的锦旗。

第二节　工作监督

1988-1992年6月，雨湖区第八、九届人大常委会听取“一府两院”85次工作汇报。就依法治区实施规划、城市管理、清理整顿公司、计划生育、区街工业发展等工作检查监督，提出审议意见。常委会第七次会议，听取和审议区政府在城市建设方面的工作汇报，建议区政府在城建工作中，应保证城建经费专款专用，合理安排，城市管理要制度化、科学化。几年中，区政府在困难大、欠债多的情况下，落实城正街地区道路修复、新修杨家湾路并整修改造部份小街小巷的道路，增加环卫工作经费，改善环卫工作环境等。

1992年11月-1997年11月，雨湖区第一届人大常委会听取“一府两院”工作汇报128次。开展各项调查150余次。就四乡一镇农业生产、区直企业生产环境及体制改革、城市管理和建设、“二五”普法、普及九年义务教育、农村教育费附加征收管理等工作检查督促。区人大常委会重点对教育“两基”达标跟踪监督，先后五次组织代表调查视察，召开座谈会25场次，促使区政府加大教育投入。新建韶西小学，重新规划建设云塘、犁头、白云、立云等10所学校，征地0.21公顷，新建教学楼33栋，增加校园建筑面积6.1万平方米。通过省“两基”验收评估团验收，区教育“两基”一举达标，跨入全省先进行列。区人大常委会先后三次对区属集体企业中南电瓷电器厂、包装厂、淀粉厂等企业体制改革情况进行调查，分别在区一届人大常委会第二十一次、二十三次、二十七次会议上听取区政府关于区直集体企业生产经营和企业体制改革情况报告。针对调查中存在的企业体制不活、结构不合理等问题，建议区政府积极探索适合企业经营与发展的灵活方式，优化产业结构，建立优胜劣汰机制，抓好各项配套改革，并在第二十三次常委会作出《关于加快区属企业体制改革的决定》。区政府加大改制力度，全区77家区街企业改制改组达到80%，其余的采取租赁、公有私营、兼并托管、风险抵押承包等12种方式。

1997年12月-2002年11月，区第二届人大常委会听取“一府两院”工作汇报130次。围绕区经济建设和社会发展，就农业结构调整、民营企业发展、经济环境治理和拓展雨湖区发展空间、争创全国教育“两基”先进县区、创建全国文化先进城区等工作检查31次。常委会重点监督区政府“市场带动、实业兴区”发展战略落实情况，就市场建设和经济发展环境治理进行调查考察和专题审议。深入调查砂子岭市场群建设情况，发现市场经营秩序乱、经营环境差、无证经营户多、“三乱”禁而不止。在区二届人大常委会第四次会议上，要求区政府加大市场建设开拓力度，充分发挥政府在建设、规划、管理方面的主导作用，改善经营环境、扩大完善砂子岭市场群体，推动第三产业和个体经营经济超常规发展。经过大力整治，砂子岭市场群成为经济建设和财政收入的重要支柱。区人大常委会加强对新农村建设、农业结构调整、改善农村生活环境以及“三农”等问题监督，先后三次组织专门班子对农业问题开展专题调研。两次听取和审议区政府关于农业生产中面临的问题以及农业结构调整情况报告，建议区政府大力开发高附加值的特色产品，大力推进小城镇建设，推动劳动力向第二、三产业转移，扩大农民就业和增收的空间。区政府落实区人大常委会决定，主攻市场、质量、加工三大环节，加速农业结构调整，使农业增效，农民增收。

2002年12月-2007年11月，区第三届人大常委会听取“一府两院”工作汇报145次，审议工作报告127个。就区机关大院迁址、基本农田保护、“四五”普法、合作医疗、城乡居民最低生活保障等重点工作检查35次。区人大常委会先后对国民经济和社会发展计划执行和经济发展环境、财政预算执行情况、部门预算编制情况、专项切块资金使用情况、财源建设情况等进行监督调查。听取和审议区政府财政预算执行情况和养老保险、低保、城乡大病医疗救助、救灾款，医保、失业保险金等基金管理使用情况报告。区人大常委会联系区经济发展实际，提出积极涵养财源，控制财政支出，加大专项资金管理力度等建议，推动财政预算向规范化、法制化发展。加强对重点项目建设资金的监督，区人大常委会对区政府提请的区本级财政资金投资50万元以上的重点工程项目报告都进行认真审议。区人大常委会第二十六次会议听取和审议区政府关于在国家开发银行贷款3000万元修建富洲路的报告，依法作出相应决定，保障富洲路拓宽改造项目全面竣工。

第三节　代表评议

一、工作评议

1992年11月-1997年11月，区人大常委会先后组织区人大代表对“一府两院”工作进行6次评议，督促“一府两院”实施“阳光工程”，推行“两公开一监督”办事制度。为促进机关作风建设，区人大常委会组织270名代表分成22个小组，围绕城市建设管理、居委会建设、计划生育、水利建设、社会治安、开发区建设、区街企业发展、“两院”公正执法等15个方面的问题开展深入调查。组织召开评议国家机关工作会议，各组派代表专题发言，引起区政府、“两院”的高度重视，区政府针对代表提出的机关作风、城市管理、乱收费、社会治安等问题认真整改，得到较好解决。

1997年11月-2002年，区人大常委会组织市、区人大代表开展调查评议5次。围绕雨湖区经济建设和社会发展、经济环境治理、落实市委、市政府“经营城市、一化三清”工作部署等大事进行调查评议，督促“一府两院”解决热点、难点问题370多个，办实事380多件。针对城市管理问题，区人大常委会先后三次组织代表对城市管理工作开展评议，以代表小组为单位，找准人民群众反映强烈的重点、难点问题，对重点部位、重点地段实地考察。109位代表提出建议111份，反映45个方面274个问题，督促区建设局将全区40条街巷、22个小区、12个城乡结合部、15个重点部位存在的200多个问题逐一落实，一些老大难问题从根本上得到治理。区人大常委会围绕“经营城市”“一化三清”工作，组织三级代表开展专题考察、评议，走访群众100多户，调查机关单位50多个，并递交考察调查报告，为市、区两级政府实施“一化三清”，促进部门依法行政起到积极作用。

2002年12月-2007年11月，区人大常委会组织各级人大代表紧紧围绕优化经济发展环境、市场建设、城市建设管理、禁毒工作以及人民群众关心的热点难点问题开展考察评议，写出考察报告90多份，提出建议120余条。

二、述职评议

区人大常委会强化对国家机关人员的任后监督，坚持任期内向常委会进行一次述职并接受评议，采取书面述职和会议述职的形式。1992-1997年，先后对14名“一府两院”组成人员述职评议。1997-2002年，区第二届人大常委会对述职评议工作更加明确、具体。第九次常委会议作出关于修改《雨湖区人民代表大会常务委员会人事任免办法》的决定，凡区人大常委会任命的“一府两院”组成人员，每年年终必须向区人大常委会呈送述职报告。在规定的时限内，有关人员都如期如质地向人大递交了述职报告。五年中，分别对工业局、民政局、建设局、计统物价局、计生局等部门主要负责人及法院副院长、检察院副检察长等14人进行会议述职评议。

2002-2007年，区第三届人大常委会进一步规范述职评议工作，制定专门的工作规划、工作方案并作出具体安排。在评议60日前，常委会将述职评议人员名单在机关及乡镇、街道公示，接受广大群众和人大代表监督。此外，区人大常委会组织全体委员赴郴州北湖区人大常委会学习述职评议工作经验。五年中，先后对区人民政府6名副区长（书面述职4人）、20名局长（书面述职5人）、两院9名副院长、副检察长（书面述职3人）进行述职评议。按称职、基本称职、不称职进行无记名投票测评，当场公布测评结果。对书面述职人员提出书面评议意见。会议述职和书面述职的评议意见，交由述职人员限期整改。区人大常委会第二十一次、第二十九次会议分别听取和审议上述人员述职评议后整改情况的报告。

第四节　人事任免

1988-1992年6月，雨湖区人大常委会依法任命区人大、区人民政府、区人民法院、区人民检察院干部140人次，免职31人次。此外，区人民政府提请任命未予通过3名。在人事任免上，区人大常委会根据有关法律规定，改举手表决为投票表决，改个别发任命书为大会颁发任命书。

1992-1997年，区第一届人大常委会依法任命国家机关工作人员211人。其中区人民政府组成人员35人（代理区长1人，副区长4人），免去职务6人，撤销职务1人。

1997-2002年，区第二届人大常委会先后依法任命国家机关工作人员255人次。其中区人民政府组成人员37人（代理区长1人，副区长2人），免职45人次。在行使任命权时，严格把好“五关”，即民主测评关、调查考察关、法律考试关、任前发言和审议表决关。

2002-2007年，区第三届人大常委会共任免国家机关工作人员266名，人民陪审员15名。区人大常委会不断规范人事任免工作制度，第三次常委会议通过《雨湖区人民代表大会常务委员会关于人事任免办法法律考试补充规定》，对拟任人员未经任前法律知识考试和考试不及格者，常委会不予审议。

第五节　督办议案

1988-1992年，共收到代表议案22件。其中大会批准立案2件，转为重要建议20件。收到建议、批评和意见563件，在规定时间内答复完毕，答复率100%。促使区政府解决城正街农贸市场搬迁，污染严重的湘潭市冶金化工厂三盐车间迁址，万人新村、韶山中路下水道铺设、冷水冲贸易市场修建和改建厕所等10多项老大难问题，受到人民群众好评。

1992-1997年11月，区人大代表共提出建议、批评和意见587件。区人大常委会针对过去办理建议中存在的文字答复多，实际调查少，具体落实少等问题，敦促区政府办理批评建议在实在、实际、实效上下功夫。组织人大代表实地考察，专题调查，掌握一手材料，向承办单位提出具体要求，督促"一府两院"认真办理人大代表建议、批评和意见。一批诸如小学生生源分布不均，造成有的学校学生名额爆满等问题均得到不同程度解决。人大代表建议答复率100%，见面率85%，满意率80%，建议中所提问题解决和基本解决285件，解决率48.6%。

1997-2002年11月，共收到区人大代表建议、批评和意见597件。其中除161件因权限原因，以市代表名义向市人大递交办理外，其余都及时转交"一府两院"办理。为加快办理进度，区人大常委会定期组织检查督促，专题审议，确保办理质量和进度，使这些建议、批评和意见得到较好落实。办理结果为：答复率100%，见面率86.6%，办理满意率87.8%，建议中所提问题已解决和基本解决188件，解决率43.12%。

2002年12月-2007年11月，共收到区人大代表建议、批评和意见501件。其中35件因权限原因，以市代表名义向市人大递交办理。区人大常委会十分重视代表建议督办工作，及时将代表建议分类整理，召开专题建议交办会，以主任会议形式转交"一府两院"办理。人大代表建议均在法定期限内办复，答复率100%，见面率95.6%，满意率93.5%，建议中所提问题已解决和基本解决296件，解决率63.6%。较好地解决湘潭大学污水治理、昭潭乡何家大屋、先锋工业园征用拆迁补偿等人大代表和人民群众关注的热点、难点问题。

第六节　代表工作

区人大常委会坚持把加强人大代表工作和基层人大建设作为一项基础性工作来抓。1988-1992年，开展人大代表创"双优"活动。全区6个代表联络片、19个代表小组（市代表5个小组）采取各种形式组织代表开展学习以及与区政府领导对话等活动233次，考察140余次，写出调查报告80余篇。1993-1997年，继续开展创"三优"活动，指导各人大代表小组围绕经济中心、城市建设与管理、人民群众关心的难点、热点问题组织执法检查和调查考察。为激活代表工作，1998年，区人大常委会率先在全市建立激励机制，量化代表活动，制定《创优活动百分评比标准》，从小组年度计划总结、代表考察效果、专题评议、活动出勤率、联系走访选民、宣传报道、组织学法、代表遵纪守法、完成区人大任务等九个方面考核，年终根据《创优评比标准》进行评比，并按从高到低得分推出优秀名单，代表工作迈上制度化、经常化轨道。2002年，区人大常委会对代表向选民和原选举单位述职工作进行有效的探索，率先在全市开展人大代表向选区选民述职活动。代表回原选举单位向选民述职，汇报履行代表职责情况；选民以无记名方式，按满意、基本满意、不满意测评，促使代表增强责任、接受选民监督意识。第二届期间，先后组织38名市人大代表向区人大常委会述职，组织120多名区人大代表向选区选民述职。2004年，市人大常委会在全市推广这项工作。区人大常委会还注重组织引导人大代表积极参与区政府重要事项的民主决策和民主管理，是年，率先在全市开展重大事项代表听证会。在人大常委会指导下，昭潭乡人大就糖酒市场改造项目，召开人大代表听证会，此举引起市人大联工委及省、市两级新闻媒体关注，及时进行宣传报道，最终该项目建设在人大代表的高度关注下，得到有效推动。2006年，常委会率先在全市开展优秀议案，建议、批评和意见评比工作，制定《关于优秀议案，建议、批评和意见评选标准实施办法》。根据评选条件，对每年区代表大会以来，代表所撰写的议案和建议按适当比例确定评选件数，提交主任会议审议确定为优秀议案和建议后，再列入常委会每年的创"五优"（ 优秀人大主席团、优秀人大代表小组、优秀人大代表、优秀人大工作联络员、优秀人大代表建议)表彰大会给予奖励。是年,率先在全市开展评选“十佳人大代表”“十佳人大工作者”活动,采取自下而上、民主评选办法,经区人大常委会主任会议审定,与创“五优”活动同时表彰。至2007年5年中,区人大常委会共评选表彰优秀人大主席团9个次,优秀区人大代表小组24个次,优秀人大代表134人次,优秀人大工作联络员17人次,优秀人大代表建议、批评和意见12件。评选出十佳人大代表10名,十佳人大工作者10名。

区人大常委会始终注重对乡镇人大工作的指导,坚持常委会领导联系制度,指导乡镇开展人大工作。坚持人大主席列席党委常委会议的制度,使他们知政、议政,参与监督。坚持开展创优活动,充分调动搞好人大工作的积极性。区人大常委会制定《雨湖区乡(镇)人大主席团创优活动评比标准》,促进基层人大工作规范化、制度化。

第七节 专项活动

一、环保世纪行

1997年,根据湘潭市人大统一部署,区人大城环工委牵头,组织开展以“保护蓝天碧水,建设宜居家园”为主题的环保世纪行活动。1999年,针对歌舞厅噪声扰民、建筑垃圾成堆、规模养猪粪便废水污染严重,区人大城环工委组织实地调查。区第二届人大常委会第八次会议专题听取汇报,责成区相关部门加大环境管理和治理力度。促成三家选址不当,群众意见较大的个体私营企业限期搬迁;乡里美食、养猪工厂、一造纸厂废水处理工程相继上马,污染严重的市一造纸厂投资126万元,采取多极过滤沉淀处理,使过去污染稻田、鱼塘的废水,改变成可以直接灌溉农田的环保用水,对此湘潭日报、湖南经视台相继作了报道。从2003年起,开展以“保护水环境”为主题的活动,加强对入驻企业外排废水废气废渣、餐饮企业废水、农村养殖废水、医疗废弃物的治理实行跟踪监督,巩固治理成果。开展“绿色社区”“绿色最佳人居小区”“绿色学校”创建活动,有效推动全区环境保护工作,促进居民工作、学习、生活环境的改善。环保世纪行活动于2004年、2007年先后两次获省、市优秀组织奖。

二、三湘农产品质量安全行

2003年,开展“三湘农产品质量安全行”活动。区人大财经工委牵头,成立以区长为组长、人大分管副主任和分管副区长为副组长的“三湘农产品质量安全行”组委会。加强农产品从生产到消费的全程监督。至2007年的5年中,组织开展系列活动。以组委会成员单位牵头,开展无公害蔬菜种植、蔬菜病虫害的农业综合防治技术培训,宣传指导选用无公害农药、禁止使用甲胺磷等剧毒农药,推广普及杀虫灯的应用。常委会督促区政府及职能部门对生猪养殖违法使用“瘦肉精”、农产品有毒有害物质超标等问题组织四次专项集中整治行动,密切与畜牧、工商、公安等部门配合,对全区各兽药、饲料经营门店、屠宰场、消费市场进行全面检查,从生产、流通等环节加大对“瘦肉精”等违禁药品及病害肉品的封杀,查处影响畜产品质量安全的违法行为36起,对不合格畜产品无害化处理5.2吨。督促食品安全、工商、畜牧、质监等执法部门加强对集贸市场、超市、学校、冻库、流动摊贩的集中整治,严把畜禽产品检疫关。不定期对全区60多个重点动物防疫场所和蔬菜生产基地重点监督检查,促进区农产品销售市场正常化,使上市农产品蔬菜、水果的农药有毒有害残留超标率、“瘦肉精”检出率不断降低,全区农产品质量上台阶。“‘三湘农产品质量安全行’雨湖区组委会”被“三湘农产品质量安全行湘潭组委会”授予先进单位称号。

三、三湘农民健康行

2006年，区人大常委会根据省、市人大部署，组织开展“三湘农民健康行”活动。由区人大教科文卫工委牵头，围绕“促进农村公共卫生和基本医疗服务体系建设，提高农民健康水平”活动主题，开展检查督促。组织人大代表实地察看区疾控中心、先锋乡卫生院、建新村卫生室等农村基层卫生网络，检查城乡合作医疗参合、运行情况，督促区政府增拨专项经费设立和完善村卫生室。投资60余万元加强卫生院基础设施建设，完成楠竹山、长城乡高坪、羊牯卫生院提质改造。争取资金95万元，将设在城区的先锋、护潭、鹤岭卫生院搬迁。2007年，“三湘农民健康行”活动以“保障农民健康权益、改善农民健康状况”为主题，组织开展农村传染病、职业病、农村改水改厕等检查督促。为全区9091名农村已婚妇女免费检查，全面开展“生育关怀”行动；为农村1500名新婚夫妇和孕产妇送孕期保健、产后保健、母乳喂养、新生儿保健等知识。“三湘农民健康行”活动的开展，对促进农村新型合作医疗制度建设、乡镇卫生院建设，提高农民健康水平，发挥较好作用。

第五篇　人民政府

第五篇　人民政府

第一章　政府机构

第一节　本级机构

1987年2月25日至3月2日，原雨湖区第八届人大第一次会议选举产生第八届人民政府，谭世明任区长，阳海东、粟汉云、余康圣任副区长。

1990年2月20日至25日，原雨湖区第九届人大第一次会议选举产生第九届区人民政府。陈述钦任区长，粟汉云、余康圣、李斌生、朱岳汉任副区长。

1992年6月，经国家民政部批准，撤销城市五区（雨湖、湘江、岳塘、板塘、郊区），以湘江为界，成立雨湖区、岳塘区。新的雨湖区由原雨湖区、湘江区和郊区的河西部分（长城、昭潭、先锋、护潭4个乡和先锋综合农场）合并组成。新雨湖区于11月17-20日，召开第一届人民代表大会第一次会议，选举产生新一届雨湖区人民政府。劳动任区长，粟汉云、赵国荣、李乾安、余康圣、汤泽培任副区长。1993年8月至1994年3月，粟汉云任代理区长；1994年3月至1997年8月，粟汉云任区长。

1997年12月11-16日，雨湖区第二届人民代表大会第一次会议选举产生第二届区人民政府。周放良（女）任区长，余国伟、李乾安、汤泽培、曹志明、陈忠红、刘更明任副区长。

2002年12月，区第三届人民代表大会第一次会议选举产生第三届人民政府。陈忠红任区长，刘更明、傅国平、刘光明、秦菊芳（女）、吴收安、宋善武任副区长。

2006年6月7月，区第三届人民代表大会常务委员会第二十三次会议通过，徐亚健（女）任区政府副区长、代理区长。

2007年11月28-12月2日，区第四届人民代表大会第一次会议选举产生区第四届人民政府。徐亚健（女）任区长，朱红兵、傅国平、秦菊芳（女）、王振华、杨贵、夏建波任副区长。

附　1988-2007年历届雨湖区人民政府组成人员名单

4-1-1-1

届别	职务	姓名	任职时间	备注
原雨湖区第八届 (1987.3-1990.2)	区长	谭世明	继任-1990.2	
	副区长	阳海东 粟汉云 余康圣	1987.3-1990.2 1987.3-1990.2 1987.3-1990.2	
原雨湖区第九届 (1990.2-1992.6)	区长	陈述钦	1990.2-1992.6	助理调研员 刘治武 陈应昭 孟季华
	副区长	粟汉云 余康圣 李斌松 李功行 朱岳汉	1990.2-1992.6 1990.2-1992.6 1990.2-1992.6 1990.7-1992.6 1990.2-1992.6	
雨湖区(新)第一届 (1992.11-1997.11)	区长 代理区长 区长 代理区长	劳　动 粟汉云 粟汉云 周放良(女)	1992.11-1993.7 1993.8-1994.3 1994.3-1997.8 1997.8-1997.12	
	副区长	粟汉云 赵国荣 李乾安 余康圣 汤泽培 朱培立 周放良(女) 黄赞佳 余国伟 曹志明	1992.11-1994.3 1992.11-1996.3 1992.11-1997.12 1992.11-1997.8 1992.11-1997.12 1993.8-1996.5 1994.1-1995.8 1996.5-1997.8 1996.7-1997.10 1997.8-1997.12 1997.4-1997.12	
第二届 (1997.11-2002.12)	区长 代理区长	周放良(女) 陈忠红	1997.12-2002.10 2002.10-2002.12	助理调研员 刘治武 陈应昭 孟季华 刘恺明 王国祥
	副区长	余国伟 李乾安 汤泽培 曹志明 陈忠红 刘更明 刘光明	1997.12-2002.10 1997.12-2002.12 1997.12-2002.12 1997.12-2002.4 1997.12-2002.10 1997.12-2002.12 1999.11-2002.12	

续4-1-1-1

届别	职务	姓名	任职时间	备注
第三届 （2002.12-2007.11）	区长 代理区长	陈忠红 徐亚健（女）	2002.12-2006.6 2006.6-2006.12	助理调研员 倪再林 龙建华 李芬沛（女） 杨新华
	副区长	刘更明 傅国平 刘光明 秦菊芳（女） 吴收安 宋善武 姚纯安 王振华 朱红兵 杨　贵 徐亚健（女） 夏建波	2002.12-2006.6 2002.12-2007.11 2002.12-2006.06 2002.12-2007.11 2002.12-2004.11 2002.12-2007.10 2003.9-2007.10 2005.2-2007.11 2006.6-2007.11 2006.6-2007.11 2006.6-2007.11（代区长） 2007.12-2007.11	
第四届 （2007.12）	区长	徐亚健（女）	2007.12	助理调研员 倪再林 龙建华 李芬沛（女） 杨新华
		朱红兵 傅国平 秦菊芳（女） 王振华 杨　贵 夏建波	2007.12 2007.12 2007.12 2007.12 2007.12 2007.12	

说明："调研员、助理调研员"不属于政府组成人员，但列席政府常务会。

第二节　工作机构

1988-1992年6月，原雨湖区政府职能机构23个，设政府办、计经委、财政局、卫生局、民政局、文化局、计生委、教育局、人防办、建设局、司法局、体委、商业服务局、劳动人事局、物价局、统计局、国土管理局、科委、监察局、老龄办、审计局等。

1992年6月，经国家民政部批准撤区并区，组建政府职能工作机构，设政府办、计划统计物价局、人事局、财政局、审计局、监察局、科技局、民政局、司法局、农经局、计划生育委员会、文体局、乡镇企业局、信访办、老龄办、国土局、工业局、建设局、卫生局、档案局、机关事务局、广播电视局、农村合作经济管理局、国有资产管理局、农林局、水利局、畜牧水产局、农机管理局、蔬菜局等。9月设立雨湖商业局。1993年1月，成立雨湖区教育局、雨湖区环境保护局。1994年成立雨湖区外经商贸局。至1997年年底，区政府职能工作机构共36个。

1998年，区政府根据机构改革精神，工作机构调整为18个，政府管理机构3个（法制办、环保局、民族宗教事务办公室），归口政府办管理。

2001年12月，区政府根据市政府《关于雨湖区机构改革方案》批复精神，区政府工作机构设置为16个。政府办、计划统计局、经济局、教育局、科学技术局、监察局、民政局、司法局、财政局、人事劳动和社会保障局、建设局、农村工作领导小组办公室、文化体育局、卫生局、计划生育局、审计局、对外贸易经济招商合作局（监察局与纪律检查委员会机关合署办公，列入政府工作部门序列，不计入政府机构个数，区经济局加挂乡镇企业局牌子，对外贸易经济招商合作局加挂国内贸易局牌子，文化体育局加挂新闻出版（版权）局牌子，爱国卫生运动委员会办公室、老龄委员办公室、民族宗教事务办公室分别列入卫生局、民政局、政府办公室，保留牌子）。区政府设置管理机构2个，即政府法制办公室、环境保护局，归口政府办管理。

2004年，根据市政府《关于雨湖区机构改革方案》的批复精神，区政府机构调整为17个，政府部门管理机构1个，即政府法制办，归口政府办管理。

2006年，区政府工作机构17个不变，部门管理机构调整为4个，即环保局、法制办、机关事务局、广播局。

2007年，区政府机构再次调整为18个，设政府办、发展改革统计物价局、经济局、教育局、科学技术局、监察局、民政局、司法局、财政局、人事劳动和社会保障局、建设局、商务局、文化体育局、卫生局、人口与计划生育局、审计局、信访局、农村工作领导小组办公室、安全生产监督管理局（监察局与纪律检查委员会机关合署办公，不计入政府机构个数，区经济局加挂乡镇企业局牌子，区农办加挂区能源生态局牌子，区文化体育局加挂出版（版权）局牌子）。归口区政府办管理机构3个，即环保局、法制办、民族宗教局。

2007年雨湖区人民政府工作机构设置

5-1-2-1

政府办	发展改革统计物价局	人事劳动和社会保障局	财政局	审计局	监察局	经济局	民政局	司法局	农村工作领导小组办公室	人口与计划生育局	文化体育局	建设局	商务局	教育局	信访局	安全监督管理局	卫生局	科技局

说明：雨湖区人民政府设置机构18个。监察局与纪律检查委员会机关合署办公，列入政府工作部门序列，不计入政府机构个数。区经济局加挂乡镇企业局牌子，区农办加挂能源生态局牌子，文化体育局加挂新闻出版（版权）局牌子。另外设置部门管理机构3个：区政府法制办、环保局、民族宗教局，归口政府办管理。

第三节　基层机构

1988年，原雨湖区辖雨湖路、城正街、平政路、云塘、鹤岭（1993年恢复镇建制）5个街道办事处，湘江区辖中山路、窑湾、广场、羊牯塘、楠竹山5个街道办事处；郊区在河西有先锋、昭潭、护潭、长城4个乡和先锋农场。按照《中华人民共和国城市居民委员会组织法》要求，居委会每隔3年换届选举一次。班子成员由5-7人组成，其中正副主任2-3人，分工负责治安、保卫、人民调解、公共卫生、妇女委员会等职能工作，至1991年不变。

1992年6月三区合并，新区在原雨湖区基础上增加中山路、窑湾、羊牯塘、广场和楠竹山（1993年恢复镇建制）5个街道办事处，居民委员会增至89个（包括江南、江麓二厂19个）。同时辖4乡1场（先锋乡、昭潭乡、护潭乡、长城乡，先锋农场），至1997年底不变。

1998年，商贸工业特区开发建设，增设宝丰街、富民城2个居委会。是年，全区共有居民委员会91个。

2001年，民政部下发《关于在全国推进城市社区建设意见》，根据地域特点，以主要街道、道路为界，将居民委员会调整划分为76个社区。

2007年年底，全区辖管4乡2镇8个街道办事处，行政村37个，社区76个。

专录一　湘江区人民政府

一、政府机构

1987年3月-1990年2月，湘江区第八届人民代表大会选举张汉良为区长、李淑珍(女)、孙峰、田赐良为副区长。1990年2月-1992年6月，湘江区第九届人民代表大会，先后选举了张汉良、孙峰为区长，孙峰、郭特强、赵寿清、邹锦清、汤泽培5人为副区长，区人民政府设置办公室等20个职能机构，下辖中山路、窑湾、广场、楠竹山、羊牯塘5个街道办事处，设33个居委会，1个村委会。1992年6月，湘潭市行政区划经国务院批准再次调整，湘江区被撤销，湘江区政府及所属工作机构职能终止。

二、经济建设

(一)工业经济

1988年，湘江区人民政府推进企业承包制，加强企业技术改造和新产品开发，全区工业总产值实现1712.51万元。1989年，以搞活企业为中心，完善厂长负责制，发展横向经济联合，工业总产值达到2542.27万元。1990年，全区工业生产克服资金短缺，原材料紧张和市场疲软等困难，完成工业总产值3020.13万元，比1988年增加1307.62万元，增长76.36%。1991年，全区有工业企业72家。其中：区街办工业企业59家，委办工业企业13家，共有职工1888人。固定资产原值1279.50万元，工业总产值3512.51万元，实现利税240.60万元。

(二)商贸、服务业

1988年，湘江区设立商业网点50家，总营业额1135万元；个体工商户1801户，从业2143人；6个集贸市场，成交额3028万元。1989年，全区集体商业社会商品零售总额1140万元，个体工商户1763户2042人。农贸市场成交商品量1500多吨，成交额3372.96万元。1990年，全区商业营业额完成1718.04万元，比上年增长50.71%。是年，全区农贸市场成交量1596万公斤，成交金额3626万元。个体工商户增至1810户，发展私营企业41户，个人合伙企业39户，多种经济商贸从业者2374人。1991年，全区市场繁荣，成交活跃，市场成交量1787万公斤，成交额4588.97万元，引进农产品193.07万公斤，引进水果132.83万公斤，市场总收入比上年增长10%。

三、社会事业

1988年，全区有23所中小学，教职工318人，在校学生5275人。72名小学教师被授予小学高级教师职称。498名学生参加市升学统考，升学率达100%。全区参加省市体育比赛共得209个获奖名额，其中得金牌48块，银牌49块，铜牌43块。全区为6322名儿童、4737名已婚妇女、545名托幼人员进行健康检查。区域内25个单位进入省市文明卫生单位行列。区卫生部门坚持“预防为主，防治结合”方针，完成预防接种1.23万人次，预防接种覆盖率93.4%。区计划生育率99.01%，独生子女领证率99.69%，节育率89.93%。1989年，区内84%的小学教师被授予小学一级教师以上职称，学生入学率、合格率均达到100%，普及率、巩固率99%以上。拥有省、市、区三级文明卫生单位299个，其中省级41个，市级62个。区红十字会被评为全省先进单位。全区人口出生率控制在11.31‰，自然增长率为6.25‰，计划生育率达99.28%。收缴、查封各种非法和淫秽出版物5000 多册，被评为全市“扫黄”先进单位。1990年，落实教育事业费46万多元，497名学生升学考试，合格率99.6%，升学率达100%。参加省七届运动会获名次31个。卫生部门完成计免门诊1.84万人次，对儿童健康检查5898人次，妇科病普查7081人次。计划生育率99.39%。安排待业人员159人，培训待业人员109人。1991年，全区536人参加会考，合格率100%，升学率100%。27378人接受预防疫苗接种，接种率99.8%。妇检4250人，对5535名儿童进行体检。

1987-1992年湘江区人民政府历届组成人员名单

5-1-3-1

届　别	区　长	副区长
第八届 1987.3-1990.2	张汉良	李淑珍（女） 孙　峰　田赐良
第九届 1990.2-1992.6	张汉良（1990.2-1991.7） 孙　峰（1992.3-1992.6）	孙　峰　郭特强 赵寿清　邹锦清 汤泽培（1992.1-1992.6）

专录二　郊区人民政府

一、政府机构

1988年3月-1992年2月，郊区第四届、第五届人民代表大会，选举产生两届人民政府。闵应章连任两届区长。王秀莲（女）、宋厚源、刘治武、邹崇埴、王建辉5人连任两届副区长。区政府先后设立办公室、机关行政事务办公室、老龄委办公室、计划经济委员会、农业委员会、科学技术委员会、教育局、卫生局、体育运动委员会、广播电视局、计划生育委员会、农林局、农机水电局、副食品生产局、乡镇企业局、物价委员会、民政局、司法局、劳动人事局、财政局、建设局、环境保护局、文化局、档案科（馆）、统计局、审计局、国土管理局、监察局、物资局等29个工作机构，下辖昭山乡、荷塘乡、板塘乡、宝塔乡、霞城乡、长城乡、昭潭乡、先锋乡、护潭乡、仰天湖农场。1992年6月，湘潭市行政区划再次调整，郊区撤销，郊区政府及所属工作机构职能终止。

二、经济建设

（一）农业经济

1988年，郊区政府贯彻党的农业农村经济政策，生产粮食4862.9万公斤，出栏生猪19.98万头，农业总产值4740万元。1989年，区政府设立农业发展基金，投入农业116.4万元，生产粮食4867.9万公斤，出栏生猪20.18万头，农业总产值4906万元。1990年，区政府贯彻党的十三届五中、六中全会精神，发展农业经济，粮食生产突破亿斤大关，出栏生猪19.43万头，出笼家禽26.7万羽，出水鲜鱼2106吨，农业总产值5089万元。1991年，区政府贯彻区五届人大二次会议精神，推动农业科技进步，农业经济继续发展，粮食总产5125万公斤，出栏生猪21.42万头，农业总产值实现13837万元。

（二）工业企业

1988年，郊区政府推动发展工业企业，实现企业总产值21326万元，比上年增长36.3%，企业总收入实现38782万元，比上年增长41.7%。1989年，在能源紧张、原材料和资金短缺情况下，郊区政府推行企业承包经营管理责任制，取得较好效果。实现工业总产值26028万元，工业企业总收入44525万元，分别比上年增长26%和19%。1990年，区企业在经济滑坡、市场疲软的严峻形势下，郊区政府组织38名干部成立帮促队，深入区乡企业排忧解难。是年，工业企业总收入46661万元，仍比上年增长4.8%。1991年，区政府鼓励依靠科技进步促进企业发展，企业总收入54915万元，比上年增长18%。

（三）财税收入

1988年，郊区完成工商各税1120万元，征收农业税103.4万元，征收耕地占用税、农林特产税、教育事业费附加等480.8万元。1989年，完成工商各税1524.1万元，预算支出1235.15万元，收支平衡，略有节余。1990年，工商各税达到1341.49万元，比上年减少182.61万元。1991年，工商各税1396.7万元，全年财政总收入1692.7万元。

三、社会事业

1988年，郊区人口139285人。有9所乡（场）农校，2所乡中心完小，15所幼儿园。区乡村集资66万元，改造危房5190平方米。广播电视部门集资8万元，完成区调频发射台设备的购置和30米铁塔的安装。抵御自然灾害和意外事故的社会保险交费157万元。80%的村民饮上安全卫生水。7168人落实计划生育措施，年内生育率为60.62‰。1989年，小学入学率99.5%，巩固率98%，小学合格率95.6%。85%的村民饮上安全卫生水。36个单位创建省、市级文明单位。开展群众文化活动1437项次。参加市首届青少年运动会，获奖113项。1990年，拆除学校危房4500平方米，新建校舍7910平方米，修缮12所学校校舍3790平方米。贯彻《湖南省计划生育条例》，计划生育率比上年提高7%，人口出生率比上年下降2‰，多胎出生率下降2.47‰。1991年，区人口出生率控制在18.47‰，计内率82%，多胎率控制在3.37%。举办各种科技培训班142期，8500人次参加培训。乡级都建立科委、科协。实施义务教育法，全区小学生毕业会考率达到97.58%，初中生毕业会考合格率80.86%，基本扫除文盲。区文化馆建成开馆，参加全国、省、市体育比赛获得119个名次。村民饮用安全卫生水人数达89%，创建文明卫生单位11个，灭鼠、灭蟑工作取得显著成绩。

1987-1992年历届郊区人民政府组成人员名单

5-3-3-2

届　别	区　长	副区长
第四届 1987.3-1990.1	闵应章	王秀莲（女）　宋厚源 刘治武　陈颂如 邹崇埴　王建辉
第五届 1990.2-1992.6	闵应章	王秀莲（女）　宋厚源 刘治武　孟季华 邹崇埴　王建辉

第二章 施政方式

第一节 依法行政

1988年,原雨湖区、湘江区和郊区政府没有设法制办机构。

1990年8月,原郊区人民政府设立法制办公室。

1993年5月,合并后的雨湖区设立政府法制办公室,作为本级政府法制工作机构。法制办主要担负地方行政执法、依法行政监督、检查以及为政府领导决策提供法律咨询服务,当好政府领导法制参谋。

1995年3月,区政府制定《关于加强政府法制工作的暂行办法》,建立健全决策制度、规范文件出台、备案、解释、清理制度及行政执法证监督管理、行政应诉、行政复议制度。

1996-1997年,全区行政执法人员经过省、市分期分批法律学习培训,164人首轮获得湖南省行政执法证,区政府法制办2人通过省里专业培训获得行政执法监督证。全区召开依法行政工作会议,区长粟汉云在会上作《提高认识,明确责任,依法行政》工作报告,区直40个单位和部门向粟汉云区长递交"依法行政责任状"。行政执法人员在执行公务时,持证上岗,亮证执法。区政府同时制定《依法行政工作考核办法及其细则》。并对全区所发文件进行清理,共取消文件12个,其中涉及收费文件8个。

1998年,区政府及其各执法部门建立健全各项规章制度,行政行为进一步规范。区政府常务会议明确:区政府规范性文件出台,必须由区法制办审核把关,各职能部门出台任何文件,必须报区法制办审核、备案。区法制办主任参加政府办公会议,对区政府较大项目参与全程法律把关。是年,区政府推行行政执法责任制,规定行政机关严格依法履行职责,既不能失职,也不能越权;既不能不作为,也不能乱作为。为落实行政执法责任制,区政府根据区人大作出依法治区决议,各职能部门与区长签订行政执法责任书,制定依法行政规划,建立内部行政执法责任制,并实行依法行政责任制目标考核考评。

1999年5月,区政府召开全区"依法治区、依法行政"工作大会,区委、区人大常委会、区政府主要领导围绕"坚持依法行政,规范行政行为,促进雨湖经济快速发展"分别作重要讲话,强调执法工作中"做好三种服务"(即"快"——加快工作节奏,改掉拖拉作风;"细"——认真审理,不走过场;"帮"——帮助办案机构,办案人员提供有效的法律依据),理顺"四种关系"(即办案与审核、质量与数量、管理与协调、事中监督与事后监督的关系),严把"五道关卡"(即主体关、事实关、证据关、时效关、定性关)。

2000年3月12日,全区召开治理经济发展环境千人动员大会,是年办理各类投诉案件67件。区政府成立50多人工作组,分别下到矛盾较为突出的长城乡犁头村、先锋乡先锋村、护潭乡湘竹村等5个行政村,做群众工作。并在长城乡犁头村召开破坏经济发展环境公开处理打击大会,抓典型,稳定民心。是年,继续清理区政府规范性文件,废除不符合政策的文件13个,提出整改意见20条。

2001年6月至9月,按照省、市政府要求,全区进行第二轮"行政执法证"换发工作,区内147名行政执法人员通过全市统一考试获得新的行政执法证。在清理规范性文件中废除文件35个,其中区政府文件21个,区委文件14个。

2002年3月22日,湘潭市召开依法行政工作会议,雨湖区在会上作题为"加强依法行政,加快经济发展"典型发言。11月,全市依法行政经验交流会在雨湖区召开,雨湖区政府被评为湖南省政府系统法治工作年度先进单位。全区年审“两证"(行政执法证、行政监督证)注册单位46个,符合年审条件注册行政执法人员155人,实际年审注册140人。

2003年3月,雨湖区进行第三轮行政执法责任状签订,27个区直部门与区长签订“行政执法责任状”,区政府制定4条措施和管理原则。即:行政事业性收费有幅度规定的按下限收费,不准利用审批办证搭车收费,实行个案监督和错案追究制度,不准随意到企业乱检查、乱罚款、乱收费、封账。8月,雨湖区确定为“城市管理相对集中行政处罚权”试点单位,建设局、环保局、卫生局、商贸工业特区城管队为调查对象。8月至12月,在全区范围内开展岗位学法和执法质量考核考评工作,全区行政领导和行政执法人员进行统一考试。

2004年3月,区政府制定《关于清理行政许可规定和清理行政许可实施主体具体意见的实施方案》。全区共清理行政许可项目509项,保留行政许可247项,取消249项,合并52项,划转5项,下放3项。编制《雨湖区继续实施行政许可项目目录》并向社会公布。

2005年,区政府按照国务院《全面推进依法行政实施纲要》意见,制定实施《纲要》配套措施和管理制度。是年9月,法制办由副科级升格为正科级行政单位。

2006年,区政府成立依法行政法律服务宣讲团,到乡镇、街道进行法律服务宣讲活动。18个行政执法重点单位对执法依据、职权作系统整理,执法依据更加明确。共查处各类违法案件139件,收缴各类罚款50万元,申请复议案件2件,法制办调处各种矛盾纠纷20起。

2007年5月,根据国务院《关于推行行政执法责任制的若干意见》,区政府由法制办牵头组织全区行政执法人员学习培训,进行第三轮行政执法证换发工作,174名行政执法人员获得执法证。7月,区政府建立重大行政行为报告制度,23个行政单位规范性文件和重大行政行为在法制办备案。雨湖区成为全市“人民调解,司法调解,行政调解”(简称“三调联动”)试点单位。是年,共受理矛盾纠纷566起,调处成功558起,成功率98.5%;防止民转刑案件4起,改变群众“不知告、不会告、不敢告”状况。至2007年,全区行政处罚案件2016起,处罚金额504.6万元;当事人向区政府法制办申请行政复议19起,维持6起,撤回申请7起,变更1起,其他5起;当事人向人民法院提起行政诉讼18起,行政单位行政应诉18起,通过法院审理,维持11起,自行撤诉2起,其他5起,无一例国家赔偿案件。

第二节　行政审批制度改革

1988-2001年,区政府行政一直沿袭区委决策,人大监督,政府执行的方式。随着经济社会发展,一些办事制度和工作方式已明显不相适应。

2002年4月19日,区政府下发《关于做好行政审批制度改革有关调整登记等工作》的通知,政府成立专门班子组织开展此项工作,制定并下发《雨湖区行政审批制度改革实施方案》。方案分为四个阶段:第一阶段统一思想、提高认识;第二阶段自清自查、上报方案;第三阶段审核确定、对外公布;第四阶段组建实施、整章建制。是年,共清理行政审批事项472项,合并5项,取消226项,清理各类文件4745个,废止35个。

2004年,区政府下发《关于清理行政许可规定和清理行政许可实施主体的实施意见》,实行“谁制定、谁清理、谁负责”原则,并成立政府行政许可清理办公室,由分管法制工作副区长任办公室主任。对全区各部门申报的514项行政审批项目逐条逐项清理,保留174项,取消73项(不属于行政许可调整范围的267项)。

2005年,区政府实施行政许可项目实施目录,并将项目名称、法定主体、承办单位、设定依据、法定时限、承诺时限逐条逐项列举清楚,共计195项,将这些项目按法定主体明确到具体单位。

2007年8月,区政府转发潭政办《关于开展清理行政权力编制政务公开目录工作的通知》,对区行政审批项目保留174项，并编制出《雨湖区继续实施行政许可项目目录》和《雨湖区保留部分非行政许可审批项目目录》，年底通过“数字雨湖”网站向社会公布。

第三节　政务公开和政务集中办理

1996年，根据党的十四大和中纪委十四届六次全会精神及省人民政府《关于实施政务公开的决定》，为促进党风廉政建设，保障改革开放和经济建设的顺利进行，区委、区政府决定在全区推行“两公开一监督”制度（办事制度、办事结果公开，接受群众监督）。22个区直属机关部门及相关二级机构，开辟公开栏25个，制定公开制度547项，及时公开办事结果。

1997年，全区试行村务公开，设立村务公开栏、村务公开监督小组和民主理财小组，但发展不平衡。

1998年4月，区委、区政府发出《关于在全区农村普遍推行村务公开制度，进一步加强村民自治工作》的通知。5月，区政府在长城乡和平村召开村务公开工作会议，推介和平村在内容、程序、时间、阵地、管理5个方面规范村务公开的成功经验，进一步部署村务公开工作。会后，各乡镇加强对村务公开的领导。8月，区政府组织督查，全区4乡2镇37个行政村均以和平村为模式，按照村务公开规定要求，给老百姓一个明白，得到村民的好评。

1999年，区财政、物价、监察联合对所有行政收费项目全面清理并强化监督检查，共审核收费文件和收费许可证400多个，审核收费项目2100余项，废除收费文件12个，取消收费项目94项，降低36项收费标准并建立收费公示制。

2000年8月，区政府贯彻市委、市政府《关于进一步推进政务公开工作的实施意见》精神，下发《关于在全区进一步推行政务公开工作的实施意见》，全面落实政务公开、村务公开和厂务公开工作。全区14个乡镇街道、18个职能部门实行政务公开，37个行政村实行村务公开，先锋乡企业集团公司实行“厂务公开”，公开面为100%，公开合格率为99%。均做到“三有”（有举报箱、举报电话、领导接待日）“三挂牌”（挂牌办公、挂牌上岗、挂牌收费）“四上墙”（办事机构示意图上墙、办事依据上墙、办事结果上墙、办事条件和程序上墙），在公开的内容上更加深化，形式上更加规范，达到省、市要求。

2002年3月，区政府专题研究治理经济发展环境，维护投资者合法权益的问题。全年完成市交办的案件68起，完成自受案件25起。

2003年5月，区政府设立雨湖区政务服务中心，实行“一个窗口”对外，全程代办外来企业投资项目手续，统一受理涉及投资者合法权益的事件，方便企业和群众。是年，区治理经济环境办公室加大对案件督办力度，全年督办3次。市委书记陈润儿批示北二环路违章建筑停建问题、区长陈忠红关于岭南大厦的批示等，做到及时督办和落实。全年共独立办理和协调处理各类案件68起，办结率和满意率均达95%以上，得到市委、市政府通报表彰。继续完善收费许可证制度，坚持执行亮证收费，对行政事业收费及涉农收费全面实行收价公示制，查处违价案件12起。

2004年，全区共办理各类案件86件，市交办案办结率100%，满意率达到95%以上。雨湖区被评为市优化经济环境工作先进单位。

2005年7月，区政府召开政务公开工作专题会议，确立政务公开工作领导机构和工作机构。并根据实际情况，在原区政府服务中心的基础上，增设区优化办、区投资项目服务中心两个工作机构，构建“三位一体”政务公开工作机制。区优化办主要职能是受理企业的投资及其处理工作，优化经济发展环境；区政务服务中心是推行政务公开、接受政务咨询、受理有关投诉；区投资项目服务项目中心则是做好重大投资项目的全程代理工作,并统一在全区36个行政部门和15个基层单位明确一名协调联络员负责承办有关事项。是年,全区各乡镇街道加强对村(居)务公开工作定期督促检查,落实和完善村(居)务公开,村民反响良好。区投资项目服务中心为中港合资企业湖南省恒丰新材料有限公司、湘潭苏宁电器有限公司等6家企业25个项目代办行政审批手续,涉及投资金额4000万元。8月,湘潭电视台对雨湖区如何优化经济发展环境专题报作了道。10月,区政府下发《关于开展政务公开工作检查的通知》,对全区乡镇街道、区直部门政务公开组织情况、公开内容、公开监督、机制落实和责任追究情况进行为期四天的专项检查,进一步促进政务公开工作的落实。

2006年,区政府对保留的行政事业性收费项目年审,全区行政事业收费均做到使用规范的财政统一票据,严格执行"收支两条线",从源头上杜绝乱收费、乱罚款问题。76个社区设置政务公开栏,就居民低保救济、计划生育、再就业等情况进行公开。37个行政村设置村务公开栏,公开率达98%以上。聘请50多名社区和村级价费监督员,建立健全社区价费和涉农价费监督网络。设立7块涉农价费公示牌、38块村级价费公示栏、76块湘潭市城市居民主要价费公示牌。全年共办理各类投诉案件98起。

2007年7月,区政务公开领导小组研究制定《关于进一步推进乡镇政务公开的实施意见》,进一步明确政务公开的内容、运作方法和措施。46个区直机关事业单位、14个乡镇街道、37个行政村、76个社区按规定的内容、程序、时间和形式进行公开,公开率达100%。护潭乡、平政路街道、广场街道、区教育局、区卫生局作为全区政务公开示范点,由区政务服务中心定期进行指导。是年,区优化办办理各类投诉案件80起,办结率达到98%,群众满意率95%以上。

第三章 施政纪要

一、发展区街经济

1988年,原雨湖区人民政府贯彻省政府关于"区街工业是国民经济的一个不可缺少的重要组成部分"指示精神,先后制定《关于大力发展区街委办企业若干规定》《关于加快发展区直企业的十条措施》文件。全区有集体企业52家。其中区办3家,街办34家,委(居委会)办15家,职工2936人。区街企业总产值6032万元,比上年增长77.6%。1989年,区政府面对区街集体企业机制不活、发展乏力的问题,引导顺应市场需要发展非公有制企业。是年,新开个体私营企业966户,累计为2586户。1990年,区政府发出《关于进一步发展区街经济的若干措施》文件,增强企业活力。1991年,区政府为区直企业排忧解难,与银行、税务等部门联系,按政策为区包装总厂解决生产周转金300万元。是年,区街企业总产值5711.20万元,实现利税452.30万元。1992年新雨湖区成立,有区街集体企业150家。其中区办21家,街办95家,委(居委会)办34家,共有职工6586人;区街企业总产值1.14亿元,利润350.7万元。

1993年,区政府贯彻市政府《关于进一步发展城镇、区街工业企业通知》精神,区街企业总产值1.70亿元,利税1101万元。雨湖路街道、云塘街道、平政路街道企业产值均跃上2000万元台阶。1995年,区政府成立集体企业体制改革办公室,负责对集体企业进行破产、重组、解散或股份制改制工作。是年,全区区街企业总产值2.75亿元;企业亏损面由30%下降到20%,区街企业的发展速度与效益在湘潭市排名第一。1996年,区街企业稳步发展,完成区街企业总产值3.83亿元,同比增长39%。1997年,针对集体企业亏损严重,市场疲软,机制不活等问题,以体制改革作为搞活区街企业的突破口,加强管理。是年,全区企业总产值4.2亿元。2001年,区政府支持乡镇、区街工业新扩改项目40个,完成固定资产投资2亿元,同比增长45%。引进内资项目30个,引进资金1.8亿元,同比增长35%。2002年,区政府提出:“两线三圈十街”经济发展思路。“两线”即韶山路、建设北路两线的连锁店、专卖店和超市;“三圈”:即“砂子岭市场圈、基建营超市圈、民主路零售圈”;“十街”:即雨湖路、民主路、广云路、解放路、中山路、平政路、车站路、城正街、熙春路、湖园路等10条街道的专业街道经济。是年,全区区街企业新扩改项目40个,完成固定资产投资2.4亿元。全区规模以上企业发展到32家,区街企业总产值5.5亿元,比上年增长16.3%。2003年,区政府为扶植民营企业,多方筹集资金2000多万元,新修、改造建城路、熙春路、幸福湾路等34条道路。5月9日,区政府发出2003年优化经济发展环境,整顿和规范经济秩序工作方案,突出整治妨碍经济健康发展的乱收费、不作为和不公正问题,为投资、创业者创造宽松环境。2005年,区政府扶持企业,为湘潭市恒盾集团公司争取国家农业产业化项目政策扶助资金提供承诺担保。2006年,各乡、镇、街道,充分利用闲置的厂房、设备、场地和资源策划包装项目,对外招商。是年,引进各类项目61个,新增投资达1.2亿元。2007年,区政府提出“加快推进新型工业化”、“壮大规模企业,坚持按照小企业做大,规模企业做强”的发展方针,努力扶植中小企业的发展。至是年底,全区非公有制企业发展到342家,从业人员35078人,完成工业总产值49.51亿元,上缴税金2.9亿元。

二、集体企业改革

1988年,原雨湖区政府针对振华电器厂、工业供销公司等16家企业亏损198万元问题,积极推进区集体工业企业改革,并制定集体工业企业改革人员分流和财产处理政策措施,集体企业改革债权债务办法。1989年,区政府坚持和完善厂长(经理)负责制,进一步完善集体企业内部经营承包制。1990年,区政府贯彻《湘潭市人民政府关于企业兼并试行办法》,推动企业改革。1991年,区政府深化集体企业改革,平政路街道完善企业承包制,雨湖路街道8个企业合同期满后实行滚动承包,云塘街道在雪园村尝试体制改革。

1992年,新雨湖区有区办工业企业21家,街办工业企业95家,委(居委会)办企业34家,共150家集体企业。区政府以深化集体企业内部改革为重点,推进转换集体企业经营机制。1994年,全区乡镇集体企业实行股份制或股份合作制经营的企业达到60家。是年,随着改制工作的开展,全区新增个体工商户2884户,发展私营企业110家,区街工业产值完成21552万元(按1990年不变价),比上年增长27%。1995年,市防爆电器厂注重改革,勇于创新,取得好的经济效益,进入湘潭市大中型企业的首批乡镇集体企业行列。

1996年,区政府成立体制改革领导小组,抽调专人组成体制改革办公室,制定雨湖区体制改革试行方案,并在区包装总厂、软轴机具厂、中南电瓷电器厂等8个单位进行试点。1997年,区政府成立集体企业解困领导小组,并拿出5万元解决困难职工生活问题。1998年,区政府组织学习醴陵、浏阳经验,加大集体企业改制“拍卖”力度。护潭旅社、长城成套电器厂、人防水泥厂等集体企业组织拍卖成功。至是年底,全区309家区街、乡镇集体企业,完成改制236家,改制面达76.4%。

1999年,区内红日集团、蒙哥饲料、电控设备、精正公司、低压开关等由集体企业改为私营企业。是年全区个体工商户13853户,从业45260人。其中,新发展个体户3100户,新增私营企业46户,新增从业人员7000人。2000年,区政府进一步加大对企业的改制力度,全区改制企业达到286家。2004年7月22日,区政府针对职工养老保险问题,作出相关规定。8月10日,区政府明确改制原则,推进企业体制改革。2005年,区政府决定,区直3家集体企业依法改制,进行资产评估后,按规定进入拍卖程序。并明确集体企业改制的转让价格和职工安置等重大问题要经过集体企业职工代表大会通过,妥善解决集体企业职工安置问题。2006年,区政府总结“十五”期间集体工业企业改革经验,推进建立现代企业制度。至2007年止,全区150家集体企业除楠竹山镇的电力工程机械厂外,其余都完成企业改制工作。其中,防爆电器厂等几家集体企业通过改制组建新的股份制或股份合作制企业。

三、招商引资

1988年,原雨湖区商业副食品生产科更名为雨湖区商业服务局,承担招商引资协调职能。

1992年,新成立的雨湖区政府以开发区为窗口,签订协议10多个,引进资金500多万元,引进技术10多项。1993年,区政府加强商贸工业特区建设,加大招商引资工作的力度,出让土地15.22公顷,引进外资项目5个,资金1500多万元,同时,组建金都商业城股份有限公司,并发行股权证3000万元。1994年,区商业局和区对外经济办公室合并,成立雨湖区外经商贸局。区政府提出:"工业小区要扩大招商引资范围,不要局限在区内企业。"并提出:"切实抓好招商引资工作,以此来带动全区外向型经济的发展,扩大对外开放的影响。"1995年在湘交会、秋季商品交易会,与外地客商签订合作项目14个,金额1.4亿元。1996年4月,区成立区招商局,与外经商贸局合署办公,并更名为雨湖区对外贸易经济招商合作局。区政府出台《关于进一步加强招商引资工作的若干规定》文件。组织参加广州秋交会、港交会等商品交易会,全年共引进境内资金4亿元,协议引进境外资金70余万美元。1997年,区政府制定《雨湖区招商引资优惠政策的若干规定》。并调整区招商工作领导小组,结合本区实际制定有关让利、免费、减税等招商引资优惠政策,实行招商引资目标责任制。是年,全区利用外资423万美元,引进内资1.76亿元。

1998年,区政府提出"加大招商引资力度,搞好外引内联",利用市委、市政府确立砂子岭市场建设实验区的机遇,加大这一地区的招商力度;同时贯彻落实市委、市政府关于进一步加强外引内联的若干规定,优化经济环境,确保政策措施落实到位。至1999年,全区引进境外到位资金874万美元,引进内资4.2亿元。

2000年,区政府把握机遇,通过政策引导、项目吸引、资金配套、优质服务等措施,促进各类项目开发,迅速形成新的投资热点。至2001年,引进内资4.13亿元,新办外商独资企业6家,引进利用外资1431万美元。

2002年,区政府实施"走出去"战略,加大"引进来"力度,加强招商项目的筛选、储备,做好招商前期工作,强化重大项目、重点客户的招商。全年引进外资630万美元,引进内资1.25亿元。2003年,《雨湖区引进外来资金奖励办法》出台,区政府组织制定白石步行商业城等11个重点项目的招商方案。根据奖励办法,区政府对华奥娱乐公司、万润实业公司、凯美特气体公司等项目的招商人给予表彰奖励。是年,全区直接利用境外资金1347万美元,引进内资2.05亿元,同比增长64%。2005年3月5日,区政府常务会议通过《关于加强招商引资和项目建设的决定》《关于对乡镇街道和区直单位招商引资工作实行目标管理的实施细则》。9月,雨湖区商务局加挂雨湖区招商合作局牌子。是年,全区引进利用外资2200万美元,引进利用内资4.4亿元。2006年,区政府实施"大开放、大招商、大发展"战略。通过区招商引资项目认定领导小组提交的招商引资奖励项目。是年,全区各乡、镇、街道利用闲置的厂房、设备、场地和资源,筹划包装项目,积极对外招商,共引进各类新项目61个,新增投资1.2亿元,18个重点项目招商,利用外资2000万美元,引进到位内资7.2亿元。其中湘楚龙城1800万元,建发伟业2000万元,白石商业广场8000万元,富洲路拓改7000多万元,鹤岭农贸市场1800万元,长城仓储物流1800万元。区政府加大治理经济环境力度,是年,化解招商引资各类矛盾纠纷226起。

2007年,区政府提出“十一五”期间招商引资目标和工作思路:完善招商工作机制,创新招商模式,优化招商环境,加强招商队伍建设,增强招商引资吸引力,为69个重点项目,争取投资80 亿元。是年,全区实际引进外资2932万美元,引进利用内资7.2亿元。至是年底的11年中,全区共引进利用外资13828.20万美元,引进利用内资33.48亿元。

四、科技兴企

1988年,原雨湖区政府为促进企业科技进步,带动经济发展方式转变,《政府工作报告》明确“企业增加的留利大部分要用于发展生产和技术进步”“大力推广新技术、新材料”“经济建设进一步转到依靠科技进步和提高劳动者素质的轨道上来”。1990年,全区技改总投资240.5万元,完成技改项目15项。1991年,区政府提出“依靠科技进步同调整结构结合起来”“要以开发新产品为龙头,以吸收、引进、消化新技术为重点”“努力促进企业设备、产品的不断更新换代”。1992年,新成立的雨湖区政府贯彻区委《关于科技兴区决定》和“科学技术是第一生产力”的方针,落实科技三项经费,企业从销售额中提足1%作为科技开发基金。全区投入科技技改4000万元,重点用于抓好矿山电器厂的改造升级。是年,全区落实省、市、区科技计划项目23项。其中:工业项目10项,2项通过鉴定;农业项目13项,组织安排13个示范点,示范面积达280公顷。

1994年,区政府促进企业科技投入,安排企业重点投入技改项目18项。1995年,区政府为推进乡镇企业和区街工业的科技进步,共投入资金8258万元,完成科技项目25个,新增产值1.4亿元,新产品产值率14.7%。顺风空调设备有限公司的绿色空调、市防爆电器厂的对旋式轴流局部通风机分别被国家科委列为火炬计划和星火计划项目。1996年,区政府为加大企业科技进步力度,落实国家和省科技项目6项。先锋企业集团公司“4321”生猪工程进入省龙头企业计划,“轴流风机”“消防风机”分别列入国家星火计划,“全自动捆钞机”列入国家攻关计划。至1997年的4年中,全区企业共完成各类科技项目61项。其中国家级10项,省级11项,市级40项。推广科技成果21项。

1998年,区政府推动企业实施科技成果转化40项。其中,科技项目20项,新增产值2亿元。1999年,区政府坚持科技兴企,集中力量重点培育ABS工塑、复合肥、竹面台板、抗癌药、亚弧焊机、灭弧筒、三黄鸡、良种猪等一批科技新产品。

2000年,区政府重点组织开发十大科技产品:即平安电气集团的全复合材料风机,电器设备制造公司的高频臭氧处理装置,复合肥厂的大三元复合肥,恒盾厨具有限公司的方形拼木砧板,科林皮肤病研究所的脚癣王,雨湖肿瘤研究所的抗癌药,电子防范有限公司的家用安防系统,蒙哥饲料公司的潭洲三黄鸡综合开发技术等。

2001年,区政府鼓励企业采用先进科技,ABS合金管材、衬塑铝管、有机复合肥等十大产品项目取得重大进展;晨辉化建、蒙哥饲料、复合肥厂、第一造纸厂等一批重点企业生产规模扩大,部分民营科技企业朝着组织集团化、产业规模化、资本股份化、管理科学化和技术创新方向发展。恒盾厨具、蒙哥饲料等龙头企业,通过科技开发取得较大进展。

2002年,区政府在科技兴企中,重点扶植平安电气、晨辉化工、恒盾厨具、第一造纸、中联化工、电气设备、低压开关、华商实业、蒙哥饲料、电子防范、红日集团、六合医疗、复合肥厂、食品工业和一格制药等15家民营科技企业上规模、上档次。是年,雨湖区获“1999-2000全国科技进步先进区”称号。

2003年,全区企业完成市级以上科技项目12个,开发新产品85个,平安电气、凌天科技技改促进品牌建设。2005年,成立雨湖区创建全国科技进步示范区领导小组,出台《湘潭市雨湖区创建全国科技进步示范城区实施方案》。2006年,区政府制定《关于增强自主创新能力,提升雨湖产业竞争力的实施意见》文件。是年,全区申请专利220件,凌天科技荣获国家科技创新奖励基金55万元。实施投资上百万元以上技改项目

44个，完成技术改造投入5.6亿元。新增科技成果7项，完成省市级科技计划16项，高新技术企业达18家，实现高新技术产业产值11.75亿元，比上年增长63.3%。2007年，区政府落实国家、省、市各项鼓励科技创新优惠政策，营造有利于企业自主创新的政策法制环境，激发企业的创新活力。重点抓好竹产品深加工、矿山装备产业化等十大科技项目，建设科技创新型城区。是年荣获“全省科普示范城区”和“全国科技进步先进城区”称号。全区高新技术产业产值16亿元，年均增长45.2%；高新技术产业产值占全部工业总产值的比重达32.3%，科技对经济增长贡献率达到51%。至是年的5年中，全区共申报市级以上各类科技计划165项。其中国家级14项，共申请专利1489件，授权专利929件。

五、普及九年义务教育

1988年，原雨湖区政府贯彻《中华人民共和国义务教育法》，全区儿童入学率达100%，学生在校巩固率95%，毕业合格率99.5%，普及率98%。教师技术职称聘任首次共聘教师321人。1989年，区政府组织教师职称评聘工作。具备相应专业技术职务的教师占任聘教师数的94.6%。1990年，全区贯彻义务教育法，新建、维修校舍2410平方米，新增桌椅253套。1991年，区政府落实《湘潭市普及九年制义务教育规划》，“不断提高入学率、巩固率和毕业率”，鼓励教师教学“强化德育、改善智育、加强体育、重视美育、抓好劳育”。并对教育“普九”做出贡献的教师进行表彰，陈泳霓等14位同志被评为教育系统1990年度立功人员。1992年，新成立的雨湖区政府投资90万元，增加校舍2400平方米，重点对一批小学校舍进行改造，唐兴寺、雨湖小学的基建工程扫尾。

1993年，区委、区政府作出《关于加快雨湖区普及九年义务教育的决定》。区政府与各乡镇、街道签订责任状。全区投入4200万元，新建中小学校校舍面积9500平方米，18所学校配置教学仪器和实验室。适龄儿童入学率100%，小学生巩固率99.9%，毕业生升学率99.9%。1994年，区第一届人大常委会第十一次会议通过《湘潭市雨湖区普及九年义务教育实施规划》，全区1996年基本普及九年义务教育。区政府实施“普九”规划，成立普及九年义务教育实施协调领导小组，制定“普九”目标管理考核办法，落实分级办学责任制，切实保障教育经费，改善办学条件。是年，全区多种渠道筹集教育资金1147.2万元，对17所学校进行扩建、改建，完成建筑面积23730平方米。适龄儿童入学率100%，小学生巩固率、升学率均为99.4%，中学生毕业会考合格率88.34%。

1995年，区政府发出《关于认真做好农村教育事业费附加的通知》。农村教育事业费附加按统计部门公布的农民上年人均纯收入的2%，由乡(镇)政府负责征收。按农业人口计算，每人征收30元，全年计征教育事业费附加121.05万元。是年，全区为“普九”募集资金32.3万元，成立区政府教育督导室，适龄儿童入学100%，小学生巩固率、升学率均为99.9%，改善办学条件，全区新建和扩建校舍14096平方米。1996年，区政府组织督导等部门，对4乡2镇8个街道办事处落实《义务教育法》，支持“普九”工作筹措地方教育经费、改善办学条件，落实教师工资福利待遇情况进行督导检查。4月22日，经区委、区政府检查验收，确认先锋乡、护潭乡已基本普及九年义务教育，基本扫除青壮年文盲，给两个乡各奖励人民币1万元。是年，全区按照《中华人民共和国义务教育法》和市委、市政府要求，基本实现普及九年制义务教育和基本扫除青壮年文盲目标，“两基”达标经省验收合格。雨湖区被湖南省评为“两基”达标先进区。至1997年止，全区近5年累计投入教育资金6600万元，完成建筑面积6.1万平方米，新建韶西、犁头等12所学校。全区适龄儿童入学率为100%。中小学体育达标率均在95%以上，巩固和发展普及九年制义务教育成果。但此时并没有实现真正意义的义务教育，老百姓还负担义务教育期间学生的学杂费等。

六、园区建设

1984-1991年，原雨湖区政府重点开发建设杨家湾工业区。工业区包括雨湖包装厂、矿山电器厂、雨湖机电厂、红卫拉丝厂等重点工程十八项，完成基本建设投资950多万元。1992年5月27日，区内砂子岭地段被湘潭市人民政府规划区域7.98平方公里，政策优惠开发区域6平方公里，并被批准成立经济开发区。开发区管理委员会本着“立足区情、快速启动、外引内联、滚动开发”的思想，用75天时间，将全长1480米、宽27.5米的左干渠由明渠改暗涵，宝庆路拓宽工程、砂子岭广场修建工程相继动工。投资120万元，建设面积2700平方米的商贸综合楼，投资700万元，建设面积10500平方米的特区大厦。

1993年3月25日，湘潭市经济开发区被省政府批准，列为省级商贸工业特区。5月7日，商贸工业特区合资经营的湖南鼎立房地产开发有限公司，向园区投资1740万元进行房地产开发。1994年，区政府着力建设仙峰、鲤鱼塘、卫星村工业小区。是年，园区投资200万元，兴建商贸特区综合服务中心，建筑面积1515平方米。1996年，以金都大市场为主体的商贸区框架基本形成，得到省、市领导的赞扬。1998年，区政府成立仙峰工业园管委会。抽调工作人员，组成专门办事机构。是年，园区占地面积100公顷，有18家独立核算企业，在职职工1100人，固定资产原值11300万元，完成产值23200万元。

2000年12月28日，区政府提出，建设“三区”（即商贸工业特区、大学科技园区和护潭广场为中心的金三角区），培植新的经济增长点。2001年由一名副区长牵头组织实施大学科技园建设。2002年5月，区委、区政府联合发文，将“仙峰工业园”更名为“先锋工业经济园”，初步规划园区面积3平方公里，第一期开发面积20公顷。

2003年，先锋工业经济园出让土地24公顷，引进“心连心”、江大公司、电焊机厂、赛普公司、一格制药等7家企业。白石商业城总投资8.9亿元。2004年4月，根据湖南省人民政府清理和整顿开发园区精神，湘潭市商贸工业特区被纳入撤销范围。11月，区政府决定对先锋工业园实施一门式管理。2005年，区政府授权先锋工业经济园管委会根据区物价部门发放的收费许可证，对园区内企业的区级行政事业性收费实行代收。2006年，奥峰重工、新力机械、麓山化工、凌天科技等企业落户园区，累计投资1.2亿元。平安电器、恒盾集团、一格制药等企业进一步做大做强，园区完成规模工业总产值7.3亿元，比上年增长46.1%。2007年，先锋工业园全面启动56公顷二期开发用地，钢材市场项目实施。是年，先锋工业园完成投资13.78亿元，引进项目25个，初步形成机电制造、生物医药、农产品深加工三大产业集群发展。至是年底，区内先锋工业园、护潭工业小区等拥有规模企业43个，开发面积244605平方米，总投资13.85亿元，就业人数5144人，年产值21.92亿元，税收9204.10万元。

七、市场建设

1988年，原雨湖区政府用于市场建设总投资41万元，对云塘、鹤岭、建北、八仙桥等市场维修改造；重点投资30万元，新建1400平方米的城正街农贸市场。该市场全年成交额1.23亿元，上交税款75.82万元。1989年，区政府投资12万元为城正街、八仙桥市场建遮阳挡雨棚。投资和筹资30万元筹建云塘工业品市场。1990年，云塘工业品市场建成开业。1992年，修建临街商业门面30个。

1993年，区政府大力发展第三产业和个体私营经济，促进市场繁荣。组建金都商业城股份有限公司，并发行股权证集资3000万元，全区市场成交额1.53亿元，比上年增长19.5%。1994年，区政府加速市场建设，发展第三产业，重点抓好以砂子岭为中心的商业贸易区建设，特别是金都商业城建设。该地区形成建材、成衣、机械配件、蔬菜、水果、饲料等大型专业批发市场，辐射全省。建设长城、昭潭、云塘、楠竹山、鹤岭镇的市场，扩建朝阳街、车站路、八仙侨、城正街等农贸市场。是年，潭衡路砂子岭建材市场建成，占地面积15000平方米，建筑面积13000平方米，摊位267个，从业534人。1995年，全区以金都大市场为中心的药材、大米、汽配、建材、副食、蔬菜、水果等市场群体基本形成，促进城市外延和湘潭西大门的繁荣。是年，位于平政路的聚富商场建成，占地面积11000平方米，建筑面积5700平方米，摊位193个，从业420人。1996年，全区新增市场网点47个，市场销售额3.4亿元。1997年，区政府以培育和发展砂子岭为中心的市场群体，拉通迎宾路，扩建建材市场，完善配件市场，搞活金都市场，使专业市场和各类综合市场竞相发展，带动产业发展。至是年止，砂子岭地区共有市场20个，总面积17.3万平方米，年成交额20亿元，税收千万元以上。

1998年，区政府提出繁荣砂子岭市场群体，用3-5年时间，新增市场5-7个，通过完善配套设施，规范管理，加大招商力度，实现年成交额100亿元以上，真正把这一地区建设成为在全省乃至全国有影响的综合型区域大市场的目标。是年，区内友华电器商场建成，占地面积2330平方米，建筑面积2000平方米，从业120人。1999年，市场建设有新的突破。全年共投入资金2500万元，新建市场1个，扩建市场2个，在建市场4个，新增门面摊位300多个，营业面积12万平方米。至是年止，砂子岭地区共有市场21个，日客流量2万人次，年创税收1300多万元。建材市场扩建后规模增1培，并与糖酒副食市场、电器城、家居市场贯通连片；金都大市场二期工程进展顺利；鲜活水产市场一期工程竣工开业，从而增强砂子岭市场群的辐射力和竞争力。2000年，全区投入资金1300多万元，建设北路罗源服装市场、潭邵路洪桥村竹木大市场，两市场占地面积22277平方米，建筑面积2700平方米，摊位144个，从业300人。2002年，区政府规划完善“两线三圈十街”商贸发展格局，巩固提高商贸中心地位。“两线”即韶山路、建设北路这两条主要干道作为骨架，重点发展连锁点、专卖店和超市。“三圈”：即砂子岭市场、基建营超市圈和民主路零售圈三个商业圈作为支撑。“十街”：即以雨湖路、民主路、广云路、解放路、中山路、平政路、车站路、城正街、熙春路、湖园路10条街道沿线发展专业街作为补充，重点发展各具特色的专业街。加快砂子岭市场群建设。是年，以金都、建材、糖酒为骨干的砂子岭市场群，结构调整，品位提升，竞争力增强。

2003年，区政府为发展砂子岭市场群，投入600多万元，打造灯饰城、陶瓷城、五金城和窗帘城。是年，宝庆路机动车配件大市场和市粮油副食品市场建成。2004年，建设北路幸福湾服装市场建成，占地面积5994平方米，建筑面积5728平方米，摊位91个，从业132人。2005年，湘大新路旁先锋竹木市场建成，占地16000平方米，建筑面积800平方米，摊位32个，从业96人。2006年，金湘潭商业广场主体竣工，糖酒市场改造一期工程竣工使用，新增营业面积6600平方米；建材市场进行规模经营和品牌经营改造，建设北路和韶山路重点发展品牌连锁店、代理店和高品位餐饮业。是年，韶山东路三桥布市建成，占地16000平方米，建筑面积15000平方米，摊位360个。2007年，高岭路与北二环线交汇处的湘潭市钢材大市场、砂子岭潭邵路的中南农机大市场建成。金湘潭商业广场竣工营业。三桥布市二期、金源仓储物流等重点项目建设稳步推进。至是年底，全区有市场300多个，市场建筑面积15.12万平方米，摊位5150个，年成交总额37.17亿元，市场为5340多人创造就业机会，年创税收2416万元。

八、农村小康建设

1994年，区政府响应市委、市政府提前3年率先进入全省小康的号召，落实市委办、市政府办制定的《湘潭市农村奔小康规划》，全区启动农村奔小康工作，并确定先锋乡先锋村作为小康示范村，以点带面，推动全区农村小康建设。

1995年，区政府按照《湘潭市小康县（市、区）、小康乡（镇）的标准》《湘潭市小康村的标准》《湘潭市小康农户的标准》，全面推进农村小康建设。是年，全区加强农业结构调整，开发丘冈山地，推进公司加农户模式，加快农业产业化步伐，实施科技兴农，农业总产值1.45亿元，粮食总产量1.37万吨，创历史最高水平。

生猪出栏17.76万头,蔬菜上市4.98万吨,家禽出笼24万羽。农民人均年纯收入2324元,为小康标准的1.94倍(当年农村达小康标准人均纯收入为1200元)。

1996-1997年,区政府贯彻省委、省政府在湘潭市召开的全省农村小康建设座谈会精神,按照小康乡(镇)、村、户的标准,加速实施小康建设。废除违规制定的加重农民负担的文件,调动农民奔小康积极性。6月26-27日,区农村小康建设接受湖南省小康检查验收组验收。以1996年年底的监测数据为准,全区农民年人均纯收入3337元(折合1990年不变价为1670元)、基尼系数0.26、恩格尔系数46.98%、人均日蛋白质摄入量73克、衣着消费支出人均326元、钢木结构住房比重97.99%、电视机普及率99%、服务消费支出比重11.75%、劳动力受教育年限9.1年、农村人口平均预期寿命70岁、安全卫生水普及率99.08%、用电户比重100%、已通公路的行政村比例100%、已通电话的行政村比例100%、五保人口生活有保障比例100%、农村万人刑事案件立案数2件,综合评分97.4分。经省检查组验收区农村全部指标达到小康要求。1998-2007年,区农村小康建设纳入全区工作部署,不单独作为中心工作任务安排,农村小康建设工作向高标准发展。

九、新农村建设

2006年,区政府贯彻《中共中央、国务院关于推进社会主义新农村建设的若干意见》精神,在全区首次启动新农村建设工作,在8个示范村制定社会主义新农村建设的村庄规划。在示范村引导下,新农村建设以增加农民收入为重点,全区农业总产值4.57亿元,生猪出栏42.8万头,家禽出笼58.0万羽,蔬菜上市7.25万吨,农民人均纯收入8200元。新农村建设围绕现代农业建设,建设犁头、羊牯、湘竹三地333.33公顷蔬菜基地。创办恒盾厨具、蒙哥饲料、乡里美食等龙头企业,完成农业总产值16.5亿元。筹资875万元,硬化乡村道路53公里;投入1020万元,完成各类水利工程400处。投资1200多万元,完成十万垅土地平整理项目。采取以奖代投政策,引导农民新建沼气池209个,改建厕所4000户。新农村建设促进社会事业发展,启动和实施农村低保、农村合作医疗、农村计划生育扶助、农村环卫和被征地农民基本生活保障五项制度。

2007年,区政府以优化农村结构,发展农村社会公益事业和建立社会长效保障机制为重点。明确调整和优化农村经济结构,重点抓好无公害蔬菜基地和休闲农业发展,大力发展农村劳务经济;社会公益事业则按新农村示范村的"六化"建设,即住宅适度集中化,道路硬化,村庄绿化,路灯亮化,卫生洁化和沟渠化;同时对征地拆迁农民依法依政策进行补偿,妥善安置失地农民。至是年底,新农村建设田园化面积80%以上,田埂用水泥硬化面积35%,100%的村部和70%的村民住户通水泥路。推进现代农业建设,新增市级农业产业化龙头企业6家。促进羊牯世纪田园、天星水族生态园等休闲农业基地建设。创办全农蔬菜产销专业合作社等新型农村合作经济组织7家。加快发展农村社会事业,31个村建设固定文化活动场所;农村低保、五保户政策落实100%,合作医疗普及面85%;计划生育政策落实。促进农民持续增收,完成农业产值6.57亿元,实现农业增加值3.86亿元。农产品加工总产值10.4亿元,比上年增长71.5%,农民年人均纯收入达到9649元,比上年增长17.7%。罗金塘村根据新农村建设"生产发展、生活宽裕、乡风文明、村容整洁、管理民主"的20字要求,完善新农村建设规划,修建村办公楼,通畅公路硬化率达80%,饲养奶牛,利用河道养鱼,种植草莓,栽培食用菌,达到农业增效、农民增收的目的。

十、"万元亩"工程建设

2000年,区政府为促进"农业增效,农民增收",在全区农村实施"万元亩"工程建设。根据"万元亩"工程建设要求,护潭乡建设千亩连片大棚蔬菜基地,该基地面积66.67公顷,经申报,被批准成为湖南省十大蔬菜基地之一。"万元亩"工程调动农民选择最优农业经营模式的积极性,解决单纯种粮食而效益低的问题,促进农民增收。是年，农民人均年纯收入3607元，是1995年的2.46倍。

2001年始，区政府坚持“万元亩”工程建设与农业产业化项目建设相结合的方针，加速实施“万元亩”工程。建设五大蔬菜（包括花卉苗木）基地，即：长城乡羊牯村蔬菜花卉苗木生产基地、犁头村大头莴笋生产基地；先锋乡金塘村种苗生产基地；护潭乡湘竹村白毛肉丝瓜生产基地，红星村、永红村红菜薹生产基地。全区“万元亩”工程建设面积300公顷，占全区耕地总面积的22%。

2002年，全区上市蔬菜7.18万吨，全年实现农业总产值2.39亿元，农民人均年纯收入达到6640元。

2003年，区政府将农产品质量安全建设政策引导落实到“万元亩”工程建设，通过提高农产品质量提高农产品价格，增加土地收益。将护潭、羊牯两个蔬菜基地按照“无公害蔬菜基地”标准建设，组织产地认定和产品认证，实行品牌生产。是年，这两个基地建设成为湖南省放心菜生产基地。

2004年起，区政府贯彻落实《中共中央、国务院关于促进农民增加收入若干政策的意见》，坚持抓“万元亩”工程建设。十万垅土地平整项目333.33公顷优质稻和133.33公顷蔬菜基地，被列入湖南省无公害农产品推广发展计划。继续巩固基地加市场的农业产业化经营模式，“万元亩”工程建设面积420多公顷，占耕地面积的31.54%。至2007年的4年间，全区上市蔬菜26.48万吨，农业总产值实现17.28亿元，农民年人均纯收入9649元，是2000年的1.69倍。

十一、启动城区居（村）民合作医疗

2006年3月1日，区《政府工作报告》首次提出：“进一步完善社区卫生资源配置，积极推进新型农村合作医疗制度，不断提高城乡居民医疗保健水平。”8月，根据《中共湘潭市委、湘潭市人民政府关于建立城区合作医疗制度的意见》，先后两次召开区长办公会。会议认为：建立城区合作医疗制度，是进一步健全和完善医疗保障体系，弘扬互助友爱优良传统，提高广大群众生活质量和健康水平，缓解城区居（村）民因病致贫、因病返贫现象的重要举措，是继建立城镇职工基本医疗保险制度之后，为城市居（村）民提供基本医疗保障服务的一项重大改革，必须坚持按照市委、市政府的要求，积极开展此项工作。同时制定《湘潭市雨湖区合作医疗工作方案》《湘潭市雨湖区合作医疗制度实施暂行办法》《湘潭市雨湖区合作医疗制度实施细则》《湘潭市雨湖区人民政府关于实施城区合作医疗制度的通告》《湘潭市雨湖区驻区单位合作医疗领导联点责任分解表》。这些文件明确，城区合作医疗制度，是在政府组织、引导和支持下，城区居（村）民自愿参加，个人、单位（集体）和政府多方筹资，以大病统筹为主，兼顾门诊的医疗互助共诊制度。参加城区合作医疗的对象：户籍在雨湖区未参加城镇职工基本医疗保险的城市居民和户籍在雨湖区的乡（镇）农村村民。城区居（村）民以户为单位，建立个人缴费、单位（集体）资助和政府支持相结合的筹资机制。以大病统筹、住院补偿为主，适当兼顾门诊医疗费用报销，鼓励居民就近诊治疾病。是年，城区居（村）民合作医疗工作没有实质性展开。2007年，区政府继续推进城区居（村）民合作医疗。据统计，城区居民应参加合作医疗的为140787人，实际缴费自愿参加合作医疗的为63857人，占应参合人数的45.35%。2008年，全区大力推进新型农村合作医疗制度，农村共有32349人参加新型合作医疗，筹集基金258.8万元，共补助金额45.77万元。

十二、城乡（镇）居民最低生活保障

1997年1-4月，区政府根据市政府指示，首次对辖区内的8个街道、6个乡（镇）和1个企业集团的贫困居民和贫困企业职工的生活状况进行调查。调查情况由湘潭市政府综合，结论是城市居民维持年度最低基本生活的月人均支出是135.4元，市区人均月收入低于120元的占总人口的1.4%。是年下半年，区政府贯彻《湘潭市城市居民最低生活保障制度实施暂行办法》，建立城市居民最低生活保障制度，对城市下岗失业、无业居民家庭月人均收入低于120元的实行最低生活保障,进行差额救助。区、街道、社区逐级设低保管理的办事机构。区政府通过文件明确低保申报、评议、审批的工作程序和办事制度。从10月份起,对501户780名城市低保人员每月共发放最低社会保障资金12.75万元。1998年全区根据政策明确城市最低社会保障对象1092户1988人,全年发放最低社会保障资金121.08万元。

1999-2004年,区政府贯彻市委、市政府《关于进一步加强城市居民最低生活保障的意见》《湘潭市〈实施城市居民最低生活保障条例〉细则》文件精神,扩大低保对象,将区内长城、先锋、昭潭、护潭四个乡的城市户口纳入低保对象。提高低保标准,由原来的标准每人每月120元提高到156元;对低保对象严格审核,做到公开、公平、公正。至2004年的6年中,全区落实城市社会最低保障户12541户29098人,共发放社会最低生活保障金6349.86万元。

2005年,区政府下发《关于建立农村最低生活保障制度的意见》文件,将社会最低保障制度,由城市居民扩大到农村居民。文件明确"凡在雨湖区的非城市居民人均年收入在500元以下的可申请享受农村最低生活保障,经费来源由区、乡、村三级按4:3:3比例承担"。是年,区政府投入农村最低生活保障工作启动资金105.1万元,全区依政策确定农村低保对象428人,发放低保金4万元。城乡(镇)低保对象共29822人,共发放低保金2426万元。2006年,区政府提高城市居民低保金标准,由每人每月156元提高到180元。农村将"五保户"纳入农村最低生活保障范围。至2007年止,全区城乡(镇)居民共落实最低生活保障对象28525人,其中城市户口27822人,农村户口703人,是年,发放最低社会保障资金3410.04万元.其中发放城市居民最低生活保障金3373万元,农村居民最低生活保障金37.4万元。11年中,全区共发放社会最低生活保障金15133.99万元。

第四章 信 访

第一节 接 访

1988-1992年,原雨湖区、湘江区和郊区河西4乡1场共接待来访人员1100余次。

1993-1997年,区域经济发展提速,各类矛盾开始凸显,信访总量迅速上升。5年中,雨湖区全区信访总量共3874件次,接访2807次。其中赴省上访4件9人次。建立主要负责人定期接访制度,由区委、区人大、区政府、区政协的主要领导轮流值班接待来访群众。信访办将《湖南省区、乡、镇(街道)信访工作暂行规定》印制成小册子发至区直机关各部门,乡、镇、街,村、社区,组建基层信访工作网络,健全各项制度。全区4乡、2镇、8个街道办事处均有一名党政负责人分管信访工作,配备1名信访专干,村、居委会成立由2-3人组成的调解委员会,共同做好接访工作。

1998-2003年,全区信访案件呈波动趋势。6年信访总量为7188件次。其中接访4814人次,含赴省上访41人次,进京上访1人次。区委、区政府针对当时面临的信访形势,建立领导责任体系,构建纵向到底、横向到边、上下畅通、快速联动的信访工作网络。对群众反映的信访问题,严格按照"谁主管、谁负责""属地管理"的要求,由联点领导包案,落实"五定三包"责任(即定牵头领导、定部门责任人、定具体办案人、定结案时间、定回访巩固率;包案、包人、包落实)。坚持实事求是的原则,充分考虑群众的诉求和实际情况,就地稳定、妥善解决问题,使矛盾得到有效化解。

2004—2007年，全区信访总量为4695件次。其中接访3446次，含赴省4件8人次。湖南国鹿股份有限公司打着“科技兴农”旗号，以“零风险、高回报”为诱饵，以高于市场价4至5倍的价格兜售梅花鹿仔，将全区数十户养殖户数百万元资金圈入囊中后便撕毁合同，不少农民被坑害得血本无归。为此，连续出现梅花鹿养殖户到省市集访、静坐事件。接到消息后，区委、区政府迅速成立赴省接劝返工作组。经过一个多星期做上访人员的思想工作，最终成功劝返这一集访群体。针对新的矛盾和问题凸显情况，区委、区政府强化信访领导责任制，每年与区直各部门及乡、镇、街道第一责任人签订信访工作目标责任书，实施信访领导责任追究制度，全面执行信访工作首办责任制和公开承诺制。

第二节　办　信

1988—1992年，原雨湖区、湘江区、郊区共收到群众来信316件，回复办结295件，办结率为93.4%。群众来信统一由区政府转交相关责任单位处理。

1993年起，雨湖区信访案件逐年上升。企业改制和下岗再就业的信访事件所占比例尤为突出。区信访办建立健全信访业务制度，明确群众来信来访登记、呈阅、立案、交办、结案、复信、回访、信息收集报送、信访案件承办及办理情况反馈等环节的工作流程和要求。区政府将信访列入全区经济社会统计月报，在政府常务会上定期分析信访形势，指导信访工作。至1997年，共办理来信1067件次，解决来信反映的问题287个，解决率为81.2%。

1998—2003年，办理来信2474件，解决来信反映的诉求2125个。

2004—2007年，办理来信1249件，解决来信反映的诉求995个。信访局将其中312件重大信访问题以《重要信访呈阅件》形式，报送有关领导审阅、批示，然后再整理、分流、交办各相关单位限时办结，对不能及时办结的单位，追究主要领导和责任人责任。312件交办件共办结296件，办结率达94.87%，案件办结满意度达100%。同时，开通“人民来信绿色通道”，建立“绿色通道”信访台账，坚持人民来信有信必复，信访台账记载及时、准确、齐全，保存完整。

第三节　处理信访案件

1988—1992年，境内雨湖区、湘江区、郊区以政府办为主办理各类信访案件57件，办结53件，办结率为93%。1992年，区委、区政府成立由区委副书记任组长，四大家办公室主任及相关职能部门负责人为成员的信访领导小组，实行分层分线包干处理信访问题。

1993年起，区信访领导小组坚持每个季度召开一次会议，研究信访案件，对老户专案问题，采取“一案一策”的办法解决。长城乡犁头村刘某从劳教所释放回的第二天就找到区政府，反映对劳教的处理不服和1994年犁头大堤修整补偿未到位问题。针对反映的问题，由区委常委、区委办公室主任牵头，信访局邀请区综治委、区政府办、区法制办、区司法局、长城乡政府、长城派出所、长城乡犁头村的负责同志和刘某连续5次进行听证，在调查、核实的基础上，对刘所提出的每个问题逐条答复，告知他按政策补偿已全部到位。同时表示如能安心生产，遵纪守法，政府将尽力给予帮助。通过现场举证、职能部门现场答复，刘某的信访问题得到化解。同时区委、区政府按照《信访条例》建立健全领导接待日制度、领导包案制度、情况通报制度、检查落实制度、回访稳定制度，实行“分级负责、归口管理”的信访工作责任制，分线分部门解决问题，形成一把手负总责、一名副职分管抓落实的一级对一级负责的信访工作格局，并在此基础上采取跟踪、办结汇报或参与协助等方式加强对基层信访工作的督促检查。至1997年的5年间,共立信访案152件,办结134件,办结率为88%。

1998年,区内经济形势进一步好转,信访案件有所减少。加之进入新世纪后,区信访局更新观念,信访工作逐步由群众上访向干部下访转变,由交办向自办转变,信访工作局面由被动向主动转变。针对频频上访反映的退休职工养老保险问题,区政府组织20多人的工作组,用两个月时间调查研究,摸清底子,研究制定全区扩大社保覆盖面,养老保险社会化的方案,通过政府行为,注入社保资金。至2003年年底,全区退休职工养老保险覆盖面达70%,社会化分级发放达80%,较好地解决全区退休职工的养老保险问题。6年内共立信访案82件,办结82件,办结率为100%。

2004年,为进一步做好信访工作,区政府大力推行"两级代理、三级解决"的信访代理制度。即在乡镇(街道)、村组(社区)两级确定信访代理员,为群众代理,向上级部门反映群众的意愿和诉求,尽可能使信访问题在县(区)一级得到解决而不上交到市、省、中央。2007年,由于湘潭布市搬迁,三桥市场没有设置车辆营运线路导致车辆无法停靠,严重影响布市生意,上百名布市经营业主反映强烈,准备越级集访。这一信息迅速反映到区信访局,在做好群众思想工作的基础上,由信访局与业主代表签订信访代理双向承诺书,承诺一个月内设置车辆营运线路,业主表示满意。因而迅速有效地化解一起一触即发的群体性事件。至是年的4年间,共立信访案128件,办结124件,办结率为96.9%。

1993-2007年雨湖区信访件处理情况

5-5-3-1

年度	信访总量(件)	接访量		处信量(件)	本局	
		件	赴省进京上访件次		立案件数	结案件数
1993	1985	-	463	1522	69	55
1994	327	赴省3件7人次	115	212	-	-
1995	402	赴省1件2人次	109	293	33	30
1996	737	-	256	481	19	19
1997	423	-	124	299	31	30
1998	843	-	301	542	34	34
1999	2314	赴省41人次进京1人次	732	1582	-	-
2000	809	-	226	583	48	48
2001	1258	-	459	799	-	-
2002	917	-	321	596	-	-
2003	1047	-	335	712	-	-
2004	2043	-	412	1631	75	75
2005	1190	-	357	833	-	-
2006	727	赴省4件8人次	196	531	26	26
2007	735	-	284	451	27	23

第六篇　人民政协

第六篇　人民政协

第一章　政协委员与政协全体委员会议

第一节　政协委员

一、委员产生

1988-2007年，中国人民政治协商会议湘潭市雨湖区委员会（简称政协雨湖区委员会），历经政协原雨湖区第二届、第三届，政协雨湖区第一、二、三、四届，各届第一次会议共协商推荐产生区政协委员840多人。政协雨湖区委员会各届委员的产生，均由各民主党派、各人民团体和无党派人士反复酝酿、协商提名推荐。中共雨湖区委统战部对推荐名单进行综合平衡，并同各推荐单位协商，形成建议名单，再将建议名单提到政协雨湖区常务委员会进行协商，经政协雨湖区常务委员会过讨论通过，最后报区委常委会审定，方能成为政协委员。然后由政协办公室分别通知推荐单位和本人，向委员发放委员证书，并通过新闻媒体向社会公布。增补政协委员的程序，也需要经过提名、协商、审议通过和公布这几个步骤。政协委员任期，原区政协第二届为3年，第三届仅2年零4个月。1992年6月合区后，新一届政协任期为5年。区政协委员享有政协全体会议上行使表决权、选举权和被选举权，有权对本会工作提出批评和建议，参加讨论全区重大事务，对工作人员提出批评建议，参加区政协组织的视察、参观和考查研究等活动。

二、委员结构

政协委员结构，中共中央早有规定。中发〔2005〕5号文件《中共中央关于进一步加强中国共产党领导的多党合作和政治协商制度建设的意见》中再次重申：充分发挥民主党派和各党派人士在人民政协中的作用。要保证民主党派成员和各党派人士在各级政协中占有较大比例。其中，在换届时，政协委员不少于60%，政协常委不少于65%，政协副主席不少于50%。民主党派成员和各党派人士在政协各专门委员会负责人中应有适当数量，在委员中应占有适当比例。

1988年，政协原雨湖区第二届委员会由中共、民主党派、工会、共青团、妇联、工商联、文艺、体育、科技、工商经济、农林、教育、医疗卫生、新闻出版、社会福利、民族宗教、特邀人士等17个界别组成，共有委员104人。其中：中共党员37人，占35.6%；民主党派成员28人，占26.9%；无党派人士39人，占37.5%。大专以上文化程度的51人，占49.0%。新任委员50人，委员平均年龄49岁。1989年，是政协雨湖区第二届委员会委员任期的最后一年。1990年2月，政协原雨湖区第三届委员会仍由17个界别组成，共有委员100人。其中：中共党员37人，占37%；民主党派成员28人，占28%；无党派人士35人，占35%，委员平均年龄49岁。

1992年，区划调整后政协雨湖区第一届委员会，由19个界别（中共、民主党派、工会、共青团、妇联、工商联、无党派民主人士、“三胞”亲友、侨务、文艺体育、科技、工商经济、农林、教育、医疗卫生、新闻出版、社会福利、民族宗教和特邀人士）组成，有委员171人。其中：中共党员68人，占39.8%；民主党派成员37人，占21.6%；无党派人士66人，占38.60%；少数民族宗教界人士4人，占2.3%。委员中妇女委员42人，占24.6%，大专以上学历89人，占52.0%。委员平均年龄44岁，届末委员198人。

1997年，政协雨湖区第二届委员会由19个界别组成，有委员170人，其中：中共党员67人，占39.4%；民主党派人士43人，占25.3%；无党派人士60人，占35.3%；妇女委员49人，占28.8%；少数民族宗教人士3人，占1.8%；非公有制和民营经济代表人士39人，占22.9%；大专以上学历98人，占57.6%。委员平均年龄42.5岁，比上届下降1.5岁。届末委员增至206人。

2003年，政协雨湖区第三届委员会由21个界别组成，有委员215人。其中：中共党员97人，占45.1%；民主党派人士、无党派人士117人，占54.4%；妇女委员52人，占24.2%；少数民族宗教界人士4人，占1.9%；非公经济和民营经济中的代表人士89人，占41.4%。具有大专以上学历157人，占73.0%。委员平均年龄为39.8岁，比上届下降2.7岁。届末委员231人。

2007年，政协雨湖区第四届委员会由25个界别组成，有委员181人。其中：中共党员35人，占19.3%；民主党派、无党派人士57人，占31.5%；妇女委员47人，占26.0%；少数民族宗教界人士6人，占3.3%；非公经济和民营经济中的代表人士35人，占19.3%。具有大专以上学历157人，占86.7%。委员平均年龄为41.5岁。

附　驻区历届全国、省、市政协委员名单

（排名不分先后）

一、全国政协委员会委员

第七届（1988－1993年）3名　施宁荪　袁龙蔚　袁力荣

第八届（1993－1998年）1名　施宁荪

二、政协湖南省委员会委员

第六届（1987－1992年）　22名

刘甲华	余明光	李瑞云	徐正龙	唐泽映（女）
林华国	张传升	张乃宗	伍极光	林孟晋
万　里	赖　励（女）	吴丽萍（女）	王守昌	尹世杰
羊春秋	周士一	王　勤	陈仲沪	萧　艾
田书友	钟明星			

第七届（1993－1998年）　20名

马　扬	余明光	徐正龙	唐泽映（女）	郭文煌
张传升	张乃宗	陈永麟	刘盛娥（女）	朱万根
赖　励（女）	颜家壬	傅华忠	朱光甫	张铁夫
周士一	陈仲沪	万　里	齐美成	唐齐斌

第八届（1999－2004年）　24名

马　扬	余明光	贺国林	邹崇埴	李仁发

戴志强	朱光甫	杨鹏程	张铁夫	吴岳轩
夏国华	黄云清	齐美成	刘长庚	舒　适
伍守成	刘盛娥(女)	游建强	罗华生	葛乐军(女)
林原斌	朱万根	聂建楚	张传升	

第九届(2005-2010年)　24名

齐美成	马　扬	伍可鸣	曾虹燕	杨鹏程
刘长庚	张之辉	马石城	黄群策	陈安华
吴伊平	林原斌	葛乐军(女)	颜梅魁	戴志强
夏国华	舒　适	郭仲篪	易再跃	王运强
汤泽培	胡兰桂	殷正海	彭学文	

三、政协湘潭市委员会委员

政协市第六届委员会委员(1989年)160名

钟明星	王耀章	刘声耀	田书友	冯辉剑
陈建成	唐齐斌	张彩坛	张浩然	刘胜美
谭伟明	丁韧云	宋道荣	谭　琨	张绥九
隋从四	李文学	李源汉	文纪署	彭兆基
刘甲华	周翼鑫	刘后祚	田翠竹	张求新
聂光旭	李　曙	秦本杰	任重道	廖光达
詹兴瑞	陈　哲	王　忠	黄棣华	颜梅魁
娄兆庆	施宁荪	毛信华	袁振辉	李松辉
袁龙蔚	王大任	赵凤英(女)	徐友敬	林华国
郭文煌	李更生	张传升	唐泽映(女)	邹崇埴
黄巽斋	阳继芬(女)	杜新谷	晏美云(女)	傅淑媛(女)
丁华龄	应永美(女)	郭　若	丰建荣	莫鸿勋
向立志	彭雪辉(女)	刘德芝(女)	周学云(女)	林志建
赖　励(女)	江松水	何光辉	李兴安	翦象福
金长源	彭腾盛	郑化民	唐运藏	赵启先
乔力平(女)	蒋天祥	徐瑞萍(女)	冯柏铭	平文生
杨向阳	陈沛华	杨振文	罗海鸥	张伯衡
萧克俭	颜家壬	施其宏	童　珏	韩长耕
刘载云(女)	李民庆	杨畹青(女)	王士凡	李玉霞(女)
黄震欧(女)	郭建华	刘卞勤	焦成根	张皋鸣
刘盛娥(女)	李　度	宾再帆	周诗统	罗文鼎
朱建孝	郑罗勒(女)	韩纯洁	李冠群	吴兴邦
陈经启	张欣旦	邓定武	瞿　炯	柳荣瑞
吕桂秋	姜根其	刘燕欣	易国平	寻民凤(女)
邓慈英(女)	郭先威	陈寿君(女)	苏伯严	杨永安
汤涤尘	余尧山	陈恩辉(女)	刘孝廉	贺春禧

周名皓(女)	邹力生	周　力(女)	钟烂兴	王功志
余士赫	张承伦(女)	郑振芳(女)	谭义彬	刘君生
朱高祖	田书绍	胡书善	刘福生	王伯庚
罗光炯	周家乾	覃　琼(女)	陈佩珉(女)	谷兆麟
邓杭辉(女)	梁美根(女)	阳　光	何凯华	邓荣兴
过自奇	张俊贵	杨慧君	易映华(女)	曹亦勤(女)

政协市第七届委员会委员(1993年)157名

齐美成	刘声耀	田书友	唐齐斌	李文学
刘光辉	段元满(女)	章亮春	葛乐军(女)	黄连才
隋从四	廖述德	文纪署	周隶勋	陈光华
余培秀	吴帅珍	周桂英(女)	寻春阳	赵志安
聂光旭	刘建湘	罗耀克	王泠泠	黄棣华
廖光达	杨翠英(女)	王　忠	刘邵越	颜梅魁
谭敬清	陈建群	施宁荪	张士昌	钟镇夷
姜根其	贺国林	袁龙蔚	王大任	赵凤英(女)
徐友敬	陈永麟	郭文煌	刘其昌	陈宗辉
张传升	罗天林	董炎明	唐泽映(女)	向维安
陈次衡(女)	蒋孟来	马竹安	朱万根	沈建春
王　丽(女)	申　勤(女)	王巧伶(女)	傅淑媛(女)	晏美云(女)
丁华龄	曹祖英	刘硕科	刘湘娟(女)	邓　佳(女)
胡湘玲(女)	王蕊芬(女)	崔选军(女)	赖　励(女)	陈耀林
董明山	陆志强	郭其述	李兴安	蒯象福
金长源	马文龙(回)	郑化民	释渊博(女)	张全恩
洪固权	杨振文	舒俊杰	徐瑞萍(女)	杨宪明(女)
陈沛华	卢望明	刘盛娥(女)	宾再帆	周诗统
罗文鼎	朱建孝	吴兴邦	郑罗勒(女)	范浣清
汤涤生	陈恩辉(女)	安　健	徐泰来	李南洋
萧建国	杨序传	寻民赖	符德惠(女)	陈建成
童　珏	杜小年(女)	李忠初	李新民(女)	李佩琼(女)
谭艳君(女)	李德仁	郭世佑	徐意诚	沈永祥
张欣旦	瞿　炯	魏绍其	黄　农(女)	周　力(女)
钟烂兴	王功志	张　健(女)	刘君尘	谭义彬
汪永鑫	高志华	田书绍	王秀莲(女)	石声铭
吴天申	刘燕欣	孙建章	寻民凤(女)	邓慈英(女)
苏伯严	刘际科	易文雪	郑友柳	安树军
曹令先	叶绍湘	邓杭辉(女)	覃　琼(女)	张舜夫
谭甲南	李　度	戚映清	邓友生	周法荣
陈炳荣	苏德鹏	关仲华	尹又乐	陈经启

吴建凯	何凯华			

政协市第八届委员会委员(1998年)120名

刘锡东	吴帅珍	沈　墅	周桂英(女)	唐齐斌
齐美成	关加玉	周天钧	赵志安	黄少君
寻春阳	伍守成	段元满(女)	黄水清(女)	李江华
陈　准	周莉萍(女)	胡力士	隋从四	马　扬
郭振楚	曾杰武	朱　力	唐荣湘	谭曙恒
李律时	唐爱群(女)	项国俊	曹罽筹	王　忠
王力平	王起明	杨翠英(女)	陈卫平	宋欣琳(女)
袁雪飞	黄棣华	余士赫	邹崇埴	张文初
黄季甫	乐　华	王　键	尹铁开	朱民进
朱大可	刘仁波	戴合高	王巧伶(女)	刘　竟
张文奇	张　洁	黄　韧	尹沅兰(女)	赖　励(女)
康顺佳(女)	黄湘辉(女)	刘玉兰(女)	陈建湘	胡湘生(女)
刘　强	刘小阳	张晋安	孙南雄	李　萍(女)
张振庭	王正兴	王端秀	刘金旺	向宪麒
成晓红	万启林	王建良	刘建业	寻民凤(女)
沈正球	林宣军	齐培根	李际权	王建强
刘青山	陈佑斌	成晓红(女)	文梅珍(女)	陈思辉(女)
魏　健(女)	王端秀(女)	唐赛兰(女)	赵凤英(女)	刘晓娥(女)
范浣清(女)	刘小燕(女)	徐意诚	盛菊阳	王丽荣
陈植源	周诗统	唐自强	万金华	朱士杰
吴兴邦	龙建洪	马文龙(回)	马振中	释渊博(女)
丁国辉	王东常	王献民	左本玉	符德惠(女)
刘翠英(女)	齐由来	汤泽培	何凯华	郭特强
谭敬清	谭建杰	晏美云(女)	方彦波(女)	李淑珍(女)

政协市第九届委员会委员(2003年)105名

殷正海	宋厚源	段元满(女)	邓建成	谭曙恒
胡优威	宋欣琳	王立新	王友胜	杨翠英(女)
陈卫平	刘长庚	黄　科	马石城	鄢忠直
黄群策	喻几凡	黄季甫	易　清	葛电虹
乐　华	夏毅辉	张清辉	章铁强	陈明芳(女)
曲卫平	唐兆果	谭恁恁(女)	胡朝辉(女)	曾艳钰(女)
赖　励(女)	刘　忠	刘建新	曾建平	赵　亮
赵耀湘	罗秋君(女)	叶大华	邓卫琼（女）	释渊博(女)
孙燕新	李淑珍(女)	马文龙(回)	文　鸣	何雷衡
汤　萍(女)	盛兆华	杨华芳	陈植源	朱士杰
王　军	潘抗镁	任开益	田继良	宋树平

陈霞仙(女)	刘仁波	胡兰桂	黄晓亚(女)	王清林
徐文君(女)	徐荣辉	李伍荣	陈靖武	郭源君
刘清麟	劳止定	谭伯群	杨晓琼(女)	赵作高
潘志斌	胡肖华	陈佑斌	郭乐愉	李　昕
张应交	沈培良	刘金旺	伯　华	刘巨钦
谭建杰	林宣军	黄　凯	王秀山	张任重
许远莲(女)	万启林	黄昌勇	周增敏	彭铁汉
沈正球	吴　伟	曹祖英	熊一能	朱国柱
张健康	李湘铭	万培红(女)	郭特强	曾彩奕(女)
鲁智芳	卢进良	谭建平	李剑雄	
刘孟龙				

政协市第十届委员会委员(2007年)77名

陈赤嗣	刘金旺	谭国强	李群志	杨正兴
曾建平	龚红果	赖海术	夏光焰	陈艾斌
萧志伟	贺春生	陈　平	侯广选(女)	刘　忠
刘建平	唐荣湘	王迎春(女)	张大力	吴　倜(女)
胡优威	马金辉(女)	王良芥	邓江楼	曾庆丰
萧克放	伯　华	李雅兴(女)	胡筱林	李　勇
曾艳钰(女)	侯　丹(女)	杨鹏程	王秀山	周香平(女)
杨晓琼(女)	谭松庭	张剑波(女)	全教生	李伍荣
陈卫平	康海湘	谢学文	姜军松	刘胜利
熊海斌	邓卫琼(女)	周佩珞	舒青根	陈安华
释渊博(女)	郭乐愉	刘长庚	郭源君	孙燕新
张任重	罗秋君(女)	陈赤平	李淑珍(女)	谭树华
王持佳	王献志	马文龙(回)	杨吉光	范　明
罗晓春(女)	肖迪民	张健康	马石城	张海霞(女)
王志坚	赵沛卡	叶国栋	文　鸣	周　平
齐由来	曾彩奕(女)			

第二节　政协全体委员会议

1988年3月10-14日,政协原雨湖区召开第二届委员会第二次全体委员会议。会议出席政协委员104人。会议学习党的十三次代表大会精神,明确社会主义初级阶段人民政协地位作用。会议听取和审议杨慧君代表政协雨湖区第二届委员会常务委员会作的《工作报告》,朱岳汉作的《提案办理情况报告》。协商补选政协第二届委员会常务委员,总结表彰政协活动先进集体和先进个人。会议通过《关于常务委员会工作报告的决议》《关于提案办理情况报告的决议》《关于撤销黄政球职务的决议》《关于增补常务委员的公告》。1989年3月16-18日,政协雨湖区召开第二届三次全体会议,出席会议委员136人。会议听取区委书记萧克华讲话,张俊贵致开幕词。杨慧君作《工作报告》,朱岳汉作《提案办理情况报告》。会议表彰政协雨湖街道联络组、政协文体工作组2个先进集体，朱大鹏等49个先进个人。会议一致通过《政治决议》，并对谭世明作的《政府工作报告》（讨论稿）进行协商讨论。

1990年2月12-16日，原雨湖区政协第三届委员会第一次全体会议在区政府机关召开。出席会议的政协委员100人。会议主要内容是学习、贯彻《中共中央关于坚持和完善中国共产党领导的多党合作和政治协商制度的意见》和《中共中央关于进一步治理整顿和深化改革的决定》。刘光祥致开幕词，杨慧君代表区政协第二届常委会作工作报告。大会听取和审议二届三次会议以来提案办理情况报告。选举产生政协雨湖区第三届委员会常务委员会委员16人。其中杨慧君任主席，刘光祥、卢汉生、冯晓媚（女）、黄棣华任副主席，刘菊珍（女）任秘书长。通过区政协第三届委员会第一次会议的各项决议决定。政协原雨湖区第三届委员会工作到1992年6月终止。

1992年10月21-23日，区划调整后的政协雨湖区第一届委员会第一次全体会议在昭潭饭店召开，出席会议的政协委员171人。会议听取中共雨湖区委书记闵应章的重要讲话，协商讨论区委副书记、代区长劳动作的"政府工作报告"以及其它报告，听取和审议戚映清所作的工作报告和刘光祥所作的筹备工作报告。全会依据政协章程，通过民主协商，选举产生区政协第一届常务委员会委员23名。大会选举戚映清为主席，刘光祥、朱岳汉、邓友生（兼）、赵克宽（兼）、涂楚国（女，兼）、杨桂祁（兼）为副主席，刘菊珍（女）为秘书长。至1996年止，政协雨湖区第一届委员会共召开5次全体会议。

1997年12月5-7日，政协雨湖区第二届委员会第一次全体会议在区机关二院召开，出席会议的政协委员211人。区委书记周巧艺到会讲话，要求"充分发挥政协在两个文明建设中的重要作用"。郭特强代表政协常务委员会作《进一步做好人民政协工作，为繁荣、富裕、文明的新雨湖作贡献》的工作报告，刘光祥作《提案工作情况的报告》。会议通过《政治决议》《关于常务委员会工作报告决议》《提案办理情况报告的决议》。会议选举产生政协雨湖区第二届委员会常务委员会委员21名。选举郭特强为主席，刘光祥、刘翠英（女）、赵克宽（兼）、张晋安（兼）、杨桂祁（兼）、秦菊芳（女，兼）为副主席，刘家池为秘书长。至2001年止，政协雨湖区第二届委员会共召开5次全体会议。

2002年12月2-5日，政协雨湖区第三届委员会第一次全体会议在区机关二院举行，出席会议的政协委员175人。会议听取区委书记周放良（女）的重要讲话，协商讨论代区长陈忠红所作的《政府工作报告》以及其它报告，选举产生政协雨湖区第三届委员会常务委员34人，郭特强当选为主席，刘翠英（女）、曾彩奕（女）、张晋安（兼）、伍可鸣（兼）、彭先国（兼）、黄腾其（兼）为副主席，许晓著（女）为秘书长。会议还通过政治决议和其它建议。2006年12月26-28日，区政协三届五次会议在区机关一院召开，183名委员出席会议。邓建农当选政协雨湖区委员会常务委员副主席，同意曾彩奕（女）辞去区政协三届委员会常务委员、副主席职务。会议对鹤岭镇联工委等7个单位、工业经济活动组等5个先进专业活动组，谢正均等66名优秀政协委员、韩广安等委员提出的14件优秀提案予以通报表彰。

2007年11月28-12月1日，政协雨湖区第四届委员会第一次全体会议在区机关一院召开。会议出席政协委员171人，列席148人。区委书记杨真平到会讲话。邓建农代表政协雨湖区第三届委员会常务委员会作《进一步推动区政协工作的开展,全面建设小康雨湖区》的工作报告。陈卫兵(女)作《提案工作情况报告》。会议对区长徐亚健(女)的《政府工作报告》协商讨论,提出修改意见。会议选举区政协第四届委员会常务委员22人,选举邓建农为政协主席,彭先国、陈卫兵(女)、刘金明、张立忠、郭萱怀为副主席,萧学明为秘书长。会议通过《政协湘潭市雨湖区第四届委员会第一次会议决议》。

第二章 政协雨湖区委员会

第一节 政协常委会议

1987-1989年,政协原雨湖区第二届委员会常务委员会共召开会议19次。主要是学习上级主要领导讲话和有关文件精神,听取政府关于全区经济社会发展情况和其他工作情况通报,参与全区重大事项的协商。先后就全区的政权建设、经济振兴、科技和教育发展、社会主义精神文明建设、坚持四项基本原则、反对资产阶级自由化、党风廉政建设、维护安定团结的政治局面等方面进行协商讨论,提出有益的建议和意见。区委、区政府主要负责同志多次列席政协常委会,听取意见,共同磋商。

1990年2月-1992年5月,政协原雨湖区第三届委员会常务委员会共召开会议15次,主要是学习江泽民在建党七十周年纪念大会上的讲话,协商讨论区经济和社会发展“八五”计划纲要等内容,另外还对人事任免、经济运行等方面进行多次协商。

1992年10月-1997年12月,合区后的政协雨湖区第一届委员会常务委员会共召开27次。主要围绕区委、区政府的中心工作,选择一些全局性、战略性、根本性的问题,进行协商。同时,坚持政协领导列席区委常委会和政府常务会制度,积极参与高层次协商,及时对区里出台的各项政策措施建言献策。先后就如何学习邓小平理论、全区改革和经济建设的发展战略、经济工作的发展思路、政府工作报告、企业体制和政治体制改革、市场建设和特区开发、加强精神文明建设等重大问题进行认真协商,提出各种意见和建议780多条。

1998年1月-2002年11月,政协雨湖区第二届委员会常务委员会召开会议20次。主要协商讨论雨湖区的“十五”计划,国民经济发展年度计划报告,财政预决算报告及“一府二院”工作报告,先后提出意见和建议800多条,写出专题建议报告6份。

2002年12月-2007年11月,政协雨湖区第三届委员会常务委员会共召开会议20次。决定设立专门委员会4个,专业活动组10个和政协联络组16个。并制定《政协湘潭市雨湖区委员会专门委员会通则》《关于政协雨湖区各专门委员会与区党政群团有关部门对口协商和联系的若干决定》,为委员参政议政、民主监督拓宽渠道,搭建平台。

1988-2007年政协雨湖区委常委会组成人员

6-1-3-1

届次	时间	主席	副主席	秘书长	常务委员
二	1987.3—1990.1	张俊贵（中共）	杨慧君（中共） 朱岳汉（九三） 卢汉生（无党派） 冯晓媚（女，致公）		朱大鹏（无党派）、刘菊珍（女，中共）、何炳南（民盟）、杨梦如（民建）、张雅臣（民革）、郭先威（中共）、胡国强（民进）、涂楚国（女，农工）、黄政球（中共，1988.3任）、应文亮（无党派，1988.3任）
三	1990.2—1992.6	杨慧君（中共）	刘光祥（中共） 卢汉生（无党派） 冯晓媚（女，致公）黄棣华（民盟）	刘菊珍（女，中共）	应文亮（无党派）、许志清（九三）、李叙荣（中共）、任裕其（民革）、何炳南（民盟）、杨梦如（民建）、赵声昆（中共）、胡国强（民进）、秦忠策（中共）、涂楚国（女，农工）
一	1992.10—1997.12	戚映清（中共）	邓友生（中共） 刘光祥（中共） 朱岳汉（九三） 杨桂祁（民革） 赵克宽（民建） 涂楚国（女，农工）	刘菊珍（女，中共，1993.3任）赵志林（中共，1993.10任）	王体鲍（农工）、冯恒山（民进）、刘正洪（中共）、刘更明（中共）、李岳生（女，民革）、吴健（无党派）、陈飞虎（无党派）、佘士赫（工商联）、陈良德（中共）、陈秀华（女，致公）、钟建新（无党派）、翁琦（民盟）、秦忠策（中共）、董新民（女，无党派）、廖俊云（无党派）、赵志林（中共，1994.3任）、许建华（无党派，1995.5任）、彭展（民革，1995.5任）、龚绍裘（中共，1995.12任）
二	1997.12—2002.12	郭特强（中共）	刘光祥（中共） 刘翠英（女，中共） 赵克宽（民建） 杨桂祁（民革） 张晋安（九三） 秦菊芳（女，无党派）	刘家池（中共，2002.2任）	田书炜（中共）、伍可鸣（民革）、刘良衡（无党派）、许建华（无党派）、阳新平（农工）、杨荣波（无党派）、李翠（女，民盟）、吴健（无党派）、林宣军（无党派）、郭德穗（致公）、唐绍琦（中共）、梁玉柳（中共）、谢孟钧（中共，2002.2任）、胡国强（民革，1998.12任）、许晓著（女，中共，2002.2任）、萧席云（中共，2002.2任）
三	2002.12—2007.11	郭特强（中共）	刘翠英（女，中共） 张晋安（九三） 伍可鸣（民革） 彭先国（民建） 黄腾其（民盟） 邓建农（中共，2006.12任） 曾彩奕（女，中共，兼-2006.12）	许晓著（女，中共2005.3任）	唐绍琦（中共）、许建华（无党派）、李翠（女，民盟）、萧席云（中共）、王小琼（女，中共）、甘小英（女，中共）、冯伟云（无党派）、刘星宜（无党派，2005.2病逝）、刘清和（无党派）、李白杨（无党派）、杨爱华（无党派）、萧学明（中共）、张振军（无党派）、陈兴无（民盟）、陈湘红（无党派）、武樵（中共）、易少奇（无党派）、罗毅（无党派）、金彪（中共）、周新球（民进）、徐佩林（无党派）、唐世荣（女，中共）、谢正钧（农工）、谢海林（无党派）、蒋鸣鸣（中共）、韩广宁（致公）

续6-1-3-1

届次	时间	主席	副主席	秘书长	常务委员
四	2007.11 —	邓建农 (中共)	彭先国(民建) 陈卫兵(女,中共) 刘金明(中共) 张立忠(民盟) 郭萱怀(致公)	萧学明 (中共)	甘小英(女,中共)、冯伟云(无党派)、刘清和(无党派)、李翠(女,民盟)肖席云(中共)、武樵(中共)、蒋鸣鸣(中共)、刘跃文(民进)、陈新平(中共)、严端明(中共)、、李文胜(民革)、萧勇(无党派)、萧洪武(民革)、吴国柱(无党派)、陈楷之(无党派)、阳和平(农工)、范建阳(民进)、罗艳(女,民建)、周爱群(女,中共)、胡楚贤(民建)、谭海池(中共)、彭静安(无党派)

注:主席、副主席、秘书长均为常务委员,在“常务委员”栏中,名单不再重列

第二节　工作机构

1988年,政协原雨湖区第二届委员会常设工作机构有:办公室,提案工作委员会,学习委员会,“三胞”联络工作委员会,工作组委员会。1992年新一届政协雨湖区委员会成立后,设办公室和提案、经济科技、教卫文史、学习联谊、法制群团5个委员会。有工作人员25人。下设雨湖路街道、城正街街道、平政路街道、鹤岭镇、云塘街道、中山路街道、窑湾街道、广场街道、楠竹山镇、羊牯塘、先锋乡、先锋农场、昭潭乡、护潭乡、长城乡15个政协联络组。1997年,政协雨湖区第二届委员会工作机构调整为提案、经济科技、学习联谊、法制群团4个委员会和办公室。共有工作人员25人。1998年,学习联谊委员会更名为学习文史联谊委员会。至2007年年底,政协雨湖区第三届委员会设工作机构5个,即:办公室,提案工作,经济科技、文史联谊、法制群团委员会。有工作人员22人。全区政协委员分设16个政协联络组。

专录一　政协湘江区委员会

1984年5月,政协湘江区召开第一届委员会第一次全体会议,会议选举常务委员14人,选举肖克强为政协主席,赵福林、杨则敬、关伯钦、邓友生为副主席。1986年3月19日至22日,政协湘江区召开第一届委员会第三次全体会议,出席会议委员72人,由18个界别组成。政协湘江区一届三次常委会决定,政协机关设办公室、学习委员会和提案审查委员会等专职机构。根据委员的不同专业,设置祖国统一工作组,科学、技术工作组,文化、教育工作组,体育、卫生工作组,文史资料征集组,工商工作组等6个组。并将委员划归湘江区机关、中山路街道、窑湾街道、楠竹山镇、广场街道4个政协联络组。政协湘江区第一届委员会共召开3次全体委员会议,18次常务委员会会议,履行“政治协商、民主监督、参政议政”职能,对湘江区两个文明建设,以及人民群众生活等问题,进行广泛协商。共收到委员提案131件,经分类登记,分析研究,及时提交有关部门和单位办理。与湘江区统战部一道办理政协委员落实政策的信件30件,涉及20人,需落实政策的40个问题,按政策全部落实。开展文史资料征集工作,共征集整理文史资料6篇,即《雨湖今昔》《光绪年间》

《黄笃杰与新群学校》《李腾芳及其湘洲乐》《记1948年省立女师一次罢教斗争》《湘潭女诗人周诒端》。编写印发《湘江政报》《政协统战工作手册》等资料1000多份。政协湘江区对辖区内的150多户“三胞”亲属有重点地进行走访。中山路街道办事处建立“三胞”亲友联谊会，成立5个“三胞”亲友联络组，开展联络工作。72名政协委员中涌现出先进工作者33名。

1987年3月，政协湘江区第二届委员会第一次全会召开，出席会议的政协委员81人，由17个界别组成。选举产生政协湘江区第二届常务会。选举朱传珪为政协主席，邓友生、关伯钦、李永明、浣江海为政协副主席。并通过“坚持四项基本原则，旗帜鲜明地反对资产阶级自由化”《政治决议》。政协湘江区第二届委员会共召开16次常委(或扩大)会议，学习中共十三届四中、五中全会精神及中共中央领导同志的讲话，学习人民政协和统一战线工作理论，提高政协委员履职能力。督促有关部门办理政协委员提案138件。为钢窗附件厂争取到10多种零部件加工业务；协助原湘江区工商大楼解决商品库房租用问题；配合湘江区环保局在世界环境保护日举办环保文艺会演。组织政协委员对江麓烟尘控制区进行考察，推动江麓豆作厂烟尘的治理。与湘江区文化局联合举办“清明笔会”，政协委员与书法、美术界人士挥毫作画、作书，共赞盛世。接待来访200人次，走访政协委员、统战人士1000多人次。接待回大陆探亲的“三胞”人员70多人次。多方协调为政协委员、“三胞”、统战人士解决落实政策、寻找亲人、老有所养等实际问题30多个。协助成立黄埔同学会。帮助海会寺落实房产和兴建山门。

1990年2月，政协湘江区第三届委员会第一次全会召开。出席会议的委员86人，由17个界别组成，其中新任委员46人。委员中有中共党员33人，民主党派成员23人，无党派人士30人，女委员28人。会议选举政协常务委员会委员9名，选举戚映清为政协主席，邓友生、李永明、向显德、赵克宽为政协副主席。根据工作需要，机关设办公室和文史资料、工作组、科学技术经济工作等3个委员会。设教育、文体、群团、医卫、科技、工商经济、联谊宗教7个工作组，在街道设联络组。政协湘江区第三届委员会共召开3次全体会议，均听取区政协常委会工作报告、提案办理情况的报告。委员列席区人民代表大会，协商讨论区人民政府工作报告，区国民经济和社会发展计划执行情况报告。作出政治决议以及工作报告、提案办理情况报告的决议。政协湘江区第三届委员会共召开15次常委会议，学习党的十三大会议精神，学习党的社会主义初级阶段的基本路线。为提高政协委员的履职能力，举办两场履职辅导报告会，召开7次政协委员座谈会，组织30多次政治学习。政协向全区人民宣传党的统战政策，弘扬社会主义、爱国主义精神。组织联络组、工作组的政协委员，开展调研考察活动，为促进湘江区的经济发展和两个文明建设，写出调研报告8篇，提出意见和建议30多条。教育工作组组织委员对湘江区学校勤工俭学情况进行调查，对解决“唐兴寺小学教学楼年久失修”“窑湾小学没有下水道”“人民路小学的厨房已成危房”的问题，提出建议，区政府拨款20多万元解决窑湾小学的下水道修建，人民路小学厨房改建和唐兴寺小学教学楼的维修问题。政协还组织政协委员到杨梅洲考察，调查报告提出的“将杨梅洲开辟为水上公园”的建议，得到市政府的重视，最终建议得以实现。区政协举办《湘江政协》专刊，出刊15期。向《湘潭日报》、湘潭电视台等媒体投稿14篇，向省政协推荐典型材料2篇。文史资料发行工作被省评为先进单位。举办“清明笔会”“学雷锋、树新风”等精神文明建设活动21次。成立“三胞”亲友联谊会，发展会员130多人。专访“三胞”亲友和政协委员640多人次。为“三胞”亲友解决实际问题7件，受到“三胞”好评。

1986-1992年6月政协湘江区历届常务委员会及组成人员

6-3-3-1

届次	时间	主席	副主席	秘书长	常务委员
一	1984.5 — 1987.2	萧克强 (中共)	赵福林(中共) 杨则敬(民建) 关伯钦(无党派) 邓友生(中共)		丁成志(民革)、汤剑鸣(无党派)、邓维斯(女,中共)、陈次衡(女,民进)、罗义球(中共)、黎尚廉(民盟)、涂楚国(女,农工)、秦桌仁(九三)、杨顺成(中共)
二	1987.3 — 1990.2	朱传珪 (中共)	邓友生(中共) 关伯钦(无党派) 李永明(无党派) 浣江海(民建)	罗义球 (中共)	丁成志(民革)、王昌兰(女,无党派)、刘励功(民盟)、李萍辉(女,民盟)、余立成(女,民进)陈懿翔(女,中共)、秦卓仁(九三)、聂治国(中共)、汤剑鸣(无党派)
三	1990.2 — 1992.6	戚映清 (中共)	邓友生(中共) 李永明(无党派) 向显德(无党派) 赵克宽(民建)	吴任奎 (中共)	王体鲍(农工)、刘正洪(中共)、冯恒山(民进)、李萍辉(女,民盟)、陈秀华(女、致公)、杨顺成(中共)、罗海棠(民革)、秦卓仁(九三)、蔡志平(无党派)

(注:主席、副主席、秘书长均为常务委员,在“常务委员”栏中,名单不再重现)

专录二　政协郊区委员会

政协湘潭市郊区委员会是1984年4月成立的,在政协郊区第一届委员会第一次会议上,区委书记齐美成当选为政协主席(兼任)。周惠华、徐焕樊、楚仕储、龚楚武当选为政协副主席。至1986年8月8日止,政协郊区第一届委员会共召开五次全体会议。

1987年2月23-28日,政协郊区召开第二届委员会第一次会议,会议出席委员105名,由21个界别人士组成。委员中,非中共党员65人,占总人数的61.9%;中专以上文化44人,占41.9%。女委员30人,占总数的28.6%。平均年龄45.2岁。会议听取周惠华(女)代表郊区首届委员会常务委员会作《工作报告》,龚楚武作《提案办理情况的报告》。通过《政治决议》、《工作报告的决议》《提案审查情况报告的决议》。会议选举产生政协郊区第二届委员会常务委员25名。何炳霖当选政协主席,丁剑虹、刘文魁、何光明、易映年(女)、周惠华(女)、戚映清、龚楚武当选政协副主席。1988年3月3-6日,政协郊区召开第二届第二次全体会议,区委书记章亮春到会讲话,要求区政协组织委员“全面、系统、准确”把握党的十三大精神。会议增选陈运德为政协郊区第二届委员会常务委员会委员。1989年1月16-19日,政协郊区二届三次全体会议召开,区委副书记吴建凯要求政协委员为“治理经济环境、整顿经济秩序”献计献策。会议讨论通过何炳霖所作的《工作报告》,戚映清《关于提案办理情况的报告》,会议通过《政治决议》及工作、提案报告的决议。

1990年2月14-18日,政协郊区第三届委员会第一次全体会议召开,会议出席委员118人。其中,非中共党员76人,占总数的64.4%,女委员78人,占66.1%,知识分子56人,占47.5%。政协委员由11个界别组成。会议听取和审议何炳霖代表政协郊区第三届委员会常务委员会作的《工作报告》,龚楚武《关于提案办理情况报告》。会议通过《政治决议》《工作报告的决议》《关于提案审查情况报告的决议》。会议选举区政协常务委员18人，选举何炳霖为政协主席，丁剑虹、何光民、陈颂如、周惠华（女）、易映华（女）、龚楚武为政协副主席。经会议通过，设置学习委员会、文史资料研究委员会、提案工作报告会、工作组委员会，设立农业、教育、文体、医卫、法制、群团、财经工商、联谊等8个工作组。1991年1月28–31日，召开政协郊区第三届委员会第二次全体会议，到会委员96人。会议增选左争天为区政协副主席，同意易映华（女）辞去政协副主席职务。1992年2月19–22日，召开政协郊区第三届委员会第三次全体会议，到会委员102人。会议同意陈颂如辞去政协副主席职务（因其去海南省工作），选举黄洪武为秘书长。会议听取政协工作报告、提案办理情况汇报，通过政治决议及工作报告、提案报告决议。政协郊区第三届委员会至1992年6月终止工作。

1988–1992年6月政协郊区历届常务委员会组成人员

6-3-1-2

届次	时间	主席	副主席	秘书长	常务委员
二	1987.2 — 1990.2	何炳霖 （中共）	戚映清（中共） 周惠华（女，中共） 刘文魁（中共） 龚楚武（民进） 何光明（无党派） 丁剑虹（无党派） 易映华（女，民革）	文树安 （中共）	左争天（无党派）、文启煌（中共）、叶佩玖（农工）、刘君淑（女，中共）、陈友余（无党派）、邹硕夫（民进）、邹崇埴（民进）、赵平（致公）、赵文翔（中共）、侯艾青（女，农工）、倪世泉（无党派）、聂佑章（无党派）、谭敬清（民盟）、伍洪湘（中共）、许恒（无党派）、刘绍缄（中共）、陈运德（中共，1988.3任）
三	1990.2 — 1992.6	何炳霖 （中共）	周惠华（女，中共） 陈颂如（中共） 何光明（无党派） 丁剑虹（无党派） 龚楚武（民进） 易映华（女，民革） 左争天（无党派）	张石林 （中共） （1990.2–1991.1） 黄洪武 （1991.2任）	文树安（中共）、刘君淑（女，中共）、陈飞虎（无党派）、余开翰（无党派）、吴竹清（中共，土家族）、陈运德（中共）、杨伟元（无党派）、陈宗辉（农工）、张铁平（中共）、易映华（女，民革）、邹崇埴（民进）、邹硕夫（民进）、侯艾青（女，农工）、赵楷林（无党派）、夏介（民革）、傅友余（民盟）

（注：主席、副主席、秘书长均为常务委员，在“常务委员”档中，名单不再重现）

第三章　职能履行

第一节　协商监督

政协全会一般先于人大会议1–2天召开，并列席区人大会议，听取“一府二院”工作报告。对“一府两院”工作报告、增（补）选政府领导候选人等进行讨论协商。政协会议闭会期间，政协主席列席区委常委会议，政协部分负责人列席政府有关会议，参与对全区重大事项的决策讨论。对国家宪法和法律、法规在辖区的贯彻实施，对党和政府制定的方针、政策在辖区的贯彻落实，对国家机关工作人员履行职责、遵守法规法纪等方面开展经常性的监督工作。

1988-1989年，政协原雨湖区第二届委员会围绕党的“一个中心、两个基本点”的基本路线，履行人民政协“政治协商、民主监督、参政议政”职能，根据委员的专长和民主监督的需要，组成工商、经济、教育、科技、文体、城建城管、文史、医卫8个工作组开展工作，参加协商监督活动16次。积极帮助区委、区政府办实事20余件。寓监督于执行之中，使监督收到实效。

1990年2月-1992年5月，政协原雨湖区第三届委员会期间，围绕经济建设中心积极开展活动。各工作组与政府有关委办、局进行对口协商讨论，制定全年的工作目标，政协委员共献良策25条，均被有关单位采用。对群众反映强烈的问题，组织委员专题督查，参加各种检查60余次，参加各种座谈会、意见听取会200余次，努力促进“两个文明”建设。

1992年10月-1997年，政协雨湖区第一届委员会召开16次专题协商会，72次乡、镇、街道协商座谈会，坚持政协领导列席区委常委会和政府常务会议制度，围绕区委、区政府的中心工作，选择一些全局性、战略性、根本性的问题，进行协商。协商讨论雨湖区政府工作报告初稿，提出不少有实质性的建议；协商讨论雨湖区机构改革初步方案，为推动雨湖区机构改革出谋划策。根据《中共中央关于坚持和完善中国共产党领导的多党合作和政治协商制度的意见》精神和省、市部署，根据区委、区政府决定，区政协在民主党派和无党派人士中聘请特约监察员、审计员、教育督导员，提出“大力发展村级经济”“大力发展上规模企业、开发龙头产品”的建议意见，被区政府采纳。并议定《关于政治协商、民主监督的实施办法》报中共雨湖区委审查，批转全区执行；及时对区里出台的各项政策性措施及重要经济工作建言献策，就如何学习邓小平理论、全区改革和经济建设的发展战略、经济工作的发展思路，企业体制和政治体制改革、市场建设和特区开发、加强精神文明建设、参与行风评议等重大问题进行认真协商，提出各种意见和建议780多条，对党政领导科学决策和改进工作发挥较好作用。

1998-2002年，政协雨湖区第二届委员会召开13次专题协商会，68次组织单位协商座谈会；参加中共雨湖区委、区政府重大督促、检查、调研活动12次；参与对公检法等单位的执法监督活动40多次；参与其他部门执法检查10多次；参加省创建人民满意派出所督查和评比活动；按照协商于决策之前的原则，集中协商讨论区“十五”计划及政府工作报告等，提出各方面的意见和建议800多条，专题建议报告6份，推动区委、区政府决策的民主化、科学化。

2003-2007年，政协雨湖区第三届委员会加强民主监督力度，积极反映社情民意。对“城市管理及执法情况”“全区大病救助情况”“中小民营企业‘一站式’管理情况”“民办职业教育工作现状”“社区建设情况”通过调查、分析，写出调研报告，提出意见和建议案，提供给区委、区政府进行专题协商，改进工作。参加有关部门的行风评议、监督检查活动，履行监督职能。区政协还充分调动各专门委员会、联络工作委员会、联络组的职能，重点对雨湖区农村公共卫生环境、餐饮业食用油使用情况、医药市场实地调查、考察、监督，对有关行政主管部门提出改进意见和建议。委员们通过政协搭建的平台，履行政治协商、民主议政职能，参与协商雨湖区“十一五”规划，提出5大类30多条建议；参与市举办的环保世纪行活动，提交4份建议材料。

第二节　考察调研

1988-1989年，政协原雨湖区第二届委员会围绕服务经济中心开展考察调研活动，组织委员们分别深入到6个联络片，调查研究“热点”工作15次，写出考察报告14篇，共献良策25条，均被有关单位采用。1990-1992年5月，政协原雨湖区第三届委员会积极调研，为企业办实事16件。

1992年6月-1997年，政协雨湖区委员会第一届委员会第一次全体会议作出开展《我为振兴雨湖经济做贡献，我为人民政协添光彩》"六个一"活动的决定。即：为经济建设和社会发展献一个良策，提供一条重要信息，帮助引进或开发一个生产项目，举荐一个人才，支持或帮助落实一项改革措施，促进用活、用够、用好一项政策。委员们积极参政议政，提供重要经济信息574条，开发引进项目145个，举荐人才205人，引进资金4526万元。开展科技咨询服务1857人次。深入基层开展10项专题调查。组织专题调查134项，写出调查报告218篇，提出质量较高的意见和建议660多条，大多数得到区委、区政府的重视和采纳。帮助解决窑湾木作包箱厂职工上访善后问题，促进乡镇企业大发展、个体私营经济发展等五条建议都得到有效办理。

1998-2002年，政协雨湖区第二届委员会开展各项调研活动94次，走访区内个体、民营、外资企业和市场，提出《全区非公有制经济发展状况调查报告》《关于雨湖区外商投资企业发展状况的考察报告》《关于加快雨湖区个体私营经济发展的建议案》《关于发展个体私营经济政策难到位的情况分析》《关于扩建齐白石纪念馆、发展湘潭文化艺术市场，促进湘潭经济发展的建议》等考察调研建议案；对个体私营经济发展思路、优化投资环境、规范行政执法行为、强化服务意识等问题提出具体意见。参加区委、区政府重大督促检查活动、调研活动12次，以及参与执法监察50多次。区政协组织有关人员上村入户，开展"心连心"活动，参与农村党支部整顿，参与全区"一化三清"（绿化城市，清理违法建设、清理违法用地、清理违法开发）工作，组织筹措两基达标捐款200多万元。

2003-2007年，政协雨湖区第三届委员会委员参与万楼新区整体规划及调研，为新城区建设出谋划策；参与市人大、市政协举办的环保世纪行活动，提交4份建议材料。组织委员开展调研、视察活动46次，召开对口协商会议107次，走访对口协商单位56次，撰写调研报告、视察材料46份。如"加快先锋工业园区建设、实现雨湖区经济跨越发展""贯彻中央一号文件，促进农民致富奔小康""创新建设模式，壮大区域经济""改造砂子岭市场群，巩固雨湖商贸中心地位"等，被区委、区政府采纳或市政协采用。《关于湘潭市"城中村庄"改造问题的调研报告》获省政协调研成果一等奖，《深入实施"科教兴区"战略，大力促进科技成果转化》调研报告，获2006年度全市政协系统优秀调研报告奖。区政协充分发挥界别作用，挑选120多位具有专业素质与学识的委员组成农业、工业、金融、房地产等10个专业活动组，多方面、多角度开展调研。5年来开展调研34次，提交调研报告32篇，提出有深度的意见与信息。期间，委员们关注和参与社会公益事业，部分委员为长城乡敬老院捐款5万多元；委员周新国捐款1.4万元，解决贫困学生入学难的困难；委员戴新华等3人捐资为先锋中学添置30多台电风扇。委员们为社会公益事业及救灾捐款共70余万元。

第三节　提案办理

1988-1989年，政协原雨湖区第二届委员会根据全国政协《提案工作条例》，围绕改革开放、经济建设、民主法制建设以及群众利益相关的实际问题撰写提案。提案和意见涉及经济、文化、教育、卫生、环境保护、道路修建、商业网点布局和发展区、街工业、水电基础设施建设等内容。期间委员提案在政府职能内能解决的，基本上都得到解决；属于市和其它单位办理的提案和意见，及时向有关部门移交。

1990-1992年5月，政协原雨湖区第三届委员会共收集提案146件，意见和建议190条。政协提案委认真审查立案，归口交办。一位委员提出的《关于整顿蔬菜和烟草市场物价》提案，启动一场全区性的对农贸和烟草市场的大检查。关于建好伍家花园农贸市场和修建好伍家花园至仙女山的公路两个提案都被采纳和落实。涉及治理经济环境，重视精神文明建设，加强乡（场）科技力量，保障农民种子、化肥、农药供应，保护水利设施、禁止滥伐森林、扶助乡村企业等"三农"问题的提案得到妥善处理。

1992年10月-1997年，调整行政区划后的政协雨湖区第一届委员会共收集委员提案742件，批评、建议、意见143条。从提案分类来看，属于深化改革，加快经济发展步伐的146件；加强精神文明建设的59件；民主法制建设的30件；加强廉政建设，改进工作作风的45件；科教兴区，文体卫生方面的36件；城市建设和管理及环境保护方面的176件。从提案办理结果看，委员提案得到有关部门采纳且问题已经解决的312件，占提案总数的42%；问题已列入规划需要逐步解决的278件，占总数的37.5%；所提问题因条件限制或其他原因暂不能解决的121件，占总数的16.3%；所提问题留作参考的31件，占总数的4.2%。办复率100%，见面率85%，满意率85%。1994年，委员提出《认真贯彻实施义务教育法，尽快实现我区六岁儿童入学》和《早日建好韶西学校》的提案。引起区委、区政府的高度重视，区长办公会议专题研究，制定《雨湖区普及九年义务教育实施细则》，提出到1996年基本普及九年义务教育，加大投入改善办学条件，逐步增加教育编制，用四年时间解决六岁儿童入学的规划。这一规划并结合"两基"达标，采取四套班子领导包乡镇、街道和重点困难学校，签订责任状的办法，至1996年底实现了目标。全区投资2281.4万元，建校舍29016平方米。新建韶西、犁头、红旗等5所学校，风车坪、人民路等7所学校新建标准教学楼，维修校舍58938平方米，解决了九年义务教育和六岁儿童入学问题。又如"请求区委、区政府切实落实市政府1993年12月28日会议纪要，将城正街道教堂全部房地产归还教会，落实党的宗教政策，以取信于民"的提案，这个问题既关系到党的宗教政策能否落实，又涉及城正街道办事处办公地址搬迁问题。对此提案区委、区政府非常重视，以政府牵头，多次召开城正街道、教会、城建局、市政府协调科等单位负责人会议。决定将区城建局搬迁区政府二院，城正街办事处迁址熙春路，从而使拖了近11年未解决的老大难问题终于划上圆满的句号。《建立火车站公用电话》《消灭民主路自由市场卫生死角》《迎宾路市场早日投入使用》《恢复广技路路灯》等涉及便民利民和市民生活环境的提案均被采纳落实。

1998-2002年，政协雨湖区第二届委员会共收集委员提案581件，立案562件。从提案分类来看，属于发展农业、实现农业产业化的109件；深化企业改革，巩固和发展区街、乡镇企业的65件；拓宽市场，发展第三产业的78件；加强廉政建设和精神文明建设的21件；抓好科教兴区的25件；加强民主法制建设的42件；加强城市建设和管理的184件；认真做好统一战线工作的5件；认真做好文化、体育、卫生工作的16件；其他方面的17件。从提案办理情况看，已经解决或正在解决的326件，占58%；已列入规划，准备解决的175件，占31.1%；因条件限制和其他原因需要以后解决或留作参考的22件，占3.9%。另外，根据管理权限，属上一级职能部门解决的39件，已转交市政协提案委处理。提案办复率100%，见面率85%，满意率90%。《加固河西堤防，造福人民》提案引起市委、市政府高度重视，争取国家资金1210万元(其中省政府200万元)，使河西大堤下段钢筋混凝土档水墙工程顺利竣工。此提案被市政协评为优秀提案。城市建设中小街小巷的道路、下水道以及脏乱差等问题，事关居民切身利益，部分委员提出了较多的提案。对此，区建设局非常重视，成立了提案办理工作组，由局长杨新华负责，副局长陈常文亲自抓。在资金特别紧张的情况下，他们在积极向上级反映争取支持的基础上，根据"人民城市人民建"的方针，广泛宣传发动，组织有关单位集资修路；同时在政策允许范围内开展创收活动筹集资金。1999年，全局共投入城建资金230万元，完成换新街、鸡公嘴路、万家大屋路、风车坪路、草塘路、立新围子路、竹山塘路、纺织路及建城路、城正街路(部分)等10条道路的改建。对文运街、正福街、大湖街、长园里等10条道路进行维修，竣工验收道路面积19900平方米。新修下水道1350米，疏通下水道10500米。同时分步骤、分阶段对全区"脏、乱、差"进行全面整治，市民反响良好。

2003-2007年，政协雨湖区第三届委员会委员提交提案544件，立案528件，区内办理的303件，转市办理的225件，同时收到委员批评建议意见5件。提案办复率100%，见面率100%，满意率95%。在这些提案中，属于经济建设方面的提案占45%。同时不少提案涉及改革、发展中深层次的问题。《实现工业基地新突破，推进楠竹山镇、鹤岭镇城镇化》提案引起区委重视。区委书记带队现场办公,提出重点建设好"一园两镇"发展思路,使两镇进入全省和全市小城镇建设示范镇和重点镇。其中《关于开放公园的建议》提案被市政府采纳,市内公园自2004年5月1日起取消门票,方便市民休闲和健身;《关于规范客运市场取缔"摩的"》的提案被市委、市政府采纳,"摩的"非法经营状况得到专项整治;《关于加快雨湖区社会主义新农村建设》提案,区委、区政府实施"五五工程",围绕"生产发展、生活宽裕、乡风文明、村容整洁、管理民主"目标展开工作。《关于解决万楼重建项目中有关问题的建议》引起市领导的高度重视;曾祥冰等5位委员《关于鹤岭镇境内公路维修意见》提案被市里采纳,投资600万元对湘锰公路进行维修。

第四节 文史征稿

1988-1992年9月,政协原雨湖区第二届、第三届委员会牵头组织有关部门和各界人士举办"七一"书画展,共征集作品205件,评出一、二、三等奖,获奖作品53件。组织编印发行区政协文史资料《雨湖春秋》,全书8万字,资料内容为雨湖区的文化历史古迹及文化名人事迹。

1992年10月-1997年,政协雨湖区第一届委员会组织委员撰写新闻稿件248篇,向中央、省、市报刊投稿40篇,见报20多篇。每月自编一期《政协简报》,召开社会主义市场理论研讨会,收到论文26篇。被省、市有关报刊采用12篇。编印29位委员的先进事迹,以《委员之光》的刊物发行,被市政协工作会议作为典型加以推广。

1998-2002年,政协雨湖区第二届委员会将委员撰写的30多篇有较高理论水平、有参政分量的提案、调研报告、视察报告、发言材料等文章编印成《肺腑之声》一书出版,内部发行。

2003-2007年,政协雨湖区第三届委员会将评选的区级优秀提案56件,市级优秀提案14件录制成广播、电视专题片,通过新闻媒体向社会推介、扩大影响。同时组建《肝胆相照》一书编辑委员会,广泛征集委员在参政议政中建言献策文章、调研考察报告、经验材料、图片,以及他们在改革开放中的先进事迹、优秀成果,全面地、系统地反映区政协成立17年来的光辉历程,展示历届政协委员立足本职、奉献社会、履职为民的风采,以此作为向中国人民政治协商会议成立60周年的献礼。

第五节 学习联谊

1988-1992年9月,政协原雨湖区第二届委员会与第三届委员会,组织成立雨湖区"三胞"亲友联谊会,建立联谊小组50个,会员500多人。联谊会组织学习党的"一国两制"方针和对台政策,开展"五一游园"、"园丁乐"等活动40多场次,参加活动的达3000人次。由于联谊活动开展灵活、多样,内容丰富,效果好,雨湖区政协出席省政协联谊工作经验交流会,被评为全省政协系统的"先进单位"。区政协为委员订购学习资料4000多份(册),印发《政协统战工作手册》300多本及配套宣传资料5000多份。举办政协统战理论政策学习报告会8场,参加学习的有750多人次。编印《雨湖政协》简报48期7200多份。期间,在扩大爱国统一战线工作中,走访委员、民主人士1000余人次,回大陆探亲的"三胞"70余人次。帮助居住在雨湖区的30多位黄埔学校老同学于1988年6月成立黄埔同学会,加强与海内外黄埔同学的联谊。

1992年10月-1997年,政协雨湖区第一届委员会建立与党外人士交朋友和走访委员的制度。5年中,走访委员928人次,接待政协客人15批117人,组织赴外地参观学习216人次。成立雨湖区(新)"三胞"亲友联谊会,共接待"三胞"人士127人,召开"三胞"亲友座谈会54次。为台胞寻找失散50多年的亲属。利用清明节、端午节、中秋节、春节等传统节日与委员、各界人士、“三胞”亲友举行多种形式的联谊活动，并对因病住院或有特殊困难的委员进行慰问。“三胞”人士增强对祖国、对家乡的感情，为区经济建设引进外资40多万美元，引进技术项目1个，新产品2个。其间主办学习《政协章程》培训班，开展知识竞赛，参赛人员181人。

1998-2002年，政协雨湖区第二届委员会组织委员和工作人员重点学习市场经济知识，学习孔繁森、徐虎、李素丽（女）等先进人物的先进事迹。区政协建立并完善与党外人士交朋友的制度，有党外朋友小组12个，重点对象72名。接待返乡台胞、华侨200多人次，走访“三胞”亲友成员300多人次；利用元旦、春节、中秋等传统节日，邀请“三胞”人士参加座谈会、茶话会等联谊活动20多次；走访委员800多人次。各专门委员会联络组织各类联谊活动170多次。委员和“三胞”亲友积极投身社会公益事业，为解决贫困群众的生活、教育、医疗等问题捐款捐物折价100多万元。编辑《雨湖政协》简报5000多份，参与迎香港回归的文艺会演。

2003-2007年，政协雨湖区第三届委员会为提升委员的素质，举办委员培训班3次，开展各类理论知识竞赛4次。期间的政协工作在省政协、市政协先进工作经验会上作为典型经验介绍，区政协被市政协评为先进单位。《湘潭日报》和《湘潭年鉴》等刊登的《雨湖区创新机制结硕果》等文章，全面反映政协雨湖区取得的工作成绩。

第七篇　民主党派和群众团体

第七篇　民主党派和群众团体

第一章　民主党派

第一节　中国国民党革命委员会雨湖区地方组织

一、组 织

1988年，中国国民党革命委员会(简称民革)雨湖区地方组织有雨湖区一、二支部，湘江区一、二支部，郊区支部等8个支部，成员207人。民革湘潭市委亦在境内。1989年12月，民革市十六中学支部成立。1990年，雨湖直属支部成立。1992年8月，第一职业中等专业学校支部成立。年内，因湘潭市行政区划调整，湘江区一、二支部更名为雨湖区三、四支部，郊区支部更名为雨湖区五支部。1996年，民革高等院校支部、民革市化工研究院支部、民革市文艺支部相继成立。1999年6月，民革湘潭师院支部成立。2000年10月，民革湘潭大学支部成立。2003年6月，民革湘潭市财税金融支部成立。2004年，民革各基层支部全面推行支部工作目标管理和量化考核。4月，民革中央组织部派员到湘潭考察基层组织建设工作，对区内基层支部的工作予以肯定。在民革省委组织的“创先评优”活动中，民革雨湖二支部被评为省先进支部。2007年，经调整，民革在区内除其他市属支部外，有5个区属支部，成员124人。

民革湘潭市委庆祝中国国民党革命委员会成立60周年大会在雨湖区召开

二、活 动

(一)参政议政

1988年，境内民革成员中有省人大代表4人，省政协委员1人，市人大代表3人，市政协委员15人，区(县)人大代表3人，区(县)政协委员29人。1991年，围绕经济建设及群众关心的问题，区内民革成员中的人大代表、政协委员提出《关于理顺城区管理体制的建议》等建议、提案，得到各级政府的重视或采纳。1992-1995年，针对长株潭“金三角”地区的开发，教育制度的改革，三资企业的发展，煤气工程和市政建设，境内民革成员中的人大代表、政协委员先后提交建议、提案312件。其中提案《要高度重视解决职工居民住房困难问题》，得到市政府支持。1996-1998年，区内民革成员中的人大代表、政协委员先后提交集体建议、提案43

件。1999年,区内民革成员共撰写建议、提案55件,专题调研文章、调查报告3篇。《关于加强种子生产经营管理的建议》被评为优秀集体提案。提案《加强对挂靠企业的清理整顿》被指定为大会书面发言材料,市政府为此发出相关文件,成立由副市长为组长的清理整顿领导小组,开展对挂靠企业的清理整顿。成员邓建成撰写的《加入WTO与中国的高等教育》的调研文章和《认真履行职责,搞好参政议政》的理论文章在《团结》杂志上发表。区内民革成员中,先后有20人被市政府有关部门聘任为特约审计员或特约监察员,10余人次被评为优秀行风评议代表。2000-2001年,为反映社情民意,区内民革成员共撰写建议、提案151件,专题调研文章、调查报告7篇。2002-2007年,区内民革成员共撰写建议、提案465件,专题调研文章、调查报告22篇。提案《国企改革要重视土地资产的处置与营运监管》被评为市政协第八届委员会参政议政优秀成果。《如何加快我市外向型经济发展》《关于湘潭市发展物流产业的对策和建议》《长株潭可持续发展生态城市的调查与建议》等调研文章先后被评为省民革年度参政议政调研成果一等奖。《关于促进湘潭市农村劳动力就业与转移的调查和建议》一文在市政协全会上宣读。2007年末,区内民革成员中有省政协委员3人,市人大代表3人,市政协委员20人,区人大代表3人,区政协委员34人。共撰写各类建议、提案164件。

(二)社会服务

1988-1992年,境内民革成员先后创办经济实体21个,有职工350余人,注册资金320万元,累计产值2800万元,为国家创税70余万元。成员易映华(女)在担任小学校长期间,开展勤工俭学,由一口铁锅起家创办油漆厂,累计产值达350万,获纯利110万元,学校教学条件和教师生活得到改善,她因此获得"全国优秀教师"称号。1995年,成员胡永强创办的市通和住宅合作社参加安居工程建设,兴建6万平方米的住宅,受到市政府表彰。1998年11月,根据湘潭市关于整顿挂靠企业的精神,各企业均与民革组织全部脱钩。1999年以来,区内民革成员立足本职工作,支持地方经济建设与改革开放。市财政局办公室副主任卢昌前利用所掌握的法律知识,为全市16家企业办理国家出口退税1300万元。他还参与全省性法规的修订,被评为年度全省优秀法治工作者。湘潭师范学院教授郭振楚潜心钻研,多项科研成果通过省科委鉴定并获科技部颁发的进步三等奖。市国税局赵国庆和市技术监督局成尧锡帮助国税、技监部门在107国道率先推行税控加油机项目,得到国家税务总局的肯定并在全国推广。2005-2007年,湖南龙牌集团公司总经理吴伟引进外资3000万元。民革成员中的书画界精英多次组织义卖和现场募捐活动,所得款项全部捐献给贫困户或灾民;他们还为贫困农户现场书写春联。在"献爱心、送温暖"的捐资助学、扶贫济困活动中,区内民革成员共资助对象10余人,资助资金3万元。

(三)促进祖国统一

1988-1990年,境内民革成员为促进祖国统一而开展工作,共接待回乡探亲、观光、讲学的"三胞"(台湾同胞、港澳同胞、海外侨胞)328人次;有16名成员出境探亲访友,与台、港及海外亲友通信2600多封,与海外酬唱诗词300多首,撰写对台宣传稿件50多篇。1991-2000年,田翠竹、周家乾、郭文蔚、何雷衡等纷纷"以诗会友""以戏会友""以画会友",与"三胞"广泛交流。2001年,区内民革成员学习贯彻"一国两制"的方针和江泽民的八项主张,旗帜鲜明地反对任何分裂祖国的言行。2005-2006年,台湾爱国人士连战、宋楚瑜相继访问大陆,宋楚瑜先生还回到故乡湘潭省亲。区内民革成员以此为契机,先后开展各种主题活动,召开三胞亲友座谈会、台湾形势报告会。2007年,区内民革成员加强台情研究和宣传工作,撰写相关文章。其中《连战参访祖国大陆是两岸人民共同努力的结果,今后要重点做好台湾人民的工作》《建议建立涉台参政议政成果交流平台》《建议党委宣传部门和主要新闻媒体加大宣传力度,积极评价香港在两岸关系中扮演的角色》3篇文章分别被民革省委,省、市委统战部采用。

第二节　中国民主同盟雨湖区地方组织

一、组 织

1988年，中国民主同盟（简称民盟）雨湖区地方组织有湘潭师范学院、湘潭矿业学院、市一中、市二中、雨湖区、湘江区联合等11个支部，成员201人。民盟湘潭市委亦在境内。1989年，民盟原雨湖区、湘江区两个支部调整，分别组成河西教育支部、河西联合支部；是年6月23日，民盟郊区支部成立，后并入河西教育支部。2000年，原河西教育支部撤销，分别成立民盟市十一中支部和民盟市工贸中专支部。2002年，设立市民盟机关直属支部。2003年，湖南科技大学组建，原湘潭师范学院、湘潭矿业学院两校民盟支部随之调整为民盟湖南科技大学南校区支部、北校区支部、雨湖校区支部。2004年，民盟湘潭市委下辖的首个基层委员会——民盟湖南科技大学基层委员会成立，下辖3个支部。至2007年，民盟雨湖区地方组织有基层委员会1个，基层支部18个，成员355人。

二、活 动

（一）参政议政

1988年，境内民盟成员中有省政协委员2人，市人大代表1人，市政协委员6人，区人大代表1人，区政协委员6人。1995年，区内民盟成员中的人大代表、政协委员共提交各类建议、提案160余件。其中建议、提案27件。汤萍等11人次获"优秀人民代表"称号；邱凤生、颜梅魁、徐泰来、黄棣华、谭敬清、陈建群等24人次获"优秀政协委员"称号。1996年，区内民盟成员中有省政协委员4人，市人大代表2人，市政协委员13人，区人大代表2人，区政协委员9人。省政协委员、民盟湘潭市委主委余明光向省政协提交《关于增加农业投入、稳定健全农技队伍，把科技兴农真正落到实处》和《建立湖南硅谷，进行高教资源重组》的提案被采纳。民盟湘大支部主委王志忠参加民盟11省市第九次高教研讨会，所撰《人文素质与专业技能并重是我国高等教育发展的迫切需要》一文被评为优秀论文。王志忠并被民盟湖南省委评为参政议政先进个人。1997-2001年，区内民盟成员中的人大代表、政协委员共提交各类建议、提案160余件。其中，《关于塑造湘潭城市形象，为湘潭经济发展服务的建议》获市政协优秀集体提案奖。同时，区内民盟成员广泛开展涉及湘潭工业、农业、教育、金融、城市建设等诸多方面的课题调研，《组织推广养殖菜牛专题调查》《关于在湘潭筹建2500-3000T/年工业造纸厂的调查》《目前我市国有企业存在的一些问题及若干对策的思考》《积极推进我市农业产业化进程》《湘潭城市形象调查》《关于我市高校后勤社会化的调查及对策建议》等调研文章，得到中共湘潭市委、市政府的高度重视。民盟成员参与行风评议，亦成为参政议政的一个重要方面，成员谭敬清多次被评为优秀行风评议员。2002-2005年，区内民盟成员围绕城管、司法、文化、产业发展、资源整合、城建、农村等方面继续开展调研，民盟成员中的人大代表、政协委员共提交各类建议、提案108件。其中，《关于改革我市城市管理体制的调查与建议》《关于加强我市司法队伍建设的思考和建议》《加强对我市沿湘江生态风光带人文资源开发建设和保护》《我市小城镇建设中存在的问题及其对策建议》《我市高级技能人才现状需求及对策建议》《挖掘和整合我市高校科技资源、为打造先进制造业中心服务》《关于我市市场建设的调查与建议》等被提交有关部门研究。《关于我市高校后勤社会化的调查及对策建议》，对驻湘潭市高校争取到国家3000万元无息贷款起到推动作用。2007年末，区内民盟成员中有省人大代表1人，省政协委员2人，市人大代表1人，市政协委员10人，区人大代表2人，区政协委员9人。共撰写各类建议、提案107件。

(二)社会服务

1988年,境内民盟成员响应民盟中央"做好事、做实事"和"服务社会"的号召,开展教学研讨、办学讲学、经济咨询、扶贫济困等社会服务工作,并创办实业,服务于地方经济。至1990年,成员所办潭州业余大学共培训学员229名。1991年,该校先后与省速记协会、长沙电视中专联合办班,毕业学员百余名,大多被沿海省市录用。陈沛华创办的潭州书画院,经营文化用品,开展文化交流,书画作品多次进入广交会,至1998年销售额逾千万元,上缴利税近百万元。2000年,区内民盟成员坚持向社会献爱心扶贫解困。民盟湘潭市河西联合支部、医卫支部组织成员上街为儿童义诊,进行保健咨询;民盟湘潭中心医院支部、文艺支部的成员下乡义诊、义演;民盟农林支部免费为农民开展农村技术培训。同时,涌现出黄腾其、傅旭光等为地方经济作出重大贡献的企业家。成员黄腾其、黄展新父子创办的心连心集团公司,业务范围涉及百货和超市连锁经营、农业种植养殖、食品加工生产及销售、农业生态休闲、酒店餐饮娱乐、物流配送、房地产开发、商业网购等多个领域,在湖南、江西等省拥有百货购物广场、大中型连锁超市、乡村超市70多家。2007年,"心连心"注册商标被评定为"中国驰名商标"。

第三节　中国民主建国会雨湖区地方组织

一、组　织

1988年,中国民主建国会(简称民建)雨湖区地方组织有雨湖、湘江、城北等4个支部,成员53人。民建湘潭市委亦在境内。至1990年,民建雨湖区各支部共发展新成员72人。1997年10月,区内成立以民营企业家为主体的河西民营企业支部。2007年,除高校支部外,民建雨湖区地方组织有支部5个,成员121人。

二、活　动

(一)参政议政

1988年,境内民建成员中有全国政协委员1人,省人大常委1人、代表1人,省政协委员1人,市人大常委会副主任1人,代表3人,市政协委员3人,区政协委员4人。1989年,在民建组织的湘潭市经济发展战略第二次理论研讨会上,境内民建成员共提交论文16篇。1993年,区内民建成员中的人大代表、政协委员提交建议、提案26件。1995年,中共湘潭市委提出10道课题,民建雨湖、城北两支部共同承担其中课题"湘潭市工业如何走出困境"的调研任务。1996年,区内民建成员中的人大代表、政协委员提交建议、提案15件。至2007年,雨湖区内民建成员撰写的调研报告和集体提案,获全市民主党派、工商联调研成果一等奖2次,二等奖2次,三等奖1次,优秀奖1次;获全市统战理论研究和调查研究优秀组织奖2次,市政协参政议政优秀成果奖1次;民建省委调研报告一等奖1次,二等奖1次。其中,整顿雨湖区内高校周边环境、解决云居寺扩建中的有关问题等建议,《关于政府放心食品工程占道经营》和《"摩的"违法载客营运死灰复燃要引起高度重视》等调研文章,得到有关部门的重视或采纳。2007年末,境内民建成员中有省政协委员2人,市人大代表1人,市政协委员11人,区人大代表2人,区政协委员10人。共撰写各类建议、提案18件。

(二)社会服务

1988年5月,境内民建成员创办湘潭市经济技术咨询服务公司,进行新产品、新技术开发以及为各行各业提供技术咨询服务。公司服务对象主要为区、乡、街道企业。1989年,公司配合企业研制出手感柔软、经久耐用、成本低、性能好的新产品高级不锈钢清洗球,获省二轻行业"优秀新产品奖"。1990–2002年,区内民建成员、湖南皇爷食品有限公司董事长张刚强、湖南一格制药有限公司董事长黎格勒等秉承争创品牌的经营理念，弘扬创新、图强的精神，坚持质量第一的方针，促使企业稳步发展。民建成员、湖南红图集团董事长杨荣波创办网络科技产业公司，以创新手段满足用户需求，通过开展线上为主、线下为辅的多渠道全方位服务，成为群众欢迎与信赖的企业。2003-2007年，民建组织的经济与法律咨询服务团，发挥专业专长，为成员提供义务的经济与法律援助，走访成员所办企业，通过座谈、培训及组织外出考察，为成员牵线搭桥、促进合作交流；通过法律咨询，为企业免费处理各类诉讼、纠纷20起。区内民建成员还积极参加公益活动回报社会。张刚强先后多次为“希望工程”捐款，帮助建设希望小学14所，被省慈善总会、省红十字会、省青基会等联合评为“湖南十大慈善家暨公益慈善人物”。黎格勒在汶川抗震救灾活动中，捐献现金35万元，捐赠药品及其他救灾物资价值人民币45万元。

第四节　中国民主促进会雨湖区地方组织

一、组　织

1988年，中国民主促进会（简称民进）雨湖区地方组织有湘潭大学支部、湘江区小教支部、河西中教支部、雨湖区小教支部、湘潭师范支部、郊区支部、湘潭教育学院支部、湘潭师范学院支部等8个支部，成员102人。民进湘潭市委亦在境内。1989年，民进市第一职业中专支部、市文艺支部、市直属支部相继成立；民进河西中教支部撤销，成立民进市二中支部。1993年，民进雨湖区第三支部成立；原民进雨湖区小教支部、湘江区小教支部改称为雨湖区第一支部、雨湖区第二支部；原市直属支部更名为市机关支部；撤销郊区支部，其成员并入雨湖区第三支部。1995年，民进湘潭师范学院支部、市二中支部被授予“民进湖南省先进基层组织”称号。1996年，民进雨湖区机关支部成立。1998年，民进湘潭大学支部被授予“民进湖南省先进基层组织”称号。1999年，民进市一中支部成立。2002年9月，因湘潭师范学院与湘潭工学院合并，撤销湘潭师范学院支部，其成员并入湘潭教育学院支部。2004年，民进文艺支部被评为“民进全国先进基层组织”，支部主委唐湘麟赴京出席民进全国基层组织建设工作暨先进基层组织表彰大会。2005年，民进文艺支部、雨湖区机关支部被授予“民进湖南省先进基层组织”称号。至2007年，民进雨湖区地方组织有支部12个，成员300人。

二、活　动

（一）参政议政

1988年，境内民进成员中有省政协委员3人，市人大代表1人，市政协委员7人，区人大代表1人，区政协委员11人。1993年，区内民进成员中，有省政协委员2人，市人大代表2人，市政协委员10人，区政协委员5人。共提交提案97件。至1997年，成员邹崇埴、蒋孟来、冯恒山、盛菊阳等，共参加政府组织的各类评议、调研活动200多次。1998年，区内民进成员中，有省政协委员1人，市人大代表1人，市政协委员13人，区人大代表1人，区政协委员6人。通过省、市、县三级“人大”“政协”会，共提交建议、提案130件。成员、雨湖区副区长汤泽培分管教育、计生、文体等，通过与同事们的努力，雨湖区的教育、计生工作被评为全省先进，汤泽培被评为全国教育先进工作者、全省优秀党外领导干部。2003年，区内民进成员中有省政协委员2人，市人大代表1人，市政协委员11人，区政协委员9人。共提交建议、提案87件。2007年，境内民进成员中市人大代表1人，市政协委员11人，区人大代表3人，区政协委员9人。共提交提案142件。其中，成员、市政协委员文鸣提交的《关于对雨湖公园及周边环境进行综合治理与改造,建立以雨湖为中心的休闲、娱乐、健身文化区的建议》,得到承办单位市城管局的采纳并实施。

(二)社会服务

1988年,区内民进成员创办第一个经济实体楚才印刷服务部。同时,民进雨湖区小教支部、湘潭大学支部,配合民进湘潭市委创办楚才业余学校,利用暑假开办英语学前班、乒乓球培训班、艺术体操班、裁剪培训班。1992年,区内各民进支部履行民主党派基层组织的职责,就本单位重大事项主动提出建议近百条,得到单位的肯定和尊重。民进湘潭教育学院支部成员协助学院做青年学生的思想政治工作;民进市二中支部对学校应兴应革之事,利用座谈会的方式多次与单位沟通;民进湘潭师范学院支部提交的"在德育课中增加国情教育"的建议被学院采纳。1993年,民进成员、湘潭师院生物系教师刘炳荣响应市委"科技兴农"的号召,到九华乡免费提供奈李种植技术咨询服务,对该乡农民200多公顷没有按标准间栽的奈李树苗提出补救措施。1995年,金庭学校校长陈次衡(女)被推选出席民进中央为社会主义经济建设服务经验交流会。1997年,民进雨湖区第三支部牵头,联合市四职民盟、民革成员,利用星期日在先锋中学举办支教捐赠活动,共捐赠教学仪器70余件,价值5000多元,图书200册。2002年,民进文艺支部成员向湘潭县最边远的顶峰小学赠送图书、文具、衣物等,价值达5000元。至2007年年末,区内民进支部发挥与教育联系紧密的优势,通过所在单位等先后募集价值15万元的课桌椅、文具,捐赠给湘潭县古塘桥中学等学校。

第五节 中国农工民主党雨湖区地方组织

一、组 织

1988年,中国农工民主党(简称农工)雨湖区地方组织有农工市委机关支部、湘潭卫校支部、湘潭医院支部、湘潭市防疫站支部、湘潭市中医院支部、湘潭市医药系统支部、湘潭大学支部、郊区支部9个支部,成员102人。农工湘潭市委亦在境内。1989-1990年,农工湘潭锰矿支部、湘江区支部相继成立。1993年,撤销农工湘潭大学支部、郊区支部,整合成立农工湘潭市蓄电池厂支部、农工湘潭市中西结合医院支部。1997年,农工湘潭市第二医院支部成立。恢复农工湘潭大学支部。撤销湘江区机关支部,成立农工雨湖区支部。2000年,农工科技支部和湘潭师范学院支部成立(后更名为农工湖南科技大学支部),卫校支部更名为农工湘潭职业技术学院医学院支部。2005年,农工雨湖区二支部成立。2007年,农工雨湖区地方组织有支部12个,成员238人。

二、活 动

(一)参政议政

1988年,境内农工成员中有省政协委员1人,市人大代表3人,市政协委员7人,区人大代表13人,区政协委员19人。1989年,境内农工成员中有省政协委员1人,市人大代表1人,市政协委员10人,区政协委员9人。1995年,区内农工成员中有省政协委员1人,市政协委员12人,区政协委员10人。至1996年的7年间,农工成员中的人大代表、政协委员共提交各类建议、提案210件。1997-2000年,区内农工成员中的人大代表、政协委员共提交各类建议、提案178件。2004-2007年,境内农工成员中的人大代表、政协委员共提交各类建议、提案221件。农工成员中有省政协委员2人,市人大代表1人,市政协委员13人,区人大代表 1人,区政协委员7人。

（二）社会服务

1988年，境内农工成员中的眼科医生深入湘潭县青山桥区开展防盲治盲活动；组织联合保健医院为1000多名教师和妇女开展健康检查；并先后创办前进职校、前进汽车大修厂和前进织布厂。1990年，境内农工成员中的医务人员在雨湖路开展医药卫生咨询服务，义诊870人次，体检1200多人次，还先后到刘家桥、古城和湘江区敬老院开展免费义诊活动。1996年，区内农工成员中的医务人员按照第八届国际科技和平周活动的要求，在区内举行义诊活动。1997年，农工成员中的医务人员在湘潭县古塘桥和黄荆坪开展扶贫义诊捐资助学活动。2001年，农工雨湖区支部成员陈艾斌和刘美清分别被农工中央和农工省委授予"智力支边先进个人"和"社会力量办医先进个人"称号。2007年，农工雨湖区支部被农工中央和农工省委分别评为先进基层支部。

第六节　中国致公党雨湖区地方组织

一、组　织

1988年7月，中国致公党（简称致公）雨湖区地方组织有湘潭大学、医卫系统、中教系统和市直机关4个党员小组。11月，致公雨湖区一支部和湘江区支部成立，成员39人。致公湘潭市委亦设在境内。1990年7月，致公雨湖区二支部成立。1999年1月，致公湘潭大学支部成立。2000年8月，致公市审计局支部成立。2001年，致公金融支部、致公广场支部成立。2002年6月，致公湘江区总支部成立，下辖湘江、财税、经营、文体4个支部，成员92人。2003年3月，致公教育支部与湖南科技大学支部成立。至2007年，致公雨湖区地方组织有总支部1个，支部12个，成员193人。

二、活　动

（一）参政议政

1988年，境内致公成员中有省政协委员3人，市人大代表3人，市政协委员4人，区人大代表3人。1989年，致公成员中有全国人大代表1人，省政协委员3人，市人大代表4人，市政协委员3人，区人大代表3人，区政协委员1人。1995年，致公成员中有省人大代表1人，省政协委员2人，市人大代表1人，市政协委员3 人，区人大代表1人，区政协委员1人。至1997年的9年间，致公成员中的人大代表、政协委员共提交各类建议、提案75件。其中，省人大代表陈秀华与其他归侨人大代表联名向省人大八届二次会议提交的《关于解决建国以后回国归侨干部、职工退休工资待遇问题的建议》，得到中共湖南省委、省人民政府的采纳，全省每位退休归侨干部、职工每月由此得以增加100元生活补贴。雨湖区政协常委郭德穗提出的《关于发展湘潭布市的几点建议》，被市政协七届大会选为大会发言材料。1998年，区内致公成员中有省政协委员2人，市人大代表2人，市政协委员7人，区人大代表3人，区政协委员2人。至2007年的10年中，致公成员中有省政协委员3人，市政协委员12 人，区人大代表3人。致公成员中的人大代表、政协委员共提交各类建议、提案86件。

（二）社会服务

1988年，境内成立湘潭致公技术经济咨询服务部，该部举办的"普通立密新技术办公会"，市内有28家水泥厂派员参加。随后，又由致公党湘潭市工作委员会出面，促成湘潭市乡镇企业14名行政管理和技术人员前往山东烟台学习水泥生产新工艺、新技术。1989年，成员张传升动员其在泰国经商的胞兄参加广州春交会并促成订货500万美元，秋交会又追加10万美元。1990年，致公教育支部成员罗宗沛成立湘潭潇湘商旅学校，先后培养出旅游专业人才近百名。1991年，区内致公成员与湘潭卫校合办中医职高班，培训学生53名，经过全省统一考试，全部合格毕业。1995年，为庆祝“六一”儿童节，区内致公成员前往湘潭市社会福利院看望慰问孤残儿童，并为他们做免费健康检查。年内，成员施恩促成香港国际北欧公司、广东陆欧公司与湘乡市吉祥楼肉类联合加工厂达成外贸合作，合作收购生猪120000头，生产成品肉300吨，出口创汇5000万元人民币。1999年，致公湘江、湘潭大学支部，雨湖区一支部、二支部向湘潭县锦石乡乡村小学捐书160多册。2001年，致公所属支部向湘潭县河口乡贫困户捐献寒衣一批。2004年2月，湘江支部组织成员为广场社区的贫困老人郭奶奶送去米、油等食品。2007年8月，湘西患儿梅洪涛一家慕名来湘潭市中医院治疗小儿马蹄内翻足，因家庭贫困，梅洪涛每天仅吃一餐饭。致公成员左新民等为其捐款3000元，《湘潭晚报》对此作了报道。

第七节　九三学社雨湖区地方组织

一、组 织

1988年，九三学社雨湖区地方组织有湘潭大学、综合、湘潭锰矿、湘潭师院、湘潭矿业学院、湖南煤校等6个支社，成员132人。九三学社湘潭市委亦设在境内。1993年，九三学社湖南区调所等7个支社成立。1998年，九三学社湘潭师院支社分立为湘潭师院南院支社、湘潭师院北院支社。2003年，九三学社湘潭大学委员会成立，下辖4个支社。九三学社湖南科技大学委员会成立，下辖3个支社。至2007年，九三学社雨湖区地方组织有基层委员会2个，支社11个，成员239人。

二、活 动

(一)参政议政

1988年，境内九三学社成员中有全国政协委员1人，省政协委员1人(其中常委1人)，市政协委员3人(其中副主席1人)，区政协委员5人(其中副主席1人，常委1人)。1989-1992年，围绕人民群众关心的热点、难点问题，境内九三学社成员中的人大代表、政协委员开展调查研究，撰写各类建议、提案16件。在全国政协七届三次全会上，成员袁龙蔚提出的《关于加强对教育经费投资效果的监督》的提案，得到国家教委采纳。期间，王大任被聘担任湘潭市特邀监察员，李启之被聘为市教育局教育督导员。1993-1996年，区内九三学社成员中的人大代表、政协委员在各级人大、政协会议上共提交建议、提案20件。其中，《关于三峡工程要考虑加强基础科学研究》《党政干部经商必须脱钩》《关于加快精神文明建设步伐的建议》《关于高校科技成果向现实生产力转化》等提案，均得到党和政府相关部门的重视。成员谭义彬委员建议在全市中小学开展防治近视眼的提案，市教委确定在市16中先行试点，并请其到校指导，产生良好反响。成员陈永麟提出的《关于政府机关转变职能兴办实体，要采取措施，政企分开，防止官商再度泛滥》的提案，被省政协评为优秀提案。1997年，区内九三学社成员中有全国政协委员1人，省政协委员2人，市人大代表2人，市政协委员7人(副主席1人)，区人大代表1人，区政协委员6人(其中副主席1人)。是年，九三学社成员、雨湖区政协副主席张晋安撰写的调研报告《确立人才资源是第一资源的观念，加大科技人才队伍建设的力度——湘潭市科技人才队伍素质状况与对策研究》获中共湖南省委组织部干部教育优秀成果二等奖、湘潭市政协八届一次会议委员优秀提案奖。1999年，区内九三学社成员中的人大代表、政协委员共提交建议、提案26件。同时，为解决全市高新开发区发展问题，区内九三学社成员组成调研小组，对周边五个市区高新开发区进行调研，并完成《湘潭市高新技术产业发展的调查研究报告》。至2000年的4年中，区内九三学社成员中的人大代表、政协委员共提交建议、提案19件。2001-2006年，区内九三学社成员中的人大代表、政协委员在各级人大、政协会议上共提交建议、提案40 件。同时，成员还写出《关于加速我市科技园（区）建设的建议》《深化农村税费改革，巩固和发展农村社会公益事业》《对我市贯彻实施<民办教育促进法>情况的调查与建议》《加强企业职工教育，提高职工队伍素质》《发展职业教育，科学规划"十一五"蓝图》等调研报告。其中，《发展职业教育，科学规划"十一五"蓝图》还被评为年度全市民主党派、工商联调研成果三等奖。2007年，区内九三学社成员中有省政协委员1人，市人大代表1人，市政协委员15人，区政协委员10人。共提交建议、提案11件。

（二）社会服务

1988年，境内九三学社成员开始探索市场经济条件下，发挥自身科技优势服务经济和社会的途径。1990年，成员韩浩然创办湘潭市南方空调环保技术开发公司，与香港泰盛企业有限公司合资开办湘潭华盛空调环保工程有限公司，设计研制高效节能三元叶片风机，此项研制填补国内空白。1992年，九三学社湖南煤校支社为广东梅田矿务局代培技工97人，三级技工达标率100%，四级电工达标率43%，毕业操行评定优秀生占71.6%。是年，九三学社湘潭师院支社举办职称俄语考前培训班，培训的41名学员成绩均为合格。1993年，九三学社成员先后成立湘潭德赛科技经贸公司、湘潭市精信机电安装工程公司两家企业，直接服务经济建设。1997年以后，根据有关规定，上述企业与九三学社湘潭市委脱钩。2007年，区内九三学社基层组织不再兴办或挂靠企业。

第二章　群众团体

第一节　工　会

一、组　织

1988年，雨湖区、湘江区和郊区均设区级工会工作机构。基层工会组织116家，会员9051人。1993年3月，行政区划调整后的雨湖区工会第一届会员代表大会召开。出席大会代表110人。审议通过《转变观念，开拓进取，为振兴雨湖经济做贡献》的工作报告。选举产生雨湖区工会第一届委员会。选举吴有林为区总工会主席。区工会领导机构更名为雨湖区总工会。区总工会下辖基层工会74家，会员5966人。1997年年末，全区基层工会组织91家，会员7321人。1998年12月，雨湖区总工会第二届会员代表大会举行。出席会议代表111人。审议通过《高举邓小平理论伟大旗帜，团结动员广大职工为雨湖区宏伟目标的实现建功立业》的工作报告。选举产生雨湖区总工会第二届委员会。选举吴有林为区总工会主席。根据新的《中华人民共和国工会法》要求，结合区内民营企业、股份制企业、外商投资企业快速发展，职工队伍不断壮大的实际情况，按照上级最大限度把职工组织到工会中来的指示精神，雨湖区总工会下发关于在民营企业组建工会的文件。规定凡已开业投产，且生产经营正常的民营企业都必须建立工会组织。1999年，新组建基层工会4家，新增会员200人。2000年3月，区总工会召开新建企业组建工会动员大会。12月，选举赵爱荣（女）为区总工会主席。2003年12月，雨湖区总工会第三届会员代表大会举行。出席大会代表115人。审议并通过《认真履行基层职责，团结动员全区广大职工为实现雨湖区经济跨越式发展建功立业》的工作报告。选举产生雨湖区总工会第三届委员会,选举李志强为区总工会主席。是年,雨湖区基层工会组织达到149家,会员11141人。2004年,全区基层工会组织266家,会员21533人。2007年,全区基层工会组织649家,会员人数52709人。职工入会率90%。

1988-2007年雨湖区工会基本情况统计

7-2-1-1

年度	基层工会数(家)	会员人数(人)
1988	53	3160
1989	51	3017
1990	29	1724
1991	52	3280
1992	101	8117
1993	74	5966
1994	81	6687
1995	92	7636
1996	90	7142
1997	91	7321
1998	82	6681
1999	86	6866
2000	89	7009
2001	121	10281
2002	130	10723
2003	149	11141
2004	266	21533
2005	394	31925
2006	522	42317
2007	649	52709

二、活 动

(一)劳动竞赛

1988-1992年,境内基层工会在各基层党组织的领导下,组织劳动竞赛10次。1993-1997年,区总工会组织开展"一争两创两上"(即争贡献,创效益、记录,质量、效益上台阶)为主题的劳动竞赛。在女职工中开展"芙蓉杯"五学五比五看(一学政治,比加强女职工思想道德教育,看四自三热爱家庭文化活动教育广度和深度;二学文化,比知识,看自学成才岗位成果;三学科学,比钻研,看发明创造成果;四学技术,比本领,看经济效益和贡献;五学管理,比领导重视女工工作,看女职工整体素质的提高)为主要内容的劳动竞赛。市中南电瓷电器厂被评为市级工会活动先进单位,市水泥电杆厂、市包装总厂、市竹器拉丝厂等单位被评为市劳动竞赛先进组织单位。全区参加劳动竞赛人数1047人次,提合理化建议512条,被采纳的201条,创经济效益473万元。区总工会通过对全区劳模走访调查,建立劳模档案,落实14位劳模的养老保险或补充养老保险待遇。

1998-2002年,区总工会组织开展"两创两上"(即创效益、创纪录,产品质量、经济指标上台阶)的劳动竞赛,激励女职工在新形势下自尊、自信、自立、自强,在改革开放中发挥自己的作用。开展"三赛两创"(即岗位立功赛、一专多能赛、"四自"教育赛,创经济效益和社会效益)的芙蓉杯竞赛。调塘学校数学教研组、韶西逸夫学校思想品质教研组、立云学校语文教学组、云塘学校数学教育科研组等单位获市级芙蓉标兵岗称号;羊牯学校陈翠莲(女)获省级芙蓉百岗明星称号;韶西逸夫学校教师李芳、熙春路逸夫学校教师张波、曙光学校教师杜雅莉分获市级芙蓉百岗明星称号。2002年"五一"前夕,全区第一次劳模座谈会举行,到会劳模15人。2003-2007年,组织开展"雨湖发展我有责任"为主题的劳动竞赛;在女职工中继续开展芙蓉标兵岗和芙蓉百岗明星创建活动。工会共组织开展劳动竞赛62场次,参赛职工达4712人次。培训职工5717人次,开展技术比武58场次,参加人数4611人次。活动中,提合理化建议271条。全区获芙蓉标兵岗单位(车间或班组)7个。其中省级1个。市级6个。获芙蓉百岗明星8人。其中省级1人,市级7人。韶西逸夫学校教育课题组获省级芙蓉标兵岗称号,城正街道卫生院院长唐利辉、鹤岭镇社保站副站长萧迪凡获市级芙蓉百岗明星称号。

(二)民主管理

1988-1991年,境内区直属企事业单位工会协助单位行政推行民主管理。1992-1997年,区内企事业单位基本建立职工大会和职工代表大会制度。基层工会为职工大会或职工代表大会的工作机构,每两年进行一次换届选举,每年召开1-2次职工大会或职工代表大会。1998-2002年,全区成立以区纪委牵头、区总工会负责的厂务公开工作协商领导小组,在区内企事业单位全面推行厂务公开制度。各企事业单位制定厂务公开和加强民主管理的实施方案。通过厂务公开,消除职工疑虑,维护职工合法权益。2003-2007年,区总工会主席改为区人大常委会副主任兼任。参与区经济社会发展和经济体制改革等重大工作决策。乡镇街道工会主席由同级党政副职兼任。企业工会主席进董事会或监事会。部分企业的重大改革以及生产安排、职工福利、奖励惩处等关系职工切身利益的重大事项,实行职工大会或职工代表大会审议制度。部分企业还推行职工或职工代表评议厂长(经理)制度。2007年,区总工会被评为"湘潭市推动厂务公开民主管理工作"先进单位。

(三)维护职工权益

1988-1992年,境内基层工会根据《中华人民共和国宪法》《中华人民共和国工会法》等法律法规规定,切实维护职工合法权益。1993-1997年,区总工会配合区相关部门,查处侵权个案6起,挽回经济损失70万元。参与劳动争议个案仲裁10次,挽回经济损失15万元。组织女职工参加健康体检,体检1800人次。在全区企事业单位中签订集体合同21份。1998-2002年,组织签订集体合同119份,覆盖职工1200余人。区总工会查处侵权个案5起,挽回经济损失52万元。参与劳动争议个案仲裁8起,解决问题8件,挽回经济损失50万元。组织女职工参加健康普查,体检2100人次。2003-2007年,为确保职工人身和企业财产安全,区总工会派员到31家企事业单位进行安全生产检查,对环境保护不合格,工作环境差,生产场地布局不合理,操作规程不落实等20余种安全生产隐患提出整改意见。在对建筑、建材、机械制造、槟榔制作、餐饮等行业的检查中,区总工会对17家企业的2000名进城务工人员进行调研,对4家存在安全生产隐患的企业提出整改意见。督促企业为职工补交养老保险金14万元。针对少雄铝业有限公司拖欠职工集资款,区总工会汇同政府相关部门进行调查,督促企业清偿职工集资款18万元。

(四)扶贫帮困

1988-1991年,境内基层工会开展对本单位困难职工实行救助,共发放困难补助金3.4万元。1992年起,区总工会组织对全区困难企业的困难职工进行摸底调查,并建立困难职工档案。1996年7月,雨湖区困难职工互助基金会成立,会员单位15个,共筹措资金4.1万元。1997年,区总工会牵头,与区团委、妇联等单位联合向区机关发出"献爱心捐助倡议",共募集资金5万元,扶助区内困难职工家庭100户。1998年,区总工会组织向企业募捐2万元,分发至区内遭受水灾严重的困难职工家庭。1999-2002年,区总工会开展"双联"(机关、事业单位联系困难企业,干部职工联系企业困难职工)送温暖活动,共扶助贫困职工家庭120户。区直75个部门、单位开展对口扶助,扶助资金每户不少于500元。资助30名家庭困难学生就读,每人每年1000元;资助单亲女工子女就学16人,每人每年1000元。2003-2005年,在"双联"送温暖活动中,区总工会于元旦春节期间慰问困难职工700人次,为其发送大米和食油等。扶助特困职工28人,每人发放救助金1000元。区直75个部门、单位继续开展对口扶助,扶助金每户不少于1000元。开展"金秋助学"活动,对当年考入本科(二本以上)院校的家庭困难学生,每人资助1500元。2006年,区政府拨付资金4万元,成立"雨湖区困难职工帮扶中心",为区内困难职工建立电子档案,困难职工帮扶工作进一步规范化、常态化。区总工会组织"双联"送温暖活动。元旦,春节慰问困难职工800人次;资助110名考入本科(二本以上)院校困难职工子女就学;区直部门单位对口扶助困难职工200人;慰问高龄重病省级劳模2人,赠送慰问金11000元。2007年,区"困难职工帮扶中心"经省、市总工会验收合格。

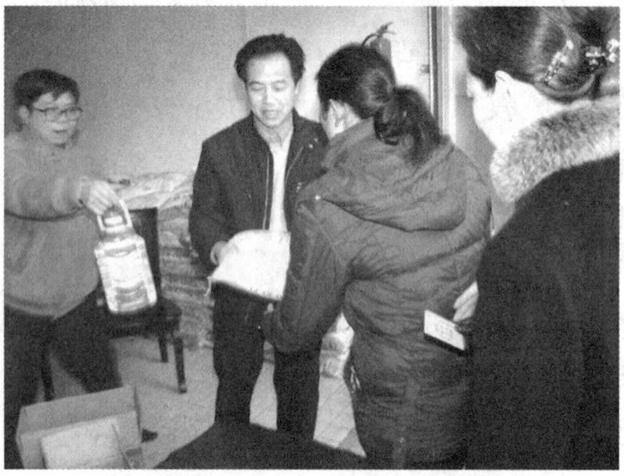

区政府、区总工会负责人慰问困难职工

第二节 中国共产主义青年团

一、组 织

1988年,境内有中国共产主义青年团湘潭市雨湖区委员会(简称团区委)、湘江区委员会、郊区委员会3个区级组织机构。共辖基层团委13个,团总支(支)部304个,团员4890人(不含驻区单位)。1993年5月,行政区划调整后的雨湖区召开首次共青团团员代表大会。出席会议代表142人,选举产生共青团雨湖区第一届委员会,选出委员29人,其中常务委员11人;委员会设书记1人,副书记2人。徐亚健(女)为团区委书记。下辖基层团委12个,团总支(支)部189个,团员1196人。1996年4月,雨湖区召开第二次共青团团员代表大会。会议代表145人,选举产生共青团雨湖区第二届委员会,选出委员27人,其中常务委员11人;委员会设书记1人,未设副书记。刘永珍(女)为团区委书记。下辖基层团委16个,团总支(支)部162个,团员1329人。1999年4月,雨湖区召开第三次共青团团员代表大会。出席会议代表143人,选举产生共青团雨湖

区第三届委员会，选出委员27人，其中常务委员11人；委员会设书记1人，副书记1人。周长林为团区委书记。下辖基层团委23个，团总支（支）部159个，团员1536人。2003年12月，雨湖区召开第四次共青团团员代表大会。出席会议代表92人，选举产生共青团雨湖区第四届委员会，选出委员29人，其中常务委员7人；委员会设书记1人，副书记1人。夏建波为团区委书记。下辖基层团委30个，团总支（支）部156个，团员1703人。2006年11月，雨湖区召开第五次共青团团员代表大会。出席会议代表113人，选举产生共青团雨湖区第五届委员会，选出委员29人，其中常务委员7人；委员会设书记1人，副书记1人。颜炬（女）为团区委书记。下辖基层团委30个，团总支（支）部118个，团员2068人。2007年，团区委辖基层团委30个，团总支（支）部96个，团员2101人。机关专职工作人员2人。

二、活　动

（一）团员青年学习培训

1988年，境内团区委组织学习党的十三届三中全会精神，在团员青年中开展以“治理整顿，深化改革”为中心内容的形势任务教育活动。1989年，组织主办团员青年培训班、学习座谈会以及专题报告会等，加强思想教育，稳定青年思想。1993年8月，团区委主办为期3天的基层团干培训班，近80名基层团干参加培训，系统学习党的十四大、团的十三大精神。2003年，组织团员青年开展学习党的十六大精神，开展“五个一工程”活动（一部好的戏剧作品、一部好的电视剧或电影作品、一册好的图书、一篇好的理论文章、一首好歌）。2005年，组织团员青年开展以“珍惜青春、博览群书、陶冶情操、立志成才、奉献雨湖”为主题的读书竞赛活动，每季度召开2次读书心得交流总结会。活动得到团中央的肯定和推介，《湘潭日报》、湘潭电视台曾对此进行报道。2006-2007年，团区委组织广大青少年学习和宣传“三个代表”重要思想。以重大节日为契机，以“党在我心中”“永远跟党走”为主题，对青少年进行爱党、爱国、爱社会主义教育。同时，围绕培育新型青年农民，实施“青年人才工程”，组织护潭乡红星村陈海军等一批立志在农村发展的优秀青年农民，参加团市委举办的实用技术培训。

（二）自身建设

1988年以来，境内区团委组织把颁发团员证作为组织建设的一项主要内容，结合颁证，及时改选、配备团的支委会，健全领导班子，搞好组织发展和超龄离团工作，完善团的组织生活和工作制度。1993年，针对合区后的不同情况，团区委理顺关系，建立健全各级团组织机构。新的雨湖区机关团工委、区教育局团委、区经贸局团委、区城建局团总支、区卫生局团总支等相继成立。2003年，制定下发《雨湖区社区团建工作意见稿》，用于指导社区团的组织发展工作。2004年，为增强共青团工作的活力，按照“党放心、青年满意”的要求配齐区团干部，区教育局、卫生局、中山路街道、羊牯塘街道、鹤岭镇、护潭乡、昭潭乡等一级机构的团委，陆续选配一批年轻且素质高的新人担任负责人。2006-2007年，围绕农村基层团组织建设，实施“团建示范工程”，逐步建立健全4乡2镇37个村的基层团组织；同时加强非公有制经济组织的建团力度，组建8家非公有制企业团组织。

（三）主题活动

1989年，为纪念新中国成立40周年，境内团组织开展以歌颂祖国、歌颂党为主题的诗歌朗诵会、百题知识竞赛等活动。1993年，团区委围绕纪念毛泽东诞辰100周年开展系列主题教育活动。组织团员赴韶山参观，举办游泳比赛，举办“工商杯”全区团员青年篮球赛，举行少年儿童演讲等。同时，围绕经济建设，全区成立青年突击队38个，承担企业急、难、险、重任务，完成生产突击300余次。组织全区75个企业团支部，开展劳动竞赛150余次，参加人数2000余人次。组织青年开展岗位比武活动。1995年，为纪念“五四”运动76周年以及共青团建团73周年，团区委组织开展全区团员青年拔河比赛、公园游艺等庆祝活动，以增强团队精神和凝聚力。2002年，以纪念共青团建团80周年为契机，开展以“永远跟党走”为主题的系列庆祝活动。同时，在全区团员青年中开展以安全生产为主题的知识竞赛活动。2004年，团区委协助团市委将建设北路创建成“青年文明示范街”。与大中专院校组织“科技、文化、卫生”三下乡活动。举办“云塘小学—乌石小学”手拉手10周年庆典活动。2005年，与区环保局联合开展环保法律知识竞赛。2006年，围绕社会主义新农村建设，全区农村团员青年以不同方式参加团区委组织的以“青春奉献新农村”为主题的多项活动。团区委还组织青年企业家采用“一帮一”的方式，资助3名农村青年创业。2007年，团区委组织各级团组织开展“我与祖国共奋进”“党在我心中”“永远跟党走”“学雷锋精神、树时代新风”“民族精神代代传”“实践‘五爱’要求，争做‘四有新人’”等多种主题活动。

（四）青年志愿者行动

1988年，境内团区委组织团员青年在节日或年末开展慰问孤寡老人、军烈属的活动。1989年9月9日，联合老龄办上门慰问全区90岁以上的老人。1993年，团区委组织学雷锋服务队120多个，为群众义务修单车、修电器、修鞋、医务咨询等，受到社会的好评。同时，开展“温暖工程”活动，全区共青团、少先队组织确定重点服务对象164人，建立青少年送温暖服务队164个，为解决五保孤寡老人的住房破烂、道路不畅、水电不便的问题提供帮助。2002年，团区委组织全区团员、青年以“共建美好家园”为主题开展青年志愿者卫生保洁行动和保护“湘江——母亲河行动”。2003年，团区委组织开展“雷锋公司”志愿服务活动。启动全区青年志愿者注册制度，有近100名有一技之长、热心社会服务的团员、青年登记入册。为区老年公寓捐赠慰问品，区老年公寓被命名为“区雷锋公司服务示范点”。2004年以来，先后开展“雷锋公司进社区”“雷锋公司进乡村”系列活动。2007年，深化青年志愿服务活动，组织志愿服务活动40余次，参与青年800多人次。团区委被评为“湘潭市青年志愿者活动优秀组织单位”。

（五）希望工程

团区委组织或参与组织的“希望工程”救助贫困学生活动始于1995年。是年，配合纪念彭德怀诞辰100周年活动，团区委与市希望工程办、湘潭县团委联合救助彭德怀故乡30名贫困儿童。5月5日，组织团干赴乌石乡与救助对象举行结对仪式，送去第一学年救助款2400元及部分学校用品。1996-2001年，团区委争取上级团组织和社会各界的支持，筹集助学资金4万多元，资助贫困学生60多人。2002-2004年，团区委筹措救助款1.6万元，救助贫困学生26人。2005年，团区委组织万凯源超市、雨湖公安分局等单位的青联委员，对6名困难中小学生进行扶助，共捐款2000元。同时，建立50名贫困学生档案，以进一步做好助学工作。2006年，团区委联系中国科技大学博士服务团到长城乡羊牯村捐献图书，资助10名贫困学生，送去资助款5000元。2007年，团区委筹集助学资金3万多元，资助贫困学生40多人。

附一 中国少年先锋队

1988年，境内中学初中部与小学普遍建立有中国少年先锋队（简称少先队）组织。少先队员约占在校同龄学生总人数的90%。校设少先队大队，年级或班设少先队中队，下设若干少先队小队；三年级以上的（含三年级）小学生全部被吸收为少先队员。区级共青团组织为全区青少年工作机构，配合教育部门，对学校少先队辅导员进行选拔、培训、考察、评优及组织协调校外活动等。1993年12月8日，团区委组织召开全区首届少先队员代表大会。出席代表130人，会上成立雨湖区少先队工作委员会（简称区少工委）。聘请分管教育工作的政府副区长担任区少工委主任，团委副书记、教育局党委副书记以及区政府办副主任担任区少工委副主任。同时聘任区属学校、乡联校的大队辅导员、总辅导员及区总辅导员。1995年，为培养学生们“五爱”能力，区少工委在少先队员中开展向冯姝雅同学（工农学校女学生）学习的活动，用身边的典型激励学生自强不息、刻苦钻研。在全区开展“三湘雏鹰戴奖章”活动。组织4名少先队辅导员参加团市委辅导员培训班。2002年，开展“云塘—乌石手拉手”活动；推介和树立一批少先队工作的先进典型。2003年，配合区教育局，召开全区少先队工作会议。2004年，区少工委在全区青少年中开展未成年人保护活动，宣传“两法一办法”（《未成年人保护法》《预防未成年人犯罪法》《未成年人保护法办法》），维护青少年的合法权益。2005-2006年，区少工委开展“五老”（老干部、老战士、老专家、老教师、老模范）志愿者“一帮一”活动，加强对全区青少年的“宣讲”“辅导”“关爱”等项目的志愿服务。同时，成立预防青少年违法犯罪工作领导小组，实施“为了明天——预防青少年违法犯罪工程”。2007年，开展以“心贴心、手拉手、心手相连、健康成长”为主题的社区志愿者与未成年人结对活动和社区青少年远离毒品行动。

附二 青年联合会

2004年6月8日，为适应新时期共青团工作的开展，延伸全区青年工作的臂膀，拓展凝聚青年的渠道，雨湖区成立青年联合会（简称区青联）。通过召开第一届第一次全体会议，选举产生区青联第一届领导班子，设主席1名（由团区委书记夏建波兼任），副主席12名，常委17名，委员65名，并举办首届青年论坛。2005年7月16日，举办区第二届青年论坛，邀请经济学家柳思维教授作“学习型企业和企业核心竞争力”的专题讲座，并组织部分青联委员扶贫助学。2007年5-9月，区青联部分委员走访有关非公有制企业，对非公企业青年职工的状况进行调研。至是年底，区青联组织开展关爱帮扶困难群体活动，筹集扶助资金10万多元，为居民群众排忧解难800多次，资助贫困学生100多人。

第三节 妇女联合会

一、组 织

1988年，境内雨湖区、湘江区和郊区均设妇女联合会。共有街道妇联10个，村妇代会116个，居委会妇代会73个，机关及事业单位妇委会5个，团体会员组织17个，乡（场）妇联12个。1990年，原雨湖区、湘江区分别召开妇女代表大会，选举产生执行委员会。1992年9月，组建新雨湖区妇女联合会（简称区妇联），所辖4乡、2镇、8街道均设妇联基层组织，有居委会妇代会76个，村妇代会37个，机关及企事业单位妇委会9个。

乡镇场街妇联都配备兼职妇联主席，系统妇委会配兼职妇女干部负责日常工作。1993年4月27日，雨湖区第一次妇女代表大会召开。出席大会代表200名，审议并通过区妇联的“解放思想，奋发进取，为振兴雨湖区经济建功立业 ”的工作报告。选举产生雨湖区妇联第一届执行委员会委员31人、常委11人，选举张雪娥（女）为区妇联主席。雨湖区妇女儿童工作委员会属区妇联内部机构。1998年10月16日，雨湖区第二次妇女代表大会召开。出席大会代表150名，特邀代表38名，审议并通过区妇联的“解放思想 振奋精神 抓住机遇 为振兴雨湖区再创佳绩”的工作报告。选举产生雨湖区妇联第二届执行委员会委员31人、常委11人，选举曾小玲（女）为区妇联主席。2003年12月11日，雨湖区第三次妇女代表大会召开。出席大会代表148名，审议并通过区妇联的“与时俱进 开拓进取 为全面建设小康雨湖再立新功”的工作报告。选举产生雨湖区妇联第三届执行委员会委员31人、常委11人，选举杨柳（女）为区妇联主席。2007年机构未变。

二、活 动

（一）“五好文明家庭”创建活动

1988–1992年，境内区妇联组织开展“五好家庭”（爱国守法、热心公益好，学习进取、爱岗敬业好，男女平等、尊老爱幼好，移风易俗、少生优育好，勤俭持家、保护环境好）评选活动，原雨湖区共评选出“五好家庭”1981户，区妇联获省“家庭文化建设组织奖”。1993年，区妇联继续开展家庭文化建设活动，组织家庭典型事迹报告会，在全区评选出“五好家庭”378户，树立14户美好家庭典型。1996年，全国妇联将“五好家庭”活动更名为“五好文明家庭”活动。市卫生局段海云家庭被评为省“五好文明家庭”。1997年，“五好文明家庭”活动进一步规范化、常态化，区内继续组织“五好文明家庭”评选活动。2002年，广场街道南盘岭社区柳跃红（女）家庭被湖南省“五好文明家庭”创建活动协调小组评为省“五好文明家庭”。2003年，在继续组织评选“五好文明家庭”的同时，区妇联还在农村开展“美德在农家”的争创活动。到2005年10月，共评选表彰“五好农户”103户。2006年，在区妇联开展的“五好文明家庭（五好农户）”牵手农村留守儿童活动中，共结成帮扶对象28对。楠竹山镇大屋湾社区张月英（女）老人不但引导儿女积极向上，而且自己热心助人，主动参加各种爱心救助活动，儿女们受其影响参与各种公益事业；家庭成员之间和睦相处，年内，张月英家庭被湖南省“五好文明家庭”活动协调小组评为省“五好文明家庭”。至2007年的10年间，全区共表彰“五好文明家庭（五好农户）”“美好家庭”“好夫妻”“好婆媳”“好儿女”等1963户。1993年，区妇联及区儿童少年工作委员会（后更名妇女儿童工作委员会）就家长应如何配合学校，对自己的子女进行教育的问题进行研究，与相关部门和有关学校沟通后，1994年制定《雨湖区九十年代儿童发展纲要》。同时，与区教育局配合，创办雨湖区家长委员会联合会（简称区家联会），区家联会有成员5人。全区中小学建立校级家长委员会（简称校家委会）35个，有校家委会委员387人；班级家委会（简称班家委会）428个，有班家委会成员2548人。校（班）家委会的主要职责，是帮助与督促学生家长，在严格要求孩子的同时亦应提高自身素质，率先垂范，给孩子以良好的家庭教育。1995年始，区妇联在全区开展万名年轻妈妈读书活动。通过活动，有2名

学生家长被评为“全国优秀年轻妈妈”，5名学生家长被评为省级“优秀年轻妈妈”，40名学生家长被评为市级“优秀年轻妈妈”。1997年，区妇女儿童工作委员会先后被评为全国、全省“儿少工作先进单位”。1998年，校家委会成为常态化组织。至2000年，区内有中小学校家委会20个，委员132人；班家委会481个，委员2886人。2004年，区妇联贯彻中共中央、国务院《关于加强和改进未成年人思想道德建设的若干意见》精神，组织专家、妇联干部、儿童工作者参加的家庭教育专题调研，因地制宜开展“家长教育工程”“母亲教育工程”等特色活动，形成覆盖区内的家庭教育网络。10月21日，全市家庭教育工作经验会在雨湖区召开，区妇女儿童工作委员会、熙春路逸夫家长学校和区家联会负责人在会上作典型发言。2005年，区妇联开展“家庭教育社区行”活动，将家庭教育、学校教育与社会教育紧密联系在一起，取得初步成果。2006年，雨湖区熙春路学校被全国妇联授予“全国‘双合格’优秀（示范）家长学校”称号，学生家长陈珣（女）被评为“全国‘为国教子、以德育人’好家长”。至2007年，全区有国家级示范家长学校1所（熙春路逸夫小学），省级2所（金庭学校、唐兴寺学校）；创办社区家长学校9所，举办社区家庭教育大课堂活动10场次；评选出“双合格”家长280名。

（三）“双学双比”竞赛活动

1988-1990年，境内区妇联按照全国妇女联合会等12家单位发出的关于在全国农村妇女中开展“学文化、学技术、比成绩、比贡献”（以下简称“两学两比”）竞赛活动的通知，与基层妇女组织配合，举办各类文化、技术培训班，开展技术业务培训和扫除剩余妇女文盲工作，扶助贫困妇女脱贫致富。1991-1992年，原雨湖区妇联被湖南省“两学两比”领导小组评为全省妇女“两学”先进单位。先锋乡金塘村周秀清、长城乡工农村伍雪梅因积极学文化、学技术，在农业生产中表现优秀，先后被评为省级科技示范户和省“两学两比”先进女能手。1993年，全区举办各类文化、技术培训班313期，培训妇女27252人次，共有2.68万名农村妇女参加“两学两比”竞赛活动，青壮年妇女掌握一门以上实用技术的达95%以上，脱盲率100%。涌现科技示范户76户，女能手121名，转移农村富余女劳动力183人，结对帮扶260对。区妇联共评选出各类先进典型360人，其中，市级先进70人，省级先进4人。1994年，区妇联继续在全区农村妇女中开展“两学两比”竞赛活动，使之常态化。1998年，全区先后有14826名农村妇女参加“两学两比”竞赛活动，共培训妇女10429人次。1999年，长城乡卫星村黄翠兰因积极投身“两学两比”竞赛活动，获得优秀成绩，被湖南省农村“两学两比”竞赛活动领导小组评为省“绿色证书”之星。2007年，全区共有2.76万名农村妇女参加“两学两比”竞赛活动，共举办各类文化、技术培训班1460期，培训妇女40117人次。青壮年妇女掌握一门以上实用技术达95%以上，涌现科技示范户208户，庭院经济户3059户，女能手668名。转移农村富余女劳动力1029人，组织女能手、女专业户结对帮扶540对，树立省级妇女科技示范户1名、市级5名。护潭乡黄爱莲因在农业生产中成绩显著被评为省“两学两比”先进女能手。

（四）“巾帼建功”竞赛活动

1991年，全国妇联与国家教委等12个部委联合发出在全国城镇妇女中开展“做‘四自’（自尊、自信、自立、自强）女性，为‘八五’计划建功”（简称“巾帼建功”）活动。区妇联为提高城镇妇女素质，分系统抓岗位练兵、岗位成才竞赛，开展“巾帼文明示范岗”创建活动。1992年，区妇联配合基层组织“巾帼建功”活动，参加的城镇妇女达1438人次。1993年，通过进行“四自”教育，全区妇女思想认识得到提高，在“巾帼建功”活动中大显身手。2000年7月，昭潭乡许家铺村原妇女主任郭玉莲，毅然辞去村上职务，自筹资金开办湘潭大酒店。2004年，为帮助城镇妇女尽快提高求职技能，区妇联在鲁班殿社区成立再就业培训基地，实施“巾帼再就业培训工程”。2005年，窑湾街道党委书记陈卫兵因扎根基层服务群众、为民解难被湖南省城镇“巾帼建功”活动领导小组评为湖南省“巾帼建功标兵”。至2007年，在“巾帼建功”活动中，全区各行各业妇女开展岗位技术竞赛903场次，参赛女职工15716人次；举办各类技能培训班331期，培训11000人次；评出先进集体29

个，先进个人562人；授予各级“巾帼文明岗”61个。经过多年经营，湘潭大酒店已发展成河西、河东上档次、上规模的多家连锁酒店，安排下岗待业人员500人，固定资产2000多万元。郭玉莲被湖南省妇联评为省“巾帼创业明星”。

（五）维护妇女儿童合法权益

1988年，为切实维护妇女合法权益，境内各级妇联组织配合有关部门调处家庭暴力65起。1989年，中国儿童基金会发起并组织实施救助贫困地区失学女童重返校园的“春蕾计划”。区妇联通过工作促成全区失学女童全部返校，女童入学率实现100%。1993年，区妇联做好接待妇女来访，及时处理妇女来信等工作，利用节假日出动宣传车，设置专台等为妇女提供法律咨询服务，并发放宣传资料。1995年，为维护妇女儿童合法权益，反对家庭暴力，区妇联成立妇女儿童法律顾问室，为妇女儿童提供法律援助。1998年，区妇联开展“伸出一双手，奉献一颗爱心”活动，为灾区儿童捐献现金18.64万元，衣服8万多件，图书4000多册。2003年，区妇联联合计生部门开展“婚育新风进万家”和“三八”维权周活动，并设立法律咨询热线，建立区乡镇街信访网络14个，社区妇代会维权服务站76个。2004年，区妇联下发《关于建立反家庭暴力网络的通知》，挂牌成立“家庭暴力投诉站”14个。组织“爱心献春蕾”捐赠仪式，现场救助63名贫困女学生。2005年，区妇联开展“零家庭暴力社区（村）”创建活动。至2007年的3年中，全区有13个社区（村）被授予“零家庭暴力社区（村）” 称号。区妇联先后走访慰问“春蕾女童”254人，赠送图书15717册，送慰问金及物品等价值24691元，救助贫困“春蕾女童”656人，救助金额54万元。建立“单亲特困母亲家庭档案”，救助特困单亲母亲家庭2个。

第四节　科学技术协会

一、组 织

1988-1992年，境内雨湖区、湘江区、郊区先后设立科学技术协会组织，与所在区科委合署办公。1993年12月，行政区划调整后的雨湖区科学技术协会（简称雨湖区科协）成立。在乡镇街道建立基层科协组织6个，有会员48人。1997年，区科协有财会、珠算、农技、医学等技术学会13个，会员480人。2003年6月，区老年科技工作者协会成立，下设4个分会，有会员22人。2004年，由区内科技示范户、规模养殖户等发起成立雨湖区养殖业协会，有会员264人。至2007年年末，先后由罗师石、姚意娥（女）、黄正林、唐伯赞、言建冬担任区科协主席。区科协有基层科协16个，专业技术学会、协会18个，有会员585人；科普志愿者1237人。

二、活 动

（一）农村科普

1988-1992年，境内雨湖区、湘江区、郊区主要依靠各乡农技站和专业技术协会，开展实用技术培训和组织科技示范，推广农村科普活动。其间，开展实用技术培训455期，培训各类实用技术人才27300人次。1993年，雨湖区科协成立后，重点扶持长城乡农技协联合体，使其成为融科教、示范、推广、生产、经营于一体的技术经济实体，负责全乡种、养殖业的技术指导和培训。1994年，长城乡农技协联合体被省科协评选为全省乡科普示范培训基地。

1998年，区科协围绕发展高效农业，按照“实际、实用、实效”的原则，组织发动乡（镇）、街道举办各类型技术培训班29期，培训2400多人次。通过科普宣传和科技示范户引领作用，全区推广抛秧技术333.33公顷、两系杂交稻500公顷、新建蔬菜大棚500个、发展无公害蔬菜133.33公顷，网箱养鱼42口，推广养殖业新品种30多个，推动科技成果的转化应用。2000年始，区科协加强农村科普队伍建设，在技术条件较好的乡镇成立科协及相关科普工作领导小组，配备科普专（兼）干，建立区、乡、村三级科普网络，同时把科普经费列入区财政预算，为农村科普示范基地的建设与发展和开展科技下乡、科普惠农活动建立起保障机制。2002年，长城乡在区科协的指导下，由科技示范户牵头成立种养殖专业技术协会8个，发展会员100多人，推广农业新技术、新品种30多个。

2003年，全区组织60多名技术人员开展送科技下乡活动40多次，举办乡、村各类型实用技术培训班55期，培训人员3500多人次，发放技术资料6000多份，护潭乡湘竹村成为省级科普示范新基地。同时，发展市级科技示范户16户、区级科技示范户19户，全区85%以上的青壮农民掌握2–3门实用技术，技术普及率达90%。2007年，区科协围绕新农村建设继续实施科普惠农行动计划，将护潭乡湘竹村、先锋乡桐梓村、长城乡新月村列为科普惠农试点村，在各村建起10米以上的不锈钢科普宣传橱窗及科普图书室，赠送环保、农业实用技术、家电小常识、疾病预防等科普宣传资料80多幅，科普图书资料1000余册，并聘请农业专家讲授蔬菜栽培及病虫防治、生猪饲养与疾病防治等知识，专家上户技术指导30多户。年末，全区共建立省级特色农业科普示范基地5个、省级科普示范乡、示范村各1个，省市区科技示范户118家。其中省市级科技示范户77家。全区建有乡、村科普活动站8个，创建市科普惠农示范村2个。

（二）社区科普

1993年，区科协逐步在街道、社区建立健全科普组织网络，扩大科普阵地，组建837人的科普志愿者队伍，活跃在全区64个社区，基本形成政府主导、部门协作、社会参与的大科普工作格局。同时，区科协把科普橱窗、科普画廊、科普图书室、科普活动室等作为开展科普示范创建活动，实现科普示范城区的重要阵地，引导各街道社区利用区域优势，结合区情，加强科普设施建设。2000年，区科协注重结合青少年特点，在青少年中开展科普活动，激发他们的求知欲望，培养他们的探索与创新兴趣，先后在唐兴寺、新梁街、熙春路等20个社区成立青少年科普活动小组，聘请有关专家、专业技术人员担任校外辅导员，组织学生开展多种形式的科普活动。自力社区与军分区联合建立国防科普教育园地，利用寒暑假期间，组织青少年到军分区院内参加国防知识讲座活动，观看国防科普图片和国防科技装备模型展览，丰富青少年国防科技知识，提高国防安全意识。同时，利用全区各学校教室普遍安装电视网络的契机，在云塘学校实施“电视科普工程”计划试点，即每天下午第二节课后加一节30分钟的科普宣传课程，统一组织师生收看电视。

2003年，区科协投入4.5万元帮助唐兴寺、熙春路、新梁街等社区建立科普宣传橱窗10处150多米，赠送科普图书资料1000多册，科普挂图500余幅，指导10个社区建立科普图书室和科普活动室。为提高公民科普意识和科学素养，区科协采取科普与文艺、教育、卫生相结合的办法，开展多种形式的群众性广场文化活动，寓教于民，寓教于乐。唐兴寺、熙春路等6个社区通过省、市科普文明社区验收。其中，省级3个、市级3个。雨湖区被省科协列为省级科普示范城区创建行列。2005年，在世界华裔青少年“纪念郑和下西洋600周年航模竞赛”中，云塘学校陈梦熔同学获“郑和舰”组一等奖，任天豪同学获“郑和古船”组一等奖。云塘学校、风车坪学校被选定为省青少年科普活动示范基地，创办区青少年科技活动中心。2006年，区科协贯彻《全民科学素质行动计划纲要》，选择工人、文运街社区为试点，依托驻社区相关企事业单位资源，利用科普设施和科普资料，宣传身边的科学和科学的生活，倡导文明、健康的生活方式，发放科普宣传资料3000余份，展出图片142块，科技咨询服务1000多人次。2007年，区科协会同区教育局组织和引导广大青少年参加科技创新大赛和科学调查、科技夏令营、校园科技节、大手拉小手科技传播等各类科学实践活动，有300余作品获奖。年末，全区有社区科普活动室20个，科普图书室22个、藏书10万余册，健身活动场所30多处，总面积2万多平方米；10米以上不锈钢科普宣传橱窗11个。并在区党校内设立区科普教育基地，拥有科普图书室、电教设备、健身器材、展览室等硬件设施。全区先后创建省级科普文明社区12个，市级科普文明社区5个；区科协被评为省优秀科协单位。

第五节　工商业联合会（总商会）

一、组 织

1990年1月，原雨湖区成立工商业联合会，聘请老工商业者杨梦如担任主任委员。1992年9月，雨湖区工商业联合会（简称区工商联）筹备工作小组成立。1993年3月10日，区工商联首次会员代表大会暨区工商联成立大会召开。到会代表195人，代表会员单位85个，个人会员110人。大会选举产生由15名执委组成的区工商联首届执委会，余士赫担任主任委员。提出促进民营经济健康发展，为建立社会主义市场经济做出新贡献的工作思路。1994年，区工商联加挂湘潭市雨湖区总商会的牌子。1997年4月22日，区工商联（总商会）第二次会员代表大会召开。到会代表103人，代表会员单位90个，个人会员13人。选举产生区工商联（总商会）第二届执委会委员19人。申勤（女）担任主任委员。大会提出壮大民营经济，为雨湖区发展做贡献的工作思路。是年，区工商联平政路街道、中山路街道、城正街街道分会相继成立。2001年12月，区工商联（总商会）召开第三次会员代表大会。到会代表130人，代表会员单位95个，个人会员35人。选举产生区工商联（总商会）执行委员会委员30人。秦菊芳（女）任主任委员。大会提出团结带动广大工商业者做民营经济发展的主力军的工作思路。2005年12月25日，区工商联所辖行业商会湘潭市金属材料商会成立。2006年10月12日，区工商联（总商会）第四次会员代表大会召开。出席会议的代表150人，其中，非公有制经济代表人士129人，占代表总数的86%；女代表22人，占代表总数的15%；代表会员单位130个，个人会员20人。选举产生区工商联第四届执行委员会委员60人，常委22人。贾彦卿任主任委员。选举产生雨湖区总商会领导班子。会议提出争当社会主义事业优秀建设者，为实现雨湖区的跨越发展努力奋斗的工作思路。至2007年，区工商联共有基层分会15个，有会员（会员单位）450个。

二、活 动

（一）参政议政

1993年，区工商联会员中担任市政协委员1人，担任区人大代表6人，担任区政协委员29人。1994年，全区部分地域遭遇洪灾，区工商联写出《建议减免受灾私营企业和个体工商户税费》的提案，得到党委政府和相关职能部门的采纳。受灾户当年税费得到减免。1997–2002年，区工商联会员中担任各级人大代表、政协委员的共有69人。其中，省人大代表1人，市人大代表11人，市政协委员9人，区人大代表9人，区政协委员39人。提交各类建议、提案88件。2003–2006年，区工商联会员中先后担任各级人大代表、政协委员的共有141人。其中，全国人大代表1人，省人大代表3人，市人大代表18人，市政协委员4人，区人大代表26人，区政协委员89人。先后向各级人大或政协提交建议、提案50余件。区工商联提出的《在我区建设金属材料市场》的集体提案和《新时期加强非公有制党的建设探讨与对策》《加强非公有制企业人才引进与管理的意见》，被区委、区政府采纳并出台《关于加强人才队伍建设的意见》。会员、市人大代表刘蒙榕提交的《关于加大对城市交通设施投入力度的建议》列为市重点议案。会员、市精正设备制造有限公司高渭民撰写的《大力发展民营经济，进一步增强经济发展的活力》被省委采纳并被收录入《献策湖南》一书。2007年，区工商联会员中担任各级人大代表、政协委员的共有160人。其中，全国人大代表1人，省人大代表3人，市人大代表35人，市政协委员8人，区人大代表55人，区政协委员58人。提交各类建议、提案27件。

(二)参与经济建设

1990-2005年，区工商联围绕市委、市政府"强工富市"和区委、区政府"工业强区，商业富区"的工作思路，大力扶植流通领域的商业企业。市自行车销售公司、宝利液化气公司等一批企业年销售超过100万元。区工商联发挥其统战性、经济性、民间性的优势，帮助民营企业发展，积极开展招商引资工作。步步高、心连心、金虹羽、一格制药、碧松纸业等一批有实力的企业落户雨湖区。是年，罗庆林、曹伟等一批非公有制经济代表人士获得"优秀中国特色社会主义事业建设者"光荣称号。2006年，全区有非公企业2480户，从业人员48000余人。其中，产值过亿元的企业4家，产值过千万的企业40家。非公经济实现产值18亿元，占全区GDP的62.98%。上缴税金1.59亿元，占全区财政收入的62.14%。是年，有10余家企业投入上千万元资金扩大再生产，全年完成固定资产投资2.4亿元。2007年，全区非公经济企业完成生产总值24.8亿元，对财政收入的贡献率达80%。

(三)服务会员

1993-1997年，区工商联共为会员举办法制、企业管理等培训班3期，免费参培人员120人次；为会员企业协调银行融资及企业间相互融资110余万元；为会员企业协调与工商、税务等政府职能部门的关系6次；区工商联还牵线搭桥，促成会员企业雨湖建筑公司承接华隆百货大楼建设任务。2001-2005年，区工商联除组织800多人次参加国内培训外，还单独举办《现代企业领导方法与领导艺术》《企业文化建设》《制约湘潭地区经济发展的因素与对策》等大型报告会与专题培训3期，免费参加培训人员300多人次；协调解决华丰通讯公司、碧松纸业等40余家会员企业与政府职能部门的关系；帮助一格制药、运达房产等会员企业处理好与周边群众的关系；为恒盾集团、永强防雨制品厂协调解决企业内部矛盾。区工商联还为精益眼镜、精正公司、星达机电有限公司等30余家协调银企关系，融资达2000余万元。2006-2007年，区工商联帮助24家会员企业与银行建立良好的银企关系，解决资金6000多万元，企业间相互拆借融资达3000多万元，为300多家次企业协调与有关职能部门的关系，维护企业的合法权益；为3家会员企业解决内部纠纷，并在全省率先组织100余名非公有制经济代表人士和部分工商联会员免费体检。

(四)扶贫帮困

1993年，区工商联组织会员扶贫帮困，回报社会。1994年，区内遭受洪灾，会员企业捐款为犁头村受灾户重建房屋，并承担一名孤儿的生活、学习费用直至其初中毕业。洪水刚退，会员、潭州家电中心陈斌率先向民政部门捐款，成为全市当年抗洪救灾捐款第一人，湘潭电视台曾对此报道。1995年，为纪念第二次世界大战暨抗日战争胜利50周年，会员企业精益眼镜公司为全市抗日战争之前参加革命的老干部免费验光并赠送眼镜一副。12月6日，会员企业、湘潭市自行车销售公司捐款1万元，为湘潭县青山桥镇一小学改善办学条件。2001-2005年，区工商联组织50余家会员企业195人次参加“光彩事业”，每年投入资金70万元以上；捐款40余万元开展扶贫助学活动，受助人员226人次；捐款5万余元扶助城区贫困人员参加城镇合作医疗。2006年，区工商联组织会员企业捐款5万余元救助洪灾地区。至2007年的3年间，区工商联在实施“光彩事业”的同时，先后组织30多家会员企业开展“百家企业帮百村，共同建设社会主义新农村”活动；培训、安排农民就业2000多人；扶贫济困130多人。

第六节 残疾人联合会

一、组 织

1988-1992年，境内雨湖区、湘江区、郊区均有盲人、聋哑人协会，归属民政部门管理。1993年4月，合区后的雨湖区召开第一届残疾人代表大会。参加会议的代表56人，选举产生雨湖区残联主席团成员22人，谭立云当选为理事长。区残联提出进一步改善残疾人平等参与社会生活的物质条件和精神环境，缩小残疾人事业与国民经济和社会发展水平的差距，使残疾人参与机会增多，参与范围扩大，自身素质提高，生活状况改善。1996年1月，区残联从区民政局单列出来，为正科级事业单位。1998年12月，雨湖区召开第二届残疾人代表大会。参加会议的代表43人，选举产生雨湖区残联主席团成员21人，黄顺康当选为理事长。区残联提出以邓小平理论为指导，贯彻落实党的十五大精神和残疾人保障法；以劳动就业为重点，推动残疾人事业全面发展，力争到2010年让区内残疾人生活达到小康生活水平。2003年9月，雨湖区召开第三届残疾人代表大会。参加会议的代表55人，选举产生雨湖区残联主席团成员34人，邓德林当选为理事长。区残联提出深入贯彻学习“三个代表”重要思想，按照党的十六大提出的“发展残疾人事业”的要求，融入大局、协调发展，团结带领残疾人共同全面建设小康社会，努力开创雨湖区残疾人事业新局面。2005年，雨湖区被全国残疾人联合会评为“全国社区残疾人工作示范区”，窑湾街道正福街社区被评为“全国残疾人工作先进社区”。2006年，雨湖区荣获“全国残疾人工作先进区”称号。2007年，全区乡镇街及先锋企业集团等单位建立残联基层组织16个，配备专(兼)职理事长；建立社区和村残协75个；成立肢残人协会、盲人协会、聋哑人协会、精神和智力残亲友会等4个残疾人专门协会，形成以区残联为中心，街道(乡、镇)残联为纽带，社区(村)残协为基础，专门协会为骨干，社会广泛参与的残疾人组织网络和残疾人工作机制。

二、活 动

(一)残疾人康复

区内残疾人康复工作始于1996年。是年，雨湖区作为全国36家精神病防治、康复试点之一，成立4家精神病康复治疗站。1999年，经省残联康复部验收合格后改名为残疾人康复治疗室，由单一的精神病康复治疗与预防发展为多项残疾康复治疗与预防。2002-2006年，在卫生、民政、公安、教育、司法、共青团、妇联等部门的支持下，举办康复培训班60多期，培训500多人次，发放各种康复宣传资料2410册(本)；免费为白内障患者复明手术610例，低视力康复配用助视器100多名，精神病防治康复1830例；免费为残疾人安装假肢34例，辅助器具供应300多件，免费药物救助贫困精神病患者500多人，先后使近2000多人残疾人得到有效康复服务。2007年，全区建有5个残疾人康复训练指导中心，80%的社区和30%的村建立康复室。雨湖区被民政部、卫生部、中国残联授予“全国残疾人社区康复示范区”称号。

(二)残疾人就业

1996年,区政府根据《湘潭市按比例安排残疾人就业通知》,启动按比例安排残疾人就业工作。1997-2001年,全区普查登记有就业能力的残疾人8876人,集中安置就业2175人,分散就业3658人,就业率为66%。2002-2007年,随着政府优惠政策出台,紧紧抓住"平等共享,促进残疾人就业"这个主题,建立4个就业培训基地。采用集中安置、推荐就业、自主创业等不同形式,4500多人次的残疾人得到就业安置,有就业能力的残疾人就业率达到90%;利用多种形式组织技能培训班80多期次,培训残疾人3500余名。在湖南省第三届、第四届残疾人职业技能竞赛中,雨湖区参赛代表获得5个一等奖、1个二等奖,一批残疾人走上自主创业、自谋职业的道路。

(三)普查发证

1996年,湘潭市实行残疾人证发放工作。全区有六类(肢体、视力、精神和智力、言语、听力、综合)残疾人14878名,占全区总人口的6.7%。发放残疾人证2376本,发证率为16%。1997年10月,对全区残疾人进行普查登记,统一核发第一代"中华人民共和国残疾人证",区内登记在册残疾人15679名。其中,肢体残7572人,听力言语残1373人,视力残2067人,精神残3137人,智力残714人,综合残816人,占总人口的5.3%。至2007年的11年中,共核发新残疾人证6673本,发证率为36%。

第八篇　武　装

第八篇　武　装

第一章　军事机构与驻军

第一节　军事机构

1988年，境内雨湖区、湘江区、郊区均设人民武装部（以下简称区人武部），为地方建制的副县级机构，受区委、区政府和湘潭军分区双重领导。下设军事、政工、后勤科和办公室。科室级别为正营级。共有干部30人，职工18人。区人武部管理乡镇街道及驻区厂矿单位人武部33个，基层人武干部45人。驻区军事机构有湘潭军分区，中国人民武装警察部队湘潭市支队等。1992年11月，湘潭市区划调整后的新雨湖区人民武装部设立，仍为副县级机构，科室设置不变，在职干部17人，职工6人。管理湘潭市河西地区包括驻区大中型企业、院校的武装工作，下设基层人武部33个。1996年4月1日，根据中共中央、国务院、中央军委《关于县（市、区）人民武装部收归军队建制的通知》精神，区人武部收归军队建制，为正团级机构，机关驻建城路47号，在职18人。2004年12月26日，区人武部迁至北二环线新营院，占地面积16450平方米，总建筑面积5000平方米，包括办公室、公寓楼、食堂、炮库等，总投资900多万元。区人武部围绕区委、区政府经济建设中心开展军事训练和队伍建设，通过学雷锋、学李向群的活动，使官兵坚定理想、信念。2005年，区人武部被省军区授予“学雷锋、学英雄、学李向群先进单位”称号。随着市场经济的发展，原湖南省红旗钢铁厂、市棉纺厂、水运公司、柴油机厂、锅炉厂、制革厂、针织厂、航运公司、运输公司、合成化工厂等企业破产、改制或重组，其单位人武部先后撤销。2007年，区人武部管理乡、镇、街、场、企业、学校基层人武部24个，基层人武干部55人。至是年的20年中，区人武部9次获得湘潭军分区授予的“先进人武部称号。”

专录一　湘江区人民武装部

一、机构

1988年，湘江区人民武装部为地方建制的副县级机构，受区委、区政府和湘潭军分区双重领导。区人武部下设军事、政工、后勤3科，是年3月增设办公室。科室级别为正营级。部机关驻韶山西路4号，占地面积2013平方米，有综合楼和生产用房各一栋。1992年，区人武部在职干部10人，职工6人。下辖驻区江南机器厂、江麓机械厂、湘潭大学、湖南省红旗钢铁厂、湘潭市棉纺厂、湘潭水运公司、湖南省建筑三公司等基层人武部，共有专职武装干部22人。由于湘潭市区划调整，湘江区人武部机构至是年6月终止工作。

二、主要工作

1988年9月，湘潭市人民防空委员会在湘江区召开全市人防平战结合现场经验交流会，湘江区的经验得到推广。1989年北京发生政治风波期间，各基层人武部组织民兵护厂巡逻，维护社会稳定。1990年1月，组建民兵应急分队（营）2个连，8个排。4月14-15日，湖南省军区政治委员吴爱群在湘潭军分区领导陪同下，检查江南机器厂国防教育工作情况。是年，8月14-18日，湖南省全民国防教育现场经验交流会在湘潭市召开，中共江南机器厂党委被中共湖南省委，省人民政府授予“党管武装先进单位”称号。

湘江区人民武装部政委、部长名录

第一政委：刘异群　1985.4-1986.4（区委书记兼）

部　　长：陈运昌　1986.3-1992.6

政　　委：谭甫臣　1983.12-1992.6

专录二　湘潭市郊区人民武装部

一、机构

1988年，湘潭市郊区人民武装部为地方建制的副县级机构，受区委、区政府和湘潭军分区双重领导。区人武部下设军事、政工、后勤3科，当年3月增设办公室。科室级别为正营级。部机关驻建城路47号（四面佛处），占地面积2444平方米，有办公楼，训练基地用房、宿舍房、以劳养武企业用房及公共杂房等，建筑总面积2127平方米。1992年，在职干部10人，职工6人。郊区人武部下辖昭山、荷塘、板塘、宝塔、霞城、长城、昭潭、先锋、护潭9个乡及仰天湖、红旗、先锋3个农场共12个基层人武部。因行政区划调整郊区人武部机构至是年6月终止工作。

二、主要工作

1988年，郊区人武部完成《四年规划》规定的内容：干部在职训练以训练指导民兵军事训练为主，组织以干部为主的民兵通信分队训练；组织基干民兵骨干进行手枪、步枪、轻机枪等实弹射击；组织干部参加军分区举办的专业集训。1989年，组织民兵巡逻护场，维护社会稳定。1990年8月14-18日，湖南省全民国防教育现场经验交流会在湘潭市召开，郊区党委副书记、区长闵应章被中共湖南省委、省人民政府授予“党管武装先进个人”称号。1991年，郊区人武部按照新时期建军方针，进一步加强行政管理规范化、制度化建设。

湘潭市郊区人民武装部政委、部长名录

第一政委：章亮春　1986.3-1989.12（区委书记兼）

部　　长：周雪球　1986.3-1992.6

政　　委：李枝松（苗族）　1986.3-1992.6

第二节　驻军

1988-2007年，区内有湘潭军分区、湘潭县人民武装部等军事机关和中国人民武装警察（公安）部队湘潭市（地区）支队（大队），武警湘潭市消防支队雨湖大队及企业军事代表室。

湘潭军分区

1988年，湘潭军分区驻人民路87号。1996年4月1日，根据中共中央、国务院、中央军委《关于县（市、区)人民武装部收归军队建制的通知》,湘潭市所属县(市、区)人民武装部由地方建制收归军队建制,至此,军分区辖湘潭县、湘乡市、韶山市、雨湖区、岳塘区5个人民武装部和韶山路、砂子岭2个军队离职干部休养所。2005年10月,湘潭军分区迁至岳塘区双拥中路新营院。

湘潭县人民武装部

1988年,湘潭县人民武装部,驻城正街。1995年迁至湘潭县易俗河赵家洲。

中国人民武装警察(公安)部队湘潭市(地区)支队(大队)

1982年6月,根据中共中央指示,组建中国人民武装警察部队。9月,湘潭军分区独立营移交地方公安机关,与湘潭地区行署公安处消防科、民警科及实行义务兵役制的武装警察、消防民警等武装合并,组建中国人民武装警察湘潭地区支队。驻雨湖路208号。1984年1月,湘潭地区支队更名为湘潭市支队,2001年市支队机关迁至岳塘区河东大道新营院。

中国人民武装警察部队湘潭市消防支队雨湖大队

1953年,境内建立湘潭市公安消防队,1965年发展为消防大队。1979年,市消防大队下设三个中队,并在雨湖公安分局设立消防股。1983年,市消防机构划归中国人民武装警察部队(以下简称"武警")湘潭地区(市)支队领导。1986年,单列为武警湘潭市消防支队。1992年合区后,雨湖公安分局消防股撤销,设立武警湘潭市雨湖区消防科。1996年3月,武警湘潭市雨湖区消防科升格为武警湘潭市消防支队雨湖大队,同时,武警湘潭市消防支队一中队划归雨湖区消防大队,驻建设北路311号。至2007年未变。

驻江南机器(集团)有限公司军事代表室

军事代表室于1953年3月成立,代表分别由陆、海、空军派出。2003年11月,编制体制调整为驻长沙地区军事代表室。驻地仍在江南机器(集团)有限公司。至2007年未变。

驻湖南江麓机械集团有限公司军事代表室

军事代表室于1960年2月成立,代表由装甲兵派出。至2007年未变。

湘潭军分区韶山路离职干部休养所

湘潭军分区韶山路离职干部休养所于1966年2月25日设立,时称湖南省军区湘潭离职干部休养所,为正团级编制,驻大湖路68号。1982年3月改番号为湘潭军分区韶山路离职干部休养所,隶属于湘潭军分区。1985年12月,单位级别下降为正营级。1995年调整为副团级。设所长、政治委员(协理员、教导员)。至2007年未变。

湘潭军分区砂子岭离职干部休养所

湘潭军分区砂子岭离职干部休养所于1981年5月设立,时称湖南省军区湘潭砂子岭离职干部休养所,为正团级编制,驻窑湾街道黄花塘路39号。1982年3月改番号为湘潭军分区砂子岭离职干部休养所,隶属于湘潭军分区。1985年12月单位级别调整为副团级,1995年恢复为正团级,设所长、政治委员(政治协理员)。至2007年未变。

第二章　兵　役

第一节　兵役登记

根据《中华人民共和国兵役法》“兵役工作由区人民政府组织领导，区人民武装部为区人民政府的兵役机关”的规定，每年9月30日以前，区人武部便安排各机关、团体、企事业单位和乡镇人民政府、街道办事处负责组织本单位和本地区的适龄（当年内满18岁）男性公民进行兵役登记，填写“兵役登记表”。各兵役登记站根据公民的政治、身体、家庭劳动力和是否在校学习等情况、依法确定应服兵役、缓服兵役、免服兵役和不得服兵役的人员，并报区人武部批准。经兵役登记和初步审查合格的称应征公民。

第二节　兵员征集

兵员征集，一般情况在冬季进行。种类有陆军、空军、海军、第二炮兵和武装警察等，征兵程序一般为宣传动员、体格检查、政治审查、复查定兵、交接新兵五个阶段。区委、区政府坚持每年10月定为“兵役教育宣传月”，通过宣传发动和应征青年报名后，即筛选兵源参加体格检查。征兵任务数和送检人数按1:3确定。经过初检和复检后，对体检符合标准的应征青年进行政治审查。政治审查主要是对应征青年进行社会关系、本人表现有无违法犯罪行为等方面审查。政审工作由区公安机关和人武部政工部门组成政治审查组共同承担。复查定兵强调“五优先”，即体格强壮者优先，现实表现好者优先，有技术专长者优先，本人强烈要求者优先，家长积极支持者优先；实行“三不定”：即本人思想不通的不定，身体条件可定可不定的不定，现实表现未查清的不定。

1988年，境内按任务数征集新兵，由区人武部干部送兵。1989年改为春季征兵。1990年春冬两季征兵。1991年起恢复冬季征兵，境内如期如质完成征集新兵任务。1992年起，针对青年外出务工越来越多，活动范围越来越广的特点，政治审查实行基层初审，有关部门联审，城乡交替审查的“三审”办法，恢复由部队派出干部到区统一接兵的方式。至1997年的6年中，全区不折不扣地完成征集新兵任务。1998年12月，第九届全国人民代表大会常务委员会第六次会议对1984年颁布的《兵役法》进行修改，服役年限一律改为2年，取消超期服役。志愿兵除由义务兵留转外，规定可直接从非军事部门有专业技术的公民中招收，服役年限可达30年。规定农村新兵须初中毕业，城镇新兵须高中毕业，城镇新兵对大专文化及其以上者优先；男性身高为1.62米以上，女性身高为1.58米以上。2000年起体检增加艾滋病、性病等项目。至是年的3年中，全区征集新兵数达到上级要求。2002年起，每年从湘潭大学、湖南科技大学等在校大学生中征集部分新兵。2004年起，要求女兵身高为1.6米以上。2005年起，体检增加心理测验项目。至2007年，全面完成征集新兵任务，实现自人武部收归军队建制以来，连续12年无责任退兵。

第三章　民兵和预备役

第一节　组织建设

一、民兵

1988年，境内雨湖区、湘江区和郊区人民武装部按照军分区的部署，对所辖33个基层人武部进行民兵整组，落实“召之即来、来之能战、战之能胜”的要求。1990年，三区武装部重点抓民兵应急分队和基干民兵组织建设。雨湖区民兵应急分队参加湘潭市举行的阅兵式。1992年12月，区人武部，根据中共中央办公厅《关于加强民兵基层建设的意见》，制定民兵基层建设三年规划，把民兵营（连）建设纳入农村以党支部为核心的村级组织配套建设之中，纳入企业管理计划、统筹安排之中，规划如期完成。民兵平时参加工农业生产，配合公安机关巡逻执勤、护厂、护村、护路、护桥，维护社会治安；突发事件时担任战备执勤、抢险救灾、完成艰难险重任务；同时根据需要异地执行应急救援。1994年3月，区人武部根据军分区的命令，组建民兵摩托化应急分队第一营由驻区江麓机械厂、江南机器厂、湘潭锰矿和湘潭柴油机厂、锅炉厂、压缩机厂、合成化工厂民兵组成，配备三轮摩托车14辆、警棍、盾牌、头盔各164件。1996年6月，区委、区政府决定组建湘潭市民兵抢险突击营轻舟、植桩、森林灭火、人工增雨等4个分队，经过专业训练，达到市委、市政府的验收标准。1997年4月，区人武部受命组建湘潭市民兵抗洪抢险机动突击团第二营，并于5月23日参加机动突击团成立大会，接受省军区司令员庞为强等省、市领导的检阅。1999年，区人武部根据市场经济新情况，区内城市民兵组织建设在坚持以国有大中型企业为主体的基础上实行向新企业、行业、大专院校和科研机构附属企业单位拓展。全区建立基层单位人武部34个，建立基层民兵组织387个。2001-2004年，围绕党管武装、坚持和完善民兵制度、平战结合、改革创新、依法建设五项原则，切实加强骨干队伍建设。组建双37高射炮营1个，在驻区三所高等院校组建民兵网络信息分队，在电信部门、汽运总公司、江麓机械厂、江南机器厂分别组建相关分队。设立地空导弹连、对空视察连、工兵连、民兵技术支援大队、电子对抗分队和网络作战分队。2005年，区人武部根据湘潭市“十一五”基干民兵组训任务要求和所处战略地位，依托原民兵军械、车辆装备维修分队进行组织扩编，组建民兵装备技术保障大队（营），辖地炮军械、侦察通信、车辆、工程、防化装备技术保障和装备技术机动支援保障分队（连）。建立一支30人的民兵应急常驻分队。至2007年，全区有基层单位人武部24个。

二、预备役

预备役由服满现役的退伍军人和未被征集的符合兵役条件的人员充任。预备役人员分为预备役军官和预备役士兵。预备役士兵分为两类：基干民兵和经过预备役登记的28岁以下的退伍士兵和专业技术人员编为第一类；普通民兵，经过预备役登记的29-35岁的退伍士兵以及其他符合条件的男性公民编为第二类。第一类预备役士兵年满28岁转入第二类，第二类预备役士兵年满35岁退役。1992年6月统计，全区符合服预备役的转业退伍官兵均转服预备役。1993年以后，由军队和武装警察部队转业到地方工作的干部，凡政治上表现好、身体健康、均转服预备役。登记时，根据职级提出年龄限制：排级职务（含相应职务等级的文职干部)35岁、连级40岁、营级45岁、团级50岁、师级55岁;初级专业技术职务45岁、中级55岁、高级60岁。每年核对截止时间为6月30日,并上报增减变化情况。1995年5月《中华人民共和国预备役军官法》颁布,区人武部依法加强对预备役军官的管理。1996年12月1日,湖南省军区批准对雨湖区预备役校官授衔。1998年,根据全国人大第九届人大常委会第六次会议通过《关于修改〈中华人民共和国兵役法〉的决定》,第一类预备役士兵包括:经过登记的35岁以下的退出现役的士兵,经过军事训练28岁以下的基干民兵、35岁以下的地方与军事专业对口的技术人员,其他编入预备役部队和预编到现役部队的28岁以下的士兵。1999年,兵役征集工作进一步改革,从区内院校,工厂招收部分专业技术士官,组建湖南陆军预备役师步兵第一团炮兵营。是年6月,湖南省民兵预备役政治工作会议在湘潭召开,与会代表前往驻区湘潭大学、江麓机械厂学习开展民兵预备役政治工作经验。2004年5月1日,区人武部获全军预备役军官登记工作第12名,被解放军总政治部授予"先进单位称号"。2007年,雨湖区符合服预备役的转业退伍官兵全部转服预备役。

第二节 政治教育

1988-1989年,境内雨湖区、湘江区、郊区人武部抓民兵政治教育内容是:坚持四项基本原则,反对资产阶级自由化,普法教育;民兵常识和光荣传统;国防观念教育。制度上落实,每季一堂课,每个基干民兵班有1份民兵刊物。宣传部门将民兵政治教育纳入农民(职工)教育计划;举办民兵政治教育讲座、组织考试等。1990-1992年,区人武部根据《民兵法》《民兵工作条例》编写教材,对参训民兵进行政治教育。1993年,驻区江南机器厂在湖南省民兵政治教育改革现场交流会上,介绍"把民兵政治教育纳入企业制度管理"的经验。区人武部被湖南省军区授予"民兵政治教育改革先进单位"称号。1994-1997年,根据总政治部《参训民兵政治教育纲目》规定的内容对民兵进行爱国主义、革命英雄主义的教育。针对"台独"分子分裂祖国的活动日益猖獗的情况,进行维护国家领土完整,反对分裂、加强军事斗争准备的形势教育。1998-2002年,组织民兵学习湘潭军分区编印的《民兵政治教育读本》。2003年,区人武部组织学习中共十六大文件。2004年,开展向英雄学习的活动。2005年,区人武部被省军区评为"学雷锋、学英雄、学李向群先进单位"。2006-2007年,利用民兵整组、征兵、元旦、"八一"等时机,对民兵进行以爱国主义为核心的政治教育。

第三节 军事训练

1988年,境内雨湖区民兵训练基地建立,共训练步兵39人,军械分队23人,高炮分队民兵班长骨干64人次。8月下旬至10月初,高炮分队44人经训练后,参加全省在沅江靶场进行的高炮实弹射击考核,命中率达83.90%,击落拖靶一个,取得第一名。1991年3月,组织155名步兵在鹤岭地区为期一个月的集训,经考核优秀率为27.30%,良好率为63.60%,及格率为100%。1992年6月17日,在湘潭市纪念毛泽东"民兵工作要做到'三落实'"指示发表30周年组织的县(处)级及其以上干部轻武器射击竞赛中,驻区湘潭锰矿代表队获得步枪射击第一名。1993年,驻区江南机器厂人武部干部赵延平被总参谋部授予"全国民兵、预备役部队优秀'四会'教练员"称号(四会:会使用民兵常用武器,会组织民兵军事训练,会给民兵上政治课,会做民兵思想工作)。1994年,区民兵高炮分队在市民兵高炮营编程内参加湖南省军区组织的实弹射击,首发命中拖把。1996年训练民兵519人。1998年8月,对专业技术分队进行训练,其中,对无线电报话分队进行密语通话训练。2001年9月,组织高炮分队骨干集训,经军分区考核,合格率达100%。2002年,组织12名轻舟分队骨干参加军分区组织的集训;对驻区湘潭大学、湘潭师范学院,湘潭工学院的民兵网络分队和电子对抗分队进行培训;组织驻区江麓机械厂民兵骨干集训;2003年3月,结合驻区湘潭大学、湖南科技大学计算机教学,对湘大电子对抗分队和科大网络战分队进行训练;组织120名森林防火民兵集训。2004年,组织全区27名基层武装部部长参加军分区的集训,并参加手枪射击,队列会操,军事理论和计算机应用的比武,取得团体第三名;对市中心医院民兵骨干集训;组织全区高炮分队民兵进行集训。2005年9月16日,区民兵应急分队接受省军区、军分区检验考核,组织进行一次带战术背景的突击演练。应急分队能快速机动、快速集中、具有处置突发事件能力,受到省市领导的肯定。2006年,区人武部被湘潭军分区授予"军事训练先进单位"称号,2007年,军事训练按常规进行。民兵双37高炮分队赴沅江参加实弹射击考核,成绩优秀。组织民兵参加全省"八一"阅兵任务圆满完成。

第四章　国防动员

第一节　议军会议

1988年,境内雨湖区、湘江区和郊区区委坚持常委会议议军制度(区人武部部长或政委必为区委常委),每年至少有一次"议军"会议。学习贯彻"党管武装"的精神,研究解决人武部、民兵预备役工作等重大问题。至1992年的5年间,三区区委共召开议军会议26次,研究解决人武部建设和民兵预备役问题15项。1993年10月,雨湖区委召开会议,传达、贯彻中共中央办公厅稳定基层武装干部队伍文件和冬季征兵会议精神,核实调整全区基层武装机构,把民兵建设纳入农村村级组织建设、企业管理统筹安排,为解决民兵训练经费和基地建设问题,区委决定采取区财政拨一点和各单位自筹一点的"两条腿走路"的办法解决。1996年3月,听取区人武部政委汇报区人武部移交的问题。加强和完善民兵抢险队的装备建设,做好全区预备役军官授衔的前期工作。1997年2月,重点研究组建雨湖区民兵抗洪抢险突击营和区人武部和平桥院办公楼的改造和扩建问题,成立雨湖区国防教育动员委员会并在营院改造资金上区财政给予支持。1998年2月,区委、区政府制定《关于坚持党管武装原则,进一步加强区人武部和民兵预备役建设的规定》。6月,为迎接即将在湘潭召开的全省民兵工作政治建设经验交流会,区委议军会议决定:区财政拨付5万元给人武部作筹备工作资金,做好各项工作的准备。2000年3月,区武装工作会议要求各级党政主要领导要加强对武装工作的领导,解决基层武装中的机构设置、专职人武部干部的编制问题,民兵教育训练经费实行社会统筹,由各级财政直接收取后交区人武部专款专用。2001年12月,区委议军会议研究区人武部营院整体搬迁问题,资金来源决定采取自筹一点,上级单位求助一点和区财政补给一点的办法,要求区人武部做好工程质量的跟踪监督,为争创全省一流的武装部奠定硬件条件。2003年7月,召开议军会议,传达贯彻《中共中央办公厅、国务院办公厅关于抓紧落实中央有关文件精神,认真解决部分企业军转干部生活困难问题的通知》精神,增加民兵训练经费8万元,追加区人武部新营院工程建设费10-20万元。2004年10月,区委在议军会议上提出积极探索新时期加强武装和民兵工作的新路子、新办法,研究"人武部职工分流安置方案",将人武部分流的职工全部安置到乡、镇、街道工作，并安置2名随军家属就业。同时，当年追加新营院工程款20万元。2005年10月，区委议军会议重点研究做好反“台独”军事斗争准备和区人武部新营院建设经费保障等工作，在区人武部经费预算的基础上再追加10万-15万元。2007年1月，区委议军会议重点听取区人武部关于建设高炮武器库、组建民兵应急常驻分队和新营院基建债务问题的汇报。会议决定：建设高炮武器库，组建一支30人的民兵应急常驻分队，区财政先安排5万元启动资金；区民兵双37高炮分队赴沅江参加实弹射击考核；为解决基建负债问题，拨付区人武部的预算经费按照区财政的增长同步增长，力争三年，确保5年全部偿还基建债务。

第二节 国防教育

1988-1989年，遵照中共湖南省委《关于在全省公民中广泛开展国防教育的意见》精神，境内雨湖区、湘江区和郊区区委以各级干部特别是领导干部为重点，以青少年为基础，以民兵预备役人员为主体，以全民为普及对象，对不同层次人员进行国防教育。雨湖区以湘潭锰矿为国防教育试点单位，积极开展工作，总结推广经验；组成调查组深入湘潭师范学院、湘潭市第一中学进行大中学生国防意识现状调查，其调查报告被上级采纳，并由市委宣传部、市委办公室转发；主办两期国防教育骨干培训班，培训骨干58名；举办报告会4场，出黑板报、宣传栏124期，编印各类教材27份。主要领导深入街道、厂矿作报告12次。1990年，雨湖区、湘江区两区及驻区的江南机器厂、江麓机械厂、湘潭锰矿等大型企业分别举行人防建设演讲比赛，推出选手参加湘潭市比赛，2人获二等奖、1人获三等奖。9月，湖南省国防教育现场经验交流会在湘潭市召开，会议推广驻区江南机器厂把国防教育纳入企业管理的经验。雨湖区被省委、省政府授予“湖南省国防教育先进单位”称号。1993年，在广泛开展全民国防教育活动中，驻区江南机器厂国防教育干事周春秀（女）被湖南省全民国防教育委员会评为全省“国防教育十佳新闻人物”。1995年，在驻区江麓机械厂建成全民国防教育中心和预备役军官活动中心。中心包括国防教育展览馆、预备役军官活动室、大型兵器展场、实弹射击场和战车水上试验场等。1996年，为纪念红军长征胜利60周年，开展“发扬长征精神、壮我国威军威”演讲活动。1998年7月，组织湘潭大学15名优秀学生骑自行车“南沙万里行”活动。大学生们一路上积极开展国防宣传和调研，在南沙群岛体验守岛生活，与官兵共度“八一”建军节。1999年6月23日，湖南省民兵预备役政治工作会议在湘潭召开，与会代表参观驻区江麓机械厂民兵水陆战车表演和湘潭大学国防教育成果展示。至2000年的8年中，国防教育常抓不懈。2001年，区委、区政府利用重大会议进行国防教育，各级党、政领导干部带头学习新颁布的《国防教育法》，结合学生军训深入开展全民国防教育。重点对《国防法》《兵役法》《国防教育法》等法律法规进行宣传。是年，驻区湘潭大学组织学生参加轻武器射击、野炊等活动，以此对学生进行国防教育。驻区江南机器厂举办国防体育运动会。2005年，抓住湘潭市烈士陵园经批准为全民国防教育基地这一契机，对青少年进行国防教育。驻区湘潭大学获湖南省全民国防教育委员会授予“国防教育先进单位”称号。至2007年的7年中，区武委会和各基层人武部共主办国防教育学习班98期，参加学习近5000人次，向基层单位发放国防教育宣传资料8万份，全区公民受教育面达到60%以上。

第三节 学生军训

1985年，境内雨湖区人民武装部根据教育部、劳动人事部、财政部和解放军总政治部、总参谋部、总后勤部联合通知关于学生军训的精神，在湘潭市第一中学进行军训试点，训练学生350名。1987年，对驻区湘潭市第一中学、湘潭师范学院学生进行军训，训练1440人。1988年，增加驻区湘潭大学、湘潭市第二技术学校为军训试点单位，其中，湘潭大学和湘潭市第一中学完成军训任务1878名。1992年9月，区人武部组织湘潭市第一中学学生进行强化训练，在省军区组织的全省学生军事考核中，获得队列第一名和射击第二名。1993年对驻区湘潭矿业学院学生进行军训。1994–1998年，区人武部协调成立学生军事训练团，组织市直高级中学、职业技术学校、各大厂矿子弟高级中学等进行学生军训。1999年起，根据湖南省教育委员会《关于1999年度学生军训和国防教育的通知》精神，区内高级中学普遍结合新生入学教育进行一周的军事训练。学生军训全面展开。2002年，湘潭大学大学生方队参加湖南省军事训练汇报表演，获团体总分第二名。学生军训至2007年一以贯之。

一、训练内容

1993–1998年，区内军事训练的内容按照陆军士兵要求，军事科目为共同条令（内务、纪律、队列）、“三防”（防原子、防化学、防细菌）知识，单兵战术动作，步枪第一练习实弹射击等。1999年，军训内容增加人民防空知识。2003年，增加军事科技、现代国防、国际战略环境、高技术战争等知识讲座15课时，在两年内完成。大学生训练内容按陆军院校的要求，军事科目在中学生应用训练内容基础上增加现代军事科学知识，现代战争特点、外军研究、军兵种知识、军事地形学、卫生与防护等。一般在第一、二学年进行。2004–2007年，训练内容按教育部、总参谋部、总政治部《高等院校学生军事训练教学大纲》执行。驻区湘潭大学等列入全国军训计划的学校对新生集中训练4周，军事理论时间不少于60小时。

二、训练形式

1988–2007年，学生军训采取集中训练与分散训练相结合，理论科目与操作演练相结合，野外科目和室内科目相互穿插的办法实施训练。按照统一训练计划，军事部门组织军事教员备课示教、规范教学；教员在教学过程中，根据军事教学的特点，采取讲解示范、分步细训、评比竞赛、总结讲评的方法实施教学。集训时按照部队建制将学生编成班、排、连，并建立一日生活制度，让学生体验连队生活。学生经过初步军事训练，要求掌握一定的军事基础知识，增强国防观念，提高组织纪律性和团结协作精神，克服“骄”“娇”二气，养成吃苦耐劳、勇敢顽强作风和不甘落后、不断进取精神。

三、训练考核

1988–2007年，学生军事训练结束时，由军事部门进行考核，以检验训练效果。雨湖区学生每年军训合格率在95%以上。

第五章　人民防空

第一节　人防工程

境内人防工程建设始于20世纪70年代。由于城市建设和改造，部分人防工程毁弃。1988年，境内尚存人防工程4万余平方米。1991–1999年，新建人防工程12182平方米，其中，单建式工程3000平方米，广场工程2812平方米，结合民用建筑修建防空地下室11处6370平方米。2000年，人防工程建设纳入城市建设总体规划，城市高层建筑，要求设立地下室，平时作车库，战时作人防掩体。至2007年，区内有人防工程10.30万平方米，所有人防工程实现“灯明、水畅、路洁”，达到《湖南省人民防空工程维护管理达标规定》的要求。部分人防工程按平战结合原则，平时作车库或商业经营用，为繁荣经济发挥作用。

第二节 制定防空袭预案

1985年上半年，境内雨湖区、湘江区根据湘潭市人民政府、军分区部署，组织人员对全区政治、经济、军事等情况进行调查，在全面掌握有关资料的基础上，全面拟订区、街两级《防空袭预案》及其保障计划。预案从现代战争特点出发，着重解决未来防空袭中“打、走、藏、消”（即打击空中来犯之敌，组织人口、物资疏散，组织留城人员防护隐蔽，消除空袭后果）问题。1988年，雨湖区人民防空办公室根据湘潭市的要求，开展城乡挂钩试点，将雨湖街道战时疏散人口计划具体落实到户。1991年6月至1992年5月，区政府根据市政府、军分区的部署和要求，对《防空袭预案》进行修改，调整充实防空专业队伍。调整后，专业队伍分为：通讯、防化、医疗救护、运输、道路与桥梁维修、自来水抢修、电力抢修、治安、工程抢修、消防等队。战时，按留城人口比例成立专业队伍，桥梁抢修大队战时组建。1998-1999年，修订《防空袭预案》时，仍按以上原则调整防空专业队伍。至2007年，预案未变。

第六章 拥政爱民

第一节 执勤共建

1988-1989年，境内厂矿企业有民兵执勤巡逻队48个，长年担负护厂护矿，维护社会治安的任务。在全市“一打四整顿”（打击严重刑事犯罪和经济犯罪，整顿公共秩序、文化市场、交通秩序、特别行业）中，按市统一部署出动民兵协助公安机关追捕犯罪嫌疑人。1992年，驻区湘潭锰矿武装部部长陈正安被评为市“社会治安综合治理先进个人”。1996年的“严打”斗争，全区出动民兵1600多人次，协助公安机关抓获犯罪嫌疑人43名。侦破案件18起，为企业挽回经济损失18万元。1998年7月，区人武部组织民兵5000人，参加湘潭军分区承担的湘潭和平大堤的建设。1999-2007年，全区民兵960人参与各街道共驻共建文明街道活动，维护社会治安和执勤巡逻任务140次，受到上级表彰和社会赞许。

第二节 抢险救灾

1988年，境内旱情严重，驻区市柴油机厂民兵高炮分队执行命令，投入抗旱救灾，在全市范围进行人工增雨作业。1994年6月18日，湘江湘潭段出现洪峰，区人武部组织民兵上堤抗洪抢险。3天处理险情十多处，确保十万垅、天星堤安全。1998年6月26日，洪水造成河东大堤50米滑坡，仰天湖大堤王家寨泄洪渠出现30米长的裂缝。奉湘潭军分区命令，全区出动民兵近千人，与岳塘区民兵一道连续奋战两天，搬运石块400立方米，为大堤填土3万多个麻袋，打护堤桩200余根，致使大堤安然无恙。雨湖区民兵在湘潭市民兵抗洪抢险机动突击团编制内，至1999年的4年中，分别到岳阳、益阳、郴州，先后5次跨区域抢险救灾，均圆满完成任务。2002年8月，湘江流域连降暴雨，区内超警戒水位，根据市委和军分区指示，区人武部先后4次集结民兵496人次待命15天，按照区防汛指挥部的安排，昼夜组织干部职工和民兵上堤查险。8月21日，湘潭县境昭潭大堤告急，区人武部接市防汛指挥部命令，及时调动127名民兵赶赴昭潭大堤，圆满完成抗洪抢险任务。2006年7月18日，湘江洪峰达40.30米，区人武部按上级部署积极组织民兵上堤护堤，抗洪抢险。

雨湖区人民武装部部长、第一政治委员、政治委员

部　　　　长：谭明远　1983.12-1992.8
周雪球　1992.8-1996.3
彭桂东　1996.4-1999.3
谭新武　1999.3-2000.3
林建军　2000.3-2001.3
胡　文　2001.3-2006.3
文孝男　2006.4-2007.12

第一政治委员：杨怀德　1984.5-1985.5（区委书记兼）
张永德　1985.5-1986.3（区委书记兼）
萧克华　1986.3-1986.4（区委书记兼）

政 治 委 员：向满洪　1983.12-1985.7
罗双龙　1986.3-1991.8
陈运昌　1992.7-1998.4
文菊良　1998.4-2001.4
毛先进　2001.4-2002.3
杨先成　2002.3-2004.9
邓东源　2004.9-2005.12
龙凤辉　2006.1-2007.12

第九篇 法 治

政法综治工作中心

Centre of Politics and Law

第九篇　法　治

第一章　综合治理

第一节　机构队伍

一、机构

1988年，境内中共雨湖区委、湘江区委、郊区区委设政法委员会（简称“政法委”）。其主要职责是负责所辖区域政法工作的协调，设书记、副书记。1991年8-9月，雨湖区、湘江区、郊区设社会治安综合治理委员会（简称“综治委”），下设办公室（简称“综治办”），负责所辖区域社会治安管理的综合协调，与政法委两块牌子，一套人马。1992年7月，三区合一后，中共雨湖区委设立政法委和综治委机构，配备干部4人。政法委成员由书记、副书记及公安分局、检察院、法院、司法局主要负责人组成。其内设科室办负责人由政法委任命。1998年3月，成立雨湖区维护社会稳定工作领导小组，下设办公室（简称“维稳办”），负责区域突发社会矛盾的综合协调处理，与政法委合署办公，三块牌子，一套人马，在职4人。2000年，区政法委内设办公室、政工室、执法监督室、纪检监察室。区编办确定政法委编制6人（包括综治办、维稳办、处理邪教领导小组），工作职责未变，各项协调工作进一步规范。至2007年机构职责无变化。

二、队伍建设

1988年，境内乡、镇、街道设派出所、司法办。并组建专业治安巡逻队（治安联防队），协助派出所负责辖区内社会治安综合治理工作。1992年，从公安、检察、法院抽调多名优秀干警担任乡镇街道副书记兼综治办主任，协助党委、政府加强政法综治工作。1993年，加强学校的法治教育，从政法系统选派优秀干警到中小学担任法治副校长。区内行政村、居民委员会、驻区大型厂矿院校成立社会治安、人民调解组织。1995年，乡镇街道建立“一办三所”（综治办、派出所、司法所、民政所），配齐抓政法综治工作的党委副书记。1998年3-8月，对区内在职585名政法干警进行思想、作风、纪律整顿。针对社会反映公安机关对“黄赌”查处打击不力、充当保护伞的问题进行清理。1999年，根据市政法委的要求，制定《关于追究领导干部责任的规定》，完善《领导干部谈话提醒制度》。2001年，区政法委提出通过几年努力，区检察院进入全国先进行列，公安分局进入全省先进行列，区法院进入全市先进行列，区司法局改变落后面貌要求。2002年，根据中共中央“各级党委政法委员会要认真履行监督职能”规定，就加强内部监督工作到法院进行试点，检查案件2689起，发现有问题的44起，督促法院纠正26起，18起待处理。是年，按照“一区（社区）一警”设立社区警务室。区政法委被省委政法委授予“执法监督工作先进单位”称号。2004年，建立治保会113个，调委会112个，治安巡逻队126支1983人。其中义务巡逻队员1882人，专业巡逻队员101人。59个社区配62名民警。2005年，进一

步完善城区巡防机制，重点抓好巡警中队、专职巡防队的建设。2006年，制定《在全区政法系统中集中开展社会主义法治理念教育实施意见》，组织区内各政法单位负责人、中层干部及部分业务骨干进行集中培训，240余人参加。是年，被责令作出检讨8人次，发通报批评13份，对91名民警违规违令行为给予扣发部分年终绩效奖金处罚，对4起超期羁押案的相关人员给予扣发2000元处罚。2007年，在基层进一步建立和完善"一办"（综治办）"一室"（警务室）"两会"（治保会、调委会）"两站"（刑释解教人员安帮站、流动人口房屋出租管理服务站）"一队"（义务巡逻队）"七位一体"工作机制。是年9月，组织综治维稳干部开展入户走访活动，参访人数969人，走访9690户，解答处理问题2186个，收集整理意见建议5174条。

第二节　治安防控

1988-1992年，境内社会治安综合治理注重专业队伍建设，从行政机关到企事业、院校设立安全保卫部门，对重点单位（部位）、物资、路段加强防范。1993-2007年，以乡（镇、场）街道、驻区大型国有企业、高校各为一个社会治安综合治理责任区，实行目标管理，年初与区综治委签订目标管理责任状，年终考核验收。把社会治安综合治理工作任务，与经济建设、领导任期责任制有机结合起来，同责任人的职级晋升和经济利益挂钩，严格实行一票否决。形成"以块为主、条块结合""横向到边、纵向到底"的社会治安综合管理体系。

一、"平安创建"活动

1988-1989年，境内开展"一打四整顿"（打击严重刑事和经济犯罪，整顿公共秩序、交通秩序、文化市场、特种行业）活动。1990-1991年，针对盗窃案件占刑事案件95%、盗窃工业器材又占盗窃案的50%、自行车被盗现象严重的情况，雨湖区建立废旧回收监管会和稽查队。建封闭式单车棚450个，有守护人员450人；建自行车公共场所停放点40个，实行"定点存放，专人守护，有偿服务"。1992年，突出反盗专项斗争。1995年，区综治办牵头开展扫除"黄赌毒"。6月23日，在韶山东路广场公开焚烧海洛因144.85克，罂粟壳16公斤以及一批用于吸毒的注射器、针头等。1998年，开展打击以"主神教"为重点的邪教组织，取缔6个宗教非法聚会点。4月10日、6月24日分别在市工人文化宫召开两场声势浩大公开打击处理大会。

1999年，在107国道、320国道上开展"平安大道"创建活动。从公检法司选派33位优秀干警在25所学校担任法制副校长，举办法制讲座220多场，进行特殊教育280多人次。2000年11月，全省禁毒及创建无毒社区现场会议在湘潭召开，区委、区政府在全省现场会议上作经验介绍。2004年，雨湖区获得省委、省政府授予"社会治安综合治理工作先进县市区"称号。2005年，60%以上的乡镇街道，70%左右的社区、村、单位达到平安创建标准。中央综治委学校及周边治安综合治理领导小组，授予雨湖区"全国学校及周边治安综合治理先进集体"称号、雨湖路街道党委书记宾茂良荣获"预防青少年违法犯罪工作先进个人"称号。2007年，打击非法传销和开展禁毒工作。加大对"扳砣子"等聚众赌博的打击力度，收缴电游赌博机140台，并集中销毁。对992名在册的涉毒人员全部实施帮教，并签订帮教责任书。是年，雨湖区获省委、省政府授予"社会治安综合治理先进县市区"称号。

二、专项整治行动

1988年，境内组织开展打击卖淫嫖娼、查禁赌博专项斗争，挖出卖淫嫖娼团伙1个18人，捣毁赌窝3处，抓获重点对象共53人。其中收审8人，劳教3人，治安处罚36人。1991-1992年，雨湖区、湘江区政法委组织开展反盗窃专项斗争，共破获各类刑事案件837起，盗窃案件192起，挽回经济损失38.55万元。湘江区破获一批盗窃案件，窑湾派出所将赃物200公斤工业用铜送还被盗单位湘潭市酒厂。民主新村8栋住户朱某价值1.8万余元财物被盗案告破，作案者王某被逮捕。护潭乡渔业村郑氏三兄弟盗窃市冶金化工厂保险柜2个（现金2万多元）案告破，犯罪分子交代先后在岳阳、长沙、湘潭等地开汽车流窜作案25起，共盗得现金、财物等价值10万余元。1993年，开展扫黄打非专项斗争，共查获卖淫嫖娼案199起，查出539人；查获传播淫秽录像团伙案8起，查处违法人员62人。1995-1996年，开展禁毒专项斗争，破制贩毒刑事案件15起，破涉毒行政案件377起，摧毁贩毒团伙1个。抓获涉毒人员30人，依法处理贩毒人员12人，缴获海洛因91.6克，缴获毒资7万元。1997年，开展五大专项整治行动，即整治高校及周边治安环境，整治集资市场，整治以废旧业为主的特种行业，整治重点街区和路段。清查废旧收购点47家，没收违法收购的废旧金属680吨；清查暂住人口1.9万余人，房屋出租户2600户；查封取缔非法娱乐场所13个，收缴管制刀具167件；查处违法犯罪案件8起，获取案件线索23条。1988年，开展打击以“主神教”为重点的邪教组织专项斗争。取缔非法宗教聚会点6个，4月、6月在市文化宫先后召开声势浩大的公开打击处理大会。2000年，开展“打拐”专项斗争。通过调查，解救被拐妇女50人，儿童7人。抓获犯罪嫌疑人4名，其中逮捕1人，移送外地2人，撤案1起1人。2001年，开展“严打”整治斗争，安排“打黑除恶”，整治街头抢劫抢夺、治爆缉枪等一系列专项行动。3-4月，破获涉恶案件162起，“双抢”案件91起，涉毒案件470起。打掉涉恶团伙26个119人，涉毒团伙9个37人，抓获涉毒人员235人，逮捕34人，送强制戒毒157人，劳动教养65人。追捕逃犯113人。2002年，开展为期50天的打击多发性侵财犯罪专项行动，破获各类案件401起。其中侵财型案件306起，抓获违法犯罪人员200人；刑事拘留77人，逮捕35人，劳教18人，摧毁盗抢团伙15个，涉案53人。2005年，开展查禁赌博专项行动。2月出动警力170余人次，出动警车60台次，查处经营赌博电游机的电游厅14家，收缴赌博电游机60余台，赌博电游板30余块，抓获涉赌人员28人。2006-2007年，开展“打黑除恶”专项行动，破获各类刑事案件180余起，其中涉恶案件20起，刑拘68人，逮捕42人，行政拘留129人。

三、预防社会矛盾

1988-1992年，境内雨湖区、湘江区和郊区政法委重点抓企业转制引发的纠纷和工农纠纷的预防和化解。5年中，预防化解两类纠纷34起。1993-2003年，针对社会各类矛盾多发状况，先后组织开展10次大排查，对普遍存在的6大类16个问题进行分析，果断采取化解措施。对一些重点地区、单位、问题实行“三定一包”工作责任制，把矛盾纠纷解决在萌芽状态，化解在基层。2004年起，区维稳领导小组制定雨湖区社会矛盾纠纷、重大治安问题排查、交办、督办回访制度。组织“三官四员”（三官：警官、法官、检察官，四员：法律工作人员、人民调解员、低保救助员、就业指导员）进社区（村），了解民情，反映民意，化解矛盾，为民解难。至2006年的3年中，走访居民981户，排查各类矛盾纠纷406起，化解群体性上访15起，提供法律服务61人。2007年，建立“横向到边，纵向到底”矛盾纠纷排查化解工作机制。区直各部门互动，全面整合人民调解、司法调解、行政调解资源，建立综治、纪检、司法、信访、民政、社保等部门多位一体的矛盾纠纷排查化解工作联动机制，运用政策、法律、经济、行政等手段，以及教育、协商、调解、疏导、听证等办法，有效化解各类矛盾纠纷，维护社会稳定。

四、处置突发事件

1988年，境内雨湖、湘江区和郊区政法委共处置群体性突发事件18起，处置率100%。1989年5月，受春夏之交发生在北京的政治风波影响，不少学生和一些不明真相的群众到市委、市政府大院静坐示威，多次发生打砸抢和阻塞交通事件，平政路派出所被打砸。区政法机关力保稳定，对打砸抢烧事件的肇事者给予坚决打击，36名打砸抢烧分子被收审。1990-1996年，因环境污染、征地拆迁纠纷、企业改制、破产、劳务合同等引发多种矛盾，群体性突发事件逐年增多。区维稳领导小组坚持以人为本的理念，按照“谁主管、谁负责”以及“谁联点、谁负责”的原则，实行“五个一”（一个问题、一名领导、一套班子、一套方案、一抓到底）的工作方法处置群体性突发事件。在实施中，始终坚持“可散不可聚，可顺不可激，可解不可结”的原则，讲究策略，把握时机，果断坚决，严格依法办事，将突发性的群体事件力争抓早，处置在基层。至1996年的7年中，发生群体性事件41起，处置41起，处置率100%。1997年，处置各类群体性纠纷、阻工事件、工农矛盾、请愿、静坐等39起，预防群体性事件31起。对群众反映的热点问题，协调处理46起。1998年3月，针对砂子岭木材市场管理混乱、欺行霸市的问题，成立以区长周放良（女）为组长的整顿领导小组。由综治办牵头，经过一段时间的耐心细致工作，使木材市场乱摆乱放、无章可循等问题得到解决。4-5月，对护潭乡永红村200多名村民因土地补偿费用不如意，而发生阻挠湘黔铁路复线施工的重大群体事件，区维稳办闻讯后，迅速赶赴现场，对广大村民动之以情，晓之以理，明之以法，通过几天几夜的思想教育，得到村民的理解，使湘黔复线施工顺利进行。1999-2001年，区排查出16个问题，区委全体常委和区政府领导12人，分别定点、定期落实解决。对5个难管的重点村（犁头、卫星、先锋、建新、湘竹），派出5个工作组，带领42名工作队员分别住到重点村进行整治。采取打击邪气，弘扬正气，教育群众的方法，先后对先锋村村主任赵某某予以刑事拘留；对犁头村为首聚众闹事的村民吕某某、刘某某分别实施劳动教养一年和一年零六个月；对湘竹村围攻，殴打乡干部的村民冯某某、易某某、冯某某予以治安拘留5天至15天的处理，从而实现由乱到治。区政府机关宿舍A栋，因包工头拖欠泥木工工资造成群体上访。区委常委、区委政法委书记刘国平主动出面做工作，最终将拖欠工资的包工头传唤到现场，达成付款协议，使问题得到解决。2002年，为确保市重点工程潭邵高速公路连接线和北二环路的征地拆迁工作顺利进行，3名区领导一直在施工现场指挥协调。政府拨给综治维稳经费32万元，构建“打、防、控、管”维稳大格局运行机制。2004年1月15日下午2时许，在区内做生意的谭女士到市农业银行建设北路分理处存款时，一名男歹徒突然从其身后抢走现金4.23万元。追出来的谭女士恰巧碰上路过此地的雨湖公安分局云塘派出所民警吴熙求，立即向其求援，“跑跑”司机周述存毫不犹豫地载着吴警官追劫匪，疯狂的劫匪拔出手枪，劫持一台两轮摩托车继续逃窜，同时朝紧追不舍的周、吴开枪，周述存被击中头部，连人带车摔倒在地上，当即送医院抢救，终因伤势过重，不幸去世（事后，歹徒被抓获并受到法律制裁）。是年2月13日在市政法工作会议上，周述存被追授为“湘潭市见义勇为先进个人”。下半年，被省政府追授为“湖南省革命烈士”。2007年，采用联席会议，信访听证和信访代理的办法化解社会矛盾。是年3月，因建设北路布市关闭搬迁遗留问题引发布市经营户多次集访市委、市政府。区维稳办（联席办）介入后，通过反复做几个牵头人员的思想转化工作，宣讲政策、法律，并要求区信访局与他们签订信访代理双向承诺协议，促使问题得到较好解决。

第三节　执法监督

一、涉法涉诉信访接待处理

1988-2007年，涉法涉诉信访共接待来信来访898人次（不含重复访），转交办处理调解案件876件次，息访率达97.5%。

二、协调案件

1988年始，区委政法委建立重大疑难案件联席会议讨论决定制度。凡是政法系统有分歧的案件，特别是重大疑难案件，必提请联席会议讨论决定。2002-2007年，协调案件50余起，快速果断处理一批突出和群访重特大信访案，如：新华印刷厂国家赔偿案、潭城大厦破产纠纷信访案及时协调处理，把可能进京赴省的群访事件控制在萌芽状态。

三、执法检查

执法检查工作从1996年开始。区委政法委联合区人大、区政协有关部门领导和公检法司的业务骨干对公安分局、检察院、法院进行年度执法检查，重点检查执法是否公正、适用法律条文是否正确、法律文书是否规范等问题。检查采取个案抽查与全面检查相结合的方式进行。在检查的基础上进行讲评，总结经验，指出问题，提出整改意见。通过执法检查，查处5名办案人员的违纪违规行为并予以处理。在执法检查的同时，对区内所有执法干警建立执法质量个人档案，把干警的岗位职责、办案任务、完成岗位职责和办案情况、所办案件的法律效果及社会效果，包括案件当事人意见、执法质量、个人年度报告、主管领导签署的意见，都记录在卷，作为年度考核依据之一，作为对政法干警考察、任用的重要依据。

第四节　防范和处理邪教组织

1995-1998年，潜入区内活动的主要邪教组织有“法轮功”“观音法门”“全范围教”等，另有“香功、中功、元极功、万法归一功”4种有害功法组织。其中，邪教“法轮功”组织一度在区内迅速膨胀，公开弘法、非法聚会，宣传邪教理论、非法出版传播各类反动宣传品。同时围攻党政机关，甚至进京参加集体弘法等活动，成为反邪教斗争的重点。

1999年，中共中央作出依法取缔邪教“法轮功”的决定。区委、区政府成立以区委书记为组长的中共雨湖区委处理邪教‘法轮功’问题领导小组，日常工作先后分别由区委办、政法委分管。

2001年2月，成立以政法委为主的处置邪教“法轮功”问题领导小组办公室，办公地点驻雨湖区政府一院。各乡、镇、街道、驻区大型企业院校均成立防范和处理邪教问题领导小组，确定专人负责日常工作。

2004年，中共雨湖区委处理‘法轮功’邪教问题领导小组更名为中共雨湖区委防范和处理邪教问题领导小组，领导小组办公室更名为中共雨湖区委防范和处理邪教问题领导小组办公室，为正科级单位，列入区委机构序列，归口区政法委员会管理。2005年6月，其办公室迁至雨湖路292号一办公楼。2007年，在职人员5人。

一、防范

区委把防范和处理邪教问题纳入社会治安综合治理。

1999年3月，全面开展对邪教“法轮功”组织人员的摸底排查，基本掌握邪教“法轮功”组织人员、规模和活动情况。2002年，区领导小组制定《雨湖区防范和处理邪教突发事件工作预案》，建立健全值班备勤和情况信息网络，保障信息畅通和突发事件及时处理。是年，依照管理责任对邪教“法轮功”组织直管对象建立台账，对邪教“法轮功”组织重点人员建立个人档案。2004年，根据管理要求对邪教“法轮功”组织人员分类管理,对一般对象“二帮一”、重点对象“五帮一”,实行帮教和教育转化。2005年,区委把防范和处理邪教问题纳入党的基层组织建设、精神文明建设和“三个代表”重要思想学教活动内容,建立监督管理和教育转化机制。同时,落实监控措施,防止“三漏一失”(漏排、漏管、漏报、失控)现象发生,尽力杜绝邪教“法轮功”组织人员上省进京、聚会闹事、破坏广播电视网络等事件的出现。至2007年,全区连续7年实现“三个零”(零进京、零聚集、零传播)的管理目标。

二、教育转化

1999-2003年,由区处理邪教问题领导小组牵头,在区内对邪教“法轮功”学员开展反邪教警示教育活动,揭批“法轮功”邪教组织的反动本质和对社会的危害性。先后举办邪教“法轮功”人员法治教育学习班300余期,参学学员近1000人次,组织每个学员观看大型反邪教科教片《深渊——邪教的本质》,举办大型图片展览14次,编发各种宣传资料2000余份。2004年,开展对城乡居民和中小学生的反邪教警示教育活动,印发宣传资料1.83万份,张贴挂图150套、宣传标语6360条,悬挂横幅105条,出黑板报376块,放映VCD电教片48场。2007年,开展“无邪教活动单位创建”工作,56个村、社区通过验收。通过一系列的宣传工作,不断提高和增强广大群众识邪、防邪、拒邪、反邪的意识和本领,不断压缩邪教组织的活动空间。同时加强对象的转化工作,通过日常家访、跟班学习、封闭办班等方式,对邪教“法轮功”对象逐一进行法制教育,并尽力关心“法轮功”练习者的工作、学习和生活,做好转化工作。启动重点顽固对象三年攻坚战,490名对象中的350名一般对象基本转化,140名重点对象有84人相继写出“悔过书”和“决裂书”。是年,雨湖区转化教育工作取得的成绩和经验以简报形式在全省得到推介。

三、打击处理

1999-2007年,依法打击处理“法轮功”等邪教人员382人次。其中判刑24人次,劳动教养58人次,治安拘留120人次,训诫180人次。打击行动中收缴邪教法轮功画像300余幅,小册子600本,练功磁带近2000盒,《明慧周刊》8000本,传单3.50万张,捣毁反动宣传品制作窝点9个,收缴电脑、打印机、装订工具等12套。区委防范和处理邪教问题领导小组办公室7次被评为省、市级反邪教工作先进集体。

第二章　公安

第一节　机构队伍

1988年,境内有雨湖区、湘江区、郊区公安分局。雨湖公安分局机关驻雨湖路114号,辖城正街、平政路、雨湖路、鹤岭、云塘5个派出所,在岗民警144人。其中中共党员95人,大专学历37人。湘江公安分局机关由中山路80号迁至育新街45号,辖中山、窑湾、水上、广场 、楠竹山、羊牯塘6个派出所,在岗民警129人。其中中共党员73人,本科学历1人,专科学历26人。郊区公安分局机关驻韶山西路湘潭宾馆对面,辖长城、昭潭、先锋、护潭4个乡派出所。1989年11月,郊区公安分局机关迁至岳塘区东坪镇朝南庵巷31号。1992年11月,城区雨湖和湘江两分局及郊区河西部分的4个派出所合并成新的雨湖公安分局,机关办公地点设金庭街45号原湘江公安分局院内(1997年搬迁至熙春路19号)。分局领导设7人,股室队12个,即政工室、纪监室、办公室、法制办、政保股、内保股、户政股、预审股、治安股、行财股、刑侦大队、劳动服务公司。下设城正街、平政路、雨湖路、中山路、云塘、窑湾、水上、广场　、羊牯塘、长城、昭潭、先锋、护潭、鹤岭、楠竹山15个派出所，共有在岗民警315人。其中中共党员215人，本科学历5人，专科学历117人。1994年6月，设立巡逻警察大队。1998年6月撤销水上派出所，11月成立禁毒中队。2000年11月，成立经侦大队和缉毒大队。2002年10月，政保股更名为国保大队，是年12月，设计算机管理监察股。2005年3月，羊牯塘派出所并入长城派出所。2006年8月，雨湖区范围内几大企业公安分局并入当地派出所，即楠竹山分局并入楠竹山派出所，鹤岭分局并入鹤岭派出所、广云分局并入广场派出所。是年，雨湖公安分局机关精简为“四室五队”：即纪监室、政工室、办公室、法制室、刑警大队、治安大队、禁毒大队、经侦大队、国保大队。至2007年年末，雨湖公安分局下辖雨湖、云塘、中山、昭潭、广场、平政、城正、窑湾、护潭、先锋、长城、鹤岭、楠竹山13个派出所。分局在岗民警476人，其中中共党员420人，研究生学历1人，本科学历167人，专科学历251人。

第二节　治安管理

一、特种行业管理

1988年，境内特种行业管理范围有4个行业238家，其中旅馆业48家、刻字业11家印刷业15家、废旧收购业164家。1989–1993年，公安部门不定期地进行清理整顿，查封非法废品收购点、店21家；责令停业整顿屡发案件的旅店、招待所6家。1994年，根据公安部第16号令，废旧收购业改为废旧金属收购业。1995年，根据公安部《典当业治安管理办法》，将典当业列入特种行业管理范围。区内特种行业管理范围扩大到5个行业575家，其中旅馆业76家，印刷业57家，废旧金属收购业292家，刻章打字业98家，典当业52家。雨湖公安分局组织检查整改36次，查处78家，发整改通知92份。1996–2000年，根据公安部规定，先后将拍卖业、信托寄卖业、二手手机市场、机动车修理业、报废机动车回收业列为特种行业管理。区内特种行业管理范围达到10个行业595家，期间共查处违规经营的特种行业点（店）70家，依法取缔18家，责令停业整顿21家，查处违法犯罪嫌疑人79人。2001–2003年，雨湖公安分局不定期开展清理整顿废旧收购、典当旧货、旅馆业等专项行动。清查各类场所120家，发整改通知39份；查处违规经营场所24家，破获刑事案件5起，查处治安案件81起。2004年，对区内旅馆业实行治安管理信息系统联网，完成联网20家。2005年，根据省公安厅文件规定，将即开锁业列入特种行业管理范围。是年8月，根据《废旧金属收购业管理办法》规定，对铁路沿线两侧的废旧金属收购店开展整顿，对在铁路沿线禁设区设点收购废旧金属的8家单位，督促6家单位搬迁，2家单位转行。2007年，区内特种行业共有280家，其中旅馆（宾馆）123家，废旧金属收购业59家，二手手机店23家，印刷业10家，打字复印刻字62家，典当业3家。

二、娱乐场所管理

1988年，娱乐业快速发展，境内有公共娱乐场所54家。卖淫嫖娼现象抬头，淫秽光碟、书刊、药物等物品相继流入并呈蔓延趋势。清查公共休闲娱乐场所、扫黄打非成为公安机关的一项常年性的工作任务。至1992年的5年中，公安分局查获卖淫嫖娼案299起，查处939人，查获传播淫秽录像团伙案8起，查处违法人员62人。1993年，公共娱乐场所达314家，其中舞厅29家，歌厅50家，桌球室72家，录像放映室95家，按摩室68家。雨湖公安分局举办各种业主培训班9期，培训人员457人。至1996年的4年中，开展集中检查72次，依法取缔“红豹子”“大富豪”“王中王”等12处色情服务场所；查获公开传播淫秽录像点8处，治安处罚37

人。1997年，对商贸特区范围内金都娱乐城、富民城娱乐中心及校园周边等重点部位进行整治，查封校园周边200米范围内无证、违规开设的“五室两厅”（即电游室、桌球室、录像放映室、麻将室、按摩室、舞厅、歌厅）150家，并重新审核办证。至2001年，区内取缔非法娱乐场所293家，责令停业整顿199家，限期整改203家。整顿后场所压减总比例达29%，其中电游压减70%。2002年，公安机关针对少数娱乐场所仍然存在“黄、赌、毒”现象，与文化、工商、宣传等部门加大检查、整治的力度。2007年年末，区内共有娱乐场所89家。其中舞厅9家，歌厅35家，电游室37家、桌球室8家；服务休闲场所85家，其中按摩室12家、洗脚店8家、茶馆65家。至是年的6年中，查处卖淫嫖娼1669起，打击处理违法人员3536人；查处违反淫秽物品管理案301起，打击处理违法人员434人。收缴电游赌博机216台，赌博机主板709块，淫秽光盘2113张并进行集中销毁。

三、危爆物品管理

1988年，境内销售、存放危爆物品的单位和个人有136个。1989年为确保国庆40周年的绝对安全，公安部门开展清理和收缴枪枝、爆炸物品的工作，共收缴各种枪支22支、子弹38发，手榴弹4枚，匕首6把，导火索200米。1990-1998年，公安部门以枪支弹药、烟花爆竹为重点加强危爆物品管理，收缴各类非法枪支256支，子弹530发，管制刀具351把；收缴非法生产经营的爆竹2300万响，烟花310件；收缴炸药423公斤，雷管1380枚。1999-2000年，雨湖公安分局集中力量依法整治全区烟花鞭炮市场，取缔存在安全隐患的烟花鞭炮经营点（店）32家，治安处罚55人，收缴鞭炮2100万响。2001-2003年，开展治爆缉枪整治行动，收缴枪7支、子弹7857发，成功处置9枚流散在社会的炸弹，查获湘潭市中南石油局第五物探大队仓库存放的过期作废的炸药4吨、雷管4326枚、四O火箭弹1700发、导火索900米及TNT炸药20公斤，消除了重大安全隐患。对砂子岭地区烟花鞭炮市场全面清理整顿，取缔无证经营点24家，收缴烟花鞭炮9300万响，查处涉爆方面治安行政案件30起。2004-2005年，雨湖公安分局建立各项安全管理制度，对区内6家涉爆、剧毒及放射物品单位，加强生产、储存、销售等环节的监管力度，消除隐患，堵塞漏洞。2006-2007年，公安部门在区范围内集中开展整治危险物品专项行动，收缴非法爆炸物品电雷管640余枚、火雷管36枚、废旧军事炮弹143枚，各类枪10支，子弹303发，管制刀具30余件。组织开展集中收缴管制刀具统一行动，出动警力1800余人次，检查重点场所450家，重点人员600余人，收缴管制刀具150余把，行政拘留1人。2007年年末，全区共有危爆物品使用单位6家，剧毒化学品使用单位12家，烟花爆竹销售点35个。

四、禁赌禁毒

（一）禁赌

1988年，境内公安部门根据市公安局的要求，加强查处赌博工作力度，并将赌博列入“六害”（卖淫嫖娼、制作贩卖传播淫秽物品、拐卖妇女儿童、制贩吸毒品、聚众赌博、利用封建迷信骗财害人），予以重点打击。至1992年，共查处赌博案件810起，查处赌博人员3460人，摧毁赌博团伙12个，收缴赌具125件。1993-2000年，共查处赌博案件1296起，查处利用桌球、电游从事赌博活动的场所293家，取缔117家；收缴赌具390件，查处赌博人员4122人。2001-2007年，对社区麻将馆、有电游赌博的电游厅等场所开展整治行动8次，查处赌博案件319起，查处赌博电游厅（室）31家，查处违法人员89人，收缴赌博电游机主板130块，打掉11个“地下六合彩”“砣子公司”。

（二）禁毒

1991年，境内涉毒违法犯罪抬头且开始蔓延，公安机关不断加大打击力度。1994年，雨湖公安分局破涉毒刑事团伙第一案。破涉毒行政案件6起。抓获涉毒人员19人，缴获毒品海洛因43.9克，摧毁制贩毒团伙1

个。1995-1996年,破制贩毒刑事案件15起,破涉毒行政案件377起,摧毁贩毒团伙1个。抓获涉毒人员30人,依法处理贩毒人员12人;缴获海洛因91.6克,缴获毒资7万元。1997年,公安机关与全区120家公共娱乐场所业主签订禁毒责任状,规定娱乐场所发生涉毒案件业主应承担的责任。至1999年的3年中,破涉毒案件537起,其中立刑事案54起。抓获涉毒犯罪嫌疑人1461人,缴获毒品3910.4克,送强制戒毒227人,劳动教养1113人,逮捕21人。2000年,区政府成立区禁毒委员会,在省、市政府的统一布置下,雨湖公安分局在昭潭派出所、雨湖派出所建立省、市创"无毒社区"示范单位。在全区开展禁毒万人签名活动,在商场、集市、机关单位等人员集中的地域进行禁毒图片宣传50余次;在中小学进行图片宣传,民警讲课20余场。湖南经济电视台、法制日报社、湘潭电视台、湘潭日报等多家媒体单位对此进行滚动报道与播出。至2002年的3年中,破制贩毒刑事案件932起,查处涉毒行政案件906起,摧毁制贩毒团伙19个,抓获涉毒人员865名,收缴毒品海洛因231.4克。2003年开始,毒品除海洛因外,冰毒、大麻、摇头丸、K粉、麻古、丁丙诺啡等新型毒品相继流入区内。至2007年的5年中,雨湖公安分局共破获涉毒刑事案件469起,查处涉毒行政案件1075起;收缴毒品海洛因1717.1克,大麻133克,K粉950克,麻古3640粒,冰毒11克,枪3支。摧毁制、贩毒团伙18个。抓获并打击处理涉毒人员1522人,其中,送强制戒毒1031人,劳动教养313人,逮捕127人。

五、群防群治建设

1988年,境内治安联防实行"防、抓、破"相结合,在基层民警的指导下,各内部单位、街道、居委会、巷都成立护厂(院)义务巡逻队,派出所的专业执勤队、老年防破组、单车管理组,这支治安力量近2000人。雨湖路街道和平桥居委会组织离、退休老人巡逻的经验在全市推广。1989年,设立治安岗亭。1992年,雨湖公安分局把治安巡逻当作强化治安管理的着力点,48支巡逻队先后抓获各类现行违法犯罪嫌疑人1068名,破获各类案件558起。1993年,巡逻队在街道、巷及58处复杂地段(场所)采用冬季设关堵卡,夏季夜间巡逻,白天重点守护,夜间区域性巡逻和检查的方式,共抓获现行违法犯罪人员2298名。1994-1995年,雨湖公安分局在原有7个流动治安岗亭的基础上,投资兴建金塘湾、喇叭街、宝庆路等5处治安岗亭,继续加强巡逻值班,严密社会面控制;继续发挥派出所、治安联防、治保会三级防范网络作用,抓获现行案犯1140名;并发动群众,建立内设义务巡逻队、调解委员会的安全小区121个,小区内有常住人口182523人,占总人口的56.87%。安全小区的建立,推动着群防群治的发展,省经济电视台对此进行专题报道。1996年,公安机关整顿群防群治队伍,对180余名联防队员进行考察、考核,不适应的予以辞退,新吸收的实行选聘,统一着装,佩戴证件和标志。至1997年的10年中,联防队、专业巡逻队、义务巡逻队共抓获各类违法犯罪嫌疑人6706人次,协助破获各类案件2351起。1998年,根据省公安厅指示,全区92个联防队撤销。是年,安全文明小区已达128个、义务巡逻队104支、义务消防队72支,涌现出广场街道的何家湾、雨湖路街道的立新围子、窑湾街道的正福街等一批无刑事案件、无大的民事纠纷的优秀安全文明小区。2001年,涌现出窑湾街道正福街社区居委会、雨湖路街道古梁巷社区居委会等一批优秀群防群治治保组织。高标准安全文明小区和群防群治治保组织的创建,得到省公安厅和市、区政府的充分肯定。2002年,区内59个社区配备社区民警62人。雨湖公安分局努力建立融人防、物防、技防于一体，管人、管事、管地相结合的综合性社会防控网络。基层民警以人为本，挖掘社会资源，组建社保会、调解委员会、社区巡逻执勤队“两会一队”。建立邻里守望、户户联防的有效机制。有条件的社区还成立行业治保会等有效组织维护治安，至2004年，建成义务巡逻队159支477人，专业巡逻队14支45人。2005年，区内有民警巡防中队4支25人，专业巡逻队11支68人，义务巡逻队193支1054人。至2007年的10年中，联防队、专业巡逻队、义务巡逻队等群防群治组织，共抓获各类违法犯罪嫌疑人3571名，协助破获、查处各类案件2690余起，调解纠纷2873起。

六、“110”警务

1993年始，雨湖公安分局开通“110”警务。1994年6月1日正式组建巡警大队，实行全天候值勤、处警，严密社会面控制。至1996年，共纠正各类违章10110次，制止平息突发事件145次，帮助他人解决各种困难135次，抓获各类案犯728名，破刑事案件36起、治安案件108起。1996年12月31日，全市公安“110”报警服务台正式开通。1997年，雨湖公安分局将“110”报警服务工作纳入工作重点，改革和加强巡警队伍。分局巡警大队由原来的27人充实到55人，机关中队转换成机关和驻外4个中队。在报警、交通不便的砂子岭设置处警岗亭，配置必要的交通、通讯装备，建立以巡警为龙头，其他业务股室大队派出所密切配合的“110”接处警工作体系。广大民警忠实履行“有警必接、有难必帮、有险必抢、快速反应、打击犯罪、服务人民”的承诺，认真处置每一起报警。至1999年的3年中，共接报警14696起，其中刑事报警3429起，治安报警11267起，交通报警291起，群众求助5138起，纠纷538起，报假警62起，其他66起。通过处警共制止、调处各类纠纷871起，为群众提供救助1145起，其中救助伤员295人；为群众开门开锁721次，寻回走失儿童、老人53人。协助破获刑事、治安案件100起，抓获各类违法犯罪嫌疑人1272人。巡警大队教导员范银河因工作成绩突出被公安部授予“全国优秀人民警察”称号。2000-2007年，雨湖公安分局共受理“110”报警33108次，出警66216人次。其中立刑事案件4976起，立治安案件5706起，登记治安事件670起，火灾事故52起，交通事故137起，灾害事故1起，自杀事件37起，调处纠纷7426起，急病求助139起，群众求助1717起，寻人88起，其他12159起。破刑事案件2673起，查处治安案件2861起，抓获违法犯罪嫌疑人6659人，抓获逃犯157人。

1988-2007年雨湖区治安案件统计

9-1-2-1

年份	受理(起)	查处(起)	治安处罚(人)	拘留(人)	罚款(元)	警告(人)
1988	541	436	899	163	682	54
1989	965	799	1181	210	853	118
1990	1563	1054	2343	656	1511	176
1991	942	755	1077	172	856	49
1992	2293	1118	1992	133	1804	55
1993	3095	1826	1938	118	1734	86
1994	2737	1858	1646	268	1231	147
1995	1931	1449	1829	402	1299	128

续9-1-2-1

年份	受理(起)	查处(起)	治安处罚(人)	拘留(人)	罚款(元)	警告(人)
1996	1709	1436	1827	160	1521	146
1997	824	683	1037	116	768	153
1998	1321	1206	1050	94	863	93
1999	1141	949	1402	211	1113	78
2000	1197	896	1479	361	1083	35
2001	2744	1488	1839	328	1447	64
2002	2556	1083	1317	300	980	37
2003	2903	1636	2147	323	1782	42
2004	2744	1569	1716	435	1213	68
2005	2804	2593	2279	693	1462	124
2006	2259	1927	2073	970	1072	31
2007	3547	1846	2545	761	773	1011
合计	39816	26607	33616	6874	24047	2695

第三节 刑事侦查

1988年，境内雨湖、湘江和郊区公安分局设刑侦中队，各公安派出所配有刑事警察1–2人。是年5月8日晚，市服装工业公司供销经理部发生值班员鄂正龙被杀案，抢走价值37000余元的布料，雨湖分局仅用4天侦破，李汉武等4人被抓获。1989年春夏之交，境内一批违法犯罪嫌疑人，乘北京发生政治风波之机，煽动不明真相的群众，进行打、砸、烧等犯罪活动。5月22日，平政路派出所被不法分子捣毁，打伤公安干警多人。公安机关果断处置，24日，20名打砸抢分子被收审。23日晚，少数犯罪嫌 疑人趁市政府办公楼前坪人多拥挤之机，大搞打、砸、抢、烧，16名歹徒被抓获。至1992年的5年中，共破各类刑事案件6531起。其中命案2起，其他重特大案769起，抓获各类犯罪嫌疑人11104人。摧毁犯罪团伙445个，挽回直接经济损失706.4万元。

1993年2月，分局刑侦中队升格为刑侦大队。全区开展打击车匪路霸、非法制枪持枪、盗窃摩托车及地痞流氓团伙的斗争。3月10日，3名犯罪嫌疑人闯入解放南路一居民户，用自制炸药将女户主杨某炸成重伤，抢走现金500元。在追捕中，首犯杨勇拒捕，被当场击毙。是年，成功地破获“3.10”特大爆炸抢劫案和4起凶杀案、“6·25”抢劫杀人案，以及市工商银行20万元牡丹卡被骗案等有影响的大案，追捕逃犯68名。1994年冬季，在全区开展了为期2个月的侦破战役，共破获刑事案件518起。其中重大案件167起，特大案件13起，共摧毁犯罪团伙58个，245人。同时，还协助外省市公安机关破获一批重大恶性案件。如娄底市的“11·24”重大入室抢劫案5名杀人犯，全部由分局干警抓获，并送交当地公安机关。该局局长专程登门致谢，

为干警请功。1995年，快速侦破了“1·15”湘大俱乐部、“5·4”银都商场等5起凶杀案，市商业集团公司5起特大盗窃案，以及66起抢劫汽车、摩托车案件。窑湾派出所还查获了湖北汉川县以劣质“高分子过滤布”行骗10余省市的特大诈骗团伙，中央电视台多次予以报道，轰动全国。1996年，在全区开展了“破大案、打团伙、追逃犯”为重点的“严打”斗争。共破刑事案件1054起，其中重特大案件466起。查获犯罪嫌疑人1272人，逮捕158人，送劳教119人，收容教养75人，治安处罚702人，追逃78名，追缴赃款赃物434万余元。7月24日，破获轰动全市的槟榔被盗系列案件；还挖出以王云鹏为首的8人特大盗窃团伙案，一举破获全国南北数省一系列机动车被盗抢大案。是年，创造近十年来破案绝对数最多、破案率最高的一年，有效地遏制了案件上升的势头。1999年3月29日，成功破获四年久侦未破的“95·8·4”劫车杀人案。4年前的8月4日晚8时40分，市内C－X159夏利出租车，被杨勇南（湘潭县青山桥人）、赵大志（长城乡新月村人）租赁去砂子岭，再转先锋乡僻静处，杨、赵将驾驶员勒死，后抛尸至湘乡龙洞乡韶东村的荒山中，然后驾车逃往益阳。后在益阳发现赃车，刑警大队三赴益阳调查，获得案犯杨勇南情况，及时组织力量南下广州、佛山、南海市追捕。3月26日，杨犯终于落网并交待了伙同赵大志杀人劫车的犯罪事实。至2000年的8年中，区公安分局共破各类刑事案件10492起。其中命案11起，其他重特大案3511起，打击各类犯罪嫌疑人29604人，摧毁各类犯罪团伙945个，为国家、集体、个人挽回直接经济损失5230万元。

2001年3月开始，实施了打黑除恶、整治街头抢劫抢夺（两抢）、治爆缉枪、缉毒等一系列专项行动。经过一个月的侦查，共破获涉恶案件162起，“双抢”案件91起，涉毒案件470起，人员235人。共逮捕34人，送强戒157人，劳教65人，追捕逃犯113人。2003年10月29日，分局刑警大队与市局刑警支队强强联手，连续作战，成功破获“10·27”湘潭大学研究生周玉衡被杀案，陈华章、曾爱云二名犯罪嫌疑人落入法网。（2015年7月21日，市中级人民法院对被告人曾爱云、陈华章故意杀人案一审公开宣判：判决被告人曾爱云无罪；被告人陈华章犯故意杀人罪，判处无期徒刑，剥夺政治权利终身；判令被告人陈华章赔偿附带民事诉讼原告人周自然、周清秀经济损失178142.8元），2004年1月26日，破获建设北路“谦顺祥”超市恶性抢劫杀人案。案犯陈志鹏杀死超市老板谢荫光后，畏罪潜逃。分局刑警放弃春节休息，在市公安局技侦部门的协助下，周密布控，20多天之后将犯罪嫌疑人陈某缉拿归案。9月29日，侦破“9·23”湘潭大学女学生龙海燕被人杀害弃尸校园案，犯罪嫌疑人李令勇、梁继平被缉捕归案。2005年3月21日，窑湾辖区“项顺”超市发生一起恶性入室持刀抢劫案，4名蒙面男子持刀将店主谭伟明夫妇捆绑，并砍伤谭妻，抢走钱、物价值1.6万元。案发后，分局组织警力，加大侦查力度，半个月之内分别将袁杰、倪文渊、李超军、毛循4名犯罪嫌疑人抓获。是年9月21-25日，区内连续发生3起入室抢劫、强奸恶性案，在市民中造成极大的恐慌，分局党委在巨大的压力面前迎难而上，组织精干人员上案，10月4日，在湘乡一举将吴思熠、谭铭2名犯罪嫌疑人抓获。在强大的政策攻势和证据面前，两人终于交待了“9·21”“9·24”“9·25”系列入室抢劫、强奸案的犯罪事实。至2007年的7年中，分局共破获各类刑事案件11221起。其中命案16起，其它主要案件1355起，依法打击处理各类犯罪嫌疑人16044人，摧毁各类犯罪团伙345个，为国家、集体、个人挽回直接经济损失2300余万元。

第四节　经济犯罪侦查

1997年，修改后的《刑事诉讼法》《刑法》先后实施。1999年，雨湖公安分局开始受理经济犯罪案，至2000年破经济犯罪案10起，抓获犯罪嫌疑人29人，为国家追缴税款32万余元，为集体、个人挽回经济损失3万余元。昭潭猪鬃厂控股人不顾职工利益，私自出售厂门面5个，货款72.5万余元不入账，用于归还入股作借款的抽逃资金案，国税三分局移送的大立副食品商场做假账偷税案，以及侵占、挪用资金、诈骗、伪造公章等一批案件在此期间被侦破。2000年11月，雨湖公安分局成立经济侦查大队。2001-2002年，共破获各类经济犯罪案件29起。其中有市阀门有限公司职务侵占案、砂子岭非法经营香烟案以及以高出中国人民银行存款法定利率10倍以上的高息为诱饵，承诺炒股亏损由其补足为幌子连环借款，非法聚敛他人现金达168万余元的集资诈骗案；有打着湘潭市几所高校名义，诈骗长沙高桥大市场、马王堆市场、株洲、长株潭大市场、浏阳某米厂优质晚米100吨，诈骗金额达16万元的"百吨大米神秘蒸发"案等。共抓获打击处理各类犯罪嫌疑人68人，为国家、集体、个人挽回经济损失78万余元，收缴罚没款83万余元。2003-2007年，共破获各类经济犯罪案433起，抓获、打击处理各类犯罪嫌疑人54人(一人多案)，为国家、集体、个人挽回经济损失529.57余万元。

第五节　户政管理

一、常住人口管理

1988年，境内总人口为276360人。其中男性144885人，女性131475人。非农业人口227884人。常住人口管理重点是对农业人口转为非农业人口以及迁、出入人口的管理。每年按常住人口总数的1.5‰-2‰比例、指标，实行群众评议、三榜定案，坚持政策、指标、名单"三公开""四优先"的原则办理"农转非"，受到社会各界好评。1992年合区后，雨湖区总人口为296839人。其中男性155773人，女性141066人，非农业人口244050人。1993年10月1日起，雨湖公安分局根据上级指示，办理从农村迁入城市，盖有蓝印户口专用章的城镇居民户口(简称蓝印户口)，至1994年共办理"蓝印户口"4842人，"农转非户口"1200人。是年，全市实行人口微机登记、管理，区内9个城市派出所开始启用电脑管理常住、暂住人口。1996年，雨湖公安分局选定昭潭乡为全区农村户口城市化管理试点单位。是年年底，4个乡、所实现农村人口信息微机化管理。并实施市局、分局、派出所三级联网。1997年，建立人口基本信息和刑事情报微机系统，实现全市人口信息共享。2000年，为配合全国第五次人口普查，实行"实有人口管理"，从各单位抽调1450余名户口协管员，经业务培训后，在民警带领下，对区内所有住户按"人在户在、人在户不在，户在人不在"及暂住人口四个层次逐户、逐人、逐项进行摸底调查、纠错，分类建档。做到村(街)不漏户，户不漏人，人不漏项，全面澄清人口底数，人口信息基本准确，进一步完善人口信息资料。同时按街道、路、巷、栋绘制住户平面示意图。是年，雨湖区总人口346232人。其中男性178177人，女性168055人，非农业人口301327人，农业人口42970人。2001年6月，区政府对全区居委会进行重新规划，由原来的103个居委会调整为76个社区居委会。雨湖公安分局及时制定方案，调整移交户口998户3301人。11月底，移户工作顺利完成。是年，公安户籍人口管理更规范、更细化，"重点人口""暂住人口""在逃人员"等信息全部输入微机管理。2002年，区政府先后出台一系列户政管理新政策，对外地经营户、个体业主来雨湖区投资兴办实业、购建房屋人员优先办理落户迁移手续，降低户口迁移门槛，简化“三投靠”（夫妻投靠、未成年子女投靠父母，老年父母投靠子女）和投资落户的审批手续。2003年，人口信息网与全省联网，实现全省资源共享。至2007年的5年中，雨湖公安分局通过信息查询为侦查破案提供信息7300余条，协破各类案件256起，网上追回逃犯101人。为银行提供信息服务565次，为群众提供寻找亲友信息服务5600余人次，其他信息服务8100次。是年年底，雨湖区户籍人口为115118户370252人。其中男性190222人，女性180030人。非农业人口322322人，农业人口34534人。全部进入网络规范化管理。

二、暂住人口管理

1988年，境内共有暂住人口9765人，全部分散居住在机关、厂矿、临街棚店、房屋租赁户家中。此后，暂住人口逐年增多，至1992年，全区办理暂住证20000余份，办证率98%。1993-1997年，根据公安部《暂住人口管理办法》《房屋出租户管理办法》，雨湖公安分局制定一系列管理制度，将暂住人口列入常住人口化管理。建立派出所、基层综治办、出租房屋三位一体的管理体系。采取“办证、清查、房主监控、暂住人口台帐、日常跟踪”等办法，对暂住人口进行管理。建立起“公安督导、部门协助、群众配合”的房屋租赁及暂住人口动态管理机制。其间，开展暂住人口清查整顿行动6次，查获暂住人口违法案件49起、打击处理13人、治安处罚49人。查清全区共有房屋出租户2981户，与2661户签订治安承包责任书，发放房屋出租许可证2661个。1998年，雨湖区有暂住人口12016人，分局发调查函141份，打击处理27人，破刑事案件48起，查处治安案件90起，澄清房屋出租户底数2415户，办理房屋出租户许可证1900个。1999年，雨湖公安分局将公安部《租赁房屋治安管理规定》《暂住证申领办法》的行政处罚归口户政部门管理。2000年，分局加大对“三无”（无有效证件、无固定住所、无正式职业）人员的清理，组织全区性大规模清查18000余人次，遣送“三无”人员422人。加大对违反暂住人口管理、房屋出租管理的处罚力度，是年办理此类案件13起。2001-2003年，全区共组织大规模清查暂住人口、房屋出租户行动41次，办理暂住证14282个，签订租赁房屋治安责任书2824份、遣送“三无”人员758人，取缔非法出租户16户。2004-2005年，区内暂住人口10774人，房屋出租户3748户。雨湖公安分局依法取缔处罚非法出租户55户，挖掘违法犯罪线索37条，破刑事案件49起，查处治安案件87起，抓获、打击处理犯罪嫌疑人83人。2005年9月，雨湖路派出所在清查暂住人口行动中发现并抓获国务院督办案逃犯袁资湘（女）。2007年，区内暂住人口14294人，房屋出租户3636户，雨湖公安分局建立房屋出租户的规范档案管理和微机管理。取缔非法出租户61户，查处违规行政案件13起。

三、身份证管理

1987年，全国实行居民身份证制度。1988年3月1日起，境内开始启用居民身份证。当时16周岁以上应发证人员218154人，占总人数的78.9%，由市公安局打印底证，送省技术制证中心制证，再发放到居民手中。1989年，共发放居民身份证269352个，占应发证人员（16周岁以上）96%，基本完成当时第一代居民身份证发放工作。1996年，雨湖公安分局依照《居民身份证条例》《居民身份证条例实施细则》和公安部关于《公安机关查验和检查居民身份证的通知》等法规和文件，在省、市试点工作组指导下，分局组织人力、财力、物力，对身份证编码中存在的问题进行整治，收缴居民身份证4228个，其中重证号1062个，错证555个，多证（一人多证）224个。2000年，按照省公安厅《关于全省编制居民身份证号码的实施方案》要求，认真做好公民身份证编号工作，区内居民按要求统一采用升位号码的身份证，公民自出生入户，机器自动生成18位身份证号码。2001年，雨湖公安分局遵照上级指示，全面启动居民身份证无底卡制证系统。组织力量完成派出所无底卡制证系统的安装调试，各派出所也集资完成照相室设置、软件升级等工作。是年，上网制作身份证

8508个，制证合格率达99.8%。2002年，雨湖公安分局广泛动员，明确责任，逐户、逐人、逐项核对户口内、外册，全面澄清人口底数，提高人口信息数据质量，工作中，共变更人口信息52790人次，图像采集率93.5%。处理身份证重证号397人次，纠正错号156人次。2006年，根据上级布置，开始制作换发第二代居民身份证，至2007年，共换发二代居民身份证243525个，完成预定任务的89%。

第六节　安全保卫

一、警卫保卫

根据上级要求，雨湖公安机关全力做好每一次警卫保卫工作。1988年11月19日，中共中央政治局委员胡耀邦到境内视察，重访故地广云路602号原湘潭地委机关大院；1990年11月24日，中共中央委员华国锋重访故地广云路602号；1991年3月12日，江泽民总书记视察驻区江南机器厂；1993年6月13日，中共中央政治局委员李铁映视察驻区江麓机械厂；1993年12月纪念毛泽东100周年诞辰活动；1994年6月22日，中共中央政治局候补委员、书记处书记温家宝视察区内犁头嘴、十万垅大堤水灾灾情；1995年5月22日，中共中央政治局委员、国务院副总理邹家华视察江南机器厂；1998年10月纪念彭德怀诞辰100周年活动；2002年，温家宝、贾庆林等党和国家领导人来区内视察、前往韶山参观；"八一振邦"足球队移师湘潭；2003年，全国足球甲A联赛、全国特殊奥运会篮球赛；2004年11月12日，首届中国（湘潭）齐白石国际文化艺术节开幕式；2005年5月9日，台湾亲民党主席宋楚瑜来母校——曙光学校参观访问；2006年，中博会湘潭经贸交流与合作论坛。雨湖公安分局均圆满完成以上活动的安全保卫任务。20年来，雨湖公安分局共接受警卫、保卫任务965次。其中重特大警卫6次，一级警卫62次，二级警卫128次，三级警卫112次，其他保卫任务657次。

二、内部安全保卫

（一）内保单位

1988年，境内雨湖、湘江区和郊区公安分局均设经济文化保卫股（简称经文保股或内保股）。负责管理境内各单位的内部保卫工作。驻境内各行政机关、大中型企事业单位和大中专院校均设置保卫组织或配备专、兼职保卫干部，共有内保单位98家。其中设立保卫处（科）的74家，设保卫股的15家，设专、兼职保卫人员的9家，共有保卫干部598人。1992年，新雨湖区成立后，区内有内保单位100家，有保卫干部602人。1997年，有内保单位102家。其中设保卫处（科）的75家，设保卫股的37家，保卫干部619人。有32家配备枪支。2004年12月，国务院颁布《企事业单位内部治安保卫条例》后，雨湖公安分局经、文保股撤销，人员并入国保大队等部门，业务工作移交治安大队管理。2007年，区内有内保单位377家。其中隶属省公安厅列管的4家，市公安局直管的18家，雨湖公安分局管理的84家，其余的由基层派出所按属地原则管理。

（二）内保措施

1988年，境内雨湖、湘江区和郊区公安分局督促各内保单位建立健全保卫机构，落实保卫措施。坚持"预防为主、确保重点、打击犯罪、保障安全"的方针，坚持"谁主管、谁负责"的原则，实行治安责任承包制，分别与所辖内保单位签订治安承包责任书。常年坚持对内保单位进行"四防"（防火、防盗、防破坏、防事故）安全大检查，发现隐患、漏洞，责令及时整改。1992年，雨湖公安实行"岗哨联网"，加强内部单位保卫机构，开辟一条公安、联防、保安、保卫人员联体治安的新路子。一部分内保单位与市保安公司签约，聘请一批经过专业培训的保安人员加强保卫。1993-1995年，为提高各内保单位和各经商业主自我保护，自我安全防范能力，雨湖公安分局举办各种培训班9期，培训人员457人，开展“四防”安全检查106次，受检单位332个次。通过检查，发现隐患漏洞186处，及时督促整改181处，对72处重大隐患漏洞下发整改通知书，责令限期整改。社区民警常年工作在基层，对辖区内保单位经常定期、不定期地实施检查，督促各内保单位人防、物防、技防措施的落实，有效地预防各类案件和安全事故的发生。1996年，根据全国全省整治高校周边治安环境会议精神，5–9月份雨湖公安分局以湘潭大学为重点开展专项整治活动。继而对全区包括大中小学在内的45所校园及其周边的治安秩序进行全面整治。先后组织四次大的清查行动，共清查校园周边公共文化娱乐场所63家、房屋出租户106户；破获危害校园治安秩序的刑事案件15起，追回逃犯3人，查处一批扰乱学校秩序的违法犯罪人员；制定有效的整治措施和规定，使各校园内外治安秩序明显改观。1997年，湘潭大学成为全省高校及周边治安环境整治的先进典型。至2000年的4年中，雨湖公安分局对辖区内保单位进行“四防”安全检查4341次，其中重点要害部位1438次。发现隐患漏洞1957处，责令及时整改1630处。同时，查破与学校有关的治安案件20余起，抓获和处理违法人员131人次，查封取缔非法电游厅22家，录相厅3家，卡拉OK厅5家。2001–2007年，雨湖公安分局协助377家内保单位，建立健全各项安全管理制度，加强对全区6家涉爆、剧毒及放射物品单位生产、储存、销售等环节的监管力度，认真落实监督措施。量化消防管理职责，将各内保单位消防管理纳入派出所岗位目标考核。层层签订消防责任状，组织消防安全大检查，严把场所消防审核关，确定重点消防单位290家，构筑有效消防管理网络。区内金融单位有104个营业网点，采取集中清查与派出所日常检查相结合的方式，确立重点单位89个，实行24小时值班制度，并落实重点部位物防、技防措施4381项，其中电子监控措施2762处。在区内7所大中专院校、38所中小学开展创建“平安校园”活动，派出社区民警与学校保卫部门共同负责学校治安防控工作。

附 保安公司

1988年4月，境内第一个保安服务单位雨湖保安服务处成立，由市区公安局领导，属事业性质的企业管理单位，70余名保安队员基本为退伍军人，经业务培训后，分别派往政府机关、企事业单位、厂矿、学校、公共娱乐场所担任保卫工作。1992年8月，经省公安厅同意，撤销雨湖、湘江、板塘、岳塘四家保安服务处，成立市保安服务公司，雨湖区成立保安大队，属公司、分局双重领导。1994年初，市公安局下文，撤销保安大队，雨湖区成立保安服务分公司。面向社会招聘年富力强、身体健康、思想过硬、无任何违法经历的保安队员，退伍军人比例呈下降趋势。是年公司下设6个中队、队员192人。保安公司自成立始，公安机关始终坚持对保安工作的绝对领导。加大投入，添置新装备，建立无线台通讯联网配备对讲机，提高处理突发事件的快速反应能力。保安服务由单一的人防服务向人防、技防、物防（即安排人员保卫、技术手段监控、物质加固保护）相结合的服务方向发展。至2007年，雨湖保安服务分公司共调处各类纠纷2630余起，抓获各类违法犯罪嫌疑人370余人；协助公安机关破获各类案件471起，收缴凶器、作案工具82件、摩托车50台；为民办好事3690起，拾金不昧123次，预防事故和抢救各类灾害性损失140起。保安队员江黎明徒手抓获现行违法犯罪嫌疑人143人，被市综合治理委员会记二等功1次，并获全省“十佳保安员”荣誉称号。

第七节　交通安全管理

一、机构、队伍

湘潭市公安局交通警察支队雨湖大队和湘江大队均成立于1987年6月。1992年，雨湖大队和湘江大队合并为雨湖交警大队，队部设在十四总解放南路38号。2002年，搬迁至区内建设北路283号。至2007年年末，雨湖交警大队设立特勤中队，事故中队及一中队、二中队、三中队、四中队、五中队、六中队、车管股、办公室、法制股等11个部门。有民警104人，职工4人。其中党员94人，具有大学本科学历61人。

二、交通秩序管理

1988-1992年，境内雨湖、湘江两交警大队采取平时管理与分期分段整治的办法保障道路畅通。路面警力主要安排在建设北路、韶山西路、韶山东路和107国道、320国道，在城区主要交通路口设交通岗亭5个，在107国道和320国道沿线设立6个检查站，做到定人、定点、定岗、定责，清理路障疏导交通，规范公交车和长途客运车的停靠。5年共纠正违章5.85万起，扣车4800台次，罚款189万元，治安拘留27人。1993年，为迎接毛泽东100周年诞辰，先后开展"金剑行动"和"畅安工程"。在建设北路、韶山路等主要路口增加钢制护栏、新增标志牌。1994年，进行公路"三乱"整顿，拆除非法站卡5处，查处马路市场30余个，纠正违章1.6万起。是年，在湘江防汛期间，大队共派出警力200人次参加交通秩序管理，保障道路畅通。1996年，采取定点和流动相结合、教育和处罚相结合的形式，进一步治理"三乱"（即：乱停、乱放、乱摆）。1997年，机构改革成立雨湖公路巡逻民警大队。1998年，在加强市区秩序整顿同时，派出警力昼夜监视320国道交通状况，支援抗洪抢险。并投入10万元在基建营路口、广云路口增设高杆灯。1999年，在320国道开展创建"平安大道"活动，通过3次规模较大的专项整治行动，实现交通事故四项指数（事故起数、死亡人数、受伤人数、直接经济损失）全面下降，交通标志线进一步规范完善。2000年，市"畅通工程"领导小组决定将区内建设北路和韶山路确定为湘潭市交通严管街，交警实施路段责任制，确定专人进行管理。6月1日前夕，教委和交警发放中小学交通安全卡兼中小学生保卫交通意外急救卡。9-12月，大队开展"百日交通安全"竞赛活动，严查无牌无证、超载和非法营运车辆，强制报废一批达到报废条件车辆。2001年，开展"反超载、反无牌无证、假牌假证"专项整治行动，实行路面警力24小时监控，共查处非法改装车辆360台，暂扣车辆500余台次，卸客转运76台180人。事故四项指数下降。12月，市政府发布《关于印发〈湘潭市加强城区道路交通秩序管理的实施方案〉的通知》，明确雨湖区单行线、市区禁鸣等事项。是年底，区内第一批交通安全协管员上岗。2002年，先后开展以严查严重交通违章为重点的交通秩序整治"夏季攻势"、以遏制交通事故为重点的"预防交通事故活动月"，出动警力401人次，纠正各类交通违章4126起，滞留机动车511台，吊扣驾驶证1563本，治安拘留4人。8月，雨湖区交通安全委员会成立。2003年，开展"严打报废中巴非法载客专项行动"。查扣一批无牌无证、严重超载和非法参与客运的车辆，强制报废一批已达到报废年限的车辆。并开展道路交通事故"黑车"治理排查。2004年，迎战春运，实现雨湖地区春运"零死亡"。6月，区内开展禁止两摩非法载客营运整治。6月15日，驻区市政府二院路口人行天桥拆除。2005-2006年，根据"五整顿、三加强"要求电子测速仪投入使用，雨湖大队开展"双超"治理，严查超速违法行为，查处超载超速违法行为200余台次。开展打击盗抢机动车专项行动，全区共出动警力500人次，查获无牌无证、假牌假证车辆474台，从中发现盗抢车辆线索6条。积极开展整治学校周边交通秩序，在市一中门前设立黄闪灯，完成支队要求事故死亡人数下降3%的目标。

雨湖区春运实现连续三年"零死亡"的目标。2007年，狠抓"三基一化"(即抓基层、打基础、苦练基本功、推进正规化建设)建设，强化源头管理，提高秩序管理水平。开展百日专项行动，摩托车专项治理，共查摩托车交通违法5682台。是年年底，交警大队拥有警用汽车25台，摩托车21台，手持对讲机和车载对讲机27台，电子测速仪3台，酒精测量仪器3台，录音笔15支，照相、摄像机23台，办公电脑25台，交通管理实现现代化和信息化。各执勤中队配备录音笔，酒精测试仪，道路交通管理更加规范。

三、交通事故处理

1988年，境内雨湖、湘江两区交警大队设立交通事故股，负责交通事故现场勘查、责任认定和调处工作。至1996年的9年中，区内共发生交通事故2431起，处理2431起，死亡248人，受伤2758人，直接经济损失921.81万元。1997年，市支队对事故处理作出改革，撤销大队事故股，统一由支队交通事故调处大队负责调处事故。1997-2000年，区内发生交通事故2635起，处理2635起，死亡209人，受伤3110人；直接经济损失300.24万元，事故发生率呈逐年上升态势。2001年，市支队对事故调处再次改革，由支队事故调处机构负责全市交通事故处理的指导监督和交通事故重新认定(复议)，大队负责事故处理，中队负责交通事故接警、出警、现场勘查、责任认定和损害赔偿等事宜，重大交通事故责任分析通过事故责任认定委员会集体研究后作出处理。一旦发生事故，要求路面执勤中队率先出警，维护事故现场，并对轻微事故按简易程序及时调处，做到快接快处，保障交通畅通。按分级权责，根据《湖南省道路交通事故处理暂行规定》和《交通事故处理工作规范》，交通事故处理步入法治规范化，交通事故信息业同时纳入微机管理。至2005年，发生交通事故2632起，受伤人数3092人，死亡200人，直接经济损失649.17万元。2006-2007年，交通事故发生率呈下降趋势，发生交通事故467起，受伤人数555人，死亡43人，直接经济损失41.3万元。

1988-2007年雨湖交通事故处理统计

9-2-7-1

时间(年)	事故起数(起)	死亡人数(人)	受伤人数(人)	直接经济损失(元)
1988	121	11	173	204100
1989	240	18	254	321041
1990	205	26	231	336470
1991	253	34	267	412500
1992	276	31	319	396710
1993	374	37	430	412000
1994	310	29	352	367400
1995	342	34	367	641000
1996	310	26	375	341700
1997	678	89	763	814000

续9-2-7-1

时间(年)	事故起数(起)	死亡人数(人)	受伤人数(人)	直接经济损失(元)
1998	593	23	675	695000
1999	690	56	782	896000
2000	674	41	890	597400
2001	720	94	871	590310
2002	960	51	1120	1250010
2003	451	21	488	747500
2004	293	16	310	270300
2005	208	18	303	185000
2006	131	12	120	103000
2007	336	31	435	310000

注:1988-1992年为雨湖、湘江交警大队统计数

四、机动车驾驶员管理

机动车及驾驶人员的管理一直由交警支队负责。1988-1993年,境内仅有机动车检测中心1处,驾驶员培训学校1所,机动车辆总计约5400台,驾驶员6400人。20世纪90年代后期起,机动车辆和驾驶员迅速增长。1997年,支队将摩托车驾驶员的培训考试和每年的摩托车年检事项下放到大队。至2000年,区内有摩托车6800辆,发放摩托车驾照7500本,机动车14000余台,机动车驾驶员13900人,驾驶员培训学校增加到8所,年培训人数增加到9400人次。2004年,摩托车驾驶员的换证、补证权限下放到大队。同时,禁止摩托车在城区上牌。2005年起,每年摩托车驾驶员培训考试1000-1200人次,换补证300本左右,摩托车每年年检4000-6000台。2007年年末,区内机动车拥有量增加到20000台,机动车驾驶员达21000人,驾驶员培训学校增至14所。是年,培训人数达3500人次,通过考核,年新增执证驾驶员5400人。

第八节　消　防

一、机构队伍

1988年,境内雨湖、湘江区和郊区公安分局均设消防股,负责消防安全检查、监督工作。设中国人民武装警察部队(以下简称“武警”)湘潭市消防支队机关、武警湘潭市消防支队一中队。同时,江南机器厂、江麓机械厂、湘潭锰矿设专职消防队伍,灭火救援任务由市消防支队统一调度。1992年合区后,公安分局消防股撤销,设立武警湘潭市雨湖区消防科。是年,消防支队、中队机关从雨湖路119号迁至建设北路311号。

1995年，消防一中队被省消防总队授予标兵中队。1996年3月，武警湘潭市雨湖区消防科升格为武警湘潭市消防支队雨湖大队(正营级)，挂牌成立雨湖区公安消防大队，两块牌子，一套人马。同时，武警湘潭市支队一中队划归雨湖大队管理，更名为雨湖中队。大队、中队均驻建设北路311号。共有编制24人。配备有执勤消防车4台，各种灭火和抢险救援设备30套。1997年，雨湖消防大队、中队被省消防总队授予"学天津消防先进单位"称号。是年，市消防支队购置一台40米的直臂举高消防车用于高楼灭火。1999年11月，市消防特勤中队成立，2000年，市消防支队被省消防总队授予"明星进步支队"称号。2007年，武警湘潭市消防支队雨湖大队共有编制43人，另有合同制消防员7人。执勤消防车5台，各种灭火和抢险救援装备1069套。驻区江南机器厂、江麓机械厂、湘潭锰矿均有消防队，共有消防车6台，消防员24人。区内120支义务消防队，共有义务消防队员1200人。

二、防火监督

1988年，境内消防监督工作坚持"以防为主，以消为辅"的方针，三区消防部门共对170多家重点单位进行500余次检查。以公共娱乐场所、大型商场、储存危险物品仓库及重点企事业单位的防火安全为重点，消除火险隐患，改善防火设施。实行"谁主管、谁负责"的消防工作责任制，构建区、乡(街)村(社区)三级防火网络。1992年起，遵照国务院加强消防工作的指示，每年11月9日为"119"消防宣传日。1993年，进一步落实"谁主管，谁负责"的原则，层层签订《消防安全责任书》。1994-2001年，雨湖消防大队依据《中华人民共和国消防法》《湖南省实施〈消防法〉办法》，先后进行消防安全专项治理30余次。重点对公共场所、易燃易爆场所、大型建筑工地进行检查监督，发现火灾隐患，及时整治。利用网络、报刊各种载体，进行公共消防安全宣传，并在全市100多个幼儿园推介市直机关第一幼儿园消防教学法。2002-2007年，在区安委的领导下，消防大队会同公安机关和区安监局，对消防重点单位进行监督检查700余次，发现火灾隐患380多处，均逐一记录在案，发送火灾隐患整改通知书，限期整改。先后成功整改驻区湘潭饭店、湘亚宾馆和湘潭布市重大火灾隐患，促使布市整体搬迁。对近200处公共场所调查摸底，建立消防档案。与驻区和平小学、风车坪小学、金庭小学、湘潭市二中、九中成立"少年消防团"或"雏鹰少年消防队"；与驻区湘潭大学共同倡议"关注消防安全，共建平安校园"活动。配合湘潭市消防支队制定《消防宣传"四进"实施方案》在驻区湖南科技大学试点。是年，80%的社区基本达到消防安全文明社区标准。

三、灾险处置

1988-1991年，境内共发生火灾1470起，直接经济损失978.3万余元，消防部门成功扑救各类火灾1349起。参加各类抢险救援、社会救助196次，出动警力17340人次，抢救被困人员287人，挽回经济损失6526.15万元。1991年6月16日凌晨，位于大湖路口的中山湘潭工贸大厦(8层，高30米)，因二楼电线短路，发生特大火灾。大火从二楼烧至八楼，商品全部烧毁，烧死营业员2人，直接经济损失310万元。市领导调集消防车辆12台，干警300余人，进行扑救和维持秩序。历时1小时40分钟，于8时15分将大火全部扑灭。1992-1998年，区内共发生火灾2901起，直接经济损失1467.49万元，消防部门成功扑救各类火灾2865起。参加各类抢险救援、社会救助891次，出动警力40272人次，抢救被困人员671人，挽回经济损失11760.82万元。1999年后，雨湖消防大队官兵参与的重大灭火抢险任务有：2000年1月9日20时20分，地处车站路的金泉大酒店发生特大火灾。20时43分接到报警后，消防部门先后调集消防队11支，车辆29台，174名指战员投入灭火战斗。从火场中解救被困群众26名，最终将大火扑灭。这起火灾由于报警迟，自救能力差，造成12人丧生，12人受伤。2001年5月3日19时40分，位于韶山中路的世纪星商场发生火灾，数百平方米营业厅被烧毁，消防部门接警后，出动人员车辆，终于将大火扑灭。至2007年的9年中，区内共发生火灾3454起，直接经济损失1707.7万余元。消防部门成功扑救各类火灾3412起，参加各类抢险救援，社会救助2444次，出动警力70272人次，抢救被困人员879人，挽回经济损失15530.4万元。

1988年-2007年雨湖消防大队灭火救援统计

9-2-8-1

年　度	灭火救灾（次）	应急救援（次）
1988	322	46
1989	357	35
1990	428	60
1991	363	55
1992	413	30
1993	399	51
1994	436	94
1995	401	125
1996	386	183
1997	428	194
1998	438	214
1999	397	226
2000	410	214
2001	407	223
2002	426	252
2003	402	276
2004	384	253
2005	362	312
2006	342	331
2007	324	357

第三章　检　察

第一节　机构队伍

1988年，境内有雨湖区、湘江区和郊区人民检察院。检察院均设刑事检察一科、刑事检察二科、经济检察科、法纪检察科、控告申诉检察科、监所检察科和办公室。在编人数总计100人。其中中共党员62人，大学文化(含大专)69人。1989年，根据涉税案件增多的新形势，增设税务检察室。1990年，根据最高人民检察院的指示"经济检察科"更名为"反贪污贿赂检察科"，并增设政工科。

1992年12月10日，雨湖、湘江、郊区区检察院合并组建新的雨湖区人民检察院，院址设广云路512号(原郊区人民检察院院址)，设立党组，检察长兼任党组书记。内设机构为办公室、政工科、纪检监察室、刑事检察一科、刑事检察二科、反贪污贿赂局、控告申诉检察科、法纪检察科、监所检察科、民事行政检察科、技术科、行政装备科12个科(室)局，此外还派出驻昭潭乡、雨湖路街道办事处、湘潭市劳教所检察室，在编92人。其中中共党员65人，大学文化(含大专)74人。1997年，根据最高人民检察院的指示，法纪科更名为渎职犯罪侦查局。2001年年底，规定基层检察院不设技术科。2004年12月28日，区检察院迁入韶山东路43号新址。2006年，刑事检察一科更名为侦查监督科，刑事检察二科更名为公诉科，渎职犯罪侦查局更名为反渎职侵权局。2007年，在编人员79人。其中，中共党员72人，大学文化(含大专)79人。

20年中，雨湖检察院先后被最高人民检察院授予"全国人民满意的检察院""全国检察机关文明接待室""三级规范化检察室"称号，被省检察院授予"全省检察机关先进集体"等荣誉称号15项。干警个人被授予省级以上荣誉称号达46人次。检察长荣龙富查处经济犯罪成绩突出，被最高人民检察院记一等功并通令嘉奖，检察长贺卫平在全省检察机关执法质量考评和最高人民检察院基层院建设考核中取得优异成绩被最高人民检察院记一等功。雨湖区检察院的工作经验37次在全国、省、市有关会议上推介。

第二节　职务犯罪检察

一、反贪污贿赂

1988-1992年，境内雨湖、湘江区和郊区人民检察院坚持以"反贪污、反贿赂"为重点打击经济犯罪，5年中共受理经济犯罪举报线索715件，立案544起665人，移送起诉185起226人，移送免诉264起323人，撤案25起39人，转外地检察机关7起7人，为国家集体挽回经济损失801.74万元，向发案单位口头提出整改建议

12次，发出检察建议书4份。

1993年起，区检察院把查处“三机关一部门”（党政机关、执法机关、行政机关和经济管理部门）、亏损国有大中型企业、县处级及其以上干部贪污贿赂等职务犯罪作为反腐败斗争的主攻方向。侦破的县处级干部贪污、受贿案有：湘潭市国土局原副局长周某受贿案，省石油公司湘潭分公司原经理邓某受贿案，湖南省电线电缆集团公司产业部党委原书记田某伙同他人贪污案，湘锰安全环保处原处长刘某受贿案，湘锰红旗分矿原矿长林某贪污案。区检察院先后在市无线电二厂、市压缩机厂、市船厂、市水泥厂等73家企业立案查处一批贪污贿赂等职务犯罪案件。至1997年的5年中，共受理线索455件，立案154起177人，移送起诉117起140人，移送免诉21起23人，通过办案为国家和集体挽回经济损失1025万元。1998年，区检察院坚持为改革开放保驾护航，打击经济犯罪的方针，侦破较大影响的案件有：湘潭华光气体实业公司原经理战某贪污500余万元案，一审被判处有期徒刑12年；湘潭市饮食服务集团公司原经理谭某（正处级）受贿案，被判处有期徒刑10年；湘潭响水税务所原所长杨某受贿、巨额财产来源不明案，是1997年新《刑法》实施后湘潭市第一个以新罪名“巨额财产来源不明”罪被判刑的。至2002年的5年中，共受理嫌疑贪污贿赂线索246件，立案67起99人，移送起诉57起77人。2003年，区检察院坚持标本兼治、综合治理、惩防并举，注重预防的方针，加大惩治和预防职务犯罪力度，是年，查处中国银行湘潭分行城东支行营业部原出纳员沈某挪用公款49.88万元案，被判处有期徒刑15年；2004年中国农业银行岳塘支行大堂经理陈某贪污、挪用、诈骗80多万元案，数罪并罚一审法院判处其有期徒刑20年；2005年查处湘潭锰业集团公司工会副主席王某（女）、工会办公室副主任李某贪污“工亡（因职业病或矿难死亡）遗属补偿金”12万元案。查处王、李贪污一案正逢2005年春节之前，为安抚好工亡遗属，检察机关加大办案力度，抓紧结案和追缴赃款，在春节前将追缴的补偿金发到工亡职工遗属手中。区检察院还查办中国建设银行岳塘支行客户经理王某采取截留承兑汇票贴现手段贪污公款144.83万元案。2006年，在湖南省检察院统一指挥下，根据“侦查一体化”模式，区检察院抽调30余名精兵强将参加震惊全国的“郴州李大伦”串案的侦破工作，侦办该串案郴州国土资源局原党组书记兼副局长杨某受贿200余万元大要案，该案立案5人，挽回经济损失400余万元；同时还协助省检察院反贪局突破郴州串案中其他疑难案件，受到省检察院领导、省检察院反贪局同行的赞誉和好评。2007年，区检察院查办湘潭市发改委原主任潘某特大受贿、挪用公款案，湘潭市商务局原副局长刘某特大受贿案。至2007年的5年中，共受理案件86件，立案53起62人，移送起诉43起50人。

二、反渎职侵权

1988年-1992年的5年中，共受理举报渎职侵权线索204件，立案49起62人，移送审查起诉21起29人，移送免予起诉20起24人，撤案1起2人。1993年，区检察院坚持把查处“渎职”“侵权”案件，保护公民人身权利和民主权利为重点，强调初查要深，立案要准，至1997年的5年中，共受理线索140件，立案41起46人，为国家集体挽回经济损失180余万元，移送审查起诉20起22人，移送免予起诉14起18人，撤案2起2人，移送外地检察机关2起2人。1998年，落实最高人民检察院“一要坚决，二要慎重，务必搞准”的办案要求，加大查办渎职侵权犯罪办案力度。至2002年5年中，共受理线索62件，立案3起3人，跨年度积案1起1人，移送审查起诉3起3人，撤案1起1人，为国家和集体挽回经济损失100余万元。2003年，重点查处滥用职权、玩忽职守案件。办理在全省、全市系统有影响的案件有：湘潭市公安局巡逻防爆支队河西处警大队基建营中队原副中队长肖某等滥用职权3案5人，湘潭市公安局雨湖分局缉毒大队王某和王某二人失职致使在押人员脱逃案。同时区检察院主动与公安机关、行政执法机关建立行政执法与刑事执法衔接制度，保持密切合作、互通信息，积极拓展查办渎职侵权案源；结合办案，针对发案单位管理的薄弱环节，帮助其整章建制，进行个案预防，从源头上预防和减少职务犯罪。2005年，市检察院移送2人与区检察院并案移送起诉，移送不诉2起2人。2006年，区检察院移外地检察机关处理1人，为国家和集体挽回经济损失120余万元。至2007年的5年中，共受理线索17件，立案12起15人，移送审查起诉9起14人。

1988-2007年雨湖区检察机关反贪污贿赂案件情况

9-3-2-1 单位：件/人

年份	受理线索（条）	立案（件）	移送起诉（人）	移送免诉（人）	撤案（件）	不诉（件）	转出（件）
1988	124	49 / 59	10 / 12	29 / 29	3 / 5	–	–
1989	242	238 / 294	44 / 54	114 / 154	3 / 3	–	2 / 2
1990	256	140 / 173	65 / 75	58 / 71	6 / 10	–	4 / 4
1991	79	79 / 90	50 / 65	42 / 46	3 / 3	–	1 / 1
1992	14	38 / 49	16 / 20	21 / 23	10 / 18	–	–
1993	98	23 / 32	12 / 18	4 / 4	5 / 5	–	–
1994	102	28 / 31	20 / 21	4 / 6	/	–	–
1995	138	36 / 40	33 / 37	3 / 3	2 / 2	–	–
1996	40	32 / 36	19 / 25	10 / 10	2 / 2	–	–
1997	77	35 / 38	33 / 39	–	1 / 1	–	–
1998	85	22 / 26	19 / 19	–	2 / 2	1 / 1	–
1999	87	24 / 37	21 / 30	–	–	–	–
2000	34	12 / 19	7 / 13	–	–	–	–
2001	22	4 / 9	5 / 10	–	1 / 1	–	–
2002	18	5 / 8	5 / 5	–	2 / 2	–	–
2003	33	12 / 12	12 / 12	–	–	1 / 1	–
2004	16	13 / 18	10 / 15	–	–	1 / 1	–
2005	15	10 / 13	10 / 11	–	–	3 / 3	–
2006	9	10 / 10	6 / 7	–	–	3 / 3	–
2007	13	8 / 9	5 / 5	–	–	1 / 1	–

第三节 刑事检察

一、审查批捕

1988年,境内雨湖、湘江区和郊区人民检察院贯彻执行中共中央关于严厉打击刑事犯罪活动和经济犯罪的方针及全国人大常委会《关于严惩严重危害社会治安的犯罪分子的决定》,至1992年的5年中,共受理批捕997起1630人,审查批准逮捕923起1455人,不捕40起119人,追捕1起14人,公安机关撤案以及退补未结15起37人。对公安机关在侦查中的违法情况提出纠正意见7次。1993年,贯彻依法从重从快的方针,重点打击杀人、抢劫、强奸、爆炸、重大盗窃、流氓团伙和车匪路霸等严重危害社会治安的刑事犯罪,提前介入,快捕快诉。1997年10月,执行修改后的《中华人民共和国刑法》《中华人民共和国刑事诉讼法》。至1997年的5年中,共受理批捕784起1298人,审查批准逮捕727起1126人,不捕90人,追捕22人,撤案7起11人,直接立案侦查刑事案件5起,纠正侦查部门定性不准,适用法律不当案件91起。1998年,为保证办案质量,区检察院进一步坚持主要证据复核制度。有黑恶势力"保护伞"之称的湘潭市文化局正科级干部胡某私藏枪支一案,区检察院在审查后,会同公安人员深入现场,做侦查实验,复核10份证据后,提起公诉,胡被判刑4年。在审查周卓纯麻醉抢劫一案时,犯罪嫌疑人全面翻供,退补后公安机关没有完善证据,检察院自行侦查补充50多份证据,使证据形成锁链。为此,《检察日报》以一整版的篇幅报道此案。至2002年的5年中,共受理批捕案件1204起1823人,审查批准逮捕1080起1609人,不捕36起146人,追捕105人。2003年,以"打黑除恶"为重点,打击"两抢一盗"犯罪,至2007年的5年中,区检察院共受理批捕1382起2190人,审查批准逮捕1314起2063人,不捕46案97人,追捕92人。

二、审查起诉

1988-1992年,境内雨湖、湘江区和郊区人民检察院贯彻全省刑事检察工作"华容"会议精神,将审查起诉工作制度化、规范化。5年中共受理移送起、免诉案件1404起2165人,审查提起公诉891起1394人,免予起诉346起481人,根据管辖权限,移送市检察院14起22人,追诉5起15人,撤案52起72人,不诉1起5人,抗诉15起21人,对法院审判工作中的违法情况提出纠正意见2次。通过加强岗位练兵,公诉人队伍素质得到较大的提高,刘礼湘以扎实的法学功底和严谨的论辩风格获湖南省第一次公诉人大赛"优秀公诉人"的称号。1993-1997年,雨湖区检察院共受理移送起诉907起1399人,审查提起公诉748起1148人。根据管辖权限,移送市检察院6起12人,追诉9人,不诉8起18人,撤案18起25人,抗诉5起5人。1998-2002年,围绕"创湘潭审查起诉工作特色、树雨湖公诉人形象",开展"办案质量年"活动,全面落实主诉检察官办案起诉,5年间共受理移送起诉1271起1996人,审查提起公诉1184起1836人,追诉186人,不诉12起30人,抗诉6起7人。2003年,区检察院加大刑事审判监督力度,抗诉的数量和质量在全省检察机关处于领先,湖南省检察院转发雨湖区检察院审判监督的抗诉经验。区检察院正确履行检察监督,严格执法,在办理侦查机关移送审查起诉的赵正故意伤害案时,发现关键性的证据没有入卷。案件退回公安机关补充侦查,侦查机关不但没有补充证据,而且对赵正改变强制措施取保候审。根据这一情况,区检察院决定自行补充侦查,收集证据19份,查证赵正故意杀人的犯罪事实,依法报送市检察院向市中级人民法院提起公诉,还查出作伪证包庇赵正的罪犯。通过加强岗位练兵,张小华(女)获2005年度湖南省"十佳优秀公诉人"称号,邓春岳以全省第一名的成绩获湖南省2007年度"优秀公诉人"称号。至2007年的5年中,共受理移送起诉案件1574起2486人,审查提起公诉1364起2296人。根据管辖权限，移送市检察院40起115人，追诉3起29人，不起诉29起61人，抗诉23起30人，刑事和解3起53人。

1988–2007年雨湖区检察机关审查批捕案件统计

9–3–3–1 单位：件/人

年份	提请批捕	批准逮捕	不捕	追捕	撤案	退补
1988	161/258	147/221	9/32	1/1	4/9	1/1
1989	227/385	213/340	2/25	1/11	5/12	–
1990	295/465	277/426	15/32	–	2/4	–
1991	200/341	191/318	5/16	1/2	2/9	–
1992	114/181	95/150	9/14	–	–	1/2
1993	122/217	116/183	1/9	1/4	–	–
1994	141/254	136/215	1/21	1/1	2/2	–
1995	144/246	131/213	1/17	1/2	2/2	–
1996	199/319	176/281	1/14	1/4	3/7	–
1997	178/262	168/234	1/29	1/11	–	–
1998	205/268	189/240	1/28	1/10	–	–
1999	242/370	205/304	1/18	1/30	–	–
2000	265/410	244/365	1/39	1/29	–	–
2001	270/423	233/367	19/35	1/26	–	–
2002	222/352	209/333	17/26	1/10	–	–
2003	210/312	206/306	7/12	1/13	–	–
2004	309/489	285/447	6/16	1/21	–	–
2005	291/464	280/449	8/11	1/31	–	–
2006	328/529	309/493	15/30	1/21	–	–
2007	244/396	234/368	10/28	1/6	–	–

1988-2007年雨湖区检察机关起诉案件统计

9-3-3-2　单位:件/人

年份	移送起免诉	起诉	移送市院	免诉	追诉	不诉	撤案	抗诉	刑事和解
1988	162/252	131/200	–	30/35	1/3	–	4/7	6/10	–
1989	384/562	217/325	3/6	103/147	1/2	1/1	2/2	5/7	–
1990	430/663	256/416	3/4	101/135	–	1/4	17/19	–	–
1991	267/419	167/248	3/7	53/69	5/10	–	18/30	3/3	–
1992	161/269	120/205	5/5	59/95	–	–	11/14	1/1	–
1993	117/188	87/132	–	5/8	1/2	–	3/5	–	–
1994	173/289	130/216	–	14/22	1/4	4/4	11/11	–	–
1995	178/283	154/240	–	9/12	–	1/1	3/5	2/2	–
1996	241/356	190/296	1/2	39/46	1/3	3/3	1/1	1/1	–
1997	198/283	187/264	5/10	–	–	1/10	1/3	2/2	–
1998	236/335	217/304	–	–	1/22	1/2	–	–	–
1999	220/343	210/309	–	–	1/25	–	–	2/2	–
2000	280/444	256/414	–	–	1/5	3/4	–	2/3	–
2001	281/459	262/421	–	–	1/12	1/6	–	–	–
2002	254/415	239/388	–	–	1/22	9/18	–	2/2	–
2003	246/380	227/349	3/9	–	3/6	6/6	–	1/3	3/7
2004	303/498	270/426	8/29	–	1/1	6/10	–	6/6	–
2005	303/533	283/502	5/8	–	1/7	10/13	–	6/7	–
2006	319/574	310/563	10/32	–	1/7	7/12	–	7/9	–
2007	403/501	274/456	14/37	–	1/8	1/20	–	3/5	23/46

第四节 控告申诉检察

1988年,境内基层检察机关开始开展控告申诉检察业务,归口反贪污贿赂工作局。至1992年的5年中,区检察院共受理来信来访900余人次,受理举报线索500多件。1993年,区检察院坚持实事求是,有错必纠的原则。贺某是一个申诉老户,控申科接到贺的申诉材料后,指派专人对这起原雨湖区法院办理的案件进行全面复查,根据"有错必纠"的原则,撤销案件,宣告其无罪,从维护稳定和人道主义出发,发给其生活困难补助费4000元,贺某十分感动。至1997年的5年中,区检察院控申和举报中心共受理来信来访500余人次。1998年起,控告申诉举报检察坚持检察长接待日制度,至2002年的5年中,区检察院共受理来信来访754人(件)次,办结申诉案件8起8人。2003-2007年,区检察院共受理来信来访202件(其中2007年6月设立互联网网上举报8件),检察长接待196次,办理告急信访案件32起,办理各种交办案件23起。

第五节 民事行政检察

1988-1992年,境内基层检察机关的民事行政检察工作还没有挂牌开展,其业务范围归口控告申诉检察。1993年,设立民事行政检察科,受理民事行政检察业务。至1997年的5年中,共受理线索43件,立案29起,向市检察院提请抗诉11起,区检察院终止3起,转办3起。1998-2002年,民事行政检察共受理100件,立案76起,提请市检察院抗诉45起,建议市检察院提抗4起,区检察院终止5起,法院改判15起。2003年,民事行政检察注重加大民事检察力度,拓宽申诉渠道,坚持抗诉与个案再审建议并行,息诉与执行和解并行,办案数量与质量并行,把解决法院裁判不公作为重点,积极探索公益诉讼,防止国有资产流失。至2007年的5年中,共受理线索87件,立案65件,提请市检察院抗诉42件,建议市检察院抗诉3件,区检察院终止9件,和解10件,法院改判6件,发出检察建议5份。

第六节 监所检察

1988-1992年,境内雨湖、湘江区和郊区人民检察院监所检察认真履行法律监督职能,开展监外检察15次,对监外罪犯全面考察6次,专题考察5次,对监外罪犯管理方面违规违法情况提出书面整改建议48份,口头整改建议32次,发出纠正违法通知书11份。1993年起,区检察院每年安排1名检察员专职在市看守所驻所,安排2名检察员专职在湘潭市九华劳教所驻所。至1997年的5年中,监所检察办理各类案件21起26人,对于监外条件消失建议收监的监外罪犯23人,被收监执行22人;批捕起诉监外罪犯重新犯罪9起10人,纠正以教代刑案4起8人;进行监外罪犯全面考察检察和专题检察10次,发出书面检察建议53份。1998年起,区检察院驻湘潭市九华劳教所检察室做到机构、人员和时间"三落实"。蔡某某、易某某、陈某某轮奸一案,被某公安机关送劳动教养降格处理,属于以教代刑。驻所检察立案侦查迅速批准逮捕蔡某某、易某某,同时三下广东追捕陈某某。区检察院提起公诉后区法院对三被告人分别判处5-7年的有期徒刑。区检察院同时还立案查处卢某虐待被监管人员案件。至2001年的4年中,区检察院对监外罪犯建议收监执行15人,被收监执行的6人;对监外罪犯重新犯罪案件批捕6起12人,提起公诉12起18人;对预防超期羁押、落实监外罪犯交付执行和管理以及劳教所安全管理等方面共发出书面检察建议200份。2002年,驻市看守所检察室的工作全部由市检察院承担。2003-2007年,区检察院先后对辖区内13个派出所共200余名监外罪犯的管理工作进行检察，写出专题报告12份；配合公安、法院对监外罪犯进行全面清理，做到监外执行罪犯底数清，监外执行罪犯脱管、漏管情况清，监外执行罪犯脱管漏管原因清，完成专项行动任务；对监外条件消失的罪犯建议收监12人，被收监执行11人；监外罪犯又犯罪批捕12起28人，监外罪犯又犯罪起诉16起42人，通知公安机关立案1起1人；协同反渎职侵权局在湘潭市九华劳教所查办王某、陈某某虐待被监管人员案件，此案被省检察院评为当年度"十佳"优案。针对监外罪犯管理存在的问题以及湘潭市九华劳教所管理劳教学员工作中的疏漏和区公安分局、区法院办案期限等问题，共发出书面检察建议132份。

第四章　法　院

第一节　机构队伍

1988年，境内有雨湖区、湘江区和郊区人民法院。雨湖区人民法院驻韶山中路金凤巷5号，设刑事审判一庭、刑事审判二庭、民事审判庭、经济审判庭、行政审判庭、办公室，另设鹤岭人民法庭。定编37人，实有干警33名。湘江区人民法院驻鸡公嘴区政府院内，设刑事审判一庭、刑事审判二庭、民事审判庭、经济审判庭、行政审判庭和办公室，另设楠竹山人民法庭。定编36人，实有干警29名。郊区人民法院驻昭潭乡柞树园村，设刑事审判庭、刑事审判二庭、民事审判庭、经济审判庭、行政审判庭和办公室。定编38人，实有干警25名。1989年，三区法院均设立监察室，雨湖区人民法院撤销刑事审判二庭，设立告诉申诉庭。1990年，三区法院均增设执行庭。湘江区人民法院迁至大湖路28号，是年5月设立广场人民法庭(庭长由区法院配备，其他5个工作人员均由驻区江麓机械厂配备)。是年11月，雨湖区人民法院增设房产法庭。1991年，湘江区人民法院撤销刑事审判二庭，设立告诉申诉庭。

1992年11月，三区法院合一，组建新的雨湖区人民法院，驻韶山中路金凤巷5号。内设机构有刑事审判庭、民事审判庭、经济审判庭、告诉申诉庭、行政审判庭、执行庭、法警队、监察室和城正街、砂子岭、广场、楠竹山、鹤岭及房产等6个人民法庭。配备干警92人。1993年5月，法警队升格为法警中队。1996年年底，院机关搬迁至新办公楼。是年撤销告诉申诉庭和监察室，设立立案庭和审判监督庭，将立案与审判分离；设立纪检监察室，负责监督检查工作，协助有关部门对党员进行党性党风党纪教育；法警中队升格为司法警察大队。1998年，楠竹山人民法庭庭长王泽其因工作成绩突出，获中共湖南省委授"优秀共产党员"，中共湖南省委、省政府授"人民满意公仆"，最高人民法院授"全国优秀法官"称号。2000年，设立书记员室。2001年，经济审判庭改为民事审判二庭。执行庭分为执行一庭和执行二庭。是年2月，撤销城正、广场、砂子岭、鹤岭、房产五个城区人民法庭。2003年2月，法医室改为司法技术室，负责对外委托鉴定、审计、评估、拍卖和法院网络信息化建设等工作。2004年2月，经区编委批准成立执行局，原来的执行一庭和执行二庭自然撤销。是年9月，设立案件质量评审委员会及案件质量评审办公室，评审办公室与审判监督庭合署办公。全面启动案件信息管理系统。2005年2月，纪检监察室升格为副科级机构。2006

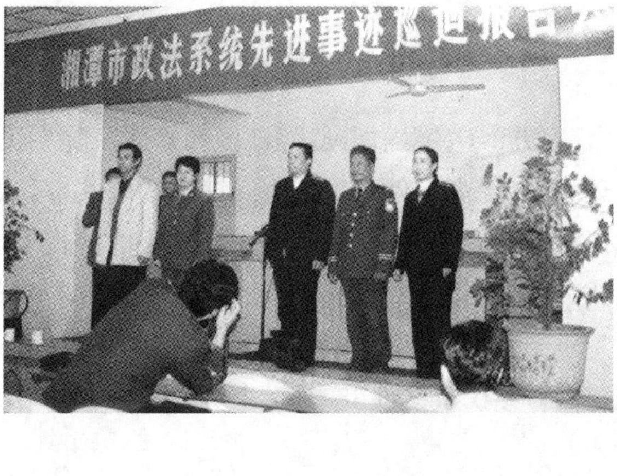

年，人民陪审员工作获省法院授予的先进单位称号。

2007年，法院内设机构有：政工室、办公室、纪检监察室、行政管理办公室、司法技术室、执行局、司法警察大队、书记员室、民事审判一庭、民事审判二庭、刑事审判庭、行政审判庭、审判监督庭、立案庭，下设楠竹山人民法庭。法院在职干警90人。其中，中共党员51人，大学文化程度69人。

第二节 刑事审判

1988-1991年，境内雨湖、湘江区和郊区三区人民法院在刑事审判工作中，依据全国人大常委会《关于严惩严重危害社会治安的犯罪分子的决定》，与公安、检察密切配合，对严重危害社会治安的杀人、抢劫、强奸、流氓团伙和盗窃等重大刑事犯罪，从重从快予以打击。至1992年的5年中，共审结各类刑事案件948起1432人。1993年，区人民法院继续贯彻中央"严打"方针，坚持宽严相济的原则。对严重危害社会治安的抢劫、贩毒、流氓团伙、盗窃等重大刑事犯罪依法从重从快从严判处刑罚，先后召开四次公开审判大会，宣判40案46人。1994年，区法院组织打击伪造、倒卖、盗窃发票犯罪等专项行动，并获国家公安部、国家税务总局、最高人民检察院、最高人民法院的嘉奖。至1996年的4年中，共审结各类刑事案件675起1095人(判决书已发生法律效力的为635人)，判处10年以上有期徒刑的39人，判处5年以上10年以下有期徒刑的195人，判处5年以下有期徒刑的299人，判处有期徒刑宣告缓刑的102人。1997年，实施新修订的《中华人民共和国刑事诉讼法》《中华人民共和国刑法》，区法院全面进行刑事审判改革，审理刑事案件由纠问式转向控辩式，审判节奏加快，对有影响的案件实行观摩开庭，从重从快地打击严重危害社会治安的刑事犯罪。2001年，区法院根据全国人大常委会《关于取缔邪教组织、防范和惩治邪教活动的决定》，取缔"法轮功"邪教组织，同时严惩贪污、贿赂经济犯罪和玩忽职守等渎职犯罪。至2002年的6年中，共审结刑事案件1642起，判处犯罪2448人。其中审结贪污、贿赂和渎职犯罪案件125起160人，邪教"法轮功"犯罪案件1起2人。其中判处10年以上有期徒刑的80人，判处5年以上10年以下有期徒刑的450人，判处5年以下有期徒刑1120人，判处拘役的315人，判处管制的483人。在判决结案的1642起中，当庭宣判的509起，当庭宣判率31%。2003年始，开展"一打两整"(打击黑恶势力，整顿文化娱乐场所，整顿国企、院校周边环境)"打黑除恶"等专项行动。法院在办案中始终坚持"两个坚持"(坚持严打不动摇，坚持精心细查)和"三条原则"(法律面前人人平等原则、罪行相济原则、宽严相济原则)。至2007年5年中，受理各类刑事案件1602起，审结1452起2141人。其中，未成年人犯罪案件300起405人。判处10年以上有期徒刑的116人，判处5年以上10年以下有期徒刑358人，判处5年以下有期徒刑的557人，判处缓刑、拘役、管制等刑罚的1110人。刑事附带民事案件审结42起，其中39起经法官调解，达成调解赔偿协议。

第三节 民事审判

1988年，境内雨湖、湘江区和郊区法院在民事审判工作中，开始推行当事人举证责任改革试点和巡回审理办案，提高案件审理效率。三区法院共审结婚姻家庭、债务、损害赔偿、房屋等各类民事纠纷案件931起。雨湖区法院、郊区法院被市中级人民法院授予"巡回办案先进单位"称号。1989年，雨湖区法院改进办案方式，在街道设立巡回办案点，挂牌办案，实行定时间、定地点、定人员的"三定"方针，收到良好效果。郊区法院审结民事案件280起，为企业审理债务案件28起，挽回经济损失9.17万元。至 1992年的5年中，三个区法院共审结民事案件3877起。

1993年起，根据《中华人民共和国民事诉讼法》关于民事调解的规定，针对司法现状，区法院积极开展民事调解活动，在建设北路布市场等地设立民事调解中心，及时化解矛盾，合理解决民事纠纷。民事审判庭加强自身文明建设，在1994年度"双文明"建设竞赛中，民事审判工作位于全市前列。1995年，法院民事审判庭进行审判制度改革，推行直接开庭，省高级法院、市中级人民法院给予充分的肯定。1998年7月11日，最高人民法院发布《关于民事经济审判方式改革问题的若干规定》，区法院根据上级法院的统一部署，积极实行民事经济审判方式改革，强调发挥庭审核心功能作用，陈述、举证、质证、认证和辩论都在庭上，大大提高案件质量和效率。至2000年的8年中，共受理各类民事纠纷案件10452起，审结8205起(不含旧存案)，结案率78.5%，调解结案占60%。

2001年，民事庭和经济庭分别改为民事审判一庭和民事审判二庭，实行大民事审判格局，经济纠纷案件归口民事审判系列。法院注重发挥民事审判职能作用，积极为辖区经济保驾护航，特别是为特困企业排忧解难，为企业挽回经济损失、平息矛盾。是年，共受理各类民商事案件1640起，审结1460起，其中调解906起，占62%。2004年5月，制定《雨湖区人民法院关于民事案件适用简易程序审理的规定》，民事审判程序进一步完善。法院继续坚持调解优先的原则。是年6月，原告张某诉赵某等6人人身补偿一案，原告之子张某随六被告去河边游泳，因救助赵某而牺牲，原告要求6被告付补偿费6万元及精神损失费。在审理中了解到被告的父母均系下岗工人，生活困难，承办法官向全院干警发起向"见义勇为"的英雄募捐活动，共募资3000余元，促成双方达成和解协议。事后，中央电视台《道德与法》《今日说法》栏目作出专题报道。通过审判工作实践，民事审判法官素质得到提升。2006年，区委授予区法院民一庭庭长毛慧娟(女)雨湖区人民满意公仆称号。区人民法院喻卫童(女)撰写的论文在全国法院民商事审判管辖实务研讨会上获优秀奖。2007年，毛慧娟(女)被省高级人民法院授予"调解能手"称号。至2007年的7年中，共审结民商事案件7670起。其中调解结案4602起，占结案总数的60%。

第四节　经济审判

1988年，境内雨湖、湘江区和郊区人民法院，组织巡回法庭下基层，方便群众诉讼，减少中间环节，同时注重调解，经济审判庭调解结案率达80%。1989年4月，法院贯彻市中级人民法院民事、经济审判工作会议精神，将经济审判庭组成两个合议庭，其中一个合议庭重点清理积案。9月，落实最高人民检察院、最高人民法院、公安部(两院一部)通告，打击经济犯罪活动。是年，湘潭市中级人民法院授予雨湖区法院经济审判庭"先进集体"称号。至1992年的5年中，三区法院共审结经济纠纷案件3669起。

1993年，区法院深入工厂、农村开展巡回办案。坚持"能调就调、当判则判、调判结合、案结事了"的原则，在建北布市场设立经济调解中心，依法调解经济纠纷，及时化解矛盾。共审结经济纠纷案件621起，诉讼标的达7000余万元，为企业、事业单位、金融部门挽回各类损失6000余万元，创历史最高纪录，在全省基层法院中名列前茅，并被市中级人民法院授予"双文明先进集体"称号。是年，法院进一步贯彻省委经济工作会议精神，发挥经济审判为经济服务的职能，主动为金融部门提供法律服务，先后为市工商银行、农业银行、城市信用社等10余家银信单位开展依法收贷的专项审判，共审结贷款纠纷82起，解决诉讼标的648.56万元，依法收回贷款500多万元。1994年，组织审判人员到市柴油机厂、市棉纺厂等10余家特困企业上门服务，为其追回资金600余万元。至1997年5年中，共审结各类经济案件2960起，为国家集体、个人挽回经济损失20亿元。

1998年，区法院进行经济审判改革，实行观摩开庭审理。1999年，区法院防范金融风险，加大力度审理农村“两会”案件（由农经部门主办的农村合作基金会和由民政部门主办的救灾扶贫互助合作会），经济审判庭开展农村合作基金会欠款的专项审判，审结三级基金案件140余起。执行收回资金720余万元。是年审结经济纠纷案件977起，诉讼标的4830万元，为国家、集体、个人挽回经济损失4000万元。至2000年的3年中，共审结经济纠纷案件2233起。2001年，经济审判庭改为民事审判二庭，经济审判归入民商事审判，不再设立经济审判庭。

第五节　行政审判

1988年，境内雨湖、湘江区和郊区人民法院均设行政审判庭，负责审理行政诉讼案件。1990年10月，《中华人民共和国行政诉讼法》施行，行政诉讼案件的审判制度进一步完善。1991年，三区法院组织宣传《行政诉讼法》《行政处罚法》《行政复议条例》，主动与公安、工商等部门联系，做好法律咨询服务。至1992年的5年中，三区法院共审结行政案件190起。其中行政诉讼123起，行政非诉执行67起。

1993年，法院办理的非诉讼行政执行案件不断增多，行政审判庭排除干扰和阻力，为国土部门执行13件，依法收缴土地使用费76万元。派出审判人员参与对韶山西路等拆迁摸底，宣传拆迁法律政策，使韶山西路、民主西路、大庆新村、莲花街等处的拆迁工作顺利进行。是年共审结行政诉讼案件37起。执行市、区国土局等6家行政机关申请执行的行政案件63起。1995年，在全市两年一次的基层法院业务部门“双文明建设”竞赛考评中，区法院行政审判庭获全市法院系统“双文明”建设先进集体称号。1997年，行政审判庭组织审判人员下乡（镇），在长城乡办案、协助乡村处理土地纠纷、完善生产责任制等。至1997年的5年中，共审结行政诉讼案件153起，执行行政机关申请强制非诉执行392起。

1998年，针对非诉讼行政执行案件的大幅增加的情况，行政审判庭采取措施提高执行效率，在由市房地局申请强制执行搬迁的案件中，从立案到执行只花三天时间，腾出九汇沟的土地，使市外商投资项目得以实施。2000年，法院充分发挥行政审判职能，支持政府依法行政，积极配合市房屋拆迁管理办工作，为市政府旧城改造提供法律帮助。3年中，共审结行政诉讼案件119起。

2001年，区法院先后组织多次非诉讼行政执行，保证湘潭市南岭路、高标路建设的顺利进行和其他开发项目顺利实施。共受理行政诉讼案件39起，审结35起。2005年2月28日，经区编委批准，行政审判庭升格为副科级机构。至2007年的7年中，行政审判庭共受理行政案件162起，审结151起，结案率为93%，执行率75%。

第六节　审判监督

1988年，境内雨湖区、湘江区和郊区人民法院，由刑事审判二庭专门审理不服已经发生法律效力的刑事判决或裁定，有效维护群众利益。1989年12月，雨湖区人民法院经批准成立告诉申诉庭。告诉申诉庭成立后，处理来信来访，审查处理申请再审的案件，办理本级党委、人大、政府和上级法院及本院院长交办的案件，并负责报告结果。至1991年的4年中，共受理各类申诉案件184起，审结104起。

1992年，三区法院合并后，告诉申诉庭负责申诉复查任务。在1994年度“双文明”建设竞赛评比中，雨湖区法院告诉申诉庭获得全市法院系统第一名。至1994年的3年中，共审结申诉案件97起。其中维持原判22起，其他的75起，对不符合受理条件的说服息诉，处理来信1506件次。

1996年，经区编委批准，将告诉申诉庭一分为二，设立立案庭和审判监督庭，由审判监督庭审理当事人不服区法院发生法律效力的判决和裁定及上级交办的案件或信访等。是年告诉申诉案结案24起。在全市基层法院1999年"双文明"建设竞赛考评中，区法院审判监督庭获第二名。2000年2月，市中级人民法院选择雨湖区法院进行整顿审判纪律作风集中思想教育试点，法官队伍素质进一步提高。至2001年的7年中，共审结申诉复查案285起。

2002年7月，根据市政法系统加强内部执法监督的要求，区法院在整改提高的基础上建立《雨湖区人民法院关于加强内部执法监督若干规定》《审判流程管理规定》等制度，形成一套较为完善的内部执法监督机制，并在全院实行。返聘几名富有审判经验的退休老同志，组成案件质量检查组，对全院各业务庭所结案件逐案进行质量检查。包括定性、时效、适用法律条文、处理结果以及判决书、调解书、裁定书的制作、文字、标点符号都纳入检查范围，并把案件质量作为审判员考评的一项因素。所结案件须经质量检查后方能入档，做到不符合质量的"产品"一律不出院门。2006年2月，雨湖区人民法院被省高级法院授予"2005年度全省案件质量优胜单位"称号。至2007年的6年中，共审结申诉复查案105起。

第七节 案件执行

1988-1990年，境内三区人民法院的执行工作按审执结合的原则，审判的案件一般为当事人自动履行，需要法院强制执行的，由原审判人员负责执行。1990年，区法院均设立执行庭，试行审执分离制度。对确实难以执行的案件，由案件当事人申请提交执行庭立案进入执行程序。至1992年的5年中，三区法院共执行案件1638起。

1993年，雨湖区人民法院进一步完善审执分离制度，对抗拒执行和妨碍执行的人员，依法采取搜查、查封、扣押、罚款、拘留、逮捕等强制措施，确保执行到位。共执行各类案件552起，执行标的750余万元。1994年，在全市基层法院各业务部门"双文明建设"竞赛考评中，区法院执行庭被评为全市法院系统"双文明"建设先进集体。至1996年的3年中，共执行案件688起。1997年始，区法院协助外地法院执行的案件逐渐增加。1998年，区法院落实最高人民法院《关于人民法院执行工作若干问题的规定(试行)》，开展全面清理和集中执行积案的行动，加大执行力度。两年中共受理执行案件384起，执行案件295起，为国家、集体、个人挽回经济损失3957万元。1999年，区法院将创"三满意"活动与"审判质量年""执行年"活动有机地结合起来，效果显著。至2000年，共执行各类执行案件816起。

2001年，经区编委批准，执行庭分为执行一庭和执行二庭，继续发挥执行为经济发展、稳定金融服务的职能。6-8月份，为长城乡基金会挽回经济损失50余万元，为建设银行追回借款90余万元。区法院执行庭获团市委授予的"青年文明号"称号。至2003年的3年中，执行各类案件1639起。

2004年2月，经区编委批准成立执行局，原来的执行庭(执行一庭、执行二庭)自然撤销。2005年，区法院根据省高级人民法院电视会议精神和市中级人民法院的部署，制定关于开展"规范执行行为，促进执行公正"专项整改活动实施方案，以查摆执行违法违纪问题为突破口，以规范执行行为为主要内容，以提高执行队伍整体素质为关键，切实维护当事人合法权益，努力解决"执行难"等问题。是年，区法院召开执行联络员聘任大会，从各乡、镇、街聘请108名执行联络员，加上首批聘请的13名联络员，形成执行信息网络。2006年，区法院被省高级法院授予"清理积案"先进单位称号。2007年，区法院几次组织集中执行活动，历年来遗留的执行案件基本得到解决。至是年的4年中，区法院共受理各类执行案件1791起，执行各类案件1521起。区法院获市中级人民法院授"百日执行活动"先进单位称号。

1988-2007年雨湖区人民法院审结各类案件统计

9-4-7-1

年度	审结案件数（起）					执行	合计
	刑事	民事	经济	行政(非诉执行)	再审		
1988	154	931	715	18(3)	26	27	1874
1989	267	980	635	10(3)	25	50	1970
1990	285	986	762	18(20)	17	74	2162
1991	242	980	685	29(23)	36	776	2771
1992	244	1449	872	48(18)	37	711	3379
1993	113	948	321	37(63)	30	552	2064
1994	155	828	683	31(58)	30	148	1933
1995	180	1000	648	34(89)	15	284	2250
1996	227	1418	808	50(197)	24	256	2980
1997	216	758	500	38(48)	14	249	1823
1998	288	1528	575	59(71)	57	295	2873
1999	277	1059	977	50(97)	71	400	2931
2000	244	666	681	10(10)	63	416	2090
2001	364	1460(555)	-	35(59)	41	750	2709
2002	253	1176(528)	-	23(33)	18	456	1959
2003	240	1021(480)	-	21(27)	14	433	1756
2004	264	1199(458)	-	16(40)	12	483	2014
2005	286	968(425)	-	13(20)	31	410	1728
2006	351	923(420)	-	22(54)	22	293	1665
2007	311	923(420)	-	79(20)	8	335	1676

注:1、从2001年起“经济”一行的数字合并到“民事”中,括号中的数字为“民事”中的经济案件。

2、“行政”一栏括号中的数字为“非诉执行案件”。

第五章　司法行政

第一节　机构队伍

1988年，境内雨湖区、湘江区和郊区司法局均设办公室、调解指导室、宣传教育室、法律顾问处（副科）、公证处，共有司法人员30人。其中雨湖区司法局14人。1992年9月，新雨湖区司法局组建，三区法律顾问处合并为律师事务所，局机关14人，公证处9人，律师事务所12人，内设办公室、基层工作股、法制宣传股，对14个乡（镇）、街道和1个农场的司法办法律服务工作进行业务指导。1993年，全区4乡2镇1场全部调整配备司法助理员，下属机构有：公证处、惟明律师事务所（原雨湖区第一律师事务所）、国安律师事务所（原雨湖区第二律师事务所）、方征律师事务所。局机关在职12人。是年，乡镇街道的司法办和法律服务所分离，司法办改为司法所。1994年，雨湖区司法局增设安置帮教办。2000年，遵照司法部、省司法厅关于律师事务所人员、财务、业务、名称4个方面全部与司法局脱钩的文件精神，区内3个律师事务所同司法局全部脱钩，不占国家编制、不要国家经费，自收自支、自我发展、自我约束。6月，通过年检注册，获省司法厅重新审批认定。2001年，增设公律股。2003年7月，增设法律服务中心。2006年，按省司法厅关于律师事务所属社会中介组织，实行行业管理的精神，司法局对其只行使监督职能。2007年，全区共有司法行政人员29人。其中局机关编制14人。内设办公室、公律股、宣教股、基层工作股、法规股、刑释解教人员安帮工作领导小组办公室、三调联动领导小组办公室、依法治区领导小组办公室，下设法律援助中心和公证处，14个乡（镇）、街道司法所，监管1个律师事务所和7个法律服务所。

第二节　普法教育

1988年，境内雨湖区、湘江区、郊区均设立由区委、人大、政府、政协和相关部门负责人组成的区普法领导小组，组长由区委书记担任，区委政法委书记兼任普法领导小组办公室主任。至1990年的3年中，三区把“10法1条例”即宪法、刑法、刑事诉讼法、民事诉讼法（试行）、婚姻法、继承法、经济合同法、兵役法、民法通则、民族区域自治法和治安管理处罚条例作为普法宣传的重点。区普法办组织机关干部集中学习9次，组织机关干部事业单位人员普法考试5次，利用新闻媒体开办宣传栏目，副科级及以上干部基本掌握“十法一条例”精神。

1991年，实施“二五”普法。由于城市建设需要，拆迁工作日渐增多，境内《城市房屋拆迁管理条例》得到重点宣传。“二五”普法期间，学习的基本法律以宪法、民法和刑法为主，重点学习与市场经济发展相关的法律法规。法治观念开始向全区民众普及，依法治村、依法治厂，依法治校全面实行。至1995年的5年中，共上法治课13次，印发法治宣传资料6000余份。区普法领导小组更名为依法治区领导小组。

1996-2000年，实施“三五”普法。着重学习邓小平关于社会主义民主与法治建设的理论，广泛宣传社会主义市场经济法律法规，以及合同法、环境保护法和国土法，其中合同法成为重点宣传法律。公民和法人开始注重运用“经济合同”规范经营行为，保护自己的经济利益。5年中，共上法治课30次，印发法治宣传资料5.51万份。

2001–2005年，实施“四五”普法。主要任务是继续学习邓小平民主法治理论和党的依法治国方略，学习宪法、行政处罚法和劳动法，推进依法治理工作。上法治课180次，印发法治宣传资料8.57万份。区内4个行政村和5个社区达到民主法治示范村、示范社区标准。

2006年始，全区实施“五五”普法。普法对象以领导干部、青少年和农民为主，着重提高领导干部、青少年和农民的法律素养，推进依法治理工作。2007年8月，区司法局开展“倾注人文关怀、调解家庭矛盾纠纷、建设和谐雨湖区”宣传活动，为都市频道《身边》节目提供采访线索，用纪实的方式讲述典型纠纷案例。至是年的2年中，共上法治课269次，印发法治宣传资料2.6万份。司法部基层工作司授予雨湖区司法局“人民调解宣传工作先进单位”称号。

第三节　依法治理

1993年，区委、区政府作出依法治区的决定，并成立区依法治理领导小组，区委书记任组长。依法治理工作把邓小平关于民主法治建设理论、宪法、基本法律、社会主义市场经济法律法规作为重点普法内容，把副科级以上领导干部、司法、行政执法人员、企业经营管理人员、青少年作为重点普法对象。1994年，区内推行依法治区目标责任管理制度，试行依法治村工作。1995年，护潭乡、昭潭乡依法治村经验在区内推广。1996年，38个村全部推行依法治村工作。1997年，依法治理工作试点工作推向全区。领导小组确定城正街街道、先锋乡、防爆电器厂、金庭学校、雨湖区卫生局5个依法治理试点单位。共制订行业整治计划方案35个，制定完善修改内部规章制度248个，治理重点部位188个，治理热点难点问题136个。柞树园村被评为全省依法治村模范村。1998年，依法治街试点工作在各街道展开。是年，村务公开被纳入依法治村内容。中小学校选配法治副校长，法治副校长由业务素质好、责任心强的政法干警兼任，协助学校做好法治教育、依法治校工作，维护校园周边环境。2002年，清理行政审批事项509项，取消55项，“四乱”现象得到明显遏制。商贸特区综合服务中心在宝丰街设停车场收费属违规收费，因而被取消。是年，雨湖区被授予“全国社区建设示范城区”的称号。

2003年，启动创建“民主法治示范村(社区)活动”。2004年，先锋乡中心村被推荐为全省首批“民主法治示范村”，雨湖区环保局、雨湖区地税局被省授予首批依法办事示范单位，雨湖区荣获“全国治理校园周边环境先进单位”称号。2005年12月，先锋乡中心村被国家司法部、民政部授予“全国民主法治示范村”称号。2006年，城正街道熙春路社区被省授予“四五”普法先进单位称号。4月，昭潭乡计生办和平政路派出所被省授予第二批依法办事示范单位称号。是年，行政执法单位开展农资市场专项整治，对全区165家农资经销单位进行检查，检查粮食、蔬菜、水果、种子等50余种。开展建材市场专项整治，查处16家销售不合格钢材案。开展食品市场的专项整治，检查经营户250户，查处无照经营食品户44户；开展“百城万店无假货”活动，重点整顿和规范建设北路、韶山路、车站路，开展“放心购物一条街”的创建活动。

2007年，规范政务行为，改善政务公开基础设施，构建“三位一体”的政务公开工作机制，设立区优化办、区政务服务中心和区投资项目中心三个工作机构。各乡镇街制作政务公开栏，区教育局、区建设局、区环保局等设立集中办公窗口。公开重点内容包括“四个三”：即收税、收费、收款的“三收”；项目审批、土地审批、规划审批的“三批”；招生、招聘、招标的“三招”和办证、办照、办事的“三办”。

第四节 基层司法

1988–1992年，境内雨湖、湘江区的8个街道办事处和郊区的4乡1场均设立司法办(所)和调解委员会(简称“调委会”)。113个行政村和居委会都成立“调委会”，各调委会建立纠纷登记制度和岗位责任制。乡(街道)、村(居)委会、村(居)民小组三级调解基本形成网络。

1993–2005年，全区乡(镇)、街道司法所与人民调解委员会合署办公。113个村和居委会调解委员会队伍建立，管理规范，基本做到“组织、制度、工作”三落实，维护社会的稳定。

2006年，基层调解队伍进一步稳定、完善。2007年，共有基层调委会123个，其中村(居)委会调委会113个；厂矿调委会6个；其他调委会4个。调解人员506人，义务调解员和纠纷信息员3786人，基本达到农村每10户、城市每栋楼都有1名调解员或信息员。

一、人民调解

1988年，境内各街、乡均设司法办和调解委员会，居委会及行政村成立人民调解小组，并建立纠纷登记制度和岗位责任制，形成街(乡)、居(村)委会、居(村)民小组三级调解网络。至1992年的5年中，共调解纠纷2608起，调解成功2269起，调解成功率87%。

1993年，区内4乡2镇8个街道所属基层司法所与调解委员会合署办公，有调解员208人。中山路街道民主新村居委会黄凤楼被司法部授予“全国义务调解工作模范“称号。1996年，针对重点地区、重点企业周边地带纠纷多的特点，建立跨界联防联调组织。成立厂乡、街联防联调机构(联调小组)121个，形成覆盖全区的联调格局。1997年，实行“三级联防抓调解”，人民调解工作逐步形成调防结合、多方联手、多种手段解决民事纠纷的“大调解”格局。至2002年的10年中，开展矛盾大排查活动8次，共调解纠纷7354起，调解成功6711起，调解成功率91%；防止自杀事件29起、凶杀事件109起、民转刑案件51起、群体性上访101起、群体性械斗108起。

2003年，建立“乡指导、村(居委会)负责、组落实”纠纷化解机制，调解工作形成定期排查与重点排查相结合的工作机制，实现“乡有庭、村有站、组有室”的纠纷化解工作格局。2004年5月，中山路街道辖区某公司300多名下岗职工因安置、劳资等问题与公司意见不统一，部分职工堵住公司大门，中山街道司法所工作人员赶赴现场，经三天调处，使公司和下岗职工代表达成一致意见，平息一起群体性纠纷。2006年，区司法局建立起“党委政府统一领导，司法行政牵头实施，相关部门协作联动”的社会矛盾调处新格局，逐步健全以人民调解为基础和依托，人民调解、司法调解、行政调解既各自发挥作用、对应衔接配合的调解工作体系(简称“三调联动”)，提高预防和调处社会矛盾的效果，其工作经验得到司法部的肯定。2007年，区人民调解员发展到1000多人。区司法局开展“司法行政大动员，化解矛盾促和谐”维稳活动，围绕“和”做工作，重点排查、调处因利益调整引发的、涉及人数较多的矛盾纠纷、引发的群体性事件。至是年的5年中，共调解纠纷2475起，调解成功2399起，调解成功率97%；防止自杀事件12起、凶杀事件6起、民转刑案件22起、群体性上访68起、群体性械斗37起。

二、安置帮教

1994年，雨湖区贯彻中央综治委、公安部、司法部、劳动部、民政部、国家工商行政管理局6部委《关于进一步加强对刑满释放、解除劳教人员安置和帮教工作的意见》，成立雨湖区司法局安置帮教办公室，负责对刑满释放不满5年和解除劳教不满3年人员进行非强制性的引导、扶助、教育和管理，引导、扶持刑满释放和解除劳教人员就业或解决生活出路问题，防止刑满释放、解除劳教人员重新犯罪。是年，全区进行第一次摸底，有刑释解教人员269人。其中，刑释人员132人，解教人员137人，并进行登记造册、建档建卡。同时，在各乡镇街、村(居)委会成立帮教小组262个，实行包教育、包帮助、包安置、包转化的"四包责任制"。1995年，"两劳"回归人员管理领导小组更名为刑释解教人员安置帮教领导(简称"安帮")小组，下设办公室。各乡镇街道成立安帮小组14个，行政村、居委会设立安帮工作站152个。1997-2004年，先后培训帮教骨干426人，成立帮教小组142个，组成453人的帮教工作队伍。把好交接和安置两道关口，对刑释解教人员，基本做到不脱管、不失控。

2005年，开展"奔新生、奔富裕、促和谐"的主题活动，组织刑释解教人员到有关部门举办的实用技术培训班学习。为困难家庭申请低保和廉租房，通过社区扶持和出面担保小额贷款等形式，为刑释解教人员争取小额贷款，积极扶持他们发展生产经营，自强自立。10月，刑释人员陈某释放回家，当时无住房、无生活来源，妻子已去世，尚有女儿在校读书。安帮小组为他申请低保和廉租房，进行免费技术培训，帮他找工作，换得浪子回头。2006年，为加强刑释解教人员的帮教力度，区司法局在城正街道辖区湘潭市力腾包装公司尝试建立一个过渡性安置帮教基地，为部分刑释解教人员提供就业机会。2007年年底，基地共安置刑释解教人员94人。区内刑释解教人员共865人。其中刑释人员458名，解教人员407名。无脱管对象，重新就业或自主创业的496人，刑释解教人员犯罪率为1.6%。

三、基层法律服务

1988-1991年，雨湖、湘江两区所辖的8个街道和郊区所辖的4乡1场均设司法办。1992年，成立法律服务所18家，法律工作者52人。法律服务所在司法办的管理下开展法律服务工作，多家法律服务所所长由司法办主任兼任。1993年，司法办改为司法所，和法律服务所分离，法律服务所整合成7家，有法律工作者42人。管理上，法律服务所实行所长招聘制和法律工作者劳动合同制，试行风险抵押承包。

2000年3月，司法部颁布《基层法律服务所管理办法》《基层法律服务工作者管理办法》。2001年，各司法所独立承担民事责任，但部分非公务员编司法助理员仍在法律服务所兼职。

2007年，雨湖区有惟明律师事务所，有金明、激扬、弘道、经纬、开元、恒盛、长城等7个法律服务所，有法律工作者39名。全年共受理法律案件5827起，调解纠纷1204起。

第五节　公证业务

1988年，境内雨湖、湘江、郊区司法局均设有公证处，公证员由司法局长兼任。1990年，公证员队伍正规化，有3人取得公证员资格。1992年，湘江区、郊区公证处撤销，大部分公证人员并入雨湖区公证处，公证队伍人员达到10名。其中四级公证员7名，三级公证员3名。公证内容包括收养子女、遗嘱、继承权、分管析产、房屋买卖、租赁、遗赠、扶养、委托等公证。同时包括企业租赁经营、购销、建筑工程承包、加工承揽、技术转让、劳动关系、开标中标公证等。至1992年的5年中，共办理公证业务889件，年均177.8件。1993年，随着社会法治进程的推进，民众法律意识逐渐增强，主动到公证处办理公证事宜数量逐年增多。至2002年的10年中，共办理公证业务4894件，年均489.4件，比1992年增长1.8倍。2003年起，涉港澳台和涉外公证业务由市公证处办理。2007年，公证处人员精简至4人。其中四级公证员1名，三级公证员3名。至是年的5年中，共办理公证业务3071件，年均614.2件。

第六节　律师事务

一、法律服务

1988年，境内雨湖、湘江区均设有法律顾问处，有专职律师5人，特约律师4人，兼职律师21人。境内雨湖、湘江两区所辖8个街道和郊区所辖4乡1场均设司法办。有法律事务所18家，法律工作者52人。法律服务所在司法办的管理下开展法律服务工作，多家法律服务所所长由司法办主任兼任。是年4月，雨湖区计经委干部陈金石留职停薪，创办平政法律服务所，开境内街道法律服务所自收自支、自负盈亏之先河。1989年，法律事务所增加到20家。至1992年的5年中，在法律服务上，共受理案件690起。办理民事案件279起，刑事案件111起，避免和挽回损失584万元。协助办理公证192件。解答咨询1697次。调解纠纷261起，重大纠纷调处14 起。起草审查修改各类合同163份。

1993年，司法办改为司法所，和法律事务所分离，法律事务所整合为7家。有法律工作者42人。管理上，法律事务所实行所长招聘制和法律工作者劳动合同制，试行风险抵押承包。雨湖路街道司法所被评为全省“优秀司法所”。是年12月，区内第一家合作制性质的湘潭市彩虹律师事务所(1999年更名为湖南晶石律师事务所)成立。该所主任陈金石担任“姜自然故意杀人案”辩护律师，一、二审两次发回重审，历经6年，被告最终认定“无罪”，并获得国家赔偿6万元，维护了公民的权益。至1997年的5年中，在法律服务上共办理民事案件1287起，刑事案件402起，避免和挽回损失4383万元。协助办理公证375件。解答咨询2876次。调解纠纷302起，重大纠纷调处36起。起草审查修改各类合同80份。

2000年，贯彻司法部《基层法律服务所管理办法》《基层法律服务工作者管理办法》。雨湖路街道法律服务所汪瑞芝(女)被评为全省“十佳优秀司法员”。2001年，各司法所独立承担民事责任，但部分非公务员编司法助理员仍在法律服务所兼职。至2002年的5年中，在法律服务上，共办理民事案件2695起，刑事案件342起，其中有罪辩为无罪案件11起，避免和挽回损失10653万元。协助办理公证327件。解答咨询2781次。调解纠纷340起，重大纠纷调处9起。起草审查修改各类合同283份。

2003-2007年，区内有晶石、惟明2个律师事务所，金明、激扬、弘道、经纬、开无、恒盛、长城等7个法律服务所，有法律工作者39名。至2007年的5年中，在法律服务上，办理民事案件3818起，刑事案件455起，避免和挽回损失11623万元。协助办理公证104件。解答咨询3322次。调解纠纷301起，重大纠纷调处77起。起草、审查修改各类合同590份。

二、法律援助

2001年，区法律援助中心成立。在乡(镇)街道和区工会、区妇联、区残联等部门建立法律援助工作站，在村、社区设立法律援助工作联络员，为困难群众、弱势群体提供诉讼代理、法律咨询等法律援助，形成法律援助机构网络。2002年，法律援助中心遵照《法律援助条例》《律师承办法律援助案件指派规则》履行法律援助义务。2005年，长城乡某玻璃制品厂申请破产，拖欠30个农民工工资和押金40万元，法院将该厂资产进行拍卖清算，区司法局法律援助中心为农民工提供法律援助，追回40万元欠款。2006年，区内一菜农因故意伤害案来到湖南晶石律师事务所申请维权。情况介绍后，所负责人见来人忠厚、老实且经济拮据，当场拍板诉讼代理费2000元减免50%。当看到老人交款是1元、5元不等，甚至有发霉的情况，而且这些钱都是他平日卖菜的积蓄时，仁爱之心油然而生，最后决定分文不收，免费为其办理诉讼。至2007年的7年中，共办理各类法律援助案件653起，接待人民群众来访和电话咨询3900多人次，为社会弱势群体挽回经济损失400余万元。

第十篇　民　政

第十篇　民　政

第一章　基层自治组织建设

1988年，境内雨湖、湘江两区均设民政科，分别驻雨湖路188号和大湖路鸡公嘴2号。是年10月更名为民政局，管辖范围分别为雨湖路、平政路、城正街、云塘、鹤岭街道和中山路、窑湾、羊牯塘、广场、楠竹山街道。郊区设民政局，驻建设北路224号，河西管辖长城、护潭、先锋、昭潭4乡和先锋农场。各乡（场）、街道均设民政办公室，负责社会福利、社会保障和社会事务管理。1993年1月，新雨湖区民政局成立，驻区机关三院（雨湖路188号）内，配备干部15人。1998年，乡（镇）街道民政办改称民政所，工作职能进一步规范。2000年局机关有干部14人。2002年，在全区公开招聘96名低保工作人员安排到各街道、乡镇民政所及社区居委会，具体办理低保生活保障业务。2005年7月，局址搬至大湖路鸡公咀2号区政府二院内一栋2楼。是年对流浪乞讨人员由收容遣送改为申请救助，民政工作量加大，在各乡（镇）、街道成立救助站，与民政所两块牌子一套人马合署办公。2007年底，局机关有干部21人，内设办公室、财务股、婚姻登记处、优抚安置股、救灾救济股、基层政权建设股、福利企业管理办、社会团体登记管理办。并设二级机构区城乡社会救助局。乡、镇、街道设民政所、救助站，有社区低保员，村民生服务员队伍，形成区、乡（镇）街道、社区（村）民政工作三级管理网络。

第一节　村民委员会建设

1988年，境内37个行政村，按照中共中央《关于加强农村基层政权建设工作的通知》精神，各乡（镇）对村民委员会进行整顿，理顺乡（镇）村管理体制，建立村级自治机构。6月，铺开村委会首次民主选举，共选出村委会委员137名。其中中共党员58名，女干部41名，初中及以上文化85名，40岁以下69名。同时，建立人民调解、治安保卫、公共卫生、计划生育、妇女委员会等内设机构。以建立议事会议制度为重点，按照"民主决策、民主监督"的方针开展工作。每10户推选一名议事员参加议事，决定本村重大行政事务。

1993年，全区依照《村民委员会组织法》规定，采用组织提名和联名提名的形式，组织第二次换届选举。6月底，有30个行政村完成选举，其余7个村也于年底完成选举工作。共选出村委会委员203名。其中，中共党员74名，女干部48名，初中及以上文化162名，年龄40岁以下102名。并发放当选证书。1995年，长城乡红旗村村委会主任宋冬云因工作成绩显著获省民政厅授予的"模范村委会主任"称号。

1996年，全区组织第三次村委会换届选举。按照"民主和依法"的原则，首次采用"海选"模式，由有选举权的村民采取无记名投票，以得票多少确定候选人，并进行公示。在选举时以过半数的选民投票，得票过半数且票数多的当选。在当选的157名委员中，中共党员116名，女干部86名，初中及以上文化128名，平均年龄比上届下降5岁。村民参选率97.6%，直接投票率96%。新当选的37名主任中，年龄30岁以下的5名，占

14%。是年，根据《湖南省村民委员会自治示范活动方案》和省民政厅《关于在全省农村开展村民自治示范活动的通知》精神，在全区开展村民自治示范活动。突出抓组织、制度建设，完善村民自治章程、村规民约。1997年，推行村务公开，设立村务公开栏，成立村务公开监督小组和民主理财小组，建立村民代表会议制度。

1999年，进行第四次村委会换届选举，实行“直接、平等、差额、无记名投票”的“海选”方式。全区37个行政村，村民参选率98%。当选的121名委员中，村主任平均年龄39岁。

2002年，第五次村委会换届。此次选举的突出特点是取消村民代表会议确定正式候选人，改为由村民直接提名，使选举更加合理。除先锋乡先锋村、长城乡红旗村延至年底外，其余35个村在6月底按期完成。一批有文化、懂经济、会管理的能人进入村委会班子。全区37个村普遍推行政务、工作职责、工作内容、办事程序、服务承诺、收费标准“六公开”，建立固定醒目的公开栏，接受群众监督。

2005年，37个村按时完成第六次村委会换届选举，村民参选率达到98%。此次选举按照选举方案规定的财务清理、成立选举委员会、推选村民代表、选民登记、海选提名、正式选举、整章建制等7个程序按时完成，共选出村委会委员174名。其中，中共党员154名，女干部49名，40岁以下43人，初中及以上文化168人。因为完成任务好，受到省、市政府的通报表彰。2007年情况未变。

第二节　居民委员会(社区)建设

1988年，境内雨湖、湘江区共有10个街道办事处，下辖70个居民委员会。每个居民委员会有成员5-7人，其中正副主任2-3人，分工负责治安保卫、人民调解、公共卫生、计划生育、妇女委员会等居民自治职能工作。

1990年，贯彻实施《中华人民共和国城市居民委员会组织法》，境内依法组织第一次居民委员会换届选举。71个居民委员会实行差额选举的50个，等额选举的21个，居民参选率达93%。共选出居委会成员213名。其中中共党员115名，女干部134名，初中及以上文化175名，40岁以下124名。是年8月26日，雨湖区就《居民委员会组织法》实施工作以《多层次、多渠道、多项目开展服务工作的几点体会》为题在全省社区工作大会上作经验介绍。1991年，组织社区服务示范街道建设活动，发动志愿者1320人对孤老、残疾人、烈军属实行包户服务，使居民委员会在居民中形象提升，文明城区的建设形成一定氛围。

1992年7月，新雨湖区成立，全区居委会机构建设基本维持小调整大稳定，保证新区建设的平稳过渡。

1994年3月，平政路街道在调整居委会正副主任的工作中，采取任免、调任等做法，明显违背《居委会组织法》中关于“居民委员会主任、副主任和委员，由本居住地区全体有选举权的居民或由每户派代表选举产生”的规定，引发各方选民的关注。4月8日，区委、人大、政府召开联席会议，责成街道于4月29日发文予以纠正。下半年通过宣传发动、选民登记、推荐候选人、等额选举等步骤，11月份基本完成居民委员会第二次换届选举。全区97个居民(家属)委员会共选出班子成员291名。其中中共党员160名，女干部178名，高中及以上文化101名。城正街道16名主任候选人全部是选民联名推荐的。窑湾街道5个居民委员会选举全部一次性成功。根据《居民委员会组织法》新成立坝子塘、杨家湾、繁城西村、八角亭4个居委会。为万寿宫、三义井等4个居委会解决办公用房。1995年，11月，全国村民自治示范工作经验交流暨城乡基层政权建设先进集体和个人表彰会在北京召开，雨湖路街道获民政部授“中国街道之星”、平政路街道关圣殿居委会获民政部授“全国模范居委会”称号。

1997年9-12月，全区组织第三次居民委员会换届选举。99个居民(家属)委员会共选出班子成员531名。其中，中共党员161名，人大代表和政协委员10人，女干部281人，初高中以上文化143人，30岁以下67

人。1998年起,对社区服务实行认证制度,社区服务网点须持社区服务证书开展服务活动。全区共发放服务证93个,开设各类服务中心13个。

2000年,全区进行居民委员会第四次选举,试行面向社会公开招聘和从街道选拔干部充实居委会班子。99个居(家)委会共选出班子成员531名。其中中共党员161名,女干部269名,40岁以下237名,具有大专以上文化87名。居民参选率达98%。2001年,根据民政部《关于在全国推进城市社区建设意见》和地域特点、资源分布及居民认同等因素,以主要街巷、道路为界,区民政部门将103个居民(家属)委员会调整划分为76个社区。社区调整后,依法构建社区组织体系,成立党团支部和居民自治组织,明确社区居委会有民主选举、民主决策、民主管理、财产财务自主4项自治权,11项部门工作协管权和4项监督权。选举第一届社区居委会班子成员380名,平均年龄39岁,高中以上文化占93%。社区设正副主任2~3名,下设调解、治安、文教卫委员会,建有妇女、老龄、计划生育、关心下一代协会等群团协会。每个社区配备必要的办公用房和电话,部分社区配备微机设备,制度健全,居务公开。工作经费由原来的每年4500元提高到3万元。以家政、配送、保健"三大服务",物业、车辆、公共设施"三大管理"为内容,全面推进社区建设。2002年,区委、区政府出台《关于创建示范城区的决定》《关于社区共驻共建的意见》《雨湖区城市社区建设五年发展规划》等文件,拿出20万元用以奖代投方式资助12个重点社区,同时组织区直27个部门对口扶持区街社区,筹集资金350万元用于基础设施建设。全区共建各类服务网点1809个,安置下岗、失业、待业人员1.10万人。7月18日,经全国社区建设示范城市评审委员会评估验收,第一批10个示范社区创建单位全部合格,市政府给予每个社区5万元奖励。9月23日,中共湖南省委书记、省人大常委会主任杨正午率全省14个市(州)委书记、市(州)长到广场街道南盘岭、云塘街道杉树巷社区考察。是年,广场街道南盘岭和城正街道通济门社区被评为全省"先进社区居委会",雨湖区获民政部授"社区建设示范区"称号。

2003年,进行首届社区居委会(居委会第5次)换届选举,采取"公开招聘、择优入围、民主选举"的办法,76个社区共选出班子成员524人。其中党员211人,女干部369人,30岁以下97人,大专及以上文化193人,居民参选率达到98%。是年1月24日,全区召开社区建设工作会议,南盘岭等22个社区居委会受到表彰。窑湾街道文运街社区主任陈定辉(女)因工作成绩突出被中组部、民政部授"优秀社区工作者"称号。2004年4月,市委市政府召开社区建设大会,下拨350万元奖励先进文明社区。市农业发展银行、市工商银行、市电业局等驻区单位和各界人士无偿为社区提供办公用房3148平方米,捐赠创建经费85万余元,使每个社区办公用房均达到100平方米以上,下岗人员就业和再就业率达到70%以上。通过验收,全区有56个社区全面达标,市政府授予34个社区为市级示范社区。

2006年,第二次社区居委会(第六次居委会)换届选举如期完成,共选出班子成员219名。其中女性186名,中共党员142名,大专及以上文化91人,30-35岁的180名,平均年龄39岁。至2007年的2年中,全区各级组织和社会各界人士投入资金300余万元,新建22栋,总面积达2600平方米的社区居委会办公楼,配备办公桌椅和电教设备。兴办社区就业安置网点93个,社区"星光老年服务站"76个,家政、养老、卫生健康、计划生育、保安保洁等专业服务队368个,安置从业人员6000余人。

第二章　社会救济

第一节　救灾救助

一、救灾

1988年，境内未发生大的灾情。1989年7月，湘江涨水，警戒水位38米，最高水位达39.46米，窑湾街道5个居委会被淹，历时3天，受灾居民1125户5565人，损失约3万元。区民政部门深入灾区查灾、核灾、救灾，由区财政拿出部分资金帮助灾民解决暂时困难。1990年，雨湖区募捐5.17万元，粮票6145公斤，支援郴州灾区。区民政局局长彭嘉森因工作成绩突出获民政部授予“抗灾救灾模范”称号，1991年，获省人民政府授“先进民政工作者”称号。1992年，发生水灾两次，最高水位分别为39.76和40.35米，窑湾两次被淹，损失12万元。至1992年的5年中，湘江区共下拨救灾款32.86万元(其中捐款8.2万元)。长城、先锋、昭潭、护潭4乡共发放救灾款6.9万元，棉衣、被464件(床)，灾民生活资料费1.64万元，为倒房户维修房屋417间。

1994年6月16-23日，湘江湘潭段发生特大洪水，最高水位41.94米，区委、区政府紧急启动防汛抢险救灾预案，动员全区干部职工，迅速分组按责任到位，开展24小时不间断防汛抢险，将被洪水围困的群众2500多人紧急转移，安置到唐兴寺、月塘和犁头3所学校。全区下拨救灾款65万元，募集资金21万元，大米12.74吨，稻谷16吨，面条500公斤，药品9箱，磷肥12吨，食盐2吨，塑料布1076米，水泥300吨，较好地安排灾民的生产生活。1997年开始，救灾救济实行中央、省、市、区分级负担，设专项资金。区财政每年列支救灾救济准备金20万元。重大灾害灾情再予以追加。

1998年6月，普降暴雨，湘江湘潭段水位达40.97米，造成长城乡团结渠、宋樟线四处溃堤缺口达41米。21个村、12个居委会受灾，受灾人口1.3万人，被困人口0.5万人，倒塌、损坏房屋97间。农作物受灾面积686.67公顷。全区下拨救灾款114.8万元，帮助群众抗灾。是年，全区干部、群众捐款48.8万元，支援松花江、嫩江流域灾区。

2002年，湘江出现4次洪峰，8月份连降暴雨，湘江水位达40.32米，部分农田受淹，并给窑湾居民造成较大损失。全区下拨救灾款22.6万元，干部、群众捐款4.6万元，帮助灾民解决困难。

2003年5月，连日大暴雨，造成全区5000人受灾，7家企业停产。全区下拨救灾款29万元，干部、群众捐款11.2万元，帮助灾民解决困难。

2006年7月，受四号热带风暴“碧利斯”登陆后的影响，连降大暴雨，湘江水位达40.4米，受灾人口1万人，倒房51间，损坏房屋206间。全区下拨救灾款105万元，帮助倒房户建房，帮助灾民解决困难。2007年，无重大自然灾害。

二、救助

(一)临时救助

1988年，临时救助仍沿用以往做法，对居民因生病、天灾人祸造成生活困难的，由个人申请，逐级审查批准，发放临时救济。每人每次救助标准为40元，1989年为50元，后来逐步提高至500-1000元。至2007年20

年中，全区共发放临时救济1920人次，救济款84.38万元。

（二）城市长期救济

对城市居民中丧失劳动能力的孤老、残、幼，由区民政部门核定后进行长期救济。1988-1989年，救济标准每人每月40元，每年救助287人，两年共发放救助款24.55万元。1990-1991年，每人每月50元，1992-1997年，每人每月84元，每年救助人数265-279人不等，6年共发放救助款163.18万元。1998年起，进入城市最低生活保障。

1988-2007年雨湖区发放社会救济金情况

10-2-1-1

年份	长期救济			临时救济	
	户数	人数	金额（万元）	人次	金额（万元）
1988	261	287	13.87	74	1.9
1989	261	287	10.68	69	2
1990	275	291	10.37	75	2.21
1991	275	291	10.37	69	2.15
1992	238	265	26.71	65	2.15
1993	239	266	26.81	71	2.59
1994	248	279	28.12	112	6.48
1995	248	279	28.12	98	4.73
1996	237	265	26.71	101	4.54
1997	237	265	26.71	112	4.95
1998	192	226	22.78	131	6.64
1999	185	203	20.46	124	4.96
2000	169	189	19.05	103	4.15
2001	165	185	26.64	95	4.53
2002	162	182	26.21	121	5.53
2003	152	171	24.62	102	4.61
2004	149	168	31.45	97	4.96
2005	132	144	26.96	103	5.35
2006	135	148	31.97	97	5.1
2007	143	153	33.04	101	4.85
合计	4103	4544	471.65	1920	84.38

（三）城乡大病医疗救助

为贯彻中共中央国务院《关于进一步加强农村卫生工作的决定》和省市文件精神，解决好农村和城市贫困群众看大病难的问题，区政府于2005年7月、11月分别下发文件，建立农村和城市贫困群众大病医疗救助制度。救助对象为农村五保户、城乡低保户；救助病种是：恶性肿瘤、白血病、尿毒症、肝硬化等大病；救助标准：未参加基本医疗保险的农村五保户、城乡低保对象，全年累计自付医疗费1万元以上的大病，可以申报大病救助，经村、社区民主评议、乡镇街道审核，区民政局审批。救助金额为500-3000元。同时，资助低保户参加合作医疗。2006-2007年，共资助556人次，金额99.34万元。

2005-2007年雨湖区城乡大病医疗救助情况

10-2-1-2

年份/项目/分类	2005			2006			2007		
	户数	人数	救助金额（万元）	户数	人数	救助金额（万元）	户数	人数	救助金额（万元）
农 村	57	57	9.10	62	62	14.69	65	65	13.20
城 市	210	210	24.72	106	106	23.36	197	197	48.09

（四）农村困难居民援建房屋救助

2004年始，对农村困难户、危房户，开展援建房屋救助，国家每户拨付3000元，在区、乡、村大力帮助下，至2007年，共为农村居民援建房屋77套，援助资金23.1万元。

第二节 募 捐

一、救助募捐

1996年12月，雨湖区为湖南永顺县救灾募集资金39.45万元，衣物4600件。1998年，为长江、松花江、嫩江流域洪灾区募捐45.8万元。2002年，募集社会救助资金4.6万元，衣物120万件，组织开展扶贫帮困送温暖活动。2004年，募集爱心捐款2.5万元。2005年，组织开展爱心捐款活动，募集资金1万元，解决部分贫困学生就读困难。

二、有奖募捐

1988年，境内发行湖南省有奖募捐券获募捐款10万元，雨湖区被评为湖南省有奖募捐发行先进单位。1989-1990年，发行社会福利有奖募捐传统型券获募捐款26.28万元。区级实际所得福利基金4.41万元。1991年12月，发行传统型奖券获募捐款12万元，发行实物中奖券，获募捐款20万元，雨湖区获基金6.98万元，全部用于街道社区服务经费。1992年1-4月，连续发行雨湖有奖募捐双开式与揭开式券获募捐款114万元，留作基金19.95万元。1993-1995年，发行社会福利彩票获福彩款20.2万元。

1996年5月8-11日，区政府组织在砂子岭成功举办福利彩票1000万元销售活动，赢得福利资金165万元，为区财政增加个人所得税35万元，同时救活市烈军属被服厂和市日用化工厂。是年12月，在鹤岭镇发行福彩100万，获得福利资金16.5万元。1997年，发行福利彩票获福彩款120万元。

2004年，发行福利彩票获福彩款10万元，2006年，完成福彩“刮刮乐”发行任务获福彩款32万元。2007

年，完成福彩“刮刮乐”发行任务获福彩款31.1万元。安排90.78万元福彩公益金。其中，支持社区建设30万元，敬老院、福利院建设60万元，解决敬老院入住老人医疗补助0.78万元。

三、救灾扶贫互助储金会

1988年，境内有由农民自发组织的民间互助储金会。

1990年8月，境内郊区政府为提高基层救助扶贫能力，在总结村民互助储金会经验的基础上，在全区各村普遍开展储金会的组建工作。是年，建会率达到96%，农户入会率达到95%，资金达到55.21万元。其中个人集资31.29万元，集体投入20.08万元，国家铺底3.84万元。

1993年，区民政局给长城、先锋、护潭、昭潭乡下拨垫底资金共1.7万元。

1995年，区政府下发《关于创办乡级互助储金会的通知》，先锋、长城两乡迅速成立救灾扶贫互助储金会，入会农户3173户，储资39万元。当年投放救灾扶贫款38万元。其中：1万元用于帮助33户发展种、养殖业，10.50万元用于帮助67户困难村民治病，3万元用于帮助16户灾后修缮房屋，3.5万元用于帮助40户解决应急口粮，20万元用于扶持4家困难企业。

1997年年底，长城、先锋两乡入会5673户，储资420万元，投放380万元，占58%。此举对增强农民的自救能力，解决贫困户困难，使农民早日脱贫致富有一定的作用。

1998年，根据国务院和省市统一布置对储金会全面清理整顿。2000年，撤销乡村互助储金会，资金全部按原渠道清退到位。

第三节　“五保”供养

一、供养机构

1988年，境内有雨湖、湘江2个区福利院及长城、护潭、先锋3个乡敬老院。

湘江区福利院位于市大湖街幸福巷45号，有三层楼房一栋，房屋34间，建筑面积538.27平方米，固定资产8万元，职工5人，供养寄养人数28名，其中“三无”（无生活来源、无劳动能力、无法定赡养、抚养、扶养义务人）人员25名。

雨湖区福利院位于平政路南步街，建筑面积1000平方米，床位10张，职工3名，供养城区“三无”人员10名。1989年，迁址于云塘街道调塘路38号，占地4402平方米（6.6亩）。当时筹集资金30.87万元（其中国家募捐委员会资助15万元，省民政厅资助4万元，市民政局资助2万元，驻区单位和区内居民捐献9.87万元），建成一栋四层面积850平方米的砖混大楼，拥有63个床位，室内配备基本设施。1990年农历九月初九（老人节），省民政厅副厅长赵志、市人民政府副市长孔令志剪彩启动投入使用，挂牌为雨湖区老年公寓（福利院）。

1992年7月，新雨湖区成立，湘江区福利院更名为雨湖区福利院。

1996年，雨湖区老年公寓筹资80万元，新建一栋四层的综合楼，建筑面积2200平方米。是年，先锋乡敬老院在市、区、乡的大力支持下筹资50万元，新建一栋两层的幸福楼；长城乡投资2.2万元为敬老院改造住房，修建水泥坪；护潭乡筹资6万元（其中乡干部捐资3000元）全面整修敬老院。

2000年，雨湖区福利院（即湘江区福利院）并入调塘路38号雨湖区老年公寓。2002年，护潭乡、先锋乡筹资2.2万元，为两个敬老院安装浴霸，改造房屋设施、添置部分家具。2003年，先锋乡投资7万元为敬老院建新房4间，整修旧房10间。2004年12月，先锋乡敬老院改扩建工程竣工，历时6个月，总投资65万元，其中省、市下拨12万元，区政府下拨10万元，区民政局下拨14万元，乡政府自筹27万元。新增院域面积1900平方米，新增建筑面积785.12平方米。可同时供50位老人居住。2006年，长城乡向省、市、区政府争取资金40万元，组织区政协委员、人大代表、优秀企业家捐资17万元，把敬老院改扩建成院内配套设施齐全，能同时容纳60位老人居住的"养老山庄"。

2007年，雨湖区政府先后投入100万元，分别对区老年公寓前后二栋42间住房共2200平方米进行粉刷、贴瓷面砖，房间配齐家具，安装热水器，新打二口井，更换供电线路，对院内环境进行统一规范和治理。房间床位可供98人同时居住，院内园林绿化、环境宜人，活动场地、生活电器、康乐设施一应俱全，专业服务、管理规范，深得住院老人的好评。这是由区政府建设，民政局主管，全区唯一一所全额拨款区级福利事业单位，是省民政系统的二级福利单位。至年底，全区共有五保户供养机构4家。其中区老年公寓1家，乡镇敬老院3家，共有房屋面积6103平方米；床位208张，供养人员177人，其中五保户60人，共有护理、保育人员85人。

二、"五保"户供养

1988-1990年，郊区境内的4乡1场对"五保户"（五项保障：吃、穿、住、医、葬）以乡统筹方式实行分散供养与集中供养相结合。农村享受"五保"供养对象共183名。其中，入住敬老院集中供养的36人，由村组分散供养的147人。五保老人年口粮标准350公斤，由所在村负担，月生活费30-50元之间，由乡民政办按月直接发放。

1991年，全区农村"五保"对象183人。1992年7月，新雨湖区成立，全区有长城、先锋、护潭三所乡级农村敬老院，集中供养"五保"对象42人，由村组分散供养141人。

1993-1994年，长城、先锋、护潭三所敬老院集中供养"五保"对象35人，其余的仍由村组分散供养。

1995年，区政府贯彻执行《湘潭市农村"五保"供养实施细则》，区、乡开展"五保"普查，全区核定"五保"对象为182名。口粮350公斤仍由所在村统筹负担，生活费标准提高到每月60-75元，由乡民政办直接发放。入住乡敬老院的老人伙食标准按每人每月75元拨付到各敬老院集中使用。

长城乡敬老院

1996-1998年，先锋乡敬老院五保老人年生活费提高到1900元，护潭乡繁城村2名"五保"老人，村负担年生活费1200元，医药费全部报销。1999年全区"五保"对象216名，其中乡敬老院集中供养29名。区政府决定将集中供养的"五保"对象全部纳入城市低保，散居的"五保"对象纳入农村低保范围。

2002年后，农村实行税费改革，各村不再统筹五保户口粮，"五保"对象的供养经费全部列入各乡财政预算。分散供养的每人每月发放50元生活补助费，集中供养的月伙食费104元。

2004年，《雨湖区"五保"供养实施办法》制定，对申报、审批程序作出规定：集中供养对象年生活标准不低于1500元。2007年年末，全区"五保"对象198名。其中，集中供养于乡敬老院的119名，分散供养79名。供养金支付由民政部门通过银行发到"五保"对象的存折上。集中供养的按城市低保标准每人每月220元发给生活补助；散养的按农村低保标准每人每月60元发给生活补助。

三、城区"三无"人员供养

1988年，境内湘江区福利院收养城区"三无"（无生活来源、无劳动能力、无法定抚养义务人）人员28人，由湘江区财政按每人每月55元的标准全额负担。雨湖区福利院收养城区“三无”人员10人，亦由雨湖区财政按每人每月55元的标准全额拨付。另外，湘江、雨湖区还有散居城区“三无”人员（纯居民）36人，分别由各街道按每人每月50元生活费供给。

1992年7月，湘江区福利院更名为雨湖区福利院，供养“三无”人员26人，生活标准按每人每月65元供给，配有专职服务人员4人。雨湖区老年公寓供养“三无”人员10人，生活标准按每人每月65元供给，配有专职服务人员3人。散居城区纯居民“三无”人员32人，由各街道按每人每月50元供养。

2000年，雨湖区福利院并入雨湖区老年公寓，共供养老人48人，区财政对老年公寓所需经费实行全额拨付，先批后用，年支付27万元左右。老人生活费标准提高到人均月供120元。散居“三无”人员按城市居民最低生活保障标准解决。此后，根据生活水平提高，“三无”人员的生活费逐年增加。

2006年始，城区“三无”人员不论是集中供养还是分散供养，全部纳入城市最低生活保障，每人每月按220元标准发给生活费，全区城区“三无”人员177人，区老年公寓供养89人，散居供养88人，区财政每年支出城区“三无”人员生活费46.7万元。至2007年年底无变化。

2007年雨湖区敬老院、福利院基本情况

10-2-3-1

名称	地址	主办单位	建院时间（年）	占地面积（平方米）	建筑面积（平方米）	2007年年末		
						床位数	入住人数	其中孤老
长城乡敬老院	花园村麻塘组	长城乡政府	1982	14674	3000	60	50	50
护潭乡敬老院	悦星村老屋组	护潭乡政府	1985	2001	300	10	10	10
先锋乡敬老院	桐梓村上烟竹组	先锋乡政府	1988	7971	1403	40	28	－
雨湖区老年公寓福利院	云塘街道调塘路38号	区民政局	1989	4402	4400	98	89	－

1992－2007年农村“五保”供养情况

10-2-3-2

年份	户数（户）	人数（人）	其中集中供养人数（人）	年发放社会救助（万元）	年份	户数（户）	人数（人）	其中集中供养人数（人）	年发放社会救助（万元）
1988	165	183	29	6.1	1998	197	212	33	20.01
1989	151	171	29	5.85	1999	201	216	35	20.44
1990	156	175	32	5.86	2000	201	216	39	20.44
1991	147	153	32	6.87	2001	199	214	39	20.26
1992	155	175	35	11.5	2002	193	207	47	19.63
1993	156	177	34	11.62	2003	192	206	47	19.54
1994	165	185	35	15.8	2004	196	210	55	21.9
1995	163	182	36	16.11	2005	196	210	93	22.95
1996	163	182	35	16.11	2006	190	201	94	23.04
1997	190	207	33	19.63	2007	181	198	119	25.8

第四节 兴办福利企业

1988年，境内福利企业只有市日用化工厂、市社会福利厂、市福利印刷厂、湘江福利旅社、市金龙包装厂、市长城社会福利厂6家，共计产值198万元，收入166万元。由于创办福利企业国家对其有免税等优惠政策，促进此类企业迅速发展。1996年达到最高峰，企业总数增至25家，职工总数421人，其中残疾人193人，年总产值2038万元，总收入1987万元。1998年开始，对福利企业进行全面清理整顿，对不规范的福利企业予以注销。至2007年年底，企业减少到12家，职工总数836人，其中残疾人326人。固定资产原值187.5万元，营业收入1.74亿元，支付工资793.29万元，福利73.34万元。1988-2007年中企业实现总产值7.8亿元，总收入7.39亿元。2007年，雨湖区民政局福利企业办由自收自支单位转为财政全额拨款事业单位。

2007年雨湖区福利企业基本情况

10-2-4-1

序号	单位名称	年末职工总人数（人）	其中残疾职工人数（人）	固定资产原值（万元）	本年折旧（万元）	营业收入（万元）	营业利润（万元）	2007年应付		厂址
								工资总额（万元）	福利总额（万元）	
1	丹祥化工厂	300	138	1143	140	5885	-35	250	17	市伍家花园
2	兴业线材厂	24	10	26.85	2.66	647.04	-3.11	17.51	3.88	霞城乡阳塘村
3	金盆矿业	58	15	57.2	4.84	960	-0.3	32	4.5	响塘乡金盆村
4	市社会福利厂	34	10	27.7	5.6	361.5	18	24.6	0.6	市东环小区18栋
5	中心机床附件厂	96	24	199	5	800	-3	130	12	先锋乡中心村
6	文昌矿石建材厂	41	17	104	9	275	18.77	70.18	9.83	护潭乡湘竹村
7	环宇冶金制品厂	28	10	98.83	1.25	619.38	37.45	28	3.8	先锋乡羊人坡
8	市金峰机械厂	26	10	81	4	203	-0.2	20	3	先锋乡金塘村
9	湘潭宏海电磁线厂	40	17	115	7	3347	-	27	4	城正街观湘门社区
10	湘江机电厂	52	13	87.4	6	227.48	-7.68	36	5.1	护潭乡繁城村
11	华业电解锰厂	89	40	222.52	21.14	3940.4	-251.3	128	5.63	鹤岭镇七亩村
12	华鑫阳极板厂	48	22	25	8	135	-8	30	4	市中山路468号
总计		836	326	2187.5	214.49	17400.8	-196.26	793.29	73.34	

1988-2007年雨湖区福利企业综合情况统计

10-2-4-2

年度	企业数（个）	职工总数（人）	其中残疾职工人数	年总产值（万元）	年总收入（万元）
1988	6	163	77	198	166
1989	7	199	89	317	278
1990	10	229	104	374	330
1991	13	272	117	426	362
1992	20	289	121	626	410
1993	20	388	143	781	811
1994	16	290	126	1130	1042
1995	26	437	193	1592	1156
1996	25	421	183	2038	1987
1997	21	400	165	1851	1800
1998	18	286	129	1998	1679
1999	16	282	131	1105	1027
2000	16	289	123	1224	1160
2001	20	385	159	2375	2375
2002	19	423	297	4191	4191
2003	19	479	204	5937	5442
2004	19	615	246	7066	7066
2005	19	604	222	10773	8880
2006	14	621	280	14590	14323
2007	12	836	326	19372	19372

第三章 优抚 安置

第一节 优 待

一、农村义务兵优待

1988年，农村义务兵家属优待由部分优待改为普遍优待。境内农村义务兵29人，年优待标准为每人320元。至1995年8年中，共发放军属优待金9.2万元。1996-2002年，年优待金标准提至每人350元，共发放优待金11.2万元。2003-2007年，年优待金提至每人600-1000元，共发放优待金14.13万元。

二、城市义务兵优待

1988年，城市义务兵年优待金标准在上年每人200元的基础上提至450元，由义务兵父母所在单位按年发放，父母无工作单位的由区财政发放。在职入伍的义务兵，由原所在单位按工资的70%发放。是年，境内城镇入伍义务兵143人。至1995年的8年中，共发放优待金52.4万元。1996-2002年，年优待金标准为每人720元，7年共发放优待金73.8万元。2003-2006年，年优待金标准为每人800元，全区共下拨优待金46.38万元。2007年，年优待金标准为每人1000元，由省、市、区三级财政负担，全年下拨优待金38.3万元。

三、复员退伍军人优待

1988年，根据民政部、财政部文件精神，境内174名在乡老复员军人、带病回乡不能经常参加生产劳动的退伍军人中符合“双定(定期定量)”补助条件的99人，每人每月按20-30元的标准给予补助。至1989年2年中，共发放补助费5.94万元。1990年，对象扩大，境内无单位的107名老复员军人全部享受“双定”补助。到1994年5年中，共发放补助金16.05万元。1995-1996年，补助标准为每人每月40-50元，2年发放补助金11.56万元。1997-2004年，补助标准为每人每月60-70元，孤老另增5元，8年共发放补助66.77万元。2005年，补助标准为每人每月111元，优抚对象增至108人，年发补助费14.2万元。2006年，补助标准为每人每月131元，年发补助16.97万元。2007年，补助标准为每人每月220元，当年优抚对象216人，年发“双定”补助费57.05万元。

四、拥军优属

区民政局依照政策每年及时将优待金发放给“三属”对象，同时，在“八一”建军节、春节和年度征兵时节，上门慰问“三属”对象。平时对“三属”对象实行临时帮工、困时解危。全区积极为当地驻军和烈军属送温暖、做好事。1988年，境内“三属”优抚对象50人；1993年全区“三属”优抚对象37人；1995年，“三属”优抚对象35人。至1998年的11年中，全区上门走访慰问烈军属3200人次，送慰问金和慰问品折款共计84万元。

1999年，区委区政府成立双拥工作领导小组，作出《关于在全区认真做好拥军优属、拥政爱民和争创“双拥”模范城的决定》，把“双拥”(拥政爱民、拥军优属)工作纳入经济、社会发展和军民建设的总体规划。同时召开500人规模的“双拥”工作动员大会，转发并贯彻《湘潭市拥军优属若干规定》《湘潭市拥政爱民若干规定》,在火车站、湘锰路、宝庆路设立永久性“双拥”宣传牌。服务行业实行军人优先,火车站、汽车站设有军人售票窗口。开展军民结对联手创建“六个一”(即一个街道:雨湖街道与区武装部;一个居委会:工人新村与市武警支队;一个企业:平安电器集团有限公司与市消防支队;一所学校:云塘学校与雨湖消防支队;一个部队驻地:守桥部队与护潭乡;一条路:雨湖路),“两个村”(即长城乡砂子村与砂子岭军队干部休养所;昭潭乡许家铺村与驻江麓机械厂军事代表室)文明单位活动。农村义务兵家属优待面和在乡老复员军人实补面均达到100%,退伍军人人才开发使用率达65%,长城乡有10名退伍军人当选为村支部书记或村主任。是年12月,雨湖区被全国双拥工作领导小组,民政部授予“全国‘爱心献功臣行动’先进区”称号。

2002年,区政府在北二环线旁征地16450平方米(1.65公顷),投入90万元,建设雨湖区人民武装部新营院。2004年12月,区人武部迁入新营院。至2007年6年中,区委、区政府、人大常委会、政协四大家领导带队,走访驻区部队和部分现役、复、退军人家属52次,慰问烈属、因公牺牲军人、病故军人家属2436人次,经费开支65.73万元。

第二节　抚　恤

1988年,对无工作单位的革命烈士家属、因公牺牲军人家属、病故军人家属(简称“三属”)给予定期抚恤。境内有“三属”58户108人。其中,烈属52户99人,因公牺牲军人家属5户6人,病故军人家属1户3人。依据政策享受抚恤对象50人,抚恤标准为每人每月26-67元不等,平均39.36元,年共发抚恤费2.36万元。至1992年5年中,“三属”户数、人数和抚恤标准基本未变。1993年,对“三属”重新认定,换发定期抚恤证,享受抚恤的“三属”为37人,年共发抚恤金3.5万元,月人均79元。1995年,定期享受“三属”抚恤对象为35人,抚恤标准为城市户口每人每月86-114元,农村户口每人每月45-74元,是年发放抚恤金4.15万元。2001年,城市户口抚恤标准提至每人每月167元。是年,全区“三属”52户,89人中享受抚恤对象为24人,年发抚恤金4.8万元。2005年,抚恤标准为烈属每年城镇不低于4200元,农村不低于2640元,因公牺牲军人、病故军人家属城镇不低于3600元,农村不低于2340元,至2006年的2年中,共发放抚恤金12.37万元。2007年,全区享受“三属”抚恤对象18人,年发抚恤费8.7万元。

1988-2007年雨湖区部分年度享受“三属”抚恤人数

10-3-2-1　　单位:人

项别 \ 人数 \ 年份		1988	1993	1995	2001	2005	2007
烈　属		43	31	29	19	15	14
因公牺牲军人家属		4	3	3	3	3	2
病故军人家属		3	3	3	2	2	2
三属共计		50	37	35	24	20	18
其中	城镇	35	26	25	17	14	14
	农村	15	11	10	7	6	4

第三节 安 置

1988-1993年，在原执行“城镇退伍军人按系统分配任务，包干安置”，“农村退伍军人从哪里来回哪里去”原则的基础上实行退伍安置与扶贫开发相结合。建立军地两用人才介绍所、退伍军人职业培训中心。6年中共推荐安排农村退伍军人担任乡、村干部21人，安排到乡镇、街道企业64人，进城从事个体经商32人，全区69%的回乡退伍军人得到安置。

1994年，改革城镇退伍士兵安置办法为用人单位和退伍士兵双向选择，分配去向由县以上大集体单位扩大到区、街、乡或三资企业单位，区属单位干部职工子弟由市级统一分配改为区政府负责安置，部分父母单位效益差的由市里统一调整到经济效益好的单位安置。对符合城镇兵安置条件的纳入计划内安置，对照顾性安置的纳入计划外安置。是年，全区城镇退伍军人27人，基本得到妥善安置。1996年，向山莱仕公司推荐农村退伍军人4人被接收，办理2人的特招手续；推荐2人考上人民武装警察学校。

1999年，落实市政府关于各用人单位不得对接收的退伍军人进行文化考试和体检录用，不设试用期。非个人原因，两年内不得辞退或以优化组合为由下岗退伍军人。退伍军人父母所在单位不得以任何理由拒绝接收退伍军人的规定和省民政厅、财政厅《关于城镇退伍军人待安置期间发给生活补助费问题的通知》规定，对当年退伍的城镇退伍军人在6个月待安置期间，每人每月发放生活补助费120元。至1999年的5年中，全区接收退伍军人178名，其中安置139名，安置率为78%。

2000年，贯彻实施新《兵役法》，城镇退伍士兵安置实行“双向选择、供需见面、包底安置”的办法，鼓励退伍士兵到非国有经济单位就业。2001年，鼓励退役士兵自谋职业，试行安置任务有偿转移。对农村退伍士兵实行扶助生产、生活的“双扶”政策。2002年起，城镇退伍士兵安置实行多渠道、多门路安置，自谋职业者由政府一次性发给自谋职业安置费1.5万元。至2004年的5年中，全区退伍士兵193人，企业安置116人，自谋职业安置5人，安置率为63%。其中城镇退伍兵25名，落实货币安置17名，8人等待安置，安置率为68%。

2005-2007年，贯彻市政府颁布的《湘潭市城镇退役士兵自谋职业暂行办法》。凡持“优待安置证”的城镇退伍士兵，本人与安置部门签订自谋职业协议书，可领取自谋职业补助金。服役满2年的，一次性发给退役士兵自谋职业补偿金1.5万元，2年以上至9年的每增加一年增发补偿金2000元，满10年及以上的三级士官发给一次性补偿金4.5万元；在服役期间荣立一等功或被大军区以上单位授予荣誉称号的增发1万元，荣立二等功的增发5000元，荣立三等功的增发1000元。退役士兵凡领取自谋职业一次性补偿金的政府不再安排工作。

第四章 社会保障

第一节 最低生活保障

一、“双定”补助

1988-1991年，对境内无工作单位的革命残疾军人、部分因病复员退伍军人，20世纪60年代精简退职人员，国民党起义投诚人员及主要劳力长期患病的特困户、残疾人、孤儿等都实行定期定量补助（简称“双定”补助），补助标准为每人每月15-45元不等。境内享受“双定”补助对象为266人。其中在乡老复员退伍军人99人，每人月补20-30元；精简退职人员59人，每人月补30-42元；享受40%工资救济22人，每月人均33.38元；特困对象86人，每月人均10-80元。4年发放“双定”补助金68.39万元。1992-1995年“双定”对象增至510人。其中“三属”50人，20世纪60年代精简退职人员59人，在乡老复员军人107人，地下党员2人，起义投诚人员9人，特困户283人。按照城市每人每月43-57元，农村每人每月25-56元的标准，4年共发放“双定”补助金144.3万元。1997年起“双定”补助对象逐步纳入最低生活保障范围，分别按城市和农村最低生活保障标准发放补助，但最低生活补助低于“双定”补助标准的仍按“双定”生活补助标准补足。2003-2007年，“双定”补助对象64人，5年中共发放“双定”补助金额55.1万元。

二、城镇居民最低生活保障

1997年下半年，建立城市居民最低生活保障制度，对城市下岗失业、无业居民家庭，月人均收入低于120元的实行最低生活保障，进行差额救助。区、街道、居委会均设立办事机构，具体明确“低保”申报、评议、审批的程序和要求。是年8月，对全区8街4乡2镇及乡场上报的贫困家庭进行认真审核，最后确定501户780人首批享受最低生活保障。从10月份起，发放城镇居民最低生活保障金37.44万元。1998年，区内中央（部属）省属企业的困难职工，人均月收入低于120元标准的被纳入最低生活保障范围，年末低保对象1092户1988人。

1999年，为落实《中共中央国务院关于批转〈国家发展计划委员会关于当前经济形势和对策建议〉的通知》《国务院办公厅转发劳动保障部等部门关于做好提高三条社会保障线水平等有关工作意见的通知》《国务院办公厅转发人事部、财政部关于调整机关事业单位工作人员工资标准和增加离退休人员离退休费三个实施方案的通知》关于最低生活保障对象，每月增发补助金30%的精神，是年9月15日前将7-9月的52.97万元补助金发放到位。全区低保对象1649户2750人，年发放低保金158.4万元。

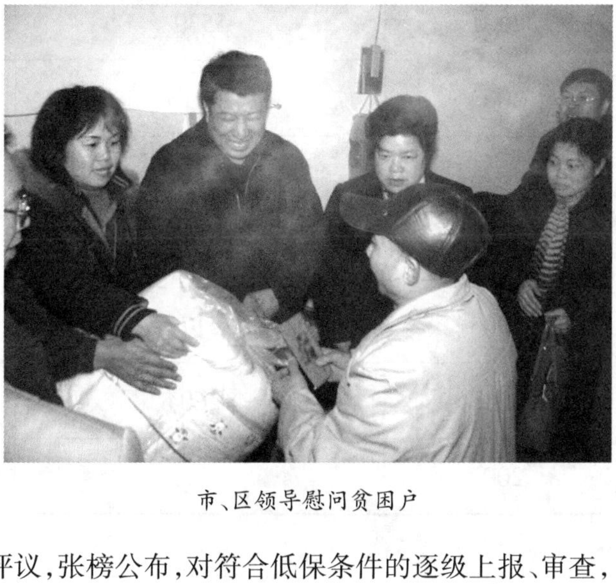
市、区领导慰问贫困户

2001年1月，根据市委、市政府《关于进一步加强城市居民最低生活保障工作的意见》，对低保对象实行动态管理，严格审批和资金发放环节。7月起，区、镇及街道未参保集体企业629名退休职工每人每月发生活补助费120元，年共839万元。区按照“三防止、四确保”的原则，实行保障政策、标准对象“三公开”和专账微机管理，资金纳入区财政预算。2002年1月1日开始，城镇居民低保标准从120元提高至156元，同时将4乡内的城市户口229户困难户正式纳入低保范围。年末低保对象为12413户，33607人，年共发放低保金1118.1万元，达到中央提出的“应保尽保”要求。2003年，由政府部门组织调查，对申请人家庭情况进行核实，社区居委会召集会议评议，张榜公布，对符合低保条件的逐级上报、审查，年发低保金1767.8万元。

2004年3月起，贯彻市政府颁发的《湘潭市实施城市居民最低生活保障条例细则》，对资金筹措、机构队伍建设、资金监管、申报审批程序等都有具体规定。是年与低保制度相配套的水、电、气、廉租房、有线电视、教育、司法援助等方面的救助办法相继出台，对低保对象实行收费减免。全区低保对象29098人。其中，驻区中央企业1289户3022人；驻区省属企业1640户4527人；驻区市属企业5407户13435人；区级企业582户1375人；纯居民3623户6739人，月人均补差54元，年发放低保金1868.8万元，其中区配套资金188万元。

2005年，城区低保全部实施信息化动态管理。9月，区政府出台《关于进一步加强低保工作规范管理的通知》，组织广泛的自查自纠。通过年审，取消低保654户1469人，减少保金的458户1111人，增加保金的1019户3024人。新审批244户540人。年审后全区共有低保对象12176户29394人，年发放低保金2422万元，人均月保69元。

2006年11月起，人均月保标准提高到180元。与低保配套的救助体系全面建立，全年享受低保29138人，发放低保金2791.7万元。

2007年，全区低保对象13052户27822人，年发放低保金3373万元，人均1212元。3月起，实行每月10日由银行发放低保金，低保户凭证按月到银行领取，进一步规范资金运作。

1997-2007年雨湖区城镇低保情况

10-4-1-1

年份	保障户数(户)	人数(人)	年低保金额(万元)
1997	501	780	37.44
1998	1092	1988	100.2
1999	1649	2750	158.4
2000	3108	5106	300.23
2001	5539	11633	697.98
2002	12413	33607	1118.1
2003	11724	30555	1767.8
2004	12541	29098	1868.8
2005	12176	29394	2422
2006	12604	29138	2791.7
2007	13052	27822	3373

2005-2007年雨湖区社会救助体系建设配套优惠政策落实情况

10-4-1-2

项目＼年份		2005	2006	2007	总计
水	户　数(户)	9147	6990	13052	29189
	减免金额(万元)	60.2	44.9	98	203.1
电	户　数(户)	12054	12588	13052	37694
	减免金额(万元)	49.5	52.9	55	157.4
管道煤气	户　数(户)	316	50	13052	13418
	减免金额(万元)	0.68	0.57	20.9	22.15
有线电视	户　数(户)	4702	6479	7079	18260
	减免金额(万元)	21.45	43.78	49	114.23
学杂费	人　数(人)	4289	3734	23642	31665
	减免金额(万元)	40.28	35	243.1	318.38
廉租住房补贴	户　数(户)	309	429	837	1575
	减免金额(万元)	21.54	27.9	41.5	90.94
司法援助	件　数(件)	21	140	117	278
	减免或挽回损失(万元)	2.1	200	100	302.1

三、农村居民最低生活保障

1999年，根据湖南省政府通知精神，全区制定《雨湖区农村最低生活保障制度暂行办法》：凡在雨湖区的非城市居民人均年收入在500元以下的可申请享受农村最低生活保障，实行补差发放。经费来源由区、乡、村三级按4:3:3比例承担。由于多方面原因，方案至2005年才正式实施，区投入启动资金105.1万元，当年由本人申请，村、乡审核，区民政局审批，全区有农村低保对象428人，发放低保金3.98万元。2006年，将农村“五保”户供养纳入农村最低生活保障，并对农村困难户实行“应保尽保”的动态管理，全区有农村低保对象687人，发低保金22.24万元。2007年，农村低保对象救助经费通过农税网，由银行每月10日发放到低保对象的粮食直补账号上。全区有农村低保对象703人，年共享受低保金37.38万元。

第二节　基本养老保险

1988-1990年，境内机关和企事业单位实行“单位型”养老制度，由员工离退休前的工作单位按国家规定的离退休发放标准发放离退休金。1991年，根据国务院《关于企业职工养老保险制度改革的决定》，三区政府开始酝酿实行“社会统筹与个人账户相结合”模式的养老保险制度，但未予实施。1995年，区劳动人事局对全区35家参保单位进行调查，着手摸清保险制度改革情况。1996年2月，《湘潭市雨湖区社会养老保险制度改革实施办法》出台并开始实施。4月，成立社会保险事业管理局（副科二级机构），首先对区直机关及事业单位、区直企业职工的基本养老保险实行改革。是年，区直企业有参保单位35个，参保人员1646人，收缴养老保险金138万元，发放退休金35万元。

1998年7月，根据《湘潭市机关事业单位养老保险制度改革实施细则》，雨湖区对区辖企业、机关事业单位实行统筹养老保险。全区社会保障对象资料实现微机录入，并与市社保局联网。1999年，个人账户和年度缴费实行微机管理。

2000年之前，对企业养老保险实行差额结算，即企业及企业职工本人都必须按比例缴纳基本养老保险费。自2000年开始改为全额结算，即所有参保企业必须以全省社会平均工资80%为缴费基数，按时足额向社会养老保险机构缴纳企业职工基本养老保险费。是年，参保人员1639人，收缴43个单位养老保险金195万元，有367人的养老金进入社会化发放（即由银行发放），发放72万元，发放率63%。

2004年，开展“社会养老保险扩面年”活动，企业养老保险参保人数达3254人，征缴基金2448万元。2006年，按省、市要求，养老保险个人账户推行全国统一模式。2007年，按市政府文件精神，全面落实原有城镇集体企业职工中的知青及复员、退伍军人养老保险政策待遇。从9月起，对全区公务员和参照公务员管理的全额拨款的机关事业单位的社会养老保险金暂停统一筹集，列入财政预算，自筹自支的机关事业单位仍按原方式参保。是年，机关事业单位的自筹自支单位有参保单位115个，参保人员2620人，收缴养老保险金168万元，发放退休金245万元。

1996-2007年雨湖区企业单位基本养老保险情况统计

10-4-2-1

年份	企业户数（户）	在职人数（人）	退休人员（人）	总收入				总支出			当年结余（万元）	滚存结余（万元）
				养老金（万元）	利息（万元）	财政补贴（万元）	总计（万元）	退休费（万元）	调剂金（万元）	总计（万元）		
1996	35	1646	587	138	1	–	139	35	6	41	98	98
1997	39	1751	688	155	8	6	169	68	23	91	78	176
1998	39	1772	607	158	14	6	178	97	21	118	60	236
1999	41	1609	554	151	14	43	208	109	–	109	99	335
2000	43	1639	583	195	13	22	230	129	7	136	94	429
2001	43	1507	547	277	15	22	314	193	7	200	114	543
2002	57	1889	711	551	15	69	635	284	8	292	343	886
2003	70	2103	966	657	8	95	760	346	10	356	404	1290
2004	106	3254	1551	2448	34	100	2582	516	10	526	2056	3346
2005	134	4711	2330	1878	74	124	2076	862	10	872	1004	4550
2006	134	5353	2611	2455	97	346	2898	1515	10	1525	1373	5923
2007	82	5694	2802	2925	146	663	3734	1843	15	1858	1876	7799

1997-2007年雨湖区机关事业自筹自支单位基本养老保险情况统计

10-4-2-2

年份	参保单位（家）	在职人员（人）	退休人员（人）	收入				支出			当年结余（万元）	滚存结余（万元）
				养老金（万元）	利息（万元）	转移收入（万元）	总计（万元）	退休费（万元）	转移支出（万元）	总计（万元）		
1997	6	79	–	11	–	5	16	–	–	–	16	16
1998	60	1723	1	15	1	1	17	1	–	1	16	32
1999	80	1989	6	33	1	–	34	8	–	8	26	58
2000	80	2019	–	34	1	1	36	–	–	–	36	94
2001	45	2177	20	56	2	–	58	11	–	11	47	141
2002	35	2577	24	217	3	–	220	22	1	23	197	338
2003	64	2577	28	123	6	2	131	24	–	24	107	445
2004	66	2606	43	165	9	1	175	32	3	35	140	585
2005	66	2540	113	192	12	–	204	142	1	143	61	646
2006	74	2621	198	260	15	–	275	141	–	141	134	780
2007	115	2620	213	168	19	–	187	245	–	245	-58	722

第三节　基本医疗保险

1988-1996年，医疗保险沿袭20世纪50年代初期建立的单位公费医疗制度，诊病、治疗、住院各项医疗费用由单位按政策规定报销，个人只需负担医疗费的10%左右。1997年4月，根据《湘潭市职工基本医疗保险试行办法》，雨湖区成立职工医疗保险基金管理中心，制定《雨湖区城镇职工医疗保险试行办法》，全区医疗保障制度改革实施方案正式运行，机关、事业单位全面启动基本医疗保险。医疗保险实行“个人账户”和“统筹基金”相结合的制度，门诊用“个人账户”，节余归己，住院使用统筹基金。是年参保3496人，收缴医保基金145.69万元，支出医疗费126.62万元。1998年，企业医疗保险开始进行摸底测算，确定基数。参保3291人，收缴保费263.9万元，支付医疗费用258.46万元。2000年，根据《湘潭市城镇职工基本医疗保险实施办法》《湘潭市城镇职工大病医疗互助暂行办法》《湘潭市公务员医疗补助暂行办法》，雨湖区医疗保险也做了相关调整。单位按在职职工上年度工资总额的6%和退休人员上年度退休金的4%缴纳基本医疗费。在职职工个人按上年度工资总额的2%缴纳，退休人员不缴纳基本医疗费。是年，参保2133人，收缴保费209.38万元，支出医疗费用170.47万元。为减轻参保职工患大病时的医疗费用负担，凡参加基本医疗保险的单位和个人，都必须参加大病医疗互助，缴费标准为每人每年60元，并规定大病医疗费的支付标准和个人负担比例。2002年，市政府规定，对拒不参加医疗保险和缴费的行政事业单位，财政拨款单位按该单位应缴数额（包括个人应缴部分)从其财政预算拨款中按月扣缴至市医疗保险基金专户;自收自支单位,由财政从其预算外财政专户存款中扣缴,解决医疗保险参保面窄,共济能力不强的问题。是年,参保2973人,收缴保费321.78万元,支出医疗费用238.64万元。2003年,对参保人员住院费用的自负段进行调整。在职职工首次住院自负段为:一级医院800元,二级医院1000元,三级医院1200元。退休人员首次住院自负段为:一级医院700元,二级医院900元,三级医院1100元。2004年,对公务员医疗补贴进行再次调整,将大病医疗互助缴费标准调整为每人每年90元,自负段以上5000元以内自负4%;5000-10000元的,在职干部自负3%,退休干部自负2%;10000元以上至基本医疗保险最高支付限额,在职干部自负2%,退休干部自负1%;大病医疗互助最高支付限额调整为12万元。是年,对灵活就业人员参保实行较低的缴费费率(每人每年缴费200元),采取不进个人账户的办法,使参保人员享受住院医疗和大病互助待遇。困难企业职工和离退休人员则按照权利与义务相对应的原则享受医疗待遇。是年4月,区医保中心根据市政府文件为困难企业军转干部办理医疗保险参保手续,让军转干部享受雨湖区城镇职工同等医保待遇。2005年,参保5604人,收缴保费625.68万元,支出医疗费用546.19万元。

2007年起,区医保中心将城镇职工基本医疗保险制度覆盖范围以外的城镇居民全部纳入城镇居民基本医疗保险,建立以大病统筹为主兼顾特殊病种门诊的城镇居民基本医疗保险制度。对未参加医保的湘潭市淀粉厂、中南电瓷电器厂等8家困难企业,启动困难企业医疗保险。全区共有7621人参加职工基本医疗保险,收缴医保基金953.71万元,支出医疗费用779.57万元,结余174.14万元。至是年的11年中,全区累计共收缴医保基金4722.46万元,享受医疗保险的有8301人次,共支出医疗费用3911.87万元,医保基金结余811.59万元。

1997-2007年雨湖区基本医疗保险情况统计

10-4-3-1

年度	参保人数(人)	收入(万元)	享受待遇(人次)	支出(万元)	当年结余(万元)	累计结余(万元)
1997	3496	145.69	238	126.62	19.07	19.07
1998	3291	263.9	532	258.46	5.44	25.51
1999	2542	214.36	405	201.38	12.98	38.49
2000	2133	209.38	458	170.47	38.91	77.4
2001	2473	237.07	673	204.41	32.66	110.06
2002	2973	321.78	660	238.64	83.14	193.2
2003	3060	407.47	728	343.91	63.56	256.76
2004	4553	562.73	778	448.53	114.2	370.96
2005	5604	625.68	1114	546.19	79.49	450.45
2006	6058	780.69	1139	593.69	187.00	637.45
2007	7621	953.71	1576	779.57	174.14	811.59
累 计		4723.46	8301	3911.87		811.59

第四节 职工生育保险

1988-2005年，女职工生育保险由所在单位负责。2006年1月，雨湖区启动职工生育保险工作。规定由单位按上年度职工工资总额的0.5%缴纳，职工个人不缴纳生育保险费，生育保险费纳入基本医疗保险费统一征收，单独列账，分别核算。对符合生育保险政策的职工，按职工生育保险政策支付生育保险费用，生育津贴费用仍由用人单位负责。是年，区生育保险共落实参保人员2651人，收缴生育保险基金21万元，支付生育保险费8万元。2007年，全区有参保人员3120人，筹集生育保险基金23万元，支付16万元，滚存结余20万元。

第五章 其他民政事务

第一节 婚姻登记

1988-1989年，境内婚姻登记工作分别在各乡(镇)、街道办事处民政所办理。办理结婚登记前，必须进行婚前健康检查，确定无遗传性疾病和传染性疾病者才能办理结婚登记。1990年，雨湖区民政局成立婚姻登记处，各乡(镇)、街民政所停止办理婚姻登记。区民政局干部刘春果(女)认真、热情做好婚姻登记和婚姻档案管理工作，1991年获省民政厅授“婚姻登记和档案管理先进工作者”称号。至1992年的5年中，登记结婚的14410对，登记离婚的1170对，离婚率为8.12%。婚前健康体检率100%。同时，针对外出打工人员增多情况，建立出具婚姻状况证明制度，村、居委会和辖区内50人以上具有独立法人资格的单位都确定一名出具婚姻登记状况证明的专(兼)职人员，办理婚姻状况证明书事宜。

1993年8月，楠竹山、鹤岭由街道办事处恢复为镇，其民政所亦定点办理婚姻登记。至1997年的5年中，全区登记结婚的8855对，登记离婚的1710对，离婚率为19.31%。婚前健康体检率100%。1998年，两镇的婚姻登记业务收归区民政局婚姻登记处。2000年，取消“婚姻状况证明”收费，至2002年的5年中，登记结婚的8995对，登记离婚的2973对，离婚率为33.05%。婚前健康体验率100%。

2003年10月，区辖4乡2镇承担的登记业务全部收归区民政局婚姻登记处，并开始电脑信息化处理。是年，依照新的《中华人民共和国婚姻登记管理条例》，取消婚姻当事人双方单位出具婚姻状况证明和强制婚前健康检查，实行新的婚姻登记办理流程。取消婚前健康检查，虽然给婚姻登记当事人带来方便，但对生育健康也带来一定负面作用，新生婴儿缺陷率明显上升。2005年7月，婚姻登记处的办公地点，随区民政局由雨湖路188号迁至大湖路鸡公嘴2号院内。至2007年的5年中，登记结婚的14094对，登记离婚的4894对，离婚率为34.72%，比1988年增长29.81个百分点。

1988-2007年雨湖区婚姻登记情况

10-5-1-1

年度	结婚证(对)	离婚证(对)	离婚率%	年度	结婚证(对)	离婚证(对)	离婚率%
1988	2795	209	7.48	1998	1744	512	29.36
1989	3078	237	7.70	1999	1438	569	39.57
1900	2891	234	8.09	2000	2232	615	27.55
1991	3145	270	8.59	2001	1610	628	39.01
1992	2501	220	8.80	2002	1971	649	32.93
1993	2609	285	10.92	2003	1938	875	45.15
1994	2211	336	15.20	2004	3067	922	30.06
1995	1038	288	27.75	2005	2547	1009	39.62
1996	1600	339	21.19	2006	3592	988	27.51
1997	1397	462	33.07	2007	2950	1100	37.29

第二节　收养登记

1988-1991年，境内社会收养没有实行申报登记制度。1992年起，严格执行《中华人民共和国收养法》，收养必须进行申报和登记，不符合收养条件的家庭不能收养。区民政局配合市民政局开展相关工作。至1995年的4年中，办理收养登记2人。1998年11月，第九届全国人大常委会第五次会议对《收养法》进行修改，规定收养应当向县级以上民政部门申报登记，是年办理收养登记1人。1999年，进一步规范收养登记程序，要求收养人先经村(居委会)、乡(镇)、街道证明盖章，再到区计划生育部门证明收养人的生育状况，然后再办理收养登记。至2007年的9年中，共办理收养登记56人。

第三节　老龄工作

一、机构

1988年，境内雨湖区、湘江区、郊区均设老龄工作委员会，下设办公室(以下简称“老龄办”)，分别归口区政府管理。37个行政村均设老年协会。1991年4月，雨湖区老龄办与老干局合署办公。三区老龄办工作至1992年6月终止。1992年9月，新雨湖区老龄办成立，归口区政府管理。机关驻建设北路224号区政府机关一院。区老龄办负责老龄工作的综合协调，建立健全乡(镇)、街道、村(居委会)老龄工作机构，形成区、乡、村三级老龄工作网络。2005年6月，区老龄办机关迁至民主西路鸡公嘴2号区政府机关二院。2007年，全区有15个基层老龄委和103个基层老年协会。60岁以上的老年人4.8万，占全区总人口的12.97%。

二、老年活动

1988年，驻区市工人文化宫设市老年大学，开设两个班，学员101人。4月，市妇联妇女儿童服务中心成立中老年婚姻介绍所，为丧偶和单身中老年人牵线搭桥，106人登记求偶，其中3对喜结良缘。是年7月，贯彻市老龄委等部门文件精神，发放“老年人优先证”，对老年人实行“看病、挂号、取药、住院”四优先制度。1989年，湖南省第七届人大常委会作出决定，将每年农历九月九日定为“湖南老年人节”。是年，区、乡（镇）、街道、村（居委会）老龄机构共接待老年人来信来访98人次，调解各类纠纷52起。1990年，《湖南省老年人保护条例》颁布，境内先锋乡以建新村、中心村为试点，开始推行赡养责任书制度。7月，省农村老龄工作现场经验交流会在境内召开，以刘亚南副省长为首的各地、州、市（县）领导参观先锋乡建新村，并听取经验介绍。1991年12月，境内郊区《我们是怎样把老龄工作重点放在农村的》材料作为会议经验材料在全国农村老龄工作会议推广。1992年，贯彻《湖南省老年人保护条例》，郊区区长闵应章荣获全国老龄委授予的“重视老龄工作领导功勋奖”。

1993年，先锋乡中心村对60岁以上男性村民、58岁以上女性村民每月发放生活费30元，以后逐年增加。1995年，《湖南省老年人保护条例》颁布实施5周年，全区开展《条例》宣传一条街活动。是年，雨湖区老年大学成立，有学员46人，并成立老干部活动小组，在政府一院、二院均设有老干活动室。共举办《条例》骨干培训班128期，培训区、乡、村三级骨干1.68万人次。全区有1万多个中、小学生组成600多个服务队，常年为五保老人送温暖。5年来共表彰“敬老好家庭”3000多户次，“敬老好儿女”1.56万人次，“老有所为”先进个人9840人次，“双送”先进集体88个，“双送”先进个人3000人次，“双为”先进个人3000人次，老龄工作先进单位150个，老龄工作先进个人925人次。调处老年人家庭纠纷1500多起。未发生虐待老人、不赡养的现象。

1996年，实施《中华人民共和国老年人权益保障法》。1997年，为宣传《老年法》，全区共发放《老年法》单行本4.5万多本，举办学习班30期，培训宣传骨干600多人。1998年，贯彻市政府对70岁以上实行10项优待政策的规定，全区为3485位70岁以上老年人办理“湘潭市老年人优待证”，区“三无老人”（即无子女、无收入、无劳动能力的老人）全部优先进入最低生活保障范围。在农村签订《赡养责任书》5140户，签订率98%，执行率99%。走访慰问老人2430人次，为“五保户”“困难户”“长救户”解决生活费4.96万元。1999年，全区有老年人3.9万人，占总人口的10.8%。8月，全区召开首次人口老龄化理论研讨会，《湘潭日报》、湘潭电视台进行专题报道。9月，为庆祝“国际老年人年”，全区共发放宣传资料300余册，参加市国际老年人年文艺会演，荣获第二名。是年，雨湖区老龄工作入选《湖南百年志》。

2001年，根据湖南省人民政府办公厅《关于给百岁以上老年人发放长寿保健补助费的通知》精神，全区从当年3月起对年满100周岁以上的老年人每人每月享受省、市政府共200元长寿保健补助费，并由省政府颁发“湖南省百岁以上老年人长寿保健补助费领取证”，曾玉山、黄绍南、夏利琼（女）三位百岁老人享受到长寿保健补贴。

2002年3月，根据市政府《关于加强老龄工作的意见》，区内开始办理“湖南省老年人优待证”，全年办证3500个，全区70岁以上的老年人享受政府多项优待：即免费乘坐市内公交车、风景区免门票、免费使用公共厕所、涉老案件司法部门提供减免服务和法律援助等等。2004年，在“全国青少年敬老爱老助老主题教育活动”中，雨湖区敬老院院长刘丽萍（女）被全国敬老爱老助老主题教育活动组委会授予全国“孝亲敬老之星”称号。2005年9月，雨湖区老年大学由区政府一院（建设北路224号）迁至城正街原文西街小学，“湖南省老年人优待证”实行免费办理。

2006年，《中华人民共和国老年人权益保障法》颁布10周年。在庆祝活动月中，区各级老龄工作机构积极参加市老龄委组织在雨湖路和市老干活动中心(驻建设北路)分别开展的板报宣传、维权咨询一条街,印发宣传资料1.97万份。10月,护潭乡富强村谭德华荣获全国敬老爱老助老主题教育活动组委会授予的“中华孝亲敬老之星”荣誉称号。是年,将农村“五保老人”纳入农村最低生活保障范围。2007年1月,召开第二次人口老龄化理论研讨会。10月,召开雨湖区老龄委成立15周年庆祝表彰大会暨快乐夕阳会演。至是年的15年中,区老干局与有关部门协调,帮助解决老干部住房及子女再就业、医患纠纷、邻里矛盾、生活困难计305人次,上户走访慰问老干部5000人次,上户和去医院看望患病老干部800人次。2007年,全区60岁以上老年人有4.8万人,占全区总人口的12.97%;80岁以上的高龄老人有8011人,占老年人口的16.69%;百岁老人有6人。

1988-2007年雨湖区百岁老人一览

10-5-3-1

姓 名	性别	年龄	籍 贯	家庭住址	退休单位
沈刘氏	女	101岁(1892.11-1993)	湘潭市	雨湖区护潭乡悦星村	
曾玉山	男	102岁(1900.10.9-2002.5)	祁东县	雨湖区雨湖路市广播电台宿舍	
黄绍南	男	106岁(1901.9.2-)	宁乡县	雨湖区平政路上河街居委会	市建筑材料经理部
夏利琼	女	101岁(1901.9.28-2002.4.4)	湘潭市	雨湖区楠竹山镇爱国村	江南机器厂
柴秀荣	女	102岁(1902.11-2004.3)	湘潭市	雨湖区先锋村2栋1单元4号	
文金秀	女	104岁(1903.2-2007.4.20)	湘潭市	湘潭市平政路大埠桥社区	
李金莲	女	100岁(1904.3.28-2004.11)	益阳县	雨湖区江南机器厂团结社区	
王冰梅	女	102岁(1904.10.11-2006.3.2)	平江县	湘潭市交通局2栋4楼19号	
冯安太	男	102岁(1905.1.4-2007.2.20)	湘乡市	雨湖区城正街泗洲庵新2栋	
刘带子	女	102岁(1905.8.17-2007.11.18)	常宁县	雨湖区鹤岭镇	
陈淑民	女	100岁(1907.11.8-)	河南信阳市	湖南科技大学27栋2单元203号	
熊鸟英	女	100岁(1907.11.26-)	辰溪县	江麓机械厂中心社区先锋村7栋	

第四节　社团登记

1988年，境内社会团体都由各行业行政主管部门管理。1993年起，区民政局根据《社会团体登记管理条例》《湖南省社会团体年度检查暂行规定》，开始对社会团体组织进行登记管理。在坚持“报告申请、严格审核、文件批复、依法登记”的基础上，对区内已核准登记的民间组织和社会团体组织检查审计。1992年，有雨湖区计划生育协会等3家。1994年，社会团体新增5家，其中影响较大的有“雨湖区中小学生家长委员会”。1996年，对12家社团进行年检，全部合格。1998年，社会团体新增4家，其中“雨湖区红十字会”会员达22961人，为雨湖区社会团体会员人数之最。2000年，雨湖区登记的社会团体有24家。2002年，根据省民政厅《关于做好社团分支代表机构复查登记的通知》，对全区24个社团进行复查登记。2004年，根据市政府《关于进一步做好农村专业经济协会培育发展和登记管理的实施意见》，区民政局制定《关于进一步做好农村专业经济协会培养发展和登记管理工作方案》，对农村农业产业化调整中建立的专业协会实行简化登记程序，降低登记门槛，是年新增登记1家。2007年4–5月，对全区登记的38个社会团体和32家民办非企业单位进行年检，新办社会团体登记3个，民办非企单位登记10家，变更登记14家。至是年底，全区共登记社会团体39个，民办非企单位39家，农村专业经济协会10个。

2007年雨湖区社会团体情况

10–5–4–1

序号	社　团　名　称	办公住址	法人代表	团体会员（人）	个人会员（人）	注册资金万元	创办时间
1	雨湖区计划生育协会	区计生局	龙爱萍（女）	536	–	1	1993.4.5
2	雨湖区文明建设工作协会	区宣传部内	柳军辉	218	–	1	1994.5.16
3	雨湖区消费者协会	解放南路294号	吴国庆	115	4075	1	1994.5.17
4	雨湖区个体劳动者私人企业协会	韶西路桔园路87号	匡向军	310	4690	3	1994.7.2
5	雨湖区总商会	区工商联	贾彦卿	–	150	1	1994.8.29
6	雨湖区中小学生家长委员会	和平路40号	欧阳志海	46	–	1	1994.12.20
7	雨湖区党建学会	区机关一院	唐绍琦	50	99	1	1995.3.25
8	雨湖区福利企业管理协会	大湖路鸡公嘴二号	邓仁学	18	–	1	1995.4.6
9	雨湖区老年人象棋协会	区机关二院	罗杨义	–	32	1	1995.4.16
10	雨湖区门球协会	区机关二院	刘文魁	120	–	1	1998.6.29
11	雨湖区海外联谊会	区统战部	曾彩奕（女）	16	78	1	1998.9.2

续10-5-4-1

序号	社团名称	办公住址	法人代表	团体会员(人)	个人会员(人)	注册资金万元	创办时间
12	雨湖区红十字会	区机关二院	姚纯安	17	22961	1	1998.9.14
13	雨湖区老年体育协会	区机关二院	刘国坚		15	1	1998.10.26
14	雨湖区检察学会	区检察院内	贺卫平	23	76	1	2001.6
15	雨湖区长城乡砂子村养猪协会	潭邵路30号	杨介钦	-	48	0.5	2002.3.28
16	雨湖区见义勇为奖励促进会	区综治办	王永龙	30	43	1	2002.8.22
17	雨湖区企业诚信协会	区工商局	刘建湘	60	35	1	2003.4.17
18	雨湖区老科技工作者协会	区机关三院	向满洪	11		1	2003.7.8
19	雨湖区青年联合会	区机关一院	颜　炬(女)	-	88	1	2004.4.18
20	雨湖区纪检监察学会	区纪委监察局	沈华强	34	14	1	2004.6.25
21	雨湖区养殖业协会	宝庆路50号	黄泽湘	109	300	1	2004.7.8
22	雨湖区残疾人就业服务协会	区残联内	彭艳辉(女)	15	5	1	2004.8.2
23	雨湖区民营企业家协会	区经济局内	李美龙	50	-	1	2004.8.2
24	雨湖区教育学会	区教育局内	张先志	1	-	0	2004.9.9
25	雨湖区民办教育协会	区教育局内	赵　辉	52	-	1	2004.11.26
26	雨湖区鹤岭镇七亩村养猪协会	七亩村委会	张学文	-	35	0.2	2005.5.30
27	雨湖区窑湾公益发展协会	中山路435号	唐俊杰	-	55	1	2005.6
28	雨湖区护潭乡畜牧协会	护潭乡农办	张国民	-	18	0.2	2005.11.9
29	雨湖区长城乡无公害蔬菜协会	长城乡犁头村村委会	刘孟江	-	12	0.3	2005.11.23
30	雨湖区养殖业协会先锋分会	先锋乡政府	谭　浩	-	19	-	2005.11.30
31	雨湖区昭潭乡农副产品经销经纪人协会	糖酒副食品市场	王　律	-	53	0.2	2006.1.13

续10-5-4-1

序号	社　团　名　称	办公住址	法人代表	团体会员（人）	个人会员（人）	注册资金万元	创办时间
32	雨湖区医学会	区卫生局科协	萧卫华	–	46	3	2006.4.18
33	雨湖区护潭乡蔬菜协会	护潭乡农办	王伏泉	–	12	0.2	2006.11.9
34	雨湖区护潭乡湘竹村用水协会	湘竹村委会	李铁军	–	434	0.2	2006.11.18
35	雨湖区长城乡卫星村农民用水协会	卫星村委会	黄国良	–	305	0.2	2006.11.29
36	雨湖区护潭乡红星用水户协会	红星村委会	刘运根	–	317	0.2	2007.5.18
37	雨湖区书法家协会	区宣传部内	罗丽芝（女）	–	30	3	2007.10.22
38	雨湖区先锋乡蔬菜协会	先锋乡农业办	卢铁三	–	22	0.4	2007.12.18
39	雨湖区昭潭乡大米经销协会	昭潭乡政府	熊新美	–	30	0.2	2007.12.19

2007年雨湖区民办非企业单位情况

10-5-4-2

序号	单　位　名　称	办公住所	法人代表	从业人员	注册资金万元	创办时间
1	雨湖区育新培训学校	解放南路267号	陈次衡（女）	8	5	2002.9.28
2	雨湖区真兴舞蹈学校	韶山西路15号	平文生	5	3	2002.11.15
3	湘潭市文化艺术职业学校	窑湾学校	谭松林	23	10	2002.11.25
4	湘潭市雨湖中山补校	市委党校内	彭　磊	4	3	2003.3.31
5	湘潭市现代职业技校	伍家花园宋仙路48号	秦建光	55	10	2004.2.17
6	湘潭市狄邦外语培训学校	潭城大厦605室	杨茂芝	5	4	2004.3.18
7	湘潭教育学院西雅外语学校	文化街10号	周炜明	15	3	2004.5.18
8	湘潭计算机职业技术学校	湘衡路164号	李　宏（女）	60	10	2004.5.19
9	湘潭市千山外国语学校	韶山西路湘潭宾馆旁	胡晓清（女）	12	10	2004.5.21

续10-5-4-2

序号	单位名称	办公住所	法人代表	从业人员	注册资金万元	创办时间
10	湘潭市业余围棋学校	韶山中路跨世纪电脑城3楼	唐述平	8	3	2004.5.28
11	湖南培英实验中学	广云路18号	丑义之	50	180	2004.6.2
12	长沙师范湘潭阳光山庄幼儿园	砂子岭阳光山庄	邓力争	18	3	2004.6.24
13	湖南光华(湘潭)教育培训中心	工人文化宫内	杨擎宇	13	5	2004.10.18
14	湘潭市福莱英外国语学校	湖园路4号	宋浩夫	28	4	2005.1.26
15	湘潭市晨星艺术中心	迎宾中路市残联院内6楼	张　梅(女)	4	1	2005.4.20
16	湘潭白石科技教育培训中心	韶山西路197号	杨丽君(女)	5	5	2005.4.28
17	湘潭同升国际电脑职业技术培训学校	车站路482号	刘　彬	12	3	2005.6.10
18	湘潭市阳光中小学培训中心	解放南路238号	谢晓春(女)	10	4	2005.9.19
19	湘潭市关心下一代工作委员会时尚阳光集团	金凤巷6号	谭甯恁(女)	50	50	2005.9.26
20	雨湖区繁城家政服务站	韶山东路32号	李玉娥(女)	20	1	2005.9.27
21	湘潭市东方爱婴早期教育中心	雨湖路250号	马　娟(女)	5	5	2006.3.31
22	湘潭金贝帆教育集团	湘衡路164号	李　宏(女)	102	400	2006.6.5
23	湘潭市新荷幼教中心	宝庆路区畜牧局内	成茜鸿(女)	5	3	2006.6.8
24	湘潭市陈老师家教中心	韶山西路砂子岭大厦4楼	陈闽湘	5	5	2006.6.8
25	湘潭市百姓(香港)世纪伟才幼儿园	韶山东路百姓家园	左伏清	15	5	2006.7.17
26	湘潭市科技职业学校	市城墙路跃进村1号	陈　蓉(女)	18	10	2006.10.26
27	湘潭市神墨心算学校	车站路万新村1栋	商富红	15	5	2006.12.4
28	湘潭市菁菁校园活动中心	古梁巷20号	李佩芝(女)	10	10	2007.4.29
29	湘潭市群艺艺术培训学校	白石公园旁市群艺馆内	李　波	6	18	2007.5.18

续10-5-4-2

序号	单　位　名　称	办公住所	法人代表	从业人员	注册资金万元	创办时间
30	湘潭市红星英达外国语培训学校	车站路潭城大厦6楼	陈辉焕	18	4	2007.5.24
31	湘潭市兢才修业培训学校湘潭分校	车站路20号	袁　珂	8	20	2007.6.13
32	湘潭市光华搏石职业技能学校	工人文化宫	杨擎宇	5	10	2007.6.25
33	英泰移动通信学校湘潭培训中心	车站路80号	萧狄虎	15	20	2007.7.9
34	雨湖区长郡培训学校	雨湖路264号	朱建同	16	20	2007.8.7
35	昂立外语培训学校	韶山西路58号	向继霖	12	20	2007.8.28
36	湘潭市金园文化艺术培训中心	湖园路47号	周新明	7	20	2007.9.5
37	湘潭阳光外国语培训学校	韶山西路12号	蔡美云(女)	15	20	2007.9.7
38	湘潭市少儿围棋培训学校	新许家铺村12号	谭世元	8	8	2007.11.22
39	母尔教育北京环球雅思湘潭连锁培训学校	韶山中路跨世纪电脑城五楼	唐劲松	6	20	2007.11.23

第五节　区域勘界与地名管理

一、区域勘界

1996年，根据国务院《关于开展勘定省、县两级行政区域界线工作有关问题的通知》和省人民政府《关于开展勘定行政区划界线有关问题的通知》，雨湖区成立勘界工作领导小组，在区民政局设勘界工作办公室，与岳塘区、湘潭县联合进行勘界工作。1997年6月10日，雨湖区同湘潭县勘界工作领导小组呈报《雨湖区与湘潭县关于联合勘定行政区域界线的实施方案》。2000年3月27日，制定的《雨湖区与岳塘区关于联合勘定行政区域界线的实施方案》，获湘潭市勘界工作领导小组批准。在湘潭市勘界办的统一安排下，请省勘界办对雨湖区勘界工作取得的成果进行全面的检查验收，并同周边县（区）人民政府就勘定的边界线，签订协议，有据可查。

雨湖岳塘线：雨湖区与岳塘区行政区域划界线，以湘江航道中心线为界。从雨湖区、岳塘区、湘潭县北三区交点的湘江航道中心线210-1B界桩始，至雨湖区、岳塘区、湘潭县南三区交点的湘江航道中心线210-11B界桩止，全长15公里。

雨湖湘潭县线：雨湖区与湘潭县的行政区域边界线从雨湖、岳塘、湘潭三县（区）边界线北交会点起至雨湖、岳塘、湘潭三县（区）边界线南交会点止，全长48.6千米，中间共竖立2个界桩，确定界线走向（未描述雨湖区楠竹山、鹤岭镇与湘潭县的界线，这两镇遥飞在湘潭县境内，其边界线非常复杂、零散，尤以楠竹山最甚，图上新标界线系以国土详查时企业土地界线为主,管理维持现状不变)。

二、地名管理

1986-1992年,地名管理由省建设厅、公安厅、国土资源厅按各自职责进行管理。1992年12月,地名管理移交各级民政部门,雨湖区内主要道路由市管理,小街小巷由区管理,临街门牌由市管理。2000年,在各乡(镇)、村设置地名标志牌44块。2004年,在小街小巷设置路牌标志215块。2006年,市地名委员会组织编写《湘潭地名志》雨湖部分。2007年无变化。

第六节 收容遣送

1988年,境内雨湖区、湘江区和郊区民政部门未对收容遣送设立机构。各区民政局协助市民政部门对沿街乞讨流浪人员、精神病人救助一点路费和伙食费,让其自行返回原籍;对不愿回家,继续沿街乞讨者则会同公安、城管部门强行遣送。湘潭市收容遣送站驻城正街板石巷37号,后改称湘潭市救助管理站。2003年,根据国务院《城市生活无着的流浪乞讨人员救助办法》,民政部《城市生活无着的流浪乞讨人员救助管理办法实施细则》,湘潭市人民政府《关于加强城市生活无着的流浪乞讨人员救助管理工作的意见》,对流浪乞讨人员的收容遣送改为社会救助,区民政局做好协同配合工作。至2007年,因雨湖区地处城市中心,救助对象年均1000人次,约占全市救助对象的50%左右。

第七节 殡葬管理

一、殡改宣传

1988-1993年,贯彻落实国家殡葬改革法规,采取出宣传车、黑板报、发宣传资料、张贴标语、悬挂横幅、召集会议、联系实际做思想政治工作等多种形式进行宣传活动。1994年,贯彻实施湘潭市人民政府《关于殡葬改革管理的规定》。1996年4月,组织纪念毛主席等老一辈革命家倡导遗体火化40周年活动。1999年,宣传《湖南省殡葬改革管理条例》《湘潭市关于加强殡葬管理的通告》,组织百名老人签名"身后火化"。城正街道76岁的胡少奇老人在签名现场就交出置办多年的棺材。2001年,在窑湾、平政路街道组织300名老人参加"支持殡改,身后火化"签名活动。2002-2007年,火化新风普遍形成。

二、规范管理

1988年,境内民政部门落实相关法规,取缔公开在市场买卖棺材。城区死亡人口火化率由上年45%的基础上提高到48%。广场街道达到99%,其工作经验在全市推广。1990年,街道、乡、村、居委会共建立殡葬理事会150多个,落实死后火化文明公约。1991年,城郊出现私建墓地、买卖墓穴现象。区配合市民政、国土、公安、城管部门严格执行湘潭市《关于制止丧葬滥占土地、私建坟墓的实施意见》《加强殡葬管理的通知》,境内配备殡葬监察员20名,聘请殡葬信息员40名,形成殡葬管理网络。1993年,与乡(场)、街道签订殡葬改革管理责任书,开全市之先河。1994年7月,落实《湘潭市殡葬改革管理规定》,8月执行市《关于违反殡葬管理规定的处罚办法》,要求"市区内人口及外来人员死亡(少数民族除外)一律实行火化"。是年,处理19起土葬案件,罚款8000元。广场街道被评为全省"殡改工作先进单位"。1998年,依据国务院颁布的《殡葬管理条例》《湘潭市关于加强殡葬管理的公告》，规定“雨湖区为强制火化区”。是年，火化遗体956具，死亡人口火化率64.12%。2001年，配合市殡改执法队查处6起土葬案件。吴某因其母土葬案件受到被撤销党内职务的处理。2002年，区政府将殡葬管理纳入年度目标考核内容。2003年，严肃查处长城、先锋乡少数村民擅自将自留地、林地开发成墓地对外出售行为，使乱埋乱葬现象得到有效遏制。2005年，火化遗体1106具，死亡人口火化率达99.55%。2007年，火化遗体1297具，死亡人口火化率达99.62%。

1997-2007年雨湖区部分年度殡改情况

10-5-7-1

年份	强制火化（起）	平坟（处）	处理棺材（副）	做思想转化工作（人/次）	完成火化（具）	销毁活人墓（座）
1997	6	-	-	-	1096	-
1998	-	-	-	-	956	-
1999	-	-	-	-	921	-
2001	-	-	-	-	946	-
2002	6	-	-	-	1063	-
2003	15	8	8	-	1155	-
2004	10	-	4	90	1136	-
2005	8	-	-	80	1106	3
2006	-	-	3	78	1330	2
2007	-	-	3	70	1297	2

第十一篇　编制 人事 劳动

第十一篇　编制 人事 劳动

第一章　编　制

1988年，境内雨湖、湘江区、郊区均设机构编制委员会办公室，主管机构编制工作。1992年9月，根据市编委关于新区机构设置文件精神，成立雨湖区机构编制委员会办公室，为区委管理全区机构设置和干部人事配备的职能部门，至2007年未变。

第一节　机构编制

一、区直机关机构设置

1988年，境内三区设置行政机构136个。其中雨湖区40个，湘江区40个，郊区56个。1991年，154个。其中雨湖区48个，湘江区45个，郊区61个。1992年，新雨湖区成立，党政群机构58个，按工作部门划分为：党委部门10个，人大6个，政协6个，区政府30个，群团机构6个。与合区前相比减少机构数96个。1994年11月，《湘潭市雨湖区党政机构改革方案》制定，改革后区委工作机构未变，区政府工作机构28个。2002年，根据省、市机构改革精神，雨湖区机关新增设防范和打击邪教领导小组办公室，原区工业局和乡镇企业局合并组建为区经济局，区爱卫办和老龄办分别并入卫生局和民政局，部分承担行政职能的事业单位不再保留其职能并入相应部门，即农村合作经济管理局、农广校、国有资产管理局、事业单位登记管理局、信息中心分别并入区农办、财政局、编委办和计统物价局。2004年10月，根据《中共湘潭市委、湘潭市人民政府关于印发〈湘潭市人民政府机构改革方案的实施意见〉的通知》《雨湖区人民政府机构改革方案》制定，坚持政企、政事、政社分开的原则，按照社会主义市场经济和社会发展的要求，把政府职能切实转变到经济调节、市场监管、社会管理、公共服务上来。至2007年年底，区直机关党政群工作机构共50个。其中党委系统工作机构7个，管理机构4个，政府系统工作机构18个，管理机构3个，人大工作机构6个，政协工作机构5个，群团系统工作机构5个，检察院、法院各1个。

二、乡镇街道机构设置

1988-1991年，境内雨湖区有街道办事处5个，湘江区有街道办事处5个，郊区河西范围有乡4个和农场1个。1992年，新雨湖区成立，辖乡4个，街道办事处10个。即：昭潭乡、护潭乡、长城乡、先锋乡、雨湖路街道、平政路街道、中山路街道、广场街道、云塘街道、城正街街道、窑湾街道、羊牯塘街道、楠竹山街道、鹤岭街道。1993年，根据湘潭市人民政府《关于设立雨湖区楠竹山镇和鹤岭镇的通知》，撤销楠竹山街道办事处、鹤岭街道办事处，分别设立楠竹山镇、鹤岭镇两个建制镇。至2007年底，全区管辖4乡2镇和8个街道办事处的基层行政管理格局未变。

三、事业单位机构设置

1988-1991年,境内区属事业单位130个。1992年,三区合并,全区区属各类事业单位102个。其中中学4所,小学39所,其他事业单位59个。1996年,事业单位机构改革,全区事业单位125个。其中,全额预算机构77个,差额预算机构16个,自收自支机构32个。2004年,区属事业单位125个。其中包括农林蔬菜局、畜牧水产局、水利局、农机局、档案局、广电局、就业服务局、社保局、医保局、老干局、机关事务管理局。至2007年年底,全区区属事业单位仍为125个。其中,财政预算机构100个,经费自理机构25个。

四、事业单位登记

1988-1996年,事业单位登记管理没有形成管理体系。1997年,依据《国务院关于修改〈事业单位登记管理暂行条例〉的规定》,成立雨湖区事业单位登记管理办公室。2001年,区"事业单位登记管理办公室"更名为"事业单位登记管理局",依法对全区区属事业单位开展登记管理工作。每年3月对事业单位进行法人年检审工作,5年换发一次法人证书。至2007年年底,全区区属事业单位125个。

第二节　人员编制

1988-1991年,境内三区共有在编行政干部1257名,实有1596人。其中,雨湖、湘江、郊区机关有行政编内干部1107名,实有1442人。乡镇街道编内干部150人,实有154人,事业单位编内人员共1303人。1992年,新雨湖区成立,区编制委员会核实全区机关干部总编制923名,实有干部1123人。其中,区直机关216名,政法系统557名,街道150人,核定全区事业单位1403名。2002年,经行政机构改革,人员编制调整,区编委确定全区行政编制671名。其中,区直机关314名,政法系统171名,乡镇街道178名。事业单位1778名。至2007年,区编委核定全区行政编制743名。其中,区直机关219名,政法系统216名,乡镇街道236名。事业单位1702名。

一、区直机关

1988-1991年,境内雨湖、湘江、郊区三区区直机关共有行政编制1107名,实有行政人员1592人。1992年,新雨湖区成立,市编委确定区直党政群机关(含人武部)行政编制216名,年末实有人数538名(含统计局事业编制14人)。政法部门编制557名,其中,公安315名,检察院101名,法院105名,司法36名(含乡镇街司法员编制在内)。年末实有人数585人。其中,公安326人,检察院108人,法院111人,司法局机关30人,乡镇街道司法所10人。1996年,根据机构改革方案,区直机关编制389名。其中,行政编制314名,事业编制64名,待分配11名。政法专项编制204名。事业局事业编制84名。2002年,全区行政机构进行大调整,全区区直机关行政编制核减为314名,政法系统核减为172名。2007年,区直机关行政编制291名。其中,党委系统68名,人大14名,政府188名,政协10名,群团11名,实有行政在职人员350人。政法专项编制216名。其中司法38名,法院96名,检察院82名。实有行政在职人员183人。其中,法院82人,检察院79人,司法22人。区直党政群和政法系统实有工勤人员30人。

二、乡、镇、街道

1992年合区，市定乡、镇、街行政编制150名。其中乡60名，街道90名。乡、街年末实有人数154人。其中乡52人，街道102人。1996年，市下达雨湖区乡镇街行政编制197名，事业编制95名。其中，事业编制分为财政47名，文化类14名，经营类4名，农技类15名，待分配编制15名。区编委对街道制定的配编原则是采用基数加指数下达编制。1999年，根据省编办《关于乡镇机构改革试点工作有关问题的意见》开展乡镇机构改革试点工作。2000年，对全区乡镇街道全面摸底调查，为乡镇机构改革做准备。2001年，市委、市政府批准《雨湖区机构改革方案》和《雨湖区乡镇机构改革方案》。2002年，14个乡镇街行政编制190名，事业编制34名。其中雨湖路街道行政13名、事业2名；平政路街道行政11名、事业1名；中山路街道行政12名、事业2名；城正街街道行政12名、事业2名；云塘街道行政12名、事业2名；窑湾街道行政11名、事业1名；广场街道行政11名、事业1名；羊牯塘街道行政11名、事业1名；长城乡行政20名、事业6名；护潭乡行政18名、事业5名；先锋乡行政17名、事业4名；昭潭乡行政17名、事业3名；楠竹山镇行政13名、事业2名；鹤岭镇行政12名、事业2名。至2007年底，全区乡、镇、街道行政编制212名，事业编制24名，实有在职人员245人。

三、事业单位

1988−1991年，境内三区事业单位在职人数1626人。其中，全额拨款1303人，差额补助254人，自筹资金69人。1992年合区，事业单位实有人数1403人，按照经费开支划分，全额拨款1122人，差额拨款173人，自筹108人。1996年，事业机构改革，全区定事业编制数1887名。其中，全额预算编制人数1328名，差额预算编制人数208名，自收自支编制人数351名。实有在职人数1778人。其中，全额预算实有人数1319人，差额预算实有人数213人，自收自支实有人数246人。2007年，全区事业单位人员编制数1702名，财政预算编制数1594名，经费自理编制数108名，实有在职人员2061人，其中，财政预算人员1917人，经费自理人员144人。

第三节　编制管理

1988−1991年，境内三区机构编制管理由编制委员会负责。1992年8月，区编委制定《关于新区筹建中加强机构编制管理的通知》，对新区成立后各部门、单位增设机构人员异动进行管理。1993年，制定雨湖区行政机关和事业单位人员异动暂行规定，将编制与经费结合，实行经费包干，以控制机关和事业单位乱进人员的现象。1996年，制定《关于加强雨湖区机构编制管理工作的意见》《雨湖区机构编制委员会办事制度》等规定。1997年，全面实施考试录用制度，坚持“凡进必考”的原则。1999年，下发《关于全区机关、事业单位机构编制实行冻结的通知》。2007年，落实国务院《地方各级人民政府机构设置和编制管理条例》。是年12月，根据省委省政府规定，编制部门以区委、区政府的名义制定《关于进一步加强和规范机构编制管理的通知》，进一步强化机构编制管理，对机构编制设置、人员异动、新进人员列编、抽调（借调）人员等作出明确规定，健全和完善机构编制管理制度，启用机构编制手册和三联单（即机关事业单位人员异动入编通知单），人事凭此办理人员配备、工资等手续，财政凭此核拨人员经费。机构编制管理步入科学化、规范化、制度化轨道。

第二章 人 事

1988年，境内雨湖区、湘江区、郊区均设劳动人事科，主管人事调整和劳动力管理工作，下辖劳动服务公司。是年11月，劳动人事科更名为劳动人事局。1992年9月，新雨湖区成立，区劳动人事局及下属劳动服务公司体制未变。1994年11月，雨湖区劳动人事局更名为雨湖区人事劳动局，归口管理雨湖区劳动服务公司。1996年，雨湖区劳动服务公司更名为雨湖区就业服务局。是年，雨湖区社会保险所更名为雨湖区社会保险事业管理局，归口雨湖区人事劳动局管理。2003年，雨湖区人事劳动局更名为雨湖区人事劳动和社会保障局。2005年9月，局机关迁至雨湖区政府新一院（雨湖路292号）一办公楼办公。至2007年，局机关内设办公室、人事股、劳动股、工资福利股、人才交流中心，下设区劳动监察大队（与机关合署办公）、区就业服务局、区医保中心、社保局四个副科级二级机构。系统在职干部职工37人，其中：局机关（含劳动监察大队）13人、就业局10人、社保局8人、医保中心6人。

第一节 干部队伍

1988-1991年，雨湖区、湘江区、郊区共有行政编制1257名，实有机关干部1596人。其中：大专以上学历的756人，占干部总数的47.37%。至1992年年底，全区干部538人。其中：大专以上学历的198人，占干部总数的36.80%。1993年，全区干部总数488人。其中女性172人，中共党员313人。文化结构为：大专及其以上学历228人，中专及以下260人，干部学历较前提升。年龄结构为：35岁及以下146人，36-45岁152人，46-54岁155人，55岁以上35人。在干部总数中，区直机关327人，乡镇街机关161人。1994年，全区开始试行国家公务员制度。1995年，根据“三定”（定单位、定编制、定岗位）原则，雨湖区有369人过渡为国家公务员。1996年，相继在党群系统和8个街道、4个乡推行公务员制度。与此同时，建立录用制度，试行公务员“凡进必考”，推动人事管理制度逐步走向社会化、公开化和规范化。1997年，雨湖区行政事业单位共有工作人员1704人，其中：区直机关292人，乡镇街机关156人，中小学教师1142人，其他114人。2002年，政府实行机构改革，全区行政机关国家公务员精简至397人。其中区直机关338人，乡镇街机关59人。干部总数中女性148人，少数民族4人，中共党员 319人，民主党派2人。文化结构为：研究生1人，大学本科58人，大专 237人，中专及以下101人。年龄结构为：35岁及以下81人，36-45岁196人，46-54岁112人，55岁以上 8人。2007年，全区行政机关共有工作人员432人（不含政法系统）。其中区直374人，乡镇街58人。其中女性165人；少数民族4人，中共党员338人，民主党派3人。文化结构为：研究生3人，大学本科234人，大专 140人，中专及以下55人，大专及其以上学历的占公务员总数的87.3%。年龄结构为：35岁及以下96人，36-45岁165人，46-54岁130人，55岁以上41人。事业单位专业技术人员共有1459人，其中教育单位1329人，卫生系统61人，其他部门69人。具备大专以上学历的专业技术人员占总人数的87%，与1993年相比提高52.8个百分点。

第二节 人事管理

一、行政机关

1988年,境内雨湖区、湘江区和郊区开始从五大(电大、函大、职大、业大、夜大)毕业生中较大幅度地择优录用国家干部,从外单位有针对性地调入高学历人才充实干部队伍。1992年,实行从乡镇聘用干部中,采用"公开、平等、竞争、择优"的原则录用干部。1994年,雨湖区根据《国家公务员暂行条例》实施要求和湘潭市统一部署,试行国家公务员制度。1995年,对全区党群部门、人大、政协、人武部及乡、镇、街道机关开展国家公务员过渡培训工作。1996年,区政府颁发《雨湖区国家公务员制度实施办法》。根据 "三定"(定单位、定编制、定岗位)的原则,有步骤地进行。是年7月,确定先期实施公务员制度的23个单位行政领导86人,专职书记7人,合计93人;拟定非领导职数53人。11月,区委组织部、区人事劳动局制定《雨湖区乡、镇、街道办事处职位设置方案》,共设岗276人,其中行政196人、事业80人。是年,对从大中专毕业生中录用的干部,适时做好登记管理。1997年,全面实施考试录用制度,坚持"凡进必考"的原则,全面推行和完善国家公务员制度。是年8月,制定《雨湖区乡镇街机关国家公务员制度和参照管理工作实施方案》,对4乡2镇8街道和2个参照管理的党政部门共448人完成公务员过渡。1998年,配合区委组织部做好干部轮岗交流,全区有300余人轮换工作岗位。2000年 5月,配合区委组织部公开选拔6名正科级领导干部,做到"五公开一监督"(公开任职资格条件、职务位置、竞争设置、竞争程序、竞争结果,自觉接受群众监督),进一步深化干部人事制度改革。是年起,国家取消大中专毕业生统一分配计划,实行用人单位与毕业生"双向"选择。2002年,区农办、检察院、昭潭乡等单位开始采用竞争上岗的方式选拔科室负责人和二级机构负责人。2003年,城正街、昭潭乡、护潭乡等单位又相继通过竞争上岗选拔出一批优秀年轻干部走上领导岗位。是年,配合区委组织部,打破地域限制,面向全省公开选拔13名副科级干部。到大专院校选调10名应届毕业生,在干部配偶和子弟中公开招聘40名事业单位人员。2006年3月,人事劳动局会同区编制办、财政局对全区90多个单位例行核编工作。2007年,完成党委、政府、人大、政协等七大机关公务员日常登记管理和审核报批工作。同时参照公务员管理开展事业单位国家工作人员登记的前期工作。

二、事业单位

1988-1996年,基本沿用国家计划调配的方式进行事业单位人事管理,即国家从大中专学校分配毕业生到区属各事业单位,或各单位与区外单位相互调配工作人员。1997年,根据省、市人事部门的要求,积极开展事业单位人事制度改革试点和调查研究工作。在风车坪学校进行试点,从建立和推行聘用制、职务制入手,改革工资分配制度,并于下半年在全区教育系统推广,为事业单位人事制度改革在全区全面铺开打好基础。1998年,开始在中小学教师中试行招聘专业技术人员的制度,区内中小学教师有1081人签订聘书,占教师总数94%。之后,在卫生等行业也逐步推行这一制度。2000年,教育系统在实行"三制"(岗位制、聘用制、职务制)管理的基础上,公开招聘6名德才兼备的教师担任6所小学的校长,从而打破过去校与校之间的界限,促进师资合理流动。2004年,制定《雨湖区引进人才的暂行办法》及《人才引进奖励办法》,共招聘各类专业技术人员、管理人员近120人。逐步实现事业单位人事管理由身份管理向岗位管理,由单纯行政管理向法制管理,由行政依附关系向平等人事主体关系转变。

三、离退休干部

1988－1992年，境内雨湖区、湘江区、郊区离、退休干部分别由区老干局和区劳动人事局负责管理。离休和副县级以上退休干部的日常管理由老干局负责，科级（含科级）以下退休干部的日常管理由劳动人事局负责。1993年，由于离退休干部人数逐步增多，管理难度加大，区政府更新管理方式，按3种方式归口管理：离休和副县级以上退休干部仍归老干局管理；以前办理退休手续的科级（含科级）以下退休干部仍归劳动人事局管理；以后办理退休手续的科级（含科级）以下退休干部归原工作单位（部门）管理。是年，全区有离退休干部98人。其中离休51人、退休47人。2007年，离退休干部增至1809人。其中离休46人、退休1763人。

第三节　专业技术职称评定

1988年，境内三区对区属事业单位专业技术人员进行职称评定工作。有3人获高级职称，195人获中级职称，660人获初级职称。此后，坚持对专业技术人员一年一度的考核和职称评审、认定。各单位根据部门实际制订考核细则进行考核。考核的结果分为四个档次，即优秀、称职、基本称职、不称职。1989－1992年，高中级职称人数相对增加，初级职称人数减少。1993年，雨湖区成立"职称改革工作领导小组"和7个系列的初级职称评审委员会，对申报高、中级职称报考外语和参加会计、经济系列资格考试的500多人进行资格审查；对1992年度申报高级职称、中级职称的，认定初级职称的进行资格审查，并报送各评审委员会评审。是年，确认初级职称520人，晋升中级职称95人，晋升高级职称3人；同时，建立专业技术人员名册和专业技术干部资料卡，加强对专业技术人员的档案管理。1995年，按照湖南省职称工作领导小组改革要求，全区统一发放新的技术职称资格证。全区1164人换发新证，其中高级职称16人，中级职称545人，初级职称603人。1996－2001年，专业技术人员评聘工作进入规范化管理，每年对上年度的技术职数进行清理，并组织本年的职评工作，同时对调入雨湖区的专业技术人员重新进行资格审定。2002年，共评审确认高级职称33人，中级职称733人，初级职称409人。2004年，通过评审，教育、会计、工程、经济等系列晋升、转评共102人，为1446名专业技术人员换发职称资格证书，并建立计算机职称管理信息库。2006年始，实施评审晋升公示制度，除参加全国职称资格统考晋升之外的所有评审晋升职称的一律公示接受社会监督。至2007年，全区共有专业技术人员1459人。其中高级职称190人，中级职称1034人，初级职称235人。

1988－2007年雨湖区专业技术人员基本情况统计

11－2－3－1　　单位：人

年份		1988	1993	1997	1999	2002	2006	2007
合计		858	958	1256	1422	1175	1535	1459
性别	男	81	92	226	375	284	414	385
	女	777	866	1030	1047	891	1121	1074
民族	汉族	856	956	1254	1419	1173	1524	1446
	少数民族	2	2	2	3	2	11	13

续 11-2-3-1

年 份		1988	1993	1997	1999	2002	2006	2007
党派	中共党员	239	298	327	361	363	507	470
	民主党派	16	20	22	19	17	16	15
学历	研究生	–	–	1	–	–	2	3
	大学本科	10	12	28	61	95	579	617
	大学专科	252	286	381	515	637	690	649
	中专及下	596	660	846	846	443	264	190
年龄	35岁及下	416	463	605	677	549	653	595
	36~45岁	218	234	296	373	266	461	464
	46~54岁	210	244	323	357	347	378	350
	55岁以上	14	17	32	15	13	43	50
职称	高 级	3	8	19	26	33	188	190
	中 级	195	430	641	735	733	1048	1034
	初 级	660	520	596	661	409	299	235
分布	教 育	744	854	1142	1140	1010	1344	1329
	卫 生	60	65	86	84	73	64	61
	其 他	54	39	28	198	92	127	69

第四节 工资福利

一、工资

1988–1992年，国家机关行政人员、专业技术人员实行以职务工资为主要内容的结构工资制，机关事业单位年人均工资1585元。1993年，进行第二次工资制度改革，国家行政机关实行职级工资制，由职务工资、级别工资、基础工资和工龄工资4个部分组成。机关488人参加工资套改，人均年增工资1018元。事业单位实行职务工资加津贴，根据经费来源分全额拨款、差额拨款和自收自支3种类型。全区有958名专业技术人员参加工资套改，人均年增工资1024元。1997年，基础工资调标，标准由每月90元提高到110元。事业单位人员参照行政人员提高职务工资标准。1999年，基础工资再次调标，由110元提高到180元，级别工资由15级55元至1级470元提高到15级85元至1级720元。事业单位人员同时参照行政人员比例提高职务工资标准。2000年，共为全区2800多名工作人员分别晋升职务工资和级别工资。2001年，机关行政人员基础工资标准由180元提高到230元,级别工资提高到15级115元至1级1166元。事业单位人员按行政比例提高职务工资标准。2003年,机关行政人员职务工资标准由最低110元、最高850元分别提高至最低130元、最高1150元。事业单位人员亦按行政人员比例提高职务工资标准。2006年,进行第三次工资制度改革,把原来的"四项工资"套改成职务工资和级别工资两项,由1-15级改为1-27级,仍称职级工资制。事业单位实行绩效工资制度,其工资由岗位工资、薪级工资、绩效工资和津(补)贴4部分组成。全区有387名公务员参加工资套改,人均年增工资4250元;1535名专业技术人员参加套改,人均年增工资4100元。

二、福利

1988-1995年,境内三区干部职工福利费按工资总额的2.5%-3.5%的标准提取,主要用于医疗费用,干部职工住院就医实行公费医疗,自己基本不用花钱。年终对特殊困难职工发放困难补助,额度一般在500元以内。1996年后,随着工资制度改革和医疗保险的推行,按工资总额计提福利费的做法取消,以实行养老保险、医疗保险、住房公积金制度取代,且随着生活水平提高、物价指数上升,适时调整提高。

(一)休假

1988年,机关事业单位干部职工除公休假日和法定假日可以休息外,还享受探亲假、婚假、丧假、年休假,女职工还有产假。

探亲假:凡符合享受探亲假者,可给予一方每年享受探望配偶1次,假期30天。未婚的探望父母每年1次,假期20天;若两年1次,假期为45天。已婚的探望父母4年1次,假期20天。

婚假:男女双方婚假均为3天,晚婚增加12天。

丧假:丧假3天。1988年起,男职工岳父母、女职工公公婆婆死亡同样给假3天。

年休假:1991年起,党政机关、人民团体、事业单位职工可享受年休假,年休假依工龄计休。5年以下不享受;5-10年工龄者,休假7天;10-20年工龄者,休假10天;20年以上工龄者,休假14天。

产假:女职工生育产假,假期90天。怀孕未满4个月小产,休假15-30天;4个月以上小产,休假42天;难产者增加产假15天;生育双胞胎者,增加产假15天(多胞胎类推);领取独生子女证增休产假1个月;实行晚婚晚育者,再增加产假1个月。

各项休假期间工资照发。至2007年,各项休假,均按上述标准执行。

(二)死亡待遇

1988年,按民政部、财政部规定,一次性抚恤标准改为:因工牺牲的按本人生前20个月工资计发,病故的按本人生前10个月工资计发。1990年,按省人事厅、财政厅规定,凡病故职工殡葬费600元包干使用(包括火化、服装、骨灰盒等费用),因工死亡的为700元。1992年10月1日起,凡国家机关、事业单位工作人员因病死亡后,对符合条件的遗属发给生活困难补助费。遗属系非农人口:1人的每月补助45元,2人或2人以上的每人每月补助40元。遗属系农业人口:1人的每月补助40元,2人或2人以上的每人每月补助35元。对经确认为因工死亡的每人每月增发8元,并享一定数额的物价补贴。但在火葬区不实行火葬的不得享受丧葬补贴。1997年,根据省人事厅规定,病故人员丧葬费1500元,因工死亡的丧葬费2000元。其遗属生活困难补助费标准也相应提高,居住城市1人者每月补助180元,2人或2人以上者每人每月补助160元;居住农村1人者每月补助140元,2人或2人以上者每人每月补助120元。经确认为因工死亡的每人每月增发45元。2005年,根据省人事厅、财政厅规定,提高机关事业单位工作人员死后丧葬费标准和遗属生活困难补助标准(包括离、退休人员)。凡病故的工作人员丧葬费4000元,因工死亡的工作人员丧葬费5000元。对符合条件的遗属生活困难补助标准为:家居城市的1人者每月补助210元,2人或2人以上者每人每月补助190元;家居农村1人者每月补助170元,2人或2人以上者每人每月补助150元。因工死亡的每人每月增发65元。2006年,根据省人事厅、财政厅《关于事业单位工作人员死亡一次性抚恤金计发问题的通知》,调整发放标准为:认定为烈士的发本人生前80个月工资,因工死亡的发本人生前40个月工资,病故的发本人生前20个月工资。其家属抚恤仍按原有规定执行。至2007年,机关、事业单位离退休人员死亡的一次性抚恤金发放均按上述规定执行。对获省、部级以上的劳动模范、战斗英雄及1949年10月1日前参加工作的老干部和其他工作人员另作特殊照顾。

第三章　劳　动

第一节　人力资源管理

一、就业、再就业

1988年,境内劳动就业以计划安置为主,一部分需要安置的人员得不到及时安置。有待业人员602人,当年安置就业574人,占应安置人员的95.35%。1990年,雨湖区待安置就业人员308人,通过采取清退计划外用工、发展集体经济安置职工子女就业等措施,安置待业人员293人,占应安置人员的95.13%。1991年,城镇待业人员283人,企业富余人员急剧增加,就业形势严峻。

1992–1995年,全区累计有600名待业人员和企业富余职工需要安置。到1996年,待安置的待业、失业人员达0.45万人,劳动力资源供大于求的矛盾非常突出。雨湖区成立劳动就业和再就业工作领导小组,把“促进就业,控制失业”纳入各级政府的管理目标。区就业服务局大力推进就业再就业工作。通过发展经济增加岗位,渗透拓展岗位,清理腾出岗位,逐步形成多方位的岗位开发体系。拓展社区服务业增加岗位扩大就业。动员和支持下岗失业人员围绕社会多层次需求,自主创业,建立社区便利连锁店、小区保洁站,创办小饭桌、小家托、小维修等一大批社区服务项目。多形式开展就业服务、突破大龄特困人员再就业难题。以人为本,积极帮扶零就业家庭就业。是年,全区安置待业人员680人。2000年,全区有待业、失业人员0.49万人。通过实施税费减免、贷款扶持等优惠政策鼓励待业人员自主创业以及市场介绍就业,全部实现就业,占应安置人员的100%。

2001–2005年,全区基本实现下岗与失业并轨,大部分下岗失业人员实行再就业,但还有相当数量的“4050”人员等困难群体未实现再就业。区委、区政府依据市委、市政府《关于进一步做好就业再就业工作的决定》,督促有关部门制定9个配套文件和形成7个操作性文件,通过政策扶持、大力开展公益型岗位等措施,把就业再就业工作重点转向援助困难群体再就业上,以确保困难群体的基本生活,促进再就业,维护社会的稳定。在建立以市场为导向的就业机制的同时,各部门加大对下岗失业人员再就业的扶持力度,

建立对"4050"人员、一户两代、单亲家庭、零就业家庭等就业再就业困难群体的援助制度。利用政策杠杆，积极支持企业吸纳下岗失业人员，鼓励下岗失业人员自谋职业、自主创业。发放小额担保贷款320万元，扶持160名下岗失业人员实现自谋职业、自主创业，带动210名下岗失业人员实现再就业；发放"再就业优惠证"、认定服务性企业等措施，税务部门减免各种税费21万元；区财政为下岗失业人员再就业培训补贴533.9万元、公益性岗位补贴241.4万元、职业介绍补贴24.88万元。2006年，全区新增城镇待业人员16510人，下岗失业人员再就业8473人。其中，就业困难对象再就业2636人，新增农村劳动力转移就业2333人，新办社区实体97个，新开发社区就业岗位7234个。至2007年的7年中，全区共安置就业和再就业人员68833人，有效地缓解就业矛盾。

二、技能培训

1988年，境内雨湖区、湘江区和郊区劳动服务公司均设培训中心，推行"先培训，后就业"制度，采取多层次、多渠道、多形式的方法进行培训，积极筹集资金，不断改善办学条件，至1996年的9年中，共举办会计、电工、机械、电器维修等32期培训班，培训待业青年1.84万人。1997-2004年，免费开办各类就业、再就业培训，培训32期，培训各类人员2196人。其中计算机培训648人，职业道德培训1236人。2005年，区政府投入86万元，将区内文西街小学改造成雨湖区就业培训中心，改善教学场所、设施和教学环境，改善教学条件。开设多媒体教室，并在原有电脑的基础上，添置40多台新电脑。培训中心着重突出实用性和有效性，努力提高下岗失业人员的职业技能和岗位适应能力。根据下岗失业人员参培对象的年龄、文化、性别及择业意向等，重点开展电脑操作、家政服务、保洁保绿、美容美发等多项技能培训。与此同时，大力开展创业培训，鼓励劳动者自主创业，增强下岗失业人员自主创业的信心，使SYB("创办你的企业")这一适合中国国情的创业培训项目在雨湖区得到迅速推广，涌现出郭继阳、郭晓宇、胡松毅、赵洁等一大批创业典型。至2007年的3年中，培训各类人员26164名。其中，对17472名进行再就业培训，对4580名农村进城务工人员和4157名失业人员分别进行培训。

三、劳动力市场

自国家不再实行计划分配制度起，劳动力自然推向市场。2000年，通过组织企业参加湘潭市人才交流会、企业与有关单位、部门联系等方式，区劳动管理部门为企业引进专业技术人员30多人。同时，大力开展职业介绍和劳务输出，共帮助1635人实现上岗就业，为147名外出人员办理外出务工卡，并开展外来劳动力的清理、登记和证卡发放工作，共发放就业证800个，以规范全区劳动力市场。是年，鼓励、引导40名大中专毕业生到乡镇企业工作，既为毕业生安排就业，又为企业提供人力资源，为非公有制经济实体引进人才，服务非公有制经济。2002年后，雨湖区作为确定的劳动力市场建设试点之一，不断加强人力资源市场建设，完善市场服务功能，市场机制在劳动力资源配置中的基础性调节作用日渐明显，自主择业、市场调节就业、政府促进就业的市场机制基本形成，服务机制得到进一步健全，就业和社会保障工作机构成功实现向乡镇和街道社区延伸。实现"一键登陆、劳动保障工作站

查询、资源共享”，推进市场建设的规范化、制度化、社会化。巩固完善街道社区基层劳动保障机构，把开发公益性岗位、提供就业服务、帮助困难群体就业有机结合起来，构建集岗位开发、再就业服务、托底安置于一体的基层再就业援助平台。至2007年，全区已建立起各类职业介绍机构15家。其中，政府公共职业介绍机构1家。8个街道、6个乡镇全部建立劳动保障工作站，共配备专兼职工作人员16名，基本做到机构、人员、经费、场地、制度、工作“六到位”，构建覆盖全区的就业再就业服务平台，为就业再就业工作的顺利开展提供有力的组织保证。

四、劳动合同制度

1988-1992年，区属企业单位人事管理与区属事业单位大体相同，采用下达指标，计划调配的方式。1993年，根据市人事局指示精神，区人事局有计划地从乡镇聘用干部、乡镇企业负责人。1995年，依照市政府《关于在全市企业中全面实行劳动合同制的通知》精神，全区企业普遍推行劳动合同制。各企业在平等自愿，协商一致的基础上，依法以书面形式与职工签订劳动合同，并根据在此项人事改革中出现的问题，加强劳动合同管理及劳动争议的处理。针对劳动力市场供大于求、就业压力增大的状况，进一步强化就业工作目标管理。广开就业门路，扩大安置容量，认真搞好“再就业工程”的实施，加强对城乡劳动力市场的归口管理。1996-2000年，完成集体企业的“两个置换”，通过产权转让，置换企业的集体性质，解除企业对政府的依赖关系，让企业走向市场；通过一次性补偿，置换职工的“集体”身份，解除职工对企业的依赖关系，让职工走向市场。雨湖区境内的集体企业职工经企业补偿、与原企业解除关系、合同制成为职工与企业之间的普遍劳资契约关系。2001年，区属企业全面推行劳动合同制，区直企业及其他企业共218家与职工签订劳动合同3738份。2003年，政府实行劳动用工备案制和合同管理制度。2006年，要求企业按《中华人民共和国劳动法》与职工重新签订用工合同，指导企业建立劳动合同制度。2007年，区劳动管理部门开展劳动合同制度专项执法检查，劳动用工合同制在全区基本实施，295家企业与职工共签订劳动合同4620份，合同签订率达83.5%。

第二节　劳动工资

一、工资水平

1988年，境内雨湖区、湘江区、郊区区直企业年人均工资1154.5元。1992年，年人均工资1980元。1993年，年人均工资3156元，比1988年增长2001.5元。1994年，企业实行工资与效益挂钩，职工年人均工资3940元。2000年，年人均工资6425元，比1993年增加3269元，增幅超过1倍。2003年，在企业指导线工资基础上，仍实行计件工资和工效挂钩工资，工人实际年人均工资8300元。2005年，企业年人均工资16118元，比2000年提高9693元，增长1.5倍。2007年，区属企业实行计件工资，年人均实际工资32056元，比2005年增长99%。

二、工资改革

1988年，境内三区所属企业普遍实行计件工资、定额工资和岗位工资制度，商贸企业实行承包经营和租赁经营。1990年，大多数企业在利改税的基础上，实行奖励工资同经济效益挂钩或灵活多样的经济责任制工资的分配方式。企业工资总额同经济效益挂钩，内部工资分配由企业自主决定，原有工资级别成为“档案工资”，打破“大锅饭”弊端。1993-1994年，区劳动人事局对区属企业职工的标准工资（档案工资）进行浮标升级(工资由原来的5种上浮到10种,起点工资由42元上浮到48元),浮标3648人,人均年增工资1405元。两年的浮标、调标,均属工人"档案工资",企业实际执行的仍是工效挂钩工资和其他分配形式的工资。工人实际工资所得比档案工资略高,但各企业之间因经济效益不同而各有差异。1995年8月,湘潭市最低工资保障制度出台,雨湖区月工资175元。1998年,全面落实正常工资晋档和调整工资标准工作,办理各类工资异动手续7431人次,为111人办理转正定级手续。1999年,为12家企业420名职工办理工资指导线升级的审批手续,为10家企业52名新参加工作的职工办理转正定级手续。同时,加强对企业工资总额的宏观调控,对42家企业的工资总额进行认真的清算。2000年,实行工资增长指导线控制,即以上年度工资为标准,增长率10%为基准线,增长率15%为上限。2001年8月,区内最低工资标准从每月259元提高到265元。2003年起,对灵活就业的钟点工也实行最低工资保障,要求每小时不少于4元。2007年,全区所有企业一线职工均实行计件工资制度。

第三节　劳动监察与仲裁

一、劳动监察

雨湖区劳动监察制度始于1994年,是年7月,成立雨湖区劳动监察中队。其主要任务是按照国家《劳动法》《劳动合同法》《湘潭市劳动监察暂行规定》,对劳动者的用人单位进行法律监督、执法检查,以保护企业和劳动者的合法权益,维护社会主义市场经济秩序。1995年3月,区劳动监察中队对全区区属企事业及个体经济组织进行一次执法大检查。1996年,对未实行全员劳动合同制的企业,暂停办理招工、调动、效益工资升级及职称评定等手续,同时酌情予以处罚。是年底,全区95%的企业和94%的职工签订劳动合同。1998年,区劳动管理部门深入贯彻执行《劳动法》和其他配套法规,加快劳动关系的调整步伐,为306名职工建立职工劳动手册。2000年,重点对10余家企业执行《劳动法》的情况进行抽查,纠正违法行为5起,受理劳动监察投诉案件10起,立案处理5起,并全部结案,为劳动者追回工资及押金1000余元。对全区100余家企业进行检查,督促用人单位补签劳动合同200余份。2005年4月,在原有的劳动监察中队的基础上扩大规格,成立雨湖区劳动监察大队,劳动监察与仲裁的工作新思路转移到完善劳动关系调整机制。以非公企业、批发零售、物流、物业及建筑施工企业为重点,加大劳动合同的签订力度;注重对劳动关系纠纷的前期预防和化解,加大调解力度;开展以劳动合同签订、工资支付、社会保险费征缴、清理整顿劳动力市场秩序等为重点的专项劳动保障监察,加大对各种违法行为的纠正和打击力度。积极做好劳动合同签证工作,全年补签100余份劳动合同,切实维护劳动者和用人单位的合法权益。2006年,共受理劳动监察投诉案件81起,处理81起。2007年,劳动监察大队加强日常巡查力度,巡查用人单位120户,对970家娱乐业、餐饮业等用人单位进行劳动用工备案,责令用人单位签订或补签劳动合同358份,责令7家用人单位为劳动者办理相关社会保险;受理群众举报投诉案件52件,处理52件,结案率100%,为劳动者挽回经济损失5万元;为劳动者认定工伤6起,挽回经济损失20万元。是年12月,成立雨湖区农民工工资支付情况协调指导小组,由劳动保障、公安、工会等部门积极协调,杜绝拖欠农民工工资违法行为的发生。

二、劳动争议仲裁

1997年 ,成立雨湖区劳动争议仲裁委员会,与劳动监察中队合署办公,对劳动争议案件进行仲裁。是年,调解劳动争议案15起。1998年,认真执行《企业劳动争议处理条例》,在不断完善仲裁庭的内部建设,建立健全各项制度的同时，把过去对企业的各种检查变为主动上门服务，努力把争议解决在萌芽状态。是年，共接待劳动争议信访案件12起。其中，仲裁开庭审理案件4起，案外调解3起，结案5起。此外，建立2个乡镇劳动争议处理协调机构，全区劳动争议仲裁处理工作逐步走上规范化、制度化的运作轨道。2000年，受理、立案并结案劳动争议案件16起，结案率100%。2003年，受理、立案并结案劳动争议案件12起，调解处理3起，为劳动者追回工资3.6万元。2005年，共受理群众投诉案件149件，结案146件；受理劳动违法案件185起，结案179件；为685名劳动者追回工资13.5万元。2006年，及时掌握工作动态，化解矛盾纠纷，妥善解决热点难点问题。共受理监察案件16起，调解处理16起。2007年，受理劳动争议仲裁案件5起，结案4起；案外调解劳动争议仲裁案件8起，认定工伤6起，为劳动者挽回经济损失52万元。

第四节　劳动保障

一、女职工福利

1988年，境内三区机关、企事业单位的女职工享受“三八”妇女节休假半天，按月发放卫生费等福利待遇。是年7月起，根据国务院《女职工劳动保护规定》，在区直企事业单位实行对女职工照顾政策，规定女职工产假90天。难产增加15天。对有不满1周岁婴儿的女职工在每班劳动时间内给予两次哺乳时间。女职工在哺乳期间，单位不得安排其从事繁重体力劳动和哺乳期禁忌的劳动，一般不得安排其延长劳动时间和夜班劳动。1990年，根据《湖南省计划生育条例》规定，国家工作人员、企事业单位女职工实行晚婚、晚育的，除国家规定的产假外，增加产假30天，在产假期间领取独生子女证的，另增产假30天。产假期间视为出勤，工资、奖金照发。1995年以后，女职工卫生费改在工资中一并发放。部分单位不定期组织女职工进行妇科疾病普查。2005年，雨湖区启动女职工生育保险工作。2007年，全区参保女职工7420人，654人享受生育保险待遇，支付生育保险费16万元。

二、工人退休待遇

1988年起，境内雨湖区、湘江区、郊区三区的企业离、退休人员由原单位发放离、退休工资，安排相关活动，区劳动人事部门只负责工资调整和档案管理。到1992年6月，三区企业离、退休526人，仍然由原单位发放离、退休工资。1994年，区劳动部门对企业单位离、退休人员退休金发放进行调整，增加离、退休人员退休金金额。1997年，改革企业单位离、退休人员退休金发放办法，将原有的退休金发放改为基本养老金发放，为参加基本养老保险的688名离、退休人员增加基本养老金。2000年，企业办社会的职能，与退休人员管理职能分离，退休人员没有单位可依托，需要社会提供管理服务。还有部分个体工商户和灵活就业人员，本来就无单位可依托，年老后更要靠社会为其提供服务。按照省、市相关文件精神，区政府决定分期分批将区属企业离、退休人员的基本养老金实行社会化发放，同时欢迎个体工商户和灵活就业人员参加社会养老保险。是年底，全区养老保险发放583人，占参保人数的26.23%。2001年，为从根本上解决企业离、退休人员的后顾之忧，区政府将参加基本养老保险的547人全部纳入“社会养老保险”范围，实行社会化发放。在此以后，企业离、退休人员办理离、退休手续后，其离、退休金及时进入社会化发放。2005年，企业离、退休人员由“单位人”转为“社会人”的过程全部完成。至2007年，企业离、退休管理体制进一步完善，全区养老保险发放2802人，占参保人数的32.98%。

三、工伤待遇

1988-1990年，境内三区机关及企事业单位职工因公负伤由所在单位负责全部医疗费和药费，医疗期间工资照发。1991年，根据湖南省民政厅、人事厅、劳动厅关于职工因工（公）伤残医疗费支付问题的补充文件规定：职工因工（公）伤残或因伤口复发住院治疗的按因工（公）负伤医疗待遇继续治疗。2004年4月，根据《湖南省实施〈工伤保险条例〉办法》，全区统一工伤待遇标准和处理办法。对劳动行政部门认定为工伤的职工，其医疗费从工伤保险基金中支付；治疗期间的住院伙食费由用人单位按本单位因公出差伙食补助标准的70%发给。需去外地就医所需交通费、食宿费，由用人单位按本单位因公出差标准报销。康复费用从工伤保险基金中支付。被鉴定为因公致残的职工，分别按1至10个等级作一次性处理。定为1至4级伤残的，保留劳动关系，退出工作岗位，伤残津贴、供养亲属抚恤金、生活护理费由劳动保障行政部门根据职工平均工资和生活费用变化等情况发给，调整时间与养老保险待遇同步。未参加基本养老保险或者养老保险实际缴费年限不足的，达到退休年龄并办理退休手续后，继续享受伤残津贴待遇。定为5级伤残发24个月，6级伤残发18个月的本人工资。一次性伤残就业补助则按5级伤残发36个月，6级伤残发30个月的本人工资。定为7至10级伤残的由工伤保险基金支付一次性伤残医疗补助金和伤残就业补助金，标准为：7级的15个月，8级的10个月，9级的8个月，10级的6个月的本人工资。在实际执行中，用人单位为安稳快速解决问题，其补助金额在上述标准上大多有所增加。以上情况执行标准，至2007年未变。

四、工人死亡待遇

1988年，境内三区对企业职工死亡待遇均按国家《劳动保险条例》规定及湖南省劳动人事厅新规定执行。丧葬费标准：因公死亡的职工发给4个月的企业平均工资，非因公死亡的职工发给3个月的企业平均工资，对因公死亡职工供养的直系亲属、遗属的抚恤费，按供养1人者为死者本人工资的25%，供养2人者为死者本人工资的40%，供养3人或3人以上者为死者本人工资的50%发放，直至被供养条件丧失。对生活上确有困难的遗属，单位再按其困难程度给予适当补助。非因公死亡者，其供养直系亲属、遗属的抚恤费，按为死者6个月工资，一次救济办法处理。标准是：供养1人者为死者6个月工资供养，2人者为死者9个月工资供养，3人或3人以上者为死者12个月工资。是年7月起，企业职工死亡抚恤金在上述标准基础上增发6个月的标准工资作救济费。此后几年中，随粮价、副食品价格上涨，抚恤金和一次性救济费都有微调。1996年起，雨湖区企业职工陆续进入社会保障体系管理。加入社会保险的职工因公或非因公死亡，由社会保险部门按政策办理；没有参加社会保险的职工因公或非因公死亡仍由企业负责处理。2004年6月，实施湖南省《工伤保险条例》，对因公死亡的职工由工伤保险基金发放一次性死亡补助，其标准按统筹地区上年度职工月平均工资计算。因公死亡的发给54个月月平均工资；视同工伤死亡的发给48个月月平均工资；被授予革命烈士称号的发给60个月月平均工资。参加基本养老保险的就业人员，非因工死亡或退休人员因病死亡的，一次性丧葬补助费由基本养老保险部门按湘潭市上年度职工平均工资4个月的标准发给，无其他别的待遇。未参加基本养老保险者则没有任何待遇。至2007年年底，上述规定标准保持未变。

第五节　失业保险

1986年7月，国务院颁布《国营企业职工待业保险暂行规定》，失业保险制度初步形成。1992年始，失业保险工作由市局归口管理，1997年下半年实行分级管理。是年10月，雨湖区成立失业保险经办机构，区政府召开全区失业保险工作会议，失业保险工作正式启动。1999年1月，国务院颁布《失业保险条例》《社会保险费征缴暂行条例》，条例规定城镇企业事业单位、城镇企业事业单位职工缴纳失业保险费，城镇企业事业单位按照本单位工资总额的百分之二缴纳失业保险费，城镇企业事业单位职工按照本人工资的百分之一缴纳失业保险费。区失业保险经办机构深入企业，广泛宣传失业保险政策，依法办理失业保险参保登记，推进失业保险工作发展。是年，参保人数达760人，基金收入30.6万元。2000年，贯彻执行省、市政府做好事业单位参保的文件精神，全区事业单位启动参保。至2005年的6年中，参保人数达4623人，基金累计收入241.17万元，基金累计结余153.31万元。2006年，根据湘潭市劳动和社会保障局《关于切实做好全市私营企业参加失业保险工作的通知》，“凡湘潭市辖区内的所有私营企业及其员工，都必须依法参加失业保险，缴纳失业保险费"。全区私营企业逐步规范参保，参保人数明显增加。2007年，参保人数达7063人，基金累计收入562.58万元，基金滚存结余312.76万元。区失业保险实现参保范围基本覆盖，参保人数大幅持续增加，基金收入稳步增长，基金保障能力持续增强。同时，根据《湖南省实施（失业保险条例）办法》《湖南省失业保险金申领发放办法》《湘潭市失业保险金申领发放暂行办法》的规定，失业保险金发放标准，按当地最低工资标准的80%，门诊医疗费按失业保险金5%的标准计发。至是年的6年中，全区847人领取失业保险金，支付失业保险待遇232.53万元，保障失业人员的基本生活，维护失业人员的合法权益，有效地发挥失业保险促进就业的作用。

1998年-2007年雨湖区失业保险基金征缴支付情况

年度	征缴人数（人）	征缴金额（万元）	利息收入（万元）	暂存款（万元）	上级补助收入（万元）	累计金额（万元）	发放人数（人）	发放金额（万元）	支付培训补贴（万元）	支付职业介绍补贴（万元）	上解上级支出（万元）	其他支出（万元）	累计支出金额（万元）	收支结余（万元）	基金结余（万元）
1998	58	0.80	–	–	–	0.80	–	–	–	–	–	–	–	0.80	0.80
1999	760	10.37	0.23	–	20	30.6	–	–	–	–	–	2.91	2.91	27.69	28.49
2000	833	10.97	0.48	–	–	11.45	–	–	–	–	–	3.01	3.01	8.44	36.93
2001	1028	11.42	0.65	5.9	–	17.97	–	–	–	–	–	0.01	0.01	17.96	54.89
2002	1404	18.36	1.2	–	–	19.56	25	–	1.83	–	–	–	3.31	16.25	71.14
2003	2456	33.85	0.72	–	–	34.57	60	5.44	1.89	–	0.56	–	7.89	26.68	97.82
2004	3716	52.16	0.81	–	25	77.97	110	18.64	7.65	–	0.70	–	26.99	50.98	148.80
2005	4623	62.53	2.12	–	15	79.65	174	24.78	47.86	–	2.50	–	75.14	4.51	153.31
2006	5982	85.09	2.52	–	40	127.61	244	71.37	4.82	1.15	3.20	–	80.54	47.07	200.38
2007	7063	119.17	3.23	–	40	162.4	234	44.45	1.17	–	4.40	–	50.02	112.38	312.76
合计	27923	404.72	11.96	5.9	140	562.58	847	166.16	65.22	1.15	11.36	5.93	249.82	312.76	–

第十二篇　工　业

第十二篇　工　业

1988年，境内工业由雨湖、湘江两区所辖区街企业（含区直属企业、街道及居委会办企业）和郊区乡（镇）村工业企业以及个体私营企业三大部分构成。产业涵盖机械制造、冶金、化工、纺织、建材、塑料制品、造纸及纸制品、医药食品、饲料、印刷及手工业等门类，主要生产饮料机械、医疗器械、软轴泵、振动器（棒）、电焊机、变压器、矿用风机、配电屏、互感器、接触器、各类铸件、钢窗附件、涂料、油毡、铜铝锭、硝酸盐、面霜、洗发精、雪花膏、水泥、防水材料、混凝土预制构件、生物医药制品、饮料食品、饲料、针织内外衣、服装鞋帽、造纸及纸箱（盒）包装物、塑料编织袋（布）、印刷品、工艺制品、竹木加工制品等200多种产品。是年，境内有区属工业企业412家。其中区街企业106家（区直企业15家，街委企业91家），乡（镇）村企业165家，个体私营企业141家，从业人员共13057人；完成工业总产值1.16亿元，上缴税金1099万元。年产值过100万元的规模企业有23家。1989年，市配合饲料二厂、昭潭铸管厂、水泥电杆厂等一批区街、乡（镇）村企业迅速壮大发展成为年产值超500万元的企业，雨湖路街道成为全市首家产值超1000万元的街道办事处。市食品饮料设备厂生产的年产5000吨碳酸饮料生产线设备出口到俄罗斯，区街企业以技术设备出口实现零的突破。1993年，区政府在发展城镇、区街工业企业中，引导企业转换经营机制，依靠科技进步壮大经济实力，按照市场需求组织生产，同时转变思想观念，大力扶植非公有制工业企业，增强政府服务职能，促进区域经济持续、快速、健康发展。是年，全区投入技术改造资金1000余万元，开发新产品20余项。雨湖路、云塘、平政路等街道工业产值首次跃上2000万元台阶，市人防水泥厂工业产值超过1000万元、利税超300万元，成为区内规模最大、效益最好的企业。是年，境内共有工业企业563家。其中，区街企业140家（区直企业21家，街委企业119家），乡（镇）村工业企业169家，个体私营企业254家，从业人员15313人，完成工业总产值2.4亿元，上缴税金3020万元，产值、税收分别比1988年增长1.07倍和1.75倍。

1994年，区内多数集体所有制工业企业在计划经济向市场经济转轨变型中，相继出现经营困难局面，尤其是街道、居委会办企业规模小、基础差、贷款难、抗风险能力弱，面临的生存困难愈加严重。市红卫针织厂等一批企业陷入停产半停产状态。区政府根据全区实际情况，提出“抓市场求发展，抓改革求活力，抓技改求后劲，抓管理求效益，抓质量求生存”的工业发展战略，在国家信贷规模从紧的情况下争取安排重点技改项目18项，投入资金5000余万元。其中，乡（镇）村工业10项，区街工业8项，是年开发新产品71项，新产品产值率达12.5%。1995年，区政府根据区委《关于进一步深化企业产权制度改革的几点意见》文件精神，在全区工业企业部署推行产权制度改革试点中，鼓励支持私营企业和私营业主参与区街、乡镇企业改制，先后有34家区街企业、29家乡（镇）村企业由私营企业承包或租赁。是年，区街工业发展速度和效益排名全市第一；乡（镇）村工业各项综合经济指标排名全市第二。云塘、平政路街道工业产值超过6000万元，昭潭、长城、护潭、先锋等4乡和先锋企业集团的工业产值均跨越亿元台阶；市淀粉厂、市防爆电器厂、市水泥电杆厂等11户重点骨干企业产值超过1000万元，市防爆电器厂成为全市首批进入国家中二型企业规模的乡镇企业。1996年，在全市实施“强工富市”发展战略中，区委、区政府先后作出《关于进一步加快乡镇企业发展的决定》和《雨湖区企业股份合作制试行方案》，把发展乡（镇）村企业作为全区振兴农村经济的第一增长点来抓，同时鼓励支持具备条件的区街企业和乡镇企业改组为股份合作制企业。先在市软轴机具厂等8家试点企业取得改革经验的基础上，全面铺开企业体制改革工作，14个企业改制工作组深入各乡（镇）村、街道指导工作，有58家企业进入实际操作程序。区直属企业市包装总厂采用由湘潭市天义企业发展有限公司承债式兼并方式进行改制。昭潭、先锋、鹤岭等乡镇根据区委、区政府制定的《雨湖区企业体制改革攻坚方案》，率先推行股份合作制、租赁、承包和倒闭等方式，淘汰劣势产能企业，扶持技术含量高、效益好的企业做大做强。1998年，先锋企业集团公司成建制改制后，下辖18家企业，拥有固定资产1.18亿元，形成以矿用风机、防爆电器为龙头的机械制造产业，以瘦肉型生猪饲养为基础形成饲料加工、工厂化饲养、有机复合肥的农业生态产业链，以“乡里”牌腊味系列食品为主导产品形成肉食深加工等三大支柱产业。市防爆电器厂、市卷闸门厂、市电焊机厂、液压元件总厂等16家企业按股份合作制改造后，外拓市场、内抓管理，开展学邯钢、强管理、降成本、增效益等活动，显现新的生机和活力。美华涂料厂、跃进服装厂等30余家街委、村组办企业退出市场。是年，区内有工业企业503家。其中，区街企业29家，乡（镇）村工业企业42家，民营企业432家，从业人员16452人，完成工业总产值6亿元，上缴税金7127万元，产值、税金分别比1993年增长1.5倍和1.36倍。

1999年，市电焊机有限公司（后称超宇科技有限公司）、少雄铝业股份有限公司、电力工程机械厂等一批产权实现优化和重组的区街企业，着力转换内部运行机制和经营机制，加大技术改造和科技创新的投入，生产经营得到发展。乡（镇）村企业围绕“一个中心、两个创新”（以质量效益为中心，开展体制创新和科技创新），深化产权制度改革，调整产品结构和产业结构，提高经济运行质量，壮大经济实力。是年3月，在全省乡镇企业工作会议上，雨湖区被省委、省政府授予“湖南省乡镇企业发展十快县（区）”称号。同期，区委、区政府作出《关于加快个体和私营经济发展的若干意见》的决定。2001年，区政府按照市政府提出“以产权制度改革为核心，以化解债务为前提，以盘活资产为途径，以安置职工为重点，以创新制度为目的”的要求，雨湖、中山及长城、昭潭、鹤岭等乡（镇）街集体企业完成改制，其中有三分之二的区街、乡镇企业进入民营企业行列。区政府还通过加大招商引资和扶植力度，优化经营环境，先后有湖南东信棉业公司、碧松纸业公司、一格制药公司及湘潭电气设备制造公司等30多家民营科技型企业迅速发展壮大，成为区域工业经济的生力军。2002年，区委、区政府作出《关于加快先锋工业经济园建设的意见》的决定，先后有恒盾厨具、江大机械、衡利重工等6家规模企业入驻先锋工业经济园（简称先锋工业园），连同先锋企业集团共有21家民营企业落户园区，是年，完成产值4.63亿元，上交税金800万元。在实施区政府提出的“发展两线三圈十街经济”（两线指韶山路、建设北路沿街铺面，三圈指砂子岭、基建营、民主路商业圈，十街指雨湖、平政、城正等十条商业街道）规划中，促使一批街委办企业和城区内村办企业加快结构调整，实现“退二进三”（退出加工制造业转为服务业）。2003年，区委、区政府制定《关于加快民营经济发展的若干意见》文件，从区财政预算中每年安排50万元作为民营企业发展扶植资金，支持鼓励民营企业做大做强。是年，区内有工业企业536家。其中，区街企业5家、乡镇企业1家，民营工业企业530家，从业人员17735人，完成工业总产值12.64亿元，上缴税金1.5亿元，产值、税金分别比1998年增长1.11倍和1.10倍。

2004年，区街工业改制难度大的企业争取到政策支持，市中南电瓷电器厂、市淀粉厂等区直属企业通过依法破产，化解债务4000多万元，并采取公开拍卖方式整体出让资产，所得收益用于近1000名职工解除劳动关系后进行一次性安置。街委办企业根据各自实际情况，采取倒闭、解散、租赁等方式退出集体所有制形式，做好关停集体企业职工养老保险工作。2005年，全区集体所有制工业企业基本完成改制任务，全区完成工业总产值24.62亿元，上缴税金1.92亿元。其中，规模企业55家完成工业总产值12.19亿元，占全区工业总产值49.5%；先锋工业园完成工业总产值4.09亿元，占全区工业总产值16.6%，上缴税金1778万元。全区有16家年纳税过百万元的企业，其中，平安电气为区内首家纳税过千万元的大户。2006年，区委、区政府制定

《关于加强引进战略投资者，发展壮大区域经济的意见》和《关于增强自主创新能力，提升雨湖产业竞争力的实施意见》等文件，将全区经济工作重心移向工业园区发展建设，走出一条以市场为导向、企业为主体、人才为根本、特色产业技术为重点、政府协调服务为引领的自主创新路子。先锋工业园先后引进恒盾集团、一格制药、超宇科技等科技型、成长型企业22家，累计投资6.8亿元，初步形成以生猪和竹制品为核心的农业产业链，以平安电气矿用通风机为龙头的矿山装备产业链两大主导产业。同时，重点培养以一格制药为中心的生物医药产业，以江大机械、超宇科技、奥峰重工等企业为首的机械制造业。是年，全区规模企业达70家，完成工业总产值23.62亿元，占全区工业总产值70%，其中，先锋工业园完成产值6.61亿元，占全区工业总产值的19.6%，上缴税金2559万元，占全区工业上缴税金的12.1%。在规模企业中，年产值过亿元的企业5家，过5000万元的企业16家，过3000万元的企业29家。有高新技术企业18家，实现高新技术产值10.59亿元，占全区工业总产值31.4%。2007年，区委、区政府出台《关于加速推进新型工业化的实施方案》文件，在实施过程中，通过加大扶植先锋工业园区建设，使项目、资金、技术、人才等生产要素向园区集中，充分发挥工业园区的聚集效应。恒盾厨具、凌天科技、江大机械等一批企业扩规提质。是年，区内有乡镇集体所有制企业1家、非公有制企业342家，从业人员35078人，完成工业总产值49.51亿元，上缴税金2.92亿元，产值、税金分别比2003年增长2.92倍和0.95倍。其中，规模企业88家，完成工业总产值41.02亿元，占全部工业总产值82.9%。先锋工业园规模企业25家，完成工业总产值12.7亿元，占全区工业总产值25.7%，上缴税金3500万元，占全区工业上缴税金的12%。全区有高新技术企业24家，实现高新技术产值16亿元，占全区工业总产值32.3%。

第一章 企业分类

第一节 区街工业企业

1988年，雨湖区政府制定《关于大力发展区街委办企业若干规定》，鼓励支持区街企业开展以“四新”（新产品、新技术、新设备、新材料）推广应用，带动工业科技进步，促进区街工业大发展。由区、厂自筹资金1000万元兴建的杨家湾小型工业区（又称群体组合工业区）技术改造项目全面竣工。市矿山电器厂、雨湖机电厂、联营包装厂、市软轴机具厂、华光电器厂、红卫拉丝厂等6家企业搬迁至此。由于添置新设备和改进生产工艺，生产能力和经济效益大幅提升。6家企业产值占区工业总产值的30%，利润占区工业总利润的38.9%。市软轴机具厂研制成功的WD22-9-50型软轴无堵塞泵，被国家计委等部门列为国家级重点新产品。是年，境内有区街企业106家。其中，区直企业15家，街道及居委会办企业（以下简称街委企业）91家，共有从业人员5035人，年完成工业总产值3272.7万元，实现利润280.5万元，上缴税金160.29万元。区街企业中，年产值超过百万元的企业有：雨湖冶炼厂、市矿山电器厂、市原纸油毡厂、市软轴机具厂、市河西拉丝制品厂、市楠竹山制鞋厂、市电器电瓷厂、市联营包装厂等8家企业。1989年，市淀粉厂投资近600万元，年产6000吨玉米淀粉生产线竣工投产，是年，实现工业总产值519万元，占湘江区工业总产值的20.4%，成为区街工业新经济增长点。1990年，市配合饲料二厂完成工业总产值531万元，成为原雨湖区首家产值超500万元的企业。雨湖路街道完成工业总产值1014万元，成为境内和湘潭市首个工业总产值突破1000万元的街道。中山路街道所辖市童服厂被轻工业部评为“全国开发儿童用品新产品先进企业”。1991年，雨湖、湘江两区投入技术改造资金346万元，开发新产品16个，通过省级鉴定8个，为区街工业稳步增长增添后劲。市食品饮料机械厂生产的年产5000吨碳酸饮料生产线全套设备，出口到俄罗斯的乌苏里斯克，成为全市区街工业首家向国外出口成套技术设备的厂家。城正街道投入企业技术改造资金50万元，引进科技成果和专业技术人才，先后开发新产品31个，创省优产品1个，完成工业总产值1014万元，成为境内第二个年工业总产值过千万元的街道。1992年，全区有区街企业150家，其中，区直企业21家，街委企业129家，从业人员6586人。完成工业总产值4540万元，上缴税金520万元。雨湖街道企业深化内部改革，引进专业技术人员8名，实行滚动承包，依靠科技进步调整产品结构，开拓市场搞活销售，是年，开发新产品30多个，完成工业总产值1600万元，实现利税140万元，分别比上年增长24.3%、23.9%，经济效益居全市街道工业之首。1993年，受市场疲软、资金紧缺、成本上升等经济环境变化影响，区内区街企业在与市场经济接轨中面临的生存困难愈加严重，部分企业处于停产、半停产状态，个别企业被迫自行解散。为扭转经济效益下滑趋势，区政府提出“要在企业的规模、档次上转变观念，克服小打小闹思想，以技术改造为突破口，加大科技投入，促进区街工业稳步发展”的工作思路。全区投入技术改造资金上千万元，年开发新产品20多项，新产品产值率保持在12%以上。是年，全区有区街企业140家，其中区直企业21家，街委企业119家，从业人员6160人。完成工业总产值5859.3万元，上缴税金688.36万元，产值、税金分别比1988年增长0.79倍和3.29倍。

1995年，区街工业注重依靠科技进步，争项目、筹资金，实施技术改造项目13个，完成工业总产值1.79亿元，实现利税800万元，新产品产值率达14.7%，企业亏损面由30%下降为20%。区街工业效益在全市排名第一位。雨湖路街道、中山路街道、城正街街道、云塘街道、平政路街道的工业总产值规模均超过1000万元。其中，云塘、平政路街道工业总产值均超过3000万元。涌现市淀粉厂、市包装总厂、市液压元件厂、市卷闸门厂、市软轴机具厂等一批年工业总产值接近或超过1000万元的重点骨干企业。1996年，区街工业广泛开展转机制、抓管理、练内功、增效益的活动。市电焊机厂、市软轴机具厂、市中南电瓷电器厂等一批企业通过转换经营机制，完善内部承包责任制，有效控制成本，提高产品质量和拓宽销售渠道，经济效益回升，受到市、区两级政府通报表扬。1998年，区内大多数区街企业因产品单一、销售市场低迷处于低效益运行，且陷入负债重、贷款难等严重困难状况。区政府引导企业以产权制度改革为突破口，着力盘活资产存量，强化内部管理，改善经营状况，帮助企业走出困境。市卷闸门厂、电焊机厂、拉丝厂、液压元件总厂等区街企业资产结构按股份制实现优化和重组，市变压器厂、市水泥电杆厂等一批区街企业根据自身实际情况开展外拓市场、内抓基础管理活动，侧重降低成本和物耗，加强资金和质量管理，在市场经济转型中得以生存和发展。美华涂料厂、跃进服装厂等20余家区街企业被关停解散。是年，全区有区街企业29家，其中，区直企业6家，街委企业23家，从业人员1160余人。完成工业总产值1.09亿元，上缴税金472.34万元，产值、税金分别比1993年增长86.0%、下降31.4%。

2003年，全区区街集体企业仅5家，从业人员360人，完成工业总产值0.95亿元，上缴税金213.6万元，产值、税金分别比1998年下降12.84%、54.78%。

2005年，市电器电瓷厂改制为民营企业，更名为市锐华电瓷有限公司。市湘江社会福利印刷厂改制后成立市鹏程万里工贸有限公司，从事商贸活动。市印刷二厂、市食品饮料设备厂等街道企业改制后解散。2007年，除楠竹山镇一家企业外，其余全部退出集体所有制经济形式，大多采取破产、转让和关门解散方式，自行消亡。

第二节　乡(镇)村工业企业

1988年,境内郊区4乡1场(长城乡、昭潭乡、先锋乡、护潭乡、先锋农场)有乡(镇)村工业企业165家,从业人员6076人,全年完成工业总产值5500.6万元,占区属工业总产值47.4%,上缴税金442.67万元。其中年产值过100万元的企业有15家。产品涵盖机械机电、五金电器、冶炼制品、农机配件、日用化工、水泥及水泥制品、纺织服装、皮革制鞋、造纸印刷及包装、塑料和玻璃制品、日用家具、饮料食品、饲料加工等门类,其中,猪鬃、井盖板、硝酸钡、硝酸铅、粉丝等为外贸出口产品,出口额为461万元。1989年,昭潭乡在工业企业中实行风险抵押承包,完善承包办法,投资30多万元新办湘港旅游鞋厂。市二针织厂进一步完善厂内承包经营责任制,增加产品花色品种,提高产品质量,到1990年连续2年年产值超500万元,年实现利税超70万元,企业产销两旺。先锋农场所属市人防水泥厂实行经营承包后,加强内部管理,降低消耗,实现产值450万元,利税110万元,425#硅酸盐水泥评为省优产品。1991年,市二针织厂厂长朱邦达、昭潭铸管厂厂长彭美华(女)被省政府授予省级“优秀农民企业家”称号。1992年,昭潭乡政府筹集资金210万元,用于鼓励支持企业开展技术改造和开发新产品,新产品实现产值1290万元,实现利税72万元。护潭乡富强村先后投资310万元,分别为服装厂、轮胎厂和顺风环保空调设备厂更新设备、模具及新建5000平方米厂房、仓库等设施,改善村办企业生产条件,是年完成工业总产值1046万元,实现利税85万元,居全区村级经济首位。市先锋企业集团公司通过内部改革,实行科学管理,改善经营状况,实现利税167万元,扭亏为盈。1993年,先锋企业集团所属市防爆电器厂完成干式变压器、防爆电扇等老产品改型工作,获能源部颁发的安全标志准用证,TKXK-32(25)S-94型通用隔爆小型开关通过科技成果鉴定,企业获得“湖南省科技兴农创新奖”,被市政府授予“湘潭市明星企业”称号。是年,区内有乡镇企业169家,从业人员4900人。完成工业总产值13647万元,占全区工业总产值的56.9%,上缴税金1188.24万元,产值、税金分别比1988年增长1.48倍和1.69倍。市人防水泥厂跃升为产值过千万元、利税过300万元的区内经济效益最好的乡镇企业。

1994年,区政府在国家宏观调控贷款从紧的情况下,安排先锋复合肥厂、防爆电器厂、赤锋铸造厂等10家乡镇企业技术改造项目10项,技术改造资金4600万元,加快乡镇企业的技改步伐。长城乡政府利用地处砂子岭商业圈的便利条件,投入资金300余万元兴建前店后厂的长城工业小区,占地面积6.8万平方米,拥有厂房建筑面积2.8万平方米,吸纳驻乡企业14家,从业人员1500多人。先锋企业集团公司深化内部改革,打破“三铁”(铁交椅、铁饭碗、铁工资)框框,调动职工积极性,加大技改投入和新产品开发力度,提高经济效益。完成工业总产值1.19亿元,实现利税746万元,分别比上年增长138%、26.8%。集团公司所属防爆电器厂被省政府授予“湖南省经济活力百强企业”称号。1995年,区政府为推进乡镇企业科技进步,采取争项目、筹资金、进“笼子”(项目计划)的办法狠抓重点项目建设,全年投入资金8258万元,完成技术改造项目25个,新增产值1.4亿元,新产品产值率达14.7%。顺风空调设备有限公司的“绿色”空调、市防爆电器厂的对旋式轴流局部通风机分别被国家科委列入火炬计划和星火计划。市防爆电器厂由于企业素质提升、规模扩大、实力增强,成为全市首批进入国家中〔2〕型企业规模的乡镇企业。是年,区内乡镇企业完成工业总产值6.4亿元,实现利税1.3亿元,出口创汇4294万元,主要经济指标在全市工业系统排名第二位。1996年始,乡镇企业加快转换经营机制,调整产业结构,加强企业管理,保持稳步发展。昭潭乡、先锋乡、鹤岭镇等乡镇,率先推行股份合作制、租赁、承包和关厂倒闭等方式,淘汰劣势产能企业,扶持技术含量高、效益好的企业做大做强,乡村企业改制面达80%。1998年,先锋企业集团公司改制后下辖18家独立核算的子公司(企业),拥有固定资产1.18亿元,成为集科、工、贸、农、商为一体,享有自营出口权的企业集团,有职工1100人。公司形成工业以矿用风机、防爆电器为龙头、农业以瘦肉型生猪工厂化饲养及饲料加工、有机复合肥配套生态链生产，加工业以乡里牌腊味系列产品深加工为主导产品的三大支柱产业，年产值达3.9亿元。市防爆电器厂实行股份合作制改造后，企业由集体所有制置换为民营企业，建立新的管理机制，增强企业活力和凝聚力。同时，与国防科技大学合作开发的“国家863/CIMS应用示范工程”项目通过国家级鉴定验收，成为全省三个实施CIMS工程通过验收单位之一和全国煤机行业唯一实施CIMS工程的单位。是年，区内有乡镇企业42家，从业人员1692人，完成工业总产值4.06亿元，占全区工业总产值67.7%，上缴税金2572.57万元，产值、税金分别比1993年增长1.98倍和1.16倍。雨湖区被省委、省政府授予“湖南省乡镇企业发展十快县(区)”称号。

1999年，区内乡镇企业围绕“一个中心”(以质量效益为中心)“两个创新”(体制创新和科技创新)，深化产权制度改革。是年，完成企业改制27家，累计完成改制企业154家，至2003年，除楠竹山镇的市电力工程机械厂之外，其余的乡镇企业全部退出集体所有制经济形式。2007年情况未变。

第三节　民营企业

1988年，境内雨湖、湘江两区及郊区河西4乡有私营企业(后称民营企业)141家，其中雨湖区63家、湘江区52家、郊区4乡26家，从业人员1946人。完成工业总产值2826.7万元，上缴税金43.03万元。1991年，设立在大湖路的市新产品开发研究所(迅达集团公司前身)有从业人员243人，研究、生产液化石油气灶具，年产值达到1500万元，为全市第一家大规模私营企业。1993年，市政府出台《关于加快发展个体私营经济的补充规定》，市工商局提出关于发展个体私营经济的十条措施，进一步放宽发展个体私营经济的政策。区政府因势利导，把突出发展私营经济作为转变思想观念、增强政府服务职能的重要内容，支持有实力的私营企业家承包租赁区街、乡镇企业，担任企业厂长。是年，全区有私营工业企业254家，从业人员4253人。完成工业总产值4494亿元，上缴税金187.89万元，产值、税金分别比1988年增长0.59倍和3.23倍。

1994年，区政府成立个体私营经济领导小组，制定加快发展个体私营经济的实施意见。新化客商胡碧松租赁护潭乡永红纸厂，改名为市第一造纸厂(后称为市碧松纸业有限公司)，利用回收旧废纸生产包装用牛皮纸。是年，全区新增私营企业110家，从业人员1400人。1995年，区政府部署在区街及乡镇工业企业中推行产权制度改革试点，鼓励支持私营企业或私营业主参与区街乡镇企业改革改制，执行市政府“四不限制”原则，即不限制规模，不限制雇工人数，不限制经营范围(国家明令禁止的除外)，不限制发展速度。先后有34家区街企业、29家乡镇企业由私人承包或租赁。私营业主龙碧玉、曹祖瑛夫妇投资100多万元，在湘衡路13号创立湘潭永龙(后改称为神州龙)实业有限公司，从事服装研发和生产销售，注册“神州龙”商标，兴建两条服装生产线，年产服装能力30万件，产品销往阿尔及利亚等国际市场。1996年，区直属企业市包装总厂因长期亏损，负债高达1600多万元，处于停产状态。经区政府牵线搭桥，私营企业市天义实业有限公司依法承债式兼并市包装总厂，安排286名息工职工上岗，恢复生产，扭转连续3年亏损的被动局面，为探索区街乡镇企业实行产权制度改革提供新路子。1998年，区政府出台《雨湖区企业体制改革攻坚方案》，鼓励支持采取参股、兼并、承包、租赁等形式，优化企业体制，促使30余家私营企业取得区街乡镇集体工业企业的经营权或所有权。16家市场广阔、经济效益好、发展潜力大的企业则通过股份制和股份合作制置换为民营企业。是年，区内有私营工业企业432家，从业人员14200多人。完成工业总产值0.85亿元，上缴税金1637.09万元，产值、税金分别比1993年增长0.89倍和8.01倍。

1999年后，三分之二的乡镇、区街企业进入私营企业行列。市属一些国有中小型企业在推进产权制度改革中，也有由私营企业租赁或兼并收购。区政府通过加大招商引资和扶植力度，优化经营环境，使区内30

多家私营(民营)科技型企业迅速发展壮大,成为区内工业经济的生力军。私营(民营)企业湖南东信棉业有限公司成立后先是落户区内金塘湾,租赁市二纺厂纺纱车间,安排二纺厂300多名息工职工上岗。2002年,其子公司湘潭东信棉业有限公司成立后,投入899万元对纺纱设备进行全面技术改造,使棉纱产量和质量有很大提升,年出口创汇300多万美元。是年,先锋工业经济园成立,以先锋企业集团所辖企业为基础,吸引科技型企业和战略投资者入园发展,形成产业和资本集聚效应。2003年,区委、区政府为加快民营经济的发展,颁发《关于加快民营企业发展的若干措施》,明确依托工业园区,主攻工业的发展思路,并从区财政预算中每年安排50万元作为民营企业发展扶植资金,鼓励促进民营企业做大做强。有21户民营企业落户先锋工业园。是年,区内有私营(民营)工业企业530家,从业人员24305人。完成工业总产值6.99亿元,上缴税金14810万元。其中规模企业28家,从业人员11232人,完成产值9.34亿元,上缴税金5604万元;全区工业产值、税金分别比1998年增长13.64倍和8.05倍。

2004年,私营(民营)企业统一称谓为非公有制企业。区内除1家企业外,其余全部退出集体所有制经济形式。2005年,市二纺厂破产后,由湘潭东信棉业公司收购,成为东信公司二分厂,专门生产中高档针织用纱;市锅炉厂破产后,由香港恒通公司整体收购;市船厂破产后,由新加坡华商收购,兴办市翔鹏船舶制造有限公司。恒盾集团、超宇科技、江大机械、一格制药等企业技术改造项目竣工投产,初步在区内形成机电制造、矿山设备、食品医药、新材料、农产品深加工5大产业集群。新发展规模企业18家,使规模企业总数达55家,规模企业实现工业总产值15.5亿元。全区年上缴税金过百万元的企业有16家,其中平安电气上缴税金1080万元,成为区内首家过千万元纳税大户。2006年,区委、区政府制定《关于加强引进战略投资者,发展壮大区域经济的意见》,对重点产业、引进对象和激励政策明确有关规定,全区实施投资上百万元以上技术改造项目44项,完成技术改造投资5.6亿元,取得科技成果7项,完成省市级科技计划16项。全区民营企业完成工业总产值33.62亿元,比上年增长37.2%。先锋工业园区拥有规模以上非公有制企业22家,完成工业总产值7.32亿元,上缴税金2559万元,形成以生猪和竹制品为核心的农业产业链和以平安电气为核心的矿山装备产业链两大主导产业。同时重点培育以一格制药为中心的生物医药企业和以江大机械、超宇科技等一批机械制造业,充分发挥工业园区的聚集效应,使非公有制经济强劲拉动园区经济的发展。是年,区内有规模以上非公有制企业70家,完成工业总产值23.62亿元,占全区工业总产值的70%,上缴税金7500万元。其中列入高新技术企业18家,实现高新技术产值10.59亿元,占全区工业总产值的31.4%。2007年,区委、区政府进一步规范工业园区管理,使项目、资金、技术、人才等生产要素向园区集中,培育骨干企业和鼓励科技创新,促进区域经济持续发展。是年,区内非公有制企业有342家,从业人员35008人。完成工业总产值49.41亿元,上缴税金2.90亿元,产值、税金分别比2003年增长2.97倍、0.96倍。其中规模以上非公有制企业88家,完成工业总产值40.99亿元,占全区工业总产值的82.8%。先锋工业园有规模以上企业26家,完成工业总产值12.7亿元,占全区工业总产值的25.7%,上缴税金7183万元,占全区工业上缴税金的24.6%。全区有高新技术企业24家,完成高新技术产值16亿元,占全区工业总产值的32.3%。

2007年雨湖区部分规模企业名录

12-1-5-1

企业名称	开办时间	主要产品	地址	占地面积（公顷）	建筑面积（平方米）	年产值（万元）	年纳税（万元）
湘潭平安电器集团有限公司	1963.1	矿山风机	先锋工业园	14.27	99997	26013	985.20
电力工程机械厂	1965.4	绞车等	楠竹山楠韶路	0.67	5000	1730	99.20
湖南一格制药有限公司	1968.5	水剂、冻干粉剂	先锋工业园	6.51	45507	11935.30	318.40
液压机械设备有限责任公司	1974.2	液压件	杨家湾	0.53	4500	939.60	16
中南自动化仪表厂	1978.2	仪器仪表	城正街	0.33	1500	1258	19.80
湖南超宇科技有限公司	1979.3	电焊机	先锋工业园	2.4	12258	1378.40	59.50
互感器厂	1980.5	互感器	潭衡路	0.77	5000	759.20	481.20
楠竹山综合机械厂	1984.2	机械配件	楠竹山罗金塘村	0.53	3750	839	64.80
真空电器厂	1986.10	电热毯	潭衡路	1	6900	2272	101.80
亨联纺织有限公司	1987.8	纺织	南岭北路	0.87	5500	1752	22.50
第三开关厂	1988.3	配电柜	繁城村	0.47	2100	2400	53.80
雨湖恒涛水泥制品有限公司	1990.10	水泥制品	十万垅大堤	0.33	1000	3953	12.50
恒安牵引电机电器有限公司	1990.10	牵引电机	韶山东路	0.23	1200	8942	763.70
牵引机车厂	1991.2	牵引机车及配件	草塘	2	14000	6961.30	313.20
永强防雨服饰有限公司	1991.2	雨伞、雨衣	南岭北路	0.6	550	953	78
精正设备制造有限公司	1993.1	发泡机	楠竹山罗金塘村	0.37	2800	5028.40	195

续 12-1-5-1

企业名称	开办时间	主要产品	地址	占地面积（公顷）	建筑面积（平方米）	年产值（万元）	年纳税（万元）
楠竹山煤矿	1993.2	煤	小东门	1.33	1200	1310	114
拉丝厂	1993.10	黑铁丝	红星村	0.53	2500	3424	0.
宏大真空设备有限公司	1993.12	锅炉设备	永红村	0.67	6500	6010	221.10
碧松纸业有限公司	1994.1	纸板	潭衡路	3.4	12000	14385	473.7
蒙哥饲料有限公司	1995.1	饲料	潭衡路	0.57	3200	8390	0.
永龙服装有限公司	1995.1	服装	320国道	0.65	4500	11820	9.70
电气设备制造有限责任公司	1995.1	施工控制设备	先锋工业园	0.4	3200	9062.40	643.2
江大机械制造有限公司	1993.7	机械加工	高岭路	2.81	19650	4460	136.9
雨湖区中心机床厂	1996.1	机械配件	先锋工业园	0.37	3500	4561	240.2
湖南乡里美食有限公司	1996.11	肉食制品	羊牯塘	6.8	46665	6050.8	33.4
湘互电器有限公司	1997.2	互感器	320国道	0.67	4800	4820.6	78.3
电力设备有限公司	1997.7	电器设备	先锋工业园	0.33	3000	1801.2	55.5
湘潭恒盾集团科技实业有限公司	1998.2	厨房用具竹制品	南岭南路	7.33	51383	16567	447.2
永恒机械制造有限公司	1999.1	电杆设备	楠竹山楠韶路	1.4	5000	4175.3	16
恒欣实业有限公司	1999.5	矿山运输装备	城正街	0.73	3500	1945	217
宏海电滋电线有限公司	2000.1	扁铜线	桃源路口	0.21	1500	1328.2	16.6
星达机电有限公司	2000.8	电机制造修理	伍家花园	2.67	9880	7738	78.5
丹祥化工电子有限公司	2000.8	硝酸钾	富强村	13.2	65000	4320.	820.6

续 12-1-5-1

企业名称	开办时间	主要产品	地址	占地面积（公顷）	建筑面积（平方米）	年产值（万元）	年纳税（万元）
湖南凌天科技有限公司	2001.2	空调及配件	先锋工业园	1.27	5000	1469	414.4
湘潭先锋集团有机复合肥有限公司	2001.6	复合肥	先锋工业园	3.11	20557	6874.3	5.3
湖南衡利重工机械有限公司	2001.7	机械加工	先锋乡金塘社区	1.12	3536	1489.2	257.1
科达工贸有限公司	2001.8	纺织袋	富强村	0.2	1020	3844	196.1
华瑞工贸有限公司	2002.1	阳极板	鹤岭镇红旗村	1.4	1000	1213.3	47.2
华宇科技有限公司	2002.1	软件开发	江麓	0.23	1800	1664.0	191.1
湘潭精锐达数控设备有限责任公司	2002.8	机床设备	草塘	0.33	2500	1985	165.2
雨湖区佳益锰制品厂	2003.1	锰铁	鹤岭镇七亩村	9.47	6300	1776.3	56.3
湘潭瑞普冶金设备制造有限公司	2003.4	非标准件	桐梓村	0.2	3000	6005	292.5
天友化工有限公司	2004.1	苯系列	鹤岭镇七亩村	0.53	5000	1996.5	62.7
至诚涂料有限公司	2004.1	涂料	老湘大路	0.37	3200	1580.0	154.7
馨园工贸有限公司	2004.1	食品加工	湘大新路	0.13	1300	2367	46.5
华业电解锰有限公司	2004.5	电解金属锰	鹤岭镇跃进村	1.8	12000	3348.0	20.0
华鑫阳极板厂	2004.6	阳极板、电器	十八总	0.1	1100	1740	70.0
鑫湘锰业有限责任公司	2004.8	电解金属锰	鹤岭镇冷水冲	2.4	18000	12511.7	0.0

续 12-1-5-1

企业名称	开办时间	主要产品	地址	占地面积（公顷）	建筑面积（平方米）	年产值（万元）	年纳税（万元）
宏丰肉类食品加工厂	2005.1	肉类制品	南岭南路	0.4	3200	3459.0	47.1
湖南惠天然化工有限公司	2005.1	红汞粉	繁城村	1	3500	3922	349.7
锐华电瓷有限公司	2005.7	电瓷电器	十八总	0.67	6300	1238	39.9
宏达脚轮配件制造有限公司	2005.10	万向轮	湘大新路	0.13	1100	4523	244.9
凤凰纺织袋厂	2005.8	纺织袋	城正街	0.1	1200	1510.0	174.9
汇丰合金有限公司	2005.12	铝锰合金	鹤岭镇七亩村	2.07	15000	4414.4	315.2
建发伟业混凝土有限公司	2005.12	成品混凝土	护潭乡湘竹村	0.53	1050	6216	623.7
九龙混凝土有限公司	2005.12	成品混凝土	繁城村	0.6	1200	4042	360.3
港胜机械制造有限公司	2006.1	机械加工	南岭路	0.07	600	1417	120.1
湘潭嘉顺机械有限公司	2006.1	印刷机	楠竹山罗金塘村	0.53	1300	978.1	63.4
湘潭鑫源自控设备有限公司	2006.1	电控设备	韶山西路	0.37	3400	2596	180
湘潭锅炉容器制造有限公司	2006.6	锅炉配件	草塘	0.73	15552	3240.0	194.7

附　非公有制规模工业企业选介

湘潭平安电气集团有限公司

湘潭平安电气集团有限公司(简称平安电气公司)前身为湘潭市防爆电器厂,始建于1963年,从事矿井通风机、配套电机及控制设备生产,从业人员不足100人,产值不过100万元。1988年后,企业通过全面整顿,建立健全各项规章制度,全面推行质量管理,确定以矿井、地下风机及电器控制设备为企业产品发展方向,首先对隔离型干式变压器、防爆型电扇组织技术力量改标改型获得成功,产品取得防爆合格证和安全标志准用证,畅销国内18个省市自治区。1995年,完成工业总产值1872万元,销售收入1600万元,实现利税122万元。企业晋升中〔2〕型企业,先后获得"湘潭市明星企业""湖南省经济活力百强企业""湖南省科技兴农创新奖""湖南科技示范单位"等荣誉。是年,更名为平安电气公司。1996年,公司坚持以诚信为本、质量第一的经营观念,建立以企业为主体、联合大专院校和科研院所共同参与的技术创新机制,并每年从销售收入中提取5%作为科研经费投入。先后研制出PYF系列消防高温排烟风机、2BKJ系列对旋隔爆风机,均获得"国家级重点新产品"证书。1998年,公司实行股份合作制改造。通过引进科技人才和依托大专院校、科研院所研发力量,相继研制出YBK56系列矿用地面抽出式轴流主通风机、BD-Ⅱ系列隔爆对旋轴流式主通风机、DBKJ系列多级对旋隔爆式局部通风机等产品,其中YBK56型矿用地面轴出式轴流风机获"国家级重点新产品"证书。2000年,公司抓住国家对煤矿"一通三防"(改善通风条件、防火、防尘、防瓦斯)安全改造更换主通风机的机遇,与西北工业大学联合制造具有世界一流水平的弯掠组合正交型三维扭曲叶片技术BD-Ⅱ系列隔爆对旋轴流式主通风机获"国家级新产品"证书,被科技部列入"国家技术创新项目"和"国家火炬计划"推广产品,并获得煤炭部"安全生产科技成果"二等奖。为扭转煤矿瓦斯突出、超限引发安全事故的现状,自主研发PA矿井通风监测与智能控制系统,项目被科技部列入"十五国家科技攻关计划",其子系列矿井智能局部通风系统通过技术协作攻关研制成功,填补国内空白。2005年,公司投资1200万元建成9798平方米1号车间,安装喷漆房和2条流水装配线设备,拥有大、中型设备及精密机床300多台套,生产矿用地面抽出式轴流主通风机、对旋隔爆轴流式局部通风机、隔爆对旋轴流式主通风机等8大系列360余种规格,以及配套防爆电器、电控设备和隧道、地铁风机等产品,成为国家火炬计划湘潭机电一体化产业基地首批骨干企业。平安电气公司获得"全国煤炭机械工业优秀企业"和"湖南省重点高新技术企业"荣誉称号,董事长陈重新获得"湖南省劳动模范""湖南省优秀非公有制经济企业家"和"全国煤炭机械工业优秀企业家"荣誉称号。2006年,公司与先锋工业经济园签署入园用地合同,购地4公顷新建厂房,实施国家"瓦斯抽采矿井的风流监测与智能控制关键技术研制开发"科技专项工程,总投资7800万元。2007年,公司占地14.27公顷,建筑面积99997平方米,拥有固定资产1.93亿元,29项专利技术,员工500多人,完成工业总产值2.6亿元,实现利税4263万元,缴纳税金985万元,保持矿山装备产业龙头地位。

湘潭电气设备制造有限责任公司(三弘重科)

湘潭电气设备制造有限责任公司原名为湘潭市矿山电控设备厂,1979年12月成立,从事电器元件和电气传动设备制造与销售。1993年,改称湘潭电气传动设备厂,为私营企业。1995年,改制为湘潭电气设备制造有限责任公司(简称湘潭电气设备公司)股份制民营企业。是年,完成工业总产值980万元,实现税收77.6万元,利润67.9万元。1996年,公司与中国科学院、清华、北大等科研院所建立产学研合作关系,成立湘潭电气传动研究所,先后投资1370万元建立生产基地和承担国家、省级科技计划重点项目研发任务。相继研制出电缆保护柜、挖掘机成套电控设备、调速电控设备、成套电气设备及配件和高频臭氧给排水处理装置,取得多项专利技术。公司通过ISO9001质量体系认证,先后获得"湖南省明星民营科技企业""湖南省质量信得过单位"等荣誉。2001年,湘潭电气设备公司实施"名牌"战略,建立完备的质量管理体系,以市场为导向加快产品更新换代,在取得22项高新技术产品、39项国内专利技术的基础上,实施以挖掘机(电铲)电控设备和牙轮钻机交流变频调速电控设备为龙头,推进电气、电控产品系列化、多元化,带动空气原热泵和冰蓄冷技术新型环保产业的发展。生产的"湘控"牌矿用挖掘机、牙轮钻机、矿井提升机成套电控设备及电气设备、高低压开关设备、电动机起动设备等专用控制设备和专用电器元件,除满足国内市场需求外,还销往俄罗斯、蒙古、越南、巴基斯坦、朝鲜等海外市场。"湘控"商标被评为湖南省著名商标。2004年,公司注册成立湖南三弘重科机械制造有限公司,完成"交流变频调速技术在牙轮钻机中实现挖掘机特性的研究与开发"科研项目,通过省级鉴定,获市科技进步一等奖。公司投入2300余万元进行产业园区建设,以满足电气设备制造产量迅速提升,为新兴产业发展夯实基础。2005年,三弘重科公司完成工业总产值3250万元、实现税收256万元、利润224万元,分别比2000年增长63.6%、64.1%、64.1%。公司成为国家火炬计划湘潭机电一体化产业基地首批骨干企业。2006年,以三弘重科名义投资1.2亿元,占地9.4公顷的"空气源热泵与冰蓄冷技术建设"项目和以湘潭电气设备公司名义投资6199万元、占地3.1公顷的"电力电子与新型电机建设项目",经湘潭市发改委备案立项,选址落户九华经济区建设。2007年,三弘重科公司拥有总资产6900万元,其中固定资产2978万元,从业人员193人,完成工业总产值9062万元,实现利税1348万元,上缴税金643万元。是年,公司被科技部授予"中国优秀民营科技企业"称号。

湖南凌天科技有限公司

湖南凌天科技有限公司的前身是湘潭市华东电器开关厂。1988年10月,浙江省洞头县有志青年林宣豹、林宣军、林汉柱、陈碎光合资在雨湖区城正街通济门巷10号一间五保户曾经住过的房内创办委办企业,林宣豹任厂长,从事自动空气开关DZ10系列及高低压开关柜成套设备生产,员工10个,年产值30万元。

1991年,企业逐步发展壮大,厂址迁至城正街281号(原湘潭县新华书店),面积近400平方米,生产DZ20自动空气开关系列,是年完成产值100万元,开全市委办企业之先河。1992年,更名为湘潭市低压开关厂,1994年获中国机械工业部颁发的生产许可证,企业步入"快车道",产值登上500万元台阶,创湘潭市委办企业新纪录。是年,企业成立全市第一个委办企业中共支部,林宣豹改任书记,林宣军继任厂长。2001年,企业迁至护潭乡富强村原顺风空调股份有限公司内,面积10000平方米,是年12月18日,企业更名为湖南凌天科技股份有限公司。公司主业转型为集地源热泵产品研发与制造、能源测试与系统设计、机电工程安装、区域能源投资及合同能源管理于一体的节能环保企业。2002年5月,地源热泵中央空调被国家财政部列入《当

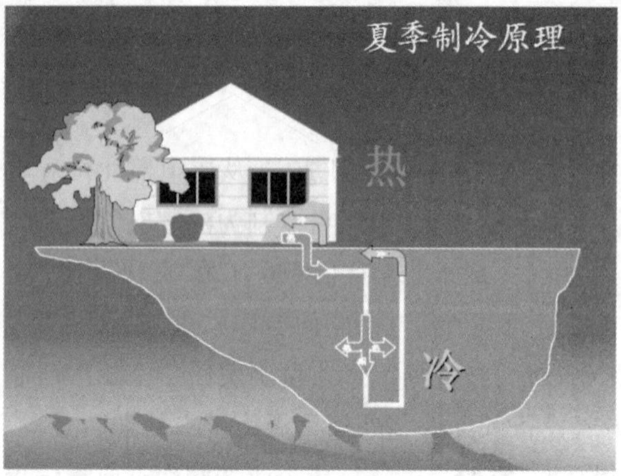

前国家鼓励发展的环保产业设备(产品)目录》。2004年10月,以湘潭市中心区人工湖地表湖水为能源,在市委、市人大、市政府、市政协、市广电中心等5栋大楼内率先安装地源热泵中央空调,建成全国最大的地源热泵中央空调示范基地。2006年11月,公司“南方地区建筑节能与室内环境控制集成技术研究项目”被省委、省政府授予“湖南省科学技术二等奖”。2007年,建筑节能基础理论与区域供冷关键技术研究与运用项目获得国家科学技术进步一等奖。是年11月,被省政府确定为“全省利用信息技术改造和提升传统产业试点企业”。是年,综合产值7000万元,综合销售收入6500万元。2008年,被确定为国家高新企业。2009-2014年连续5年获“中国地源热泵系统集成十强企业”称号。公司注重产、学、研结合,先后与清华大学、中国矿大、中南大学、湖南大学、湘潭大学、湖南科技大学等高等院校及科研机构合作,成立省级地源热泵工程技术研究中心,共参与科研项目30余项,已获得专利权的47项,已转化为生产力的专利23项。公司是湘潭浙江商会会长单位,公司董事长林宣军为湘潭市第十三、十四届人大常务委员会委员。

湘潭神龙实业有限公司

1995年1月,本籍人士龙碧玉(女)、曹祖瑛夫妇投资100余万元在雨湖区潭衡路13号创建私营企业湘潭神龙实业有限公司(又称市永龙服装有限公司,下同),注册“神州龙”商标,兴建两条服装生产线,从事服装研发和生产销售。是年,“神州龙”服装销往阿尔及利亚等国际市场。1998年,公司获自营进出口权,董事长龙碧玉赴阿尔及利亚考察境外投资设厂。2000年,公司经国家外贸部批准在阿尔及利亚首都阿尔及尔创建“中国龙鹏进出口公司”,投入100多万元设备,建立1个服装加工厂和3个自营商场,派出管理和技术人员18名进行生产经营管理。通过产品拓展延伸,形成西服、西裤、领带、T恤、休闲夹克、休闲裤、皮带、皮包等系列产品。11月,李鹏委员长访问阿尔利亚期间,接见龙碧玉等中方人士。是年,公司生产“神州龙”服装30万件套,完成工业总产值2000万元,创外汇48万美元。2001年,公司进一步壮大发展,生产“神州龙”服装40万件套,完成工业总产值2800万元,创外汇148万美元。2002年,朱镕基总理访问阿尔及利亚接见公司员工。2004年,胡锦涛主席出访阿尔及利亚,中国龙鹏进出口公司总经理曹伟受到胡锦涛接见。是年,生产“神州龙”服装50万件套,完成工业总产值4200万元,创外汇485万美元。2005年,“神州龙”系列服装通过ISO9001质量体系认证,被中国轻工业产品质量中心检验评为“中国优质产品”。公司拥有生产厂房6000余平方米,12条先进服装生产线,形成年产“神州龙”服装100万件套生产能力。是年,生产各类衬衫、唐装、西装、休闲服、T恤衫等70余万件,完成工业总产值5000万元,出口创汇580万美元,分别比2000年增长1.33倍、1.5倍、11.08倍。公司成为区内服装工业产量和出口创汇的支柱企业。2006年,公司服装出口创汇437万美元,成为全市非公有制企业出口创汇大户之一。2007年,公司工业总产值达到1.18亿元,上缴税金97万元。

湘潭东信棉业有限公司二分厂

湘潭东信棉业有限公司(以下简称东信公司)是湖南东信集团有限公司的下属全资子公司,注册资本为

500万人民币，法人代表高骅。东信公司的前身为佛山伟信纱业有限公司，1995年后开始与湘纺有大宗业务往来。1998年，湘纺宣告破产后，高骅与湘纺资产启动筹备小组及湘纺剥离出来的二级机构合股成立湘潭同人有限公司租赁湘纺纺部厂房和设备，代理加工佛山伟信公司所需要的产品。1999年8月，高骅私人在湖南省工商局注册成立湖南东信棉业有限公司，租赁市二纺厂。2002年1月，高骅在境内注册成立湘潭东信棉业有限公司后，由湘潭东信棉业公司继续租赁市二纺厂，投入899万元对二纺厂纺纱设备进行技术改造，使针织用纱产量和质量有很大提升。2005年2月，东信公司以2000万元整体收购市二纺厂生产区，作为湘潭东信棉业公司下属二分厂。投入1611万元购进电子清花设备1套、FA213型梳棉机6台，同时对A272型并条机、A513型粗纺机、A513W型细纱机等设备进行改造，提高产品档次和质量，安排市二纺厂400余名职工上岗。到2005年，湘潭东信棉业公司拥有棉纺锭21万锭、布机2020台及年产1亿米印染布生产线规模。5年来，累计产棉纱64141吨，坯布 18764万米，实现工业总产值10.6亿多元，上缴国家税金2633万元，安排从业人员7000余人。2006年，根据市政府协调，湖南东信集团对原湘纺实施整体收购，由东信公司按照市场法则，在经营上改革、技术上改造、产品结构上调整，经营业绩达到历史最好水平，获得全市非公有制企业上缴税收前十名，被市政府评为市新型工业化标志性企业。2007年，东信公司有从业人员3325人，生产各类棉纱16826吨，坯布 4827万米，实现工业产值6.01亿元，上缴税金1930万元，获市非公有制纳税贡献一等奖。

湖南恒盾集团有限公司

湖南恒盾集团有限公司（简称恒盾集团）前身为湘潭市恒盾（集团）制品总厂，1998年成立后，开发出竹砧板投放市场，产品远销广东、广西、上海等地，使竹子价值由每吨310元陡增到2800元。2001年，恒盾（集团）制品总厂改制为股份制民营企业，更名为湖南恒盾集团有限公司。为使企业做大做强，恒盾集团先后投入8000余万元在先锋工业园区置地7.33公顷，新建厂房建筑面积3万余平方米和5条生产线，以竹制品厨具为龙头，开发竹系列产品。公司坚持以市场为导向，以质量树品牌，以创新促发展的经营理念，走“产学研”发展道路，与湖南农业大学、中南林业科技大学、省林科院等大学和科研院所建立长期的技术合作关系，提高企业科技创新能力。2003年，恒盾厨具产值达6451万元，实现利税160万元。是年，恒盾集团分别通过ISO9001质量体系认证和ISO1401环境管理目标体系认证，取得57项国家专利授权。2005年，恒盾集团利用年消耗3000-4000吨楠竹加工竹砧板剩余边角尾料，建设一条年产1000吨竹元素饮料生产线。是年生产600吨饮料，被指定为第十届亚洲游泳锦标赛跳水比赛饮品。2006年，恒盾集团竹制品已形成以楠竹为原料制造竹砧板、竹工艺品、竹汁饮料、竹纤维及楠竹原材料基地的产业链。“恒盾”“竹元素”商标被省工商局评为省著名商标，“恒盾”牌竹制品被省质监局评为湖南省名牌产品，形成五大系列70余个品种。“恒盾”牌产品在国内外建有300余家经销商网络，企业取得自营进出口权，有30余种产品成功挤入欧美澳等20余个国家和地区。是年，完成工业总产值1.3亿元，上缴税金302万元。到2007年，通过近10年的发展，恒盾集团下辖恒旺日用制品有限公司、恒峰农业开发有限公司、恒源食品饮料有限公司、恒盾科技实业有限公司、怀化恒裕竹木开发有限公司、城步恒润竹木制品有限公司等6家子公司和拥有9家控股生产分厂，年产优质竹砧板2000万块、竹制品工艺品4万套、竹汁饮料2万吨的生产能力，成为集科、工、贸于一体的民营股份制科技型企业。拥有总资产1.3亿元，其中固定资产9000万元，完成工业总产值1.65亿元，上缴税金447万元，成为先锋工业园区国家级竹产业化龙头企业及省持续高效农业产业化科研开发示范单位。

湘潭变压器有限公司

湘潭变压器有限公司(简称变压器公司)前身为湘潭市变压器厂,坐落在中山路自力街,1970年建厂,系街办集体所有制企业。1988年,生产区建筑面积有4000平方米,从业人员90人,主要生产SJ1、S7等型号的变压器,年产值300万元。1998年,通过采用新型绝缘材料和新工艺,先后成功研发出S9型、SZ9型节能变压器。其中S9型系列油浸式变压器,产品性能达到国际同类产品水平,被能源部指定为"九五"全国电网改造专用产品系列。2001年,实行产权制度改革,由集体所有制企业置换为股份制民营企业,更名为湘潭变压器有限公司。是年引进德国MORA公司H级干式变压器生产设备及技术,生产出SGB10型非封包型干式变压器系列产品。该产品适用在防火性能要求极高及湿热度大和化学污染严重、通风不良等恶劣环境下工作,被广泛用于高层建筑、地铁、矿山、冶炼、船舶等领域,填补中南地区环保干式型变压器产品空白。2002年,公司先后通过ISO9001-2000质量体系认证和ISO14001环境管理国际标准体系认证,相继开发出S9-M系列全密封油浸式变压器、S11-MR卷铁芯全密封配电变压器、ZGS9-Z(H)组合式变压器、YBM-12/0.4(FR)/T型高/低压预装式变压器等新产品。其中高/低压预装式变压站为满足电力城网建设需要自行设计的,产品结构紧凑、造型美观、占地面积小、维护和移动方便,适用城市高层建筑、住宅小区、宾馆商场,以及机场码头等户内外场所运行。公司在高新区置地近3公顷,新建厂房20000余平方米,改善生产条件加快企业发展。2007年,公司通过研发新产品和开拓市场,能生产电压为35千伏级、容量为63000千伏安以下各等级容量的电力变压器、整流变压器、电炉变压器、矿用变压器、防雷变压器、箱式变压器、全封闭变压器、单相变压器及新型环保干式变压器等30多个系列600余种规格的变压器产品。是年,公司经过新一轮扩建拥有固定资产6000多万元,占地6公顷,生产建筑面积30000余平方米,有职工180多人,完成工业总产值4000万元,实现利税419万元,成为国家变压器定点生产厂家之一。

湖南一格制药有限公司

湖南一格制药有限公司(简称一格制药)前身为湘潭市制药二厂,1977年市计委批准建厂,时称湘潭市生物化学药厂,隶属市卫生防疫站管理,研制生产出春花牌人胎盘组织液、人胎盘脂多糖等胎盘系列产品。1980年,企业改由市医药管理局管理,并易名为市制药二厂,生产胎盘脂多糖和胎盘组织注射液、人胎盘液、灭菌注射用水、复方丹参片等产品。1988年,市制药二厂开发出注射用胸腺肽、注射用转移因子、凝血酶冻干粉等化学药品和中成药。是年,有职工102人,完成工业总产值724万元,实现利税83.5万元。1993年,市制药二厂新研发出主治毒性角膜炎等病的聚肌胞注射液,年生产能力1万支。1997年,市制药二厂被深圳锦盈投资有限公司湘潭分公司(私营企业)承债式整体并购,接续原有企业名称继续生产原有医药产品。2001年,市制药二厂更名为湖南一格制药有限公司,为股份制民营企业,投入6000万元整体搬迁至先锋工业园。是年,冻干粉针剂、小容量注射剂、生物制品小容量注射剂(人胎盘组织液、人胎盘脂多糖)等通过药品GMP认证。为提高科技创新能力,一格制药坚持走"产学研"相结合的道路,与中国药科大学、中国医学科学院

生物技术研究所与药物研究所、中国药品生物制品检定所、上海医药工业研究院、中国中医科学院、湖南医药工业研究所等单位长期合作，并对人胎盘脂多糖、人胎盘组织液、胸腺肽、转移因子、凝血酶、人胎盘片等具有自主知识产权的药品，申请专利和商标保护。2007年，一格制药已成为先锋工业园区重点扶植的生物医药产业的龙头企业，主要产品有人胎盘脂多糖注射液、人胎盘组织液、注射用胸腺肽、炎琥宁、左卡尼汀、盐酸甲氯芬脂等，以及凝血酶冻干粉、人胎盘片、血塞通分散片等，产品畅销全国，部分产品出口欧美及东南亚国家。是年，一格制药占地面积6.51公顷，建筑面积45500平方米，拥有固定资产1.61亿元，从业人员152人，完成工业总产值1.19亿元、实现利税2192万元，其中上缴税金318万元。

湘潭城郊置业有限公司

湘潭城郊置业有限公司(现天元置业有限公司)成立于1986年3月，位于熙春路17号，原名湘潭市郊区房屋土地综合开发公司，1992年10月，更名为湘潭市城郊房地产开发总公司。2005年，获“中国企业最佳开拓力团队奖”。2006年，评为“湘潭市诚信建设示范单位”。2007年，完成股份制改造，成立湘潭市城郊置业股份有限公司。公司有管理人员118人，其中高级职称8人，中级职称50人。公司下设潭州建筑工程有限公司(国家二级总承包企业)，城郊物业管理公司(国家二级)，8个开发部、2个农贸市场，是一个集开发、建筑、物业管理为一体的综合性开发企业，已发展成为拥有总资产4.9亿元的国家一级房地产开发企业。至是年底，公司已累计开发房屋建筑面积170多万平方米，先后开发“温馨花园”“五景花园”“泗洲绿园”“香樟园”等项目，“香樟园”被评为“湘潭市2007年全国健康住宅示范小区”。公司先后被评为“2007年度中国房地产业500强企业”“湖南省房地产品牌企业十强”“湖南省房地产开发企业诚信单位”“湘潭市非公有制企业纳税特等奖”，连续10年成为湘潭市、雨湖区的纳税大户。公司董事长刘建元先后担任省、市不动产业商会会长，湘潭市房地产协会会长，湘潭市第十二届、十三届人大代表，中共湘潭市第九次、十次、十一次党代表、中国企业合作促进会副会长。荣获“湖南房地产十大风云人物”“中国房地产百杰”“中国房地产行业优秀经理人”“当代湖南杰出经济人物”称号。

晨辉建工集团公司

晨辉集团公司是经国家工商行政管理总局核准为无行政区划的民营企业集团，位于宝庆路9号，公司前身为湘潭市雨湖区昭潭乡泥木队。1998年8月，按现代企业改制为民营股份制企业。公司下属“晨辉建筑工程有限公司”“晨辉房地产开发有限公司”“晨辉物业管理有限公司”“晨辉建筑劳务有限公司”，注册资本1.40亿元。经营范围涉及建筑、房地产开发、物业管理、劳务、塑料制品、装饰、商贸、投资等多项领域。拥有国家一级建筑施工总承包、国家二级房地产开发和国家三级物业管理等资质。有员工500余人，其中高级职称19人、中级职称141人。至2007年，公司先后开发“沁园小区”“滨湖小区”“迎宾小区”“兴和小区”等14个楼盘，开发房屋建筑面积48万平方米；正在开发的“白石·古莲城”位于白马湖畔，开发总建筑面积近100万平方米。企业先后获“湘潭市房地产先进单位”“湘潭市纳税大户”“AAA级信用企业”等荣誉称号。公司董事长张光辉。

阳光房地产开发有限公司

阳光房地产开发有限公司成立于1998年7月，位于韶山西路黄花塘阳光山庄，注册资本2000万元，系国家二级开发企业，在册职工128人，其中高级职称4人，中级职称67人。公司下属湘潭市阳光建筑工程有限公司（国家三级资质），湘潭市阳光物业管理有限公司（国家物业管理二级），阳光山庄幼儿园（省级示范性幼儿园）。实行房地产开发、建筑工程、物业管理、幼儿教育四位一体的经营模式。先后开发阳光住宅小区，阳光山庄一、二、三期工程，富洲路拓宽改建工程等。至2007年，累计投入开发资金2.5亿元，开发房屋建筑面积35万平方米，上缴国家税金1800万元。公司先后获"中国企业最具生命力团队奖""湘潭市房地产开发优秀企业""湘潭市工程质量管理先进单位""湘潭市模范纳税大户""湘潭市重合同守信用单位"等称号，所开发的阳光山庄获得"湖南省优质工程""国际（湘潭）花园社区""湖南省十大名盘""省级园林示范小区""湘潭市最佳楼盘、最佳户型"等称号。公司董事长谭晓磊。

湘潭大同世界实业股份有限公司

大同世界实业股份有限公司成立于1997年，位于大同东路1号，是经湖南省体改委、湖南省工商局注册登记的募集式股份有限公司，注册资金5149万元，有资产2.3亿元，已发展成为以房地产开发为主，集建筑施工、物业管理，住宅设计为一体的集团化股份公司。由湘潭市大同世界房地产开发公司（国家二级开发资质）、湘潭市中孚房地产开发有限公司（国家三级开发资质）、湘潭市大同世界建筑工程有限公司（国家建筑三级资质）、湘潭大同世界物业管理公司（物管三级），湘潭市住宅设计所联手组成。有在册职工106人，大专以上学历占员工总人数的90%。至2007年，累计开发房屋建筑面积84.9万平方米，先后开发"大同花苑""百姓家园""天鹅小区""锦绣湘江一期、二期、三期"等住宅小区。公司先后获"湖南省诚信单位""湖南省守信用单位""AAA级信用等级单位""房地产开发企业先进单位""湘潭市质量安全管理先进单位"等称号。公司董事长陈卫文。

湘潭万润房地产开发有限公司

湘潭万润房地产开发有限公司前身为湘潭万润实业有限公司，成立于1998年，台商独资企业，注册资本241.7万美元，经营范围为房地产开发（二级资质）。公司位于雨湖区宝庆路，有员工120人，主要开发金源住宅小区和韶山华龙山庄大酒店。至2007年，累计竣工商品房56栋，32万平方米；累计完成投资2.6亿元，实现销售收入2.3亿元，上缴国家税收2000多万元，是湘潭市涉外企业中的纳税大户。公司先后被评为守信用企业、市级重合同守信用单位、湘潭市诚信单位等称号，是年，获发展非公有制经济纳税贡献三等奖。公司董事长易铁军。

第四节 中央、省、市驻区企业

1988年，境内有江南机器厂（简称江南）、江麓机械厂（简称江麓）、湖南纸浆模塑厂等3家部属企业；湘潭锰矿（简称湘锰）、湖南省第三建筑工程公司（简称省建三公司）、湖南省煤田地质勘探机械厂（简称省煤勘机厂）、中国有色金属湖南地质勘探公司236勘探队（简称236队，后迁入岳塘区）等4家省属企业；市柴油机厂、市锅炉厂、市针织厂、市二纺织厂、市无线电厂、市合成化工厂、市轻工机械厂、市塑料一厂、市彩印厂、市开关厂、市酒厂、市面粉厂、市制革厂、市服装一厂、市制鞋厂等56家市属企业。产业涵盖冶金、机械、电器、电子、纺织、化工、食品、轻工、二轻、医药、建筑、建材、塑料、皮革等14个行业。主要产品有锰粉、金属锰、冶金焦炭、压路机、塔吊、施工升降机、微型汽车、钙镁磷肥、城市煤气、冶金非标设备、工业锅炉、柴油机、压缩机、输配电及控制设备、电器元器件、通用基础件、机床、工具模具、船舶制造、高低压阀门、棉纱、经纬编化纤面料、人造毛皮、针棉织品、服装鞋帽、电子制品、黑白电视机、五金制品、竹木制品、皮革及制品、塑料制品、饮料食品、调味品等门类1200多个品种。在驻区63家中央、省及市属企业中，国有企业26家，集体企业37家。其中大型企业3家，中型企业9家，小型企业51家。共有从业人员4.3万人，完成工业总产值约11.8亿元，实现税收1.07亿元，是区域经济基础和促进区内工业发展的主导产业群体。

1989年，驻区中央、省、市属企业，推行厂长负责制和试行以“两保一挂”（保财政上交、保固定资产投入和职工工资与经济效益挂钩）以及“上交利润递增包干”为主要内容的承包经营责任制，取得较好成果，绝大多数企业3年综合承包指标超额完成，经济效益普遍提高。市柴油机厂被省政府授予“省级先进企业”称号。1990年后，受国外经济制裁的影响，驻区国有企业和市属集体企业遭遇市场疲软、银根紧缩、原材料涨价的冲击，普遍出现产品积压、资金回笼缓慢、经济效益滑坡等困难。驻区企业采取进一步深入内部改革，继续推行承包经营责任制和劳动、人事、分配三项制度改革，强化内部管理，加大技术改造投入，开拓市场，节约挖潜，努力提高经济效益，改善经营状况。江南引进日本铃木公司ALTO奥拓微型轿车生产技术，成立汽车工程指挥部，投资2980万元购置设备576台（套）、自制非标设备118台（套），建成焊接、涂装、总装和检测4条生产线。江麓投资2282万元实施压路机技术改造项目，投资286万元对塔吊大件机加工生产线、铸件生产线、标准节生产线进行专项技术改造，提高W1102D型全液压振动式压路机和塔式起重机批量生产能力。市锅炉厂开发出热效率高、余热回收利用、适用燃多煤种的节能环保型快装链条、水管链条及循环流化床等锅炉，获得国家“双新展览交易会”银奖。市柴油机厂175A型柴油机获“全国首届科技贷款成果金箭奖”，185型柴油机被机械工业部评为部优产品，开发的R170、R190型柴油机新产品通过部级鉴定，达到国际同类产品先进水平，填补了省内空白，企业管理工作晋升为国家二级企业，被省政府批准列入“实行放开经营、投入产出总承包”第一批试点企业。市工矿药厂从天津化工研究所引进氯酸钾生产技术，在响水乡朝花村投入700多万元新建2套年产共6000吨氯酸钾生产装置，产品主要销往浏阳、醴陵、安徽、台湾以及东南亚、巴西、美国等地。但由于受国内经济形势不景气影响，驻区企业在与市场经济接轨中凸现的各种矛盾和弊端，严重制约生产经营和经济效益，多数企业出现亏损，部分企业被迫停产息工。湘潭锰矿由于受多种因素影响，1994年亏损4249万元，成为省属特困企业。1995年，驻区国有企业和市属集体企业按照市委提出的“强工富市”发展战略，开展以成本管理为核心，以质量管理为重点，以现场管理为基础的“企业管理年”活动，按“一厂一策”采取节约挖潜、增收节支措施努力实现扭亏增盈目标，并探索产权制度改革推进建立现代企业制度，寻求各种解困的办法。是年，驻区中央、省、市属企业共63家，从业人员3.9万人。完成工业总产值23.1亿元，实现税收1.21亿元，产值、税收分别比1988年增长0.96倍和0.13倍。

1996年后，驻区国有企业和市属集体企业多数陷入经营困难，资金匮乏，亏损增加，工资发放困难，企业陆续停产。市政府出台《湘潭市国有企业破产有关政策规定（试行）》《关于执行〈湘潭市国有企业破产有关政策规定（试行）〉的补充意见》，对一些产品无市场、设备老化、扭亏无望、资不抵债的企业实行破产的举措。驻区市低压电器厂、市压缩机厂、市高压电器厂等企业抓住湘潭市被列为“全国优化资本结构试点城市”的机遇，按照市政府“依法破产、规范操作、突出重点、积极稳妥”的工作方针，先后依法破产；市锅炉厂、市阀门厂等企业实行股份制改造，市合成化工厂因年亏损1000余万元，被迫全面停产。1999年，湘潭锰矿克服资金紧张、市场疲软、设备老化等困难，强化调度指挥、精心组织生产，挤出资金实施设备填平补齐改造，开展科技攻关，先后开发出高纯度电解金属锰、碱性二氧化锰等新产品，狠抓节能降耗和高炉煤气灰、尾矿资源开发利用，是年完成工业总产值2.96亿元，实现利润100万元，出现经营状况好转回升。省政府批复同意湘潭锰矿依照《中华人民共和国公司法》改组为国有独资公司，更名为湘潭锰矿集团有限公司。此次改革，未能触及产权制度，未能阻止锰矿走入破产绝境。市无线电厂在市政府指导下，改制为国有控股(51%)和职工个人集资参股(49%)的股份制企业，更名为湘潭无线电有限责任公司。2000年，江南奥拓微型轿车由于档次低缺乏市场竞争力，仅年产343辆。江麓转换经营机制成立江麓工程机械有限公司和江麓建筑机械有限公司，分别专业从事压路机和塔吊生产，与国防科技大学共同承担开发国家"863计划"科研项目"高性能无人驾驶中重型振动压路机"任务，研制出W1102DZ无人驾驶压路机，通过国家专家组验收，产品填补了国内空白。江麓还研发出6种型号振动式压路机和双钢轮压路机，以及4个系列8种型号的塔式起重机，其中W1803D/PD振动式压路机获"国家重点新产品"证书。为减轻湘潭锰矿债务负担，在省市政府协调下湘潭锰矿与华融资产管理公司、国家投资公司分别签订10500万元债转股协议和1500万元生产经营性建设基金转国家资本金协议，增强企业活力。是年，驻区中央、省、市属企业共54家，从业人员3.4万人。完成工业总产值18.9亿元，实现税收8801万元，产值、税收分别比1995年下降18.2%、27.2%。

2001年，市委、市政府提出"以产权制度改革为核心，以化解债务问题为前提，以盘活资产为途径，以安置职工为重点，以创新制度为目标"的基本思路，制定企业改制相关政策和实施细则，积极稳妥推进企业改制进程。民营企业市合力焦化有限责任公司成立后，租赁市合成化工厂城市煤气工程，恢复冶金焦和城市煤气生产。湘潭锰矿由于矿石资源开采困难，设备老化，资金匮乏，冶炼生产线被迫全部停产。2002年，省政府高度重视湘潭锰矿严重亏损且扭亏无望，资不抵债的实际情况，将其申请列入全国计划性破产项目，得到国务院正式批准。江麓实行公司制改革成立"江麓机械集团有限公司"，民品开发进入快速发展阶段，YZLK20型城市垃圾压实机、W1102DZ高性能无人驾驶大吨位压路机和QTZ315大型塔式起重机各项指标达到国际同类产品先进水平，被列入国家重点技术创新项目和国家重点鼓励发展的环保产品目录；变频式施工升降机、拖式混凝土输送泵和高速铁道专用转运龙门吊等产品应用范围扩大，产品技术水平保持国内领先地位。江南在转换经营体制中实现民品投资主体多元化，吸纳浙江吉利汽车有限公司等3家民营企业的资本进行股份制改造，组建"湖南江南汽车制造有限公司"，盘活国有资产促进小轿车产业发展。2004年，由于职工安置政策进一步完善和规范，驻区国有企业和市属集体企业改制工作明显提速。市二纺厂、市合成化、市冶金化等企业破产后，分别由湘潭东信棉业公司、市合力焦化有限公司和上海惠天然投资有限公司(收购后企业更名为湖南惠天然化工有限公司)整体收购，延续原有产品生产，原有职工得到妥善安置。2005年，湘潭锰矿启动破产程序。江南、湖南纸浆模塑厂、二十三冶一公司实行主辅分离移交办社会职能后，江南民品生产系统(分厂、公司)、湖南纸浆模塑厂等中央或省属企业实施破产或终结破产程序。湘潭锰矿电解分厂职工自筹资金成立湘鹤电解材料有限公司，进行生产自救。2007年，驻区国有工业企业基本完成改制任务；驻区中央、省属大、中型企业的社会事务职能剥离全部完成；市属国有中小企业和部分市属集体企业通过破产改制成功实现"两个退出"，有的通过资产公开拍卖，由民营企业整体收购保留和扩大产量，有的通过招商引进投资者，实现"退二进三"，成为房地产开发用地或城市建设用地。经过改革改制，中央、省、市驻区企业共21家，其中有江南机器(集团)有限公司、江麓机械集团有限公司、中国二十三冶集团第一工程有限公司等3家部属企业，省建三公司、湖南省煤田地质勘探机械厂2家省属企业，市属国有企业仅剩市无线电有限责任公司1家企业，以及10多家"三无"(无资金、无土地、无自有房产)集体企业待破产改制。是年，在驻区中央、省、市属企业中，共有从业人员3.05万人。完成工业总产值34.1亿元，实现税收1.85亿元，产值、税收分别比2000年增长80.4%、110.2%。主要生产微型轿车、汽车零部件、压力容器、航模、工业泵、机电机床设备、缝纫设备、各型压路机、塔式起重机、桥式起重机、施工升降机、拖式混凝土输送泵、垃圾实压机、粉末冶金压力机、工具模具、农机具等工业产品，以及建筑安装施工业务。区内国有工业企业和市属集体企业在深化企业改革和向市场经济转型中,实现“有退有进”和做大做强的目的。

附 中央、省、市驻区企业选介

江南机器(集团)有限公司

江南机器(集团)有限公司原名江南机器厂,成立于1952年10月,由汉阳新新工业公司、武汉实验工厂、株洲兵工厂一部分、柳州兵工厂一部分组成,选址在湘潭县云湖桥设厂,“一五”计划期间,被国家列为156个重点建设项目之一的企业。到1985年年末,江南机器厂拥有总资产13479万元,其中固定资产7498万元,各类设备4070台(套),职工10036人。1988年,在“保军转民,军民结合”的转型中,把民品生产作为增强企业活力的着力点,深化内部改革,先后开发电风扇、洗衣机、农机具、超微车等产品,投资623万元引进意大利利满地公司缝纫机生产线,形成年产包缝机1万台能力。1989年2月,企业在由改革杂志社、中央电视台、中央人民广播电台举办的“全国企业十年改革创新奖”评比活动中,荣获“改革创新杯”,厂长宋国良被国务院授予全国劳动模范并荣获“五一劳动奖章”。1992年,出现生产经营困难,企业及时转换经营机制,大力组织民品开发,以江南奥拓车、工业包缝机为主导,对各分厂、实体公司放权搞活,分兵突围,形成10余项系列近300个品种民用产品。1994年,建成年产1万台微型碾米机总装生产流水线,“金箭”牌农用微型碾米机相继取得国家专利产品、国家监制产品、国家农机推广产品等证书,还获得省科技新产品和全国星火成果金奖。1996年后,通过ISO9000质量体系认证,江南奥拓微型轿车国产化率达80%,成为兵器工业集团公司所属的大型一类企业。2000年,着力进行产品结构调整,先后投资6832万元,购进高精、大型、数控、加工中心设备104台套,建立汽车、汽车零部件、压力容器、航模、缝纫设备、机电机床设备等6大类民品生产系列,先后开发出轴承套圈双端面磨床、沟槽自动车床、卧式压力机、五轴数控钻尖磨床和凸轮磨床、薄刀分切压痕机、钻床研磨机、炮塔式铣车的立铣头等专用机床设备。数控四轴玻璃钢缠绕机床,产品技术领先于国内水平,获国家级发明银奖。2002年,为实现民品投资主体多元化,与浙江吉利汽车有限公司等3家民营合资组建湖南江南汽车有限公司,以此盘活国有资产,促进境内小轿车产业发展。为便于江南奥拓微型轿车零部件配套,江南机器厂又与湖南江南汽车制造有限公司、自然人李胥兵共同出资组建湘潭江南汽车部件有限公司。2004年,江南机器厂实行公司制改造,成立江南机器(集团)有限公司,公司下设7个分厂、6个控股参股子公司,从精密铸造到机械加工,从冷锻到热挤压,从工模具制造到设备制造与维修,形成比较完整的生产体系。职工周民由于发明“近似外圆弧铣削法”“凹槽同步加工法”等工艺技术,并设计制造“浮动镗刀,机加立式合金铣刀”等工具50多件,参加全国职工职业技能大赛取得优异成绩,被省政府授予“湖南省劳动模范”称号,荣获全国“五一”劳动奖章。2005年年末,江南机器(集团)有限公司占地620公顷,资产总值15.77亿元。其中,固定资产6.49亿元,流动资产9.28亿元,拥有各类设备6000余台套,从业人员4953人(其中各类专业技术人员1961人)。完成工业总产值9.1亿元,其中民品完成工业总产值2.76亿元,占企业全部工业总产值30.3%,实现利润1.66亿元,并通过国家企业技术中心资格认定。2007年,江南机器(集团)有限公司与浙江众泰重组汽车项目,成功开拓叙利亚、阿尔及利亚、委内瑞拉等中东、北非及南美地区微型轿车市场,同时开发具有自主知识产权的旋流离心恒压高扬程泵,综合技术填补国内外恒压泵空白,完成CNG气瓶开发项目,建成生产线批量生产,20升和28升全钢气瓶取得第三方认证机构法国国际检验局的认证,30升全钢瓶和65升缠绕瓶通过质量评审,取得国家质监总局颁发的生产许可证。是年,完成工业总产值12亿元,实现利润5019万元。

湖南江麓机械集团有限公司

湖南江麓机械集团有限公司是兵器工业集团公司所属大型一类企业，1958年5月由辰溪迁来境内建厂，定名为江麓机械厂。先后生产“友谊牌”缝纫机、T180液压履带式推土机、台式电风扇、124千瓦到7500千瓦水轮发电机组、烧结机等民品。1988年，抓住国内基本建设高潮对各类建筑工程施工机械需求旺盛的机遇，集中科技力量着重引进、消化、吸收国内外先进技术和生产工艺，提升产品自主研发和制造能力，QTZ120塔式起重机获国家质量金质奖，振动式压路机、桥式起重机评为省优产品。1993年，淘汰缝纫机铸造生产线，结束持续39年生产缝纫机的历史，转向重点围绕塔式起重机、施工升降机和振动式压路机三大主导产品，对其生产线加大资金投入进行技术改造，增强产品研发能力，通过ISO9001国际质量体系认证，取得自营出口权。LJK6Z-15A全自动压力机评为国家级新产品，列入“国家火炬计划”项目，QTZ315塔机列入国家“九五”计划重点科研项目。2000年，与国防科技大学共同承担国家“863”计划科研项目“高性能无人驾驶中重型振动压路机”任务，研制出W1102DZ无人驾驶压路机通过国家“863”计划专家组验收鉴定。2001年，研制出铁道部国家重大装备国产化项目PCD-250铁道铺轨转运龙门吊，用于秦沈高速铁路建设，替代同类进口设备。2002年，实行公司制改革成立江麓集团公司后，先后研制出国内第一代环保用YZLK20型城市垃圾压实机、拖式混凝土输送泵等系列产品，分别填补国内空白。2003年，研制成功QTZ400巨型塔式起重机，一次性竖塔成功，该机最大起重量达20吨，提升高度375米，采用全变频无级调速技术，数字化人机界面液晶显示，其安全性、可靠性、先进性均达国际同类产品一流水平，被科技部列入“国家火炬计划”。是年，研制生产FSZ50吨级全自动粉末压力机，出口到美国。到2005年，江麓集团公司拥有生产区占地面积93公顷，生产性建筑面积33万平方米，固定资产7.3亿元，各类生产设备2800多台套，形成塔式起重机、桥式起重机、单、双笼施工升降机、振动式压路机、拖式混凝土输送泵等5大产品系列多种型号规格的产品体系。从业人员7700多人，其中各类专业技术人员600多人、高级技工160多人。是年，江麓集团公司完成工业总产值10.32亿元，出口创汇373万美元，列为国家机械制造企业100强企业及国家火炬计划湘潭机电一体化产业基地首批骨干企业。2007年，公司坚持“强基础、增后劲、求突破”的发展方针，全面实施“民品跨越发展工程”，先后研发出QTZ500国内使用标准节技术的最大吨位塔吊、QTD480国内吨位最大的动臂式塔吊，全液压YLK30国内吨位的城市垃圾压实机，被科技部、国家环保总局等五部委联合颁发“国家重点新产品项目”证书；自主研发的WZ2008DW振动式压路机可与国外同级别产品相媲美；运用成熟军工技术，率先开发出森林防火车和ZBJ20沙漠植被建造机，被国防科工委列入重点军用技术民用化项目及国家火炬计划项目。是年，公司完成工业总产值20.98亿元，自营民品出口创汇突破2000万元，被省经信委确认为湖南省工程机械产业集群核心企业。

湖南省第三工程公司

湖南省第三工程公司（简称省建三公司）成立于1951年，原名为湘潭工程公司，属湘潭专员公署管辖。在计划经济年代，省建三公司是湘潭地区主要施工企业，承揽工矿企业厂房设施建筑业务。1988年，企业经营理念转变，业务来源由“立足湘潭”而“面向全国”。1993年，省建三公司承建湘潭第一栋超30层标志性建筑湘潭国际金融大厦4.8万平方米建筑施工，1996年竣工，工程质量优良。1999年，公司承建湘潭电力生产调度通讯大楼开工，建筑总高度115.6米，建筑面积25034平方米，工程造价6000万元；承建湘潭中心医院急救中心，建筑总高度23.4米，建筑面积18120平方米，造价1400万元。2000年8月，湘潭电力生产调度通讯大楼竣工，获省工程质量“芙蓉奖”和国家工程质量“鲁班奖”，成为湘潭建筑业第一家获得国家大奖的企业。2003年，公司承建湘潭电业局河东住宅新区（云盘花园）部分建筑工程，2005年竣工，获省优质工程证书。省建三公司被国家统计局列入《中国500家最大建筑企业名录》，具有房屋建筑、机电安装、市政公用工程一级和化工石油、公路工程二级总承包资质；地基与基础、高耸构筑物、消防设施工程一级和堤防工程二级、钢结构工程三级专业承包资质。施工项目遍及全国各地，并在冈比亚、泰国等国家承建总统官邸、宾馆、医院等工程。至2007年年底，公司共荣获国家“鲁班奖”工程2个、省“芙蓉奖”工程14个、省优质工程33个，被建设部授予“先进施工企业”“全国建筑业新技术应用先进单位”“全国建筑业科技进步与技术创新先进单位”等称号。公司拥有固定资产1.86亿元，职工8256人，其中工程技术人员1680人。在工程技术人员中，有高、中级职称人员462人，初级职称1218人；项目经理（建造师）387人；有特种持证上岗人员954人。是年，完成建安总产值12.8亿元。

中国二十三冶集团第一工程有限公司

中国二十三冶集团第一工程有限公司（简称二十三冶一公司）始建于1953年，主要承建冶金工业系统基础设施、厂房建筑及机电设备安装。1987年，公司被省政府授予“重点施工建设先进单位”称号。1992年，公司承担湘潭钢铁厂14000Nm^2/n制氧工程约1200万元建安工作量。该项目是当时全国最大的制氧项目，技术要求高，施工难度大，公司共制作安装52套机械设备、4410米工艺管道、682米隔音绝热管、2560个焊口，安装调试电气设备79台、机器仪表71台件及处置设备空风塔等。1993年竣工，被评为省优质工程。1999年，公司被评为建筑工程省“AAA”特级资信单位。至2003年，二十三冶一公司已连续9年被评为湖南省“重合同守信用”单位。2005年，公司改制成为国有资产控股职工持股的股份制企业，注册资金5000万元。公司具有国家施工总承包一级企业资质，冶炼、房屋建筑工程施工总承包一级资质；钢结构、机电设备安装、炉窑工程专业承包一级资质；市政公用工程总承包、高耸构筑物工程专业承包二级资质；火电设备安装工程专业承包三级和压力容器、起重机械、压力管道、工程试验等资质。2007年，公司总资产2.59亿元，其中，固定资产8397万元，拥有各类施工设备1103台套，动力总功率3265千瓦。有员工3154人，其中，具有专业技术职称586人，高级职称47人，中级职称251人，初级职称288人。项目经理176人，国家注册一级建造师23人，二级建造师44人。累计创省、部优质样板工程60多项。

湘潭锰业集团有限公司

湘潭锰业集团有限公司前身为湘潭锰矿（简称湘锰），创办于1913年。1950年，湖南省人民政府接管湘锰，成立湘潭锰矿矿务局，隶属冶金工业部管辖。历经1956年第1期、1958年第2期扩建工程和1978年第3期扩建工程，以及对选矿、焙烧、烧结、冶炼、电解等生产线进行技术改造后，湘锰发展成具有采矿、选矿、烧结、冶炼、制粉、电解等生产作业的综合性锰业联合企业。产品主要有碳酸锰矿石、富锰渣、高磷锰铁、电解金属锰、焙烧烧结矿石等10余种，其中放电锰粉获国家银质奖，高炉锰铁和电解金属锰获部优产品证书，富锰渣获省优产品证书。产品畅销全国29个省、市、自治区474家企业，电解金属锰82%的产量销往亚洲、欧洲、美洲等20多个国家和地区，成为国际市场的抢手货。锰矿石、锰粉、电解锰等产品产量均居全国第一位。湘锰曾一度号称“世界锰都”。是年，湘锰占地面积617.49公顷，生产建筑面积20.33万平方米，拥有两个分矿和锰粉、冶炼、电解等5个分厂,从业人员7082人,完成工业总产值9470万元,实现利税913万元。锰粉分厂曾被冶金部授予“英雄集体”称号。1988年,深化企业内部改革,湘锰实行厂长负责制,对各分厂实行承包经营责任制,同时积极进行技术改造。1992年,投资1000万元易地大修电解锰分厂,使电解金属锰产量达到5000吨能力;投资300万元改造1号锰铁高炉转炼生铁,形成年产5.5万吨能力。1993年,实现利税3083万元,创历史最好水平。1994年,由于主要负责人挪用公款炒作房地产造成亏损4249万元被曝光。湘锰出现的严峻状况,引起省、市政府高度重视,专题研究帮助摆脱困境的办法。1997年,新一届矿领导班子狠抓开发锰系列新产品,研制成功金属锰锭投产,使湘锰金属锰形成电解金属锰片、金属锰粉、金属锰锭的产品系列,是年实现利润4万元,结束连续三年累计亏损1.63亿元的局面。1998年,先后开发出高纯电解金属锰、碱性二氧化锰等产品,完成工业总产值2.72亿元,实现利润30万元。1999年,省政府批准同意湘锰依照《公司法》改组为国有独资公司,更名为“湘潭锰业集团有限公司”,并以该公司为母体,对汽运、机修、建安、建材等10多家辅线企业进行由母公司控股,组建湘潭锰业集团。是年,开发出高纯低硒电解金属锰和无汞碱性电池用电解二氧化锰产品,完成工业总产值2.96亿元,实现销售收入4.1亿元、利润100万元。自营出口锰铁电解金属锰等,创汇635万美元,被市外贸局评为“市出口创汇先进单位”。2001年,在省市政府协调下,与华融资产管理公司、国家投资公司分别签订1.05亿元债转股协议和1500万元生产经营性建设基金转国家资本金协议,坚持“先分后离、平稳过渡”的原则,将行政福利处、中小学校、技校、幼儿园、医院、招待所等部门与企业剥离,移交社会。由于难以弥补严重亏损,解决资源开采困难和甩掉历史包袱,冶炼主线被迫全面停产。2002年,根据湘锰资源萎缩、设备老化、亏损严重且扭亏无望的情况,国务院批准省政府申请将湘锰列入计划性破产,享受有关优惠政策的方案。为盘活国有资产,湘锰与香港佳力公司多次协商,由香港佳力资源(湘潭)实业有限公司租赁冶炼生产线1号、2号高炉,是年,生产锰铁2.61万吨,实现产值6994万元,创利税194万元,解决600多名职工再就业问题。2004年,由湘锰电解分厂职工自筹资金组建“湘鹤电解材料有限公司”返租企业,生产电解金属锰、电解二氧化锰等产品,完成工业总产值7560万元,实现利税322万元,其中利润60万元,吸纳下岗失业人员314人。2005年,启动破产程序,由市政府领导牵头组织市经委、市财政局、市劳动局等10余家部门参加破产清算组入驻湘锰,开展破产清算和职工安置工作。2007年,破产改制工作基本完成,设留守处负责处理后续善后工作。

湘潭柴油机厂

湘潭柴油机厂(以下简称湘柴)始建于1956年,建厂初期从事农用机具和内燃机配件生产。1965年,试制出6马力175〔1〕型小柴油机,通过第八机械工业部定型转入定点生产。1984年,对老机型进行改型,试制成功性能更好的175〔2〕型柴油机和8马力185型柴油机,适应市场需求。1985年,柴油机产量突破2万台,产值突破1000万元、利税100万元,175〔2〕型柴油机被评为部优产品,成为地方工业佼佼者。1986年,湘柴抓住全国农机市场活跃,产品供不应求的机遇,对铸造、总装、试车生产线进行技术改造,开发出175A、175A(N)型柴油机新品种,生产柴油机2.3万台。1987年,湘柴成为省、市率先实行资产经营责任制改革试点单位,在全省范围内招聘厂长。1989年,柴油机产量达4.8万台,完成工业总产值4002万元,实现利税418万元,出口柴油机6802台,创汇85万美元,被省政府授予“省级先进企业”称号。1990年,实行滚动承包,调整产品结构,加强售后服务,扩大“湘潭”牌柴油机市场占有率,被省经委授予企业管理“国家二级企业”称号。1991年,开发出2GF、3GF、5GF3种柴油发电机组,获机电部生产许可证,试制出功率小于175〔2〕型,使用更轻巧灵活的R170型柴油机,以及功率为10马力的R190型柴油机,生产柴油机8万台,完成工业总产值8818

万元，实现利税642万元，出口柴油机5905台，创汇86万美元。企业晋升国有中一型企业，被机电部定为柴油机生产重点企业和机电产品出口扩权企业，成为湘潭市地方工业最有影响力的企业之一。1992年后，国内农机市场普遍疲软萎缩，受其影响，湘柴出现产品库存积压，三角债务增加、资金极度缺乏、企业负担加重，导致连续三年亏损。1995年，湘柴的柴油机产量达到10.1万台，完成工业总产值1.04亿元，出口创汇680万美元，实现利税278.8万元，其中利润66.7万元，是年扭亏为盈。1997年后，无法改变产品老化、新产品技术性能成熟完善滞后、生产能力偏低和市场竞争能力不强、人员负担沉重等状况，加上出口地突发洪涝灾害和金融危机的影响，"湘潭"牌柴油机国内外单机和配套市场几乎丧失殆尽，企业陷入瘫痪。2003年，湘柴将所有生产车间对外租赁。2005年，湘柴宣告破产，生产区所有资产公开拍卖，所得收入全部用于安置3147名职工。至此，曾享誉省内外30余年的"湘潭"牌柴油机在市场经济中被淘汰。

新景集团

新景集团是湘潭市房地产局属下的国有房地产股份企业，成立于2001年9月，位于湖园路16号。公司注册资本5507万元，具有国家二级房地产开发，建筑施工，物业管理资质，有职工185人，其中初、中级职称以上的32人。新景集团先后开发"三桥大市场""新景公寓""新景家园"等楼盘。至2007年，累计开发房屋建筑面积40万平方米。新景集团还承担廉租住房建设、三桥绿化带及匝道、涟水大道及市政下水道改造等任务。先后获"税收信贷先进单位""湖南省地产资信100强企业""湖南省最具品牌价值企业""中国房地产诚信企业"等荣誉称号。公司董事长唐勇健。

第二章　产业门类

第一节　机械设备制造业

一、设备制造业

1988年，境内设备制造企业有市建筑机械厂、市软轴机具厂、繁城机电厂、红卫机械厂、中南自动化仪表厂、雨湖弹簧厂、鹤岭机电厂、市医疗器械厂、市食品饮料机械厂、市环保设备厂、兴华机械厂、市电力工程机械厂、楠竹山综合机械厂、中山机电厂等14家，从业人员1475人，主要生产BR系列软轴泵、医疗器械、电动葫芦、饮料机械、工业弹簧、减速器、除尘设备、鼓风机、引风机、电焊机、机动绞磨机、手摇式吸水泵、砂轮机、矿车斗、翻斗车等产品，完成工业总产值1274万元，上缴税金73.48万元。是年，市建筑机械厂投资45万元进行技术改造，新建厂房和添置设备，厂长刘怡辉被省乡镇企业局授予"省级优秀农民企业家"称号。城正街道红卫机械厂生产的微型玻璃陶瓷钻孔机专利产品，因外观设计美观、工作效率高、使用便捷，在广州交易会上颇受外商青睐，订货踊跃。1991年，市软轴机具厂生产的RWD软轴无堵塞泵获得省优质产品证书后，在北京第二届国际博览会上获得铜奖，产品形成年产1200台能力。市医疗器械厂研制的YG-3型自动输液架，在西安举行的全国发明展览会获得铜奖，取得国家发明专利权，年生产能力4000台。市食品饮料机械厂生产的年产5000吨碳酸饮料的生产线全套设备，出口俄罗斯的乌苏里斯克，成为全市区街企业第一家向国外出口成套技术设备的厂家。1993年，市精正设备制造有限公司成立，生产发泡机，从业人员80余人。市宏大真空设备有限公司成立，生产锅炉辅机设备，从业人员60余人。是年，区内有设备制造企业16家，从业人员共1526人。完成工业总产值2451万元，上缴税金122.58万元，产值、税金分别比1988年增长92.39%和66.82%。

1994年，市建筑机械厂与建设部长沙建筑机械研究院共同开发ZDN100电机内装式插入振动器，填补省内空白；ZX50振动器在北京国际中小企业新产品、新技术成果展览会上获得金奖。1995年，市江大机械制造有限公司（简称江大机械）成立，从事冶金烧结机各种部件加工和设备制造，从业人员有50多人。是年，在全区开发、推广和应用科技成果中，顺风空调设备有限公司生产的"绿色"空调被国家科委列为火炬推广计划。1996年，雨湖区中心机床厂成立，生产机械配件，从业人员60余人。1997年，市软轴机具厂、市电力工程机械厂、市建筑机械厂改制为股份制民营企业。护潭繁城锅炉控制设备厂引进日本20吨油炉控制柜生产技术，提高产品性能和制造水平。市环保设备厂、兴华机械厂等企业先后出现经营困难，被迫停产或解散。1998年，市电子防范器材厂与国防科技大学合作开发的汽车防爆报警器，达到国内领先水平，组织批量生产。是年，区内有设备制造企业11家，从业人员980余人。完成工业总产值4378万元，上缴税金193.6万元，产值、税金分别比1993年增长78.62%和57.94%。

1999年，市牵引机车厂、永恒机械制造有限公司、恒欣实业有限公司相继成立，分别生产工矿电机车、水泥电杆加工设备、矿山运输设备等，共有从业人员420多人。2000年，市桐梓工矿机电配件厂改制为湘潭矿通电机车有限公司，从业人员40多人，研发生产小型窄轨电机车。2001年，区内区街乡镇集体所有制企业完成改制，民营企业快速崛起。是年，市低压开关厂改制后更名为湖南凌天科技有限公司（简称凌天科技），开发地温中央空调及配件，湖南衡利重工机械有限公司和精锐达数控设备有限责任公司相继成立，生产机床设备和配件，共有从业人员250多人。2003年，湘潭瑞普冶金设备制造有限公司成立，生产冶金非标设备和配件，从业人员110余人。市建筑机械厂自主研发JS500型强制搅拌机，填补省内空白，获市名牌产品证书。市牵引机车厂矿用电机车通过煤炭部MA认证和ISO9001-2000质量保证体系认证，"湘牵"牌窄轨电机车被评为湘潭名牌产品，已拥有2万多平方米车间及形成年生产矿用窄轨电机车300台能力。是年，区内设备制造企业有15家，从业人员2170余人。完成工业总产值2.74亿元，上缴税金1973.4万元，产值、税金分别比1998年增长5.26倍和9.19倍。

2004年，江大机械、衡利重工等企业入驻先锋工业园区。2005年，市宏达脚轮配件制造有限公司成立，生产各类万向轮，有从业人员110余人。新力机械、昊天科技等一批科技型民营企业入驻先锋工业园。2006年，市港胜机械制造有限公司、嘉顺机械有限公司、锅炉容器制造有限公司先后成立，分别生产机械配件、印刷机械及配套高速智能模印机、锅炉配件，共有从业人员229人。2007年，新力机械、牛头机械、江大机械等一批机械制造企业的基建技措项目陆续竣工投产，实现产业结构优化、技术含量提高、经济实力增强的预期目标。是年，经过产业结构调整，区内规模以上设备制造企业有16家，从业人员3256人。完成工业总产值6.12亿元，上缴税金3194.6万元，产值、税金分别比2003年增长1.23倍和0.62倍。

二、电气电控制造业

1988年，境内电气电控制造业有市防爆电器厂、长城电器厂、中南电瓷电器厂、永红互感器厂、市变压器厂、湘江电器厂、广场开关厂、雨湖机电厂、矿山电器厂、红卫电器厂、华强电器厂、新星电器厂、华光电器厂、永光电器厂、大桥电器厂、雨湖电控厂、鹤岭电器厂等17家企业，主要生产防爆矿用风机、配电屏、开关柜、互感器、整流器、电力变压器、整流变压器、电焊机、电磁铁、卷扬机电控部件、SD系列继电器、CGS油浸接触器、真空接触器、ZOOA铁壳开关、锅炉水位控制器等产品,从业人员1415人。完成工业总产值1742万元,上缴税金78.82万元。当年,市第三开关厂成立,生产高低压配电柜,从业人员110人。市长城电器厂LA—10电流互感器被评为省优产品,广场机电厂研发出国内首创微量型电磁泵,申请产品专利。1989年,市长城电器厂高压电流互感器被评为部优产品。1990年,市矿山电器厂兼并市宇宙电器设备厂,调整产品结构,强化产品开发,研发出热固性塑料封装成型互感器新产品,获全国新产品新技术博览会金奖。市雨湖冶炼厂投资40万元进行设备改造,停止提炼废铜铝渣生产,转产生产扁铜线产品。大桥电器厂调整产品结构,由生产有线广播变压器产品转产生产电焊机,并获得部级认可的生产许可证,生产逐年稳步增长。1991年,雨湖机电厂因资金短缺和业务不足,处于停产状态。市矿山电器厂经济效益下降,出现经营亏损。市长城电器厂更名为市互感器厂,投资200多万元新建厂房,引进广州、沈阳全真空浇注工艺设备和新增先进的HES互感器检测仪、电流电压互感器检测仪等设备,改进生产工艺和提高产品质量,保持生产稳步发展。1993年,市第三开关厂与中石化规划设计院合作研制出GSI石化专用固定式开关柜,通过省级鉴定,获得省新产品证书。市矿山电控设备厂更名为湘潭电气传动设备厂(私营企业),从事电器元件和电气传动设备制造和销售。是年,区内有电气电控制造企业18家,从业人员1627人。完成工业总产值3774万元,上缴税金164.21万元,产值、税金分别比1988年增长1.17倍和1.08倍。

1994年,市电气传达设备厂研制出GG-IA(F/S)系列高压开关柜、GR-1高压电容器柜、GFW-1型矿用高压开关柜等新产品,提升企业市场竞争能力。1995年,市防爆电器厂更名为湘潭平安电气有限公司,晋升中〔2〕型企业,从业人员约200人,完成工业总产值1872万元,上缴税金110万元。市电气传动设备厂改制为湘潭电气设备制造有限责任公司(简称市电气设备公司)股份制民营企业,开发出PGL-2/1低压配电屏、RGJ1型无功功率补偿装置、GQA系列整流装置等产品。市精益电器厂生产的XSK8系列塑壳式配电箱在北京举办的博览会暨交易会上被评为科技创新金奖。1996年,市电气设备公司和平安电气公司分别建立以企业为主体,联合大专院校与科研院所共同参与的技术创新和产品研发体制,市电气设备公司还成立湘潭电气传动研究所,投资1370万元建立生产基地和承担国家、省级科技计划重点项目研发任务,相继研制成功电缆保护柜、挖掘机成套电控设备、调速电控设备、电气成套设备等产品,取得多项专利技术。大桥电器厂改造为股份制民营企业,更名为湘潭市电焊机有限公司,从业人员120多人。1997年,市湘互电器有限公司、市电力设备有限公司先后成立,分别生产互感器和电力工程机械及控制设备,共有从业人员160余人。1998年,平安电气公司实行股份制改造,建立新的管理模式后,企业活力和凝聚力增强,相继开发YBK56系列、BD-II系列、DBKJ系列各种用途轴流式主通风机和局部通风机,其中YBK56型轴流风机获"国家级重点新产品"证书。市互感器厂改组为股份制后,更名为湘潭市三益电器有限公司(简称三益公司),加强技术骨干培养,引进专业技术人员,增强企业科技实力。市矿山电器厂、市中南电瓷电器厂等一些区街乡镇企业出现经营困难,被迫停产息工甚至关停解散。是年,区内电气电控制造企业有15家,从业人员2063人。完成工业总产值9825万元,上缴税金413.7万元,产值、税金分别比1993年增长1.60倍和1.52倍。

1999年,三益公司相继开发户内、户外35千伏系列电流互感器和电压互感器、JDZXF9-10全封闭系列电压互感器,产品覆盖中南、西南等地区。市电气设备公司投资250万元,研发生产WDA-6和WD(K)系列挖掘机成套电控设备,在国家科委举办的科技攻关成果博览会上,均评为"优秀项目",获得博览会专利技术金奖,XGW3型矿用户外高压微机电缆保护柜通过省级鉴定,被省知识产权局评为省级优秀专利项目。2000年,平安电气公司抓住国家对煤矿安全改造更换主通风机的契机,与西北工业大学联合研制出BD-II系列弯掠组合隔爆对旋轴流式主通风机,被科技部列入"国家技术创新项目"和"国家火炬计划"推广产品,获得"国家级新产品"证书。市星达机电有限公司成立后,与上海电机厂合作开发机电新产品,从业人员90余人。市

智能局部通风成套装备

莲城电线厂破产后由买受人整体收购，更名为市宏海电磁电线有限公司，接续扁铜线生产，从业人员50多人。2001年，市变压器厂实行产权制度改革，由区街集体所有企业置换为民营企业，名称变更为湘潭变压器有限公司，引进国外先进技术，生产SGB10型非封包型干式变压器系列产品，后在高新区购地近3公顷，异地发展。市电气设备公司"湘控"商标被省工商局评为湖南省著名商标，在取得22项高新技术产品、39项国内专利技术成果的基础上，以挖掘机（电铲）和牙轮钻机交流变频调速电控设备为龙头，推进各类电气、电控产品系列化、多元化发展。是年，市华瑞工贸有限公司、华宇科技有限公司先后成立，分别生产阳极板和从事软件开发，从业人员共98人。2003年，市第三开关厂通过ISO9001-2001质量保障体系认证，户内交流低压配电屏、GGD母线、配电箱及户内金属铠装抽出式开关、高压SF6环网开关设备等陆续大批量投入生产，企业步入稳步发展阶段。是年，区内电气电控制造企业有16家，从业人员2930余人。完成工业总产值1.43亿元，上缴税金1346.3万元，产值、税金分别比1998年增长0.46倍和2.25倍。

2004年，市电气设备公司成立湖南三弘重科机械制造有限公司（简称三弘重科），侧重加强电铲（挖掘机）、牙轮钻机电控设备系统的技术创新和研发，投入2300万元在九华工业园再兴建产业基地。是年，市华鑫阳极板厂成立，生产阳极板和电器，从业人员40余人。2005年，市电瓷电器厂实行股份制改造后，名称变更为市锐华电瓷有限公司，接续电瓷牌、电器产品生产。市矿山电器厂等一些停产多年企业依法破产解散。是年，市电焊机有限公司更名为湖南超宇科技有限公司，投资兴业入驻先锋工业园区发展。2006年，市牵引电机厂与私营业主共同出资组建湘潭恒安牵引电机电器有限公司，主要生产工矿运输设备蓄电池及架线式电机车配套动力电机，从业人员115人。超宇科技有限公司获得省高新技术企业证书，产品获得省高新技术产品证书，并开发逆充软开关系列焊机、电脑焊机和数控切割机产品。同年，湘潭鑫源自控设备有限公司成立，生产电控设备，从业人员80余人。2007年，区内电气电控制造企业有18家，从业人员3200多人。主要生产矿用抽出式轴流主通风机、局部通风机、防爆对旋轴流式主通风机和消防排烟风机、电缆保护柜、挖掘机成套电控设备、调速电控设备、各类互感器、高低压配电屏、开关柜、牵引电机、电热毯、电力工程设备及器材、扁铜线、阳极板、电瓷电器等系列产品。完成工业总产值6.65亿元，上缴税金3677.6万元，产值、税金分别比2003年增长3.65倍和1.73倍。

第二节　金属冶炼及金属制品

一、金属冶炼

1988年，境内金属冶炼加工业仅雨湖冶炼厂1家，从业人员78人，主要提炼回收铜、铝、铅、锡等有色金属产品，当年完成工业总产值132万元，上缴税金9.2万元。1989年，雨湖冶炼厂因地处城正街居民区内，在提炼回收铜铝等有色金属生产过程中，对周边环境造成严重污染，加上铜铝废料取消计划分配，生产陷入困境。1990年，雨湖冶炼厂投入40万元进行技术改造，转产从事扁铜线生产，企业更名为市莲城电线厂。2000年，湘潭锰矿因严重亏损，冶炼生产线被迫停产后，区内私营业主竞相投资发展锰业。2003年，市雨湖区佳益锰制品厂成立，生产锰铁，有从业人员70余人。赛普新材料有限公司入驻先锋工业园，进行基本建设。

2004年，市华业电解锰有限公司、市鑫湘锰业有限责任公司先后成立，生产电解金属锰，共有从业人员183人。2005年，市汇丰合金有限公司成立，生产铝锰合金，有从业人员110多人。2007年，区内金属冶炼及加工企业有4家，主要生产电解金属锰、锰铁、铝锰合金等产品，从业人员735人。完成工业总产值2.2亿元，上缴税金397.5万元，产值、税金分别比1998年增长166倍、42.2倍。

二、金属制品

1988年，境内金属制品业有市液压元件厂、昭潭赤峰铸造厂、昭潭乡铸管厂、红卫拉丝厂、城正离心铸造厂、城正翻砂厂、市卷闸门厂、平政群需铜铝制品厂、市河西拉丝厂、市钢窗附件厂、云塘制钉厂、中山五金翻砂厂等11家企业，其中大多数为街道、村组办的企业，从业人员675人，主要生产铸铁件、井盖、钢铸件、钢窗附件、铅球铅饼、铁丝筛板、机织网及提炼回收铜、铝、铅、锡等有色金属产品，当年完成工业总产值687万元，上缴税金31.34万元。1989年，市昭潭铸管厂加强内部管理，实现产值、利税连年增长，厂长彭美华被省乡镇企业局授予"省级优秀农民企业家"称号。1991年，市卷闸门厂兼并华光电器厂后，从业人员由35人增加到125人，生产场地由200多平方米增加到2890平方米，实现年产值400万元、利税60多万元。1992年，市液压元件厂实现工业总产值520万元，利税50万元，成为全市经济效益最佳的七家企业之一。1993年，市卷闸门厂调整产品结构，除保留卷闸门生产外，新增加工各种铝棒、铝型材及铝塑管材等产品，企业保持平稳生产态势。是年，区内有金属制品企业11家，从业人员621人。完成工业总产值1572万元，上缴税金74.07万元，产值、税金分别比1988年增长1.29倍、1.36倍。

1994年，中山五金翻砂厂因无业务关停解散。1996年，全区工业企业逐步进行改制，城正离心翻砂厂、平政群需铜铝制品厂等部分企业或停或关。1997年，昭潭铸管厂、市液压元件厂、市卷闸门厂等企业实行股份制改造，由公有制企业置换为非公有制民营企业。1998年，市卷闸门厂改制为民营企业，更名为市少雄铝业有限公司，生产各类卷闸门、拉闸门、防盗门及其他铝制品，并根据企业实际情况，外拓市场、内抓基础管理，力图在市场竞争环境下得到生存和发展。是年，区内金属制品企业有4家，从业人员393人。完成工业总产值2073万元，上缴税金112.1万元，产值、税金分别比1993年增长31.87%、51.34%。

1999年，少雄铝业公司贷款投资兴建一条年产250万平方米铝塑复合型材生产线，按新机制运行后，生产经营和技术开发都得到新的发展。市中信不锈钢型材厂成立后，在先锋乡重点扶植下将型材生产线设备填平补齐，提高产能，研发新产品。2003年，市拉丝厂(原为红卫拉丝厂)实行产权制度改革，由集体所有制企业置换为民营企业。是年，区内金属制品企业有5家，从业人员500人。完成工业总产值1916万元，上缴税金98.2万元，产值、税金分别比1998年下降7.6%、12.4%。

2004年，市少雄铝业公司铝塑型材生产线因资金严重不足，不能形成投资效益，产品缺乏规模效应，债务负担沉重，造成无法维持生产经营和偿还到期债务，依法宣告破产。2005年，市拉丝筛网厂整体出售解散，市液压件制造有限公司因厂区被征购，企业腾地解散。2007年，区内金属制品企业有2家，主要生产液压件、黑铁丝及镀锌铁丝等产品，从业人员195人。完成工业总产值4363万元，上缴税金106.5万元，产值、税金分别比2003年增长1.28倍、0.08倍。

第三节　化工工业

1988年，境内化工工业有雨湖日用化工厂、雨湖橡胶厂、雨湖轻化厂、江南化工厂、昭潭化工厂、市兽药厂、昭潭橡胶厂等7家企业，从业人员386人，主要生产硝酸钡、硝酸铅、硫酸锌、硫酸铜、FX-501玻璃保护盖、工业橡胶、垫川及面霜、洗发精、发油、鞋油、雪花膏、珍珠霜日用化工等产品，完成工业总产值608万元，上缴税金27.22万元。是年，雨湖日用化工厂生产的“寒月”牌雪花膏、珍珠霜和“幽兰”牌洗发精等新产品，倍受消费者欢迎。1991年，昭潭化工厂工业用硝酸铅被评为省优产品，填补湘潭市化工产品的一项空白。1992年，昭潭橡胶厂试制成功彩色仿皮鞋底分别荣获市、区科技进步奖。是年，昭潭乡办企业新产品开发新增产值1290万元，实现利润72万元。1994年，中山路街道办事处引进中联日化厂落户街道，雨湖街道成立湘潭丽晶日化有限公司首家合资企业。1995年，先锋企业集团兴建2万吨有机复合肥生产线。1997年，中联日化厂生产的种子杀虫水剂、三氯强氨粉剂获全国农博会优质产品银奖。市兽药厂依法破产，江南化工厂、雨湖轻化厂等企业改制，关停解散。1998年，区内化工企业有4家，从业人员317人。完成工业总产值1673万元，上缴税金63.6万元，产值、税金分别比1988年增长1.75倍、1.34倍。

1999年，市精益塑胶有限公司成立，研制开发的工程塑料水暖器材系列产品列入国家星火计划。市丹祥化工电子有限公司成立，租赁市塑料八厂建成年产1000吨硝酸钾生产线。2000年，昭潭化工厂开发D-650聚酰胺树脂填补国内空白。雨湖晨辉有限公司的ABS塑料合金管材等12个产品被市科技局列为市高新技术产品，在全国第二届高新技术成果交易会上与客户签订1300万元订货合同。2001年，民营企业市合力焦化有限责任公司成立，租赁市合成化工厂城市煤气工程，恢复冶金焦炭和城市煤气生产。2002年，市丹祥化工电子有限公司整体收购市塑料八厂，经过技术改造形成年产6000吨硝酸钾规模。2003年，区内化工企业有7家，从业人员628人。完成工业总产值4592万元，上缴税金187.2万元，产值、税金分别比1998年增长1.74倍、1.94倍。

2004年，市天友化工有限公司成立，生产苯系列化工产品，有从业人员80余人。先锋有机复合肥有限公司生产的有机肥、复混肥被评为国家免检产品，成为全市第4家享有国家免检产品名誉的企业。2005年，上海惠天然投资有限公司整体收购市冶金化工厂，成立湖南惠天然化工有限公司（简称惠天然化工），接续三盐基硫酸铅、红黄丹生产。丹祥化工生产的硝酸钾被市质监局评为“市名牌产品”。2007年，经过一轮产业结构调整，区内规模以上化工企业有合力焦化、惠天然化工、丹祥化工、天友化工、先锋复合肥等8家企业，从业人员1260余人。完成工业总产值2.01亿元，上缴税金1398.3万元，产值、税金分别比2003年增长3.4倍、6.5倍。

第四节　水泥制品及建材涂料

1988年，境内水泥制品及建材涂料生产有市原纸油毡厂、美华涂料厂、区瓷厂、市建筑防水材料厂、湘江混凝土制品厂、市人防水泥厂、郊区建筑涂料厂、及长城乡油膏厂等12家企业，从业人员628人。主要生产原纸油毡、涂料、装饰釉面砖、混凝土预制构件、防水油膏等产品，完成工业总产值635万元，上缴税金37.94万元。是年，长城乡油膏厂生产的防水油膏被省质监局评为“省优质产品”。1989年，市原纸油毡厂生产的“双鹤”牌油毡已连续三年被省建材局评为“省优产品”。1990年，市雨湖恒涛水泥制品有限公司成立，生产水泥排水管、预制构件，从业人员50多人。市人防水泥厂加强经营管理和现场生产调度，开展节能降耗活动，提高经济效益，当年完成工业总产值450万元，利税110万元，425号硅酸盐水泥被省建材局评为省优产品。市水泥电杆厂生产的环行预应力砼电杆被省建材局评为省优产品。1991年，市原纸油毡厂生产的煤沥青油毡被省建材局评为省优产品。1993年，市人防水泥厂跃升为产值过千万元、利税过300万元区内规模最大的企业。是年，区内水泥制品及建材涂料生产企业有9家，从业人员近700人。完成工业总产值1967万元，上缴税金182.07万元，产值、税金分别比1988年增长2.10倍、3.80倍。

1996年，由于水泥行业盲目扩展，产能过制，行业竞争激烈，市人防水泥厂出现经营困难，效益直线下滑。雨湖防水材料厂、美华涂料厂先后停产。1998年，市原纸油毡厂等4家区街办、村委办企业改制，相继关停解散。市人防水泥厂根据国家产业政策调整，无法达到5万吨以上生产能力，实施关停。市水泥电杆厂在开展学邯钢、促管理的活动中，通过外拓市场、内抓管理，千方百计提高产品质量和经济效益，全年完成工业总产值1050万元，上缴税金50余万元。是年，区内水泥制品及建材涂料生产企业有5家，从业人员381人。完成工业总产值2732万元，上缴税金98.4万元，产值、税金分别比1993年增长38.89%、下降45.95%。

1999年，全区企业改革、改制工作进度加快，对市场需求不旺、资金紧缺、长期亏损且扭亏无望的水泥制品及建材涂料企业实施关停，退出市场。区瓷厂、市建筑防水材料厂等街办、村委办企业按关停完成改制。2003年，市雨湖恒涛水泥制品有限公司生产的钢筋混凝土排水管被评为市名牌产品。是年，区内水泥制品及建材涂料生产企业2家，从业人员156人。完成工业总产值1674万元，上缴税金51.8万元，产值、税金分别比1998年下降38.7%、47.4%。

2004年，市至诚涂料有限公司成立，生产墙体涂料，有从业人员80余人。2005年后，市建发伟业混凝土有限公司、市九龙混凝土有限公司相继成立，年生产预拌混凝土能力近100万立方米。市水泥电杆厂整体出售，职工买断工龄，企业解散。2007年，经过产业结构调整，区内规模以上水泥制品及建材涂料生产企业有4家，从业人员396人。完成工业总产值1.58亿元，上缴税金1151万元，产值、税金分别比2003年增长8.4倍、21.2倍。

第五节　医药工业

1988年，境内所辖区街乡镇企业无医药工业企业。1997年，市制药二厂被深圳锦盈投资有限公司湘潭分公司（私营企业）承债式整体并购，接续原企业名称生产原有医药产品，成为区内第一家医药民营企业。2001年，市制药二厂进行股份制改组，更名为湖南一格制药有限公司（简称一格制药），从业人员110人，主要生产化学药品、生物制品和中成药。当年，一格制药生产的冻干粉针剂、小容量注射剂、生物制品小容量注射剂（人胎盘组织液、人胎盘脂多糖）通过药品GMP认证。湖南绅泰春药业有限公司成立后，投入500多万元兴建盐酸特拉唑嗪、消炎平、跌打红药片、炎立消胶囊、通窍鼻炎片、血塞通片等西药片剂生产线，完成工业总产值1293万元，实现利税235万元。2002年，一格制药投资6000万元在先锋工业园购地进行扩建厂房和设备更新，在经营策略上坚持走“产学研”相结合的道路，先后与中国药科大学、医学科学院生物技术研究所与药物研究所等10余家大学和科研院所长期合作，研发生产人胎盘脂多糖、胎盘组织液、胸腺肽等具有自主知识产权的系列产品，申请专利和商标保护。2003年，区内规模以上医药工业企业有2家，从业人员近260人。完成工业总产值9879万元，上缴税金263.2万元。

2004年，市六合医疗器械厂生产的CKA速效电子治疗仪通过省级鉴定，获市科技进步二等奖。2005年，一格制药多糖人胎盘脂、绅泰春药业香砂养胃分散片均获省级新产品证书，被列入市科研成果项目。2006年，一格制药整体搬迁先锋工业园，投入生产的产品再次通过国家GMP认证。2007年，区内规模以上医药工业企业有2家，从业人员近300人。主要生产人胎盘脂多糖注射液、人胎盘组织液、注射用胸腺肽、炎琥宁、左卡尼汀、盐酸甲氯芬脂、凝血酶冻干粉、盐酸特拉唑嗪、消炎平、血塞通片、香砂养胃分散片等产品，产品畅销全国各地，部分出口欧美及东南亚国家。是年，完成工业总产值1.39亿元，上缴税金392.5万元，产值、税金分别比2003年增长40.7%、49.1%。

第六节 食品工业

1988年,境内食品工业有市先锋食品饮料厂、鹤岭饮料厂、鹤岭面条厂、云塘粉厂、市清真食品厂、市昭潭制粉厂(又称制粉一厂)、市淀粉厂、东宝饮料厂等8家企业,从业人员450人。昭潭制粉厂绿豆粉丝在全国首届食品博览会上获得铜奖,年加工能力约100吨,后来市场销售不旺,生产经营困难。市清真食品厂糕点生产规模小,市场占有率低。是年,食品工业完成工业总产值481万元,上缴税金15.08万元。1989年,市淀粉厂投资近600万元建成年产6000吨玉米淀粉生产线投产,“潭州”牌玉米淀粉被省质监局评为省优产品。1990年,市淀粉厂完成工业总产值2450万元,实现利税150万元,创历史最好水平,成为经济效益最佳的区直属企业,药用淀粉被省经委评为“省优产品”。1992年,羊牯塘花园社区开办市正和大米厂。1993年,东宝饮料厂新建碳酸汽水生产线一条,采用半斤装玻璃瓶装,销售不旺。昭潭乡第六酱厂生产的“白龙”牌酱油荣获年度省科技兴湘新技术产品金奖。鹤岭面条厂、鹤岭饮料厂被私营企业取代,先后关厂解散。是年,区内食品工业企业有7家,从业人员520余人。完成工业总产值2316万元,上缴税金64.08万元,产值、税金分别比1988年增长3.81倍、3.25倍。

1994年,市淀粉厂玉米淀粉在北京举办的第四届国际包装技术展览会上获得金奖,企业被市政府授予“优秀企业”称号。1996年,市先锋企业集团成立湖南乡里美食有限公司(又称市先锋食品有限公司,以下简称乡里美食公司),引进北京天福号肉食加工技术,以生猪家禽为资源生产冷冻分割肉、冰鲜肉、肉禽类腊制品等,设计年加工能力500吨。市东宝饮料厂先后开发出“东宝豆奶”“东宝菊花茶”等饮品。1997年,市万利隆食品有限公司(以下简称万利隆)成立,引进成套焙烧食品加工设备,建成年产500吨焙烤加工场,生产西点、面包、蛋糕、黄金条等4大系列100多个品种投放市场,完成营业收入20多万元,实现利税5万多元。1998年,东宝饮料厂生产各类冷饮、饮料500余吨;私营股份制企业丰盛米粉厂成立,日产销米粉近5000公斤;万利隆系列糕点被市质监局评为市名牌产品;乡里美食公司肉制品畅销省内。是年,区内食品工业企业有10家,从业人员930多人。完成工业总产值3475万元,上缴税金91.4万元,产值、税金分别比1993年增长50.04%、42.63%。

1999年,东宝饮料厂从河西搬迁至河东,受境外“娃哈哈”“旺仔牛奶”“王老吉”“雪碧”等著名饮品的冲击,市场逐渐萎缩直至被迫停产。乡里美食公司生产的“乡里”牌腊制品获得湖南省首届农博会金奖,被省乡镇企业局评为省名牌产品,年加工产值达到3000万元。2001年,心连心集团有限公司整体收购乡里美食公司,扩大肉类加工规模。万利隆生产规模越做越大,在省内设有连锁店40余家,营业收入达到300多万元。市淀粉厂因资金短缺、负债沉重,无法维持生产经营被迫全面停产。街委及村办食品加工企业先后改制,多数关停解散。2002年,乡里美食公司兴建年产500吨休闲食品生产线,其中糕点焙烤食品生产量占20%,日出东方有限责任公司(简称日出东方公司)在宝庆路投资建糕点厂,年加工梅花蛋糕、灯芯糕、烘糕等食品能力达100多吨。市龙牌酱油集团公司被邵东私营老板整体收购,成立湖南龙牌酱油集团有限公

司，继续生产龙牌系列酱油。2003年，区内规模以上食品工业企业有4家，从业人员600余人。完成工业总产值6796万元，上缴税金182.3万元，产值、税金分别比1988年增长95.6%、99.5%。

2004年，市馨园工贸有限公司成立，生产加工休闲食品，有从业人员70多人。乡里美食公司被省预防医药学会评为“卫生质量信得过单位”，腊味制品获得中国湖南第七届（国际）农博会金奖。湖南龙牌酱油公司先后开发出龙牌系列强化酱油、草菇老抽、红烧酱油、蒸鱼豉油等10余种高档酱油调味品，产量上升到3390多吨。2005年，市恒盾集团有限公司兴建年产1000吨竹元素饮料生产线，开发绿色健康食品。市宏丰肉类食品加工厂成立，加工肉类制品，有从业人员50多人。2007年，区内规模以上食品工业企业有7家，从业人员近1000人。完成工业总产值1.58亿元，上缴税金275万元，产值、税金分别比2003年增长1.32倍、0.51倍。

第七节　饲料工业

1988年，境内区、乡办饲料加工企业有6家，村办企业3家，共9家，从业人员185人，年产混合饲料约1万吨，年产值354万元，上缴税金6.16万元。1989年，城正街道成立湘潭市配合饲料二厂（简称市饲料二厂），与市饲料公司建立联营协作关系，聘请市饲料公司管理和技术人员担任企业顾问，进行业务指导。1990年，饲料二厂完成工业总产值531万元，成为雨湖区首家产值过500万元的街办企业。1991年，市饲料二厂生产的乐美-900猪用浓缩饲料被省质监局评为省优产品，获市星火计划推广二等奖。1992年，市饲料二厂乐美-900猪用浓缩饲料参加全国优秀科技成果交易会获得优秀产品奖。区、乡、村组办饲料加工企业除先锋农场保有一定规模外，其他企业生产不稳定，产量偏低。1993年，区内饲料加工企业有6家，从业人员近300人。完成工业总产值929万元，上缴税金14.13万元，产值、税金分别比1988年增长1.62倍、1.29倍。

1994年，市饲料二厂被省经委评为省区街工业先进单位，乐美-900猪用浓缩饲料再度被省质监局评为省优产品。1995年，市蒙哥饲料有限公司（简称蒙哥饲料）在潭衡路设厂，设计年生产饲料规模3万吨。1996年，先锋企业集团在建立现代化养猪工厂中，引进台湾力大公司饲料加工技术将饲料生产规模扩大到3万吨。1998年，区内饲料加工企业有8家，从业人员383人。完成工业总产值1946万元，上缴税金17.9万元，产值、税金分别比1993年增长1.09倍、0.27倍。

1999年，蒙哥饲料研制出优质三黄鸡规模化孵养专用饲料和饲养技术，被养殖户广泛应用。2001年，蒙哥饲料研制出新型熟化专用饲料，解决断奶后仔猪缺乏专用干饲料的问题。2002年，原区、乡办饲料加工企业改制为私人经营或关停解散。2003年，蒙哥饲料开发出熟化液体乳猪饲料，解决仔猪早期断奶后营养吸收和干饲料对断奶后乳猪胃肠道可能造成损伤的问题，完全代替母乳，产品填补国内熟化液体乳猪饲料生产空白，获得省科技博览会银奖。同时，还研制出NO3-2-5膨化鳝鱼饲料。是年，区内规模以上饲料加工企业有3家，从业人员235人。完成工业总产值5894万元，上缴税金19.2万元，产值、税金分别比1998年增长2.03倍、0.07倍。

2004年，市饲料二厂因难以维持生产经营被迫停产歇业。先锋集团饲料厂的生产规模扩大到5万吨规模。蒙哥饲料在熟化液体乳猪饲料成熟工艺基础上，研制出非母猪哺乳的乳猪用营养奶粉及其生产工艺。2006年，蒙哥饲料研制的膨化、炒焙、油炸及液体饲料生产工艺，被区科技局列为科研成果申请实用新型专利。2007年，区内规模以上饲料加工企业有2家，从业人员215人。完成工业总产值1.24亿元，上缴税金21.3万元，产值、税金分别比2003年增长1.1倍、0.11倍。

第八节 纺织服装及鞋帽服饰工业

1988年,境内纺织服装及鞋帽服饰工业有市二针织厂、市麻棉织布厂、红卫针织厂、昭潭服装厂、市童服厂、先锋服装厂、东风服装厂、跃进服装厂、平政服装厂、平政制鞋厂、楠竹山制鞋厂、长城制鞋厂、先锋制鞋厂、昭潭制鞋厂等14家企业,多数企业系街办或乡村办企业,从业人员1352人。主要生产麻棉坯布、棉毛类衫裤、汗衫类衫裤、纱线袜、羊毛衫、各种服装、童装、男女手工皮鞋、冷压皮鞋、布鞋、皮手套、人造革皮包等产品,完成工业总产值838万元,上缴税金67.86万元。是年,市二针织厂腈纶针织绒教练衫裤被省纺织厅评为"省优产品"。市童服厂投资30多万元新增一条服装生产线。1989年,市童服厂生产的"涤棉海军直身超短裙"3种新产品,在全国轻工业产品展销会上获得金奖,企业被轻工业部评为"全国儿童用品新产品开发先进企业"。市二针织厂增加产品花色品种,提高产品质量,完成工业总产值567万元,实现利税89万元,成为全区经济效益最好的企业之一。1990年,市童服厂有三种送展新产品获得全国妇女儿童用品四十年博览会铜奖。1991年,市永强防雨服饰有限公司(简称永强公司)成立,生产各类防雨车衣、雨具,有从业人员60余人。市长城制鞋厂生产的缝制牛皮面三接头男鞋被轻工业部评为"部优产品"。年内,昭潭乡投资30多万元新办湘港旅游鞋厂。1993年,服装行业受出口配额限制影响,外贸订单减少,区内纺织服装行业出现经营困难,市二针织厂亏损7万元,有的企业停产。是年,区内纺织服装及鞋帽服饰企业有15户,从业人员1178人。完成工业总产值1295万元,上缴税金88.2万元,产值、税金分别比1988年增长54.53%、下降29.97%。

1994年,红卫针织厂因羊毛衫产品严重积压,无法继续经营,被关停解散。昭潭湘港旅游鞋厂停产改建成糖酒副食品交易市场。1995年,市神龙实业有限公司(又称永龙公司,以下称神龙公司)成立,投资100多万元购置缝纫设备200余台套,建有二条服装生产线。市童服厂因经营十分困难停产,职工解散。1996年后,区内集体所有制纺织服装及鞋帽企业实行改制,置换为私营企业或由私人租赁。市跃进服装厂、东风服装厂因厂区被市政工程建设征用,企业自行消亡。市二针织厂、市楠竹山制鞋厂等一些企业停产解散。1998年,区内纺织服装及鞋帽服饰企业有8家,从业人员530多人。完成工业总产值2926万元,上缴税金53.9万元,产值、税金分别比1993年增长125.95%、38.89%。

1999年,市永强公司迁入市针织厂内,扩大生产规模,从业人员达160多人。神州龙公司获准在阿尔及利亚首都成立龙鹏进出口公司,开展服装外贸业务。东信棉业公司租赁市二纺厂生产棉纱。区街乡镇纺织服装集体企业基本完成改制。2001年,市永辉工矿贸易公司成立,投资60余万元新建服装生产线,形成年产劳动防护服、医护服15万件(套)规模,从业人员60余人。2002年,东信公司投入800多万元对市二纺厂纺纱设备进行技术改造,提高棉纱产能和质量。2003年,区内规模以上纺织服装及鞋帽服装企业有5家,从业人员有1200多人。完成工业总产值7930万元,上缴税金207.5万元,产值、税金分别比1998年增长1.71倍、2.85倍。

2005年,东信棉业公司以2000万元整体收购市二纺厂生产区,成为公司所属二分厂。神龙公司通过ISO9001质量体系认证,"神州龙"系列服装被国家轻工业产品质量中心检验评为中国优质产品,形成年产服装150万件能力,是年完成工业总产值5000万元,出口创汇580万美元。2007年,区内规模以上纺织服装及鞋帽服饰企业有5家,从业人员1300多人。主要生产棉纱、麻棉布、各类服装、防雨服饰等产品,完成工业总产值1.8亿元,上缴税金318.3万元,产值、税金分别比2003年增长1.27倍、0.53倍。其中神州龙公司生产各类服装99.2万件,完成工业总产值1.18亿元,上缴税金97万元,出口创汇487万美元,成为区内服装工业产能和出口创汇的支柱企业。

第九节　建筑工业

1988年,境内建筑工业(含安装、装饰施工业)有雨湖、湘江两区及郊区(河西4乡1场)所属县以上规模施工企业4家,街道建筑工程队(俗称泥木队)和乡镇建筑队(又称农建队)共15家,从业人员4360多人,其中乡镇建筑工程队有从业人员2200余人,实行“农忙务农、农闲务工”“招之则来,挥之则去”的用工制度,人员不固定。主要承揽市内小型工程施工和维修,土石方基础工程开挖、住宅建筑、水电安装、房屋装饰、管道防腐保温等作业。是年,境内建筑业根据省建委规定就人员的素质、数量、构成及技术装备、技术管理水平、固定资产、流动资金、施工能力等指标对企业进行资质年检,依据其所具备条件对企业评定施工等级,并推行经理负责制,组织参加全市砌筑、抹灰“鲁班杯”大赛。市雨湖区建筑公司(简称雨建公司)经理秦忠策,勇于改革创新,在施工任务中,以工期短、质量好而颇受建设单位称赞,且连续6年超额完成各项经济技术指标,被建设部授予“全国建筑行业银质奖杯”。是年,境内建筑企业完成建安产值3640万元,实现利税146.12万元。

1991年,雨建公司加强管理,扩大业务范围,克服建筑行业出现盲目兴办“实体热”造成的经营困难,保持平稳发展势头,拥有从业人员756人,固定资产和自有流动资金1000余万元,完成建安产值2423万元,实现利税93.9万元,其中上缴税收53.5万元。经省主管部门组织考核,其工程合格率、工程优良率、材料节约率、上缴利税和产值等9项经济技术指标均已达到或超过省级先进企业所规定的指标,由省级预备级先进企业晋升为省级先进企业。是年,雨建公司还被全国建筑协会、省建筑协会分别授予全国和全省先进集体建筑企业称号。1992年,护潭乡建筑公司更名为雨湖区第二建筑公司(后称市城郊房地产开发有限公司,简称城郊房产),公司敢于开拓,务实创新,不仅在护潭乡征地0.87公顷开发商品住房,而且投资200多万元在广东珠海进行房地产开发,当年创建安产值500万元,实现利税30多万元。区委、区政府给予公司经理重奖。1993年,区内有规模建筑企业11家,从业人员4800多人。建筑施工面积14.23万平方米,完成建安产值6201万元,实现利税306万元,产值、利税分别比1988年增长0.70倍、1.09倍。

1996年,区政府在区属建筑企业中推行产权制度改革,按照建设部、省建委对建筑企业进行资质就位的规定,对不符合条件的企业予以取缔,符合条件的保留,鼓励支持企业合并、兼并或改组,向“做大做强”方向发展。是年,全区完成建安产值1.51亿元,实现利税825万元。1998年,市长城建筑工程公司按股份制改制为有限责任公司,由集体所有制企业置换为民营企业,更名为湘潭市长城建筑工程有限责任公司,成为全市第一家建筑行业改制企业。是年,湖南晨辉建筑工程有限公司(简称晨辉公司)成立。1999年,区内建筑业抓住城区改造的机遇,承揽建筑工程项目近100个,合同金额3亿多元。城郊房产、雨建公司、晨辉公司等骨干建筑企业业务充足,市场名气不断提高。2000年,由于房地产开发势头强劲,全区建筑企业紧紧抓住路桥建设、旧城改造、住宅小区、小城镇建设和大学后勤服务社会化等方面机遇,承接较大工程项目41个,不仅创造良好的经济效益和社会效益,而且促进城郊,晨辉等一批建筑企业发展壮大。是年,区内有规模建筑企业9家,从业人员5400余人。建筑施工面积27.73万平方米,完成建安产值2.18亿元,实现利税1491.2万元,产值、利税分别比1993年增长2.52倍、3.87倍。

2001年,湘潭新景建筑工程有限公司成立。昭潭房产公司开发的阳光山庄住宅小区评为“市级优质工程”,公司荣获湖南省物业管理优秀企业奖状。2004年,区内建筑企业实施阳光山庄、金源小区、龙凤佳园和怡园花苑等各类房产开发项目40多个,完成建筑面积25.6万平方米,上缴税金超过1000万元。是年,晨辉公司房产竣工面积5.19万平方米,完成建安产值1.02亿元,承建的湘潭移动通讯大楼获得省优质工程奖。

2006年，万润房地产开发有限公司开发的金源小区，建筑面积超过30万平方米，在全市房地产评优活动中是唯一获得幸福指数人居奖的大型住宅小区，还被区政府评为"文明卫生小区"。城郊房产公司获"湘潭市房地产著名企业"称号。2007年，区内城郊、万润、晨辉、新景等一批房地产公司进一步做大做强，全年房地产开发投资6.12亿元，发挥城市建设主力军作用，是年，区内规模建筑企业13家(其中一级2家，二级4家，三级5家，劳务分包2家)，从业人员6758余人。建筑施工面积57.83万平方米，完成建安产值7.41亿元，实现利税4361.2万元，产值、利税分别比2000年增长2.40倍、1.92倍。

第十节　其他工业

一、造纸及纸制品工业

1988年，境内造纸及纸制品工业有护潭乡永红造纸厂、昭潭纸箱厂、红星纸盒厂、繁城包装厂、中山包装厂、市联营包装厂等6家企业，从业人员363人，主要生产皱纹卫生纸、瓦楞纸、包装纸箱、纸盒、纸袋等产品，完成工业总产值294万元，上缴税金6.62万元。1991年，雨湖区政府为解决市联营包装厂与衡阳715矿联营后出现连年亏损的问题，协调双方意见决定取消联营方式，改由雨湖区独家经营，更名为市包装总厂。市包装总厂实行独立经营后，由于加强管理，注重产品质量，至年底7个月时间，完成工业总产值645万元，实现利税8.5万元，扭亏为盈。市永红造纸厂等企业采取以销定产方式组织生产。1993年，区内造纸及纸制品企业有6家，从业人员526人。完成工业总产值1144万元，上缴税金12.87万元，产值、税金分别比1988年增长2.89倍、0.94倍。

1994年，新化客商租赁永红造纸厂，更名为市第一造纸厂，利用回收废旧纸加工生产箱板纸(瓦楞纸)、牛皮纸(包装用纸)。是年，中山包装厂因缺资金、缺业务无法经营下去，关厂倒闭。1996年，市包装总厂经区政府牵线搭桥，由私营企业市天义实业有限公司承债式兼并，更名为湘潭市包装有限责任公司，安排286名下岗职工上班，年底扭转了亏损的被动局面。是年，私营企业市力腾包装厂成立，租赁市袜厂车间生产各类包装纸箱(盒)，从业人员60余人。1997年，市第一造纸厂投入资金200多万元，引进新型日用纸生产线，年生产包装用牛皮纸、箱板纸能力达到1万吨。1998年，区内造纸及纸制品企业有5家，从业人员683人。完成工业总产值3726万元，上缴税金41.2万元，产值、税金分别比1993年增长2.26倍、2.20倍。

1999年，市包装有限责任公司更名为市天义包装有限公司。是年，经过省包装总公司组织全省纸箱行业企业的产值、销售收入、利税等全面考核，市天义包装有限公司、市力腾包装厂均被省包装总公司评为当年度全省瓦楞纸箱优秀生产企业。2000年，区内区街乡镇企业进行产权制度改革，市第一造纸厂退出乡村集体经济形式，改制为私营企业，更名为湘潭市碧松纸业有限公司(简称碧松纸业)，企业加大投入建成3条日用纸生产线，形成年产牛皮纸、箱板纸3万吨能力。红星、繁城等村办包装厂先后停产倒闭。2003年，市天义包装有限公司因资金短缺，生产经营无法运转下去，被迫全面停产。是年，区内规模以上造纸及纸制品企业2家，从业人员210多人。完成工业总产值7194万元，上缴税金221万元，产值、税金分别比1998年增长93.1%、4.36倍。

2007年，区内规模以上造纸及纸制品企业仅碧松纸业1家，从业人员120多人。完成工业总产值1.03亿元，上交税金374万元，产值、税金分别比2003年增长43.2%、69.2%。

二、塑料制品工业

1988年，境内塑料制品工业有市湘江塑料厂、窑湾塑料制品、湘江烈军属厂、昭潭塑料厂、雨湖塑料厂、平政塑料美术厂、护潭塑料厂、长城塑料厂、先锋塑料厂等9家企业，从业人员346人，主要生产塑料包装袋、注塑塞盖、塑料绳、塑料膜袋、塑料鞋底、塑料洗衣板、塑料容器等产品，是年完成工业总值179万元，上缴税金9.89万元。1993年，中山街道成立塑料模具厂，有从业人员16人，生产钙塑制品。多数塑料制品企业因受生产规模小、缺乏市场竞争力的影响，经济效益差。是年，区内塑料制品企业有10家，从业人员381人。完成工业总产值289万元，上缴税金11.16万元，产值、税金分别比1988年增长61.45%、12.84%。

1996年，区内实施企业产权制度改革，对部分因资金短缺、技术跟不上市场发展变化、产品滞销而经营亏损严重的企业，采取股份合作、兼并、破产、拍卖等形式，退出公有制企业身份。1997年，昭潭塑料厂进行股份制试点，窑湾塑料制品厂等企业停产息工。1998年，江浙私营业主租赁市针织厂车间生产聚丙烯、聚乙烯编织袋。区内还新增废旧塑料加工企业，利用回收废旧塑料经融化、拉丝、冷却、切粒变成再生塑料原料（简称粒料）。是年，区内塑料制品企业有8家，从业人员359人。完成工业总产值576万元，上缴税金11.2万元，产值、税金分别比1993年增长99.3%、0.4%。

1999年，市湘江塑料厂整体出售后，区内集体所有制塑料制品企业基本改制完毕，多数企业采取转产停办方式停止塑料制品生产。2001年，市科达工贸有限公司成立，生产聚丙烯编织袋、集装袋（俗称吨包装袋）等产品，并自行回收聚丙烯边角余料加工粒料。2003年，区内规模以上塑料制品企业2家，从业人员230多人。完成工业总产值1513万元，上缴税金27万元，产值、税金分别比1998年增长1.63倍、1.41倍。

2005年，江浙客商登记注册成立市凤凰编织袋厂，租赁市针织厂经编分厂，建有3条生产线，生产聚丙烯编织袋、编织带、编织布等产品，并设立粒料加工车间，有从业人员60多人。2007年，区内规模以上塑料制品企业2家，从业人员约180人。完成工业总产值5354万元，上缴税金371万元，产值、税金分别比2003年增长2.54倍、12.7倍。规模以下塑料制品企业6家，其中承接编织袋来料加工企业3家，从事回收废旧塑料加工粒料企业3家，从业人员60余人，年产值约200余万元。

三、印刷业

1988年，境内印刷工业有昭潭印刷厂、郊区教学印刷厂、云塘印刷厂、跃进印刷厂、雨湖印刷厂、平政印刷厂、楠竹山印刷厂、湘江社会福利印刷厂等8家企业，主要用铅字印刷各类单据表格、账本凭证、学生练习本、宣传广告资料及书刊等，但这些企业规模不大、设备比较陈旧且业务量不足，从业人员约300人，完成工业总产值178万元，上缴税金12万元。1989年后，由于印刷行业可控程度低，印制普通印刷品的设备和工艺技术含量不高，个体印刷企业迅速崛起，印刷业务出现“僧多粥少”的现象，行业内部竞争激烈，并且国有印刷企业借助贷款优势加大投入进行技术改造，先后引进彩色凸版印刷设备、单双色胶印机、覆膜压合机等先进印刷设备，严重冲击区内集体所有制小型印刷企业，印刷业务萎缩，开工不足，甚至出现停产息工。1996年，市楠竹山印刷厂等企业停产解散。1997年，昭潭印刷厂实行股份制改造，置换为民营企业。云塘等印刷厂先后关停。2002年，民营企业湖南风帆印务有限公司（简称风帆印务公司）成立，租赁市针织厂车间印刷书刊杂志，从业人员80多人，是年完成工业总产值1200多万元。2005年，市湘江社会福利印刷厂停办后，更名为市鹏程万里工贸有限公司，从事商贸物流业务。风帆印务公司购置激光照排系统及双面胶印机、塑印机等设备，印刷品质量和产能有很大提升，当年完成工业总产值5230万元。2007年，区内公有制印刷企业不复存在，规模以上印刷企业仅风帆印务公司1家，从业人员近200人，完成工业总产值6810万元，上缴税金123万元。规模以下个体纸制品印刷业约10家，塑料制品印刷业约4家，从业人员约100人，年产值300万元。区内有“三印”（打字、复印、影印）企业约60家，从业人员近200人，其特点是占用资金少、经营场地小、操作工艺简单。

四、手工业

1988年，境内其他工业包括工艺制品、小五金制品、猪鬃、眼镜、竹木加工等手工业企业共20余家，以街委、村组办企业为主，从业人员约860人，完成工业总产值603万元，上缴税金28.43万元。是年，昭潭猪鬃厂和先锋猪鬃厂产销两旺，生产猪鬃7074箱，完成工业总产值576万元，实现利税38.6万元，出口创汇50余万美元。1994年，市眼镜一厂倒闭，职工作一次性安置。1997年，昭潭猪鬃厂改制为股份制私营企业，昭潭工艺制品厂、永红木制家具厂等企业因产品款式陈旧，缺乏市场竞争力，先后关停解散。1998年，市恒盾（集团）制品总厂（原为长城乡红旗村五金厂）开发出竹砧板，自投产以来一直供不应求。是年，区内其他工业企业有5家，从业人员370余人。完成工业总产值2792万元，上缴税金71.4万元，产值、税金分别比1988年增长3.63倍、1.51倍。

2001年后，恒盾（集团）制品总厂改制为股份制民营企业，更名为湖南恒盾集团有限公司（简称恒盾集团），为使企业做大做强，选址在先锋工业园，先后投入8000余万元新建厂房3万余平方米，建立生产线5条，以竹制品、厨具为龙头，生产竹系列产品。2007年，区内规模以上其他工业企业有2家，从业人员400余人。完成工业总产值1.37亿元，上缴税金418.8万元，产值、税金分别比1998年增长3.91倍、4.86倍。规模以下有昭潭猪鬃厂等4家企业，从业人员100余人，年产值约300万元。

第三章　工业企业管理

1988年，境内由雨湖区、湘江区计划经济委员会和郊区乡镇企业局分别管理所辖工业企业。街道、乡（镇）设企业办公室（简称企业办），分别与所在区计划经济委员会和乡镇企业局对口，具体分管街（委）、乡（村）企业的人、财、物和产、供、销。新雨湖区成立后，1992年9月，成立雨湖区经济贸易局和乡镇企业局，分别管理区街工业和乡镇工业。街道、乡（镇）企业办分别与区经贸局、区乡镇企业局对口。1994年11月，雨湖区经济贸易局更名为雨湖区工业局。2002年，雨湖区工业局与雨湖区乡镇企业局合并成立雨湖区经济局，统一管理区街工业和乡镇工业，保留雨湖区乡镇企业局的牌子，以便与市乡镇企业局对口衔接。2003年，雨湖区经济局加挂雨湖区民营经济发展局的牌子后，雨湖区经济局根据全区工业经济发展的新特点，转向加强民营企业的归口管理，做好产业规划和协调服务，以及宏观指导工作。2007年，管理机构无变化，区经济局定编17人。

第一节　经营管理

一、生产计划管理

1988-1992年，雨湖、湘江两区计划经济委员会（简称区计经委）和郊区乡镇企业局既要直接管辖各自的直属企业包括人、财、物、产、供、销，又要对街道或乡镇企业办进行业务指导和下达计划任务，由企业办将指标任务分解到街委企业或乡村企业。区计经委和乡镇企业局履行政府职能，根据区直属企业经济运行情况和区域经济发展需要，直接编制年度生产计划包括产值计划、产品产量计划、原材料供应计划和基建技改项目计划等等，下达年度主要经济技术指标指令性计划或指导性计划，以召开经济工作会议形式进行安排布置，予以贯彻执行。1993年，在深化经济体制改革中，全区工业企业生产计划管理实行计划安排与市场调节相结合的方式，区经贸局和区乡镇企业局分别对所属企业由直接管理转为间接管理，不再片面追求产值、产量指标增长速度。1996年开始，区内区街、乡镇企业转换经营机制、深化产权制度改革，逐步退出集体所有制经济形式，置换为民营企业。区工业局和乡镇企业局转变管理职能，以民营企业为主要服务对象，加强宏观指导和协调服务，生产计划管理改为以市场为导向，实行宏观调控。至2007年，区经济局职能已由管理型转变为服务型，服务及管理重点放在产业规划、投资项目评估筛选、工业园区建设、环境保护以及协调改善周边创业环境、落实相关产业政策等。

二、经济目标考核

1988年，境内企业全面推行厂长负责制，实行厂长任期目标制和承包经营责任制，由厂长或厂级领导班子集体与主管部门签订经济目标管理责任书，明确产值、产量、质量、利润、上交、工资基数及安全生产等主要考核指标的绝对数或增长幅度，采取一年一定或一定三年的滚动式承包固定下来，由主管部门牵头会同财政、审计及企业共同对年终财务决算报表及经营实绩逐项审核，按合同承诺兑现奖罚。1992年，市液压元件厂实行滚动式经营承包后，厂长在企业内部进行经营管理机制改革，引进外资，开发新产品，由年产值100多万元小厂发展成为能生产3个系列液压元件、年产值达500多万元、利税54万元的街道办规模企业。市先锋企业集团实行承包经营后，层层分解经营指标，目标责任落实到班组、车间，完成工业总产值1550万元、实现利润167万元，扭亏为盈。是年，雨湖区委、区政府对市液压元件厂、先锋企业集团主要负责人给予重奖，兑现承包合同(目标管理责任书)。

1993年，区内多数区街、乡镇企业出现经营困难，经济效益普遍下降，区经贸局与企业签订扭亏增盈目标责任书，把经济效益列为最重要的考核指标，自上而下层层落实目标责任，加强内部管理，千方百计降低消耗，实现扭亏或减亏。1995年，区内区街工业企业共完成工业总产值2.79亿元，实现利税800万元，企业亏损面由30%下降到20%，减少10个百分点，区街工业发展速度和效益在全市排名第一。从1996年起，区街、乡镇企业转换经营机制，实行产权制度改革，企业逐步退出集体所有制经济形式，区工业局对所辖区街工业企业逐步放开产权组织形式、生产经营管理、劳动人事管理、分配方式管理等权限还权于企业，考核职能淡化。区乡镇企业局则根据市乡镇企业局布置，由乡镇工业企业选择多种形式承包责任制，主管局只管厂长和承包合同。2007年，区内企业改制后，区经济局和各街道、乡镇企业办按市场经济要求，增强对企业协调服务职能，鼓励支持企业在节能环保、科技创新、可持续发展方面做出的贡献，并把它作为考核内容。

第二节　财务管理

一、会计制度

1988-1992年，境内各工业企业统一执行财政部制定的会计制度和核算办法，统一使用会计科目，规范核算原则和办法。企业还根据自身特点制定相应的财务制度和费用报销审批制度。区直企业由区计经委与区财政局直接管理和监督，重点审核年度决算报表和开展财务大检查。街委企业和乡镇企业分别由各街道、乡(镇)企业办每年进行1-2次财务检查，督促企业执行财务制度，按时纳税和上缴管理费。

1993年起，区内工业企业按照会计法的要求，根据区街、乡镇企业不同的企业特点，进一步规范财务制度和会计核算办法，并在区科协会计学会的安排下，开展财务人员的继续教育培训，贯彻执行《企业财务通则》《企业会计准则》，组织财务人员参加会计资格证考试，坚持财务人员持证上岗。1995年，区工业局与区科协积极引导财务人员加强业务能力和专业知识培训，参加会计系列职称资格考试。1996年，区内区街、乡镇企业通过转机制、抓管理、练内功、增效益的活动，加强财务管理工作和资金管控，从严控制非生产性费用支出，加快销售货款回笼，清理三角债务，提高资金周转率。并在主管部门的组织下，开展清产核资工作，摸清区属工业企业家底，为区政府宏观决策提供可靠依据。

1998年，区内工业企业加快实行产权制度改革，区街、乡镇企业退出集体所有制经济形式后，区工业局转变财务管理职能，由直接管控区街企业逐步变为引导企业按现代企业制度和会计法要求，提高会计核算水平和成本控制能力。至2005年，区内规模以上工业企业全面实行电算化管理。2007年，全区规模以上民营企业财务管理按照会计法及相关行业财务会计制度要求，实行注册会计师稽核会审，由会计师事务所或审计事务所等中介机构对财务决算报表、资金报表、固定资产投资报表及纳税资料报表进行审计，区经济局汇总企业报送的财务月报、季报、年报等相关统计资料。

二、成本控制

1988-1992年，境内区街、乡镇工业企业因生产规模小、财务人员配置不够等原因，大都没有比照国有工业企业要求实行目标成本控制和管理，只是在会计核算基础较好的企业推行原材料消耗定额管理。1993年，市人防水泥厂按车间、工序全面实行定额消耗成本管理，细化考核指标落实到各个操作岗位，通过开展节约挖潜和加强核算管理，吨水泥成本下降14.6%，实现产值过千万元、利税超过300万元(其中利润132.6万元)。市经委在市人防水泥厂召开现场经验交流会，全市国有大中型企业和各工业局的负责人参加会议，学习推广市人防水泥厂成本控制方法和经验。1995年，村办企业市第三开关厂是1家只有65人的小厂，通过严格成本管理，加强分班组核算，车间原材料消耗定额与生产工人工资挂钩，业务人员按销售合同实行货款回笼计酬和费用包干制，行政管理人员岗位控制为4人，安排出纳、会计、内部核算、技术各1人，其工资与总收入比例挂钩，是年，完成工业总产值248万元，实现利税17万元，被市政府推选为全市国有企业引进乡镇企业管理机制的典型。

1996年后，区内工业企业转换经营机制，实行产权制度改革和产业结构调整。企业退出集体所有制经济形式置换为民营企业后，区工业局还权于企业，由企业根据自身实际情况，选择加强成本控制的方式和管理手段，使目标成本管理更趋有效和严谨。2007年，全区规模以上工业企业基本形成成本控制网络化管理机制，建立产、供、销监控体系，企业经济效益明显上升。

第三节 劳动管理

1988年，境内区直属企业劳动用工和劳动工资分别由雨湖、湘江两区和郊区劳动管理部门管理，区计经委和乡镇企业局分别管理厂长及领导班子考察任命。街委、乡村企业用工制度相对比较宽松，尤其村办企业大都采用“社来社去”的用工方式安排劳动力。职工队伍来源于城乡剩余劳动力或待业青年，并优先安排困难家庭人员就业。企业实行经营承包责任制后，普遍由固定级别工资改为计件工资，采用奖励工资与经济效益挂钩，或者推行工资总额同经济效益挂钩，由企业自主决定内部再分配。1992年后，区内工业企业按照“市场调节就业，政府促进就业”的政策，自主确定企业职工人数。1994年，区属企业参加全市工业企业工资调标，享受调标增资的职工近3000人。1996年起，区内区街、乡镇企业实行劳动合同制，同时各街道、乡镇分别设立劳动管理站，共同做好因企业改制、停产息工和关停解散出现大批下岗职工需要再就业的工作。2003年后，区内工业企业全面实行自主招聘员工，劳动报酬采用计件工资制或浮动工资加奖励。劳动管理部门对企业实行劳动用工备案制和合同管理制度。2007年，区内规模以上民营企业进一步规范劳动管理，依照劳动法和劳动合同法执行劳动用工制度包括招聘总经理（厂长）等高管人才，并稳步推进为员工购买“五险”（养老保险、失业保险、医疗保险、生育保险、工伤保险），保障员工的劳动福利待遇。

第四节　产品质量管理

1988-1992年，境内区街、乡镇工业企业注重产品质量工作，参与工业产品考核评比活动，有市长城电器厂的高压电流互感器和市长城制鞋厂的缝制牛皮面三接头男鞋等2个产品获部优产品称号。市长城电器厂的LA-10电流互感器等12家企业的12个产品获省优产品称号。但多数区街企业、乡镇企业产品质量监控手段落后，检验标准不一致。1992-1994年，取消工业产品评优升级活动，区经贸局和乡镇企业局分别引导区街企业和乡镇企业提高产品质量意识，按市技术监督局的要求规范质量检测标准和检测手段，实行全员质量管理，开展群众性质量管理活动。1995年，在全市开展“企业管理年”活动中，平安电气公司成立全面质量管理办公室，规定各部门质量管理工作标准和责任，建立严格的质量管理体系，是年，公司QC小组获“95湖南省优秀质量管理小组”称号，公司被市质量技术监督局评为市产品质量信得过企业。昭潭猪鬃厂的白猪鬃在第三届中国乡镇企业出口商品展览会上获得“万向”金杯奖，保持传统名优产品地位。1996年起，区工业局和乡镇企业局根据市政府《关于加强工业企业质量管理工作的意见》，要求企业健全质量管理体系，树立“质量第一”观念，走“质量效益型”路子，广泛开展争创名牌活动。至2007年的12年中，全区工业企业产品获得省名牌产品8个，获市名牌产品18个，获省产品质量奖3个。市先锋企业集团有机复合肥有限公司生产的有机肥、复混肥被国家商品质量检测检验中心评为国家免检产品。平安电气公司、市电气设备公司等15家企业通过国家质量保障体系认证，平安电气、市电气设备公司产品通过3G认证。

1988-2007年雨湖区工业产品获奖情况

一、部优产品

12-3-4-1

年度	产品名称及规格	生产企业	授予单位
1989	高压电流互感器	湘潭市长城电器厂	机械工业部
1991	缝制牛皮面三接头男鞋	湘潭市长城制鞋厂	轻工业部

二、省优产品

12-3-4-2

年度	产品名称及规格	生产企业	授予单位
1988	LA-10电流互感器	湘潭市长城电器厂	省机械工业厅
1988	腈纶针织绒教练衫、裤	湘潭市二针织厂	省纺织工业厅
1989	44-152mm汉口水煮猪鬃	湘潭市先锋猪鬃厂	省外贸局
1990	RWD25-10-50软轴无堵塞泵	湘潭市软轴机具厂	省机械工业厅
1990	环行预应力砼电杆	湘潭市水泥电杆厂	省建材局
1990	425号硅酸盐水泥	湘潭市人防水泥厂	省建材局
1991	YG-3自动式输液架	湘潭市医疗器械厂	省机械工业厅
1991	煤沥青油毡	湘潭市原纸油毡厂	省建材局
1991	工业用硝酸铅	湘潭市昭潭化工厂	省化工厅
1991	防潮型调温电热毯	湘潭市长城机电厂	省机械工业厅
1991	药用淀粉	湘潭市淀粉厂	省医药局
1991	900生长肥育猪浓缩饲料	湘潭市饲料二厂	省粮食厅

三、湖南名牌产品

12-3-4-3

年度	产品名称及规格	生产企业	授予单位
1999	乡里系列腊制品	先锋集团食品有限公司	省质监局
2002	乡里牌腊制品	先锋集团食品有限公司	省质监局
2002	WDK挖掘机电控设备	湘潭电气设备制造有限公司	省质监局
2002	ZBKT、YBK56、BDII系列矿用隔爆通风机	湘潭平安电气集团有限公司	省质监局
2002	乡里牌腊制品	先锋集团食品有限公司	省质监局
2004	SG(B)10型干式电力变压器	湘潭变压器有限公司	省质监局
2005	WK(D)挖掘机电控设备	湘潭电气设备制造有限公司	省质监局
2005	ZBKT、YBK56、BDII系列矿用隔爆通风机	湘潭平安电气集团有限公司	省质监局

四、湘潭市名牌产品

12-3-4-4

年度	产品名称及规格	生产企业	授予单位
1998	铝型材	湘潭市少雄铝业有限公司	市质监局
1998	万利隆糕点	湘潭市万利隆食品有限公司	市质监局
1999	乡里牌腊制品	先锋集团食品有限公司	市质监局
2000	WD(K)系列挖掘机电控设备	湘潭电气设备制造有限公司	市质监局
2000	风机	湘潭平安电气集团有限公司	市质监局
2001	圆钢钉	湘潭市广盛公福利有限公司	市质监局
2002	万利隆蛋糕	湘潭市万利隆食品有限公司	市质监局
2002	硬脂酸盐	湘潭昌盛精细化工有限公司	市质监局
2003	湘变SG(B)10型干式配电变压器	湘潭变压器有限公司	市质监局
2003	钢筋混凝土排水管	湘潭市恒涛建筑材料厂	市质监局
2003	行星插入式混凝土振动器	湘潭市建筑机械厂	市质监局
2004	竹砧板	湘潭恒盾集团科技有限公司	市质监局
2004	地温(源)热泵中央空调	湖南凌天科技有限公司	市质监局
2004	圆钢钉	湘潭市广盛公福利有限公司	市质监局
2004	矿用窄轨电机车	湘潭牵引机车厂	市质监局
2004	梅花蛋糕	湘潭日出东方食品工业有限公司	市质监局
2005	硝酸钾	湘潭市丹祥化工电子有限公司	市质监局
2005	电压/电流互感器	湘潭市互感器厂	市质监局

五、国家免检产品

12-3-4-5

年度	产品名称及规格	生产企业	授予单位
2004	有机肥、复混肥	先锋集团有机复合肥有限公司	国家质检总局

第四章　工业企业改革

第一节　区街工业企业改革

1988年，境内雨湖、湘江两区共有工业企业106家，其中区直属企业15家，街委企业91家。区街企业参照市属工业企业的做法，试行厂长负责制或经营承包责任制，扩大企业自主权。1990年，境内区街工业企业全面推行厂长负责制和经营承包责任制，完善目标考核办法和加强民主管理，同时按照市政府《湘潭市企业兼并试行办法》，实行兼并联合。市矿山电器厂兼并市宇宙电器设备厂，调整产品结构，扩大适销产品生产能力，开启境内区街企业兼并之先河。1991年，雨湖路街道对软轴机具厂、雨湖机电厂等8家第一轮经营承包到期企业实行滚动承包，激励企业持续发展。平政路街道进一步完善企业经营承包责任制，协调处理市卷闸门厂兼并华光电器厂事务，使卷闸门厂生产场地由200多平方米增加到2890平方米，从业人员由35人增加到125人，为后阶段企业进行技术改造奠定基础。城正街道打破条条框框，大胆引进15名专业技术人员，改善街道企业技术人才结构，增强科技实力，先后开发新产品31个，完成工业总产值1014万元，实现利税近100万元，成为境内继雨湖路街道后，第二个年工业产值过千万的街道办事处。

1992年，区内有区街工业企业150家，其中区直属企业21家，街委办工业企业129家。雨湖路街道企业在区政府统一部署下，转换经营机制，深化内部改革，依靠科技进步，调整产品结构，年内全街道完成工业总产值1600万元，实现利税140万元，街道企业经济效益居全市街道工业之首。市液压元件厂在第二轮经营承包中，引进外资，完善内部经营责任制和考核办法，建立激励机制，调动员工生产积极性，当年完成工业总产值520万元，实现利税54万元，由未实行经营承包责任制前年产值100多万元的小厂，跃升为全市经济效益增长幅度最佳的7家企业之一。1993年，有区街工业企业140家。区内区街企业逐步推行劳动、人事、分配三项制度改革，优化劳动组合竞聘上岗，同时压缩非生产人员充实生产第一线。

1994年，区委、区政府在区街企业中推行股份合作制、实行公有民营和三项制度改革。市红卫针织厂、市眼镜一厂、中山包装厂、五金翻砂厂分别因产品滞销积压、资金严重短缺或生产业务严重不足等原因停产，先后倒闭解散，成为区街工业首批停产倒闭企业。1996年，区政府成立体制改革领导小组和区集体企业体制改革办公室（简称区改制办），先期在市包装总厂、中南电瓷电器厂、软轴机具厂等8家企业进行试点，然后成立14个企业体制改革工作组深入各企业，以产权制度改革为重点，推行股份制、公有民营、租赁、承包、关停解散、破产等13种转制方法，全区有58家企业进入实质性操作。区直属骨干企业市包装总厂由市天义企业发展有限公司依法承债式兼并，按新管理模式运作，成为区直属企业转为的第一家民营企业。市中南电瓷电器厂、市电焊机厂、市软轴机具厂等实行股份制改造后，开展“抓管理、练内功、增效益”的活动，有效控制成本，提高产品质量，扩大产品销售，经济效益大幅回升，受到市、区两级政府通报表扬。1997年，市雨湖机电厂、市卷闸门厂、市液压元件厂等区街企业实行股份制改造。1998年，区政府按照“依法破产、规范操作、突出重点、积极稳妥”的工作方针，采取破产关闭、整体出让等措施实现企业脱困。市莲城电线厂宣告破产，成为区属企业以破产方式实现产权制度改革的第一家。是年末，区内区街工业企业累计完成改制企业111家，占区街总数79.29%。其中局直属企业完成改制17家，占区直企业总数81%。在完成改制的区街企业中，实行破产、兼并形成的企业各1家，实行股份制改造企业16家，实行关停解散企业105家。在关停企业中,实行一次性买断安置的企业22家。

1999年,区直企业市湘江塑料厂整体出售,市淀粉厂停产。2000年,对余下近20%未完成改制的难点区街工业企业要加快产权制度改革步伐,分类排队因厂施策。是年,雨湖矿山电器厂停产。2001年,市变压器厂实行股份制改造,置换为民营企业,更名为湘潭变压器有限公司,引进国外先进技术,发展成为全市变压器主要生产厂家。市低压开关厂改制为股份制民营企业,更名为湖南凌天科技有限公司,生产地温中央空调及配件。

2005年,市电器电瓷厂实行股份制改造,重组为私营企业,接续电瓷牌、电器产品生产。2006年,市淀粉厂和天义包装有限公司(二次改制)先后宣告破产,职工解除劳动关系一次性安置,市水泥电杆厂、市河西拉丝制品厂整体出售,所得收入用于职工一次性安置。2007年,市雨湖矿山电器厂宣告破产,市中南电瓷电器厂整体出售,两厂资产变现收入也用于职工一次性安置。至是年末,全区140家区街工业企业除楠竹山镇1家企业外,全部完成产权制度改革,退出集体所有制经济形式,或置换为民营企业,或关停解散。在完成改制的区街企业中,实行股份制改造企业18家,实行破产、兼并形式的企业分别为5家和2家,实行关停解散企业115家。在关停解散企业中,多数企业生产厂房为房地部门直管公房,企业无土地及房屋产权,因此企业无房地产变现收入用于职工安置。

雨湖区集体区街工业企业改制情况

12-4-1-1　　单位:家

项目/单位	改制前企业数度	改制方式				资产处置情况				其中职工安置		完成改制时间(年)		
		股份制	关停	破产	兼并	股份改造	整体出让	自行解散	租赁	一次性买断	其他	1998	2003	2007
区直企业	21	5	10	5	1	5	8	8	–	7	14	15	16	21
雨湖街道	18	4	13	–	1	4	1	13	–	1	17	13	18	18
城正街道	14	4	10	–	–	4	2	7	1	2	12	12	14	14
平政街道	18	3	15	–	–	3	2	11	2	3	15	15	18	18
云塘街道	18	–	18	–	–	–	3	12	3	3	15	12	18	18
广场街道	10	–	10	–	–	–	2	6	2	1	9	8	10	10
中山街道	15	1	14	–	–	1	2	10	2	4	11	13	15	15
窑湾街道	18	1	17	–	–	1	3	8	6	3	15	16	18	18
羊古塘	8	–	8	–	–	–	–	5	3	–	8	7	8	8
合 计	140	18	115	5	2	18	24	79	19	24	116	111	135	140

第二节　乡(镇)村工业企业改革

1988年,境内有乡镇集体工业企业165家。其中乡办企业119家,村办企业46家。乡镇企业实行厂长负责制和经营承包责任制。昭潭乡在21户乡办企业中,转换经营机制,分别试行“递增包干、超收全留”“定额上缴”“基数包干、超收分成”“租赁经营”“股份制”等多种承包方式,进行经济体制改革。1989年,长城乡市建筑机械厂实行厂长负责制后,调整内部机构采用分部门承包方式,启用技术人员充实关键岗位,是年生产ZN50、ZN70系列振动器、振动棒9508套,完成工业总产值226万元,实现利税18.2万元,厂长刘怡辉被省政府授予省级优秀农民企业家称号。1991年,护潭乡市二针织厂在第二轮经营承包中,进一步完善厂内承包经营责任制,实行工资与经济效益挂钩,上不封顶,下不保底,到年末企业已连续3年年产值超500万元,年利税超70万元,厂长朱邦达被省政府授予“省级优秀农民企业家”称号。1992年,护潭乡富强村在实行经营承包的基础上,把技术改造列为考核内容,先后投资310万元添置设备、更换模具、新建厂房仓库等设施,改善村办企业生产条件,完成工业总产值1046万元,实现利税85万元,居全区村级经济效益首位。市先锋企业集团强化内部改革,完善经营承包责任制,扩大场属企业经营自主权,实行科学管理,完成工业产值1550万元,实现利润167万元,扭亏为盈。1993年,全区有乡(镇)村工业企业169家。市人防水泥厂转换经营机制,实行工资与消耗定额挂钩,加强成本管理和控制,人员竞聘上岗择优录用,实现产值过千万元,利税超300万元,成为全市工交系统学习推广的典型企业。

1994年,区内乡镇企业推行“三项制度”改革,市先锋企业集团在集团内部打破“三铁”(铁交椅、铁饭碗、铁工资)框框,大胆启用有技术、懂管理、会经营的能人,提高场办企业管理水平。1995年,护潭乡第三开关厂实行“全员风险共担、利益共享”的劳动用工制度,实行一岗多能、一职多能管理,企业年年盈利,被作为全市国有企业引进乡镇企业管理机制的典型。1996年,乡镇工业企业加快转换经营机制,实行产权制度改革和产业结构调整。昭潭乡、先锋乡、鹤岭镇等率先推进股份制、租赁、承包和关厂倒闭等方式,淘汰劣势产能企业,扶植技术含量高、效益好的企业做大做强。1998年,市先锋企业集团所辖18家独立核算工业企业分别按股份制,整体出让、租赁等多种方式进行改制,调整产业结构,成为集科、工、贸、商为一体,享有自营出口权的企业集团。平安电气公司实行股份合作制改造,搞好资产评估、股权量化和股份认购工作,维护职工的切身利益,同时做好退休人员的安置及职工社会养老保险关系接续,解决职工后顾之忧,使企业凝聚力极大增强。市人防水泥厂、长城成套电器厂实行整体拍卖,所得收入用于职工安置。是年末,区内乡镇工业企业累计实行改制企业127家,占应改制企业总数75.15%。

1999年,先锋乡在完成乡办集体企业改制后,重点扶植麻棉织布厂、工程机械厂等民营企业上规模、上水平,开发家用安全防范系统、工程机械等技术含量高的新产品。全乡完成工业总产值8349万元,出口创汇363.2万元。2003年,区内乡镇企业按照区政府要求,加快产权制度改革进度,长城乡、昭潭乡、护潭乡因企施策,完成所属18户村办集体企业的改制工作。至此,除楠竹山镇的市电力工程机械厂仍保留集体所有制性质外,其余区内乡镇集体工业企业全面完成改制工作。在168户完成改制企业中,实行股份制企业49家,实行关停企业111家,兼并重组企业8家,分别占全部乡镇工业企业的28.99%、66.68%、4.73%。在完成改制企业中,乡办企业121家,村办企业47家,分别占全部乡(镇)村企业的71.6%、27.8%。在实行关停解散企业中,由于从业人员大都为村组村民,与企业订立的劳资关系为“社来社去”,企业关停后,有的从业人员能领取解除劳动关系补偿费,个别困难企业无法发放员工的补偿费。村办企业关停后,由村组经济集体管理委员会对外招租。

1995-2000年雨湖区集体乡镇工业企业改制情况

12-4-2-1　　单位：家

项目 单位	改制前企业数	改制方式			资产处置情况				其中职工安置		完成改制时间（年）					
		股份制	关停	兼并	股份改造	整体出让	自行解散	租赁	一次性买断	其他	1995	1996	1997	1998	1999	2000
长城乡	40	8	30	2	8	3	9	20	3	37	－	4	18	10	3	5
昭潭乡	21	8	13	－	8	1	7	5	3	18	－	－	6	7	5	3
先锋乡	38	10	25	3	10	5	17	6	5	33	2	6	11	13	6	0
护潭乡	42	7	33	2	7	4	14	17	6	36	3	8	4	10	11	6
先锋集团	18	16	2	－	16	1	－	1	18	－	1	4	6	5	2	－
楠竹山镇	4	－	2	1	－	1	2	－	2	1	－	1	1	1	－	－
鹤岭镇	6	－	6	－	－	－	6	－	2	4	－	3	1	－	1	1
合计	169	49	111	8	49	15	55	49	39	129	6	26	47	46	28	15

第十三篇　农　业

第十三篇 农 业

雨湖区农业属城郊型农业。种植业以水稻和蔬菜为主，养殖业以生猪和鲜鱼为主。1988年，境内9700农户全面实行家庭承包经营，签订延长15年承包期的耕地承包合同。粮食播种面积1006.67公顷，粮食总产1.29万吨；蔬菜播种面积1220公顷，蔬菜总产3.6万吨；林地面积523.2公顷，森林覆盖率6.6%；生猪饲养量15.1万头，出栏生猪11.08万头；水产养殖水面257.33公顷，鲜鱼产量1018吨。拥有各类农业机械1255台（套），总动力1.12万千瓦，农业机械化率54%。4乡1场农业总产值合计4278万元，占全区国内生产总值22.08%。农民人均年纯收入645元。1989年，落实《中共中央国务院关于夺取农业丰收的决定》，针对农业生产资料供应“双轨制”问题，政府按粮食定购合同供应农户计划内价农业生产资料和预购定金，鼓励农户多投入多产粮，促进粮食定购任务完成并面向市场生产。1991年，推进杂交稻种植，杂交晚稻种植面积达61%，粮食总产1.34万吨。林地管理承包到户，全面消灭荒山，郊区农林局获湖南省林业厅奖励。1992年，贯彻中央“一优两高”（优质、高产、高效）农业生产方针，优质稻示范种植133.33公顷，双季杂交水稻种植面积113.33公顷。改“稻—稻—油耕作制”为“稻—稻—菜耕作制”。

1993年，全区农业按照小康建设要求，调整结构，加快农业产业化进程。粮食播种面积1020公顷，粮食总产量1.26万吨。蔬菜播种面积1466.67公顷，蔬菜总产4.66万吨，比1988年增长29.44%；生猪饲养量20.58万头，出栏生猪14.03万头，比1988年增长26.62%；水产养殖面积257.93公顷，鲜鱼总产1222吨，比1988年增长20%；植树造林13.33公顷，计10万株，林地面积达到531.87公顷，森林覆盖率6.7%。各类农业机械拥有量1634台（套），总动力1.36万千瓦，比1988年分别增长15.5%和25.9%，农业机械化率58%。农业总产值8400万元，比1988年增长96.35%，占全区国内生产总值17.21%。农民人均年纯收入1389元，为1988年的2.16倍。1994年8月，战胜百年不遇的特大洪灾后，区政府加大对湘江十万垅和天星大堤的整修力度。11月，湘江堤坊草山里和李春和堤段整修工程动工。1995年，区政府落实市委、市政府《关于开发丘岗山地的若干规定》《湘潭市丘岗山地深度开发规划》，在长城乡、护潭乡等地建设商品蔬菜、瘦肉型猪、草食动物和优质米基地。是年，铺开农村第二轮土地承包，按照增人不增地、减人不减地之原则，允许土地合理流转，土地承包顺延30年不变，增强农村发展活力。1996年，农业和农村工作经省市小康办全面检查验收，16项小康指标全部达标，综合评分97.4分。雨湖区成为全省第一批小康县（市、区），受到省委、省政府的表彰。

1998年，区政府启动农村建设“万元亩”工程，提出由“吨粮田”向“万元亩”转变的战略。落实市政府《关于加快实施生猪产业化意见》，推广网箱养鱼和池塘养鱼高产技术。是年，粮食种植面积减至856.66公顷，粮食总产1.12万吨；蔬菜种植面积达到1826.67公顷，蔬菜总产5.73万吨，比1993年增长22.96%；生猪饲养量31.52万头，年出栏生猪22.56万头，比1993年增长60.79%；水产养殖面积270.73公顷，鲜鱼产量1855吨，比1993年增长51.89%；区内森林面积达到531.87公顷，森林覆盖率6.7%。各类农业机械拥有量共2324台（套），总动力1.47万千瓦，比1993年分别增长42.2%和8.1%，农业机械化率73%。全区农业总产值1.87亿元，比1993年增长123%，占区国内生产总值20.6%。农民人均年纯收入增加到3347元，是1993年的2.41倍。1999年，区委、区政府提出《关于加快传统农业向现代农业转变的意见》，发展农业规模经营，提高农业经济效益。2000年，《关于开展创万元亩、十万元农户工程建设的意见》在全区实施。区内建设五大农业基地。即先锋乡金塘村种苗基地，护潭乡湘竹村白毛肉丝瓜基地，红星村、永红村红菜苔基地，长城乡犁头村大头莴笋基地，羊牯村蔬菜、花卉农业综合生产基地。并被农业部确认为全国100个无公害蔬菜示范县(区)之一。2001年，为发展现代农业，继续进行农业结构调整。粮食播种面积比上年减少326.96公顷，蔬菜种植面积增加260公顷，生猪饲养量增加4.82万头。服务现代农业发展，全区小型收割机、耕种机、农用运输车得到普遍运用。2002年，区委、区政府制定《湘潭市雨湖区农村税费改革实施方案》，取消农村统筹费、屠宰费，调整农业税和农业特产税，进一步减轻农民负担。

2003年，贯彻《中共中央国务院关于促进农民增加收入若干政策意见》，全区农业产业结构调整步伐加快，粮食播种面积调减413.33公顷，蔬菜播种面积增加160公顷，食用菌扩种2.5万平方米，花卉苗木增种53.33公顷，小水果和其他经济作物增种93.33公顷。2004年，落实中央对农民种粮"两减免、三补贴"(减免农业税、取消除烟叶外的农业特产税；对农民实行种粮直补、良种补贴和农机具购置补贴)惠农政策。是年，全区粮食播种面积835公顷，粮食总产1.12万吨，与1998年相比，下降13.2%；蔬菜播种面积1893.33公顷，蔬菜总产6.37万吨，比1998年增长11.17%；生猪饲养量47.45万头，出栏生猪34.35万头，比1998年增长52.26%；养殖水面达267公顷，鲜鱼产量2152吨，比1998年增长16.01%；林地面积750公顷，森林覆盖率9.5%。农机拥有量3092台，总动力2.27万千瓦，比1998年分别增长34%和53.7%，农业机械化率90%。农业总产值3.68亿元，比1998年增长96.8%，占区国内生产总值19%。全区农民人均年纯收入6097元，比1998年增长82.2%。2005年，取消农业税和对农民的各种统筹提留费。落实《中共中央国务院关于进一步加强农村工作提高农业综合生产能力若干政策意见》，水利建设投入2780万元。2006年，落实《中共中央国务院关于推进社会主义新农村建设的意见》，羊牯、犁头、湘竹等8个村被列为湘潭市新农村建设示范村，对后进村安排部门和企业对口帮扶，恒盾厨具、蒙哥饲料、乡里美食等农业产业化龙头企业得到进一步发展。2007年，贯彻《中共中央国务院关于发展现代农业，扎实推进社会主义新农村建设的若干意见》，区财政落实支农资金120万元，重点扶持聚宝米业等47个农业产业化龙头企业。夯实农业基础，增强农村发展活力，促进农业增效、农民增收。是年，粮食播种面积990公顷，粮食总产1.37万吨，比2004年增长22.3%；蔬菜播种面积1880公顷，蔬菜总产6.16万吨，比2004年少收0.21万吨；生猪饲养量下降到41.96万头，其中出栏生猪27.46万头，比2004年下降20.1%；水产养殖面积250公顷，鲜鱼产量2098吨，比2004年减收54吨；森林覆盖率9%。全区农业机械拥有总量3345台，总动力 2.96万千瓦，比2004年分别增长8%和31%，农业机械化率94%。农业总产值4.91亿元，比2004年增长33.4%，占区国内生产总值13.5%。农民人均年纯收入9649元，比2004年增长58%，普遍进入小康水平。

1988-2007年雨湖区农业生产情况

13-0-0-1

年份	耕地面积（公顷）	粮食		蔬菜		生猪		鲜鱼		林地面积（公顷）
		播种面积（公顷）	总产量（万吨）	播种面积（公顷）	总产量（万吨）	饲养量（万头）	出栏猪（万头）	放养面积（公顷）	总产量（吨）	
1988	1666.67	1033.34	1.29	1220	3.60	15.10	11.08	257.33	1018	523.2
1989	1666.67	1033.34	1.31	1293.33	3.90	15.06	10.71	257.6	1042	523.2
1990	1653.33	1033.34	1.32	1360	4.26	15.61	11.03	257.33	1063	523.2
1991	1653.33	1033.34	1.34	1366.67	4.24	17.12	11.67	257.67	1078	531.87
1992	1633.33	1070	1.41	1400	4.66	19.32	13.31	257.8	1139	531.87
1993	1606.67	1060	1.26	1466.67	4.66	20.58	14.03	257.93	1222	531.87
1994	1466.67	1045	1.25	1466.67	4.19	21.96	15.31	258	1331	531.87
1995	1453.33	850	1.43	1580	4.98	23.91	17.76	263.47	1500	531.87
1996	1433.33	885	1.34	1546.67	4.98	24.90	18.30	263.47	1599	531.87
1997	1413.33	895	1.35	1720	5.15	28.51	18.79	267.2	1750	531.87
1998	1380	885	1.12	1826.67	5.73	31.52	22.56	270.73	1855	531.87
1999	1373.33	880	1.10	1726.67	5.31	33.61	24.01	263.33	1967	785.4①
2000	1366.67	875	1.17	1606.67	5.32	34.07	25.30	263.47	2491	785.4
2001	1160	720	0.98	1866.67	6.59	38.89	28.06	259.67	1815	750②
2002	1093.33	720	0.91	1866.67	7.18	40.09	29.35	260	1967	750
2003	1053.33	675	0.91	1933.33	7.88	41.28	30.58	260.6	2491	750
2004	1266.67	835	1.12	1893.33	6.37	47.45	34.35	267	2152	750
2005	1320	995	1.30	1946.67	6.66	52.05	38.80	265	2361	750
2006	1326.67	1015	1.36	2106.67	7.28	55.70	42.80	261.87	2371	733.33
2007	1326.67	990	1.37	1880	6.16	41.96	27.46	250	2098	733.33

注 ①1999年，江南、江麓、湘锰三大厂矿的林地面积由市属统计转入区属统计

②因湘潭大学扩建及修北二环路而减少林地

③粮食播种面积为一季稻数。

1988-2007年雨湖区农、林、牧、渔产值和人均纯收入统计

13-0-0-2

年 份	农业总产值（万元）	人均纯收入（元）	种植业总产值（万元）	牧业总产值（万元）	林业总产值（万元）	渔业总产值（万元）
1988	4278	645	1820	2135	8	315
1989	5084	712	1948	2782	8	346
1990	5358	723	2134	2834	8	382
1991	5884	782	2463	2996	22	403
1992	7000	1222	2189	4390	8	413
1993	8400	1389	2880	4938	34	548
1994	11600	1861	2940	7975	6	679
1995	14500	2324	3643	6969	14	874
1996	16900	2963	3996	11828	12	1061
1997	19400	3337	4745	13542	28	1085
1998	18700	3347	5168	12361	32	1139
1999	18600	5571	5621	11812	32	1135
2000	21200	5723	6089	14015	19	1079
2001	22700	6485	6725	14943	19	1013
2002	23900	6640	6746	15921	41	1192
2003	27100	6688	7358	18364	63	1315
2004	36800	6097	8143	27078	94	1485
2005	41200	7704	9397	30025	124	1654
2006	45700	8200	10556	33273	146	1725
2007	49100	9649	8026	39537	115	1422

第一章　经营体制改革

第一节　管理机构变革

1988年，境内农业和农村经济工作由郊区政府农村工作办公室以及分设的农林局、农机水电局、副食品生产局和经营管理站分线管理并进行指导和服务。各乡设置农科站、畜牧兽医站、水产站、林业站和农机站，各配备专职农技人员1-2名，负责乡农业生产的指导服务。村设立农科员（一般村副主任兼），建立三级农业管理服务网络。1992年7月，新雨湖区成立后，区政府设立农村经济管理局，下设农业技术推广站、林业站、蔬菜技术推广站、经济作物站、水利管理站、农机管理站、兽牧水产管理站、水产渔政管理站。十万垅大堤管理所、天星堤管理所为独立事业单位，归口农经局管理。1997年，区农村经济局更名为区农村工作办公室，并加挂中共雨湖区委农村工作部牌子。农业技术推广站、经济作物站改为农林局，蔬菜技术推广站改为蔬菜局，农机管理站合并为农机局，水利管理站改为水利局，兽牧管理站、水产渔政管理站改为畜牧水产局。2000年，农林局与蔬菜局合并，改为农林蔬菜局。2002年，雨湖区成立能源生态局，与区农办合署办公，两块牌子，一套人马。区农办下辖5个副科级单位：农林蔬菜局、水利局、畜牧水产局、农机局、农广校。2007年，农业管理机构未变。

第二节　完善土地承包责任制

1988年，境内第一轮土地承包延长15年的工作完成。有9700农户，1267.93公顷耕地，签订承包合同9700份。水田、旱土、可养水面等生产资料全部承包到户经营，山塘、水坝、水渠、道路等均由村组实行统一经营，农村实行双层经营体制。1989-1991年，按照中央、省、市农村工作政策，进一步完善双层经营，稳定承包关系。

1992-1994年，区委、区政府按照中央农村政策，完善农村土地承包合同，农民耕地承包期再延长30年。区、乡干部下村具体指导，处理各种承包合同纠纷，把党的有关农村政策文件印发带到村组，做到家喻户晓。1995年，根据省委、省政府“大稳定、小调整”的政策，在30年承包期内，按照“增人不增地、减人不减地”的办法，开展第二轮农村土地延长承包期和完善农村耕地承包合同工作，保证土地承包经营的连续性和稳定性。

1996年，成立土地延长承包期工作领导小组，制定方案，核实人口，丈量土地。各乡镇成立相应机构，按照“强调所有权，稳定承包权，放活使用权”的指导思想，举办农村干部培训班。派出工作组，组织力量与农户重新签订《耕地承包合同》，一式三份（发包方、承包方、监证方）。政府向农户颁发“集体耕地承包经营权证”，建立农村土地承包经营档案。

1997-1998年，第二轮土地承包期延长工作完成90%，耕地延包进入扫尾阶段，为农户发放土地延包合同8100份。处理各种合同纠纷48起。1999年，针对长城乡、护潭乡延包任务大，情况复杂，尤其是犁头村、富强村存在问题颇多的情况，继续抓耕地延包扫尾。对少数村、组耕地延包工作久拖不下的，采取走访、调查、开会调解的方式，使问题得到妥善解决。至2002年，区政府抓住税费改革的机遇，组织干部下基层，对群众反映大的乱收费行为,予以及时纠正。

2003年,全区6个乡镇、37个村、338个村民小组,9730户农民,耕地延包合同得以落实完善。2004年,全区换发土地经营权证9730份,与农民签订土地承包合同9730份,完成土地承包面积1264.4公顷。至2005年,土地延长承包期工作全面落实,第二轮土地延包工作结束,农民承包的土地实现合同管理制度化,合同兑现法治化。

第三节　农村税费改革

1988-1990年,境内农村实行联产承包责任制后,有的部门和单位借改革或其他理由出台文件向农民"搭车"收费,把农民当成"唐僧肉"。按农民的说法,"十几顶大盖帽,围着一顶旧草帽",上面"点菜",农民出钱,乱收多收,加重农民负担。为解决公积金、公益金、村组干部工资及其他社会公益事业所需资金,乡村从农户售粮款中扣除农业税和"三提五统"(村统一提留的公积金、公益金、管理费;乡统一筹集的乡、村两级办学、计划生育、优抚、民兵训练、乡村道路建设等费用)。1991年,贯彻国务院关于减轻农民负担指示精神,由政府制定减轻农民负担的实施意见。1992年,除农业税外,乡、村向农民收取的费用控制在国务院规定的"上年农民人均纯收入5%以内"。

1993年,区委办、区政府办发出《关于坚决贯彻中央、省、市精神,切实减轻农民负担的通知》,全区实施"减轻农民负担卡"制,明确规定农民只负担教育附加费和国防义务教育费两项,人均10元左右。1994年,清理加重农民负担的文件,清出并废除区级加重农民负担文件10个,乡级文件7个。取消收费项目32个,减少向农民收费95万元。1995年,农民人均纯收入2324元。全年村集体提留、乡镇统筹、社会负担三项共计160万元,人均负担35元,占上年农民人均纯收入的1.5%,控制在国家规定范围之内。

1996-2000年,贯彻中共中央办公厅和省委关于减轻农民负担文件精神,区委、区政府发出《关于认真做好减轻农民负担的通知》,落实农民负担监督管理的各项制度。组织区乡干部开展农民负担"三查"(调查、检查、督查)专项活动,并发放农民合理负担卡9700余份。

2001-2003年,根据省委、省政府的文件精神,按照市农村税费改革工作会议部署,制定全区农村税费改革实施方案。改革内容是"三取消一调整",即取消农村统筹费、农村教育集资等专门向农民征收的行政事业性收费和政府性基金、集资,取消屠宰税,取消统一规定的劳动积累工和义务工,调整农业税政策和农业特产税政策。改革村提留征收使用办法,以农民第二轮土地承包面积为依据,确定农业税计税土地面积,按正常年(1998年前5年)农作物的平均产量(以亩产700公斤,每100公斤102元计算)为常年产量计征6.7%的农业税为正税,按正税的20%提取"三提五统"费为附税,正附税合计成新的农业税费,把"统筹提留"用税的形式规范。全区新的农业税120万元,亩均58元,人均27元。

2004年,国家提出减免农业税及农民承担费用。2005年,区内取消农业税、农业特产税共120万元,"三提五统"收费62万元。2006年,全区农民从国家获得农业补贴共达8项。农民说:"种田不交税,每年还发钱,真是请我们作田。"2007年,全区农民获得国家农业各项补贴增加到11项,农业各项补贴达165万元。为保障资金快速、安全、直接、准确发放到农民手中,区政府建立涉农补贴信息网,由村组造册,乡镇审核申报,区财政部门将各种农业补贴款直接汇到农户商业银行的个人账户中。

第四节 产业结构调整

1988年,境内4乡1场农业总产值4278万元。其中,种植业总产值1820万元,占农业总产值的42.54%;林业总产值8万元,占农业总产值的0.19%;养殖业总产值2450万元,占农业总产值57.27%。在种植业中,粮食生产占34%,蔬菜生产占45%;在养殖业中,生猪生产占78%。粮食、蔬菜、生猪是农业主导产业。随着农业不断地升温,郊区农业部门根据中央发展"一优两高"农业精神,鼓励农户发展庭院经济,不少农户根据市场需要发展家庭种植业和养殖业,成为发家致富的带头人。一部分成为"万元户"(每户农、工、副业年总收入达到一万元以上)。1989年,7%的农户达到万元户水平。1991年,耕作制度有新的改变,原有"稻—稻—肥""稻—稻—油耕作制"改为"稻—稻—菜耕作制",改制面积达166公顷,每公顷增加收入9000元,此耕作制的改革,获湖南省农业丰收三等奖。1992年,开发吨粮田进一步实施,政府对杂交种子、肥料、地膜等多项农资实行补贴,农民种粮的积极性大提高,有120公顷耕地达到吨粮田的建设目标。

1993年,全区调整粮食种植面积26.67公顷,种植蔬菜等高效农作物。稻田冬季普种一季菜,蔬菜播种面积增加253公顷,蔬菜总产量增加1.06万吨。粮食种植品种结构得到调整,杂交水稻得到大力推广,全区种植面积210公顷。政府重点扶持专业养殖户24户。是年,全区生猪出栏增加2.95万头。农业结构的调整,促进全区农业经济发展加快,实现农业总产值8400万元,种植业、林业、养殖业产值的结构比例为83.9:0.1:16.0。其中种植业总产值2880万元,比1988年增长58%;林业产值34万元,增长3.25倍;养殖业产值5486万元,增长1.24倍。1994年,区政府出台农村奔小康规划,小康建设促进农业产业结构调整步伐加快。1996年,区政府投资5万元,在长城乡卫星村开发丘冈山地,建设小水果基地连片种上20公顷板栗、柑橘等。

1998年,区政府启动农村建设"万元亩"工程,提出由吨粮田向万元亩转变的战略,一些吨粮村由此增加种植蔬菜、花卉、苗木、食用菌、小水果的面积。是年,全区粮食播种面积比1993年减少326.7公顷,蔬菜播种面积增加392.7公顷,生猪出栏增加8.5万头。在先锋企业集团龙头企业的带动下,全区规模化养殖户越来越多,饲养2000头以上的养猪户达10户,养殖业产值突破亿元。农业产业结构调整促进农村经济发展,全区农业总产值1.87亿元,比1993年增长123%。种植业、林业、养殖业产值的结构比例为27.6:0.2:72.2。其中,种植业产值5168万元,林业产值30万元,养殖业产值达到1.35亿元。2000年,农业产业结构调整全面铺开,区委书记在长城乡羊牯村办点示范,引进30多家农户租赁土地19公顷,将原有吨粮田改种蔬菜、西瓜、花卉等经济效益高的农作物,建设农业结构合理的农业综合开发基地。全区蔬菜生产形成5大基地,新增塑料大棚1000多栋,新种食用菌2万平方米,新增花卉专业户52户,种植花卉面积66.7公顷。新增农产品加工户48户。涌现年产值50万元以上的林产品加工企业8家。

2003年,农业结构调整步伐加快,羊牯、犁头、湘竹、红星4个村基本退出水稻种植。至2005年,区内新增经济作物120公顷,有300公顷达到万元亩的标准,占全部耕地的44%。养殖生猪500头以上的规模养殖户214户,占全区农户总数的8%。组成各类种养协会或专业合作经济组织共25个。蔬菜、生猪在8个省市设有销售窗口,销售总收入1.8亿元。农产品、林产品加工企业32家,总产值达2亿元。在巩固既有产业化的基础上,形成8个种植基地,4个养殖基地,3处休闲场所,1个国家级龙头企业,3个省级龙头企业,3个市级龙头企业。2007年,全区农业总产值4.91亿元。其中种植业产值8026万元,比2003年增长9.1%,占农业总产值比重16.3%。养殖业产值4.10亿元,增长1.08倍,占农业总产值83%。林业产值115万元,增长0.83倍,占农业产值的0.2%。在种植业中,蔬菜播种面积扩大到1880公顷,产值6806万元,占种植业产值的84.8%。在养殖业中,生猪出栏27.46万头,产值3.73亿元,占养殖业产值91%。全区农业产业化龙头企业共实现产值

15.34亿元。以龙头企业为依托、协会为平台、农户为基础的农业产业链模式基本形成。

第二章 农村经济管理

第一节 村级财务管理

1988年,境内按照承包到户的生产管理体制和湖南省制定的乡村财务制度,加强乡、村经营管理站的建设。38个村级单位,配备专业会计并进行培训、考核。1989年,对村会计实行目标管理。长城乡政府拨出2000元作为村会计的奖励费。长城、护潭、昭潭三个乡站年审计收入分别过万元。护潭乡农村经营管理站主动对乡直企业、村办企业开展审计服务,年收审计服务费12780元,为兴办实体、巩固乡站起到示范作用。各村先后都由主管财经的村主任和村会计、出纳、保管等人组成农经服务小组,做到按时做账,按季向乡站、区站报表。是年,长城乡审计所采取重点审计与常规审计相结合,审计单位47个,审出财务问题18项,查出违纪金额142笔,金额151347元。先锋乡农村经营管理站对金塘村进行财务账目、收支、财产物资、经济往来以及14个专题项目就地审计及调查,收回各种款项近3万元,平息少数村民闹事的矛盾。1990年,先锋乡农村经营管理站在金塘村试点,加强村级财务管理使该村非生产性开支比上年下降56.5%。长城乡农村经营管理站帮助企业收欠款7000元。1991年,组织村级财务检查,发现区内部分乡村会计不按财务制度规定科目记账,造成财务核算混乱,对此及时予以处理。

1992–1994年,区农村经营管理站联合财政局4次举办村级财务人员培训班,派专人指导帮助乡村会计建立新账,为村级财务人员持证上岗作准备。1995年,全区37个村全部实行“五统一”(统一记账方法,统一科目设置,统一账簿、记账凭证和账表,统一财务制度,统一档案管理)的村级财务规范化管理。做到“一日一结账、一季一报表、全年一公布”的“三个一”财务制度。通过上级主管部门验收,全部达到财务规范化、制度化和民主化的“三化”要求。1996年,区农村合作经济管理局对财务核算薄弱的村进行现场整改指导,荣获湖南省农经委授予的“农村合作经济管理先进单位”的奖牌。1997年,区成立集体资产管理指导小组,各乡镇成立集体资产管理委员会,进行集体资产清理。先锋乡、昭潭乡、长城乡先后举办会计培训班。各乡镇对村级单位进行审计。先锋乡在每季末,都由民主理财小组对账务进行联审,账务审查情况张榜公布。是年7月,区农村经营管理站被省经管部门评为先进单位。

1998–1999年,推行村级财务管理集体办公制度和民主理财、财务公开制度。各村村级收、支情况,每年2次向村民公布。2000年,区农村经营管理站2次培训全区村级财务人员82人。2001–2003年,对村级财务进行全面清理整顿。37个村完成村级财务清理整顿工作。通过清理,查出有经济问题的村3个,违纪金额3.72万元。村干部在清理中退赔2万元,5名村干部在清理整顿中受到处分。清理后,所有行政村由3–5人组成民主理财小组,设财务公开栏,村级财务公开达到规范化、制度化、经常化的标准。

2004年,实行村级资金“四权不变”(所有权、使用权、管理权、监督权)原则,在长城乡进行村账乡代管试点。推行后运转正常,3个村实行村账乡代管。2005年,区农办组织各乡镇农经干部和村级财务会计和民主理财小组长67人在区委党校专业培训3天。学习新会计制度和村级财务会计知识,下村现场观摩先进村财务会计账目。培训后全区实行《雨湖区村帐乡代管工作实施方案》。2006年,全面普及村账乡代管和电算化管理。各村级财务顺利移交给“会计财务中心”进行代管。村级财务管理逐步实现“规范化、制度化、法治化”，让人民群众真正享有财务知情权、决策权、管理权、监督权。2007年，区农村经营管理站抓紧农村专业合作经济组织财务管理，培训集体经济组织财务人员90人，对农民专业合作经济组织内部机构章程、财务管理、运行机制、农民合作社经济组织的财务行为进行规范，清理政府各项农村惠农资金落实及发放情况。经清理核实，未发现重大问题。是年底，村账乡代管同步记账转为电脑记账，农村财务电算化管理的普及率达到100%。重点培训各乡（镇）代管服务中心的总会计师，保证每个乡（镇）至少有一个取得会计师资格证、具备上岗资格的工作人员。严格执行“三不准”（集体资金不准平调、不准挪用、不准代交各种费用上交款）和“四不变”（村集体资金所有权不变、使用权不变、财务审批权不变、资金使用监督权不变），“五上墙”（规章制度、人员职责、代管流程、财务纪律、工作规范上墙公开），进一步规范村财务管理，保证村账乡（镇）代管及农村财务电算化管理健康正常开展。

第二节　农村经济合作组织

一、农村合作基金会

1993年，区内率先在长城乡试点成立农村合作基金会，然后在护潭乡、先锋乡、昭潭乡全面铺开。1995年，合作基金会总计融资200万元，是年向乡、村办企业和服务项目投放资金24.5万元。1996年，共建成10个农村合作基金会。基金会主任、会计、出纳先后参加农村经营管理部门举办的业务培训，并通过考核达到全部合格。基金会工作人员做到“凭证上岗”，并获得较好的经济效益。是年，农村合作基金会累计投放资金3000余万元，为农业生产、乡镇企业和个体经济发展，振兴农村经济做出贡献。农村合作基金会实现年收入过200万元，各项积累100余万元，上缴国家税金12万元。1997–1999年，由于区农村合作基金会部分业务人员素质低，内部管理混乱，人情债、关系债多，投放额度大，造成270万元贷款回收困难，农村合作基金会亏损80万元。2000年，区委、区政府贯彻国务院《关于农村金融体制改革的决定》，对农村合作基金会进行清理整顿，撤销农村合作基金会。原基金会的债权移交所在地农村信用社并由其追索。共追回欠款190万元。利息仍按原约定利率执行。至2002年，对收不回的80万元亏损，由中央财政拨款解决。农村合作基金会会员存款全部兑付。

二、农民专业合作经济组织

2001–2004年，引导农民组织成立多种形式农村合作经济组织。由生猪养殖大户牵头组织，区民政局注册登记，区畜牧局具体指导，区养殖协会成立。会员大部分为饲养大户，其养殖规模平均达到年出栏生猪200头以上。会员中有高、中级职称的10多人，在饲养、防疫、检测和研究开发等方面有丰富的经验。协会设立技术服务中心，经营饲料、兽药、疫苗和提供诊疗服务。全区通过饲养协会组织，联系外运广州、深圳等地，4年累计外销生猪70多万头，销售额达6亿多元。渔业合作经济组织，组织销售鲜鱼，销售额达7000多万元。金农蔬菜产销专业合作社，依托绿丰蔬菜配送有限公司为龙头，发展专业蔬菜基地的种菜大户为成员，走蔬菜产销一体化的配送模式，将蔬菜直接销售长株潭地区的心连心、新一佳、太子奶等33家超市。长城乡犁头村蔬菜协会有会员100多人，刘孟江组织会员将莴笋运往深圳销售，犁头村大头莴笋在深圳的价格是湘潭的5倍，村民每年销售莴笋600多吨，销售额1200多万元。2005–2006年，养猪协会增加4个，种植业协会增加2个。销售额增加600多万元。2007年，全区农村合作经济组织进一步发展。有养猪协会18个，种植业协会7个。农村合作经济组织的会员发展到7200人。至是年底，蔬菜种植规模扩大，经营土地533.33公顷，销售总收入1.8亿元。

第三章　种植业

1988年，境内有耕地1666.67公顷，其中水田1513.33公顷，旱土153.33公顷。主要农作物是粮食、蔬菜。其他农作物有果用瓜、马铃薯、油料、柑橘、茶叶、花卉苗木等。粮食播种面积1033.34公顷，产粮食1.29万吨。蔬菜种植面积1220公顷，产蔬菜3.6万吨。种植业总产值1820万元，占农业总产值42.5%。

1992年，全区实施吨粮田建设。区政府确定长城乡羊牯村为区级吨粮示范村。经过3年的办点示范，至1994年，全区有2个乡、21个村粮食亩产过吨粮。种植业总产值2940万元，是1988年的1.62倍。1995年，以"过吨粮、奔小康"为目标，区政府与各乡镇分别签订过吨粮的责任状。是年，粮食按播种面积计算亩产505公斤，区成建制实现过吨粮目标。粮食和蔬菜亩产分别比1988年提高21.4%和17.5%。1997年，粮食播种面积895公顷，总产1.35万吨。蔬菜播种面积1720公顷，总产5.15万吨。种植业总产值4745万元，比1994年增加1805万元，增长61.39%。

1998年，开展农业结构大调整。将开发"吨粮田"转向创建"万元亩"，引导农民扩种蔬菜，增种苗木、花卉及其他经济效益高的作物。至2003年，粮食播种面积缩减到675公顷，总产量0.91万吨，与1997年比，粮食播种面积和总产量分别减少21.6%和24.58%。蔬菜播种面积1933.33公顷，总产量7.88万吨，播种面积和总产量分别提高12.4%和53.01%。种植业产值达7358万元，占农业总产值的27.15%，比1997年增长55.07%。

2004年，落实《中共中央国务院关于促进农民增加收入若干政策的意见》，对种粮户实行粮食生产直补、良种补贴和综合补贴，粮食生产迅速回升。一些农户将一季稻改双季稻，以往荒废的农田又重新开垦种植水稻，粮食播种面积835公顷，总产量1.12万吨。蔬菜播种面积1893.33公顷，总产量6.37万吨。2005年，国家对农业的补助项目增多，促进农业生产更快发展，粮食生产迎来一个"黄金时期"，全区粮食播种面积又增至995公顷。2007年，落实种粮补贴政策，加强新农村建设，国家对农业综合补贴资金达165万元。粮食播种面积990公顷，总产1.37万吨。蔬菜播种面积1880公顷，总产6.16万吨。种植业产值8026万元，与2003年比，粮食播种面积增加315公顷，总产量增加0.46万吨；蔬菜播种面积减少53.33公顷，总产减少1.72万吨。种植业总产值8026万元，比上年减少2530万元，在农业总产值中所占比重下降到16.35%。

第一节　粮食作物

一、水稻

（一）面积、产量

1988年，境内以开发吨粮田为目标，大力发展杂交稻。区财政拿出5万元补贴农户购买杂交种子，杂交晚稻种植面积扩大到533.33公顷，实现晚稻超早稻。是年，水稻播种面积1033.34公顷，总产1.29万吨，亩均产量416公斤。1989年，先锋乡参加全市11个乡镇开发吨粮田比赛，该乡亩产领先过吨粮，获得奖金。1992年，粮食播种面积和产量变化不大。

1993年，全区因受灾水稻播种面积减至1060公顷，比上年减少20公顷，粮食总产1.26万吨，比上年减少1500吨。1994年10月，因遭遇百年一遇的特大洪灾，晚稻减少33.33公顷，全年减产100吨。1995年，区农林局编写《双季稻田亩产过吨粮实施方案》，采取“双杂过吨粮”的栽培模式，区、乡、村层层签订目标责任状，早、晚稻推广杂交面积600公顷，粮食播种面积900公顷，总产1.43万吨，亩均505公斤。总产量和单位面积产量创历史之高。1996年，推广塑料软盘旱育抛秧533.33公顷，推广杂交稻633.33公顷。长城乡、先锋乡列入湘潭市组织的“百里农村科技走廊”竞赛活动，并在羊牯村连片种植两系杂交稻133.33公顷，亩产512公斤，示范成功。1997年，粮食播种面积895公顷，粮食总产1.35万吨。

1998年，按市委、市政府的部署，区内开始调整农业生产结构。长城乡羊牯村定为“吨粮田”转“万元亩”的试点。羊牯村引进外来种植专业户64户，全村52公顷稻田，改种蔬菜37.33公顷，改种花卉苗木8公顷，将低洼田改鱼池4.53公顷。稻田改种后，亩产值达1.4万元。在典型的带动下，至2002年的5年间，全区共发展花卉苗木66.67公顷，小水果33.33公顷。

2003年，水稻播种面积降至675公顷，总产粮食9100吨。2004年，落实国家对种粮农户扶持政策，发放直补资金和其他补助共30万元，粮食生产迅速回升。粮食播种面积835公顷，粮食总产1.12万吨，比上年增长23.08%。2005年，进一步落实国家粮食直补和免征农业税等一系列优惠政策。粮食直补资金每亩增加到13元，补贴面积1128.2公顷，将粮食直补的22万元资金通过银行直接发放到农民手中。2006年，全区落实《中共中央、国务院关于发展现代农业，加快社会主义新农村建设》等一系列农业农村政策，区财政安排支农资金120万元，发放国家下拨的各种补贴资金165万元投入农业。2007年，推广杂交稻782公顷，占总播种面积的79%，推广优质稻743.5公顷，占总播种面积的75%，总播种面积990公顷，总产量1.37万吨，单位面积产量461公斤。

(二)良种推广

1988-1992年，境内早稻以常规籼稻为主，共15个品种，当家品种有浙辐802、早籼213、竹系26、湘早籼3号。晚稻逐步转向杂交稻，共有16个品种，晚籼主要是余赤231-8、余红1号。杂交组合主要是威优6号、威优64、汕优64。1993-1999年，全区种植的早稻常规品种稻有28个，当家品种是湘早籼25号、浙733、中86-44、嘉籼758。早稻杂交组合有威优35、威优48、威优辐26。晚稻杂交组合有30多个，主要是威优46、威优64、汕优桂99、汕优晚3、培两优288等。常规晚籼主要是余赤231-8，余红1号。2000-2007年，随着杂交稻的推广，两系杂交稻和超级杂交稻都有发展。常规早稻品种有17个，主要是湘早籼24号、31号、中鉴100、嘉育21。杂交早稻以二系为主，共有15个组合，主要是株两优30、八两优100、金优974、金优402。一季晚稻主要是超级杂交稻，推广的有两优培九、丰源优299等组合。区内种植亩产达600公斤。连作晚稻几乎全部是杂交稻，共有28个组合，主要是金优207、培两优288、新香优80、T优272、金优桂99等高产优质组合。常规稻是推广爱华5号、湘晚籼11号。

二、旱粮

旱粮作物有红薯、马铃薯和豆类等。

(一)红薯

1988年，境内红薯种植面积13.33公顷，亩产1400公斤，总产280吨。农户大多用红薯来做饲料喂猪。红薯主要品种是湘农黄皮、广东白皮和胜利百号。由于红薯种植经济效益比较低，随着市场经济的发展，至1995年，区内种植红薯的农户基本消失。

(二)马铃薯

1988年，境内马铃薯种植面积5.33公顷，亩产120公斤，总产9.6吨。品种以中寨黄皮为主。1989-1994年，马铃薯种植面积受市场价格推动逐年增多，单产有所提高。1995年，马铃薯种植面积达12公顷，亩产140公斤，总产25.2吨。至1999年，播种面积增加至13.33公顷。因种植技术水平的不同，亩产在150-200公斤不等；随着收获季节的不同，价格也相差1倍。2000年始，全区马铃薯引进豫薯10号新品种，并普及东农303品种，推广直播免耕稻草覆盖的新技术，大量减轻种植劳动强度。2007年，马铃薯单位面积产量达200-300公斤，总产量30吨。

(三)豆类

1988年，境内豆类种植面积6.67公顷，主要品种是蚕豆、豌豆、绿豆。主要利用空坪隙地、见缝插针种植，亩产100公斤左右，总产量达10吨。随着市场需求的扩大，很多农户习惯以青荚豌豆作蔬菜上市出售，获利颇丰。1995年，全区豆类种植面积12公顷，亩产120公斤，总产21.6吨。1996年，全区种植绿豆2公顷，亩产80公斤，蚕、碗豆增多，种植面积达13.33公顷，亩产140公斤，总产30.4吨。2000-2006年，蚕豆、豌豆市场需求仍好，农民种植有热情。2007年，豆类种植面积13.33公顷，亩产130公斤，总产达26吨。

第二节　蔬　菜

一、面积、产量

1988年，境内拥有钢骨水泥架和竹架的蔬菜大棚120栋，小拱棚350栋，农地膜覆盖133.33公顷。护潭乡红星村连片种植的菜藕，亩产达3000公斤。先锋乡金塘村生产的越冬茄子、辣椒、番茄秧苗每年9000余万株，既供本地，又供长沙、株洲。是年，蔬菜总播种面积1220公顷，总产3.6万吨。1989-1990年，是科技兴菜年。境内将166.67公顷稻—稻—油耕作制改为稻—稻—菜耕作制。争取省、市丰收计划办公室支持，列为丰收计划项目，具体组织实施2年，亩均增收800元。分别获省、市丰收办三等奖、二等奖。蔬菜面积也随一季菜的增加发展到1360公顷，总产4.26万吨。

1993年，区内先锋乡金塘村定为区蔬菜示范点，该村建有蔬菜大棚66栋，占全村菜地总面积的86%，亩均收入达6800元。在典型带动下，全区塑料大棚增至550栋，小拱棚1100栋，农地膜覆盖200公顷，种植反季菜66.67公顷。是年，蔬菜播种面积1466.67公顷，总产4.66万吨。与1988年比，蔬菜播种面积和总产分别增加246.67公顷和1.06万吨。1994年，区政府对菜农取消粮菜挂钩任务，菜农进入流通领域，市场供应增多。1997年，区政府根据“服务城市、富裕农民”的指导思想，专题研究“菜篮子”工程，投入8万元建设蔬菜基地，对金塘村蔬菜种苗基地、犁头村大头莴笋基地、红星村的红油菜基地、湘竹村肉丝瓜等4大基地给予资金支持，并加强技术指导。是年，全区塑料大棚增至850栋，小拱棚1400栋，农地膜覆盖266.67公顷，遮阳网5.5万平方米。蔬菜播种面积增至1720公顷，总产量5.15万吨。

1998年，区政府引导农民围绕市场调整农业结构，压缩种植大路菜、发展反季节蔬菜，增种娃娃菜、香葱、早苋菜、早丝瓜、早蕃茄、青皮豆等多种新鲜精细蔬菜。蔬菜播种面积1826.67公顷，总产量5.73万吨，比1992年增加1.07万吨，增长22.96%。2000年，区政府投资40万元，加大蔬菜基地建设力度。护潭乡的白毛肉丝瓜基地列为全省10大设施栽培基地，面积由53.33公顷扩大到133.33公顷。亩产丝瓜3000公斤，亩均收入达1.1万元。基地蔬菜销往长沙、衡阳、株洲、武汉、上海，占上市总产量的二分之一。先锋乡金塘村种苗基地的菜秧，亩均收入3-4万元。护潭乡红星、永红村针对种菜藕有腐败病难以根治，就连片改种红油菜100公顷，红油菜运广东年销量达600吨。长城乡犁头大头莴笋由53.33公顷发展到133.33公顷，既供本地市场,也远销深圳。羊牯村和立云村120公顷连片的新蔬菜基地成为吨粮田变万元亩的典型。

2003年,全区5大蔬菜基地总面积666.67公顷,亩均收入1.24万元,各大基地都按无公害生产标准要求种植。其中有湘竹村、羊牯村两基地评为省级“放心菜”基地。蔬菜播种面积达1933.33公顷。与1997年比,播种面积增加213.33公顷,增长12.4%,总产增加2.73万吨,增长53%。2007年,95%的菜地排灌自流化,机耕道、水渠干道被硬化,有效地改善蔬菜种植条件。种植秋豆角、秋黄瓜、秋茄子、秋番茄等反季菜达266.67公顷,种植精细菜优良品种达300多个。5大蔬菜基地连农户9100多户,无公害蔬菜生产基地认定面积1000公顷。蔬菜种植推广杀虫灯420盏,大棚3400栋,地膜加盖小拱棚蔬菜面积达90%。遮阳网40万平方米。是年,蔬菜播种总面积1880公顷,比2003年减少53.33公顷(因国家对种粮补贴多,种粮面积增加及征占用地等),减少2.8%,总产6.16万吨,减少1.72万吨,减少21.8%。

二、蔬菜良种推广

1988-1992年,境内蔬菜良种种植,先后推广矮脚白,迟辣椒,黄瓜早丰1号,湘黄瓜1号,撑棚冬瓜,辣椒津研4号、7号,湘研1号、2号,犁头嘴萝卜等130多个品种。1993-2000年,区内蔬菜品种增至270多个,推广最多的是新包菜品种夏光甘蓝、京丰一号。新黄芽白品种夏阳早、鲁白4号、樱桃萝卜、结球生菜、潭茄1号、湘豇一号豆角。特别是美国无架豇豆,生育期短,只需55天就结荚,荚期长达3个月,菜农多选择种植。2001-2007年,种植的蔬菜品种有300多个,主要有红菜苔,大头莴笋、糯米冬苋菜、芽白、青麻叶、上海兴绿花菜、湘潭地方包菜、夏阳白白菜苔、四季香葱、白薯、红爪姜、湘潭白黄瓜、青刺黄瓜、撑棚冬瓜、长白苦瓜、春师苦瓜、一串铃南瓜、湘潭早辣椒、湘研16号辣椒、湘研15号辣椒、牛角大辣椒等优良品种。

第三节　经济作物

一、西瓜、甜瓜

1988年,境内西瓜播种面积7.33公顷,总产180吨;甜瓜播种面积5.33公顷,总产75吨。以后西瓜、甜瓜种植总面积缓慢增加。1992年,区内西瓜播种面积13.33公顷,总产265吨。甜瓜播种面积1.33公顷,总产15吨。1993年,因甜瓜种植经济效益较高,旱土种植甜瓜6.67公顷。2001年,调整种植业内部结构,稻田改种西瓜和甜瓜,播种面积达21.33公顷,总产350吨。2002-2007年,西瓜、甜瓜面积年维持在20公顷左右,一般亩收入4000元以上。农科所种植麒麟瓜(西瓜中的一种新品种,个体小,味甜),亩产4000多公斤,收入8000元以上。

二、葡萄、草莓

1988-1992年,境内小水果大多是由农户在庭院种植,不成规模。主要种类是草莓、葡萄。由于葡萄种植分散、缺乏管理,产量较少。1993-1996年,区内小水果种植仍无规模。1997年,区内长城乡砂子村首次种植1.33公顷葡萄,亩均产量2000公斤。1998年,伍家花园开始种植葡萄。砂子村葡萄园土地被征用不能再种。2000年,种植草莓,面积约6.67公顷,总产100多吨。2001年,驻区市农科所土地被傅海军租种“三益”品牌葡萄,品种有美国提子318号、319号,美容指、巨峰葡萄等,实行避雨栽培和套袋技术,亩产达2000-3000公斤。由于葡萄质量好,价格每公斤18元左右。该葡萄种植园既卖果、又卖苗、还酿酒,经济效益好。至2007年,全区葡萄面积维持在6.67公顷左右,亩均收入4万元以上。

三、茶叶

1988年，境内茶叶播种面积10公顷，总产量40吨。分布在长城乡、先锋乡。至1995年，茶叶种植地因城市建设征用被占4公顷，只剩茶叶种植面积6公顷，总产2吨。2000年，茶叶种植面积5.33公顷，总产1吨多。以后，茶叶种植地又不断被城市建设征用。2007年，全区茶叶种植面积3.33公顷，总产量1吨左右。

四、食用菌

1988年，境内栽培凤尾菇蘑菇成功。至1992年的5年中，种植食用菌1.99公顷，各种鲜菇总产量达50吨，此后数年，食用菌种植面积增长缓慢。2000年，区内种植食用菌3.98公顷，总产各种鲜菇120吨。2003年，种植食用菌5.97公顷，总产各种鲜菇140吨。随着市场的需要，种植食用菌的农户越来越多，品种除蘑菇、平菇外，还发展金针菇、香菇、紫木耳、灵芝等多种食用菌。2007年，种植食用菌7.96公顷，总产200吨，与1992年比，面积和总产量增加4倍。品种有白背毛木耳、秀珍菇、杏鲍菇、鸡腿菇、白灵菇等20种，全年总产值达180万元。

五、柑橘

1988年，境内柑橘种植面积80公顷，总产780吨，占水果总产量的80%以上。至1990年，柑橘种植面积73.33公顷，总产807吨，创历史最高水平。1991年，遇上历史罕见冰灾，60公顷以上的柑橘树被冻死。1992年，柑橘产量跌至20多吨。1996年，柑橘种植面积44.67公顷，总产500多吨。1997–1999年，全区柑橘经三年丰收后，又遇到不同程度的冻害，加上橘地不断被征用，面积越来越小。2000年，柑橘面积降至20公顷，总产150吨。2003年，柑橘总产216吨。由于建设用地的不断扩大，全区柑橘地仅留13.33公顷。2007年，全区柑橘种植面积6.67公顷，总产146吨。

第四节　植物保护

1988–1992年，境内水稻病虫害主要是“三虫两病”，即稻飞虱、稻纵卷叶螟、二化螟、稻纹枯病、稻瘟病。每年早、晚稻要进行6–8次防治。防治时间是由区植保站发布的病虫情报确定。每年通过防治“三虫两病”，挽回稻谷损失900多吨。防治稻飞虱，推广的是高效低毒的扑虱灵、优乐得。防治纵卷叶螟是用钾胺磷农药。防治纹枯病和稻瘟病，分别用井冈霉素和稻瘟灵。为预防各种水稻病害的发生和蔓延，农技部门强调浸种时用强氯精消毒。灭鼠用澳敌隆。旱土除草剂大多用草甘灵，水田除草剂主要用丁草胺、克草胺、杀虫丹、禾大壮。蔬菜病虫防治采用无公害蔬菜生产技术。防治斜纹夜蛾、甜菜夜蛾等大面积发生的虫害，在用除虫菊脂类农药产生抗药性后，改用乐杀乳油、辛敌乳油。这些农药对防治菜青虫、蚜虫、夜蛾类害虫有明显效果。

1993–1996年，全区在水稻生产上禁止使用杀虫脒。防治螟虫推广20%的三唑磷。防治稻飞虱推广10%的吡虫啉。对于蔬菜病虫害防治，高级农艺师刘君淑(女)通过三年的调研，摸清早疫病、灰霉病茎基腐病、青枯病、晚疫病、枯萎病等10多种主要病虫害的流行规律，提出配制无毒营养土，进行种子消毒、培育无病壮苗、合理施肥、常清洁田园的农业防治栽培管理方法，结合化学防治的综合措施，在大面积上应用效果很好。化学防治病害的主要农药是多菌灵。

1997–2003年，推广锐劲特、40%毒死蜱、2%阿维菌素等防治螟虫，推广12.5%井腊芽、20%三唑酮、爱苗等防治水稻纹枯病，推广生物防治和灭虫灯诱杀害虫防治，禁止甲胺磷等五种高毒、高残留农药的使用。

2004–2007年，全面控制化学农药使用量，推广无公害农业技术，采用综合防治。推广高效、低毒、广普的有机杀虫剂，区财政投入3万元，安装频振式杀虫灯420盏，覆盖全区。通过综合防治、生物防治、诱蛾灯等多种措施，使害虫逐步减少，农药用量减少三分之一。农民建立农药使用档案。5个无公害蔬菜基地，认定面积1000公顷，合格率保持97.3%以上，符合国家标准。

第五节　管理执法

一、种子管理

1988–1992年，境内涉及到种子、肥料、农药诸方面的执法管理事宜，均归口郊区农业局办理。1993–1994年，全区种子执法管理由区农经局农业站代管。1995年，区内贯彻《中华人民共和国农业法》《湖南省科学管理条例》，在农业站内设种子站，两块牌子，一套人马，实施专门管理。1996年，区政府发布《关于杂交种子市场管理的通知》，依法规范区内种子销售点，统一办证经营，由种子站对各经营单位检查，依法没收不合格的玉米种子900公斤，减少损失2.8万元。1997年，区成立植保检验站，也是两块牌子，一套人马，行政执法的重点是打假护农，不定期检查2–3次。至2007年的10年间，取消无证经营户5户，监督退返不合格的杂交稻种子1800公斤、玉米种子1200公斤；立案查处假冒伪劣农资24起，涉案价格12万元；处理销毁过期、禁用、假冒农药19件，查处违法人员21人。区局执法人员配合市局种子管理站、执法大队共同抽检各经营网点，通过严格执法管理，维护种子行业经营正常秩序。

二、农产品质量安全管理

2002年，根据市政府的安排，区内开始抓农产品质量安全工作。为加强监测管理，区农林蔬菜局购买检测仪器，确定护潭乡为全区无公害蔬菜基地。2003年，区政府出台《雨湖区蔬菜质量监管办法》，并对常年蔬菜生产基地的干部、菜农进行培训，同时选择3个村常年基地的蔬菜按无公害蔬菜标准规程生产，生产的蔬菜按质量标准经检测后挂牌上市，有200户菜农领“放心菜”销售证。至2007年，全区通过国家农产品质量安全中心认证的无公害农产品6个，产地面积953.33公顷，认证产品产量13.6万吨，其中无公害蔬菜基地面积666.67公顷，产量7.1万吨。完成蔬菜农药残留样品检测量1026份，蔬菜合格率列全省第二名，有300菜农户领到无公害蔬菜销售证。

三、农药、肥料管理

1988–1992年，境内农药、肥料的管理都由区农业部门技术人员与湘潭市技术监督局的专家配合，下到各农药、肥料供应点进行抽检，发现有不合格的处以罚款。1993–2000年，区农业部门的植保和土肥专业人员持有执法证，配合市农业局和技术监督部门对各农资供应点进行不定期的抽检，并视其情况予以处罚。2001–2006年，区内每年开展农资打假集中整顿行动4–5次，检查整顿经营点80多个次，查获涉案人员14人，查处各类案件17件，为民挽回经济损失76万元。2007年，整顿规范农资市场32个次，检查经营点96个次，查获标识不规范或一证多用的农药396公斤，收缴疑似毒鼠强2000克。

第四章　养殖业

1988年，境内养殖业以农户养猪、鱼为主。养殖户不断推广新技术、新品种，推行“春秋两季普遍注射，月月补针、酶联法监测”的免疫制度和方法，基本消除“两瘟一病”（即猪瘟、鸡瘟、口蹄疫），农民养殖积极性高涨，养殖业实现快速发展。是年，共出栏生猪、家禽分别为11.08万头、13.70万羽；水产养殖面积257.33公顷，水产品总产量1018吨。养殖业产值2450万元，养殖业产值占农业总产值的57.27%。1989-1992年，郊区在瘦肉型猪生产、生猪发展、配合饲料推广三方面成效显著，分别获湖南省星火奖、湖南省农业丰收奖和全国农牧渔业丰收奖。郊区畜牧水产局郳逸林和朱光辉分别获国家杂交商品瘦肉型猪生产综合技术开发星火奖和全国商品杂交鸡生产配套技术推广农牧渔业丰收奖。共出栏生猪、家禽分别为13.31万头、15.80万羽。比1988年分别增长20.13%、15.33%。其中二元杂交猪饲养量占年饲养量的70%以上；水产养殖面积257.8公顷，水产品总产量1139吨，比1988年增长11.87%；养殖业产值4803万元，养殖业产值占农业总产值的68.61%。

1993年，全区推广以浓缩料为重点的科学养猪技术，以新品种为重点的科学养禽综合技术，以双季套养、轮捕轮养为重点的科学养鱼综合技术，以兽医卫生工程为主的科学防疫灭病综合技术，以鱼康宁系列药物为主的水产防疫灭病综合技术，初步形成养殖业商品化、集约化、规模化和基地化生产。是年，区政府发布《关于加强畜禽防疫检疫和肉品检验的布告》，确保养殖业生产和市场肉食品的安全供应。区畜牧水产技术服务中心研发的牛蛙天福168饲料、鱼康宁A型分别荣获湖南省科技创新奖。涌现出养殖中华鳖、牛蛙、七彩山鸡、珍珠鸡、美国王鸽、鹌鹑等特种养殖户。1997年，全区共出栏生猪、家禽分别为18.79万头、30万羽，比1992年分别增长41.17%、89.87%。其中三元杂交瘦肉型猪饲养量占年饲养量的45%以上；水产养殖面积267.3公顷，水产品总产量1715吨，比1992年增长50.57%；养殖业产值14627万元，养殖业产值占农业总产值的75.40%。

1998年，对养殖业实行产业化经营，发展龙头企业和扶持重点养殖户。同时实施科技兴牧兴渔，引进优良品种，开展品种杂交改良；用“公司+农户”“协会+农户”“养殖大户+农户”的带动模式沟通产供销渠道，畜禽外销市场不断拓宽；实施免疫耳标制度和动物防疫条件审核制度。以饲养生猪和肉鸡为主的养殖业获得长足发展，养殖户饲养管理水平相当高，养殖业的快速发展带动相关产业的发展。砂子岭饲料批发市场、兽药批发市场和鲜活畜禽水产品批发市场基本形成，砂子岭兽药交易量名列全省前茅。另外涌现出养殖梅花鹿、狐狸、南美螺、蝎、观赏鱼、黄颡鱼等特种养殖户。2002年，全区共出栏生猪、家禽分别为29.35万头、51.70万羽，比1997年分别增长56.20%、72.33%。其中，三元杂交瘦肉型猪占年饲养量的65%以上；水产养殖面积260公顷，水产品总产量1967吨，比1997年增长14.69%；养殖业产值17113万元，养殖业产值占农业总产值的71.32%。

2003年，发展生态、健康养殖。严厉打击违禁药品和伪劣产品，加强城市犬类动物管理，强化动物防疫体系建设，养殖增长方式从数量型向质量效益型转变，效果突出。是年，先锋企业集团农牧实业公司陈荣兵获全国总工会授予的“五一劳动奖章”和湖南省政府授予的“劳动模范”称号；中共湘潭市委、市政府授予区畜牧水产局党支部书记周舞椿为第二批“湘潭市优秀专家”称号。2004年7月8日，区养殖业协会成立。该协会加强种猪、仔猪、出口生猪等方面的养殖业基地建设，拓宽无公害养殖业生产技术指导、疑难疫病诊断、沟通产销渠道和服务砂子岭兽药市场的服务范围。建设无公害生猪、淡水鱼养殖基地，全区生猪、草鱼通过农业部农产品质量安全中心无公害农产品认证。2005年，集养殖、观赏、垂钓、休闲于一体的生态休闲渔业逐步兴起，先后发展12户，成为全区水产养殖业的新亮点。加强动物防疫长效机制，建立6个乡镇动物防疫站，招聘18名专职动物防疫员，同时加强区级诊断室、疫情测报站、乡镇动物防疫冷链体系建设。2006年8月，护潭乡红星村红旗组、新华组3户农户发病的猪确诊为多病因生猪感染疫情（2007年3月17日农业部定名为高致病性猪蓝耳病）后，区畜牧水产局坚持多措并举控制疫情，并推广生猪养殖新技术成绩突出。是年，农业部授予区畜牧水产局局长言建冬为全国农业技术推广工作先进工作者。2007年，由于疫情影响，出栏生猪27.46万头，比2002年下降6.44%。出笼家禽51.74万羽，比2002年增长0.08%；水产养殖面积250公顷，水产品总产量2491吨，比2002年增长26.64%；养殖业产值40959万元，养殖业产值占农业总产值的83.42%。

第一节 畜禽养殖

一、生猪

1988年，境内农户饲养的生猪主要有砂子岭猪、宁乡猪、大围子猪和“二元”杂交猪，这些品种均为肉脂兼用型，属地方良种。农户试点推广饲养瘦肉型猪，实行“三改”（即改喂熟食为生食，改喂单一饲料为配合饲料，改吊架子喂养为一条龙式喂养）的饲养方法。是年，生猪饲养量达到15.10万头，出栏肉猪11.08万头。1989年，郊区获得杂交瘦肉型猪生产综合技术推广项目的湖南省农业丰收奖。1990年，郊区被评为杂交商品瘦肉型猪生产综合技术开发项目的湖南省星火科技奖。1992年，郊区获得推广配合饲料养猪综合技术项目的全国农牧渔业丰收奖。是年，饲养生猪19.32万头，出栏肉猪13.31万头，比1988年分别增长27.95%、20.13%。

1993年，区内生猪饲养环境大幅改善，炎热季节在猪圈内用电风扇、喷水、室外挂水帘、空调等措施为栏舍降温，及时清扫栏舍并定期用药物灭菌驱赶蚊虫，保持猪圈卫生。寒冷季节在待产、临产、产仔母猪圈内和刚断奶仔猪圈内用空调、地热板、暖气管、保温箱、煤炉、电炉等为栏舍升温。1994-1997年，生猪养殖由专业户向专业大户、集中连片向专业村发展，现代集约化商品生产模式初步形成。出现先锋企业集团公司、先锋种猪场、康德养猪场、长城农科教基地等集约化养殖。先锋企业集团公司利用电视监控进行科学化养猪，形成以肉食制品加工为基础，以饲料、肥料、养狗作为配套的综合种用、综合开发的生态产业链，被列为湖南省农业产业化龙头企业。先锋种猪场投资120多万元，引进泰国模式建成大型集约化猪场，1997年，出栏肉猪6850头，产值近300万元，获纯利约26万元。是年，全区饲养生猪28.51万头，出栏肉猪18.79万头，比1992年分别增长47.57%、41.17%。

1998年，落实市政府《关于加速生猪品改，推进生猪产业化的决定》《关于加快实施生猪产业化意见》，大力推广三元杂交良种猪，扶持重点养殖户。1999年，大型猪场以外三元杂交猪养殖为主，农户以内三元杂交猪养殖为主，生猪饲养周期140-150天，日增重达到750-820克，出栏率达240-260%，并出现“三头在外”（即60%的肥猪需外销，60%的饲料需从外调进，45%的仔猪需从外购进）。是年，为推广、扩大砂子岭猪的养殖，区政府配合市质监部门完成《砂子岭种猪》技术规范的制定。2000-2001年，加大资金投入推广生猪人工授精。全年人工授精3200头，人工授精覆盖率达52%，受胎率达到85%以上。新月村、砂子村养猪协会，护潭乡畜禽水产养殖协会等群众性经济组织不断发展壮大。新月村养猪协会发展会员100多户，该会辐射带动发展生猪4.6万头(中猪出栏4万头),瘦肉型生猪占全乡饲养总量的80%左右,并积极组织中猪屠宰加工,集中销往广州、深圳等地,带动全村及邻近村养猪业的发展。2002年,全区形成10条万头生猪生产线,年出栏生猪8万头;出栏1000头以上的专业场户15户,出栏500头以上的专业场户50多户,出栏200头以上的专业场户400多户。是年,饲养生猪40.09万头,出栏肉猪29.35万头,比1997年分别增长40.62%、56.20%。

2003年,生猪养殖市场形势较好,活猪每头效益增加150-200元,最高达400元。2004年,各乡重视支持生猪养殖,扩建猪舍20000平方米,万头以上村有15个,规模户达到80%以上,外调生猪90%以上,农民人均出栏肉猪8.04头。由于养殖业迅猛发展,给环境也造成不同程度污染。2005年起,提出"城中村"退出养殖,"城边村"限制养殖,"城郊村"适当发展的庭院式养殖规划,以长城乡新月村开展环境污染治理为试点,规模养殖场通过建设沼气池和推广"三改二分再利用"(即改水冲清粪为干式清粪,改无限用水为控制用水,改明沟排污为暗沟排污,实施固液分离,雨污分离,粪便无害化处理后再利用)技术,使环境污染得到有效控制。2006年,开展畜禽遗传资源普查,有砂子岭猪母猪276头,公猪2头,宁乡猪母猪2头,大围子猪母猪145头。此外,区内出现不明原因的动物疫情(2007年3月17日,农业部定名为高致病生猪蓝耳病),加之饲料价格大幅上涨,生猪饲养成本大幅增加,养猪积极性严重受挫,外行、散养户逐渐退出养殖业,规模养殖场(户)纷纷压缩养殖规模。2007年5月,生猪价格开始上涨,收购价格最高达每公斤16.40元,市场肉价高达每公斤26元,市场供应量严重不足。为此,落实中央惠农政策,对养猪农户实行每头能繁母猪补贴50元、能繁母猪保险60元的政策,扶持发展标准化生猪规模养殖场(小区),提高养殖业抗市场风险能力,生猪养殖逐渐恢复。是年,饲养生猪41.96万头,比2002年增长4.66%;由于疫情影响,出栏肉猪27.46万头,比2002年下降6.44%。

二、牛

1988年,境内农户主要是饲养耕牛(绝大部分是水牛),其次驻区江南机器厂为解决本企业职工喝奶需求,饲养黑白花奶牛。存栏牛364头,其中:耕牛229头,奶牛135头。奶牛产奶263吨。随着农业机械化不断发展,过去许多耕牛农活已被农业机械所替代。1994年,楠竹山镇罗金塘村袁志文购进上海黑白花和荷兰的荷斯坦奶牛共8头,次年产奶2200公斤。是年,存栏牛168头,其中:耕牛123头,奶牛45头。奶牛产奶80吨。耕牛、奶牛、牛奶比1988年分别减少46.29%、66.67%、69.58%。2003年,发展奶牛养殖户14户,饲养量达到189头,年产鲜奶400吨。2006年以后,奶牛养殖开始萎缩。至2007年年末,区内仅养耕牛30头,比1994年减少75.61%。

(一)耕牛

1988年,境内农户存栏饲养耕牛229头(绝大部分为水牛)。随着农业机械化不断发展,不少耕牛农活被农业机械所替代。1994年,存栏饲养耕牛123头,比1988年减少53.71%。至2007年,区内存栏饲养耕牛仅30头,比1994年减少75.61%。

(二)奶牛

1988年,境内江南机器厂为解决本企业职工对牛奶的需求,存栏饲养黑白奶牛135头,产奶263吨。1994年,楠竹山镇罗金塘村袁志文购进上海黑白花和荷兰的荷斯坦奶牛8头,产奶2200公斤。是年,区内存栏饲养奶牛45头,产奶80吨。2003年,发展奶牛养殖户14户,存栏饲养奶牛189头,产奶400吨。2006-2007年,奶牛养殖开始萎缩,区内存栏饲养奶牛逐年减少。

三、羊

1988-2003年,境内因生产习惯和草料资源缺乏,只有零星养羊。2004年,区畜牧水产局拨出6000元支持长城乡犁头村周伏泉、陈文其，先锋乡桐梓村王喜雨开展草食动物品改，组织养殖户到湘潭县科星养殖场等地参观，引进金塘黑山羊、波尔山羊、努比亚公羊6头进行杂交改良，杂交羊体重、生产速度明显提高。周伏泉养羊数量由原来的34头发展到85头，增加产值1万元。是年，区内存栏羊由年初280头增加到2800头。2005年，长城乡花园村陈强从贵州等地引进金堂黑山羊、波尔山羊、努比亚羊种羊70多头，创办种羊场进行扩繁，采用种草养羊的模式进行饲养，由于多方面原因，于2006年下半年将种羊全部处理。由于受草场资源的局限，区内养羊业几起几落，难以发展壮大，至2007年年末，仅有存栏羊300余头。

四、犬

1988年，境内城乡居民饲养宠物狗和看家狗两类，有本地土狗、京巴狗、沙皮狗、腊肠狗、狐狸狗、贵宾狗、英国牧羊狗、冰岛雪橇狗和藏獒等20个品种。犬的存笼量3000多条，其中宠物狗800多条，以后逐年递增，至2007年，区内养犬数量达到3万条，其中宠物狗2万多条。

五、禽

1988年，境内以饲养土鸡、蛋鸭为主，肉鸡（鸭）饲养量很少。蛋鸡（鸭）品种有罗斯鸡、来航鸡、本地土鸡、麻鸭，肉鸡（鸭）品种有AA鸡、艾维茵、星布罗、樱桃谷鸭、北京鸭、法国番鸭等。出笼家禽13.70万羽，存笼5.48万羽，蛋品产量105.30吨。郊区家禽养殖发展较快，获湘潭市“狠抓家禽发展生产超历史项目”农业丰收奖。1992年，家禽出笼家禽15.80万羽，存笼9.30万羽，蛋品产量175吨，比1988年分别增长15.33%、69.71%和66.19%。

1993年，推广以新品种为重点的科学养禽综合技术，建立长城乡繁荣村、护潭乡富强村两个良种家禽商品生产基地。是年，增加77户专业户，养鸡2.25万羽，比上年增长140%，专业户养鸡数量占饲养数量的46%。1995年后，肉鸡增加长沙黄、良凤花、柳州麻等品种。养鸡业出现集中连片，护潭乡富强村发展年出笼肉鸡1万羽以上的专业户12户。1997年，区内出笼家禽30万羽，存笼家禽9.32万羽，蛋品产量 241吨，比1992年分别增长89.87%、0.22%和37.71%。

1998年后，家禽饲养管理水平逐步提高，肉鸡生产周期42-56天，蛋禽年产蛋10-12公斤。2002年，先后从长沙、河南、广东、湖北等地引进乌鸡，科宝500、科宝600肉肥鸡，九斤黄鸡、新广黄鸡等新品种。这些鸡种在区内养殖面达到80%。同时，推广“公司+农户”、“协会+农户”的带动模式，沟通产供销渠道，每年组织外销达40万羽。护潭乡富强村李颖军成立的河南三高集团固始鸡销售公司，采取公司统一提供鸡苗，农户分散养殖，公司集中收购外销的形式，年经营固始鸡100多万羽，发展养鸡户100多户，经营额1000多万元。是年，区内出笼家禽51.70万羽，存笼家禽12.65万羽，蛋品产量219吨，比1997年分别增长72.33%、35.73%和下降9.13%。

2003年起，以饲养肉鸡为主的家禽养殖业平稳发展。2006年，从广西、江西等地引进良凤花鸡鸡种，此鸡种既可作土鸡饲养又可作肉肥鸡饲养。护潭乡富强村年出笼肉鸡达到25万羽。2007年，由于温氏集团、唐人神等企业介入，导致禽类市场供不应求，养鸡户利润减少，风险增大，部分养鸡户渐渐退出肉鸡饲养。是年，区内出笼家禽51.74万羽，存笼家禽15.94万羽，蛋品产量89吨，比2002年分别增长0.08%、26.01%和下降59.36%。

六、特种养殖

（一）兔

1988年,境内兔的饲养量为200只,主要以饲养长毛兔为主,同时生产乳兔,主要供给湖南省生物药厂用于生产猪瘟弱毒疫苗。1992年,饲养总量仅100只,主要是由于兔毛市场的弱化和生产猪瘟疫苗工艺的变更,影响兔农的积极性。1993-2006年,区内城乡居民零星养殖肉兔,仅供食用。2007年,长城乡犁头村发展养兔户9户,饲养肉兔2100只。

(二)梅花鹿

1999年2月,湘潭市富民科技贸易有限公司注册登记养鹿,成为湖南省第一家养鹿公司,是年养鹿15头。2000年9月,湘潭市莲城梅花鹿养殖场引购种鹿15头,价值13.80万元。此后,养鹿逐年发展,并开发鹿鞭酒及鹿茸加工。2002年,湘潭市富民科技贸易有限公司,采取与农户联营,发展联营户200余户,存栏鹿1100余头,覆盖湘潭、株洲等11个县(区)。是年,湖南国鹿公司投入200万元,兴建种鹿场及加工厂,与湘潭市富民科技贸易有限公司共同参与农户联营。2003年,区内共养鹿1300余头,其中散养户98头,联营养鹿1200余头。2005年,养鹿公司因销售受阻而倒闭,大批养鹿户血本无归。2006年后,区内无专业养鹿。

(三)鹌鹑

1993年,区内先锋乡金塘村的张锡凯开始饲养鹌鹑2000多只(饲养5年后弃养)。1994年,发展养殖户8户,存笼鹌鹑1.20万只,产蛋4.80万公斤。1995后,鹌鹑饲养开始萎缩。1998年,长城乡红旗村的张腊梅(女)饲养2000多只,以后逐年发展。2002年,新建200多平方米鹌鹑养殖场,是年存笼2万多只,每天可产蛋175公斤,年利润达到50余万元。至2007年,区内只有该户饲养鹌鹑1.60万只,产蛋23000公斤。

第二节 水产养殖

一、品种

1988年,境内水产养殖有鳙、鲢、青、草、鲤5种。郊区畜牧水产局从广州、长沙引进工程鲤、鲴鱼、革胡子鲶、白鲫、罗非鱼进行推广,效果较好。1990年,引进“野鲮的人工繁殖、养殖技术研究”项目,经过摸索,在夏花培育、成鱼塘混养春片和夏花野鲮,取得成绩。1993年,区内引进牛蛙、中华鳖、才鱼,推广新品种98.67公顷,由于放养品种增加,利用各种水产种类的不同生长阶段,实施轮捕轮放,水体和饵料得到充分利用,水产产量逐年提高。1997年后,全区农业朝着都市农业、观光农业、休闲农业新格局迈进,过去一些不曾放养的野生鱼(如鳜鱼、鳊鱼、鲶鱼、洄渡鱼、黄颡鱼、鲫鱼等)成为休闲垂钓基地的常养鱼种。2000年,增加乌龟、加州鲈、长吻鮠、湘云鲫、金丝鲶等花色品种。至2007年,养殖各类水产品40多种。

二、养殖水面和产量

1988年,境内水产养殖面积257.33公顷,其中养殖水面较为集中的是长城、护潭、先锋3个乡,占养殖水面90.2%。长城乡渔场养殖水面32.57公顷,是规模最大的养殖渔场。护潭乡繁城村等3个点,年孵化鱼苗近亿尾(因空气、水质污染日趋加重,人工孵化鱼苗在1989年停孵)。是年,水产产量1068吨,亩均产量263.7公斤。1991年,昭潭乡渔场、先锋乡桐梓村、护潭乡湘竹村先后由区、乡、村、组各级共投资32万元改造和新开鱼塘7公顷。1992年,养殖水面257.8公顷,产量1139吨,亩均产量294.5公斤,产量比1988年增长11.87%。

1996年,区内长城乡犁头村草山组村民刘春林率先在涟水河投放网箱168平方米,产鲜鱼6000余公斤,每平方米产鱼35.7公斤。在其带动下,涟水河网箱水产养殖发展到30口,面积增加到824平方米,出水鲜鱼

30吨。1997年,区内养殖水面267.2公顷,产量1715吨,亩均产量427.9公斤,产量比1992年增长50.57%。

1998年,推广池塘养殖高产技术、轮捕轮放技术、名贵鱼套养、网箱高产养鱼等技术,池塘养鱼亩产过吨,均产达到460公斤/亩,网箱养鱼箱平产量达1.50吨,高产超过2吨。2001年,湘潭市三高农业开发公司先后投资100万余元,在长城乡羊牯村建设特种养殖基地。2002年,养殖水面260公顷,产量1967吨,亩均产量504公斤,产量比1997年增长14.69%。

2003年,楠竹山镇有3户河水养鱼专业户,亩产达50公斤。2007年,网箱养殖由于人工、饲料投入增多,放养成本提高,管理难度加大,网箱养殖户减少到3户。是年,养殖水面250公顷,产量2491吨,亩均产量664公斤,产量比2002年增长26.64%。

第三节　疫病防治

一、疫病

(一)畜类疫病

1988年,境内畜牧部门组织畜禽疫病普查,牲畜病有传染病、寄生虫病、中毒型痢疾三大类型。常见的猪传染病有猪瘟、仔猪副伤寒、猪肺疫、仔猪白痢、流行性腹泻等17种。1989年,对长城乡、昭潭乡等3个乡的畜禽免疫及疾病发生情况开展调查,寄生虫病的危害占饲养猪的70-80%;传染病死亡仅占发展数的0.38%,其中猪瘟占发展数的0.24%,副伤寒占发展数的0.23%,其他均属普通病死亡。1990-2005年,由于防疫工作扎实到位,养殖业未发生重大动物疫病流行。2006年,区内长城乡、护潭乡、先锋乡发生高致病生猪蓝耳病,及时对病死猪进行处理,对疫区存栏生猪及时进行消毒,紧急免疫注射10.30万头,迅速控制疫情。至2007年,疫情大为缩小。

(二)禽类疫病

1988年,境内禽类疫病是中毒性疾病、寄生虫病、禽霍乱、鸡新城疫、鸡马立克氏病,常呈散发式发生,无区域流行。1994年,区内长城乡高坪村发生禽霍乱疫情,5天内死亡鸡0.8万羽。通过区畜牧部门强化注射霍乱疫苗,控制疫情蔓延。1997年,护潭乡富强村10多家养殖专业户发生鸡马立克氏病疫情,区乡两级迅速采取扑杀和消毒措施,消灭疫源。此后至2007年,禽类疫病较轻。

(三)鱼类疫病

1988年,境内常见的鱼病有细菌性败血病、肠炎病、烂鳃病、赤皮病、打印病、白皮病、病毒性草鱼出血病、真菌性水霉病等。各乡镇都因气候、水质和饲养条件等因素影响而插花性发生。1992年,先锋乡桐梓村先后发生水霉病和烂鳃病,死鱼1200公斤。2000年,长城乡渔场发生细菌性出血病,死鱼5000公斤左右,损失2.52万元。2001-2007年,区内鱼病未大面积发生。

二、防疫防治

(一)畜禽类

1988年,境内畜禽防治以猪瘟、仔猪副伤寒、鸡瘟、口蹄疫4种疫病为防治重点。此外还注重加强对猪肺疫、猪丹毒、狂犬病等疫病的防治。1989-1992年,推行"春秋两季普遍注射,月月补针、酶联法监测"的免疫制度和方法,推行假性鸡瘟免疫程序改革技术,畜禽主要疫病免疫密度常年保持在95%以上,基本消灭"两瘟一病"(即猪瘟、鸡瘟、口蹄疫)。其间,猪瘟免疫制度改革及推广运用获湖南省科技进步奖。境内郊区列为湖南省家犬免疫重点县。

1994年，区畜牧部门设立宠物医院，负责犬类防疫、诊治、技术咨询等工作，治疗病犬360条次。

1995-2002年，采取“村干部带队，驻村干部监督，村防疫员打针”免疫工作机制，严格落实猪瘟等主要疫病免疫注射工作，不定期进行免疫监测和流行病学调查，认真做好免疫密度和免疫质量的检查。同时加强对规模养殖场、大型交易市场等场所疫病防治工作的监督，严格落实消毒制度。其间，无重大动物疫病发生。

2003年，区畜牧部门落实市政府《城市犬类动物管理规定》，开展对城区犬类动物管理的集中整治行动。深入社区免疫注射狂犬疫苗355条，办理“宠物健康合格证”596本，扑杀无牌、无证流浪狗131条。2004年，城市犬类动物管理的主体按照规定由畜牧部门移交公安部门，畜牧部门只负责免疫注射和驱虫工作。2006年8月，护潭乡红星村红旗组、新华组3农户的猪发生不明原因的疫病，经送样确诊为多病因生猪感染疫情（2007年3月17日，农业部定名为“高致病性生猪蓝耳病”）。为此，全区坚持发生一起，处置一起，同时对重点养殖村、规模场、屠场、冷库等场所开展查源灭源工作。在各乡镇对出入的主要路口开展产地检疫（除国道外），对来往车辆逐辆消毒，对畜禽产品现场检疫。由于多措并举，疫情得到控制。是年有15个行政村32075头生猪发病，死亡生猪9702头。2007年，区内各乡镇仅有零星发生。并将高致病性生猪蓝耳病列为畜禽疫病防治重点。

（二）鱼类

1988年，境内郊区副食品生产局负责渔业技术指导。1992年，渔业生产的技术指导归口区畜牧水产技术中心，同时在各乡（镇）、先锋企业集团配备有水产专干具体负责技术指导和鱼病防治。区畜牧水产技术服务中心主要致力于新产品的研发，用于疫病防疫，先后研制出鱼康宁A型、B型、特疾灵1号等。鱼康宁A型对青、草鱼“三大病”（肠炎、赤皮、烂鳃）病原体治愈率达81%，有效率达到95%，对“出血病”也有一定疗效。至2007年，区内除个别养殖户因放养密度过大，在春夏之交气温变化剧烈时发生小范围鱼病外，均未发生流行性鱼病，渔业生产发展平稳。

第四节 饲料及兽（鱼）药

一、饲料

1988年，境内郊区畜牧兽医站兴建实验饲料加工厂，重点为种鸡场和养鸡户生产鸡饲料，年生产配合饲料100余吨。1989-1991年，郊区畜牧兽医站先后建立畜禽饲料销售网点92个，并开展综合配套服务工作。1992年，驻区湘潭市蒙哥饲料有限公司成立，该公司开发118项专利技术，研制的膨化鳝鱼饲料和猫狗等宠物饲料属全省唯一，在国内市场也有较高的占有率。饲料加工厂2个，年生产总量1400吨。1993-1994年，区内重点推广以浓缩料为重点的综合养殖技术，饲料销售市场基本形成。1999年，有畜禽饲料生产企业7家（均属民营企业），年生产各畜禽配合饲料2万余吨。2007年，区内饲料生产企业5家，年生产量1.5万吨（导致饲料生产企业减少和产量下降，主要是外省和本省外地市各种品牌饲料大量进入所致）。饲料销售网点57家，年销售量30余万吨，其中，单一饲料（如玉米、麦麸、骨粉、鱼粉等）销售网点主要集中在市火车站河西货栈一带，预混料、浓缩料、添加剂、全价料（成品饲料）销售网点主要集中在潭邵路和湘衡路两条线。

二、兽（鱼）药

1988年6月，境内郊区畜牧兽医站开办畜牧兽医技术、药械综合服务部，销售药品、饲料，并提供技术咨询服务，当年销售药品总额 2万余元。湘潭市兽药厂负责郊区畜禽鱼病防治药物的计划供给。1992年12月，区畜牧水产技术服务中心兴办经济实体，成立湘潭市潇湘鱼药厂。该厂先后研制出鱼康宁系列、特疾灵系列，以及天福-168牛蛙系列10个科技产品。其中4个分获省、市科技创新金奖和科技成果奖，主要服务于全区水产防疫疫病和特种水产动物，辐射到省内及广东、江西等省。1993年，区兽药销售市场基本形成，销售网点集中在砂子岭和潭邵路沿线一带。1997年，列为全省三大兽药批发市场之一的砂子岭批发市场，有批发经营户8家，年成交额3000万元。是年，湘潭市兽药厂因受设备陈旧、管理滞后、产品竞争力不强等因素影响而破产倒闭。1998年5月，区内湘潭市砂子岭兽药经营联合会成立，有会员13家，市场营销额达到5000万元，兽药产品辐射到省内外。1999年，湖南伟达实业有限公司、湖南圣雅凯生物科技公司相继落户原湘潭市兽药厂，后由于公司扩大规模，分别于2002年、2006年搬出区内。2007年，区内兽药销售网点27个，年销售额达到9000万元。

第五节　畜牧及渔政管理

一、防疫管理

1988年，境内郊区副食品生产局设有畜牧股、畜牧兽医工作站，负责区内的畜牧生产、管理、防疫、治疗等工作。雨湖区畜牧部门对春秋两季免疫进行防疫注射，结束后组织随机抽查，要求生猪免疫率100%，家禽90%以上，未达到标准的需要进行补注。同时负责农贸市场、道路交叉路口的动物及动物产品检疫检验。1990年，推行免疫发证制度，防疫检疫结合，以检促防。畜禽防疫、检疫综合技术获湖南省科技进步奖。

1993年，区政府发布《关于加强畜禽防疫检疫和肉品检验的布告》，进一步加强畜禽防疫、检疫和畜禽产品检验工作。区内13个农贸市场、5个定点屠宰场、14家购物超市、15个冷冻库、2家畜禽产品加工企业、9家工矿企业和学校食堂、115家酒店餐馆等场所，亦由区畜牧水产部门负责检疫检验。1996年，执行湘潭市实行畜禽定点屠宰规定，在区内设生猪定点屠宰场5个（即宝庆路屠宰场、火车站屠宰场、小东门屠宰场、长城乡红旗村屠宰场、先锋乡屠宰场），均由区畜牧水产部门负责检疫检验。1997年，实施兽用生物制品专供制度，区内生物制品由市、区畜牧兽医部门统一供应，确保生物制品的安全。

2002年，实施免疫耳标制度和动物防疫条件审核，猪、牛、羊等动物实施强制免疫后一律加挂免疫耳标。是年，有35名兽医经过培训，获得兽医行业资质证。2005年，新组建6个乡镇动物防疫站，公开招聘18名专职动物防疫员，实行区乡共管，由财政补贴工资，较好地促进动物防疫工作的落实。在稳定动物防疫机构和队伍的基础上，加强区级兽医诊断室、疫情测报站、乡镇动物防疫冷链体系建设。2006年，根据动物防疫工作需要，区级动物防疫监督机构加大投入，添置冻库、冷藏包和检验、执法设备。2007年，区、乡两级动物防疫执法体系基本健全，有动物防疫监督（检疫）员14人，乡镇动物防疫员（兽医）24人，联村防疫员37名，定额补助经费11.10万元。免疫总量279.38万头（羽），加挂免疫耳标41万套，查处违法案件15起，检疫活畜禽 138万头（羽），检疫动物产品46吨，检出病畜禽0.72万头（羽），病害动物产品4.41吨，全部进行无害化处理。区内畜禽水产品质量安全工作曾多次获省市表彰。

二、饲料、兽（鱼）药管理

1988-1992年，境内没有专门机构管理兽（鱼）药和饲料。1993-2001年，区畜牧水产局设药政监督员1

名，协同湘潭市药政人员对区内兽（鱼）药每年进行1-2次监督检查。2002年，市饲料工业办公室由市计划委员会划归市畜牧水产局管理。2003年，区畜牧水产局设立饲料兽药监督所，负责全区饲料兽药市场管理，重点加强对砂子岭饲料兽药市场的整顿规范。并协同市畜牧水产局兽药监督科、饲料监测站、市计委饲料办、工商部门进行联合检查，对明令禁止的氯霉素、痢特灵等30多种药物进行坚决取缔，共查处掺杂使假、霉变饲料2起，货值6万元。2005年，依法严厉打击在饲料中违法添加"瘦肉精"和违禁药物的行为，对养殖（场）户实行严密监控，对定点屠宰场、肉品加工企业、贩运商、兽药店、饲料批发点进行严格监管，印发打击非法屠宰、加工、销售病死猪宣传资料2100份，使销售、使用"瘦肉精"的违法行为得到有效遏制。至2007年的3年中，全区共查处违法饲料产品9320公斤，查处假劣兽药695瓶。

三、渔政管理

1989年，境内设郊区渔政管理站，有干部4人，负责管理湘江辖段的人工捕捞和水产养殖的渔政执法工作。发放渔船捕捞许可证108个，联合市水上派出所、市渔政管理站，收缴非法捕鱼网具2000米、炸药13公斤、电捕鱼机1台，查处违法渔船17艘、无证作业船18艘。1992年，区畜牧水产局内设水产渔政站，负责区内养殖水域的渔政管理。1993年，受理渔政案件7起，结案7起。1996年起，湘江江河监管权由湘潭市渔政管理站负责。至2007年，区渔政管理工作配合湘潭市渔政站进行。

第五章　林 业

第一节　森林资源

一、林地

1988年，境内林地总面积523.2公顷。森林覆盖率为6.63%，林木绿化率7.22%，活力木总蓄积1.9万立方米。其中，乔木林蓄积1.7万立方米，四旁树蓄积8186立方米。林业总产值8万元，仅占农业总产值的0.2%。1989年起，辖区内重点消灭荒山并实施四旁绿化植树，至1991年的3年中，四旁绿化植树15万株，实现消灭荒山、全面绿化。

和平公园内樟树

1993年，区内四旁绿化造林5万株，补植造林6.67公顷，全面封山育林。林地面积531.87公顷。1994年，开展森林资源大普查。至1995年年底，全区林地总面积531.87公顷。森林覆盖率6.74%，活力木总蓄积2.02万立方米，四旁树蓄积8364万立方米，林木绿化率为7.62%，林业总产值14万元，占农业总产值比重0.1%。1996年，绿化公路、渠道50公里。是年起，每年封山育林33.33公顷。

1999年，林地面积共785.4公顷。2000年，继续在空隙地方造林。驻区江南机器厂、江麓机械厂和湘潭锰矿厂区的林地由市属统计转为区属统计。

2004年，区内林地面积750公顷，比1995年增加218.13公顷；森林覆盖率9.5%，活力木总蓄积3.1万立方米，增加1.08万立方米，增长53%，四旁树蓄积615.67公顷，增加841万立方米。全区造林6.67公顷，四旁绿化植树5万株，封山育林53.33公顷，柑橘树已无成片园地，只零星散种，总计约10公顷，花卉苗木66.67公顷。2005年，开展“十五”计划森林资源大调查。有林地面积750公顷，林木绿化率为10.55%，四旁树蓄积9756立方米，全区林业产值124万元，比1995年增长7.86倍（主要是苗木、花卉收入增多），占农业总产值比重0.3%。2006年，启动长江防护林工程。至2007年底，新造林6.67公顷，四旁绿化植树6万株，花卉苗木面积增加到133.33公顷。林地总面积733.33公顷，森林覆盖率9.2%，林木绿化率10.6%，四旁树覆盖率5%。林业总产值115万元，占农业总产值的0.23%。

市一中内前坪樟树

二、树种

（一）本土树种

雨湖区属中亚热带常绿阔叶树区，树种资源较丰富。有冬青科、蔷薇科、云香科、壳斗科、樟科、杜鹃科、松科等41科等192种。主要乔木树种有马尾松、松木、香樟、枫树等7种，主要经济林树种有油茶、油桐、柑橘、板粟、桃、梨等。国家一级保护树种有银杏和红豆杉2种，国家二级保护树种有香樟木、花榈木、马褂木3种。

（二）引进树种

1988-1991年，境内引进大量的湿地松、火炬松、意大利杨、广玉兰、雪松。尤以湿地松、火炬松两个优良品种种植更为普遍。在大面积荒山造林中，抗逆性强、生长快，20年可成材。1992-2000年，全区引进树种30种，其中水果类有奈李、黄花梨、胡柚、桃等6个品种；竹类有雷竹、绿竹、橄榄竹等；花卉类有黄花杜鹃、广东月季、双面红红桎木等20多个品种，引进来的这些品种都适应性强、生长好。2001-2007年，引进油棕、黑松等共计30余种，以南方热带景观树种为主。

三、名木古树

2007年，全区古树名木普查。树龄100年以上的树种有9科21种，挂牌的古树名木114株，其中樟树65株、枫树5株、银杏6株。

2007年雨湖区名木古树一览

13-4-1-1

编号	树种	管护单位	生长地点	数量	冠幅（米）	树高（米）	树龄（年）
001	樟 树	李国超	长城乡红旗村新基组	1	13	27	110
002	樟 树	三 组	羊牯村三组	1	15	30	120
003	樟 树	三 组	羊牯村三组	1	17	25	90
004	樟 树	三 组	羊牯村三组	1	19	30	140
005	樟 树	洪桥一组	洪桥村一组	1	9.5	15	120
006	樟 树	陈发明	砂子村砂子组	1	14	24	100
007	樟 树	陈发明	砂子村砂子组	1	24	32	110
008	樟 树	搬运公司	湘潭县搬运公司	1	30	28	140
009	樟 树	张灾湾	秋皮村秋皮组	1	15	22	110
010	樟 树	芦先林	花园村白皮寺	1	18	28	140
011	枫 树	白皮组	花园村	1	12.5	35	100
012	枫 树	张 勇	花园村刘公塘	1	12	28	100
013	枫 树	张 勇	花园村刘公塘	1	12	28	100
014	枫 树	张 勇	花园村刘公塘	1	12	28	100
015	枫 树	张 勇	花园村刘公塘	1	12	28	100
016	皂角树	村委会	白云村白云小学	1	13.8	30	200
017	皂角树	刘海秋	新月村新堤组	1	12	22	120
018	桂 花	周端华	卫星村聚沙组	1	24	21	150
019	玉兰花	村 部	花园村村部后	1	10	22	60
020	桑 树	同心组	新月村同心组	1	9.5	15	120
021	油 茶	陈张王6户	上新村横塘组	1	15	28	120
022	樟 树	八一组	先锋乡金塘村八一组	1	21	28	150
023	樟 树	金塘社区	金塘村大屋湾	1	22	30	100

续13-4-1-1

编号	树种	管护单位	生长地点	数量	冠幅（米）	树高（米）	树龄（年）
024	樟 树	金塘社区	金塘村社区菜场	1	22	24	80
025	樟 树	胜利组	金塘村胜利组	1	24	28	120
026	樟 树	建新组	先锋村建新组	1	22	28	120
027	樟 树	东升组	先锋村东升组	1	23	30	110
028	樟 树	上先组	先锋村上先组	20	–	–	80
029	桂 花	向桂如	建新村红旗组	1	15	15	100
030	樟 树	江南厂	江南厂桥头公园内	1	16.5	21	90
031	樟 树	江南厂	江南厂丁字冲	1	22	25	160
032	樟 树	江南厂	江南厂军三厂十库房	1	20	28	150
033	槐 树	江南厂	江南厂新仓库4库间	1	15	18	80
034	槐 树	江南厂	江南厂爱国桥西头	1	15	18	120
035	槐 树	江南厂	江南厂爱国桥东头	1	11	16	150
036	槐 树	江南厂	江南厂西卫门前左	1	14.5	22	120
037	榆 树	江南厂	江南厂军三厂023库房	1	21	18	140
038	榆 树	江南厂	江南厂军三厂门口右上坡	1	11.5	18	140
039	榆 树	江南厂	江南厂军三厂门口六曲机	1	16.5	18	140
040	大叶女真	江南厂	江南厂锦江花园	1	11	16	150
041	香 樟	区教育局	区教育局院内	1	9	17	106
042	香 樟	中心医院	和平路中心医院侧门口外	1	11	18	100
043	香 樟	中心医院	和平路中心医院后院	1	11	21	130
044	香 樟	中心医院	和平路中心医院后院	1	14	22	150
045	香 樟	中心医院	和平路中心医院后院	1	9	21	100
046	香 樟	中心医院	和平路中心医院后院	1	9	23	105
047	香 樟	中心医院	和平路中心医院后院	1	9	21	105

续 13-4-1-1

编号	树种	管护单位	生长地点	数量	冠幅（米）	树高（米）	树龄（年）
048	香 樟	中心医院	和平路中心医院后院	1	7	21	130
049	香 樟	中心医院	和平路中心医院后院	1	9	18	100
050	黄 连	中心医院	和平路中心医院后院	1	9	18	100
051	广玉兰	湘潭县武装部	县武装部内（城正街）	1	8	16	100
052	广玉兰	湘潭县武装部	县武装部内（城正街）	1	8	16	100
053	银 杏	和平公园	市和平公园内	1	8	15	100
054	银 杏	和平公园	市和平公园内	1	8	15	100
055	银 杏	和平公园	市和平公园内	1	8	15	100
056	银 杏	和平公园	市和平公园	1	8	15	100
057	罗汉松	和平公园	市和平公园	1	4	2.5	150
058	香 樟	和平公园	市和平公园	1	10	17	100
059	榆 树	和平公园	市和平公园	1	10	20	100
060	三角枫	和平公园	市和平公园	1	10	20	100
061	蜡 树	和平公园	市和平公园	1	10	20	100
062	香 樟	和平公园	市和平公园	1	12	25	100
063	香 樟	和平公园	市和平公园	1	12	23	110
064	香 樟	和平公园	市和平公园	1	12	24	110
065	香 樟	和平公园	市和平公园	1	10	25	100
066	香 樟	和平公园	市和平公园	1	8	11	110
067	香 樟	市二中	市二中校园内	1	12	23	150
068	银 杏	市二中	市二中校园内	1	11	20	160
069	香 樟	市二中	市二中校园内	1	12	23	190
070	香 樟	市二中	市二中校园内	1	12	23	110
071	香 樟	市二中	市二中校园内	1	12	23	110

续 13-4-1-1

编号	树种	管护单位	生长地点	数量	冠幅（米）	树高（米）	树龄（年）
072	香 樟	市二中	市二中校园内	1	12	23	110
073	女 真	市一中	市一中校园内	1	5	4.5	100
074	女 真	市一中	市一中校园内	1	5	4.5	100
075	香 樟	市一中	市一中校园内	1	12	23	100
076	罗汉松	市一中	市一中校园内	1	5	5	150
077	黄杨木	市一中	市一中校园内	1	4	4	130
078	槐 树	湘潭师院	湘潭师院校园内	1	12	23	108
079	广玉兰	湘潭师院	湘潭师院校园内	1	7	10	100
080	广玉兰	湘潭师院	湘潭师院校园内	1	7	10	100
081	紫 薇	湘潭师院	湘潭师院校园内	1	4	4	100
082	广玉兰	十六中	市十六中校园内	1	8	13	110
083	香 樟	政府二院	老市政府二院	1	9	19	120
084	香 樟	政府二院	老市政府二院	1	10	20	105
085	国 槐	政府二院	老市政府二院	1	9	20	100
086	国 槐	政府二院	老市政府二院	1	9	20	100
087	香 樟	政府二院	老市政府二院	1	10	22	100
088	香 樟	文化街口	湘潭市文化街口	1	11	23	100
089	广玉兰	五医院	市五医院内	1	10	18	100
090	广玉兰	五医院	市五医院内	1	9	18	100
091	香 樟	伍家花园	市伍家花园（市农科所院内）	1	12	25	208
092	香 樟	伍家花园	市伍家花园	1	12	22	110
093	香 樟	伍家花园	市伍家花园	1	12	24	180
094	香 樟	伍家花园	市伍家花园	1	12	23	110

续13-4-1-1

编号	树种	管护单位	生长地点	数量	冠幅（米）	树高（米）	树龄（年）
095	香 樟	伍家花园	市伍家花园	1	12	23	110
096	香 樟	伍家花园	市伍家花园	1	12	23	110
097	香 樟	电瓷厂	中南电瓷厂	1	12	23	110
098	香 樟	雨湖公园	雨湖公园内	1	8	12	100
099	香 樟	雨湖公园	雨湖公园内	1	9	11.5	100
100	香 樟	雨湖公园	雨湖公园内	1	8	11	100
101	香 樟	雨湖公园	雨湖公园内	1	8	11	100
102	香 樟	湘潭职院医学院	湘潭职院医学院	1	9	18	150
103	香 樟	湘潭职院医学院	湘潭职院医学院	1	11	18	150
104	香 樟	湘潭职院医学院	湘潭职院医学院	1	9	18	110
105	香 樟	市委党校	江麓老市委党校	1	12	23	100
106	香 樟	市委党校	市委党校内	1	11	23	100
107	香 樟	市委机关	市委机关	1	10	22	150
108	香 樟	化工设计院	化工设计院	1	9	20	103
109	香 樟	化工设计院	化工设计院	1	9	20	100
110	香 樟	化工设计院	化工设计院	1	10	20	110
111	银 杏	金庭学校	金庭学校内	1	9	14	100
112	香 樟	市公安局	老市公安局内(车站路)	1	10	20	103
113	香 樟	市公安局	老市公安局内(车站路)		13	23	110
114	香 樟	刘清文	云塘街道调塘	1	30	28	150

第二节 造林绿化

一、荒山造林

1988年,境内贯彻市政府《关于两年基本消灭荒山、五年绿化湘潭的决定》,区、乡、村层层建立责任制,全面推行“五统一分”(统一规划、统一整地造林时间、统一规格质量、统一苗木调配、统一管理、分户造林、谁造谁有)经验,调动广大群众护林、造林的积极性。是年,在长城乡、先锋乡一些荒秃小山头上植树造林。造林种类则根据地理条件不同,土质好坏分别栽上杉树、马尾松、刺槐等。为保证成活率,大部分采用“大穴整地、壮苗造林、深栽压实”,故成活率都在85%以上。1989年,为消灭荒山,实现全面绿化,区、乡两级出钱购买苗木,支持村组造林,2年共计造林20公顷。1990年,继续植树造林,打好灭荒扫尾战。进行残林补植,零星小块补植,见缝插针,共植树造林6.67公顷。是年,郊区将消灭荒山各项指标上报,经湖南省绿化委员会验收组抽签核实,达到湖南省绿委规定消灭荒山的各项指标,受到省、市政府奖励。1992年,全区林业工作重点从灭荒转移到全面绿化和封山育林,发展高效林业上来。以村为单位进行管护补植,实行封山育林,巩固荒山造林成果。是年,造林6.67公顷,四旁绿化植树造林5万株,消灭成片荒山。至2007年的16年中,全区绿化造林总面积100公顷。

二、项目造林

(一)生态公益林

1988-1992年,境内有生态公益林545公顷,集中在公铁路两侧及湘江沿线。107国道沿线的生态防护林带,由郊区林业部门组成的专业班子进行管护和补植。1993-2000年,全区根据国家林业局《关于开展森林分类区划界定工作通知》,进行森林分类区划界定。有国家级重点公益林430公顷。2001年,有513.33公顷列为国家首批公益林补助试点区域,每年每亩补助管护生产费和管理人员费5元。2005年,管护费为4.75元/亩。2007年,列为国家生态公益林面积513.33公顷,公益林管护费4万元,全部按管护面积发放到经管单位和乡村农户。

(二)省管森林植被恢复费异地造林

2006年,湖南省林业厅首次下拨省森林植被恢复费60万元,用于造林计划任务1.33公顷。至2007年,在长城乡花园村和鹤岭镇七亩丘村共造林1.33公顷,合格率达100%。

(三)全民义务植树

1988-1991年,境内机关干部和企业单位工作人员,4年累计义务植树65万株。1992年起,区政府选择卫星、上新两村,开发丘冈山地,种植经济林。1996年,投资5万元,连片种上20公顷水果,新栽板栗5400株,桃树1000株,柑橘4500株,奈李、梨子各200株。至2000年止,共义务植树80万株。2001年起,区绿委对义务植树提出新要求,采取划分任务,管护包干等措施。至2007年7年中,动员16岁以上和60岁以下的城镇居民参加义务植树,共植树100万株。

第三节　林政管理

一、林地经营

1988-1992年，境内根据国家林业政策，落实林业“三定”（定山权、林权，定自留山），全部明晰林地管理权和经营权。其中：国有林地143.8公顷，占总林地面积的27%；集体包括乡、村、组林地面积347公顷，占总林地面积的65.2%；个人责任承包林地41公顷，占总林地面积的7%。

1993年，全区在延长耕地承包合同的同时，将部分集体林地承租给专业户经营，大部分重新划分给农户经营，也有部分被国家建设征用。1995年，继续落实市政府林业政策，在稳定山林权的基础上，实行山地所有权和使用权分离，放开使用权，延长林地承包期30-50年。按照谁投入谁受益的原则，提倡多种形式承包、租赁，允许林权继承和转让。是年，集体经营林地减少40%，农户家庭承包经营的林地面积得到扩大。

2000年，林业生产向专业化、产业化经营发展，出现经营优质花卉苗木生产的林业专业户52户，经营林地80公顷。

2003年，启动林地林权登记换发颁证工作。按提出申请和受理申请、张榜公布、现场核实、出榜公示、造册登记、核发证书、建立档案等步骤进行，由点到面全面铺开。2007年，林业调查测绘工作基本完成。95%以上的林地权属得到落实。经确权，国有林地373.8公顷，占林地总面积47.6%；集体林地（包括乡、村、组）351.3公顷，占林地总面积44.7%；个人责任承包林地60.3公顷，占林地面积7.6%。

二、林业执法

1988-1992年，境内乱砍滥伐时有发生，农林部门和林业公安紧密配合，开展打击破坏森林犯罪专项斗争，受理滥伐案件25起，查处违法犯罪人员18人，刹住乱砍滥伐歪风。

1993年，区政府印发《湖南省林业条例》6000多份给农户。在行人显眼处设永久性保护森林宣传牌，对盗伐、滥伐、无证经营木材、运输木材者，严格依法处理。至2000年，处理乱砍滥伐毁林建房案件共56起，对违法者进行教育和经济处罚。2001年起，区内交通沿线农户庭院的樟树和桂花树、银杏等风景林，被挖掘移栽外地情况时有发生，有的甚至长途贩运到上海等地。区林业部门整顿乱挖乱运，全面禁止办大树外运手续。至2007年，查处无证运输木材147立方米，盗伐滥伐、无证经营等各种违法案件共34起，收缴罚没款9万元，处罚12人。

第四节　森林保护

一、森林防火

1988年，境内有区防火指挥部和值班人员，瞭望塔一座，防火检查站2个，防火宣传牌50块，水泵一台，灭火水袋3套，Ⅱ工具400来把，每处林地都有义务扑火队。乡村两级共同出资，在有森林地方的村聘请一名专职防火员，签订责任状，明确其职责，并进行森林防火知识培训。至1992年，共发生火警4次，过火面积1公顷。1993年起，全区森林没有发生重大火灾，但每年都有3-4次火警发生。一旦发生火警，因为准备充分，就能及时控制和扑灭，使得过火面不大。至2007年的15年中，区内共发生火警32次，过火总面积仅1.67

公顷。

二、野生动植物保护

1988年,境内实行野生动物驯养繁殖许可证、经营加工许可证、运输许可证和国家重点保护的野生植物及古树名木移植许可证制度,实现野生动植物管理法治化。1991-1992年,林业公安派出所查处和收缴青蛙600多公斤,蛇类180多公斤,鸟类50多只,活体放归自然。1993年,区政府发布《关于加强野生动物保护的通知》,区林业部门加强对野生动物保护工作的力度。1998年,是《中华人民共和国野生动物保护法》实施十周年,国家确定每年4月1-7日为“爱鸟周”。区林业部门工作人员驱车下乡巡回宣讲,提高村民保护野生动物的自觉性。是年,举办森保执法人员、经营户、饲养户人员学习班,培训人员80多人次。至1998年的6年中,共放生蛇类670公斤,蛙类1100多公斤。1999-2004年,重点清理整顿野生动物经营场所,查处违法经营单位和个人5家,收回野生动物经营许可证1个,处罚违法人员7人。2005-2007年,区林业局执法人员,不定期在各市场抽检,查处违法经营野生动物餐馆5家,收回野生动物经营许可证1个,处罚违法人员7人。查处贩卖国家保护的野生动物案件9起,处罚9人,共放生各种蛇类210公斤,蛙类361公斤。通过加强保护,为野生动植物生存提供良好环境。区内野生动物达30种。如小灵猫、大灵猫、鸳鸯、大头龟、鹭、环颈雉、斑鸠、画眉、竹鼠、蛇、乌龟等。

三、有害生物防治

1989年,境内松毛虫大暴发,部分松林针叶被吃光。市区两级农业部门组织飞机散药防治,采取大面积封山育林,引种抗松毛虫能力强的国外松,营造混交林,改善树种结构等综合防治措施,通过综合防治,再没有发生严重的松毛虫危害。2004年,区内发现外来有害生物“加拿大一枝黄花”侵入,2005年扩展到66.67公顷。主要分布在湘江沿岸河堤107国道及高速公路、湘黔铁路沿线。区林业局每年拿出2万多元支付除治费,组织人员进行治理。2007年,有害生物侵入问题得到根治。

四、森林限额采伐

1988-1992年,境内严格实施森林限额采伐制度,做到限额采伐计划一本账,采伐批准一支笔。1993-2007年,全区实行将限额采伐指标分配到各乡镇,坚持凭证采伐,控制资源耗量,确保资源永续利用。限额采伐指标4200立方米,实际采伐2700立方米,节约采伐木材1500立方米。

第五节　森林产业

一、花卉苗木

1988-1992年,境内乡办林场1个,经营林地6.67公顷。村办林场2个,经营林地20公顷。有40公顷左右随农业责任制分配到农户个人经营,林业产值8万元。1993年,区内在延长耕地承包合同的同时,部分集体林地承租给专业户经营,有的重新划分给农户经营。由于国家建设征用土地,集体林地减少40%,农民经营林地减少15%。林业生产开始向经济效益高的产品品种方向发展。在长城乡开发水果基地20公顷,种植观赏苗木、盆景。有林地专业户52户。至2007年,全区有121户农户经营花卉苗木,总面积133.33公顷,年产值2000多万元。

二、林产品加工

1988-1994年，境内林产品加工，只有少数农户利用农闲时节，编织少量箩筐、筬箕、凉席出售和自用。1995年，区内贯彻落实市委、市政府《关于开发丘冈山地的若干规定》和《湘潭市丘冈山地深度开发规划》，鼓励私营企业投资丘冈山地开发。1998年，区政府用林业产业化政策引导私营企业投资林产业。是年，竹林加工行业年产值50万以上的企业有4家。湖南省模范民营企业家王检忠，创建湘潭市恒盾集团实业有限公司，主要生产竹砧板和其他一些竹制品，总产值达4000万元。全区林产品企业总产值达7000万元。2000年，林产品企业年产值50万元以上的有8家，总产值达14000万元。2003年，林产品加工企业总产值1000万元以上的5家，总产值在100万元以上的10家，全年林产品加工企业总产值达17000万元。2005年，林产品加工企业25家，总产值达19000万元。恒盾集团实业有限公司有3个子公司及9家控股生产分厂，总资产13000万元。建筑面积3万平方米，员工1100多人，加工机械900余台。2007年，林产品加工企业已进入发达时期，有生产竹砧板、竹片、竹架板、木片、木方、木箱、办公室家具企业158户，总产值37000万元。全省龙头企业湘潭市恒盾集团实业有限公司全年生产竹砧板1389万块，生产竹制家具2万多套，“竹元素”竹汁液系列饮品获国家发明专利，形成生产5000多吨的生产能力。该公司全年总产值2.5亿元，上缴税金257万元。

第六章 水 利

第一节 水利设施建设

雨湖区水利设施通过20年的建设，到2007年年底有高标准堤防10580米，撇洪渠18200米，保护农田面积5200公顷，保护人口37.03万人。标准堤整修完成土方348.62万立方米，投入水利建设资金5240.18万元。小型水库2座，山塘1770口，总蓄引提水量2300万立方米。提灌机埠34处280台3256千瓦。整修山塘、水库、渠道3079处，完成土石方1196.3万立方米、投入劳动工日169.17万个，投入农田水利建设资金共4338.6万元，恢复水毁、水损工程145处，完成渠道清淤30万米，实现旱涝保收面积1100公顷。

一、堤防工程建设

1988-1991年，境内堤防建设主要以除险加固、维修保养为主。

1992-1993年，为搞好十万垅堤防建设，确保安全度汛，重点加强犁头嘴堤段建设，投资31.93万元，筑堤495米，完成土石方5900立方米。天星堤、铁路塘堤等325处堤防等水利工程，共投入水利建设资金203万元，完成土石方29万立方米，投入劳动工日30万个。

1994年，整修湘江大堤7.8公里，投资1600余万元，完成土石方总量110万立方米。10月18日，市整治大堤（石嘴垴至大步桥段2719米）开工典礼举行，副省长郑培民参加典礼并讲话。是年冬天，对十万垅大堤全面加高培厚，日上工最多时达5000人。经整修，大堤防洪标准提高。1995年，投资1450万元加强堤垸建设。完成土方74.4万立方米，其中天星堤5.8万立方米，十万垅大堤68.6万立方米。建设高标准大堤8980米，完成土石方95万立方米，浆砌石15176立方米、砼6225立方米、钢筋砼1554立方米。1996年11月3日，河西大堤(石嘴垴至大步桥段)堤防改造工程竣工通车,3位建设者为竣工剪彩。1997年,堤防整修投入资金505.55万元。天星堤完成1600米标准堤的整修,完成土方8万立方米,附属工程浆砌石2085立方米,砼250立方米,钢筋砼50立方米;十万垅杨泗庙处78米的加高,河口25米缺口及大堤管理所内的250米配套附属工程建设,完成土方2.17万立方米,浆砌石1510立方米,砼210立方米,钢筋砼100立方米。

水利建设工地

1998-1999年,投资880万元,重点加强堤防建设。天星堤回填土方12.39万立方米,开挖土方3475立方米,浆砌石1803立方米,砼628立方米,钢筋砼731立方米,达到大堤增高1米,堤宽由原来的4-6米拓宽至8-12米的要求。十万垅大堤,回填土方17.6万立方米,开挖土方15.5立方米,浆砌石3100立方米,砼643立方米。

2000-2007年,十万垅草山里段1.5公里和天星堤唐家围子地段180米压浸除险工程,工程总投资669万元,工程通过省、市验收合格。

2007年雨湖区主要撇洪渠情况

13-6-1-1

渠道名称	所属堤垸	建成时间(年)	起	终点	长度(米)	泄流量(立方米/秒)	备注
护潭一级渠	天星	1967	蔡家坝	宋家桥	6200	102	排灌两用
长城一级渠	十万垅	1973	砂子岭	唐兴桥	1500	27	
长城二级渠(宋樟线)	十万垅	1976	宋家嘴	陈家港	5100	18	上游三条支渠
护潭二级渠	天星	1976	殷家坝	栗山塘	3370	18	
繁城渠	天星	1977	燮家坝	小东门	2000	3	

注:1998年以后随着城区的发展,繁城渠一部分被填塞,一部分成为下水道,仅剩下入江段200米

二、提灌设施建设

1988-1991年,境内提灌机埠2处,水库2座,塘坝56座,水泵1处,渠道98条。1992年,区内新增蓄引提水量30万立方米,新增灌溉面积66.67公顷,改善灌溉面积333.33公顷,新增旱涝保收面积26.67公顷。

1993-1996年,对6台350千瓦的提灌机埠全面进行检修,适时投入运转。组织对各乡抗旱渠道全面清

污扫障。抓好蓄水保水工作，塘坝蓄水量保持在530万立方米左右。新修高标准渠道6处，新建提灌机埠2处，受益面积53公顷。两个堤管所对7处14台2220千瓦的提灌机埠维修，更换6台启动器，5台配电屏，维修提灌设施耗资15万多元。

1997-1999年，投资300多万元，天星和十万垅两个堤管所对7处14台2220千瓦提灌设备全面维修，更换2台启动器、5台配电屏。各类塘坝蓄水总量为678万立方米，蓄水率达100%。

2003-2004年，区政府投资120万元，在长城乡新建抗旱提灌机埠3处，装机89千瓦。更新改造提灌机埠288.5千瓦，完成土石方930立方米、浆砌石110立方米、砼50立方米、劳动工作日1730个、投入资金53.4万元。2005年，区内长城、先锋、护潭乡遭受旱灾，面积达533.33公顷，23个村民组的3000多人、1.4万头大牲畜饮水发生困难。310多名区、乡、村干部深入抗旱一线开展工作，投入抗旱劳力1.52万人，抗旱机械2千台，组织群众紧急整修和疏通渠道29公里。2006年，维修抗旱提灌设备200多台套，租赁提灌设备80多台套次，打井、洗井70眼，抗旱灌溉53公顷稻田。临时安装提灌设备提水160万立方米。2007年，整修和安装提灌机埠27处32台，总装机容量947千瓦；开凿泵井8处，开凿大型撇洪渠4条18公里，维修小型水库2座，整修山塘1770多口，蓄引提总水量为2300万立方米。区水利服务队配置电动抽水泵和柴油泵41台套，日供水量2.14万立方米。维修各类设备160多台套，提水140万立方米。

2007年雨湖区电力提灌固定机埠分布情况

13-6-1-2

单位/数量/项目	长城乡	昭潭乡	护潭乡	先锋乡	先锋农场	合计
处	28	4	17	11	2	62
台	31	6	18	11	2	68
千瓦	1013.00	82.00	669.50	372.50	41.00	2178
灌溉面积(公顷)	835.67	56.67	668.93	177.07	13.33	17516.67

三、山塘、水库、渠道整修

1988-1991年，境内在鼓励农民个体集资、投劳改善农业生产条件基础上，狠抓山塘、水库、渠道整修。投入资金711.5万元，其中乡级投资196.7万元，村级投资256.1万元，农民个人出资258.7万元。共完成土石方143.5万立方米，混凝土31.1万立方米，浆砌块石5.3立方米，红砖砌体4.1万立方米，完成劳动工日115.27万个，整修山塘1624处，小型水库2座，渠道1960米。

1992-1993年，区内整修渠道187条。长城乡二级渠清淤7500米，完成土石方2.5万立方米，总干渠片石护砌完成750立方米。其中，新月村自筹资金9万元，新砌红砖渠道1800米。护潭乡整修渠道120处，其中湘竹村完成砼块砌筑的高标准渠5条，全长1700米。

1994年，农田水利设施建设，以疏通渠道、清除淤泥、整修水利设施为主要内容，共疏通渠道2.5万米，清除淤泥0.5万立方米，整修工程43处。完善配套建设7处新的水利工程，投资22万元，其中国家投资10万元。1995年，组织对长城乡烟盘岭、草山等骨干机埠修复，投资9万多元。1996年，整修后的塘坝蓄水量为678万立方米，蓄水率100%。1997年，山塘、水库、渠道整修380处。投入劳动工日24万个，完成土石方23万立方米。护潭乡湘竹村修一条400米长高标准水泥渡槽，渠道清淤1060立方米，用红砖砌水泥槽120多处。

1998年，整修山塘、水库、渠道220处，水泥砖护砌渠道10650米。其中护潭乡修整山塘、渠道等水利工程开工126处，完成土石方10.1万立方米。红星村高标准护砌渠道6条2100米，耗资11万多元。同时该村还投资20万多元，村民集资40多万元，投劳兴修高标准水泥渠道7.6公里。至2002年的5年中，投入水利资金715万元，高标准护砌渠道6000米，兴修高标准水泥路渠3.8公里，渠道清淤11817立方米，土方开挖1500立方米，砌石护坡700立方米。

2003年，整修山塘、水库、渠道水利工程144处，投入劳动工日29万个，完成土石方10.9万立方米，工程总投资540万元。其中长城乡71处，土石方5.4万立方米；护潭乡73处，土石方5.5万立方米。先锋乡桐梓村利用市北二环路征地的契机，将征用土地补偿费60万元用于水利投入，整修山塘12口，水渠清淤2400米，水渠护砌3800米。护潭乡红星村投资18万元，完成路渠结合工程1600米，高标准水渠护砌5230米。2004-2005年，加固扩容万方以上骨干山塘80口，恢复水毁、水损工程145处，渠道清淤23050米。山塘、水库、渠道建设投入2240万元。其中各级财政投入2100万元，农民群众“一事一议”投入140万元。2006年，投入水利资金150万元，通过整修山塘、水库、渠道，新增灌溉面积33.33公顷，新增蓄水能力16万立方米，恢复和改善灌溉面积666.67公顷。2007年，水利建设以渠道修砌为重点，投资62万元。长城乡新月村整修护砌渠道8条（2纵6横），共2500米；清淤护砌骨干塘3口。先锋乡金塘村高标准渠道护砌500多米。

2007年雨湖区乡、场塘坝情况

13-6-1-3　　单位：处、万立方米

项目＼数量＼单位	长城乡	昭潭乡	护潭乡	先锋乡	先锋农场	合计
塘坝处数（处）	1083	50	444	160	22	1759
塘容（万立方米）	398.58	15.29	202.63	115.03	5.03	736.56

第二节　水土保持

1988-1991年，境内面积为78.92平方公里，水土流失面积达22.3平方公里，占土地总面积的28%。其中人为流失占65%，自然流失占35%，治理面积达70%。1992年，水土流失面积30.8平方公里，占土地总面积的39%。其中人为流失占70%，自然流失占30%。通过植树造林、封山育林、绿化荒山等措施，使植被增多，暴雨山洪造成的土壤侵蚀逐年减轻，水土自然流失得到有效控制，治理面积达到85%。

1993年，区内水土流失面积32.8平方公里，占土地总面积的42%。其中人为流失占68%，自然流失占32%。采取改变地貌和开挖排水沟避开雨季，防止暴雨冲刷产生水土流失，治理面积达80%。1997年，水土流失面积34平方公里，占土地总面积的43%。其中人为流失占68%，自然流失占32%。是年，水土保持治理面积达79%。

1998-2002年，根据国家土地管理局和水利部有关文件，区水利局与区国土分局联合下发《关于土地开发利用时搞好水土保持工作的通知》，规定：区内国家、集体单位建设用地及农村生产建设用地在办理土地审批时，必须办理水土保持有关手续，填报水保方案报告书和水保方案报告表；加强水土保持法执法监督，依法审批建设单位水土保持方案；依法征收水土流失防治费和水土保持设施补偿费，加大高标准基本农田建设，配套水利灌溉设施，加强退耕还林工作。是年，水土流失控制面积38平方公里，治理面积30.4平方公里，占水土流失面积的80%。

2003年起，全区加强植树造林工作。对不易造林、坡度过陡的山坡地，采取培地梗，挖竹节沟。同时加强城市基础设施建设，挖好截水沟、排水沟，强化防渗漏措施，避免松散土随水流失，淤塞河沟，淹埋农作物。至2007年，水土流失治理面积25.5平方公里，占水土流失总面积的85%。

第三节　防汛与抗旱

一、防汛抢险

1988年，境内设区防汛指挥部和十万垅、天星2个分指挥部。指挥长由区政府主要领导担任。编制防汛预案，采取驻区企业和乡镇共同配合，明确责任单位、责任人职责，分堤段包干防汛。1989–1991年，湘江最高水位分别为39.47米、36.45米、36.3米，采取各单位分堤段包干防汛。1992年，汛情严重。3月17日湘江水位达37.06米，6月3日上涨到40.39米，区政府组织600多干部上堤防守，实现安全度汛。

1993年，全区防春汛储备防汛器材：木材82立方米，草包7300个，编织袋4270个，铅丝250公斤，砂卵石1126立方米。7月，连续暴雨，降雨量达到198.5毫米，湘江水位持续上涨，5日高达40.05米，内涝严重。全区各部门密切配合，动员300多名机关干部，组织150多名抢险队员，出动40多台车辆参加抢险，派出两名工程师驻守两处防洪堤的一线参加指挥和技术指导。使灾情控制在最低限度。1994年，在春汛到来前，储备防汛木材81立方米，草包6000只，编织袋3885个，铅丝350公斤，麻袋710只，导线1080米，砂石1550立方米。修理14台2215千瓦排渍机埠。两处堤垸管理所对16.13公里的堤面组织专人修补，达到行车安全要求。是年6月18日，湘江水位达到41.94米，最大洪峰流量为20800立方米/秒，危险水位连续6天6夜，属百年不遇特大洪灾。十万垅大堤犁头村2处共1500米的地段出现江水漫堤，杨泗庙、李春和湾出现险情。区委、区人民政府在市委、市政府的领导下，在市水务局和市防汛指挥部的指导下，迅速转移群众1万多人，并组织干部群众死守求新间堤。市、区两级政府调动抢险人员6480人，汽车260台次，拖拉机300台次，耗用泥土3000多立方米，沙子、块石1500立方米，草包5万个，麻袋2000只，编织袋7万多只，木材20立方米，卵石1万立方米，片石3000立方米，经过3天紧张抢险，终于保住11.23公里的大堤。是年冬天，对十万垅大堤全面加高培厚，日上工最多时达5000人。经过修整，十万垅大堤防洪标准提高。1995年6月25–26日，普降暴雨，24小时降雨量达到155毫米，河水猛涨，最高水位39.44米，4乡32村受灾，水淹房屋20间450平方米；受渍农田418公顷，其中粮食作物170公顷，经济作物248公顷；淹没鱼塘34公顷，冲走成鱼800担。粮、菜、渔业生产直接经济损失126万元。两座水塘被冲溃，渠道决口5处150米，蔡家坝一处堤岸严重滑坡40米，水利设施直接经济损失约17万元。1996年，吸取上年汛期受灾的教训，加强水利建设。防汛器材准备充足。十万垅堤防备沙子550立方

部队官兵转移洪水中的群众

米，卵石460立方米、块石350立方米、木材380立方米、防汛袋3.8万个、铅丝1.8吨；天星堤备沙子340立方米、卵石450立方米、块石330立方米、木材28.5立方米、铅丝0.2吨。十万垅堤安排巡堤员49人，突击队1011人，预备队1980人。天星堤安排巡堤员49人，突击队1255人，预备队980人。是年7月中旬，受洞庭湖高水位的顶托，加之连续一周的暴雨，湘江水位逐渐上涨，7月19日达到37.7米。8月3日，受8号台风影响，全省各地普降大到暴雨，湘江水位上涨4米多，水位达38.84米。区委、区政府在十万垅召开防汛指挥部紧急会议，两堤管所连续作战，24小时不停抢排渍水，累计抢排渍水500多万吨，使全区农田免受洪涝灾害危害。1997年，区水利局成立，河道管理、水政水资源、堤防防汛等工作逐步加强。是年4月，湘江水位高达38.34米，区政府拨出专项资金6万元补充防汛物资。其中储备沙子690立方米，卵石1180立方米，块石685立方米，木材66.5立方米，防汛袋4.8万个。组织巡堤员114人，突击队1811人，预备队4935人，民兵应急营303人。

1998年，区水利局及时处理李春和湾、求子桥、上栗山塘等10多处险工隐患，抢修完成犁头杨泗庙遗留工程和水毁工程。6月下旬，全区出现大面积高强度长时间降雨，造成大面积渍水，27日达到40.97米的洪峰水位，最大洪峰流量达到18400立方米/秒，是继1994年后的最高水位。这次洪灾持续一个星期，给工农业生产造成重大损失。1999年5月，湘江湘潭段水位达38.77米，7月中旬，湘江水位居高不下，全区连续一周出现大面积降雨，造成大面积渍水，稻田被淹93.33公顷。汛期，区防汛指挥部紧急处理李春和湾、草山里等10多处险工隐患，并备足防汛物资。十万垅堤备砂卵石6000立方米，天星堤备砂卵石4000立方米。2000-2001年，区内降雨偏少，未出现大的洪涝灾害。2002年，连续遭遇7次超37米防汛水位的洪水，其中4次超过超危险水位39米，最高水位达到40.32米，遭遇汛期222天，为雨湖区历史上所罕见。是年，全区受灾人口0.7万人，近500户住房被淹，倒塌房屋6间，7家企业完全停产，98个商业门面停业，杨梅洲、长城乡和护潭乡部分低洼地区共70公顷农作物受灾，造成直接经济损失130万元。

2003年5月18日，湘江水位达到40.85米，超防汛水位1.84米，为历史同期最大洪水，直接经济损失达400万元。灾后，在十万垅草山里段天星堤唐家围子地段分别筑建180米和1500米压浸除险工程，并通过省、市严格验收。2004-2005年，市、区水利局对堤垸各穿堤建筑物及水库、山塘进行度汛保安检查和防汛器材清仓盘库并按市级标准补充到位，制定防洪调度预案。2006年7月14日，台风“碧利斯”登陆，引起湘江流域上游普降暴雨，湘江水位暴涨。从7月15日8时至18日23时，湘江湘潭水文站水位从31.37米涨至40.03米，4天内水位上涨8.66米，超警戒水位运行时间75小时。于7月16日下午起，全区进入防汛紧急状态。区防汛指挥部组织300多名干部对洪水危险区内的居民群众挨家挨户送达紧急转移通知并做劝说、疏导工作，600名公安干警和部队武警进入洪水区抢险，2000人作突击队，并紧急调用卡车20台、面包车8台，租用中巴车5台、机动木船28艘，组织1452户2419人安全转移。7月19日凌晨2点，十万垅大堤杨泗庙地段出现翻砂险情，防汛指挥部主要领导和地段责任领导与工程处排险技术人员立即赶到现场进行会商，采用砂包围堰、砂石导渗的方法进行处理，并迅速组织20多人的抢险突击队投入抢险，仅用两个小时就控制险情。7月18日17时，天星堤竹埠港排渍机房左侧约2米处发生一处管涌，接到险情报告后，指挥部相关领导和工程技术人员，迅速赶到现场用砂卵石压浸除险，50多名抢险人员参加，仅用一个多小时就

抗洪抢险队沿街疏散群众

将管涌堵住。2007年，区防汛指挥部多次检查十万垅大堤和天星大堤，对防汛物资的储备情况并到险工险段、排渍机埠、涵闸等实地查看，确保是年安全度汛。

二、抗旱救灾

1988-1992年，境内适时搞好水稻、蔬菜等农作物的抗旱工作，畅通韶灌渠道，塘坝蓄水年保持500万-530万立方米。

1993年，搞好塘坝蓄水，塘坝蓄水量长期保持在80%左右（蓄水量530万立方米左右）。7月17日，区委、区政府领导带领水利站工程技术人员，对各乡镇的抗旱水利工程设备进行重点检查，分乡落实抗旱用水来源、用水管理制度。是年，晚稻生产没有受到旱灾危害，安全度过旱期。1994-1997年，制定抗旱预案，及时做好蓄水、保水工作，各乡村做好塘坝的蓄水、保水工作，使"双抢"（抢收、抢种）时各塘坝蓄水率达到100%，保证"双抢"（抢收、抢种）的用水需求。并做好抗旱机埠的日常维修和保养。

1998年，遇到新中国成立后的第3次特大干旱，年降雨量仅996.9毫米，比年平均降雨量1327.4毫米减少34%，旱情遍及境内4乡2镇，受旱耕地面积达3363公顷，1670余人饮用水源困难。区、乡领导深入一线，组织群众抗旱救灾，投入劳动力1.34万人，内燃机75台562.5千瓦，电动机150台3236千瓦，打井41处；农机部门组织供应柴油300吨支持抗旱，电力部门确保支农抗旱用电，历时50多天，最大限度降低旱灾损失程度。2001年，发生近10年来最为严重的夏旱。6月下旬至9月中旬，平均降雨量仅140多毫米，旱情遍及4乡2镇37个村，区水利部门根据各地实际情况，分地段、分工程组建抗旱指挥机构，水利局工程技术人员和乡镇负责人深入抗旱一线工作。

2003年6-7月，月平均降雨不足1毫米。发生严重的旱灾。区内3乡2镇有540公顷耕地不同程度出现旱情，脱水300公顷，开拆113.33公顷，过白120公顷，120处山塘干涸，韶山灌渠和4大支渠断流。是年，全区共投入抗旱劳力5600人，区、乡两级干部650多人到抗旱一线开展工作，并投入抗旱资金约350万元，解决人民群众生产、生活困难。2004年6-9月，区内540公顷农作物遇到30年以来的特大旱情。区、乡镇各级政府全力投入抗旱，共投入抗旱资金62余万元，抗旱参加人数达8.5万人次。加班加点向旱情重的乡、村紧急调水。检修排灌机埠34处，配置机动抗旱设备300套，装机容量0.32万千瓦。2005年，4个乡镇遭受旱灾，7月连续35°C高温天数20余天，农作物受灾总面积达533公顷。其中水稻受旱面积333公顷，23个村的3000多村民，1.4万头大牲畜饮水发生困难。区政府启动应急机制，召开抗旱会商会，组织劳力2600人，干部450多名到基层一线开展抗旱工作。2007年，3、4、5月份平均降雨量分别为114、159、63.2毫米，比历年同期均值分别偏少24%、18%、70.9%，区内长城、先锋、护潭乡等乡镇遭遇不同程度的干旱。6月下旬开始持续高温，7月1日起超过35℃以上的高温日数达18天，最高气温至37℃。其中连续37℃以上的高温日数7天，7月份降雨量仅32.4毫米，而蒸发量高达142毫米，蓄水量只有171万立方米，仅占总蓄水量25%，有7个村28人、56头大牲畜出现饮水困难。区防汛抗旱指挥部2次召开抗旱会，部署全区抗旱工作，组织劳动力5600人，干部650多人投入抗旱。

第四节　水利管理

一、工程管理

1988年，境内十万垅、天星大堤水利工程，由2个堤管所管理。乡镇水利工程由4个乡水利管理站管理。共有管理人员11人，职工45人。1989-1991年，加强水利工程管理，水利职工增至47人。1992年，水利工作由新成立的区农村经济局管理。管理机构有区水利管理站，十万垅、天星堤管理所。

1994年，区政府制定《关于加强水利管理的暂行规定》，明确区人民政府水利行政主管部门为区农村经济局，负责区内的水利统一管理工作；水利工程占用费或者水利工程破损手续费按100元/平方米交纳；凡国家补助投资或者单位补助投资的水利工程，均为受监工程，由水利行政主管部门履行质量监督，并按工程造价2%收取质监费，质监费少于100元的按100元收取。

1995-2000年，为加强水利工程管理，开展服务农村心系百姓“心连心”活动，实施取水许可制度，开展水资源费征收工作。2001年，全区收取防洪保安资金16万元。10月，对湘江河道管理范围内的所有砂石场进行整顿和规范，重新审核登记。11月底，原铁桥至窑湾的所有砂石场全部按要求搬迁、拆除完毕。天星堤、十万垅堤范围内各有3家砂石场，经严格审批，按程序办理手续，进行采砂经营。12月5日，天星堤工程按照《中华人民共和国招标投标法》在市建设工程交易中心举行开标会，明确中标单位，并按招标文件规定鉴定施工承包合同。是年，天星堤工程顺利开工，监理工作全面铺开。雨湖区获2001年度“芙蓉杯”水利建设竞赛二等奖。

2002-2005年，区政府为加强水利工程管理，开展 “水利管理年”活动，修订雨湖区水利建设奖励办法，实施取水许可证制度。2006年7月21日，实施天星大堤管理所体制改革方案。8月1日，实施十万垅大堤管理所体制改革方案。9月4日，市水利局发函将两大堤垸管理所定性为纯公益性事业单位。12月21日，市人民政府常务会议第76次会议明确，城区四大堤院管理工作由城市区政府负责，在没有取消堤防维护费之前，有关费用体制暂不变，不足部分由市水利局根据项目向市人民政府专题报告，从防洪保安资金中开支。2007年，启动第一次农村饮水安全工程项目，制定雨湖区农村安全饮水工程实施方案，共解决2100人安全饮水问题。其中先锋乡桐梓村1000人，长城乡新月村1100人。4月25日，市里将十万垅大堤管理所和天星大堤管理所分别定编为44人和43人。6月开始，区水利局干部以2-3人为一组，到每个乡镇、村组调查旱情，合理调配水源，指导群众清淤、疏通渠道，加强工程管理，维护用水秩序，调处民事纠纷。长城乡上新村部分村民由于居住地势较高，出现饮水困难，区水利局及时帮助解决饮水问题，并且在先锋乡桐梓村和长城乡新月村分别投资15万元，各打一口出口量为50吨/小时的水井，解决4000人的饮水安全问题。9月，实施农村饮水安全工程，成立以主管副区长为组长的农村饮水安全工程建设领导小组。9月10日，雨湖区经申请被批准为亚洲开发银行贷款“湖南省山丘区城市防洪”项目业主单位和法人，项目并正式启动。9月20日，农村饮水安全项目工程顺利通过市政府验收。

二、用水管理

1988-1992年，农田灌溉用水受农户分户经营利益影响，用水矛盾突出。面对新情况，境内加强用水管理，改进用水制度，提出跨组山塘灌溉由乡水管站协调供水，跨乡灌溉由水电局协调用水调度，较好处理乡与乡、村与村、组与组、户与户之间存在的灌溉用水矛盾。

1993-2001年，区水利局制定科学供水和计划用水制度，采用“先用活水，后用死水；先用塘水，后用库水；先用近水，后用远水”，按“先生活，后生产；先节水，后调水；先地表水，后地下水；先重点，后一般”的用水制度。各乡镇村组采用在丰水季节，引水、抽水灌塘，以备枯水季节灌溉用水；因准备工作充足，没有出现因干旱缺水导致农田灌溉用水矛盾纠纷。

2002-2004年，全区进一步搞好农田灌溉用水管理，制定制度，协调处理山塘、水库养鱼与农户用水灌田的矛盾。用水高峰期，主管副区长和区水利局领导深入乡村组协调处理矛盾。区防汛指挥部根据旱情和长城乡高坪等村村民的请求，致函湘潭市河西污水处理厂，请河西污水处理厂协助，关掉唐兴桥闸门，暂停处理生活污水，使唐兴桥上游蓄积灌溉用水，以解农田灌溉用水之急，支持农业生产。推广节水灌溉技术，实行"一把锄头"看水，有效地利用有限的水资源。强化对河流、渠道、塘坝的监控和调度。

2005-2007年，全区用水管理突出重点，合理调配水源；组织群众清淤，疏通渠道；加强水工程管理，维护用水秩序；及时调处水事纠纷，保障农业生产的急需用水。长城乡上新村部分村民由于居住地势较高，饮水困难，用水矛盾较多，区投资15万元打水井，保障该村饮用水，解决用水矛盾。区政府加强与韶山灌区管理局的联系，共同协调韶山灌区在灌溉用水方面的矛盾，最大限度地争取水源支持，使韶山灌区有限水量，首先保证先锋乡和护潭乡，使用水矛盾多的地方实现用水有序管理。

三、水政执法

1988-1992年，境内水行政执法，主要保护防汛设施、湘江渔业资源、畅通湘江水道等。

1993年起，区政府开展《中华人民共和国水法》宣传，使乡、场、村人民群众知道《水法》的基本内容，懂得治水、用水、管水都要依法，全区《水法》普及率达到90%以上。1995年，宣传《防洪条例》。9月10日，在长城乡召开水利建设现场动员大会，就水利行政执法工作进行动员、部署。9月中旬，区政府抽调区直机关100名干部配合乡镇近300名干部下到村组依法开展水费征收。1996年，依法查处水法违法案件10多起。先锋村擅自在左干渠上搞开发建设，随意缩小渠道的过水断面，造成农田被淹的严重后果，经多次警告无效，水利执法部门依法依规下达停工通知书，有效地维护区水利工作的正常秩序。是年，4位同志参加市水利局举办的水政监察培训班，系统、全面地学习《水法》和有关水行政法规，全部取得水政监察员资格证书。根据《水法》和国务院《取水许可证制度实施办法》，限期办理或更换取水许可证，经过广泛宣传，在规定期限内有20多家单位主动上门办理或更换取水许可证。对拒办、拖办的湘潭广播电视大学，依法采取行政措施，按法律程序下达行政处罚通知书，经过雨湖区法院判决，最后按程序更换取水许可证，受罚单位表示服从当地政府对水资源的依法管理。区政府出台《雨湖区劳动积累工和水费征收办法》，有效地保证每年水利建设的必需资金。1997年，区水利局根据市政府和市湘江堤垸建设指挥部的有关规定，由区水利局水政水资办，履行《水法》赋予职责，打击水事违法行为10余起，有效保护各类水利设施。

1998年，区水利局根据《中华人民共和国水土保持法》，组织防治水土流失。是年，全区水土保持监督面达90%。至2002年的5年中，区水利执法部门查处长城乡犁头村修排水渠时，只考虑少占耕地，傍十万垅大堤填脚开挖、护潭乡文昌村、渔业村等乱搭乱建严重威胁大堤安全的水事违法案件40多起。

2003年，区水利局水行政执法体系基本形成，有水行政执法机构3个，水政干部23人，专职水政监察员3人，兼职水政监察员3人，各乡、镇水管站各有一名兼职水政监察员，各堤垸管理所有兼职水政监察员4-5人，形成一个健全完善的水行政执法网络体系。是年，共处理水事案件5起。较典型的有护潭乡文昌村侵权管理砂石场事件及湖南移动湘潭分公司和湘潭市邮政局拒交堤防维护费案件。2004-2006年，专职水政监察员增加到5人，兼职水政监察员增加到20人。2007年，查处湘潭市工贸中专违反水土保持法案，并将此案申请雨湖区人民法院强制执行。

第七章　农机

第一节　农机种类

区内拥有的农业机械大致可以分为7类。

一、耕作机械

1988年，境内有耕作机械轮式拖拉机、盘式拖拉机、手扶拖拉机、耕整机、机滚船共568台，总动力1042千瓦。其中：轮式拖拉机3台，动力290千瓦；小型拖拉机127台，动力635千瓦；水田耕整机216台，动力648千瓦；蒲滚船21台，动力69千瓦。轮式拖拉机和手扶拖拉机以运输为主，下田作业不多。耕田主要是耕整机和机滚船。1991年，有小型拖拉机210台，动力1575千瓦；水田耕整机240台，动力730千瓦；机滚船24台，动力72千瓦。至1992年，各种耕作机械数量变动不大。1993年，全区拥有小型拖拉机291台，动力1455千瓦；水田耕整机289台，动力867千瓦；机滚船25台，动力75千瓦。1994年后，因三轮、四轮农用运输车的发展，耕整机迅速增长，小型拖拉机逐渐减少。至2000年年末，有小型拖拉机162台，动力1015千瓦；水田耕整机469台，动力1407千瓦；机滚船4台，动力4千瓦。共有耕作机械661台，总动力2400千瓦。2001年，全区耕作机械向小型、一机多用方向发展，至2006年，有小型拖拉机296台，动力1775千瓦；耕整机1143台，动力3450千瓦。2007年，小型拖拉机下降至141台，动力855千瓦；耕整机534台，动力1602千瓦。共计耕作机械675台，总动力2457千瓦。

二、植保机械

1988年，境内农业植保使用机动喷雾器和手压喷雾器，共有5000多台。植保以人力手压喷雾器为主。是年，长城乡植保站购有机动喷雾器3台。这种喷雾器防治病虫效果好，但不适应一家一户小面积作业，至1992年，人力手压喷雾器没有新的增加。1993起，植保仍主要使用人力手摇背包式喷雾器，各农户均有一台。动力喷雾器有少量增加。至2001年，动力喷雾器增至29台，机械植保面积333.37公顷。2002年后，由于动力喷雾器本身加上药水重量共达30公斤，十分笨重，操作人员使用劳动强度大，各农户种植面积小，不受农民欢迎。至2007年，动力喷雾器降至7台。是年，水稻、蔬菜主要植保机械仍以使用人力喷雾器为主，这时人力喷雾器比原来有很大改进，并且功效也高得多，一天喷洒农药1.33公顷以上。

三、排灌机械

1988年，境内有农用水泵为主的各类大小排灌机械481台套，总动力2495千瓦。每百亩有排灌动力0.8千瓦。其中：大型排灌机械21台套，动力1575千瓦。主要用于湘江防洪大堤排渍。各乡有小型水泵460台，动力920千瓦。至1994年,全区排灌机械数量变化不大。1995年,全区有排灌机械651台套,总动力4675千瓦。机械排灌1033.37公顷,占总耕地面积的55%。2000年,有排灌机械1008台套,台套数量虽比1995年有大幅增加,但总动力数却有所减少,只有2803千瓦,机械排灌面积1113.33公顷,占总耕地面积61%。至2006年,排灌机械增加不多。2007年,有排灌机械1039台套,总动力3300千瓦。

四、加工机械

1988年,境内有碾米机、揉茶机、粉碎机、压面机等各类农副产品加工机械123台套,总动力538千瓦。其中:饲料粉碎机42台,总动力192千瓦;碾米机65台,总动力125千瓦;压面机8台,总动力19千瓦;揉茶机8台,总动力16千瓦。至1997年,加工机械增长最快的是碾米机和饲料粉碎机,其他变动不大。1998年,全区有各类农副产品加工机械167台。其中:饲料粉碎机62台,碾米机94台,压面机9台,揉茶机2台。至2003年,有粉碎机78台,碾米机114台,压面机9台,揉茶机2台。2004年,随着养猪事业的发展,饲料粉碎机不断增加;农民自己加工粮食用的小碾米机也有增长。至2007年,有饲料粉碎机98台,碾米机128台,压面机12台。2台揉茶机因茶场被征占无茶加工而被废弃。

五、农用运输机械

1988年,境内有大型拖拉机3台,总动力225千瓦;农用运输车13辆,总动力420千瓦;载重汽车95台,总动力7125千瓦;小型拖拉机127台,总动力1176千瓦。各类运输机械总共238台,动力8948千瓦。1989年始,各种适应农村路况的车辆不断进入农村市场,小型拖拉机进村入户方便,因而增长迅速。农用运输汽车适合跑短途,发展很快。至1998年,小型拖拉机增至190台,总动力1460千瓦;农用运输车214辆,总动力2996千瓦。其中有载重汽车105辆。各类运输机械总计509台,总动力12313千瓦。2007年,因农用四轮、三轮汽车的增加,小型拖拉机逐渐减少,降至159台,总动力1250千瓦;农用运输车增至764辆,总动力10696千瓦;载重汽车90辆,总动力4723千瓦。各类运输机械总共923台,动力16669千瓦。

六、收获机械

1988年,境内有人力打稻机470台,动力打稻机183台。动力打稻机具有省力、工效快的特点,因而发展迅速。至1992年,动力打稻机有260台,人力打稻机减少至390台。1993年,全区动力打稻机增长较快,并新添收割机1台,至1997年人力打稻机310台,动力打稻机291台。1998年,动力打稻机发展较快,人力打稻机因太费力又效率低,逐渐淘汰。2000年,动力打稻机发展到636台,联合收割机增至3台。2001年后,联合收割机增加较快,动力打稻机有所减少。2007年,有动力打稻机505台,联合收割机34台。随着联合收割机迅速推广,“双抢”(抢收、抢种)进度更快。

七、其他机械

主要有池塘增氧机和喷灌机。

池塘增氧机:1992年,随着“科技兴农”的带动,池塘养鱼开始使用增氧机,区内有添置4台。因增氧机改变池塘鱼的生长环境,对减少池塘死鱼有明显的效果,使用增多。1996年,随着养鱼专业户的增加,池塘增氧机增至9台。2000年,增至12台。2007年,增加到16台。

喷灌机:喷灌机适应于蔬菜、茶园、果园、苗木花卉等生产的需要。农村实行家庭承包经营责任制后,经济作物也以户承包,单家独户面积小而不适应,1993年区内仅4套。1994年,随着城市绿化、草地增加,苗木花卉大发展,专业户种植面积增大,对喷灌机又有新需求。至2007年的14年中,区内喷灌机增至52套。

第二节　农机拥有量

1988年,境内农机动力拥有总量为1257台,1.12万千瓦,每百亩有农机总动力136千瓦。机耕率58%。其中:农用汽车13台,手扶拖拉机127台,水田耕整机132台,动力打稻机291台,动力喷雾器3台,农用水泵481台。至1991年,农业机械变动不大。4年期间,大型农业机械由乡农机站购置,调配使用;小型农业机械由村民小组购置,在村组范围内作业,植保和加工机械由农户购置使用。

1992年,农机供应、维修、作业和社会化服务得到较快发展。至1997年,全区农机动力拥有量为2147台1.45万千瓦,其中:小型拖拉机202台,耕整机326台,农用运输车192辆,农用水泵824台,动力喷雾器机23台,动力打稻机319台。长城乡农机站购置一台小型联合收割机在砂子村演示,基本过关。

1998年起,农机发展迅速,工程机械、运输机械、农产品加工机械,向大型专业发展。农机部门结合“持续高效农业示范”“农业综合开发”等项目,带动水稻联合收割机、动力喷雾器等新农机的推广。至2000年,全区各类农机拥有量2798台1.65万千瓦。其中:拥有农用汽车235台,小型拖拉机162台,水田耕整机469台,动力喷雾器29台,动力打稻机636台,联合收割机3台,农用水泵1008台。机耕率为82.1%。除大型排灌农机外,其他农机均由农户自己购买所有和使用。

2001-2005年,挖掘机、收割机等高效农业机械在农业生产中开始采用,不但服务农田基本建设,还参与城市基建。小型收割机、耕种机、农用运输车发展迅速。2006年,国家对购置农机实施补贴,农民购买有补贴的农机具29台,使用购机补贴款10.2万元。2007年,全区农业机械动力拥有量3345台,2.96万千瓦。其中:小型拖拉机141台,水田耕整机534台,联合收割机34台,农用运输车764台,动力喷雾器7台,动力打稻机505台,农用水泵1027台。机耕率为94.2%。农机事业的迅速发展,水田耕整机和水稻联合收割机的普及,使双季晚稻栽插提前20天完成。

第三节　农机管理与服务

一、管理体制

1988年,境内农机由郊区农机水电局负责管理,下设长城、护潭、昭潭、先锋农机管理站,共有农机管理人员15人。1990年,乡镇农机站具有农机管理和服务双重职能。大、中型农业机械由农机站统一管理。并开展机耕、维修、农用运输等综合服务。1991-1992年,乡农机站组织各种形式的服务队以与农户签订合同的形式开展技术承包。1993-1995年,农机手与农户签订技术合同10735份。1996-2000年,农机服务按农机技术合同要求开展。农机具配件由乡镇农机站供应。但乡镇农机站销售网点收入逐渐减少,农机服务体制逐步向市场化方向发展。个人购买农机具和私人设点维修农机具增多,油料供应由中石油加油站代替,农机服务全面转向市场化。区、乡农机站人员下乡调查,采取办公上门服务,经营职能弱化。2000年以后,区农机局和各乡农机站只保留归口管理职能,服务职能全部由社会取代。2007年,全区农机服务实现市场化经营体制。

二、作业和收费

1988-1992年，境内农机机耕作业占全部耕地面积的58%，机耕收费标准为20元/亩。动力和人力打稻机使用面积各占一半。机械排灌面积1510公顷，占全部耕地面积的70%。排渍电费归乡政府统一负担，灌溉只收基本电价。农机参与社会运输，创收入49万元。

1993年，全区耕牛锐减，机耕面积增加到1442公顷，占全部耕地面积的68%。机械收费随着人工工资和油料费用提高，增加到40元/亩。机械排灌面积1580公顷，占全区耕地面积的73.8%。

2000年，使用机械耕种面积1475公顷，占全部耕地面积的84%。机械收费标准提高到80元/亩。94%以上的收割面积采用动力打稻机。农机运输作业收入总计184万元。

2007年，机耕面积1890公顷，占全部耕地面积的94%，机耕收费标准提高到100元/亩。收割机大量投入使用，机收面积1210公顷，占全部耕地面积的60%。是年，农机作业总收入210万元。

三、机手培训

1988年，境内郊区农机学校在建设路口有教学场地和实习训练基地，负责农机手的培训，至1992年，共培训农机学生844名。1993-1997年，区农机管理站为全区培训农机各类机手580人。1997年，区农机局成立。为增强农机工作发展后劲，区农机学校购置电教设备。其中：教学模型一套、练桩设施两套、新课桌椅40套，还有电视机、放像机等，至2002年，共培训农机手800多人。2003年，农机驾驶员培训、考核发证改由交警部门负责，区农机学校停办，至2007年未变。

四、油料供应

1988-1992年，农机油料供应实行凭机建卡，凭卡发证，凭证发票，凭票发油的四对口制度。同时各乡、镇张榜公布供油情况。1993-1994年，农机油料供应，由农机部门发文，供销社负责供应，乡镇设供油点。区内有供油点3个，贮油桶383个，油罐11个，加油机3个，可贮油100多吨。但平价油数量太少，只占农用油需要量的十分之一。故乡、镇农机站还要通过其他途径组织油料保证农机作业的需要。1995年，国家取消农用计划平价农机油供应，对农机抗灾用油实行货币补贴，至此，农机用油全部由市场供应。

五、农机修配

1988-1992年，境内各乡、场站共设农机修配点4个，农机配件由市农机公司归口供应。乡、镇农机站设供应网点14个，并负责所在乡镇农机维修，网点服务人员春耕、双抢期间到农机作业现场维修。1993-2000年，区内设农机维修点13个。其间，农机小修不出村，大修才去维修网点。一部分农机维修网点是农机生产厂商售后服务而设立的网点，既供应配件，又进行维修。2001-2007年，农机维修点维持14个。网点培养50多个技能较高的服务人员。各类农机修配网点根据用户电话呼唤上门服务。

六、农机购置补贴

1988-1992年，农机收费仅收成本费，实行微利保本运作，机耕作业亏损由各农机站运输收入补贴。1993以后，区内各农机站运输收入逐渐下降。至1996年，农机站运输业务停止，没有能力补贴农机作业，只能由农户个人全部承担，农民亩均农机费用近70元，负担较重。2000年，农机购置价格开放，价格逐年上升，农民购买农机具能力有限，农业机械化发展缓慢。2006年始，为加快农业机械化，国家扶持农机事业发展，对购买耕整机、拖拉机、收割机三大类型农机具，实行一定比例补贴，补贴额一般是购买农机具价格的30%，最高不超过50%。购买耕整机补贴金额为500元/台，购买拖拉机补贴为4000-5000元/台，全喂式联合收割机补贴为10000元/台。至2007年,区内共购置各种大型农机具29台,农民获国家农机具购置补贴款15万元。

2006-2007年雨湖区农机购置补贴情况

13-7-3-1

种类＼乡镇	长城乡		护潭乡		先锋乡	
	台	元	台	元	台	元
拖拉机	9	39000	3	13000	3	13000
收割机	6	48000	2	17000	2	20000
合计	15	87000	5	30000	5	33000

第四节　农机安全监理

1988年,境内贯彻《中华人民共和国道路交通管理条例》。规定:拖拉机在道路上发生的与境内人、物相撞等安全事故均由农机监理部门处理。1989年10月,省公安厅、省农机局联合发文,明确发生在公路的农用拖拉机与拖拉机、农用拖拉机与非机动车、人或物相撞的事故,仍由农机安全监理机关进行处理。至1991年,农机安全事故一直由郊区农机监理所负责。监理所每年对农机进行一次年检审,并对农机手进行1-2次农机安全培训。

1992年,新雨湖区成立。农机监理、年检由区农机站组织进行。农机安全监理主要以安全宣传和路查、路检相结合的形式进行,在砂子岭、桃源路口、建设北路等地定期或不定期进行执法检查。对大小农机安全交通事故,监理所接到报案后,执法人员赶到事故现场勘察,组织救援,对事故责任进行分析,最后依法依规进行事故调处。至1999年的8年间,区农机监理所检查各种农用运输车辆1472台次,纠正违章车辆143台次,查处无证机手14人,共受理小事故12起,结案率100%。2000年,农机部门加强对农机操作人员的安全培训,安全监理整顿,农机部门事故大大减少。是年,检查各种农用车辆346台次,纠正违章13台次。查处无牌无证车4台,无证机手5人,共受理小事故2起,结案率100%。至2003年的3年中,共检查各种农用车辆860台次,纠正违章37台次,查处无牌、无证机车6人,共受理小事故4起,结案率100%。2004年,根据《中华人民共和国道路交通安全法实施条例》规定,区农机部门自5月1日起实行停止"路检"职能,农机监理部门将农机安全事故工作全部移交给市公安交警部门。

1988-2007年雨湖区主要农业机械统计

13-7-4-1

项目＼数量＼年份	1988	1991	1993	1994	1995	1996	1997	1998	1999	2000	2001	2002	2003	2004	2005	2006	2007
农用机械总数(台)	1257	1488	1634	1695	1766	1994	2147	2324	2497	2798	2872	3060	3057	3092	3229	3257	3345
小型拖拉机(台)	127	210	291	291	243	265	219	190	168	162	162	154	154	144	142	141	141
水田耕整机(台)	132	240	291	312	312	324	326	446	462	469	478	529	509	533	534	534	534
农用运输车(辆)	13	24	24	30	31	184	192	214	235	235	236	369	412	522	661	668	764
载重汽车(辆)	95	95	99	105	105	105	105	105	105	105	102	102	100	98	84	92	90
农用水泵(台)	481	510	520	540	651	653	824	790	829	1008	1027	1039	1023	1023	1024	1026	1027
动力喷雾器(台)	3	3	3	3	3	15	23	23	26	29	29	18	10	10	7	7	7
动力打稻机(台)	291	291	291	291	291	311	319	388	495	636	634	634	621	526	521	517	505
联合收割机(台)	-	-	-	-	-	-	1	1	1	3	6	15	20	24	29	29	34
粉碎机(台)	42	42	42	50	57	58	58	62	68	36	76	78	78	82	82	98	98
池塘增氧机(台)	8	8	8	8	8	10	11	11	11	16	16	16	16	16	17	17	17
碾米机(台)	65	65	65	65	65	69	69	94	97	99	106	106	114	114	128	128	128
农用机械总动力(万千瓦)	1.12	1.34	1.36	1.41	1.44	1.45	1.45	1.47	1.53	1.65	1.77	1.93	1.88	2.26	2.66	2.66	2.96

第八章　农村新能源利用

第一节　沼　气

1988年，境内郊区政府在农办设立农村能源办，有一专人负责建沼气池的技术指导。规定农户每建一个沼气池，政府补贴资金50元。是年，共建沼气池199个。其中，长城乡58个，先锋乡65个，护潭乡73个，鹤岭镇1个，先锋农场2个。1989-1990年，建沼气池204个。1991年，组织开展沼气池建设“百池村”竞赛活动，活动明确对建沼气池100个以上的村发给奖金。是年，共建沼气池223个。其中先锋乡建新村建沼气池132个，获得奖金2000元。

1992年，雨湖区农村能源办在长城乡沼气用户袁果军家召开现场会。推广袁家猪粪入池产气、沼气煮

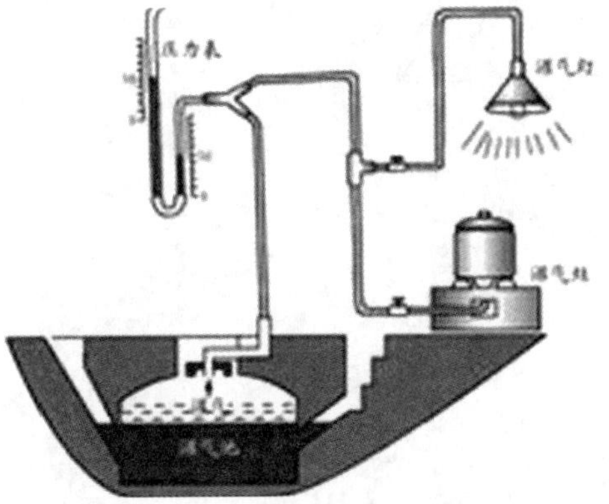

饭、照明、沼液水淋菜、沼渣作农作物底肥综合利用经验。至1995年,区内共建沼气池247个。

1996年,长城乡立云村一农户沼气池产生故障。根据这种情况,为防止事故再次发生,区农林能源办规定新建沼气池一律实行质量承包。沼气池一年内发生质量问题,施工技术员必须自带材料免费维修好。

1997年,区政府发展农村沼气,乡(镇)、村、组根据目标任务,层层签订责任状。积极推广猪—沼—果、猪—沼—菜、猪—沼—鱼生态农业模式。先锋乡金塘村是试点村,在猪栏下建沼气池,沼气作生活燃料,沼肥渣下菜地,沼液水作蔬菜追肥、除虫。实现以沼促菜、以菜促猪、以猪促沼的良性循环,蔬菜上市早而无公害。至2000年的4年中,共建沼气池403个。2001-2003年,区农村能源办逢会就宣传使用沼气对改善生态环境、降低生活成本的好处,与各乡(镇)层层签订责任状,共建沼气池256个。每池平均产气量5000立方米,年产沼气126.15万立方米,折合标准煤900吨。

2004年,区委、区政府根据市政府要求,把沼气建设列入向全区人民公开承诺的8件实事之一,并将农村能源建设纳入乡镇领导干部绩效考核,签订责任状,层层抓落实。安排专项资金10万元,鼓励农民建沼气池。是年,完成建造10立方米上流浮罩沼气池179个,并改造旧沼气池68个。2005年,区农村能源办与乡镇签订目标责任状,实行奖罚挂钩,每建一个沼气池奖励20元,50%发给责任人。是年,建沼气池169个,80%的沼气池实行一池"三改"(改橱、改厕、改猪栏),70%的沼气使用户达到"猪沼果、猪沼粮、猪沼菜"等生态农业模式标准。为使沼气池建设得更好,农村能源办聘请建池技术员11个,培训本地技术员4个。安排资金7万元,农民建一个沼气池补助经费400元。

2006年,农办成立农村沼气池建设领导小组,建立农村沼气池建设档案。明确每建一个沼气池,区政府补贴200元,乡镇配套补助200元。同时,要求切实做好沼气池建设和安全使用工作。至2007年的2年中,全区建沼气池2418个,其中:水压式沼气池400个,新型上流浮罩式沼气池2018个。通过促进沼气池的建设,农村发展生态新能源,使用沼气农户的家庭主妇从烟熏火燎中解脱出来,不卫生的环境条件得到改变。同时促进全区生态农业炊饮生活发展,猪沼果菜等各类沼气生态模式应用面积546.67公顷。

第二节　太阳能

2007年,区能源办在区内农村推广使用太阳能热水器。为鼓励太阳能热水器的推广,每建一台太阳能热水器,区政府补贴400元,乡(镇)一级补贴200元,区乡两级共补贴600元。是年,共安装到户太阳能热水器5个。

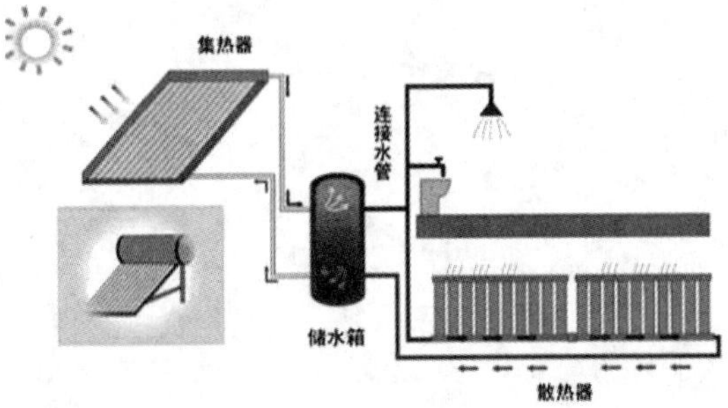

第十四篇　商贸 旅游 金融 保险　证券

第十四篇 商贸 旅游 金融 保险 证券

雨湖区是湘潭市商业中心，商业和金融业发达，市场繁荣。1988年，境内商业在以“公有制经济为基础”，发展有计划的社会主义商品经济的方针指导下，钢材、石油等关系到国计民生的主要产品实行计划供应，食盐、烟草实行国家专营。国营、集体商业占主导地位，主要有湘潭百货大楼、湘潭商业大厦、湘潭市供销大厦、湘潭布市、潭城商厦、南北特产商店、湘潭市粮贸大楼、湘江粮站、雨湖粮站等。服务企业有湘潭宾馆、君子莲饭店、湘亚宾馆、洞庭春(老字号酒家)、福星楼等。这些服务网点多数隶属市商业局及其相关公司，雨湖、湘江区政府商业服务科只负责区街商业企业的协调服务工作。商业贸易网点经营粮油、日用百货、家用电器、布匹、服装、肉食、水产、烟酒副食等生产生活资料及服务。金融行业有中国人民银行湘潭分行以及中国工商银行湘潭支行、中国农业银行湘潭支行、中国银行湘潭支行、中国建设银行湘潭市中心支行5家市级分(支)行和中国人寿财产保险公司湘潭中心支公司；有郊区农村信用合作社联合社及所属护潭、昭潭、先锋、长城4个农村信用社；有河西、振湘2个城市信用社以及省信托投资公司湘潭市办事处和邮电局储蓄网点，共有金融业营业网点81个。从事经营存款、贷款、保险、发行有价证券等业务。境内旅游资源丰富，有建于元代的海会寺、明代的关圣殿以及陶公山、雨湖等人文与自然景观20多处。供市民和外地游客游览，但没有形成产业。有集贸市场14个，市场总面积1.01万平方米；专业市场1个，市场总面积0.52万平方米。商业贸易服务业单位1842个，从业人员14370人。社会消费品零售总额3.89亿元。银行网点各项人民币存款余额4.41亿元，各项贷款余额6.43亿元。是年，湖南省证券公司首家专营证券业务的湘潭证券代理处在境内组建。湘潭布市年营业额6500万元，被誉为“中南第一布市”。雨湖、湘江两区商业服务科更名为商业服务局。1992年，新雨湖区成立，区委、区政府大力发展第三产业和外向型经济，开展招商引资，促进商业服务业的发展。雨湖区商业服务局更名为雨湖区商业局。1993年，区商业局和区对外经济办公室合并，成立雨湖区外经商贸局。是年，地处区内南盘岭的湘潭市蔬菜批发市场建成，从全国各地调进大量时鲜蔬菜，满足市民需要。有集贸市场18个，市场总面积3.71万平方米；专业市场3个，市场总面积2.84万平方米；商贸服务单位6955个，从业人员22800人。比1988年分别增长277.58%和58.33%；实现社会消费品零售总额8.65亿元，比1988年增长122.37%。引进外资560万美元。区内银行网点各项人民币存款余额12.9亿元，各项贷款余额9.95亿元，比1988年分别增长192.52%和54.74%。

1995年，驻区市南北特产食品公司职工王填投资5万元，创办湘潭步步高食品有限公司(后改为湖南步步高商业连锁经营股份有限公司)，租赁解放南路国营菜肉商场，开办“步步高量贩店”，为湘潭市商业贸易首家超市；以开放自选商品、电脑结账的商业经营模式，开全市商业超市购物的先河，带动商业贸易的快速发展和个体私营商业的兴起，成为全区一大亮点。是年，湖南(湘潭)秋季商品交易会在金都大市场举行，共签订贸易合同217个，贸易总额2.69亿元。签订合作项目14个，金额1.4亿元。雨湖信用联社各项存款余额5.4亿元，发放支农贷款1.5亿元、乡镇企业贷款1亿元。是年，区委、区政府提出“抓交通、促流通，抓流通、促发展”的方针，全区商业服务业迅速发展，逐步形成“二城”(砂子岭地区的金都商业城、国药城)，三街(宝庆路小商品一条街、韶山西路汽车、摩托车配件一条街、湖园路娱乐城一条街)，“十市”(水果批发市场、糖酒副食批发市场等)市场群。市场群体总面积7.2万平方米，建筑面积6.7万平方米，门面摊位4700个，容纳客商

5400户，日入市人数2万人，成交额150余万元，成为全市最大的物资集散地。1996年，区招商局成立，与区外经商贸局合署办公，更名为雨湖区对外贸易经济招商合作局，负责管理全区商贸服务业。中国农业银行湘潭市分行在区内成立。1997年，区委、区政府作出《关于进一步加强招商引资工作若干规定》，成立招商引资工作领导小组，统一协调和组织全区招商引资工作，对投资较大、效益好、信誉高的外资企业实施行政挂牌保护，并免征企业管理费3年。区委、区政府提出"市场带动，实业兴区"的发展战略，作出"繁荣一片（砂子岭市场群）、开发两线（老107国道沿线和通往三大桥的新320国道沿线）、建设三个新集市（三大桥桥头、桃园路、羊牯塘）的部署，发展城乡经济。全区个体工商户达到1.18万户，私营商业企业100余家，至是年的5年中，共引进资金9.7亿元，发展"三资"（中外合资、中外合作经营、外商独资）企业10家，年产值1.2亿元，出口创汇855万美元。1998年，区委下发《关于全区招商引资工作的意见》和《关于规范金都商业城股份有限公司管理体制的意见》，把加快市场建设、推动民营经济发展作为全区财政收入和经济发展新的增长点，增加投入，培育新的市场。全年投入砂子岭市场资金3000多万元，新建旧货市场、宝丰集贸市场，扩建改造糖酒副食市场和建材市场，使之贯通连片，逐步形成规模，是年新增营业面积1.8万平方米，新增门面摊位700多个，年成交额20亿元，税收1400多万元。金都大市场营业额突破6亿元，被确定为"湖南省重点市场"，成为全省十大龙头市场之一。2000年，区委、区政府对商业网点进行科学布局，发展传统优势产业，提升市场品位，发展以建设北路为纵向，韶山路为横向的"一纵一横"特色、品牌专卖店，促成以中荣商业广场，苏宁电器连锁超市为龙头的商业区与民主路商业区的对接，打造成立市中心商业区。金都大市场上档升级，投资960万元，完成1.5万平方米二期工程。金都家具市场经营面积扩大到3.1万平方米，从长沙、广东、浙江引进家具经营大户32户，形成高中低档家具品种齐全、款式新颖、物美价廉、服务优质的湘潭市最大的家具市场，经营户1080户，市场日成交额6.5万元。年招商收入148万元，摊位收入545万元，上缴税收102万元。是年，全区共有集贸市场16个，市场总面积4.25万平方米；专业市场10个，市场总面积8.94万平方米；商业服务单位12319个，从业人员29320人，完成消费品零售总额20.89亿元，比1993年增长141.51%，年均增长20.21%。引进外资611万美元，比1993年增长9.11%；进出口贸易总额2485万美元。区内银行网点各项存款余额47.14亿元，各项贷款余额33.02亿元，比1993年分别增长265.43%和231.86%。

2001年，区内个体私营商业网点不断涌现，超市、连锁店、专卖店迅速发展，砂子岭市场品位不断提升，市场成交额24.5亿元。2002年，商贸中心地位不断巩固，个体私营商业基本取代国营、集体商业。以金都建材、糖酒副食为骨干的砂子岭市场群，不断调整结构和布局，提升市场品位。全区消费品零售总额21.31亿元，出口创汇550万美元；个体私营商业企业13011户，个体私营企业商贸服务产值28.6亿元。湖南步步高集团当年纳税536万元，成为全区第一纳税大户。2003年，步步高以承债式办法，收购国营湘潭百货大楼、湘潭天隆股份有限公司的基建营和原金海水果批发市场房屋。此后，金源仓储、民用旧货市场、中南农机大市场、金属材料大市场、三桥布市场等相继在区内开业。2005年，步步高商业连锁股份有限公司已连续6年被中国连锁经营协会评为"全国百强企业"和"全国超市百强企业"。区内餐饮业不断提升，大湖路成为"白石文化美食一条街"，嘉园大酒店、日出山庄成为旅游业三星级酒店。2006年，步步高在湖南省"百强企业"中名列23位。王填因对中国超市连锁业有突出贡献被中国商报评为中国连锁业10年"十大新闻人物"，成为全省商业零售业界唯一获此荣誉的企业家。是年，饮食服务业迅速发展，肯德基、麦当劳等洋快餐入驻区内，米萝、琅岛、桂林人、嘉园、龙腾、融城、乡里人家、画布咖啡等中西餐店相继开业；海阔天空、罗源艺之林、花之林等一批茶酒楼陆续出现；区内餐饮业名店、名菜、名点不断提升；美容美发、洗脚按摩、洗洁健身、网吧、电游、KTV歌厅等休闲娱乐场所迅速发展。2007年，区委、区政府出台《关于加快商贸物流业发展的意见》。同时，加强同沿海地区政府、商会的交流合作；引进大洋百货，中华影业、国美电器、新怡园等一批知名企业。是年,中国人寿财产保险股份有限公司湘潭中心支公司、中国银行财产保险股份有限公司湘潭中心支公司在区内成立。全区有集贸市场19个,市场总面积4.59万平方米;专业市场13个,市场总面积1.05万平方米;全区共有商贸服务单位18810个,从业人员6.48万人,社会消费品零售总额37.17亿元,比2000年增长77.93%,年均增长8.59%。进出口贸易总额5375万美元,比2000年增长116.30%;引进外资2932万美元,比2000年增长379.87%。区内银行网点各项人民币存款余额135.08亿元,各项贷款余额78.84亿元,比2000年分别增长186.55%和138.76%。

第一章　商业经济成分

第一节　国有商业

1988年,境内国营商业处于主导地位。有湘潭市一商业局、二商业局、物资、粮食局及其公司设立的百货文化用品、纺织服装、五金交化、蔬菜肉食、糖酒副食、日杂、医药、饮食服务、理发、金属材料、建筑材料、机电产品、化工轻工产品、石油、粮油等专业店(站)。商品由行业公司统一调拨供应。卷烟、食盐实行国家专卖,石油实行计划供应。规模较大的国营商业企业有湘潭百货大楼、江麓百货店、江南百货店、锰矿百货店、永红百货店、北区百货店、旭日棉布店、韶山路五交化商店、中山路五交化商店、蔬菜肉食商场、糖酒副食总店、荣湘副食店、物资供应大楼、韶山路药店、解放路药店、杏林药店、福星楼餐馆、洞庭春酒家、华北春饮食店、环球理发店等。是年,湘潭百货大楼在原址旁边新建一座营业大楼,楼高12层,建筑面积6300平方米,营业面积4478平方米,成为境内最高的日用工业品经营大楼。国营商业企业销售过千万元的单位有:湘潭百货大楼4600万元,友谊华侨商店1188万元,江南百货大楼1073万元,韶山路五交化商店1050万元。是年,国营商业企业85家,从业人员3250人。实现商贸服务业产值2.02亿元。完成商品零售总额1.87亿元,占境内社会消费品零售总额的48.11%。1989年起,贯彻执行国家关于生产生活资料经营逐步放开的政策,境内国营商业企业开始实行承包经营责任制,企业内部活力增强。1992年,国营商业企业按照湘潭市人民政府制订的《关于国有商业企业实行“经营、价格、分配、用工”四放开的有关政策规定》,实行经营体制改革。1993年,国有商业企业“大锅饭”“铁饭碗”被打破。区域内国有商业企业90家,从业人员3680人,比1988年分别增长5.88%、13.23%;实现商贸服务业产值3.72亿元,比1988年增长84.16%;完成商品零售总额3.31亿元,比1988年增长77.01%,占全区社会消费品零售总额的40.5%。

1995年,受国内大城市和沿海地区商业量贩经营模式的影响,区内国有商业企业经营方式受到较大冲击,国有商业企业抓紧进行网点改建、扩建,增设中央空调、自动扶梯,实行开架式销售。1996年后,国有商业企业贯彻落实市政府关于加快国有企业改革步伐精神,普遍实行股份制、股份合作制、资产租赁经营、合资合作经营、强强兼并联合、资产托管、出售、拍卖等多种形式加快企业改革改制,逐步退出商品经营。但卷烟、食盐仍实行国家专卖,大型油库和加油站仍由国有企业经营。至2000年,区域内国有商业企业14家,从业人员1220人,分别占1993年的15.56%和33.15%;实现商贸服务业产值3.53亿元,比1993年下降5.11%;完成商品零售总额3.20亿元,比1993年下降3.32%,占全区社会消费品零售总额的23%。

2001年,国有商业企业继续实行改革改制,企业退出市场经营,企业职工退出国有职工身份,下岗再就业进入社会自谋职业。但友华商厦、福星楼餐馆、维生米粉店等国有商业企业继续维持经营,保持一定的市场份额。卷烟、食盐坚持国家专卖，大型油库和加油站仍由国有商业企业经营。至2007年，区域内国有商业企业只留下5家，从业人员680人，比 2000年分别下降64.29%和44.26%；实现商贸服务业产值9.12亿元，比2000年增长158.36%；完成商品零售总额4.12亿元，比2000年增长28.75%，占全区社会消费品零售总额的11.1%。

第二节 集体商业

1988年，根据市政府的决定，市级商业各局在境内成立集体性质的商业经营网点。隶属一商业局的有千里鞋业公司、纺织品大楼、和平百货店、建设百货店、妇女儿童用品商店；隶属二商业局的有新马路、大码头、翠香园、十三总、城正街、火车站、江麓广场、雨湖路、楠竹山等蔬菜店；有火车站、城正街、大码头、超级食品等商场肉食店；有和平桥、益群、火车站、民爱、裕民、饮料批发部与朝晖、利民、九如斋、十三总等副食品店；有交通饭店、湘江饮食店、建立饮食店、湘宾饮食店、江麓饮食店、营养饮食店、群爱饮食店等。湘潭市供销社所属乡供销社的基层商店，街道办事处和乡（场）开办的商业门店等集体商业企业，成为境内国营商业企业的重要补充。是年，集体商业企业湘潭商业大厦建成开业，大厦位于韶山中路，拥有三层营业大厅，营业面积5000平方米，设3个商场，62个柜组，从业人员421人。主要经营家用电器、日用百货、洗涤化妆用品、针纺织品、服装鞋帽、糖酒副食、名优钟表、工艺玩具等300多个品种。当年，实现商品销售额1020万元，成为境内集体商业企业的一大亮点，为全省规模最大的集体商业企业。是年，集体商业企业77家，从业人员4400人，实现商贸服务业产值1.85亿元，完成商品零售总额1.54亿元，占全区社会消费品零售总额的39.56%。

1989年始，集体商业企业稳步发展。1993年，区内集体商业企业普遍实行责权利相结合的承包责任制。有集体商业企业85家，从业人员4520人，比1988年分别增长10.39%和2.73%；实现商贸服务产值2.36亿元，比1988年增长27.57%；完成商品零售额2.01亿元，比1988年增长30.52%，占全区社会消费品零售总额的24.62%。

1994年，湘潭市蔬菜食品公司所属集体企业逐步实行全民带集体形式，企业运作机制视同国有企业，企业活力受到限制。加之，个体私营经济加快发展，集体商业企业因经营条件简陋、流动资金不足和经营体制不活，经营效益下降，普遍实行关闭或租赁经营、承包经营为主的改革。2000年，区内集体商业企业25家，从业人员1250人，比1993年分别下降70.59%和72.35%；完成商贸服务业产值2.49亿元，比1993年增长5.51%；实现商品零售总额2.09亿元，比1993年增长3.98%。占全区社会消费品零售总额15%。

2001年，区内集体商业企业全部实行改革改制，退出市场经营。乡级供销社所属各基层商店改为个体经营。各街道办事处和乡（场）开办的商业门店，以整体出让的形式转为个体经营。至2007年，区内集体商业企业仅留下5家，从业人员120人，分别为2000年的20%和9.6%；实现商贸服务业产值800万元，只有2000年的3.21%；完成商品零售总额670万元，占社会消费品零售总额的0.16%，只有2000年的3.21%。

第三节 个体私营商业

1988年，境内贯彻国家关于“改革、开放、搞活”的方针，对非关系国计民生的行业放开市场调节范围，允许个体私营经营，餐饮服务、服装经营、日用百货、南杂副食行业等个体私营企业发展较快。个体私营商业门店1680家，从业人员6720人，实现商品服务业产值5040万元，完成商品零售总额4800万元，占社会消费品零售总额的12.33%。

1989年始，个体私营商业逐年发展，但速度不快。1993年，区委、区政府贯彻邓小平南方谈话精神，进一步贯彻改革开放的政策，区内个体私营商业门店6780家，从业人员14600人，比1988年分别增长303.57%和117.27%；实现商贸服务业产值3.15亿元，比1988年增长523.27%；完成商品零售总额2.85亿元，占社会商品零售总额的34.88%，比1988年增长493.75%。1995年，区内商业经营业态发生重大变化，经营方式更加灵活，加之各类商品市场发展，为个体私营企业创造良好的发展条件和空间。1996年后，区内国有、集体商业企业加快改革改制步伐，部分下岗职工利用自己一技之长或积累的从商经验，选择自主就业，从事个体商业经营或租赁购买国有、集体商业门店，转变经营性质，扩大经营范围，由国营职工变成“老板”。1999年3月，区委、区政府发出《关于加快个体私营经济发展的若干意见》，促进个体私营经济发展。2000年，区内个体私营商业门店达12280家，从业人员26850人，比1993年分别增长81.12%和83.90%；实现商贸服务业产值8.89亿元，比1993年增长182.22%；完成商品零售总额8.64亿元，比1993年增长203.16%，占社会消费品零售总额的62%。

2001年后，区内城市基础设施改善，临街门店增加，进城从商人数增多。中、小型餐饮企业、美容美发店、休闲茶座茶楼、家电维修服务、服装经营、日用小百货经营等行业被个体私营商业门店占领。至2007年，区内个体私营门店达18800家，从业人员64000人，比2000年分别增长53.09%和138.36%；完成商贸服务业产值33.32亿元，比2000年增长274.80%；完成商品零售总额32.98亿元，比2000年增长281.71%，占社会消费品零售总额88.74%。

第二章　商业网点和市场

第一节　商业网点

1988年，境内国有和集体商业为市场的主体。拥有各类零售网点1913个(其中国有商业网点1680个)，平均每万人拥有69个。其中大型商业网点有湘潭百货大楼、君子莲饭店、湘潭市供销大厦、湘潭市粮贸大楼。乡镇及工矿区都建有一批商场(店)，初步形成区、街道、乡(镇)二级商业网络。1990年，贯彻落实市政府关于商业网点建设“谁投资、谁建设、谁受益”的精神，国营、集体商业企业投资1100万元，新建小型商业网点36处，改建11处，增加营业面积2.84万平方米。1993年，区内商业网点6955个(其中国有商业网点158个)，比1988年增长263.57%。每万人拥有商业网点230个。

1995年，贯彻落实省、市政府关于商业网点建设按新建居民住宅楼的建筑安装总额收取一定比例的商业服务网点建设费的规定，收取的费用用于临街门面和住宅小区的商业网点建设。1996年后，区内商业网点一方面朝大型化、专业化方面发展；一方面小商店更加贴近群众，个体私营商业网点进入住宅小区、居

民社区、小街小巷、乡村。至2000年,各类商业网点12319个(其中国有商业网点30个),比1993年增长76.84%,每万人拥有商业网点356个。

2001年起,区内商业网点由一批强势品牌的商业连锁店、大型超市和专业商品市场主导。至2007年,区内商业网点15675个(其中国营商业网点5个),比2000年增长27.24%,每万人拥有商业网点424个。

第二节 商品市场

一、集贸市场

1988年,境内集贸市场建设以政府投资为主。由工商行政主管部门自建自管。有民主路、江麓、草塘、广云路等农贸市场。还有少数街边路边交易市场,没有固定经营场地。有集贸市场14个,市场总面积1.01万平方米,市场成交总额2580万元。1989年后,为保障居民日益增长的日常生活需求,方便居民购买,根据市政府提出"菜篮子"工程建设的部署,由工商行政主管部门牵头,采用政府投资,企业资助的办法先后建成迎宾路、解放路、中山路、鹤岭镇、朝阳街、南盘岭、城正街等7处农贸市场。至1993年,区内共有集贸市场11个,市场总面积3.71万平方米,市场成交总额4515万元,比1988年分别增长175%、267.33%与75%。

1994年以后,区内住宅小区建设加快,城区人口增多,为满足居民需求,先后建成砂子岭、宝丰街、八仙桥、熙春路、车站路等5处集贸市场。2000年,区内共有集贸市场16个,市场总面积4.25万平方米,市场成交额4820万元,比1993年分别增长45.45%、14.56%和6.76%。2001年始,在湘潭大学、湘潭师范学院、湘潭矿业学院建设3个集贸市场。至2007年,区内共有集贸市场19个,市场总面积4.29平方米,市场成交总额6080万元,比2000年分别增长18.75%、0.9%和26.14%。

二、专业市场

1988年,境内仅有建设北路布市1处专业市场,以经营布匹、窗帘为主。市场总面积5200平方米,从业人员1080人,市场成交额6500万元。1992年4月,经省医药管理局和省药政局批准,由市医药总公司投资710万元,在境内长城乡和平村建成湘潭中药材市场,10月更名为湘潭国药城。该场建筑面积7200平方米,引进个体经营户107户。1993年,根据市政府"菜篮子"市长负责制精神,市蔬菜食品公司投资1100万元,在南盘岭建成湘潭市蔬菜批发市场,占地面积10000平方米,建筑面积16000平方米,交易场地面积14000平方米。一楼为蔬菜批发交易,二楼为干货、调味品、干咸酱菜批发零售,改变区内无专业蔬菜批发交易的历史。是年底,全区共有专业市场3个,市场总面积2.84万平方米,从业人员1830人,市场商品成交额2.25亿元。

1994年,昭潭乡政府根据地处城中的优势,利用有限土地资源,投资110多万元以及乡办企业和村民个人入股资金200多万元。合资新建湘潭市西大门物资调剂拍卖市场,该场位于砂子岭至宝庆路,建筑面积2800平方米。同时乡政府根据"整体规划、量力而行、分步建设、快速启动、逐步搞活、滚动发展"的专业市场建设思路,投资建成市建筑材料市场,营业面积5000平方米,商业门店120个,是市内唯一大型建筑装饰材料批发市场。主要经营地砖、瓷片、地板、装饰材料。并将乡办停车场改建成湘潭市糖酒副食品批发交易市场,建筑面积1.4万平方米,营业面积1.2万平方米,经营门店210个,主要经营糖果、副食品、酒类、饮料。1995年,区委、区政府提出:"抓交通、促流通,抓流通、促发展"工作思路,加快砂子岭地区市场群建设。先后建成金都大市场、机动车配件市场和湘潭市旧货市场。金都大市场一期交易面积1.9万平方米,主要经营服装、鞋类、家具、灯饰和小商品,并配有停车场、仓库、餐饮住宿服务设施。入场经营户325户,从业人员550

人，成交总额1.8亿元。商贸特区工程公司投资1200万元，在宝庆路建成全省最大的机动车配件市场，该场建筑面积1.5万平方米，门店399个。湘潭市经济贸易实业总公司与昭潭乡共同投资1480万元，建成湘潭市旧货市场，被列入国家旧货交易试点市场。至2000年，砂子岭地区基本形成门类比较齐全的市场群体，市场群中有各类市场7个，总面积6.7万平方米。其中交易面积6.2万平方米，门面4700个，入场经营户5431户，为湘潭市最大的物资集散地。是年，区内共有专业市场10个，总建筑面积8.94万平方米，从业人员18120人，市场成交额12.5亿元。

2001年始，区委、区政府提出"市场带动、实业兴区"战略决策，发挥区位优势，先后建成金海水果市场、青云鞋业城、湘潭电器城、潭邵路竹木市场、罗源服装城、幸福湾服装城，进一步丰富专业市场门类。至2007年，区内共有专业市场13个，市场建筑总面积1.05万平方米，从业人员5580人，市场成交总额22.5亿元。

2002–2007年雨湖区部分年份主要专业市场情况

14–2–2–1

市场名称	2002年		2003年		2005年		2007年	
	摊位（个）	成交总额（万元）	摊位（个）	成交总额（万元）	摊位（个）	成交总额（万元）	摊位（个）	成交总额（万元）
糖酒副食批发市场	130	16700	130	16252	130	17550	130	18680
金都大市场	880	68000	868	70100	868	72200	880	78400
湘潭布市	713	86000	712	86400	714	86200	325	38700
建筑材料装饰市场	238	27500	238	28035	258	32525	258	37500
金海水果市场	150	6528	100	7685	105	8020	105	8250

第三节　超　市

1988–1994年，境内没有超市。1995年12月，区内首家超市——步步高量贩店开业。1997年，湘乡人黄腾其投资创办心连心股份有限公司，租赁位于韶山中路商业大厦部分场地，成立心连心超市，成为区内第二家大型超市。是年，王填赴广州学习国外知名连锁超市"沃尔玛"会员式仓储经验。区内超市实现仓储式购物、低成本运作，低价格经营，并引进先进的POS软件信息系统，更快更准确处理货物进销信息，低价格促销成为超市经营的新亮点。至2000年，步步高在区内相继开办广云路店、锰矿店、江南店；心连心开办韶山西路店、泗洲路店、人民路店。当年，区内共有超市8家，营业面积2800平方米，从业人员370人，实现营业收入3.58亿元。

2001年，步步高兼并原湘潭市五交化公司所属基建营店，开办基建营超市，利用原金海水果市场旧址，开办步步高金海超市。心连心租赁韶山中路中荣商业广场一楼开办心连心超市。湘潭万凯源商业经营有限公司开办万凯源城正街店，金虹羽公司分别在和平路和建设北路（原雨湖区政府大楼一楼）开办好又多超市，半点利公司在人民路、熙春路、韶山西路等地开办半点利超市。商业超市以其物美价廉的商品、方便快捷的购买形式和自由宽松的购物环境，深受居民的青睐。至2007年，区内共有超市17家，营业面积5780平方米，从业人员780人，实现营业收入7.34亿元。

附录

湖南步步高商业连锁股份有限公司

该公司位于区内韶山西路309号。1995年3月，湘潭市南北特产食品总公司员工王填投资5万元，承包市菜肉商场，成立湘潭市步步高食品有限公司。12月1日，步步高解放路店开业。1997年，该公司学习国外知名商业连锁企业“沃尔玛”会员式仓储经验，引进先进的POS软件信息系统，更快更准确处理货物进销信息、低价格促销。并以此经营业态向周边中小城市、社区发展，延伸到株洲、常德、岳阳及江西的中等城市。1999年1月，湘潭市步步高食品有限公司更名为湖南步步高连锁超市有限公司。2000年起，公司连续6年被中国连锁经营协会评为“全国百强连锁企业”和“全国超市百强企业”。2001年9月，建成步步高基建营店，成为一家集购物、餐饮、休闲娱乐于一体的大型购物广场。是年，成立步步高百货事业部，成为步步高集团核心业态之一，拥有门店18家，其中16家分布在湖南、江西两省的重点城市。长沙、湘潭两地市年销售额过30亿元。2004年，该公司被国家劳动和社会保障部、中华全国工商业联合会评为“全国就业和社会保障先进民营企业”“全国超市30强”，有门店104家，员工3.5万余人，营业面积60万平方米。2005年7月，步步高电器城以独立品牌运作，实现专业电器、专业人才、专业管理、专业营销、专业售后服务的良性互动循环，34家电器卖场年销售额过15亿元。2006年，启动占地33.33公顷的物流配送中心，年配送额达50亿元。2007年，实现销售收入41.84亿元，实现利税1500万元。董事长王填先后获得“中国青年创业奖”“全国青年兴业领头人”“全国非公有制经济人士优秀中国特色社会主义事业建设者”“全国关爱员工优秀企业家”等荣誉称号。“步步高”商标被国家工商总局认定为“中国驰名商标”。该公司积极参与社会公益活动，累计为社会捐款近1000余万元，被评为“湖南省爱心企业”。

心连心集团有限公司

心连心集团有限公司成立于1997年11月，位于区内韶山中路10号，黄腾其投资并任公司董事长。集团公司业务范围涉及百货、种植业、养殖业生产、食品加工、销售及农业生态休闲、酒店餐饮娱乐、物流配送、房地产开发等多个领域。采取超市连锁经营和商业网购等形式经营。2003年7月，公司兼并湘潭先锋企业集团食品工业有限公司，并更名为湖南乡里美食有限责任公司。该公司与农户联手拥有百万头生猪养殖基地、农业生态科技实验基地、年屠宰能力达30万头生猪的国家三星级机械化屠宰场、年加工能力达8000吨的肉食、农产品精深加工中心和年配送能力达30亿元的物流配送中心。是年12月，成立湘潭宝洁商贸有限公司，是享誉全球的宝洁公司在中国湖南的分销商，以批发、团购、超市销售以及零售为主，业务覆盖湘潭、娄底、邵阳三市的400多个乡镇，9000多个网点，年销售收入1.2亿元。2004年，被省政府评定为省级综合排名百强企业。2005年10月，成立心连心集团百货有限公司，以百货购物广场、综合超市、社区超市、乡村超市、物流配送相结合的产业链布局，拥有生产、加工、仓储、物流和经营面积25万平方米。2006年，进入“全国服务业500强企业”。2007年，集团公司拥有总资产净值5.82亿元，有员工1.2万余人，实现销售2.9亿元，实现利税570万元。在湖南、江西拥有大中型连锁超市52个，营业面积15万多平方米。公司实行总经理负责制，下辖心连心集团连锁超市有限公司、湖南乡里美食有限责任公司等9个独资、合资、控股子公司。“心连心”为“中国驰名商标”。公司董事长黄腾其为湖南省第十届、第十一届人大代表、中国优秀民营企业家。公司总裁黄展新为湘潭市第十三届人大代表、全国商务系统劳动模范、湖南省创业标兵、湖南省十大创业青年。

金都大市场

金都大市场位于区内砂子岭的107国道与320国道交汇处。由金都投资股份有限公司独资兴建，刘印根任公司董事长兼总经理。第一期建筑面积1.6万平方米，于1995年8月28日竣工。主要经营服装、鞋类、灯饰和小商品。1996年，入市经营户300多户，安置就业人员500余人，市场成交总额达1.8亿元，第二期建筑面积1.5万平方米，2000年5月8日竣工。配套酒店、停车场、仓库和室内游泳馆等设施，增加家具专营场地。2002年入场经营户890户，市场成交总额6.7亿元。2007年，市场总面积达到3.1万平方米。入场经营户1050户，市场成交总额8.62亿元，自成立以来，累计上缴国家税收1000万元。

第四节　供销合作社

1988年3月，湘潭市郊区供销合作社在境内设立护潭、长城2个供销社。下辖楠竹山街道、鹤岭街道、七亩丘等基层店50个，从业人员660人；实现营业收入2800万元。销售化肥2500吨、农药110吨、农地膜12吨，营业收入310.1万元，回收废品1000吨，营业收入320万元，其他生活资料营业收入1880万元。1989年，根据国务院关于巩固化肥等主要农资商品专营规定，对计划内化肥实行统一管理、统一分配、印制票证、定量供应。供销社经营平稳，购销两旺，确保境内农业生产资料供应和农民生活物资供应。

1993年，国务院决定从1月1日起取消农资专营，市场放开，形成多渠道、多家经营新格局。市郊区供销合作社撤销，成立雨湖区供销合作社。区内仍设护潭、长城2个供销社，基层店增加到56个，从业人员750人，实现营业收入3400万元，比1988年分别增长12.00%、13.64%、21.40%。销售化肥3000吨、农药120吨、农地膜15吨，营业收入408.5万元；回收废品1600吨，营业收入740万元。其他生活资料营业收入1720万元。

1996年，贯彻中共中央、国务院“关于深化供销合作社改革的规定”，成立雨湖区农业生产资料公司，作为独立法人专营农业生产资料。同时，协同长城乡农技站成立“庄稼医院”，成为全乡实行科贸兴农的新型服务组织。指导全乡农民科学用肥、用药，传授农资的应用技术。乡农技站派农技干部当“医生”，供销社按“处方”配药。全年印发各类科技资料5000份，培训农民1000多人次。是年，区内基层供销社2个，基层店72个，从业人员820人；营业收入5050万元，比1993年分别增长28.67%、9.33%、48.53%；销售化肥3200吨、农药110吨、农地膜8吨，营业收入1240万元；回收废品2050吨，营业收入1020万元，其他生活资料营业收入2790万元。

1997年后，区内各基层社店改变经营方式，采用承包、租赁经营和个体经营等不同形式，适应市场变化，提高抗风险能力，使经营农业生产资料和回收废品业务略有盈利，但其他生活用品经营亏损日益严重。2000年，按省、市政府有关企业改革的相关规定，即亏损企业、门店实行关停并转，对严重资不抵债、扭亏无望的企业依法破产，全面启动供销系统改革。护潭、长城2个供销社的基层店减少到42个，从业人员670人；营业收入2200万元，比1996年分别减少41.67%、18.29%、56.44%；销售化肥3800吨、农药125吨、农地膜20吨，营业收入480.5万元；回收废品1200吨，营业收入420万元；其他生活资料商品收入1180万元，其余30家基层店因经济效益下滑而停止营业。

2005年，区内供销社基层店减少到28个，从业人员350人，营业收入980万元，比2000年分别减少33.33%、47.76%、55.45%。2006年，区委、区政府决定对基层供销社及门店全面实施改革，采取关闭、破产、拍卖等方式，退出市场经营。2007年，区内供销社及各基层门店，改制前总资产3200万元，改制后净资产仅320万元。全部资产拍卖收入4800万元，供销系统以资产安置职工，企业退出市场，职工退出全民集体所有制职工身份，供销系统改革改制基本完成。

第三章　商品经营

第一节　生产资料经营

一、农业生产资料

1988年，境内化肥、农药等主要农业生产资料仍然实行计划供应，根据市政府下达的指标，区乡村逐级按面积分配到农户，供销社及其网点统一组织供应，确保农业生产的需要。设有生产资料供应网点50个，销售化肥2500吨，农药110吨，农膜12吨；销售总额310.1万元。由于农业生产对化肥农药需求量不断增加，计划内平价农药化肥供不应求，区政府（郊区）每年筹集资金10多万元，从湖南省湘江氮肥厂、资江氮肥厂、洞庭氮肥厂购进尿素供应农村。同时，供销社组织议价化肥补充农业生产的需要。1993年，根据国务院指示精神，农资市场开始放开，乡农技站结合农技推广经营农业生产资料，销售网点不断增加，全区有销售网点56个，销售化肥3000吨，农药120吨，农地膜15吨；销售总额408.5万元，比1988年增长31.73%。

1998年起，农业生产资料销售形成供销社、农技部门、个体户等多渠道经营格局。供销社兴办“庄稼医院”，既开“处方”，又配药；农技站结合技术推广，销售农业生产资料；个体农资经营户采取与生产厂联营，实行定点经销；供销社经营农业生产资料逐步退出主渠道地位。2000年，全区农资销售网点67个，销售化肥4000吨、农药140吨、农地膜25吨；销售总额560.5万元，比1993年增长37.21%。

2001年始，供销社通过改制，采取转让、出卖、租赁等多种形式，逐步转为私营，生产资料个体经营户和私营企业不断增加。2003年，砂子岭农资市场开业，设销售门面42个，从业人员320人，全年农资成交额1200万元。2007年，区内有个体农资经营网点85个，销售农药210吨，化肥4100吨，农地膜30吨，销售总额565.6万元，比2000年增长0.91%。

二、工业生产资料

1988年，境内工业生产资料市场逐步放开，国营、集体、私营企业共同参与市场竞争。金属材料等主要物资仍实行计划分配销售，非主要物资实行市场调节供应。全年销售总额1.25亿元，其中：金属材料3580万元，机电设备6450万元，建材轻化2470万元。1989年始，国有物资流通企业逐步由计划管理型向经营服务型转变，按照计划分配与市场调节相结合和保障重点与兼顾一般的原则组织物资供应。各类工业生产资料流通进一步放宽，价格随行就市，销售量逐年增加。1993年，计划物资全部取消，商品价格全面放开，国有、集体和私营企业参与生产资料经营。韶山西路以经营机电、化工、建材产品为主，开设门店50-60家；广云路主要经营钢材，开设门店20多家。全区有工业生产资料经营企业214家，从业人员815人；销售额3.45亿元，比1988年增长176%。其中：金属材料0.87亿元，机电设备1.55亿元，建材轻化1.03万元。

1995年，民营物资流通企业迅速发展，广云路形成金属材料经营一条街，韶山西路至砂子岭区域，集中一批机电、化工、建材等产品销售门店。2000年，国有物资流通企业退出市场，工业生产资料全部由个体私营企业经营。是年，全区有工业生产资料个体私营企业2900家，从业人员7200人，销售额5.68万元，比1993年增长64.64%。其中：金属材料1.57亿元，机电设备2.87亿元，建材轻化1.24亿元；2001年以后，民营物资流通企业依据区内的自然和资源优势，不断壮大，逐步向规模化专业化经营方向发展。2007年，全区有工业生产资料物资流通企业11家，个体经营户4100家，从业人员1.18万人；销售额8.59亿元，比2000年增长51.23%。其中：金属材料2.18亿元，机电设备4.33亿元，建材轻化2.07亿元。

第二节　生活资料经营

一、日用百货家用电器

1988年，境内日用百货、家用电器经营仍然以国营、集体经营为主。有湘潭百货大楼、永红百货大楼、北区百货店、文体用品专店、钟表专店、江南百货店、锰矿百货店、江麓百货店、朝辉百货店等国营集体百货商店及供销社基层店共209家，个体经营店562家，从业人员2840人。销售钟表2.85万只、缝纫机3458台、黑白电视机3185台、彩色电视机168台、家用电冰箱2680台、家用洗衣机6778台，销售总额1300万元。除少数商品凭票供应外，绝大多数商品敞开供应。1989年，国营集体企业为提高经济效益，开始实行承包经营，增设专柜、专店，不断拓展销售渠道，招揽顾客，扩大购销。1990年，湘潭百货大楼、湘潭商业大厦、湘潭供销大厦的年销售额都超过2200万元。1991年，百货文化用品网点增加，新增湘潭商业大厦、千里鞋大楼，个体私营超市、门店开始出现。1995年，韶山中路家电城和砂子岭灯具大市场相继开业，家电城有经营门店140多个。是年，区内经营日用百货、家用电器国营集体商店78个，个体私营经营店775个，从业人员4250人。全年销售钟表2.25万只，缝纫机2127台，黑白电视机4155台，彩色电视机4550台，空调机490台，家用电冰箱3278台，家用洗衣机8687台。销售总额1870万元，比1988年增长43.85%。

1996年起，民营百货商业企业发展迅速，开始主导市场。国有企业除湘潭百货大楼、友华商厦仍正常营业外，其余均停业关门，职工

下岗。2001年，步步高基建营店专设家电区经营家电产品，各商店设专店或专柜，扩大家用电器销售。2005年，韶山中路湘潭电脑城，容纳经营客户97家，经营联想、新蓝、奔腾等品牌电脑，年销售电脑1万余台，销售额达8000万元。韶山路现代科文商店（民营）经营纸张、笔墨、文具、钢琴、电子琴、羽毛球、乒乓球、篮球等文体用品，销售额达2850万元。2007年，区内经营日用百货、家用电器的商店或网点2130家，从业人员9120人；全年销售钟表1660只，缝纫机140台，彩色电视机4.45万台，电脑1.6万台，空调1.07万台，家用电冰箱8900台，家用洗衣机2.15万台。销售总额2.15亿元，比1995年增长10.50倍。

二、布匹服装鞋帽

1988年，境内经营布匹服装鞋帽的商店有340个，其中有旭日棉布店等国营百货商店及供销社基层店120个，个体经营店220个。布匹经营除国营商业企业经营外，以湘潭布市经营为主。湘潭布市有经营户440户，从业人员1080人。主要经营布匹、棉布等商品。当年销售布料6.89万米、呢绒9200米、红绸1万米，销售各种服装37.8万件、各种鞋子160万双、各种帽子14.5万顶，销售总额2.35亿元。1990年，湘潭布市引进产品120余个，布匹不仅销售省内，还销往云南、四川、广东、江西、贵州等20多个省市。1993年，区内有布匹服装鞋帽商业网点540个，全年销售布匹5.67亿米、各种服装74.6万件、各种鞋子380万双、各种帽子59万顶，销售总额5.75亿元，比1988年增长144.68%。

1995年，步步高、心连心等百货商业连锁超市经营全国各地品牌服装，吸引部分高收入人群。区内安得地下服装城140个门店、新中山路仁芳服装城150个门店、砂子岭金都服装城320个门店相继开业，经营户从广州、株洲批发市场购进各类服装进行销售。1997年，湘潭布市规模扩大，占地面积1.34万平方米，建筑面积3万平方米，摊位门面1094个，经营户1902户，被誉为“中南第一布市”。1998年以后，区内经济发展，居民生活水平提高，布匹服装鞋帽销售迅速增长。2000年，建设北路幸福湾服装广场88个门店、罗源服装城150个门店相继开业，步步高、心连心等超市也经营各种品牌服装。区内有布匹服装网点592个，全年销售布匹6.52亿万米，各种服装97.5万件，各种鞋子458万双，各种帽子62万顶，销售总额6.7亿元，比1993年增长16.52%。

2001年以后，随着房产业的兴起，购房户增加，从事布匹生意的个体私营经营户转向经营窗帘布，湘潭建设北路布市成为湖南省最大的窗帘布销售市场，当年销售装饰布98万米，其他布料经营继续萎缩。湘潭布市因场地狭小，缺少停车场，存在消防安全隐患，经营户逐年减少。2006年，韶山东路三桥北布市建成，占地面积5000平方米，设摊位门面420个，湘潭布市一部分经营户入驻经营。2007年，区内有布匹服装鞋帽经营网点670个，销售布匹7.6亿米，各种服装160万件，各种鞋子640万双，各种帽子77万顶，销售总额8.78亿元，比2000年增长31.04%。

三、肉食水产

1988年，境内有7个肉食站及所设的肉食经营网点43个。各肉食站收购和屠宰生猪，肉食水产网点销售肉、禽、蛋、水产。肉食经营以猪肉为主，辅之牛羊肉及禽蛋产品；水产经营以鲜鱼为主，次为特种水产和海产品。当年共销售生猪35万头，销售水产品2400吨；销售总额3730万元。

1990年，市政府决定减少国营肉食企业猪肉销售经营性补贴，肉食水产品经营逐步放开。肉食、水产品经营以集贸市场为主，个体经营户为辅。1992年，根据市政府停止对城市居民肉食补贴的精神，区内国营肉食企业全面放开，自主经营。1993年，国营肉食、水产品经营店（点）2个，个体肉食、水产品经营户460户。1995年，区内国营肉食、水产企业退出市场经营，仅留宝庆路、小东门2个定点屠宰场，为各肉食经营户供应猪肉。受生猪价格上涨和自然灾害影响,市场一度出现猪肉供不应求,价格上涨过快的状况。市政府在生猪储备库中拿出冰冻肉供应居民,缓解市场供需矛盾。是年,全区肉食水产品经营网点660个,销售生猪58万头,销售水产品8500吨;销售总额1.58亿元,比1988年增长323.59%。

1996年起,区政府贯彻落实国务院《生猪定点屠宰管理条例》,启动全区生猪定点屠宰工作。先后有乡里美食有限责任公司在长城乡红旗村开设屠宰场,先锋集团食品公司在民主路集贸市场开设生猪定点屠宰供应站,伟鸿食品有限公司亦在各集贸市场和连锁超市设置"伟鸿"猪肉销售专柜,步步高、心连心等连锁超市大量经营生鲜肉食、冷冻肉食及各种水产品。2000年,全区有各类肉食、水产品经营网点154个,销售生猪75万头,销售水产品1.25万吨;销售总额2.50亿元,比1995年增长58.23%。

2003年,步步高在区内筹办屠宰场,增加连锁店的鲜肉供应量。2005年起,随着城市化进程的加快和流动人口的增加,各类肉食、水产、禽蛋品等需量增加,花色品种增多,土鸡、分割肉、包装肉以及草鱼、鳙鱼、鲢鱼、墨鱼、带鱼、基围虾、龙虾等成为消费热点,深受市民欢迎。2007年,全区各类肉食、水产品经营网点171个,销售生猪86万头,销售水产品1.21万吨;销售总额3.32亿元,比2000年增长32.80%。

四、糖酒副食

1988年,境内食糖仍实行计划供应。根据国家物价总局、商业部、轻工业部《关于放开名酒价格和适当提高其他粮食酿酒价格方案的通知》精神,放开茅台、郎酒、泸州特曲、董酒、汾酒、西凤酒等全国十三种名酒的价格,其他酒仍按差率规定作价。是年,有国营、集体糖酒副食商店144家,经营规模较大的有市副食店、荣湘、火车站、江南、锰矿等副食品店;有个体经营户640户,从业人员3250人;经营糖酒副食商品50多个门类,1300多种;槟榔为湘潭特产,槟榔经营网点220家,从业人员450人,销售额245万元。糖酒副食销售总额2920万元。

1990年,国营、集体糖酒副食商业企业加快改革步伐,企业实行厂店分离,个体私营糖酒副食企业发展加快,租赁临街门店从事批发、零售业务。1994年,全区贯彻市委、市政府《关于加快发展个体私营经济的决定》,个体私营副食小作坊和销售摊点得到发展。年内糖酒副食批发大市场在砂子岭建成开业,建筑面积1.4万平方米,门店210个。1995年,步步高等连锁超市设立糖酒副食专柜。1996年,民主路开办区内第一家名酒专店,主要销售各地名酒。食糖(含白糖、红糖、片糖、冰糖等)由国营、集体商业调配供应改为个体户经营。1998年,区内有糖酒副食商店1100家,糖酒副食个体经营户2860户,从业人员6250人;全区槟榔经营网点510家,从业人员870人,销售额620万元,以"豪爵""王爷""大哥大""胖哥"等包装槟榔为主;糖酒副食销售总额6075万元,比1988年增长108.05%。

2000年,区内执行省政府对酒类生产、销售、批发和零售等管理办法和实施细则,加强酒类管理,打击酒类假冒伪劣产品,维护全区酒类产销市场秩序。是年,全区国营、集体副食品门店先后改制,转为租赁承包或转让产权关系,个体、民营企业逐步占主导地位。2005年,区内有糖酒副食商店2700多家,糖酒副食个体经营户3660户,从业人员7600人;糖酒副食销售总额4.25亿元,比1998年增长近6倍。2007年,全区有糖酒副食商店4400家,糖酒副食个体经营户4800户,从业人员1.25万人;槟榔经营网点1680家,从业人员3770人,销售额8500万元;糖酒副食销售总额6.7亿元,比2005年增长57.65%。

五、粮油

1988年,境内有雨湖、湘江、锰矿、江南4个粮站,25个粮店,担负城区20多万非农业人口定量口粮和食油供应。供应品种有大米、面粉、面条和食用油。城镇居民凭粮油证(或粮票)到当地粮店购买。全年销售城镇居民定量口粮5420万公斤，非农业人口议价粮230万公斤；销售平价食油146万公斤，议价食油38万公斤。1991年4月1日起，定量粮、油改凭粮证供应为凭证凭购粮券供应。1992年11月，根据市政府《关于放开粮食价格和经营的通知》精神，取消居民定量口粮和食油平价供应，粮油市场全面放开。居民可以按市场价到国有粮店和私营粮店自由购买粮油。至是年底，国有粮店一直承担居民定量口粮和食油的供应，市场价格平稳。全年共销售定量口粮2790万公斤，非农业人口议价粮240万公斤；销售平价食油64万公斤，议价食油39万公斤。

1993年，是粮油价格和经营放开第一年，粮食收购困难，购销逆差较大，为保证城镇居民口粮供应，市政府从国家和省储备粮库中拿出粮食，按优惠价每月供应居民粮食10公斤，以稳定粮食市场。区内国营粮店和个体粮油经营户同时并存，全区个体粮油经营户168家，从业人员470人；全年销售粮食5280万公斤，销售食油380万公斤。1998年以后，国营粮店逐步退出粮油经营，市场全部由个体粮油经营户取代。2000年，区内粮油经营户370家，从业人员780人，销售粮食4800万公斤，销售食油420万公斤。2001年，粮油购销全部市场化，不仅粮油经销专店林立，而且各大超市也设有粮油经营专柜，各种品牌大米、面粉、面条和食用油任消费者选购。食用油以桶装（2公斤、4.5-5公斤）菜油、花生油和各种调和油为主，顾客购买十分方便。集体粮油经营户一般设点在集贸市场和居民小区，居民买米、买油实行送货上门。2007年，区内有粮油经营户525家，从业人员1300人；全年销售粮食4660万公斤，食油728万公斤。

六、医药

1988年，境内有市医药公司、市药材公司所属国营医药韶山路药店、解放路药店、红卫药店等网点40个，从业人员520人，全年医药销售总额1390万元。所有医药网点由市卫生行政部门监管，颁发“药品经营许可证”方可进行经营。1992年，湘潭国药城营业，市医药总公司制订“放水养鱼”优惠政策，引进到国药城内经营的国有、集体、个体经营单位107户。至1995年，区内国有医药商店以市场为导向，逐步向多渠道、少环节的经营方式过渡，个体私营医药零售网点增长较快。有国营、集体、个体医药零售网点315个，从业人员1250人；全年医药销售总额2880万元，比1988年增长107.19%。

2000年，市政府出台鼓励发展民营医药卫生事业的相关政策，取得执业医师资格和医疗许可证的医卫人员从单位下岗或退休后，可以开设个体诊所和药店，同时，民营企业与国有医药商业企业联合，促进新的私营医药商业企业，市振华经贸公司出资与市药材公司成立湘潭市药品公司，民营医药商业企业开始连锁经营。有医药经营网点358个，从业人员1600人；全年医药销售总额5400万元，比1995年增长87.50%。

2002年，根据国家对医药经营实施GSP认证的要求，区内医药商店改善经营条件，配备空调机、去湿机，店堂实行开架自选式超市经营。2005年，国有医药商业企业全部由民营企业和个体经营户取代，先后开设的有华商大药号、海诚药业、五洲通药业、福寿堂、福顺昌、双舟、老百姓、养天和等医药商店88家，其中多以连锁方式经营，并通过增设网点、更新促销手段、延长服务时间、增加服务项目（免费为顾客测量血压、代煎中药、宣传保健常识等）、邀请名老医生坐堂等办法扩大销售，医药市场竞争激烈。全区有医药经营网点445个，从业人员2045人；全年医药销售总额1.78亿元，比2000年增长229.63%。2007年，根据市食品药品监督管理局关于加强对药品市场监督管理的规定，区内严格执行GSP认证准入制度，对药品设置处方药和非处方药，处方药必须凭医师处方才能购买，严厉查处过期药品和假药，医药市场进一步规范、药价有所下降。区内有民营、个体医药经营网点480个，从业人员2280人；全年医药销售总额2.15亿元，比2005年增长20.79%。

七、日杂家具

1988年，境内有国营、集体日杂商店60家，从业人员458人，全年销售收入982万元；主要经营家具、办公桌椅、厨具餐具、工具农具、日用杂品等。供销社面向农村供应各式常用农具和小型农机具及配件。年销售总额1000余万元。1992年，日杂家具仍然以国营和集体日杂商店经营为主，但品种少，式样陈旧，销售收入增长缓慢，销售总额1400万元。1993年，国有集体日杂商店开始从综合商品向专营转变，一批式样新颖、质量高档的家具、厨具餐具和塑料制品专营店开始出现。区内有个体日杂经营户270家，从业人员790人。全年销售总额4200万元，比1988年增长3.28倍。

1996年，国有、集体日杂商店逐渐退出市场，个体私营日杂店不断增加，浙江、广东等地家具进入市场，家具市场花色品种增多。1999年，金都大市场家具城经营的广东家具，深受消费者欢迎，销路较好。2000年，金都家具城家具专营户达到60家，为区内最大的家具市场。是年，区内有日杂家具经营户900家，从业人员1600人；销售额12200万元，比1993年增长190.48%。2002年以后，款式新颖，质地高档的品牌家具成为居民购买的首选。至2007年，区内有日杂家具经营户1060家，从业人员2000人；销售额1.65亿元，比2000年增长35.25%。

八、交通工具

1988年，境内居民交通工具主要是自行车，由国营商店经营。上海产“凤凰”“永久”和天津产“飞鸽”等名牌自行车供不应求。少量摩托车进入市场，但境内无销售网点，购车顾客也极少。全年自行车销量6440辆，销售总额77.28万元。1993年以后，经济迅速发展，道路交通建设加快，居民生活水平提高，经营交通工具的个体私营企业迅速发展，摩托车销量增加，自行车销量增长速度放慢。1995年，韶山西路南盘至砂子岭形成摩托车专卖店一条街，门店35家。年销售摩托车2680辆、自行车8750辆；销售总额1950万元，比1988年增长24.23倍。

1998年，电动车进入市场，逐渐成为居民重要交通工具。而自行车销售店区内只有万里自行车等4家，年销量5000辆左右，以轻型车、山地车、赛车为主。2000年，区内有自行车、电动车、摩托车销售网点490家，从业人员1100余人；全年销售自行车7800辆，销售摩托车、电动车1.5万余辆；销售总额8000余万元，比1995年增长3.1倍。

2001年，区内城乡居民收入不断增加，居民出行的交通工具不仅要求速度快，更讲究乘坐舒适安全，自行车逐步下降，摩托车、电动车不断增多，一部分高收入人群开始购置家用汽车。2005年，吉利汽车在九华工业园投产，并设汽车交易示范厅和4S维修点，为区内首家汽车生产交易市场。2007年，区内有汽车销售网点25家，从业人员420人；自行车、摩托车、电动车销售网点420家，从业人员2.2万人；年销售家用小汽车3200辆，销售电动车、摩托车1.6万辆，销售自行车3200辆；销售总额5.7亿元，比2000年增长6.13倍。

九、通信工具

1988年，境内通信工具主要是固定电话机，首先只有机关、企事业单位安装，一般居民家庭安装很少，邮电部门独家经营，全年销售电话机3200台，销售总额68万余元。1992年，区内开通移动通信业务。每台移动电话（大哥大）1.5万元左右，全区共销售122台，一般为行政单位及企事业单位负责人作为公务用，居民很少有。1993年，全区销售固定电话机4000台、无线寻呼机（BP机）1500台，销售总额640余万元，比1988年增长8.41倍。

1998年，固定电话资费降低，居民家庭安装固定电话机的数量增加，全年销售固定电话机4万余台、BB机3万台、移动电话机（俗称手机）4500台，销售总额4000万元。1999年，由于移动电话机的使用逐渐增加，

BB机的使用被淘汰，无线寻呼业务停止。区内销售固定电话机30000台、移动电话机2.5万台，全年销售总额2.3亿元，比1993年增长34.94倍。

2000年，区内除中国电信、中国移动、中国联通、中国铁通设有专店销售固定电话机、移动电话机外，还有华丰通讯等3家个体私营通信器材经营点；通信工具市场竞争激烈，销售价下降，城乡居民家庭安装电话机和个人购买手机迅速增加。全年共销售固定电话机1.8万台、移动电话机5万部。2001年始，由于居民收入不断增加，通信技术不断进步，产品更新换代迅速，话费不断下调，通信工具销量逐年上升。2007年，全区销售固定电话机2万台、移动电话机9.4万部，销售总额4.7亿元，比1999年增长1.04倍。

第三节 专卖商品经营

一、石油

1988年，境内石油产品经营实行计划内与计划外"双轨制"供应。有市石油公司的加油站12个，从业人员280人。全年销售石油1.05万吨，销售总额1210万元。1989年，在石油供应较紧张的情况下，根据市政府关于石油供应"保证重点、兼顾一般、控制消费、合理安排"的原则，把保障石油供应列为政府工作的重点工程，在银根紧缩、资金紧缺的情况下，政府协调银行为石油公司贷款，确保生活物资的调运和公共交通正常运行。1990年，受国际上海湾局势影响，石油市场秩序紊乱，非法经营石油、哄抬油价现象严重，政府加强成品油市场管理和整顿，取缔非法个体加油站点，规范市场行为。1993年，区内出现个体经营加油站以及农机部门设立的加油站，石油市场出现全面竞争。有加油站16座，从业人员450人；年销售石油1.64万吨，销售总额2156万元，比1988年分别增长56.19%和78.18%。

1995年，贯彻国务院《关于改革原油成品油流通体制有关问题通知》精神，区内加强对石油市场的整顿，取缔非法经营成品油网点，成品油经营单位有所减少。有加油站21座，从业人员510人；全年销售石油2.45万吨，销售总额5920万元，比1993年分别增长49.39%和174.58%。1998年，执行国家发改委对成品油制定的行业指导价，石油价格稳定。有经营许可证的加油站36座，加油采用加油机。2000年，有加油站30座，从业人员1000人；年销售石油4.52万吨，销售总额1.18亿元，比1995年分别增长84.49%和99.32%。

2004年，有中石化和中石油两大集团新建和收购的加油站10座。石油市场出现"点对点、面对面"的竞争局面，石油市场竞争激烈。2005年，有加油站40座，从业人员1200人；年销售石油5.5万吨，销售总额2.06亿元，比2000年分别增长21.68%和74.58%。

2006年，各油库和加油站加强硬件建设，改善服务态度，提高服务质量，安装IC卡和POS机，方便顾客加油。2007年，区内有加油站46座，从业人员1600人；年销售石油6200万吨，销售总额2.58亿元，比2000年分别增长37.17%和118.64%。

二、烟草专卖

1988年，根据《烟草专卖条例》，境内有烟草专卖局（公司）设立或经批准设立的烟草专卖点、零售网点526家，绝大多数南杂副食店设有烟草专卖柜台。全年销售卷烟2.51万箱，销售总额3937万元。1992年，卷烟零售价格放开。1993年5月，区内发放烟草批发零售许可证1760个，经营户持证向市烟草公司批发香烟经营。1995年，全区销售卷烟2.86万箱，销售总额1.18亿元，比1988年分别增长13.99%和199.72%。

1996年，区内有长沙卷烟厂设的联销点85个，并配置统一标识和货柜。1999年，各经销点由市烟草局实行配送制。2000年,湘潭市烟草公司在湘亚宾馆成立销售烟草行业首家卷烟零售超市。全区有烟草零售网点3000余家;年销售卷烟2.22万箱,销售总额1.14亿元,比1995年分别下降22.38%和3.39%。

2001年,按照市烟草公司"一户一证、一户一档、一户一责任"的要求,区内建立卷烟经营户文字和电子档案,实施烟草专卖户籍化管理。2005年,有烟草零售网点2510家,年销售卷烟2.52万箱,销售总额2.52亿元,比2000年分别增长13.51%和121.05%。2007年,有烟草零售网点2710家,销售卷烟2.89万箱,销售总额3.06亿元,比2005年分别增长14.68%和21.43%。

三、食盐专营

1988年,境内食盐仍然实行专营,国有、集体副食南杂商店和农村供销社均有食盐销售;每公斤零售价格3元,散装出售,食盐卫生状况较差。共销售食盐4690吨,销售总额121.8万元。是年起,食盐改为小包装袋供应,每袋500克,卫生状况得到改善。1991年,全区贯彻落实国务院《盐业管理条例》,打击盐业私运、私销以及假冒伪劣等违法行为,规范盐业运销正常秩序,维护食盐专营市场的稳定。1993年,区内共销售食盐2155吨,销售总额190.8万元,比1988年分别减少54.05%与增长56.65%。

1994年,食盐价格上调,每袋食盐(500克)零售价0.5元。为保证群众食盐安全,区内实行"食盐零售许可证"制度,全区经市盐务局批准,发放"食盐零售许可证"420个,食盐市场经营进一步规范。1995年,全区城乡实行加碘防伪小包盐供应,让居民吃上"放心盐"。1998年,推出富含钙、铁、锌、硒等人体所需的微量元素食盐上市供应,群众自由选择。2000年,食盐销售网点由市盐业公司实施食盐配送制度和食盐零售许可证制度,食盐零售价格上调至每袋(500克)零售价1元。全区销售食盐1910吨,销售总额212万元,比1993年分别减少11.37%与增长11.11%。

2005年,纸膜袋包装食盐上市,食盐零售价格上调至每袋(500克)1.3元。全区销售食盐1899吨,销售总额275万元,比2000年分别减少0.58%与增长29.72%。2007年,食盐零售价格未变。全区销售食盐1850吨,销售总额371.2万元,比2005年分别减少2.58%与增长34.98%。

第四章　服 务 业

第一节　餐饮业

1988年,境内有国有、集体、个体三种经营体制。国有餐饮业有湘潭饭店、福星楼餐馆、洞庭春大酒店等,都属市饮食服务公司管理;集体性质的餐馆有东风大酒店、昭潭饭店等;个体饮食业一般以经营早点面食快餐为主。有饮食网点450家,从业人员2600人,营业收入2680万元。1989年后,个体餐饮业逐步兴起,一批具有乡土风味的特色餐饮陆续出现,十七总的"河鱼"、平政路的"龙虾"、人民路的"魔芋鸭"等都是市民喜爱的菜肴。新梁街、大墨巷等街巷个体餐饮店云集,被市民誉为"好吃一条街"。1991年,境内有国有、集体、个体饮食网点958个,从业人员4300人,营业收入3870万元,比1988年分别增长112.89%、65.38%和44.41%。

1993年起,区内饮食行业深化改革,国有、集体饮食店实行改制,逐步退出市场;但福星楼等名店仍继续经营,餐馆特二级厨师肖厚培被评为湖南省烹饪行业劳动模范。个体私营餐饮业迅速发展,夜市兴起,在河边、街边及人口稠密处摆摊设点,以蒙古包式经营,太阳伞遮盖,彩灯点缀,吸引顾客,经营小炒为主,每桌50

元左右。2000年，国有餐饮企业只留下民主路与解放南路交叉处的维生米粉店，经营米粉、锅饺，并实行24小时营业，其他全部退出经营，个体私营餐饮企业占领市场。李家菜园、湘里人家、湘潭大酒店等私营企业，装饰美观，配备空调、包厢，员工统一着装，餐饮舒适，受到广大顾客欢迎。全区有饮食网点2380家，从业人员8950人，营业收入2.32亿元，比1991年分别增长148.43%、108.14%和499.48%。

2001年，进城务工人员增加，个体私营餐饮业迅速发展。金御食府、嘉园大酒店、融城大酒店、华星大酒店、广州大酒店、龙腾大酒店、琴岛大酒店、金三角大酒店和一批土菜馆、茶酒楼、酒吧等老店不断扩大规模，新店陆续开业，肯德基、麦当劳、米萝咖啡、桂林人等中西快餐店先后入驻区内繁华商圈；海阔天空等茶酒楼推出休闲餐饮，深受消费者青睐。区内餐饮业适应市场需求，提高企业品牌，不断创新名菜、名点；福星楼大酒店、李家菜园餐饮有限公司、桂林人快餐店等知名餐饮企业精心制作的“福星富贵肘”“锅仔羊肉”“百烩灌汤鱼丸”“铁板墨鱼仔”“干锅柔嫩鱼”“手撕羊肉”“玫瑰豉油鱼”“湘西腊肉”“红烧鲍翅”“酥莲明虾球”“黄金条面包”“老婆饼”“黑芝麻薄饼”“至尊比萨”“日式炒面”等名菜名点不断推陈出新。2005年，区内有餐饮店4300家，从业人员15480人，营业收入6.8亿元，比2000年分别增长80.67%、73.18%和193.10%，此后餐饮业稳步发展。

2007年，区内有餐饮店4500家，从业人员17450人，营业收入7.5亿元，比2005年分别增长4.65%、12.90%和10.29%。

附录

酒店简介

洞庭春大酒店

洞庭春大酒店原址在中山路，始建于清朝中晚期的湘潭百年老字号，为湘潭市饮食服务公司管理的国营餐饮企业。其烹饪技艺独持，取湖湘之上等原料，施以炸、溜、炒、爆、烩、煨等方法，烹制出美味佳肴，其色香味形一应俱全。什锦海参、大烩鱿鱼、红烧鱼肚、冰糖湘莲等传统湘菜，辅以美味可口的脑髓卷、银丝卷等面点，颇受顾客青睐。1995年因改制而关闭。2007年，湘潭籍人转业干部李雀平出资，将酒店搬迁至韶山东路38号。重新打造洞庭春酒家，除传承原有饮食特色外，融入浓厚的书画、文学氛围，既是宴请的场所，又是文化名人相聚吟诗作画休闲餐饮之处。全国政协原副主席毛致用亲笔题写“百年老店洞庭春”。是年，营业收入800万元，缴纳税金40万元，从业人员70人，其中安排下岗人员20人。

红月亮大酒店

1991年，湘潭红月亮电影院干部李泽林下海经办红月亮酒家，该店位于雨湖路。1998年，搬迁到大湖路1号，称红月亮大酒店。营业面积4000平方米。2003年，在河东大道设红月亮大酒店分店、营业面积4000平方米。酒店设餐饮部、咖啡茶道部、会议厅等，是集餐饮、商务、会议、休闲于一体的酒店。以装修大气，设施高档，讲究企业文化著名，陈列有巨幅《岳阳楼》等高档书画艺术珍品，管理先进，服务上乘，首创的剁辣椒鱼头为湘潭市十大名菜之首，且远近知名。多头鲍鱼，冰糖燕窝等大菜的制作也得到中国烹饪协会的高度评价，并被吸收为中国烹协的团体会员，被评为湖南省诚信文明企业。为湖南湘菜名店、湘潭市十大餐饮名店。2007年，营业收入1000万元。从业人员90人，缴纳国家税收80万元。

嘉园大酒店

湘潭市嘉园大酒店隶属于湘潭市嘉园商务有限公司，位于韶山东路18号。2006年6月开业。酒店有餐饮、客房、商务会议三个功能服务区，其中餐饮拥有宴会厅、大厅、豪华包厢9个，可同时容纳320人就餐。大厅装潢考究，包厢典雅温馨。酒店菜肴以湘菜为主，兼有粤、川等地方特色名菜。客房拥有豪华双单间、娱乐房、商务房、豪华套房，可同时接待150人住宿。酒店还有2000平方米停车场、会议室、商务中心、KTV及电脑城和备用电源、卫星电视、直饮水、环保油烟系统、中央空调系统、双架观光电梯等设施。2007年，从业人员235人，营业收入1790万元。缴纳税金103.3万元。

第二节　住宿业

1988年，境内宾馆旅社有国营、集体两种经营体制。有市委、市政府设的湘潭宾馆和市政府一招待所；湘潭市饮食服务公司所属湘潭饭店、湘亚宾馆等都设有旅社部；江麓、江南等国有大中型企业办有自己的宾馆或招待所；只有少量集体性质的旅社。共有宾馆、招待所、旅社36家，客房340间床位1200个，从业人员480人，营业收入720万元。1990年，商务往来增加，宾馆、旅社发展加快，开始有居民经营小型旅社。湘潭布市、砂子岭市场等商品市场周边和城乡接合部建立规模较大的招待所和个体私营旅社。1993年，市一招待所扩建改造为档次较高的莲城宾馆。少数企业招待所停业关闭。区内有宾馆、旅社92家，客房2800间床位8200个，从业人员880人；营业收入4200万元，比1988年增长4.83倍。

1996年，国营、集体宾馆旅社实行改制，逐步退出经营，私营旅馆逐渐增多，设施不断完善，功能提升。湘潭宾馆、鸿达宾馆、红叶宾馆、金鑫宾馆、华星大酒店、东风大酒家等集住宿、餐饮、娱乐、休闲于一体，方便旅客居住。2000年，区内有宾馆、旅社154家，客房4650间床位1.39万个，从业人员2560人；营业收入6190万元，比1993年增长47.38%。

2001年，志成宾馆、琴岛宾馆、龙腾宾馆、金三角宾馆、嘉园大酒店等先后在区内开业，并以中高档或经济型多家连锁店模式经营，服务及配套设施更为完善。2005年，区内有宾馆、旅社208家，客房6680间床位1.45万个，从业人员2760人；营业收入1.28亿元，比2000年增长106.79%。2007年，区内中档旅馆逐渐增加，各宾馆旅社在完善服务设施、搞好环境卫生、改善服务态度、提高服务质量的同时，为适应不同层次顾客的需要，推出各种优价房、午夜房、钟点房、电脑房等，增加营业收入。区内有宾馆、旅社340家，客房7640间，床位1.64万个，从业人员2800人；营业收入1.57亿元，比2005年增长22.66%。

第三节　照相、美容美发业

1988年，境内有市饮食公司开设的曙光、红月亮等国营、集体照相馆及个体照相馆10余家。以国营环球美发厅为代表的美发店26家，从业人员310人，农村有理发人员350人，照相、美发业收入650万元。国营、集体照相馆、理发店由于体制等问题，人员冗余，劳动效率不高。此后，国营、集体企业不断进行改革改制，逐步退出经营领域。个体照相馆、理发店迅速发展。1989年，原雨湖区政府干部张放华辞职“下海”，办起湘潭市第一家个体美容店。城正街道待业青年陈幼雄,自主创业,深入农村,走家串户,为农民“拍照”,开区内个体照相之先河。农村理发人员开始在集镇自立门户经营美容美发。至1995年,区内有照相、美容美发个体经营户320家,从业人员2250人;年营业收入2480万元,比1988年增长281.54%。

1996年,区内出现世纪风、大世界、新一派、燕子坞等一批规模较大、档次较高的美容美发店,因环境舒适、服务周到,发型款式多样,很受顾客欢迎。是年,婚纱摄影和儿童艺术摄影等门店兴起,照相市场拓宽。至2000年,区内从事照相、美容美发的个体经营户460家。从业人员1190人。年营业收入4350万元,比1995年增长75.40%。

2001-2005年,世纪风、俊丝、天后、雅芳等美容美发专业培训和专门的女性美容、美体店的兴起,美容美发更显时尚。2006年,专业美容美发店推出连锁经营模式,照相行业推出预约公园和野外婚纱摄影,服务方式灵活多样,服务内容丰富多彩。2007年,区内有从事照相、美容美发的经营户680家,从业人员2000人;年营业收入5470万元,比2000年增长25.75%。

第四节　维修服务业

1988年,境内维修行业有铝制品、白铁制品、鞋类、修锁配匙、家用电器、自行车、摩托车和汽车修理等,以个体经营为主。共有各种修理网点260个,从业人员420人,营业收入450万元。1989年以后,维修服务行业不断扩大,家用电器维修网点增多。至1995年,区内有各种修理网点340个,从业人员880人;营业收入1500万元,比1988年增长2.33倍。

1996年,步步高等超市开办维修业务。随着各类交通工具的发展,汽车定点修理厂和摩托车、电动车修理网点增多,仅宝庆路从事汽车修理、配件供应、汽车美容装饰的网点就有60余个,形成汽车修理一条街。家用电器、计算机的应用和普及,电脑修理专店不断发展。至2000年,区内有各种修理网点420个,从业人员1100人;营业收入2200万元,比1995年增长45.45%。

2001年,区内各种修理服务出现多家连锁经营模式。三马汽车修理中心设有连锁店,汽车维修设备齐全,电脑检测配备专业技术人员。驻区单位市正好家电维修公司修理技术好,服务质量高,颇受顾客欢迎。至2005年,区内有各种修理网点580个,从业人员1800人;营业收入3200万元,比2000年增长45.46%。

2007年,各维修经营厂(店)不断改善服务态度,提高服务质量,参与市场竞争。冰箱、彩电、空调、洗衣机等家电维修一般有专车免费上门接送,或只要拨个电话就可以上门维修。汽车维修实行“AAA”质量信誉考核。区内有各种修理网点660个,从业人员2100人;营业收入4200万元,比2005年增长31.25%。

第五节　娱乐休闲业

1988年,境内有录像厅、电游室、桌球室、棋牌室等休闲、娱乐服务场所150家,除区文化馆外,其他均为个体经营。从业人员800人,营业收入450万元。此后,卡拉OK厅、足浴城、中档次的歌舞厅日渐增多。1993年,原专署大礼堂改建成东方红演艺中心,面积2200平方米,设有座位980个,环境舒适,设施完善。工人文化宫的百乐门夜总会、小华天夜总会、美蝶宫歌舞厅等均是规模较大的娱乐中心。华银KTV成为居民唱歌的首选场地。平政路聚富大厦四楼建成高档保龄球馆。1996年,区内有休闲娱乐服务场所340家,从业人员1860人;营业收入2700万元,比1988年增长5倍。

1998年,福建人陈玉琳投资100万元,在九汇沟兴建怡兰洗浴中心,设有池浴、盐浴、盆浴、桑拿浴,开全市高档洗浴先河，成为时尚休闲。网吧开始成为青少年喜爱的娱乐场所。但因不少青少年学生迷恋网络游戏，经常出入网吧，影响青少年成长。区公安、文化部门进行整治。由于影碟机普遍进入市民家庭，录像厅逐渐消失，桌球室不断减少。至2000年，市农村信用社职工陈琳投资5万元在雨湖路兴办上之苑茶艺馆，内设古筝、文房四宝、字画，传统茶座提升为优雅的、高品位的休闲场所。是年，有各类休闲娱乐场所560家，从业人员2600人；营业收入9000万元，比1996年增长233.33%。

2002年，区内足浴、洗浴、按摩（包括盲人按摩）行业迅速发展。阳光足浴城档次较高。八仙桥沿雨湖公园一带，环境优雅、空气新鲜，茶座、麻将、棋类、牌类等私营摊点几十处，以老年人消费为多，成为区内一大亮点。2007年，区内有歌舞厅、卡拉OK厅、电游厅、网吧、酒吧、音乐茶座、足浴、洗浴、按摩等休闲娱乐服务场所760家，从业人员4400人；营业收入1.8亿元，比2000年增长1倍。

第六节　计算机应用服务业

1988年，境内尚无计算机应用服务业。1990年起，文书处理向现代化发展，一些个体户购置电脑、打印机、复印机等设备开办打字复印社，从事计算机应用服务。区内有个体打字复印社38家，从业人员60人，营业收入90万元。1993年，一些复印社购置先进设备，扩大经营范围，开展制图、彩印、扩印和广告业务。至1995年，全区有计算机应用服务的个体户160家，从业人员280人，营业收入500万元，比1990年增长455.56%。

1996年，计算机应用服务扩大到电脑雕刻图章、制作门店招牌、先进广告创意设计和广告制作等多种项目。手工刻章行业以及配锁行业逐步被淘汰，被计算机取代。至2000年，区内有经营计算机应用服务的个体户280家，从业人员600人，营业收入950万元，比1995年增长90%。

2001年始，计算机应用服务科技含量提高，开始运用到家装设计、大型广告、喷绘彩绘制作美化城市的发光字牌、彩印书籍图片等范围。同时，从事电脑维修、网络设计的经营户也不断增加。2007年，区内有经营计算机应用服务的个体户360家，从业人员1000人；营业收入2000万元，比2000年增加110.53%。

第五章　对外经济

第一节　对外贸易

1988年，境内没有专业外贸公司，由湘潭市专业公司收购出口商品，是年，出口商品收购总值2185万元。

1991年7月，由城正街道街办企业湘潭市食品饮料机械厂生产的年产5000吨含碳酸饮料生产线设备，销往俄罗斯的乌苏里克斯，区街企业以技术、设备出口，实现零的突破，成为湘潭市区街企业中第一家向国外出口成套技术设备的厂家。1992年，驻区国有大型企业江麓机械厂获自营进出口权，成立进出口公司。1993年，在纪念毛泽东100周年诞辰暨1993湘潭经技贸洽谈会期间，全区有95个单位提供7大类300多个产品参展，邀请境外客商268人，洽谈贸易成交额1.68亿元。1994年，区委、区政府加强对外经济贸易工作，成立对外经济技术协作办公室，当年7月，在广西南宁举行的国际博览会上，湘潭市淀粉厂获得精制玉米粉、药用玉米粉2项国际金奖，在中国保健食品博览会上获得精制玉米淀粉、药用玉米粉、药用糊粉、工业淀粉4项金奖,成为雨湖区获国际金奖最多的企业。是年,区内进出口贸易额345万美元。

1995年,在金都大市场召开湖南(湘潭)秋季商品交易会,全省各地州市参展品种1000多个,邀请境外客商35人,签订商品购销合同21个,其中对外贸易成交200万美元。1997年起,贯彻落实市政府《关于进一步加快外经贸发展的若干意见》,银行、税务为外贸出口提供资金,出口退税等方便条件,加强业务调度,区内国有大型企业成为进出口贸易主力军。是年,江麓机械厂出口施工电梯2624台、单车5000辆;先锋集团公司瘦肉型猪出口数量增多,成为"全国先进出口企业"。驻区湘潭锰矿加大技术改造,提高冶炼技术水平,增强出口产品生产能力,锰铁、电解金属锰、电解二氧化锰出口创汇达到140万美元。至1998年,累计出口锰铁2.12万吨,自营出口电解金属锰2414吨,金属锰锭343吨,创汇635万美元,被评为湘潭市出口创汇先进单位。2000年,区内进出口贸易额2485万美元。

2001年,区委、区政府加强对外贸易出口基地建设,拓展出口领域。2005年,江麓机械厂生产的"江麓"牌塔吊和施工电梯出口到印度、印度尼西亚、阿联酋、卡塔尔等东南亚和中东市场,对外贸易取得重大突破。是年,全区进出口贸易额4240万美元。2007 年,区内国有大型企业和平安电器集团、恒盾集团等民营企业成为进出口贸易大户。区内进出口贸易额5375万美元。

1994-2007年雨湖区对外贸易情况

14-4-1-1

年 份	进出口贸易总额(万美元)	
	出 口	进 口
1994	330	15
1995	458	27
1996	527	38
1997	548	85
1998	778	98
1999	550	–
2000	2155	330
2001	2570	450
2002	2835	870
2003	3018	1020
2004	3045	980
2005	3125	1115
2006	3250	1220
2007	4025	1350

第二节　外资引进

1988-1992年，境内无外资企业。

1993年，区内湘潭市商贸工业特区成立，招商引资开始起步，当年引进外资项目5个，与台商范姜国华合作经营共同开发宝庆西路两侧2.67公顷土地，中港合资企业汇源房地产开发公司投资560万元开发土地4公顷，建成商品房8栋。1994年，引进香港客商，成立湘潭鼎立房地产开发公司，至是年底，全区有港（台）企业3家，完成产值2540万元。1995年3月，驻区江麓机械厂与中国北方工业投资有限公司属下的英属维尔京群岛第一机械有限公司共同投资兴办中外合资湖南江麓——浩利工程机械有限公司，江麓机械厂出资65%，以厂房、设施、技术及工业产权作价投资，外方出资35%，主要从事塔式起重机、施工升降机、振动压路机、桥吊设计开发制造。1996年，区内区属"三资"企业10家，完成产值9251万元。

1997年，区委、区政府出台《关于进一步加强招商引资工作若干规定》，为投资者在雨湖区投资兴业提供优惠政策。是年，香港客商投资兴办真善美餐饮娱乐企业。1998年，全区引进外资达到560万美元。

2000年起，区委、区政府把招商引资作为全区实现经济跨越发展的第一菜单，定期召开外资企业恳谈会，治理外资企业外部环境。是年，为外资企业协调解决经济纠纷100多起。其中立案查处50起，为外资企业创造良好的投资环境。台商独资企业万润实业公司新增投资60万美元，更新改造企业设备；凌天科技投资1000万元，收购顺风空调设备；香港联升贸易有限公司与恒盾厨具合资开发竹制品项目；驻区湘潭锰矿盘活有效资产，与香港佳力公司签订租赁经营冶炼1、2号生产线合同，不仅增加企业活力，而且使560多名下岗职工获得就业机会。区有关部门先后组织区内企业参加"2002湖南（上海）经贸合作活动周""广交会""首届中国中部投资贸易博览会""湘台经贸合作论坛""齐白石国际文化艺术节"等活动，宣传推介雨湖区优越的投资环境。2003年，区委、区政府制定招商引资奖励办法，促进招商引资工作的开展。引进外资1347.2万美元，区内外资企业27家，完成产值2.30亿元。

2005年，区委、区政府出台《关于加强招商引资和项目建设的决定》，利用城市闲置资产和关停企业的设备厂房招商引资，重点引进战略投资者。驻区步步高连锁超市与美国最大的自愿连锁组织IGA签订合作协议，提升招商引资的规模和质量。2007年，区委、区政府对引进外资有功人员制定奖励办法，引进战略投资者，按实际到位资金的1%计奖，引进外来投资单项500万元以上，参与国家鼓励类产业的生产项目，按实际到位资金的1%计奖，引进单项500万元投入教、卫、文、体及社会事业的按实际到位资金5‰计奖。是年，区内外资企业27家，引进外资2932万美元，全区5个单位21人获得奖励，奖励金额40万元。

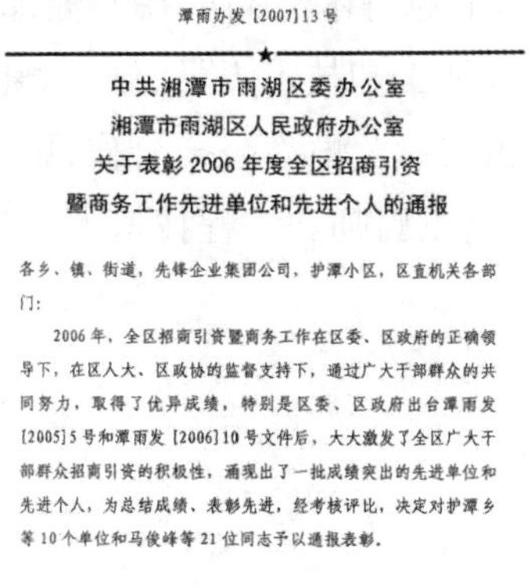

中共湘潭市雨湖区委办公室文件

潭雨办发〔2007〕13号

中共湘潭市雨湖区委办公室
湘潭市雨湖区人民政府办公室
关于表彰2006年度全区招商引资
暨商务工作先进单位和先进个人的通报

各乡、镇、街道，先锋企业集团公司，护潭小区，区直机关各部门：

2006年，全区招商引资暨商务工作在区委、区政府的正确领导下，在区人大、区政协的监督支持下，通过广大干部群众的共同努力，取得了优异成绩，特别是区委、区政府出台潭雨发〔2005〕5号和潭雨发〔2006〕10号文件后，大大激发了全区广大干部群众招商引资的积极性，涌现出了一批成绩突出的先进单位和先进个人，为总结成绩、表彰先进，经考核评比，决定对护潭乡等10个单位和马俊峰等21位同志予以通报表彰。

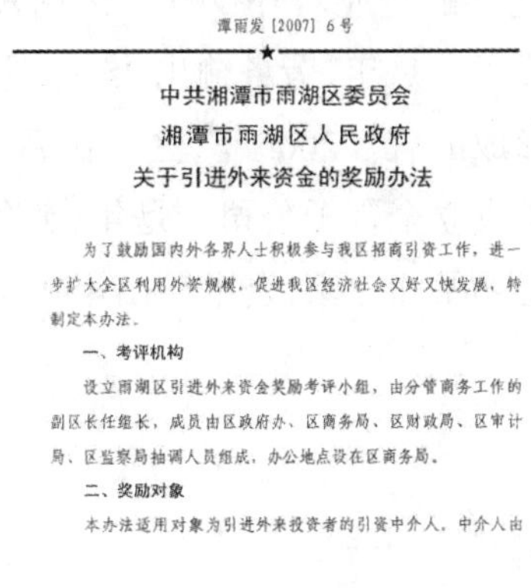

中共湘潭市雨湖区委员会文件

潭雨发〔2007〕6号

中共湘潭市雨湖区委员会
湘潭市雨湖区人民政府
关于引进外来资金的奖励办法

为了鼓励国内外各界人士积极参与我区招商引资工作，进一步扩大全区利用外资规模，促进我区经济社会又好又快发展，特制定本办法。

一、考评机构

设立雨湖区引进外来资金奖励考评小组，由分管商务工作的副区长任组长，成员由区政府办、区商务局、区财政局、区审计局、区监察局抽调人员组成，办公地点设在区商务局。

二、奖励对象

本办法适用对象为引进外来投资者的引资中介人，中介人由

1998-2007年雨湖区直接利用外资情况

14-4-2-1

年　度	利用外资(万美元)
1998	560
1999	258
2000	611
2001	820
2002	630
2003	1347.2
2004	2016
2005	2757
2006	2745
2007	2932

第三节　劳务与资本输出

1988-1996年,境内无劳务与资本输出。

1997年,湘潭市成立对外劳务合作中心后,区内有少量劳务输出。1998年,劳务输出68人,主要是厨师和建筑施工人员,被派往德国、新加坡、马来西亚等国从事劳务服务。1999年,区内民营企业湘潭神州龙实业有限公司总经理龙碧玉(女)投资206万美元,在阿尔及利亚创办加工贸易企业,获外经贸部的“境外带料加工业务许可证”,在全省率先实现对外资本输出零的突破。到2001年,该公司在阿尔及利亚取得良好经营业绩,加工贸易达120万美元,实现利润30万美元。时任全国人大常委会委员长李鹏在阿尔及利亚访问,对该公司予以充分肯定。2002年,根据国家、省、市坚持“引进来”和“走出去”相结合的精神,全面提高对外开放水平,在更广领域和更高层次上参与国际经济技术合作和竞争,充分利用国际、国内两个市场、两种资源,鼓励和支持有比较优势的企业对外投资。区内民营企业湘潭金冠竹木制品厂在非洲加纳共和国注资开办创非国际黄金有限公司。是年,劳务输出25人,主要是厨师、缝纫工和技术人员,派往德国、越南、马里等国,“湘潭厨师”在德国形成品牌。2005年,区内民营企业恒盾集团与荷兰恒辉公司合作,申报荷兰援华项目,并在美国的拉斯维加斯成立全资子公司。是年,劳务输出85人,仍以厨师和工程技术人员为主。2007年,劳务输出128人,在境外创办企业3家,资本输出450万美元。

第六章 旅 游

第一节 旅游资源

一、人文历史景点

境内人文历史旅游景点有:临江峭壁如刀砍斧削般的**陶公山**。上下两层木结构、大门前塑湘潭古城全景、始建清乾隆初年、江南唯一祭祀鲁班的**鲁班殿**。朱墙环绕、气势宏伟、黄瓦飞檐、始建南宋绍兴元年(1131)的**文庙**。殿宇分前、中、后三进,现存石雕、木雕、泥塑、碑刻、匾额、楹联400余件,始建明万历年间,供奉关羽的**关圣殿**。飞檐业业,铁马鸣风,雕梁画栋,楼前湘江澄碧如带,潇湘八景之一的远浦归航,始建明万历四十三年(1615),楼居潭州第一雄的**万楼(文昌阁)**。湘潭百姓为纪念东晋长沙郡公陶侃政绩,在陶公山上而建的**陶侃墓**(衣冠冢)。清顺治六年(1649),入潭督师抗清,兵败被俘不屈,就义于流水沟,墓建于陶公山上的**何腾蛟墓**。清光绪二十二年(1896),民主革命著名烈士秋瑾的故居**义源当**。唐高宗时,褚遂良被贬为潭州都督,为始建于晋的石头寺题写大唐兴寺石额,故更名的**唐兴寺**。相传为陶侃钓鱼台、望岳(因可望见南岳衡山)亭旧址,民国21年(1932)所建亭分三层的**望衡亭**。因邻近唐兴寺,清初始建单孔石拱桥,两旁望柱(34柱)上雕有狮、兔、猴等兽的**唐兴桥**。清末原守备衙门改建,室中安放民主革命先驱刘道一塑像,两边悬挂孙中山和黄兴挽诗,周谷城题写祠名的**刘烈士祠**。亭建精巧、重檐四角,始建宋代的**夕照亭**、**万寿宫**、**唐氏义门**、**双壁无瑕**、**抗日阵亡将士纪念碑**、**海会寺**、**佛教禅林**、**窑湾汽车站**等景点56处。

二、城市休闲园林

境内休闲园林有雨湖公园、和平公园、白石公园、杨梅洲公园以及护潭广场等大大小小的街心公园。

雨湖公园 位于雨湖路,因地势低洼,积雨成湖而得名。历来为湘潭风景名胜地,自古就有“垂柳碧孤塔,夕阳红半桥”的名句传诵。雨湖分前、中、后三湖,占地约12公顷。湖中修筑有风格迥异的七星、八仙两座桥梁,桥拱宽大。前湖为风景精华区,水明如镜,垂柳依依,湖畔亭台楼阁错落,曲廊相连,风姿秀丽。南岸有风竹庵、陶公祠、斗姥阁、万寿宫等古迹。园内除修复原有的双璧坊、夕照亭等名景外,还新建儿童乐园、水榭、风车、花圃、温室等。园内的“长堤烟柳”“鳌山夕照”“双璧无瑕”“曲港鱼跳”“七星踏雪”“八仙醉月”“沿湖观涨”“平湖晚眺”“长寿亭寺”“凤竹弹钟”等十景远近闻名。这里经常举办花卉、书画、摄影等各种展览,为湘潭市民和外地游客娱乐、休息的中心场所。特别是每到菊花盛开之时,园内各类菊花争奇斗艳,美不胜收,为湖色增添无限风情。

和平公园 位于建设北路,曾名湘潭公园,抗日战争胜利后改称和平公园。总面积8.42公顷,水面为1.02公顷,是境内一座具有森林气候的公园。公园以百花台景区为核心,遍种樟、桂、楠树及玉兰、银杏等乔木100余种,地栽盆景、花卉、竹等600余种4万多株,绿地覆盖率达80%以上,其中林地占总面积70%以上。园内11株罗汉松桩景有百余年历史,虬枝盘空,苍翠欲滴,是公园镇园之宝,也是全省仅存唯一的罗汉松桩景。公园仅存的一株百年香樟树为国家保护树种,一年四季常青,枝繁叶茂。园内8株树龄悠久、享有活化石之称的银杏树更是树形优美、树干挺拔、硕果累累,叶片金黄,成为公园一道独特的风景线。园内设游乐项目20余种，建有苗圃、动物园、花卉展室、旱冰场、小卖部、钓鱼场、烧烤场、荷池、茶室、长廊等。其中，动物园设有百鸟园、鸵鸟场、小熊猫馆、矮马场等七大特色展区，引进动物20余种共1000多只。现存国家一级保护动物29只、国家二级保护动物73只、国家三级保护动物7只、园区动物共计429只。

湘潭烈士陵园 位于区内陵园路。陵园坐西朝东，占地2公顷。园门正中立有“革命烈士永垂不朽”纪念碑。碑高4米余，宽3.6米，碑座高0.73米，宽3.83米。登上南北两端25级花冈石台阶可达陈列馆。陈列馆是陵园的主体建筑，砖混结构，面积1316平方米。玻璃门上首有汉白玉镌刻的“浩气长存”4个金色大字。陈列馆第一展室陈列着第一次国内革命战争时期、土地革命战争时期、抗日战争时期、解放战争时期所牺牲的10名湘潭籍革命烈士、志士的遗像、简介及证书、奖章、日记、诗词、书信、衣被、用具等物。第二展室陈列着抗美援朝、历次剿匪战斗、对越自卫反击战与其他战线牺牲的毛岸英等数十名湘潭籍烈士的遗像、简介及各种遗物。资料室收集各种烈士遗物50余件及萧劲光、王首道、李志民、齐白石、廖静文等人的题词、书画作品110余幅。陵园的南北山坡辟为花园，有树木花卉点缀其间。南侧的花园中，有怀英亭、小桥、水池、假山等建筑。陵园为爱国主义教育基地。

白石广场 位于区内西隅白马湖风景区。主要景点有齐白石雕像、齐白石纪念馆、白石艺术馆及公园亭台、楼阁、假山、湖面等附属景点。公园长约900米，宽约350米，面积26.2公顷，其中湖面6.7公顷，是集纪念、艺术活动、文化休闲、观赏旅游于一体的大型群众性文化景区。白石广场按艺术景观轴、环境景观轴、艺术人生轴三条轴线布局，以画之坊、篆之所、书之台、诗之亭突显齐白石画印书诗“四绝”成就。在景观轴线中央位置设齐白石系列雕像，主像由白石琢成，白袍白髯，岸然卓立。白石广场右侧为齐白石纪念馆，系两层楼仿砖瓦庭院式建筑，馆名为沙孟海先生所题，馆址用地1万平方米，主体建筑2万平方米，具典型的湖湘民居风格，硬山飞檐，白墙青瓦；回廊曲院，抱水依林。馆内陈列有齐白石极其珍贵的绘画、木雕、印章、诗文手札等原作及大量的当代名家作品。

杨梅洲公园 位于区内城东的湘江河道一个美丽的小屿上。杨梅洲长约500米，均宽200米。它四面环水，形如一轮蛾眉初月。西边与古老的窑湾街道隔河相望，东侧是湘江的主航道。由于洲上风光秀丽，可与长沙橘子洲媲美，有“长沙的橘子洲，湘潭的杨梅洲”之说，自古以来就是人们休闲的好地方。元代诗人燮理溥化（字元圃）曾在此触景赋诗。诗云：“枯桑败叶集寒鸦，篱落芙蓉晚见花。有客归来新作主，钓鱼湾处是生涯。”杨梅洲的传说很多，一说洲上过去盛产良种茄子，因味道鲜美无比，民间流传：“过了杨梅洲，莫想吃茄子”。如今的杨梅洲，在烟雨朦胧时风景更加迷人。跨过杨梅洲大桥，首先映入人们眼帘的是一幅多彩的田园风光，空气中飘着菜花淡淡的清香。在洲的最南端是杨梅洲水上公园，该园占地10公顷，是一座集园林、文化、旅游观光于一体的新型公园。三面环水，水波碧澄，园内树木葱茏，野趣盎然。每当秋冬水落，砂纹如绮，落雁颇多，登洲望远，点点白帆，浮现在远处的江面上，呈现出一幅秀美的图画。

第二节　旅游开发

一、产业开发

1988年，境内旅游业很薄弱，许多景点没有开发利用。除居民节假日以及出差人员到景点景区游览以外，批量旅游人员较少。是年，雨湖公园、和平公园接待游客30多万人次。1991年起，杨梅洲公园开发利用，在公园内先后建成天然游泳场、跑马场、野炊场等娱乐场所以及面积1000平方米的山庄别墅；供电、供水及游泳场、更衣室、食品供应站、饮食店、凉亭等设施配套；并在杨梅洲打出一口120米的深水井，解决游客和居民饮水问题；到1992年，共投资212万元，占地10公顷的杨梅洲水上公园正式对外开放。1994年起，区委、区政府加大旅游业开发建设力度，对区内人文历史资源、文物古迹以及自然景区不断进行维修保护和充实内容，逐步加以开发利用。1995年，和平公园、雨湖公园绿化进行配套和完善，并对游乐场所设施全面整修，3个公园接待游客42万人次。但由于没有旅游机构，旅游业开发仍然滞后。1996年，修通通往窑湾石嘴垴的河西大堤公路，兴建十八总（窑湾）广场。1998年，区委、区政府把发展旅游业作为新的经济增长点，不断增加投入，对景点景区进行维修建设，提质改造。2000年，投资15万元，对和平公园百花台景点进行改造，并修建喷泉水池、彩板环路，立体雕塑。雨湖公园职工动手在湖园内增设观鱼池，投放3000多条红鲫和锦鲤，并配以假山与自动喷泉。3个公园接待游客50多万人次，门票与其他收入240多万元。2001年，杨梅洲大桥建成通车并开始建设白石公园，发展以齐白石为代表的历史文化旅游项目。2004年，区政府对窑湾旅游景点开发进行全面规划。至2005年，杨梅洲公园累计投资2000万元，开发建设项目10个。2006年，雨湖、和平、白石及杨梅洲4个公园接待游客66万人次，旅游综合收入7000多万元。2007年，区内建立一批“生态旅游示范村”和“农家乐”。创立“莲城风光一日游”的旅游线路。是年，旅游景点、农家乐及公园接待游客70多万人次，旅游综合收入近1亿元。

二、接待设施

（一）接待宾馆

1988年，境内旅游接待有湘潭宾馆、莲城宾馆与九汇宾馆等3家，其中涉外宾馆只有湘潭宾馆与莲城宾馆。1998年3月19日，湘潭宾馆三星级挂牌，成为区内首家三星级宾馆。

2005年，嘉园大酒店、日出山庄成为三星级酒店。2007年，区内有旅游接待宾馆及酒店13家，拥有床位4000余个，接待游客10多万人次。其中嘉园酒店、湘潭宾馆为三星级宾馆。

附录

湘潭宾馆

湘潭宾馆建于1961年，位于韶山西路199号，占地面积2800平方米，主体建筑为欧式风格，拥有标准和豪华客房165间，格调高雅，设施一流，拥有大小会议室、会客厅8个，是集住宿、餐饮、休闲、会议为一体的综合性宾馆。宾馆系一独立大院，四周有围墙，院内绿树成荫，环境优美。湘潭宾馆是湘潭市首家三星级涉外宾馆，系国有独资企业，为湘潭市委、市政府的对外接待窗口，曾先后接待党和国家领导人60多位。2007年，有客房主楼和配套用房共计31栋，包括客房171间、床位313个，大小会议室、会客厅9个，可容纳450人同时就餐的宴会厅和风格各异的KTV包房15个以及大堂吧、茶室、棋牌室、咖啡厅、商务中心和1812平方米的娱乐城。从业人员180人，营业收入3500万元。

（二）旅行社

1989年，境内第一家旅行社——湘潭中国旅行社成立，从业人员20人，旅游收入60多万元。1995年，湘潭国际旅行社成立，固定资金40万元，流动资金40万元，有一支英语、日语翻译导游和普通话、粤语导游队伍，是区内唯一一家具有经营国际旅游业务资格的二类社。是年，湘潭国际旅行社、湘潭中国旅行社参加“95中国北京购物节”“95中国海南国内旅游交易会”“95中国广州国际旅游交易会”。到2000年，区内有湘潭中国旅行社，湘潭国际旅行社2家，从业人员40余人，年经营收入200余万元。2001年起，贯彻国家关于旅行社的有关政策精神，对旅行社经营业务和管理范围放宽，旅行社迅速增加。2002年，湘潭中国国际旅行社、湘潭中国旅行社先后进行改革。湘潭中国国际旅行社通过改制，实行股份制，更名为湘潭嘉年华旅行社。至2003年，先后成立的旅行社有湘潭市交通旅行社、湘潭市鸿达旅行社、湘潭正大旅行社、湘潭天龙旅行社等。2007年，区内有湘潭嘉年华国际旅行社、湘潭新世纪旅行社、湘潭红太阳旅行社、湖南海外旅游湘潭有限公司、湘潭市青年旅行社、湘潭康辉国际旅行社等旅行社10家，从业人员200余人。接待游客4万余人次，旅行社经营收入3000余万元。

附录

湘潭嘉年华国际旅行社

湘潭嘉年华国际旅行社有限公司成立于2004年，它的前身是有着10余年经营历史的湘潭中国国际旅行社。通过资产重组，改名为嘉年华国际旅行社，并经国家旅游局批准，成为区内唯一具有出境组团资质的国际旅行社。嘉年华国际旅行社以经营国内旅游、入境旅游和出境旅游为龙头，兼营旅游商品等配套产业。国内旅游和入境旅游拥有丰富的经营资质，嘉年华国际旅行社拥有丰富的专业管理人才和外语导游、领队、翻译、外联团队。是年，被市政府指定承办中国(湘潭)环保和企业合作大会、中国(湘潭)齐白石国际文化艺术节等重大活动的外宾旅游接待工作，获得各方赞赏。2005年，拥有注册资金500万元，从业人员25人，接待游客2.5万人，经营收入1600万元，上缴税金320万元。2007年，接待游客、营业收入、上缴税金稳定在2005年的水平。

第三节　旅游管理

1988年，境内旅游业由市旅游局直接管理。对境内基建营、八仙桥、文化宫、人民路、大湖路地段最有特色的饮食区域进行整治与提升。1995年，九汇宾馆通过星级复审。市旅游局对旅游接待宾馆和旅社以及旅行社的管理制度和经营行为不断规范。

2004年，旅游业管理以及项目建设由市旅游局移交区政府，区政府没有旅游局，区商务局代管全区旅游事业。2005年，雨湖区旅游局成立，与区商务局合署办公，两块牌子，一套人马，负责区内旅游管理。区商务局组织区内餐饮业与湘潭旅游美食节的参评活动，打造大湖路旅游接待“白石文化美食一条街”，提升区内餐饮业水平。同时，加强旅游业创建星级单位的管理工作，区商务局根据市旅游局的部署，先后开展“中华环保规划活动”“保护湘江母亲河活动”和中华古树名木及雕塑普查建档工作，加强对景点景区的综合建设，设立旅游宣传窗和旅游广告等。加强与高等院校合作，设立“旅游文博”与“餐旅管理”专业，培养旅游管理、导游等专业人才，组织有关人员参加市级旅游服务技能培训。2007年，根据市旅游局《关于调整饭店星级评定方式的通知》精神和《旅游区(点)质量等级的划分与评定》的具体质量考核办法，区内重新确定湘潭宾馆为重点旅游涉外宾馆；步步高连锁购物商场、心连心连锁购物商场和金湘潭商业广场为旅游涉外定点购物商店。

第七章 金融 保险 证券

第一节 银行业

一、银行网点

1988年，境内有银行业及银行监管机构中国人民银行(以下简称人民银行)湘潭分行、国家外汇管理局湘潭分局(与人民银行湘潭分行合署办公)、中国工商银行(以下简称工商银行)湘潭市支行、中国农业银行(以下简称农业银行)湘潭市支行、中国银行湘潭支行、中国建设银行(以下简称建设银行)湘潭市中心支行6家市级行局；另有湘潭市郊区农村信用合作社联合社及其所属护潭、昭潭、先锋、长城4个农村信用社；河西、城市信用社以及湖南省信托投资公司湘潭市办事处；湘潭市邮电局在境内办有邮政储蓄及汇兑业务；共有营业网点81个。

1989年，雨湖城市信用社、湘江城市信用社、城市信用社联社、建设城市信用社相继成立并开展业务。1992年，由于行政区划变化，湘潭市郊区农村信用社联合社撤销。1993年，由其所属的护潭、昭潭、先锋、长城信用社组建成湘潭市雨湖区农村信用合作社联合社(以下简称雨湖农信联社)。1996年9月，中国农业发展银行(以下简称农发行)湘潭市分行成立并设址区内。1997年7月7日，湘潭城市合作银行成立，河西、雨湖、湘江、建设4个信用社并入其中。1998年5月，湘潭城市合作银行更名为湘潭市商业银行股份有限公司(简称市商行)，行址设车站路7号。

2001年5月24日，湖南省信托投资公司湘潭市办事处撤销。2003年12月，中国银行业监督管理委员会(以下简称银监会)湘潭监管分局成立并设址区内。2005年9月，湖南省农村信用社联合社(以下简称省农信联社)湘潭办事处成立并设址区内。

2007年9月，市商行从区内迁出。有银行业及银行监管机构人民银行湘潭市中心支行、国家外汇管理局湘潭市中心支局(与人民银行湘潭市中心支行合署办公)、银监会湘潭监管分局、农发行湘潭市分行、工商银行湘潭市分行、农业银行湘潭市支行、中国银行湘潭分行、建设银行湘潭市分行8家市级行局。有省农信联社湘潭办事处、雨湖农信联社；市商行下属的河西、雨湖、建设3个管理支行。有湘潭市邮政局在区内所设的邮政储蓄网点。是年，区内有营业网点98个。

二、存款

1988年，境内银行办理的存款业务主要有城乡居民储蓄存款、单位存款、外币存款。年末，银行各项存款余额4.41亿元。1989年，雨湖、湘江、建设城市信用社相继成立，至1992年，城市信用社存款余额为6849万元。年内，为方便储户，促进储蓄，中国银行湘潭支行在境内安装全市首批4台ATM自动取款机。1993年，各银行及城市、农村信用社相继完善和实施储蓄承包责任制，采取多种措施稳定和增加存款。年末，区内银行各项存款余额12.9亿元，为1988年的2.93倍。

1994年，为鼓励居民储蓄，各银行分别推出妇女爱国储蓄、保本保息有奖储蓄、住宅储蓄等新储种。雨湖农信联社居民储蓄存款较上年净增7381万元，其所属护潭信用社成为全市第一个存款过亿元的信用社。

1996年,为建立正常的金融秩序,停办有奖储蓄业务。年内,农发行湘潭市分行成立后,各专业银行继续向商业银行转型,政策性业务与商业性业务分离。是年,工商银行湘潭市支行建设北路储蓄所储蓄余额达1.07亿元,成为全市首家亿元储蓄所。1998年,市电信局与中国银行湘潭分行联合开通境内首家"电话银行"。邮政储蓄开通"绿卡工程"邮储网点前期联网,全市邮政储蓄网点实现通存通兑;新成立的市商行与市妇联联合开展妇女爱国储蓄活动,组织定期储蓄存款1100万元。2000年,银行各项存款余额47.14亿元,为1993年的3.65倍。是年,农业银行湘潭市分行、中国银行湘潭分行相继在区内开办教育储蓄,《中国城乡金融报》对此予以报道推介。

2001年,区内各银行加强网点建设,改善服务质量,优化业务流程和网点结构。中国银行湘潭分行率先推出"免填单"服务,市商行相继推出"夜市银行""汽车银行""电话银行"等特色服务,邮政储蓄在境内开通"邮政通"业务。2002年,全国农业银行系统创建的百家金融超市之一的农业银行湘潭市分行罗源金融超市在区内开业。2005年,办理外币存取款业务的银行达到4家,经营美元、欧元、英镑、港币、瑞士法郎、新加坡元、日元、加拿大元、澳大利亚元等9个外币币种。雨湖农信联社所属先锋农村信用社加强对单位存款的揽存,其客户湘潭民生药业有限公司是一家从事医药产品批发的股份制民营企业,资金流动量大,该信用社坚持每天下午派专人到公司收存营业款,同时信用社还密切配合公司举办产品促销活动,派专人到现场收款,公司成为信用社的"黄金客户",存款累计达5000余万元。2007年,区内银行各项存款余额135.08亿元,为2000年的2.87倍,是1988年的30.63倍。

三、贷款

1988年,境内银行办理的贷款业务主要有农业政策性贷款、工业贷款、农业贷款、商业贷款、基本建设和技术改造贷款、个人消费贷款等,年末,银行各项贷款余额6.43亿元。1990年,针对特色产业的需求,工商银行湘潭市支行重点支持名牌产品龙牌酱油的生产,发放贷款1875万元,酱油产量比上年增加3000吨,销售收入增长17%,实现利税215万元。1992年,改革开放带来房地产的发展,建设银行湘潭市中心支行发放直接建房贷款4000万元,建成住宅7万平方米;发放个人住宅抵押贷款110万元,支持职工购房200多套;同时支持旧城改造代理商——市房地产公司发行住宅建设有奖有息债券500万元,并代收通和、广厦住宅合作社社会入股建房款200万元,发放贷款300万元。1993年,为实现商业的持续繁荣,各银行与信用社加大商业贷款的发放。市供销大厦是年销售额过5000万元的中型商业企业,居全市商业企业第二位,农业银行湘潭市分行对该企业累计发放流动资金贷款1133万元,企业累计实现商品购进总值4584万元,销售收入4838万元,税利217万元。是年,银行各项贷款余额9.95亿元,为1988年的1.55倍。

1995年,湘潭市被列入国家安居工程试点城市之一。各银行和信用社将资金重点投向企业住宅小区和市、县(市)"安居工程"建设。为支持市教委解决城区教师住房困难问题,工商银行湘潭市支行向广源房地产开发公司投放贷款100万元,在市区南盘岭新建教师宿舍46套,面积为4200平方米。为加快境内基础设施的逐步完善,和支持名牌产品的扩大再生产,建设银行湘潭市分行为十四总千吨级水运码头等重点工程发放贷款900万元。农业银行湘潭市分行为湘潭市防爆电器厂生产平安矿用局部通风机贷款700万元,支持该厂进一步实施技术改造,企业实现产值3000万元,销售收入2700万元,利税320万元。1996年,市委、市政府实施"强工富市"的战略。工业贷款重点保证国有大中型企业的资金需要,同时加速民营工业企业的发展。是年,为支持国有大中型企业组织生产,中国银行湘潭分行为湘潭柴油机厂发放贷款1822万元。在市商行开户的民营企业中,年产值超过500万元的达170多家,超过千万元的有70余家。1997年1月,农业发展银行湘潭市分行全面自营业务。是年,农业政策性贷款余额10.37亿元。1998年,银行自营性个人住房贷款达1.12万户,计2321.2万元。

1999年,为支持市政府解决河西地区单位、居民生活生产用水紧张的问题,建设银行湘潭市分行对市自来水公司二水厂搬迁及净水改造工程发放基本建设贷款4000万元。2000年,市商行运用人民银行湘潭市支行提供的2亿元再贷款,通过评估授信,将70%以上信贷资金投放于地方中小企业和个体私营经济,湖南东信棉业有限公司创业初期,该行为其累计发放贷款2000万元,签发承兑汇票700万元。工商银行、建设银行等先后开办国家助学贷款业务。11月,工商银行湘潭市分行分别与湘潭大学、湘潭工学院等校签订《国家助学贷款合作协议》,分别对湘潭大学8人、湘潭工学院7人发放国家助学贷款2.9万元和2.1万元。是年,银行各项贷款余额33.02亿元,为1993年的3.32倍。

2001年,中国银行湘潭分行向市金翰林教育服务有限公司提供6年期项目贷款3000万元,并提供1年期短贷1200万元,建设湘潭大学金翰林学生公寓。2003年9月,为扶持下岗失业人员再就业,市政府下发《湘潭市下岗失业人员小额担保贷款管理办法》,市商行为区内21名下岗失业人员发放贷款39万元,让他们从事餐饮、维修、汽车配件、小型机械制作,其中7人被市政府授予"创业之星"称号。各银行和信用社持续开拓非公有制经济优质客户市场,同时支持农业发展。东信棉业集团是区内的大型棉织企业,年产值4600万元,净资产2800万元,利润1200万元,在全国棉织企业中综合排名第五。农业银行湘潭市分行对东信棉业集团予以扶持,一次性为之放贷3000万元。雨湖农信联社对全区累计发放支农贷款2.09亿元,被区政府授予对地方经济发展有突出贡献的特别奖。2004年,雨湖农信联社坚持为城乡居民、中小企业服务的办社方向,不与国有银行盲目"争饭吃",拓展中小企业与个人的金融业务,重点扶持碧松纸业公司、锅炉压力容器有限公司、恒盾厨具集团、民生药业公司等。并以服务"三农"为己任,全年累放支农贷款2.06亿元,累计发放农户小额信用贷款1703万元。在该联社支持下,护潭乡富强村农民周某将养猪规模从上年的30多头扩大至200多头;长城乡农民戴某种植花卉苗木2.67公顷,年销售额100万元以上,年获纯利10多万元。该联社还为下岗失业人员发放小额贷款184万元。是年,农业银行湘潭市分行调整经营思路和客户结构,加大对教育产业的营销力度,先后累计发放贷款8000万元,支持湘潭大学用于购买教学仪器与设备。2005年,为活跃区内消费和发展第三产业,农业银行罗源支行累计发放汽车消费贷款1亿元。建设银行湘潭市分行为步步高超市连锁有限公司发放流动资金贷款2.85亿元,支持其扩大仓储和物流量。该公司省内外连锁店增至52家,年配送能力达10亿元,综合排名居国内同行业第34位。是年,雨湖农信联社支持养鱼专业户唐管良承包先锋村湘大路旁的鱼塘20公顷,投资200万元,开拓全市首家以休闲、垂钓为主体的大型场所,年收入达50万元。

2006年,各银行和信用社进一步加强对民营经济的扶持力度。农业银行湘潭市分行对湖南心连心公司累计投放贷款3725万元,其中新增贷款1415万元。雨湖农信联社为民营企业发放贷款7324万元。江大机械制造有限公司系民营企业,其主导产品具有一定科技含量,企业管理质量亦获得ISO9001国际认证,该联社为支持其扩建厂房、添置设备,发放贷款500万元,公司竞争力提高,年销售收入实现6000多万元。九华纸业有限公司产品具有一定的市场竞争力,雨湖区护潭农村信用社投放贷款1500万元支持其年产4万吨的生产线顺利建成投产。翔龙科技农业有限公司是一家集科技、休闲、种植于一体的民营企业,雨湖区先锋农村信用社对其投放贷款200万元,公司当年实现产值280万元,利润80万元。

2007年,区内银行各项贷款余额78.84亿元,为2000年的2.39倍,是1988年的12.26倍。

附录

雨湖区农村信用合作联合社

一、机构

雨湖区农村信用合作联社(以下简称雨湖联社)成立于1993年,是由原湘潭市郊区信用合作社联合社下辖的联社营业部及护潭、昭潭、先锋、长城4个信用社组成,辖16个信用分社,员工125人,办公地点设建设北路285号,主管单位为农业银行湘潭市分行。1996年年末,联社与农行脱钩,归属人民银行湘潭分行管理。1999年11月,经人民银行批准,长城乡、先锋乡农村合作基金会并入其所属的长城、先锋信用社,农村合作基金会的资产、负债、所有者权益均由其承接。2001年,联社迁址宝庆路金鑫大厦。2005年,银监分设,农村信用社归属银监分局代管。同年5月,湖南省农村信用社联合社挂牌成立,代表省政府对全省农村信用社履行管理、指导、协调和服务职能。10月,湖南省农村信用社联合社在湘潭设立办事处,雨湖联社归属省联社直管。12月,联社对下属20个信用代办站进行改革,信用站所有业务并入就近营业网点,原代办员原则上改联络员。2006年4月,联社进行统一法人产权制度改革,按照银行业监督管理机构的要求,清产核资,调整股权机构,选举社员代表。8月,湖南银监局批准筹建改制后的湘潭市雨湖区农村信用合作联社。11月23日,湘潭市雨湖区农村信用合作联社创立大会暨第一届社员代表大会召开,选举产生第一届理事会成员。同日,召开第一届理事会第一次会议,选举产生理事长,聘任联社主任、副主任、主任助理及财务部、信贷部、稽核监察部负责人。12月29日,经湖南银监局批准,湘潭市雨湖区农村信用合作联社正式挂牌开业,下辖1个营业部、4个信用社、25个信用分社,员工268人。2007年年末,机构人员没有变化。

二、金融业务

1993年年末,雨湖农信联社各项存款余额1.26亿元,各项贷款余额9809万元,实现利润83万元。1994年8月,所属护潭信用社存款余额达到1亿元,成为全市第一个存款过亿元的信用社。1999年,联社成立信贷工作委员会、财务工作委员会和内部监控委员会,加强内部管理。2001年,全社开展不良贷款清收专项工作,当年收回不良贷款1803万元,不良贷款占比下降10.8 个百分点。2002年,护潭、先锋、长城3个信用社组织30名工作人员分成13个小分队分期分批到村民家中走访授信,共计走访1.17万户,授信建档2636户,新增发放小额农贷1391万元。当年收回不良贷款4195万元,不良贷款占比下降 15.7个百分点。年末存款余额4.91亿元,贷款余额3.37亿元。2003年,累计发放支农贷款2.09亿元,累计发放民营经济贷款1.2亿元,被区政府授予对地方经济发展突出贡献奖。年末,存款余额5.59亿元,贷款余额3.57亿元,不良贷款占比下降9.5个百分点,是全市农信系统不良贷款占比最低的联社;实现总收入2963万元,账面盈余46万元,调增调减后,实际盈余231万元,扭转连续七年亏损的局面,被省信用合作管理办公室评为2003年度湖南省农村信用社“十佳县级联社”。2004年,存款突破6亿元,护潭信用社存款突破2亿元。当年净投放农业贷款6000余万元,全年累放支农贷款2.06亿元,民营企业贷款1.52亿元。同时,响应政府号召,推广下岗失业人员小额担保贷款,共对76位下岗失业人员发放184万元小额贷款。2005年,湘潭银监分局确定雨湖、岳塘农信联社为全市农村信用社贷款五级分类试点单位。是年,存款余额6.33亿元,贷款余额4.47亿元,实现总收入4471万元,实现利润645万元。2006年,累计发放民营企业贷款7324万元。联社获得自主签发银行承兑汇票资格,3月22日,签发首批银行承兑汇票13笔,金额共计1140万元。4月24日,作为省联社支付结算试点单位,联社营业部开通小额支付系统,实现全区支付结算集中管理。联社开通综合业务系统,对外发行福祥卡。

2007年,雨湖农信联社利用开发园区、征购拆迁的契机,组织存款突破8亿元;并累计发放贷款9.49亿元,重点支持三农、个体经商户、种养殖大户和龙头民营企业。是年,兑付央行专项票据5166万元,自签银行承兑汇票2.19亿元,贴现2.20亿元;发放福祥卡2万张,办理卡业务12.77亿元,并开通第一台ATM自动柜员机。全联社存款余额8亿元,贷款余额5.76亿元,总收入5725万元,净利润1552万元。

第二节　保险业

一、机构网点

1988年,境内仅有中国人民保险公司(以下简称人民保险)湘潭市中心支公司一家办理财产与人身保险业务的专门机构。1989年3月,该公司在河西地区设支公司。

1992年11月,中国人民银行在境内进行保险分业经营的全国试点。1993年10月,湘潭市人寿保险股份有限公司在区内组建,人民保险湘潭市中心支公司从此主要经营财产保险业务,而将人寿保险业务剥离给该公司。该公司则成为区内办理人寿保险业务的专门机构,后更名为中国人寿保险公司(以下简称人寿保险)湘潭分公司。

1995年1月,中国平安保险有限公司(以下简称平安保险)湘潭支公司在区内成立,为办理财产保险业务的专门机构。1996年5月,因财险、寿险业务分业经营,从平安保险湘潭支公司分设出中国平安保险股份有限公司(寿险)湘潭支公司,为办理人寿保险业务的专门机构,后更名为平安人寿保险股份有限公司(以下简称平安寿险)湘潭中心支公司。

1997年10月8日,中国太平洋财产保险股份有限公司(以下简称太平洋财险)湘潭中心支公司在区内成立,为办理财产保险业务的专门机构,区内财产保险形成竞争。

2001年7月,中国平安保险股份有限公司(产险)湘潭支公司迁移至芙蓉路市地方税务局办公大楼13楼。11月,因财、寿险业务分业经营,中国太平洋保险股份有限公司(寿险)湘潭支公司(以下简称太平洋寿险湘潭支公司)在区内成立,专门办理寿险业务。2002年10月,中国太平洋财产保险股份有限公司湘潭中心支公司迁址芙蓉路口韶山海关四楼办公。经营寿险业务的新华人寿保险股份有限公司(以下简称新华寿险)湘潭中心支公司、泰康人寿保险股份有限公司(以下简称泰康寿险)湘潭中心支公司亦相继设址区内。

2003年7月,中国人民保险公司湘潭市中心支公司更名为中国人民财产保险股份有限公司(以下简称人保财险)湘潭市分公司,主要经营境内的企业、事业单位财产保险、机动车辆保险、货物运输保险、城乡居民家庭财产保险及各种责任保险等业务。9月,中国人寿保险公司湘潭分公司更名为中国人寿保险股份有限公司(以下简称人保寿险)湘潭分公司,主要经营区内的人寿保险业务。

2007年,经营寿险业务的中国人寿(财产)股份有限保险公司(以下简称人民寿险)湘潭中心支公司、合众人寿保险股份有限公司(以下简称合众寿险)湘潭中心支公司、嘉禾人寿保险股份有限公司(以下简称嘉禾寿险)湘潭中心支公司先后设址区内。是年,除平安产险湘潭中心支公司、太平洋产险湘潭支公司前已迁出外,区内办理财险或寿险业务的保险公司有人保财险湘潭市分公司、人保寿险湘潭分公司、新华寿险湘潭中心支公司、泰康寿险湘潭中心支公司、人民寿险湘潭中心支公司、合众寿险湘潭中心支公司、嘉禾寿险湘潭中心支公司共7家。

二、险种与保费

(一)财产保险

1988年,境内的企业财产保险、机动车辆保险、货物运输保险、家庭财产保险、农业保险及责任保险等业务,由人民保险湘潭市中心支公司独家经营。由于改革开放带来经济发展,全民财产保险意识增强,责任险相继开办。8月,人民保险湘潭市河西支公司针对供用电事故逐年增加的情况,与市电业局联合开办城市供用电责任保险,成为全省首家开办责任类保险的机构。12月,人民保险湘潭市中心支公司在工业企业中开办产品质量责任保险。是年,保险公司各项财产保险保费收入为457.56万元。其中,机动车辆保险保费收入为126.27万元,占整个产险保费收入的27.60%。

1991年,人民保险湘潭市中心支公司拓宽保险种类,开办长效家庭财产还本保险等新险种。随着经济体制改革带来的变化,社会各界对保险事业逐渐认同。1993年,人民保险湘潭市中心支公司开发效益险种,相继开发民用管道煤气爆炸保险、产品保证保险、产品责任保险、产品质量信誉保险等。保险公司各项财产保险保费收入达1295.15万元,为1988年的2.83倍。

1994年2月,市政府颁发《关于我市机动车辆实行法定综合保险的通知》,各种机动车辆均参加法定保险以及第三者责任险。1995年以来,平安保险湘潭支公司、太平洋财险湘潭中心支公司先后在区内成立,财险业务独家经营的格局被打破。1997年,人民保险湘潭市分公司把责任险作为财产险业务发展的突破口和新的业务增长点,陆续开辟公众责任保险、产品质量责任保险、雇主责任保险、医疗责任保险等业务。此后,由于亚洲金融危机等因素影响,部分企业生产萎缩或停滞,效益不好,直接波及财产保险的投保率,财产保险保费收入增长放慢。

2000年,经济形势渐趋好转,人民保险公司湘潭市分公司经营的非机动车辆保险产品近200种,其他产险公司经营的非机动车辆保险产品也达150多种,个人抵押贷款房屋保险、个人分期付款购买汽车保证保险、律师责任保险、会计师责任保险、医师责任保险等责任保险产品亦陆续推出并被社会所接受。其中,家庭财产保险推出的“金锁”家庭系列品种,费率、保费、保障均有多种不同的标准,适应社会各个层次的不同需求。是年,保险公司各项财产保险保费收入达2387.45万元,为1993年的1.76倍。

2003年1月起,开始实施机动车辆保险条款费率管理制度。是年,为适应社会需求,各财险公司相继推出“新世纪家财险”“四季平安险”人身意外险、校方责任险等新产品20多种;建立起全国统一的服务热线。2005年,有7家全国性财产保险公司分支机构在经营财产保险业务。2006年,人保财险湘潭市分公司的车辆险实行全国范围内的“通赔”服务,投保客户的机动车在异地出险,出险地的人保产险公司会在最短时间内将客户的车辆定损单、医疗费用清单等有关证明材料传送至该公司,该公司即进入理赔程序。9月,为控制医疗费用、实现“双赢”,市保险行业协会组织保险公司与区内医院合作,制定保险责任医疗管理中心实施方案,避免不合理的用药和检查诊疗项目。2007年,区内保险公司各项财产保险保费收入5625.25万元,为2000年的2.36倍。

(二)人寿保险

1988年,境内的人寿保险业务以医疗险和意外险为主,由人民保险湘潭市中心支公司独家经营,当时称人身保险。是年,各项人身保险保费收入909.5万元。1989年,人民保险湘潭市中心支公司为区内厂长、经理开办一年期意外伤害保险,企业负责人均可参加,投保人只需交付230元保险费,满期后还本金2285元。保险期内如本人及其直系亲属因工作上的原因,遭到他人恶意伤害,导致家庭财产损失,保险公司最高可给付保险金和医疗费3万元。1991年,人民保险湘潭市中心支公司相继开办村干部养老金保险、计划生育养老保险、民办教师养老保险、摩托车驾驶员意外伤害保险等新险种，并为农村生育两个女孩后实行结扎的农户办理养老保险，同时开办独生子女“两全”保险，即保险期内无论被保险人生存与否均享受保险保障。

1993年，市人寿保险股份有限公司成立，寿险、产险分业经营，该公司除办理商业人寿保险外，还接受市政府委托代办集体企业社会保险业务。是年，保险公司各项人身保险保费收入为2427.66万元（含集体企业养老保险统筹），为1988年的2.67倍。1994年，市人寿保险公司继续加大短期险业务（含意外险、健康险业务）的拓展力度，先后开办以学生、少儿、驾驶员、旅客、井下工人等为主要对象的意外险业务和学生平安险、人身意外险、团体人身意外险、旅游意外险、出入境人员意外险等短期险险种。1995年，人寿保险机构增至2家。为适应社会进步与群众需要，人寿保险机构新开发计划生育系列保险、农村村干部养老保险、集体和个人养老保险、福寿安康险、劳动模范补充养老保险、养老还本险等15个新险种。是年，市人寿保险公司原代办的社会保险业务移交政府相关部门。1996年，保险业先后开发用电意外险、团体人寿两全险、摩托车座位险、公路旅客意外险、简身险附加意外伤害险等短期险。1997年2月，人寿保险湘潭市分公司为参加市十届人大五次会议和市政协七届五次会议的1200名代表或委员，每人赠送保额1万元的人身意外伤害保险1份，总保险金额人民币1200万元。1998年，寿险业务发展速度加快，销售险种逐步增加，少儿幸福保险、88鸿利终身保险、重大疾病终身保险、99鸿福终身保险、重大疾病定期保险等34个寿险险种陆续开办。

2000年，区内有3家寿险公司。保险公司各项寿险保费收入9237万元，为1993年的3.81倍。2001年，人寿保险公司湘潭分公司在区内组建客户服务中心，开通95519服务专线，被业内称为“湘潭模式”。2002年，随着新华寿险湘潭中心支公司、泰康寿险湘潭中心支公司相继入驻区内，寿险公司逐年增多，寿险市场竞争激烈。相继开办康宁终身保险、康宁定期保险、国寿养老金保险、国寿英才少儿保险等45个寿险险种。2003年，各寿险公司努力拓展业务。人保财险湘潭分公司恢复开办健康和意外险业务。人寿保险湘潭分公司制定开发中高端客户服务活动方案，形成分红、养老、健康、意外伤害、子女教育等五大商品系列，并在全省率先推行派驻医院代表制度。新华寿险湘潭中心支公司实行保费百分之百经银行转账，确保客户资金安全。太平洋寿险湘潭中心支公司创下单月新单保险突破200万元的历史纪录，在其总公司业务大会战竞赛中获“杰出十强中心支公司”称号。泰康寿险湘潭中心支公司开办学生平安险、团体寿险、医疗险，个险规模保费实现902万元，排名全省本系统第一。2004年，平安寿险湘潭中心支公司推出理财型“智富人生万能寿险”；太平洋寿险湘潭中心支公司注重营销网点建设，乡镇网点的业绩达到1500多万元。2004年，新华寿险湘潭中心支公司向社会各界人士赠送价值3500万元保额的民用燃气险。2005年，经营人寿保险业务的公司有5家，增加开办国寿机动车驾乘人员意外伤害保险、国寿团体女性安康险、国寿团体人身保险等19个险种。是年，人寿保险险种达到3类328个品种。其中，太平洋寿险湘潭中心支公司推出的涵盖人寿保险、健康保险、意外伤害保险、年金保险等多方面的险种就达100余种。

2007年，改革开放带来人民收入的普遍增加，区内民众保险意识增强，投保活跃，新成立于区内的合众寿险湘潭中心支公司，第一年即实现保费收入1181万元。泰康寿险湘潭中心支公司年标准保费从700万元提高到1000万元。是年，区内保险公司人寿保险保费收入达3.87亿元，为2000年的4.18倍。

三、理赔和给付

（一）财产保险理赔

1988年，在洪涝等自然灾害和火灾、车难等重大意外事故发生后，境内保险公司及时查勘施救、赔付损失，在灾后重建、恢复生产和善后处理等方面发挥作用。是年，财产保险赔付额为178.34万元，其中，机动车辆保险赔付额95.28万元，赔付率75.2%；非机动车辆保险赔付额73.43万元，赔付率26.7%。1991年 6月，区内中山工贸大厦发生特大火灾，人民保险湘潭市中心支公司查勘定损后支付赔款111万元。

1992年8月，江麓进出口公司发往新加坡某工程公司的塔吊在运输途中发生碰撞，人民保险公司湘潭市中心支公司查勘定损后支付赔款1.7万美元。1993年，保险公司财产保险赔付额582.04万元，其中，机动车辆保险赔付额326.75万元，赔付率63.9%；非机动车辆保险赔付额253万元，赔付率53.8%。1994年，区内相继遭受四次特大洪水袭击，保险公司为5000多户受灾家庭一次赔付780万元。

2000年，保险公司财产保险赔付额1278.45万元，其中，机动车辆保险赔付额746.18万元，赔付率70.2%；非机动车辆保险赔付额532.28万元，赔付率40.6%。

2005年2月，区内遭遇较大冰冻与雨雪天气，输电线路与电杆受损严重，为尽快恢复企业的生产和正常供电，人保产险湘潭分公司等迅速查勘理赔，赔付额达700多万元。

2006年4月，为解决机动车第三者责任险在司法实践中的定性问题，市中级人民法院下发《关于当前交通事故损害赔偿案件中涉及保险公司机动车第三者责任纠纷如何处理的指导意见》，实施后的两个月中，人保财险湘潭分公司一家就因此降低赔付成本30万元。

2007年，区内保险公司财产保险赔付额4199.5万元，其中，机动车辆保险赔付额2689万元，赔付率55.7%；非机动车辆保险赔付额4443.98万元，赔付率60.3%。

（二）人寿保险赔付与给付

1988年，境内保险公司共支付人寿保险赔付与给付金470.91万元，其中长期险给付金457.76万元，给付率为50.3%；短期险赔付金13.15万元，赔付率为47.4%。

1993年，保险公司人寿保险支付给付金达到1040.52万元，给付率45%。1994年，因部分企业经济效益滑坡，投保人数相对减少，保费收入降低，保险公司短期险赔付额亦降至26.1万元，赔付率为43.6%。1995年，保险公司人寿保险保费收入回升至2160.4万元，给付金额亦相应回升至1048.16万元，给付率54.7%。

1998年，保险公司共支付寿险给付金2295.14万元，给付率48.7%。2000年以后，经济形势好转，人寿保险业务得到广泛认同，寿险业务迅速发展，寿险给付金相应增加，是年，境内保险公司共支付寿险给付金1918万元，给付率24.3%，其中，简易人身保险给付1019万元，占寿险给付额的53.1%，99鸿福终身保险给付325.44万元，占寿险给付金额的17.0%。2002年，保险公司共支付寿险给付金额4751万元，给付率25.1%。

2003年始，人寿保险湘潭分公司在全省同系统内率先推行驻医院代表制度，加强对寿险给付的管理。10月21日，该公司为投保重大疾病保险且确诊为“甲状腺乳头癌1级”的饶某（客户），给付重大疾病保险金20万元。2005年，保险公司共支付各类寿险给付金额6236万元，给付率11.1%。2007年，区内保险公司各类寿险给付金额达9640万元，给付率29.6%。

第三节　证券业

一、证券机构

1988年年初，工商银行湖南省信托投资公司湘潭市办事处、建设银行湘潭市信托投资公司先后获准在境内设立证券交易柜台，开办有价证券交易业务。5月，湖南省证券公司湘潭代理处设立，代理企业发行企业债券和还本付息；办理经批准上市交易的有价证券的自营和代理买卖等。

1991年2月，农业银行湖南省信托投资公司湘潭市办事处设立证券业务交易柜台，开展证券交易业务。6月，湖南省信托投资公司湘潭市办事处设立证券交易营业部。12月，工商银行湖南省信托投资公司湘潭市办事处证券交易营业部与农业银行省信托投湘潭办事处证券交易营业部同时在境内成立。1992年12月，省证券公司改为股份有限公司，湖南省证券公司湘潭代理处与省证券公司脱钩，成立湘潭证券公司，自主经营、独立核算、自负盈亏、依法纳税，业务范围在原来的基础上扩大，开通武汉证券交易中心席位和深沪股票联网交易业务，行业主管单位为人民银行湘潭分行。是年，湖南省信托投资公司湘潭市办事处证券交易营业部更名为湘潭市信托投资公司证券交易营业部。

1993年4月，中国银行湘潭市信托投资公司证券交易营业部成立，后撤销。1994年4月，湘潭证券公司更名为湖南省证券股份有限公司湘潭证券交易营业部(以下简称省证券湘潭营业部)。

1996年11月，省证券湘潭营业部与人民银行湘潭分行实行人、财、物全面脱钩，归并湖南省证券公司。是年，农业银行、建设银行、工商银行在区内所办证券营业部先后撤销。1997年2月4日，湘潭市信托投资公司证券交易营业部重新登记和更名为湖南省信托投资公司湘潭证券交易营业部(以下简称省信托湘潭证券营业部)，仍归省信托投资公司湘潭办事处所辖。

1999年11月，省信托湘潭证券营业部与深圳大鹏证券有限公司合作；2000年1月，更名为大鹏证券有限责任公司湘潭韶山中路证券营业部(以下简称大鹏证券湘潭营业部)。

2001年，省证券湘潭营业部更名为泰阳证券有限责任公司湘潭解放路证券营业部(以下简称泰阳证券湘潭营业部)。大鹏证券湘潭营业部更名为财富证券有限责任公司湘潭韶山中路证券营业部(以下简称财富证券湘潭营业部)，上述两部均系其公司的分支机构，不具备独立法人资格。

2007年，区内有泰阳证券湘潭营业部、财富证券湘潭营业部2家证券业机构。

二、证券交易

1988年，境内发行的证券主要为国库券、国家重点建设债券、国家重点企业债券等无记名国债，和少量的地方性企业债券。同时，工商银行湘潭市信托投资公司在境内开办有价证券转让、买卖柜台业务。至1990年年末，省证券湘潭营业部共买进各类有价证券383万元，卖出320万元，还本付息(含柜台数)245万元；代发行当年国库券160万元，办理代保管业务678笔234万元。1992年起，人民银行湘潭分行配合市经济体制改革委员会先后审批境内13家股份有限公司，向社会定向募集股金，至1993年实际募集股金5.72亿元。是年，兴华房地产、湘潭百贸的内部股权证上柜交易。省证券湘潭营业部与省证券公司长沙松桂园交易厅电脑联网，开通深圳、上海上市股票委托交易业务；沪深股市开户数为300户，上市股票交易额为4317.06万元，国债交易5.07亿元。

1995年，先后发行凭证式国债1.85亿元，无记名国债800万元，记账式国债通过证券商进行交易。1997年，省证券湘潭营业部与中国银行湘潭分行在境内合作开办“股市一本通”业务。财富证券湘潭营业部开通深圳、上海上市股票委托交易业务，沪深股市开户数为1812户，上市股票交易2.45亿元。全市对已经登记注册的股份有限公司进行全面清理、规范并重新登记注册。是年，凭证式国债和记账式国债成为区内证券市场主要的国债品种。

1998年，国家再次降低存、贷款利率和存款准备金率，区内证券市场逐渐活跃，省证券湘潭证券营业部新增股票交易账户和基金账户2000余个。年内，该营业部在境内开通家庭可视电话委托系统，并与工商银行湘潭市分行开通“银证一卡通”业务。财富证券湘潭营业部增设证券开户代理处，并增加投资50多万元，建立深沪双向卫星站，实现信息通道的天地合一。

1999年，省证券湘潭营业部开通与建设银行龙卡联网的业务，省内外可通过电话完成保证金的划转；财富证券湘潭营业部与湘潭师范学院及境内3家网吧签订合作协议，开展网上交易。2000年，证券公司开户的股民1.1万户，证券成交金额72.93亿元，分别为1993年的36.67倍和168.94倍。2002年，随着网络和电子技术在证券市场的应用，两家证券营业部在股民中继续拓展网上交易。2003年起，股市长期处于“熊市”。2006年，证券市场复苏。2007年，证券公司新开户股民2.92万户，区内证券公司开户的股民累计达7.75万户，为2000年的2.67倍。是年，证券成交金额788.08亿元，为2000年的10.81倍。

第十五篇　交通　物流　电力　邮政　电信

第十五篇　交通　物流　电力　邮政　电信

第一章　交　通

第一节　交通线路

一、铁路

1988年，境内有湘黔铁路一段，长约5公里，由湘江铁路大桥自东向西穿过，经羊牯塘出境，湘黔铁路湘潭站设在区内护潭乡。1997年，湘黔复线开通。2000年，湘黔铁路在区内使用电力机车，运力提高。区内有连接湘黔铁路的4条铁路支线，分别是湘潭锰矿专用线、省石油公司仓库专用线、江麓机械厂专用线和江南机器厂专用线（由云湖桥站接湘黔线），总长约80公里。

二、公路

（一）高速公路

1988年，境内无高速公路。2002年7月，潭邵（湘潭-邵阳）高速公路湘潭连接线动工。该连接线位于区内北郊，为区内出入潭邵高速公路及长潭（长沙-湘潭）西线高速公路的唯一通道，全长5.5公里，投资2000万元。2007年2月建成通车后，湘潭至长沙的行车距离缩短20公里，时间仅为半小时。

（二）国道

1988年，境内有320国道（上海—昆明）经湘潭一大桥入境至羊牯塘出境，城区道路约20公里。1991年，320国道实施油路配套改造。1992年6月，湘潭公路总段投资502.7万元，将320国道区内砂子岭至宋家嘴路段的沥青路面改造为水泥混凝土路面。2007年，经区内走320国道日车流量达1.6万台次。

（三）水路

湘江流经境内的河段从长城乡犁头嘴至九华宁家湾，全长约10公里。1988年，受公路运输快速发展的冲击，水上短途货运业务量少，部分国营水上客运航线被迫歇业。1994年，区内水上客运航线基本停航。1995年，湘潭航运总公司与香港贤达实业（集团）共同投资60万美元成立湖南飞达船务有限公司，经营湘潭至长沙、湘潭至株洲的高速客轮航线，拥有客轮14艘，水路客运曾一度转旺。是年，区内专业水运企业退出短途货运市场及木帆船运输。2000年后，区内水运企业采取深化内部改革、对外招商引资的经营策略，拓展水路货运业务和加快码头建设，先后建成十四总千吨级集装箱码头、十六总杂件散货码头、九华宁家湾码头，水路货运复苏。2007年，区内有船舶165艘，其中货船163艘，载货量3.02万吨，年货运量2.15万吨。客船2艘40个客位，年客运量不足2万人次。

第二节　交通设施

一、桥梁

（一）铁路桥

1988年，境内有湘黔铁路湘江铁路桥一座，钢架混凝土结构，长810米，宽8米。1995年，湘黔铁路由单线改为复线，在距湘黔铁路湘江铁路桥50米处，修建复线铁路桥一座，称湘黔复线湘潭湘江特大桥，1997年12月竣工通车。该特大桥主跨为混凝土连续梁，在国内同类型桥梁中仅次于钱塘江二桥，属国内第二长联桥。1999年，该桥获铁道部优质工程奖。

（二）公路桥

1988年，境内仅有湘江一大桥连接河东。2001年4月，建成湘江三大桥；2007年7月，建成湘江四大桥，均与河东相连，形成环线交通网络。至是年底，区内横跨湘江的公路桥有4座。

湘潭一大桥　湘潭一大桥是千里湘江上第一座公路大桥。1959年11月2日经省人民政府批准正式兴建，1961年10月竣工通车。大桥北起河西雨湖广场，南抵河东三角坪，为钢筋混凝土结构的九墩八孔空腹拱形桥，桥长605.2米，加上两端引桥，总长1515米，桥面宽21米。其中车行道16米，两侧人行道各2.5米，桥面可并行五辆载重汽车和通行重型坦克。既缓解湘潭城区交通拥挤问题，又从根本上解决107、320两条国道到湘潭要待轮渡过江的问题。一大桥是一座具有民族特色的水泥拱形大桥，大拱上面是小拱，充分考虑泄洪能力，同时减轻桥的自重；南北引桥上建立两个桥头堡，大桥下面预设过江空道（现被煤气管道过江所利用），可见设计者之远见。一大桥建设正值我国大跃进开始，经济陷入困境，中苏关系紧张，苏联开始撤走专家的背景下进行的。在投资仅1459.6万元，用时不到两年，靠国家和省里支持，靠建桥工人夜以继日紧张施工，靠全市人民义务劳动和以工代赈，靠人力肩挑背扛，把一大桥建成高质量大桥，实为建桥史上的奇迹。1961年10月1日，在共和国成立12周年的这一天，一大桥正式通车，时任湖南省委书记兼湘潭地委书记的华国锋为大桥通车剪彩。湘潭一大桥的建成为自行设计制造大型桥梁提供经验。1998年6月，一大桥实施整体大修。2001年，实施亮化工程。2002年，大修和亮化工程完工。至2007年年底，经过大修和亮化工程后，一大桥桥体、桥面完好，又成为人们观赏夜景的好处所。

湘潭三大桥　湘潭三大桥北起雨湖区护潭广场，南连岳塘区丝绸北路，全长1354.56米，其中主桥700米，东西引桥共654.56米；桥宽24米，其中，两侧人行道宽近2.2–3.7米。桥型为双塔双索面预应力混凝土斜拉桥，大桥塔高97.3米。1998年6月动工修建，2001年4月竣工通车，总投资2.55亿元。三大桥建成后，构成城市道路内环线的东半环，并连通上瑞高速公路和长潭西路高速公路，缓解区内交通压力。2002年，湘江三大桥被省建设厅评为优良工程。

湘潭四大桥　湘潭四大桥又称莲城大桥，位于区内北郊，西连北二环线与上瑞高速公路交汇点，东接岳塘区芙蓉大道，全长4488米，其中主桥长度1345米，大桥主跨长400米，桥面宽27米，双向六车道，两侧人行道为2米，道路规划等级为城市二级主干线，总投资4.2亿元。桥型为双飞燕斜拉钢管拱混凝土系杆拱桥，集拱、梁、索三种结构于一体。在同类桥梁中其技术水平居世界领先地位，为目前世界上首座斜拉钢管拱桥。2004年2月开工修建，2007年7月竣工通车。通车后，四大桥连通107和320两条国道，可分流城市过境车辆。

杨梅洲大桥　1999年，为改善杨梅洲的交通条件，方便两岸民众生产生活，促进杨梅洲公园的开发建设，由省路桥公司捐款321万元、湘江三大桥指挥部投资279万元共同修建杨梅洲大桥。大桥长191米，桥面宽7.5米，桥型为9孔20米跨径的混凝土预应力简支桥梁。2001年11月建成通车。

二、车站

(一)火车站

1988年，境内有湘黔铁路湘潭站办理客运业务，日有10对20列客车经停该站。1995年，日有47对94列客车经停该站。2005年，日有28对56列火车经停该站。其中，特快列车2对、快速列车7对、直通列车9对、管内快车8对、管内慢车两对。2007年，日有59对118列客货车经停该站。

(二)汽车站

湘潭汽车站　1988年，位于境内韶山中路与建设北路交汇处的湘潭汽车站，又称湘潭长途汽车站，为湘潭市首家一级客运汽车站，担负跨区、省的公路旅客运输任务。占地2.18万平方米，车坪面积7200平方米，车库20个。1996年，湘潭汽车站将开行湘潭县、湘乡市、韶山市的短途运线路客班车分流至汽车西站，并开设电脑售票窗口，结束手工填写车票的历史。1997年10月，经交通部评审，湘潭汽车站被授予公路客运一级站资格。2001年，湘潭汽车站购置X光行李检测仪，快捷、方便、高分辨对旅客行李进行安全检测。2007年年末，湘潭汽车站车坪面积拓展至8000平方米，拥有高、中、普三档营运客车150余辆，座位4500个，营运线路辐射湖南、湖北、江西、广东、广西5省66个地区，为区内规模最大的现代化车站。

湘潭汽车西站　湘潭汽车西站位于区内韶山西路砂子岭地段与宝庆路交汇处南侧，始建于1994年12月，1996年7月投入使用。主要经营湘潭市区至湘乡、韶山公共班线和前往湘潭县各乡镇的农村班线，以及至长沙、株洲、宁乡等跨地区的农村客运班线。车站占地面积2.10万平方米，建筑面积4300平方米，停车场面积8000平方米。车站是合股投资建设的市级社会汽车客运站，有市第一汽车运输公司、市第二汽车运输公司、市三佳汽车运输公司、湘潭县汽车运输公司、市联运车队等企业及个体(联户)客运车辆400辆进站营运，并与市内3、6、9、17、21、101、105、117、118路等公交线路相通。2004年，湘潭汽车西站由省交通厅审定为一级乙等客运站。2007年，湘潭汽车西站营运线路辐射至省内88个地市县及农村乡镇，日进出站客运班车约500辆。

三、码头

1988年，湘江流经境内的沿河岸线设有犁头嘴、杨梅洲、石嘴垴、十八总、十六总、十四总、大埠桥、小东门、罐子窑等10多处客货运码头。其中，十四总货运码头有长30米混凝土直立式码头，靠船能力500吨级。1990年，为解决超长、超重设备进出港运输，十六总货运码头先后投资150万元，修建500吨级钢筋混凝土桩基承台空腹直立式码头泊位1个，码头泊位长55米；平整货场2000平方米，搭建仓库900平方米，安装5吨岸吊等500吨级配套设施。1991年，国家投资960万元，将十四总货运码头建成为长120米的千吨级码头，设计年吞吐量150万吨。1998年，湖南金迪化纤有限公司投资360万元，在十六总货运码头西头新建乙二醇500吨级混凝土竖式专用码头泊位一个，长度20米，前沿水深2.8米。2000年，湘潭市航运总公司与市交通局经济技术开发公司合资组建湘潭港集装箱运输有限公司，共同投资680万元在十四总货运码头扩建集装箱码头。2001年，集装箱码头正式作业，年吞吐能力达1万标准箱，物资吞吐量20万吨。该码头的开通，标志着湘潭市成为对外口岸城市。2004年年末，由省交通厅、湖南华源港口物流有限公司、涟源钢铁集团公司筹资1.2亿元，在区内建设宁家湾码头。码头拟建3个千吨级泊位，常年水深5米以上，堆场面积10万平方米，年吞吐量500万吨，可停泊3000吨级货船。2005年，宁家湾码头一期工程完工，建成竖式码头3个，长240米，安装50吨行车1台,30吨岸吊1台,16吨岸吊2台,船舶浮吊2台,皮带起卸线1条,年综合吞吐能力300万吨。主要承担涟钢50万吨矿石、50万吨钢板的水路、水陆中转货运,以及九华经济区的部分物流运输。2006年,区内码头年货物吞吐量突破300万吨。2007年,区内有十四总千吨级集装箱码头、十六总杂件散货码头和河西中心港宁家湾码头3个。拥有码头长度897米(其中集装箱码头160米),泊位12个,其中,千吨级泊位4个,500吨级泊位8个,客运泊位1个;港口装卸机械110台套;码头堆场5.85万平方米。年货物吞吐量380万吨,集装箱年吞吐量1万标准箱。

第二章　运输物流

第一节　铁路运输

1988年,湘黔铁路自东向西穿行境内,过境总长约5公里,设有办理客货运输业务的综合二等站。有湘潭锰矿、省石油公司仓库、江麓机械厂、江南机器厂4条企业专用线与湘黔铁路连接。是年,湘潭火车站拥有9股道、长6034米轨道,日通过客、货车70列以上,其中客车22对,年发送旅客62.5万人次;发送货物83万吨,货物卸车量107万吨。1992年,铁路部门改善运输条件,加强客、货运输管理,提高铁路运输能力,湘潭火车站拥有11股道、长7276米轨道,发送旅客65万人次,发送货物84万吨,货物卸车量120万吨,日均装车44辆,日均卸车60辆。湘潭火车站被广州铁路局评为“特级优胜单位”。1993年,湘潭火车站日均接发列车50对,发送旅客64万人次,连续实现5947天无责任行车重大事故、7889天无责任货运重大事故,被广州铁路集团公司和长沙铁路总公司分别评为“安全优胜单位”和“安全生产先进单位”。1995年,区内日接发列车75对,其中办理客运业务有47对94列客车,年发送旅客78.2万人次,发送货物73.6万吨,货物卸车量89万吨,年发送旅客、货运量、卸车量分别比1988年增长25.1%、下降11.3%和16.8%。

1997年,湘黔复线通车运行,客、货运列车提速,铁路运输条件进一步改善。因公路运输分流一部分货源,多数工业企业生产不景气,原材料需求及产品销售减少,区内铁路货运不增反降。2000年,湘黔线使用电力机车,日接发列车50对,其中办理客运业务有28对56列客车,年发送旅客82.1万人次,发送货物40万吨,货物卸车量73万吨,年发送旅客、货运量、卸车量分别比1995年增长5%、下降45.6%和18%。

2004年,湘潭火车站划归长沙铁路总公司娄底车务段管辖。2005年,湘潭火车站划归广铁集团公司株洲车务段管辖。2007年,湘潭火车站拥有12股道,专用线3条,配调车机1台;有旅客站台2座,旅客候车室1516平方米;货物月台1个,货物仓库7个,建筑面积3070平方米及装卸机械11台。办理客运业务28对。其中特快列车2对,快速列车7对,直通列车9对,管内快车8对,管内慢车2对。湘潭火车站经铁道部批准,筹备车站扩建改造。是年,区内日接发列车59对。其中,客车28对56列火车、货车31对62列火车,年发送旅客98.4万人次,发送货物34.5万吨,货物卸车量77.8万吨,年客运量、卸车量和货运量分别比2000年增长19.8%、6.6%和下降13.8%。

第二节 公路运输

一、客运

1988年，境内公路客运主要由湖南省汽车运输公司湘潭分公司(简称湘运湘潭公司)承担，湘潭市第一汽车运输公司(简称市一汽运)、湘潭市第二汽车运输公司(简称市二汽运)购置客车加盟客运，个体客运经营户(联户)参与客运。共有各类客车147辆5405客位，年客运量1342万人次。是年，湘潭(长途)汽车站开通湘潭至萍乡首条跨省班线，运距184公里。短途客运市场因行业内部争抢客源，大量增加班次，使得长潭线日往返达192个班次，潭株线日往返近144个班次，出现运力过剩，实载率下降。1989年，湘运湘潭公司等客运单位将17-30座中巴车替换黄河牌、东风牌等型号大客车，提高车速适应客运市场竞争。市一汽运、市二汽运抓住乡村道路状况改善契机，开拓村通客班车业务，方便县乡民众出行并提高运力。1990年，有客运车辆189台7439客位，年客运量1427万人次，年客车拥有量、客运量分别比1988年增长28.6%、6.3%。

1991年，随着广东、深圳经济特区快速发展，涌现大批民众南下打工，公路客运量陡增。湘潭汽车运输总公司(原为湘运湘潭公司)发挥国有专业运输企业的优势，调整长途客运班线，开通湘潭至广州的客运班车，并与当地交通部门签订协议，组织好湘籍民工春节前后的两地间接送往返，作为一项长期任务固定下来。湘潭站相继开通至广东、江西、湖北、河南、广西、浙江等6省19条跨省长途客运班线，更新黄河牌、东风牌等大型老式客车，添置高、中档空调车作为长途客运的主要车型。1994年，湘潭汽运总公司为适应市场运行机制，调动司乘人员积极性，推行所有权和经营权分离，实行第三层次承包经济责任制，将客车由个人承包经营，包死基数，盈亏风险自负，费用车主自理，期满车辆归己。是年，湘潭汽运总公司退出农村班线运营，由个体客运户取代。市一汽运客车增加到39辆1982客位，客运成为公司主营业务。1995年，湘潭汽运总公司首先在湘潭至深圳宝安班线添置38个卧位的“三湘牌”卧铺客车投入营运。是年，区内有客运车辆208辆8257客位，年客运量1685万人次。年客车拥有量、客运量分别比1990年增长10.1%、18.1%。

1996年，湘潭汽运总公司和市运管处共同投资兴建的湘潭汽车西站投入营运，市区至湘潭县中路铺、石潭、花石、湘乡和韶山方向客运车辆改由湘潭汽车西站始发，站内客运车辆有340多辆，客运班线60多条，日发班车600多个班次，日发送旅客万余人，减轻地处市中心湘潭(长途)汽车站客运压力，改善市内交通状况。是年，湘潭汽运总公司、市客运公司购置卧铺客车、中巴车等21辆，使得客车增至229台8563客位。1997年，湘潭汽运总公司开发湘潭至武汉、岳阳、郴洲、邵阳、娄底、衡阳6条空调直达快巴营运线，日均发班车414个班次。购置南京产“依维柯”小型中级10-19座空调车和“6440”型解放牌小型中级10座客车，分别在湘潭至衡阳、湘潭至长沙南站班线上投入运行，操作灵活、运行快捷，油耗低、维修费用少，节省运行成本。1999年，湘潭汽运总公司购置郑州宇通“6750”型30座影视空调车投入湘潭至长沙火车站班线上运行，填补客车无影视的空白。是年，根据省政府“长株潭”三市一体化的发展要求，湘潭汽运总公司率先投放15辆解放牌空调小客车，开通湘潭至长沙火车站、湘潭至株洲直达快巴车班线，实行国有经营。农村客运班线仍由个体(联户)客运车辆经营。2000年，为抢占黄金周假日旅游客运先机，市一汽运购置7辆19座中巴车开通湘潭西站至长沙石燕湖生态公园旅游客班。是年，区内有客运车辆243辆8947客位，年客运量1876万人次，年客车拥有量、客运量分别比1995年增长16.8%、11.3%。

2001年，长、株、潭三地汽运总公司正式开通湘潭至长沙、湘潭至株洲直达快巴公交车班线，联手投入豪华空调车120辆，提供舒适、安全、快捷交通服务。湘潭汽车总公司将湘潭至长沙火车站的解放牌小客车退出运行，换成郑州宇通6770中型30座空调车。湘潭汽运总公司旅游公司成立后，购置5台宇通高级客车投入运行，其中1台6110型47座大客车是全市首台大型豪华客车，结束无豪华高级客车的历史。是年，湘潭汽运总公司经交通部评审核定为道路客运二级企业。市一汽运、市二汽运经市交通局批准将客运车辆合并，实行统一经营、统一管理，获得道路客运三级企业资质。2003年，随着国内高速公路网纵横相连，互通便捷，湘潭汽运总公司首开湘潭至广州全程高速直达班线，提供星级服务，深受旅客欢迎。2005年，湘潭汽运总公司按照"政府引导、企业自愿，平等协商，市场运作，资源重组"的原则，整体接管市一汽运、市二汽运、市三佳客运服务公司的客运车辆营运线路、站场等，成立湘潭交通客运集团(简称湘潭客运集团)。对客运市场实行统一管理、统一经营，撤并有碍道路通畅的客运站、点，提升城市品位，综合效应显著。2007年，区内营运班线已辐射广东、福建、浙江、湖北、广西、江西等6省60余个市县，日发班次2500多个，日发送旅客3.8万人次。通往周边县区乡镇班线59条，日发送旅客近7000人次。是年，有客运车辆552辆15136客位，年客运量2181万人次，年客车拥有量、客运量分别比2000年增长127.2%、16.2%。

二、货运

1988年，境内从事公路货运有市一汽运、市二汽运、湘运等专业运输企业，有湘潭锰矿、江麓机械厂、市粮食局、市商业局等工矿、贸易、物资部门的车队，有个体(联户)运输户。共有各类载重货车1316辆5752载重吨，年货运量389万吨。是年，湘潭火车站劳动服务公司成立集装箱运输车队，有1台集装箱运输专用汽车，成为境内首家集装箱运输企业。1990年，交通运输市场全面放开，公路运输业以其投资少、见效快的特点，刺激个人或联户购置货车从事运输，个体(联户)营运货车增至612辆2192载重吨。自发成立业务代办网点提供运输信息服务。货运市场竞争激烈，集体运输企业货运受到冲击，市二汽运虽内部实行全员风险抵押承包，因货运量大幅减少，出现严重亏损。是年，共有货车1594辆7067载重吨，年货运量454万吨，年货车拥有量、货运量分别比1988年增长21.1%、16.7%。其中，个体(联户)货车612辆2192载重吨，年货运量179.6万吨，个体货车、货运量分别占总数的46.5%、46.2%。

1991年，以货物运输为主的市二汽运因运输成本居高不下、人员负担重及货源被挤占，陷入严重经营困难，成为全市特困企业之一。1992年，市一汽运为提高企业竞争能力，调整货车车辆结构，按货运需求合理配置大、中、小货车，组建特种运输车队，购置全市最大吨位平板车，承包湘潭锅炉厂40吨以下各类型锅炉发运至全国各地。1993年，湘潭火车站劳动服务公司集装箱运输车队有专用汽车达12辆，年运输集装箱近9000标准箱。1995年，个体运输业保持跨省区长途货运强势发展势头，除承运湖南肉蛋禽(含活禽、生猪)输广州、深圳等城市外，返程将广东建材、农资、家电、饮料等物资带回，取得丰厚的效益，繁荣两地贸易。是年，区内有货车1836辆7628载重吨，年货运量649万吨，年货车拥有量、货运量分别比1990年增长15.2%、42.9%。其中，个体(联户)货车1223辆3986载重吨，年货运量387万吨，个体货车、货运量分别占区内总数的66.6%、59.6%。

1996年后，个体运输业继续快速发展。国有、集体专业运输企业和厂矿、行业车队受自身竞争力不强影响，货车拥有量减少，所占市场货运量大幅下降，大都出现经营困难，尤其缺乏资金添置大型或专用货车，不如个体(联户)投放资金出手快、说干就干。2000年，区内有货车1812辆7801载重吨，其中大型和专用货车96台834载重吨，年货运量638万吨，年货车拥有量、货运量分别比1995年下降1.3%、1.7%。其中，个体(联户)货车1327辆4638载重吨，年货运量459万吨，个体货车、货运量分别占总数的73.2%、72%。是年，湘潭火车站劳动服务公司汽车队完成22482箱国内标准集装箱运输。

2001年，市一汽运成立道路化学危险货物运输公司，有专用车辆27台90载重吨，开辟特种货物运输渠道。湘潭汽运总公司利用汽车东站场地成立货运配载物流中心,为车主、客商提供货运信息、配载、停车、食宿等综合服务。2002年,随厂矿企事业单位深化改革改制,所属单位车队相继解体退出运输市场,车辆转由个人承包或作价变卖给私人从事货运。2004年,湘潭汽运总公司所属货运物流分公司与湖南天骄科技有限公司联手,在全国互联网设立"运天货运快车"网页,快捷提供货运信息服务。2005年,区内货物运输市场基本由个体(联户)和社会单位(私营股份公司)占领,除少数几个大型厂矿保有自营货车外,原国有、集体运输企业退出运输市场。2007年,区内有货运车辆2315辆8741载重吨,年货运量859万吨,年货车拥有量、货运量分别比2000年增长27.8%、34.6%。其中大型、重型及专用货车502台3916载重吨,年货运量289万吨。个体(联户)货车2189台7897载重吨,年货运量795万吨,个体货车、货运量分别占区内总数的94.6%、92.5%。是年底,市一汽运、市二汽运相继进入破产改制程序。

第三节　水路运输

一、客运

1988年,境内水路客运主要由下放到湘潭市的省航运公司湘潭分公司(以下简称湘潭航运总公司)经营湘潭至长沙客运航线,以及个体(联户)经营的渡口客渡。公路客运以方便快捷特点吸走相当多湘潭至长沙、株洲、衡山方向的客源,严重冲击水路客运市场,使水路客运渐趋萧条。湘潭至长沙客运航线被迫由每日4班改为1船单航,年客运量不足12万人次。1990年,湘潭航运总公司为扭转水路客运的困境,开辟湘潭至岳阳、湘潭至株洲两条不定期旅游客班,在客船上设置铺位,提供餐饮和副食品服务。至岳阳君山一天两晚的航班旅游,往返均在晚上,晚上欣赏湘江两岸夜景,白天上岸在岳阳参观游览,深受旅客欢迎。是年,有客运船(含客渡船)11艘载客量1215客位,总功率350千瓦,年客运量13.8万人次。

1993年,区内水路客运因公路客运能提供快速、方便、舒适的服务,仍旧无法与其竞争,年客运发送量降至2.1万人次。湘潭航运分公司报经主管部门批准,将湘潭至长沙、株洲航船停航。1994年,因无法吸引旅客采用乘船方式出行,水路客运前景暗淡,湘潭航运分公司将水路客运全面停航。是年,区内仅有个体(联户)客渡船维持十八总、窑湾、小东门等渡口方便旅客过渡。1995年,湘潭航运分公司与香港贤达实业(集团)公司共同投资60万美元创建湖南飞达航务有限公司(简称飞达公司),购置俄罗斯"水塞飞艇"9艘,开通湘潭至长沙、株洲高速客轮航线。每艘飞艇有20座位,艇内配置空调、录像,时速45公里,吸引许多好奇旅客乘坐,客运一度转暖。是年,区内水路客运量上升为9万人次。1996年后,水路客运又呈逐年下降态势。2000年,区内有客运船18艘1160客位,总功率837千瓦,年客运量6.2万人次,年客船拥有量、客运量分别比1990年增长63.6%、下降55.1%。

2001年,飞达公司因快艇空载率高、搭乘旅客少,累计经营亏损371.2万元,被迫停航清算,退出客运市场。是年,湘潭三大桥、杨梅洲大桥相继通车后,小东门渡口、杨梅洲渡口的客渡船停驶,渡口自然消亡。2007年,区内只有十八总渡口码头有私营客渡船2艘,载客量40位,总功率21千瓦,年客运量不足2万人次。年客船拥有量、客运量分别比2000年下降88.9%、67.7%。

二、水路货运

1988年,境内水路货运兴旺繁荣,拥有湘潭航运分公司(国有航运港口企业)和湘潭水运总公司(简称市水运公司,集体企业)2家专业运输企业,以及个体(联户)船舶参与水运。是年,市水运公司进行技术改造,将公司669艘木质船、30艘水泥船共8400吨载重吨全部淘汰，添置钢质机动驳船、活动货斗自卸半舱机动驳船、甲板舱口两用机动驳船替代淘汰船舶。1989年，市水运公司完成货运量89.2万吨，实现经营收入1275万元，被省交通厅评为“省优质运输企业”。1990年，有运输船舶194艘载重量1.86万吨位、功率3358千瓦，年货运量123.3万吨。其中，国有船舶24艘载重量2670吨位、功率1168千瓦，年货运量21.8万吨，分别占总数的12.3%、14.3%、34.8%、17.7%。

1991年，水路运输受公路运输的冲击，货运量下降，加上个体私营水运业从经营短途货运向干线水运发展，出现运力过剩、行业内部竞争激烈。1994年，湘潭航运分公司对内部船舶和生产单位实行“国有民营、风险抵押、租赁经营”改革试点，将11艘机动驳船全部实行单船承包，除上交公司管理费、事故保险金外，由承包者自主经营、自负盈亏，港航主业收入1133万元，创历史新高。是年，由国家投资建设的十四总千吨级码头竣工投入运行。码头全长120米，宽32米，使用面积4000平方米，适合集装箱、杂件货起卸，年货物吞吐能力为150万吨。1995年，区内水路短途货运市场为个体私营船舶占领，湘江主航道上从事运输的木帆船绝迹。是年，区内水路货运量86.2万吨，其中国有企业货运量8.3万吨，仅占全部货运量9.6%。1996年后，湘潭航运分公司、市水运公司先后陷入经营困境，职工工资难以保障，人员大批下岗外出打工。1999年，湘潭航运分公司、南京港务局通海水运公司与湖南金迪化纤有限公司合资注册资金1170万元，成立湖南金通运输有限责任公司（简称金通公司），主要经营乙二醇化纤原料的运输，水路航线延伸到长江中下游及其省间支流。有441千瓦顶推轮1艘，400吨级乙二醇专业分节驳船6艘。是年，由金迪化纤有限公司投资360万元，在十六总杂件散货码头西头新建500吨级乙二醇混凝土竖式专用码头，长度20米，前沿水深2.8米，配套贮存罐、蓄水池、消防泵房、趸船及电气设施等。2000年，区内有运输船舶107艘，载重量1.29万吨，功率5386千瓦，年货运量118.5万吨，年船舶拥有量、载重量、货运量分别比1990年下降44.8%、30.7%、3.9%。其中，国有船舶17艘，载重量2163吨位，功率1034千瓦，年货运量5.8万吨，分别占总数的15.9%、16.7%、19.2%、4.9%。

2002年，为调整运输结构，摆脱经营困境，湘潭航运分公司与湘潭市交通经济技术开发公司合资成立湘潭港集装箱运输有限公司（简称湘潭集装箱公司），利用十四总千吨级码头港址共同投资680万元扩建集装箱码头，完善码头装卸作业功能。2003年，十四总千吨级集装箱码头建成后，区内通过水路发往欧美、日本的出口集装箱3142标准箱，发往长江水系、京杭大运河等省间客户国内标准箱2.31万箱。由于港区建设发展较快，货物吞吐量增大，原国有、集体专业运输企业船舶减少，出现运力不足矛盾。私营（民营）水运企业抓住机遇，先后组建航运公司或船务公司，走向集约化经营。2004年，湖南湘平高速航运有限公司（简称湘平航运公司）整体收购湘潭航运分公司货运公司，包括7艘顶推轮、26艘驳船及配套的停泊码头设施后，从事长江干线、湖南内河、京杭大运河水路运输，后又收购湘潭大唐船务有限公司自航机动驳船，共拥有自航机动驳船5艘，顶推船队3个，运力超过万吨，加上外来挂靠船舶运力2万多吨，全公司运力接近4万吨，成为全市水路运输龙头企业。是年，湘潭航运分公司与湘潭市金三角投资建设开发有限公司合资组建湖南金航港务有限责任公司（以下简称金航港务公司），注册资金2000万元，拥有铁牛埠分公司（岳塘区境内）、十四总河西分公司2个港区，1000吨级泊位5个，500吨级泊位3个，最大吊装能力36吨，港口年吞吐能力400万吨，成为湖南最大的港航合一的专业航运企业。湘潭集装箱公司完成进出口集装箱运输4000标准箱。民营水运企业湘潭正和船务有限公司（简称正和船务公司）成立后，投资600万元建造1200吨的集装箱货船2艘，主要经营长江主航道沿线武汉、芜湖、南京、张家港、上海等地集装箱运输业务。2005年，根据市政府招商引资战略，市交通部门引进民营资本投资港口码头等水运基础设施建设和更新老旧船舶，使民营水运企业呈现船舶新、吨位大、专业化程度高的特点。驻区正和船务公司投资近400万元先后建造2艘千吨级货船。湘平航运公司开始淘汰部分顶推船，购置2000吨级大型自航机动驳船，承运华菱集团涟源钢铁有限公司矿石和钢板等水路货物运输。是年，湘平航运公司与湘潭扬帆船务有限公司合并，实现民营企业间强强联合，公司拥有自航机动驳船达12艘，顶推船队4个，总载货量2.52万吨，外来挂靠船舶4万多吨，年货运能力近100万吨。金航港务公司将货物运输业务剥离，成立湘潭金航船务有限责任公司（简称金航船务公司），有各类船舶47条，载货量3.6万吨，从事长江干线及其支流和运河流域省间普通干杂货物和食用油品运输。2007年，区内有港航企业11家，运输船舶163艘，载货量3.02万吨、功率1.05万千瓦，年货运量215.6万吨，年船舶拥有量、载货量、功率和年货运量分别比2000年增长52.3%、134.1%、94.8%、81.9%。原国有、集体水运企业退出水运市场，先后进行企业改制。

第四节　现代物流

1988年，境内投资1.4亿元，开发建设湘潭布市，有营业及仓储面积3万平方米，从业人员近万人，实现营业收入11.4亿元。经营化纤、棉、麻、毛料等面料布，窗帘布、沙发布、涤盖棉等装饰布以及床上用品，衬肩和纽扣等服装用辅料配件，1000多种商品。因产品花色品种多样，主辅料一应配套等优势，广纳四方客商成为居中南五省及国内第二大布市场。湘潭布市虽形成商品销售、仓储、运输、食宿一条龙服务，但多属个体经营，没有进化为现代物流企业。1989年后，先后投资建设金海水果批发市场、金都大市场、砂子岭建材大市场、民主路农贸市场、白石步行商业城、莲城文化大市场、金湘潭商业广场等大型商贸流通企业，集购物、仓储、办公、餐宿、休闲于一体，成为区内外具有一定影响力的重点商贸企业，朝现代物流企业发展。

2003年，为建立新型商业业态和现代营销方式，引导传统商贸流通业向现代物流业转变，湘潭市现代物流建设领导小组办公室（简称市物流办）在市商贸局挂牌成立。在市物流办协调督办下，区政府对砂子岭市场群进行整顿，进一步优化环境，提升品位，扩大市场容量。驻区湘潭汽运总公司将货运分公司与零担运输分公司组建成立湘潭货运物流分公司，并入湘潭汽车东站货运配载物流中心，发展为区内最大的向车主客商提供货运信息、配载、停车、中转、食宿等服务的物流信息中心。2004年，在市现代物流建设领导小组办公室引导下，市金航公司成立后依托华菱钢铁集团物流资源，利用湘江水运优势，投资近200万元完善十四总千吨级码头港区配套设施，建好物流平台，并引进上海港集装箱运输公司（简称上港集箱）签订合作协议，共同打造上港集箱湘潭公司品牌，以形成湘潭港综合物流中心体系。湖南心连心实业有限公司（简称心连心公司）在先锋工业园区内规划建设生猪及农产品深加工物流中心。2005年，心连心公司物流中心项目启动，完成投资2490万元，占地6.67公顷，建筑面积3万余平方米，年市场交易生猪90万头以上，交易额达5.4亿元。2006年，区内白石步行商业城、金湘潭商业广场被市政府列为商贸物流重点建设项目。其中白石步行商业城占地约20公顷，建成后将成为集高档购物、消费、娱乐、休闲等项目为一体的大型商业城。金湘潭商业广场占地2.32万平方米，建筑面积16万平方米，建成后成为集购物、休闲、娱乐、餐饮、文体等多功能综合性商业中心。2007年，市金航公司完成河西中心港区十四总码头矿石装卸线技改工程项目，改建后的集装箱码头也投入使用，使得集装箱运输能力达1万标准箱，除承运集装箱运输业务外，还吸纳娄底、怀化、邵阳等地集装箱进出港，成为省内三大港口之一和对外口岸港口，被列入全国内河重要港口目录。心连心公司生猪及农产品深加工物流中心部分建成运行，利用区内外大中型连锁超市平台，配送鲜肉及“乡里美食”各类腊味制品。白石步行商业城项目完成投资1.85亿元，金湘潭商业广场实现投资1.58亿元，主体工程竣工。是年，区内有商行、仓储配送中心、物流服务中心、批零总汇、快递公司等各类大小现代物流企业103家，其中大型物流企业3家，共有从业人员近5000人，实现营业收入10亿多元。

第三章　电　力

第一节　电力设施

一、电网

（一）500千伏电网线路

1988年，境内没有500千伏高压电网。1993年，电力工业部批复五强溪—娄底—云田500千伏输变电工程，经九华郭家镇跨越湘江，1995年建成，区内线路长约3.2公里。

（二）220千伏电网线路

1999年，因湘黔电气化铁路工程的需要，为完善湘潭市220千伏的电网结构，国家投资5694万元，建设西湖变电站（原名楠竹山变电站），架设220千伏进出线4回、110千伏出线10回、10千伏出线4回。220千伏输出线有西民线75.6公里，西响线19.9公里，西四线28.3公里，220千伏线路在区内约8.5公里。

（三）110千伏电网线路

1988年，境内有110千伏线路30公里，因结构不尽完善，网架较为单薄，大部分为35千伏线路。1998年后，国家加大电力建设投入，全面启动城乡电网建设与改造，完善网架结构，将110千伏高压引进市区，逐步取消市区内35千伏电压等级。至2007年，架设110千伏线路12条，区内线路长117.2公里。

2007年境内110千伏线路基本情况

15-3-1-1

序号	线路名称	起止地点	电压等级（千伏）	线路长度（公里）	投运日期
1	响锰线	响水坝变-锰矿变	110	12.7	1959.01
2	长楠线	长丰变-楠竹山变	110	12.82	1965.01
3	响马繁Ⅰ线	响水坝变-马家岭变-繁城变	110	5.33	1984.12
4	楠石线	楠竹山变-石潭变	110	13.85	1987.09
5	野桂线	野鸭坡变—桂花园变	110	7.89	1999.01
6	响桂线	响水坝变-桂花园变	110	5.63	1999.01
7	响西线	响水坝变-楠竹山变	110	18.72	1999.12
8	西楠线	西湖变-楠竹山变	110	5.57	1999.12
9	西韶线	楠竹山变-韶山变	110	20.40	1999.12

续15-3-1-1

序号	线路名称	起止地点	电压等级（千伏）	线路长度（公里）	投运日期
10	响马繁Ⅱ线	响水坝变-马家岭变-繁城变	110	11.05	2000.04
11	鑫湘锰业支线	53T变-锰业变	110	2.46	2005.03
12	马江线	马家岭变-江麓厂变	110	0.78	2005.12
合计				117.2	

注:“变”即变电站简称,下同

(四)35千伏电网线路

1988年,境内有35千伏变电站4座,总容量2.86万千伏,输电线路11条,线路长51.5公里。1998-2003年,城网进行改造,将110千伏高压引入市区,至2007年,因电网结构变化,区内的35千伏电网线路有的被拆除,有的降为10千伏运行,有的改造升压后进入110千伏电网系统。除楠竹山、马家岭变电站尚保留小量35千伏电荷外,35千伏电网重点转向农村发展。

2007年雨湖区35千伏线路基本情况

15-3-1-2

序号	线路名称	起止地点	电压等级	线路长度(公里)		运行日期
				总长	境内长度	
1	楠银线	楠竹山变-银田变	35	6.83	2.10	1965.07
2	楠杨线	楠竹山变-杨家桥变	35	15.78	2.50	1966.01
3	马麓Ⅰ线	马家岭变-江麓机械厂变	35	1.03	1.03	1986.01
4	马麓Ⅱ线	马家岭变-江麓机械厂变	35	1.03	1.03	1986.01
5	楠氮线	楠竹山变-韶山氮肥厂变	35	11.8	2.10	1989.06
6	楠姜线	楠竹山变-姜畲变	35	14.82	2.10	2001.03
7	锰矿支线	29T变-锰矿变	35	2.17	2.17	2001.05
合计				53.46	13.03	

(五)10千伏配电网线路

1988年,境内有配电线路(含厂直配电线路)18条,长144.5公里,配电变压器95台,计1.55万千伏安,此后配电网络有较快发展,城区取消6千伏电压等级,将10千伏高压引进城区,新建和改造配电线路,实行多回共杆,加大线径截面,提高线路绝缘程度。至2007年,区内共有10千伏配电网线路37条,线路长348.88公里,安装配电变压器1026台,配电容量36.50千伏安。

2007年雨湖区10千伏配线、配变基本情况

15-3-1-3

序号	线路名称	线路长度(公里)	配电台数(台)	配电容量	备注
1	繁火线	3.53	16	6805	公用线路
2	繁桥线	10.73	15	13330	
3	繁城线	5.82	30	14370	
4	繁东线	5.31	36	13215	
5	繁三线	6.29	11	7380	
6	繁船线	10.96	16	10490	
7	繁河线	16.4	42	63820	
8	繁宫线	15.3	62	19995	
9	桂泉线	37.72	61	14260	
10	桂校线	48.42	36	16435	
11	桂宫线	8.32	36	9400	
12	桂河线	11.53	21	7750	
13	桂星线	9.92	44	12090	
14	桂军线	5.57	17	4920	
15	桂冷线	6.96	27	7620	
16	桂西线	5.86	22	5530	
17	桂水线	2.81	10	3220	
18	桂宾线	2.72	15	4520	
19	桂莲线	5.71	26	9010	
20	桂南线	4.67	10	2250	
21	桂金线	12.12	48	13700	
22	桂农线	25.63	36	7315	
23	桂大线	1.19	5	3830	
24	马棉线	6.25	41	14205	
25	马金线	6.83	32	7675	
26	马护线	2.72	5	965	
27	马铁线	21.24	41	9585	
28	马火线	7.52	50	16700	
29	马桥线	12.56	41	14920	

续 15-3-1-3

序号	线路名称	线路长度(公里)	配电台数(台)	配电容量	备注
30	马城线	2.92	21	7695	
31	马东线	4.41	21	7655	
32	毛鹤Ⅰ线	4.385	13	3980	
33	毛鹤Ⅱ线	4.385	12	3780	
34	繁医线	1.56	5	4100	市中心医院专用线
35	桂大线	5.42	10	12910	湘潭大学专用线
36	楠江Ⅰ线	1.20	72	39455	江南机器厂专用线
37	楠江Ⅱ线	1.25			江南机器厂专用线
合计		346.14	1026	414880	

二、变电站

1988年,境内有楠竹山、鹤岭(锰矿)、马家岭、湘潭老火车站(桂花园变电站前身,后异地新建)4个变电站。1998年,投资2700万元,建设桂花园变电站(位于商贸特区金沙路西侧),1999年1月竣工投入运行。是年,投资1625万元,建设繁城变电站(位于护潭乡繁城村),2000年4月竣工投入运行。2005年,鑫湘锰业投资1100万元,建设110千伏变电站一座,当年竣工投入运行。2006年8月,繁城变电站进行改造扩容。至2007年,马家岭、楠竹山、鹤岭变电站相继进行改造扩容。年末,区内有变电站7座,总容量36.35万千伏安。

2007年雨湖区变电站基本情况

15-3-1-4

变电站名称	地址	电压等级(千伏)	变电器编号	容量(万千伏安)	运行日期
马家岭变电站	马家岭	110	马家岭1号	3.15	1984.6
			马家岭2号	3.15	2006.5
楠竹山变电站	楠竹山镇	110	楠竹山1号	3.15	1989.3
			楠竹山2号	3.15	2000.6
桂花园变电站	金沙路	110	桂花园1号	5.0	1999.2
			桂花园2号	5.0	1999.2
繁城变电站	城正街	110	繁城1号	3.15	2000.4
			繁城2号	5.0	2006.8
江麓变电站(一)	江麓机械厂	110	锰矿1号	1.00	1988.8
			锰矿2号	1.00	1988.8
江麓变电站(二)	江麓机械厂	110	江麓1号	1.60	2005.12
鑫湘锰业变电站	鹤岭镇	110	鑫湘1号	2.00	2005.5
合计				36.35	

第二节　电力管理

一、管理机构

1988年，境内用电管理由湘潭电业局负责；农村用电则由各乡设立的农电站管理。乡农电站业务上归口湘潭电业局用电所农电办公室领导。2000年，农村供电体制改革，乡农电站撤销，成立长城、先锋、护潭、和平四个供电营业所。2001年，成立湘潭城西供电局，担负区内的供电任务。城西供电局内设2办（综合办公室、用电营销办公室）1站（农电总站）6班（营销1、2、3班、大户营销班、抄表班、装表班）4所（长城、先锋、护潭、和平四个供电营业所）。至2007年，用电管理体制未变。

二、农村电网改造

区内农村电网的改造始于1999年，至2003年10月竣工，共计投资1183.9万元，完成农户计量装置改造12073户，改造和新建10千伏线路29.98公里，0.4千伏主干线路171.89公里。新增改造更换变压器75台，容量1.25万千伏安，新装改造更换配电屏、杆上综合控制计量箱77台，新建改造配变电压8个，容量1130千伏安。

三、用电量

1988年，境内总用电量为3.54亿千瓦时。其中，工业用电2.85亿千瓦时，农业用电700万千瓦时，商业用电930万千瓦时，城市照明用电473万千瓦时，居民生活用电4797万千瓦时。工业、农业、商业、城市照明、居民生活用电分别占总用电量的80.51%、1.98%、2.63%、1.33%、13.55%。1989年后，随着经济的发展，国家加大对电力能源建设的投入，各项用电大量增加。至1995年，用电紧张的局面结束，基本实现供求平衡，区内总用电量为4.69亿千瓦时，为1988年的1.32倍。1996-1999年，由于经济转型和企业改制，工业用电呈现负增长，电力出现供大于求的现象，电力部门推动居民生活用电和城市亮化工程用电。2000年，随着经济的发展和市（村）民用电需求的增加，用电量每年以近18%的速度增长。2005年，区内总用电量8.35亿千瓦时。2007年，区内总用电量达到10.18亿千瓦时，为1995年的2.17倍。其中工业用电7.22亿千瓦时，农业用电1750万千瓦时，商业用电6201万千瓦时，城市照明用电2959万千瓦时，居民生活用电1.87亿千瓦时。工业、农业、商业、城市照明、居民生活用电分别占总用电量的70.92%、1.72%、6.09%、2.90%、18.37%。

（一）工业用电

1988年，境内工业用电28531万千瓦时，其中大客户（即江麓机械厂、江南机器厂、锰矿等年耗电3000万千瓦时以上的用电大户）用电2.54亿千瓦时，中小型企业3164万千瓦时。1995年，用电量增加到36070万千瓦时，其中大客户用电3.05亿千瓦时，中小企业用电5545万千瓦时，1996-1999年工业用电一度出现负增长。2000年，工业用电开始攀升，达到4.03亿千瓦时。2007年，工业用电达到7.22亿千瓦时（大客户6.11亿千瓦时，中小型企业1.11亿千瓦时）比2000年增加3.19亿千瓦时，增长79.16%。

（二）农业用电

1988年，境内农业用电量700万千瓦时。随着村民收入的增长，家用电器、农用机械普遍进入农户，农业用电逐年上升。1996年，全区在湘潭率先实行城乡同电同价（之前农电价高于城区电价）。1999年，区内进行农村电网改造，由于电压稳定，用电方便安全，农业用电迅速增长。2007年，农业用电达1750万千瓦时，比

2000年增长11.1%。

(三)商业用电

1988年,境内商业用电930万千瓦时。1995年,商业用电1436万千瓦时,8年中仅增加506万千瓦时。1996年后,区内因沿街店铺大型超市增加,又因电力充足,供电部门鼓励商业广告和商场灯饰扮靓,商业用电迅速增长。2007年,商业用电达6021万千瓦时,比2000年增长185.76%。

(四)城市照明用电

1988年,境内城市照明用电473万千瓦时。公园、广场基本上没有灯饰,市区路灯数量只有1720盏。2000年以后,随着城市亮化工程规模的拓展,路灯电价执行居民照明电价,免收城市公用事业附加费,区内所有广场,主干道及一大桥、三大桥、雨湖公园、白石公园、和平公园等处均实行灯饰亮化,市区路灯数量增至13450盏,城市照明用电骤增。2007年,区内城市照明用电2959万千瓦时,占总用电量的2.91%,比2000年增长150.13%。

(五)居民生活用电

1988年,境内居民生活用电4797万千瓦时。1995年,为7480万千瓦时。2000年,为9163万千瓦时,呈逐步增长趋势。是年后,冰箱、空调等家用电器大量普及使用,国家明令用电高峰期间必须保证居民生活用电,居民生活用电量增加。2007年,区内居民生活用电1.87亿千瓦时,比2000年增长104.08%。

1988-2007年雨湖区部分年份用电量概况

15-3-2-1　(单位:万千瓦时)

项目/数量/年份	工业用电			农业用电	商业用电	城市照明用电	居民生活用电	小计
	用电量	其中						
		大客户	中小企业					
1988	28531	25367	3164	700	930	473	4797	35431
1992	32467	27472	4995	962	1240	591	6732	41992
1995	36070	30525	5545	1050	1436	887	7480	46923
2000	40290	34630	5660	1575	2170	1183	9163	54381
2005	61327	51892	9435	1662	4340	2686	13464	83479
2007	72150	61050	11100	1750	6201	2959	18700	101760

第四章 邮 政

第一节 机构和网点

1988年,湘潭市邮电局在境内设有砂子岭邮电支局和韶山中路、民主西路、老火车站、雨湖、人民路、立竹路、伍家花园7个邮电所,负责邮政和电信各项业务。邮政业务主要有信函、包件、汇兑和报刊发行。同时,在韶山中路、民主西路、雨湖路、人民路、立竹路设立网点办理邮政储蓄业务。1998年10月,邮政、电信分营,区内从事邮政营业的支局、所划归邮政局,从事电信营业的分局(模块局)、基站划归电信局。2000年,区内邮政按业务范围成立若干专业公司和分局。报刊发行、投递归口发行投递分局管理,零售业务归口零售公司管理,储蓄汇兑业务归口储汇分局管理,集邮业务归口邮票分局管理。区内增设卫校、熙春路、韶山东路、迎宾路、江麓5个邮政储蓄营业网点。2007年,函件、包件、汇兑、集邮业务归口市邮政局包件营业分局管理,邮政储蓄业务归口市邮政局金融分局管理。是年末,区内共有韶山中路、韶山东路、砂子岭、车站路、熙春路、人民路、民主西路、立竹路、卫校、迎宾路10个邮政营业网点。

第二节 业 务

一、函件

1988年,境内进口函件1327.95万件,出口函件129.3万件,业务收入45.51万元。1990年以来,由于电话的使用,加之国内通信函件资费先后由0.08元调整为0.20元,0.80元和1.20元,书信往来逐年减少,但能够用于商务活动的便捷的明信片和礼仪性质的邮政贺卡业务则有所上升。1992年,进口函件1452.9万件,出口函件154.65万件,业务收入59.9万元,比1988年增长31.62%。1994年,邮政部门在区内18家企业继续推行企业明信片业务(俗称“金卡”),印制企业明信片9.7万张。2005年,进口函件461.7万件,出口函件152.7万件,业务收入75.86万元,比1992年增长26.64%。随着电话的广泛普及,函件业务进一步萎缩。2007年,进口函件413.79万件,出口函件134.29万件,业务收入46.51万元,比2005年减少38.69%。

二、包件

1988年,境内包件进口量30.76万袋,出口量14.77万袋,业务收入42.8万元。是年,邮政快件与特快专递业务在境内开设。1990年,停办快递小包业务和代收货价包裹及航空包裹业务。1990年7月,根据邮电部规定,国内邮政包裹(不含纸制品包裹)全部实行保价,取消保价包裹名称,增加价值在300元以上的物品为贵重包裹。1992年,包件进口量57.62万袋,出口量26.19万袋,业务收入49.98万元,比1988年增长16.78%。1996年2月,民用包裹和商品包裹纳入普通包裹业务。2000年,区内包件进口量61.98万袋,出口量30.66万袋,业务收入54.93万元,比1992年增长9.9%。2005年,区内包件进口量66.19万袋,出口量24.17万袋,业务收入71.24万元,比2000年增长29.68%。2007年,区内包件进口量69.12万袋,出口量21.98万袋,业务收入64.44万元,比2005年减少9.55%。

三、报刊发行与零售

1988年,境内有报刊发行站322个,报刊订销流转额124.5万元,零售额102万元。1992年起,党报党刊改由地方党委宣传部门主持征订发行。是年,报刊订销流转额237万元,零售额70.1万元,比1988年分别增长90.36%和减少31.27%。1996年,国家允许报刊选择发行渠道,部分报纸杂志采用自办发行办法,邮局报刊发行量减少。1999年,报刊零售业务从发行投递分局分离,单独成立报刊零售公司,实行专业管理。报刊零售公司在市区繁华地段建立报刊零售亭20个,由邮政职工承包经营,报刊发行量逐年增加。2000年,全区报刊订销流转额385.5万元,零售额101.4万元,比1992年分别增长62.66%和44.65%。2001年,报刊发行业务划归发行投递分局管理,零售业务归零售公司管理。2005年,报刊零售业务划归省邮政书报刊零售公司垂直管理,区内报刊亭增加到45个。2007年,区内报刊亭调整为40个,区内报刊订销流转额609.4万元,零售额153.8万元,比2000年分别增长58.08%和51.68%。

四、汇兑

1988年,境内邮政汇票进口量16.38万张,出口量13.59万张,汇兑业务收入24.45万元。是年,开办快件汇兑业务。1992年,汇票进口量19.11万张,出口量15.86万张,汇兑业务收入31.89万元,比1988年增长30.43%。1997年,随着金融服务方式渐趋多元和电子银行的开办,各银行纷纷办理异地存取款业务,以及邮政自身"绿卡"的开通,邮政汇兑业务增长放慢,至2000年,区内汇票进口量27.32万张,出口量22.67万张,汇兑业务收入42.18万元,比1992年增长32.27%。2005年,邮政汇兑业务呈减少趋势,汇票进口量9.52万张,出口量11.77万张,汇兑业务收入20.8万元,比2000年减少50.68%。2007年,商务活动的增多,外来务工人员增加,区内汇票进口量23.74万张,出口量29.18万张,汇兑业务收入58.85万元,比2005年增长182.93%。

五、集邮

1988年,市邮电局邮票公司在市局营业中心及下摄司邮电支局设立邮票专柜,以适应民间集邮热持续升温的需要,预订和出售"文革"邮票及部分纪念(J种)、特种(T种)邮票;销售邮票小型张、小本票、集邮册、集邮品,境内邮票销售额105.8万元。1992年以来,由于邮票自身发行量过大,而民间投资渠道和收藏又呈多样化,邮票市场低迷。2001年后,国家限制纪、特两种邮票的发行量,市场略有转机。2005年,区内邮票销售额54.37万元,比1988年减少48.61%。2007年,邮票销售额180.24万元,比2005年增长231.51%。是年末,区内有集邮协会会员1250人。

六、快递

1988年,境内开办邮政快递业务。特快专递邮件进口量4.83万件,出口量3.21万件,业务收入6.54万元。1990年,市邮电局首开特快专递班车,由专人负责收寄、接送和投递。出口邮件交当日最快班次发送,进口邮件即收即投。是年,特快专递邮件进口量6.5万件,出口量6.08万件,业务收入13.35万元,比1988年增长104.13%。1994年,各邮政营业所设立特快专递邮件收寄柜台。2000年,区内特快专递邮件进口量13.13万件,出口量13.52万件,业务收入32.43万元,比1990年增长142.92%。此后,民营特快专递(快递公司)迅速增加,邮政快递业务量减少。2005年,特快专递邮件进口量10.56万件,出口量9.91万件,业务收入27.75万元,比2000年减少14.43%。2007年,特快专递邮件进口量8.9万件,出口量6.4万件,业务收入20.48万元,比2005年减少26.25%。

第五章　电　信

第一节　机构和网点

1988年,境内的电话、电报等电信业务由邮电支局经营,各邮电所只经营电话业务。1998年10月,邮政、电信分营。1999年7月,中国移动湘潭分公司(简称湘潭移动)和中国联通湘潭分公司(简称湘潭联通)分别成立。湘潭移动和湘潭联通在区内各设营业网点1个。2000年9月25日,湘潭市电信局更名为湖南省电信公司湘潭分公司(简称湘潭电信)。是年,湘潭电信在区内设营业网店11个,湘潭移动和湘潭联通在区内各设营业网店4个。12月28日,湘潭联通公司机房建成并投入使用。2001年8月,中国铁通湘潭分公司(简称湘潭铁信)成立,发展铁通程控电话和国际互联网用户业务。2003年,湘潭铁信在车站路设营业网点。1999年,位于大湖南路(白石公园左侧处)的移动通讯大楼建成投入使用。2006年,位于河东芙蓉路9号的电信大楼竣工并投入使用,湘潭电信公司迁新址办公,原址给河西分部使用。湘潭移动通讯分公司挂牌成立。2007年,区内湘潭电信设有营业网点59个,湘潭移动设有营业网点67个,通信基站148个。湘潭联通设有营业网点49个,湘潭铁通设有营业网点5个。

第二节　业　务

一、固定电话

1988年,境内固定电话设备扩容,基础设施建设加快,固定电话用户增至1445户,其中农村电话用户78户。业务收入315.8万元。是年,分别开通长途全自动电话和湘潭至长沙光纤通信。1989年7月,开通农村400门自动电话。1991年4月,国际长途电话直拨一次开通成功,成为全省第一个开通国际直拨电话的地(市)局。9月,全市5000门程控电话割接开通。国际长途电话直拨开通后,全区国际、港澳电话7853个,比1990年增长151.05%。至1992年,境内有固定电话用户6582户,其中农村电话用户938户,长途直拨用户3501户。业务收入1505.34万元,比1988年增长3.77倍。

1993年,全市开通3.5万门程控电话。区内电话从5位数升至6位数。1995年,区内电话从6位数升至7位数,城区以"8"字开头。是年5月10日,在韶山路电信营业厅设立电话费查询台,免费为用户提供查询服务,并开通"170"自动话费查询系统,用户只要在自己的电话机上拨打"170",就可查到本机当月和上月的话费使用情况,从而方便了用户。1996年5月,区内引进IC卡公用电话设备,区内主要街道两旁首次安装IC卡公用电话亭。IC卡公用电话达1284部。为满足区内学校不同层次人员的需求,在校内普遍安装公用电话。1999年,邮政、电信分营后,区内有湘潭电信、湘潭移动、湘潭联通3家公司,共设电信营业网点15个。是年,区内固定电话用户增至13.08万户。业务收入1.27亿元,比1992年增长7.46倍。

2001年后,固定电话用户需求增大。2003年5月,区内开通小灵通设备,推出小灵通业务。小灵通是区内电话的延伸和补充,具有携带方便、覆盖范围内自动漫游通话、音质清晰、绿色环保以及经济实用的特点,受到用户青睐。是年,小灵通用户达1.9万户。2005年,区内固定电话用户15.1万户(其中湘潭电信13.9万户，湘潭铁通1.2万户），完成电信业务收入1.41亿元，比1999年增长11.02%。2007年，区内固定电话用户19.16万户（其中湘潭电信17.03万户，湘潭铁通2.13万户）。完成电信业务收入1.89亿元，比2005年增长34.04%。

二、无线寻呼(BP机)

1989年2月，境内开设无线电寻呼业务。1991年3月，境内湘潭电业局开设电力系统无线电寻呼。至1992年，无线寻呼用户1609户，实现业务收入158万元。1993年7月，区内开通“127”自动寻呼台。1997年，全省无线寻呼联网。至1998年，区内无线寻呼5.68万户，实现业务收入1378万元，比1992年增长7.72倍。2000年，由于移动电话发展迅速，无线寻呼（BP机）减少至1.05万户。2001年后，无线寻呼机失去市场，人们不再使用。

三、移动电话

1992年年底，境内建成首座900MHZ模拟移动通信基站，拉开了区内移动电话（当时称“大哥大”）发展的序幕。这一新生事物的出现，使80年代末开始崇尚BP机的时髦引向到追逐“大哥大”的方便与尊贵。模拟移动电话价格颇贵，普通机在1万元左右，主要是单位公务配置或部分私营企业老板购买。区内有模拟移动电话122台，业务收入366万元。1993年，模拟移动电话增至271台。1994年，区内实现模拟移动电话自动漫游联网。1995年1月，实现全国联网。是年，模拟机逐步淘汰，被先进的数字机取代。1998年，区内移动电话用户8433户，电信业务收入758.92万元，为1992年的2.07倍。

1999年，区内“全球通”数字移动电话号码从10位升至11位，区内号码资源得到根本改善，标志着区内进入第二代（GSM）移动通信时代。是年，区内由湘潭移动、湘潭联通2家公司共6个营业网点经营移动电话业务。年末，区内共有移动电话用户1.72万户（湘潭移动1.2万户、湘潭联通5198户），电信业务总收入1249万元。2000年后，市民普遍使用移动电话。2001 年10月25日，位于湘潭大学门口湖南最大的学生公寓前的湘潭联通第一家长途IP超市开通，标志着电信运营商的联通公司正式进入湘潭的长途公话业务市场。2003年，湘潭电信开通小灵通（与固定电话捆绑使用）业务。至2005年，区内有移动电话用户16.32万户（湘潭移动13.24万户、湘潭联通3.18万户），业务收入8918万元，比1999年增长6.14倍。

2007年，湘潭电信、湘潭移动、湘潭联通在区内有128个营业网点经营移动电话业务。3家公司在区内共建有通信基站486个。是年，区内有移动电话用户33.28万户（湘潭电信天翼3G用户11.2万户，湘潭移动18.28万户，湘潭联通用户3.8万户），业务收入2.98亿元，比2005年增长2.34倍。

四、互联网

1997年，区内电信部门IP互联网开业营运。1998年5月，区内第一个因特网网络咖啡屋，在韶山东路的东风大酒店（后改名志成宾馆）对外营业。是年，区内互联网用户627户，业务收入140万元。

2002年，区内用户813户，业务收入150万元。2003年，湘潭铁通开通互联网业务，入户数160户，业务收入85万元。2005年，湘潭联通开通互联网业务。区内有互联网用户2.33万户（湘潭电信1.68万户、湘潭铁通0.5万户、湘潭联通0.15万户），电信业务总收入3985万元。2007年，区内有互联网用户11.8万户（湘潭电信9.1万户、湘潭联通1.6万户、湘潭铁通1.1万户），业务总收入8954万元，比2005年增长1.25倍。

第十六篇　园区经济

第十六篇　园区经济

第一章　商贸工业特区

湘潭市商贸工业特区，前身是1992年5月27日由湘潭市人民政府批准成立的湘潭市经济开发区。开发区设砂子岭107国道与320国道交汇处一带，规划面积7.98平方公里，起步区为1平方公里，位于昭潭乡范围内。开发区办公地点设解放路6号昭潭饭店内，直属湘潭市人民政府领导。是年8月，改属雨湖区人民政府管辖。9月3日，中共雨湖区委《关于成立湘潭市经济开发区管理委员会的通知》明确，由雨湖区人民政府负责行政管理。12月，雨湖区人民政府《关于成立湘潭市经济综合开发总公司的通知》确定，湘潭市经济开发区管理委员会与湘潭市经济综合开发总公司两块牌子，一套人马。

1993年3月25日，湖南省人民政府《关于同意建立湘潭市商贸工业特区的批复》指出，湘潭市经济开发区列为省级开发区，更名为湘潭市商贸工业特区。特区内设办公室、武装部、劳动人事局（社会事业管理局）、建设局、国土局、工商局、财政局、招商局、企业局，共有职工68人。是年9月，中共雨湖区委发文设立中共湘潭市商贸工业特区工作委员会。特区办公地点迁韶山西路354号。1994年8月，特区根据区总工会的要求，成立市商贸工业特区工会委员会。1995年，市商贸工业特区围绕经济建设中心，出让土地33.98公顷，完成引资5.6亿元，先后建成10个专业批发市场，修建道路10条，总长5500米，基础设施总投入8000多万元。是年，市商贸工业特区被列为省重点开发区。形成"二城（金都商业城、国药城）三街（宝庆路小商品一条街、韶山西路汽车、摩托车配件一条街）十市（水果批发市场、糖酒批发市场等）"群体市场，市场占地总面积6.7万平方米，拥有门面和摊位4700个，容纳客商5413户，平均日上市人数达2万人，成交额150多万元，成为全省最大物资集散地。1997年，市商贸工业特区被列为国务院特区办联系点之一。市商贸工业特区总工会下设工会基层组织4个。1998年4月13日，市商贸工业特区成立富民城、宝丰街居民委员会。是年，市商贸工业特区新增营业面积1.8万平方米，新增门面摊位700多个，年成交额约200亿元，税收1400多万元。

2000年4月17日，湖南省人民政府清理整顿开发区，市商贸工业特区被列入撤销单位。根据省政府清理整顿开发区的要求，就单位撤销后的国有资产股权转让，债权债务清理，职工安置等工作进行善后处理。至是年底，特区近8年商贸业成交额为21.64亿元，税收2677.1万元；建筑业产值12.2亿元，税收1012.1万元。2007年，根据《商贸工业特区职工安置工作方案》，特区妥善安置单位撤销后的38名职工。特区商贸业、建筑业、运输业继续发展，商贸、建筑业共创收入（产值）28.89亿元，税收1523万元。

第一节　基础设施建设

一、整修道路

1992年3月，湘潭市人民代表大会通过改造特区宝庆路建议案。6月16日，改造宝庆路设计方案通过。宝庆路从砂子岭到唐兴桥，全长1423米，宽27米，改造宝庆路，将路西侧高3米多的十万垅左撇洪渠的明渠改造成暗涵，暗涵用钢筋混凝土浇灌成。改造宝庆路花时75天，开挖土石方9万多立方米，浇筑钢筋混凝土8000多立方米，砌筑片石400立方米。1993年12月25日，特区宝庆路改造竣工通车，改造后的宝庆路全长1400米，路宽33米，机动车道宽14米，非机动车道两边各4.5米，绿化带及人行道两边各5米，工程总投资1100万元。1994-2000年，市商贸工业特区投资1300多万元，整修和改造宝庆路、迎宾东路、迎宾西路、南岭南路、宝丰路、十万垅路、立竹路、万宝路、金砂路等10多条道路，其中改造宝庆路共花费400多万元。

二、扩建广场

砂子岭是湘潭市的西大门。为修好西大门，1992年12月，市商贸工业特区开始扩建砂子岭广场。砂子岭广场原有面积2600平方米。1993-1998年，广场实施全面改造拓宽，拆除房屋3400平方米，改为树、花、草相间的绿地，中间转盘建成象征政治稳定、商业繁荣的"宝鼎"城市雕塑。1999-2001年，广场再次提质改造，完成总投资600万元，广场面积扩大到1.3万平方米。广场周围东、东南、西南、西依序有4条道路，东为韶山路，通107国道；东南连接宝庆路，通湘江千吨级航运码头；西南通潭衡路；西接320国道，通湘乡市。广场为东西南北交汇的陆路交通枢纽和商品集散地。

三、铺设管线

1992年，新铺地下管线6000多米，下水管道8000多米，架供电变压器6座，架高低压电线4000多米，架通信电线2700多米，建涵洞4座，改造电力、电讯线路2800米。1998年，配合兴建迎宾西路，架设2条1万伏高压供电线。至2000年止，特区管线方面的基础设施投资约1000万元。

四、新建办公楼

市商贸工业特区办公大楼命名为特丰大厦。大厦于1993年5月15日奠基开工，位于韶山西路421号，设计的主楼为11层大型现代化建筑，建筑总面积7800多平方米，总投资1500万元。1994年3月，特丰大厦竣工。1996年4月16日，特区办公地址从解放北路6号搬出，特丰大厦正式成为特区办公新址。

第二节　园区产业

一、金都大市场

1993年，市商贸工业特区金都大市场被列为湘潭市毛泽东100周年诞辰重点纪念工程。5月18日，湘潭金都股份有限公司建立。金都大市场工程位于湘潭市西大门，雨湖区砂子岭107国道和320国道交汇处，占地面积4.53公顷（不包括汽车西站），建筑面积10.8万平方米，总投资2亿元。公司拥有职工81人，具有专业技术职务的21人,其中中级以上职称的5人。是日,公司在湘潭宾馆召开首届股东代表会议。湖南省政府办公厅、体改委、证券公司,湘潭市委、湘潭市政府及雨湖区党政领导到会祝贺并讲话。大会通过公司章程,选举产生董事会7位董事和监事会3位监事。7月20日,公司董事会聘任刘印根担任公司总经理。

1994年4月8日,金都大市场兴建正式破土动工。第一期工程于1995年8月28日完工。金都股份有限公司总股本3122.45万元,其中发起人占1050万股,社会法人股占13万股,个人股占2059.45万股。金都大市场主要批零经营服装布匹、皮革鞋料、家具、鞋类、灯具以及工业品、农副产品。1996年,金都大市场成交额达1.8亿元。1998年,金都大市场成交额突破6亿元,被确定为"湖南省重点市场"、省十大龙头市场之一。1999-2000年,金都大市场投资960万元的二期工程建筑竣工开业,将二楼1200平方米的家具市场经营面积扩大到3100平方米。公司从长沙、株洲、广东、浙江等地引进32户家具经营大户,形成高、中、低档搭配,品种齐全,款式新颖,服务优质的湘潭市最大家具市场。2002年,金都大市场入场经营户达890户,市场交易额6.5亿元,上缴国家税收102万元。2007年,金都大市场总面积达31000平方米,入场经营户1050户,市场成交额8.62亿元,税收500万元。

二、商贸业

1993年3月13日,湘潭市经济开发区与台湾汉鼎股份有限公司签订合作经营合同,建商业一条街。商业一条街被列为向毛泽东诞辰100周年献礼工程,至12月25日,商业一条街122个商业门面竣工。1994年,商业一条街200多个门面,全部竣工。是年,商贸成交额1.10亿元,税收96万元。1995-1997年,经市体改委批准,成立湘潭市砂子岭地区市场建设试验区,引进内外资金7亿多元,开辟14个专业批发市场。特区商贸成交总额7.69亿元,税收641.10万元。1998-2000年,商贸特区形成蔬菜批发、汽车配件、建材供应、家具服装、电器灯具、客运物流等多种产品的市场,特区商贸业成交额为12.85亿元左右,税收1940万元。2001-2007年,特区进入撤销和清理整顿阶段,特区商贸业继续繁荣发展,7年中,特区商贸业成交额为138.5亿元,税收7017万元。

三、建筑业

1992年9月2日,《湘潭市经济开发区管理委员会关于成立广源房地产开发公司的批复》发出,广源房地产公司成为开发区下属的一个独立核算,自主经营,全民性质的房地产开发公司。1993年5月17日,湘潭市经济开发区与台湾汉鼎股份有限公司签订合同,共同出资1220万元注册成立湖南鼎立房地产公司,开发宝庆路西侧2.67公顷土地,建筑商业一条街。是年5月20日,特区投资120万元,开工建设安置楼,工程占地1000平方米,建筑设计为7层,总建筑面积2700平方米,3室2厅住宅14套,2室1厅住宅28套。12月20日,项目竣工。是年,特区在长城乡砂子村拆除临街违法建筑5栋450平方米,以此为基地,建设砂子岭综合楼,投资100万元,建筑面积2200平方米,楼分7层,一层为综合楼商场,二层以上为住宅楼。特区投资150万元,开工兴建公司综合楼,规划占地600平方米,楼为6层,1-2层为综合商场,3-6层为办公楼和住宅,建筑面积2600平方米,工程经180天完工。1994年,特区投资200万元,兴建特区商贸综合服务中心,中心建筑面积1515平方米,服务中心具有停车、修车、住宿、餐饮等功能。特区投资150万元,完成商业一条街建筑面积3240平方米。实现建筑业产值0.42亿元,税收12.5万元。1995-1997年,特区为解决职工住房困难,兴建职工宿舍,建筑安置职工楼面积5040平方米,6层共48套间,总投资239.7万元。3年中,特区建筑业产值3.8亿元,税收244万元。1998-2000年,广源房地产公司投资1000万元,开发湘大教师公寓;建安公司开发市农校集资楼项目,鼎力房地产公司投资建招待所和酒楼。特区建筑业产值8.05亿元,税收755.6万元。2001-

2007年，特区进入撤销和清理整顿阶段。特区与晨辉房地产开发有限公司签订南岭南路《股权转让协议》，为特区改制提供一定资金来源，促进特区房地产业发展。7年中，特区建筑业总产值为27.16亿元，缴纳税金2612万元。

第二章　先锋工业经济园

湘潭市先锋工业经济园，其前身是1963年1月7日成立的湘潭市林场；位于市西郊，内有湘黔铁路通过；占地100公顷；10月，更名为湘潭市先锋农场。1970-1980年，湘潭市先锋农场更名为湘潭市郊区先锋综合农场，直属郊区领导。市、区政府先后安排500多名知识青年就业。国务院知青办领导王进仁、王广义、许茂先后到场考察。1986年5月20日，湘潭市人民政府批准先锋综合农场为中型企业。1988年，先锋综合农场有2212人，农场内部设办公室、机关党支部、人大联络办、财务审计、国土、司法、民政办、治保办、生产科、统战人事、粮油出纳、武装部、计育办、工会、团委、妇联等21个部门。农场有防爆器材厂、制鞋厂、水泥厂、饮料厂、猪鬃厂、养殖场、土建队、商店、工程队、农电站等18家企业。1989年，先锋综合农场内设机构增加组织、宣传和老龄委机关支部。1990年，先锋综合农场针对企业亏损问题，对领导班子进行调整，积极推进企业改革。是年，农场工农业总产值1542.38万元，销售收入1400.95万元。1991年，农场走发展小规模企业的道路，调整产品结构，完善企业管理，完成企业总产值1453万元，上缴税金63万元。1992年6月，湘潭市郊区行政建制撤销，先锋综合农场改属雨湖区领导。农场经改革，扩大内涵再生产，是年，公司盈利166.88万元。1993年，先锋综合农场改制为先锋企业集团有限公司，成为一个集贸、工、农为一体企业集团，属中型企业，大集体性质。企业集团总产值5232万元，上缴税金588万元，完成利润377.55万元。

1994-1997年，先锋企业集团有限公司扩大内涵再生产，对7家骨干企业进行技术改造，生产的对旋隔爆轴流式通风系列产品，国内市场有30%以上份额。并实施“4321”工程，即至1997年形成年产4万头猪、3万吨饲料、2万吨复合肥、1万条狗规模的全省最大生猪产业化龙头企业。1998-2001年，先锋企业集团有限公司发展乡镇企业，生猪形成10万头养殖规模，“乡里”牌腊制品成优质品牌，农业产业化建设得到新加强。公司先后被评为或列为“乡镇明星企业”“全国出口创汇先进单位”“乡镇企业出口创汇先进单位”、省乡镇企业经济效益“百强”之一、国家农业产业化重点龙头企业。2002年5月，先锋工业经济园正式成立，与先锋企业集团有限公司实行两块牌子一套人马，享受国家工业园政策。园区在北二环路两边3平方公里，定位为湘潭市农副产品深加工的龙头和发展民营企业基地。2002年，园区新引进湘潭市平安电气股份有限公司、湘潭恒盾集团科技实业有限公司、湘潭市先锋企业集团有机复合肥有限公司、湖南乡里美食有限责任公司等6家企业，规划投资5000多万元，形成企业、产业集聚效应。是年，园区总产值4.63亿元，上交税金222万元。

2003年，先锋工业经济园以优惠政策引进7家企业入园，打造工业核心带动极。2004-2005年，园区引进湖南一格制药有限公司，公司投资2000万元发展产业。园区共投资3.7亿元，企业进一步加强管理，注入科技实力，企业总产值12.66亿元，税收3739万元。2006-2007年，园区有湘潭市江大机械制造有限公司、湖南超宇科技有限公司、湘潭赛普新材料有限公司、湘潭新力机械有限公司、湘潭市麓安化工有限公司、湘潭市宏泰电机泵业有限公司等6个企业入园。先锋工业经济园进行经营机制改革，先锋企业集团有限公司下设的股份制企业、民营企业、合资合作企业，实行企业独立法人责任制。各企业自主经营、自负盈亏，企业职工实行劳动合同制。对园区企业实行“一门式”管理，一个口子收费，一个窗口服务。经过改制，2007年，先锋工业经济园实现工业总产值12.7亿元，缴纳税金3500万元。

第一节　基础设施建设

1988–1989年，先锋综合农场拥有各种建筑物126栋，总建筑面积1.81万平方米。农场固定资产总值为962万元。1993–1996年，先锋企业集团有限公司投资70万元，新建两座高标准的倒锥壳大水塔，并新建两条水泥路。筹资20万元进行职工住宅小区建设。1997–2000年，先锋企业集团有限公司实现"4321"工程，建立万头养殖生产线，饲料厂和有机复合肥厂。筹资64万元建设生猪养殖环保基础设施和生猪饲养电视监控设施。投资2万元整修场内幸福路。2001–2002年，先锋企业集团有限公司组织资金50万元，建设园内绿化工程，用资金5万元整修岿然路。2003–2007年，先锋企业集团有限公司筹资233万元，整修103马路、马坡岭路、合力路、农牧公司马路、鲤鱼塘马路、平安路、连心路、小区路等8处道路。投资104万元对园区水电进行改造。筹建金属材料市场，项目总投资9000多万元，工程项目占地面积6.67公顷，建筑面积3.26万平方米；建仓库1.3万平方米，室外堆场6000平方米，门面179个。场内修主次干道5条，其中主干道1条，宽11.9米；次干道4条，每条宽18米，道路总长412米。市场全面铺好照明电线、宽带线、电话线和有线电视线。

第二节　园区产业

1988年，先锋综合农场18个下属企业，主要产品有防爆局扇、皮鞋、水泥、猪鬃、棉被、纸箱、汽水、食品、预制件、灯具、鲜鱼、柑橘、茶叶、桃子和蔬菜。农场年总产值2402万元，销售总收入2207万元。1989年，先锋综合农场下属企业为17个，弹棉厂兼并饮料厂。建筑工程队变更为"湘潭市先锋农场建筑公司"。农场年总产值1737万元，销售总收入1792万元。1990年，先锋综合农场连续三年亏损，亏损总额达829万元，占当时农场总资产1100万元的75%。场内18家企业有16家停产、半停产，2家勉强维持。1991年，先锋综合农场继续推进扭亏为盈的工作，成效不佳，是年，农场工农业总产值1847.47万元，销售收入1679.01万元，亏损额达到268.39万元。1992年，农场防爆电器厂、水泥厂带头"深化改革，扭亏增盈"，农场经济效益提高，实现工农业产值2122万元，销售收入2070万元，利润166.88万元。1993年，先锋综合农场由雨湖区政府批准成立湘潭市先锋企业集团公司。公司兴办湘潭丽人服装鞋业公司，将原二、三分场合并成立湘潭市合力实业公司。是年，公司实现企业总产值4586.42万元，销售收入4539.17万元，利润377.55万元。1994年，公司改善集体福利，增加企业资金投入，公司年总产值4471万元，实现销售收入4277.50万元，利润512.51万元。至1996年的9年中，先锋企业集团公司共向社会提供主要产品有生猪3.98万头，猪鬃3.45万箱，皮鞋176万双，皮服1.61万件，水泥85万吨，棉被19.84万床，变压器1.78万台，防爆局扇3.12万台，电磁阀1.36万台，以及灯具、灯罩、水泥预制构件、电阻丝、纸箱、食品、饮料、复合肥、饲料、鲜鱼、茶叶、柑橘、蔬菜等。是年，公司完成企业总产值2.3亿元，实现利税947万元。

1997–1998年，先锋企业集团有限公司下属企业防爆电器厂、湘潭通风机厂、联安电气公司实行股份制改造，组建湘潭平安电气集团有限公司。肉制品深加工基地建成，投产100天，销售收入1000多万元。生猪生产规模达8.5万头，饲料生产达5万吨，复合肥生产达3万吨。是年，先锋企业集团有限公司总产值5亿元，实现利税1578万元。2000–2001年，先锋企业集团有限公司形成10万头生猪养殖规模。经国家八部委行联席会议审定，先锋企业集团有限公司被评为"农业产业化国家重点龙头企业"。2002年5月，先锋工业经济园正式成立，和先锋企业集团有限公司两块牌子，一套人马，享受市级工业园优惠政策。园区引进6家企业，规划投资5000多万元，做大做强平安电器、恒盾厨具、食品工业，形成企业集聚效应。是年，园区实现总产值4.63亿元，缴纳税金222万元。

2003年，先锋工业经济园以优越的环境、优惠的政策和优良的服务引进湖南心连心实业有限公司、乡里美食有限公司、江大机械制造有限公司、电焊机制造有限公司、赛普新材料有限公司、一格制药等7家企业，出让土地24公顷，规划投资2.11亿元。园区内平安电气、恒盾厨具、食品工业等骨干企业进一步发展壮大，平安电气产值7836万元，纳税518万元；恒盾厨具产值6451万元，纳税160万元。是年，园区有企业13家，主要生产肥料、腊制品、通风设备、生物医药、竹制品、机械加工设备，年总产值5.17亿元，税收743万元。2004年，园区15家企业，完成投资2.3亿元，实现总产值6.05亿元，实现利税1139万元。2005年，园区引进衡利物资、新力机械、昊天科技、麓安化工、湘云贸易等5家科技型、民营型企业落户，规划总投资9700万元。园区投入建设资金1.4亿元，一格制药、电焊机等5个项目建成投产。是年，园区完成总产值7.49亿元，实现销售收入6.06亿元，获得利润4851万元，上缴税金1778万元。2006年，园区引进企业5家，园区企业增至22家。园区中以楠竹加工原料，形成竹砧板、竹工艺品、竹汁饮料、竹纤维为主要产品的恒盾集团，拥有9家控股生产分厂及20余家配套供应厂，年产竹制砧板1000万块，竹制家具2万套，竹汁饮料2万吨。是年，园区完成工业总产值7.32亿元，上缴税金2559万元。2007年，园区22家企业，调整产业结构，重点实施“10851”工程（10万头猪、8万吨饲料、5万吨有机复合肥、1万条菜狗）。是年，园区实现工业总产值12.7亿元，销售收入10亿元，缴纳税金3500万元。

第三章　护潭工业小区

雨湖区护潭工业小区成立于2003年11月，规划范围为潭邵高速公路雨湖连接线绿化隔离带以西，湘黔铁路隔离带以北，潭锰路绿化隔离带以东，北二环线绿化隔离带以南，总面积497公顷。2004年10月，由湘潭市规划设计院编制设计的护潭工业小区控制性详细规划完成。是年，园区与万利隆食品、九华物流等9家企业签订入园意向。2005年，护潭工业小区根据区政府的要求，创新经营机制，完善小区规划，突破用地瓶颈，启动基础建设。2007年3月，根据湘潭市“十一五”发展规划，护潭工业小区的工业用地调整为商住综合用地，把规划范围扩大到潭锰路以东，市北二环路以南，湘黔铁路以北，湘江沿岸以西，总规划面积为1000公顷。因护潭工业小区内有与岳阳楼、黄鹤楼、滕王阁知名度相近的万楼遗址，重建万楼和建设万楼新城，是护潭工业小区发展的核心任务。根据市“十一五”发展规划，2007年11月，护潭工业小区更名为湘潭市河西万楼新城区。是年，长株潭城市群被国务院批准为“两型社会”建设配套改革试验区，万楼新城区位于核心区域，被市政府列入“先行先试区”。区委、区政府按照市委、市政府提出的“世界水准、国际品质、国际标准”的12字指导思想和“精、秀、灵、高”建设要求，从规划入手，高档次、高水准规划万楼新城区建设蓝图，先后聘请同济大学规划设计院、湖南省建筑规划研究设计院作万楼新城区总体规划和片区规划研究设计。区委、区政府提出“一年打基础，三年具雏形，十年再造一个新雨湖区”战略目标，成立万楼新城区建设管理委员会和万楼新城区开发建设有限公司等工作班子，建立区、乡、村相互配合、共同协作的机制。万楼新城区共完成投资2.3亿元，新建楼房14栋，其中建450套安置房。

第十七篇　财政 税务

第十七篇　财政 税务

1988年，境内雨湖、湘江两区共实现财政收入532万元，郊区河西4乡1场实现财政收入275.62万元。雨湖、湘江税务分局和郊区税务分局在河西的长城、护潭2个税务所共完成各项税收总额1907.5万元。1992年，新雨湖区成立，财政税务把加强财源建设、强化税收征管放在重要位置，确保新区财政运转和税收稳定增长。全区实现财政收入2440万元，完成各项税收总额2204万元，比1988年分别增长2.02倍和15.54%。1993年，设立雨湖区国家金库，增加"专款收入"，扩大财政收入范围。1994年，实现税务体制改革，国税、地税分设。税收实行国、地税分块征收。区内设立8个街道财政所，区对街道实行定收定支，增收分成的财政管理体制。1995年，区对乡、镇、街道实行核定基数，划分收支、收入上缴、支出下拨、增收分成、短收分担的财政管理体制。1997年，区委、区政府作出《加强财源建设，严格财政管理的决定》，加大税收征管力度和非税收入管理。实现财政收入6368万元，比1992年增长1.61倍。完成国税收入8493万元，地税收入9106万元。1999年起，全面实施预算编制改革、会计委派、统一结算、工资统发、政府采购、预算外资金专户储存、收支两条线管理等一系列财政体制改革，财政管理体制逐步规范。2001年，全区财政收入提前一年达到区委、区政府1997年提出的"奋斗5年财政收入过亿元"目标，实现1.04亿元，收入结构进一步优化。2002年，实现财政收入1.26亿元。完成国税收入1.16亿元，地税收入4809万元。2003年始，随着企业体制改革的深化，园区工业的发展，农业产业结构调整和商贸服务业的迅猛发展，财税收入逐年增加，区域经济实力提升。2007年，实现财政收入3.13亿元，比2002年增长1.47倍。国税收入2.72亿元，地税收入1.05亿元，比2002年分别增长1.35倍和1.18倍。

第一章　财　政

第一节　财政收入

1988年，境内雨湖、湘江两区共实现财政收入532万元，郊区河西4乡1场实现财政收入275.62万元。1991年，境内区财政收入共计1354.1万元比1988年增长67.67%，年均增长22.56%。郊区财政收入172.53万元。财政收入较1988年减少原因是1990年始税收分成比例的改变。区级财政收入主要来源于工商税和地方其他收入，总量不大，税收占财政收入90%，地方其他收入占财政总收入10%。

1992年，新雨湖区建立，实现财政收入2440万元。收入主要由工商税、农业税（包括耕地占用税、农业税、农业特产税和契税）和其他收入构成。其中：工商税2034万元，占财政收入83.36%；农业税170万元，占财政收入6.97%；其他收入236万元，占财政收入9.67%。1993年，经市政府同意，设立雨湖区国家金库，财政收入增加"专款收入"，专款收入40万元，占财政收入的1.65%。1994年，实行分税制财政改革，增值税、消费税由中央与地方按75:25的比例共享，上划"两税"单独体现。上划"两税"1260万元，占财政收入32.41%。

1995年，罚没收入与行政性收费收入单独列项。罚没收入、行政性收费收入共316万元，占财政总收入的5.91%。1996年，全区完成财政收入6353万元，比1992年增长1.60倍。1997年9月，区委在第二次党代会上提出奋战5年，“财政收入过亿元”的目标，通过增加农业投入，支持工业企业技术改造，打造引进开发平台，培植新的财税资源，强化财政调控监管职能，加大财税征管力度。2001年，全区财政收入实现1.04亿元，提前一年实现“财政收入过亿元”的目标。2002年起，全面实施预算编制改革、国库集中收付、统一结算、工资统发、政府采购、预算外资金专户储存、收支两条线管理等一系列财政体制改革，企业体制改革产生活力，农业结构调整初见成效，第三产业迅速发展，拉动区域经济增长，财政收入大幅度增长。2004年，全区实现财政收入1.82亿元，比2001年增长75%。

2005年，根据中央精神，停征农业税。2006年，非税收入改革。财政总收入分为“一般预算收入”“上划‘两税’收入”和“上划所得税收入”三部分。其中一般预算收入由税收收入和非税收入组成。税收收入包含工商税、企业所得税和其他收入，非税收入包含行政性收费收入、罚没收入、专项收入及其他非税收入。2007年，全区一般预算收入1.96亿元，占财政收入3.13亿元的62.80%；上划两税收主8655万元，占财政收入的27.69%；上划所得税2922万元，占财政收入的9.35%。财政收入突破3亿元，比2002年增长147.48%。

1992-1993年雨湖区财政收入统计

17-1-1-1　单位：万元

年度 税收 项目	工商税	其中				农牧业类税	其中			其他收入	专项收入	本年收入合计
		增值税	营业税	企业所得税	个人所得税		农业税	契农业税特产税	耕地占用税			
1992	2034	664	667	269	125	170	43	5	122	236	–	2440
1993	2367	806	995	88	138	121	42	6	73	46	40	2574

1994-2001年雨湖区财政收入统计

17-1-1-2　单位：万元

项目 \ 金额 \ 年度	1994	1995	1996	1997	1998	1999	2000	2001	合计
(1)工商税收	1866	3010	3522	3350	3879	3969	4813	5854	30263
其中：增值税	420	541	678	673	678	682	742	992	5406
营业税	589	959	1027	958	1176	1469	2101	2259	10538
个人所得税	389	996	1120	1163	1291	1194	1283	1857	9293
(2)农牧税类	176	137	151	107	126	88	56	94	935
其中：农业税	68	59	84	90	68	68	40	28	505

续17-1-1-2

项目 \ 金额 \ 年度	1994	1995	1996	1997	1998	1999	2000	2001	合计
耕地占用税	100	72	60	10	50	10	7	60	369
契税	3	1	2	2	2	3	3	–	16
(3)企业所得税	75	112	117	181	74	72	162	213	1006
(4)其他收入(控调基金)	274	46	19	10	14	–	6	–	369
(5)专项收入(教育费附加、排污费	74	102	98	117	119	135	160	234	1039
(6)罚没及行政性收费	163	316	412	586	444	580	516	995	4012
其中:罚没收入	133	236	328	504	377	519	455	804	3356
行政性收费	30	80	84	82	67	61	6	191	601
(7)一般预算	2628	3723	4319	4351	4656	4844	5713	7390	37624
(8)上划两税	1260	1624	2034	2017	2033	2047	2227	2976	16218
(9)收入总计(不含基金)	3888	5347	6353	6368	6689	6891	7940	10366	53842

注:(1)+(2)+(3)……+(6)=(7);(7)+(8)=(9)

2002-2007年雨湖区财政收入统计

17-1-1-3 单位:万元

项目 \ 金额 \ 年度		2002	2003	2004	2005	2006	2007	合计
(1)工商税收		5636	6394	7581	9390	10841	14231	54073
其中	增值税	1280	1624	1893	2066	2507	2885	12255
	营业税	2731	3121	3752	5110	5840	8100	28654
	个人所得税	725	561	515	491	555	672	3519
(2)农牧税类		76	169	95	50	99	30	519
其中	农业税	46	93	54	–	–	–	193
	耕地占用税	30	63	41	50	99	30	313
	契税	–	–	–	–	–	–	–

续 17-1-1-3

项目＼金额＼年度		2002	2003	2004	2005	2006	2007	合　计
(3)企业所得税		98	84	137	170	339	484	1312
(4)国有资产经营收入		–	–	–	800	321	324	1445
(5)其他收入		–	4	61	17	6	450	538
(6)专项收入		284	354	363	372	488	568	2429
(7)罚没收入及行政性收费		1166	1259	2566	2384	3673	3538	14586
其中	罚没收入	990	1042	1060	634	632	861	5219
	行政性收费	176	217	1506	1750	3041	2677	9367
(8)一般预算收入		7260	8264	10803	13183	15767	19625	74902
(9)上划所得税		1528	1659	1677	1699	2299	2972	11834
(10)上划两税		3840	4926	5679	6198	7521	8655	36819
(11)收入总计(不含基金)		12628	14849	18159	21080	25587	31252	123555

注：(1)+(2)+(3)……+(7)=(8)；(8)+(9)+(10)=(11)

第二节　财政支出

1988年，境内雨湖、湘江、郊区的支出分别为297.33万元、266.3万元和1003.4万元。依据“定收定支、定额递增上缴，超基数分成”的财政体制，税收金额上缴，预算支出专项由市下拨。市核定的预算支出基数不能满足编内人员经费，由区财政予以补贴。财政支出只能保证机关的正常运转。1989–1990年，雨湖、湘江两区财政支出每年分别在400–500万元左右。

区级财政支出由基本建设、企业挖潜改造、科技三项费用，支援农业生产，农林水利等部门事业费、工业交通等部门事业费、文体、广事业费、教育事业费、科技事业费、抚恤和社会福利救济费、行政事业单位离退休人员经费、社会保障补助支出、行政管理费、公检法支出，城市维护费，支援不发达地区专项支出和其他支出构成。均实行年初预算，年终结算，专款专用。1991年，雨湖、湘江、郊区的支出分别是488.84万元、387.87万元和1248.32万元。1992年，区级财政支出共1793万元。

1993年，市对区实行一级财政管理，实行“收支挂钩、定额上缴、超收全留、一定三年”的管理体制。财政支出的重点是保机关正常运转(包括工资和行政费用)、教育、卫生、农业基础设施建设等。至1996年的4年中，全区共支出14627万元。

1997年,区级财政支出范围扩大,工资、农业、科技、教育、计生、城市维护等专项经费区级负担逐年增加,市级追加逐年减少。1998年,全区各部门基本实现收缴、罚缴分离。2000年,区级财政总支出6728万元。其中,文教卫事业费1682万元,占财政总支出的25%;农业支出331万元,占财政总支出的4.92%。2001年,财政支出的重点转向文教卫、社会保障、农林和公共事业,社会保障等民生类支出逐年增加,占财政总支出的比重逐年提高。2003-2006年,支出科目变动,农林水气象支出改为农业支出、林业支出、水利和气象支出。

2007年,实行收支分类改革,预算科目相应调整。新的支出科目为:一般公共服务、外交、国防、公共安全、教育、科学技术、文化体育与传媒、社会保障和就业,医疗卫生、环境保护、城乡社区事务、农林水事务、交通运输、工业商业金融和其他支出。全区支出32850万元,比1992年的1793万元增长17.35倍。其中,一般公共服务支出5688万元,占总支出的17.32%;教育支出7316万元,占财政总支出的22.27%;社会保障和就业支出4982万元,占财政总支出的15.17%;城乡社区事务支出1877万元,占财政支出的5.71%。

1988-1991年雨湖区财政支出统计

17-1-2-1 单位:万元

年度 / 项目 金额	1988	1989	1990	1991	合计
科技三项费用	0.5	0.5	0.5	1.7	3.2
工交等部门事业费	0.57	0.8	1.08	0.9	3.35
城市维护费	19.96	43.62	44.02	72.58	180.18
城镇青年就业费	0.6	0.6	1.2	1.2	3.6
文教卫生事业费	116.7	137.12	160.08	152.13	566.03
其中:教育事业费	83.85	94.67	111.67	104.13	394.32
其他部门事业费	6.17	7.63	7.27	1.58	22.65
抚恤和社会福利费	16.24	17.37	18.99	14.82	67.42
行政管理费	63.81	43.83	53.75	64	225.39
公检法支出	40.6	25.15	32.59	38.12	136.46
其他支出	32.18	153.8	195.57	135.11	516.66
支援农业生产支出	–	–	–	0.5	0.5
专款支出	–	–	–	6.2	6.2
支出合计	297.33	430.42	515.05	488.84	1731.64

1992-1993年雨湖区财政支出统计

17-1-2-2 单位:万元

项目 \ 金额 \ 年度		1992	1993	合　计
基本建设支出类		69	40	109
科技三项费用类		1	4	5
支援农业生产支出类		43	234	277
农林水利气象部门事业费类		58	118	176
工业交通等部门事业费类		7	9	16
城市维护费类		92	173	265
城镇青年就业经费类		1	1	2
文教卫生事业类		569	836	1405
其中	教育事业	403	606	1009
	卫生事业	54	70	124
科学事业费类		-	2	2
其他部门事业费类		48	39	87
抚恤和社会福利救济费类		50	59	109
行政管理费类		360	494	854
公检法支出		106	118	224
价格补贴支出		8	5	13
其他支出类		313	202	515
专项支出类		68	125	193
本年支出合计		1793	2459	4252

1994-2001年雨湖区财政支出统计

17-1-2-3

单位:万元

年度 / 项目 金额	1994	1995	1996	1997	1998	1999	2000	2001	合计
一、基本建设支出	20	23	40	35	40	10	65	100	333
二、企业挖潜支出	–	–	–	–	2	5	20	32	59
三、地质勘探费用	–	–	–	–	–	–	–	–	–
四、科技三项费用	9	10	11	15	9	10	21	39	124
五、流动资金	–	–	–	–	–	–	–	–	–
六、支援农村生产支出	165	228	134	167	196	41	85	140	1156
七、农林水利等部门事业费	94	191	125	129	124	145	191	197	1196
八、工业交通部门事业费	17	17	18	20	20	22	30	42	186
九、文体广播事业费	106	97	110	100	114	159	169	203	1058
十、教育事业费	935	979	1358	1295	1314	1104	1225	1378	9588
十一、科学事业费	1	1	1	14	9	11	10	15	62
十二、卫生经费	158	191	258	233	236	290	288	301	1955
十三、税务等部门事业费	54	92	138	166	162	111	113	124	960
十四、抚恤和社会福利救济费	63	63	68	75	124	228	283	563	1467
十五、行政退休经费	–	–	–	510	665	737	881	1170	3963
十六、社会保障费支出	–	–	–	–	7	53	63	91	214
十七、国防支出	4	–	–	–	–	–	–	–	4
十八、行政管理费支出	622	632	664	593	577	678	860	1109	5735
十九、公检法司支出	180	139	234	248	259	330	481	528	2399
二十、城市维护费	111	128	193	194	194	209	271	365	1665
二十一、政策性补贴支出	15		2	6	12	11	5		51
二十二、专项支出	175	157	327	104	149	136	164	262	1474
二十三、支出	424	1205	1163	1101	1091	1362	1488	2277	10111
二十四、支援不发达地区经费	–	–	18	30	20	26	15	26	135
支出合计	3153	4153	4862	5035	5324	5678	6728	8962	43895

2002-2006年雨湖区财政支出统计

17-1-2-4 单位：万元

项目＼金额＼年度	2002	2003	2004	2005	2006	合计
基本建设支出	100	150	290	1405	590	2535
企业挖潜改造资金	20	24	16	19	135	214
科技三项费用	92	158	257	398	468	1373
支援农业生产支出	219	415	466	488	856	2444
农林水等部门的事业费	291	186	185	231	492	1385
工交等部门的事业费	42	48	68	68	90	316
流通部门事业费	2	–	–	–	–	2
文体广播事业费	227	217	291	385	407	1527
教育事业费	1524	1558	2273	2592	4428	12375
科学事业费	17	17	15	21	23	93
卫生经费	396	493	845	946	1311	3991
其他部门事业费	156	180	220	262	307	1125
抚恤和社会福利救济费	352	495	523	3038	3265	7673
行政事业单位离退休经费	1324	1392	1546	1821	1982	8065
社会保障补助支出	254	408	311	3304	1186	5463
国防支出	–	–	–	6	–	6
行政管理费	1391	1413	1508	1736	2480	8528
公检法司支出	518	857	1113	1355	1446	5289
城市维护费	547	740	1134	1714	2970	7105
政策性补贴支出	–	23	23	26	16	88
支援不发达地区支出	25	32	10	19	26	112
海域开发建设和场地使用费	3	2	–	2	–	7
专项支出	307	382	497	540	613	2339
其他支出	2907	3520	3956	4005	4645	19033
支出合计	10714	12710	15547	24381	27736	91088

2007年雨湖区财政支出统计

17-1-2-5 单位：万元

一般公共服务	国防支出	公共安全	教育	科学技术	文化体育与传媒	社会保障和就业	医疗卫生	环境保护	城乡社会事务	交通运输	工商业金融等事务	其他支出	农林水事务	支出合计
5688	179	2111	7316	895	255	4982	1877	256	1842	1	239	5516	1693	32850

第三节 财政管理

一、管理机构

1988-1992年，境内雨湖、湘江和郊区均设财政局，行使辖区范围的财政管理职能。1992年，行政区划调整，组建新雨湖区财政局，对全区财政进行统一管理。财政局设办公室、预算股、行政股、综合计划股、企业财务股、农业税征收管理股。1996年，设立雨湖区国有资产管理局，归口区财政局，对区内国有资产进行综合管理。1997年9月，增设社会保障股，负责管理全区社会救济和救灾、劳动就业、医疗卫生保险等方面的资金与财务。12月，增设基建财务管理股。2001年，国有资产管理局撤销，增设政府采购中心。2002年6月，区财政局增设人事教育股、法规股、国库股、行政执法股、教科文股、经济建设股、对外经济贸易服务股、会计管理股、监督检查股、产权股、统计评价股和直属事业单位：会计培训中心、工资统发中心、会计管理核算中心。2003年，雨湖区会计管理核算中心升格为副科事业机构；农业税征收管理股升格为农业税征收管理局（副科级单位）。2006年10月，增设雨湖区非税收入征收管理局。2007年5月，雨湖区农业税征收管理局更名为乡镇财政管理局（加挂契税、耕地占用税征收管理局牌子）；设立雨湖区国库集中收付管理局（副科级事业机构），同时撤销国库股；雨湖区政府采购中心更名为雨湖区政府采购办公室（副科事业机构），撤销雨湖区会计管理核算中心。

二、财政体制

（一）市对区的财政体制

1988-1989年，市财政对区财政试行以当年的上缴或补贴为基数，“定额上缴（或补贴），增收分成（或全留），一定三年”的财政体制。1990-1992年，市对区财政体制采用“定收定支，定额递增上缴，超基数分成，一定三年”的财政体制。1993年，按一级政府一级财政的原则，区设立国家金库。实行“定额上缴，递增包干，超收全留，短收不补，节余留用，一定四年”的财政体制。1994年，实行分税财政管理体制，将国家的全部税种在中央政府和地方政府之间进行划分，以此确定中央和地方财政的收入范围。实行分税之后，市对区的收支划分体制不变，按分税制的原则执行。1996年，为进一步完善城区财政体制，由“定额上缴，递增包干”改为“定额上解，工商税增收分成”的财政体制，地方工商税收增收以上年完成数为基数，区留成70%，上解市30%。2002年，进行所得税收入分享改革，市对区所得税返还以上年为基数计算确定，上划所得税大于中央、省下划的所得税任务数的差额部分，由中央和省作为基数全部返还给区。至2007年，市对区的财政管理体制没有变化。

(二)区对乡镇(街道)的财政体制

1988-1992年，郊区河西4乡1场均设财政所，各乡(场)实行独立核算。1993年，区对乡、镇、街道实行“定收定支，超收分成，短收分担，超支不补，节余留用”的财政管理体制，超收部分，乡、镇、区按5:5分成，街道与区按6:4分成。1995年，区对乡、镇、街道实行“核定基数，划分收支，收入上缴，支出下拨，超收分成，短收分担”的管理体制。乡、镇、街道超收分成总额达371万元。1997年，区对乡镇实行“划分税种，核定基数，收支挂钩，定额递增上缴或定额补助”的分管制管理体制。乡镇所属收入划分为固定收入和区乡共享收入两类。2002年，根据农村税费改革的要求，增加对困难乡镇的转移支付，税费改革后新增的农业税收入全部留归乡镇财政。2003年，区对乡镇实行“核定基数，总额分成”方法，预算收支仍实行“收支两条线”，采用“核定基数，划分收支，收入上缴，支出下拨，超收分成，短收分担，节余留用”的财政管理体制。2004年，国家粮食直补政策开始实施，乡镇财政承担对农民发放涉农补贴工作。2005-2007年，全区免征农业税，乡镇财政职能由收粮收税向发放补贴、加强村级财务管理、为村级财政服务方面转变，征收收入超过基数部分按35%分成给乡镇的财政管理体制。

三、预决算管理

(一)预算

1988-1992年，雨湖、湘江、郊区的财政收支主要依据年度财政收支计划进行控制，没有严格的预算体制。1994年，雨湖区财政局制订预算管理办法，对各项事业经费实行零基预算，对年初安排的专项经费，由各分管部门选定项目专款专用。1995年，《中华人民共和国预算法》施行，区财政局根据《预算法》规定和要求编制财政预算，并履行财政预算审批程序。2003年，为统筹预算内外财力，对城建局、环保局、计生局等三个单位进行预算改革试点，为之后编制部门预算探索方法，积累经验。2007年，完成所有行政事业单位预算管理改革工作，全部纳入部门预算管理。

(二)决算

1988-1992年，雨湖、湘江和郊区均没有实行严格的财政年度决算制度，只有财务和会计的年度结算。1993年，根据国家财政决算编审工作会议精神，区财政部门开始进行财政、财务及会计决算汇总，按照“自下而上，层层汇总”的原则进行财务决算。1996年，增收的财政收入除用于救灾和解决粮食政策性挂账等历史遗留问题外，不追加新的支出，同时把新菜地开发基金、农村教育事业费附加纳入财政决算管理，实行专款专用，不用于平衡预算。1998年，严格审查用公款进行高消费、配备或更换小汽车、购买移动电话和公费出国、旅游等问题，同时加强对企业职工养老保险基金、失业保险基金收支决算的审查。2000年，财政决算采取年终清零办法，严格核对本级财政决算与上、下级财政总预算和本级各单位预算之间的全年收支情况，清理一般预算收支、基金预算收支和专项基金的收支，及时将预算执行情况报告区政府和区人大常委会。2007年始，按照收支分类改革的新科目进行决算。

四、会计管理

1988年，原三个区会计业务基本上是沿袭手工记账和报表。1989年，推行电算会计工作。1992年，湖南省实行全省电算会计统一考试制度。1993年7月，湖南省实行新的《企业财务通则》和《企业会计准则》，区财务会计核算实行电子化。1997年，实施《中华人民共和国会计法》和《湖南省会计条例》，全区会计工作逐步走向规范化、制度化。1998年,举办财会人员继续教育培训班,450多人接受教育培训;全区先后组织两期新预算会计制度培训和财政所长培训。1999年,按照属地原则,以乡、镇、街道及主管局为单位,开展会计证年检工作。2000年,为掌握会计队伍发展现状和会计人员管理情况,开展全区会计人员调查统计。主要调查统计持证上岗人员和无证上岗人员。2001年,进行《会计法》执法大检查,重点打击会计作假行为,对查出的问题依法进行处理。2003年,组织全区财政所长培训班,财政文秘培训班,会计继续教育培训班,参加培训人员500多人。宣传、贯彻《湖南省实施〈中华人民共和国会计法〉办法》,张挂横幅50多条,发放宣传标语2200多份。此后,每年对500余人次进行会计继续教育培训。2005年,启用湖南省会计从业人员管理系统,全区实现会计人员信息化管理。电算会计证不再单独存在,合入"会计从业资格证"。全区共换证800多个。2007年,全区持"会计从业资格证"的会计从业人员达到97%。

五、控购管理

1988年,区政府以财政局牵头的控购办,按照国务院1986年《关于严格控制社会集团购买力的紧急通知》要求,采取指标管理办法,确定专控商品范围和审批权限,实行控购制度。1993年,根据省财政厅对专项控购商品进行调整的精神,高档耐用消费品由32项减少为8项。1995年,根据湘潭市财政局《关于认真做好控购管理工作的通知》要求,严格控制行政事业单位购买小汽车和其他高档消费品。1996年,实行专控商品购买计划申报制度,对社会集团购买专控商品实行指标管理,对小汽车实行"定编"管理。1999年,取消征收控购调节基金,并对控购调节基金票据进行清理。2000年,区控购办只保留对行政事业机关及社会集团购买小汽车审批权限。2003年,不再对企业购买小汽车进行审批,但行政事业机关购买小汽车必须有车辆编制,实行控购审批。同时严格控制价格和排量。2004-2007年,控购政策无变化。

六、国有资产管理

1996年,雨湖区政府设立国有资产管理局,对全区行政事业单位的国有资产进行管理。对74个行政企事业单位核实资产2.86亿元,对66家行政事业单位进行国有资产产权登记,查实17家行政事业单位经营性资产326万元。参与企业改制工作,把好清产核资、资产评估、产权界定关。进行资产评估立项14家,确认资产评估报告7家,进行产权界定5家。1997年,对4家行政事业单位的资产进行评估后确认和界定,确认资金814.93万元。为企业资产评估立项23项,界定资产820万元。其中国有资产132万元。2000年,为5家单位确认资产,要求中介机构重新估算2家,挽回经济损失近50万元。2001年,区国有资产管理局撤销,其国有资产管理工作由区财政局统计评价股负责。2007年,对全区102个行政事业单位国有资产进行全面清理、审查,通过摸底,国有资产总额达3.7亿元。

七、预算外资金和非税收入管理

1988-1992年,雨湖、湘江和郊区对各部门单位的预算资金和非税收入没有纳入区财政统一管理,导致财政分散,资金使用不集中,乱收费、乱罚款、"小金库"等问题较突出,财政违纪行为时有发生。1993年6月,在新雨湖区范围内将行政事业性收费纳入财政统一管理,制定《雨湖区行政事业性收费统一管理暂行办法和会计核算办法》,单位预算外资金明确所有权、使用权不变,严格实行收支两条线,实行"财政专户储存,计划管理,财政审批,银行监督"的管理方式。1998年,区政府制定《雨湖区财政收费体制改革和综合财政预算改革实施办法》,有41家行政单位纳入财政管理,取消多头开户银行账号81个,缴存财政专户资金360万元,全年上缴政府统筹资金64万元,查处违纪金额14万元。2006年,成立雨湖区非税收入征收管理局。非税收入包括行政性收费、事业性收费、政府性基金(附加)、罚没收入、国有资产和国有资源收益和其他非税收入。其资金性质发生根本变化,由所有权、使用权不变改属财政性资金,由政府统筹,财政统管,实行综合财政预算。区级非税收入按照"单位开票、银行代收,财政管理,政府统筹"方式进行管理。取消所有非税收入过渡账户,设立"非税收入汇缴结算账户"。非税收入采取征收和委托征收两种方式进行,受委托征收单位严格遵守"票据同步,收缴分离"制度。是年12月,区财政局制定《区直机关执行单位非税收入具体操作暂行办法》,规定收缴和核算程序、账户设置、单位对账、银行对账以及关于退付有关事项。规范非税收入的征收使用省财政厅统一印制的票据。对票证实行票据年检制度,平时以旧换新,以强化对票据的管理和对征收工作的监督。全区85个单位纳入非税收入征收管理。2007年,完成非税收入6265万元,是2000年预算外收入1430万元的4.38倍。

八、国库集中收付

2007年,雨湖区国库集中收付局成立,实施国库集中收付改革相关制度,制定试点方案、资金支付管理办法、资金清算办法以及内部操作规程等制度,完成网络平台搭建工作。确定建设局、社保局、经济局、商务局、审计局5个单位为国库集中收付改革试点单位,是年11月正式上线运行。通过国库集中收付改革,将逐步形成以国库单一账房体系为基础,资金缴拨以国库集中收付为主要形式的财政监督管理制度,支付资金39万元。

九、工资统发管理

为确保财政负担人员工资按时足额发放,1999年12月,区教育系统实行工资统发,建立工资基金专户,保证工资及时足额发放,统发人数1666人。2002年,区成立工资统发中心。2007年,区政府规定工资统发项目组成、机构设置和有关部门职责及工资发放管理、检查与监督。是年底,全区行政事业单位全部实行工资统发。统发工资人数3865人,其中在职人员2176人,离退休1689人,月发工资598万元。

十、政府采购

2001年,政府采购中心成立,开展政府采购工作。实行专户存储,先存后支,专款专用。接受投标申请23批次,采购预算金额82.27万元,实际支付74.5万元,节约资金7.77万元。2002年,全区车辆保险纳入政府采购,实行公开招标,定点车保。采购中心进行其他采购预算金额223.56万元,实际支付199.6万元,节约资金23.96万元。2003年,雨湖区采购中心更名为雨湖区政府采购管理办公室,启动工程、服务类项目的政府采购。采购预算资金297.75万元,实际支付273.17万元,节约资金24.58万元。2005年,实行"采管分离"制度,监管与采购职能分开,采购办只行使监管职能,不直接采购。2006年,加大工程类项目采购力度,凡属财政拨款的工程项目,全部纳入政府采购。工程类采购预算资金230万元,实际支付198万元,节约资金32万元。是年,对全区公务用车实行政府采购,IC卡定点加油。至2007年的7年中,全区政府采购525批次,累计预算资金3895.78万元,实际支付资金3472.59万元,节约资金423.19万元,政府采购合同履行率为100%,投诉率为零。

2001-2007年雨湖区政府采购统计

17-1-3-1　　单位:万元

年度	实现中标	市场价或预算	节约金额
2001	74.5	82.27	7.77
2002	199.6	223.56	23.96
2003	273.17	297.75	24.58
2004	825.89	943.21	117.32
2005	607	678.8	71.8
2006	704.28	803.08	98.8
2007	788.15	867.11	78.96
合　计	3472.59	3895.78	423.19

第四节　财源建设

1992年,新雨湖区成立,政府财政收入仅可勉强维持工资发放和机关运转。据此,区委、区政府提出"用好、用活、用够"各项政策,搞活区、街企业,确立工业强区目标,大力发展乡、镇、区街企业;投入技改资金,帮助企业实施技术改造和开发新产品;扩大企业生产规模,提高工业经济效益;调整农业产业结构,促进农业生产与市场接轨;扩建新建各类市场,推动商贸服务业快速发展,以壮大财政税收基础,稳定支柱财源,加强财源建设。1996年,区财政局增设财源建设办公室,负责全区财源建设以及财政周转资金的管理。区财政安排100万元,鼓励区、街、乡、镇的挖潜改造。多方筹集企业促产周转金534万元,并对各工业园区建设实施积极的税收奖励政策。1997年,区委、区政府制定关于《加强财源建设,严格财政管理的决定》,对财源建设的奋斗目标、主攻方向、重点、办法、措施、考核奖惩等进行规划。始终把培育财源作为经济建设的核心来抓,着力建设稳定的财源体系,重点扶持对区级税收贡献大的支柱产业、行业和企业;积极培育后续财源,构筑稳定的支柱财源。1998年,投入300万元,以建设北路和韶山路为主线,打造中心商贸区;按规模化、专业化和产业化发展思路,提升商贸档次,搞活砂子岭市场群。1999年,发展个体私营经济,为个体和私营经济的发展创造宽松的政策环境,让个体户和私营企业安心、稳定地发展;加强对个体、工商户的管理、监督,使其合法、守法经营;强化对个体私营经济的指导和服务。据是年统计,个体私营经济上缴税金占区财政收入的60%以上。

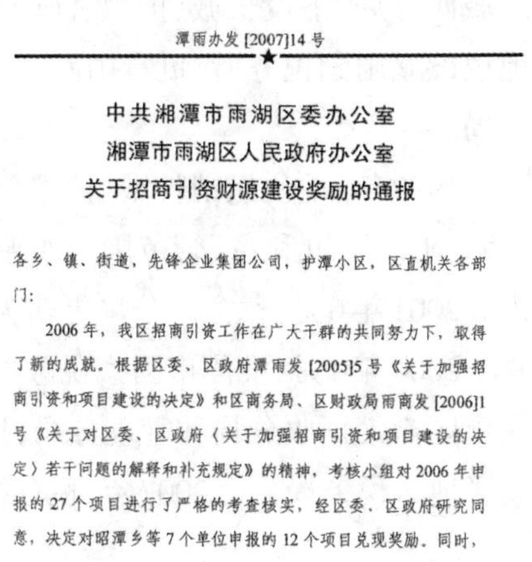
中共湘潭市雨湖区委办公室文件

潭雨办发[2007]14号

中共湘潭市雨湖区委办公室
湘潭市雨湖区人民政府办公室
关于招商引资财源建设奖励的通报

各乡、镇、街道,先锋企业集团公司,护潭小区,区直机关各部门:

2006年,我区招商引资工作在广大干群的共同努力下,取得了新的成就。根据区委、区政府潭雨发[2005]5号《关于加强招商引资和项目建设的决定》和区商务局、区财政局雨商发[2006]1号《关于对区委、区政府〈关于加强招商引资和项目建设的决定〉若干问题的解释和补充规定》的精神,考核小组对2006年申报的27个项目进行了严格的考查核实,经区委、区政府研究同意,决定对昭潭乡等7个单位申报的12个项目兑现奖励。同时,

2002-2007年,区财政拨付604万元支持园区建设。向上争取

财源建设项目资金累计1500万元。规模企业由32家增加到88家,其中产值过亿元的企业7家。累计引进企业155家。直接利用外资1.08亿美元,内资22.2亿元。同时,区财政投入表彰奖励资金1079万元,对纳税大户和招商引资项目予以奖励,促进企业的发展。2007年,先锋工业园上缴税收3500万元,年均增长54.77%,比2002年增长7.88倍。

第五节　财政监督

1988-1992年,政府对财政的管理,除加强财务制度建设外,主要是上级财政部门和同级人大常委会的检查监督。1993年,进行税收、财务、物价三大检查,共查处违纪金额326万元,其中应缴财政298万元,入库252万元。1996年,开展对预算资金的专项检查,历时8个月,全区共查出违纪金额2156万元。1998年,开始对财政投资建设项目进行评审工作。审查项目43个,送审金额1168万元,审定金额1115万元,审减金额53万元。2003-2007年,共审计工程项目372个,送审金额6175万元,审定金额4514万元,审减资金1661万元,审减率为26.89%。

第二章　税　务

第一节　税务机构

1988年,境内有雨湖、湘江和郊区三个税务分局。雨湖税务分局设鹤岭,湘江税务分局设楠竹山。郊区税务分局设长城乡,护潭乡设税务所。1992年新雨湖区成立,税务机构未变。

1993年1月,市税务局调整城区税务机构,撤销原雨湖、湘江、岳塘、板塘、郊区税务分局,设立税务一、二、三、四、五分局,增设高新税务分局和涉外税务分局。一、二分局分别负责原湘江、雨湖地区市属以上企业和行政事业单位的税收征管。五分局负责河西地区区街、乡、镇企业和劳动服务公司以下企业,私营企业以及个体户的税收征管。

1994年9月,实行税务体制改革,湘潭市税务局分设湘潭市国家税务局和湘潭市地方税务局。市国税局在河西地区设湘潭市国税一、二分局,负责雨湖地区的税收征管。市地税局在河西地区设湘潭市地方税务局城西分局,下设长城、护潭、江南和鹤岭4个税务所,负责湘潭市河西地区的地方税收征管。1995年7月,地税设立雨湖税务所,负责雨湖区域个体工商户营业税的征管。1997年3月,国税一、二分局合并为新的一分局。

1998年,地税撤销长城、护潭、雨湖税务所。2000年1月,按照市地税局统一部署,城西分局撤销管理检查六、七、八、九科,征管范围大幅调整,建设北路以东和鹤岭税务所划归省征收分局管理,69名干部同时划出。2001年6月,税务一分局更名为湘潭市国家税务局雨湖分局。

2004年4月,湘潭市国家税务局根据《国家税务总局关于进一步规范国家税务局系统机构设置的意见》,在市区撤销征收分局和管理分局,按行政区划设立雨湖区国税局。2006年10月,城西分局更名为湘潭市雨湖区地方税务局。至2007年,税务机构无变化。

第二节 税 种

1988年,境内雨湖、湘江两税务分局开征税种有营业税、企业所得税、个人所得税、资源税。郊区税务分局开征税种有工商企业营业税、所得税和农业税(包括耕地占用税、契税、农林特产税、屠宰税)。1994年起,国税和地税分设。税收实行国税、地税分块征收。国税征收增值税、企业所得税、城市维护建设税和教育费附加。地税征收工商企业营业税和所得税、个人所得税、固定资产投资方向调节税、农业税(包括耕地占用税、契税、农林物产税、屠宰税)。1995年,开征土地增值税、城镇土地使用税、房产税。1996年,开征印花税。1999年,国税开征个人利息所得税。2000年,停征固定资产投资方向调节税。2002年,停征屠宰税。2004年,停征烟叶外的农业特产税。2005年,停征农业税,开征车船使用税和城市建设税。2007年,国税开征消费税。地税开征车船税,取消车船使用牌照税。至是年底,国税征收的主要税种有增值税、企业所得税、城市维护建设税和教育费附加、个人利息所得税、消费税。地税征收的主要税种有工商企业营业税和所得税、个人所得税、资源税、土地增值税、城镇土地使用税、房产税、城市维护建设税、车船税、印花税。

第三节 税款征收

1988年,境内税款征收分别由雨湖税务分局、湘江税务分局和郊区税务分局按属地管理原则负责各行政辖区内的各种税种征收管理。雨湖、湘江和郊区税收分别为5165万元、3893万元、1231.55万元。1992年,新雨湖区税收为1.28亿元。1993年,全区完成各项税收总额1.38亿元。1994年,国税、地税分设,税收实行国、地税分块征收。1996年,征管改革全面推进。市、区各税务局普遍建立办税服务厅、税务所建立办税服务室,建立税务与银行一体化服务体系。实行纳税人送税上门集中征收。2001年6月,市国税局设立征收分局、管理分局、稽查局,实行征收、管理、稽查“三分离”模式管理。2002年2月,对个体户试行电话申报缴税,纳税人电话申报税款由银行账户划缴,纳税申请与税款征收同时完成。2004年4月,设立雨湖区国税局,征收与日常检查实行属地管理。

一、国税征收

1994年,雨湖区国税以增值税为核心,以流转税和所得税为主要科目,税收入库1.07亿元。1996年,国税推行增值税申报办法,申报率达到93%以上。1997年,雨湖区国税对增值税一般纳税人严格实行监开票证管理。完成税收入库8493万元。2005年,区内国税收入1.89亿元。其中中央税收148万元,省级税收810万元,市级税收9319万元。2006年,国税收入22307万元。其中中央税收90万元,省级税收1085万元,市级税收10679万元,九华区级税收42万元。2007年,完成国税27207万元。其中,中央税收108万元,省级1031万元,市级税收13510万元,九华区级税收51万元。

1988-1993年雨湖区税收收入统计

17-2-3-1 单位:万元

年　份	税收完成	年　份	税收完成
1988	9058	1991	13094
1989	10874	1992	12773
1990	12138	1993	13763

1994-2007年雨湖区国税收入统计

17-2-3-2 单位:万元

年　份	税收完成	年　份	税收完成
1994	10699	2001	10443
1995	10198	2002	11562
1996	10318	2003	14459
1997	8493	2004	21051
1998	9416	2005	18917
1999	9688	2006	22307
2000	11697	2007	27207

二、地税征收

1994年,地税城西分局完成各项税收6061万元。1997年,加强对个体税收的征管,推行3个以上专管员进行初评,送科(所)长初审,报分局领导审批把关评税“三三制”。是年,个体税收比上年增长28%。2003年6月,对215户行政事业单位及社会团体进行全面清理个税扣缴登记,与市财政局会计核算中心联合制定《湘潭市会计核算中心监控管理个人所得税工作操作规程》,是年,累计入库代扣税收370万元,实行对行政事业单位专人专项管理。12月,在湘潭布市、砂子岭建材市场、电器市场及300家临街门面试行电脑评税。2006年1月,开始征收和代征收教育费附加、防洪保安基金、文化建设费、基本养老保险费、工会费、残疾人就业保障金等费种的征收管理。完成各项税收8770万元。2007年,完成各项税收达10496万元,较上年增长20%,税收首破亿元大关。

1994-2007年雨湖区地税收入统计

17-2-3-3　单位：万元

年　份	税收完成	年　份	税收完成
1994	6061	2001	4151
1995	7691	2002	4809
1996	8943	2003	5678
1997	9106	2004	6293
1998	9836	2005	7273
1999	7824	2006	8770
2000	3569	2007	10496

三、农业税收

（一）农业税

1988年，农业税征收基本沿袭对耕地分等级定产，按比率征收，同时在正税基础上加征农业附加。农民纳税以实物（原粮）为主的历史方法计价实行。至1992年的5年中，完成农业税收（含耕地占用税）402.05万元。1994年，按早籼稻每50公斤44元，晚籼稻每50公斤52元计算农业税计税价格，农业税完成68万元。1998年，按早籼稻每50公斤57元，晚籼稻每50公斤63元调整农业税计税价格。1999年，以早、晚籼稻统一为每50公斤63元计算。2001年，农业税计税价格为稻谷每50公斤51元，全区完成农业税20万元。2005年，农业税取消。

（二）农业特产税

1988年，对林木、湘莲、烟叶等26个应税农林土产品分别按5%-12%的比例征收农林特产税，农林特产税由各乡（场）财政所代征入库。至1991年，郊区共征农林特产税31.06万元。雨湖、湘江两城区没有这个税种。1994年，农林特产税更名为农业特产税，全区完成5万元。2001年，对农业特产税做出部分调整，除烟叶继续实行在收购环节征税外，其他农产品全部免征农业特产税，全区完成农业特产税6万元。2004年，停止征收农业特产税。

（三）屠宰税

1988-1992年，屠宰税由财政部门委托乡、村代征，入库地方财政。5年中，辖区内郊区河西4乡1场征收屠宰税11.82万元。1993年3月，湘潭市按国务院和省政府有关规定，屠宰税的征管由税务部门接替。区内屠宰税收入16.6万元。1996年，屠宰生猪按每头3元计征，完成屠宰税收入26.8万元。1998年，屠宰税的征管，委托各乡镇财政所实行“核定基数、超收五五分成，短收全担”的办法。单位和个人收购应税牲畜时在收购环节缴纳屠宰税。乡镇对所辖村下达屠宰税任务，签订目标责任书。是年，完成屠宰税收入35.2万元。2001年，完成屠宰税收入43.9万元。2002年，全区取消屠宰税，随屠宰税附征的其他收费项目一并停征。

第四节 税务管理

一、税务登记

1988年，境内雨湖、湘江和郊区的个体工商户5947户，国营工商企业714户，集体工商企业2015户，依法进行税务登记。1995年，执行省地税局《关于全面进行地方税纳税人税务登记的通知》和市地税局联合市工商局、交通局、物价局、质量技术监督局《关于办理地方税纳税人税务登记的联合通知》，在辖区范围内对地方税纳税人进行全面的税务登记。1996年，开展地方税务登记换证工作，换证6310个，换证率达100%，补办漏征漏管户税务登记30个。获市地税系统税务登记工作评比检查第一名。1997年，执行市地税局《关于对纳税人开展税务登记证件查验和补办工作的通知》，规定凡在辖区负有地方各税纳税义务，并按规定办理税务登记的纳税人，都属验证和补办证件的对象。

1998年4月，执行省政府办关于调整国、地税征管范围精神，对国、地税部分税收征管范围重新进行调整，规定个体工商户分别到国税局和地税局申请办理税务登记。1999年4月，执行市地税局、市国税局、市工商《关于湘潭市加强税务、工商登记协调管理的通知》，改进开业登记流程。是年，为加强对行政事业单位税收专项管理，明确管理科室专门负责229户行政事业单位的税收征管。是年，雨湖区境内税务登记7700户，注销153户，验证7547户，补办登记150户。2003年10月，执行市国税局、市地税局、市工商局《关于工商登记与税务登记信息交换与共享问题的通知》，建立信息共享制度，定期实现数据传递、比对、核查工作。2005年，雨湖区境内税务登记国有、集体、私营各类工商企业、个体经营户7199户，其中国有企业114户，集体企业209户，股份合作、有限公司等企业263户，私营企业933户，中外合资、港澳、台企业44户，个体经营户5636户。2007年，雨湖区境内税务登记国有企业、集体、私营各类工商企业、个体经营户7418户。其中，国有企业78户，集体企业169户，股份合作、有限责任公司等企业263户，私营企业1045户，中外合资、港、澳、台企业50户，个体经营户5813户。

二、发票管理

1988-1992年，境内雨湖、湘江、郊区税务分局把发票使用作为税款征收的主要依据之一，对发票实行专管员制度，建立申领、登记和清收程序。

1994年，国、地税务分局根据《发票管理暂行办法》，制定发票管理细则，加强发票管理，提升征收水平。1995年，执行《中华人民共和国发票管理办法》及其《实施细则》《湖南省增值税专用发票管理规则》，雨湖区国税部门为控制乱开发票造成税金流失，坚持增值税发票购买申请审批制度和验旧领新制度。地税局城西分局启用地税发票监制章，由专人负责发票管理。发票的发放和管理使用逐年规范，税款征收额逐年上升。1996年，执行市地税局《关于加强饮食服务业、娱乐业税收及发票管理工作的通知》，先后对行政事业单位的有关票据进行检查，同时将交通、邮电、保险、银行等部门有关专业票据纳入管理范围。1997年，执行《关于加强建筑业管理及其税收征管的联合通知》，对建安企业发票进行规定和清理。

1998年，执行市地税局《关于加强发票管理的通知》，对发票的印制与价款结算、发票的发售购领及管理、发票违章处罚等作出详细规定。同时，执行市地税局《关于贯彻落实金融行业发票管理的通知》，规定银行、非银行金融机构在从事经营活动中，均应使用防伪荧光油墨套印地税发票监制章及号码的金融行业发票。1999年，执行市地税局《关于加强社会团体收费管理和税收发票管理的通知》，启用湘潭市社会团体统一发票。是年,开发“168”语音查询发票有奖举报专线,对饮食、娱乐、服务等三个行业实行消费发票举报、查询奖励制度。2000年,参与查询的地税发票由原来的三个行业扩展到包括转让无形资产、销售不动产在内的15个行业。2001-2002年,规范税务工本费发票管理,完善发票防伪专用章管理使用,加强民间组织发票管理。

2003年,经省地税局、市政府批准,《湘潭市地税系统发票改革方案》出台,普通发票全面改版,分期分批实施。是年3月,规范停车服务性收费发票,将发票管理纳入征管信息系统运行,实现全程计算机操作监控。2004年7月,根据国家税务总局《关于统一全国普通发票分类代码和发票号码的通知》,规定普通发票分类代码、号码编制。是年10月,执行《关于使用公路、内河货物运输业统一发票有关问题的通知》,凡在湘潭市提供公路、内河货物运输劳务的单位和个人,在结算运输劳务、收取支费时,必须开具货运发票。2005年,执行《关于明确税务师事务所收费使用发票问题的通知》,使用税控机机打发票。是年,雨湖国税部门发放增值税发票126177本,普通发票668442本。地税部门发放各类发票36773本。2006年,雨湖国税部门发放增值税发票121750本,普通发票516462本。地税部门发放各类发票40858本。2007年,雨湖国税部门发放增值税发票132630本,普通发票526405本。地税部门发放各类发票44412本。

三、税务检查

(一)国税

1988-1992年,境内雨湖税务部门通过税收财务大检查、税收专项检查、税务稽查等检查形式。对各种非法侵占、截留、偷漏、私分应上缴国家的税金以及采取弄虚作假手段骗取减免税等违法行为进行查处。对20861户次进行税收大检查和专项检查,查补税款3220.6万元。查处涉税案件27起,查补税款80.2万元,罚款3.9万元。1993-1997年,对区内4684户次进行税收大检查和专项检查,查补税款1715.8万元。纠正发票等各类违章246户次,罚款8万元,清缴陈欠税款200万元。涉税举报35起,立案查处4起,查补税款41.6万元,其余调查落实,及时回复或转其他部门处理。1998-2002年,对区内2726户次进行税收大检查和专项检查,查补税款1238.6万元,滞纳金入库45.8万元,罚款48.7万元。对88户次发票使用、违章进行检查,查处假发票25份,发票违章36户,罚款18.5万元,另将60户重点税源企业纳入防伪税控系统管理,杜绝发票涉税违法。查处无证户、漏征户183起,查补税款81万元。对2家医药生产企业、9家医药商业企业、11家医疗单位进行税收专项检查,查补税款1.3万元。严格法律程序要求,做好一般纳税人认定、年审,撤销67户一般纳税人资格,限期整改55户,补办税务登记7户。涉税案件立案44起,结案44起,查补税款600万元。2003-2007年,清理漏征漏管户518户,补办、新办税务登记939户,查补税款1572.2万元。清缴陈欠税款292万元。强化纳税评估,对1990户进行纳税评估,发现其中900户存在各类问题。为此,约谈306户,移送稽查39户,补充申报税款1432万元,补充入库税款1145万元,调减亏损额226万元,滞纳金入库51万元。

(二)地税

1994-1997年,雨湖区地税部门将汇算清缴检查改过去只对企业所得税单一税种检查为地方各税一并汇算清缴检查,注重专项检查和税务稽查。对市某生活锅炉厂偷税案进行查处,查补税款50万元,依法追究责任人法律责任。补办漏征漏管税务登记证30个。加强对个体税收的征管,推行评税“三三制”,个体税收不断增长。1998-2002年,进行税务稽查工作改革。改革的重点是加大执法力度,规范执法行为。从以税务稽查作为完成收入任务手段为主要目的收入型稽查向执法型稽查转变;由经验型常规稽查方式向以现代化信息技术为基础的大要案重点稽查转变;由以重点稽查大、中型企业为对象向稽查中、小型企业和股份制企业及私营企业转变。对86个单位的高收入者个税进行专项检查,查补税款243万元。在市税侦大队协助下，查处一槟榔店暴力抗税案，将当事人胡某行政拘留15天；整顿湘江砂石开采销售市场税收，建立正常纳税秩序。查处砂子村某基建队涉税案，查补税款50万元。查处砂子岭潭衡路70多户个体工商户集体抗税案，在市税侦、法院支持下，得到妥善处理。城西分局请区政府组织召开整治潭衡路市场税收秩序专题协调会，该市场195户个体工商户上门缴纳税款27万元。2003年5月，区政府牵头，召集省征分局、国税局、工商局、公安局等单位在城西分局召开清理漏征漏管户专题协调会。全年清理纳税户4258户，查出漏征漏管120户，补办税务登记127户，查补税款17.5万元，罚款1.7万元。2005年，罚没入库122.6万元。2006年，构建执法行为全过程监控、全方位认定、全面性核查的主体式监督网络，查处各类税收违法案件300余起，无一起行政复议和诉讼案件，并接受新华社等八大媒体的采访。9月27日，《人民日报》对此作了报道。是年，罚没入库72.8万元。2007年，罚没入库48.4万元。

第十八篇　综合经济管理

第十八篇　综合经济管理

第一章　计　划

第一节　计划编制与实施

一、年度计划

年度计划的编制原则是按照区委、区政府经济工作思路与社会发展要求，结合上年度计划完成情况和各主管局制定的专业计划指标，由区发展改革统计物价局（计经委）综合平衡编制。

1988－1992年，实行计划经济为主，市场经济为辅。在计划经济体制下，计划编制以产值、产量、资金周转率、劳动生产率、实现利润等微观指标为主体。计划内容包括工业产品产量、产值计划、销售收入计划、实现利润计划、商业销售利润、社会消费零售额等。

1993年起，计划体制逐步转为计划经济与市场经济并重，实行计划安排与市场调节相结合的双轨制。只有关系国计民生的少数产品（商品）为指令性计划，其余均为指导性计划。1995年后，指令性计划基本取消，国民经济和社会发展各项指标均实行宏观调控。至2007年底，除指标体系各年有所调整外，计划编制的基本做法不变。

二、中长期计划

“八五”计划（1991－1995年）

发展目标：1992年6月合区后，开始对“八五”计划进行修订，其主要目标是：国民生产总值年均递增幅度提高12%。至1995年，工业总产值、农业总产值分别达到6.2亿元和0.8亿元，第三产业增加值占全区国民生产总值的比重由11.7%提高到20%。九年制义务教育普及率达到100%，学龄儿童入学率达到100%。城镇居民人均可支配收入达到3800元，农民人均年纯收入达到1600元以上。计划期内，开发先进科技成果15项，推广重点科技成果3－5项，科技进步对工农业生产增长的贡献率达到30%。

“九五”计划（1996－2000年）

发展目标：到2000年，区属国内生产总值达11.5亿元。农民人均年纯收入年递增335元，达4000元，年均递增7.79%。城镇居民人均可支配收入年递增480元，达6000元，年均递增11.07%。人口计划在36万人左右，人口自然增长率控制在6‰以内。

“十五”计划（2001－2005年）

发展目标：到2005年，区管经济国内生产总值达到22亿元，年均增长12%，其中一、二、三产业的年均增长率分别为4%、12%、12%；一、二、三产业结构的比例为7.9:44.5:47.6。财政总收入年均增长11.0%。全社会固定资产投资年均增长20%，社会消费品零售总额年均增长11.5%。城镇居民可支配收入和农民年人均纯收入分别达到1万元和5750元，年均分别增长10.5%和10%。城镇登记失业率控制在4%以内。

“十一五”计划（2006-2010年）

发展目标：到2010年，按2005年价格指数计算的地区生产总值达到44.6亿元，“十一五”年均增长13.2%，其中一、二、三产业分别年均增长4.0%、15.5%、12.7%。一、二、三产业结构调整至6.7:53.1:40.2。高新技术产品增加值占工业增加值比重达到35.0%。社会消费品零售总额达到49.1亿元，年均增长12.5%。“十一五”累计直接利用外资达到1.5亿美元。财政总收入达到5.0亿元，年均增长19.0%。城镇从业人员养老、医疗、失业三项基本保险覆盖率均达到95%。城镇登记失业率控制在4.5%以内。每千人口执业医生数达到2人，新型农村合作医疗覆盖率达到85%；通村公路硬化率达到100%。人口自然增长率控制在6‰以内。小学、初中辍学率分别控制在0.2%和0.5%，高中教育毛入学率达到99.09%。人口平均预期寿命达到74岁。城镇居民可支配收入和农民年人均纯收入分别达到15060元和9842元，年均增长率分别为9.0%和8.0%。城市居民和农村居民恩格尔系数分别降到30%和32%。单位GDP综合能耗降到2吨标准煤/万元。集中式生活饮用水源达标率达到98%，农村安全饮水达标率达到98%，城市烟控区、噪控区达标率达到100%。城市人均公共绿地面积达到9平方米，城市空气质量达标率达到90%。

1992-2007年雨湖区计划实施情况

18-1-1-1

指标名称／年份	地区生产总值（亿元）	工业总产值（亿元）	农林牧渔总产值（亿元）	粮食总产值（亿元）	粮食总产量（万吨）	蔬菜总产量（万吨）	城市居民人均可支配收入（元）	农民人均纯收入（元）
1992	4.26	1.52	0.70	0.68	1.41	4.66	2564	1222
1993	4.88	2.40	0.84	0.71	1.26	4.66	2859	1389
1994	5.59	3.12	1.16	0.73	1.25	4.19	3182	1861
1995	6.29	4.04	1.45	0.76	1.43	4.98	3542	2324
1996	7.37	4.44	1.69	0.81	1.34	4.98	3942	2963
1997	8.03	4.98	1.94	0.69	1.35	5.15	4387	3337
1998	9.08	6.00	1.8743	0.55	1.29	5.73	4883	5571
1999	10.23	6.75	1.86	0.59	1.12	5.31	5435	5571
2000	11.43	7.63	2.12	0.59	1.17	5.32	6049	5723
2001	12.97	9.02	2.27	0.68	0.98	6.59	6662	6485
2002	14.70	10.22	2.39	0.73	0.91	7.18	7117	6640
2003	16.43	12.64	2.71	0.94	0.91	7.88	7671	6688
2004	18.94	16.43	3.68	0.76	1.12	6.37	8740	6097
2005	23.89	24.62	4.12	0.90	1.30	6.66	9788	7704

指标名称 / 年份	地区生产总值（亿元）	工业总产值（亿元）	农林牧渔总产值（亿元）	粮食总产值（亿元）	粮食总产量（万吨）	蔬菜总产量（万吨）	城市居民人均可支配收入（元）	农民人均纯收入（元）
2006	28.58	33.74	4.57	0.99	1.36	7.28	11060	8200
2007	36.38	49.51	4.91	0.95	1.37	6.16	12826	9649

雨湖区各个五年计划主要指标完成情况

18-1-1-2

计划 / 指标名称	“九五”计划（2000年年末）		“十五”计划（2005年年末）		“十一五”计划（2010年年末）	
	实际完成	实际递增率(%)	实际完成	实际递增率(%)	2007年已完成	实际递增率(%)
国内生产总产值(亿元)	11.43	12.7	23.89	15.9	36.38	23.4
第一产业(亿元)	1.65	5.3	2.51	8.8	3.86	24.0
第二产业(亿元)	4.67	12.5	11.60	20.0	16.87	20.6
第三产业(亿元)	5.11	13.6	9.78	13.9	15.65	15.6
工业总产值(亿元)	7.63	14.0	24.62	26.4	49.51	42.4
农业总产值(亿元)	2.12	7.9	4.12	14.2	4.91	9.1
其中规模工业总产值(亿元)	3.85	30.1	12.19	26.3	41.02	83.4
社会商品零售额(亿元)	13.93	21.0	27.24	14.4	37.17	16.8
固定资产投资累计(亿元)	4.41	21.5	17.77	32.1	33.83	38.0
利用外资(万美元)	611	136.8	2757	35.2	2432	3.1
财政收入(亿元)	0.79	8.23	2.11	21.6	3.13	21.4
城镇居民可支配收入年元/人	6049	11.3	9788	10.1	12826	14.5
农村居民可支配收入年元/人	5723	19.8	7704	6.1	9649	11.9
人口自然增长率‰	3.14	-	6.7	-	5.16	-

第二节　计划管理

一、管理职能

1988-1991年，境内三个区计经委的主要职能是编制区域经济发展计划，负责管理调度区属经济单位的经济运行，负责大、中专毕业生分配，负责上级计划部门分配的物资分配。1992年，实行计划经济与市场经济并重的“双轨制”，取消工业物资的计划分配。

1993年起，计划编制调整为编制国民经济与社会发展年度计划、编制中长期规划和阶段性专业规划。是年，制定《雨湖区国民经济和社会发展“八五”计划修订草案》。1995年，取消农业生产物资的分配计划。制定《雨湖区国民经济和社会发展第九个五年计划》《雨湖区2010年规划纲要》，编辑《雨湖区情况概要》，编印《雨湖手册》。1996年，雨湖区信息网络中心正式运行。1997年，区信息中心与省电子计算站联合研究开发雨湖区情演示系统和网络信息系统。

2000年，编制《雨湖区经济与社会发展“十五”规划》。不再安排分配大中专毕业生。所有毕业生按照双向选择、招聘、考试录用、合同等方式就业。

2004年，雨湖区计划统计物价局更名为雨湖区发展改革统计物价局。计划工作的重点转向抓项目、抓投资、牵头制定宏观调控和改革的各项政策措施并组织实施。2005年，围绕区委、区政府的经济建设战略，编制《雨湖区国民经济和社会发展第十一个五年计划》。

二、管理范围

1988-1991年，境内三个区计经委对经济运行直接管理到经济单位的人、财、物、产、供、销，干预经济主体的经营活动。1992年，雨湖区计经委按照计划经济与市场经济并重的要求，计划管理由微观管理转向宏观管理，年度计划指标改为宏观指标，具体经济指标改由各主管局负责制定并组织实施。至2007年15年间，随着社会主义市场经济体制的基本形成以及经济体制和投资体制的改革，政府职能从管理型到服务型的转变，计划管理的重点侧重于加强固定资产投资的审批和协调区域经济的发展，主要是组织和协调区域重大项目的策划和项目筛选，帮助实施部门做好项目评估和项目包装工作。

三、管理方式

1988-1991年，境内三个区计经委代表区政府对区直企业进行领导和管理，其范围包括企业的人、财、物、产、供、销等各个方面。街办、委办企业以街道管理为主。在此期间，开始试行多种形式的经营责任制，平政街道率先尝试，在对华光电器厂实行资产经营租赁制后，又对卷闸门厂等五家企业实行利润提成制等经营方式。同时，全面推行“目标管理”和“责任承包”等多种经营方式。1992年起，区计划管理方式由直接管理转为间接管理，以组织协调各类计划的实行为主，并对实行中存在的问题组织调研，提出建议和措施，具体工作由各主管局组织实施。2006年起，管理重点放到加强固定资产投资监管上，对立项审批的投资项目，制定目标管理考核办法，促进投资计划的完成。

四、固定资产投资及项目管理

1988-1992年，境内三个区固定资产投资由市计委直接管理，区计经委因管理权限和财政的制约，不直接管理固定资产投资。1992年，组织安排13个农业示范点，示范面积280多公顷。

1993年，根据市计委下放部分固定资产投资项目管理权限，50万元以下集体企业投资项目审批权由雨湖区计划统计局负责。是年以来，审批基本建设项目、技术改造项目共319项，总计投资1.6亿元。安排重点项目84项。一批重大项目的建成投产和交付使用，促进地方经济发展。1994年，审批新办企业3个，下达35个单位的基建项目。完成固定资产投资1.16亿元，比上年增长23.1%。1995年，审批下达24个基建项目计划，完成固定资产投资1.32亿元，比上年增长13.8%。1996年，全区共确定重点项目18个，投入资金2.02亿元，比上年增长53%。

1998年，经省科委批准，雨湖区为省级星火密集区，落实科技示范乡2个，示范村7个，开发引进新产品40多项，完成技改项目3项。完成固定资产投资3.32亿元，比上年增长38%。1999年，确定全区重点项目22个，完成固定资产投资4亿元，比上年增长20.5%。2000年，确定重点项目92个。2001年，新办外资企业6家，到位资金820万美元，引进内资1.8亿元。2002年，审批各类基建项目10个，总投资3.2亿元。

2003年，审批各类基建项目31个，总投资6200多万元，申请立项12个，总投资6000万元。2004年，申报省、市立项16个，争取上级拨款510万元。2005年投资近8000万元建成一格制药有限公司，成为全省医药卫生行业中排名第九位的龙头企业，所有药品产品均通过国家GMP认证，已有国药准字号产品80个，已形成年工业总产值3.22亿元，销售收入近3亿元，利税1500万元的规模。是年，全区固定资产总投资17.77亿元。2006年，金都大市场、平安电气集团、凌天科技等一批重点项目相继建成并投入使用。是年，审批基建项目5个，合同引资4062万元。全区固定资产投资总额为21.96亿元。2007年，全区固定资产投资33.83亿元，是2005年的1.9倍。是年，上报省市项目20项。

五、大中专毕业生安排

1992-1999年，共接收安排大中专毕业生500名，全部分配派遣到位。2000年，国家取消大中专毕业生统一分配计划，实行用人单位与毕业生“双向选择”。分配、派遣大中专毕业生的计划职能也随之终止。

第二章 统 计

1988年，境内三个区统计工作按照《中华人民共和国统计法》，进行定期统计、抽样调查和专项普查。统计内容为：工业总产值、工业净产值、主要物资能源消耗量、固定资产投资、农业生产情况、建筑业产值、劳动工资定期报表和年报。1990年，根据国务院统一部署，开展第四次人口普查工作。1993年，新雨湖区首次开展全国第三产业普查工作，普查第三产业情况。1994年，区信息中心成立。1995年，进行工业企业普查，普查乡及乡以上工业企业、村办企业、合作经营、私营工业、个体工业。开展1%人口抽样调查。1996年，进行基本单位普查，开展第一次农业普查。1997年，雨湖区获“第一次全国农业普查先进单位”称号。2000年，全区开展第五次全国人口普查。2002年，对规模以下工业、批零贸易业、服务业、餐饮业，进行抽样调查。2003年，国家普查制度改革，取消周期性的第三产业普查，实行多目标综合抽样调查。2004年，区内开展第一次全国经济普查，普查除农业以外所有行业情况，用以取代工业普查、第三产业普查和基本单位普查。2007年，开展第二次全国农业普查。

第一节 定期统计

一、农村社会经济统计

1988-1991年，境内三个区农村社会经济统计内容有：农业基本情况、农业生产情况、渔业生产情况、畜牧业生产情况等四种季报和农村居民收入情况年报。1992年，农村社会经济统计由5种增加到16种。1993年，增加农林牧渔业增加值计算表。1995年，增加农村新建房屋面积统计年报。1997年，增加农村集体和个体企业固定资产投资统计和农村固定资产投资统计。2005年，农村经济统计改为乡镇社会经济基本统计。2007年，农村社会经济统计内容为：农业生产条件、主要农产品生产情况、茶叶水果生产情况、畜牧业生产情况、渔业生产情况、农林牧渔业总产值、农林牧渔业增加值、农村非农行业产值、行政村基本情况、乡镇社会经济基本情况、农村固定资产投资、非农户畜牧业生产情况等。

二、工业统计

1988年，境内三个区工业统计的主要内容是工业企业基本情况、工业总产值、工业净产值、全员劳动生产率、产品产量、企业主要财务指标、工业产品库存总值和工业产品销售与库存量统计等。1992年，区内增加乡镇、村办、个联体工业企业统计。1993年，增加按生产法计算“工业增加值”，取消“工业净产值”。1998年根据国家统计局规定，工业统计分为规模以上和规模以下工业企业。2004年，规定规模以上工业企业（包括非公有制企业）的统计资料全部统计上报。2007年，工业统计内容为：工业企业单位基本情况、科技活动、信息化、高新技术产品情况、能源购销存情况、固定资产投资情况、劳动情况等。

三、物资能源统计

1988-1992年，境内三个区物资统计内容为生产用的物资消费量。能源统计内容为生产用的能源消费量。1993年，区内物资统计增加主要原材料消费与库存、主要原材料消费与库存总值。能源统计增加主要能源消费与库存总值。2001年起，物资统计并入能源统计。2003年，能源统计增加“工业企业水消费”半年报表。2005年，增加万元GDP能耗和万元规模工业增加能耗统计。2007年，能源统计内容有：规模以上工业企业能源消费总量和按行业及用途分组消费量、规模以上企业主要能源调入、调出情况、规模以上企业主要能源购进、消费与库存情况、规模以上企业水消费、全社会能源平衡表。

四、固定资产投资统计

1988-1992年，境内三个区固定资产投资统计只限于区政府、乡、街道、区直企业的投资统计。1993年，区内增加农村集体固定资产投资统计。1997年，将农村集体和个体固定资产投资划入农村社会经济统计。1998年，增加按季报送划红线项目名单；增加房地产开发投资、农户投资、城镇矿区私人建房项目的统计。2000年起，进行全社会固定资产投资统计。2005年，推行企业统计一套表制度，房地产投资从固定资产投资统计中分离出来，单独设置房地产统计，取消城镇和私人建房统计。

五、房地产投资统计

2005年起，区内建立房地产投资统计制度。统计内容为：房地产开发企业基本情况、单位财务状况、投资资金、用地情况、施工、销售和空置情况、企业劳动力情况等。

六、建筑业统计

1988-1991年，境内三个区建筑业只统计建筑产值、利润情况。1992年，区内建筑业统计增加企业平均人数、净产值、建筑施工企业设备数量和施工能力、固定资产、流动资产、工程质量等内容。1996年，建筑业统计对象由原来的全部施工单位改为资质等级四级及以上各种类型建筑业。2002年，增加劳务分包建筑企业生产经营表和项目一览表。2003年，增加建筑企业房屋建筑情况表和出（入）湘建筑企业生产情况表。2004年，取消项目一览表。2005年，建筑企业单位的基本情况、劳动情况、固定资产投资完成情况等内容全部归入建筑业统计范围。2007年，建筑业统计内容为：建筑企业生产情况、建筑企业财务状况、建筑企业房屋建筑完成情况、劳务分包的建筑企业生产经营情况、出（入）湘建筑企业情况等。

七、商业统计

1988-1992年，境内商业统计只统计区直及乡、街、委办集体商业企业，其内容为：工业部门产品销售零售服务，集体所有制商业商品购、销、存数量月报，工业部门商品销售零售额和库存额年报，集体所有制饮食业、服务业单位人员年报。1992年，增加个体商业商品购、销、存数量月报，个体工商业基本情况半年报、年报。1993年，区内商业统计改为批发零售贸易业统计，增加社会商品零售总额统计，个体商业采用常年性抽样统计，以样本户测算个体商业发展情况。1998年，将批发零售业分为两部分统计，限额以上实行全面报表统计，限额以下及个体商业户实行定点抽样调查。2005年，增加星级（三星级以上）和星级以下住宿业经营情况及财务状况统计。2007年，商业统计内容为：社会商品零售总额、限额以上批零贸易、住宿餐饮业调查表、限额以下批发和零售业及星级以下住宿业样本调查表、限额以下餐饮业样本调查表、住宿餐饮业经营情况。

八、服务业统计

2007年起，增设服务业统计，统计范围为限额以上境内第三产业、第一产业中的农林牧渔服务业法人单位和产业单位，统计内容为：业务和财务半年度情况。

九、劳动统计

1988年，境内三个区由统计部门和劳动人事部门分工管理劳动统计工作。统计部门只负责职工人数、工资、劳动生产率、职工人数增减变动统计的季报和年报。劳动统计范围为区直行政机关、事业单位和集体单位。1994年，区内劳动工资统计按《国民经济行业分类》标准执行。1995年，增加下岗失业和再就业统计。2000年，劳动统计行业分类执行《国民经济行业分类》标准。2006年，进行劳动力抽样调查。2007年，劳动统计内容有：单位从业人员和劳动报酬情况，单位从业人员变动情况两大报表。

十、社会统计

1988年，境内三个区社会统计内容为：人口、计划生育、财政收入、科技、教育、文化、广播、卫生、体育、民政、环境、社会治安、人大、政协、少先队、共青团、妇联、工会等18大类。

2005年，区内增加信访、律师情况统计。

十一、国民经济核算统计

1988-1997年，国民经济核算统计主要是年度统计，其内容为：工业、农业、建筑业、交通运输业、商业饮食业的总产值统计，核算国民收入的生产、分配和积累。1998年，区内国民经济核算统计实行季报制度。2005年，国内生产总值改为地区生产总值，同时保留国内生产总值。2007年，国民经济核算统计内容为：按当年价格计算的地区生产总值、地区生产总值构成项目、按可比价格计算的地区生产总值。

第二节　抽样调查

一、农村社会经济抽样调查

1993年，根据市统计局要求，区内首次开展农村经济调查，抽样调查40户农村住户，调查内容为：人口、劳动力、耕地面积、生产性固定投资、新建房屋、住房面积及价值、家庭现金收入及支出、主要食物消费量。每三年对调查户进行一次更换。1999年，增加"农村住户劳动就业与外出从业人员情况""农业生产结构及技术应用情况"。2006年，抽样调查样本点调整为30户。2007年，农村住户调查内容为：农村居民家庭概况、农村居民家庭收入与支出、农村居民家庭现金收入与支出、农村住户劳动力就业与外出从业情况、农村住户所在村基本情况、农村居民居住情况、农业生产结构及技术应用情况、农村居民家庭实物收支台账。

二、企业抽样调查

2006年起，区内对规模以下(年销售收入500万元以下)的工业企业进行抽样调查。选取10个重点企业、10个样本企业、10个样本村，对其从业人数、主要产能、经营收入、物资能源消耗、生产成本等情况以推算法评估。

第三节　专项普查

一、人口普查

1990年，境内第四次全国人口普查的普查时点为1990年7月1日零时。普查显示，原雨湖区总人口为120444人，其中：男性63234人，女性57210人，总户数33149户，户均人口3.63人。原湘江区总人口为121773人，其中：男性64232人，女性57541人，总户数为33243户，户均人口3.66人。原郊区总人口为151539人，其中：男性76847人，女性74692人，户均人口4.00人。2000年，区内第五次全国人口普查的普查时点为2000年11月1日零时。普查显示，全区人口346232人，其中：男性185206人，女性177665人，总户数为109245户，户均人口3.32人。

二、第三产业普查

1993年，雨湖区内首次进行第三产业普查，普查年点为1991-1992年，普查范围为区内第三产业单位和从事第三产业的个体户。普查内容为：地域分布、经济类型、生产经营情况和实物资产指标，普查结果显示：1992年，全区从事第三产业的单位8010个，从业人员59442人，营业收入16.87亿元，比1991年增加24.1%。

三、工业普查

1995年，区内开展工业普查工作，普查范围为区管辖内的工业企业单位数、企业单位属性、生产规模、主要物资、能源消耗及主要经济指标。是年末，境内共有区属工业企业564个，工业总产值4.04亿元，乡及乡以上独立核算企业163个，工业总产值2.22亿元，工业增加值5901万元。区直属企业23个，工业总产值0.45亿元，增加值681万元；街道企业66个，工业总产值8358万元，增加值1447万元。有民营工业企业312家，完成工业产值5790万元。

四、基本单位普查

1996年，区内进行第一次基本单位普查。普查基本单位为住户和个体经济户以外的拥有一定活动场所、从事一定生产经营活动的社会经济单位。按性质将基本单位分为具有法人资格的独立核算单位（简称法人单位）和产业活动单位。普查年点为1996年12月31日。至1997年年初，雨湖区基本单位普查工作完成，进入数据库的基本单位有600余家。

五、农业普查

1997年，雨湖区开展第一次农业普查，普查范围是全区农村的全部农业住户、非农业住户、农业生产经营单位和行政村。普查时点为1996年12月31日，期限为一年。普查结果显示：1996年雨湖区共有乡镇6个；行政村38个；乡村总户数为14511户；乡村人数为45912人；农业从业人口15402人；农业生产经营单位8980个；农业企业13个；耕地1433.33公顷；粮食播种885公顷；蔬菜546.67公顷；出栏生猪18.3万头，家禽25.49万羽；有非农乡、镇、村、户、联户办企业208个。区计统物价局被全国农业普查办公室评为"第一次全国农业普查先进集体"。

六、经济普查

2004年，区内进行第一次全国经济普查，普查对象为境内从事第二产业、第三产业的全部法人单位、产业活动单位和个体经营户。普查以单位基本属性、就业人员、财务状况、生产经营状况、生产能力、原材料和能源消耗情况和科技活动情况等为内容。经普查：全区共有法人单位1942个。其中：单产业法人单位1828个，多产业法人单位114个，产业活动单位2290个，其中，多产业法人所属的产业活动单位462个。区发展改革统计物价局获"省经济普查工作先进集体"称号，同时被全国经济普查办公室评为全国经济普查工作先进集体。2007年，进行第二次经济普查，普查内容与第一次普查相同，其结果显示，全区共有法人单位2690个，其中：单产业法人单位2602个，多产业法人单位88个。产业活动单位3149个；其中：多产业法人所属的产业活动单位547个。

第四节　统计服务

一、统计分析

1988–1991年，境内三个区统计部门共撰写统计分析72篇，提交专题调研报告6篇。创办《统计资料》刊物，定期及时地提供各种统计信息，为领导和各相关部门服务。1992–1995年，新雨湖区统计局共提交统计分析资料18篇，开展专项调查7次，编印《雨湖手册》，撰写《桃园路集镇建设的调查》，为区委、区政府决策提供翔实的数据和资料。刘金如（女）撰写的《切实保护雨湖区有限的耕地》的统计分析获省三等奖。1996–2000年，区内提供统计分析50篇，编印《经济信息》24期，《菜篮子综合专刊》48期，其中《困难与希望并存，机遇与发展同在》《雨湖区下岗人员状况调查》《城郊农村劳动力就业探讨》等统计分析获得好评。2001-2007年，区内共撰写各专业统计分析380篇，提供统计信息2400余条。一些有分量的统计分析受到上级领导的表彰，并被各级统计刊物采用。

二、统计监测

吨粮田监测：1993年启动吨粮田建设，由区计统局会同农经委对其进行监测。至1995年，全区即实现吨粮田目标。

小康监测：1996年，区计统物价局依据小康乡、小康村标准进行小康监测。其标准有人均纯收入，人均纯收入达小康户比重、人均动物性食品年消费量、钢木结构住房比重、电视普及率、劳动力平均受教育年限、安全卫生水普及率、用电户比重、行政村是否通公路、行政村是否通电话、五保户生活有保障比重、社会治安情况等16个指标。当年监测结果为全区4乡2镇38个行政村，各项指标均达到农村小康水平，雨湖区小康建设一次性达标，获省验收通过。达标情况见附表。

"两纲"监测：2000年首次按照中国妇女、中国儿童发展纲要，对雨湖区妇女、儿童状况进行指标监测。2005年，对实施情况进行评估。对儿童发展23个主要指标、妇女发展状况40项主要指标进行监测。监测显示，"两纲"中除"妇女发展纲要"中一项以外，其余指标全部达标。

经济目标考核：区统计部门专门负责考核境内各单位的年度经济工作。考核方式为统计结果与综合抽样调查相结合，考核内容为全年主要经济指标完成情况，注重质量效益的考核。2000年起，经济目标考核纳入绩效考核。

绩效考核：经济目标考核纳入绩效考核，区发展改革统计物价局参与并承担绩效考核方案与目标的制定，部分数据指标的考核认定和测验调查工作。是年，省市十八件实事考核，区发改局获第一名；2005年，被市评为"绩效考核先进单位"。

雨湖区小康达标情况

18-2-4-1

指　　标	单　　位	数　量	实现程度(%)
一、收入分配			
1、人均纯收入(现价)	元	3542	100
2、基尼系数	-	0.26	60
二、物质生产			
1、恩格尔系数		46.98	100
2、每日每人蛋白质摄入量	克	73	92.86
3、衣着消费支出	元/人	326	100
4、钢木结构住房比重	%	97.99	100
三、精神生活			

续18-2-4-1

指　　标	单　　位	数　量	实现程度(%)
1、电视机普及率	台/百户	100	100
2、服务消费支出比重	%	11.75	100
四、人口素质			
1、劳动力平均受教育年限	年	9.1	100
2、农村人口平均预期寿命	岁	70	100
五、生活环境			
1、安全卫生水普及率	%	99.08	100
2、用电户比重	%	100	100
3、已通公路的行政村比重	%	37	100
4、已通电话的行政村比重	%	37	100
六、社会保障与社会安定			
1、五保人口生活有保障比重	%	100	100
2、万人刑事案件立案件事	件	2	100

第五节　统计管理与执法

一、统计网络建设

1988年10月，境内雨湖、湘江区统计科更名为统计局。是年，各街道都设立综合统计机构。同时，年产值50万元以上，职工人数100人以上的企业单位都配备专职统计员。全区共有专职统计员19人，兼职统计员33名。1991年，在职人员4人。1992年9月，雨湖区(新)计划统计局成立，驻鸡公嘴2号区机关二院前栋二楼。统计网络延伸到乡镇，各乡镇统计站与农村经营管理站合并为农村经营管理统计站，均配备有专职统计员。1994年11月，雨湖区计统局与雨湖区物价局合并为雨湖区计划统计物价局。2004年11月，雨湖区计划统计物价局更名为雨湖区发展改革统计物价局。是年，各乡、镇、街道统计工作人员持证上岗率为100%，各部门、各单位的统计信息全部实现电子化联网运行。2005年6月，区发展改革统计物价局搬迁至雨湖路292号区机关一院一办公楼。

二、统计执法

1989年，境内三个区统计法规检查领导小组成立。对59个工业企业44个商业网点开展检查。1993年6月，雨湖区计统局成立统计法规办案室(后改称“法规股”)。1994年6月，对区属56个企事业单位进行统计执法检查。1996年,组织三期统计执法培训班。1997年,对区属40多家单位进行统计执法大检查,立案查处湘潭工程机械厂、卷闸门厂等11家统计违规违法单位。是年,区计划统计物价局获全市统计执法第一名。1999年,对蒙哥饲料有限公司拒报统计资料立案查处,并予以罚款处罚。2001年,开展统计执法大检查,对5家存在虚报、瞒报的单位进行处罚和通报。2006年,查处桂林米粉大王湘潭分公司拒报统计资料的违法行为。2007年,查处金之底鞋业公司统计资料不实的违法行为。

三、统计信息化

1988-1992年,统计数据处理靠手工操作,统计信息靠人力传输。1993年,区信息中心成立。是年,信息中心和局微机室在完成本局报表数据进行处理汇总的同时,对境内五个单位的统计人员进行为期一个月的微机应用培训。1994年8月,区信息中心与市信息中心联合组织一次发布会,充分展示信息化的魅力与价值。2000年,各专业全部实现电脑处理数据,全面实现统计信息化,建立起统计信息网络,并与市统计局联网,传输统计信息资料。2001年,在全市首家制作政府主页"雨湖在线",并加入市政府网站。2005年,全线开通国家统计信息网。2007年,统计信息网归口区政府政务信息中心管理。

第三章 审 计

1988年,境内有郊区审计局,局机关定编9人,内设办公室、行政事业审计股、综合审计股。是年9月,郊区审计事务所成立,定编4人,办公地点设市广云路40号,为局属二级机构。1990年4月,雨湖、湘江二区分别成立审计局,各有干部、职工3人和4人,办公地点均设区人民政府院内。1992年6月,原雨湖、湘江、郊区审计局合并为雨湖区审计局筹备组,办公地点设雨湖区政府一院内。1993年2月,依据省审计局文件,郊区审计事务所更名为雨湖区审计事务所。是年3月15日,区审计局挂牌成立。1994年,审计队伍人数增至14人。其中注册审计师4人,审计师(助理审计师)3 人。主要以区直行政事业单位定期报送审计为主,逐步推行就地审计,开展企业负责人经济责任和企业承包审计,参加"三大检查"(税收、财务、物价)和治理"三乱"(乱收费、乱罚款、乱摊派)工作。1995年,实行"定岗、定责、定分、定奖"工作措施。局机关年底由政府一院搬迁至熙春路17号新建综合楼。1996-1998年,区审计机构无新变化。1999年,区审计事务所与区审计局脱钩改制。年审中因缺乏资质被撤销。人员和资产由区审计局接管。2003年起,审计决定执行到位率100%,实现"依法审计、围绕中心、服务大局、突出重点、求真务实"二十字方针,为规范政府行政权力运行,提高财政资金运行效益发挥重要作用。2007年,区审计局定编9人,其中,局长1名,副局长2名。内设办公室、行政事业审计股、经济责任审计股和经贸基建综合审计股。

第一节　国家审计

一、财政金融审计

1988-1992年，贯彻执行《中华人民共和国审计条例》，三区审计局共完成审计项目131个，查出违纪金额453.5万元，收缴财政金额105.7万元。原郊区审计局对农行郊区信用联社下属的四个农村信用社1988-1990年财务收支情况进行审计，审计总金额1.5亿元人民币，查出挤占、虚列成本金额59万元，收缴财政34万元。

1993年，根据上级授权，先后5次对全区范围内共23个单位涉及农村、城市信用社信贷资金、金融机构资产、负债、损益情况、乡镇农村合作基金会财务收支、农村“两会”基金清退等开展审计。查出河西城市信用社挪用信贷资金购买小汽车、办实体，资金外流现象严重等问题。1995年，国有金融机构的审计管辖权归审计署，对驻在地专业金融机构的审计须由上级国家审计机关的授权，方可进行。区审计局对金融机构的审计，在没有授权的情况下，自行停止。1996年，根据《中华人民共和国审计法》和《湖南省预算执行情况审计监督实施办法》，区审计局正式实施财政预算执行审计（简称“同级审”）。同级审采用“账户入手，下审一级”“上下结合”的方法进行。1997年，对区农村合作基金会总经理张桂清任期审计。查出其有违反规定越权审批发放借款117万元，其中64万元未能收回；擅自以基金会名义为他人贷款提供经济担保共计26万元等问题。引起区委、区政府领导高度重视，撤销张桂清雨湖区农经管理局局长、农金总会总经理、基金会营业部主任职务，并将张桂清案件移送检察机关。经法院审理，判处张桂清有期徒刑两年。

1998-2003年，深化区本级预算执行审计，对预算执行部门的专项经费、专项资金进行延伸审计调查。对审计中查出的违纪违规问题，依法进行审计处理，督促有问题单位进行整改。

2004年起，区审计局将有关部门上年问题整改落实情况专题向区人大常委会报告，促使相关单位积极整改到位。审计先后查出一些单位、部门预算收入不及时上解国库、坐收坐支应缴预算收入、征收成本过高、截留挪用专项资金等问题，涉及违规资金近5亿元，向政府提交审计结果报告12份。2006年，区审计局受省、市审计机关授权，对世行贷款、英国赠款结核病控制项目雨湖区预保中心项目实施情况进行审计监督。对雨湖昭潭农村信用社、雨湖区农村信用联社、雨湖长城农村信用社、雨湖先锋农村信用社四个单位2005年度的资产、负债、损益情况进行审计。2007年，在财政预算执行审计中，对全区福利企业进行调查摸底，发现其享受政策优惠的退税额达3000多万元，涉及20多户福利企业。将此情况向区人大、区政府专题汇报，是年8月，对全区福利企业进行全面检查，补征税款100余万元。

二、经济责任审计

1997年2月，区委组织部、区纪委、区审计局联合作出《关于雨湖区行政事业单位主要行政负责人任期经济责任审计的规定》，对区内行政事业单位离任（调动工作、升降职务）届满及组织认为需要审计的主要行政负责人，由组织部委托区审计局进行审计，开全省率先推行领导干部任期经济责任审计之先河。是年3月，省委、市委组织部分别在《湘组信息》和《湘潭党建》刊物发表专文，推介这一做法。

1998年，区审计局受区委组织部委托，对34家行政事业单位主要负责人进行任期内经济责任审计，其中区直单位20个，乡镇街8个，区二级事业单位6个，延伸审计相关单位下属机构27个。共查出违纪金额8770万元，追回损失8万元，应收缴财政43万元，已收缴31万元，移送检察机关1人，移送纪委监察机关2人。是年，区委常委会议决定，离任审计与组织部门干部考察工作同步进行。1999年，贯彻执行中共中央办公厅、国务院办公厅《县级以下党政领导干部任期经济责任审计暂行规定》和《国有企业及国有控股企业领导人员任期经济责任审计暂行规定》。2002年5月，区委成立区领导干部任期经济责任审计工作领导小组，建立联席会议制度。是年9月，区委、区政府发布《雨湖区党政领导干部任期经济责任审计暂行办法》。

2003-2007年，共对109个单位137名行政、事业单位主要负责人进行任期经济责任审计，提交审计报告109份，客观公正地评价领导干部的功过，为组织部门任用干部提供参考依据。共查出违纪金额7210万元，应收缴财政127万元，已收缴财政110万元，归还原渠道资金95万元。共有9名主要负责人通过审计受到好评而获得晋升，2人被因有严重问题而被免职。

三、固定资产投资专项审计

1994年起，区审计局组织开展固定资产投资审计，重点对固定资产投资方面调节税、房产税、个人收入调节税的查漏补缴开展审计。至1996年的3年中，审计11个基建项目，共核减基建支出500万元。其中淀粉厂建房决算158万元，经审计后核减69万元；特丰大厦工程进行复核，在原核减80万元的基础上再核减31万元。

1997-2000年，对市变压器厂基建工程、昭潭乡望湘楼等六个基建项目进行专项审计，共查出违纪金额1022万元。其中超规模756万元，偷漏税金24万元，应上缴财政25万元，核减高估冒算27万元。对楷树园综合楼、护潭卫生院等7个工程项目进行专项稽查，发现普遍存在基建手续不完备、规费交纳不足、漏缴税款等问题，均依据相关法规提出审计建议，督促其进行整改。商贸特区工程公司高标分公司承建高标村综合楼查出违纪金额264万元，应收缴财政12万元，已收缴财政7万元。2002年，对区城市维护建设资金和城市基础设施建设项目进行审计。

2003-2006年，无此项审计。2007年，对区乡村公路建设专项资金进行审计。资金管理及使用情况符合要求，公路建设项目经审验合格。

四、行政事业单位审计

1988年，郊区审计局推行对行政事业单位的定期审计制度，到1990年，逐渐转变为就地审计，适当延伸到二、三级单位，由单纯的账面审查转变为查账、询问、外查相结合，对滥发钱物、滥着装、违控购置及分配向个人倾斜等违纪问题进行查处和纠正。是年，对全区教育系统基本情况和经费进行审计。全面准确反映全区教育系统学校布局、在校师生、经费保障等情况。在治理“三乱”中重点检查166个单位，查出有53个单位存在乱收费行为，违规收费4.3万元，处理41个单位，入库罚没金额9252.05元，待入库金额1.18万元，罚没收入2.1万元。1991年，原雨湖、湘江和郊区审计局共完成行政事业单位审计项目45个。查出违纪金额188.27万元，收缴财政4.3万元。1992年，城市区划变更，3区审计局共审计9个行政事业单位，查出违纪金额54万元，收缴财政18万元。

1993年，围绕撤并区后区直企、事业单位的财务收支情况进行审计监督。全年审计单位总金额2.4亿元，共查出违纪金额487万元，收缴财政106万元，其中：区国土局应缴未缴款项20余万元。1994-1996年，审计行政事业单位项目60个，共查出违纪金额418万元，收缴财政金额169.74万元。

1997-2007年，对区内90多家行政事业单位预算执行的收支情况进行审计，接受市审计局授权，先后对市妇幼保健院、市法检医院、市第四中学、第九中学、第二中学、市建筑设计院、雨湖房管所等25个单位实施财务收支审计。查出截留财政收入，部分收入未入账金额19.7万元，纠正其管理不规范资金10.7万元，收缴财政金额5.4万元。在对区直农林、卫生、教育、水利、社保、医保、低保、生育、工伤保险、环保、城建、计统物价等部门财务收支审计中，共查出违纪金额1.2亿元，共收缴入库各类违规资金180万元，提出审计建议52条，向上级审计机关和区政府提交审计信息18篇，审计报告13篇。

五、企业审计

1988–1992年郊区审计局对区企业局等管理的21个二级单位进行合同兑现审计。查处湘潭市饲料公司调运员王某某挪用公款公物、倒卖国家平价粮食和其他物资牟利1.77万元，审计追缴全部款项。东陵商场承包人吴某某经营期间累计亏损121.58万元，拖欠银行贷款219万元。财务、物资管理混乱，滥发奖金津贴，已达资不抵债的地步，案件移交郊区检察院，向市税务局稽查科移送郊区建筑公司纳税情况审计结论性文件，市税务局稽查科对其查补税款金额44.32万元。

1993–1997年，共开展企业审计项目112个。其中，建筑工程公司和房地产开发企业项目28个，金融企业项目15个，商业企业项目44个，工业企业项目6个，其他项目19个。为10家乡镇企业摸清家底，为18家企业开展咨询服务。对区内8家建筑公司(队)进行财务法纪审计，共查出违纪金额97万元，查补各种税收和应缴款项34万元，个人收入调节税款7万元。成立4个审计小组，为鹤岭机电厂、雨湖工矿弹簧厂等企业进行资产评估。

1998–2007年，会同区有关部门对拟受政府表彰的400多户纳税大户、优秀厂长、优秀私营企业主的纳税情况及100多户招商引资企业的资金到位情况进行审计，核减一批虚报单位，每年为政府节约奖励资金近100万元。《中国审计报》曾以《经济表彰，审计先行》《经济表彰，防治李鬼》予以报道，此做法一直延续至今。企业审计项目共开展23个，查处莲城大市场法人代表总经理蔡某某涉嫌贪污107.7万元的重大案件，并移送司法机关处理。查处雨湖房屋土地开发公司经理刘某某任期经济责任审计内部管理混乱案。查清富民科技公司利用养殖诈骗案，涉案合同869份，金额近8000万元，最大限度地减少养殖户的损失，为司法机关处理该事件提供翔实的基础资料，促成事件的迅速处理，使有关责任人受到法律的制裁。根据市审计局授权委托先后对市糖酒副食公司、市广源房地产开发公司、市轻化建材公司等10家企业进行财务收支或资产、负债、损益审计。

第二节　社会审计

1988年9月，郊区审计事务所挂牌成立。至1992年5月，该所共接受社会委托审计项目450项。其中，财务收支审计12项，清产核资32项，注册资本金验证265项，企业年检141项。1993年，经湖南省审计局批准，原郊区审计事务所更名为雨湖区审计师事务所。至1998年，区审计师事务所共接受社会委托项目751项。其中：财务收支审计19项，清产核资43项，注册资本金验证421项，企业年检253项，司法鉴定审计3项，基建预决算审计15项。基建预决算审计总金额2453万元，核减金额489万元，审计核减率达19.93%。在此期间，新业务不断拓展，取得一定的社会经济效益。1999年12月，该所因年审资质不合格，被省财政厅撤销，其人员与资产由区审计局接管。

第三节　内部审计

1988年8月，湘潭市郊区农村合作经济审计站成立。同时，境内9乡一场先后成立农村合作经济审计事务所，配备专职审计人员，开展审计业务工作。区审计局对各单位财务内部审计工作进行指导、帮助建立单位内部财务审计制度。在审计工作中，昭潭乡农村审计事务所严格遵循审计文书档案的规范要求，印制审计专用文稿，建立农村审计台账。是年，该所档案规范化经验在湘潭市推广。全市统一印制“审计工作方案”“审计结论与建议”“审计工作底稿”等专用文稿，实现审前有“委托书”“协议书”（审计通知书），审计中有专项工作记录，审计后有工作报告、结论与审计建议，使审计工作程序进一步规范。至1991年年底，全区成立区直内部审计机构15个，其中专职机构5个，配备内审人员44人。完成审计项目85个，纠正违纪金额105万元，促进增收节支金额43万元。

1993年6月，区内乡、镇人民政府设立审计室，配备专职或兼职审计人员。区直企事业单位内审机构、街道办事处审计室与乡（场）农村合作经济审计事务所开展减灾救灾资金、农业发展基金、扶贫专项基金、计划生育资金（含罚款）、经济合同、基建工程预决算、经济责任等方面的审计工作。区教育局内部审计股坚持对各乡联校、中小学和校办企业开展财务收支和主要负责人的任期经济责任审计，多次获市、区“内审先进单位”。1996年，在全省内审机构开展“促管理，创效益”审计活动中荣获全省“内审工作先进单位”。在以后的行政机构改革和企业改制中，内审工作淡化，雨湖区多数内审机构被撤销或合并。至2003年，除区教育局外，内审工作基本停止。

2007年5月，根据上级建立健全内部审计基本数据库指示精神，区审计局发出《关于在全区开展内部审计普查的通知》，对驻区所有独立核算的行政事业单位、年产值500万元以上的国有、集体、民营企业、外资、股份制企业是否建立内审机构及内部审计工作开展情况进行普查。

第四章 物 价

1988-1990年，境内雨湖、湘江、郊区均设物价委员会，行使物价检查、收费和价格服务职能。1991年，三区物价委员会更名为物价局。1992年9月，建立新的雨湖区物价局，下设办公室、物价检查所、收费管理股和价格事务所，在职人员14人。1994年11月，区物价局与区计划统计局合并为区计划统计物价局。2004年11月区计划统计物价局更名为雨湖区发展改革统计物价局。2007年，该局核定编制17人，实有27人。

第一节 物价监督

一、物价检查

（一）专项价格检查

1988年，价格管理进入全面改革时期，除钢材、粮食等少数商品实行计划内“国家定价”和计划外“市场议价”的价格双轨制外，大多数工业产品和农副产品价格逐步放开。是年，检查各类公司16家，查处非法所得2.15万元；检查农贸市场5个，罚款2013元。1989-1990年，为稳定市场物价，针对群众关心的“米袋子”“菜篮子”价格，物价局组织开展检查382次，检查农贸市场5个，工商企业91家，其他单位494个。重点检查日用工业品、烟酒和商业企业使用价格标签明码标价的情况，共查处违价行为455起，查处违价金额35万余元，收缴金额10.7万元。1991年，先后对鹤岭农贸市场进行3次集中整顿，整顿的重点是短斤少两，使用不合格计量器具等问题。对区属10所学校的收费进行检查监督，对部分学校擅自收取的报名费、插班费、电扇费、单车寄存费3513.30元予以清退；对6家医药店进行抽查，重点查处宁康诊所的违价行为。除责令整改外，并给予适当的行政处罚。1992年9月1日，市政府为理顺价格体系，减轻财政负担，决定全面放开猪肉价格。同时，对机关、企事业单位职工、离退休人员每人每月发放肉价补贴10元。是年11月1日，国家全面放开粮食、食用油价格，取消城镇居民平价粮油供应，粮油价格随行就市，粮油票券、指标划拨证不再流通。在放开粮油价格后，为防止谷贱伤农、米贵伤民，保护粮食生产、稳定粮食价格，对粮食收购实行经济合同办法和保护价格制度。同时，政府给职工发放粮食补贴每人每月3元。为保证国家放开粮油和生活用煤这两项重大价格改革措施的平稳出台，稳定市场物价，是年，开展对全区市场价格检查194次，查处价格违法行为和案件404起，查获非法所得14.36万元，退还用户2.90万元，收缴非法所得8.75万元，罚款1.99万元。

1993年，积极推行价格改革，先后将区、乡、街、村、委办企业生产的各种产品定价权下放；对农资价格管理由单个的品种价改为综合作价；对农村用电重新制定价格。既保证国家各项价格改革措施平稳出台，又控制物价的涨幅过大。是年，开展物价检查238次，检查3784户，各类商品20余万种次，查处各类违价行为和案件157起。1994年，联合岳塘区物价局、市城郊农电管理站经严格测算和调查后颁发《湘潭市城郊农村电价管理实施细则》，重新制定农业用电价格，为城郊农民减轻用电负担300万元以上，为实现同网同价迈出坚实的一步。1995-1996年，为治理餐饮业暴利行为，对区内410多家餐饮业单位进行等级评定发证，要求餐饮业单位按核定等级明码标价，让消费者明白消费。1997年，印发《关于制止学校乱收费》的公告100多份，组织专项检查，查处湘潭市第四职业中专的乱收费行为，将多收乱收的3.64万元费用全部退还给学生家长，并对该校处以2000元罚款。至是年底的5年间，共查处各类违价案件944起，处以罚款28.5万元。

1998-1999年，共查处违价行为和案件426起，有效地维护消费者的合法权益。2002年元月，接群众举报江南机器厂子弟中学自2000年起违规收取补习班费、捐资助学费、择班费等。经查实，物价部门责令该校将违规收取的35.75万元全部限期清退给学生家长，并依法对该校进行行政处罚。是年3月，位于砂子岭的金都大市场部分经营户对该市场收取的物业管理费不满，多次集体上访，引起物价部门的高度重视。当即会同市物价局在该市场组织专门的物业管理费收取标准专题听证会，充分听取经营户、业主方及物业管理方的意见，综合考虑并平衡各方利益，达成基本共识，于4月14日下达重新核定的金都大市场物业管理收费标准。3年来共检查326个单位，重点检查医药市场，查处医药市场乱收费、乱涨价等违价行为的非法所得15万余元，处罚4万多元。

2003年，抗击“非典型性肺炎”时期，部分治疗药物及防护药品供应偏紧，常规药物价格飙升，物价部门采取果断措施对这些药物实行“一日一报制”监督，不准提价销售，保证区内防治“非典”药物的正常供应。同时，严厉查处各类违价案件。至2007年，共立案查处各类违价案件70起，经济处罚48.6万元。是年底，区发展改革统计物价局获全省价格综合工作先进单位称号。

1993-2007年雨湖区物价检查情况

18-4-2-1

年　度	查处违价案件及违价行为(件)	违价金额(万元)
1993	157	-
1994	275	-

续表18-4-2-1

年　度	查处违价案件及违价行为(件)	违价金额(万元)
1995	126	-
1996	137	96
1997	249	120
1998	136	50
1999	290	60
2000	300	15
2001	10	50
2002	16	212
2003	38	30
2004	12	46
2005	7	25
2006	7	28
2007	6	11

(二)价费监督

1988-1990年,境内雨湖、湘江、郊区三区物价部门对行政事业性收费实行收费许可证制度和收费许可证年检审制度。3年间,对97个行政事业性收费单位进行检审,查出违纪单位67个,查出应上交国库金额11万余元,应补交税金1.7万余元,全部按相关规定处理到位。1991年,对区属10所学校的收费情况进行检查,查出违规收费3513元全部清退给学生和家长。是年,共核发行政事业性收费许可证92个,审查批准的收费项目2722项,查处雨湖路派出所和云塘街道办事处等6家单位的乱收费行为。1992年,为有关工商企业核定商(产)品价格38种次,为行政事业和医疗收费单位核定收费标准106项次。

1993-1997年,核定经营性、服务性收费项目564个,并核发收费许可证。1997年,对企业发放"湘潭市企业收费登记卡"178份,同时跟踪监督。对区属集体、个体幼儿园收费进行调查,写出《我区幼儿园基本情况调查报告》,为核定幼儿园收费标准提供依据。

1998年,调整农村电价,每度下调1~2分钱,综合损耗控制在25%以内,区内农电价格在相邻县市中处于最低水平。对全区30多家行政事业性收费单位进行检审,立案8起,查处卫生、教育等单位乱收费40余万元,均作罚没处理。1999年,对区属350多家行政事业性单位的收费项目进行审定。下调22项收费标准,取消29项行政事业性收费。2000年,会同市物价局以听证会的形式重新审定金都公司的物业管理收费标准。2002年起,价费监督以年检审的方式进入长效化、机制化的管理模式。随着行政审批制度改革的不断深入,行政事业性收费的项目和标准也在不断调整。

2005-2007年,物价部门率先取消自身收取的"行政事业性收费管理费"和"成本监审费"。重点取消"农机服务费”“农用车道路运输管理费”“农村义务教育学杂费、课本费”等8项涉农收费，降低农机驾驶许可证考试费标准，同时取消涉及到公、检、法、医疗、教育、社保、劳动人事、林业、民政、农业、水利、文化体育、卫生等多个政府部门20项行政事业性收费。

二、价费公示

1988–2000年，境内物价管理部门未进行价费公示工作。2000年年底，区计划统计物价局组织各乡分管领导赴岳阳参观学习涉农收费价格公示工作。2001年起，全区涉农收费价格公示工作全面推开，公示内容为：公安、司法、民政、卫生、工商、国土、教育、农业、水利、农电、农机、林业、畜牧水产等部门的收费标准和价格。

2004年，继续扩大价费公示覆盖面，全区76个社区安装价费公示牌，公示内容涉及城市居民生活的方方面面。还将城镇低保户、五保户价费优惠政策列入公示栏，并把“12358”的价费举报电话公布在公示牌上。2005年，建立雨湖区价费监督网络。是年，被省物价局评为“城乡价费公示工作先进单位”。2007年，被省物价局评为“价费监督下基层、进园区、进企业先进单位”。

第二节　收费管理

一、行政事业性收费

1988年，境内各种“乱集资”“乱摊派”“乱罚款”的行为时有发生，雨湖、湘江、郊区三区的收费监管主要依靠一年一度的财政、税收、物价三大检查。是年，根据湖南省行政事业性收费清理领导小组关于收费单位办理“行政事业性收费许可证”的通知精神，区物价部门共核发行政事业性收费许可证98个。1991年，重点整治擅自立项收费和超标准收费，在检查的92个单位中，有6个单位擅立项目收费，涉及乱收费金额1.1万余元。1992年，继续整治乱收费行为，全年共查出无证收费51万余元，自立项目收费4.38万元，超标准收费1.22万元，未申报收费0.16万元。

1993年，开展行政事业性收费许可证的换发工作。对各单位的收费项目和收费标准全部重新核定，共发、换新证293个，核定临时收费标准68项，调整收费标准8项。1994年，强化收费管理，全年共查出违纪金额126万余元，对24个有乱收费行为的单位做出处理；并依据新的收费标准，对全区294家收费单位换发新的收费许可证。1995年，清理收费项目3120个，核定经营性收费54项。

1996–1999年，加强经营性、服务性收费检审监督，对立项的900多种收费项目进行逐一核对审定。取消29项行政事业性收费，降低22项收费标准。

2000–2005年，为进一步规范收费行为，区物价局设立收费管理办公室，建立收费管理档案，指定专人负责收费管理，并购置电脑对收费证核发变更及收费票据实行电子化管理，收费监管方式进一步完善。6年中，共变更8个单位10个项目的收费标准。取消公安、计划生育等40个部门202项行政事业性收费。将58项行政事业性收费变更为经营服务性收费。2006年起，对行政事业性收费实行一年一度的年检年审。确定三年换发一次收费许可证。按政策要求适时取消或变更收费项目和收费标准，使用专门票据，实行亮证收费，坚持收费公示，接受社会监督。至2007年的2年中，共取消211项行政事业性收费，变更行政事业性收费为服务性收费的71项。

二、经营服务性收费

1996年始，区物价部门对全区经营服务性收费单位的收费项目和标准进行清理，审批、核发经营服务性收费许可证35个，核定经营服务性收费项目84项。1997年，组织对区内的幼儿园基本情况进行摸底调查，按照优质优价的原则，依据办园条件、人员设施配备、教保质量等方面分为两类三等确定收费标准。

1998-2000年，对服务性收费实行单独登记发放临时收费许可证。统一启用"湖南省服务价格登记证"。2001-2007年，对区内所有服务性收费单位、1100多项收费标准进行全面清理。2007年年底，区内54所幼儿园，28所培训机构，58所校办食堂，15所乡、镇、街道卫生院，29所民办医疗机构均已办理经营服务性收费许可证，经营服务性收费基本规范。

第三节　价格服务

一、价格咨询

1988年，雨湖区价格咨询事务所成立，为全区企事业单位提供价格咨询服务。至1991年的4年中，先后与15家企业和单位签订价格咨询服务合同，定期上门服务，提供价格信息资料，为企业出谋划策。1992年，与53家单位建立价格咨询服务关系，上门走访432户·次，解答价格咨询293户次，解决价格疑难问题287起。1993-1997年，与232个单位建立价格服务关系，上门服务278次，解答价格疑难问题58起，出具价格证明书6份。1998年，价格咨询服务工作全部停止。

二、价格信息

1988-1992年，在境内发放各类价格资料9312份，为有关企业单位在《价格信息》刊登商品供求信息27条。1993年发放价格信息资料9436份。1997年，区物价部门创办《雨湖价格信息》刊物，就医疗、药品、卫生服务向社会提供价格和收费标准信息，发行对象为境内的医疗卫生单位、药店和个体诊所，至2007年，共发行14期3000份。

三、价格评估鉴证

1988-1992年，境内价格事务所接受政法机关委托，对"四物"（即赃物、罚没物、过期无主物、纠纷财物）和商品住宅进行价格评估。对21种物资评估作价，出具价格评估鉴定书。1993年，评估鉴定18起，鉴定物品价值113万余元。1994-2000年，受委托评估443起，价值3085万元。2001年，评估249起，价值1027万余元。2002年，雨湖区价格事务所更名为雨湖区价格认证中心，由中介服务机构改为行政职能机构。主要业务范围为：对具有刑事、民事、经济、行政以及仲裁案件涉及的各种扣押、追缴、没收及纠纷财物（包括土地、房地产、资源性资产、理赔物、抵押物、应税物、无主物、走私物、工程造价、股票、证券及无形资产等各类涉案标的）的价格进行鉴定；对价格行为的合法性、价格水平的合理性进行认证；对价格纠纷进行调解。是年，共办理评估案件175起，价值906万元。2003-2007年，办理评估鉴证163起，价值850万元。受理价格评估鉴证案件1618起，价值690万元。

第四节　价格调节基金

1997年,根据《湖南省价格调节基金征收管理办法》规定,区内开征价格调节基金,其征收范围为:辖区内宾馆、旅社、招待所等营业性住宿单位;营业性歌厅、卡拉OK厅、酒吧、夜总会、游艺室等娱乐场所和其他事业性、服务性单位,由市物价局委托区物价检查所代为征收。征收标准为:营业性住宿单位按实际住宿收费标准价外征收4%;营业性娱乐场所按营业额的3%征收;事业性、专项性收费按5%征收;对外省驻湘和中央驻湘企业按核准人数,每人每月征收2.5元价格调节基金。是年,征收价格调节基金2.3万元。1998年,征收2万元。1999-2007年的9年中,价格调节基金每年征收都在20万元左右,价格调节基金征收为市政府调控市场,平抑物价发挥辅助作用。

1988-2007部分年份雨湖区大米价格情况

18-4-5-1　单位:元/公斤

品种＼年份	1988	1989	1990	1994	1997	1998	1999	2005	2007
普通大米	1.08（议销价）	1.5（议销价）	1.36（议销价）	–	–	–	–	–	–
标二早灿	–	–	–	1.3	2.4	1.9	2	1.9	1.96

1988-2007年雨湖区一级猪肉零售价格

18-4-5-2　单位:元/公斤

年　　份	一级猪肉价格	年　　份	一级猪肉价格
1988	4.585	1999	10.425
1989	5.604	2000	10.425
1990	5.628	2001	10.865
1991	5.011	2002	12.467
1992	5.779	2003	12.496
1993	6.521	2004	13.892
1994	9.465	2005	16.025
1995	11.907	2006	16.425
1998	11.267	2007	16.646

注:1992年以前为混合平均价格,1992年以后为主要规格品种价格

1988-2007年部分年份雨湖区油脂价格

18-4-5-3　　单位:元/公斤

年份 品种	1988	1989	1990	1991	1994	1995	2000	2005	2007
茶油	3.58	3.77	4.7	5.3	11.49	15.2	17	20	32
菜油	2.97	3.17	4.15	5.08	8.47	11	10	12	16

1992年11月1日起,国家全面放开食用油价格,取消城镇居民定量油平价供应,价格随行就市

1988-2007年部分年份雨湖区白砂塘价格

18-4-5-5　　单位:元/公斤

年份	1988	1989	1990	1992	1996	1999	2000	2005	2007
价格	2.08	2.60	3.50	3.60	3.80	2.80	3.20－3.60	3.60－3.80	3.80－4.20

1988-2007年部分年份雨湖区液化气价格

18-4-5-5　　单位:元13公斤/瓶

年份	1988	1990	2004	2005	2007
价格	20	28~35	70	68	90

1995-2007年部分年份雨湖区商品房价格

18-4-5-6　　单位:元/平方米

年份 房类	1995	1997	1999	2002	2003	2005	2007
安居房	593－781	630	790	750	－	－	－
商品房	960－1518	800	820－860	900	1200	1500－2200	1800－2500

第五章　工商行政管理

1988年,境内有雨湖区、湘江区和郊区工商局设在河西的局机关。1992年12月,雨湖、湘江两区工商局和郊区工商局一部分合并为雨湖区工商局。下设沿江、云塘、昭潭、砂子岭、鹤岭、楠竹山6个工商所,担负着区内工商行政管理工作。

1995年，工商行政管理由属地管理改为垂直领导，雨湖区工商局更名为湘潭市工商行政管理局雨湖分局(下面简称雨湖分局)。是年3月，雨湖分局新设立湖园工商所。

2001年，根据国务院关于市场"管办脱钩"的指示精神，区内市场建设和市场日常管理交由雨湖区政府。工商对市场只实行监管。2002年，湘潭市工商局将民主路市场直属分局和建设北路布市直属分局改为民主路工商所和布市工商所，划归雨湖分局管理。

2005年7月，雨湖分局搬迁到解放南路294号(原市工商局)办公。是年，核准登记管理职能下放工商所，实行专门的核准登记管理。2006年，分局将打击传销活动专项职能赋予经检队，与公安一道打击传销活动，维护经济秩序。至2007年年末，雨湖分局内设办公室、人教股、纪检监察室、财务股、政策法规股、后勤服务中心、信息中心、注册登记股、企业和个体私营经济监管股、市场规范管理股、商标广告股、消费者权益保护股、公平交易股、经检大队14个机构和消委、个私协、诚信协会3个社团组织；下设沿江、云塘、昭潭、砂子岭、民主路、布市、楠竹山、鹤岭8个工商所。共有工商管理在职干部职工178人。

第一节　工商登记

一、个体工商户登记

1988年，依据《个体工商户管理条例》，境内三个区核准个体工商户登记5947户(其中：雨湖区571户、湘江区1570户、郊区3806户)，工商部门按行业分类建立档案。至1992年年底，个体工商户登记达到7698户，比1988年增长29.44%。

1993年，区工商局放宽个体户登记条件，凭居民身份证和个人申请即可办理工商登记。至2001年的9年中，个体工商户总数达到9050户，比1992年增长17.56%。

2002年起，个体营业执照发放权由各工商所直接办理，营业执照一律用电脑打印。下岗职工申请办理个体户营业执照实行全免费，免收登记发照费和管理费。至2007年年底，全区个体工商户注销900户，实有8546户；其中办理绿色通道个体工商户255户，减免个体工商管理费60万元。

二、企业登记

1988年，境内注册登记国营、集体、私营各类工商企业2875家。其中，国营工商企业714家、集体工商企业2015家，私营企业146家，区、乡(街)、村(居委会)所办集体企业占总数的70%以上。是年，工商部门贯彻实施《企业法人管理条例》，为21户乡(街)镇企业挂市、区牌名，帮助5户企业增挂第二名称。1989年，市政府组织清理整顿公司，工商部门注销18家名不符实的皮包公司，变更不具备法人资格的企业135家，调整企业经营范围403家，清理"名集体、实个体"企业130家，查处违章经营124家。至1991年年底，全区注册登记国营、集体、私营各类工商企业3133家。其中国营工商企业563家，集体工商企业2403家，私营企业167家。

1992-1994年，全区工商企业登记1114户。其中，国营工商企业82户，区、乡(街)、村(居委会)三级集体工商企业752户，私营企业 280户，私营企业占全区工商企业总户数的25.1%。

1995-2004年，工商企业在改革中频繁变化，工商部门对在册工商企业进行全面清理，通过对企业的主体资格、注册资金、企业章程、前置条件等逐一核实。9年中，全区新登记注册集体企业59家，变更登记86家，注销102家。是年底，区内实有工商企业856家。其中，国有工商企业减至35家，区、乡(街)、村(居委会)三级集体工商企业减至208家，私营企业增至613家。工商部门将856个档案重新归档，做好缩微工程企业卡；帮助46家企业顺利完成改制并办理股份制和股份合作制登记；清理挂靠企业18户、五小企业1户、中介机构29户。

2005年，以发展地方经济为中心，扶持企业，为私营企业“心连心”集团办理不冠行政区划名称的手续。2006年，注册登记国有工商企业9户，以集体工商企业360户，股份合作制企业146户，私营企业305户。至2007年年底，区、乡（街）、村（居委会）三级集体企业除楠竹山市电力工程机械厂之外全部改制。全区实有工商企业户数为768家。其中内资企业289家，私营企业479家，成为区内工商企业的主体。

第二节　市场管理

1988-1993年，境内有大型集贸市场9个。工商部门担负市场管理的主体责任，对市场实行“定人员、定任务、定岗位、定责任、定奖罚”的五定管理制度。在八仙桥、城正街、朝阳街、江麓、楠竹山、鹤岭几个较大农贸市场成立由工商、公安、税务联合组成的市场管理办公室，对市场进行综合管理。适时开展打击渔霸、肉霸、菜霸等欺行霸市行为专项行动。同时，工商部门还在各市场设立公平秤、监督岗，以保护公平交易；在市场设立招待所，为长途贩运的经营户提供住宿和商品寄存。设立市场服务部、商品寄存处，为经营者兑换零钱、寄存商品。市场管理和服务逐步规范，市场经营平稳上升。

1994-2000年，工商部门对市场管理主要以打击假冒伪劣为重点，营造良好的市场经营环境，维护消费者权益。组织开展“红盾行动”取缔砂子岭、羊牯塘、伍家花园3处非法生猪屠宰窝点，立案查处非法屠宰猪肉案380起，没收注水肉2650公斤、病死猪肉1500公斤、白板肉800余公斤。在“健康消费”活动中，重点检查市场在辣椒粉中添加色素、卤腊制品中添加化学物质、甲醛浸泡海鲜等行为，收缴、销毁不合格食品5000余公斤。会同物价部门对市民生活必需品粮油、肉进行3次限价。开展“文明经营户”“诚信经营户”评选活动；制作提高消费者识别假冒伪劣商品能力的图版50幅在各市场进行巡回宣传展示。对八仙桥、朝阳街、江麓市场扰乱市场秩序的市霸、菜霸进行打击，立案查处市场各类违法违章行为1050起。其中，短斤少两730起，掺杂使假20起，乱摆乱放180起，销售禁止上市商品120起。

2001年，根据国务院对工商部门实行市场“管办脱钩”的文件精神，雨湖分局将市场管理全部移交给湘潭市商务局市场办，至2003年，市场管理移交工作全部完成。雨湖分局荣获共青团中央、中央综治办、国家工商行政管理总局“优秀青少年维权岗”称号。此后，工商部门只负责市场工商法规的执行和经营监督。2004年，面对高致病性禽流感疫情，雨湖分局出动执法人员，对区内20个农贸市场、26个超市、81户禽类经营户、13个冷库进行检查，实行每日监控、挂牌销售，设立举报电话。查获未检疫活禽70只、禽类产品60公斤、查处违法经营活禽行为3起、查封无照经营和检疫证件不全的冷库2家，由于各项措施到位，疫情未扩散蔓延。民主路市场在接受国务院禽流感督查组检查时，得到高度肯定，其经验在全省进行推广。砂子岭工商所获国家工商行政管理总局、人事部“全国工商行政管理系统先进集体”称号和湖南省妇联颁发的“三八红旗集体”称号。至2007年，全区中心城区市场37个，其中农贸市场20个，专业市场17个，经营秩序稳定，市场购销繁荣。

1988-2007年雨湖区中心城区市场一览

18-5-3-1

序号	市场名称	主办单位	开办时间或登记时间(年)	地　址	规模	分布	经营品种	辐射范围
01	民主路市场	市场服务中心	1985	解放路	大型	集中	农副产品	全市
02	草塘市场	市场服务中心	1985	火车站广场侧	中型	集中	农副产品	火车站一带
03	建北市场	市场服务中心	1985	广云路	中型	集中	农副产品	江麓、中国银行
04	中山市场	市场服务中心	1985	十四总中山路	中型	集中	农副产品	十四总
05	江南农贸市场	江南机器厂	1985	楠竹山镇	中型	集中	农副产品	楠竹山
06	鹤岭农贸市场	锰矿	1985	鹤岭镇	中型	集中	农副产品	鹤岭
07	城正街市场	蔬菜肉食行办	1988	城正街220号	中型	集中	农副产品	城正街
08	迎宾市场	袁梦兰(女)	1989	大湖路	中型	集中	农副产品	二医院
09	砂子岭农贸市场	砂子村	1992	长城乡砂子村	中型	集中	农副产品	全市
10	朝阳市场	供销社	1995	人民路	中型	集中	农副产品	十八总
11	金都大市场	金都股份公司	1995	砂子岭	大型	集中	服装、家具	全市
12	聚富商场△	聚富公司	1995	平政路425号	中型	集中	服装	全市
13	海水产市场△	蔬菜肉食行办	1996	解放南路	中型	集中	农副产品	解放南路
14	市糖酒市场△	昭潭乡	1996	潭衡路	中型	集中	糖、酒、烟、副食	全市
15	市建材市场△	昭潭乡	1996	宝庆路	中型	集中	建筑材料	全市
16	蔬菜批发市场	蔬菜肉食行办	1997	南岭南路	中型	集中	农副产品	全市
17	楷树园市场	措树园村	1998	南岭南路	中型	集中	农副产品	南盘岭
18	砂子岭建材市场△	市木材公司	1998	潭邵路	中型	集中	建筑材料	全市
19	江麓市场	江麓机械厂	1999	江麓广场北	中型	集中	农副产品	江麓机械厂

续18-5-3-1

序号	市场名称	主办单位	开办时间或登记时间(年)	地　址	规模	分布	经营品种	辐射范围
20	砂子岭电器市场△	市场服务中心	1999	潭衡路	中型	集中	电器	全市
21	砂子岭大米市场△	昭潭乡	2000	糖酒市场侧	中型	集中	大米	全市
22	罗源服装市场△	罗源房地产开发公司	2000	雨湖路	中型	集中	服装	全市
23	宝丰街市场	吕勇彪	2001	宝丰街	中型	集中	农副产品	城郊结合部
24	八仙桥市场	城郊开发公司	2001	八仙桥南端	中型	集中	农副产品	城郊结合部
25	城郊综合市场	城郊开发公司	2001	熙春路	中型	集中	农副产品	全市
26	红旗综合市场	红旗村	2001	长城乡红旗村	中型	集中	农副产品	红旗村
27	市竹木大市场△	莫铁山	2001	潭邵路洪桥村	中型	集中	竹木及制品	全市
28	砂子岭槟榔大市场△	长城乡政府	2001	潭衡路	中型	集中	槟榔、香精、香料	全市
29	机动车配件大市场△	晨辉工程公司	2001	宝庆路	中型	集中	汽车配件	全市
30	湘潭电脑城△	友华公司	2001	韶山中路	中型	集中	电脑及耗材	全市
31	幸福湾服装市场△	低压电器厂	2002	建设北路	中型	集中	服装	全市
32	市星河电脑城△	市粮油公司	2003	车站路	中型	集中	电脑及耗材	全市
33	湘卫市场	卫星村	2003	长城乡卫星村	小型	集中	农副产品	湘大及卫星村
34	金海民生农贸市场	市农业物资公司	2003	韶山东路护潭广场侧	中型	集中	农副产品	全市
35	三桥布市△	三桥布市投资有限公司	2006	三大桥侧	中型	集中	布匹批发	市内外
36	中南农机大市场△	苏加炎	2007	潭邵路砂子村	大型	集中	农业机械	全市
37	市钢材大市场△	先锋集团	2007	高岭路与二环线交叉处	中型	集中	钢材	全市

注:“△”的为专业品市场

1988-2007年雨湖区农贸市场情况

18-5-3-2

序号	名　称	地　址	面积(平方米)	建成时间
01	民主路农贸市场	解放南路	7858	1985年
02	草塘农贸市场	车站路	1680	1985年
03	建北农贸市场	广云路	600	1985年
04	中山农贸市场	中山路十四总	500	1985年
05	江南农贸市场	楠竹山镇	3800	1985年
06	鹤岭农贸市场	鹤岭镇	1600	1985年
07	城正街农贸市场	城正街	1400	1988年
08	迎宾路农贸市场	大湖路63号	1194	1992年
09	砂子岭农贸市场	潭邵路砂子村	4500	1992年
10	朝阳街农贸市场	人民路129号	2000	1995年
11	海水产市场	解放南路	4000	1996年
12	蔬菜批发市场	南岭南路	12000	1996年
13	楷树园市场	南岭南路	3000	1997年
14	江麓农贸市场	解放北路4号	3000	1999年
15	宝丰街农贸市场	宝丰街	2800	2001年
16	八仙桥农贸市场	平政路万家巷	2600	2001年
17	城郊综合市场	熙春路	1000	2001年
18	红旗综合市场	红旗村	1000	2001年
19	湘卫市场	长城乡卫星村	500	2003年
20	金海民生农贸市场	三大桥侧	2000	2003年

第三节　商标、广告管理

一、商标管理

1988-1992年，境内工商部门对商标进行2次大规模的清理。对已到期的15个注册商标企业发出续展注册商标的通知，走访5户未注册商标企业，宣讲商标注册的重要性，动员其申请商标注册。检查30家印刷企业，帮助建立商标业务承接登记、印刷商标样品留存、废次商标标识销毁三项制度。

1993年，《中华人民共和国商标法》实施十周年，雨湖区商标协会成立。对全区105个注册商标进行验证检查，逐一登记建档。湘潭市制版厂擅自为邵阳、攸县等地制作盐业公司“雪天”牌注册商标及包装凸印版，对其做出责令停止制作其商标与印版，并罚款2000元的处理。

1994-2004年的11年中，开展整顿酒类商标工作，收缴非法印制“邵阳大曲”“酒鬼酒”的商标标识2万多张，处罚非法印制单位4个，罚款4万元。依托“三级联动网”，捣毁制售假“剑南春”“小糊涂仙”“五粮液”窝点3个。对国家规定强制注册的商品进行检查，连续二次清理医药经销商。对商标印制单位实行逐一核准，21户印刷企业获得商标印制许可证。加大打击假冒商标力度，查处“三无”（无质量合格证、无生产厂名、无生产厂址）鞋类案3起，罚款3.4万元。会同公安部门捣毁制售假冒龙牌酱油窝点1个，查获冒牌酱油534件，包装箱500个，商标5000套，印版3块。赴益阳、常德、邵阳、九江等地捣毁制假窝点，湘潭“龙牌”酱油著名商标得到保护。查处雨湖区德顺纸品厂假冒衡阳“油落井”著名商标，外地著名商标得到保护。至是年底，全区有注册商标136件。

2005年起，以4月26日“世界知识产权日”为契机，开展保护知名商标专用权行动；商标管理工作由市商标事务所代理。至2007年年底3年中，针对品牌油漆和酒的商标侵权行为进行整治，没收侵权红葡萄酒1231件，白酒92瓶，油漆205箱，墙漆40桶，汽车配件121件。立案查处各类侵犯注册商标专用权案件43件。验证检查12家商标印制企业。对8家印制企业颁发“商标定点印制许可证”。帮助9家企业获得湖南省著名商标。

二、广告管理

1988-1990年，根据《广告管理条例》，规范广告发布行为，境内三个区工商部门在全区设置25处户外广告发布栏，对户内、户外广告实行统一管理。1991年《湘潭市户外广告管理办法》出台。清理“三乱”（乱张贴、乱喷涂、乱刻画）广告200件，扭转全区户外广告管理混乱、内容虚假等现象。1992-1993年，区内有户外广告151处、户内广告315处。工商部门强化广告监督管理，销毁“三乱”广告400余处，查处虚假广告案1起，查处违章广告71处。

1994年10月，《中华人民共和国广告法》颁布实施。工商部门根据《湘潭市整顿治理户外广告方案》的要求，会同城管、城建、公安，拆除违章路牌广告60平方米，拆除破烂灯箱广告和指路牌28个，清除整理护栏广告69块，刷洗乱贴、乱画广告349处。1995年，区广告协会成立。

1996-1998年，广告发布实行严格的备案制。发布广告的单位必须到工商部门核准，其广告内容、设置位置、制作大小，经核准后，制作单位才可按批准规格制作发布广告。全区经核准的户外广告185个；新设置规范广告牌89个；拆除有碍市容的招牌、指路牌广告20余块，拆除破旧、不规范灯箱广告600余个。1999年，工商分局走访人大代表、政协委员倾听对户外广告管理的意见和建议，集中整治雨湖公园周边及砂子岭周边户外广告，对影响市容的250块广告予以拆除；开展对107、320国道创建“平安大道”活动，全区共拆除、收缴违章广告牌1400余块。2000-2001年，根据《省工商局关于集中整治虚假违法医疗、药品、保健食品广告的通知》精神，工商分局集中力量进行整治，全区抽查广告160条，收缴违法印刷品2000余份，拆除违法违章广告牌1800块，按照市政府关于美化湘潭环境的要求，对韶山路、建设北路等临街门面招牌进行统一审批、统一设置、统一规格。

2002-2003年，工商部门开展5次“反误导、打虚假”广告整治活动，重点对店堂、户外和灯箱广告进行整治，查处广告违法案件8起，罚款3万元。2004年，《行政许可法》施行，工商部门取消临时广告经营资格审批，对店堂广告，店堂牌匾、印刷品广告6项进行行政审批登记。全区有广告经营单位6个，注册资金为120万元，年经营额超过25万元。核准设置户外广告123个。在创建省级文明城市工作中，拆除巨幅广告招牌45幅。2005年，开展“打虚假、树诚信”广告专项整治行动，将药品医疗、保健食品广告中的8种虚假行为作为打击重点，对违规有奖销售、虚假治疗癌症、乙肝等广告主责令停止发布或予以查处。查处违法医疗药品广告案13起，罚款6.7万元；收缴违法违章广告120块。

2006-2007年，共查处违法违章广告案15起，收缴非法印刷品3万多份，拆除设置危险、损害市容的广告、灯箱45个，清刷街头“牛皮癣”1500多处(但不能彻底，清理后又反弹)。收缴非法宣传品、广告单5万余张。根据国家工商行政管理总局新颁布的《医疗广告管理办法》，对全区医疗广告进行重点检查，纠正不规范广告45条，销毁不实广告2000余份。2007年年底，经工商部门核准的户外广告125处，户内广告95个。

第四节　经济合同管理

1988年，境内三个区的工商部门开始受理经济合同纠纷案，帮助合同签订人依法维护合法权益。是年，受理经济合同纠纷案件36起、调处36起；检查经济合同2000多份，其中不合格合同340份，合同金额2600万元。1989年，工商部门把《中华人民共和国经济合同法》作为普法重点，组织68家企业单位计115人参加，组织企业合同管理人员和业务人员参加合同法培训；受理经济合同纠纷案件108起，调解72起，裁决36起；鉴证经济合同460份，合同金额1200万元。1990年，区工商部门按照国家工商总局提出的“拓宽广度、增加深度、强化力度”的要求开展合同管理工作，派员深入160个企业调查合同鉴证和执行情况，向企事业发放经济合同文本900本。1991-1992年，在全区开展“重合同、守信用”评比活动，47家企业被评为“重合同、守信用”企业。

1993年，工商部门开始推行合同鉴证。至1995年，凡生产资料购销合同、企业承包、财产租赁、借款、建筑工程承包等合同均纳入鉴证范围；还介入经济洽谈会、协助企业考察合同签约主体，指导企业签约，鉴证经济合同1560份，合同金额8690万元。1996-1998年，区工商部门重点宣传《中华人民共和国担保法》，帮助企业办理抵押登记。并根据省、市工商局统一布置，对合同当事人统一颁发防伪《法定代表人证明书》《企业负责人证明书》《授权委托证明书》。

1999年10月1日，贯彻实施新《合同法》，区内推行合同示范文本，检查25个企业，300份合同。2000-2006年，对32家使用格式条款合同的企事业单位进行业务培训，推行全国示范文本370本，鉴订合同600个，检查合同1500份，合同金额4800万元；查处合同纠纷21起；帮助企业办理“三证”(经营许可证、法人资格证、生产许可证)650个，三证普及率为95%以上。同时，开展打击利用合同进行欺诈违法行为，检查旅游、房屋出租、中介服务、加工等行业经营单位400余家，检查合同1000余份，指导企业健全合同管理制度，提出建议100条。2007年，对50份企事业单位格式条款合同进行审核、备案，其中责令修改6份。全年办理抵押登记57起，为企业融资5700万元。

第五节　经济监督检查

1988年，境内雨湖、湘江和郊区工商局均设立经检股，加强市场经济监管。1989-1992年，经检工作围绕治理经济环境，整顿经济秩序的总方针，清理整顿公司、查处各类经济违法案件。对废旧回收、路边旅店、音像书刊市场进行整顿，查处违法废旧物品收购点1户、卖淫嫖娼旅店1户，对全区250户电子游戏场所进行清理，取缔、吊销、注销11户。

1993-2000年，从打击投机倒把为重点转向制止不正当竞争和反垄断及走私活动。取缔走私汽车、摩托车交易点1个，查获走私汽车、摩托车、香烟等物品，罚没款达20多万元。查获注水猪肉20余吨。依法端掉制假窝点3个，查获化肥、种子、饲料等假冒伪劣商品，价值达200余万元。查获15家医疗机构使用假冒伪劣医疗器械，其中冒牌劣质注射器、输液器、头皮针共4万支(套)，非法经营药品价值10万元。查获冒牌潜水泵21台、假种子0.2吨、假冒香皂5件，一大批劣质洗衣粉、卫生纸等。查处各类经济违法违章案件347起。

2001年，经济监督检查以打击假冒伪劣、维护市场经济秩序为重点。主要查获的物资有：冒牌水泵、鼓风机，冒牌“三无”汽车配件，假冒汽油机、喷粉机、三角皮带，假冒摩托车，无进口手续的彩扩机、打印机、单放机，“三无”农机配件，冒牌饲料，霉变大米，劣质棉被，掺杂奶制品等等。至2007年的7年间，共查处违法案件1091起。其中，无照经营案452起，假冒注册商标案35起，制假案12起，非法经营农资案22起，查获假冒伪劣种子、化肥、农药5吨，捣毁制假窝点115个，查处假冒劣质白酒1500余件，销毁假冒商品3568件，总价值280万元。同时，区工商部门贯彻《湖南省工商行政管理系统严厉查禁传销和变相传销工作方案》，在公安机关配合下，对区内的传销窝点进行查处，共端掉传销窝点30个，抓获传销人员(分代理级)30人，强制遣送5人，遣散传销人员3000多人。查获涉案传销商品价值20万元，立案4起，结案4起，罚款15.48万元。

第六节 消费者权益保护

1988-1999年，境内工商部门未设立消费者权益保护行政机构。2000年，根据国家工商行政管理总局的要求和省工商局的统一部署，雨湖分局成立消费者权益保护行政机构。为履行流通领域商品质量的监管职责，正式开通“12315”消费者申诉举报电话，建立消费者申诉举报平台，借助行政力量维护消费者权益。2001-2007年，雨湖分局每年都对辖区市场流通领域中的食品和各类商品进行检查，严格执行食品市场巡查、商品质量监测、不合格商品退市和商品质量信息公示四项监管制度，对问题食品和商品责令下柜。督促和指导辖区步步高、心连心等大型超市和专业市场，建立商品查验、重要商品协议转入、不合格商品召回和商品质量销售责任自律制度，严格按照市场“谁主办、谁负责”的原则，切实担负起市场管理责任。向食品经营户发放进销货台账1.4万本，发放宣传资料1万余份，张贴宣传画8000多张。查处、收缴并予以销毁假冒伪劣、过期、霉变、不合格食品以及进口垃圾服装和其他物资等1000余公斤。

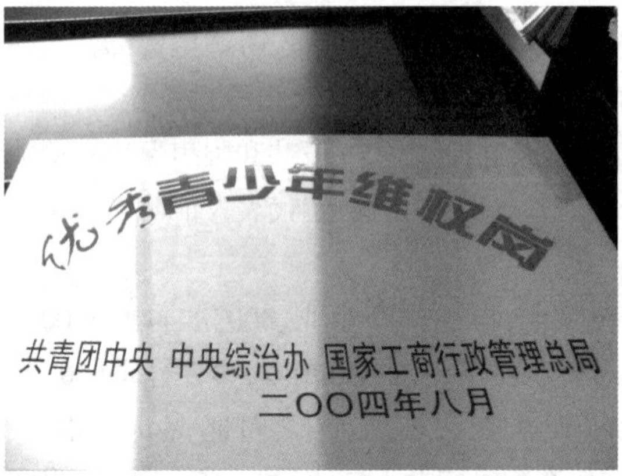

附一 消费者协会

1988-1991年，境内未开展消费者权益保护专项活动。

1992年，雨湖区成立消费者协会(以下简称消协)，成员单位有司法、卫生、技术监督局、新闻媒体等部门，日常管理工作由工商部门选调干部负责处理。1994年，实施《消费者权益保护法》，维权工作有法可依。至1996年5年中，区消协共受理消费者投诉186起，调解164起，为消费者挽回经济损失20余万元。

1997年起，中国消费者协会每年确定一个活动主题，开展保护消费者权益的活动。围绕年主题，以消协牵头，每年开展一次"3·15"消费者权益保护活动，现场接受消费者投诉、咨询，展示识别假冒伪劣商品的有关知识图片等。向消费者讲授如何查看食品标签内容，如何鉴别过期变质食品、假冒伪劣食品和"三无"食品知识，保护消费者的利益。同时，区消协还先后开展"消费者满意农贸市场""消费者满意超市""消费者信得过经营户"等评选活动，开展"反欺诈、讲诚信"活动等；对境内步步高、心连心、康星百货、新华书店等大型超市、购物中心等35家单位进行消费者投诉站授牌。2002年3月，湘潭卫校学生陈某投诉称其在某超市购物，与另外两人付清货款后一同走出大门时被保安拦住，保安怀疑陈某偷超市的袜子，并将其带进超市搜身，结果一无所获。陈某遭受侮辱，投诉要求超市赔偿精神损失费2万元。区消协受理后，工作人员及时进行调查取证，认可搜身属实。经协调，最终该超市公开向陈某赔礼道歉，并一次性赔偿了陈某精神损失费7500元。2004年，区消协成功调解一起啤酒瓶爆炸伤人案，消费者获补偿8万元。至2006年的10年间，区消协共受理消费者投诉836起，成功调解798起，调解率达95%以上，为消费者挽回经济损失约150万元。2007年，区消协正式启动"先看厨房再用餐"活动，湘潭大酒店、福星楼大酒店、锦绣红楼等知名餐饮业负责人在启动仪式上签名承诺。

附二 个体劳动者私营企业协会

1988年，境内有雨湖区、湘江区个协和郊区个协设在河西的机关。至1992年，区个体劳动者协会积极宣传个体私营经济的地位和作用，引导个体工商户、私营企业发展。举办13期各类普法教育学习班，开展宣传教育活动31次，宣讲《民法通则》《刑法》《税法》，参学人数5000多人，印发普法宣传资料1.3万多份，为会员维权16起，挽回经济损失1.6万元，追回货款7万元。

1993年，三区个协合并，成立雨湖区个体劳动者协会，办公地址设橘园路87号。下设沿江、云塘、昭潭、砂子岭、鹤岭、楠竹山6个分会。1994年，成立雨湖区私营企业协会。1997年，雨湖区个体劳动者协会和雨湖区私营企业协会合并为雨湖区个体私营经济协会。其间，区个私协举办法律法规及职业道德培训班16期，参学会员2万多人；成立互助储金会，吸储人民币10多万元，为个协会员解决资金困难；为会员排忧解难，挽回经济损失30余万元；在会员中开展"户户讲道德、店店无假货"活动，引导会员诚信经营。

1998-2000年，为维护个私协会员的合法权益，区个私协会与市个私协一道向市委、市政府提出建议调查"三乱"行为，全区取消擅自收费项目51个，减轻不合理负担1000多万元；开通维权服务热线，接待个私协会员咨询、解难984起，挽回经济损失145万元；举办劳动力市场招聘，为1000多名下岗职工开辟再就业渠道。2001年，区个私协配合开展"一化三清"市容市貌整治，拆迁个体工商户、私营企业800户，使三分之一拆迁经营户得到妥善安置。2002年，雨湖区个体私营经济协会更名为雨湖区个体劳动者私营企业协会，开展维权服务和扶贫帮困活动，为个私企业排忧解困，挽回经济损失60多万元；为56家企业办理112份抵押合同贷款，帮助企业解决贷款5786.5万元；举办个私企业与下岗再就业牵线搭桥会，帮助410名下岗职工走上再就业岗位。

2003年以来，区个私协会注重培养会员素质，开展自我教育、自我管理、自我服务，发放宣传资料6330份，组织会员上街开展"学雷锋、讲奉献、树诚信、构和谐"活动，义务为群众理发、看病、修单车；开展迎奥运强身健体等一系列活动；关注湘潭布市的发展，组织布市经营户代表到浙江义乌、绍兴参观考察，为搬迁旧布市、建设新布市提意见和建议。2007年，区个私协会获中国个体劳动者协会授予的"全国个私协先进单位"称号。

第六章　安全生产管理

1988年，境内雨湖区、湘江区、郊区在劳动人事部门设立安全生产办公室，负责辖区内安全生产监察管理，定期或不定期对相关生产企业、建筑公司进行安全生产监察，处理各类工伤事故。境内登记备案的安全监管企业主要有：煤矿1家，危险化学品生产经营企业20家，区直企业14家。安全生产主要依靠企业自身，管理较粗放，生产安全隐患相对突出。1992年，为应对新区成立后区域范围扩大、工业企业增多、安全生产管理工作量增大的新形势，区政府成立安全委员会，区劳动人事局设立劳动安全监察股，同时负责安全委员会办公室的工作。2002年，安全生产监察工作移交区经济局。区经济局实行季度安全生产检查制度，并与公安及各专业管理部门联合，不定期进行专项安全检查。

2003年7月，按照中央、省、市部署，雨湖区安全监督管理局成立。其职责是负责全区贯彻执行国家、省、市有关安全生产工作的方针政策和法律法规，拟定安全生产规划，指导协调和解决安全生产工作中的重大问题。为区人民政府直属正科级事业机构，定全额拨款事业编制，办公地点设在区机关二院（鸡公嘴）二办公楼。2004年，全区14个乡、镇、街道设立安全监督管理站，配备14名安全监督员，形成安全生产管理体系。2005年6月，局机关搬迁至区机关一院（雨湖路292号）一办公楼。9月，区安全监督管理局升格为区人民政府职能组成局，并更名为雨湖区安全生产监督管理局（简称安监局）。设综合办公室、安全生产监督管理办公室、危险物品管理办公室，定全额拨款行政编制5人，事业编制1人。2007年，设立雨湖区安全生产监察执法大队，编制在安监局内调整。对全区安全生产经营单位执行国家安全生产法律、法规、规章情况进行监察，对生产经营单位的安全生产违法行为行使制止权、调查权和处理权，实现安全生产执管分离。

第一节　安全生产措施

一、教育培训

在教育的形式上，区安监局采取印发宣传资料、展板图片、墙报板报、电视广播、报刊和出动宣传车等。在春运、“五一”“十一”、六月“安全生产月”等活动中宣传安全生产法律法规、典型案例，唤起人民对安全生产的重视，培训工作按分级负责和行业相结合的原则进行。

1993年7月，组织开展乡镇企业班组长（安全员）安全技术培训，14家企业报名参加。2004年4月，区安监局组织各单位参加市安监局举行的“法佑平安”宣传和知识竞赛活动。6月，在雨湖路开展“安全生产宣传咨询日”活动，悬挂横幅、摆放宣传板。同时4个乡及先锋企业集团公司各出动一辆宣传车，沿街进行安全生产宣传。至2006年，举办《安全生产法》培训班三期，150人参加学习，组织650人参加安全资格证、特种作业证培训考试。2007年6月，举办安全生产有关管理人员及烟花爆竹（包括京花店等业主）、农药、油漆经营户参加的两期培训班。是年7月，组织召开安全生产重要法律法规学习大会，规模以上企业的法人、乡镇街道及区直部门单位的安全生产分管领导、安监站长等136人参加学习。

二、许可证制度

(一)安全生产许可证制度

2000年开始,区内按国家规定,对危险化学品、非煤矿山危爆品生产经营实行安全管理和安全生产许可证制度,由矿产资源局负责矿山企业审核发证,危爆品由市公安局负责审核发证,一般企业没有实行安全生产许可证制度。2004年,改由安监局统一审核发放安全生产许可证(初审)。当年区内有1家煤矿企业、10家烟花爆竹经营单位、2家危险化学品企业经公安、安监部门认可取得经营资格许可证。2005年3月,公安机关将烟花爆竹生产经营的监管职能移交给安监局,凡从事烟花爆竹销售的单位和个人都必须依法申请烟花爆竹销售许可证。对未取证而从事销售活动的企业和个人,由区安监局和区工商行政管理部门处理。2007年,全区有1家煤矿、4家危险化学品生产、经营企业取得安全生产许可证,56家烟花爆竹经营单位取得销售资格许可证。

(二)安全资格证制度

2004年起,按照国家的要求,全区对从事危险化学品、非煤矿山、烟花爆竹以及建筑施工等高危行业企业设立专门的安全管理机构或配备专(兼)职安全管理人员,安监部门对企业的主要非责任和安全管理人员进行培训考核、并取得安全资格证,才能上岗从事安全生产管理。区内有33家建筑企业、4家拥有小型锅炉的企业配备专职安全员,区安监局组织全区各生产经营单位安全管理人员200人参加由市安监局组织的培训考核,全部取得安全资格证。2005-2006年,组织非煤矿山、危险化学品生产经营单位的负责人和安全管理人员200人参加市安监局的培训考核,全部取得安全资格证。2007年,区内取得安全资格证的企业负责人和专(兼)职安全人员共计400人。

(三)特种作业证制度

2004年,按照国家统一要求,对特种作业人员(即锅炉工、电工、焊工、起重工、叉车、塔吊、电梯工等)必须经过安监部门组织的安全知识培训考核、并取得安全资格证才能持证上岗。区安监局通过调查摸底,区内各生产经营单位共有特种作业人员100人。其中,有技术培训证的20人,仅占特种工总数的20%。为加强安全生产管理,区安监局每年对特种作业人员中无安全资格证或安全资格证已到期的按照国家的要求,进行核查登记,并上报市安监局,由市安监局统一组织对这些特种作业人员进行统一考核。至2007年年底,区内经过安监部门培训考核并获得特种作业证的特种作业人员共250人。区内从事特种作业人员98%以上取得特种作业操作证。

三、安全检查

1988-2002年,区劳动人事局、区乡镇企业局、区经济局、区工业局每年会同公安、消防、建安、质监等部门进行4次安全生产专项检查,在重大节假日及各级人大和政协会议召开等重要时期组织相关行业的专项安全整治行动。15年中,共组织专项安全检查48次,查处大小安全隐患80余处,发出整改通知书80份,处理安全事故28起。

2004年,区安监局联合雨湖区消防大队、区公安分局对湘潭布市进行全面的安全检查,发现严重的安全隐患,责令停业整顿;开展非煤矿山企业、危险化学品生产经营、储存单位的安全检查;在各乡镇街、先锋集团、护潭工业小区设立安全生产监督员,负责各辖区内的安全生产工作;为吸取湘潭县“7·14”事故(湘潭县谭家山镇双扶煤矿2004年7月14日发生的瓦斯爆炸特大事故,死难者与失踪者人数达10人)教训,在全区范围内开展“查隐患、治隐患”的安全生产大检查。2005年,开展安全生产大检查6次。在重大节假日中,区政府及区安监局建立安全值班制度，实行24小时值班，及时收集基层的安全信息，并按时向上级部门报告全区的安全状况。在检查中，启用新的安全生产现场检查记录，累计检查各类单位380多家，排查整治隐患217处，投入整改资金337万元，下发整改指令书78份。其中，重点加强对煤矿和非煤矿山、危险化学品生产经营单位和烟花爆竹零售门店以及各大市场的安全监管，对煤矿、危险化学品生产经营单位、烟花爆竹零售单位分别开展专项整治活动。2006-2007年，区安监局开展安全生产大检查11次，对于重要部门和单位，每月组织不少于两次以上的检查。共计检查单位428家，发现和排查安全隐患641处，下发整改指令书184份，督促生产经营单位投入整改资金560万元，事故隐患整改率达98%。重点编制安全生产管理档案，完善安全隐患档案、重大危险源档案。

四、安全生产目标管理责任制度

2004年起，每年3月份，区安委会召开安全生产工作大会，与各乡镇街道、区直有关部门签订安全生产目标管理责任状。年底由安监局、经济局、总工会等单位组成考核组，对乡镇街道、区直单位部门进行年度考核，对不合格的单位进行"一票否决"（主要是指对发生生产安全事故的单位、主要领导和分管领导，在否决期内，取消评先评优和晋级的资格）。2006年10月，区政府制定《雨湖区安全生产"十一五"发展规划》。至2007年的4年中，区政府在市政府的目标管理考核中，分别被评为三个一等奖（2004年、2005年、2007年）、一个二等奖（2006年）。

五、安全隐患治理

1988-1992年，境内共查处隐患35起，均在主管局的督促下进行整改治理。1993-2003年，区内发生生产安全事故2起，造成直接经济损失50万元。通过年度安全检查，查处各类隐患90余处。各主管局认真组织责任分析，努力查找原因，制定治理对策，安全隐患均得以妥善解除。2005年8月，区安监局在砂子岭油漆城会议室召开办理危险化学品经营许可证会议，部署检查2005年1月1日起执行的《湘潭市雨湖区生产经营单位安全生产风险抵押金管理暂行办法》落实情况。要求各经营户迅速办证，持证经营。2006年4月，区安监局对长城乡内2家无安全生产许可证的砖厂（长城和上新）下达停产指令书，并提请政府关闭。是年10月中旬到11月下旬，集中开展烟花爆竹专项整治行动，对安全间距不达标，需搬迁整改的17家零售网店进行通报并下达整改指令书。12月，担负省安监局行政执法质量交叉检查工作任务的永州市安监局3名负责同志，在市安监局有关领导的陪同下，对区安监局的行政执法质量进行检查。在抽查恒盾厨具有限公司后，检查组对区安全生产执法质量给予充分肯定。2007年，开展烟花爆竹经营单位及危化品生产、经营企业安全生产隐患排查治理专项行动。按照安排部署、自查自纠、督促检查、上级督查、回头看再检查5个阶段展开；组织开展劳动防护用品的专项监督检查和安全生产大检查大整改"百、千、万"行动；实施《雨湖区生产安全事故排查整治管理办法》。

第二节　安全事故处理

1988-1992年，境内发生3起安全事故，死亡1人，伤2人，均由劳动人事局协同企业主管部门分析鉴定，并与责任单位协商妥善处理。

1993-2004年，发生安全事故6起，死亡2人伤5人。区安全监察部门、企业主管局与责任单位在妥善处理责任事故同时，对责任人和责任单位进行严肃追究并督促整改。2005年4月30日上午8时35分左右，碧松纸业有限公司三号机造纸工邹勇仁当班进行清洗时,因为高压水枪的电机烧毁漏电,造成高压水枪导电,将邹勇仁击倒,经抢救无效,当即死亡,直接经济损失16万余元。区安监局依据《安全生产法》第81条、第八十二条第三款的规定,给予该单位及主要负责人罚款2万元的行政处罚。是年6月6日下午5时17分左右,湘潭市平安电气集团有限公司质保部检测中心检验员丁志平(女),32岁,在检测中心YBK56型风道左侧工作时,风道发生滚动,从固定平台跌落,导致丁志平受打击致死,直接经济损失25万余元。区安监局分别对负有领导责任、重要责任、直接责任的有关责任人给予有关行政处分和经济处分,对单位给予罚款2.6万元的行政处罚。2006年6月3日下午4时50分左右,湘潭锅炉容器制造有限公司本体班员工张祥和吴坚两人对一台立式锅炉进行试压工作,张祥用一开口扳手用力对锅炉顶部的镙丝进行拧紧,扳手突然脱开,张祥失去重心,从2.5米高的锅炉顶部坠落,头部着地受重伤,当即送往市二医院抢救,于第二天下午6时20分左右抢救无效死亡。直接经济损失11万元。区安监局分别对负有领导责任、重要责任、直接责任的有关责任人给予相关经济处分,对单位给予罚款1.5万元的行政处罚。2007年5月5日凌晨6时左右,楠竹山煤矿-180米工作面发生一起冒顶事故,事故发生时,该作业面有3名工人正进行煤头掘进,由于作业时,未及时对作业面进行支护,突然发生顶部局部陷落,直接打击到崔义良(男,52岁)头部,同时,顶板陷落贯通了-140米至-180米下巷道积水,造成崔义良死亡,直接经济损失30余万元。区安监局分别对负有领导责任、重要责任、直接责任的有关责任人给予相关经济处分,对单位给予2万元的行政处罚。

第三节 矿山安全管理

1988年,境内有位于湘江区域内的楠竹山地界的煤矿和区鹤岭地界的锰矿。矿山安全管理,由所在区劳动部门进行管理。主要是抓采矿手续审批、采矿准入和不定期的上门实施安全生产检查。1992年,新区成立后,设立雨湖区矿产资源管理办公室,履行矿产资源的开发与矿山安全监管职能。这一体制延续至2001年。2002年,安全生产监察工作移交区经济局管理。2003年,区安监局成立,履行对区内企业安全生产监督管理职能。区安监局根据《中华人民共和国行政许可法》《矿山安全生产法》《安全生产许可证条例》《煤矿企业安全生产许可证实施办法》的规定,对企业提供的安全生产许可证申报材料和现场进行审查后出具初审意见,行使初审权,上报省安全生产监督管理局核发。对楠竹山煤矿的安全生产管理,区安监局针对该矿水患隐患相对突出的情况,每月不少于两次的定期安全检查,同时要求楠竹山镇安监站每日开展定期和不定期安全检查,并每两个月请专家进行会诊。在特别强调对水患"严防死守"的同时,采取稳妥保守采掘方法,严格按照"先探后掘、安全第一"的原则,坚决杜绝违章作业。对鹤岭地区内的锰矿开发,区安监局协同镇政府实行严管。对于无证开采的非法企业,实行"零容忍"一律取缔,防止安全事故的发生。

第七章 国土资源管理

1988年,境内雨湖、湘江、郊区设立的国土管理办公室升格为国土管理局。1992年9月,三区国土管理局合并成立新雨湖区国土管理局。是年,区政府设立矿产资源管理办公室,归口乡镇企业局管理。1995年12月,国土管理实行垂直领导(市直管),雨湖区国土管理局更名为湘潭市国土管理局雨湖分局,为市国土管理局派出机构。下辖长城、昭潭、先锋、护潭、鹤岭、楠竹山、窑湾、中山、雨湖、城正、云塘11个国土管理所。

2003年，雨湖区矿产资源管理办公室并入雨湖区国土管理分局。2004年12月，11个国土管理所调整为长城、先锋、护潭3个国土资源中心所。2007年，国土资源中心所成立执法监察中队。至是年底，国土管理雨湖分局机构无变化。

第一节　地籍管理

地籍管理始于1990年。1991年，按“权属合法，界址清楚，面积准确”标准，私房发证率达94.63%，公房发证率达82.5%。1992年，对867个单位和个人进行土地使用证发证和土地权属变更登记。是年9月，进行土地详查。1993年9月，经土地详查，基本查清雨湖区各类土地位置、数量、类型、分布和利用现状；查清各村、部门、工矿企业等单位的土地位置、性质、界址；签订权属协议和认定书。完成与毗邻县的边界、铁路、公路的定界确权。区内4乡2镇1场和8个街道办事处的地籍档案工作经市验收，全部达标。对单位用地发土地使用证947本；对4乡1场私人用地换发土地使用证571本。1994年，对单位用地发土地使用证21本，对私人用地新发、变更发土地使用证939本。1997年，雨湖区地籍调查领导小组成立，整个调查业务工作由天津铁三院承包进行。外业采用1:500地形图进行权属调查，利用地籍平面控制网测量。调查组对城区175个街巷、1577宗土地进行权属和宗地测量，以地籍调查表和宗地草图登记在册，作永久地籍档案保存。

2000年，发集体土地使用证500本。2003年，发集体土地使用证472本。发商品房、直管公房、房改房土地使用证1.09万本。2004年，发集体土地使用证314本；农村集体土地所有权发证51本；发商品房、直管公房、房改房土地使用证1182本。2007年，针对先锋乡部分村民土地使用证书遗失问题，分局与区人大、区政府召开协调会，先锋中心所组织人员对这一情况进行摸底调查，上户核实715户，报市局统一登报注销，重新补发证书。至是年底，完成国务院部署的全国第二次土地调查任务。

第二节　土地利用与保护

一、土地利用规划

1997年，雨湖区国土部门成立土地利用总体规划编修小组，组织专业人员，历时一年编制完成长城乡、昭潭乡、先锋乡、护潭乡、鹤岭镇、楠竹山镇、先锋企业集团1997-2000年地土地利用总体规划、2000-2010年中期土地利用总体规划和1997-2010年新建农村居民点用地规划。1999年年初，各乡（镇）均取得“土地利用总体规划”文本及说明、规划数据、规划图件三大资料。规划以长城乡试点，全区展开。对城乡接合部这一投入产出的重点和土地管理的难点区域进行规划修编，在确保湘潭市下达的基本农田保护面积831.65公顷的基础上，雨湖区划定1206.6公顷，在时间和空间上合理布局城市用地和乡村集体建设用地。规划砂子岭市场向西南320、107国道方向延伸193.5公顷；规划湘潭大学扩展118.65公顷；规划布局农村居民点88个，总面积45.58公顷。规划资料经各乡（镇）政府同意，市国土资源局和市土地利用总体规划办公室验收通过，报市政府批准后，在各乡（镇）、村实施用途管制，充分体现规划的先导作用。至2007年年底，土地利用总体规划成果已用于城郊工农业生产与布局上，起到对土地用途的管制作用。

1993-2007年雨湖区部分年份土地利用状况一览

18-7-3-1　单位:公顷

年		度	1993	2000	2007
农用地	合计		3477.7	3265.9	2866.9
	耕地	小计	1791.2	1695.7	1619.1
		灌溉水田	1318.3	1303.8	1229.4
		望天田	31.5	31	30.7
		水浇地	–	–	–
		旱地	27.3	31.9	30.4
		菜地	414.1	329	328.6
	园地	小计	267.3	215.7	39
		果园	102.9	74.3	28.4
		桑园	–	–	–
		茶园	25.2	10.5	7.8
		橡胶园	–	–	–
		其他园地	139.2	130.9	2.8
	林地	小计	386.5	395.8	290.8
		有林地	328.2	327.3	237.9
		灌木林地	2.7	2.6	2.2
		疏林地	37.7	44.8	44.6
		未成林造林地	17.9	21.1	3.1
		荒地	–	–	–
		苗圃	0.04	0.04	3
	牧草地	小计	–	–	–
		天然草地	–	–	–
		改良草地	–	–	–
		人工草地	–	–	–

续18-7-3-1

年度			1993	2000	2007
农用地	其他农用地	小计	1032.7	958.7	918
		畜禽饲料地	–	–	0.1
		设施农业用地	–	–	–
		农村道路	45.5	40.5	35.1
		坑塘水面	608.4	584.4	516.9
		养殖水面	–	–	37.2
		农田水利地	125.3	122.6	121.6
		田坎	253.5	211.2	207.1
		晒谷场用地	–	–	–
建设用地	合计		3022.2	3239.8	3642.2
	居民点及工矿用地	小计	2867	3058.7	3460.3
		城市	1616.8	929	2509.6
		建制镇	–	795.5	–
		农村居民点	863.5	864.4	808.1
		独立工矿用地	365.3	448.8	120
		特殊用地	21.4	21	22.6
	交通运输用地	小计	105	122.7	125.2
		铁路用地	64.1	64.3	32.1
		公路用地	40.9	58.4	93.1
		民用机场	–	–	–
		港口码头用地	–	–	–
		管道运输用地	–	–	–
	水利设施用地	小计	50.2	58.4	56.7
		水库水面	5.2	5.2	3.7
		水利工程用地	45	53.2	53

续 18-7-3-1

年　　度			1993	2000	2007
未利用土地	合　计		870.7	864.8	861.4
	未利用土地	小　计	709	703.2	700.4
		荒草地	57.8	52.5	47.4
		盐碱地	–	–	–
		沼泽地	0.4	0.4	0.4
		沙　地	0.1	0.1	0.1
		裸土地	6.9	6.3	5.9
		裸荒石砾地	–	–	–
		其他未利用土地	643.8	643.9	646.6
	其他土地	小　计	753.1	753	752.4
		河流水面	658.4	658.3	658.1
		湖泊水面	–	–	–
		苇　地	–	–	–
		滩　涂	94.7	94.7	94.3
		冰川及永久积雪	–	–	–
总　　计			9892	9892	9892

1997-2000年雨湖区乡（镇）近期土地利用总体规划

18-7-3-2　　单位：公顷

用地类型		长城乡	昭潭乡	先锋乡	护潭乡	鹤岭镇	楠竹山镇
农用地	耕　地	919.9	–	196.3	381.6	38.2	25.5
	园　地	116.5	–	65.5	13.7	0.03	8.4
	林　地	173	–	66.4	3.3	131	20.5
	水　面	639.5	–	63.1	333.4	24.4	8.1
	小　计	1848.9	–	391.3	732	193.6	62.5
建设用地	居民地及工矿用地	679.9	–	343.6	324.6	350.6	478.2
	交通用地	68.7	–	42.3	22.5	10.2	0.4
	水利设施用地	56.3	–	28.9	89.6	–	0.1
	小　计	804.9	–	414.8	436.7	360.8	478.7
未利用土地		177.7	–	48.4	54.5	54.4	2.7
合　　计		2831.5	–	854.5	1223.2	608.8	543.9

2000-2010年雨湖区乡(镇)中期土地利用总体规划

18-7-3-3 单位:公顷

用地类型		长城乡	昭潭乡	先锋乡	护潭乡	鹤岭镇	楠竹山镇
农用地	耕　地	831.7	-	128.4	375.4	35.1	23.1
	园　地	84.3	-	47.4	13.3	0.03	4.9
	林　地	128.8	-	40.5	2.3	94.1	20.5
	水　面	580.6	-	46.1	327.9	22.3	7.8
	小　计	1625.4	-	262.4	718.9	151.6	56.3
建设用地	居民地及工矿用地	679.9	-	432.1	337.8	392.6	484.5
	交通用地	68.7	-	90.3	23.4	10.2	0.4
	水利设施用地	56.3	-	29.7	91.2	-	6.1
	小　计	804.9	-	521.1	452.4	402.8	491
未利用土地		177.7	-	40.2	51.9	54.4	2.7
合　计		2608	-	854.7	1223.2	608.8	550

1997-2010年雨湖区乡(镇)新建农村居民点用地控制情况

18-7-3-4 单位:公顷

单　位	面　积	说　明
长城乡	14.59	规划29个农居点
昭潭乡	-	-
先锋乡	12.92	规划21个农居点
护潭乡	13.26	规划34个农居点
鹤岭镇	3.07	规划3个农居点
楠竹山镇	1.74	规划1个农居点
合　计	45.58	规划88个农居点

二、耕地保护

(一)基本农田保护

1994年,国务院颁布《全国基本农田保护条例》。1996年10月,湘潭市制定全市耕地保护规划。雨湖区划定基本农田保护区面积1206.6公顷，保护区涉及15个村608个地块。其中，长城乡744.9公顷，先锋乡115.1公顷，护潭乡308.5公顷，楠竹山镇15.8公顷，鹤岭镇22.3公顷。

1997年，全区对基本农田保护范围内的耕地登记造册。编制基本农田保护规划图和保护方案，区农业部门存档，乡(镇)政府进行公示。每年国土资源工作会议上与各乡、镇、村签订年度耕地保护目标责任状，年终进行奖罚兑现。各村显要耕地树立基本农田保护标志牌。有关执法部门经常对基本农田进行巡查，先后对389宗涉及基本农田的违法案件，从严从快立案查处13宗，拆除违法建筑13栋，收回土地7604平方米。与此同时，建立专门的台账，对涉及占用基本农田的建房申请一律不受理、不批准。区人大常委会对雨湖区的基本农田保护及土地执法进行视察和检查，有力地促进基本农田保护工作。至2004年年底，雨湖区连续7年土地占补达到平衡。2007年，全区建立健全基本农田保护责任制度、保护公示制度、统计上报制度、信访制度、巡查制度。将这些制度及基本农田保护规划图在醒目位置进行公示，便于群众了解和监督。区内共建立基本农田保护标志33个，到户登记总表1本，图斑表6本，到户责任卡9969张。

(二)土地整理

2004年，区内开始土地整理。12月，由市级投资345.20万元，对长城乡伍家花园附近三个村的农田进行土地整理。项目建设内容为土地平整、农田水利工程、道路工程等。2005年4月，伍家花园土地整理项目区工程全部扫尾。整理后，新增耕地5.33公顷。硬化田间道路3280米；新修农渠、排水渠沟2510米；埋设涵管24处；修建各式闸门20处；新修生产路5566米；挖填平整土方12万立方米；使花园、上新、卫星3个村的农民生产、生活条件得到很大改善。

2005年3月，由中央投资1300多万元，对十万垅土地整理项目动工，项目区涉及犁头、新月、高坪、石基、白云、立云、繁荣、杨梅洲7村1社区共564.75公顷土地。2006年6月，项目竣工。平整土地405.24公顷，挖填土方116.97万立方米，新增耕地78.41公顷。新修斗渠22条，长1.87万米；整修斗渠7条，长6676.15米；整修排灌两用农渠19条，长3.8公里；新修排灌两用农渠164条，长约30公里；新修田间道路16条，总长24.7公里；新修生产路157条，总长33.5公里。土地整理后，生态环境得到较大改善，耕地已达到旱能灌、涝能排的高产、稳产农田标准，项目区抵御自然灾害的能力增强。2007年，区内无土地整理项目。

第三节　土地市场与地产

一、土地市场

1988–1989年，境内无土地市场。土地征用由征用单位按国家政策规定与村集体和农民协商，直接办理集体土地征用变为国有土地，没有市场交易行为。但农村实行承包经营责任制后，少数农民误认为土地又分到个人，出现私自买卖土地、出租或改变农业用地性质的隐形土地市场。城郊的一些单位和个人将土地连同房屋出租，有的单位将划拨用地变性为商业用地，有的个人将住房用地改为商业用地，收取土地收益。1990年，国务院《关于国有土地使用权有偿使用收入征收管理暂行办法》出台。1991年，执行湘潭市人民政府《湘潭市城镇国有土地使用权管理试行办法》，规定国有土地划拨(包括转让、出租、抵押、补交出让金)和城镇国有土地临时用地使用费的标准和收取办法。1992年，区国土部门根据国务院、市政府规定精神，加强对土地市场的管理，从清理、整顿入手，建立和完善以市级土地主管部门为主的土地市场管理制度。1995年，区内完成土地定级估价工作。1996年，执行《湘潭市城区国有土地使用权价格及有偿使用收费管理实施规定》。湘潭市城区土地按使用性质划分为三类，土地等级划分为五个级别。同年废止1991年制定的《湘潭市城镇国有土地使用权管理试行办法》。至2007年,土地使用权有偿使用收费1.46亿元。

1988-2007年雨湖区国有土地有偿使用、收费情况

18-7-4-1 单位:万元

年 份	1988~1992	1993~2000	2001~2004	2005~2007
金额	1026	3456	5655	4493.5

注:乡村集体建设征用土地未统计在内

二、地产管理

1988-1992年,雨湖、湘江、郊区国土管理局承担所辖区域内地产管理。共办理国有土地有偿使用31宗,计149公顷。1993年,雨湖区国土局负责新区内地产管理。1997年7月,市国土局为加强地产管理设立地产管理科,在调查摸底核实情况基础上,分单位(户)建立地籍档案,绘制地产图斑。各国土分局负责辖区内的地产数据核实和审查上报,办理国有土地有偿使用的具体事宜,各国土所负责收取土地使用费。至2000年,雨湖区国土分局办理国有土地有偿使用96宗,计417公顷。查处违法用地496宗,收回土地5284平方米。2001-2007年,雨湖区国土分局办理国有土地有偿使用128宗,计460公顷。查处违法用地457宗,收回土地1.36万平方米。

第四节 建设用地管理

一、私房建设用地

(一)农户建房用地

1988-1992年,境内农民共拆迁改建房屋372栋,计3.35万平方米。平均每年建房126栋1.13万平方米。共计新批农民建筑用地11.34公顷。1993年后,农村旧房改造、老屋拆旧移址、分户新建住房不断增加,私房建设进入高峰期。国土部门为加强土地管理,把农村村民建房纳入计划,实行用地指标控制到乡,数量限制到户,实现审批用地"三到现场"(现场选址、现场放线打桩、现场竣工验收)。1996年12月,执行湘潭市人民政府《湘潭市城区个人建设用地管理暂行规定》,对建房用地面积标准作出规定,农村村民1-3人户,可占耕地80平方米,非耕地90平方米;城市居民1-3人户,可占70平方米的土地。严格审批程序、权限。至1997年,全区新建设私房489户。1999年1月,实施新修订的《中华人民共和国土地管理法》,规定农村一户只能拥有一处宅基地,已有宅基地的不再另批宅基地。新建住宅用地应当符合乡(镇)土地利用总体规划,新建户选址必须布局在村镇规划的农居点内。审批程序规定为乡(镇)人民政府初审,国土所审定,市国土局最后批准,层层把关,严格控制农房建设。至2007年的9年中,区内共计建私房945户,新增农房建设用地91.51公顷。

(二)农村安置房建设用地

1993年,区内拆迁安置开始推行"居住小区"集中建房模式。1994年,先锋企业集团公司为改善农场职工居住条件,拆旧屋11栋,集资建房100户(套),规划布局新建后节约土地2.33公顷。为解决城郊土地资源紧缺的矛盾,区内推行集中安置为主的建设方式。1995-1997年,建农户安置小区3个。1998-2002年,建农户安置小区17个。至2007年，全区建农户安置小区42个，用地27.76公顷，建筑面积29.08万平方米，集中安置农户2464户。

二、土地征用

1988-1992年，国家建设项目征地补偿标准为：一类稻田最高补偿每公顷9万元。按经济安置原则的安置补偿标准则由市人民政府按不同时期的农业综合指数、物价指数和生产生活水平制定。全区范围建设征地项目31个，共计征用土地149公顷。其中乡村集体建设项目6个，征用土地3.5公顷。1993-2000年，征地拆迁补偿标准按湘潭市人民政府规定和《湘潭市国家建设征地拆迁补偿办法》执行，一类稻田补偿每公顷12万元。区内建设项目96个，征用土地417公顷。乡村集体建设项目37个，征用土地129公顷。2001-2004年，湘潭市人民政府将土地补偿提高到每公顷21.75万元。区内按此标准执行，有建设项目76个，征用土地260公顷。2005年，执行新的《湘潭市征地拆迁安置办法》，土地补偿标准提高到每公顷27万元，并提出建立社保机制要求，强调做到被征地农民长远生计有保障，要求建立就业与医保、社保机制，体现和谐的人性化土地征用补偿。至2007年，区内建设项目52个，征用土地209公顷。

第五节　矿产资源管理

1988-1992年，境内矿产资源主要有湘江区域内楠竹山地界的煤矿和雨湖区域内鹤岭地界的锰矿。按照国家政策规定，采矿企业通过审查批准办理开采许可手续，并依法缴纳采矿使用费和矿产资源补偿费。1992年8月，雨湖区设立矿产资源管理办公室负责矿产资源管理。1993年起，严格按照法律法规进行矿产资源管理，生产企业实施许可证制度和特种作业证制度。对企业提供的申报材料和生产现场进行审查，出具初审意见，呈报上级业务部门核发安全生产许可证后方可进行开采。2003年，实行采矿权有偿取得制度，所有采矿企业须依法缴纳采矿权价款后方允许进行开采。采矿权价款的缴纳由市国土资源局委派机构收取。2005年，湘潭锰矿启动破产程序，至2006年年底，完成破产改制，由区外某企业接管整合。2007年，对采矿企业进行资源整合，对采掘量进行总量控制，采矿企业新增交纳地质环境治理备用金。

第六节　土地执法监察

一、监察网络

1988-1993年，国土部门没有设立专门的土地监察执法部门，管理漏洞多，监察执法不到位。1994年，区国土局设立法规股，负责土地执法监察工作，查处各类土地违法案件。土地执法监察实行市、区、乡三级监察网络制。2007年，雨湖分局设立的执法监察中队，负责全区国土资源动态的巡查、督查，及时发现、制止、查处违法行为；聘任由乡（镇）领导和村委会主任担任的土地监察信息员140名，监察实行市、区、乡、村四级土地执法监察网络制。

二、查处违法案件

1991年，雨湖区国土管理局对五个办事处区域范围内进行重点清理，清理出自1987年7月1日以来经认定属越权批地行为的536起，面积2.20万平方米。其中，市、区政府批8起，面积720平方米；市、区领导批6

起，面积410平方米；市规划办批3起，面积220平方米。此外，城建部门批地建房共368起，面积1.81万平方米，批棚点151个，占地面积为1812平方米。1992年下半年，对长城乡和鹤岭办事处私人建房违法占地集中力量、集中时间进行清查。处理非法占地事件28户（起），拆除非法建筑3栋，收回土地面积437平方米，其中耕地面积260平方米。1993年，在区人大的支持下，严肃查处一批违法占地的典型案件，处理非法建设事件108户（起），清理出非法用地面积8407平方米，拆除非法建筑14栋。1994-1995年，贯彻省、市土地监察会议精神，开展"三个集中行动"。违法用地立案119宗，拆除违法建筑6栋，收回土地429平方米。1996-1997年，区人大城乡委、区纪委、区监察局、区法院、国土分局联合开展土地执法大检查，对各类土地违法案件进行大清查和处理。共处理非法建筑事件260户（起），清理出非法用地面积3.42万平方米，拆除非法建筑14栋，清理出耕地面积7667平方米，法院强制拆除4起，强制收回土地面积867平方米。1998-2000年，落实市政府"一化三清"精神，共处理非法用地事件137起。2001-2003年，查处违法用地124宗，收回土地1795平方米。2004年8-10月，重点整治护潭乡富强村悦来组村民在潭邵高速公路连接线旁非法占用农用地擅自建门面的案件，申请法院强制执行后，查处违法用地960平方米。2005年，按照市国土局巡查制度的安排，结合雨湖区城郊接合部的实际情况，建立"分片包干、巡回检查、早发现、早处理"的工作程序，分两级区域进行巡查。一级重点区：划定的基本农田保护区、各类经济开发区、城乡接合部、公路干线两侧。二级巡查区：4乡2镇8街道两侧及居民生活区。由各中心所在管辖区内每星期不少于一次巡查。全年处理非法占地事件93起，清理出非法用地面积21.98万平方米；拆除12栋，收回土地540平方米。2006年，查处违法用地92起，收回土地3471平方米。2007年，各中心所成立执法监察中队，进行土地动态巡查。在执法百日行动中积极配合市局执法监察支队强制拆除护潭和长城范围内的违法建筑。共处理非法占地事件180起，清理出非法用地面积2.2万平方米。

1991-2007年雨湖区土地执法监察情况

18-7-7-1

年份	违法用地立案（宗）	面积（平方米）	查处（宗）	拆除违法建筑（栋）	收回土地（平方米）
1991	536	21957	28	-	-
1992	28	437	3	3	437
1993	108	8407	14	14	756
1994	49	8640	3	3	197
1995	70	7210	3	3	232
1996	62	8640	4	4	250
1997	79	12635	4	4	1880
1998	39	5672	2	2	765
1999	47	4935	1	1	653
2000	42	4116	1	1	551
2001	37	4588	1	1	687

续 18-7-7-1

年份	违法用地立案(宗)	面积(平方米)	查处(宗)	拆除违法建筑(栋)	收回土地(平方米)
2002	52	6760	2	2	752
2003	35	4410	1	1	356
2004	58	7598	1	1	1960
2005	93	8120	12	12	2095
2006	92	11684	1	1	3471
2007	180	22000	2	2	4325

第十九篇　城乡建设 环境保护

第十九篇　城乡建设 环境保护

1988年，境内雨湖、湘江区城市建设管理科更名为城市建设管理局，负责辖区内的建设规划、城市管理、园林绿化、环境卫生，并协助征地拆迁工作。雨湖、湘江和郊区环境保护科更名为环境保护局，负责区内的环境保护和排污治理。市房地局在区内设雨湖、湘江两个房地产管理所，按所在区域分别管理直管公房。1991年，增设平政、中山、广场房地产管理所。

1992年，区划调整后的雨湖区城乡建设管理局成立，内设城管办、绿化办、规划办、财务室、人防办、办公室。区环保局下设区环保监测站。1993年4月成立区环境监理所，属区环保局二级机构。年内，为配合市旧城改造办公室的工作，成立雨湖区旧城改造办公室。1994年，启动旧城改造项目，对十八总石嘴垴至湘江三大桥的老城区进行整体规划、分步实施。按堤、街、路相结合的方式，改造沿江中路，对原有堤内房屋全部进行拆迁，修建沿江风光带和小游园。1995年，区城乡建设管理局更名为雨湖区建设局。市政府对城市管理体制进行改革，将环卫、市政、占破三项职能下放到区，由区建设局归口管理，并相应成立雨湖区环境卫生管理处、雨湖区市政维护管理处、雨湖区道路占破管理办公室。市城市管理监察大队（以下简称城管队）升格为支队，雨湖区设城管一大队、二大队，由支队垂直领导负责区内的市容管理。1996年，城市规划职能从区建设局剥离，成立湘潭市规划局雨湖分局，由市规划局垂直领导，负责区内的城市规划建设。区内9个住宅小区被评为省市级园林式小区。1997-1998年，区政府以迎香港回归为契机，开展创建文明城市、文明小区、文明街巷活动，韶山中路、潭邵路（320国道城区段）等28条主次干道得到提质改造。1999年，区政府确定村镇建设以两镇（楠竹山、鹤岭镇）为重点，加强乡村建设，全面推进城乡一体化的基本发展战略。年内，房改结束，住房进入市场化、商品化，结束长期以来的统一建设、统一分配的福利性住房制度，房产交易、房产权属管理开始步入规范化法治化轨道。是年，按照市政府统一部署，各街道（镇）成立城管办，城区实行网络化管理。2001年，根据市政府部署全区开展"一化三清"行动。

2002-2005年，市、区两级政府，加大对供电供水供气及排污工程的投入，期间，湘潭市城西供电局成立，担负区内及九华经济开发区的供电任务；投资1.35亿元的日供水能力10万吨的一水厂扩容工程投产；天然气工程竣工，并对管道煤气进行置换。投资2.3亿元的河西污水处理厂投入使用，城区污水排放形成网络，全部经主管流入污水处理场处理达标后再排入湘江。2006年，雨湖区建设局更名为雨湖区建设管理局，负责区属市政设施建设维护、园林绿化、环境卫生、人防工程管理及建筑、房地产开发管理工作。

2007年，区内主次干道41条，总长70.1公里，道路面积175.91万平方米；小街小巷211条（不含里弄，支巷）总长89.66公里，道路面积53.8万平方米。绿地总面积967万平方米，人均绿地面积26.13平方米。市民居住环境大为改善，规模工业企业中的废水、废气、废渣的排放得到有效控制，区内空气质量级别为Ⅲ级，空气质量优良率为65%，主要空气污染物下降10%。开发房屋建筑面积581万平方米，区人均住房面积达到26.16平方米，是1988年的3.37倍。天然气、液化气用户达12.6万户，城区气化率为95%。年用电量72.15亿千瓦时，其中居民生活用电1.87亿千瓦时。公交营运线路21条，线路总长321.8公里，营运车辆360台。村、镇建设共完成建设投资13.92亿元，楠竹山、鹤龄镇分别进入省市重点镇建设行列。

第一章　城乡规划

第一节　总体规划

1988年，根据市第五次城市总体规划（1986-2000），湘潭市的城市性质确定为：以机械、冶金工业为基础，轻纺、建材、食品工业为发展重点的多功能、开放型、现代化、园林化的工业城市，力争发展成为湖南省的科研、文教中心之一。规划中提出以河西、岳塘、板塘三大片为中心，构建一城多点的城市网络体系；城市发展方向则以湘江为主轴沿长潭路向北发展，适当地向西和向南延伸。雨湖城区作为河西地区的主要组成部分，虽未具体定位，但发展方向明晰。1996年，市第五次总体规划进行调整，将城市性质调整为：长株潭城市经济综合体的核心城市之一，是集商贸、科教于一体的多功能、开放型、园林化、现代化的综合性工业城市。城市规划空间结构调整为：建立以河西、河东、易俗河三片一中心为主体，采用快速交通联结外围七个规划组团的组团式结构体系。雨湖城区作为城市商贸中心和高、中等教育的重点地区，又具备人口稠密、历史文物古迹相对集中的特点，发展方向为集商贸、科教于一体的多功能、开放型、园林化、现代化的城区。2000年11月，市第六次总体规划将湘潭市城市性质确定为：长株潭城市群的中心城市之一，湖南省重要的工业、科教和旅游城市。雨湖城区发展定位仍以工业、科教和商贸、旅游为重点。至2007年，无变化。

第二节　区域规划

一、中心城区旧城改造与历史文物保护规划

雨湖区内的多条街道为湘潭市中心城区，亦为旧城区。1988-2004年，尚无旧城改造的全面规划。2005年，由市政府制定中心城区2005-2011年旧城改造与历史文化名城及街区保护规划。规划利用旧城区的文化资源优势，创造体现浓郁地域特色的城市景观和人居环境，配套现代化的公共服务和市场设施，建设顺便快捷的道路交通系统，为创建全国历史文化名城夯实基础。对已公布的省级文物保护单位2处，市级文物保护单位10处，划定保护范围和建设控制地带，并结合旧城改造提出规划保护利用的方向。规划总建设用地约1700公顷，总人口22万人。以老城区为主体，承担中心城区商业中心职能，完善配套市政设施及绿化和市民休闲广场等第三产业设施，搬迁调整现有污染企业。2007年，此规划没有变化。

二、羊牯-赤马和万楼新城片区规划

1988年，雨湖区内的羊牯-赤马片区为湘潭大学、湘潭矿业学院的驻地。1997年，湘潭矿业学院更名为湘潭工学院。2002年，经教育部和湖南省人民政府批准，湘潭工学院与湘潭师范学院合并为湖南科技大学。2007年，由市政府制定羊牯—赤马片区规划。规划湘潭大学、湖南科技大学等校建设大学城，形成湖南省教育科研中心，并配套建设产学研基地和高新技术产业园区。同时，结合万楼新城片区建设以商贸、文化、居住为主的新城片区。规划总建设用地约2300公顷，总人口24万人。

三、工业园区规划

1988年,境内无工业园区规划。2003年下半年,区委、区政府作出建立护潭工业园的决定。2004年年初,委托湘潭市规划建筑设计院编制护潭工业园控制性详细规划,控制面积480公顷,北到二环北路,南至一级撇洪渠,东到富洲路,西到潭锰路。工业园定位于以高科技电子、机电、机械制造业为基础的工业园区。整个园区用地划分为:产业用地、开发基地、中试孵化基地、城市公共设施用地等部分。至2007年,此规划没有实施。

四、城市公园规划

1988年,境内规划的城市公园为和平公园、雨湖公园。1992年,规划的城市公园新增杨梅洲公园。1998年6月22日,市政府常务会议决定,白石公园规划为以水面为主的文化休闲公园。1999年5月,邀请湖南大学规划建筑设计院编制控制性详细规划,规划有景观大道、水上运动区、文化娱乐区、商贸区、高档住宅区、白石纪念馆、群众艺术馆、白石老人生平群雕等内容。9月16日,白石公园规划方案经市人大常委会第十一次会议审查通过,2000年规划实施。2003年,白石公园建成,成为区内居民最大的健身、休闲、娱乐公园。2007年,区内有城市公园4个,即和平公园、雨湖公园、白石公园、杨梅洲公园。

第三节 规划管理与执法

一、规划管理

1988-1992年,雨湖、湘江区城建局均设规划办公室,协助市规划办管理区辖范围内房屋建设的规划审批和对违法建设的查处。其间,共审批私房建设3976栋,建筑面积78.15万平方米。1992年合区后,区建设局规划办公室原管理职能不变,同时定期参加湘潭市规划局召开的规划例会,对区内的公房建设参与共同审批。至1996年的5年中,共审批建设私房4015栋,建筑面积84.16万平方米。1996年年末,规划管理职能上收,成立湘潭市规划局雨湖分局,由市规划局领导,同时撤销区建设局规划办。市规划局雨湖分局主要职能是参与研究和制定私房建设发展规划及规划管理有关政策、规定;私房建设规划审批管理;负责建立城市区、街、乡、场违法建设清查网络;协助市局清理和查处辖区内违章违法建设;负责对辖区城市规划实施情况进行监督,参与建设纠纷的调处。随着城市建设的发展,分局的管理职能也随之发生变化。2001年,区属项目公房不再由市规划局雨湖分局审批。2003年,湘潭市成立行政执法局,市规划局雨湖分局对区内未经规划批准的违法建设不再进行行政执法,仅认定其违法建设性质,移送行政执法部门处理。2004年始,市规划局雨湖分局建立健全批后管理日常巡查、工作考评和失职责任追究制度,加强监管,及时发现、制止和纠正违法建设行为,对影响规划实施的违法建设坚决予以拆除,对尚可采取改正措施消除对规划实施影响的违法建设责令限期改正,确保规划实施不走样。至2007年的4年中,共审批私房建设2416栋,建筑面积48.32万平方米。

二、规划执法

1988年,规划执法由原雨湖、湘江区城建局规划办公室协助市规划办实施。至1995年,共查处违法建设2.20万平方米。1996年,湘潭市规划局雨湖分局成立后,规划执法坚持思想教育、法治教育和严格监管相结合的方针，执行《湘潭市城市规划管理细则》，坚持按程序办理申请核发建设项目选址意见书，申请核发建设用地规划许可证，申请核发建设工程规划许可证等管理制度；对规划区内的违法建设行为及时制止、纠正、查处。全年共查处违法建设3.42万平方米。1997-2000年，市规划局雨湖分局多次在区内组织规划意见征求和规划成果公示等活动，同时反复宣传规划法规，教育群众依法依规进行建设。2001年，区内"一化三清"工作（即绿化城市，清理违法建设、清理违法用地、清理违法开发）全面展开，市规划局雨湖分局通过规划执法，先后拆除违法建筑1484处，违法建筑面积3.07万平方米。2004年6月，在全市户外广告整治行动中，市规划局雨湖分局通过规划执法，拆除区内违法建设大型户外广告、招牌等共计50多处。2005-2006年，市规划局雨湖分局多次针对区内城市主干道两侧的违法广告和违法建设进行摸底调查，展开拆违行动。2007年，在全市开展的"三整四化"（整治违法违章建筑、整治交通秩序、整治市容市貌，绿化、亮化、美化、净化）综合整治行动中，市规划局雨湖分局通过规划执法，共查处违法建设面积2.2万平方米，拆除各类违法违章搭建的棚点951个，拆除各类违法违章设立的广告牌430块。

第二章 城市交通

第一节 城区道路

一、城区主干道

1988年，境内由穿行城区的107、320两条国道与建设北路、韶山西路、潭邵路、湘衡路、车站路、雨湖路、人民路、中山路、解放路、民主路、潭锰路等构成城区主干道网，总长25.63公里。1992年，市政府加大投入，先后安排维护和大修费用1554万元，对韶山西路进行全线拓宽、改造和维修，重点为南盘岭路口至砂子岭广场一段，路面由一块板改为三块板，路幅由16米拓宽为27.5米，新增绿化带各2.5米。建成后，韶山西路实现规范、平整、畅通。其间，由雨湖区承建的韶山中路工程湘潭汽车站至车站路地段，道路长500米，路幅宽50米，由于施工技术等级高、路面质量好，成为当时区内一条标志性道路。1996年后，湘潭市市政工程公司采用"罩面"新工艺施工技术，先后对人民路、解放路、车站路、建设北路、宝庆路等城区主干道路面实行罩面处理，道路完好率达到90%。2000年，韶山东路（西起基建营、东至湘江三大桥）全线贯通，全长2574米，总投资1.28亿元。韶山东、中、西路连接后，成为横贯区内东西方向的大动脉。北二环路破土动工，东起富洲路，经湖南科技大学，与潭锰路、高岭路、湘大路相交，西至羊牯塘与320国道相接。2003年10月，一期工程通车，全长7.4公里，宽43米，双向6车道。是年，车站路、韶山路、建设路等城区主干道提质改造工程相继开工。2007年，北二环路向东延伸与莲城大桥（又称湘潭湘江四大桥）相接，行走320国道无须进入市内的车辆得以绕行，缓解城区交通压力。同时，全长5100米、路宽50米的富洲路改造工程全面完工，成为区内连接北二环路、上瑞高速公路、长潭西线高速公路、湘潭四大桥的重要通道。至年末，区内共有城区主干道16条，总长49.2公里，道路面积184.2万平方米。

2007年雨湖区城区主干道路

19-2-1-1

序号	道路名称	起　止　点	道路长度(米)	道路宽度(米)	路面结构	
					水泥	沥青
1	建设北路	一大桥引桥—潭锰路	3064	42	—	√
2	韶山路	砂子岭广场—三桥北	6699	50	—	√
3	北二环路	富洲路—湘大路口	10300	43	—	√
4	富洲路	韶山东路—西线高速	5100	50	—	√
5	车站路	建设北路—火车站	2000	41	—	√
6	熙春路	和平路—三大桥	2648	30	—	√
7	宝庆路	韶山西路—新马路	1412	33	√	—
8	雨湖路	大埠桥—解放南路	2049	27	—	√
9	人民路	新马路—解放南路	1127	27	—	√
10	中山路	大同西路—新马路	1500	21	—	√
11	民主路	建设北路—大湖路	802	26	√	—
12	解放路	中山路—江麓广场	1815	27	√	—
13	大湖路	韶山西路—人民路	1226	34	—	√
14	潭锰路	建设北路铁路口—北二环	1300	15	√	—
15	湘衡路	砂子岭广场—高坪村	4700	34	√	—
16	潭邵路	砂子岭—羊牯塘	3500	25	√	—
合计			49242	—	—	—

二、城区次干道

1988年，境内主要有平政路、沿江东路、和平路、杨家湾路、文化街、城正街、南岭路等12条次干道，总长约13.71公里。至1990年，境内次干道经全面整修维护后，道路完好率达到80%，比1988年上升20%。1991年-1996年，市政府加大资金投入，全面提高道路维修质量和加强城区内环线道路建设，先后完成平政路、城正街、文化街、大同路、沿江东路、新马路等次干道整修，改造雨湖路等6条次干道的人行道，以及按百年一遇的防洪要求，“堤、路、街”相结合，完成河西大堤沿江中路和沿江西路上段的新建。从大埠桥到十八总唐兴街的沿江路建成后，全长2719米，城区防洪能力增强，河堤得到美化，城市品位提高。1997年起，为解决路面龟裂易破损出现道路边修边烂的难题，市政府投入1207万元，支持市政工程公司推广“罩面技术”，先后对区内城正街、和平路、迎宾路等10余条次干道路面实施罩面，确保路面平整、车辆运行颠簸降低、平稳度提高。

2000年,区内道路完好率达到90%,比1990年提高10个百分点。2001年后,市政府运用经营城市理念和市场经济手段解决资金渠道,采取以土地出让金和城市综合报建费的部分进行抵押,由开发商进行建设的模式,加快城市道路设施建设。区内先后新建泗洲路、柏荫路、湘大新路、广云东路、沿江东路等6条次干道,总长约5.68公里。至2007年末,区内共有城区次干道18条,总长24.10公里。其中,水泥路17.09公里,沥青路7.01公里,道路完好率达到96%,比2000年上升6个百分点,基本实现路平、道畅。

2007年雨湖区城区次干道路

19-2-1-2

道路名称	起止点	道路长度（米）	道路宽度（米）	路面结构	
				水泥	沥青
沿江路	三大桥头—大埠桥—唐兴街	4729	16	√	—
新马路	宝庆路—唐兴路	562	11	√	—
迎宾路	宝庆路—大湖路	3060	27	√	—
特丰路	韶山西路—迎宾路	310	15	—	√
平政路	大同东路—沿江东路	1245	10	√	—
大同东路	雨湖公园—沿江路	250	15	√	—
大同西路	雨湖广场—沿江路	250	15	—	√
和平路	八仙桥—基建营	691	17	—	√
文化街	雨湖路—车站路	402	5	√	—
广云路	江麓广场—车站路	1470	32	—	√
杨家湾路	车站路—繁湖路	500	18	√	—
南岭路	韶山西路—湘运保养场	1360	8.5	—	√
观湘门直街	沿江东路—老县政府	219	16	√	—
城正街	雨湖路—环城路	1908	10	√	—
柏荫路	韶山东路(琴岛)—熙春路	218	30	—	√
泗洲路	韶山东路(四中)—熙春路	600	11	—	√
高岭路	解放北路—技校	3321	6	√	—
湘大新路	320国道—湘大	3090	34	√	—

三、街巷

雨湖区大部分为湘潭市旧城区。1988年,境内有街巷183条,总长约72.03公里。为改善城区环境,方便群众出行,区建设局加大对小街小巷(含部分主次干道)的维护管理力度。至1992年的5年中,共投资350万元，改建城墙路、长园里巷、橘园路等15条街巷，面积2.45万平方米，维修街巷50条，面积7.55万平方米。1993-1995年，投资950万元开发商贸特区，新修立竹巷、富民路、万宝路、金运路、金天路、阳光巷、金都路、立新路、金沙路、宝丰一街、宝丰二街、立竹路等12条街巷，总路长5.37公里。1996-2000年，区建设局筹资150万元，新修了白石路、九中路、滨湖路、血站路。由房地产开发商投资1050万元，新建黄花塘路、迎宾菜场路、韶富路、南邮路、花园路、幸福路，总路长7.1公里。至2007年的20年间，全区先后投资3090万元，新建小街小巷28条，总长约17.63公里；改造街巷154条，改造面积达51.5万平方米。区内有街巷211条，总长约89.66公里，全部为水泥路面。

2007年雨湖区街巷一览

19-2-1-3

序号	街巷名称	起　止　地　点	长度(米)	宽度(米)	面积(平方米)
1	石嘴塅巷	新马路口—陶公墓—老水厂老后门	405	5.95	2410
2	正福街	新马路望衡亭	400	3	1200
3	褚家巷	沿江西路口—新马路口	75	7	525
4	沿江西路	新马路(望衡亭)—香铺巷	1920	5	9900
5	宝庆路支线	沿江西路—宝庆路(大唐盛世)	340	9	3060
6	唐兴桥巷	唐兴桥—十万垅大堤	120	3.75	450
7	唐兴街	大码头(米粉店)—新马路	328	8	2624
8	筷子巷	人民路(垃圾中转站)—中山路口	327	4	1308
9	由义巷	人民路口—中山路大码头附近	502	4	2008
10	枣子巷	中山路口—由义巷	122	3.5	427
11	大力巷	新马路口—朝阳街口	450	4—7	1995
12	文运街	人民路口(邮政储蓄所)—大力巷口	25—213	7.5—3.5	188—746
13	迎新巷	文运街—朝阳街口	60	4	240
14	老干所路	黄花塘—老干所大门	304	10	3040
15	砂子岭路	320国道口(木材公司)—酒厂后门	430	6	2580
16	黄花塘路	韶山路—阳光山庄	400	11	4400
17	易家湖路	砂子社区门口—木制品分厂	300	8	2400
18	国药城路	潭衡路口—迎宾西路	300	8	2400
19	梅洲路	船厂—公园路	300	4	1200
20	公园路	杨梅洲社区门口—公园门口	770	4	3080

续 19-2-1-3

序号	街巷名称	起　止　地　点	长度(米)	宽度(米)	面积(平方米)
21	朝阳街	十八总大码头—白马湖	483	11	5313
22	换新街	中山路—白石路	414	4-6	2322
23	钱家巷	中山路—人民路	263	3.05	802
24	流水沟巷	换新南街—钱家巷—人民路银行宿舍	498	3	1494
25	新街口巷	人民路口—望新巷	132	5	660
26	自力街	中山路—白石路	440	5-6	2450
27	沿江路	十六总码头—十八总码头	450	4	1800
28	攸新巷	中山路(钱家巷对面)—沿江路	50	3.8	190
29	鄢家巷	中山路十七总码头—沿江路	50	4.7	235
30	沿江大堤下街	左氏河鱼店—休息亭	330	3	990
31	燎原街	换新北街—朝阳街	240	3.35	804
32	白石路	朝阳街—大湖南路	510	12.1	6171
33	正义巷	人民路—换新街—自力北街	180	3.5	630
34	兴建坪巷	换新北街—自力北街(鲁班殿)	328	3-4	1144
35	光明巷	换新街—睦邻新村—拥军巷	190	2-2.6	452
36	四立巷	人民路(中医院)—朝阳街—燎原街	242	2.5-3.6	737
37	兴仁巷	人民路(中医院)—朝阳街—燎原街	184	14	2594
38	建设巷	中山路(塑料制品店)—人民路	348	3-4	1250
39	莲花街	大湖街(电业局宿舍)—解放南路	120-130	8-4	1480
40	更新里巷	大湖街—解放南路	185	3.8	703
41	四新巷	大湖街(槟榔批发)—更新里	102	3	306
42	幸福巷	金庭街—人民路(五爱楼)—大湖南路	436	5	2180
43	金庭街	大湖街—大湖南路	245	5.4	1323
44	卫文街	大湖街(环卫处)—民主路—大湖南路建行	360	6.5	2340
45	绿化巷	金庭街—卫文街—爱国巷	370	4(平均值)	1480
46	工农巷	民主路—红霞巷	300	3	900
47	橘园路	韶山西路—市二医院	641	6	3806

续 19-2-1-3

序号	街巷名称	起　止　地　点	长度(米)	宽度(米)	面积(平方米)
48	老民主西路	民主路—大庆新村—民主九栋	280	8	2240
49	大庆新村主路	橘园路—工农巷—红霞巷	300	7.5	2250
50	迎宾菜场路	大湖南路(菜场)—橘园路	110	8	880
51	橘园巷	橘园路—红霞巷	608	2-3	1364
52	万屋巷	橘园路—二医院四栋	305	4	1220
53	红霞巷	解放南路—工农巷(二中围墙)	390	4	1560
54	湘建路	解放南路—味精厂	233	9	2097
55	宾湖路	大湖南路—区政府二院—湘潭宾馆	2225	7-15	6445
56	马家巷	中山路口—解放南路口	400	4	1600
57	新梁街	中山路—雨湖路(怡兰休闲)	350	6	2100
58	罗源路	大同西路口—雨湖路口	160	7	1120
59	五桂堆巷	新梁街口—罗源路	100	3	300
60	十三总码头	中山路—河堤	100	12	1200
61	发源街	雨湖路口—五桂堆巷	100	3.5	350
62	玉春巷	湖园路口—河堤	260	5	1300
63	古双巷	平政路—湖园路	300	3	900
64	关圣殿巷	平政路口—湖园路口关圣殿后门	200	2	400
65	胜利码头	平政路口—寿佛殿社区	72	7	504
66	当铺巷	平政路口—湖园路口	150	5	750
67	新生码头路	建国码头—关圣殿广场	185	10	1850
68	沿江堤下路	建国码头—关圣殿	185	5	925
69	湖园路	大同东路—市十六中	250	10	2500
70	南步街	八仙桥菜场口—平政路河堤口	140	6-10	2000
71	旭东巷	雨湖路执法局前坪—建设北路	65 230	8.5 4	1472
72	建国巷	雨湖路少儿图书馆—旭东巷	40 80	5 2.5	400
73	卫真巷	雨湖路—文化街	380	2-3	930

续 19-2-1-3

序号	街巷名称	起　止　地　点	长度(米)	宽度(米)	面积(平方米)
74	工人新路	雨湖路口腔医院—中心医院后门	150	7	1050
75	金泉大酒店侧巷	车站路口—巷口内	50	5	250
76	和平新村路	和平路口—熙春路口—卫校围墙	678	6.8	4610
77	雨湖街	雨湖路—大灯笼巷口	100	5	500
78	大灯笼巷	雨湖街—县林业局宿舍—熙春路口	80 100	3 2.5	490
79	三角巷	建城路—三角巷	440	5	2200
80	幸福湾	车站路国土局—建设北路长途汽车站	466	4.5	2097
81	幸福村	车站路—建设北路	482	5	2410
82	金三角巷	韶山中路机械局办公楼—连城菜场	100	5	1325
83	大园巷	车站路公安局宿舍—金三角巷	180	4	720
84	风车坪路	民主路—韶山西路	643	4	2572
85	兴无巷	解放南路—风车坪路	200	2.5	500
86	立新围子	立新围子—风车坪路—鸿达酒家巷—菜场	564	5	2820
87	解放围子	解放围子—立新围子—风车坪路	210	4-5	1020
88	立新巷	雨湖路口(区政府围墙)—古梁巷	190	4	760
89	古梁巷	雨湖路—民主路	210	6	1260
90	建湘巷	民主路—古梁巷	275	3	825
91	解放巷	雨湖路口—解放南路(福星楼) —古梁巷和建湘巷	220 192	4 2	880 384
92	点状巷	解放南路口—莲城驾校	60	6	360
93	杨家湾路	杨家湾口子—石油公司	220	4	880
94	金家围子路	韶山东路—金家围子	88	4	352
95	文家围子路	韶山东路—杨家湾路	281	3	843
96	杨家湾巷	杨家湾—老火车站	234	5.8	1357
97	文家围子路	韶山东路—护潭乡政府门口	210	3	630
98	货场巷	车站路—货场巷门口	81	6	486

续 19-2-1-3

序号	街巷名称	起　止　地　点	长度(米)	宽度(米)	面积(平方米)
99	老火车站路	老火车站—湖头岭米厂	350	12	4200
100	冻库路	车站路—冻库门口	50	7	350
101	杉树巷	韶山中路—广云路	550	6	3300
102	陵园路	建设北路—烈士陵园	220	13	2600
103	胜利围子	杉树巷—广新巷	338	4	1352
104	广新巷	广云路—市一职校	350	6.5	2275
105	草塘路	车站路经调塘社区门口—火车站西侧	720	6	4320
106	调塘路	调塘社区门口—调塘小学	405	5.5	2227
107	菜场路	茶叶土产门口—护潭农机厂	200	3	600
108	云塘老路	广云路—制钉厂	500	4	2000
109	金凤巷	韶山中路—广云东路	520	4.7	2444
110	税务局路	建设北路—直属税务分局	100	6.5	650
111	机电巷	金凤巷—建设北路	252	3.5	882
112	华丽路	建设北路—华丽公寓	50	3	150
113	保险巷路	保险巷东侧—建设北路	100	3.5	350
114	四合院路	建设北路—汽车修理厂	100	3.5	350
115	湘革路	制革厂—老富洲路	250	6	1500
116	湖头岭路	农机公司—制革厂	710	10	7100
117	护潭中学路	护潭中学西边—车站路	93	2	186
118	田家大屋路	护潭中学门口—东环路	120	3	360
119	东环路	火车站—东环社区门口	390	6	2340
120	福康巷	车站路—金凤巷	355	4.2	1491
121	金凤巷	韶山中路—美容院门口	71	4.7	333
122	福康北路	云塘接到西侧—原云塘派出所东侧	166	3	498
123	曾家湾路	云塘派出所—广云路	217	2	434
124	橘子园路	云塘派出所—广云东路	243	6	1458
125	丁家围子	云塘派出所—云居寺	310	4	1240

续19-2-1-3

序号	街巷名称	起　止　地　点	长度(米)	宽度(米)	面积(平方米)
126	南岭北路	电杆厂—粮食物资运输公司	560	12	6720
127	二轻中专路	南岭北路—二轻中专校	510	5	2550
128	友谊路	食品厂门口—集团公司前铁路桥	500	8	4000
129	纺织1路	潭锰路—纺织厂门口	300	7	2100
130	纺织2路	潭锰路—金塘湾社区	300	7	2100
131	高碑路	潭锰路—五医院门口	390	6	2340
132	马家岭路	先锋集团门口—吴家湾巷	500	6	3000
133	吴家湾巷	马家岭路—金塘湾社区门口	350	3.5	1225
134	金塘路	二纺厂门口—马家岭路	200	5	1000
135	模具厂路	潭锰路—平安电器厂	50	4	200
136	五医院路	建设北路—五医院门口	55	6	330
137	马坡里路	江麓北门—谭家坳	220	8	1760
138	谭家坳路	马坡里12号—马坡里18号出口	100	2.5	250
139	江麓东门路	建设北路—江麓东门口	130	6.5	845
140	江麓横路	江麓东门—消防队门口	73	4	292
141	何家湾路	韶山西路—广技直路	260-50	5-4	1300-200
142	饲料公司路	解放北路—饲料公司	190	4.2	855
143	广韶直路	广场派出所—科林医院	240	5	1200
144	广技直巷	江麓广场左—广技宿舍	95	3.5	332
145	血站路	何家湾—血站后门	95	4.5	428
146	广技路	江麓广场—铁路技校	320	5	1600
147	涧子塘西路		120	5	600
148	西塘东路	社区门口—江麓宿舍	60	3.5	210
149	涧子塘路		600	4	2400
150	涧子塘北路		200	3	600
151	公安路	熙春路(雨湖公安分局)—建城路	210	7.1	1491
152	繁城西村	和平新村口—建城路	100	13	1300

续 19-2-1-3

序号	街巷名称	起　止　地　点	长度(米)	宽度(米)	面积(平方米)
153	蔚霞新村主路	建城路口—蔚霞新村 11-15 栋主路	122	12	1464
154	瞻岳门路	熙春路—喇叭街口	320	7	2240
155	翁家园	瞻岳门口—烟草公司宿舍后坪	210	2	420
156	雨湖街	大灯笼巷口—瞻岳门路	180	5.3	954
157	小灯笼巷	雨湖街口—熙春路口	268	2.5	670
158	通济门路	城正街喇叭街口—沿江东路口	100	4.7	470
159	学坪路	城正街师院门前—沿江东路	200	2	400
160	大雷家巷	城正街口—学坪路	170	4	680
161	县西巷	老县政府(海诚药店)—城墙路口	530	3.2	1696
162	板石巷	城正街—城墙路	530	3.2	1696
163	泗洲庵巷	城正街(卫生院)—城墙路	460	5	2300
164	广大香巷	城正街(幼儿园)—沿江东路	200	3.5	700
165	观湘门直街	城正街(百花剧院口)—沿江东路	175	19	3325
166	常平巷	老县政府围墙边侧巷—古宣化巷	100	5.4	540
167	法院坪	城正街口—古宣化巷	200	3	600
168	反封巷	城正街口—新景集团	230	3	690
169	古宣化巷	城正街—无私巷	270	2	540
170	三义井巷	城正街口—沿江东路口	100	3	300
171	三大桥引桥路	沿江东路(三大桥)—韶山东路	460	7	3220
172	育婴巷	城正街原八中处—沿江东路	200	3.5	700
173	富民路	立竹路—市政法委	300	8	2400
174	韶富路	韶山西路—砂子工商所办公楼	520	8	4160
175	南邮路	南岭南路—邮政宿舍	300	8	2400
176	立竹巷	烟竹卫生所—韶富路	160	3.5	560
177	万宝路	金沙路—立竹路	260	13	3380
178	金运巷	金沙小区—运达	120	5	600
179	文明巷	金沙路沿西站围墙—宝庆路	200	5	1000

续19-2-1-3

序号	街巷名称	起　止　地　点	长度(米)	宽度(米)	面积(平方米)
180	迎宾巷	迎宾路口向南走两处	120	8	960
181	金天路	韶山西路—金沙小区	300	5	1500
182	阳光巷	宝丰二街2栋—3栋之间	200	5	1000
183	菜场巷	宝丰一街1栋—5栋后面	500	6	3000
184	金都路	韶山西路—宝庆路	235	8	1880
185	马家岭路	集团公司大门—医药仓库	560	6	3360
186	花园路	集团公司大门—平安电器—复合肥厂	1200	6	7200
187	幸福路	楚怡酒店—合力养猪场	960	6	5760
188	友谊路	恒盾厨具—人防办工地	480	6	2880
189	沙子路	320国道至砂子学校	2000	4	8000
190	立云路	107国道—凡云村部	2000	4	8000
191	工农路	宝庆路—107国道	300	6	1800
192	凡白路	107国道—凡云村部	1000	4	4000
193	立新路	韶山西路—阳光山庄后门	1450	3	4350
194	金沙路	韶山西路—迎宾路	360	15	8000
195	宝丰一街	迎宾路—畜牧局	1100	13	14000
196	宝丰二街	迎宾路—高标路	500	18	9000
197	立竹路	韶山西路—高标路	720	15	12000
198	九中路	宝庆路—杨新华家门口	138	8	1104
199	迎宾东路次干道	迎宾东路—区政府二院	250	2.5	625
200	傅家塘巷	韶山西路—铁路技校	545	3.5	1907
201	高标路	宝丰街—齐白石公园	1800	3	5400
202	红旗路	韶山西路—广技路	110	4.3	473
203	广场路	韶山西路—广场村部	60	4.3	258
204	粉厂路	宝丰街—昭潭信用社	600	4	2400
205	市政法委路	市政法委—高标路	118	15	1770
206	南高横路	南岭北路—高岭路	200	6	1200

续 19-2-1-3

序号	街巷名称	起　止　地　点	长度(米)	宽度(米)	面积(平方米)
207	建新路	南岭北路—江麓宿舍	200	4	800
208	繁湖路	护潭乡政府—湘柴老厂卫门	612	14	8304
209	老泗洲路	繁湖路(护潭信用社)—城墙路	490	12	5880
210	繁城路	柏荫路—韶山东路加油站	962	11	10582
211	富油路	富洲路—富强村部	615-270	5-12	3075-3240

第二节　市内交通

一、公共汽车

1986年,境内城市客运由市公共汽车公司独家经营。行驶境内的公交线路有1路、2路、5路、6路、9路、10路、11路、13路等8条,线路总长116.5公里,参与营运的车辆91台。

1988年,市政府针对境内出现个体中型公交车(俗称中巴车)参与客运造成营运市场管理混乱的状况,采取疏导分流等方法让其定线参与营运,并成立湘潭客运管理处对市区客运进行管理。1989年,境内开辟汽车中心站至湖南科技大学14路线,线路总长8.8公里。1991年,在市政府协调下,2路线终点站由鹤岭延伸至冷水冲,以解决这一地区职工和居民长期出行不便的困难。1994年,区内市区线路实行一元一票制,郊区线路一元起点五角进级、分段递增。1995年,新开辟砂子岭至半边街15路线,5路线由十八总大码头延伸至砂子岭,10路线始发由大桥饭店移至江麓广场,终点站由省城建学院延伸至二桥北。是年,区内公交营运线路增至10条,线路总长137.5公里,营运车辆增至192台。

1996年,区内开通雪园村至阳塘19路线。1997年,开通砂子岭至鹤岭20路、砂子岭至株洲霞湾21路、涟水桥至昭山3路等3条公交线路,湘潭与株洲城际公交车对接开通,方便两市市民往返。1998年7月,根据市政府规定,70岁以上老人凭"老年证"免费乘坐公交车,由市公共汽车公司列入经营规程。1999年,在市政府协调下,开通火车站至易俗河的23路线。

2000年,市政府投入60万元,公交企业自筹600万元,购置车辆60台,将9路线和2路线车辆更新,增加线路营运密度,并取消1路线、5路线发售乘车月票,仅此一项可使公交企业每年减少亏损50万元。是年,区内公交营运线路增至17条,线路总长250.5公里,营运车辆增至293台。2001年,开通砂子岭至板塘铺24路线。2002年,驻区市公共汽车公司在6路线和15路线实行无人售票试点,开通砂子岭至长株潭大市场26路线。

2005年,在市政府协调下,市公共汽车公司采取职工集资和企业自筹相结合方式,筹资200万元在21条公交线路、323台公交车上安装IC卡收费系统,又在1、5、10、13、14、18、19、22、24路线公交车推行无人售票。2005年后,按照长株潭"交通同城"的要求,市公共汽车公司将3路、21路分别改为CZT103路线(由昭山至林敏医院)、CZT104路线(由新一水厂至株洲南湖湾)等两条城际线路,开通火车站至湖南工程学院22路线和江麓广场至江麓广场25路环线,以及砂子岭至杉山安置区的28路线。2007年年末,区内共有公交营运线路21条，线路总长321.8公里，营运车辆360台。

2007年雨湖区公交车线路及停靠站点一览

19-2-2-1

线路	首末站	途经主要站点	营运里程（公里）	配车台数
1	火车站至下摄司	火车站、杨家湾路口、基建营、公汽总公司、湘亚宾馆、三角坪、岚园宾馆、三中路口、菊花塘公园、泗神庙、湘钢招待所、岳塘、电校、下摄司	9	21
2	中心站至冷水冲	公汽总公司、基建营、长途汽车站、一中、和平公园、二纺厂、桃园路口、响水坝、冷水冲	14	16
CZT 103	林敏医院至昭山	昭山、长株潭大市场、荷塘、板塘铺、市公安局、汽车东站、市政府、高新区大楼、建设路口、雨湖区政府、大湖路口、二医院、湘潭宾馆、南盘岭、汽车西站、砂子岭、酒厂、林敏医院	29.5	36
5	砂子岭至江滨	江滨、板塘铺、板摄路口、电业局、红旗商贸城、盘龙山庄、建设路口、三角坪、雨湖区政府、十五总、中医院、十八总、许家铺子、九中、砂子岭	13.7	28
6	老县城至湘大	老县城、大埠桥、和平学校、雨湖路口、潭城大厦、公交总公司、基建营、长途汽车站、南盘岭、汽车西站、砂子岭、羊牯塘、湘大	10.25	18
9	中心站至楠竹山	公交总公司、基建营、长途汽车站、南盘岭、汽车西站、砂子岭、羊牯塘、伍家花园、七里铺、楠竹山	29	40
10	电大至二桥北	电大、湘大职院、先锋乡、江麓广场、广云路、市一中、长途汽车站、基建营、公汽总公司、湘亚宾馆、三角坪、建设路口、华都、天鹤村、友谊广场、煤站、湖南建院、二桥北	13.6	16
11	火车站至板塘铺	火车站、压缩机厂、杨家湾路口、基建营、公汽总公司、大桥饭店、大湖路口、雨湖区政府、妇幼医院、纺织中专、云盘村、板塘铺	10.6	12
13	火车站至湘大	火车站、杨家湾路口、基建营、八仙桥、雨湖公安分局、文家围子、护潭广场、潭九路口、科大、二十三冶、桃源路口、五医院、湘大	16.4	12
14	中心站至科大	公汽总公司、基建营、长途汽车站、市一中、康复医院、二纺厂、桐梓湾、桃源路口、二十三冶、科大	8.8	10
15	砂子岭至半边街	砂子岭、汽配城、九中、十万垅、十八总、十三总、工人文化宫、雨湖区政府、三角坪、建设路口、华都、天鹤村、友谊广场、一医院、岳塘、电校、下摄司、半边街	12.2	18
17	火车站至砂子岭	火车站、杨家湾、长途汽车站、芙蓉电影院、南盘岭、汽车西站、砂子岭	5.5	12
19	三桥北至阳塘	三桥北、压缩机厂、基建营、长汽总公司、大桥饭店、大湖路口、雨湖区政府、三角坪、建设路口、华都、天鹤村、友谊广场、一医院、岳塘、电校、下摄司、半边街、阳塘	10.1	12

续 19-2-2-1

线路	首末站	途经主要站点	营运里程（公里）	配车台数
20	砂子岭至鹤岭镇	砂子岭、汽车西路、南盘岭、二医院、芙蓉电影院、市一中、康复医院、二纺厂、桃源路口	16.1	14
CXT 104	新水厂至株洲南湖湾	一水厂、九中、汽配城、砂子岭、西站、湘潭宾馆、电业局、湘潭职院、军分区、市委、工商局、法院、汽车东站、新电厂、马家河、霞湾、株洲南湖湾	41	15
22	火车站至湖南工程学院	火车站、杨家湾路口、基建营、潭城商厦、三角坪、建设中路、河东大道路口、煤机厂、宝塔路口、盘龙布市、宝福路口、工程学院	7.8	6
23	火车站至云龙中学	火车站、压缩机厂、基建营、汽车总公司、大桥饭店、大湖路口、雨湖区政府、三角坪、建设路口、华都、高新区大楼、市政府、长塘、二桥北、雪松路口、县政府、金云路口、云龙中学	20.1	38
24	砂子岭至板塘铺	砂子岭、汽车西站、南盘岭、湘潭宾馆、长途汽车站、基建营、韶山东路、护潭广场、三桥南、湘潭职院、金侨世纪苑、汽车东站、公安局、特殊学校、板塘铺	14.2	18
25	江麓广场至江麓广场	江麓广场、广云路、一中、长途汽车站、基建营东、护潭广场、三桥南、湘潭职院、市政府、技监局、工业品市场、菊花塘公园、岚园宾馆、三角坪、雨湖区政府、二中、省建三公司、江麓广场	19.8	20
28	砂子岭至杉山安置区	砂子岭、汽车西路、南盘岭、长途汽车站、基建营东、文家围子、护潭广场、潭九路口、码村 塘安置区、逸墅庄园、谢家湾、全创科技、杉山安置区	11.1	8
29	长城建材市场至疏港路口	长城建材市场、市酒厂、砂子岭、长途汽车站、基建营东、护潭广场、潭九路口、石马村、红旗社区、九华管委会、富瑶天下、劳教所、广绘轴承、合山社区、金海重工、疏港路口	12	10

二、中型公交车

1988年年初，境内出现个体经营的中型公交车（俗称中巴车，以下简称中巴）自行参与公交各线路混运，与公共汽车抢道争客，客运市场秩序一度混乱。1989年，市政府设立湘潭市客运管理处（以下简称市客运处），对参与市区营运的中巴采取“统一管理，多家经营，挂牌营运”的措施。参与市区营运的中巴，票价统一为0.5元/人次。1990年，开通境内火车站至下摄司新1路第一条中巴专营线。年末，中巴发展至70台，参与营运线路5条。1991年，为禁止中巴乱停乱靠、争道抢客、带病上路等行为，防止交通安全事故频发，市交警支队与市客运处联合确定中巴运营线路和站点，实行以线定车，按季轮换，并定期对车辆进行安全检查，提高车辆完好率。经整顿后，市区中巴营运秩序和服务态度好转，安全事故比上年下降30%。1992年，开通117路由区内市二纺厂至湘潭电厂（老厂）中巴专营线。

1994年8月，在市政府支持下，区内第一家由个体中巴车主按自愿原则组合的潭城中巴股份公司挂牌成立，市区中巴开始以公司化组织方式参与营运。经市物价局批准对中巴票价进行调整，实行市内线路一元一票制。1995年，开通101路由区内金源小区至铁牛埠、105路由竹埠港至砂子岭等2条中巴专营线，营运车辆115台。1996年，开通108路由区内城正街至易俗河中巴专营线，并在砂子岭修建一条长110米、宽20米港湾式停靠线，为中巴有偿使用，化解中巴、公共汽车和长途客车始发进站、中转停靠产生的挤占线路的矛盾。2000年，开通118路由汽车西站至湘钢二村中巴专营线。年末，区内中巴专营线有6条，营运车辆140台。

2005年后，分别开通115路由区内汽车西站至暮云市、107路由区内湘潭大学至湘钢俱乐部、109路由区内民康医院至汽车东站等3条中巴专营线。至2007年，行驶区内的中巴有专营线9条，营运中巴186台，营运线路总长162.1公里。另有湘潭县中巴营运线116路穿行区内建设北路、韶山中路、韶山东路等道路。参与营运的有潭城中巴公司、莲城中巴公司、市客运服务公司等5家公司。按照市政府的要求，各公司参与营运的中巴均换成大型客运汽车。

2007年雨湖区内中巴营运线路及停靠站点一览

19-2-2-2

线路	首末站	途经主要站点	营运里程(公里)	配车台数
101	金源小区至铁牛埠	砂子岭、湘潭宾馆、财政局、二医院、大湖路口、雨湖区政府、体育中心、建设路口、三中路口、岳塘、下摄司、铁牛埠	18	16
105	农校至竹埠港	羊牯塘、砂子岭、汽车西站、南盘岭、芙蓉电影院、江麓广场、康复医院、市一中、长途汽车站、基建营、和平路、八仙桥、雨湖路口、三角坪、建设路口、河东大道、板塘铺、竹埠港	24.5	36
106	火车站至下摄司	火车站、杨家湾路口、基建营、公汽总公司、潭城商厦、体育中心、建设南路、书院路、下摄司	9.6	35
107	湘潭大学至湘钢俱乐部	湘大、五医院、桃源路口、二十三冶、科技大学、潭九路口、护潭广场、三桥北、盘龙食府、职业技术学院、丝绸路口、建筑学院、友谊广场、岳塘路口、湘钢俱乐部	21	14
108	老县城至天易汽车站	观湘门、大埠桥、沿江大道、大同东路、雨湖区政府、建设中路、建设南路、书院东路、二大桥、天易汽车站	21	30
109	民康医院至汽车东站	民康医院、白石公园、十五总、雨湖区政府、和平小学、八仙桥、雨湖分局、新景花园小区、三桥南、丝绸路口、职业技术学院、金侨世纪苑、汽车东站	14.5	10
115	汽车西站至暮云市	汽车西站、南盘岭、湘潭宾馆、省建三公司、市二中、白石商业广场、福星加油站、河东大道、红旗商贸城、板塘铺、滴水埠、团山塘、荷塘、易家湾、暮云市	28	20
117	二纺厂至老电厂	二纺厂、和平公园、老布市、江麓广场、解放南路、雨湖区政府、一大桥南、建设中路、岚园路、潭下路、下摄司、半边街、老电厂	13.5	13
118	汽车西站至湘钢新二村	汽车西站、宝丰街、南岭南路、江麓广场、老布市、广云东路、基建营、八仙桥、和平小学、雨湖路口、建设中路、建设南路、书院路、钢城路、湘钢新二村	12	12

三、出租车

1986年,境内开始有私家车充当出租车(俗称"的士")在车站、码头、饭店等处守点载客参与营运,运价由车主与乘客面议。1988年,这种出租车逐渐增多。因未纳入规范管理,"宰客"现象时有发生。1989年,市政府决定,境内由市客运处对市区的出租车营运实行统一管理,实行统一标志、统一颜色、统一顶灯、统一票证、统一票价的"五统一"。

1990年,境内的出租车发展到52台,经市物价局批准,收费标准定为:一类车(富康、桑塔纳等)2公里内起步价定为7元,超过里程,分别每车公里1.8元和1.6元按实计价。1992年,为进一步规范出租车管理,市交警部门将全部出租车牌照统一换发为"X"字头牌照,并由市技术监督局统一安装里程计费表,开始实行打表计程收费。1994年,湘潭市百信出租车公司成立,成为市区首家出租车营运公司,对其属下的出租车实行公司化管理。1995年,区内参与营运的出租车325台,比1990年增加5.25倍。

1996年,根据市政府对市区的出租车经营权实行有偿使用的办法,委托交警部门采取公开招标和定项招标形式等出让出租车营运权,每轮出让期限5年(以单台车辆为计算单位),期满后依法收回营运权。1998年,区内成立长城、红叶、旅游、安国等4家出租车公司,参与营运的出租车264台,管理更趋统一规范。1999年,市物价局对出租车起步价进行调整,一、二类车原起步价分别下调2元。2000年,区内参与营运的出租车有980台,比1995年增加2.02倍。

2001年,区内出租车公司采用现代科技手段,在出租车上安装无线电话通信网络,有的还安装GPS卫星定位仪,公司与驾驶员之间的联系保持畅通,极大地方便相互了解运行地段、方位、时间与运行状况,及时调度、调节运力,保障营运规范安全。2004年,出租车经营权的管理由市交警部门移交市公用事业管理局。2005年,为减少汽车尾气污染,降低燃料成本,境内部分出租车开始改装燃料供用系统,既可使用天然气又可使用汽油作为驱动燃料,是年,此类改装车达到46台。2007年,区内有出租车经营公司16家,参与营运的出租车1159台,比2000年增加18.2%。

第三章　市政设施

第一节　供水 排水

一、供水

(一)自来水与自备水

湘潭市一水厂(以下简称市一水厂)原址位于境内十八总黄土山,占地1.81万平方米。1988年,日供水能力6万吨。1992年,驻区市自来水公司投资200万元,开发利用砂子岭深井作为补充水源,是年,3口深井投入使用,日供水能力扩大至7.5万吨。一水厂原取水口在唐兴桥排污口下方,水质可能受到污染,加之取水点位置高,枯水季节取水困难, 1995年,市一水厂在湘江与涟水交汇处新建一座26万吨/日的取水泵房。1997年,取水泵房工程及设备安装竣工投产。1999年,位于十万垅、占地6.67万平方米的一水厂制水扩容工程开工。2004年10月,耗资1.35亿元、日供水能力10万吨的水厂扩容工程竣工投产,全厂整个工艺包括加药系统、过滤系统、反冲洗系统、送水系统均实现自动控制，在国内属于领先水平。2007年，市一水厂日供水能力已达到17.5万吨。

1988年，境内有自备设施供水的工矿企业、学校等单位共57家，日供水能力8.9万吨。由于自来水管网延伸，供水面扩大及企业改制等原因，自备水源的单位逐年减少。2007年，区内自备水源单位44家，深井93口，供水能力15万吨／日，日供水能力达万吨以上的有江南机器厂、湘潭锰矿、江麓机械厂、湘潭大学、湖南科技大学。其中江南机器厂水厂日供水能力达5万吨。

(二)经营管理

1988年，供水方式大多为单位或居民住宅楼安装总表，市自来水公司根据总表计量收费，无论公用私用，单位按总表计量缴费，然后内部结算；居民住宅楼各户则按人头分摊水费。对街道散户居民用水，采取设站式供水的办法，居民购买水票，自备水桶挑水。1995年，逐步推行单元表或分户表计量收费。1997年，驻区市一水厂迁址扩建，结束取水口与排污口同位的历史，水质得到改善。2001年，城区居民供水推行“一户一表”改造，以户为单位装表计费，各户自行交纳水费，改造费用由用户承担。2002年，根据市政府决定，区内对困难户（含五保户）每月免收8立方米水费，低保户每月免收4立方米水费，其差额由供水企业消化。2003年，市自来水公司进行股份制改造，并对外招商，2004年9月与北京中环水务投资有限公司联营，组建中外合资企业——湘潭中环水务有限公司，注册资本2亿元。其中，湘潭自来水公司占股份30%，经市政府核准，享有30年城市供水特许经营权。2005年，区内公用供水水质的综合合格率保持在99%以上。2007年，雨湖区城市统一供水能力27.5万吨/日，工矿企业、学校自备供水能力15万吨/日，供水普及率99%。居民生活用水水价先后进行多次调整，从0.15元/吨上升到1.83元/吨。

1988~2007雨湖区部分年份自来自价格调整情况

19-3-1-1

类别 / 年份 水价	生活用水（元/吨）	工业生产用水（元/吨）	经营服务用水（元/吨）	特种行业用水（元/吨）
1988	0.15	0.20	—	—
1992	0.20	0.30	—	—
1993	0.25	0.35	—	—
1994	0.30	0.40	0.80	—
1995	0.40	0.50	0.80	—
1997	0.50	0.60	1.00	—
1998	0.50	0.60	1.20	2.00
1999	0.82	0.91	1.53	3.43
2002	1.00	1.10	1.80	4.00

续 19-3-1-1

年份＼类别/水价	生活用水（元/吨）	工业生产用水（元/吨）	经营服务用水（元/吨）	特种行业用水（元/吨）
2003	1.00	1.15	1.85	4.05
2005	1.15	1.32	2.16	4.09
2006	1.71	1.32	2.16	4.09
2007	1.83	1.32	2.16	4.09

（三）管网建设

1988年，境内有供水管网110.5公里，随着城区的不断扩展，供水辐射面相应增大，供水管网也随之增加。年内，市三水厂至河西观湘门铺设长2460米、直径600毫米的“过江”水管，实现河西与河东的供水管道联网。是年，供水管网最大管径为500毫米。随着供水量的增大，供水管网逐步进行改造。1994年，韶山东路建设时，新铺设直径800毫米供水管2.85公里。1997年，驻区市一水厂异地扩建，延伸供水管网3.5公里。1999年，北二环路建设时，新铺设直径800毫米供水管网10.5公里。此后，为提高水质、减少供水的第二次污染，区内主供水管网采用新材料，由过去的铸铁管改用球墨铸铁管；配水管网（即支管网）采用PE管，对原管网按15%年进行更新。进户水管则一般采用PVR铝塑管。2002年，在新建或扩建宝庆路、迎宾路、金沙路、立竹路、宝丰路等路段时，共铺设直径800毫米供水管网5.5公里，直径400毫米配水管网9.5公里。2004年，熙春路建设时，新铺设直径800毫米供水管网2.8公里。2006年，建设富洲路及高速公路连接线时，新铺设直径800毫米供水管4.5公里。2007年，供水管网总长164.5公里，是1988年的1.49倍。

二、排水

（一）排水管网

1988年，境内的排水管网基本建成，有排水系统13个，5个排水口，4个排渍站，排水管网总长为158.1公里。其中圆管48.6公里，明渠7.4公里，箱涵5.1公里，小街小巷支管网95公里。设置留泥井5760个。其中主要干道设2910个，小街小巷设2850个。设置检查井1450个。1995年，将唐兴桥、大埠桥、针织厂、大码头、小东门5个排水出口进行调整，增加联管和主流管网1749米，封闭针织厂、小东门、2个排水口。2005年，投资2.3亿元建设的河西污水处理厂竣工后，雨湖区城区污水排放形成网络，除窑湾因地势较低，污水直接排入湘江外，全区污水排放从砂子岭经宝庆路、新马路、中山路、平政路、沿江东路、小东门至污水处理厂形成顺流，经处理达标后排入湘江。2007年，全区排水管网总长达334公里。其中，主管网164公里，明渠9.5公里，箱涵20公里，小街小巷和次干道的支管网170公里。新建白马湖排水泵站一座（排量2.4万立方米/日），排入白马湖的污水全部接入排水主管，并入市区主管排放。

（二）防涝排渍

1988年，境内城区有十六总、大埠桥、小东门3处排渍站，日排渍能力50万吨。年内，市政府拨专款24万元，取消15处小闸门，将6处大闸门进行维修加固，在十六总和大埠桥排渍站新增机泵2台，更新机泵4台，增加装机容量200千瓦，实际达到800千瓦。全区城区日排渍能力增加至70万吨。1994年，湘江遭遇百年一遇大洪水，水位达到41.96米，超过历史最高水位（1907年最高水位41.26米）。市政府投资7250万元，对河西防洪大堤进行加固、拓宽、升高，以达到百年一遇的防洪标准。河西防洪大堤改造按堤、路、街相结合的原则，上段（石嘴垴至一大桥）长1443米，标高由42米加至43.14米，堤面宽14.5米，其中机动车道宽9米；中段（一大桥至大埠桥）长1276米，标高由42米加至42.8米，堤面宽17.5米，其中机动车道宽10米；下段（大埠桥至万楼）长2077米，其中利用原古城墙作堤基，标高由41米加至42.8米，堤顶宽2.8米的堤段长1471米。此外，三大桥至宋家桥长606米，则采取堤路相结合的办法，标高为42.8米，堤顶宽9米。河西防洪大堤改造后，直至2007年，城区虽然经历4次达到警戒水位和2次抢险水位的洪水，但状态良好，未发生洪涝灾害。

第二节 供 气

一、液化气

境内居民使用液化气始于1979年，当时仅湘潭军分区韶山路干休所从长岭炼油厂购进瓶装液化气，自己运输，按原价售给老红军和离休干部家庭使用。1988年，境内共有5家经营液化气的单位，用户达到1.2万户，年供气量1728吨。1991年，投资建设液化气储备站的厂矿、企业、高等院校增多，年末，液化气用户发展到3.5万户，年供气量5100吨。1994年，驻区市液化石油气公司、百江能源有限公司新开辟小区管道液化石油气业务，在熙春路、宝庆路等小区构筑气柜（罐）铺设管道。通过调压、用管道输送到用户家中使用，但因成本过高，未能普遍推广。1996年，区内罐装液化气用户达到5.28万户，气化率达到68%。2000年，液化气逐步进入农村家庭，全区液化气用户发展到7.9万户，年供气量1.28万吨。2005年，随着天然气用户增多，液化气用户减少至7.1万户，年供气量1.2万吨。2007年，区内有市液化石油气有限公司、百江能源实业有限公司、江南机器厂液化气站、湘潭大学液化气站、湖南科技大学液化气站5家液化气经营单位，用户6.9万户，用气人口达21万人，年供气量1.15万吨。

二、煤气

1986年，湘潭市启动煤气工程建设，以位于境内鹤岭镇的市合成化工厂的焦炉煤气为气源，1988年1月8日正式点火送气，首批煤气用户6000户，设计能力年产焦5万吨，年产民用煤气730万立方米的煤气工程，揭开了城市区用煤气替代煤炭的历史篇章，是省内第一个用上人工煤气的城市。1991年，全区煤气用户发展到1.52万户，但因气源不足，供气紧张。1992年，市政府对煤气输配工程进行第二期扩改，铺设过江输气管，在河东兴建5万立方米的储气罐，进行供气调峰。1996年，市政府与湘钢协商，由湘钢向市区提供煤气1万立方米/日，与市煤气管网联网运行，以缓解供气紧张的局面。年内，全区管道煤气用户为1.57万户。1998年，驻区市煤气公司自行设计、自行施工，新建一套简易液化气掺混装置，将液化气掺入空气后，再与煤气混合，以弥补煤气气源不足，调节用气高峰。2005年，区内煤气用户达2.71万户。7月，天然气接入湘潭并与煤气管网并网置换，区内不再生产与使用煤气。

三、天然气

2005年，区内开始使用天然气。2月，天然气连通点火，随后对区内原2.71万户管道然气用户进行分期置换。由于天然气使用方便，经济实惠，热值高少污染，至2007年年末，全区天然气用户已达5.7万户（17.5万人），天然气年用气总量达6300万立方米。

第三节　环卫设施建设

一、清扫设备

1988年，境内环境卫生由雨湖、湘江两个环卫所分别管理。每所各有洒水车1台，吸粪车1台，人力清运板车（垃圾车和拖粪车）约110辆。1992年，雨湖、湘江两个环卫所合并，成立雨湖环卫所，境内共有清扫机械设备27台，其中洒水车2台，吸粪车2台（粪肥运输）、垃圾运输车23台（其中后三轮摩托车4台）。机械设备外，有人力清运板车（垃圾车和拖粪车）约150辆。1995年，垃圾清运车增至29台，总吨位180吨；提升机12台，洒水车4台。1.5吨位汽车和后三轮摩托车被淘汰。2000年，垃圾清运车增至32台，总吨位210吨，提升机14台，洒水车5台，并对部分陈旧车辆进行更新。2007年，清扫机械设备共64台。其中，清运车38台（运载能力280吨），道路清扫车2台，洒水车8台，安装提升机16台。垃圾清运、道路洒水全部实行机械化作业，工作效率得到提高，环卫工人的劳动强度减轻。至是年末的20年中，区内投入环卫设备的购置、维护资金共计8000多万元。

二、垃圾中转站

1988年，境内有垃圾中转站10处，其中有机械垃圾中转站3座（八仙桥、人民路、解放路垃圾中转站）。1991年以来，先后投资410万元，改建雪园村、车站路、建设北路等6处垃圾中转场，并新建观湘门、广云路2座垃圾中转站，均为机械化集装箱式。1995年后，相继投入300多万元，新建羊牯塘、北二环、富洲路3个机械化中转站，并对其余人工装运的中转站进行机械化改造。2007年，区内垃圾中转站26处。其中机械化垃圾中转站16座。

2007年雨湖区机械化垃圾中转站一览

19-3-4-1

地址（站名）	中转站面积（平方米）	造价（万元）	转运形式
解放路	199	22	集装箱
楷树园	238	18	集装箱
砂子岭	323	22	集装箱
建设北路	240	16	集装箱

续19-3-4-1

地址(站名)	中转站面积(平方米)	造价(万元)	转运形式
车站路	225	19	集装箱
雪园村	194	18	集装箱
观湘门	532	23	集装箱
八仙桥	319	26	集装箱
人民路	69	11	集装箱
羊牯塘	170	50	集装箱
扩潭广场	143	16	集装箱
北二环路	170	54	集装箱
富洲路	160	52	集装箱
宝丰街	120	20	集装箱
大湖路	174	32	压缩式
窑湾	50	4	高台放斗

三、公共厕所

1988年,境内有公共厕所119座(不含楠竹山、鹤岭镇),其中,水冲式20座,旱厕99座,储粪库4座,配备掏粪工40名。至1991年的4年间,陆续改造旱厕20座。1992年,市政府发动各建筑公司捐建公厕,省建三公司、市建一公司、雨湖建筑公司、湘江建筑公司等15家单位共捐建(含改建)公共厕所17座。1996年,区内公厕均改建为水冲式。2007年,区内有公厕129座,建筑面积6700平方米,蹲位1400个,每座公厕都有专人管理和保洁,并挂牌公示。

第四节　路灯建设

1988年,境内城区(不含楠竹山镇、鹤岭镇)拥有路灯线路88.9公里,路灯1720盏,照明总功率273.7千瓦。1992年,建设北路路灯改造为三相四线供电。韶山中路、建设北路造型美观的海鸥灯、W型灯、蝙蝠灯、弧形灯取代了过去的简单灯型。是年,第一盏交杆灯立于市政府原一院(河西一大桥路口)。由市、区政府拨款和社会集资,共立交杆灯57盏,这些高雅、挺拔的路灯,使所在路口、广场的夜晚如同白昼,凸显现代城市的热闹与繁华。1995年,对承载灯具的电杆逐步改为自主立杆,笨重的水泥杆亦被轻巧的金属杆所代替。2001年,全区改造主次干道、街巷路灯线路115公里,重装和增装路灯7250盏。2005年,区内拥有30来种漂亮的灯型。罗源广场、江麓广场、邮电局十字路口皆采用"都市风情""星光灿烂""海之风"等具有强烈时代气息,外观别致的庭院灯、草坪灯、石头灯等灯型。2007年,区内共有路灯线路190.76公里,路灯1.35万盏,照明总功率1820千瓦。

第五节　公园广场修建

一、公园

雨湖公园　位于区内一大桥河西引桥东侧，1953年兴建，据传因地势低洼，积雨成湖，故名“雨湖”。公园占地21.12万平方米，其中水面14.92万平方米，由风格迥异的“七星”“八仙”两桥分隔成前、中、后三湖，园内有“双璧坊”“斗姥阁”等名胜古迹。设儿童乐园、水上游艇等娱乐设施。2005年，市政府投资1200万元对公园进行改造，拆除东、南两面围墙，新建亭、廊、榭14处，计1610平方米；恢复长寿亭、夕照亭等景观4处；构筑踏步、磴道8处；铺设麻石行道和广场1.1万平方米，增设健身运动设施2处，补植景观树6000余株。公园菊花广场内一扇长21米、高3.2米的墙壁上，镶嵌着长20米、高1.82米的《湘潭古城图》(图为鲁班殿门楣泥塑，仿制放大而成)，并将清末《雨湖春》十字诗绘成雨湖景观图，用石板雕刻于北侧墙上。

和平公园　位于区内建设北路与广云路口交汇处之东北侧，占地7.04万平方米，其中有人工挖掘的水面0.22万平方米。1953年改建，1962年建成开放，公园内设有动物园，是全市唯一可观赏野生动物的公园，现有各类动物26种，计1000余只，其中国家一级保护动物4种29只。2005年，市政府对和平公园投资253万元扩园增容，引进动物和购置设施设备。园内设置盆景园、动物园、旱冰场、百花台、儿童游乐园。公园内成林树木100多种计9880株，盆景花卉600多种4万多株，绿化覆盖率90%。

杨梅洲公园　位于区内杨梅洲的西端，由雨湖区建设局修建，1991年动工，1993年建成开放。公园占地面积10.1公顷，园内种植有各种树木1.4万株，并设有游泳场、跑马场、野炊场等。为方便市民上洲郊游休闲，2000年，市政府筹资600万元动工修建杨梅洲大桥，2001年10月竣工通车，结束靠渡船出入杨梅洲的历史。

白石公园　白石公园位于区内中心地带，东起大湖路，南抵朝阳街，西至宝庆路，北临高标路，长941米，宽358米，占地27.26公顷，其中水面6.67万平方米。公园原址为白马湖渔场，1982年，经湘潭市规划为大湖公园，1986年立项，后经市政府批准改为白石公园。1998年6月，市政府确定白石公园为以水面为主体的文化公园。2002年，白石公园景区建设及排水工程同步实施。2003年，完成入口、行道、广场、游览道、印章园、亭、柱、廊榭、雕塑、绿化、园林小品等28项工程，当年完成投资额2006.6万元，年末对外开放，续建工程仍在进行。白石公园以齐白石的艺术生涯为主线，围绕其“画、印、诗、书”，运用植物、山石、水面、雕刻与构筑园林小品等造园手法，展示齐白石的艺术成就。公园入口设置台阶，东西两侧构筑高2.6米石雕荷花和32根立柱，雕刻6首七律诗。台阶两侧设置两组橘红色塑石，右边为6立方米的方墩，左边为20立方米的错落大型门墩，上书“白石公园”。园内构建以“画、诗、书”为主题的雕刻、雕塑，栽培名贵树木、花卉，大型绿化草坪。在湖的沿岸构筑桥、亭、廊榭等园林小品及占地1200平方米的印章园，构架38立方米大型篆刻石雕方印。为纪念中国画坛的一代宗师，公园广场中央设立高9.7米的齐白石立姿石雕像。

2007年，区内有上述公园4处，绿化面积共计39.51万平方米。

二、广场

砂子岭广场　位于区内西隅，有“湘潭市西大门”之称，广场面积原为2600平方米。1998年，进行全面改造拓宽，拆除房屋3400平方米，改为树、花、草相间的绿地，中间转盘建成寓意繁荣稳定的“宝鼎”雕塑。2001年，再次进行提质改造，占地面积扩大到1.30万平方米，其中绿化面积6400平方米，是以交通为主体的景观与绿化相结合的城区广场。

雨湖广场 位于区内雨湖路与建设北路交叉口。1988年，广场面积3580平方米，1993年，开发广场南侧九汇沟旧城区，广场面积扩大2468平方米。2001年，市政府开展“一化三清”时，对广场再次进行拓宽改造，将广场北面原市电信局、办公、营业楼及原市劳保用品公司办公楼、营业间、住宅楼拆迁，扩大广场面积4760平方米。2002年，将被拆迁的土地全部改建为广场绿地，栽植以热带棕榈科植物为骨干树种，以小叶女贞等灌木丛为背景，点缀四季鲜花，构筑花坛、游览道踏步、地下建有3200平方米的停车场(现暂为商场)，改造后雨湖广场面积扩大到8340平方米，绿化面积4700平方米，成为一处景观秀丽的“花园式”广场。

护潭广场 位于区内韶山东路东端。2000年开工建设，广场占地面积5.20万平方米，其中绿化面积3.00万平方米，设置各类灯饰86组(杆)，投资2150万元。2001年6月竣工并投入使用。2002年，追加投资180万元，征收广场边沿空地810平方米，对原绿化提质改造，新增各类照明灯600盏，喷水龙头26个，增植灌木1100株，花卉600株。该广场容交通、休闲、观赏于一体，是区内较大的景观广场之一。

江麓广场 江麓广场因位于区内的江麓机械厂而得名。1988年，广场面积5000平方米，2001年，市政府开展“一化三清”时，与江麓机械厂协调，拆除广场两侧集体宿舍楼及东侧的部分建筑，广场面积扩大至1.15万平方米，建设绿化面积6500平方米。

建设北路广场 建设北路广场位于区内建设北路与韶山中路交叉口。广场面积8240平方米，绿化面积2500平方米，1983年修建，配置有石凳、游览道、雕塑，以供公众休闲和观赏。

火车站广场 火车站广场位于区内火车站前坪，历经多次扩建、改造、美化、绿化，面积1.09万平方米，其中绿化面积3200平方米。

2007年，区内共有广场6个，总面积9.58万平方米。其中绿化面积5.83万平方米。

附

区内小游园简介

区内共有小游园86处，面积超过1000平方米的街沿游园10处。

和平街心公园：1986年修建熙春路一期工程时，将和平路与雨湖路交叉处的8000平方米的空地分隔为两块，除去修路占地，剩余土地建成两个共5980平方米的街心花园。其中廊架140米，水池160平方米，雕塑一处，植树1600株，绿地面积1240平方米，置有石凳、亭、阁等。

一大桥西花园：1994年建，占地1640平方米，植树61株，铺草皮620平方米，构筑廊架2处，配置有健身设施。

大埠桥游园：1996年河西防洪堤加高拓宽时，将大埠桥堤内7200平方米坡地改造成游园。建有古亭一处，游览道600米，植树45株，铺草皮6200平方米，石凳13处。

关圣殿游园：2002年，市政府投入540万元，征拆民房9户2604平方米，建设为5200平方米的游园。栽植花草树木，构置石凳等设施，绿地面积1210平方米。

望衡亭游园：望衡亭系民国时建筑，游园面积2957平方米，绿地面积1730平方米。

陶侃墓游园：陶侃墓系衣冠冢，小游园与陶侃墓相配，面积1100平方米，植有花草绿篱、香樟、广玉兰等树木，另有园林小品和雕塑，绿地面积488平方米。

文化街口游园：文化街口游园位于文化街至车站路出口，建于2002年。游园面积2350平方米，植树58

株,栽植绿篱、花草1826平方米,构筑园林小品两处。

三大桥西游园:三大桥西游园位于三大桥河西引桥西侧,1998年兴建。面积4670平方米,植树119株,铺植花草3100平方米。

车站路游园:游园位于车站路与老车站路交汇处。面积3308平方米,栽植香樟、桂花、龙爪槐、雪松等名贵树木55株,铺植花草2370平方米,园林小品两处。

湘潭宾馆前游园:游园位于湘潭宾馆大门前,建于2003年。面积2800平方米,植树110株,铺植花草1500平方米,游园中心建有200平方米的健身舞池。

第六节　城区绿化

一、道路绿化

1988年,境内共有道路绿化面积19.34万平方米。其中主次干道,道路绿化面积共计12.37万平方米。小街小巷道路绿化面积6.84万平方米。1989年,对建设北路、广云路、和平路、沿江东路、解放南路、车站路的绿化进行改造更新,增加道路绿化面积1.8万平方米。同时,逐步对全区未绿化的街巷进行绿化植树,增加绿化面积2.2万平方米。2001年,对车站路、建设北路、韶山东路、大湖路进行以绿为主体的改造,增加道路绿化面积1.2万平方米。2007年,全区道路绿化面积54.31万平方米。其中,主次干道41.57万平方米,街巷(含部分次干道)12.74万平方米。

二、庭院绿化

境内庭院绿化于1978年以后逐步开展。1988年始,庭院绿化已不只局限于栽树、植草,同时还构筑亭、廊、阁等园林小品,创造良好的工作和居住环境。2007年,区内有独立庭院的单位均进行庭院绿化。其中,庭院绿化面积10万平方米以上的单位5家,即江南机器厂、湘潭大学、江麓机械厂、湖南科技大学、新景家园。庭院绿化面积1万平方米以上的单位25家,即湘潭宾馆、湘潭市委党校、平安电器集团、武警湘潭大队大院、湘潭一水厂、市民政局(原市委大院)、湘潭职业技术学院医学院(原湘潭卫校)、市第一职业中专学校(现为益智中学)、第一技工学校、市五医院、湘锰技校、市第一中学、市第二中学、湘潭中心医院、湘潭广播电视大学、湘潭市第二技工学校、湘潭市第九中学、铁路技校、河西污水处理厂、一格制药有限公司、湘潭烟草中等专业学校、阳光山庄、沁园小区、百姓家园、香樟园。在开展创建园林式单位活动中,区内获得省、市级园林式单位的有63家,获得省、市级"园林式"小区的有9家。至是年底,区内绿地总面积967万平方米。其中,公园绿地面积237万平方米,生产绿地75万平方米,防护绿地18万平方米,附属绿地561万平方米,其他绿地76万平方米,绿地率12.25%。人均公园(含游园、庭院)绿地面积8.08平方米,人均绿地面积26.12平方米。

雨湖区政府一院内花坛

2007年雨湖区主要道路绿化统计

19-3-7-1

路　名	绿化面积(万平方米)	绿化覆盖面积(万平方米)	绿化率(%)	绿化覆盖率(%)
解放北路	0.40	0.55	30.10	40.80
解放南路	0.86	1.04	26.20	31.70
建设北路	3.04	3.80	28.80	36.00
韶山西路	3.63	5.08	45.13	63.10
韶山中路	0.60	1.44	26.50	64.20
韶山东路	3.72	4.07	29.30	32.10
雨湖路	1.42	4.41	25.40	78.80
民主路	0.22	0.26	13.50	16.45
湖园路	0.16	0.32	25.50	51.40
车站路	1.68	1.89	27.40	30.90
迎宾路	0.81	0.81	9.80	9.80
广云路	1.19	1.47	27.10	33.40
熙春路	1.61	1.61	19.00	19.00
北二环线	11.48	12.36	44.90	48.14
富洲路	4.00	4.01	32.60	33.00
泗州路	0.67	0.78	25.80	31.20
中山路	0.35	0.48	12.8	17.56
人民路	0.60	0.76	25.20	32.10
宝庆路	2.03	2.21	32.90	35.70
大湖路	0.97	1.03	25.30	26.80
和平路	0.12	0.16	61.30	14.80
沿江路(河西大堤)	0.54	0.54	12.50	12.50
湘大新路	1.47	1.47	14.00	14.00

2007年雨湖区部分街巷绿化统计

19-3-7-2

道路名称	绿化面积（平方米）	道路名称	绿化面积	道路名称	绿化面积（平方米）
文运街	327	大庆新村路	787	幸福湾	944
老干所路	1046	迎宾市场路	308	幸福村	843
沙子岭路	903	湘建路	734	新景路	147
换新街(南)	403	宾湖街	2256	风车坪路	900
自力街(南)	332	罗源路	392	立新围子	987
沿街路	630	十三总码头	252	解放围子	357
沿江大堤下街	347	发源路	122	建新巷	289
燎原街	281	沿江堤下路	1951	杨家湾路	308
白石街	2160	胜利码头	176	九汇楼路	459
换新街(北)	410	新生码头	648	金家围子路	123
自力街(北)	525	平政路	1785	文家围子路	295
金庭街	463	袜厂路	123	杨家弯路	475
卫文街	819	工人新村路	955	文家围子	221
橘园街	1332	和平新村街	1613	锅炉厂路	193
文化村街	784	雨湖路	175	广云路(老路)	1138
老车站路	1470	东环路	1240	谭家坳路	87
冻库路	122	福康北路	174	江麓东门	296
胜利围子	473	曾家湾路	152	何家湾路	525
陵园侧路	140	橘子园路	510	饲料公司路	299
草塘路	1512	广云东路	1204	广技路	914
调塘路	779	丁家围子	434	广韶直路	420
菜场路	210	城墙路	3480	血站路	150
云塘脑路	700	南岭西路	182	西塘东路	73
百家园路	350	二轻中专路	892	公安东路	522
广云东(侧路)	1120	友谊路	1400	建城路	949
税务局路	228	纺纱路	1470	繁城西村路	456

续19-3-7-2

道路名称	绿化面积（平方米）	道路名称	绿化面积	道路名称	绿化面积（平方米）
丽华路	53	高碑路	819	蔚霞新村路	512
保险巷路	122	马家岭路	1050	繁城路	189
四合院路	122	金塘路	350	瞻岳门路	789
湘革路	525	模具厂路	70	雨湖街	334
湖头岭路	2485	五医院路	116	通济门路	165
护潭中学路	65	老市委路	546	学坪里	546
田家大屋路	126	马坡里路	616	观湘门直街	256
城墙路	394	黄花塘路	1540	南岭北路	5500
湘大老路	5198	立新路	1522		
富民路	840	烟竹路	175		
韶富路	1456	九中路	386		
万宝路	1183	迎宾侧路	219		
金天路	525	高标路	1890		
金郁路	658	红旗路	166		
高岭北路	2520	广场路	90		
马家岭路	1176	粉厂路	840		
花园路	2520	市政法委路	620		
幸福路	2016	高岭路侧路	420		
友谊路	1008	建新路	240		
沙子路	2800	高岭路	2940		
立云路	2800	富洲路	2210		
工农路	630	卫校围墙巷	728		
繁云路	1400	区检察院路	995		

江南机器厂庭院绿化 江南机器厂位于境内楠竹山镇。企业为加强绿化建设，设有专门的园林绿化机构，有专职的绿化建设管理队伍、苗圃、温室。厂区内种植大量的名贵花草树木，多次获得省、市绿化先进单位、红旗单位等荣誉称号。参加历届市花展，该厂都辟有单独的场馆，是区内最早的省级园林城市单位之一。2002年，投资1000多万元改建江南公园，新建爱国桥小游园和江南体育中心，同时配置健身器材，建设亭、榭等绿化景观。2007年，江南机器厂内共有大小游园10个，游园绿地面积12.5万平方米。全厂绿地面积

284万平方米，绿地率42.9%。

湘潭大学庭院绿化　湘潭大学位于境内羊牯塘，绿化面积55万平方米，省级园林式单位。学校设有专门的绿化管理机构，配备专门的园林绿化建设管理队伍，有自己的花卉栽培和苗圃。1995-2007年，学校先后兴建南游园、公寓小区游园、教学楼前坪游园及图书馆广场、文化广场，游园总面积7.80万平方米。其中绿地面积6.63万平方米，校园内四季常绿，鸟语花香，生机盎然。

江麓机械厂庭院绿化　江麓机械厂位于境内解放北路。总面积159.72万平方米，绿地面积68.45万平方米，省级园林式单位，设有专门的管理机构，有园林绿化建设管理队伍，建有苗圃温室，有较高的苗木花草栽培技术，是省、市绿化先进单位。1990-2005年，先后建设发展游园、俱乐部游园、如意游园，游园面积1.59万平方米。2007年，全厂有绿地面积68.45万平方米，绿地率39.5%。

湖南科技大学庭院绿化　湖南科技大学由原矿业学院和湘潭师范学院2002年合并而成，主校区位于境内北郊。是年，校园绿地面积28.64万平方米。湖南科技大学重视绿化工作，在校区内栽植大量的花草、树木，并先后兴建明湖樱花园、荷花池小游园、校门前游园、含笑园、北校教师宿舍区游园、图书馆广场、外语楼广场等。至2007年，校园总面积207.13万平方米，其中绿地面积101.34万平方米，绿地率为48.93%，每逢樱花盛开的时节，前来观赏的校内外游客络绎不绝。该校为省级园林式单位。

新景家园绿化　新景家园住宅小区位于雨湖区熙春路以南、沿江东路以北、三大桥北引线以西、柏荫路东侧的围合区域，总用地21.34公顷。该小区2001-2007年开发面积为21.44万平方米，植树绿化面积12.18万平方米，小区绿地率达到56.81%。

雨湖区省级园林式单位一览

19-3-7-3

序号	单位名称	单位总面积（万平方米）	绿地面积（万平方米）	绿地率（%）
1	江南机器厂	545.00	284.00	52.11
2	江麓机械厂	159.72	68.45	42.86
3	湘潭大学	180.00	55.00	30.56
4	湖南科技大学	77.55	28.64	36.93
5	自来水一厂	1.80	0.90	50.00
6	原湘潭市委机关	9.03	4.85	53.71
7	湘潭宾馆	2.71	1.74	64.21
8	市税务局（老址）	1.25	0.66	52.80
9	市直二幼儿园	1.84	0.74	40.22
10	铁路技校	5.32	2.13	40.04
11	湘潭第一中学	7.37	2.69	36.50
12	湘潭烟草中专学校	5.38	1.98	36.80
13	老干中心	0.83	0.31	37.35

续 19-3-7-3

序号	单位名称	单位总面积（万平方米）	绿地面积（万平方米）	绿地率（%）
14	中国人民银行中心支行	1.27	0.46	36.22
15	市房地管理局（老址）	0.65	0.24	36.92
16	市城管局（老址）	0.38	0.21	55.26
17	市委党校	3.42	1.24	36.26
18	市水利局	1.53	0.56	36.60
19	平安电器集团	13.33	6.67	50.04
20	市烟草局	0.89	0.33	37.08
21	市武警支队	4.52	1.52	36.63
22	雨湖区政府一院	1.35	0.47	34.81
23	新一水厂	4.00	1.40	35.00
24	市农业发展银行	1.33	0.47	35.34
25	湘潭烈士陵园	1.71	1.28	74.85
26	湘潭市财政局	0.99	0.35	35.35
27	湘潭市卫生局	0.57	0.20	35.09

雨湖区省、市园林式小区一览

19-3-7-4

序号	小区名称	小区面积（平方米）	绿地面积（平方米）	绿地率（%）	级别
1	阳光山庄	135000	67500	50.00	省级
2	新景家园	214400	121780	56.80	省级
3	大同花苑	32000	8330	26.03	省级
4	市审计局小区	5100	2600	50.98	省级
5	王世峰小区	8500	3230	38.00	省级
6	市政府机关二院小区	16800	6720	40.00	市级
7	沁园小区	47000	18800	40.00	市级
8	百姓家园	93300	28000	30.00	市级
9	香樟园	87900	33402	38.00	市级

第四章 旧城改造与村镇建设

第一节 旧城改造

雨湖区的城正街，是明清及民国时期的湘潭县治中心。从平政路经中山路至窑湾街道，沿江2.89平方公里的狭长区域，系旧城区。1988年，平政路街道的40%仍为棚户区，巷道狭窄，房屋逼仄低矮；30%的住房依旧是竹篾泥浆间隔为墙、人称“织壁子”的老式房屋，住户没有独立的卫生间。窑湾街道90%的居民住宅还是砖木结构的双层木楼，门梁倾歪，摇摇欲坠，十年九淹，阴湿灰暗。

1992年，市、区两级成立旧城改造办公室，负责旧城改造的具体工作。投资3780万元，开始对城正街道范围内面积达7.94万平方米的旧城区进行改造，拆除旧房1.65万平方米，动工兴建西起和平路口、东至三大桥的熙春路，至是年末，实际完成和平路口至泗州路口一段，长754米。同时，对平政街道范围内的旧城改造进行整体规划，由旧城改造集团公司投资4250万元，在车站路开发东环住宅小区。该小区占地面积3.5万平方米，建筑面积8.5万平方米，共建20栋楼房，计820户套，用以安置部分因旧城改造而被拆迁的住户。

1994年开始，投资4846万元，对沿江中路西起石嘴垴、东至大埠桥、全长2719米的土质防洪堤，进行以堤、路、街相结合的改造，拆迁旧房1.25万平方米，工程于次年11月竣工。1996年，投资470万元改造平政路。平政路西起湘潭一大桥引桥东侧，东至大埠桥，过去是一条麻石路，几经改造维修，路况仍然较差，排水系砖砌明沟，下水不畅。改造后为混凝土路面，排水采用直径1.8米大口径排水管，次年竣工。在启动旧城改造的同时，公共绿化建设亦相应得到发展。旧城区因房屋紧密，街巷狭窄，空坪余地少，城正街、中山路、平政路的道路绿化面积原来只有0.45万平方米。防洪堤改造完成后，同时建成全长4.8公里的石嘴垴至三大桥的沿江景观带，绿化面积达15.4万平方米。至1997年的5年间，共拆除旧房面积4.55万平方米，新建房屋面积50.5万平方米，新建或改造路(堤)6.1公里；建设住宅小区5个，人均居住面积由7.5平方米提高到18.5平方米。

2002年，新景集团在城正街道东侧新建新景家园住宅小区，先后拆迁棚户建筑7.5万平方米。2004年，熙春路续建工程启动，年内竣工。熙春路全长2648米、宽30米，道路绿化面积1.61万平方米。2007年，新景家园住宅小区建成，占地面积21万平方米，建筑面积23.86万平方米，有住宅楼51栋，计1800多户套。还建有4栋18层的电梯住宅楼，是区内最早的高层电梯住宅楼。平政路街道范围内的旧城改造先后投入资金2.52亿元，拆迁棚户建筑8.25万平方米，新建房屋42.5万平方米；建成农贸市场2个，工业品市场1个，总建筑面积5200平方米，70%的棚户得到改造。至此，全区共拆除旧房面积27.5万平方米，新建房屋面积155万平方米，新建或改造路(堤)10.79公里；建设住宅小区15个，人均居住面积由18.5平方米提高到21.5平方米。同时，建设公共绿地面积17.29万平方米，是旧城改造前的28倍。

市河西一大桥处街头花坛

第二节 村镇建设

一、小城镇建设

区内小城镇建设始于1999年。7月，根据湘潭市人民政府《关于加快小城镇发展的若干规定》，雨湖区成立小城镇建设领导小组并相应设立区小城镇建设办公室，确定“以两镇（楠竹山镇、鹤岭镇）为重点，加强村乡建设，全面推进城乡一体化”的基本思路，加大对两镇建设投入，同时，决定两镇的城市建设维护费（税收）全额返回，用于自身市政基础设施建设。至2007年的9年中，全区小城镇建设完成建设总投资13.92亿元。其中，住宅建设（商品房开发及私房建设）7.99亿元，生产性建设4.97亿元，市政公用设施建设9570万元。在市政公用设施建设完成的9570万元投资中，其中道路5622万元，园林绿化392万元，水电2527万元，卫生、文体等1029万元。

楠竹山镇 楠竹山镇是以江南机器厂为依托而发展起来的，建于1957年，位于湘潭、韶山、湘乡三市的交汇处，原称楠竹山街道，面积6.7平方公里。1993年撤街建镇，辖13个居民委员会和1个村民委员会，总人口2.71万人。1999年，由湘潭规划设计院对楠竹山镇进行土地利用与城镇发展的总体规划。2000年，引进投资600多万元，新建住宅11.5万平方米，投资24万元改造和硬化道路。2001年，投资600多万元，改造建设江南体育中心。2002年，江南机器厂与吉利汽车集团合作建成4条汽车生产线；同时投资300万元，改造扩建3条镇区道路，总长3600米，面积3万平方米；投资近100万元改建江南公园，新建爱国桥小游园。2005年，投资7000万元，改造和硬化镇内道路，改造楠竹山镇市场和桥头农贸市场。2007年，全镇有社区9个，行政村1个，总人口2.97万人。城镇化率97.5%，为省重点镇，累计建设总投资4.52亿元。其中住宅（含房地产开发和村民建房）1.33亿元，公共建筑0.16亿元，生产性建筑2.50亿元，市政公用设施建设（含给排水、道路、园林绿化、环卫、电网改造、交通卫生、市场等）0.53亿元。镇内有楠湖、楠韶、楠通3条主干道，街巷18条道路总长17公里。建有日供水能力5万立方米的自来水厂1座，排水管网34千米，供水管网25千米。液化气用户1.3万户。有110千伏供电线路，程控电话容量达2.5万门。园林绿化率47%，路灯260盏，公共厕所12座。

鹤岭镇 鹤岭镇是以湘潭锰矿为依托发展起来的城镇，距市区13公里，原为鹤岭街道，面积4.5平方公里。1993年撤街建镇，辖6个居民（家属）委员会和1个村民委员会，总人口1.8万人。2001年，鹤岭镇编制《总体规划设计》，划分出工业园区、公共行政区、绿化区、商业区、居住区等11大片区；先后对潭锰路各社区道路进行改造、硬化及下水设施建设。2006年，投资2800多万元，将原农贸市场升级改造为大型综合市场；投资986万元，兴建2000立方米储水池1座，并对5000多户居民的管网、计量进行改造。2007年，全镇有社区5个，行政村1个，人口1.94万人，城镇化率96.7%，为湘潭市重点镇。累计建设投资1.42亿元，其中，住宅2718万元，公共性建筑1800万元，生产性建筑7650万元、市政公用设施建设2040万元。镇内现有主次干道、街巷共52条，全长17.5公里。自来水厂1座，日供水能力2万立方米；排水管网27.7千米，路灯115盏，公共厕所36座。

二、乡村建设

（一）住房建设

1988年，境内农村共有私人房屋1.48万栋，总面积约266.4万平方米，农民人均居住面积约为22.75平方米。房屋结构多为旧式平房，土砖、青瓦，屋宇呈“凹”字型布局，牛栏、猪栏、厕所等紧连屋后屋侧或混用，卫生条件很差。农村电灯入户率仅为80%，由于供电状况并不稳定；仍有少数村民家庭用煤油灯照明。一般农家无大型家用电器，黑白电视机百户拥有量仅为10台。村民多以煤炭、茅柴作为生活燃料。98%以上的农家尚未安装固定电话。

1992年，原郊区的长城、先锋、昭潭、护潭等4乡35个行政村划归雨湖区管辖，4乡紧靠城区，具有一定优势。尤其是在党的惠农政策下，农业、农村、农民的发展形势日益向好。至1997年的5年中，4乡村民自建新房的共有8893户，新房面积208.74万平方米，投资总额达8.35亿元，农民人均居住面积为32.15平方米。房屋结构多为砖混结构，一般为二层，少数三层，套间式设计，增加有防潮、隔热及电线、水管、有线电视线等暗敷设施。农村电灯入户率实现100%，农户不仅普遍使用彩色电视机，有的还拥有多种家用电器。全区农村使用沼气作为燃料的农户4000户；近城农户则用上瓶装液化气甚至管道煤气；60%的农户用上自来水，20%的农户用上井水，用水安全卫生得到基本保证。固定电话入户率和移动电话个人拥有率分别为10%和2%。

2000年，开展社会主义新农村建设以来，随着社会和经济的发展，村民收入增长，视野放宽，信息化程度提高，村民建房已不只追求经济实用，而是追求现代、美观、舒适。部分村民建房开始聘请专业技术人员精心设计，庭院式小别墅亦多呈现。2007年，长城、先锋、昭潭、护潭乡4乡35个行政村中，有13个村已成为城中村，8个村基本归并城区；27个村普及自来水供应，8个村饮用深井水；供电、供气、宽带等基本普及；固定电话入户率和移动电话个人拥有率分别为80%和60%。至是年的20年中，全区共完成村乡建设投资7.98亿元。其中，房地产开发（含私人建房、市场建设等）7.49亿元，道路、绿化、水电等公共基础设施建设4878.6万元。

1988-2007年雨湖区4乡村民建房统计

19-4-2-1

单位	1988-1997年			1998-2007年			合计		
	户数（户）	面积（万平方米）	投资额（万元）	户数（户）	面积（万平方米）	投资额（万元）	户数（户）	面积（万平方米）	投资额（万元）
长城乡	3030	72.72	29088	1294	31.05	18630	4324	103.77	47718
昭潭乡	1797	377.74	15096	846	77.76	10656	2643	455.5	25752
先锋乡	1739	40.1	16040	746	17.15	10266	2485	57.25	26306
护潭乡	2327	58.18	23272	998	24.95	14970	3325	83.13	38242
合计	8893	548.74	83496	3884	150.91	54522	12777	699.65	138018

（二）道路建设

境内乡村道路大都源于20世纪70年代修建的机耕道，路面为砂石路面或土坯路面，宽仅2-4米，晴则灰尘，雨则泥泞，出行不便，承载能力差。1988年，境内乡村道路总长约110.5公里，多为砂泥土路的机耕道。1991年，湘潭市城市建设迅速拓展，境内部分乡村道路被征用变为城区道路或商住楼用地。其余部分在乡镇政府组织下，采取村民集资、村组或乡镇适当补助的方式，解决乡村道路拓宽修整和硬化路面所需资金。至1998年，区内乡村道路总长159.6公里。其中混凝土路面31.9公里。2001年起，区内各乡镇抓住国家实施“通乡工程”和“通达工程”的契机，组织所在地与村组之间道路改造硬化的施工，铺筑水泥路面。2005年，区内进一步加快乡村道路建设步伐，全面落实由国家财政和地方财政共同负担的村级道路维修和改造任务。通过各村的集体投入和村民的集资投入，至2007年20年中，共投资2694.7万元，新修和改建乡村道路118条，总长128.6公里，全部为混凝土路面，实现村村通、组组通、户户通。年末，全区乡村道路共计214.3公里，比1988年增加103.8公里，增长93.9%。

1997-2007年雨湖区新修、改造乡村道路概况

19-4-2-2

所在乡	路名	起止地点	路长（米）	路宽（米）	建设时间（年）	投资（万元）
长城乡	洪桥1、2组路	320国道-铁路	1000	3.5	2007	13
	洪桥3、4组路	320国道-4组	1200	3.5	2007	14.5
	繁白路	107国道-繁荣村村部	4100	4	2005	53
	高羊路	320国道-107国道	3500	3.5	2005	49
	和谐路	107国道-立荣粟家组	500	15	2001	5
	农高路	高茅屋场-农行中专	3000	3.5	2005	32
	繁高路	107国道-十万垅大堤	3000	3.5	2005	32
	高新路	107国道-新月村	1000	4	2005	12
	工农路	宝庆路-107国道	2500	6	2004	27
	农行路	107国道-农行中专	600	6	2006	6
	宋仙路	320国道-污池坑	2000	6	2006	24
	上卫路	北二环-上新村	3500	4	2000	45
	自力路	打米厂-湘大	1500	3.5	2002	18
	太平路	变电站-北山	2000	4	2007	22
	八一路	北二环-铁路	1500	4	2005	18.5
	砂袁路	长城信用社-县汽运处	2000	4	2006	22
	砂秋路	恒和大厦-秋皮塘	1500	4	2006	18.5
	砂中路	县农机公司-刘锡文家	750	4	2006	7
	菜秋路	菜科所-秋皮塘	500	3	2006	5.5
	潭邵路	金砂宾馆-湘大中西侧	1000	3	2005	11.5
	费家路	320国道-倪家	1500	4	2007	18.5
	新华路	老村部-新华组	1000	4	2007	13.5
	长洪路	107国道-工农村	3000	4	2007	33.5

续 19-4-2-2

所在乡	路　名	起　止　地　点	路长（米）	路宽（米）	建设时间（年）	投资（万元）
先锋乡	高先路	高岭路-先锋中学	850	4	1999	11.22
	高家屋场路	高岭路-牛屎塘	980	3.5	2003	12
	刘家湾路	高岭路-戴家湾	450	4	2003	6.3
	渠道路	铁路边-工农路	950	3.5	2002	8.7
	洋人坡路	恒盾路口-洋人坡	1000	4	2006	17.6
	二组路	戴家湾-挂榜山	480	3.2	2007	5.06
	戴家湾路	高岭路-戴家湾	420	3.5	2006	4.85
	桂圆路	南岭北路-麻元路	800	3	2004	8
	干子塘路	南高横路-麻元路	500	3	1997	5
	崔家湾路	南岭北路-江麓十分厂	800	3	1997	8
	北冲路	南岭北路-皮鞋厂	400	3.5	2005	5
	桐先路	潭锰路-高岭路	2000	4	2002	75
	公塘路	金桐路-桐先路	1200	4	2006	32
	上洲路	潭锰路-腰组上洲	600	4	2002	22
	腰港路下	潭锰路-水乡星沙村	900	4	2002	55
	渠道路下	蔡家坝-星机电围墙	1200	4	2005	38
	渠道路东	蔡家坝-刘家老屋场	1400	4	2004	49.5
	梅树湾路	潭锰路-梅树湾	500	3	2001	15
	桐锌湾路	潭锰路-桐先路	300	3	2003	8
	前卫路	潭锰路-二级撇洪渠	650	3	2006	15
	腰二组路	腰港路-殷家屋场	520	3	2002	15
	泉塘组路	桐先路-姜家老屋	750	4	2007	28
	泉塘组路	高岭路-黄家老屋	350	3	2007	10
	烟竹组路	桐先路-争先水库	800	3	2006	18
	腰一组路	上洲路-腰港路	700	3	2007	15
	苋菜冲路	公塘路-桐先路	700	3	2007	35
	罗家坡路	麓光路-罗家坡	800	3	2004	10

续 19-4-2-2

所在乡	路　名	起　止　地　点	路长(米)	路宽(米)	建设时间(年)	投资(万元)
先锋乡	豹子塘路	建一水库-秋皮塘	800	3	1997	8
	环村路	保养厂-麓光路	1000	5	2005	25
	红旗路	麓光路-菜科所	350	3	2007	5
	金升路	320路口-铁路湘大	2000	3.5	2006	27
	立星路	320路-立星村	1000	3.5	2007	13
	红星路	湘大路-湘铁路	1000	3.5	2007	13
	株树路	二环线-湘铁路	1700	3.5	2007	22
	调塘路	立桥铁路-二级撇洪渠	500	2.5	2007	8
	新调路	二级撇洪渠-建北路	500	2.5	2007	8
	大屋湾路	潭锰路-大屋湾	1000	3	2007	20
	争湘路	步步高路-天星堤	2200	5	2006	120
	争湘路	步步高路-湘九路	800	5	2006	32
护潭乡	老屋路	石油库-二级渠中桥	2600	5	2006	115
	湘九路	石油库-石码头	2200	5	2007	152
	文昌村道	天星堤-企业	600	5	1998	10
	文昌村道	天星堤-中心组	1000	3.5	2006	20
	唐家路	天星堤-天星堤	600	3.5	2007	12
	张家路	天星堤-张家组	500	3.5	2007	11
	留本路	二级渠-留本组	1100	3	2007	20
	安置区路	天星堤-安置区	7500	4	2006	12
	和平路	天星堤-长塘组	1200	3	2000	12
	六亩路	老屋路-一级渠道	600	3.5	2006	12
	大王路	老屋路-大王组	300	3.5	2006	7
	新屋路	老屋路-纸厂	800	4	2001	28
	三岭路	老屋路-山塘岭	2100	4	2006	52
	老屋湾路	老屋路-步步高路	1200	4	2006	27
	仙旗路	步步高路-居民路	300	4	2006	8

续19-4-2-2

所在乡	路名	起止地点	路长(米)	路宽(米)	建设时间(年)	投资(万元)
护潭乡	红星路	湘锰路-大皮塘	2400	5	2006	58
	大堤路	红星村部-火车站	1200	4	2007	21
	大垄路	农田基耕道路	4200	3	2002	62
	山岭路	云塘居民点-富强村部	1100	3	2003	20
	大皮路	胡家围子-火车站	1000	3.5	2006	20
	大皮路	湘九路-红星村	1000	3.5	2007	20
	间塘路	湘九路-黄泥岭	800	3	2006	12
	草塘路	永红先进-老屋路	800	3.5	2006	15
	和平路	湘九路-湘潭县	700	4	2007	19
	日桥组路	一级渠-制革厂	3500	3	2007	25

注:昭潭乡道路已列入市区道路管理未统计在内

第五章 城市管理

第一节 市政设施维护管理

一、道路维护管理

1988年,城区市政设施的维护管理由市、区两级分工负责。主次干道由市政维护部门负责维护管理,小街小巷(部分次干道)由区建设局负责维护管理。市政设施维护费由市、区财政投入,资金来源于城市建设维护税。由于资金渠道单一,城市建设维护资金短缺,原雨湖区、湘江区每年城市建设维护费不到60万元,市政基础设施维护的质量不高。一些主干道、街巷破损严重,少量街巷仍为土路或沙石路,“湘潭到,汽车跳”成为某些入境司机的口头禅。至1990年3年间,市政设施维护投资715万元,对韶山西路、建设北路、雨湖路采取灌注式方法,维修路面4.76万平方米,加固路基42处。和平路年久失修,路面破烂不堪。由市、区建设部门配合,征拆居民户5户,计580平方米,拆除中心医院围墙540米,让地1100平方米,整修后机动车道由6米拓宽到9米,人行道增宽3米,铺设沥青路面7200平方米,使之路平车畅。道路完好率由60%上升到80%。1991年始,对人民路、雨湖路、富洲路、韶山西路进行维修改造,先后总投资达1400万元。

1996年,采用新技术、新工艺,对基础较好的主次干道实行罩面技术处理,用沥青混凝土按科学配比,在道路表面摊铺沥青油砂,再行压实,经过罩面处理的道路,路面平整,城区道路的等级提高。1997-2000年,先后投入1200多万元,继续对城正街、解放南路、中山路、民主路、建设北路、车站路、雨湖路实施罩面技术处理,道路完好率上升10个百分点。2001-2007年,在开展创建全国文明城市活动中,市政设施维护投资先后投入2500多万元,对车站路、沿江东路、韶山中路、中山路、大同西路、建设北路、解放南路等进行高标准的翻修、维护。至此,区内主干道全部实现人车分行,机动车和非机动车分流,道路完好率达98%以上。

二、小街小巷维护管理

小街小巷由区建设局负责维护管理。1988-1992年,共计投资350多万元,改造和维修繁城路、长园里巷、橘园路、自力街等65条街巷。此期间,城市维护费少,雨湖、湘江两区共计不足60万元,资金渠道单一,街巷道路维护质量不高,道路完好率不到70%。1993年起,积极开拓多渠道的资金来源,同时组织驻区单位、房地产开发商共同参与道路建设。至1996年的4年中,共投入资金350万元,每年维修(含改造)道路8-10条,道路面积2.8万平方米左右。1997-2001年,共投资650万元,每年维修道路10-12条,道路面积约3.5万平方米。2002-2007年,共投资950万元,每年维修道路12-15条,道路面积4.5万平方米左右。

三、排水维护管理

雨湖区是老城区,受制于历史的局限性和建设资金的制约,境内排水系统年久失修,部分道路排水不畅。南步街一遇大雨即道路成河,市民寸步难行,被戏称为“难步街”。四洲庵巷因路面长期积水,曾有民谣讥讽说:“有女莫嫁四洲庵,一年四季路不干”。境内排水管网的维修、疏浚和管理,主管网由市政维护部门负责,小街小巷支管网由区建设局负责。1988年,投资78万元,建成白马湖排水泵站,铺设排水管网1140米,将排入白马湖的污水全部接入排水主管排放。1990年,针对四洲庵因排水管口径小,部分损坏堵塞,形成长期积水的情况,投资45万元,铺设排水管1400米,设置留泥井18个,泄水井30个,将雨、污水接入城正街主管排放,四洲庵巷多年来的水患得到解决。至1992年的3年中,共投资72.5万元,改造小街小巷的排水管网14.5千米。1995年,投资168万元,将唐兴桥、大码头、大埠桥、针织厂、原湘潭县政府5个排水口进行调整,增加联管和主管网1749米,新增雨水井71个,封闭针织厂、县政府2个排水口,扭转区内多处下水排放管网不畅的状况。至1997年5年间,全区疏浚排水主管网205.4千米,清理留泥井1.43万个,重配井盖板1850块。

2000-2007年,全区疏浚排水主管网161千米,清理留泥井1380个,重配井盖板1480块。投资297.5万元,对街巷排水管网进行扩容改造,增大排水管径,增建留泥井1250个,泄水井3600个,共改造街巷排水管网42.5千米;同时以经济责任承包的方式,对全区170千米长的街巷排水管网,每年进行一次疏浚,街巷遇雨澎溢、路面积水的现象基本得以改变。

四、路灯维护管理

1988年,境内主次干道虽已普及路灯照明,但多数地段路灯较为昏暗,小街小巷的路灯照明尚未完全普及,维护也不及时。此前,路灯的维护管理由湘潭市政公司路灯队负责。是年,具有独立法人资格的湘潭市灯饰管理处成立,全面负责市区的路灯管理。年末,境内城区(不含楠竹山、鹤岭)拥有路灯线路88.9千米,路灯1720盏,照明总功率273.7千瓦,路灯维护经费28万元,路灯照明电费17.2万元/年。路灯的照明控制采用串联控制方式,中心控制室设在和平路,下设雨湖、南区、北区3个分控室,通过人工操纵断合开关,进行输送电控制。1992年,改造建设北路路灯控制办法,将手动串联改为三相四线供电的落地式开关箱光电控制方式,节能省电,操作方便。1999年,对路灯原有控制方式进行技术改造,由分控制区域改为分路时控开关控制,通过时控开关输入开、关闭时间自动开、关闭,有利于实行全夜灯、半夜灯(部分路段的亮灯盏数减半)

的控制。

2001年起,市灯饰管理处对路灯的管理采取目标管理,责任承包,实施定员、定工、定责,分片包干,责任到人,每月定期考核,规定路灯设备的完好率、明亮率,主次干道、街巷分别达到98%和96%,考核成绩与经济效益挂钩,并向社会公开承诺,紧急维修及时处理,一般故障24小时内处理,线路故障48小时内处理。2007年,区内共有路灯线路190.76千米,路灯盏数1.35万盏,照明总功率1820千瓦,路灯维护费155万元,路灯照明电费468.5万元,路灯设备的完好率、照明率达到98%以上。

第二节 市容市貌管理

一、管理体制及执法队伍

1988年,境内市容管理实行"条块结合、以块为主"的管理体制。区设城市管理监察中队,在编人员20人,属湘潭市城市管理监察大队和区城市建设管理局双重领导,经费和人事由市城管大队负责,组织指挥由区城市建设管理局负责。1992-1994年,雨湖区城市管理中队在编人员26人。1995年,湘潭市城管大队升格为城市管理监察支队,雨湖区设城管一大队、城管二大队,皆由市城管支队统一组织指挥,负责对全区的市容整治。2005年,湘潭市组建行政执法局,城管队更名为行政执法队,其职责主要为市容管理和其他行政执法。2007年,这一做法未变。

二、占道经营管理

1988年,境内城区有民主路、江麓等7处农贸市场。随着个体经济的迅速发展和农村实行家庭联产承包责任制,农民携农产品进城交易增多,城区一时无法提供必要的交易场所,时聚时散、可大可小的马路市场随处可见。区内马路市场多达25处,临街摆摊设点、占道经营的现象更为普遍,严重影响市容、卫生和城市交通。为解决占道经营问题,市、区两级政府相继采取兴建市场、规范摊担与夜市经营等措施,加强市容管理。1994年,湘潭市成立夜市管理领导小组,划定区内民主路、雨湖路、江麓广场北、火车站广场西侧、河西大堤中段、长途汽车站前坪、大湖路中段、砂子岭广场南侧、朝阳街、车站路云塘地段为10个夜市经营点,进入夜市的经营户须交纳一定的管理费,用于管理及每天收市后的环境卫生清理。1996年,针对普遍存在的不具备经营条件的小餐饮店、小修理店(修单车、摩托车等)、小洗车店临街作业的现象,由区建设局牵头,组织工商、公安、城管等,进行集中整治。年内,夜市管理的职能下放各区管理。1997年,除建设北路、韶山西路外,在其他街道划出一定地段,允许摆摊设点,划行归市,定点经营,并办理摊位定点证,按规定交纳摊位费。1998年,根据市政府规定,区内主干道一律不得摆摊设点,所有摊担进入允许和适合摆摊的小街巷内经营,离主干道路边不少于20米,同时须办理摊担定点证。2000年起,采取宣传教育发动劝导,派专人定点死守和组织公安、城管等参加的专项整治行动,先后取缔福康巷、白马湖路(现大湖路)、建城路、建设北路、八仙桥、城正街、人民路等15处马路菜市场。至2007年的20年中,全区共兴建各类农贸市场和工业品市场20个,先后有1.86万户摊担入市经营,除个别小街小巷外,马路菜市场基本取缔。区内夜市经营点主要集中在河西大堤中段的堤上和堤外、砂子岭周边、江麓广场周边、白石广场周边、火车站周边、迎宾路等6处,乱摆夜市摊担的现象得到纠正。

三、违章搭建管理

1988年，区建设局针对城区内乱搭乱建店铺棚、单车棚、遮阳棚的现象，与城管部门多次整治，主干道的违章店棚大部分被拆除，但违章搭建现象仍时有发生。1992年以来，市容管理力度增大，每年组织多次拆违行动。至2000年的9年中，拆除违章搭建的店棚、单车棚、遮阳棚等5500处。2001–2004年，根据市委、市政府的部署，全区先后开展“一化三清”和“三整四化”综合整治行动，共拆除各类违章建筑1816处，面积5.6万平方米；拆除临街擅自搭建的车棚、遮阳棚、雨棚5100处。2007年，为进一步规范城市管理，按照市政府的部署，实行城区网格化管理，即按乡镇街道的行政区域，划分为14个网格，聘请监督员、处置员、联络员，对网格范围内的道路和交通设施、环境卫生与环卫设施、绿化管理与绿化设施以及违法违章搭建物等定期巡查，及时处置。

四、卫生清扫

1988年，境内雨湖区、湘江区主干道的清扫保洁、垃圾收集清运、道路洒水（降温压尘）、果皮箱的清掏、保洁，公共厕所的清扫、保洁，由区环境卫生管理所（以下简称区环卫所）负责。次干道（部分由区环卫所负责）、街巷、城乡接合部的清扫、保洁、垃圾清运由区建设管理局负责，并将任务落实到各乡、镇、街道组织实施。驻区机关、学校、企业及高等院校的环境卫生由本单位负责；垃圾中转及渣土管理由市环境卫生管理处（以下简称市环卫处）负责。两区的环卫所有正式职工210人，临时工45人，清扫面积79万平方米，年清运中转垃圾10.8万吨（含大型企业和高等院校），清掏冲洗公厕119座，抹洗果皮桶550个。1990年，区环卫所隶属市环卫处管理，环境卫生由市、区两级分工负责。主干道由区环卫所按路段分配到各班组，清扫质量由处、所检查、考勤，所有道路、广场、连线做到“三无”，即无废弃物堆积、无脏乱地段、无积存垃圾，保障干净整洁；实行一天两扫一保洁，即第一次清扫早晨4时至6时，第二次清扫上午8时至11时；全天候保洁，从上午8时至晚上9时，分上下班进行道路保洁。街巷、次干道、居民小区、城乡结合部，则由街道、社区、村雇请民办清扫人员，实行民办公助的办法，即街道、社区按规定向驻街单位和住户收取清扫费，区财政投入一部分，以此解决民办清扫员的工资和清扫工具、清扫车辆等相关费用。民办清扫要求一天两扫一保洁，路面无垃圾、无污水，干净整洁。1996年，市政府颁发《湘潭市市区“门前三包”实施办法》，根据此《办法》，各街道与驻街单位、临街店、堂逐年签订“门前三包”（包卫生、包公共设施、包秩序）责任书，规范驻街单位、临街店、堂的环境卫生行为，更好地履行其义务和责任。2005年，环境卫生管理职能下放到区，归口区建设管理局管理。7月，组建区环境卫生管理处，对全区的环境卫生包括环卫设施建设、垃圾中转等进行全方位管理。

2007年7月，市政府将环境卫生管理职能上收，撤销区环境卫生管理处，设雨湖环卫所。年末，环卫所有正式职工258人，临时工450人。全区主干道日清扫面积154万平方米，街巷日清扫总面积195万平方米；日清运中转垃圾约300吨（含大型企业和高等院校），清掏冲洗公厕129座，抹洗果皮桶1080个。

五、垃圾收集中转

1988年，城区主干道的垃圾收集实行沿街摆设铁制垃圾箱、桶的方式，临街单位和住户将垃圾倾倒至垃圾箱、桶内，再由环卫部门用垃圾运输车中转至垃圾消纳处理场。此种收集方法虽然简单、方便，但垃圾箱、桶周边垃圾洒落，遇风四处飞扬，难以保障环境卫生，影响市容。城市边缘及结合部所产生的垃圾，则绝大部分就近倾倒于坑洼之处或用作堆肥。其时，全区有垃圾中转站10处，其中机械化垃圾中转站3座，其余的全靠人工装运，劳动强度大，效率低。1991年，全区取消主干道的垃圾箱、桶，改为使用垃圾车对临街单位实行上门收集；其他垃圾则由环卫工人或民办清扫员收集、运送至附近的垃圾中转站。大部分街巷设有一些砖土围子，以方便居民倾倒和收集垃圾，但此办法容易形成第二次污染。1997年后，街巷、次干道、居民小区的垃圾围子逐步拆除,改设垃圾桶,实行袋装垃圾收集。驻区江麓机械厂、江南机器厂、湘潭锰矿、湘潭大学、湖南科技大学的生活垃圾收集、清运中转均自行解决。2001年,全区垃圾中转站改建成集装箱式的机械化中转站,城区生活垃圾从转运到消纳全部实现机械化。2007年,区内共有机械化垃圾中转站16座,清运中转垃圾17.89万吨。其中,市环卫处中转处理12万吨,大型企业、高等院校自行处理5.89万吨。

第三节　园林绿化管理

1988年,境内雨湖、湘江区设城市绿化办公室,负责驻区厂矿、机关、学校、企事业单位绿化建设的指导、协调、检查、督促,及街巷、公园、社区的绿化建设、维护,及组织全民义务植树活动的开展。至1992年的5年中,区建设局共计投资150万元,对民主新村、大庆新村、雪园新村、石嘴垴风景区、工人新村、万人新村、和平新村等15个小区及橘园路、换新街、城墙路、陵园路等55条街巷进行绿化建设和改造,新植和补植乔木9500株,灌木5500株,小苗(一般为小叶女贞)25万株,建花坛550个,亭、廊、雕塑等设施85处,增加绿化面积9.5万平方米。1996年,根据《湘潭市城市绿化管理办法》规定,将庭院、绿化建设列入住宅开发建设项目,新建小区绿化率不低于30%,旧城改造绿化率不低于25%,对新改扩建项目,不得超出各类绿地控制线,不得将绿线范围内的用地改作他用,更不得进行经营性开发建设,从规划设计建设到验收,绿化建设均作为重要内容进行考量。

2000年,市园林管理处投资500万元,采取乔、灌木结合花卉树木的办法,先后对解放南路、车站路、韶山中路、韶山东路、建设北路进行"一路一树、一街一景"的绿化改造,改造由园林专业技术人员设计,并经中南林学院专家审定。2001年,在"一化三清"活动中,全区拆除违章建筑面积2.6万平方米,将其中的85%用于绿化建设。年内,湘潭市获省级"园林式城市"称号;区内先后被评为省级"园林式单位"的有28家,被评为市级"园林式单位"的36家,被评为省、市级"园林式小区"的9家。在对道路街巷进行绿化建设和改造的同时,公园绿化的建设管理得到加强。2002年,杨梅洲公园的绿化维护整体发包给5名职工负责,以收代支,自主经营。2003年,白石公园的水面、绿地等实行分区负责,专业管理,花草、树木生长良好。街巷绿化管理设有专业绿化队,与区建设局签订责任承包合同,负责修剪、除草、除害、抗旱、补苗、绿化区内卫生清理,街巷、社区绿化设施的完好率,以及苗木花草的成活率均达到90%以上。2007年,全区增加道路绿化面积3.7万平方米,主次干道绿化覆盖率达68%,绿化完好率96%以上。新修建的黄花塘路、迎宾菜场路等28条街巷,共植乔木4500株,建绿化带1100米,投资350万元,增加街巷绿化面积2.2万平方米。

第六章　房　产

第一节　住房建设

1988年,境内居民人均住房面积7.74平方米。除少量私房外,市民住房均由单位或市房地产部门进行分配,供求矛盾突出。一般干部、职工的住宅面积,每户(套)不超过60平方米,县处级干部的住宅面积每户(套)不超过70平方米。住房结构为一室一厅、两室一厅,因受面积控制,客厅、卫生间、厨房面积较小。1991年,境内实行住房制度改革,将单位分配给个人的住房和房地产部门的直管公房分别按标准价、成本价、市场价出售给个人,并按政策给购房户一定的补助。实行房改以后,住房上的职别制度和住房面积限制被取消。新开发的商品房有多种户型规格面积以适应不同层次的消费需求。设计上,客厅面积多在25至40平方米之间,厨房、卫生间面积也相应增大。随着产权到人,房屋装饰也随即兴起,档次越来越高。1995年,商品房房价逐步放开,区内商品房均价为700元/平方米。2000年,商品房住房均价达900元/平方米。2001年以后,居家装饰多由装饰公司设计,装饰材料亦不断推陈出新。2005年,区内商品房住房均价为1500元/平方米。2007年,区内商品房住房均价为2100元/平方米。城市居民人均住房面积26.16平方米,农民户均住房面积171平方米。房屋装饰消费一般在每平方米600~1000元之间,住房装饰费用大多占购房费用的30~40%。

一、单位建房与直管公房建设

1988年,境内住房系福利性分配。有条件的厂矿、学校、机关等企事业单位,自筹资金建设住宅楼,再分配给本单位员工,住房产权归单位所有,住户向单位交纳象征性的房租。直管公房则由政府投资建设,然后以低租金租赁给城市居民居住。至1991年4年间,政府先后投资1300多万元,建设民主新村、工人新村、泗洲庵、白马湖等处住宅小区,完成住宅建设面积4.49万平方米。1994年后,房地产制度实行改革,由政府投资建设福利性住宅的做法逐渐停止。单位建房则主要采取集资建房的办法。有的利用单位现有土地,有的由单位购买土地,实际上是由单位开发,本单位员工购买,产权归住户所有,房价比市面商品房低30%~35%。2000年后,单位建设住宅的现象逐渐减少,除单位搬迁异地重建,"搭便车"建设员工住宅楼,其他形式的单位建房基本停止。

二、商品房建设

1988年,境内共有房地产开发企业4家。即:湘潭市城市建设开发总公司、雨湖房屋土地开发总公司、湘潭市城郊置业有限公司、湘潭市金凯房地产开发有限公司。1994年,区内商品房呈现成片开发、规模开发态势,小区环境、住房品位、质量、设施等不断改进提升。至2007年的14年间,全区新建居民住宅小区64个(不含机关、学校、厂矿等企、事业单位庭院宿舍区);住户达2.07万户,其中占地面积7000平方米以上的小区35个(见表)。是年末,区内共有登记在册的房地产开发公司41家,注册资本6.62亿元,共计开发房屋建筑面积581万平方米,上缴国家税收3亿多元,成为全区经济发展的支柱产业之一。

三、经济适用房和廉租房建设

境内经济适用房和廉租房建设始于2000年,此类房户型较小,一般是60-90平方米/每户套。经济适用型住宅由市、区政府组织,减免一定的土地和建房报建费用,政府适当补贴,通过审批,面向社会低收入家庭。2004-2005年,区内推进13.5万平方米经济适用房,0.8万平方米廉租房建设。在南盘岭11号新建的47套廉租房,市委书记、市长亲自到现场给困难居民颁发廉租住房证书。至2007年8年间,全区共投资8500万元建设经济适用房和廉租房,使2450户低收入家庭入住经济适用房和廉租房。

1988-2007年雨湖区建设住宅小区一览

（小区面积7000平方米以上，不含单位住宅区）

19-6-1-1

小区名称	位置	开发单位	占地面积(万平方米)	建筑面积(万平方米)	栋数(栋)	户套数		楼层(层数)		基本建成时间(年)	备注
						套间(户)	别墅(户)	低层楼	电梯楼		
王世锋小区	熙春路20号	雨湖房地产开发公司	0.85	1.8	6	182	-	7	-	1991	底层车库
繁城西村	熙春路繁城村	城郊置业有限公司	2.10	4.20	12	366	-	7	-	1994	底层车库
天骄公寓	韶山西路	城郊置业有限公司	1.53	2.80	6	248	-	7	-	1998	底层车库
大同花苑	韶山东路	大同世界实业公司	3.20	7.25	22	562	-	7	-	1998	底层车库
阳光小区	宝庆路	阳光房地产开发公司	1.15	5.50	6	240	-	7	-	1999	底层车库
东环小区	车站路	旧城改造集团公司	3.5	8.50	20	820	-	7	-	1999	底层车库
迎宾花园	迎宾东路	晨辉集团公司	0.87	3.00	6	198	-	7	-	2000	底层车库
平湖小区	平政路	房地局开发	0.95	2.5	5	162	-	7	-	2000	底层车库
怡园花苑	韶山东路文家围子	昌润房地产开发公司	1.92	5.5	11	364	-	8	-	2001	底层车库
五景花园	雨湖路	城郊置业有限公司	1.62	2.30	5	262	-	7	-	2002	底层车库
红旗金凯雅居园	韶山西路何家湾	金凯房地产开发公司	2.54	5.55	13	456	-	7	-	2002	底层车库
阳光山庄	韶山西路黄花塘	阳光房地产开发公司	13.50	22.5	140	596	104	7	-	2004	底层车库
园丁花园	迎宾路8号	市教育局组织建设	2.5	4.5	9	216	-	7	-	2004	底层车库

续19-6-1-1

小区名称	位　置	开发单位	占地面积(万平方米)	建筑面积（万平方米）	栋数（栋）	户套数		楼层（层数）		基本建成时间（年）	备注
						套间（户）	别墅（户）	低层楼	电梯楼		
泗洲绿园	熙春路	城郊置业有限公司	1.85	2.80	5	192	–	7	–	2005	底层车库
广园花苑	广云路408号	雨湖区旧城改造房地产开发公司	2.75	4.55	12	384	–	7	–	2005	底层车库
永丰小区	楠竹山镇	江南房地产开发公司	3.20	3.55	10	348	–	7	–	2005	底层车库
百姓家园	建城路与柏荫路交汇处	大同世界实业公司	9.33	14.73	32	892	–	7	–	2006	底层车库
金源小区	迎宾西路	万润房地产开发公司	10.67	35.00	56	2300	–	7	–	2006	底层车库
龙凤佳园	韶山西路黄花塘	龙牌房地产开发公司	2.90	3.50	8	234	–	7	–	2006	底层车库
金桂园	建设北路297号	嘉麒房地产开发公司	1065	3.45	11	288	–	7	–	2006	底层车库
明珠花苑	人民路（原军分区）	株洲明珠房地产开发公司	1.73	3.20	11	214	1	7	–	2006	底层车库
锦江华庭	楠竹山镇	江南房地产开发公司	2.33	4.50	10	276	–	7	–	2006	底层车库
香樟园	韶山东路新建村	城郊置业有限公司	8.79	14.40	26	1139	–	7	–	2007	底层车库
馨香园	韶山西路182号	城郊置业有限公司	2.63	4.60	13	472	–	7	–	2007	底层车库
紫竹园	韶山西路黄花塘	城郊置业有限公司	1.90	3.90	12	346	–	7	–	2007	底层车库
滨湖小区	迎宾东路	晨辉集团公司	5.60	5.60	25	337	–	7	–	2007	底层车库
沁园小区	宝庆路	晨辉集团公司	4.70	9.00	18	618	–	7	–	2007	底层车库

续 19-6-1-1

小区名称	位置	开发单位	占地面积(万平方米)	建筑面积(万平方米)	栋数(栋)	户套数		楼层(层数)		基本建成时间(年)	备注
						套间(户)	别墅(户)	低层楼	电梯楼		
曙光佳园	韶山西路黄花塘	亿顺房地产开发公司	3.50	6.00	8	312	–	7	–	2007	底层车库
绿岛湖园	建设北路348号	三荣房地产开发公司	1.82	3.22	8	295	–	7	–	2007	底层车库
雨湖公安小区	杨家湾路	鸿源房地产开发公司	1.85	5.5	11	285	–	7	–	2007	底层车库
金荣小区	泗洲路与熙春路	金荣房地产开发	0.8	3.40	2	198	–	7	17	2007	底层车库
嘉园小区	韶山东路18号	易兴开发公司	1.5	3.5	7	168	–	7	–	2007	底层车库
麓兴佳园	江麓机械厂西门	江麓房地产开发公司	1.75	2.28	8	240	–	7	–	2007	底层车库
桂花佳园	江麓机械厂东门	江麓房地产开发公司	3.45	2.95	8	251	–	7	–	2007	底层车库
新景家园	韶山东路58号	新景集团	21.44	23.86	51	1807	3	7	18	2007	电梯楼(4栋)

第二节　房产管理

一、住房制度改革

1988年前，境内居民住房主要是房地产管理部门的直管公房和机关及企事业单位的自管公房，长期以来，此类公房租金极低，不能满足正常的房屋维修和实现住房再生产。1988年，湘潭市成为全国第一批住房制度改革的试点城市之一。1991年，根据市政府下发的《湘潭市城镇住房制度改革第一步实施方案》，境内房改工作先以小步提租为主，辅之以息代租和超标加租，住房租金从0.05元/月·平方米逐步提高到1997年的1.60元/月·平方米，单位自管公房的租金标准一般参照市直管公房的标准执行，但收费标准多低于市直管公房。然后，逐步实施以成本价向住户出售公房的办法，1999年，出售公房的成本价为660元/平方米，计价时按每年2%折旧，购房者还可在单位按工龄获得购房补贴。2000年4月，停止按成本价出售公房。至此，全区共出售公房61.6万平方米，95%的公房实现私有化。房改过程中，为解决无房户和拥挤户的困难，在国家政策允许的情况下，区内一些单位采取集资建房的办法，单位提供土地，个人按成本价负担建房资金，房屋建成后由个人享有全产权。由于此种做法存在诸多违规违纪现象，截至2003年年末已基本废止。2004-2007年，区内居民住房绝大部分实行商品化，由房地产开发商按规划建设商品房，并推向市场，由居民自行选择购买，产权全部归购房者所有，同时实行住房公积金制度。

二、住房管理体制改革

1988年，境内居民住房尚未形成物业管理。单位自管公房，由各单位自行收缴房屋租金，代收水费电费，负责房屋维修。直管公房由市房地产管理局下设雨湖、城正、平政、湘江、广场5个房管所负责管理，区建设局对房屋建设中的安全、质量、拆迁等进行协调、检查、督促等。1995年，城郊房地产开发公司建成的繁城村住宅小区、熙春路城郊农贸市场、八仙桥农贸市场，公司相应设置物业部，组织人员进行管理，开区内物业管理之先河。1997年，区内成立物业管理公司3家。1998年，市政府颁发《湘潭市住宅物业管理实施办法（试行）》，各类住宅小区、住宅组团、高层综合楼等逐步实施门卫值班、卫生保洁、水电费收缴等物业管理。2000年，区内具有三级以上物业管理资质的物业公司达15家。2003年起，物业管理向市场化、规范化发展，部分小区成立业主委员会，有权对小区的物业管理予以选聘，并配合物业公司对小区进行管理。2004年，市政府颁布《湘潭市物业专项维修资金管理办法》并成立湘潭市物业专项维修资金管理中心，该维修资金从售房款中按比率提取，为小区的物业管理提供一定的资金保障。2007年，除分散的居民点和较早建设的开放式小区无规范的物业管理外，区内新建住宅小区和单位自己的集中生活区均有物业管理，承担房屋维修、环境绿化、卫生清扫、安全保卫、车辆停放及小区内其他设施的管理，全区实行物业管理的住宅小区（含单位集中生活区）125个，有物业管理公司45家。阳光山庄、新景家园等住宅小区的物业管理除有幼托、购物、健身等设施外，还设有电视监控、火灾自动报警等智能监管系统。

三、直管公房管理

1988年，境内有直管公房106.74万平方米（含居住、办公及生产商业性房产）。居民租住直管公房，企业或个人租用国有生产性或商业性用房，交纳定额租金。1989年，对新建公有住宅实行抵押出租，按40-50元/平方米（使用面积）收取，以息代租。1990年，实施市政府颁发的《直管公房租赁管理暂行办法》，对转卖公房租赁权、转租公房、拖欠房租、强占公房等行为进行查处，区内查处此类违规事件500起，追缴租金30万元。1999年，区内部分直管公房经改制转为私有住房。2007年，区内共有直管公房46.58万平方米。

第三节　房屋产权交易

1988年，境内尚未形成房产交易市场，少量私产房买卖，由双方签订契约，协商定价。是年，市房地产交易管理所成立，负责房产的变更、抵押等登记，初步规范房产交易行为。1990年，市政府下发《关于加强房地产市场管理工作的意见》，境内对房产的交易条件、交易行为及价格、税收等加强管理。1999年起，房产交易和租赁市场基本形成。至2002年15年间，区内居民通过市房产交易中心办理房产交易，发证2.15万宗，房产交易面积151.4万平方米，交易总金额14.83亿元。2003-2007年，区内办理房产发证2.51万宗，房产交易面积237.4万平方米，交易总金额25.8亿元。

第七章 建 筑

第一节 建筑设计

一、公共建筑设计

1988-1990年，境内公共建筑以办公楼、商业楼、教学楼为主，多为砖混结构，6-7层，设计较为简单。办公楼平面设计开间不大，每间建筑面积15-20平方米；顶层为会议室，形式较单一。商业楼一般1-4层为商场，5-6层为办公或职工宿舍。教学楼设计，农村为1-2层，城镇为3-6层，平面布局和空间及体形大多雷同而少变化，其安全要求遵照国家标准设计，保险系数有的约高于国家设计标准。影剧院基本是中小型规模，平面布局一般以门厅、观众厅（多附挑楼）、舞台传统三部分及附属用房组成，观众厅设计注重视听要求，趋传统，新型结构采用少。1991-2007年，大型公共建筑不断增加，但仍以办公楼居多。所设计工程造型新颖，功能齐全，环境优美，使用方便。凡大型建筑，都独立于一个较大区域内，四周留有较大空间用于广场和绿化，重要建筑与周边环境融合，有效地改善城市面貌。

二、民用建筑设计

（一）城市民用建筑设计

1990年，境内城市民居户型设计多为二室一厅一厨一卫，时谓"大房小厅"。卧室每间12-13平方米，厅7-8平方米，厨房5-6平方米，卫生间1.2-1.4平方米，另设计1.2×3.3米左右小阳台。每户建筑面积50-55平方米。三室一厅的面积在70平方米左右。居民楼多为单栋，建筑面积2000-3000平方米，砖混结构，6-7层，亦建有叫"新村"的居民点。1991-1995年，套房面积有所增加，每户60-80平方米。其功能布局、结构、层次等设计变化不大。1996-2000年，二室一厅为70平方米左右，三室一厅100-120平方米。以设计小房（10-12平方米）、大厅（20平方米左右）、大卫（3-3.5平方米）为时尚。此类房的阳台设计宽至1.5米，大户型住房的阳台与客厅相通，通风采光更加合理，居住使用较为舒适。其间，新村改称为住宅小区。2001-2007年，区内城市民居户型进一步变化，三室一厅减少，三室二厅为主流，四室二厅一厨二卫增多，有的还设计有健身房、保姆房、储藏室。住房面积增大，一般每户为120-140平方米，个别在200平方米以上。跃式和复式住宅出现。

（二）农村民用建筑设计

1988年，境内农村民房多为1-2层，建筑面积在100-200平方米之间，一般无正规设计，是"套他人式样"施工，一般为砖木结构，沿用"秦砖汉瓦"形式。1995-2007年，区内农村民房逐渐采用庭院式建筑，面积多在200平方米以上，并多聘请正规设计单位设计，平面布局合理，立面造型新颖。

2007年驻区勘测设计单位一览

19-7-1-1

单位名称	成立时间（年）	行业类别	资质等级	经济类型	职工人数	技术人员（人）				公司住址
						高级	中级	初级	合计	
湘潭市江南建筑设计所	1952	建筑	丙	国有	25	2	11	11	24	楠竹山
湘潭市勘测设计院	1953	工程勘察	甲	国有	110	18	40	39	97	人民路
湘潭市规划建筑设计院	1973	建筑	甲	国有	126	26	61	37	124	熙春路
湘潭市建筑设计院	1979	建筑	甲	国有	173	16	52	68	136	熙春路
湘潭住宅研究所	1987	建筑	丙	国有	20	3	13	4	20	平政路
湘潭市水利水电勘测设计院	1993	水利	乙	国有	27	5	13	9	27	车站路
湘潭工程地质勘查院	2001	工程勘察	甲	国有	101	29	42	22	93	韶山西路
湘潭市园林科研所	2004	园林	丙	国有	19	1	13	5	19	车站路
湘潭交通勘察设计有限公司	2004	交通	丙	国有	37	6	27	4	37	建设北路

第二节　建筑施工技术

一、基础施工

1988-1990年，境内建筑基础施工技术主要为砖砌条形基础、毛石基础、钢筋砼独立柱基础施工等。基坑开挖采用人工开挖，遇岩石时采取爆破后人工开挖。深基坑开挖工程较少，少数深基础都采用大开挖施工。地基处理多采用黏土换填方法。基础砼主要采用人工搅拌、人工浇筑。模板为木模板。1991年起，各种桩基施工技术逐步兴起，基坑逐步采用机械开挖，各类地基处理措施也逐步采用，如夯实水泥土桩复合地基成套技术，强夯法处理大块石、回填方地基、爆破挤淤法等，都发展较快。2007年，基础施工中的先进设备及工艺被广泛采用。各种检测技术，如桩基动测技术、计算机监测技术等广泛应用。深基坑桩苗支护及帷幕止水、砼预应力管桩等高新技术施工工艺已有应用。

二、主体施工

1988-1990年，境内主体施工以普通钢筋砼浇筑、红砖砌筑、预制楼板安装为主。施工机械主要为门式吊。水泥多采用袋装水泥。砼多采用人工搅拌,少数砼用量较大的建筑工程采用搅拌机。模板大多数采用木模板。钢筋连接主要采用电弧焊接及绑扎技术。脚手架主要采用杉圆木,铁丝绑扎。垂直运输多以斜道为主,水平和垂直运输机械化水平较低。1991年开始,主体施工时各类现浇钢筋砼结构逐步增多,普通砖混结构技术相对成熟。施工机械开始较多地采用塔吊、门式吊等。砼广泛采用搅拌机搅拌、塔吊吊运、机械振捣。模板逐步由木模向竹胶板过渡,大模板、定型模板、爬模、滑模、整体模板等技术日臻完善。钢筋连接开始出现电渣压力焊技术及钢筋对焊技术。脚手架开始采用扣件式钢管脚手架,但用铁丝绑扎的杉圆木脚手架仍大量存在。1996-2000年,各种大型塔吊、人货电梯等垂直运输设备陆续采用,同时高强砼施工技术及大体积砼施工技术应用较多。由于国家大力提倡节约土地资源,因此,各类物质砌体逐步出现,墙体砌筑不仅仅局限于红砖,已逐步推广砼空心砖、渣土空心砖等。屋面绝大多数改为平顶、砼浇柱,因而小青瓦和大红瓦已不再用于工程,几千年来的“秦砖汉瓦”作用日小。钢筋砼结构现浇时的模板主要采用覆膜竹胶板,木模板已逐步淡出建筑工地。砼输送泵已广泛应用。电渣压力焊技术已普遍应用,套筒连接技术开始出现。脚手架基本为扣件式钢管脚手架,木脚手架已非常少见。2007年,主体施工时,冷轧带肋钢筋、新三级钢、精直径钢筋的电渣压力焊技术、套筒连接技术、锥螺纹和直螺纹连接技术、砼养护技术等新技术、新材料广泛应用。同时,钢丝网珍珠岩夹芯板、砼空心砌块、粉煤灰砌块等新型墙体材料,已逐步取代黏土砖砌体。钢筋砼结构现浇时的模板除采用覆膜竹胶板外,各种定型钢模大量采用。脚手架采用扣件式钢管脚手架,高层建筑施工已采用悬挑架技术。

三、屋面施工

1988-1990年,境内屋面防水主要采用沥青及沥青油毡防水,采用砖墩上盖砼预制小板架空隔热。1991年开始,屋面防水开始采用改性沥青卷材防水、设置刚性防水层等,隔热仍采用砖墩上盖砼预制小板架空隔热。1996-2000年,屋面防水开始采用合成高分子卷材及涂膜,防水已不仅仅局限于改性沥青卷材,屋面砼自防水技术逐步采用。海泡石、珍珠岩等各类轻质保温、隔热材料在屋面工程中被广泛应用。2007年,除采用微膨胀自防水砼外,高分子涂膜防水被广泛采用。保温材料则大量应用挤塑板。

四、建筑安装施工

1988-1990年,境内建筑安装主要为水电安装、防雷接地等。给水管主要采用镀锌钢管丝扣连接为主,排水管主要为铸铁管。室内水管及电线以明设为主,很少暗敷。1991年开始,建筑给排水安装除采用镀锌钢管、铸铁管外,PVC管开始应用。水管和室内照明、电气设备电线多为暗敷。1996-2000年,给排水管已采用PVC及UPVC等材料,各类电气管线均采用穿套管暗埋技术,设备安装采用单位吊装和卡箍整体吊装技术。2007年,建筑安装给排水连接大量采用热熔连接技术。通风管道大量采用金属矩形风管薄钢板法兰连接技术。管、线布置采用综合平衡技术。大型设备广泛采用整体提升、直立双桅杆整体划移法、龙门桅杆板立技术、液压顶升技术等。同时,随着计算机工程、通信工程等一些高技术的飞速发展,建筑智能化系统安装、调试技术也突飞猛进,如住宅(小区)智能化、电气设备、监控系统、通信系统、火灾自动报警及联动系统等均被大量应用于工程中。

第三节　建筑管理

1988年,境内建筑管理从工程报建到竣工验收,由市建设部门负责管理(建筑管理含招投标管理、建设监理管理、有形建筑市场管理及质量安全管理），区建设局配合市建设部门督促检查。1992年，雨湖区建筑工程管理站成立，隶属区建设局领导，业务上与市建筑工程管理局对口管理建筑企业。区建设局负责区属建筑企业的管理，区建管站负责乡、街建筑企业的管理；编制4人，经费来源则按省建委规定，以区属建筑企业施工产值0.5%的比例，向企业收取管理费。2001年10月，市建筑工程管理局撤销，设立市建筑行业办。雨湖区建管站随之撤销，区建筑行业归口区建设局管理，局内增设企业办。2007年，沿袭这一管理模式。

第八章　环境保护

第一节　环境状况

一、水环境

流经湘潭市区的湘江如倒放的"U"字。流经雨湖区内的河道，上起长城乡犁头嘴，下至九华宁家湾，全长约10公里；沿江分布着51个废水排放口，其中41个既是生活废水排放口，又是工业废水排放口。1988年，向湘江排放的工业废水中，主要污染物为六六六（超标1.445倍）、挥发酚（超标4.3倍），氰化物（超标1.48倍）、有机磷等；底泥中的汞、镉、铅等含量比在表层水的含量分别高出1.29万倍、1.56万倍和3.96万倍。另外，除来自上游的株洲及易俗河、岳塘的大量工业废水向江中排放外，当时境内沿江的乡镇工业亦向湘江排放工业废水，年排放量为106.90万吨，（万元产值排放量为178.38吨），其中经处理的为28.10万吨，处理率为26.29%，处理后负荷排放标准量为7.76万吨，达标率为7.26%。外排的工业废水中，含有悬浮物（SS）、化学耗氧量（COD）、镉（Cd）、六价铬（Cr^{+6}）等11种有害物质，年排放总量为995.22吨（详见下表）。经环保部门监测，是年湘江湘潭段的水质为Ⅳ类。

1993年，因为环境污染的问题无法解决，区内湘江段的有机物和氨氮仍然超标，水质仍为Ⅳ类。同时，由于湘潭锰矿、江麓机械厂、市制革厂、市针织厂、市皮革厂、市电镀厂、市味精厂等区内企业排放的工业废水，需通过区内的护潭一级渠、护潭二级渠、繁城支渠、大湖渠等外排，因洪水季节时湘江水位上升，污水外排受阻形成大面积的灌溉污染。1994年，根据12家有污染物排放的企业统计，全区向湘江排放的废水总量为1800余万吨。至2000年，虽经多年治理，但因为城市增容造成的生活污水增多，以及农村养殖业发展后大量动物禽畜的排泄物流入排污道，区内湘江段的水质一般保持在Ⅳ类水平。

1996-2005年，随着区内工商业的加快发展和城乡人口的迅速增长，排污量日益扩大，水环境质量进一步恶化。并且，近郊农村湖塘普遍受到影响，地下水质亦污染严重。长城乡新月村10年前原有水塘104口，水面达30公顷，每年可产鲜鱼180吨，亦可供农户饮水、洗漱生活用品、浇灌蔬菜，并灌溉着全村90.67公顷稻田。随着养殖业的发展，在大量的养殖废水污染下，所有水塘均被污染，绿色丝草被猪粪渣所替代，20多公顷专业渔塘荒废；生活饮用水井报废20口。灌溉只能全部靠抽水排灌。为掌握污染的确切数据，区环保局分别对长城乡新月村方塘组黄岳云、和平组曹建军家等20口报废的生活饮用水井的饮用井水进行监测，大肠菌群分别超标35.7倍、40.7倍；对集中组曹树林家废弃的水井水质进行监测，大肠菌群超标77.7倍；对方塘组檀树塘水质进行监测，超标34.4倍。地处昭潭、长城乡接合部的易家湖，有水面4公顷多。向易家湖排放废水的排污口有5个（2大3小），排放生产、生活废水的单位有万润房产（金源小区），建材和糖酒副食、电器、槟榔市场，市九中，砂子岭加油站，以及昭潭乡许家铺村，长城乡和平村、工农村。其中，易家湖附近83栋住房计1668户，商业门面597个，常住人口和从业人员有1万余人，每年向易家湖排放生活废水26万吨。2007年7月，市环境保护监测站对易家湖水质现场取样检测，B0D5、非离子氨各超标10倍。该湖水面养殖全部失收。年末，全区共有各类污染源651个，向湘江排放的废水总量约为5200万吨，区内湘江段的水质仍为Ⅳ类。

1988年沿江乡镇工业外排废水中有害物排放量

19-8-1-1

排放物名称	年 排 放 量(吨)	占有害物排放量的(%)
化学耗氧量	523.246	52.58
悬浮物	463.757	46.60
铅	3.504	0.35
硫化物	3.377	0.34
锌	0.693	0.07
石油类	0.224	0.02
铜	0.084	0.01
六价铬	0.054	0.01
镉	0.002	0.00
氰化物	0.000	0.00
氟化物	0.003	0.00
合计	995.217	100.00

二、大气环境

1988年，境内有江麓机械厂、江南机器厂、湘潭锰矿等国有大中型企业，还有区街、乡镇企业1500多个，涉及能源、冶金、机械、化工、电器、建材、运输、建筑、轻纺、食品等多种行业。对大气环境造成影响的污染源主要来自各企业锅炉、窑炉；主要污染物为二氧化硫、氮氧化物、氟化物、氯气、酸雾、金属烟气、水泥粉尘等。年内，相关企业排放的工业废气总量达4.8亿立方米。其中，二氧化硫占总排放量的32%，粉尘占24%，烟尘占19.5%，氮氧化物占13.3%。年末，空气中总悬浮物颗粒物测定值为0.5毫克/立方米，二氧化硫浓度为0.5毫克/立方米，降尘为每月12吨/平方公里，氮氧化物为0.04毫克/立方米，二氧化氮为0.042毫克/立方米。

1993年，全区排放的废气约为10.9亿立方米。通过各单位的治理，大气环境有一定好转。空气中总悬浮物颗粒物测定值为0.2毫克/立方米，降尘为每月11吨/平方公里，氮氧化物为0.03毫克/立方米，二氧化氮为0.04毫克/立方米，但二氧化硫浓度却达到0.8毫克/立方米。

2000年，空气中总悬浮物颗粒物测定值为0.25毫克/立方米，二氧化硫浓度为0.038毫克/立方米，降尘为每月7.5吨/平方公里，氮氧化物为0.05毫克/立方米，二氧化氮为0.039毫克/立方米，测得酸雨出现频率为

55%。

2007年，区内企业有锅炉、窑炉共20台，工业废气排放总量为4.10亿标立方米，其中燃料燃烧废气为3.19亿标立方米，占工业废气排放总量的78.07%。空气中总悬浮物颗粒物测定值为0.25毫克/立方米，二氧化硫浓度为0.06毫克/立方米，降尘为每月10.2吨/平方公里，氮氧化物为0.05毫克/立方米，二氧化氮为0.03毫克/立方米，酸雨出现频率为53%。

三、声环境

雨湖区是湘潭市的老城区，工业噪声虽不严重，但由于地处城市的政治经济文化中心，人员密集，交通繁忙，影响区内环境的噪声主要是交通噪声和生活噪声。1988年，环保部门对城区噪声进行监测，境内昼间噪声平均等效声级在45-65分贝之间。其中，交通噪声超标40.9%，生活噪声超标45.5%，工业噪声超标13.6%。1990年，环保部门采用网格布点法，在城区28平方公里的范围内，选用250×250（米）网格布点，共布点174个，监测区域环境噪声。在53个监测点中，有11个监测点区域环境噪声超标（详见下表）。

1990年雨湖区昼间区域环境噪声监测结果

19-8-1-2

序号	监 测 点 位	监测结果 LeqdB(A)	超 标		备注（噪声类别）
			超	未超	
1	杨梅洲商店前	55.3		√	生活
2	杨梅洲北端	58.5		√	生活
3	沿江西路593号门前	53.4		√	生活
4	广播电视局围墙外	63.3	√		交通+生活
5	木材厂围墙外	48.2		√	生活
6	湘潭农用运输车厂门前	59.7		√	交通+生活
7	潭邵路口工农湖边	56.8		√	交通+生活
8	老二医院门诊处	56.3		√	交通+生活
9	中山路鄢家巷口	59.0		√	交通+生活
10	湘潭公路大桥北端	74.7	√		交通
11	中间实验厂后菜地处	54.9		√	生活
12	昭潭化工厂	60.0		√	工业+生活
13	市电业局安装工程公司	60.0		√	交通+生活
14	永红印刷厂左巷内	47.2		√	生活
15	省建三公司医院住院部	54.3		√	生活
16	金庭学校	56.7		√	生活

序号	监 测 点 位	监测结果 LeqdB(A)	超 标		备注 (噪声类别)
			超	未超	
17	新梁街44号前	64.6	√		交通+生活
18	平政路滨江楼前	55.5		√	生活
19	长城印刷厂门前	50.8		√	生活
20	工矿电机成套配件厂	61.9	√		工业+生活
21	中南电瓷电器厂门口	53.4		√	交通+生活
22	市气象局	52.3		√	交通+生活
23	老干所内	47.3		√	生活
24	市二中内	59.5		√	生活
25	市政府二院内	55.1		√	生活
26	雨湖公园北门	57.2		√	生活
27	八仙桥南端	58.5		√	生活
28	市卫生防疫站内	49.6		√	生活
29	原老干所汽车队前	49.7		√	生活
30	南盘岭宿舍区	51.7		√	生活
31	湘潭汽配公司内	51.4		√	生活
32	市职业病防治所	67.8	√		交通+生活
33	工商银行市支行前	66.2	√		交通+生活
34	湘潭粮库内	65.9	√		交通+生活
35	和平新村宿舍	56.5		√	生活
36	湘潭师院南院	52.2		√	生活
37	湘潭县原政府大门以东	53.8		√	生活
38	市水文站后面	57.5		√	生活
39	湘潭大地竹业有限公司	59.7		√	生活
40	市二酱厂内	45.8		√	生活
41	江麓子弟学校	49.2		√	生活
42	市委院北端	47.4		√	生活
43	公园旅社边	60.5	√		交通+生活
44	市钢材市场	53.2		√	生活

序号	监 测 点 位	监测结果 LeqdB(A)	超 标		备注 (噪声类别)
			超	未超	
45	湘压新村	56.9		√	生活
46	市二针织厂内	60.8	√		工业+生活
47	湘潭县原经委门前	57.6		√	交通+生活
48	环城路美健诊所处	49.8		√	生活
49	湘潭县原法院东面	62.5	√		交通+生活
50	湘潭汽车保养场旁	49.1		√	生活
51	湘潭公园动物园	45.9		√	生活
52	湘潭市供销社	53.1		√	生活
53	外贸万向轮厂前	60.2	√		工业+生活

2004年，环保部门对韶山路、建设北路、人民路、解放路等15条主要交通干线进行布点监测，主要交通干线交通噪声声级分布在65.5-76.4分贝之间，车流量加权平均值1608辆/时，昼间噪声超标率47%，达标率53%。有7条道路交通噪声超标。同时，对城区初具规模的噪声固定污染源60家进行监测。整治前，达标率仅占12%，超标率高达88%，其中，超标5分贝以上的有8家，占超标的15%；超标10分贝以上的有32家，占超标60%。按声源分类，其中工业企业噪声声源主要为机械噪声，超标率占被监测企业的57%；建筑施工、建材加工噪声超标率100%。夜间噪声声源主要来自娱乐场所（歌舞厅、卡拉OK厅等），超标率100%。2007年，区内昼间噪声平均等效声级为68分贝，其中，交通噪声等效声级为73分贝，生活噪声等效声级为56分贝。

四、固体废弃物

1988年，境内的固体废弃物主要是工业固体废弃物（包括危险废弃物）、建筑垃圾、生活垃圾、医疗垃圾等。工业固体废弃物源自加工为主的工业企业和使用锅炉窑炉的单位。建筑垃圾源自各基建施工单位，生活垃圾源自各商业企业和城市居民，医疗垃圾源自各家医院及诊所。年末，固体废弃物排放量约为62万吨，城区生活垃圾清运量10.8万吨。通过环保部门的监管和排污单位的综合治理，固体废弃物的排放进一步规范。但由于经济的发展，基建规模的扩大和居住人口的增加，1995年，区内固体废弃物排放量约为112万吨，城区生活垃圾清运量13万吨。2000年以后，区内开展控制污染物排放达标活动，固体废弃物与建筑垃圾的排放得到一定程度的控制。但随着房地产业的发展，建筑垃圾增多。2005年，全区工业固体废弃物排放量约为130万吨，城区生活垃圾清运量16万吨。2007年，区内工业固体废弃物排放量约为120万吨，城区生活垃圾清运量17.89万吨。

五、农村污染源

（一）农药施用

1988年，境内施用农药的总量约为850吨，单位面积平均施用量为每公顷33.98公斤。1991年以后，农药的年施用量在1700吨左右，利用率仅为10%，其余部分渗入土壤或随水体流失造成农田和水体有机汞、有机氯的污染。其间,有机氯农药逐步停止生产和使用,境内土壤中有机氯农药的危害有所缓解。1999年,区内施用农药品种除敌敌畏、乐果、甲基托布津、杀虫霜大颗剂外,又增加三环唑、多菌灵、甲胺磷农药等,单位面积平均施用量为每公顷39.68公斤,施用农药的总量约为1600吨。2005年,区内施用农药的总量约为980吨,为1988年的1.15倍。2007年,区内施用农药的总量约为1800吨,单位面积平均施用量为每公顷71.95公斤。

(二)化肥使用

1988年,境内施用化肥的总量(折纯,下同)约为1.5万吨,单位面积平均施用量(折纯,下同)为每公顷271公斤。1990年,化肥的年施用量在2.8万吨,单位面积平均施用量为每公顷506公斤,化肥的一般利用率约为30%。2000年,区内施用化肥的总量约为3万吨,单位面积平均施用量为每公顷664公斤。2005年,区内施用化肥的总量约为13.1万吨,为1988年的8.73倍。2007年,区内施用化肥的总量约为16万吨,每公顷面积施用化肥量为2888公斤,是1988年的10.66倍。长期大量使用化肥,引起土壤中微生物种类和数量减少,土壤板结,导致农作物生长受到影响,对生态环境造成不可逆转的破坏。同时过多地使用化肥,生产的果蔬品质也没有有机肥料生产的那么好。

(三)畜禽喂养

1988年,境内农村养殖业尚未形成规模。1995年开始,区内农村养殖业迅速发展,但大量畜禽粪未能充分利用,有的任意排放,严重污染水质和周围环境。同时, 养殖过程中的废水排放亦成为对环境的重要污染源。2005年,区环保局在长城乡新月村对生猪饲养进行监测与调查,在日温达到25℃至35℃之间,每天必须洗猪和冲栏3-5次,每头猪的日用水量约为0.1吨,排出的废水约为0.08吨。低于25℃的日温,每天必须洗猪和冲栏2-3次,每头猪的日用水量约为0.05吨,排出的废水约为0.04吨。按新月村年出栏生猪3.5万头计算,分别按大猪(70公斤到出栏肥猪)、中猪(45公斤到70公斤)、小猪(从断奶猪到45公斤)的日用水量计算,日排放废水为933吨、699吨、466吨,共计2098吨;月排放废水为2.8万吨、2.1万吨、1.4万吨,共计6.3万吨;年排放废水(6个月)为16.8万吨、12.6万吨、8.4万吨,共计37.8万吨。养殖一头生猪产生的污水,相当于7个人生活产生的废水。至2007年,这一情况无明显改善。

第二节　污染治理

一、工业污染治理

1988年,境内环保部门配合各相关工业企业治理污染。1989年,在中山路、广场街道创建烟尘控制区,对控制区内污染超标的50台锅炉、6座窑炉先后采取技术改造、更新拆除、停封等措施。年末,锅炉、窑炉、各类灶达标率分别为90%、89.5%、94%,节约用煤2767.35吨/年,价值30.44万元。同时,境内相关工业企业建有废水处理设施21处,年处理工业废水5.05万吨。1991年,对全区乡办村办工业企业的70台锅炉实行定期监测。

1993-1995年,针对区内污染较为严重的昭潭化工厂、先锋电镀厂、羊牯电镀厂、市第一造纸厂、人防战备水泥厂等企业先后进行治理。市第一造纸厂是在原护潭乡永红纸厂基础上改建的企业，改建投资近2000多万元，环保部门提出该厂的废水处理工程要与主体车间同时设计，同时施工，同时投产，企业采纳意见，按照环保部门提出的具体要求进行施工，废水工程适时得到验收，并在投产时投入使用。人防战备水泥厂是境内的粉尘污染大户。在环保部门的配合下，该厂的配料、烘干两车间的除尘设施得到进一步完善改造。同时，环保部门还对区内有废气、废水排放的14家企业全面实施监测。

1996年始，先后对湘潭淀粉厂的废水、市卷闸门厂的酸雾等环境污染问题进行限期治理。湘潭淀粉厂每天的废水排放高达383吨，附近的居民多次反映该厂的废水臭气难闻。企业以上葡萄糖粉生产线需投资300多万元为理由，表示无法建设需投资10多万元的废水排放工程。环保部门下达限期治理要求并多次检查督促，最终如期完成治理项目，环境得到改善。先锋乡有41家企业，通过治理后存在污染的企业不到10家，并且都采取有相应治污措施。至1998年的3年中，环保部门共配合帮助8家企业进行环保技术改造，支持企业投入治理资金11万余元。

2000-2005年，区内先后完成相关企业污染源排放污染物的建档工作，建立、完善污染源变更登记管理体系。同时，对全区规模工业企业下达限期治理项目25项，限期搬迁企业1家，限期停业2家。全区共投入治理资金510万元，7家重点达标企业通过验收。长城玻璃厂、恒盾厨具集团有限公司、市第一造纸厂等企业通过重点监管、限期治理，共投入资金30多万元治理自身的污染问题，收到较好的经济与社会效益。市第一造纸厂的废水治理被《湘潭晚报》、湖南卫视等媒体进行采访和报道，区人大常委会组织的环保执法检查亦对此予以肯定。2007年，全区规模工业企业中的废水、废气、废渣的排放得到有效控制，单位GDP能耗比2005年下降8.53%；万元规模工业总产值能耗比2005年下降11.8%；全年二氧化硫排放量削减20%，控制在1200吨以内； 化学耗氧量排放总量削减5.5%，控制在1.02万吨以内。

二、生活污染治理

（一）噪声污染治理

1988年，随着境内车辆的逐步增多，城区娱乐场所尤其是舞厅歌厅的兴办，噪声污染的问题日渐凸显。区域环境噪声等效声级平均值为：昼间68.3分贝，夜间56分贝。年内，环保部门对境内噪声进行监测后，于1990年在广场地区创建全市第一个控制噪声达标区。该达标区面积约4平方公里，居住人口约3万，内有韶山西路、建设北路等交通干道点，30多家企业和10余家歌舞厅。通过对企业工业噪声、交通噪声、生活噪声的治理，该区域范围内的噪声污染状况有较大的改善，基本达到省验收标准。同时，环保部门采用网格布点法，监测区域环境噪声。随后，针对噪声污染较为严重的区域，采取相应治理措施。至1997年，区内噪声污染的问题有一定缓解。区域环境噪声等效声级平均值为：昼间68分贝，夜间55分贝。2001-2002年，先后对明月歌舞厅、名人歌厅的噪声污染进行治理。2004年高考期间，为保证高考环境，区环保部门组建“绿色护考队”，并对考点及周边区域设置为期20天的噪声禁控区。是年，区环保部门在区内设置交通噪声、声源噪声规范监测点174处，经检测整治达标率为90%。对罗源广场酒吧一条街（有酒吧10家）噪声的专项整治工作达到预期效果。2005年，针对解放南路、新梁街等处卡拉OK厅较为集中、噪声严重扰民的问题，下发限期治理通知书10份，对治理不达标的，依法予以取缔。2007年，针对琴岛商务会所、火宫殿、塔客堡、三羊开泰等企业的噪声污染等进行限期治理。区内环境噪声等效声级平均值为：昼间65分贝，夜间51分贝。

（二）大气污染治理

1988年，境内净化处理废气量4.1亿立方米。1989-1990年，环保部门先后在中山路、广场街道和楠竹山地区建立烟尘控制区。中山路、广场街道的烟控面积为4.3平方公里，楠竹山地区的烟控面积为3.6平方公里。1991年,在巩固上述烟控区烟控成果的同时,又在窑湾、羊牯塘建立烟尘控制区,烟控面积为7.4平方公里。1993年,环保部门对合区后的烟控区进行调查,摸清全区的烟尘污染情况,收集整理锅炉、窑炉档案资料,加强锅、窑炉排烟设施的管理,现场执法督促、治理烟尘污染,同时新创建鹤岭、平政路、云塘三个烟控小区。全区烟控达标通过省、市检查验收。1994年以后,随着液化气、煤气等清洁能源的广泛使用,至1996年,区内罐装液化气用户达到5.28万户,管道煤气用户为1.57万户,区域空气质量得到改善。2004年,针对碧松纸业有限公司的锅炉除尘设备改造,下达限期治理通知书;同时,投入环保专项治理资金16.5万元,加强对区内烟尘重点污染源的治理。2007年,为全面落实市政府关于城市区禁止燃煤炉的决定,对全区有锅、窑炉共160个单位首批通知整改的19个,整改到位的8个,烟尘控制区内的20个锅、窑炉则限期拆除。空气质量级别Ⅲ级,空气质量优良率为65%,主要空气污染物下降10%。

(三)废水污染治理

1988年,雨湖区环保局对全区范围内的机械、冶金、食品、针织、化工、轻工、医药卫生等7个行业进行调查,废水、废气、废渣排放超标的企业56个。其中,大型企业1个,中型企业5个,小型企业50个。通过废水排放治理,完成废水治理改造项目7个,年废水处理能力达300万吨,达标率为84.12%。1993年,根据上级部门的统一部署,环保部门在全区餐饮业开展整治油污废水的行动。1995年,在建设北路临近铁路桥的地段,洗车业悄然兴起,不足500米的路段,大小洗车店竟达10家之多。洗车后产生的大量废水无序排放。在城管、工商、环保部门的共同努力下,洗车店或关或迁或改造设施,废水无序排放的现象得到控制。2000年起,环保部门对区内集贸市场、牲畜屠宰场等处的废水排放集中整治,废水排放实行隔渣处理。2004年,对广州大酒店以及文化街、风车坪社区、大湖社区等86家小餐饮店的油污废水排放进行治理。2005年,环保部门帮助全区近50家有一定规模的餐饮业建立隔油池,将收集的废油交碧水生化油厂集中处理,减少对湘江水体的油污染。2006年,环保部门投入资金8万元,用于区内两家企业和新月村的废水治理。2007年,区内的生活废水日处理量为10万吨,达到国家排放标准。

三、农村环境治理

1988年,境内农村普遍存在着农药化肥施用、焚烧稻草秸秆、乡镇企业的排污、生活垃圾随意丢弃堆放造成的环境污染。从1993年开始,区、乡政府和环保部门针对农村饮用水受到污染、严重影响农民生活和身体健康的现状,以改水、改路、改栏、改灶、改厕作为整治卫生环境的突破口,治理农村环境。至1997年10年间,全区疏浚排污渠道52条,整修排水沟渠6973米;改造并硬化乡村道路约30公里;使用沼气作为燃料的农户达4000户;有60%的农户用上自来水,20%的农户用上井水。2004年,针对区内养殖业发展起来后,畜禽粪便污染随之严重的趋势,区、乡政府在农村推广猪-沼-稻(菜、果)、猪-草-鱼、禽-鱼等多种复合生态养殖模式,以改善生态环境。区内长城乡新月村是生猪养殖大村,常年养猪户302户,年出栏生猪约3.5万头,全村人均养猪13头。由于长年的生猪饲养,该村环境遭到严重破坏,生猪养殖产生的大量废水污染水体致无法饮用。2007年,该村打成的水井深108.54米,出水量32.51吨/小时,日供水700吨,基本上能满足全村人、畜饮用水的供应。同时,新建12立方米的沼气池4口,改清洁能源灶12个,已有和新建垃圾围子68个,畜禽养殖形成的污染得到有效控制。年末,全区化肥、农药利用率提高2%-4%。通过改善农村饮水环境,又有3269人解决饮水安全问题。全区新建沼气池153个,初步创建两个生态文明村。

第三节 环保监测与执法

一、监管、监察

1988年,境内环保部门按照国家环保法规对相关单位的环境保护问题实施监管与监察。原雨湖区环保局依环保设施与主体工程同时设计、同时施工、同时投产(以下简称"三同时")的制度,全年共审批新、扩、改建项目13个;原湘江区环保局在此前进行的工业污染源调查基础上,汇总出367个污染源单位,获得大量供监管与监察的科学数据。1993年,全区共新办企业101个(包括个联体37个)。环保部门对新建项目执行"三同时"的规定,以管理牵头,监理、监测参加,立项全面,集体审批,环境影响报告书(表)填写准确、内容具体、保存完整、上报及时,以防止产生新的污染,全年共审批21个单位。1996年,环保部门按市里的统一部署,在境内实行排污许可证制度。全年共为100家企事业单位颁发排污许可证。1998年,全年审批新办企业25家,"三同时"执行率达到100%。1999年,对全区近100家不同类型的排污单位,进行污染状况监测。至2002年15年间,环保部门先后审批新建项目28项,为265家企事业单位颁发排污许可证。2005年,全年新批企业47家,对未经环保部门批准的天友化工厂新建项目责令停止施工,补办手续。全年受理环保110、信访投诉248件。2007年,区环保局组织保护饮用水源专项行动,累计出动执法人员200余人次,车辆50余台次,检查相关企业100余家。是年,全区"三同时"执行率达到100%;投诉办结率实现100%,环评率达到100%。

二、排污收费

1988年,境内环保部门继续依法征收排污费。原雨湖区环保局当年排污费开征面为80%,开征单位7个,征收超标排污费2.01万元。至1992年5年间,原湘江区环保局共征收排污费7.42万元。1993年,合区后的环保部门,本着教育为主、处罚为辅的原则,继续依法征收排污费,并根据企业的实际情况,将所征收排污费中的80%用于污染治理。1994-2006年,全区共征收排污费851.2万元,有步骤、有重点地对区内污染源进行治理,耗资708.61万元。2007年,全区共征收460余家企事业单位的排污费,总金额168万元;完成污染治理项目24个,用于治理污染的资金达203.91万元。

1994-2007年雨湖区排污费征收情况

19-8-3-1 单位:万元

年份	1994	1995	1996	1997	1998	1999	2000
金额	11	36	32	31	44	42	52.3
年份	2001	2002	2003	2004	2005	2006	2007
金额	68.8	85	95	119	125	140. 1	168

三、调处环境纠纷

1988-1992年,境内环保部门共办理各级人大代表和政协委员对环境保护工作的提案、建议164件,与人大代表和政协委员的见面率达100%,共受理调处环境污染纠纷136起。1994年,区环保局共受理环境污染纠纷25起,调处25起,结案率100%,农业理赔金额为1.38万元。调处中,环保部门坚持谁损害,谁赔偿,国家、集体、个人利益兼顾和协商调处的原则,以事实为依据、法规为准绳,促使污染纠纷得到解决。是年1月,护潭乡繁城村兴无组所办豆腐店的生产废水排进村民鱼塘,造成5万尾鱼苗受损,环保部门及时查勘,对废水进行检测,通过协商,赔偿受损村民3800元;并对豆腐店下达限期搬迁通知,纠纷得到解决。1997年,工农学校师生反映市电业局一处工棚内加工某化工原料,有毒气味弥漫至校区,引起部分师生身体不适。环保部门接到投诉的第二天,即到现场了解情况,责成责任方当天拆掉并搬走所有的原料与生产工具。至2002年的7年间,共调处各类环保纠纷444起。2003年,区环保局共接到各类投诉302次,其中现场处理84次,重复投诉68次,调处结案150起。2004年,鹤岭镇七亩丘村民质疑天友化工厂生产中会产生有毒气体污染周边环境,环保部门接到投诉,及时上门现场检查,经省、市环境监测站反复进行监测,该厂污染物的排放(除噪声外)基本达到国家排放标准,于是,环保部门从维护企业和群众的环境合法权益出发,对周围村民反复、耐心地做工作,消除村民疑虑,村民和企业均感满意。至2007年的5年间,区环保局共办理各级人大代表、政协委员对环境保护问题的提案、建议17件,处理环保110投诉173件(其中:市级84件,区级89件),投诉办结率100%;处理反馈率100%,人民群众基本满意率90.95%。

市河西一大桥处街头花坛

第二十篇　教育　科技

第二十篇　教育　科技

第一章　教　育

第一节　幼儿教育

1988年，境内有大小幼儿园52所，幼儿班217个，学校学前班32个，有幼儿7821人，教职员工577人。1992年新雨湖区成立。1993年，区内有幼儿园28所，160个幼儿班（含学校学前班），在园幼儿4351人，教职员工528人。1994-1996年，因企业改制，厂矿幼儿园相继停办，民办幼儿园应运而生。1996年，全区共计有幼儿园32所。1997年，民办幼儿园坚持低收费、高质量的办学方向，专车接送幼儿，部分幼儿园实行双语（汉语、外语）教学，受到家长肯定，获得自身发展。其中花地幼稚园规模最大，有幼儿328人，教职员工45人。一些从事过幼教工作的人员，利用自家房屋或租赁房屋兴办小型幼儿园，也为工作较忙，收入不稳定的家庭所接受。幼儿园课程设置有语言、计算、美术、体育、音乐5门，每节课35分钟。有条件的幼儿园开设英语口语课，教师采用启发式、引导式教学，培养幼儿动脑、动口、动手能力。2002年，雨湖区企事业幼儿园4所，个体民办幼儿园11所，共办班68个，在园幼儿3010人，教职工共392人，其中幼教专业毕业179人。幼儿园坚持“保教并重”原则，根据幼儿所需调配饮食，保证幼儿饮食科学、合理、安全。2003年起，区教育局根据全区幼儿教育参差不齐情况，为提高幼儿园管理水平，组织全区幼儿园园长培训学习，实行园长执证上岗制度。通过学习培训，督促幼儿园加强安全管理，规定幼儿园办理“消防合格证”“食品卫生许可证”，规范幼儿园管理及收费行为，实行收费许可证制度，幼儿教育逐步规范。2005-2007年，区内增加幼儿园17所，幼儿1693人，教职员工255人。按照《幼儿园教育课程设置纲要》，各幼儿园开设语言、常识、计算、体育、音乐、美术六门课程。通过游戏、上课、娱乐、体育、劳动等手段，教给幼儿一些粗浅的知识和技能，发展幼儿智力，培养幼儿良好的卫生习惯和独立生活能力。幼师管理上，实行竞聘上岗制度，按岗按劳分配，定期组织业务学习和考核，广泛听取社会、幼儿家长意见，改进工作。园领导和教研组长深入各班听课，检查各项工作，及时评价，促进幼儿园工作健康发展。2007年年底，区内有幼儿园56所。其中，城区幼儿园48所，农村幼儿园10所，共有幼儿6600多人，教职员工930人。其中，市一幼、二幼两所直属机关幼儿园，归市政府办公室、市教育局主管。一幼有在职教职工57人，开设大、中、小、托班8个，收托幼儿270人，获得省级“示范性幼儿园”称号。二幼有在职教职工59人，开设9个教学班，收托幼儿386人，曾以湘潭最高分通过首批市级示范性幼儿园验收。

第二节　初等教育

一、学校分布

1988年，境内有小学56所。其中，区属城区小学16所，农村小学22所（长城乡10所，昭潭乡3所，先锋乡4所，护潭乡5所），厂矿院校小学17所。城区小学中，雨湖区管10所，湘江区管6所。共有教学班524个，在校学生2.21万人。另有市属和平小学，25个教学班，学生1507人。1992年三区合并。1993年，区有小学38所，教学班355个，在校学生1.68万人，教职员工854人。1995年起，区教育主管部门根据生源变化，整合教育资源，先后撤并城区小学5所（白石、窑湾、文西街、雨湖、小东门学校），农村小学12所（高坪、白云、犁头、月塘、红旗、桐梓、红星、金星、砂子、中心、繁城、鹤岭学校），新建城区小学2所。1996年，新建韶西逸夫小学，1998年，新建熙春路逸夫小学（原工农小学更名）。接收厂矿子弟小学5 所（江南、江麓、湘锰、湘柴、杨梅洲）。至2007年年末，雨湖区教育局管辖小学27所。其中，城区小学有曙光学校、熙春路逸夫小学、临丰学校、风车坪学校、云塘学校、调塘学校、金庭学校、唐兴寺学校、韶西逸夫小学、南盘岭学校、江麓小学、湘锰小学、江南小学等14所。农村小学13所。其中，长城乡有立云中心小学、砂子学校、羊牯学校、上新学校、花园学校、月塘实验学校等6所小学部，昭潭乡有广场中心完小、许家铺学校2所，先锋乡有先锋学校、金桥中心小学2所，护潭乡有湘江学校、人民学校、富强学校3所。共有教学班360个，在校学生1.74万人。另外，有市属小学1所（和平小学、教学班25个、学生1614人），有高校附属小学2所（湘大子弟小学、科大子弟小学，共12个班，学生829人）。

二、课程设置

1988年，根据《湖南省全日制六年制城市农村小学教学计划》，城乡小学均开设思想品德、语文、数学、自然、地理、历史、体育、美术、音乐和手工劳动（一、二年级每周各一节）、劳动（三至六年级每周各一节）。农村小学6年级加开农业知识课。每周总课时32-34节，每课时40分钟。1993年，根据《湖南省九年义务教育全日制小学、初级中学课程计划（试行）》方案，全区小学开设思想品德、语文、数学、社会常识、自然、体育、音乐、美术、劳动9门课程。1995年，根据省教委指示对全省小学课程进行调整，减轻学生课业负担，全区小学每周安排28-30课时。4月，根据湘潭市教育委员会下发的《关于在全市中小学开设健康教育课程的通知》，区内各城镇中小学开设健康教育课，列入课程表。是年秋季，根据市教委《关于在湘潭市小学开设英语课的实施意见》，区所辖城区小学的五、六年级每周开设英语课3节。1998年，区属小学五、六年级全面开设英语课。1999年，四年级开设英语课，每周2课时。2002年，按教育部规定，三年级开设英语课，每周3课时。2007年，课程开设无变化。

三、教育教学

1988年，境内各小学根据教育主管部门制定的《实施小学生思想品德评价》方案，小学三年级以上学生，每学期开展一次思想品德评价，评价方式为“自评、互评、师评”，引导学生开展自我教育。围绕“发展智力、培养能力”，加强“双基”（基础知识、基本能力）教学，贯彻“精讲多练”原则，坚持面向全体学生，逐步由应试教育转向素质教育，成效显著。雨湖区适龄儿童入学率100%，小学毕业合格率99.8%，升学率100%。风车坪学校教师王璇宫（女）教育工作成绩突出，获国家教委授予的“全国中小学先进德育工作者”称号。

1994年，区教育局成立家长委员会联合会，在全市率先推行学校、家庭、社会“三结合”教育。区内各小学根据市教委编印的《中小学法制教育100题》《中小学生安全100题》《以案教学》等教材，向学生进行法治教育。1996年，根据市教委提出的素质教育进课堂和湘潭市课堂教学抽查评比方案，全区各小学广泛开展示范、观摩、研讨课活动。1998年，区教育局引进省级教育科研课题“中小学英语五A课堂学习策略指导模式”，4所学校参与实验，2篇论文在国家级刊物上发表。小学“三算”（珠算、笔算、口算）结合教学研究，区教育局被省教育厅评为湖南省“三算教学先进单位”。体育学科引进教育部“九五”重点课题，开展《运动处方在小学中的教学与运用研究》，8所学校参与实验。2002年，全国实验年会在湘潭召开，区教育局教研培训中心主任胡国强撰写的《体育教学法在制定和优化运动处方工作中的应用》获教育部“九五”重点课题一等奖。电化教学研究发展步步深化，从幻灯教学到“三机一幕”（录音机、幻灯机、电视机、幻灯机屏幕）到多媒体多功能电化教学，全区小学逐步普及。区教育局承担全国教育科学“九五”规划重点课题，《中国基础教育现代化实施策略研究》子课题《小学语文“创意式”四步电化教学模式研究》，区教育局获市、省、国家科研成果奖。金庭学校校长、党支部书记萧云辉（女），执教的语文课多次获省、市奖励；主持和参与的国家级、省级课题均获一、二等奖。

2005年，根据湘潭市教育局下发的《加速义务教育学校图书、仪器、电教器材建设的意见》，全区各小学贯彻执行。2007年，城区小学全部设有图书室、仪器室和电教室。“三结合”教育形成德育立体网络，教育成效显著，区“三结合”教育案例获省一等奖，《中国教师报》推介雨湖区德育工作经验，9月中宣部向全国推介雨湖区未成年人思想道德建设经验。“学校放假、社区开学”工作得到拓展，德育目标具体化、内容系列化、活动经常化、考核制度化落到实处。

1993-2007年雨湖区区属小学情况

20-1-2-1

时间（年）	学校数	班数	学生人数	教职工人数	备注
1993	38	355	16847	854	原雨湖区10所，原湘江区6所，原郊区河西地区22所
1994	38	374	18364	910	
1995	38	384	19272	952	
1996	39	396	20144	998	新建韶西逸夫学校
1997	39	408	20461	1000	人民路学校更名为白石学校
1998	39	401	19869	999	
1999	38	390	18956	994	窑湾学校并入唐兴寺学校，工农学校迁址新建，更名为熙春路逸夫小学
2000	36	370	17783	978	繁城学校并入熙春路学校，金星小学并入韶西、许家铺学校

续20-1-2-1

时间（年）	学校数	班数	学生人数	教职工人数	备注
2001	37	354	16270	943	湘潭船舶厂子弟小学剥离到雨湖区，更名为梅洲学校
2002	36	331	14908	931	文西街学校并入曙光学校
2003	31	338	14128	969	白石学校并入金庭学校，撤红旗、桐梓、红星小学，鹤岭小学并入湘锰小学
2004	30	326	15435	925	梅洲学校并入唐兴寺学校
2005	30	296	13540	824	江南小学剥离到雨湖区，雨湖学校并入风车坪学校
2006	29	371	17356	1023	江麓、湘锰小学剥离到雨湖区，先锋中心小学并入江麓小学，小东门学校并入曙光学校。高坪学校并入立云学校
2007	27	360	17401	987	桃园路小学剥离到雨湖区，湘柴子校剥离到雨湖区且并入熙春路学校，犁头、月塘学校并入月塘实验学校，白云学校并入立云学校

2007年雨湖区区属小学情况

20-1-2-2

学校名称	创办时间（年）	校址	班数	学生人数	教职工数
曙光学校	1902	城正街384号	18	853	60
熙春路逸夫小学	1908	建城路20号	24	1174	67
临丰学校	1926	平政路414号	12	403	31
风车坪学校	1957	解放南路276号	30	1927	90
云塘学校	1945	长园里126号	19	1006	55
调塘学校	1942	调塘路42号	12	545	31
金庭学校	1912	大湖南路80号	36	2139	99
唐兴寺学校	1927	新马路29号	11	433	38
南盘岭学校	1946	罗家坡2号	6	237	18
韶西逸夫小学	1996	立竹路25号	21	1279	57

续20-1-2-2

学校名称	创办时间(年)	校址	班数	学生人数	教职工数
桃园路学校	1972	桃园路1号	6	218	15
江麓小学	1960	高岭路	18	891	62
湘锰小学	1957	鹤岭镇	23	1080	59
江南小学	1951	楠竹山镇楠韶路	24	1276	65
湘大子弟学校小学部	1975	湘潭大学校内	12	450	25
湖南科大附属学校	1985	湖南科大校内	10	379	21
月塘实验学校小学部	1951	长城乡新月村	7	256	14
长城乡立云中心小学	1950	长城乡立云村	12	541	30
砂子岭学校	1953	长城乡砂子村	6	180	15
羊牯学校	1963	长城乡羊牯村	6	235	15
上新学校	1950	长城乡上新村	4	127	11
花园学校	1945	长城乡花园村	6	207	11
广场中心完小	1950	解放北路33号	18	915	47
许家铺学校	1923	宝庆路许家铺	12	533	26
先锋学校	1958	先锋乡先锋村	6	180	12
金桥中心小学	1959	先锋乡金塘村大屋湾	6	220	14
湘江学校	1951	护潭乡湘竹村	5	116	11
人民学校	1953	护潭乡悦新村	6	237	22
富强学校	1950	护潭乡富强村	6	193	12
合计:29所小学			360	17401	987

说明:1994年,先锋乡永红学校更名为金桥中心小学,由金塘村的金塘湾迁至大屋湾。湘大子弟学校小学部、科大附属学校小学部虽行政上不隶属雨湖区,但在教学业务上归区教育局管辖。驻区市辖小学—和平小学,另有专页介绍

附记

区属小学选介

金庭学校 该校前身为私立金庭简易小学,创建于1912年,校址在十六总后三元街(现名金庭街)原江苏会馆。1927年,增设高小班。1941年,由于日本侵略者飞机的轰炸,学校迁到湘潭县双板桥桃花冲惜阴小学办学一年。1942年,迁回原址。1951年,由市人民政府接管,改名为湘潭市私立金庭完全小学,1959年,明确为公办学校。1967年,受"文化大革命"影响改名为育新小学。1967年,秋季招收两个初中班,1968年,市教育局对初中布点进行调整,学生送入二中。1977年,又定名为金庭学校,1978年,定为湘潭市河西区重点小学,1981年,定为湘潭市重点小学。1994-1998年,该校陈次衡(女)、肖云辉(女)先后被评为"全国优秀教师"。接受省爱国卫生检查和全国健康教育检查,分别获市教委特等奖和一等奖。学校进入省级"文明卫生先进单位"之列。2000年,学校开始招收寄宿生。2003年,白石小学并入,至此,学校校园面积为1.77万平方米,建筑面积为1.34万平方米。学校成为湖南省"红领巾示范学校"、现代教育技术实验学校。2004年肖云辉(女)获"徐特立教育奖"。2006年,学校被授予"湖南省安全文明校园""中央教育科学研究所重点课题实验学校"称号。2007年,学校有教学班36个,学生2139人,其中寄宿生443人,在职教职工99名。

风车坪学校 该校创建于1957年,校址原郊区护潭公社东风大队菜园,位于解放南路276号。1959年改为完小。1964年学生增至900人,教师36人。1967年"文化大革命"中更名为捍东学校。1979年恢复风车坪学校校名。1988年,该校教师王璇宫(女)被评为"全国中小学先进德育工作者",1989年,被评为"全国优秀教师"。1994年,学校获省"艺术教育先进单位""推广'三算'教学先进单位"、1995年,获"全国雏鹰大队"称号。教师杨桃英(女)被评为"全国优秀教师",1996年被评为"省特级教师"。2001年,学校成为教育部全国教育科学"十五"规划重点课题实验学校。2005年,学校被授为"全国科研兴教示范单位",团中央、教育部授予"全国优秀青少年维权岗",成为中国教育学会全国小学语文教学法研究中心、作文教学研究会实验学校。2006年成为湖南省"十一五"规划课题研究基地。2007年,成为全国义务教育语文教学研究中心实验学校。校园占地面积9000万平方米,建筑面积8284万平方米;拥有教学班30个,在校学生1927人,其中寄宿生116人,教职员工90人。

驻区和平小学简介

湘潭市和平小学 该校位于雨湖路248号,系湘潭市教育局唯一直属小学。学校建于1942年,时名湘潭县雨湖镇中心学校。1950年,改为湘潭市第二完全小学,1953年,定名和平小学。占地1.1万平方米,建筑面积0.9万平方米。学校内部设施齐全,闭路电视和校园网络系统齐全。有红领巾电视台、红领巾广播站,校园网站等,多媒体设备进入每一间教室,电脑进入办公室,基本实现教学设备和办公手段现代化。1981年,被定为湘潭市重点小学。1998年,学校被授予首批全国现代教育技术实验学校匾牌。1999年,被评为"全国群众体育工作先进单位"。2000年,获中央教科所授"全国小语教改实验先进单位",省依法治理领导小组授予"普法、依法治理示范单位"。2001年,被中央宣传部、国务院司法部联合评为"全国法制宣传教育先进单位",被省教育厅评为"中小学德育工作先进单位"。2003年,被省教科所确定为基础教育教学研究实验学校。2005年,获全国巾帼文明岗建功组授予"全国巾帼文明岗"。2006年,被省教科院确定为国家课程标准美术实验教科书(湘版)实验基地、湘教版科学课示范性实验基地。2007年,被国家语委评为"全国语言文字工作先进集体",同时被湖南省人民政府授予"全省教育系统关心下一代工作先进单位""湖南省示范家长学校"称号。学校机器人代表队赴韩国参赛,获亚太地区机器人工程挑战赛铜奖。是年,学校有在职员工84人,其中中学高级教师11人。陈荫城被评为"省特级教师",周利如(女)被评为"全国模范教师",9名教师获国家级、省级骨干教师培训合格证。学校有教学班25个,在校学生1614人,另有学前班3个,学龄前儿童150人。

第三节　中等教育

一、初中教育

(一)学校分布

1988年,境内有初中26所,其中区属初中5所,市属初中 9所,厂矿中学、大专院校附中12所。初中共有教学班248个,在校学生11459人。1992年三区合并,1993-2001年,区属初中5所不变。2002-2007年,根据市教育主管部门整合教育资源的要求,先后撤并区属初中2所(鹤岭中学、先锋中学),将厂矿中学3所(江南中学、江麓中学、锰矿中学)移交雨湖区教育局管辖。至2007年年末,境内共有初中16所。其中:区属农村中学3所(护潭中学、长城中学、月塘中学)、区属城区中学3所、大专院校附中2所(湘大子校、科大附中)、市属中学4所(市二中、市四中、市十一中、市十六中)、民办中学2所(新天地益智中学、培英实验中学)。共计初中教学班181个,在校学生9807人。

(二)课程设置

1988-1992年,境内初中开设思想政治、语文、数学、外语、物理(二、三年级)、化学(三年级)、历史、地理(一、二年级)、生物、体育、音乐、美术、劳动技术13门课程。每周36课时,每课时45分钟。1993年,根据《湖南省九年义务教育全日制小学、初级中学课程计划(试行)》,全区各初中在原有13门课程基础上增设活动课,包括班队活动、科技活动、社会实践活动等。1995年,根据国务院颁布的新课时制和省教委课时调整意见,全区初中课时调整为每周32-34课时,课程开设不变。2000年,区内城区初中增设信息技术课。2005年,农村初中普及信息技术课。2007年,全区初中所开课程课时未变。

(三)教育教学

1988年,境内各中学继续实施湘潭市教育局下发的《学生思想品德评价方案》,初中各年级开展"班级一日常规讲评会",将日常行为规范与评"三好学生""优秀班干部"挂钩,加强中学生日常行为规范教育。各中学积极开展教研活动,尝试教学互动,启迪学生思维,改进教学方法,教学效果显著。学生初中入学率100%,升学率97.8%。江南中学教师刘竹清,业绩斐然,1989年,被国家教委、人事部授予全国优秀教师称号,1991年被评为湖南省特级教师。1996年,各中学根据市教委提出的素质教育进课堂和《湘潭市课堂教学抽查评比方案》《普通初中毕业会考质量综合评价方案》,规范课堂教学行为。教师在教学中注重课堂练习,减少作业负担，扩大学生视野，提高学生观察、分析、推理和创新能力；并重视实践环节，培养学生动手能力，改变过去单一看考试分数为综合评价的模式，以适应素质教育要求。各中学着力促进课堂改革，提高教学效益，推动素质教育深入开展。至2000年的5年中，各中学教研、教改及优秀论文获省奖26篇，获国家级奖5篇。其中湘锰中学邓卫平撰写的《寓素质教育于劳技教育之中》一文获国家教育管理学一等奖。2001-2003年，根据市教育局《加强对青少年儿童爱国主义教育的意见》，各中学组织爱国主义教育专题活动诗歌朗诵比赛、演讲比赛、爱国歌曲比赛、舞蹈比赛、绘画比赛等活动210余次，观看爱国影片50余场，参观爱国主义教育图片展20场次，学生受教育面100%。2005年，区内各中学贯彻执行湘潭市教育局下发的《加速义务教育学校图书、仪器、电教器材建设的意见》，均设有图书室、仪器室和电教室，多媒体电化教学在各科教学中普遍使用。2007年，根据教育部门对中学生思想道德建设提出的新任务、新问题，改进和加强中学生思想道德建设工作。围绕养成教育、班级管理两条主线，组织开展多种形式的教育活动，使中学生从历史、现实和未来发展的角度形成环保、安全、卫生、健康等思想认识，促使学生成长为人格健全、体格健康的社会小公民。

1988-2007年雨湖区区属中学情况

20-1-3-1

时 间(年)	学校数	班 数	学 生人 数	教职工人数	备 注
1988	5	33	1325	171	护潭中学、长城中学、月塘中学、先锋中学、鹤岭附中
1993	5	32	1221	173	
1994	5	32	1299	176	
1995	5	33	1494	176	
1996	5	37	1830	129	
1997	5	42	2113	151	
1998	5	47	2343	162	
1999	5	54	2574	175	
2000	5	56	2698	175	
2001	5	58	2707	197	
2002	4	54	2578	197	撤鹤岭附中
2003	4	52	2165	182	
2004	4	38	1631	172	
2005	5	38	1629	240	江南中学剥离到雨湖区
2006	6	75	3042	378	江麓、湘锰中学剥离到雨湖区，先锋中学并入江麓中学
2007	6	68	2619	372	

说明：1. 本表不包含市直属中学相关数据；2. 各校教职工人数不包括由厂、场支付工资的校办工厂、农场人员。

附记

普及九年制义务教育

1993年，依据《中华人民共和国义务教育法》，落实省、市普及九年义务教育工作会议精神，中共雨湖区委、区政府作出《关于加快普及九年义务教育的决定》。1995年，区委、区政府又作出《关于一九九六年全区实现“两基”的决定》（基本普及九年义务教育，基本扫除青壮年文盲）。当年，以区、乡财政拨款为主、干部群众捐资集资为辅，筹措资金5700万元，投入“两基”硬件建设，全区办学条件明显改善。在商贸特区新建较高标准的韶西小学，重新规划建设金桥、湘江、楠竹山、羊牯、立云等10所小学，新建教学楼33栋，面积达6.1万平方米。同时，狠抓校内设施设备的三配套工作。校园校舍配套：四分之三的学校有成套的宿舍楼，乡中学有两栋以上的教学楼，有礼堂，有运动场地；仪器、图书配套：校校有仪器室，图书室和电教器材；音体美卫设施配套：全区中学、乡中心小学、城区小学均有专用音乐、美术教室和风雨活动室，各校均配齐必要的音体美卫器材。为落实区政府1995年颁发的《关于认真贯彻执行义务教育法，制止中小学学生辍学的通知》，全区采取依法督学、捐资助学、全员劝学等方式，确保适龄少年儿童完成九年义务教育。1996年，经省人民政府“两基”评估检查团验收，雨湖区达到“两基”目标。当年，雨湖区适龄儿童入学率100%，巩固率100%，小学毕业合格率99.8%。初中阶段适龄少年入学率96.46%，辍学率为0.54%。

1997年，区委、区政府作出《关于巩固发展“两基”成果，争创全国教育先进城区的决定》，进一步落实办学责任，加大教育投入，改善办学条件，全面实施素质教育，巩固发展“两基”成果。区、乡、校之间通力合作，年底，雨湖区获得“湖南省‘两基’工作先进县（市、区）”称号。

2001-2002年，全区继续加大对教育的投入力度，共投资232万元，为22个学校装备计算机，19所学校开辟语音室，8所学校新建电视台。全区学校基本上有中心电教室，大部分城区学校和乡中心小学拥有多媒体教室，有的学校还实行图书计算机管理，开启校园工程网。

2006年，区财政为教育拨款7037.7万元，比上年增长82.48%，生均教育事业费由2004年的小学2402元、初中2726元，增加到2006年的小学3815元，初中6197元。全区区属中小学校园面积由1996年的22.3万平方米，增加到2007年的40.65万平方米，生均19.5平方米。校舍面积由1996年的13万平方米，增加到2007年的21.48万平方米，生均10.3平方米。两项指标均超过省颁标准。全区小学、初中专任教师均达到任职要求，学历合格率、相应教师资格证率均为100%。至2006年，小学入学率均为100%，辍学率为零；初中入学率均为100%。2007年，获省“两项督导评估优秀单位”称号。

附记

初中选介

湘潭市新天地益智实验中学　该校创办于1998年，前身为湘潭市益智实验中学。自创办起，学校大力推行素质教育，先后开展课程、教学方法、教育管理诸多实验，既注重学生全面发展，又注重学生特长培训，学校具有鲜明的“探索性”“开创性”和 “实践性”。培养的许多优秀学生成为省、市重点中学优质生源。该校是教育部和新加坡教育部国际交流项目湘潭地区唯一合作学校，2005年开始，新加坡国家初级学院在该校毕业生中选拔优秀学生赴新加坡全免费留学，是年，吴靖、蒋丹青获“宋庆龄奖学金”。2007年，学校成功地进行股份制改造,学校教职工工资由部分财政下拨、部分学校自筹改为全部由学校自筹。校址由湘潭市一中校园(建设北路117号)迁至解放北路广新巷2号(原市工贸中专校舍)。新校址占地面积1.5万平方米,建筑面积9000平方米,学校能容纳2500余学生就读和500多学生寄宿。有教学班29个,在校学生1902人。教师本科学历100%,中学高级教师占教师总数46%,中学一级教师占32%。至是年末,学校教师在国家、省、市级赛课活动中获奖项128人次;其中,24岁的罗星老师在全国初中地理优质课竞赛中脱颖而出,荣获一等奖。学校教师获得省级奖项的专著和学术论文100余篇(部);辅导学生参加数、理、化、生奥林匹克竞赛获市级以上奖项500多人次。学校刘驰轩、袁梦圆、何颖舒等11名同学通过考试获得赴新加坡免费留学资格。历届学生参加湘潭市统一毕业会考综合成绩连续7年全市排名第一。在历年中考综合评价中,该校合格率达100%。学生在国家级、省级、市级奥林匹克物理、化学、数学、生物竞赛、体育比赛、艺术比赛中获奖100多人次,学科竞赛成绩居省内前列。

二、普通高中教育

1988年,境内普通高中有湘潭市一中、湘潭市二中、湘潭市四中、湘潭市九中、湘潭市十一中和企业、大专院校办的江南中学、江麓中学、锰矿中学、湘大子校、矿业学院子校、二十三冶一公司子校等11所中学办有高中班。共有高中班94个,在校高中生4079人。其中,高三年级有31个班,1281人。各校按照教育部颁发的《全日制六年制重点中学教学计划(试行草案)》组织教育教学活动,当年毕业1194人,毕业率93%。1990年,国家教委对高中教学计划进行调整,分为学科课程和教学活动两部分。学科课程采取必修课和选修课两种形式。必修课程开设政治、语文、数学、外语、物理、化学、生物、历史、地理、体育、劳动技术11门。选修课分两类:一类是单科性选修,在高一、二年级开设;一类是分科性选修,按文科、理科、外语、艺术、体育、职业技术6类选修,在高三年级开设。教学活动包括课外活动和社会实践活动,一般利用课余时间和节假日进行。1995年开始,各高中学校普遍建有计算机教室,将电脑教学列入教学内容,加快教育现代化的进程。是年,湘潭市九中停办高中班,1996年,湘潭市四中停办高中班。1997年,湘潭市一中成为湖南省首批重点中学之一。1999年,市九中恢复高中班,市二中被评为“全国现代教育技术实验学校”。2000年,区内共有中学10所,开设高中班122个,在校高中生6126人。其中高三年级38个班1803人。毕业1350人,毕业率为74.88%。参加高考1340人,考入大专院校985人,升学率为73.5%。2007年,区内共有普通高中8所(市一中、市二中、市十一中、江麓中学、江南中学、湘锰中学、湘大附中、科大附中),在校高中学生8391人。其中,高三年级72个班,4158人,毕业4069人,毕业率97.86%。参加高考3483人,考入大专院校2584人,其中录取本科2016人,升学率74.2%。

附记

重点高中选介

江南中学 该校创建于1956年,位于楠竹山镇楠韶路 ,原为江南机器厂职工子弟中学。校园占地面积3.60万平方米,总建筑面积1.69万平方米。1988年,被先后授予“湖南省体育传统项目学校”,湖南省“文明卫生”单位,1989年,被评为湖南省思想政治课改革先进单位。2000年,学校列为湖南省创新教育实验学校。1993年、1994年,教师鄢湘秀(女)、杨丽华(女)、艾敏华(女)分别被评为“兵器工业部优秀教师”。2001年、2005年,教师龙振辉、曾石军分别被评为“省特级教师”。2005年9月,学校由雨湖区人民政府接管。

2007年，有教学班20个。其中，高中年级9个班，初中年级11个班，在校学生771人；生源多为江南集团公司员工子弟，教职员工88人，学校固定资产总值为1621万元。至是年底，为高等学府输送学子2600多名，现在江南集团公司近半数以上中层领导都是从这所校园走出去的。

湘潭市第一中学　该校位于建设北路117号，创办于1902年，初名湘潭县中学堂。民国时期改为湘潭中学。最初校址陶公祠，1934年，在风车坪建新校。1949年8月，只有6个初中班，学生300人，教职工20余人。1950年，始办高中，1955年，改今名。现在校园占地7.25万平方米，建筑面积 7.22万平方米。2007年，有教职工294人，其中，专任教师235人，高级教师92人，一级教师78人，国家级、省级骨干教师近30人，先后有6位省特级教师。有41个教学班，在校学生1238人。学校为国家培养近4万余名初、高中毕业生。教育、教学、教研上再创新高，分别被授予"湖南省青少年科技活动示范基地"、湖南省"现代教育技术实验学校"、湖南省"培养优秀运动员后备人才重点学校"、湖南省"青少年教育研究基地"、湖南省"首批重点中学"。是年，学校被评为"全国教育系统先进集体。"

湘潭市第二中学　该校前身是由私立学校新群、化民和弘道中学三校合并而成的湘潭市立中学，位于解放北路215号，占地面积4.26万平方米，建筑面积4.22万平方米。80多年来，学校已跻身省重点中学行列。1993年起，学校在初中部每年招收一个特长实验班，高中部择招部分特长生。1995年，学校被评为"全国艺术教育先进学校"，1999年，被评为"全国现代教育技术实验学校"，省级"园林式单位""卫生示范学校""群体工作先进学校""田径传统项目学校"。近10年，学校被录入全国各类艺术院校的学生达200多人，连年被授予"省艺术教育先进学校"称号。2007年，有教师181人，特级教师4人，高级教师78人，学历合格率达98%。教学班46个、学生2158人。

第四节　高等教育

1988年，境内有湘潭大学、湘潭师范学院、湘潭矿业学院、广播电视大学湘潭市分校、湘潭教育学院5所高等院校。共有在校本、专科学生8935人，专职教师1438人。正高职称27人，副高职称230人，中级职称562人，初级职称619人。2001年8月，经教育部和湖南省人民政府批准，湘潭大学兴湘学院成立，2002年9月，湘潭师范学院和湘潭工学院合并组成湖南科技大学。2007年年末，区内有湘潭大学、湖南科技大学、广播电视大学湘潭市高校、湘潭教育学院4所大专院校，共有在校学生75532人，专任教师3491人。正高职称567人，副高职称1260人，中级职称1869人，初级职称1084人。至2007年20年中，湘潭大学、湖南科技大学共获国家级奖励12项，省部级奖励140项。

湘潭大学　该校是一所综合性全国重点大学，创办于1958年。随后因国家经济困难停办，1975年恢复办学。2002年，湖南省煤炭工业学校(1958年在资兴县创办，1971年迁至醴陵，1981年迁至湘潭市湘江区高岭路，属湖南省煤炭工业厅领导。1985年，有教职工331人，学生1300人)并入湘潭大学，成为湘潭大学职业技术学院。2007年，学校总占地面积180多公顷，建筑面积84.3万平方米。拥有在读学生1.69万人，专任教师和专职科研人员900余人，其中具有副高以上职称600余人，国家级突出贡献的专家30余人，多人被列为国家"百万人才工程"培养对象，并有一批优秀教师进入湖南省跨世纪学术技术带头人行列。学校设有哲学与历史文化学院、管理学院、国际经贸管理学院、法学院等15个院、系、部，49个博士学位、硕士学位和专业学位授予点，1个博士后科研流动站，1个教育部工程研究中心，18个省级重点学科。拥有较先进的测试中心、计算中心、校园网络中心、化工中试基地和湖南省一流的图书馆，图书馆藏书158万册，中外期刊4200余种。"八·五"期间，承担国家级科研项目37项，省部级以上项目92项，国内外公开发表论文9700余篇，出版专著600余部，140多项应用性成果通过鉴定，获国家、省部级奖励94项。先后与日本、美国等10多个国家的20多所高校建立长期校际合作交流关系。

湖南科技大学 该校是由湘潭师范学院（1958年创办）和湘潭工学院（1978年创办）两所院校于2002年合并组建而成。校园总占地面积2017.13公顷，建筑面积87.71万平方米，其中教学科研用房31.03万平方米，固定资产11.04亿元。学校拥有国家示范实验教学中心1个，中央与地方共建实验室20个，省级示范性基础实验室5个，本科教学实习基地94个，研究生培养基地13个。中外文纸质藏书190.53万册，中外文纸质期刊3056种。建有多种期刊数据库、先进的校园网络、多媒体教学系统和远程教学系统。有教学科研人员1762人，其中教授223人，副高职称人员490人，兼职博士生导师21人；教育部新世纪优秀人才支持计划4人，湖南省学科带头人20人，硕士生导师470人；同时，聘请86名国内外知名专家为荣誉教授或兼职教授，其中两院院士12人。至2007年年末，学校设有19个学院，75个本科专业，其中有安全工程、机械制造及自动化、采矿工程、化学等8个国家级特色专业，13个省级特色专业。目前在校本科生3.1万人；在校研究生1400余人。学校获国家科技进步奖3项，省部级科研成果奖49项，其中一等奖9项，获高校人文社科研究优秀成果二等奖1项，获发明专利47项。目前承担科研项目1099项，其中国家及国务院各部门项目86项、国家自然科学基金项目40项、社会科学基金项目16项、国防科研项目3项。学校与全国300余家企事业单位科研合作600余项。转让成果67项，成果被采用337项。

第五节　职业技术教育

中等职业技术教育

1988年，境内主要有湖南省煤炭工业学校、湘潭农业学校、湘潭铁路工程学校、湘潭卫生学校、湘潭市第一职业中专学校、第二职业学校、第四职业学校（原湘潭市八中）、江南机器厂中等学校、湘潭师范学校、湘潭市第一技工学校、第二技工学校10所中等职业技术教育学校，在校学生5865人，共有教职人员478人。其中，高级职称26人，中级职称189人，初级职称263人。1994年，湘潭市九中更名为湘潭市第五职业学校。1996年，省煤炭工业学校改名为湖南省工业学校，2002年并入湘潭大学，成为湘潭大学职业技术学院。2003年，湘潭农业学校改为湘潭生物科技学校。2004年，第一职业中专学校更名为湘潭市工业贸易中等专业学校，学校成为首批国家级重点职业中专学校。2006年，湘潭市第四职业学校、第五职业学校并入工贸中专。2007年，境内主要有湘潭市工业贸易中等专业学校、湘潭市二轻中专学校、湘潭教育学院（中职部）、湘潭电大（中职部）、湖南省江南工业学校、湘潭铁路工程学校、湘潭生物科技学校、湘潭市江麓职业中等专业学校、湘潭计算机职业技术学校9所中等职业技术教育学校，共有教职人员488人，其中专业教师277人，正高级职称4人，副高级49人，中级职称143人，初级职称75人。在校学生12614人，其中毕业生3486人，就业3225人，就业率92.5%。

高等职业技术教育

1988年，境内高等职业技术学校有江南机器厂职工工学院、江麓机械厂职工大学。1991年，两所学校合并为湖南兵器工业职工大学。本部设江南机器厂。1992年，江麓机械厂职工大学撤销，1999年复校，更名为湖南兵器工业职工大学江麓分校。2000年，湘潭卫校获准办高等职业技术教育。2005年1月，湘潭卫生学校并入湘潭职业技术学院，更名为湘潭职业技术学院医学院。学院大专班开设高级护理、护理和助产3个专业，中专班开设护理、助产2个专业。是年，区内有湖南兵器工业职工大学、湖南兵器工业职工大学江麓分校，在校学生4688人，毕业生769人，就业723人，就业率94%。其中，专业教师175人，专业教师中高级职称46人，中级职称92人，初级职称26人。2007年，区内有湖南兵器工业职工大学、湖南兵器工业职工大学江麓分校、湘潭职业技术学院医学院等高职学校，学校设有机械、电子、计算机、企业管理、外语、护理、行政管理等专业，有本科、专科层次，中专、技校生可直接升学深造。在校学生17989人，其中毕业生5959人，就业5831人，就业率98%。共有教职人员914人，其中专业教师538人，副高级职称163人，中级职称313人，初级职称52人。

附录

湘潭市工业贸易中等专业学校 该校原名湘潭市第一职业中等专业学校，创办于1981年，全国职业教育先进单位、湖南省农村劳动力转移培训骨干基地和外派劳务培训基地。2004年，成为首批国家级重点职业中专学校。2006年，湘潭市第四职业学校（原湘潭市八中）、湘潭市第五职业学校（原湘潭市九中）并入该校，全称为湘潭市工业贸易中等专业学校。2007年7月，该校成为首批省级示范性中职学校，并迁至湘潭市北二环线与高岭路交汇处，占地10公顷，建筑面积2.3万平方米。有教职工343人，其中中学高级教师112人，中学一级教师205人，具有研究生学历15人。学校根据市场需求完善专业设置，是年开设数控、物流、旅游、幼师、电子商务等专业，在籍学生3480人。

湖南兵器工业职工大学（湖南省江南工业学校、江南技工学校） 该校是一所集专科、中专、技校于一体的全日制工科学校，创办于1962年，校址在江南机器厂，是一所由湖南省教育厅和湖南省劳动与社会保障厅管辖的国有正规职业技能培训学校。占地面积6万多平方米，建筑面积3万多平方米，拥有固定资产2000多万元。拥有教授、副教授、高级讲师职称的教师40余人，讲师、工程师职称60余人。设有机械、电子、计算机、企业管理、外语等五大门类共20多个专业，有本科、专科层次，中专、技校生可直接升学深造。被评为“湖南省普通中等专业学校教学评估优秀学校”“湖南省成人高等教育优秀学校”。2007年，学校有教职工 153人，其中专任教师116人，有副高级职称27人，中级职称53人，初级职称 41人，有在校学生1984人。

工农素质培训教育

1988年，根据国务院颁布的《扫除文盲工作条例》，境内区政府重视扫盲工作。1990年，第四次人口普查统计，有文盲、半文盲200人。1993年，区政府在中央农业广播学校原郊区分校的基础上，创办农业广播学校，校址设鸡公嘴2号（原湘江区政府办公楼3楼）。长城、昭潭、先锋、护潭4乡先后办起农校，推广和普及科技知识，提高农民尤其是青年农民的科学文化知识与技能，4个农校先后成为市“示范乡农校”，长城、先锋乡农校成为省“示范乡农校”。大中型企业相继开办职工大学和职业技术培训学校，提高职工文化素质和劳动技能。至1996年，全区基本脱盲，雨湖区顺利通过省人民政府“两基”验收。2003年，区职工大学和职业技术培训学校、区农广校与区委党校场地合一，相继开设机电专业、电算会计、农业技术推广、乡镇会计、经营管理、畜牧兽医、农村经济管理等18个专业，培训大、中专毕业生2500多人。2004年，开设汽车维修培训专业；2005年，雨湖区成立农广汽车维修培训学校，连续3年招收学员191人，对运用现代农业科技知识加快农村经济发展起到重要作用。至2007年的15年中，区农广校共开办培训班256期，培训9400人次。围绕农业产业化和新农村建设培养专业人才，开设养殖、种植、管理3类专业，共开班53期，培训1976人。其中完成大专学历培训597人，完成本科学历培训34人。

第六节　教　师

一、教师队伍

1988年,境内区属学校有在职中小学教师1521人,其中民办教师111人。公办教师主要来源于大中专师范院校毕业生,民办教师(社队教师)来源于高中毕业后回乡知识青年。1993年,区内有在职中小学教师1027人,其中民办教师53人。1993-1996年,逐步在民办教师中择优录用公办教师,并在大、中专师范院校招生计划委培生,毕业后回原学校任教。代课教师全部陆续清退。1998年,在职中小学教师1437人。其中高级职称17人,中级职称718人,初级职称579人,123人未参评。教师中本科学历44人,大专学历399人,中专及以下学历994人。2000年,在职中小学教师1381人。其中,高级职称30人,中级职称737人,初级职称541人。本科学历56人,大专学历486人,中专及以下学历839人。2002-2007年,全区面向社会公开招聘教师,6年新增教师120人。至2007年年末,区内在职中小学教师1391人。其中:高级职称214人,中级职称973人,初级职称192人。研究生5人,本科学历609人,大专学历627人,中专及以下学历150人。

二、教师待遇

政治待遇　全区公办教师一直享受国家工作人员待遇。1988-1991年,教师党员在党员总数中所占比例不大,教师中鲜有人大代表和政协委员。1992年,金庭学校教师徐格莎(女)当选为湘潭市第十届人大代表,护潭乡人民学校教师易映华(女)出席第一届雨湖区人民代表大会,并被选为区人大常委会兼职副主任。1993-1996年,全区66位教师入党, 至2007年的11年中,全区教师中入党人数逐渐增加至196人,先后有251位教师被评为出席全国、省、市先进个人。

经济待遇　1988年,中小学教师除发放标准工资外,增发10%的行业工资。1989-1992年,区教育局在全市率先试行按工作量制发放工资。1993年,中小学教师工资由职务工资为主的结构工资制改为中小学职务(技术)等级工资制。教师月平均工资345元,年人均奖金350元。1994年,国家教委、人事部联合下发《中小学工资制度改革方案》,教师工资晋升与调整步入正轨。2006年第三次工资制度改革,中小学教师工资由岗位工资、薪级工资和绩效工资组成。2007年,教师月人均工资 2080元,年人均奖金1770元。

三、教师培训

1988-1992年,各校有计划地对教师轮训,利用寒暑假进行专业训练,分期分批送教师到师范学校脱产或半脱产进修,或组织教师参加函授学习,提高教师业务水平。1993年,按照国家教委《关于加快中学教师学历培训步伐的意见》,全区把不具备合格学历又能参加自学考试的初中教师组织起来,分期分批进行全员培训。1995年,举办校长岗位培训,培训校长47人,同时131位教师参加继续教育学习培训。1998年,全区各中小学采取送出去、请进来、岗位练兵比武、导师制和4项基本功训练等形式对教师进行培训,提高教师业务水平和实际工作能力。是年,全区中小学教师90多人参加大专以上学历培训。2001年,举办小学教师岗位培训,当年累计培训小学语文教师70人,数学教师60人。2005年,700名教师参加各类培训,并鼓励教师参加脱产、函授等形式的学历提升教育。立足"校本培训"进行教师基本功、普通话、计算机操作等各项教育技能培训。全区专任教师中,小学教师合格学历100%。其中,大专以上学历占56%,初中专任教师合格学历99.4%。全区有国家、省、市、区级骨干教师168人,占教师总人数的17.4%。其中,国家级1人,省级12人,市级37人，区级118人，基本构建一支人员精干、师德优良、结构合理和相对稳定的教师队伍。2007年，加强短缺学科教师的定向培养，提高教师专业知识、教学水平。加强骨干教师队伍建设，实施以老带新的教师培养工程，发挥学科带头人在教书育人和教育科研中的示范、辐射作用。继续加强校长培训，同时开展教导主任和教师培训。全年开办校长、教导主任培训班各1期，小学教师培训班2期、中学教师培训班1期、共培训在职教师458人。

四、教师职称评聘

1988年，根据湖南省教委关于《中小学教师职务试行条例实施细则规定》，对区属中小学教师进行职称考核评定。与909名教师签订聘用合同。1991年，根据湖南省教委、省人事厅《关于中小学教师职务聘用工作中有关问题的通知》和湖南省职称改革工作领导小组《关于湖南省企事业单位专业技术职务经常化评聘工作若干问题的暂行规定》，对全区中小学教师按照新规定进行职务考核评聘。1993年，评聘高级职称2人，中级职称380人，初级职称800人。2007年，区接收厂矿、大专院校子校后，再次全面进行教师评聘考核，共聘用中小学教师1391人。其中，高级职称214人，中级职称973人，初级职称192人，12人聘而未评。

1992-2007年雨湖区区属中小学教师情况

20-1-6-1

年份	教师总数	技术职称			学历			
		高级	中级	初级	本科及以上	专科	中专、高中	其他
1992	1235	3	261	504	20	148	960	107
1993	1297	4	290	560	22	151	962	162
1994	1295	6	428	759	25	153	971	146
1995	1365	7	516	750	34	197	1002	132
1996	1381	9	614	693	37	208	1038	98
1997	1436	12	551	574	42	332	989	73
1998	1437	17	718	579	44	399	942	52
1999	1422	25	607	508	50	438	896	38
2000	1381	28	737	541	56	486	817	22
2001	1123	29	442	573	63	363	691	6
2002	1157	30	447	532	80	629	443	5
2003	1153	35	511	499	139	615	396	3
2004	1155	40	587	401	203	634	315	3
2005	1289	169	780	322	331	651	302	5
2006	1354	174	906	264	538	607	209	/
2007	1391	174	973	192	614	627	150	/

第七节 教育管理

一、行政管理

1988-1994年，境内大专院校由省教委和相关厅局管理，市级中学由市教育局归口管理，农村中小学和城区小学教学业务由区教育局管理(城区学校由区教育局直管，农村学校由当地乡政府管理)。区教育局在各乡设立联校，分片归口进行业务指导和协调。厂矿子弟学校由各厂矿自行负责。属局直接主管的有16所城镇小学及长城、昭潭、先锋、护潭4个乡联校和护潭中学。1995年以后，学校管理权上收，大专院校由省教育厅主管，中专和重点中学由市教育局主管，城区和农村中小学全部由区教育局主管。区教育局在全区设立教学区，撤销乡联校，建立中心学校，制定和完善乡小学管理体制，各乡镇配备文教助理，指导教学业务和监督学校行政。1998年8月，根据人口增减变化和区域经济发展状况，以及中央、省、市有关企业办学整体移交当地政府管理精神，区教育局从启动调整区内学校布局，分期分批办理企业办学移交接管工作，合理配置教育资源，优化办学条件，对江麓、江南、湘锰和湘柴等驻区企事业单位17所子弟学校从企业剥离，归属雨湖区教育局主管，在教学业务上负责管理指导。至2007年，企校剥离工作顺利完成，全区共接收在职教师520人，退休教师508人。

二、教改教研

1988-1991年，各校教研活动还停留在设计课堂环节，提高语言艺术一类技术层面的小型改革上。1992年开始，随着三区合并，教研力量增强，尤其是教育“三个面向”的教改意识增强，各校围绕提高教育教学质量、优化课堂结构和教学过程、改进教学方法、提高教学效益，开展教研教改研究。1994年，区教育局成立中小学各学科教学研究会，对全区各中小学教研工作进行业务指导。1997年，区教育局成立教育研究培训中心，指导、督查全区各中小学教研教改工作。是年，设立新课程体系，分为三大板块：加强必修课、增设选修课、开好活动课。通过课程改革，一批有特长爱好的学生崭露头角。1997-1998年，学生在各级各类比赛中，全区获省级以上奖励225人次，市级奖励856人次。中学教学改革与小学教学改革同步进行。各校规定每个教师每学年必须上1节教改试验课，每年组织教研组长、或教学骨干、或选派教师到外地外校学习观摩。1998年，各中学承担“英语二十四字教学法”“作文教学研究”“物理诱思探究”等课题实验，取得可喜的教研成果。

2000年，区成立教育学会，深化素质教育工作。随着素质教育的实施，小学生心理教育研究应运而生。“小学语文课堂教学中渗透心理素质教育研究、运用现代教学媒体渗透心理教育研究、单亲子女心理障碍初探”等方面的心理教育研究蓬勃开展。2003年，深化教学改革，区教育局推广金庭学校“自我反思、协作解难、专家引领”校本教研模式，建立以教学反思、交流研讨、结对帮扶、评课说课、校长论坛等为基本形式的校本教研制度。2004年，中国教育学会中小学整体改革专业委员会华中协会、湖南省小学校长工作研究专业委员会在雨湖区召开研讨会。会议以风车坪学校作为研究基地，以校本教研为研讨课题，研讨中小学教育改革的现状和未来，探讨中小学教育改革对策和策略，促进雨湖区教育改革进一步深入，扩大雨湖区教育在全省乃至全国的影响。为总结全区校本教研成果，区教育局组织力量征集300多名教师的教学反思文章，选出87篇质量较高的文章编写出《雨湖区教学反思集》。2005-2007年，全区在培训新课程教师、开办优秀示范家长学校，通过家长督促学生改进学习方法提高学习质量，对学生进行生态环保意识教育等方面，做了大量教改教研工作，教改教研分别获国家、省、市的奖励。

三、教育督导

1993年9月，区教育局设教育督导室，代表区人民政府行使对下级人民政府教育工作、教育行政部门和学校工作进行监督、检查、评估、指导的职能。 1994年，对护潭乡“普九”工作进行督导。同时，对4个乡联校、部分乡中学、部分乡中心小学和部分城区小学进行等级评估。1995年，区教育局教育督导室升格为雨湖区人民政府教育督导室，督导室以“两基”评估验收为重点，对全区4乡2镇、8个街道办事处领导的教育意识、教育经费的筹措、办学条件的改善、教师工资福利的落实等进行督查。1997年1月，区政府任命3名正科级督学。2002年12月，区人民政府教育督导室聘请6位兼职督学，协助督导室依法行使督政和督学双重职能。2004-2005年，督导室进一步加强对全区教育管理和教育教学督导工作。2006年，雨湖区获湖南省“两项教育评估督导考核”优秀奖。2007年，区督导工作再次获省优秀奖。

四、教育经费管理

教育经费来源主要是财政拨款。1988-1992年，境内各区政府财政收入低，以征收教育附加费弥补教育经费不足。同时还要地方筹措与群众集资、捐资、借资补充教育经费的不足。1993-1995年，农村教育事业费附加基本实行“乡征、区管、乡(学校)用”的管理体制。农村教育事业费附加三年合计应征303.1万元，实征108.5万元，相差194.6万元。1996年加大“普九”力度，各乡大规模建校，乡财政加大投入，是年追补1993-1995年教育投入的经费差额。全区教育经费投入2088万元。其中财政拨款1361万元，城市政策性征收26万元，城乡教育费附加433万元，社会捐资10万元，勤工俭学168万元。2003-2005年，农村实行税费改革，取消教育费附加和农村教育集资，加大政府教育投入。2006年，区财政预算为教育拨款7037.7万元，比1996年增长237%，生均教育事业费由2004年的小学2402元、初中2726元，增加到2006年的小学3815元、初中6197元。2007年春季开始，农村义务教育实行减免学杂费、书籍费。秋季，城区义务教育也实行减免学杂费，政府对教育投入也加大力度，是年，全区教育投入1.12亿元。其中财政拨款7476万元，生均4387元，比2006年增长20.25%，教育经费投入基本保障教育所需。

2007年雨湖区区属中小学教育经费收支情况

单位：万元

序号	项　目	金 额	序号	项　目	金 额
1	收入合计	11270	17	支出合计	11034
2	一、预计安排数	10055	18	一、人员经费	6130
3	1.中学经费	2515	19	1.工资	3361
4	2.小学经费	7164	20	2.补助工资	27
5	3.农民教育	-	21	3.其他工资	-
6	4.培训经费	-	22	4.小学民办经费	-
7	5.离退休经费	-	23	5.职工福利	63
8	6.基建费	-	24	6.离退休费用	2145

序号	项目	金额	序号	项目	金额
9	7.其他经费	376	25	7.教师奖金	250
10	二、教育附加征收	702	26	8.教职工医药费	284
11	三、勤工俭学收入	-	27	二、公用经费	4904
12	四、事业收入	101	28	1.公务费	1193
13	五、医疗费拨入	265	29	2.设备购置	344
14	六、城市维护费	-	30	3.修缮费	2230
15	七、其他收入	100	31	4.业务费	643
16	八、上年结余	47	32	5.其他费用	494
		-	33	三、累计结余	236

第二章 科 技

1988年，境内雨湖区、湘江区及郊区均设科学技术委员会(简称区科委)，负责管理全区科技工作。1989年，为进一步加强基层科技工作，市委、市政府从驻区大型企业中选派干部到区政府担任科技副区长，从中小企业选派技术骨干到乡(街道)担任科技副乡长(副主任)。郊区各村配有科技员、植保员。各居委会则由一名副主任负责科普工作，形成区、乡(街道)、村(居委会)三级科技工作网络。1990年，雨湖区科学技术协会成立，科委和科协两块牌子，一套人马，合署办公。10月，区委、区政府作出“科技兴区”的决定。1992年，区科委更名为科学技术局(简称科技局)，并在乡镇和部分区直企业成立基层科技组织17个。是年8月，中共雨湖区第一次党代会作出“科技兴区”的决定。区政府相继从湘潭大学、湘钢等院校和大型企业聘请教授、高级工程师等高技术人才，成立雨湖区科技顾问团，召开科技兴区表彰大会，对市软轴机具厂等企业授予“科技先导型企业”称号。

1993年1月，新雨湖区召开首届科学技术大会，与会人员有区属机关团体、企事业单位及驻区大中型企业科技工作者代表200余人。会议提出全面规划区内科技发展蓝图，支持和鼓励企业加大科技投入，引导企业引进先进科技手段改造和提升传统制造工艺，提高工艺技术水平，推动科技进步。会上，还对取得优秀科技成果的市电热材料厂等7个单位和赵铁球等10名科技工作先进个人进行表彰奖励。1995年，区政府连续出台“科技引进奖”“科技开发奖”等政策性奖励文件，建立激励机制。区科技局成立雨湖区科技开发中心，实行独立核算、自负盈亏，下设农业、机械电器、建筑材料等3个技术协作小组，并建立雨湖区科技信息协作网，入网单位32个。当年区科技局被评选为“市农科教结合先进单位”。1997年，雨湖区召开第二届科技大会，会议提出“科技兴工”，加大科技成果引进推广，调整产品结构，加快科技进步，并下发《关于加速科技进步的决定》指导性文件。会上，对科技进步显著的平安电气等7家单位和袁果君等9名科技工作先进个人进行表彰奖励。至是年末，区科技局连续3年被评为省、市“科技工作先进单位”，雨湖区被国家科委命名为“全国科技工作先进城区”，开全市五县(市、区)之先河。

1998年后，全区按照“围绕经济抓科技，抓好科技促经济”的工作思路，稳步推进技术改造和科技成果转化应用。湘潭电气设备制造有限责任公司（简称电气设备公司）、湘潭平安电气集团有限公司（简称平安电气）等一批科技型民营企业，分别与中国科学院和北京大学、清华大学等国内知名学府建立科技合作关系，开展技术协作攻关、科技成果嫁接应用以及共同研发新产品。先后有挖掘机成套电控设备、隔爆对旋轴流式主通风机等10余种新产品，被列为省重大科技项目、国家技术创新项目和国家星火计划项目，分别获“湖南省新产品”和“国家级重点新产品”证书。2002年，区委、区政府召开第三届科技大会。会议提出加强科技人才培养，壮大科技队伍，引导驻区高校和科研院所与区内企业建立“产学研”基地，增强自主创新能力，建立区域性科技创新服务体系。会议还对电气设备公司、蒙哥饲料有限公司等一批科技创新、科技进步先进单位或个人进行表彰奖励。

2003年，随着经济建设快速发展，平安电气、湖南凌天科技有限公司（简称凌天科技）、湘潭市先锋种猪有限公司先后建立科技研发机构。其中，平安电气技术中心被评为省级技术研究中心，同时全区广泛开展科普示范创建活动，建立科普教育基地或站（室）。2004年，为加快科技成果转化推广，促进科技进步与创新，区内先后建成先锋工业园、湘潭大学科技园、鹤岭工业园等园区，成为科技创业孵化器及区科技产业基地。

2005年，全区以科普与文艺、科普与教育、科普与卫生、科普与农业、科普与经济、科普与全国文明城区创建6个结合的鲜明特色，被评为“湖南省科普示范城区”，进入省级科普示范城区行列。2006年，雨湖区召开第四届科技大会，区内科技民营企业、驻区大中型企业科技人员代表、区直各单位科技工作者和有关部门负责人约400人参加会议。会议提出全面落实科学发展观，继续实施“科技兴区”战略，部署“十一五”期间科技发展规划，创建科技型城区。会议还对平安电气、凌天科技等一批科技创新单位及先进个人进行表彰奖励。当年，区科技局被省政府授予“湖南省科技系统先进集体”称号。2007年，全区认真贯彻国家、省、市科技大会精神，以竹产品深加工、矿山装备产业化等十大科技项目为龙头，增强自主创新能力，优化产业结构，稳步推动区内科技事业可持续发展。是年，雨湖区经国家科委考核复查，第十年连续保持“全国科技进步工作先进城区”荣誉称号。

附录　雨湖区历届科技大会获奖单位（个人）名单

20-2-0-1

第一届科技大会（1993年）	
科技进步奖	湘潭市电热材料厂、湘潭市焊接设备厂
科技创新先进个人	赵铁球、胡碧松、杨子贵、凌宣军
科技工作先进集体	鹤岭街道办事处、雨湖区科学技术委员会、雨湖区工业局、长城乡政府、碧松造纸厂
科技工作先进个人	萧焕燃、刘炳坤、饶金龙、彭孝友、汤泽培、李菊林
第二届科技大会（1997年）	
科技创新奖	袁果君、王迪军
科技进步奖	平安电气集团有限公司、湘潭市精益电器厂、湘潭市万利电器设备厂
科技工作先进集体	先锋企业集团、护潭乡、先锋乡科协、雨湖区科技局
科技工作先进个人	张菊云（女）、刘立泉、周彪、萧立群、郑和英、杨达伦、李海武

续20-2-0-1

第三届科技大会(2002年)	
科技进步奖	蒙哥饲料有限公司、湖南华力通变电有限公司、湖南中联农药厂、三益种养研究所
青年科技奖	林汉柱、贺秋冬
科技创新先进单位	湘潭市恒盾厨房用具制品厂、湘潭市精正设备制造有限公司、湘潭市电气设备制造有限公司
基层科技工作先进集体	湘潭市电气电瓷厂、先锋企业集团公司、平政路街道办事处、长城乡人民政府、广场街道办事处、云塘街道办事处
基层科技工作先进个人	成江坚、李伟蓉、张晓冬、萧卫华、言建冬、谢国富、刘良衡、曹仕渡
第四届科技大会(2006年)	
创建"全国科技进步先进城区"先进单位	区委办、政府办、财政局、发改局、经济局、组织部、科技局
创建"省级科普示范城区"先进单位	窑湾街道、广场街道、平政路街道、雨湖路街道、云塘街道、教育局、云塘学校、区委党校
科技工作目标管理奖	长城乡、先锋企业集团、广场街道、中山路街道、护潭乡
科技创新先进单位	平安电气有限公司、凌天科技有限公司、恒盾厨具责任有限公司、电气设备公司
科技创新先进个人	刘蒙榕、康建南、萧公平、冯伟云、李菊玲(女)

第一节　科技队伍

1988年,境内雨湖区、湘江区和郊区共有各类科技专业技术人员858人。其中,评定教师职称的744人,医卫技术人员60人,区街企业各类工程技术人员、农技人员及其他专业技术人员共54人。在各类科技专业技术人员中,大学本科学历10人,专科学历252人,中专及中专以下学历596人。大专以上学历占专业技术人员总数的30.5%。职称结构为高级职称3人,中级职称195人,初级职称660人,分别占专业技术人员总数的0.35%、22.73%、76.92%。新雨湖区成立后,1993年,全区有各类科技专业技术人员958人,其中获评职称的教师854人,医卫技术人员65人,区街企业各类工程技术人员、农技人员39人。在各类科技专业技术人员中,大学本科学历12人,专科学历286人,中专及中专以下学历660人。大专以上学历占专业技术人员总数31.1%。职称结构为高级职称8人,中级职称430人,初级职称520人,分别占专业技术人员总数的0.8%、44.9%、54.3%。1999年,区委、区政府根据市政府《关于引进和开发科技人才的暂行规定》,坚持内养与外引(内部培养与外部引进)并举,引导驻区高校和科研院所与区内企业联合建立"产学研"(生产、教学、科研)基地,培养企业科技骨干,使企业科技人才快速成长。同时为企业引进工程技术人员34人,支持鼓励企业聘请有真才实学的人才到区内企业,加强科技人才队伍建设。是年末,全区有各类专业技术人员1422人,其中获评职称的教师1140人,医卫技术人员84人,区街企业各类工程技术人员、农技人员等198人。在各类科技专业技术人员中,大学本科学历61人,专科学历515人,中专及中专以下学历846人。大专以上学历占专业技术人员总数的40.5%，比1993年提高9.4个百分点。按职称结构分为高级职称26人，中级职称735人，初级职称661人，分别占专业技术人员总数1.8%、51.7%、46.5%，其中高级职称、中级职称和初级职称人数分别比1993年提高225%、70.9%、27.1%。2007年，全区先后与湘潭大学、上海金山区张堰镇签订经济技术合作协议，选派专业技术人员到高校和科技先进发达地区学习交流，联合举办多种形式的专题培训班，实施百名科技干部服务重点项目、重点企业的“双百”工程（百里农业科技走廊、百项工业科技开发项目），还在区内采用“科技特派员”形式，指导和协助企业开展科技攻关活动。是年，全区有各类专业技术人员1459人，其中获评职称的教师1329人，医卫技术人员61人，区街企业各类工程技术人员、农技人员等69人。在各类专业技术人员中，大学本科及以上学历620人，专科学历649人，中专及中专以下学历190人，大专以上学历占专业技术人员总数87%，比1999年提高46.5个百分点。按职称结构分高级职称190人，中级职称1034人，初级职称235人，分别占专业技术人员总数13%、70.9%、16.1%。其中，高级职称、中级职称和初级职称人数分别比1999年提高630.7%、40.7%、下降64.4%，凸显区内人才结构不断优化。

第二节　科研技改

一、科研

1988年，为适应市场优胜劣汰、适者生存的竞争机制，区内开展以“四新”（新产品、新技术、新设备、新材料）推广应用带动工业科技进步。至1992年的5年中，全区共研发新产品18项。其中获国家（部）新产品2项，省级新产品4项，市级新产品11项，获省科研成果奖4项，技术创新奖2项。YYT24型支腿式液压凿岩机在国家级“双新”（新产品、新技术）博览会上获得金奖，高压电流互感器、无级升降式输液架、牛皮三接头男鞋分别被评为“部优产品”，软轴无堵塞泵、电缆自动收排线架、“双鹤”牌油毛毡、腈纶针织绒教练衫裤等被评为“省优产品”。

1993-1998年，区科技局为充分发挥“科技兴区”职能作用，设立雨湖区科技开发中心，成立技术协作小组，建立雨湖区科技信息协作网，加强区内科技信息交流和协作攻关，增强企业产品研发和推广应用科技成果能力。平安电气建立以企业为主体，联合科研院所、高等院校、技术服务机构共同参与的技术创新机制，并从产品销售收入中每年按5%比例提取科研经费，用于引进新技术、研发新产品和提高装备技术水平。6年间，全区研发新产品22项。其中列入国家“八五”“九五”成果推广项目2项，获国家（部）级新产品4项，获省级新产品8项，市级新产品18项。电气设备公司研制出斗容量16立方米以下挖掘机直流调速电控设备和电缆保护柜，产品性能居国内先进水平，分属省科技计划项目和国家出口机电产品研发资金支持项目。平安电气ZBKJ56系列对旋隔爆轴流式风机获“国家级重点新产品”证书和湖南省产品质量奖。

1999-2005年，全区按照区委、区政府科技创新的工作思路，稳步推进产品研发和科技成果转化应用。7年中，共研发新产品51项。其中，列入国家“十五”成果推广项目6项，获国家（部）级新产品11项，省级新产品14项，市级新产品42项。市变压器厂充分发挥科研人员才智和积极性，通过采用新型绝缘材料和新工艺，先后成功研制出S9型、SZ9型节能变压器。电气设备公司研发出WD（K）4A-6系列挖掘机成套电控设备新产品，被列入“国家星火计划”项目，通过省级科技成果鉴定，被科技部、外贸部、国家质量技术监督局等5部委授予“国家级重点新产品”证书，获得国家专利技术金奖及省科技进步二等奖，还列为省十大专利示范工程。电气设备公司研制出国内首创8立方米电铲电控及应用在长江三峡大坝450/500吨双向门机电控设备，达到产品研发时间短、技术起点高、投入市场快的效果。平安电气成功研发出BD-II系列弯掠组合正交型隔爆对旋轴流式主通风机，获得“湖南省新产品”和“国家级重点新产品”证书，被列为省重大科技项目、省重点技术创新项目及国家技术创新项目，自主研发的DBKJ多级多速对旋轴流式局部通风机通过省级科技成果鉴定，被评为“国家级重点新产品”。电气设备公司开发出高频臭氧给排水处理装置，列入国家科技型中小型企业创新基金项目，填补国内空白；《交流变频调速技术在牙轮钻机中实现挖掘机特性的研究与开发》科研课题，通过省级科技成果鉴定，其研究成果居世界先进水平，被列入“国家火炬计划”。恒盾科技公司研制出竹元素饮品等系列产品，获专利18项，“恒盾”创湖南省著名商标品牌，被指定为第十届亚洲游泳锦标赛跳水比赛用饮品。

2006-2007年，全区研发新产品9个。其中，获省级新产品3项，市级新产品6项，拥有8家企业科研机构，取得科研成果15项，获得省、市科技进步奖8项。

1988-2007年雨湖区科研成果（项目）统计

20-2-2-1

年份	完成单位	成果名称	成果状况及水平	自研	合研
1988	郊区水产技术推广站	草鱼药饵防治鱼病技术		√	
1989	长城防爆电源厂	特殊型防爆电源装置系列	国内先进水平		√
1990	郊区畜牧水产局	羊活体培植羊黄技术		√	
1990	湘潭市软轴机具厂	BZH-2.5-4.0矿用隔爆型煤电钻及照明综合保护器	国内先进水平		√
1991	矿山电器厂	新型互感器		√	
1991	江南矿山机械厂	YYT-24型液压凿岩机	国内先进水平		√
1992	湘潭市精益电器厂	XSK系列塑壳式配电箱		√	
1992	湘潭市电力工程机械厂	BM-8吨机动绞磨机	国内先进水平		√
1992	湘潭市电器电瓷厂	DW-15系列断路器灭弧罩	国内先进水平		√
1993	湘潭市焊接设备厂	BC-ZOOBCO2半自动三体保护焊机		√	
1993	湘潭市真空电源厂	一伏级低压开关		√	
1994	湘潭市潇湘鱼药厂	鲢鱼病防治药物技术		√	
1994	湘潭市软轴机具厂	软轴重型耐磨腐蚀泵系列		√	
1995	市液压元件厂	液压阀及液压成套件		√	
1995	市液压元件厂	全液压捆纱机	国内先进水平		√

续 20-2-2-1

年份	完成单位	成 果 名 称	成果状况及水平	自研	合研
1995	市矿山电器厂	LDZB2超小型单匝式电流互感器		√	
1996	市医疗机械厂	YG-2型电子输血仪	国内先进水平		√
1996	市软轴机具厂	PZY8-15型软轴重油泵		√	
1996	湘潭市第二互感器厂	D545不饱和聚酯玻璃纤维在互感器上的应用	国内先进水平		√
1996	市电器电瓷厂	HK4系列开启式负荷开关		√	
1996	湘潭市天天美饮品厂	“俏不老”湘莲稠酒		√	
1997	市电器电瓷厂	ZRO2电子陶瓷承烧板	国内先进水平		√
1997	市淀粉厂	结晶淀粉葡萄糖		√	
1998	湘潭市精益塑胶实业公司	ABS工程塑料系列		√	
1998	湘潭市救生器材厂	自动助浮器	国内先进水平		√
1998	市恒发化工机械研究所	大倾角变距双螺杆挤条机		√	
1998	市精细化工应用研究所	三甲基氢醌		√	
1999	湘潭蒙哥饲料有限公司	优质三黄鸡规模化孵、养加工综合技术		√	
1999	湘潭市电器电瓷厂	高压开关绝缘筒(灭弧室)		√	
1999	湘潭市红日实业公司	全自动烛式过滤机		√	
1999	市电气设备制造有限公司	挖掘机电控设备		√	
2000	湘潭市晨辉化建公司	ABS合金水管、管件		√	
2000	湘潭市少雄铝业有限公司	流体与输送用衬塑金属管及连接件		√	
2001	湖南华力通变压器有限公司	S11-M系列三相全密封无励磁调压环型铁芯配电变压器		√	
2001	湘潭市蒙哥饲料有限公司	新型熟化专用饲料		√	

续20-2-2-1

年份	完成单位	成果名称	成果状况及水平	自研	合研
2001	凌天科技有限公司	地温取暖与制冷设备	国内先进水平		√
2001	电子防范器材公司	电子监控家用安防系统	国内先进水平		√
2001	恒丰调味品厂	香菇鸡精			
2002	湘潭市红日实业有限公司	IS20型立式过滤机		√	
2002	平安电气有限公司	BD-II系列弯掠组合隔爆对旋轴流主通风机	国内先进水平		√
2002	湘潭恒辉环保有限公司	无机膜过滤分离装置		√	
2002	蒙哥饲料有限公司	乳猪非母猪哺育技术		√	
2002	先锋企业集团有机复合肥有限公司	环保型高效有机复合肥		√	
2002	凌天科技有限公司	LD系列地源(温)中央空调机组	国内先进水平		√
2002	湘潭中联农药厂	40%三氯异氰尿酸可湿性粉剂		√	
2003	恒盾厨具制品厂	竹汁提炼与应用		√	
2003	蒙哥饲料公司	N03-2-5膨化鳝鱼饲料		√	
2003	湘潭中联农药厂	30%2-(乙酸氧苔)苯甲酸可溶性粉剂	国内先进水平		√
2003	华力通变压器有限公司	C03-3-5 2CS11-2(H)系列组合式变压器	国内先进水平		√
2003	平安电气公司	风机在线智能检测系统	国内先进水平		√
2003	市电器电瓷厂	FX复合绝缘电子		√	
2003	市电焊机制造有限公司	MZ埋弧焊机		√	
2003	平安电气公司	ZBKT56系列对旋通风机	国内先进水平		√
2003	三益种养研究所	南方葡萄新品种引种筛选及优质适产配套技术		√	
2004	市建春肿瘤医院	建春抗癌口服液		√	
2004	赛普材料有限公司	GZ高分子合金组合芯模	国内先进水平		√
2004	日出东方食品有限公司	生物酶保鲜技术(冷酶体过滤机)	国内先进水平		√

续 20-2-2-1

年份	完成单位	成 果 名 称	成果状况及水平	自研	合研
2004	平安电气公司	PYF 系列消防高温排烟轴流式通风机		√	
2004	平安电气公司	CYF 系列对旋轴流式通风机		√	
2004	市六合医疗器械厂	CKA 速效电子治疗仪	国内先进水平		√
2004	市顺风空调有限公司	SKD 系列吊顶式空调	国内先进水平		√
2005	刘蒙榕	解酒护肝营养片		√	
2005	刘蒙榕	非母猪哺乳的乳猪用营养奶粉及生产工艺		√	
2005	张学毅	环保油漆	国内先进水平		√
2005	杨建春	一种电网通信技术		√	
2005	三弘重科机械制造有限公司	交流变频调速技术在牙轮钻机中实现挖掘机特性的研究与开发		√	
2005	湘潭市龙腾电气有限公司	直线架线式工矿小机车专用变频器		√	
2005	一格制药厂	多糖人胎盘脂	国内先进水平		√
2006	刘蒙榕	膨化液体饲料的生产工艺		√	
2006	刘蒙榕	炒焙液体饮料的生产工艺		√	
2006	刘蒙榕	油炸液体饲料的生产工艺		√	
2006	胡桂泉	通窍活血化痰止哮药		√	
2006	温为焰	铝棒热性液压剥皮机		√	
2006	黎化明	环己基马本酰亚胺的制备方法		√	
2006	周大军	可控固载二氧化氯及其制备工艺		√	
2007	彭晓钟	重载摩擦离合器		√	
2007	谭学伟	异型摩擦离合器		√	
2007	赵益东	重载离心摩擦离合器		√	
2007	超宇科技	扫描焊炬		√	
2007	申泰春药业	香砂养胃分散片		√	
2007	超宇科技	一种用于改善弧焊电源动特性的可控电感技术		√	
2007	平安电气	矿井通风机变频调速器		√	
2007	平安电气	智能局部通风系统		√	

二、技改

1988-1992年，境内市长城电器厂、市软轴机具厂分别投资20余万元购置技术设备，改进生产工艺。通过技术改造，产品档次提升，高压电流互感器、软轴无堵塞泵先后被评为“省(部)优产品”。市二针织厂投入技改资金15万元，新增棉毛车及辅助设备，生产的腈纶针织教练衫裤被评为省优产品。市防爆电器厂投入50多万元技改资金，对老式矿用防爆局扇PYF系列斜流、轴流风机等产品改型，取得能源部颁发的安全标志准用证。其中PYF系列斜流、轴流风机获省科学技术进步四等奖。5年中，境内工业企业技改项目总投资500多万元，开发新产品9种，通过省级鉴定8种，新增企业产值4230万元。

1993-1997年，市防爆电器厂组建为平安电气公司后，投入500多万元技改资金，新建厂房面积近2000平方米，购置大中型设备及精密机床50余台(套)，进一步提升产品精密制造加工能力，PYF系列消防高温排烟风机、ZBKJ系列对旋隔爆风机分获“国家级重点新产品”证书，对旋隔爆风机还获得国家“科技创新金奖”，企业被评为“湖南省经济活力百强企业”及“湖南省高新技术企业”。当年，市矿山电控设备厂按公司制改造为湘潭电气设备制造有限责任公司(简称电气设备公司)后，投入技改资金220万元和200万元，研制出斗容量16立方米以下挖掘机直流调速电控设备和电缆保护柜，产品性能居国内先进水平，分属省科技计划项目和国家出口机电产品研发资金支持项目。5年间，全区共投入技术改造资金2600多万元，完成技改项目121项。其中省市级项目62项，区级项目59项；获得省、市科技成果奖项目9项，新增企业产值7392万元，新增利润691万元。

1998年始，平安电气抓住国家对煤矿“一通三防”(改善通风条件，防火、防尘、防瓦斯)的安全改造大面积更换主通风机的契机，加大技术改造的力度，投入1600多万元扩建生产厂房，改善生产条件，添置数控车床、4米立式车床等大型通风机生产关键设备，全面提高企业的技术设备装备水平，使ZBKJ、YBK56、BD-II等系列产品获得“湖南省名牌产品”称号。电气设备公司(又称三弘重科)投入技改资金650万元，实施省重点科技成果推广项目WE(D)-4E-6E挖掘机成套电控设备、国家星火计划项目WD(K)-4A(C)-6挖掘机成套电控设备、省重点科研项目牙轮钻机电控设备等技改工程项目。其中，WD(K)-4A(C)-6挖掘机成套电控设备通过省级鉴定，填补国内空白，获省科技进步二等奖及国家专利技术金奖；WE(D)-4E-6E挖掘机成套电控设备和牙轮钻机电控设备通过省级鉴定，产品居国内先进水平，分别获市科技进步一等奖。空气源热泵与冰蓄冷技术建设项目和电力电子与新型电机建设项目分别经市发改委备案立项，预计总投资1.8亿元，其中第一期投入2000万元，兴建3万多平方米现代化厂房。至2007年10年中，全区共投入技改资金8000余万元，完成技改项目180多项。其中，省市级60项，取得科技成果59项，获得省、市科技进步奖16项，新增产值5.6亿元，新增利税6200多万元。

三、成果引进

1988年，境内湘潭市长城建筑机械厂引进长沙建筑机械研究所技术，研发ZX50插入式振动器，被广泛用于建筑施工工地。1992年，市江南矿山机械厂引进长沙冶金矿山研究院科研成果，合作开发YYT-24型支腿式液压凿岩机，是一种高效节能、噪音小的新一代先进凿岩机械，其性能基本达到80年代国际同类产品水平，在国家级“双新”博览会上获得金奖。护潭乡、长城乡分别引进美国无架豇豆、泰国空心菜、津优1号黄瓜、紫叶生菜、洁球生菜等一些新蔬菜品种试种栽培，改变品种单一、产量低、上市期晚的状况。养殖业以引进三元杂交猪，完善养殖体系，加强良种繁育，优化饲料配方等技术运用，生猪生产周期由6个月缩短到3-4个月，生猪产量增加1倍以上。长城乡养殖瘦肉型猪达8万头。至1992年的5年间，全区工业企业共引进大专院校和大中型企业科技成果6项，乡镇引进农业技术8项。

1993年起，电气设备公司为加快企业的科技创新，与中科院、清华大学、北京大学等大学和科研院所建立“产学研”关系，成立电气传动研究所，引进科研成果，开发新产品20余项。1998年，平安电气引进国防科技大学软件技术，合作研发“国家863/CIMS应用示范工程”项目，开发出管理信息系统、工程设计系统、制造管理系统和质量管理等一系列规范性软件，通过国家级验收认定，成为全国煤机行业唯一实施CIMS工程单位，获国家科技部1999年度“国家高技术发展计划CIMS应用工程示范企业”称号。2000年，平安电气与西北工业大学合作，引进航空发动机叶片技术应用在BD-II系列矿用隔爆风机设计制造中，成功研发出BD-II系列弯掠组合隔爆对旋轴流式主通风机，获“湖南省新产品”和“国家级重点新产品”证书，列为省重大科技项目、省重点技术创新项目及国家技术创新项目，公司还获得“全国煤炭机械工业优秀企业”称号。2001年，市变压器公司引进德国MORA公司H级干式变压器生产设备及技术，成功生产出SGB10型非封包型干式变压器系列产品，被广泛用于高层建筑、地铁、矿山、冶炼、船舶等领域，填补国内中南地区环保干式变压器产品生产空白。当年，湖南凌天科技有限公司（简称凌天科技）与清华大学合作，引进消化国内外地温中央空调先进技术，研发出LD-W（BL）系列地源（温）中央空调机组在市政府大厦装机运行，该成果经省科技厅鉴定，产品整体性能及相关技术指标达到国家先进水平。市先锋集团有机复合肥有限公司引进日本的EM特种发酵菌，利用集约化养猪产生的粪便、农作物秸秆及厨房废弃物，经采用高效率的粪便固液分离技术和连续发酵除臭工艺处理后，开发出环保型高效有机复合肥。产品施用在水稻、蔬菜、果树等作物上，增产效果明显，获省科技进步二等奖，并评为国家免检产品。2002年，区内各乡镇、村组继续围绕“两高一优”（高产、高效、优质）目标，加大农业新品种、新技术的引进和推广应用力度，其中长城乡组织实施省、市科技计划项目4项，引进开发科技含量较高的新产品6项，完成技改项目3项，组织推广早、晚稻抛秧技术266.67公顷，两系杂交稻333.33公顷，发展网箱养鱼专业户35户，养殖瘦肉型生猪8万头，生产粮食1万余吨，创农业产值1.4亿元，被授予“省级星火科技示范乡”称号。护潭乡湘竹村组织引进推广农业新技术10多项，新品种20多个，累计推广瘦肉型生猪11万头，推广大棚蔬菜种植500多棚，培养菜苗100万株，上市蔬菜8750吨，有效促进基地建设和农户增产增收。2003年，湘潭蒙哥饲料有限公司在引进消化饲料生产技术中，深入研究断奶仔猪的生长发育规律，以及消化系统特点和生理生化特征，解决仔猪早期断奶营养问题，替代母乳，开发出熟化液体乳猪饲料，该产品填补国内生产空白。至2005年的13年中，全区引进科研成果42项，其中工业科技成果20项，农业科技成果22项。蒙哥饲料公司共开发各类饲料新产品21个，申请专利82项，成为全市饲料行业首家集生产、科技开发推广于一体的龙头企业和科技型民营企业。

2006年，平安电气引进中南工业大学研究成果，研发矿井通风监测与智能控制系统项目被列入国家“煤矿瓦斯综合治理与利用重大关键技术研发与装备研制”专项，其子系统矿井智能局部通风系统研制成功，填补国内空白。平安电气还与湖南科技大学合作建立“产学研”基地，联合向省科技厅申报成立矿山通风与除尘装备工程技术研究中心和安全高效节能矿山装备研发及其产业化项目均获得批准，连续三年每年分别得到30万元和100万元资金支持。凌天科技引进重庆大学科研成果，合作开发高效地表水水源热泵机组及输送系统关键技术与设备，被列入国家科技支撑计划项目，获得国家小课题资金160万元研发经费。至2007年的2年中，全区引进科技成果13项，推广种植新技术11项，养殖新技术8项，并初步建立顺康牧业生猪工厂化养殖、湘河寨农业科技示范园、三益葡萄种植园等具有一定特色的现代农业生产模式，带动区内农业经济发展。

第三节 科普活动

一、社区科普活动

1988-1992年，境内社区科普主要围绕爱国卫生宣传教育和社区精神文明建设开展活动，采用标语、墙报和讲座等宣传手段，普及卫生常识，提高市民讲文明、讲卫生的自觉性。1993年，区科协从普及科学知识、促进科技事业发展入手，首先在街道、社区逐步建立科普组织网络，配备科普专（兼）干或科普联络员，组建科普志愿队活跃在全区64个社区。同时引导街道、社区利用所在地驻区单位资源，结合区情，共同抓好科普橱窗、画廊、图书室、活动室等设施建设，为开展科普示范城区创建活动奠定基础。至1999年，基本形成“政府主导、部门协作、社会参与”的大科普格局。2000年，全区结合青少年特点，先后在唐兴寺、新梁街、熙春路等20个社区成立青少年科普活动小组，聘请有关专家、专业技术人员担任校外辅导员，组织学生开展多种形式的科普活动。在开展青少年科普活动中，还利用各学校普遍安装电视网络的契机，首先在云塘学校实施电视科普工程计划试点，在每天下午第二节课后增设一节30分钟科普宣传课程，激发青少年求知欲望，培养科学探索和科技创新兴趣。2003年，区科协投入4.5万元帮助唐兴寺、熙春路等社区建立科普宣传橱窗，赠送科普图书、挂图等资料，指导建立科普图书室和活动室。同时，采取科普与文艺、科普与教育、科普与卫生相结合的方式，开展多种形式的群众性科普广场文化活动，寓教于民、寓教于乐。是年，雨湖区被省科协列为省级科普示范城区创建试点单位。2005年，在实施《全民科学素质行动计划纲要》中，区科技局选择工人新村社区、文运街社区为试点，依托驻社区企事业单位力量，利用科普设施和科普资料，宣传身边的科学和科学的生活，倡导科学、文明、健康的生活方式。至2007年的3年中，全区有社区科普活动室20个，科普图书室22个，藏书10余万册；科普健身活动场所30多处，总面积2万多平方米；有10米以上不锈钢科普宣传橱窗11个，先后创建省级科普文明社区12个，市级科普文明社区5个。

二、农村科普活动

1988-1992年，境内科协主要依靠各乡场农技站和专业技术协会，在农村开展实用技术培训和组织科技示范，推广农业科技，开展科普活动。郊区科技局和科协共举办实用技术培训22期，有2000多人次参加培训，发放科普资料5000多份。1993-1998年，区科协重点扶持长城乡农技协联合体，使其成为融科教、示范、推广、生产、经营于一体的技术经济实体，负责全乡种植、养殖业的技术指导和培训。其间，犁头村蔬菜基地、白云村优质稻基地、乡农科教瘦肉型种猪基地、卫星和上新两村丘岗山地水果基地、红旗村万组成狐养殖基地等五个农业示范基地相继形成，长城乡获“省级科普示范乡”称号，并成为全省科普示范基地。6年中，雨湖区科协举办各类实用技术培训班29期，培训3500多人次，落实科技示范户33户。

1999-2006年，区科协在贯彻落实中央提出发展“两高一优”农业方针中，坚持“实际、实用、实效”的原则，发动乡镇举办多种类型技术培训，通过科普宣传和科技示范户引领作用，引进新品种、新技术，加快农业科技成果转化应用。护潭乡湘竹村千栋早熟肉丝瓜大棚基地和红星节水灌溉工程取得明显成效，成为首批省级“放心菜”基地，并跻身全省十大蔬菜基地，湘竹村也被发展成为省级科普示范村基地。同时，区科协加强农村科普队伍建设，配备科普专(兼)干，建立区、乡、村三级科普网络，组织60多名技术人员长期开展送科技下乡、科普惠农活动。4年中，举办乡、村各类型实用技术培训班55期，培训人员3700多人次，发放技术资料6000多份，发展市级科技示范户16户、区级示范户19户。2007年，区科协围绕新农村建设继续实施科普惠农行动计划，将护潭乡湘竹村、先锋乡桐梓村、长城乡新月村列为科普惠农试点村，建起科普宣传橱窗及科普图书室，赠送科普宣传资料和图书，聘请农业专家讲授农业科技知识并上户技术指导。当年，全区已建立省级特色农业科普示范基地5个，省级科普示范乡、示范村各1个，省市区三级科技示范户118家，其中省、市级科技示范户77家。

第四节　科技管理

一、项目管理

1988年，由雨湖区科委会同区计经委共同制定科技项目计划，一部分是区本级计划，另一部分是争取国家、省、市确定的指导性和指令性计划，再分别按不同管理级次安排科技项目扶植资金，对列入计划的科技项目实行跟踪服务。至1992年的5年中，共实施科技计划项目50项，投入科技项目资金30万元。

1993年，为实施市政府“科技兴市”发展战略，把新兴产业、新材料、新产品开发的配套技术研究、科技成果转化作为科技项目计划重点，由单位或个人申报，经区科技局组织专家评审后，列入项目计划，再由区财政局下拨科技三项(科学研究、中间试验、新产品开发)经费。至1998年的6年中，全区共组织实施各类科技项目40个。其中，完成省、市、区三级科技计划项目15项，投入科技经费120余万元。先锋企业集团公司承担国家级星火计划“大型养殖场废弃资源综合开发利用”项目，以年产10万头商品猪基地为依托，利用大型养殖场粪便、农作物秸秆、垃圾等废弃物，经高效粪便固液分离技术与引进特种发酵菌连续发酵除臭等工艺处理后，生产南方主要农作物所需的高效有机复合肥料，年生产能力10万吨，还可利用废液产生的沼气发电，年发电量为250万千瓦时。科达丽公司“高分子聚合物系列产品开发”是列入省级星火计划的区属重点项目，经跟踪服务为企业争取到科技周转资金20万元、区财政科技拨款4.9万元，有效缓解企业实施项目计划中的资金困难。

1999年，区科技局在科技计划项目管理中，积极引导企业申报中小企业创新基金项目，先后有精正设备、三弘重科、至诚涂料、华中镍业等企业获国家中小企业创新基金批准立项，得到资金扶持。至2007年的9年中，全区列入各类科技项目156项，投入科技经费6800余万元。其中获得科技扶持资金2240万元，评定上报科技成果62项。仅2007年，全区列入国家级科技项目4项，省级科技项目9项，获得科技扶持资金627万元。

二、成果管理

1988-1992年，雨湖区科委按照《湖南省科技成果管理暂行办法》，对科技成果采取分类管理办法，对区内研发的一般性技术先进、工艺合理、经济效益好的科技成果，由区科委组织评议、鉴定、验收，对重大科技成果包括推广价值高的科技成果，由区科委邀请有关部门和专家参加评审、鉴定。7年中，区内鉴定登记科技成果有11项。1993年，区科技局成立后，对科技成果管理工作进一步细化，要求各类科技成果必须具备技术成熟、有明显创新性、性能指标处于国内同领域中领先水平，对本行业或地区经济、社会和科技进步具有促进作用，在申请鉴定评审前把好关。至1998年的6年中，区内鉴定登记科技成果18项。1999年，按照市政府《关于加快科技进步推动产业结构优化升级的决定》，全区将科技政策向高新技术产业、持续高效农业和民营科技企业倾斜，加强对人才的培养管理，奖励有突出贡献的科技人才，以此调动企业加大科技投入的积极性和激励科研人员创新能力，加快科技成果转化。至2007年的9年中，全区开发科技新产品162项，鉴定登记科技成果60项，获省、市科技进步奖14项，有高新技术企业24家。

三、专利管理

1988年，雨湖、湘江和郊区科委按照《中华人民共和国专利法》相关规定，成立专利管理部门，配置兼职专利管理人员。1992年新雨湖区成立后，区科技局加强专利知识宣传普及，增强知识产权保护意识，并主动上门指导帮助企业办理专利申请手续和咨询服务。1996年，区内开始申报专利。电气设备公司“湘控”牌挖掘机成套电控设备获国家知识产权局专利技术博览会金奖，WD(K)-4A(C)-6挖掘机成套电控设备获中国专利十五周年成就展“最佳项目”奖，区科技局荣获“湖南省专利工作先进单位”称号和连续4年被评为“湘潭市专利工作先进单位”。至2000年的5年间，全区共申报专利377件，专利授权207件。2001年，市区两级政府进一步支持和鼓励专利申请工作，实行专利申报奖励制度，增强全社会的知识产权保护意识，完善知识产权保护机制，促进企业加大科技投入提高自主创新能力。平安电气公司围绕风机设备制造的叶片技术、专用电机技术、矿山智能测控技术等三大核心技术优势，加快创新步伐，轴流式主通风机、局部通风机、多级对旋轴流式通风机三种风机先后实用获得新型专利证书，累计获得的专利达29项。电气设备公司挖掘机系列成套电控设备及其配套装置拥有39项国内专利。其中，31项实用新型专利，8项外观设计专利。至2007年的7年中，全区申报专利440件，其中实用新型专利398件，外观设计专利42件。

第二十一篇　文化　体育　卫生

第二十一篇　文化　体育　卫生

第一章　文　化

1988年，境内郊区设文化局，雨湖、湘江设文化科，均与文化馆合署办公，为全民事业机构，共配备干部20人。4乡10街道设文化站，配备文化专干14人。驻区大型企业均设俱乐部和图书馆，大专院校和中学均设图书（馆）室，境内文化机构齐全，管理渠道畅通。

1992年，新雨湖区成立，原雨湖、湘江文化科、郊区文化局及其文化馆和体委合并，组成雨湖区文化体育局，局机关在职干部24人，负责全区的文化体育事业管理。办公点设建设北路224号。区文化馆办公地点设雨湖路南步街，仍与区文体局合署办公。是年，全区有乡（镇）街文化站14个，企业文化站2个。

1993年，区文化馆被省文化厅评为全省一级文化馆，并被文化部授予“全国标准文化馆”称号。区文化馆以小华天歌舞厅和南步街舞蹈培训厅为基地，扩展雨湖区文体活动规模，增加文化娱乐设施，开设音乐、舞蹈、书法、美术培训班和文化茶楼等。

1995年，区文体局开始指导村和社区建立文化活动室。因起步早、工作效果好，其经验在全市推广。其中，昭潭乡烟竹村、楮树园村、许家铺村，护潭乡永红村、湘竹村、繁城村、富强村以及鹤岭镇红旗、白冲社区等单位的社区（村）文化活动室设备较完善，功能齐全，室内面积一般为80–100平方米，每天向当地群众开放。

1996年9月，区文体局加挂雨湖区新闻出版局、雨湖区版权局两块牌子，对区内新闻出版、版权业务在上级管理部门规定的职权范围内进行管理。1997–1998年，护潭乡、昭潭乡文化站先后被省文化厅授予“百强文化站”称号。2000年，雨湖区图书馆成立，馆址设鲁班殿。是年，雨湖区被人事部、文化部授予“全国文化先进县（区）”称号。

2000年，区文体局乘创建“三百工程”（百强集镇文化站、百优艺术中心、百佳业余剧团）契机，大力加强基层文化站建设，改造乡镇文化站2个。新建乡（镇）文化站7个，扩大文体活动中心面积1000平方米。2002年，区内大众业余京剧团被省文化厅评为“百佳业余剧团”，楠竹山镇文化站被省委宣传部、省文化厅授予“百强宣传文化站”称号。2006年，雨湖路街道、云塘街道文化站被评为市级“示范性文化站”称号。2007年，全区6个乡镇文化站建设项目全部被纳入全省“十一五”乡镇文化站建设规划。当年，区内有乡（镇）街道文化站14个，区属企业文化站2个，村（社区）文化活动室85个，文化活动场地1.86万平方米。区原图书馆1个，图书室132个。其中，乡（镇）街道14个，村（社区）118个，图书室藏书总量38万册。驻区有湘潭市图书馆，湘潭市少儿图书馆、湘潭大学图书馆、湘南科技大学图书馆以及江南机器厂、江麓机械厂、省建三公司图书馆等。

第一节 文艺创作

1988-2000年，雨湖区共创作各类文艺作品1100多件，其中各类作品获奖达700余件。王志坚长期从事中国画创作，其作品《思》参加中国美协“全国首届中国花鸟书展”获二等奖，刘文俊创作的小品《换牌》参加全国“群星奖”评选活动获创作一等奖。袁文海撰写的《高扬现代企业文化联谊的旗帜》参加省文化厅群众文化论文征文获二等奖，并结集出版。2001-2007年，全区共创作文艺作品800多件，获奖400余件。刘晓明的《四大纪律八项要求之歌》获全国反腐倡廉征歌大赛三等奖；周新球创作的《九月的笑脸》获全国原创音乐大赛三等奖；涂道清的书法艺术作品获第七届中国艺术节优秀奖。文艺理论方面，郭月亮撰写的《小品创作理论与技巧》获全国“群星奖”铜奖；撰写的《论民族戏曲的保护与创新》获全国群众文化论文三等奖。李萍撰写的《湘潭市雨湖区文化工作的现状与对策》论文发表于省《群文论丛》上。

1989-2007年雨湖区获奖文艺作品统计

20-3-2-1

作者姓名	时间（年）	活动或作品内容	艺术形式	获奖等级
刘晓明	1989	创作歌曲《欢笑晾在小竹楼》	音乐	参加全国五讲四美三热爱征歌大赛，获优秀作品奖
王志坚	1992	创作美术作品《思》	美术	参加中国美协“全国首届中国花鸟画展”，获二等奖
刘晓明	1992	创作舞蹈音乐《冶炼之光》	音乐	参加中国民族歌舞周调演（阿诗玛杯），获一等奖
王志坚	1993	创作美术作品《东方龙》	美术	获首届全国群星美术展优秀奖
王志坚	1993	创作美术作品《绿云》	美术	参加“93年全国中国画大展”，获优秀奖
刘文俊等	1993	创作小品《换牌》	小品	参加全国“群星奖”评选活动，获创作一等奖
王志坚	1998	创作美术作品《暖阳》	美术	获全国第八届“群星奖” 银奖
娄向前	2000	演唱比赛	演唱	参加全国电力系统京剧及地方戏曲交流演唱比赛，获优秀奖
张敏敏	2001	女声独唱	表演	参加首届中国青少年艺术新人大赛，获铜奖、湖南金奖
王志坚	2002	创作美术作品《延年》	美术	参加全国第十二届“群星奖”活动，获优秀奖
涂道清	2003	书法	书法	参加第七届中国艺术节全国第十三届“群星奖”评奖活动，获优秀奖
王志坚	2004	美术作品《山音》	美术	获中国美协“全国中青年中国画提名展”优秀奖

续 20-3-2-1

作者姓名	时间（年）	活动或作品内容	艺术形式	获奖等级
刘萍	2004	创作美术作品《千头娃娃》	美术	参加第七届中国艺术节，获“群星奖”
罗建军	2004	创作美术作品《架线的工人叔叔》	美术	参加第七届中国艺术节展出，获“群星奖”
罗志坚	2004	创作美术作品《行书》	美术	第七届中国艺术节展出获“群星奖”
刘晓明	2005	创作歌曲《四大纪律八项要求之歌》	音乐	参加全国反腐倡廉征歌大赛，获三等奖
刘晓明	2005	创作歌曲《问问老百姓》	音乐	参加全国反腐倡廉征歌大赛，获优秀奖
刘乐	2005	古筝独奏	音乐	参加全国“金钟奖”评选，获铜奖
周新球	2006	创作歌曲《九月的笑脸》	音乐	参加中国轻音乐学会三部门主办全国原创音乐大奖赛，获三等奖
周新球	2006	创作歌曲《阿细跳月》	音乐	参加全国原创音乐大赛，获优秀奖
刘晓明	2006	创作歌曲《歌儿泡在蜜里头》《党啊，我向你诉说》	音乐	参加全国冶金职工歌手大赛，获创作金奖
尹拥军	2007	《书法条幅》	书法	第二届齐白石国际艺术·齐白石书法类评奖，获优秀奖

第二节 文艺演出

1988-1992年，境内文艺演出活动规模小，主要以室内为主，形式单一，群众参与度不高，影响不大。各专业文艺团体和业余文艺团体共演出530场次。1993年起，区文化部门调配精干力量创新文艺形式，演出逐步由室内走向室外，规模不断扩大，元旦、春节、国庆专场演出、包括农村婚庆上的小型文艺演出日趋多样，影响日益增强。1995-2007年，全区共开展各类文艺演出活动900余次，专业剧团演出35场。其中，迎春晚会、文化艺术节正月十五闹元宵、庆“七一”、国庆文艺会演、送文化下乡进社区等，成为全区群众文艺活动的常见载体。

1988-2007年雨湖区主要文艺演出活动一览

20-3-3-1

时间（年）	演出名称及情况
1988	选派周国兰等3人参加文化部在杭州举办的“全国十城市影视歌曲大奖赛”
	文艺演出队代表市“文化下乡”赴湘潭县、湘乡县、韶山市慰问演出

续20-3-3-1

时间(年)	演出名称及情况
1989	《幸福与烦恼》《这桥，这桥下的水》《小河旁》三个节目参加"省计划生育文艺调演"
	舞蹈《幸福在哪里》参加市"少儿文艺调演"
	国庆四十周年"革命历史歌曲比赛"百人合唱团参加市政府比赛活动
	舞蹈《幸福在哪里》参加国庆四十周年"文艺晚会"
1990	小品《产房前》参加市文化部门举办的"笑的艺术小品赛"
	参加市"首届农民歌手赛""三八女工合唱比赛"
	组织学校参加省文化厅、教育厅举办的"学生音乐节合唱录音比赛"
1991	组织百人合唱团参加市委宣传部牵头举办的"建党七十周年歌咏比赛"
	群文系统情系乡土歌曲赛
	少儿文艺调演
	全区卡拉OK歌手赛
	举办"雨湖水上音乐会"
1992	雨湖区干部卡拉OK大赛
1993	纪念毛泽东同志100周年诞辰文艺会演
	舞龙表演队参加市政府举办的龙狮表演活动
	京剧唱段《四郎探母》参加市文化局举办的卡拉OK赛
	顺口溜《睡不成》参加省文化厅牵头举办的省曲艺节目调演
	小品参加市纪委牵头举办的"清风杯"小品表演赛
1994	大合唱参加市"爱我中华，爱我湘潭"歌咏比赛
	创作歌曲《噢，山沟沟》《圆圆和弯弯》参加全国"群星杯"市选拔赛
	百人合唱、音乐剧参加市文艺调演
1995	送文化下乡、送春联下乡
	"移动杯"送戏下乡系列演出共七场
1996	首届雨湖区文化艺术节
	雨湖区机关干部演讲比赛
	庆"七一"合唱比赛
1997	迎"香港回归"区合唱比赛
	雨湖区机关干部卡拉OK比赛

续20-3-3-1

时间(年)	演出名称及情况
1998	音乐小品《母亲的生日》参加市委牵头举办的文艺晚会
	选送歌手参加湖南省文化厅主办全省优秀青年歌手大奖赛
	白石广场“钢琴之夜”演出
1999	第二届雨湖区文化艺术节
	主办全市“海阔天空杯”中小学生器乐大赛
2000	正月十五“闹元宵”演出活动
	全国二十个县(市)区人大工作研讨会专场文艺晚会
2001	组织百人合唱团参加市委牵头举办的“庆祝建党八十周年”歌咏赛
	庆建党80周年专场文艺会演
2002	举办全市“东方威酒杯”青年歌手大奖赛
	二胡独奏、三重唱参加省文化厅主办的“三湘蒲公英”大赛
2003	雨湖区合唱比赛
	社区文艺展演
	钢琴独奏音乐会
2004	创建省级文明城市,街头专场文艺演出
	组织百人合唱团参加市委牵头举办的“我的祖国”合唱比赛
	在白石公园举办“雨湖区庆祝中华人民共和国成立55周年”广场文艺演出
2005	组队参加全省“蒲公英”少儿音乐大赛湘潭选拔赛
	在白石广场举办“庆祝建党84周年暨抗日胜利60周年、红军长征胜利70周年”大型广场文艺演出
	雨湖区“移动家校通杯”第四届文化艺术节
2006	“送文化五下乡”文艺演出
	雨湖区机关干部卡拉OK大赛
2007	“五下乡”“四进社区”活动
	“活力雨湖”五月专场文化活动
	“国产影片进农村”公益放映活动
	“莲城百姓大舞台·欢庆党的十七大”社区文化专场会演

第三节　群众文化活动

一、农村文化活动

1988-1992年，境内农村文化活动形式、内容单一，基本上以村民自发组织为主，主要有舞龙舞狮、花鼓戏、放电影等活动。1993年起，农村文化活动列为区文化工作重点。是年，举办首届农村歌手赛，吸引各地农村歌手参加，影响较大。1995年，“送戏下乡”“送文化下乡”“送春联下乡”等活动进入常态化。至2004年10年间，全区开展送文化下乡演出活动58场，观看演出近4万人次，送5600多幅春联下乡。昭潭乡、先锋乡的龙狮闹元宵活动以及护潭乡、长城乡的农民运动会是每年定期举办的群众传统文化活动。2005-2007年，农村文化活动更为活跃，不但有自编自演、自娱自乐的小品、相声、花鼓戏，还有歌舞剧、书画展等，区文体局还邀请省市文艺团体下乡巡回演出。全区举办11次较大规模文化下乡活动，近3万人次参与。同时乡举办文化活动10场，近万人参与。

二、社区文化活动

1988-1992年，境内社区文化活动由各乡、镇、街道文化站组织开展。每年“五一”“十一”春节以街道为单位组织一些小型的室内演出活动。1993年起，区文体局加强对社区文化活动的指导。每年定期举办各类社区文化活动，内容有歌咏比赛、舞蹈大赛、器乐比赛、文艺会演和书画展等。是年底，区举行纪念毛泽东同志诞辰百周年文艺会演，各乡、镇、街文化站和驻区单位均选送节目参加会演。2000年，由文体局牵头组织大型广场文化活动。江麓广场、白石广场文艺会演活动5个专场，参与演出人员1300多人，观众近3万余人，湘潭电视台作专题报道。2001-2002年，雨湖路街道、云塘街道举行科普文化宣传活动获得市区领导好评。2003年，文体局组织举办“雨湖杯”校园企业广场文化活动，9所学校、7家企业参与，演出节目51个。2004年，创建省级文明城市，区结合“四进社区”，组织多次街头表演，掀起社区文化活动高潮。各社区以不同形式开展街头文艺宣传，乡镇街道共组织60场文艺演出，吸引观众3万余人。2006年，纪念中国共产党成立85周年，区文体局与平政路街道、中山路街道等单位联合开展庆“七一”文艺表演。2007年，区文体局举办“活力雨湖”白石广场群众文化系列活动5场，70多支文艺宣传队参与展演，展出书画美术作品1000余件，吸引观众4万余人。

三、文化艺术节

1996年起，雨湖区文化局组织三年一届的全区性文化艺术节活动。10月，区第一届“金都杯”文化艺术节在金都广场开幕。首届艺术节共分六大部分：开幕式（龙灯狮子、腰鼓表演、扇子舞艺术展演）、花鼓戏专场、书法艺术笔会、驻区单位文艺演出晚会、闭幕式及群众艺术精品展示。第一届艺术节演出节目58个，演员上千名。表演现场门庭若市，热闹非凡，观众约2万余人次。1999年5月，第二届“金都杯”文化艺术节在金都公司西大门广场拉开帷幕，此次艺术节分开幕式及文艺演出、花鼓戏专场演出、书法艺术笔会、秧歌腰鼓表演、闭幕式晚会等五个部分。演出节目60个，参演者2000余人次，观众达3万余人。2002年11月，第三届“中华鹿杯”艺术节在白石公园举行。此次艺术节主题为“新世纪、新雨湖”。演出节目44个，内容包括开幕式及文艺会演、书法绘画专场、闭幕式等。节目形式有舞蹈、小品、独唱及书法绘画现场表演，参演者3000余人次，观众达4万余人。2005年10月，在白石公园举办以“雨湖——湘中明珠”为主题的第四届“移动家校通杯”文化艺术节。此次艺术节历时2天，共进行“和谐雨湖”“公仆风采”“文明礼赞”“钢琴音乐会”“春华秋实”“城区之光”等六个场次的演出，内容包含歌舞、戏曲、小品、声乐及群众自编自演的文艺节目共100多个，参演者4000余人次，观众5万余人。与前几届艺术节相比，在内容上有所突破，突出广场文化、廉政文化、社区文化、企业文化和校园文化，在规格、档次、节目质量上都有所提高。至2007年，区已举办四届文化艺术节，共演出节目262个，参演者1万余人次，观众达14万人。

第四节　广播、电视、电影、报刊

一、广播

1988年，境内郊区河西设有广播站，有专干4人。4乡1场均设广播室，共有集体编制广播员8人。10月，建立郊区无线广播调频台，每天自办节目时间为2小时。农村实现村村有喇叭、家家有音箱，农民能定时收听到市办和区办的广播节目。1989-1990年，郊区广播站自筹资金10万元，在区政府办公楼楼顶上竖立一座58米高的调频发射塔，结束了全区广播依赖有线的历史。1991年，全市程控电话开通，各乡、村电话杆线拆除，至1992年，广播线路和高音喇叭全部停止使用。三区合并后，郊区广播站更名为雨湖区人民广播电台，隶属雨湖区广播电视局。电台每天分三次播音，播出时间为早晨5时55分至8点，中午11:55分至13:30分，晚上17:25分至21:05分。播出的节目有《雨湖新闻》《雨湖时政》《农业与科技》《音乐10分钟》《每日小知识》《周末半小时》等。电台发射频率97.8兆赫，输出功率为50瓦，发射空距25公里，能覆盖原整个湘潭市郊区农村范围和城区。20世纪90年代始，电视逐渐普及到百姓家庭，广播（收音机）收听者逐渐减少。2000年后，收听广播的听众主要为老年人和汽车司机，收音机也以便携式和车用型为主，家庭台式收音机逐渐淘汰，不再使用。

二、电视

1988年，境内城区架设闭路电视网络，传输节目只有7套。当时拥有家用电视接收用户仅占居民总数的35%，农村仅有8%的农户购买黑白电视机。1992年6月，闭路电视网络开始升级成有线电视网络，电视逐渐普及，部分家庭开始使用彩色电视，传输节目的数量也有所增加。1997年，有线电视网络按照“一城一网”的原则升级改造，雨湖区传输网络与市有线电视网络联网，居民可收看各类节目30余个。此时，区内城乡电视基本普及，农村仍然以黑白电视机为主。2002年，区管电视用户交湘潭市有线电视网接管，由市广电局统一管理。当年，广电总局提出有线电视“户户通”要求，有线电视用户向农村扩展，区开始建立区管有限公司。2003年，根据市、区两级有线电视网络区域的划分，区广电局负责3乡11村的发展。具体包括长城乡的立荣、白云、高坪、犁头、新月、石基；护潭乡的繁荣、文昌、湘竹、渔业村；先峰乡桐梓村。同时，根据市局要求，全区首先发展长城乡新月、石基两个有线电视空白村网络，发展有线电视用户200户。至2007年，基本上完成广播电视“村村通”“户户通”工程。截至是年底，共架设有线电视主干线180公里，支线420多公里。区内有线电视用户达8万户。其中，市管用户7万余户，区管用户1200户，边远村组农户采取安装卫星接收装置收看电视节目。全区乡镇联网率和行政村联通率均达100%，均可以收看43套清晰的数字电视节目。区内城乡居民电视机拥有量平均每户1.3台，99%的用户为彩色电视，收看电视成为城乡居民生活中不可或缺的重要内容。

三、电影

1988年，境内城区有大湖、人民、红月亮电影院和芙蓉影剧院。此外，有江麓、江南两个厂俱乐部，每周放映1场。4乡1场均有放映队，到各村巡回放映，一个村一年放映3-4场。农村实行责任制以后，放映经费困难，加上电视普及，到放映场所看电影的人逐渐减少，各放映队设备老化，也无资金更换设施。20世纪90年代农村电影事业基本歇业，城区大厂矿俱乐部改制后也不再放映电影。2001年起，农村电影放映又逐渐恢复，各乡镇更新电影放映设备，又在各村巡回放映。至2005年，区内百花影剧院、人民影剧院、红月亮影剧院、工人文化宫、大湖影剧院、芙蓉影剧院停业改行。2006年，800平方米的群艺影剧院建成开业。至2007年年底的2年间，影院放映电影400多场，累计观众1.7万余人次。

四、报刊

1988-1994年，区内发行的各类党报党刊有《人民日报》《光明日报》《中国青年报》《湖南日报》《湘潭日报》《半月谈》等10多种，邮政部门是发行的主体单位，区内年发行量约3万份。1995年后，邮政只负责发行投递，负责党报党刊发行的部门改为区委宣传部，发行力度比以前大大增加，发行量增加约25万份，包括村和社区在内，各单位至少订阅5种以上报刊。江麓、江南、湘大、科大等大型驻区厂矿院校还有自办刊物，内部发行。雨湖区人口稠密，区内遍布报刊亭和书报摊，一般国内著名的报纸杂志均能买到。如《读者》《青年文摘》《故事会》《南风窗》《现代军事》《知音》《湘潭晚报》《潇湘晨报》等。2007年，区委、区政府创办内部刊物《雨湖视窗》，当年共发行9期，每期发行份数1400份。自办报亭发行量最大的为《湘潭日报》《湘潭晚报》《潇湘晨报》，年发行约30万份。

第五节　文化市场与管理

一、文化市场

1988-1991年，境内雨湖、湘江、郊区文化市场管理的门类以少量录像厅、歌舞厅、音乐茶座、卡拉OK厅、电子游戏厅为主。1992年，区内文化市场迅速发展，共有印刷企业40余家，非国有书刊门店50余家，打字复印店40余家；国有新华书店2家，音像发行店5家，录像放映厅30余家，舞厅20余家，歌厅、卡拉OK厅70余家，桌球室10家，电子游戏厅20余家。1993年，文化市场呈现大繁荣大发展的态势。1995年，全区歌舞娱乐业进入高峰时期，区内舞厅发展到50余家，卡拉OK厅发展到120余家。2000年，区内高档舞厅全部退出市场。由于计算机大量进入城区家庭和互联网经营场所迅速发展，录像放映市场迅速滑坡。2002年，区内网吧增至150余家，录像放映厅仅存2家。2005年，录像厅全部退出市场。2007年，区内有印刷企业60余家，打字复印店100余家，书报刊店110余家，音像发行店80余家，软件发行点15家，舞厅6家，歌厅、卡拉OK厅

40余家,电子游戏厅50余家,网吧近180余家。

二、市场管理

1988-1991年,境内雨湖、湘江、郊区文化部门对文化市场的管理职能弱化,境内文化市场基本由市文化局负责管理。1992年,区文化体育局设立社会文化股和文化稽查队,负责文化市场管理和稽查,1999年,更名为文化市场股和文化稽查大队,两块牌子,一套人马。根据国务院关于文化市场管理的相关条例等法规文件,按照市文化局确定的分级分项管理原则,在区政府的领导下,区文化体育局采取日常检查和专项整治相结合的办法,在公安、工商部门的配合下,对全区文化市场进行有效管理。1993-2007年间,区文体局举办全区各类文化市场经营业主法律法规培训班30余期,参训人员3000余人次。印制各类标牌、警示牌1万多张,张贴到区内各文化经营场所,与网吧等经营业主签订诚信经营承诺书,强化业主经营自律。聘请"五老人员"和社会各界人士为网吧义务监督员60余名,强化网吧监督管理。检查文化娱乐、新闻出版场所2000余次,开展集中整治校园周边文化娱乐场所近60次。出动执法车辆1600台次,出动稽查人员5000人次。取缔各类文化娱乐场所80余家,行政执法结案1000余次。在公安、工商部门的配合下,开展"扫黄打非"行动30余次,有效地遏制"黄、赌、毒"现象的滋生和蔓延。

第六节　文物古迹

陶公山(壶山)

陶公山原名壶山,位于今沿江西路,濒临湘江,因山势若壶形而得名,自古为兵家必争之地。晋时著名将领陶侃曾屯兵于此,故后人改称为陶公山。在沿江西路口,有一座刀砍斧削般的峭壁临江矗立,山前石壁上镌刻 "江山胜迹"四个大字。山上有陶侃衣冠冢、何腾蛟墓;山下临江之处的"石嘴垴"兀立于湘江之滨,高30余米,通体为赤紫色坚石,上建有望衡亭。

鲁班殿

鲁班殿位于十六总自力街兴建坪,为清乾隆初年由泥木工匠所建的公所。民国元年(1912),因紧邻失火鲁班殿被焚。民国2年(1913),泥木工人集资重建。重建后的鲁班殿,分上、下两层,木结构,庙堂宽阔。大门前墙壁上泥塑湘潭古城全貌,全景由三部分组成,右部是文昌阁至小东门图景,文昌阁高翘的楼台和农家房屋的原貌都清晰可见;正中为湘潭古城至窑湾的大部分景观,蜿蜒的城墙和观湘、文星等城门以至城楼上的炮台都非常清楚,城墙边是沿河半边街的吊脚楼,依次往北是大步桥的石拱,万寿宫的牌楼,关圣殿的飞檐,大同街、新梁街、黄龙巷、兴仁巷以及石嘴垴、唐兴寺、唐兴桥、窑湾等,凡三街六巷、各码头及雨湖垂柳无一不备;左边是杨梅洲的景象,市街房屋,别具风景。画面的背景则为太平岭、黄龙山、仙峰岭、木鱼山、乌台山等。这些景致的下面,均为浩荡的湘江,江中飞舸繁舟,江岸货埠商港,均历历在目。整个泥塑中幅长5.2米,宽2.6米,左右幅各长4米,宽0.6米,是泥塑中的杰作。被称为湘潭的"清明上河图",具有史料价值。院内的戏台,长5.6米,宽5.1米,是湘潭市保留完好的唯一的旧戏台。民国15年(1926),湘潭建立泥木工会,以鲁班殿为会址。民国25年(1936),湘潭泥木工会对鲁班殿进行维修。1982年9月湘潭市人民政府将其定为"市级重点文物保护单位"。1983年和1985年先后两次对鲁班殿进行较大的维修。湘潭市人民政府决定将鲁班殿作为湘江区文化馆馆址。鲁班殿现整体保存完好,为目前江南唯一祭祀鲁班的场所。2002年,湖南省人民政府公布将其定为“省级文物保护单位”。

文庙

文庙始建于南宋绍兴元年(1131),是祭祀孔子的庙宇,位于城正街。原址在小东门,毁于兵祸。明洪武二年(1369)重建于现址。明洪武十六年(1383)、正德十一年(1516)等年间修缮或扩建。明末再度毁于战乱。清顺治九年(1652)重建。乾隆十九年(1754),知县吕正音增建大成殿,耗银三千。文庙整个建筑朱墙环绕,气势宏伟,庙前有学宫坪,俗称学坪。墙南端有大照壁嵌“宫墙万仞”四字,正门名棂星门,门内有月牙形泮池,池上首有三座石坊,正中坊有“斯文在兹”匾额,东西两墙有匾额,镌文“德配天地”“通贯古今”。穿过正中石坊便是大成门,左右是飞檐黄瓦的钟鼓亭。大成门通向大成殿,有石铺甬道直抵大殿台基,高三尺。全系石块垒成,正中有石雕盘龙。大成殿为重檐结构,四周有16根圆柱支撑,黄瓦飞檐,蔚为壮观。大成殿后有亚圣殿,与大成门、奎星门前后陪衬。历代以来,文庙不仅是人才培养的场所,而且也是志士仁人革命活动的聚集地。1926年,湘潭县第一届学生代表大会在此召开。是年秋,湘潭大土豪劣绅晏容秋被革命群众处决于学坪。1947年,湘潭简易师范迁入文庙。1949年,湘北建设学院由岳阳迁此。1958年,湘潭师范专科学校在文庙建立。1985年,升格为湘潭师范学院,文庙为南院。2007年,为重点本科院校湖南科技大学南院坐落之处。文庙系湖南省级重点文物保护单位。

关圣殿

关圣殿位于平政路中段闹市区,始建于清代康熙年间,原占地面积1万多平方米。是区内现存年代最久的寺庙建筑,为省、市重点文物保护单位。关圣殿始建于清初,山西、山东、陕西、甘肃、河南五省在潭商贾捐银修复,称北五省会馆。该殿从清乾隆初至道光二十年(1840),前后经过4次整修,扩充字画和雕刻。如山门前坪2.8米高的石狮一对,主门增建牌楼,正门联额嵌楷书河岳、日星,牌楼上部塑有桃园结义、二龙戏珠、犀牛望月、刘海戏金蟾等故事。殿宇分前、中、后三进。前进为祭殿和戏台,有石柱走廊,雕梁画栋。中进为春秋阁,建立在1米高的花冈石基座上,四面有石阶登达,阁前石阶斜卧一条蟠龙,两侧为石狮,四周檐廊为祁阳白石栏杆,栏杆上雕有花鸟虫鱼走兽,殿阁分三层,琉璃瓦盖顶,金碧辉煌。阁前有一对汉白玉镂空龙柱,高4.8米,圆周1.5米,龙绕柱旋,龙柱一体,镂空技巧,为国内罕见,可与山东曲阜孔庙的龙柱媲美。春秋阁左右有钟鼓楼。后进已毁,整个殿内有石雕、木雕、泥塑、碑刻、匾额、楹联800多件,失散甚多,现存400多件。1923年,共产党员杨昭植曾在关圣殿创办湖湘小学,1925年组建中共湘潭城区第一个支部。新中国成立后为市文物局、博物馆驻地。

万楼(文昌阁)

万楼位于护潭乡文昌村宋家桥侧,在湘潭老铁路桥往湘江下游走约1148米处。濒临湘江。万楼始建于明朝万历四十三年(1615),为湘潭县令包鸿逵任内所建,他认为潭城上游有石嘴垴雄踞江滨,而下游却颓然平迤,故筑台建楼,以壮其观。台高30尺,包鸿逵题其曰“杰灵台”,台上建楼,楼高40尺。时县人进士李腾芳由国子监司业贬官家居,胜赞其事,以“万”有“数之大者也”之意题名,楼阁上有“万楼”匾额,楼为木质结构,分三层,每一层都有红木雕成的麒麟、羊、鹿、马嵌在楼柱上,三层各异,轩窗四启,室呈八角,飞檐业业,铁马鸣风,雕梁画栋,美不胜收,有“楼踞潭州第一雄”之誉,沿梯而上至三楼,可鸟瞰湘潭全景。楼前湘江碧玉如带,潇湘八景中的“远浦归帆”相传便是此处。是谓“万壑千峰自一村,飞亭砥柱水流潺”。李腾芳撰《万楼记》,文曰:“蹑级而上,身纵于楼之端,千里之风拂槛而来,万袅之烟缕波而起,林暝江动,水叫石激,山川之精,呈巧献工……”。万楼兴建之前,其地已有“黄花亭”“观音阁”。“观音阁”后原有石山、紫竹、棋台之属,建楼时,皆一一加以修葺。并据杜甫《发潭州》诗中“岸花飞送客”句,将“黄花亭”改名为“岸花亭”。清顺治元年(1644)万楼毁于兵燹,仅存石台,康熙七年(1668)复建,更名为文起楼。清雍正十年(1732),清廷规定各省县通祀“文昌帝君”,邑人为免除建造之经费,即利用万楼为祠,故万楼改称文昌阁。湘潭县清人张灿题有“湘水回澜”四字刻石于门首,民谣为:“长沙有个八角亭,湘潭有个文昌阁”。故今人知有文昌阁,不知有万楼。文昌阁占地20余亩,有高高的围墙,分为三层,有四张红漆大门,进门正面有3个两米多高的菩萨,正中是文昌帝君,上面匾云“文帝斯在”,二楼匾云“魁星点斗”,三层匾云“砥柱中流”,庙内有庙,阁前有碑云“官员人等到此下马”。清人何承珍有诗云:“小东门外水田乡,渔艇菱舟度女墙,指说一楼高耸处,回澜荡漾镇文昌。”文昌阁下游方有灵官庙,庙外有无皮树、樟树等古树。清嘉庆二十二年(1817),文昌阁重修一次,现残存有记载捐资修阁的石碑。宣统三年(1911),最后一次维修。此后楼阁日见破旧。民国三十三年(1944),日军陷潭,阁遭破坏,1966年6月,生产队煎牛药不慎失火,阁房全毁,唯“杰灵台”仍然屹立江畔,麻石砌体亦完整可见。(2013年已重建万楼)

陶侃墓

陶侃墓位于十八总陶公山,是湘潭百姓为纪念长沙郡公陶侃而建的衣冠冢。陶侃,字士行,江西浔阳人,曾驻节湘潭。晋咸和七年(332)丧葬长沙,追赠为大司马,并赐谥“桓”。湘潭百姓念其政绩而建,墓为三合土封固,长3.7米,宽1.85米,高2米。墓碑上镌刻“晋都督陶桓公墓”“民国十年重修”等字。陶侃衣冠冢建于何时不可考。1958年9月,墓庐被拆。1959年1月,湖南省人民委员会将其定为“省级文物保护单位”。是年12月,湘潭市人民委员会将其定为“市级文物保护单位”。1982年9月,市人民政府将其再次定为“市级重点文物保护单位”。1983年,该墓省级文物保护单位被撤销。1983–1985年,区政府文物保护部门对陶侃墓进行多次维修。

何腾蛟墓

何腾蛟墓位于十八总陶公山。何腾蛟,字云从,贵州黎平府人。明天启元年(1621)中乡举,任山西榆次教谕官。崇祯九年(1636),调任河南南阳知县。崇祯十一年(1638),升京都大兴令,复升兵部方主事,员外郎中,后出任徐兵备佥事。崇祯十五年(1642),任湖北郧阳军门。南明时期,坚持抗清斗争,先被福王封为兵部侍郎,总督湖广、四川等省军务,后被唐王拜为东阁大学士兼兵部尚书,又封定兴伯。清·顺治六年(1649),何腾蛟入潭督师抗清,兵败被俘不屈,就义于流水沟,葬于陶公山,被永历帝追赠中湘王,谥文烈。何腾蛟墓用三合土封固,墓长3.8米,宽2.25米,高2米,墓左有墓庐,墓前有花冈岩墓碑,碑刻“明阁学何忠诚公墓”。1958年,围墙、石栏、墓庐均被拆毁。1959年,湖南省人民委员会将其定为“省级文物保护单位”。1959年12月,湘潭市人民委员会将其定为“市级文物保护单位”。1982年9月,湘潭市人民政府将其再次定为“市级重点文物保护单位”。1983年该墓省级文物保护单位被撤销。

秋瑾故居——义源当

“义源当”位于十八总由义巷内,是民主革命著名烈士秋瑾的故居。1982年湘潭市人民政府定为“市级文物保护单位”。秋瑾祖籍浙江绍兴,清光绪二十年(1894)随父秋寿南来到湖南湘乡。光绪二十二年(1896),她与王廷钧结婚,王家在湘潭十八总由义巷内开义源当,秋瑾就居住在义源当的后院。义源当原有房屋占地面积900多平方米,全部砖木结构。民国33年(1944),被大火所焚。现仅存房屋3间。

唐兴寺

唐兴寺位于十八总，原名石头寺，初建于晋。唐高僧智俨开讲于此，寺旁建有智俨墓塔，故又名石塔寺。唐高宗时，褚遂良被贬为潭州都督，题写："大唐兴寺"石额，故更名为唐兴寺。元朝末年，寺被毁，明正统元年(1436)，寺僧宗洪复建，其后多次毁而复修。原唐兴寺山门在寺东金鸡桥，门内有钟鼓楼，正门外有智俨塔，前殿供弥勒佛，正殿供释迦牟尼佛、药师佛、地藏王菩萨，后殿有"潭州佛地"匾额。殿后原有水阁、凉亭，苍松翠柏，桐花海棠。寺右山坡有石级，旧名"八十三磴"，其侧为寺僧建塔埋骨之所。唐兴寺现已荡然无存，仅存"大唐兴寺"石额，由市博物馆保存。原址已成为唐兴寺学校校址。

望衡亭

望衡亭位于窑湾石嘴垴。相传为陶侃钓鱼台、望岳(因可望见南岳)亭旧址。唐时在此建有黄叶亭，到民国初年，此处成一片废墟。民国21年(1932)，望衡亭重建，亭分三层，为花冈石结构。第二层嵌有"湘潭石嘴头碑记"和"望衡亭记"两块石碑。第三层嵌有民国32年(1943)所刻"建筑湘潭县望衡亭碑记"石碑。亭柱上现存对联两副："地维天柱此孤石，岳色江声萃一亭""九面云山收眼底，满江风月落樽前"。1982年9月2日，湘潭市人民政府将其定为"市级重点文物保护单位"。1984年，市人民政府拨款重修。

唐兴桥

唐兴桥位于十八总沿江西路陶公山之南，因邻近唐兴寺而得名。清初修建。唐兴桥系单孔石拱桥，净跨12米，宽6米，桥身和桥面为麻石砌成，两旁麻石望柱(34柱)上雕有狮、兔、猴等兽形，部分石栏上刻有禁止推车、禁止摊担、禁止灰屑、禁止粪船、禁止吊船等字样。由于地处交通要道，历年多次进行维修。1950年9月，市人民委员会采取以工代赈的办法维修唐兴桥。1982年9月，湘潭市人民政府将其定为市级文物保护单位。1983年，对唐兴桥进行加固和大规模维修。

潭宝汽车站

潭宝(窑湾)汽车站，俗称老汽车站，位于湘潭市窑湾沿江西路134号。始建于1927年，后因失火被毁，1931年重建。潭宝汽车站的主体建筑系碉堡式楼房，耸立在直径45米、高5米的麻石砌的防洪护坡台上。建筑本身直径15米，中间含直径5米的圆形天井。潭宝公路是中国最早的公路，潭宝(窑湾)汽车站是潭宝公路的起点，那时因江上没有桥，人车过江全靠渡船，潭宝(窑湾)汽车站在当时的陆路交通中有着重要的作用和地位。潭宝(窑湾)汽车站有独特的环形设计和立交设计，人从下方进车站上来坐车，可以使人车分开进站而不造成拥堵。1964年因区位和规模的缘故，退出运营历史舞台，但其圆形台阶式建筑至今保存完好，2006年5月，潭宝汽车站获批"省级文物保护单位"。

刘烈士祠

刘烈士祠位于城正街，清时系湘潭县守备衙门。1913年3月1日，湘潭议事会首次会议确定将原守备衙门改建为刘烈士祠，祀民主革命烈士刘道一。共4进，房屋40余间，八字大门上，悬挂着周谷城题写的"刘烈士祠"4个遒劲的金字。二进挂有"衡岳正气"四字横匾；三进挂有"成仁取义"横匾；四进为烈士纪念室，室中央安放着刘道一半身塑像，两边悬挂孙中山和黄兴的挽诗。周围摆满常青树，显得庄严肃穆。展室内陈列着烈士生平和革命活动珍贵照片、资料、书籍和实物。在烈士祠后院，有烈士的胞兄、民主革命先驱者刘揆一先生之墓，周谷城为墓碑题词。

抗日阵亡将士纪念碑

抗日阵亡将士纪念碑位于沿江东路北侧学坪。始建于民国27年(1938)。碑高9米，成方锥形。四周均镌有“抗日阵亡将士纪念碑”九个大字，下面有石座雕栏维护，显得庄严肃穆。该碑在日寇入侵湘潭后被毁。1985年，抗日战争胜利40周年时，人民政府拨款修复。

万寿宫

万寿宫又称江西会馆，位于平政路，初建于宋代宣和年间，当时称旌阳观，后称万寿宫。清顺治七年(1650)，江西客商集资重建，改称江西会馆，占地面积6000平方米。会馆大门建有高大石牌坊，上镌“江西会馆”四字，门口石狮一对，往内石坪广阔，有春秋阁，后建木牌枋，雕刻掌故不少。木枋后面是正殿，殿高15米，宽16米，周围有石栏，内外有石柱24根，殿顶盖琉璃瓦，飞檐翼角，华彩夺目。该馆因年久失修，许多建筑物已毁。20世纪50-70年代，豫章完小设此。正殿及春秋阁1978年拆除，1979年市第十六中学设此。现仅存大门石碑坊。

夕照亭

夕照亭位于雨湖公园内，是区内的仅存古亭建筑。始建于宋代，改建于清顺治七年(1650)。夕照亭建筑精巧，亭成正方形，长宽各8.7米。四周石柱环抱，栏板均有石雕。亭为重檐四角，高12米，内外石柱8根，镌刻着对联。亭顶系二龙戏珠，双层飞檐，顶板藻井木雕云龙、坊檩绘有麒麟、蝙蝠及透雕狮等走兽，形象逼真、生动传神。亭旁有花圃，遍植桑槐、玉兰、香樟、盘松、翠竹，清香扑人。下辟清池，池岸垒有怪石嶙峋的假山，还有石桥通岸。临湖园路的一面新建一条龙墙，使古朴雅致的夕照亭，更添秀色。

双璧无瑕

双璧无瑕位于雨湖公园北侧。清嘉庆年间(1795-1820)，有江西逃荒至湘潭的两姑嫂(一说系两姐妹)，艳慧双绝，受骗入刁家园妓院，二女察觉，坚贞不屈，趁夜深联袂投湖自尽。翌日尸浮湖面，知县旌表贞烈，合葬湖旁。县人为二女立坊，探花石承藻题墓为双璧冢，署坊为“双璧无瑕”。石坊上有石承藻撰的两幅楹联：“不及黄泉焉避害，有如白水表同心”“青冢芳魂留片石，白波明月照双娥”。新中国成立后，迁于现址。1982年，塑二女全身像，风姿袅娜，栩栩如生。

唐氏义门

唐氏义门位于城正街板石巷月弓桥，明永乐二年(1404)，湖南发生旱灾，灾民饥馑。当时世居攸、醴、衡山之交的唐姓族众，捐出米谷万担，赈济潭、衡、攸、醴四县灾民。永乐皇帝为旌表此义举，令知府题赠“唐氏义门”四字。湘潭知县奉旨在城内月弓桥畔建坊。1982年，湘潭市人民政府将其公布为“市级文物保护单位”。1986年进行重修，门坊正中为汉白玉石匾额“唐氏义门”，门坊上部为福如东海、天官赐福、寿比南山等三幅人物画像，两侧汉白玉石刻有“恩周四县，籍隶五朝”对联一副。

海会寺

位于区内大湖街侧。始建于元代，明末扩建，建筑面积4760平方米，盛时长驻僧众百余人。该寺共有大殿3个：前为弥勒殿，中为韦驮殿，后为大雄宝殿。右侧为斋堂，左侧为禅房，后厢房为方丈住地。世事沧桑，该寺亦是兴衰几度，屡屡重修。20世纪30年代在灵悟法师住持期间曾得以全面修缮，我国著名爱国诗僧寄禅（名敬安、号八指头陀）曾一度挂锡此寺。1962年，该寺被定为“省级重点寺院”。文化大革命中，寺院损毁。1978年中共十一届三中全会后，党的宗教政策得以贯彻落实。此后，尼绍宗法师（1917-1996）不畏艰辛、带领众弟子为寺重建海会寺有嵌名楹联云：“海水本难量，慈悲如云，佛法如雨；会心原不远，菩提非树，明镜非台。现在的海会寺山门（2008年建）、天王殿（1991年建）、大雄宝殿（1995年建）、藏经楼（2007年建）、观音阁（1999年建）、客堂（1998年建）、斋堂（1998年建）错落有致，蔚为壮观。1995年，湖南省人民政府重新将该寺院列为省级重点寺院。

第七节　档案工作

1988-1992年6月，境内雨湖区、湘江区设档案室，隶属区委办公室，配有专人管理档案。郊区设档案科，定编5人。1992年上半年，三区档案室均达湖南省二级机关档案室标准。合区后，雨湖区档案科、档案馆成立，两块牌子，一套人马，为正科级事业单位，归口区委办公室，驻雨湖区机关一院内，在职干部8人。1995年2月改设雨湖区档案局（馆）。1996年在全省档案行政执法综合考核中，区档案局获“湖南省档案管理先进单位”称号。2006年，成立雨湖区现行文件服务中心，保持原套人员未增编制，充分发挥档案资料服务经济、社会的作用。2006、2007年，获省、市档案宣传工作先进集体。2007年，区档案局在职干部4人。

一、馆室建设

1988年，境内三区档案室只负责管理党委、人大、政府、政协四大家的行政文书档案。馆室场地狭小、设施简陋。各乡镇街道档案室均由办公室管理，村和社区一般没有建立档案室，各种历史资料由各阶段行政负责人或会计、统计分别保管。当年，全面启动乡、镇、企业单位档案建设，建立制度、健全案卷、完善硬件，配备档案员。1992年6月底，已有长城、昭潭、护潭、先锋4个乡和先锋农场建档达标。1996年3月，雨湖区档案馆达湖南省三级综合档案馆标准。1997年年底升级为湖南省二级综合档案馆标准。至2000年的8年中，区档案局重点抓各镇、街道档案建设，将鹤岭镇、中山路街道、窑湾街道等8街道2镇档案室建立并上升到省一、二级管理标准。

2001年年初，区档案局在长城乡砂子村开展村级建档试点，年底，砂子村档案室成为湘潭市第一个达省一级标准档案管理村级档案室。区档案局用典型引路，及时召集4乡2镇负责人在砂子村参观学习。2002年，全区37个行政村都建有综合档案室。2003年，随着改革开放的不断深入，社区工作不断完善。根据实际，雨湖区档案局首先在云塘街道杉树巷和万兴社区办起建档示范点，2004年，全区72个社区都建有综合档案室。

2005年7月，区档案局迁入雨湖路292号一栋四楼办公。档案馆面积达200平方米，设有档案查阅接待室、整理室、资料室、会议室等，档案馆内新配有10组32.5平方米密集架，新添置计算机、电脑、防磁柜、消毒柜、扫描仪、复印机等。现代化设施设备，馆室硬件达省级标准。

2006年，区档案局与区农办联合在区内4乡2镇建立农科档案，对规模较大的种养殖户、科技示范户等都建立档案，促进信息交流。是年11月，国家档案局原副局长刘国能考察长城乡农科站和砂子村档案室，对雨湖区基层档案工作给予高度评价。

2007年，全区有38个乡、镇、街道和区直各部门、企业单位综合档案室达到省二级标准，其中有10个综合档案室达省一级标准，21个行政村和48个社区档案室达到规范化建设标准。

二、档案管理

1988-1992年，区级档案主要以文书档案为主，由区党委办、政府办收集、整理、分类、归卷粗线条管理。乡、镇、街道档案没有系统规范归类立卷。1993年，区委办，区政府办发出《加强区档案工作规范化管理的意见》，区档案局依据此意见制定出《文书、会计、科技档案的归档范围》，部署全区各级档案室进行分类整理。区直各部门、乡、镇、街道档案室将历年的文书档案、会计档案、科技档案分类整理，并编制目录。1998年，区档案馆和全区各级档案室归档工作全面完成。为确保档案管理工作的巩固和发展，档案局根据全区实际制定出《档案管理工作考核标准》。1999年起，按照标准对区直机关、各乡、镇、街道归档文件，档案保护、档案利用进行考核检查，95%的基层档案室达标。2000年，区档案局下发《关于在机构改革中加强档案管理工作的通知》，档案局实行档案立卷改革，调整档案整理规范，对全区各部门单位归档文件按照省市《归档文件整理规范》进行规范化整理。2001年，档案局切实加强对撤并机构档案的接收管理，并将1061卷撤并机构档案全部接收进馆。2002年，4乡2镇所辖37个行政村全部建档，合格率为100%。并启动建立重点档案工作，接收重点工程档案26卷共计223件；2003年，建立名人、家谱档案，接收名人档案37卷588件，接收家谱1部；2004年，接收全区保持共产党员先进性教育活动文件归档46卷359件；接收声像光盘36张，建立具有雨湖特色的馆藏体系。2006年12月，72个社区居委会全部建档，合格率达100%。2007年，接收区直各部门档案4330卷，档案门类有：文书档案、科技档案、会计档案、基建档案、房产档案、照片档案、音像档案、专业档案、重点档案、电子档案、实物档案、名人档案、家谱等馆藏资料2175册。另有《科技档案汇编》《档案上等达标资料汇编》等，内容涉及政治、经济、军事、教育、文化等多方面。

三、档案利用

1988-1992年，全区各级档案室接待档案资料查询896人次，查阅各类档案共1918卷。1993年，区档案局设有文印室、查阅室，并热情接待各单位来查阅档案资料，认真做好档案利用典型实例汇编。档案利用逐步由被动查询向主动服务转变，由封闭式向开放式转变。1995-2005年，共接待查档623人次，查阅各类档案1413卷。2006年，成立雨湖区现行文件服务中心，各单位采取电话查询、来人查阅等形式，区档案馆免费提供文件查询，雨湖现行文件服务中心成为政务信息公开的窗口。2006年，区档案局在全区范围内组织档案信息服务竞赛活动，4乡2镇将科学种田技术编成小册子送到农民手中，帮助农民掌握科学种田技术；8个街道、2个乡镇利用社区建立的失业人员和特困人员调查登记表，推荐就业911人，为243位特困户办理低保救助；先锋集团公司利用档案帮公司挽回经济损失150万元；以档案为凭帮助昭潭乡700多村民、云塘集金会1226名农民购买养老保险；先锋乡、护潭乡、长城乡通过查档案解决有关土地纠纷问题；通过查阅档案落实4位知青的工龄问题。至2007年的2年间，区档案馆共接待查档1286人次，提供档案资料3803卷85件，出具证明及复印件702页，查阅资料223人次，共计225件。

雨湖区档案等级达标情况

20-3-8-1

达标单位	批准单位		
	批准单位名称	时间	等级
云塘街道	湘潭市档案局	1989.12.30	湖南省档案室管理省三级
湘潭市郊区粮食局	湘潭市档案局	1989.12.30	湖南省档案室管理省三级
湘潭市郊区政协办	湘潭市档案局	1990.1.17	湖南省档案室管理省二级
湘潭市郊区昭潭乡	湘潭市档案局	1990.8.7	湖南省档案室管理省二级
湘潭市郊区法院	湘潭市档案局	1990.11.30	湖南省档案室管理省二级
湘潭市郊区人大办	湘潭市档案局	1990.12.15	湖南省档案室管理省一级
湘潭市郊区先锋乡	湘潭市档案局	1991.3.2	湖南省档案室管理省二级
湘潭市郊区先锋农场	湘潭市档案局	1991.3.9	湖南省档案室管理省二级
湘潭市郊区护潭乡	湘潭市档案局	1991.3.20	湖南省档案室管理省二级
湘潭市郊区公安分局	湘潭市档案局	1991.3.20	湖南省档案室管理省三级
湘潭市郊区长城乡	湘潭市档案局	1991.5.20	湖南省档案室管理省二级
湘潭市郊区教育局	湘潭市档案局	1992.5.13	湖南省档案室管理省二级
湘潭市郊区党委办	湘潭市档案局	1992.7.6	湖南省档案室管理省三级
湘潭市郊区检察院	湘潭市档案局	1992.11.13	湖南省档案室管理省二级
雨湖区检察院	湖南省档案局	1994.11	湖南省档案室管理省一级
雨湖区中山路街道	湘潭市档案局	1995.12	湖南省档案室管理省三级
雨湖区开发公司	湘潭市档案局	1996.6	湖南省档案室管理先进级
雨湖区档案馆	湖南省档案局	1996.10	湖南省档案室管理省三级
雨湖区广场街道	湘潭市档案局	1996.11.14	湖南省档案室管理省三级
雨湖区鹤岭镇	湘潭市档案局	1997.1.24	湖南省档案室管理省二级
雨湖区计生局	湘潭市档案局	1997.1.27	湖南省档案室管理省二级
雨湖区环保局	湘潭市档案局	1997.4.11	湖南省档案室管理省二级
雨湖区组织部	湖南省档案局	1997.6	湖南省档案室管理省一级
雨湖区纪委	湘潭市档案局	1997.7	湖南省档案室管理省二级
雨湖区档案馆	湘潭市档案局	1997.12	湖南省档案室管理省二级

续20-3-8-1

达标单位	批准单位		
	批准单位名称	时间	等级
雨湖区窑湾街道	湘潭市档案局	1998.1.10	湖南省档案室管理省二级
雨湖区羊牯塘街道	湘潭市档案局	1998.2	湖南省档案室管理省二级
商贸工业特区	湘潭市档案局	1998.7	湖南省档案室管理省二级
雨湖区审计局	湘潭市档案局	1998.12.8	湖南省档案室管理省一级
雨湖区云塘街道	湘潭市档案局	1999.1	湖南省档案室管理省二级
雨湖区长城乡农科教	湘潭市档案局	1999.2	湖南省档案室管理省二级
雨湖区平政路街道	湘潭市档案局	1999.10	湖南省档案室管理省二级
雨湖区法院	湖南省档案局	2000.3	湖南省档案室管理省一级
雨湖区雨湖路街道	湖南省档案局	2000.12	湖南省档案室管理省一级
雨湖区长城砂子村	湖南省档案局	2001.1	湖南省档案室管理省一级
雨湖区工商局	湖南省档案局	2001.1	湖南省档案室管理省一级
雨湖区公安分局	湖南省档案局	2002.11	湖南省档案室管理省一级
楠竹山镇	湘潭市档案局	2003.12	湖南省档案室管理省二级
雨湖区城正街街道	湖南省档案局	2004.4	湖南省档案室管理省一级
雨湖区人大	湖南省档案局	2005.11	湖南省档案室管理省一级
雨湖区地税局	湘潭市档案局	2006	湖南省档案室管理省特级
雨湖区建设局	湖南省档案局	2007.8	湖南省档案室管理省一级

雨湖区档案馆馆藏档案资料统计

20-3-8-2　　单位:卷、张

年度	文书档案	会计档案	专门档案	名人档案	照片档案	音像档案	图书资料	合计
1988	3911	983	–	–	–	–	–	4894
1989	4203	993	–	–	–	–	–	5196
1990	4502	1006	–	–	–	–	–	5508
1991	4781	1055	–	–	–	–	–	5836
1992	4898	1232	–	–	–	–	–	6130

续20-3-8-2

年度	文书档案	会计档案	专门档案	名人档案	照片档案	音像档案	图书资料	合计
1993	4967	1468	-	-	-	-	-	6435
1994	5041	1468	-	-	-	-	-	6509
1995	5124	1523	-	-	-	-	-	6647
1996	5203	2329	-	-	-	-	-	7532
1997	5332	2468	-	-	-	-	-	7800
1998	5440	2468	-	-	27	-	-	7935
1999	5528	2468	-	-	38	-	-	8034
2000	5591	3012	-	4	43	-	377	9027
2001	5623	3098	10	8	65	-	456	9260
2002	5629	3120	12	13	76	-	632	9482
2003	5661	3196	46	17	114	-	665	9699
2004	5666	3268	46	21	224	-	697	9922
2005	5709	3312	46	23	326	2	702	10120
2006	5719	3312	46	26	542	3	857	10505
2007	5723	3412	46	30	767	5	955	10938

第八节　史志工作

1986年，境内雨湖、湘江、郊区先后启动第一轮地方志编纂工作。1988年，境内三区组织部门组织编纂人员对1949年8月至1987年地方党组织发展和地方政权机构建设情况分别进行系统整理，编印出版《中共雨湖区组织史》《中共湘江区组织史》《中共湘潭市郊区组织史资料》。1990年9月，《湘江区志》出版，全书29万字。12月，《雨湖区志》出版，全书50万字。记载该区的地理、政治、经济和教育、科学、文化、卫生、体育等事业的发展情况，客观地反映全区人民在中国共产党领导下，几十年如一日，团结奋斗、艰苦创业的足迹。1992年7月，《湘潭市郊区志》出版，全书93万字。《湘江区志》《雨湖区志》《湘潭郊区志》分别是雨湖区现存的首部地方志。

1996年，根据中共湘潭市委党史办和党史联络组织部署，区委安排区党史联络组织编修《中国共产党湘潭市雨湖区历史大事记》。时限从1949年8月湘潭和平解放至1999年12月止。其内容以记述区本级党的活动为主线，重点反映雨湖区党的建设和区委贯彻、执行党的路线、政策的情况及区委召开的重要会议、重大决策，领导人民进行社会主义革命和建设的重大活动、重要事件；记述区人民代表大会、人民政府、人民政协的重要会议和重大决策、决议等等；记述在雨湖这块土地上发生的与人民群众利益密切相关的政治、经济

(包括城市建设)、文化等方面的大事。以编年体、条目式进行归纳整理全书13万字,2000年12月付印出版。

1998年,按中组部每10年编修一次组织史的要求,区委组织部抽调人员、组织专门班子进行第二轮组织史编修,并于1999年出版《中国共产党湘潭市雨湖区地方组织史资料》第二卷(1988.1-1997.12),全书46万字。

2004年11月,依据全军军事志指导小组颁发的《军事志编纂工作规定》和省、市军分区关于军事志编纂工作的要求,《雨湖区军事志》编纂工作展开。

2006年,根据《国务院地方志工作条例》的要求和市史志办的统一部署,雨湖区启动区志第二轮(1988-2007)的修纂工作。2007年,区政府组织拟定《雨湖区志(1988-2007)》编目提纲,开始收集修志资料。

第二章　体　育

第一节　群众体育

1988年,境内雨湖区、湘江区、郊区均设体育运动委员会。政府和各大中型企业组织体育活动局限于机关干部、厂内职工,居民、村民体育活动很少开展。1992年6月,新雨湖区成立后,组成新的文体局,群众体育活动得到加强。

1993年起,区文体局与驻区厂矿、机关、学校加强联系,主办和联合主办一系列体育活动,扩大活动规模和参与面,丰富区内群众体育活动形式和内容。至2002年10年间,开展全区性群众体育活动57场,乡镇街道社区文体活动1000场次,参与人数达30万人次。如健美操比赛、青年环城赛跑、自行车环城赛、门球晋级比赛、广播操比赛等活动,参与人数多,活动颇具特色与吸引力。每年元宵舞龙狮、端午赛龙舟,全区参赛队伍20余支,参与人数900多人。2003年,区文体局举办机关干部跳绳、呼啦圈比赛。组队参加"纪念毛泽东同志诞辰110周年"万人长跑赛和全民健身展示活动。2004年,区文体局举办第八套广播体操培训班、区机关干部广播操比赛,开展工间操健身活动,在护潭乡举行"体育三下乡"活动启动仪式。是年,区文体局等五单位评为"省群众体育工作先进单位"。

2005年,组织全区"金鸡报春闹元宵"龙灯、狮子、腰鼓、军鼓队伍游城表演。扶持中山路街道市民陈建文个人出资成立湘潭市首家龙舟协会。2006年,区文体局成立业余体校羽毛球训练基地,云塘街道被评为省"城市体育先进社区",长城乡获农业部、国家体育总局、中国农民体育协会授予的"亿万农民体育健身活动先进乡镇"称号。2007年,区文体局举办"红红火火闹元宵民间文艺大展演及全民健身与奥运同行"启动仪式,组队参加市"迎奥运五环潇湘行"特色风筝大展示活动及首届社区拔河赛。区文体局评为省"第二次国民体质检测工作先进单位"。至2007年的5年间,开展全区性群众体育活动38场,乡镇街道社区文体活动658场次,参与人数达19万人次。

第二节　学校体育

1988-1992年,境内除江麓、江南、湘大等大型厂矿院校的子弟学校拥有体育场馆外,区属中、小学体育设施条件受限制。绝大多数学校体育器材简陋破旧,无力满足体育教学及体育活动的基本需要,部分学校无法按教学大纲教学。尽管条件有限,境内中小学体育教学工作仍做出很多努力。各中小学均配备专职体育教师，条件稍好的学校，如风车坪、金庭学校，有3名以上专职体育教师。各中小学每周开设体育课2节，体育课教学内容一般为队列训练、体操器械项目训练和田径类活动。

1993年，全区开展"国家体育锻炼标准"验收活动，28245人参加"体标"检测，26044人达标，全区达标率92.2%。其中，优秀率11.1%，良好率24.2%。1994年，区文化体育局与区教育局每年联合举办中小学田径运动会，同时开展体育达标验收工作。1995年，教育部门把学校体育教学提到重要教学位置，为部分中小学修建跑道、球场，学校体育场地扩大。区教育局从各类师范院校逐年引进专职体育教师，充实学校体育教学力量，提升体育教学水平。1996年，以"两基"达标为契机，政府加大对学校体育教学的投入，各学校体育设施进一步完善，每所学校都有运动场和体育器械，体育教学也进一步规范。1998年国家体育锻炼标准达标活动中，达标学生人数25083人，达标率为92.3%。其中，优秀率为12.3%，良好率为25.2%。2000年，全区进一步加大体育硬件设施投入，不断完善全区中小学校体育活动基础设施。2001年，雨湖区投资80多万元，在韶西学校建成区内第一条环形塑胶跑道。2003年，云塘学校率先建立"快乐体育园地"主体设施。随后长城乡立云学校、护潭中学等纷纷建立"快乐体育园地"综合设施。随着体育设施的完善，学校除每周开设2节体育课外，还普遍增加课余体育活动时间，确保学生每天1小时以上体育健身活动，包括田径、武术、球类、集体跳绳、独轮车、轮滑、航模、风筝等多种形式体育活动。同时开展集体育、音乐、舞蹈于一体的"大课间体育活动"，使健身与娱乐相结合。为落实全国青少年体育锻炼达标活动月精神(每年5月10日-6月10日)，区教育局、文体局根据中小学生各年级不同特点，分别组织体育达标竞赛活动。各学校每学期举办一次学生运动会，全区举办一次中小学生运动会，运动会成为学校开展正常体育活动的检查验收手段。区政府每年保证2万元专款用于全区中小学生田径运动会。2007年，区属中、小学体育场地和器械均达省颁标准要求，在全区体育锻炼达标活动月中，区内23564名中小学生参加，21796人达标，达标率92.5%。其中优秀3793人，优秀率16.1%。体育课教学内容基本按省颁教学大纲进行。

第三节 竞技体育

一、区级比赛

1988-1992年，境内雨湖、湘江、郊区文化局和区体委组织的体育比赛活动不多，规模不大，参与人员一般是机关干部。1994年以后，区文体局加强对体育赛事的领导与支持，并加大与各大型企业、高校的联系，多次组织全区范围内的体育竞技比赛活动，广泛吸引驻区企业、乡镇街道社区居民参与活动。参与比赛的人员范围不断扩大，比赛项目也日趋增多。其中，篮球联赛、门球赛和乒乓球赛成为雨湖区体育竞赛活动的特色。截至2007年，区文体局共组织各级各类比赛近30场次。

雨湖区主办专项体育竞技比赛活动情况

20-4-3-1

时间(年)	竞 赛 内 容	情况
1994	全区第三届篮球联赛	8支队79人
1995	自行车环城赛	10支队120人

续 20-4-3-1

时间(年)	竞 赛 内 容	情况
1995	老年门球赛	12支队109人
1997	全区职工乒乓球联赛	8支队92人
1997	全区第四届篮球赛	11支队109人
1997	“城郊杯”老年门球赛	14支队150人
1998	全区第五届篮球赛	12支队115人
1998	全区职工乒乓球比赛	20支队168人
1998	老年门球赛	13支队150人
1999	“城郊杯”老年门球赛	16支队190人
1999	“城西税务杯”乒乓球赛	12支队138人
2000	全区职工乒乓球赛	15支队138人
2000	老年门球赛	14支队160人
2001	老年门球赛	12支队140人
2001	全区职工乒乓球赛	15支队148人
2002	老年门球赛	19支队230人
2003	老年门球赛	16支队180人
2004	全区职工乒乓球赛	15支队128人
2004	老年门球赛	22支队240人
2005	老年门球赛	20支队260人
2006	全区职工乒乓球赛	17支队130人
2007	市直和县区机关老年门球比赛	25支队300人
2007	“金都杯”湘潭市首届领导干部羽毛球比赛	12支队97人

二、参加国家、省、市比赛

1993年，雨湖区成立老年体协，并组团参加市第三届老年运动会，获得团体金牌总数全市第一名。1994年，区政府组队参加市政府举办的首届“小康杯”农民运动会，运动员50人参加田径等7个项目比赛，获金牌4枚。1994年，长城乡立云小学毕业学生、业余体校生周美红参加在土耳其举行的世界女子举重比赛并获得冠军，轰动湖南体坛。1995年，区政府组团参加市第七届运动会，雨湖代表队荣获团体总分、金牌总数第一。1996年，区象棋队代表湘潭市代表团参加省首届农民运动会，获得团体总分第三的好成绩，该队的2名

选手代表湖南赴沪参加全国第三届农运会；组织田径代表队代表湘潭市代表团参加省八届运动会，夺得金牌16块。2000年，区政府组队参加市第八届运动会，获县(市)区组总分第一，金牌总数第一，并荣获“体育道德风尚奖”。2004年，在湘潭市第九届运动会上，雨湖区代表团获得金牌29枚，各类奖牌总数73枚，团体总分达819分，取得金牌总数、奖牌数、团体总分第一和体育道德风尚奖。2007年，第十二届世界夏季特殊奥林匹克运动会在上海举行，黄周博、刘毅二名运动员分别获高尔夫、篮球比赛一金一铜奖牌。

1993-2007年雨湖区参加国家、省、市比赛获奖情况

20-4-3-2

时　间	级别	参　赛　项　目	比　赛　成　绩
1993年	市级	组团参加市第三届老年运动会	获团体金牌第一名
1993年	市级	组织15支龙狮灯参加全市展演	获优秀组织奖
1994年	市级	首届“小康杯”农民运动会	获金牌4枚
1995年	市级	组团参加湘潭市第七届运动会	获团体总分第一、金牌总数第一
1996年	省级	区象棋队代表市团参加省首届农民运动会	获团体总分第三名
1996年	省级	组织田径代表队代表市团参加省八届运动会	获金牌16块
1997年	市级	组队参加“97香港回归”龙舟竞赛	
1998年	省级	参加湖南省首届大众运动会	获金牌15块
2000年	市级	组团参加湘潭市第八届运动会	获金牌128块。获县(市)区组总分第一，金牌总数第一，并荣获“体育道德风尚奖”
2001年	省级	参加湖南省第三届残疾人少年运动会	
2001年	市级	参加市城郊杯龙舟赛	获优秀组织奖
2002年	省级	参加省第四届市州直属机关老年门球比赛	
2003年	市级	参加市龙舟比赛	获优秀组织奖
2004年	市级	组团参加湘潭市第九届运动会	获得金牌29枚。获县(市)区组总分第一，金牌总数第一，并荣获“体育道德风尚奖”
2004年	省级	代表市参加省第六届老年人运动会	太极拳项目白石辅导站获全省第一名

续20-4-3-2

时　间	级别	参　赛　项　目	比　赛　成　绩
2005年	市级	参加湘潭市第四届老年运动会	围棋、钓鱼项目获得团体第二名，扑克牌项目获得团体第三名
2005年	市级	参加市直机关门球赛	获团体第二名
2006年	省级	参加湖南省第二届武术比赛	唐杰、郭杰龙等人获得5金2银2铜牌
2007年	市级	组队参加湘潭市农民乒乓球比赛	囊括所有金牌
2007年	省级	代表湘潭市参加省第四届农民运动会游泳项目的比赛	获男子团体总分第五名

1988-2007年雨湖区体育精英

20-4-3-3

姓　名	时　间	奖　项　名　称	备　注
周美红(女)	1994年	第八届世界举重锦标赛冠军	雨湖区长城乡村民
吴　剑	2000年	全国男子举重锦标赛冠军	雨湖区护潭乡村民
石晓倩(女)	2005年	全运会羽毛球女团冠军	雨湖区雨湖路街道居民
黄周博(女)	2007年	世界夏季特奥会高尔夫球金牌	雨湖区云塘街道居民
刘　毅	2007年	世界夏季特奥会男子男球铜牌	中山路街道居民

第四节　体育场馆

湘潭市体育馆于1973年建成，是境内最早的体育场馆。1988年，境内体育馆有湘潭大学体育馆、江南体育馆和江麓体育馆，面积均在2000平方米以上。1998年，区文体局向省、市体育局争取一批室外体育器材（单杠、双杠、篮球架等），用于社区体育基础设施建设。全区开始加强乡镇街道和村（社区）基础健身设施建设。1999年，为承办湖南省第三届青年运动会比赛，湘潭市体育馆进行整体维修。2000年始，湖南科技大学、湘潭市一中、湘潭市二中等学校相继新建体育场馆。这些场馆设施条件较好，可承办各种体育赛事活动。2004年，中山路街道迎宾社区被国家体育局授予第四批“城市体育先进社区”称号。2005年，护潭乡、中山路街道迎宾社区被评为“全国群众体育先进单位”。2005年，雨湖公园、江麓广场等一批群众体育活动场所相继投入使用。2006年，区成立业余体校羽毛球训练基地。云塘街道和平社区被省授予第五批“城市体育先进社区”称号。长城乡受农业部、国家体育总局、中国农民体育协会表彰，获第八批“亿万农民体育健身活动先进乡镇”。2007年，金都公司获“全国社区健身俱乐部”称号。至是年底，全区共有大小体育场馆50余处。其中，市体育馆、江麓、江南、湘潭大学（两处体育馆）、湖南科大、湘潭市一中、湘潭市二中等8个体育馆，均能接纳市级以上赛事。此外,9个乡镇街道和34个村(社区)有规模不等的体育健身场所,为群众开展体育活动提供空间。

2007年雨湖区体育场地情况

20-4-4-1

单位	室内	室外	室外	室外	室内	室外
湘大	体育馆两个	400米田径场2个	篮球场20个	门球场2个	乒乓球室2个	游泳池1个
科大	体育馆一个	400米田径场2个	篮球场16个	门球场4个	篮球场2个	游泳池1个
湘潭职业技术学院医学院	–	300米环形跑道	–	门球场1个	–	–
一中	体育馆1个	300米田径场	篮球场6个	–	乒乓球室1个	
二中	篮球场1个	300米田径场	篮球场2个	–	–	–
四中	–	–	篮球场2个	–	–	–
十一中	–	300米田径场	篮球场2个	–	–	–
十六中	–	–	篮球场2个	–	–	–
九中	–	300米田径场	篮球场2个	–	–	–
新天地益智中学	羽毛球室1个	300米田径场	篮球场2个	–	–	–
和平小学	–	300米田径场	篮球场2个	–	–	–
职工技术学院	–	–	篮球场2个	门球场1个	–	–
湖南软件技术学院	–	300米田径场	篮球场2个	–	–	–
湖南生物学校	–	300米田径场	篮球场2个	–	–	–
江南机器厂	体育馆1个	400米田径场	篮球场1个	游泳池1个(标准) 门球场3个 地掷球1个	乒乓球室1个 健身房1个	–

续20-4-4-1

单位	室内	室外	室外	室外	室内	室外
江麓机械厂	–	400米田径场	篮球场1个	门球场3个	乒乓球室1个	–
市委党校	–	200米田径场1个	篮球场1个	门球场1个	乒乓球室1个	–
老干局	–	–		门球场4个	健身房1个	–
健力美健身俱乐部	2个	–	篮球场1个	–	乒乓球室1个	健身房1个
先锋乡中心村小学	–	–	–	门球场1个	–	–
国税局	–	–	篮球场1个	门球场1个	–	–
聚富保龄球馆	1个		–		–	–
市水利局	–	–	–	门球场1个	–	–
中心医院	–	篮球场1个	–	–	–	–
市电业局	–	篮球场1个	–	–	–	–
移动公司	–	门球场1个	篮球场1个	–	–	–
区老年公寓	–	门球场1个	–	–	–	–
教师公寓	–	门球场1个	–	–	–	–
鹤岭中学、小学	–	田径场2个	篮球场4个	–	–	–
省建三公司	–	羽毛球馆	–	–	–	–
市体育局	–	雨湖体育馆1个	–	–	–	–
鹤岭镇	–	门球场1个	篮球场1个	–	–	–
护潭中学	–	250米田径场1个	篮球场2个	–	–	–
护潭3所小学	–	200米田径场2个	篮球场3个	–	–	–
昭潭乡2所小学	–	150米田径场1个	篮球场4个	–	–	–

续20-4-4-1

单位	室内	室外	室外	室外	室内	室外
江南中学	–	300米田径场1个	篮球场2个	–	–	–
江南小学	–	200米田径场1个	篮球场2个	–	–	–
长城乡中小学	–	200米田径场1个	篮球场5个	–	–	–
先锋乡小学	–	150米田径场1个	篮球场2个	–	–	–
市机械行业管理办公室	–	门球场1个	–	–	–	–
市财政局	乒乓球室	篮球场1个	–	–	–	–
湘潭宾馆	–	篮球场1个	–	–	–	–
市拆迁事务所	–	篮球场1个	–	–	–	–
二医院	–	门球场1个	篮球场1个	–	–	–
市疾控中心	–	篮球场1个		–	–	–
人民银行	–	门球场1个	篮球场1个	–	–	–
市九龙	保龄球馆	–	–	–	–	–
培英学校	–	篮球场1个	–	–	–	–
工商银行	–	篮球场1个	–	–	–	–
金都公司	全国社区健身俱乐部1个	–	–	–	–	–
中山街道迎宾社区	–	–	–	–	–	–
区委党校	–	篮球场1个	–	–	–	–

第三章 卫 生

1988年，境内有医疗机构131家，医卫人员1596人，床位1435张。其中市、区级医疗机构7家，医卫人员1268人，万人平均拥有医卫人员57人，万人平均拥有病床52张。1993年，区内医疗机构186家，医卫人员1754人，床位1625张。2000年，医疗机构发展到205家，医卫人员2698人，床位1904张。其中，市、区级医疗机构7家，医卫人员2334人，万人平均拥有医卫人员78人，万人平均拥有病床55张。2005年，有条件的企事业单位新建医务室，其中江麓、江南机器厂由医务室改为厂矿医院，区内医疗机构224家，医卫人员3087人，床位2186张。2007年，发展到226家，医卫人员3100人，床位2258张。其中，市、区级医疗机构9家，医卫人员2810人。万人平均拥有医卫人员84人，万人平均拥有病床61张。全区医疗卫生工作由单纯医疗服务发展到医疗、预防服务，再到保健、康复、健康教育、计划生育技术指导综合服务，基本满足全区人民的医疗保健需求。

第一节 机构队伍

一、驻区市级医疗机构

湘潭市中心医院

湘潭市中心医院始建于1900年。1953年5月，更名为湖南省湘潭人民医院；1963年12月，更名为湖南省湘潭专区人民医院；1983年，更名为湘潭医院。1988年，医院占地面积4.45公顷，建筑面积5.26万平方米，在职医卫人员730人，其中高级专业技术人员24人，病床470张，门诊175594人次，住院10685人次，医疗服务收入746.15万元。1990年，更名为湘潭市中心医院，建筑面积1.81万平方米的七层新门诊大楼正式使用。1997年，医院被省卫生厅评为三级甲等医院。2004年，医院被人事部、卫生部、中医药管理局评为“全国卫生系统先进集体”。2006年，医院建筑面积3.58万平方米的20层住院大楼投入使用。2007年，占地面积5.45公顷，建筑面积12.30万平方米；在职医卫人员1358人，其中高级专业技术人员187人，病床985张；门诊567842人次，住院30283人次；医疗服务收入2.89亿元。是年，有临床专科36个，医技专科25个。拥有1.5T全新超导核磁共振仪，德国西门子高能直线加速器、ICV中央监护系列设备等大型现代化医疗设备300余台（件）。医院年均开展诊疗新技术100余项。心血管介入技术省内驰名，年均手术1000余台次，与层流手术室一道跻身国内先进行列。医院再次被人事部、卫生部、中医药管理局授予“全国卫生系统先进集体”称号。

湘潭市第二人民医院

湘潭市第二人民医院的前身为湘潭天主堂博济医院，于1946年8月由意大利天主教会创办，位于沿江东路。1951年12月，由市人民政府接管并更名为湘潭市立医院。1976年1月，更名为湘潭市第二人民医院（简称市二医院）。1984年10月，在十八总人民路开设第二门诊部及神经内科住院部。1989年，9层住院大楼建于坝子塘。1990年，市二医院整体搬迁至大湖路9号（坝子塘处），同时兴建6层综合大楼及附楼等共1.39万平方米；1991年，投资759万元，新建4层的门诊大楼、医技大楼共11573平方米；1996年，新建药剂大楼2170平方米，投资800万元，兴建迎街综合楼。2007年，全院占地面积3.75公顷，主要建筑5栋，最高9层，建筑面积3.09万平方米。至2007年底，设病床508张，开设呼吸内科、心血管内科、消化内科、神经内科、骨科、脑外科、普外科、胸外科、泌尿外科、肿瘤内分泌科、中西医结合科、妇产科、小儿科、急诊科、眼科、耳鼻喉科、康复科、麻醉科等临床科室，还设有放射科、检验科、病理科、功能科、药剂科等医技辅助科室。其中有一个全市重点专科——神经内科（脑中风防治专科）和三个中心——交通事故急救中心、心血管病防治中心及白内障复明中心。在职医护人员517人。

湘潭市第五人民医院

湘潭市第五人民医院前身为市精神病院，始建于1959年。2004年，市精神病院由民政部门划归市卫生局主管，更名为湘潭市第五人民医院。为政府主办的非营利性二级甲等专科医院，是市、县、区职工、居民医保、农村合作医疗、商业保险及精神、智力残疾医学评定定点医院。医院下辖总院和分院两部分，总院位于市北二环路10号（北二环路与潭锰路交汇处往湘大方向800米），占地面积6公顷，主要建筑4栋，最高6层，建筑面积1.8万余平方米。设有精神卫生中心、老年病康复中心和传染病救治中心，床位432张，开展精神（心理）疾病、老年病和传染病的门诊和住院治疗服务。分院位于建设北路321号，1997年开始启用，占地面积2000余平方米，建筑1栋6层，建筑面积4000余平方米。设有内科、外科、妇科、失眠心理科、体检中心及妇女儿童心理咨询中心，开设床位60张，开展门诊、住院和健康体检等医疗服务。2007年拥有各类专业技术人员180余人，其中高、中级职称90余人，增加精神病科、传染病科、老龄病科、医技科等，科室增至16个，病床增至492张，年接诊1.7万人次，住院3046人次。

湘潭市中医医院

湘潭市中医医院，又称为湘潭市骨伤科医院，创建于1957年，位于人民路238号，是一所集临床、教学、科研为一体的现代化“二级甲等”中医医院，为湖南中医药大学教学医院、国家小儿马蹄内翻足矫治中心。2007年年底，有在职职工318名，设有骨伤科、内科、外科、小儿矫形科、针灸按摩科、肛肠科、风湿科、乳腺专科、中草药科、放射科、检验科、药剂科等临床科室30个，开设病床205张，年接诊8.41万人次，住院3868人次。

湘潭市疾病预防控制中心

湘潭市疾病预防控制中心是根据国务院关于卫生监督、卫生防病体制改革的总体要求，在原湘潭市卫生防疫站、湘潭市职业病防治所、湘潭市健康教育所的基础上，于2002年正式组成的地市级卫生事业单位。该中心位于沿江东路304号，占地面积1500平方米，建筑面积6900平方米，实验室用房面积2100平方米，有大型仪器设备10余台，价值200余万元；2007年，在职人数为174人。

湘潭市红十字仁和医院

仁和医院于1993年创办，位于迎宾中路115号，是湖南省最早、规模最大的综合性民营医院，医保定点机构。医院总投资3000万元，共5层，建筑面积1.2万平方米。住院部设有120个床位。仁和医院以眼科为特色专科，设有内科、儿科、外科、妇产科、中医科、皮肤科、口腔科、耳鼻喉科等科室。2007年，在职人员110人。

二、区级医疗卫生机构

雨湖区人民医院

雨湖区人民医院，位于立竹路6号，前身为1958年建立的雨湖区医院，1994年，更名为湘潭市雨湖中医院，2003年，更名为雨湖区人民医院，2007年，承办昭潭社区卫生服务中心，同年从雨湖路92号搬迁至现址。医院有医卫人员21人，其中中级职称16人、初级职称5人。开设病床15张，开设临床科室9个。

雨湖区预防保健中心

雨湖区预防保健中心成立于1993年3月，由原雨湖区、湘江区、郊区卫生防疫站、妇幼保健站合并而成，位于韶山西路532号。至2005年8月，雨湖区疾病预防控制中心、雨湖区妇幼保健所，二个机构合署办公，内称雨湖区预防保健中心。2007年,有医卫人员35人,其中高级职称1人,中级职称16人,初级职称18人。开设留观床位4张,开设临床科室9个。

雨湖区卫生监督所

2005年12月,通过择优选拔考试,从区预防保健中心内部录用11名专业技术人员,组建雨湖区卫生监督所,负责全区卫生监督工作。卫生监督所位于韶山东路32号。2007年,区卫生监督所在职人员15人,其中中级职称10人。

三、厂矿医院

江南医院

江南医院创建于1953年,原名江南机器厂附属职工医院,2005年,改制后更名为江南医院。医院位于楠竹山镇,是集医疗、急救、科研、教学于一体的国家"二级甲等"综合医院。建筑面积3万平方米,拥有固定资产5000多万元,开设床位300张。2007年,有员工260余人,专业技术人员230余人,其中高级职称28人,中级职称106人。医院设立内一科、内二科、内三科、外科、骨伤科、妇产科、五官科、儿科、康复医学科、门诊、120急救中心、手术麻醉科等科室,并配备功能、检验、放射、药剂等医技科室,为楠竹山及周边辐射地区约10万人提供医疗保健服务。

江麓医院

江麓医院坐落于解放北路,原为江麓机械厂附属医院,创建于1958年,2005年改制后改为现名。医院建筑面积2.4万平方米,拥有固定资产2300多万元,开设床位200张。至2007年全院有职工196人,其中高级技术职称28人,中级职称54人。医院开设内一科、内二科(老干科)、血透中心、外科、五官科、儿科、妇产科、中医康复科、精神卫生中心、口腔科、感染科等临床科室;设有检验科、放射科、彩超室、药剂科、预防接种室、康复治疗室、儿童保健和妇女保健室、健康教育室等辅助科室。江麓医院是湘潭市职业技术学院教学实习医院,国家授牌的爱婴医院。

四、基层医疗机构

社区卫生服务中心

2001年起,雨湖区开始启动社区卫生服务工作。社区卫生服务中心向辖区居民提供基本医疗、预防、保健、康复、健康教育、计划生育技术指导"六位一体"的综合性服务。至2007年年末,全区共有云塘、城正、平政、雨湖、中山、窑湾6个社区卫生服务中心,有医护人员86人,其中高级职称2人,中级职称11人,初级职称73人。

乡(镇)卫生院

1988年,境内5所乡(镇)卫生院由原来郊区卫生院统一管理改为各乡(镇)政府主管,郊区卫生院只负责业务管理。1994年,先锋卫生院危房进行改造,在原址转让的基础上,征地新建一栋584平方米的门诊大楼。2004年,长城卫生院因福建协和医院租赁,失去营业场所,迁至卫生院所属羊牯诊所原址,投资37 万元,新建长城卫生院,营业面积996平方米。2005年,根据国家卫生体制改革要求,乡镇卫生院归口县(区)卫生局直管。截至2007年年末,全区有长城、先锋、护潭3个乡和楠竹山、鹤岭2个镇5所乡(镇)卫生院,共有卫生技术人员103人,其中高级职称6人,中级职称17人,初级职称80人。共开设病床122张。

1998-2007年雨湖区直属医疗机构部分年份医疗业务情况

20-5-1-1 单位:万人

年份	单位	医疗收入	药品收入	其他收入	总计	门诊人次	住院人数
1988	区人民医院	1.8	2.5	0.8	5.1	5640	38
	乡镇卫生院	5.5	6.1	1.1	12.7	11218	149
	合计	7.3	8.6	1.9	17.8	16858	187
1992	区人民医院	4.3	5.1	0.53	9.93	9150	56
	乡镇卫生院	10.8	11.1	0.81	22.71	14885	187
	合计	15.1	16.2	1.34	32.64	24035	253
1997	区人民医院	10.4	8.3	1.1	19.8	18340	93
	乡镇卫生院	18.5	24.5	1.55	44.55	13446	284
	合计	28.9	32.8	2.65	64.35	31786	377
2000	区人民医院	7.1	10.3	1.39	18.79	6720	137
	乡镇卫生院	21.6	23.4	4.33	49.33	17334	311
	合计	28.7	33.7	5.72	68.12	24054	448
2003	区人民医院	8.4	4.6	21.0	21.0	22110	746
	乡镇卫生院	24.7	33.2	1.46	59.36	33772	1022
	合计	24.7	33.2	22.46	80.36	54882	1768
2007	区人民医院	9.1	5	0.11	14.21	30523	659
	乡镇卫生院	42.7	46	0.13	88.83	53913	1388
	合计	51.8	51	0.24	103.04	84436	2047

2007年雨湖区直属医疗机构人员情况

20-5-1-2　　单位:个

单位	基本情况					在职人员性别、年龄结构					在职人员文化结构			在职人员职称分类					
	总数	在职人员			退休	男	女	35岁以下	35—45岁	45岁以上	本科	专科	中专及以下	高级职称	中级职称	初级职称	高级工	中级工	初级工
		干部	工人	聘用															
雨湖区人民医院	65	18	6	8	33	12	20	16	2	14	1	15	16	–	5	22	4	–	1
雨湖区预防保健中心	72	32	4	8	28	15	29	17	11	16	4	19	21	1	14	24	1	1	3
雨湖区卫生监督所	16	14	–	2	–	8	8	3	7	6	–	14	2	–	13	1	–	–	2
长城乡卫生院	43	17	5	1	20	3	20	13	5	5	–	7	16	–	1	17	2	3	–
护潭乡卫生院	23	12	3	–	8	4	11	8	3	4	–	9	6	–	3	9	1	2	–
先锋乡卫生院	23	13	4	–	6	3	14	11	5	1	–	16	1	–	2	11	4	–	–
城正街社区卫生服务中心	39	9	2	20	8	7	24	26	1	4	3	20	8	–	2	27	2	–	–
平政路街道社区卫生服务中心	28	7	1	17	3	3	22	19	2	4	3	19	3	–	5	19	1	–	–
雨湖路街道社区卫生服务中心	28	10	1	12	5	7	16	15	1	7	1	8	14	–	2	19	2	–	–
中山路街道社区卫生服务中心	12	5	1	–	6	2	4	5	–	1	–	5	1	–	–	5	1	–	–
窑湾街道社区卫生服务中心	15	5	–	5	5	5	5	9	1	–	–	5	5	–	–	10	–	–	–
云塘街道社区卫生服务中心	27	7	2	11	7	6	14	13	5	2	1	12	7	–	1	17	2	–	–
鹤岭镇卫生院	13	2	2		9	2	2	2	1	1	–	–	4	–	–	2	2	–	–
楠竹山镇卫生院	42	17	1	20	4	10	28	23	3	12	2	35	1	7	21	9	–	1	–
合计	446	168	32	104	142	87	217	180	47	77	15	184	105	8	69	192	22	7	6

村卫生室

20世纪70年代初期，政府兴办农村合作医疗，培养了一批赤脚医生，村卫生室应运而生。1978年，因体制变更、经费难以筹集等原因，农村合作医疗逐步解体停办。赤脚医生一部分自主行医，一部分弃医归农。2004年1月，根据国务院颁布的《乡村医生从业管理条例》，村卫生室得到重新认可，乡村医生依法办理执业注册手续，回归村卫生室，为农民及其他求医者诊病治病。2006年11月底，雨湖区30个村卫生室建设到位，标志着全区三级卫生网络基本形成。村卫生室设置完成后，狠抓规章制度建设和医疗服务质量管理。同时，各乡镇卫生院认真履行对村卫生室的监督管理，提高服务质量，确保医疗安全。区卫生局还将城市社区卫生服务工作模式引进村卫生室，在全区铺开。2007年，雨湖区有村卫生室37个，注册乡村医生37人，从事村民基本医疗、疾病预防、突发性卫生事件应急处理、健康教育等公益性卫生服务。

个体诊所

1984年，湘潭市卫生局开始举行个体诊所行医考试，李冠群等3人成绩良好，获得开办资质。1988年，境内城乡有个体诊所23家，1993年，增加到93家，2007年，全区个体诊所发展到173家。其中中医诊所94家，西医诊所61家、妇科诊所6家、口腔科诊所12家。至是年末，区内专科特色个体诊所主要有：李冠群皮肤病专科诊所，陆瑞兰（女）口腔科诊所，顾维新医疗美容科诊所，朱士杰中医针灸推拿诊所，杨石泉、袁松林、冯国鑫中医骨伤科诊所，庞文斌中医耳鼻喉甲亢诊所，周必强中医内科诊所。

第二节　医疗卫生管理

一、机构管理

1988年，境内雨湖、湘江及郊区均设卫生局，分别负责所辖地区的医疗卫生管理。1993年1月，新雨湖区卫生局成立，驻建设北路224号区机关一院五楼。区卫生局内设办公室、人事股、医政股、中医股、规划财政股、区红十字会6个职能部门，在编干部10人。是年，根据卫生保健新需求，建立雨湖区疾病预防控制中心和雨湖妇幼保健所两个卫生保健机构，两个机构合署办公。同时，成立雨湖区爱国卫生运动委员会，负责全区爱国卫生工作的组织协调，设专职工作人员3人。2001年，区卫生局迁入鸡公嘴2号区机关二院前栋四楼。区卫生局对区、乡（镇）医疗机构实行目标责任管理。根据单位性质，确定相应责任目标。年初与各医疗机构签订医疗质量与医疗安全责任目标，年终考核评定予以奖罚。区卫生局对社区卫生服务工作每年年中和年终进行考核，依据考核结果，下拨社区公共卫生补助经费。对企事业单位医疗机构、村卫生室和个体医疗机构，每年进行“医疗机构执业许可证”校验，从医疗准入、医疗安全、医疗广告等方面进行现场检查。现场检查验收不合格者，限期整改，整改仍不合格的吊销“医疗机构执业许可证”。2005年3月，国家中医药管理局下发《关于同意湖南省湘潭市创建全国农村中医工作先进市的批复》后，区政府和卫生行政主管部门成立专门组织，配备专职中医药管理人员，制定创建工作相应方案。经过2年的努力，2007年基本形成区、乡镇、村及社区卫生服务中心、社区卫生服务站联动服务网络。中医治疗及中医药防病治病能力有所提高，城正社区卫生服务中心的压可平Ⅰ号、压可平Ⅱ号，对高血压患者疗效确切，畅销全国。是年，局机关内设医政药政股、办公室、疾病控制和基妇（基层卫生和妇幼保健）股、法治与卫生监督股、红十字会办公室等5个股室，下辖雨湖区预防保健中心（含区疾病预防控制中心和区妇幼保健所）、区卫生监督所、区人民医院。局机关在编干部11人。

二、经费投入

按照分级管理，分级负责原则，医疗卫生经费实行分级投入体制。区财政的卫生事业费主要用于区直卫生机构和补助各乡镇街卫生机构。1988-1992年5年间，区财政共拨付卫生事业费266.46万元，占全区财政总支出7.56%。其中下拨区直卫生机构43.53万元，占下拨卫生经费支出的16.34%，大部分经费拨到各乡镇街卫生院。1993-2000年，用于卫生事业的区财政支出共计1724万元，占全区财政总支出4.61%，比例有所下降，但金额总体趋势逐年上升，年均增长162.21万元。其中拨付区属乡镇街医疗卫生单位经费293.83万元，年均支出36.73万元，比前5年年均增长28.02万元。2001-2007年，财政支出向民生倾斜，医疗卫生经费大幅度增加，7年中，区财政共拨付医卫事业费6169万元，占全区财政总支出4.64%。年均拨付医卫事业费881.29万元，比前8年年均增加665.70万元。其中拨付乡镇街医疗卫生机构经费2257.38万元，年均支出322.48万元，比前8年年均增长285.75万元。

第三节　爱国卫生运动

一、爱国卫生大检查

1988年起，国家爱国卫生运动委员会（以下简称爱卫会）把每年4月份定为爱卫活动月，10-11月进行一次省、市爱卫大检查。从组织管理、健康教育、学校卫生、市容环境卫生、公共场所、窗口单位、食品卫生、传染病防治、城区除“四害”、居民区卫生、民意测验等12个方面，采取查资料 、看现场的方式进行检查评比。

1991年，平政路街道办事处获全国爱卫会授予的“文明卫生单位”称号。1993年，纪念毛主席100周年诞辰，全区组织3万多人上街清扫垃圾120多吨。1995年，市政府申报创建全国卫生城市，全区组织十万人参与卫生清扫活动，清洗街道卫生死角，刷残标，清运垃圾等；11月经国家委派的省卫生城市检查团检查达标，湘潭市成功进入全国卫生城市行列。1996年11月，全市迎省检，区在窑湾街道文运街召开健康教育现场会，发放资料3万余份，迎接灭鼠、灭蟑先进市第一个五年复查验收，获市级“灭四害”先进单位、改水改厕工作先进单位。11月全省城市卫生大检查，围绕市委市政府提出的“保二争一”的目标，组织全区各单位进行十多次卫生大清扫活动，12月，实施《湖南省爱国卫生条例》。1999年5月，配合全市迎接第四次全国城市卫生检查，为2000年进入国家卫生城市行列奠定基础。2000年，国家爱卫会宣布取消全国城市卫生大检查，不再进行三年一次的全国统一的卫生城市竞赛检查，卫生城市实行分级管理。要进入国家卫生城市，就先要进入省级卫生城市，11月，全市迎省检查组复查，区内120多个单位和社区接受省检查组复查。2002年，爱国卫生运动50周年，全区开展市容环境卫生整治活动，迎接十六大召开。至2003年的16年中，全区先后13次获得市爱卫工作达标先进单位，居民区卫生和灭“四害”工作5次取得湘潭市第一名。

2004年起，省爱卫会决定对城市卫生工作检查改一年一次一评估为一年暗访、一年明检，两个年度一起评估。2005年，迎省检和灭鼠先进市达标复查验收。2006年6月，配合全市迎省“除四害”专家组到市调研，“灭蚊灭蟑先进市”达标验收，组织2000多人参加“湘潭市灭蚊、灭蟑知识试题竞赛”活动，获组织奖，全区300多个单位接受灭蚊灭蟑检查验收，并达标合格。9月，又迎接省城市卫生检查组的暗访。2007年11月，再次迎省城市卫生检查组检查达标。

二、文明卫生单位创建

爱卫办自1988年起，每年按省市级文明卫生标准下达任务，由乡、镇街配合区爱卫办指导、督促检查、推荐各单位申报，区爱卫办初检把关，报送市爱卫办验收、省爱卫办审批。1991年，平政路街道办事处荣获全国文明卫生单位称号。至是年的4年中，雨湖区获市级文明卫生单位39家，省级文明卫生单位22家。此后，区内很多单位获得省市级文明卫生单位称号。2001年9月，对全区131个省级文明卫生单位、250家市级文明卫生单位（包括1988年之前的）进行一次全面复查，合格的省级文明卫生单位继续保留名称，有33家因名称改变、迁址或不达标，自然消失和取消。2006年，增加创区级文明卫生单位活动，单位申报验收成功后，由区爱卫办给予400元的奖励并授牌，全区共创建区级文明卫生单位19家。是年5月，对区内省级文明卫生单位进行一次复查，重新报省爱卫会命名66家省级文明卫生单位，2007年新增1家。

1994—2007年省级文明卫生单位

20-5-3-1

年　度	单　位　名　称	地　址
1994	湖南省税务学校	科大桃园路
	湘潭教育学院	文化街
	湘潭市审计局	广新巷
	湘潭市房地产产权监督管理处	湖园路
1995	湘潭大学幼儿园	羊牯塘街道
	湘潭市消防支队	建设北路
	湘潭市九中	宝庆路
	湘潭锰矿医院	鹤岭镇
	江南宾馆	楠竹山
1996	城正街街道办事处	熙春路
	金庭学校	大湖路
	湘潭市中医院	人民路
	红叶宾馆	建设北路
1997	湘潭矿业学院	桃园路
	湘潭市锰矿热电分厂	鹤岭镇
	湘潭市第二中学	解放南路
1998	湘潭市长途电信线路局	砂子岭
	湘潭市第十一中学	人民路
1999	湘潭大学	羊牯塘街道
	雨湖区白石学校	白马湖边
	湘潭市地税局城西分局	韶山路

续 20-5-3-1

年　度	单　位　名　称	地　址
2000	湘潭师范学院	桃园路
	湘潭市委党校	解放北路
2001	江南机器厂	楠竹山
	湘潭市交通局机关	建设北路
	湘潭市水文水资源勘测局	观湘门
2002	湘潭军分区机关	人民路
	湘潭军分区韶山老干所	大湖路
	中国财产保险公司湘潭雨湖分公司	建设北路
2003	中国农业发展银行湘潭市分行	迎宾中路
	湘潭市二医院	大湖路
2004	湘潭市职业技术学院医学院	和平路
	湘潭市水利局机关	车站路
	湖南科技大学	石码头
2005	湘潭大学职业技术学院	高岭路
2006	湘潭市第四中学	韶山东路
2007	中国移动通讯湖南有限公司湘潭分公司集团	大湖路

2006 年重新命名省级文明卫生单位

20-5-3-2

单　位　名　称	时间(年)	地　址
湘潭市财政局	1985	原韶山西路,后迁大湖路
工商银行湘潭分公司(原支行)	1986	韶山中路
湘潭市人大常委会大院	1986	建设北路
雨湖区政府机关	1986	原雨湖路 188 号,后迁雨湖路 292 号
湘潭宾馆	1986	韶山西路
湘潭广云实业总公司江麓幼儿园	1986	解放北路
湘潭市公路局机关	1987	建设北路
湘潭市林业局	1987	原解放南路,后迁南岭南路

续20-5-3-2

单位名称	时间(年)	地址
湘潭铁路工程学校原中铁十二局技工学校	1987	广技路58号
湘潭中环水务有限公司一水厂	1987	原黄土山后迁宝庆路（原自来水公司一水厂）
湘潭市雨湖区唐兴寺学校	1987	新马路
长城乡人民政府机关	1987	潭邵路5号
雨湖区护潭乡农村信用合作社	1987	北二环路
湘潭市烈士陵园管理所	1988	陵园路30号
湘潭市人民防空办公室	1988	市车站路
湘潭市总工会	1988	建设北路
湘潭市民政局	1988	建设北路
窑湾派出所	1988	沿江西路
湘潭市图书馆	1988	湖园路
湘潭市互感器厂	1988	湘衡路
江麓机械集团有限公司工会俱乐部	1988	解放北路
江麓机械集团有限公司江麓医院	1988	解放北路
湘潭市江南小学	1988	楠竹山
江南机器实业有限公司幼儿园	1988	楠竹山
中国人民银行湘潭市支行	1989	建设北路
中保公司湘潭分公司	1989	建设北路
湘潭市公用事业管理局(原建设局)	1989	和平路
湘潭市建设局(原市建委)	1989	广新巷
雨湖区人武部	1989	北二环路
中国农业银行湘潭市分行	1989	人民路
雨湖区窑湾街道办事处机关	1989	沿江西路
湘潭市博物馆	1989	平政路
护潭乡人民学校	1989	护潭乡悦新村
江麓机械集团有限公司厂部	1989	解放北路
湘潭市江南中学	1989	楠竹山

续20-5-3-2

单　位　名　称	时间(年)	地　址
江南机器集团工程开发公司（原工程建设公司）	1989	楠竹山
江麓机械集团有限公司江麓宾馆	1990	解放北路
湘潭市中心医院	1990	院大门原在雨湖路后改和平路
湘潭市粮食局	1991	解放南路
湘潭市直机关一幼儿园	1991	鸡公嘴
湘潭市和平小学	1991	雨湖路
雨湖区云塘街道办事处	1992	福康巷1号
湘潭市四职中专学校	1992	城正街
雨湖区曙光学校	1992	城正街
湘潭市江南医院	1992	楠竹山
湘潭教育学院	1994	文化街
湘潭市房产管理局	1994	湖园路
湘潭市第九中学	1995	宝庆路
昭潭乡人民政府机关	1996	南岭路
湘潭市中医院	1996	人民路
雨湖区金庭学校	1996	大湖南路
湘潭市红叶宾馆	1996	建设北路
湘潭市第二中学	1997	解放南路
湘潭市第十一中学	1998	人民路
湘潭大学	1999	羊牯塘街道
湘潭市地税局城西分局	1999	韶山西路
中共湘潭市委党校	2000	解放北路
江南机器集团公司	2001	楠竹山
湘潭市交通局机关	2001	建设北路
中国财产保险公司湘潭雨湖支公司	2002	建设北路
湘潭军分区韶山路干休所	2002	大湖路
湘潭市二医院	2003	大湖路

续20-5-3-2

单　位　名　称	时间(年)	地　址
中国农业发展银行湘潭市分行	2003	迎宾中路
湘潭市水利局	2004	车站路
湘潭职业学院医学院(原湘潭卫校)	2004	和平路
湖南科技大学	2004	石码头

三、除“四害”

1988-1997年,区爱卫办每年严格按照市爱卫办统一部署,以消除鼠害为重点,开展经常性灭“四害”(老鼠、苍蝇、蚊子、蟑螂)和春秋两季突击性灭鼠活动。采取“谁受益,谁出钱”的原则,按户数、单位、面积收集灭四害经费,统一部署,统一配制毒饵,统一投放时间,并在投药后十天左右进行全区性的抽样监测调查,以了解灭鼠动态,投放入户率90%以上。1998年起,采取承包单位投放药物形式。与电业局、湘潭卫校、市人大等23个单位,签订“灭四害”工作承包合同。2001年,承包单位达到26家。其经验曾被省、市政府推广。湘乡、韶山、益阳赫山等单位登门学习。全区每年平均灭鼠药年投放量为3万公斤,灭蟑灭蚊蝇药发放量3000公斤,费用35-38万元。2001年达46.60万元。2002年,迎接省五年一次的“灭鼠灭蟑先进市”复查验收工作,由于宣传发动和消杀灭工作扎实,顺利通过达标。2003-2004年,配合全市搞好迎国家卫生城市调研和省检工作。2005年,迎省检和三年一次的灭鼠先进市复查验收达标。2006年,组织2000多人参加湘潭市灭蚊灭蟑知识试题竞赛活动,获组织奖,雨湖区300多个单位接受“灭蚊灭蟑”检查验收,并达标合格。3-8月,全区进行地毯式灭蚊灭蟑行动,聘请省、市的专业消杀灭队伍对城区范围内下水道、沟、塘、湖、坝等所有水体投放5万多包灭蚊药包,所有小街小巷和单位居民区内外环境喷洒灭蟑灭蚊药物,投药费用累计9万多元,发放灭蚊药6000多公斤,灭蟑笔15万块(支)。省检查团抽查全区100个不同方向的下水道,10个大中型水体,15处城区内特殊场所,均达标验收过关。2007年,爱卫迎省检“灭四害”工作力度进一步加强。

四、农村改水改厕

农村改水改厕是由20世纪七八十年代的两管五改(管水、管粪,改水井、改炉灶、改畜圈、改环境、改厕所)过渡过来的工作。重点要求是喝干净水,无污染水,处理好粪便、垃圾。境内改水改厕工作在4乡2镇开展,主要是以宣传发动,提供技术指导为主。改水改厕经费来源以村和村民自筹为主,市、区、乡给予适当的奖励补助。1988年,境内有的乡村开始饮用自来水,合区后改水改厕工作步伐加快。先锋乡金塘村投资160多万元,兴建村自来水工程设施,护潭乡的红星村投资40多万元,建好供水塔,投资10多万元改建村民卫生厕所。各乡、镇及村委会用于改水改厕和村容村貌整治专项经费达40多万,其中昭潭乡筹集资金12万元,护潭乡筹集资金15万元,改造自来水管网2560米,改建和新建水冲式卫生厕所300户,新建无害化三格式和三联沼气式卫生厕所50户。2002年,雨湖区被全国爱卫会评为“改水改厕先进区”,区爱卫办主任张国庆获全国爱卫会授予“改水改厕先进工作者”称号。至2007年,全区饮用清洁卫生水达100%。其中饮用自来水1.15万户,地下水2911户,手摇井水2588户;资金投入总额484.56万元,其中政府直接或间接投入365万元,村级集体投资78.40万元,农民个人集资41.16万元。全区农村人畜同居或同厨房的现象已经消除,卫生厕所普及率95%以上,无害化厕所普及率80%以上。

第四节　妇幼保健

一、妇女保健

保健网络

1988–1992年，境内妇女保健工作由各区的妇幼保健站负责。1993年，区妇幼保健所与区卫生防疫站合署办公。在区妇联、区计划生育局的配合下，妇幼保健工作与计划生育工作结合进行。2005年之后，各乡（镇）卫生院除医疗职能外，增加妇幼保健职能；各社区卫生中心建立后，农村和城区的妇幼保健逐步形成网络。至2007年年底，全区4乡2镇10个街道妇幼保健网络全部完善。

婚前检查

1988–2003年，办理结婚登记必须进行婚前检查。境内市、区两级医院共接受婚前体格检查6.58万人，查出遗传疾病或不宜结婚的27人。2003年9月，国家取消婚前体检的强制性规定，先同居后办理婚姻登记现象增多，近亲结婚、带遗传病结婚的也开始出现，婴儿出生缺陷现象显著增加。

孕妇产期保健

1988年，境内基本上建立农村孕产妇检查登记卡和孕产妇检查手册制度。1993年，区内共有孕产妇1536人，无死亡病例，孕产妇建卡总数1523人，建卡率为99.15%，早孕建册45人，建册率为29.29%。2000年，全区共有已婚育龄妇女6.75万人，1–3季度新增婴儿2214人，早孕建册率为90.8%，产前检查城市妇女8次以上，农村妇女5次以上，住院分娩率城市达100%，农村80%以上，全都是新法接生。全年开展三次高危筛查工作，应筛查2475人，实查2475人，发现高危人数365人，高危监护率达100%。2004年，依法管理母婴保健技术服务，加强乡、镇、街道卫生院产科建设，开展经常性母婴保健执法监督检查，重点查处无证执业、非法接生等行为。2005年，乡、镇、街道妇幼专干配合区妇联、计生等部门采取举办保健知识讲座、发放保健宣传资料、开展技术咨询等形式，促使大龄妇女掌握母婴保健知识。2007年，开展四次高危筛查，共筛查孕妇3270人，发现高危孕妇496人，高危发现率为15.17%，高危筛查率、高危管理率、高危住院分娩率均达100%，全年无孕产妇死亡。

二、儿童保健

服务网络

1988年，境内共出生2652名儿童，全部建立儿童健康卡，建卡率为100%。1991年起，全区做到7岁以下儿童有花名册，体弱儿童有专案管理。1997年，建立托幼机构卫生保健基本情况档案。2000年，儿童入园体检1673人，体检率达100%。“六一”期间儿童体检1.53万人，蛲虫普查2127人。2005年，加强儿童系统管理。全区0–7岁儿童有2.07万人，7岁以下儿童有花名册，建册登记，管理率达到96.51%。对体弱儿童有专案管理，管理率、矫治率均达100%。2007年，进一步健全托幼机构卫生保健基本档案，加强幼儿园的卫生保健。完善儿童系统管理，全区免疫规划儿童建卡率为99.43%，建证率为100%。

计划免疫

1988年，境内儿童接种卡介苗3490人，脊灰糖丸1.43万人次，百白破1.41万人次，麻疹7707人，流脑14000人，乙脑13654人次。计划免疫工作经省市验收，达到世界卫生组织要求，通过年终检查获全市第一名，在全省124个县区中名列第7名。1993年开始，每年均开展幼儿园儿童蛲虫普查工作，对患者进行及时的驱蛲治疗。1995年，两次对区内4岁以下儿童共1.2万人进行第二轮和第三轮第一次强化投服糖丸，投服率为99.7%。1997年，对全区小学生进行强化补碘，共有1.44万人口服碘油丸，口服率达86.4%。2002年，“六一”儿童健康检查1.84万人，体检率达95.4%，对全区大中型幼儿园进行蛲虫普查工作，共普查2567人，查出患病244人并及时进行治疗。2005年，对2000多名集居儿童进行蛲虫检查，对查出带虫者要求服药并指导对其日常用品进行消毒处理。2007年，儿童预防接种首针及时率为98.03%，“五苗”（卡介苗，乙肝疫苗、脊灰糖丸、百白破疫苗、麻疹疫苗）全程接种率为95.21%。

第五节 公共卫生

一、疾病预防控制

甲类传染病

1988-1997年，境内没有发现霍乱、鼠疫、天花等甲类传染病。1998年，全区组织4万多人普服 “霍乱”防治药品，完成发热病人血检150份，内外环境检索送检300人次，紧急处理疑似霍乱病例20余次。当年全区未发生霍乱病。1999年，全区共发生霍乱6起12例，疑似疫情10起，疫情持续时间长达70天，共投放各种消毒药品价值3万元，消毒面积达2.88万平方米，采集内环境样2778个，外环境样2994个，预防服药5000人次，全区未造成霍乱流行，无人员死亡。2005年，要求各医疗单位在肠道门诊开放期间，做到“逢泻必检，逢疑必报”，确保无霍乱疫情及二代病例发生。2006-2007年，全区未发生甲类传染病。

乙类传染病

1988年，境内共报告乙类传染病189例。其中流行性脑膜炎（简称流脑）5例，百日咳2例，痢疾61例，肝炎117例，乙型脑膜炎1例，狂犬病1例，出血热2例。在“2号病”霍乱流行季节，各医疗单位建立肠道门诊登记制度，加强对流动人口的管理，对发热病人血检工作做出具体安排，共查109人，未发现阳性。1989-1992年，全区发生乙类传染病897例，发病率为48.37/10万，其中流脑、痢疾、肝炎的发病率较高，各医疗单位组织医务人员到城乡基层预防、治疗，使乙类传染病的传播没有大面积扩散。1993年，全区发生乙类传染病597例，发病率为138.37/10万。1994年，长城乡犁头嘴、护潭乡天星堤、窑湾地区等处遭受特大水灾，区卫生系统抽调42名医务人员组成6支救灾防治小分队，奔赴灾区进行室内外环境消毒和防病宣传工作，杜绝传染病流行，结核病控制项目也于该年12月正式启动。1995年，区结核病控制项目通过省项目办验收，6月正式接诊病人，其规则治疗率、痰阴转率及投药及时率均达省、市要求。1999年，对全区4乡2镇的农民进行钩端螺旋体病（简称钩体病）预防接种，共接种疫苗8126人次，全年发生钩体病、流行性出血热各2例。2005年，全区乙类传染病共计报告11种，计610例，发病率为164.9/10万，发病数以病毒性肝炎居多。艾滋病防治工作被定为国家项目工作点，11月该项目接受省疾控中心阶段验收。2006年，区结核门诊共接诊可疑肺结核病人621人，免费收治肺结核病人195人。区卫生局加强对“2号病”为主的肠道传染病防治。2007年，全区发生乙类传染病报告13种618例，发病率比2006年同期下降9.64%。

丙类传染病

1988-1992年，境内丙类传染病主要为流行性感冒、流行出血性结膜炎（红眼病）、流行性腮腺炎（痄腮）、流行性腹泻等4种病。1993年，区内丙类传染病发病491例，全区无病死报告，无传染病暴发。1994-2004年，区内丙类传染病中的流行性感冒、红眼病多在每年春夏之交暴发，感染人数在4700-5800人之间。2005年，全区丙类传染病共计报告5种，计322例，发病率为82/10万，发病数以流行性腮腺炎居多。2007年，丙类传染病4种385例,发病率比2006年同期下降4.93%,未出现暴发疫情。

非典型性肺炎和禽流感

2003年,国内一些地方非典型性肺炎(简称“非典”)肆虐,全区共监测管理返乡人员3614人,对返乡人员共测量体温1.82万人次,诊断排查怀疑对象43例,消毒相关场所3.7万平方米,对公共场所进行消毒监测指导1037户次,发放宣传资料15万余份。全区范围内没有“非典”疫情发生。2004年,全国多地发生“人感染高致病性禽流感”,区卫生部门对出现禽类死亡的养殖场进行现场消毒12次,消毒面积达5000平方米,对饲养员等工作人员采取14日连续体温监测和采血送检等防治措施。“非典”防治工作也由应急状态转为常态防治。2005年,严格实行24小时值班制度。为加强“非典型性肺炎”和“人感染高致病性禽流感”防治工作,加强对区内各医疗单位发热门诊监测。

二、卫生监督监测

食品卫生

1988-2000年,区卫生监督部门通过对食品生产经营单位进行经常性卫生检查监督、核发卫生许可证、对食品生产单位经营人员每年一次健康检查后核发“健康证”,实行凭证从业等制度,进行严格卫生监督,辖区内没有发生群体性食品卫生事故。2001-2007年,开展多次大的打假行动,查处麻辣豆制品加工厂、甲醛浸泡牛杂、查处地下槟榔加工厂等非法经营厂家,取缔无证生产经营窝点,查获假冒伪劣产品,销毁不合格食品。同时开展“3.15”维权卫生监督“春雷行动”等一系列食品卫生监督专项执法和集中整治行动,开展餐饮单位及建筑工地食堂食品卫生、节日市场食品卫生、化妆品卫生等专项治理行动。对全区中学以上学校食堂和主要街道餐饮单位、超市及部分食品加工单位进行量化评审。通过集中整治,使无证经营现象得到遏制,食品卫生安全隐患得到消除,全区未发生大型食物中毒事件。

公共场所卫生

1988-1992年,境内公园、商场、文化娱乐场所除清扫保洁,没有采取其他卫生措施。1993年,区卫生管理部门开始对公共场所进行执法检查,为755家核发“公共场所卫生许可证”。至2000年的7年中,对全区1051家公共场所单位进行监测,其中,经常性卫生监督场所984家。对全区公共场所发放卫生许可证1025家,经常性卫生监督场所增至1090家,从业人员体检3136人,调离患病从业者13人。2001-2007年,根据湘潭市建设文明卫生城市活动开展要求,卫生监督部门在各街道配合下,逐步加强对公共场所卫生的监督与整改,公共场所单位及市民的卫生意识逐年增强,公共场所卫生状况日趋好转。7年中,全区共核发“公共场所卫生许可证”2154家,经常性卫生监督场所增至2100家,从业人员体检6908人,调离患病从业者22人。对违反《公共场所管理条例》的276家文化娱乐场所、公共浴室、美容院进行处罚。其中罚款45家,限期整改258家,取缔非法加工场所7家,新发(换)卫生许可证1843个。

学校卫生

1988-1992年,境内三区卫生监督部门共检测教室597间,其中符合卫生要求的102间,合格率只有17.09%。检测课桌椅498套,合格86套,合格率只有17.27%。检查学校食堂11个,下达整改书5份。对检查中发现的问题,卫生部门会同区教育局联合进行整改,加强学校卫生工作。1993-2000年,区卫生监督部门对学生进行群体统计、个体评价,并将结果及时反馈学校。对中小学学生进行体质监测,并开展学生驱蛔普查普治,对学生中的近视、沙眼、龋齿、贫血等常见病进行监测和防治。对12所大、中、小学校和8所幼儿园食堂进行卫生抽查,整改6处卫生违规现象,学校卫生状况有所改善。2001-2007年,为确保学生身体健康,卫生监督部门对区内大、中、小学校周边食品卫生、中小学食堂及各校园商店进行地毯式检查。在工商、教育局和城管队的配合下，全区取缔无证生产经营401户；没收、销毁不合格食品1900多公斤，没收非法加工工具110件；罚款9万多元。学校周边食品环境卫生状况得到好转。

职业卫生

1988-1992年，境内有企业191个，职工1.38万人，其中从事有毒作业4532人。区卫生监督部门对这类人员进行登记造册，定期进行身体检查，对环境比较恶劣的5个单位提出整改意见。1993-2000年，全区开展劳动卫生摸底清查工作，共测出有尘有毒单位352家，监测结果为有毒物样平均合格率63.12%，噪音样平均合格率71.46%，粉尘样平均合格率51.34%，辐射热样平均合格率84.63%。区卫生监督部门对监测结果进行评价分析，对相关厂家提出合理化整改建议。对从事有毒作业6253人进行体检，查出有职业禁忌症或疾病患者46人，将其调离岗位或作病退处理。还对旅社、文化娱乐场所、公共浴室、理发店、美容院进行卫生监测，防止有害公众健康尤其是严重危害人体健康的现象发生。2001-2007年，对存在有毒有害岗位的企业103家企业全部建立卫生档案，体检各类从业人员7884人，对检出患有"五病"（痢疾、伤寒、病毒性肝炎、活动性肺结核和化脓性、渗出性或接触性皮肤病）的从业人员，及时将其调离。并依法开展预防性卫生监督，指导有毒有害岗位的企业新、改、扩建工程的选址、设计和施工。全区未发生大的职业中毒事件。

第六节　医疗制度改革

一、农村卫生制度改革

2003年，雨湖区乡村卫生一体化管理在先锋乡试点。2004年，完成先锋和护潭两个乡村卫生一体化建设工作。将原有的村卫生室进行整顿转体，乡卫生院与村卫生室签订工作目标管理责任状，开展对乡村医生管理培训工作。2006年，区卫生局组成实事工作办理领导小组，对村卫生室选址、内部设置和建设，进行现场指导和评审验收。计划设置30个村卫生室已于当年11月底全部建设到位，全区三级卫生网络基本形成。区内各村卫生室开展村民健康状况调查，以户为单位建立村民健康档案共1.35万份，建档率93.6%，与村民签订医疗保健合同6811份，合同签订率50.1%。调查发现患有慢性病村民2977人，开展慢性病资料分析和统计，实行分类管理，免费进行定期健康检查。2007年，各乡镇卫生院对3200名患有慢性病村民进行规范化服务和管理，为居民开展经常性的健康咨询和健康教育。其中，长城和先锋两个乡卫生院为50岁以上的中、老年人免费进行健康检查1632人。各乡镇卫生院抓好自身工作的同时，加强对村卫生室的监督和管理，完成《乡镇卫生院村卫生室电子档案》的录入、审核和上报，完成昭潭乡4个村卫生室的设置评审、验收和审批、发证工作。争取国债资金95万元，对先锋、护潭、鹤岭、长城等4家乡镇卫生院进行搬迁、改造。

二、社区卫生制度改革

2000年，全区社区卫生服务工作在城正街街道试点。2001年，在城市中心城正、雨湖、云塘、窑湾、平政、中山六个街道成立社区卫生服务协调领导小组和社区卫生服务中心，雨湖区被定为湘潭市唯一社区服务试点单位。全年总覆盖人口数17.65万人，建立健康档案7637户，覆盖人数2.18万人，签定医疗保健合同2937户，覆盖人数8838人。

2002年，区政府将全区街道卫生院全部转型为社区卫生服务中心，在锰矿、江麓、湘大职工医院设立社区卫生服务中心，由卫生行政部门组织实施，政府提供必要的开办经费。组织人力、物力全部按照社区卫生服务中心的设置标准对各个卫生院和厂矿、学校职工医院进行整改，经过半年努力，9个社区卫生服务中心

(其中6家中心由原来的街道卫生院转型,1家中心由区人民医院承办,两家中心分别由江麓医院和湘大职工医院承办)正式挂牌运行,为64个城市社区居委会居民提供医疗、预防、保健、康复、健康教育、计划生育技术指导“六位一体”的全方位服务。网络覆盖率达100%,已形成布局合理,基础扎实,网络健全,管理规范,服务优良与社会经济发展相适应的社区卫生服务体系。是年,雨湖区进入省一类社区卫生服务工作行列,并有15个社区卫生服务中心(站)与市二医院签订双向转诊协议,对危急症病人的抢救和大医院实行免费接诊。同时突出城正街街道卫生服务中心的高血压防治,平政路街道社区服务中心的康复治疗两个特色。其中平政路街道社区卫生服务中心的康复工作于2002年被评为“全省精神卫生防治工作先进单位”。

2004年,申报创建全国社区卫生服务示范区工作,经国家专家组评估验收通过。2005年8月,卫生部、民政部、国家中医药管理局授予雨湖区“全国社区卫生服务示范区”称号。2007年,严格按照标准对9个社区服务中心重新进行建设改造,总计建设面积达6219平方米。其中新建3家(云塘、中山、昭潭),面积达2418平方米。维修改造6家(城正、平政、窑湾、雨湖、广场、羊牯塘),维修改造面积3801平方米,共投入建设资金548万元。建设后的社区卫生服务中心,均达到省级城市社区卫生服务中心基本标准,基本医疗设施齐全,功能分区相对合理,居民就医环境得到改善。

2001-2007年雨湖区社区卫生“六位一体”服务一览

20-5-6-1

年份	健康档案(份)	保健合同(份)	门诊	上门服务	双向转诊	预防	保健	康复	健康教育	计生指导	特殊病种(例)
			(人 次)								
2001	11177	5934	58756	2959	478	10082	17172	7895	36790	9353	2545
2002	101385	8578	67176	3681	753	12239	19052	10703	47609	11035	3981
2003	111276	41962	40541	29530	235	8692	23226	6748	44913	3362	5179
2004	135856	67875	129465	10757	5356	42328	36847	26497	99579	8454	10120
2005	192135	93421	83241	11846	2378	79504	20558	13889	50303	8775	68103
2006	192835	31844	157944	127954	5701	80769	53674	32355	57883	11043	14831
2007	160434	39600	145783	2462	546	26000	20196	55538	5398	16000	14137

三、新型城镇合作医疗

2007年,根据《国务院关于开展城镇居民基本医疗保险试点工作的指导意见》及《湘潭市人民政府关于印发城镇居民基本医疗保险试行办法的通知》的规定，雨湖区启动城镇居民基本医疗保险试点工作。建立雨湖区城镇居民医疗保险联席会议制度，制定《雨湖区城镇居民基本医疗保险试行办法》《雨湖区城镇居民基本医疗保险制度实施细则》《雨湖区城镇居民基本医疗保险定点医疗机构管理暂行规定》等相关配套政策，并建立筹资和经费保障机制、督促指导机制，是年10月，城镇居民医疗保险正式启动。城区居民子女每年缴纳70元，其中个人缴纳30元，财政补助40元；非从业居民240元，其中个人缴纳180元，财政补助60元；老年人240元，其中个人缴纳100元，财政补助140元。享受城镇居民最低生活保障的居民子女70元，其中个人缴纳20元，财政补助50元；非从业居民(含老年人)240元，其中个人缴纳60元，财政补助180元。个人缴费确有困难的，由民政部门筹措资金帮助解决。至是年底，全区应参保人数为14.1万人，参保人数为6.4万人，筹集参合资金401.6万元。由于此项保险条文规定先年缴费，第二年享受医疗待遇，所以2007年不存在享受政策待遇情况。

第二十二篇　社　会

第二十二篇　社　会

第一章　居民生活

第一节　农村居民

一、收入状况

1988年，境内农村居民人均年纯收入645元。随着家庭联产承包经营责任制的推行，农村经济得到迅速发展，农民收入不断增加，1995年，年人均纯收入达到2324元。1996年后，由于农业生产条件的改善，农业产业结构调整力度加大，农民收入逐年提升，2000年，区内农民人均年纯收入达到5723元，比1995年增加3399元，增长146.26%。2005年，外出务工劳动力增加，劳务收入增长较快，农民人均年纯收入达到7704元，比2000年增加1981元，增长34.61%。2007年，农村三产业收入和种养业收入进一步提高，农民人均年纯收入达到9649元，比2005年增加1945元，增长25.25%，农民生活水平上新台阶。

工资性收入

1988年，境内农民工资性收入年人均仅85.36元，占年收入的13.23%，至1992年无较大变化。随着乡镇企业的迅速发展，1995年，区内农民工资性收入人均增加到514元，占年收入的22.12%。比1988年增加428.64元，增长5.02倍。2000年，由于乡、镇企业的相继倒闭，农民外出务工增加，农民年人均工资收入为1245.8元，占年收入的21.77%，比1995年增加731.8元，增长142.37%。2005年，随着市场经济的不断完善，劳务价值的提高，外出务工人员占农村总劳力的52%，农民工资性收入人均达1895.8元，占年收入的24.61%，比2000年增加650元，增长52.18%。2007年，区内农民人均工资性收入达到4356.3元，占年收入的45.15%，比2005年增加2460.5元，增长129.79%。

经营性收入

1988年，境内农民经营性收入以种植业、养殖业为主。年人均438.61元，占年总收入的68%。1992年始，随着农业结构的调整，种植、养殖业迅速发展，养鱼、养猪等专业户大量涌现，农民的经营性收入提高。是年，年人均849.35元，占年总收入的69.51%，是1988年的1.94倍。1997年，农民经营性收入1997.62元，占年收入的59.86%。2002年，农民走科学种植、养殖业的路子，产值效益提高，经营性收入人均3734.04元，占年收入的56.24%。2005年，农民经营性收入人均为4237.20元，比2002年增加503.16元，增长13.48%。2007年，种植、养殖业效益可观，激发农民的积极性。农民经营性收入人均5120.67元，占年收入的53.07%，是1988年的11.68倍。

可支配收入

农民外出务工和经营性收入的逐步增长，是农民可支配收入增长的主要因素。1988年，区内农民人均可支配收入为645元，1993年人均1389元，比1988年增加744元，增长1.15倍。1995年人均可支配收入达2324元，比1993年增加935元，增长67.31%。2000年，农民人均可支配收入为5723元，比1995年增加3399元，增长1.46倍。2005年，人年均可支配收入7704元，比2000年增加1981元，增长34.61%。2007年，区内农民人均可支配收入9649元，比2005年增加1945元，增长25.25%。

二、消费状况

食品消费

1988–1992年，境内农民食品消费占生活消费比重年均在58%左右，恩格尔系数59%。1993年始，农民生活条件有所改善，粮食等其他食品消费逐年减少，肉食类消费增加，加上居住和教育消费大幅增长。因此，食品消费占生活消费的比重逐年下降。至2000年，农民食品消费占生活消费比重下降至45.2%，恩格尔系数45.6%。2007年，区内农民食品消费占生活消费比重降至31.9%，恩格尔系数37%，比2000年下降13.7个百分点。

衣着消费

1988–1992年，境内农民衣着消费占生活消费比重仅为8%。随着各类花色品种的化纤布、涤棉布大量面市，布料越来越便宜，且经久耐穿，衣着消费自然下降。2002年，衣着消费占生活消费比重下降至5%，年均下降0.3个百分点。2003年起，随着收入的提高，生活水平的改善，衣着除崇尚时髦潮流外，更注重个性打扮，农民的衣着消费占生活消费比重又逐年上升，至2007年达到8.6%，年均上升0.72个百分点。

居住消费

1988–1991年，农民居住消费占生活消费比重年均为13.2%。1992年起，农村改造住房的逐年增多，由土木结构改造为砖木结构，居住条件相对改善，因而居住消费逐年上升。2000年，居住消费占生活消费比重为23%，2001年达到27.8%。2002年后，农村建房高潮已过，建房农户逐步减少，居住消费占生活消费的比重又逐步下降，2007年为23.3%，年均下降0.64个百分点。

教育文化娱乐消费

1988–1992年，农民的教育文化娱乐消费低，除孩子上学的学杂费外，几乎无其他文化娱乐活动，年均仅为65.68元，占生活消费比重约6%。1995年后，随着改革开放的深入和党的富民政策的贯彻，农民的精神生活开始发生变化，越来越多的人走向歌舞厅，自娱自乐的卡拉OK成为一种时髦。由于农民经济收入的增高，农民子女入学率也逐年上升，考上大学的逐年增多，学杂费上涨，家庭教育投入迅速增长。2001年，教育文化娱乐消费占生活消费比重达到14.6%，2007年上升至15.4%，年均上升0.12个百分点。在教育文化娱乐消费中，教育费用占51%。教育消费的快速增长和物价的增长，使部分农民难以承受。国家实行减免学杂费，对贫困学生实行补贴政策后，农民义务教育阶段的经济负担有所减轻。

三、居住条件

1988年，农户人均住房面积约22.75平方米，房屋结构大多数为土砖或土筑平房。1990年，人均住房面积为25.2平方米。1993年，农民住房以砖木结构为主，人均住房面积为27.2平方米。2000年，区内农村砖瓦平房基本不复存在，普遍建起楼房。大部分农户居住用房与生产用房实现分离，人均住房面积增加到33.6平方米。2005年，部分农户建起3–4层钢筋砼结构的小楼，居住条件进一步改善。2007年，农民人均住房面积达35.88平方米，居住支出增长5%，部分村以国家征用土地为契机进行城中村改造，开始向住宅小区发展。

1988-2007年雨湖区农村居民主要消费品拥有量情况

单位:台/百户

年份	彩电	黑白电视机	影碟机	录放机	洗衣机	冰箱	空调	固定电话	移动电话	家用电脑	汽车	摩托车
1988	-	7	2	6	4	1	-	-	-	-	-	5
1990	3	22	4	6	5	1.5	-	-	-	-	-	10
1995	9	28	5	7	10	4	2	2	1	-	-	16
2000	11	43	6	7	22	9	3	12	9	-	2	20
2005	40	60	12	10	100	62	5	52	40	2	3	30
2007	71	29	28	20	100	78	6	81	81	5	4	55

第二节　城镇居民

一、收入状况

1988年,境内城镇居民年人均收入为895元。其主要来源于两方面,一是工资性收入。国家几次政策性调资增资和居民家庭就业人数增加,致使工资性收入成倍增长。二是经营性收入。居民从事商贸服务经营和多余房产出租(出售)者增多。1995年,城镇居民年人均收入为3542元,比1988年提高2.96倍。2007年,城镇居民年人均收入提高到12826元,是1995年的3.62倍。其中,工资性收入12056元,占总收入的94%,经营性收入770元,占总收入的6%。

工资性收入

1988年,城镇居民年人均工资性收入868元,占可支配收入的96.98%。1995年,城镇居民年人均工资收入为3104元,占可支配收入的87.64%,比1988年增加2236元,增长2.58倍。2007年,城镇居民年均工资收入11904元,占可支配收入的92.81%,比1995年增加8800元,增长2.84倍。

经营性收入

1988年,境内大多数城镇居民仅有工资性收入。1992年起,随着市场经济的不断发展,城镇居民收入多元化,从事第三产业和第二职业者增多,经营性收入作为工资收入的补充,占总收入比重逐年上升,当年人均经营性收入175元。1999年,经营性收入人均达265元,占可支配收入的4.88%,比1992年增加90元,增长51.43%。此后城市居民购买商品房增多,利用原住房出租或从事三产业,经营性收入来源增加。2007年,城镇居民经营性收入人均达到798元,占可支配收入的6.22%,比1999年增加533元,增长2.01倍。

二、消费状况

食品消费

1988年,城镇居民食品消费占生活消费比重为59.6%,恩格尔系数58%。此后生活水平随着经济收入的增加而逐年提高，食品消费质量也逐步提升，粮食和其他食品消费逐年下降。1993年，食品消费占生活消费比重降至51.1%，比1988年下降8.5个百分点，恩格尔系数56%。2000年，城镇居民收入提高，消费结构发生明显变化，食品消费占生活消费比重降至40.5%，比1993年下降10.6个百分点，恩格尔系数44.1%。2007年，食品消费占生活消费比重仅为37.5%，比2000年下降3个百分点，恩格尔系数38%。

衣着消费

1988年，城镇居民衣着消费占生活消费比重为11.26%。随着各种布料花色品种增多，价廉物美，经久耐穿，衣着消费以后几年自然下降。1992年，衣着消费占生活消费比重降至10.23%，比1988年降低1.03个百分点。1995年，衣着消费占生活消费比重为10.6%，比1992年提高0.37个百分点。2000年，因居民收入提高，衣着消费绝对数明显上升，但衣着消费占生活消费比重仍在下降，当年为9.12%，比1995年下降1.48个百分点。至2007年，再度下降为8.39%，比2000年又下降0.73个百分点。

医疗保健消费

1988年，因为实行公费医疗制度，居民个人医疗保健消费极少，医疗费用支出占生活消费比重仅为1%，保健消费几乎为零。1992年，医疗保健消费占生活消费为1.21%。1993年以后，药品和医疗服务价格不断上涨，部分企业职工因企业破产、倒闭，失去公费医疗，居民的医疗费用明显上升。1995年，医疗保健消费占生活消费比重提高到2.68%，比1992年上升1.47个百分点。2000年，药品价格和医疗费用提高，加之居民保健意识不断增强，使医疗保健消费占生活消费比重上升至4.68%，比1995年上升2个百分点。2007年，医疗保健消费比重上升至7.66%，比2000年上升2.98个百分点，由于医疗体制存在弊端，看病难、看病贵的问题成为居民生活的热点。

教育文化娱乐消费

1988年，城镇居民教育文化娱乐消费占生活消费比重为5.42%。1992年为5.78%。随着物质生活水平的提高，居民对精神生活的追求感愈来愈大。特别是子女上学费用开支暴增，城镇居民的教育文化娱乐消费占生活消费比重明显上升。1995年，教育文化娱乐消费占生活消费比重达到7.98%，比1992年上升2.2个百分点；2000年达到11.99%，比1995年上升4.01个百分点；2007年，教育文化娱乐消费快速增长，占生活消费比重14.64%，比2000年上升2.65个百分点。

三、居住

1988年，大多数的城镇居民居住单位福利房，且多为筒子楼或低矮平房，人均住房面积约7.74平方米。1995年，人均居住面积13.2平方米，比1988年增加5.46平方米，多为居住拥挤，条件简陋的多层单元住宅。2000年后，住房制度开始改革，逐步取消福利住房，城镇住房开始进入商品化，部分生活条件较好的居民购买商品房，人均居住面积逐年提高。2005年，人均居住面积增加到22.21平方米，比1995年增加9.01平方米。2007年，人均居住面积增加到26.16平方米，比2005年增加3.95平方米，是1988年的3.4倍，且有许多环境优美、功能齐全、物业管理配套的花园式小区。

1988-2007年雨湖区城镇居民主要消费品拥有量情况

21-1-2-1　　台/百户

年份	组合家具	彩电	黑白电视机	影碟机	录放机	高档乐器	空调	洗衣机	电冰箱	摩托车	汽车	健身器材	固定电话	移动电话	电脑
1988	7	2	90	5	6	3	4	69	14	3	–	–	1	–	–
1990	52	41	62	18	13	3	7	73	18	5	1	–	2	2	–
1995	76	80	20	19	15	5	15	88	42	9	1.5	1	61	30	–
2000	100	82	18	15	15	6	66	98	80	13	2	1	83	81	1
2005	100	98	2	20	17	8	99	100	96	21	2.5	4	100	100	16
2007	100	99	1	20.5	16	7.8	99.5	100.5	96	26	6	5	100	106	35

第二章　社会风俗

第一节　礼仪风俗

婚嫁

当代婚姻以自由恋爱为基础。通过他人介绍或互相认识，也有经婚姻介绍所或征婚广告认识的。男女双方接触一段时间，认为基本条件相符，感情成熟后，经双方家长同意，乃办理结婚登记手续，择日置办喜宴，发红帖邀请亲朋好友共庆新婚。现在结婚沿袭下"聘礼"习惯，在农村尤为看重。男方送给女方除烟、酒、糖及鸡、鱼、肉外，还有项链、耳环、戒指和时装，现金少则几千上万，多则几万。女方置办嫁妆，除日常衣物、被褥外，还有彩电、冰箱、洗衣机等电器产品，富裕家庭还有电脑和轿车陪嫁，城区甚至有整套的住房和高档家具作为嫁妆。还有的男女双方合作购新房、置办家具，自己操办婚事的亦不少。高档婚纱照取代了过去普通的结婚照，花费数千元。迎亲轿车越来越豪华，少则三五辆，多则数十辆，披红挂彩，甚为壮观。婚宴档次越来越高，城市基本上都在宾馆、酒店办宴席，标准一般在500-1000元/桌；农村自办婚宴者居多，除白酒档次提高外，还加啤酒和饮料。祝贺新婚的礼金由90年代中期的30-50元提高到2007年的100-200元，亲朋好友则更多，整个迎嫁喜庆过程一般都拍摄录像，制成光盘影碟留作纪念。婚庆公司作为当代时髦行业很受新婚夫妇的青睐。因现代家庭多独生子女，经济条件较为优厚，在婚事上讲排场、摆阔气，大操大办，互相攀比之风日甚，助长了婚姻的高消费。

寿庆

做寿讲究"男进女满"，即男做虚岁，女做实岁。20世纪90年代前，一般只花甲、古稀以上老人做寿酒。

90年代后,中青年和一些独生子女做生日酒的亦颇多。亲朋好友在电视台点歌祝寿、放电影、搭台唱戏、去歌厅唱卡拉OK一度成为时尚。城市的寿宴一般在宾馆、酒店预定,除常规酒菜外,必须有寿面和寿桃(或生日蛋糕),有的还打发"红包"。农村的寿宴则在家里操办,聘请寿庆班子(收取劳务费,每桌50元左右),杀猪、宰羊、开流水席,好不热闹。60岁以上老年人的整生(逢十)一般比较隆重,少则上十桌,多则数十桌。2000年后,有文化的老年人时兴写书,把自己的感悟或一生经历(有的还有诗、联、文作品)汇集编印,对一生做个总结,借以传喻后人。年轻人的散生一般不太操办,也有"男不做三十,女不做四十"之说。因当今大部分家庭系独生子女,父母对小孩生日(俗称长尾巴)比较重视,为其备礼物,照相留念等。

"满月酒"

1995年前,城乡居民有为第一胎小孩做"三朝酒"或"满月酒"的习惯。现在凡是新生小孩满月都时兴做"满月酒"。人们普遍认为"三朝酒"改为"满月酒",有利于孩子健康成长,母亲恢复健康,家人更有精力和时间操办酒宴庆贺。亲朋好友,特别是外婆、舅舅必须赠送丰厚的礼物(包括小孩衣物和生活用品)或礼金。满月酒除了一般酒菜之外,还要发红蛋(把鸡蛋煮熟用食品红染色)或"小红包"分发给来祝贺的亲友,以示吉祥。

庆新居

城乡居民新建住房或新购住房乔迁新居,左邻右舍、亲朋好友前来致庆已成风气。农村的新居宴一般在新房完垛上梁的当天,城市的乔迁宴一般在搬家安顿后庆贺。

庆升学、参军

20世纪90年代后,孩子升大学、特别是考上重点大学或应征入伍成了当今社会一大喜事,亲朋好友前来庆贺,父母在孩子入学或入伍前设酒宴以示感谢。升学宴也称谢师宴,一是感谢老师谆谆教诲;二是答谢亲戚朋友祝贺,更是表达家长的喜悦和期望之情。

殡葬

"治丧"区内称"老了人",又叫办"白喜事"。为何本为"哀"而称"喜"?是古人认为人死是"驾鹤归仙",去"极乐世界"。治丧文书悉用白纸,正门悬"乃当大事"墨书。屋内,办法事、佛事、行儒礼不一,隆重热烈;屋外,铳炮声声,哀乐低回,气氛肃穆,故名曰"白喜事"。邻里亲友闻噩耗主动来帮忙料理,叫"帮白喜事忙"。"人死饭甑开,不请自己来",邻居和亲朋好友前来吊唁,俗称"吃烂肉"。90年代前,境内农村土葬较为普遍。繁文缛礼虽比过去简化,但程序繁杂,掺杂很多封建迷信的东西。有烧倒地纸和起马轿、烧蒿荐(死者睡过的席子和草垫)、请水、抹尸、装尸入殓、祭奠、吊孝、做道场、守灵、唱夜歌、送葬、化纸、化屋、构墓等程序。3天之内不看"日子"(即不管是否吉利之日),多的达10余日,一般5–7天。请道士择日、诵经和请风水先生看墓地必不可少。行儒教者则请礼生喊礼开祭,行朝奠、午奠、夕奠、家奠,读祭文如泣如诉,催人泪下。做道场者则将音乐开坛、念咒诵经、请水、告庙、开方、破狱、解结、安神。做佛事者则念经超度,为子孙祈福。治丧的待客酒饭一般分为成服酒、考圆酒、出丧饭三餐正席,除肉用"砣子肉"外,其余与一般宴席相同。送葬抬灵柩上山一般不走捷径,要按上行路线绕行,沿途众多邻里鸣炮相送,是至亲的还设"路祭",此时孝子下跪致意,并备香烟、毛巾等礼物答谢。20世纪90年代后,随着农村经济状况好转,办丧事复古之风渐浓,操办规格逐年提高,构豪华墓地、死人与活人争地、死人耗费活人钱财成了丧葬最大陋俗,全部推行火化已势在必行。1994年后，殡葬改革力度加大，城区提倡火化，丧事简单许多。死者大都先存放殡仪馆，开完追悼会后即火化，骨灰葬入一般公墓(也有的在远郊农村择地安葬)。近年来，农村死人采用火化者，也逐渐增多起来。

第二节　岁时民俗

一、传统节日

春节：农历正月初一，称新年，又称春节，是最隆重的传统节日。农村一般在腊月下旬采购年货、杀年猪。三十晚上吃团圆饭，除夕"守岁"由过去的烧"堆子火"(烧柴烤火)、炭火转变为看电视、打电话、发信息、发压岁红包。除夕夜12点燃放鞭炮、花炮、焰火，叫"关财门"，初一清早起床鸣放鞭炮，叫"开财门"。新年伊始，除首先向父母长辈拜年外，第一次外出大部分先拜祖坟、祭祖宗。俗有"初一崽、初二郎、初三初四拜街坊"之说，现在大都不受此约束。街坊、邻里、亲戚、朋友在十五之前串门走动一下统称拜年，相距较远的采用电话、短信和网上拜年逐渐成时尚。单位正月初七上班则组织新春团拜会。贴春联和"福"字是雨湖的习俗，寓意春至福临。"福"字要倒贴，寓意"福到了"。2000年以来，大年初一赴韶山毛泽东铜像广场给主席拜年者越来越多。

元宵节：农历正月十五为元宵节，俗称灯节。民间有元宵节玩灯笼、舞龙狮习惯。1995年后，每年都要组织龙狮闹新春和元宵灯会，燃放烟花焰火。汤圆也由自磨自制逐步转向市场购买，元宵节吃汤圆的习俗沿袭至今。元宵节一过，寓意年过完了，有"泥鳅驮肚(方言，意为怀孕)，各奔生路"之说。

清明节：一般在公历4月5-6日，农历三月上旬。雨湖清明节踏青扫墓之风盛行。全家由长辈带领到先人墓地祭扫，插祭幡，摆水果、酒菜，燃纸钱、香烛、放鞭炮进行祭拜，称之"挂山"。学校则组织师生祭扫烈士墓，开展缅怀先烈活动，进行革命传统教育。近年农村森林植被增加，因清明扫墓烧纸、放鞭炮引发山火时有发生，政府除加强防护管控外，号召文明祭扫，不燃放纸钱鞭炮而植树造绿、敬献鲜花的逐年增多。2007年起，国务院规定增设清明节法定假一天，以弘扬中华传统美德"孝"文化。

端午节：农历五月初五日为端午节，又称"端阳节"。从20世纪90年代初开始，市民对于端阳节的重视仅次于春节。家家户户门上挂菖蒲、艾叶、葛藤以驱除瘴气瘟疫，采集艾叶、青蒿、龙葵、天泡草熬水洗澡，以解毒除病毒。这天妻子率丈夫、子女回娘家拜节，吃包子、粽子、咸蛋的习俗沿袭至今。民间组织龙舟竞赛，既是传统的民间体育运动，也以此表示对爱国诗人屈原的怀念。2007年始，国务院规定端午节列为法定假日，放假一天。

中元节：又叫"七月半"，农历七月初一至十五为中元祭祖节，其间内有"开鬼门关"之说。一般初一至初七对年内新亡者祭奠，称"接新客"。初十至十五接年前的亡故先人，称"接老客"。置办酒菜名曰"烧包酒"，约请亲友出席。过去一般要接3天，现在一般只接1天，供以酒肴果品香茗，饭要用当年新米。晚上"烧包"，向祖宗献纸钱。

中秋节：农历八月十五日，又称团圆节，是又一重要的民间传统节日。2007年国家尊重民俗习惯，将中秋节定为法定假日，放假一天，以传承中华"和、善"文化。外出者这天一般尽可能归家团聚，共度中秋佳节。这天晚上的月亮在一年中最圆、最明朗，人们有吃月饼、药糖、糖醋藕片和赏明月、共话一年丰收喜悦的习惯。

二、现代节日

元旦节(1月1日) 元旦称之为新年的开始。90年代,各级政府领导通过广播、电视及报刊向民众发表新年献辞,表达新年祝福。单位向职工赠送年画、挂历,召开新年座谈会,慰问老同志和困难户,呈现春节来临的气氛。上年的工作总结、经济往来结算,来年的工作计划安排一般都在元旦后至春节前进行。元旦节国家规定放假一天。

“三八”国际劳动妇女节(3月8日) 20世纪80年代后,各级组织对“三八”国际劳动妇女节越来越重视,除召开纪念大会,表彰妇女先进典型外,女同志一般在节日当天放半天假休息。一些单位还向女同志发放纪念品或组织妇女进行妇科检查,举行纪念活动。

“五一”国际劳动节(5月1日) 90年代后,“五一”国际劳动节越来越被工会组织所重视。各级政府一般都在节前召开庆祝大会,表彰劳动模范和先进典型,部分单位组织职工开展文体活动。2000年后,国家确定“五一”休假3天,连同对休2个双休日共7天,形成小长假,职工回家探亲或外出旅游人数倍增,称之为“黄金周”。2007年起,假期调整为1天(连同双休日3天)。

“五四”青年节(5月4日) 中国青年、共青团员的节日。节日之前各级团组织主办庆祝活动,进行新团员宣誓。也有的单位组织青年到革命纪念地参观,进行革命传统教育,激发团员、青年的革命热情。到韶山毛泽东铜像前举行新团员宣誓的增多。

“六一”国际儿童节(6月1日) 90年代后,由于独生子女群的出现,“六一”国际儿童节倍受市民重视。各级团组织、妇联、关工委和教育主管部门通常组织儿童文艺、体育竞赛等庆祝活动,有关领导到幼儿园和学校看望孩子们,送上图书、文具等学习用品,祝愿下一代健康成长。各学校一般举行新少先队员入队宣誓,组织文艺、游艺活动。家长也选择这天给孩子们购买书籍、玩具、文具或衣物,带到公园、游乐场所游玩。

“七一”建党节(7月1日) 每年七月一日,各级党委都召开庆祝大会,总结表彰一批先进党组织、优秀党员和优秀党务工作者。大多数基层党委在这一天举行新党员宣誓仪式。同时,组织党员干部开展纪念活动,重温入党誓词,组织征文、演讲和革命歌曲大合唱比赛等活动,弘扬革命传统,发扬革命精神。

“八一”建军节(8月1日) 八一建军节,各机关、企事业单位一般都召开转业、复员退伍军人座谈会,各级领导慰问烈军属和驻地部队,以此作为拥军优属的契机,联络军民感情,增强军民关系,提高全民国防意识。

教师节(9月10日) 1985年1月21日,第六届全国人民代表大会常务委员会第九次会议决定,9月10日定为教师节。每年,党和政府都要召开庆祝大会,表彰一批优秀教师和教育先进工作者。同时,各级领导登门慰问教师。在校学生亦给老师寄发贺卡,远离母校的学生则给老师发短信祝贺节日,尊师重教蔚为风气。

国庆节(10月1日) 国庆节是国家的重要节日,自定为法定节日起,国家就规定放假3天,全区各机关团体、企事业单位均隆重举行形式多样的庆祝活动。2000年始,又规定把前后2个双休日连在一起,实行7天小长假,俗称“黄金周”。很多职工借此机会探亲、旅游,形成仅次于春节出行的高峰期。

老年节 农历九月初九是传统的重阳节。1989年,省人民政府确定重阳节为“老年节”。各部门、单位在重阳节前后开展敬老宣传活动,表彰敬老爱老先进单位和个人,召开座谈会、慰问老年人。2000年后,有的单位还组织老年人检查身体,开展书画、钓鱼、打门球、旅游等活动。有的单位、学校还为老年人开展送温暖活动,在社会上形成尊老爱老的良好风尚。

圣诞节(12月25日) 属西方传统节日,20世纪90年代后开始在区内青年中流行。进入2000年后,越来越隆重。每年12月24日晚平安夜起到25日晚狂欢夜,有的青年人结伴到各娱乐场所通宵达旦,狂欢娱乐。各商店、娱乐场所以圣诞节为主题的促销活动形式则多种多样,节日气氛愈来愈浓厚。

三、民间习俗

立春　一般在公历2月初，农历十二月底或正月初。从农事活动的意义来说是一年的开始，俗有“新春大于年”之说，在农村特别受到重视。立春之时，燃放烟花、鞭炮以示“接春”，还有立春时可把鸡蛋竖立不倒的说法。

春社　“立春五戊（第五个戊日）为春社”。春社一般在公历3月中下旬，农历二月中旬前后。民间有“牛歇‘谷雨’人歇‘社’”之说，这天农民休工一天，互相走访，吃“社酒”。吃饭必备腊肉。古诗云：“桑柘影斜春社散，家家扶得醉人归”，是昔日农村春社情景的写照。

寒食节　寒食节在清明前一日。这天民间有不宜“挂山”的习俗。古为晋文公纪念介之推所设，今延伸为吃野艾、蒿子饼以去湿强筋骨的饮食文化。

三月三　农历三月初三，地菜（荠菜）煮鸡蛋，吃了可以去湿祛瘟疫，强身健体，有利下田劳作。煮地菜加鸡蛋，辅以红枣、黑豆，成为约定时俗。

六月六　过去，农村农历六月初六祭婆官。扎个草把船，秉烛焚香，敲锣打鼓满垅游，在每丘田中，插上纸钱（用小竹竿夹上洒上雄鸡血的纸钱），以驱虫害。流行六月六吃水鱼炖羊肉、公鸡的习惯，以补身健体。

伏　“伏”是炎热的代称。“伏天”是一年中最热的时段，一般在每年的7月上旬至8月下旬（农历六月上旬至7月中旬）的40天时间内。夏至三庚起伏。从夏至日起的第三个庚日是初伏，以后间隔10天是中伏。但末伏必须在立秋以后，故中伏到末伏有的年份间隔10天，有的年份则间隔20天。伏天要吃雄鸡（叫鸡），称“吃伏鸡”。吃伏鸡有清热解毒的作用，有每年吃三次伏鸡（有的用紫苏水闷鸡）可以防止生痱子和疮疖的说法。区内城乡居民夏天吃伏鸡的习俗非常流行，六月的雄鸡是市场的抢手货。

冬至　冬至一般在公历12月下旬，农历十一月下旬，实为进入严冬的开始。冬至日起“九”（从冬至起，每隔九天为一个九），冬至数九歌曰：“一九二九热，三九四九雪，五九六九打春雷，七九六十三，行人路上脱衣衫，八九七十二，黄狗伸出舌，九九八十一，农夫戴斗笠。”在农村，冬至日杀年猪，熏制冬腊肉十分盛行。

大寒　公历1月下旬，农历十二月中下旬，为二十四节气之最末。大寒时为先人整修坟墓，谓之“擢坟”，是区内城乡居民的习惯。

小年　农历腊月二十四称过小年。过去二十三晚上要送灶王爷上天。灶王爷上天向玉帝汇报人间善恶，祭灶神就是要请灶王爷在玉帝前隐恶扬善，多说好话。灶王爷的记性不好，把一年的善恶都记在墙壁和屋瓦上，所以祭灶神之前要“打扬尘”，意在把字迹扫掉，让他找不到原始记录只能说好话。现在小年成为过年的开始，一般外出务工的要在小年之前赶回老家。企业单位要在小年之前把工资、福利和奖金发给职工。

土地生日　民间传说农历二月初二为土地神生日，要备供、烧香、磕头、祝福，祈求土地保佑家境平安。这一习俗主要在农村流行，很多善男信女前去叩拜、燃香。

观音生日　传说观音以其出生、出家、成佛分别有农历二月十九、六月十九、九月十九三个日子。民间大多在二月十九和九月十九进行祈福敬奉，到海会寺、云居寺、妙音寺、崇福寺等佛教场所焚香顶礼膜拜，祈求福祉。

第三节 生产习俗

一、种植习俗

农事种植季节性强。水稻一般“清明下种，谷雨下泥”“二月清明莫在前，三月清明莫在后”。其他春种农作物也多在清明，谷雨前后播种。早稻插秧须在“立夏”之前，有“春田日插日，夏田时插时”的说法。1998年起，双季稻推行塑料软盘抛秧和直播，播种一般都提前到谷雨前后。早稻成熟一般在小暑到大暑节气。收获稻谷，俗称“扮禾”。“小暑小扮，大暑大扮”。双季晚稻在立秋之前插下。从清明开始于霜降这段时间是农村农事最集中的时间，尤以小暑到立秋最忙，抢收抢插，争分夺秒，称之为“双抢”。晚稻收割一般在寒露前后，收完晚稻又要收获山地作物（油茶籽、红薯等）。近年农村推行超级杂交稻，农户考虑种地和外出务工兼顾，大多种一季稻。一季稻一般在芒种下种，小满前插秧，处暑前后收割。20世纪90年代，耕地较少的农户，除雇请牛力外，其余都是个人独立生产。耕地多的农户也有雇请临时帮工和换工的。2000年以后，农业生产机械化程度提高，耕种、收割基本都使用机械，劳动强度大大降低，生产效率显著提高，农民外出务工的时间多于从事农业生产的时间。大部分青壮年劳力外出，常年从事农事的以年长者和妇女为主较为普遍。

二、饲养习俗

养猪 20世纪80年代末90年代初，境内饲养生猪主要优良品种有沙子岭猪、宁乡猪、大围子猪、“二元”杂交猪。农户试点推广饲养瘦肉型猪，实行“三改”（改熟食为生食、改喂单一饲料为配合饲料，改吊架子猪喂养为一条龙式喂养）的饲养方法。1997年后，生猪养殖由专业户向专业大户、集中连片向专业村发展，现代集约化商品生产模式初步形成。2002年，区内形成10条万头生猪生产线。由于生猪养殖业迅猛发展，给环境也造成不同程度污染。2005年起，提出“城中村”退出养猪，“城边村”限制养猪，“城郊村”适当发展庭院式养猪规划，规模养猪场通过建沼气池和推广“三改二分再利用”技术，使环境污染得到有效控制。近年，区内大量繁育的是沙子岭猪、大围子猪。沙子岭猪的特点是头小、嘴短、颈长、背宽、背不凹、耳薄、肚下垂、脚生得直、前后档站得开。这种猪会吃、好喂、长得快，效益大大提高。2005年后，区内已形成农户+协会+公司的生猪养殖模式，生猪产业成为农业生产的主导产业之一。

养狗 养狗是区内农家的传统习惯，用以看家护院。改革开放后，城区市民流行养宠物狗的愈来愈多，马路上、公园中，牵着、抱着狗招摇过市者，时有常见。一般本地土狗以尾向左盘的为好，有“狗尾巴向左，仓门不要锁”的说法。狗是很重情义的动物，不论贫富，一般不会出走。狗无论走到谁家都受欢迎，有“猫来穷，狗来富”之说。过去有狗秽气重、狗肉不能上灶、不能入席之说。人们饮食观念有所改变，以冬吃狗肉为补，强身健体。喂养“菜狗”专业户也逐渐发展起来。

养鸡养鸭 在计划经济年代，农户喂鸡喂鸭是一种家庭副业，一般农户要靠鸡婆鸭蛋卖钱贴补日常生活。2000年后，农民收入普遍增加，养鸡鸭成为改善生活的一种休闲方式；除专业户外，一般农户都是自养自食。偏僻山村的农家鸡不喂饲料，无激素，名曰：“土鸡”，很受市民欢迎，价格也越来越贵，土鸡蛋价格达到每公斤20~30元一斤。城里人视为珍品，传统认为鸡为“德禽”，习惯用雄鸡压邪，故封建迷信活动都要杀雄鸡，取雄鸡血以供祭祀。

三、工匠习俗

境内鲁班殿始建于清乾隆初年，位于十六总自力街，相传鲁班为泥木工的祖师爷，时常有人到殿内朝拜。学艺进师要做进师酒，奉进师包封。三节二生（春节、端午、中秋、师父、师母生日）要送礼。学徒期木工为3年，泥工为1年。出师做出师酒，师傅赠送常用工具一套。木要分为大木和小木，小木做农具、家具，大木专起房屋。起屋时，主家一般办三次酒饭（起首、过门、完垛），完垛时，由掌本的泥工或木工"赞梁"（也有泥工、木工各站一头的），一番客套赞语，祝贺主家吉祥如意。农历五月初三为鲁班生日，入流的泥木工一般要焚香祭祀。近年，城市建筑结构越来越复杂，档次也逐步提高，各种工种配合要求越来越紧密。开发商、项目负责人在工程开工、主体竣工、工程扫尾时也都要杀猪宰羊，以示庆贺和祈求工程平安。

第四节　生活习俗

一、衣着

随着改革开放的深入，生活水平不断提高，人们衣着打扮由简朴、逐渐走向时尚，凸显个性。男性服饰西装、夹克、休闲装日渐流行；女性服饰更是品种繁多，短裙、紧身裤、袒胸露背的衣着已见怪不怪。有的年轻人越穿越少，越穿越露。2000年后，人们服饰更向多样性变化，中式唐装、牛仔裤、西式洋服、现代流行款式品种繁多，层出不穷。中山装逐步退出历史舞台。腈纶、涤纶、尼龙等化纤织物不再为人们看好，讲究穿纯棉、亚麻、毛料、蚕丝等有机纤维布料的人越来越多。佩戴金银珠宝饰品渐成时尚。在商店购买成品服饰，取代裁缝上门缝制衣物，"新三年，旧三年，缝缝补补又三年"的时代已一去不复返。

二、饮食

食制　居民"一日三餐"已成习惯。主食以米饭为主，辅以面食。进入20世纪90年代后，人们生活水平提高，饮食观念改变，上班打工族，早餐均在外面吃米粉、包点、牛奶、油条之类。猪肉以瘦肉为主，不愿要肥肉。2000年后，打工族中餐一般在单位就餐，晚餐才全家团聚。一般注意荤素搭配和营养，食用油多用植物油。在农村，红薯、玉米等杂粮主要用作喂猪饲料，人食之甚少。而当今城市居民则把吃红薯、南瓜、新鲜蔬菜当作时尚养生食品。区内居民爱吃辣椒，餐餐都要辣椒佐饭，不论荤菜、素菜一般都入辣以佐味。剁辣椒、烧辣椒、豆豉辣椒、油淋辣椒、盐辣椒、浸辣椒等多种多样。吃腊味也是人们的一种习惯。区内居民大都爱喝茶，以青茶和绿茶为主。自20世纪90年代起，夜宵摊点在区内逐渐兴起。吃夜宵以中青年为甚，食品多为唆螺、龙虾、鸡爪、鸭掌、羊肉串、臭豆腐、腊味和凉拌时蔬之类，夜宵摊生意兴隆，为都市一道亮丽的风景。

酒席惯例　酒席档次从高到低有鱼翅席、海参席、蛏干席，各种席制菜谱规格严谨。城市居民置办酒席大都放在宾馆、酒店，每桌价格几百上千元。农村酒席一般为海参席。主菜按上桌顺序依次为：湘莲银耳汤、杂烩、羊肉（粉丝）、鱿鱼、鸡、扣肉、元肚、什景、鱼、汤十个主菜。席中上菜推碗有序，空碗不能端走。现在办酒席的菜料品种增加，水鱼、鸭掌、凤爪都成席上佳肴，不受固定菜谱限制，还必加1–2个时鲜蔬菜和水果、面点押席。农村家庭置办酒席一般要由主家选定一人当"兜管"，分设厨房、茶房、饭房和其他。"兜管"用红纸（丧事用白纸）公布名单，分配任务，各司其事。宴席有"安席"之俗，一般在上第三道菜和第四道菜之间，婚事由"兜管"带领新郎、新娘安席。"兜管"作礼节性讲话，新郎、新娘鞠躬致意，并逐席敬酒。丧事则由"兜管"带领，按孝家辈分磕头安席，客人起立答谢。

三、居住

1988-1995年,区内居民居住条件逐步改善。在城区,传统的木板青瓦房、吊脚楼大多已改造成厨卫配套、面积60-80平方米的单元式住宅,大都为6-7层。农村“一担柴”“一把锁”等老式的土筑土砖房大多改建成砖木、砖混结构、生产生活分离的小楼房。1996-2007年,城区旧城改造力度加大,居民住房大有改善,低矮潮湿的棚房逐渐拆除,商住小区鳞次栉比,电梯房高层建筑增多,单位福利房向商品房过渡,面积扩大到90-140平方米不等。居住集中,管理规范,环境更加舒适,各种高档家具和电器配套齐全。在农村,开始向庭院式发展,面积大,功能配套,绿化好,宽敞舒适,生产生活兼顾,为城里人所羡慕。室内家具逐步向适应、时尚发展,组合家具和高档电器已不再是城里人所独有。限于人口集中,土地珍贵,2005年后,由于城区的拓展,城郊村民的房屋拆迁后,集中建设安置小区,逐步向城市化发展。农村盖房讲究吉利顺意、昌盛发达,所以在选址、平基、建造、上梁、装修和搬家过程中有其独特的风俗习惯,坐北朝南、背风向阳、前有照(有水)、后有靠(有山)、出行方便是通常的必备条件。

四、出行

20世纪90年代,区内交通事业迅速发展,交通工具不断更新,公交线路和班次增多,个体客运中巴和的士大量增加;骑自行车的越来越少,摩托车、公共汽车、出租车成为主要的代步工具。城乡家庭普遍有摩托车,部分家庭还购置了小轿车。远程出行一般乘坐火车和飞机。区内有火车站、汽车站,民航售票处,给居民出行带来极大的方便。2000年后,各级政府投入巨资,对城区的主次道路和小街小巷多次进行翻修拓宽硬化改造,道路宽敞平整,给居民生活带来便利。在农村乡村实施“通达工程”,使98%的村和80%的村民组都修通水泥路。

五、交际

20世纪90年代前,人们交际多为走访聚会方式,相距较远者乃采取书信往来。1995年起,程控电话和手机逐渐普及,电话交往增多,书信交往减少。2000年后,互联网陆续进入家庭,年轻人时尚网上交流的越来越多。交际场所由在家庭或单位逐步转向在宾馆、酒店、歌舞厅、茶酒楼进行。随着市场经济的不断深化,交往中称“先生、老板、师傅、女士、小姐”的居多,以“同志”相称的减少。交际中以谈业务做生意为主。雨湖人民热情好客,交往注重礼节。初次见面说“久仰”,好久不见说“久违”。请人批评说“请指教”,求人原谅说“请包涵”或“请海涵”。麻烦别人说“打扰”,向人祝贺说“恭喜”,问事说“请问、请教”,托人办事说“拜托”,称赞人见解高明说“高见”,看望别人说“拜访”,宾客到来说“光临”,陪伴客人说“奉陪”“恭候”,问人名字说“尊姓大名”,早晨相见一般招呼“您早”。日里相见,一般招呼“您好”;路途相遇问“你到哪里去?”“吃过饭了吗?”;赞誉长辈身体称“您老人家真健旺”;辞别时说“吵闹了”“麻烦了”“多谢哒”“失陪哒”;谢主人送别则说“请留步”。平时来往,一般都敬烟、递槟榔、泡茶、呼请坐或留吃饭。

六、其他

嚼槟榔 区内居民嚼槟榔早已成习,形成独特的风俗。槟榔在民间礼仪和社会生活中占有重要地位。有一民谣云:“槟榔越嚼越有劲,这口出来那口进;交朋结友打栾(圆)台,避瘟开胃解油性。”槟榔与烟、酒一样,是主人待人接客、外出办事的一种物品。亲朋好友登门,一口槟榔一支香烟一杯茶成为雨湖区的一种民俗文化。雨湖区加工制造的槟榔品种甚多,销量十分惊人,在湖南鼎鼎有名。酒宴后,嚼口槟榔对去油腻、开胃、助消化确有帮助，但医学专家提醒，过量嚼槟榔也会伤及肠胃，导致发生口腔癌。

舞龙狮　俗称“耍龙灯”“耍狮子”，在区内流行广泛，是城乡群众喜闻乐见的文化体育活动，多在新春佳节、正月十五闹元宵和重大节庆活动中进行。大型表演，龙腾狮舞，配合鼓乐队同时进行，场面十分热烈壮观。区内舞龙狮，富有传统的舞蹈、戏剧、武术、杂技特点，并渗入传统雕刻、绘画、编织、刺绣艺术形象，故事多样，形式多变。还有专门赞龙灯、狮子的，每舞完一个故事，鼓乐停止后，赞歌以“哎”起腔，唱以赞歌赞词，语言通俗、生动，题材广泛，有极强的知识性、科学性、艺术性和趣味性，精彩之处，主家尽情燃放鞭炮，把喜庆热闹气氛推向高潮。

划龙船　每年端午节，民间自发组织龙舟队，募款建造、修复龙舟，组织龙舟竞赛是一项传统的群众体育活动。过去龙舟长度不一，参加人数不少于24人，多达40人。当今竞赛，船标准统一，各方抽签约定对手，在湘江一桥至三桥2公里水面以速度决定胜负。轮番比赛，决出名次，优胜者再参加省和国家、国际龙舟赛。90年代，市民对龙舟赛十分看好，一些单位还以工会出面组织协调和予以资助。观看比赛的市民往往倾家而出，尽兴而归。2000年后，龙舟竞赛船只减少，人们观看的热情逐渐降温。

第五节　宗教信仰

一、宗教活动

1988年，境内有佛教、道教、基督教、伊斯兰教、天主教等五教，宗教活动相对集中，而且比较活跃。专职人员85人，宗教信众1400余人。改革开放以来，公民宗教信仰自由，基督教信众逐年增加。2000年，区政府设立民族宗教事务管理办公室，配合区委统战部共同做好宗教事务管理工作，并在各乡(镇)街道设立宗教联络员。在宗教界广泛宣传国务院《宗教事务条例》，开展“五好宗教场所"和“五好个人”评比活动，提高教职人员的法律意识，调处宗教事务矛盾，打击非法宗教活动。2007年，区内有佛教、道教、基督教、伊期兰教、天主教五大教派活动，合法宗教活动场所12个，有宗教专职人员123人，宗教信众约40000人。其中基督教信众约20000人，占总数的一半。区内设有海会寺、云居寺、崇佛寺、杨泗庙、四面佛、妙音寺7处佛教场所；法雷观、东岳庙、灵宫庙3处道教场所和南盘岭、工农村、杨家湾、锰矿4个基督教集会点，天主教活动场所设人民路326号、伊斯兰教没设集中活动场所。宗教信众半数以上为农村村民、离退休人员和下岗人员。

二、民间信仰

(一)祀神祭祖

清明扫墓、中元接祖、生辰祭奠仍是部分居民的习惯，只是程序简化许多。逢年过节和每月朔望之日(初一、十五)燃香供饭，是较常见的祀神祭祖活动，但这一习俗已逐渐淡化。农历二月十九、六月十九、九月十九祀观音，三月十五祀财神也大有人在。农历八、九月，结伴到南岳进香，既是祀神还愿，也算是旅游休闲。城乡居民，特别是农村的年长者，还保留信奉神灵祀神的传统。至今，部分农家的堂屋仍立有神龛，贴“天地国亲师位”牌位，或立财神、观音、行业祖师神像，也有在进门的右下方立“门神”的。每逢年节和初一、“十一”，燃香、供饭、礼拜，求神灵庇佑宅第平安。命运观念在人们中保留较深，算命先生和风水先生仍有市场。少数人在婚姻、事业始行时找人测字算卦，预测吉凶祸福。建造房屋、安厝墓穴必找风水先生看地看朝向择日破土，企求平安吉利。遇到不顺手、不顺心的事则认为是命不好，甚至把指纹、梦境和眼跳都作为吉凶的征兆。

(二)禁忌

节日禁忌 初一忌扫地，垃圾更不能倒出去，意在不将财宝出外。初一不能看书，因“书”与“输”同音，但要写字，说“初一发笔，万事如意”。正月忌洗被褥，否则会增加病痛。中元祭祖忌来客，认为是增加新鬼。早上不能说“鬼”字，认为不吉利。立春忌泼油、除夕忌打坏器皿和说不吉利的话。春社之日忌动土。

丧葬禁忌 停放死者尸体的地方忌猫狗动物进入。丧事未办完，丧家忌沐浴，临产妇女忌入丧户。

数字禁忌 36为不吉利之数，说是“36上面有一侥，琉璃瓦上晒胡椒”。巫师包封以33为数(或333)，平常交易遇到此数必须少算一点，避开这个数，切忌言明。17认为是背时数，孵鸡如果出17只，认为会时刻梗之于心。9斤4两是死人烧倒头纸的重量，所以94也是忌数。做买卖时，双方都会注意多算或少算一点。

语言禁忌 初一、十五和每天早晨忌谈虎、蛇、鬼、月经、屎尿等可怕或肮脏不祥事物，名叫“放蛋”。如必须要讲则要换其它词代替。

播种禁忌 播种时忌说话和小孩喧闹，撒完种谷忌拍打箩筐。插秧插到放水的口子边要左右各插一蔸，忌中间插一蔸，否则主干旱(实际上是不好排水)。插秧忌从别人手上接秧，说接秧插会生“秧疯子(红肿痒痛)”。

其它禁忌 农村菜园刚生长出来的瓜果忌小孩指点，说指了会脱落。梨子忌分吃，因“分梨”与“分离”谐音。忌孕妇摸小孩的头，说摸了会“走家(方言，走魂)”。忌看动物交配，说看了会“背时”。有孝服在身，忌到别人家做客。民间说话还用一些讳语代替不忍直说或不便直说的事，如：“棺材”说成“千年屋”“料”，死了老人说成“老了人”“登仙”，埋人说成“归山”，死人穿的衣服说成“装曲”，死人穿的鞋说成“寿鞋”，死人盖的被说成“寿被”。上厕所说成“到五号去”或“上洗手间”，买中药说成“捡细茶”，生病说成“不如法”等。

第六节 社会陋俗

一、封建迷信

算命、看相、抽签、测字、求神、拜佛、做道场等封建迷信活动在境内城乡一直存在。部分人电话号码和车牌号码尾字都要选“8”或“6”，忌讳“4”，以求吉利。21世纪开始，这些封建迷信活动较20世纪六七十年代更公开化，人们习以为常，且颇有市场。

二、赌博

20世纪90年代前，居民打牌(麻将、扑克、骨牌、纸牌)多为娱乐。有的打点“小意思”，在0.5-2元不等，政府曾一度予以禁止。但2000年以来，打牌赌博日盛，麻将馆到处可见，掰砣子、攻三、电游、斗地主、三打哈、摇色子等，花样繁多。赌注少则5-10元，多则50-100元，甚至更多。公安部门只能打击赌注较大、影响较为恶劣的赌博活动。对一般赌注较小、影响程度不大的因法不责众而无暇顾及。现在，打牌不赌钱的现象已很少见，小赌注打牌公开化，人们以赌为快。大家感觉不打点“意思(钱)”，就没有味道，无刺激。视赌博为一种休闲、消遣的方式，是市场经济中难以根治的社会陋习。

第三章 社会新风

第一节 孝亲敬老 扶贫济困

中华孝亲敬老之星——谭德华

护潭乡富强村原村副主任、老年协会会长谭德华，弘扬中华美德，把后母当亲妈，三十年如一日精心照料、孝敬后母陆桂芝，使之安享晚年，直至93岁逝世。他还义务行医18年，为1.8万多人次解除病痛之苦；同时，还对贫困人员救助现金1.5万元、物品9000余件。其事迹在当地有口皆碑。2006年10月，64岁的谭德华在全国敬老爱老助老主题教育活动中获“中华孝亲敬老之星”称号。

扶贫济困热心人——傅锡文

湖南华银酒店管理有限公司董事长付锡文，弘扬中华“仁者爱人”传统美德，于2004年成立“华银爱心基金”。一天，他从湘潭电视台得知6岁的女孩哲慧患白血病后，除个人捐款外，还组织员工上街募捐，保障治疗资金的需要，使小哲慧获得新生，赢得社会各界的称赞，多次被评为湘潭市“慈善先进个人”。至2007年的6年中，他共筹集资金200多万元，资助贫困学生200多人。

全国道德模范——杨怀保

湘潭大学学生杨怀保，1985年12月，出生于陕西省汉中市勉县，自幼家境贫寒，12岁便开始挑起家庭重担。10多年来，他历经无数苦难，自强不息，孝老爱亲，勇敢地地承担照顾全家的责任。2003年8月，杨怀保以优异的成绩考入湘潭大学，因其放心不下体弱多病的父母和年幼的弟弟，就读大一时，便将全家人接到身边，“背”着家人读大学。自己勤工俭学照顾家人，帮助数千名大学生突围贫困，并把爱和责任洒向了社会的更多角落。2007年2月，杨怀保被评选为“陕西省十大孝子”。主办单位在他的获奖证书上这样写道：“生活让他过早地成熟，他由此从男孩变成了苦难打不倒的男子汉。在贫困中求学，在艰辛中自强。今天，他看起来依然文弱，但在精神上，他是个强者。”是年9月，杨怀保又被评选为首届“全国道德模范”，在人民大会堂受到胡锦涛、李长春、刘云山等党和国家领导人的接见。他多次深入学校、机关、企业、社区、监狱等地宣扬孝道，号召全社会关爱老人，关心留守儿童等弱势群体。他还为近1万名贫困中小学生带去了励志报告并作为“知心哥哥”参加团省委组织的“春雨行动”等公益活动。并倡导和成立中国孝基金会，任理事长。

第二节 关爱他人 乐于奉献

最美雨湖人——张海防

雨湖区检察院干警张海防，是一个集“孝子、贤夫、慈父”于一身的好男人，一个在事业上每个岗位中都

被评为“优岗”的好检察官。1989年,他的父母先后因食道癌和糖尿病住进了医院。由于大姐、二哥均在外地工作,家中排行老三的他便担负起照顾双亲的责任。母亲病情严重不能起身,海防就一勺一勺地把饭菜喂到母亲口中。父亲大便不畅,憋得难受,他就用手一点一点地将大便抠出来。他一边工作,一边照料父母,长达3年之久,直至父母先后去世。“屋漏又遭连夜雨”。本来,妻子的身体长期不好,胃被切除四分之三。2000年,又被医院确诊为左乳浸润性导管癌。在手术、化疗的日子里,海防操碎了心。妻子每晚都会因背痛难安枕席,而他每次总会用手为疼痛的妻子精心按摩,即使因超负荷的劳累导致手臂肿胀也强忍着并用讲笑话的方式来打消妻子的不安。在家中,海防既要照料患病的妻子,又要细心照看儿子,艰难地支撑着这个家。一家三口,互相鼓励、支持,最终妻子病情好转,儿子也顺利地考上高中。谁知好景不长,2005年1月,妻子小李又患右乳浸润性导管癌,再次住进医院。为了让妻子能吃上可口的饭菜,以增强抵抗力,他忙得不亦乐乎。在家里为读书的儿子准备好饭菜后,就急忙提着保温桶赶往医院,日复一日,年复一年……

导游文花枝车祸大爱礼让游客

2005年8月28日,湘潭新天地旅行社导游文花枝带团出游,在陕西洛川发生车祸,文花枝在车祸中受伤最重,但当施救人员向她走来时,她不忘自己是导游的神圣职责,摇头说:“我是导游,我没事,请先救游客!”在长达两个多小时的救援时间中,文花枝多次昏迷,但她一醒来,就鼓励游客互相帮助,鼓励、加油。文花枝最后一个被救出时,她左腿9处骨折,右腿大腿骨折,髋骨3处骨折,左胸第4、5、6、7根肋骨骨折。由于延误了宝贵的救治时间,医生只得为文花枝做了左腿截肢手术。文花枝先进事迹经报道后,引起社会各界关注和赞誉。曾庆红、李长春、王兆国、刘云山、吴仪等中央领导先后作出批示,号召弘扬文花枝精神,学习文花枝先进事迹。文花枝先后获“全国十大杰出青年”“全国五一劳动奖章”“全国三八红旗手”“全国模范导游员”“全国道德模范”等多项荣誉。2006年8月,鉴于文花枝的高尚品德和感人事迹,驻区湘潭大学对其“特招”,圆了她的“大学梦”。是年,加入中国共产党。2008年,文花枝被湖南省推选为第十一届全国人大代表。2009年9月14日,文花枝被评为100位新中国成立以来“感动中国人物”之一。

第四章　地方语言

第一节　方言词汇

熬菜[ŋɑo˧tsʰai˥] —— 炒菜

鳌[ŋɑo˥]——性格犟

败象[pai˩ɕian˥]——坏习惯

拜码头[pai˥mɑ˨˩˦təu·˧]——拜访豪强或有影响的人物

啜宝[tʂʰo˧˥pɑo˨˩˦]——欺骗

催壶[tsʰəi˧fu˩˥]——烧水的器皿

打伙[tɑ˨˩˦xo˨˩˦]——合伙

打眼[tɑ˨˩˦ŋan˨˩˦]——显眼

带笼子[tai˥ləŋ˩˥tsɿ·˧]——设圈套

单挑[tan˧tʰɑo˧]——个对个比试

电亮[tien˥lian˩]——电灯

吊颈[tiɑo˥tɕian˨˩˦]——上吊自杀

吊手饭、松泛[tiɑo˩tʂəu˨˩˦fan˩、səŋ˧fan˥]——轻松

调口味[tiɑo˩˥kʰəu˨˩˦uəi˩]——逗人玩

丁板[tiŋ˧pan˨˩˦]——砧板

抖抻[təu˨˩˦tʂʰən˧]——帅气

绊哒[pan˥tɑ·˧]——摔倒

呷错了药、绊哒脑壳[tɕʰia˧˥tsʰo˥ta·lio˧˥、pan˥ ta·˧lɑo˨˩˦ko˧˥]——神智混乱

呷蛋[tɕʰia˧˥tan˩]——打零分

臭板[tʂʰou˥pan˨˩˦]——坏规矩

冒得板[mɑo˩tə·˧pan˨˩˦]——没有规矩

蹿塘[tsʰoŋ˧tɑŋ˩˥]——投水

扮式样[pan˥ʂʅ˥ian˩]——出丑

背时[pəi˩ʂʅ˩˥]——倒霉

奔[pəŋ˩˥]——跑

杓子[ʂo˥sɿ˧]——竹制品舀水器物

不统皮[pu˧˦tʰəŋ˦˨pi˨˩]——不明智

擦板[tsʰɑ˧˦pan˦˨]——洗衣板

蝉铃子[ʂan˨˩lan˨˩sɿ˧]——知了

唱梦[tʂʰo˥məŋ˨˩]——做梦

扯白[tsʰɑ˦˨pəi˧˦]——撒谎

扯谈[tʂʰɑ˦˨tan˨˩]——闲聊

短阳寿[toŋ˦˨ian˨˩ʂəu˦˨]——短命

屙屎屙尿[o˧ʂɿ˦˨o˧niɑo˨˩]——撒屎尿

老太爷、爷老倌[lɑo˦˨tʰai˥iə˨˩][iɑ˨˩lɑo˦˨koŋ˧]——父亲

了难[liɑo˨˩nan˨˩]——帮人家了结冤仇

灵泛[liŋ˨˩fan˥]——聪明

流矢[ləu˨˩ʂɿ˥]——马上

路数[ləu˨˩səu˥]——套路、办法

哈气[xɑ˦˨tɕʰi˥]、韶气[ʂɑo˨˩ tɕʰi˥]、宝气[pɑo˦˨tɕʰi˥]、哈利油[xɑ˦˨li˥iəu˨˩]——傻气

木脑壳[mo˧˦lɑo˦˨kʰo˧˦]——不聪明、

白眼字[pʰɑ˥ŋan˦˨tsɿ˨˩]——错别字

黄土县[oŋ˨˩tʰəu˦˨ɕien˨˩]——阴间

鸡毛眼 [tɕi˧mɑo˨˩ŋan˦˨]——夜盲症

夹垛[tɕiɑ˨˩to˨˩]——表述不清

劲为[tɕiŋ˥uəi˨˩]——故意

近觑子[tɕin˨˩tsʰi˥sɿ˧]——近视眼

酒盏[tsiəu˦˨tsan˦˨]——酒杯

抠鬼[kʰəu˧˦kuəi˦˨]——吝啬鬼

抠痒[kʰəu˧ian˦˨]——挠痒

来神[lai˨˩ʂən˨˩]——来劲

劳枉[lɑo˨˩uɑŋ˦˨]——辛苦

称吼[tʂʰəŋ˧xəu˧]——称霸

二百五[ɛ˦˨pai˨˩u˦˨]——头脑不大清醒、说话做事尽出洋相的人

烦躁[fan˨˩tsʰɑo˥]——心烦

咯样[ko˧˦ian˦˨]——这样

刮毒[kuɑ˧˦təu˨˩]——狠毒

惯势[kuan˥ʂɿ˥]——溺爱

光饼[kɑŋ˧piŋ˦˨]——光头

光头[kuɑŋ˧təu˨˦]——比喻考试打零分

黑火[xai˨˦xo˦˨]——熄火

瞟白眼[pʰiɑo˦˨pʰɑ˥ŋan˦˨]——斜视眼

七七八八[tsʰi˨˦tsʰi˨˦pɑ˨˦pɑ˨˦]——不正经

窃牯子[tsʰiə˥ku˦˨sʅ˧]——小偷

青眼[tsʰian˧ŋan˦˨]——色眼

轻铁锅子[tɕʰiŋ˧tʰiə˨˦ko˧sʅ˧]、镔铁炉锅[piŋ˧tʰiə˨˦ləu˨ ko˧]——铝锅

氭咖哒[ian˨kɑ˧tɑ˧]——软了

神经[ʂən˨tɕiŋ˧]——有精神病

甩格[ɕyai˦˨kai˨˦]、摆格[pai˦˨kai˨˦]、甩阔[ɕyaikʰo˨˦]——比阔气

运神[yn˥ʂən˨]——想、思考

水老倌[ɕyə˦˨lɑo˦˨koŋ˧]、水婆婆[ɕyə˦˨po˨po˧]——生活作风不正经的青年男女

造孽[tsɑo˩niə]——可怜

炭气[tʰan˥tɕʰi˥]——不精明

探白[tʰan˥pai˨˦]——管事

堂客[tɑŋ˨kʰə˨˦]——妻子

体面[tʰi˦˨mien˧]——漂亮

剃脑壳[tʰi˥lɑo˦˨kʰo˨˦]——剃头

天光[tʰien˧kɑŋ˧]——天亮

统麻的[tʰəŋ˦˨mɑ˨ti˧]——很差

慈菇子[tsʅ˨ku˥tsʅ˧]——荸荠

手把子[ʂəu˦˨pɑ˥tsʅ˧]——手臂

砣兴[to˨ɕiŋ˥]——拳头

养崽[ian˦˨tsai˦˨]——生孩子

要得[iɑo˥tiə˨˦]——可以

岳母娘[io˨˦mo˦˨nian˨]——岳母

岳老子[io˨˦lɑo˦˨tsʅ˧]——岳父

家娘[kɑ˧nian˨]——婆婆

郎崽子[lɑŋ˨tsai˦˨tsʅ˧]——女婿

细伢子[tsi˥ŋɑ˨tsʅ˧]——小孩

结巴子[tɕiə˨˦tsʅ˧]——口吃

油鼓子[iəu˨ku˦˨tsʅ˧]——油壶

越劲[yə˨˦tɕiŋ˥]——更加

攒劲[tsan˦˨tɕiŋ˥]——使劲

打筋斗[tɑ˦˨tɕin˧təu·˧]——翻跟头

绳子衣[ʂən˩˨tsɿ·˧i˧]——毛线衣

白炭[pəi˨˦tʰan˥]——木炭

现饭子[ɕien˦˨fan˨˩tsɿ·˧]——剩饭

塑料普通话[so˨˦liɑo˥pʰu˦˨tʰəŋ˧xuɑ˨˩]——生硬普通话

做东[tsəu˥təŋ˧]、坐东[to˦˨təŋ˧]、为东[uəi˩˨təŋ˧]——请客

捡篓子[tɕien˦˨ləu˦˨tsɿ·˧]——得便宜

檐老鼠[ien˩˨lɑo˦˨ɕy˨˩]——蝙蝠

麻拐[mɑ˩˨kuai˦˨]——青蛙

羊咪咪[ian˩˨mi˥mi˥]——蜻蜓

天螺头[tʰien˧lo˩˨təu·˧]——蜗牛

树垮箕[ɕy˨˩kʰuɑ˦˨ɕi·˧]——树枝

腿子[tʰəi˦˨tsɿ·˧]——情人

哑喉[ŋɑ˦˨xəu˩˨]——不说话

罗拐[lo˩˨kuai˦˨]——脚踝

线车子[xien˥tʂʰə˧tsɿ·˧]——自行车

寿器[ʂəu˨˩tɕʰi˥]——棺材

打间卦[tɑ˦˨kan˥kuɑ˥]——捣乱、干扰别人

摸罗拐[mo˧lo˩˨kuai˦˨]——拍马屁

搭帮[tɑ˨˦pɑŋ˨˩]——幸亏

灰面[fəi˧mien˨˩]——面粉

挂脑壳[kuɑ˥nɑo˦˨kʰo˨˦]——猪头

猫乳[mɑo˧y˨˩]——腐乳

灰屑子[fəi˧ɕiə˨˦tsɿ·˧]——垃圾

顿蔸[tən˥təu˧]——开始、下决心

油盐坛罐[iəu˩˨ien˩˨tan˩˨koŋ˥]——形影不离的朋友

捡场[tɕien˦˨tʂɑŋ˩˨]——收拾、开始

怂门[tsʰən˦˨mən˩˨]——推门

戳拐[tsʰo˥kuai˦˨]——使坏

打流[tɑ˦˨ləu˩˨]——流浪、游荡

扯显子[tʂʰɑ˦˨ɕien˦˨tsɿ·˧]——闪电

讨堂客[tʰɑo˥tɑŋ˩˧kʰəi˧˦]——娶妻

昷汆子[uən˥mi˨˩tsɿ˧]——扎猛子、潜水

究清的[tsəu˥tsʰiŋ˧ti˧]——很清

刮浑的[kuɑ˧˦fən˧ti˧]——很浑浊

血红的[ɕyə˥xəŋ˩˧ti˧]——鲜红的

贡黄的[kəŋ˥uɑŋ˩˧ti˧]——很黄

掼绿的[tiŋ˥ləu˧˦ti˧]——很绿

墨黑的[miə˥xai˧˦ti˧]——很黑

寡白的[kuɑ˥˧pai˧˦ti˧]——很白

令光的[liŋ˥kuaŋ˧ti˧]——很光

溜圆的[ləu˥loŋ˩˧ti˧]——很圆

刮粗的[kuɑ˨˩tsʰəu˧ti˧]——很粗糙

焦干的[tsiɑo˧kan˧ti˧]——很干

醮湿的[tsiə˥ʂʅ˩˧ti˧]——很湿

瘪旧的[pʰiə˥tɕiəu˨˩ti˧]——很旧

巴酽的[pɑ˧nien˨˩ti˧]——很浓

畔臭的[pʰɑŋ˧tʂʰəu˥ti˧]——很臭

沁甜的[tsʰin˥tien˩˧ti˧]——很甜

窊苦的[ua˥kʰu˥˧ti˧]——很苦

令燥的[liŋ˥tsɑo˧ti˧]——很干燥或声音高亢

在雨[tsai˨˩y˥˧]——淋雨

起大奔[tɕʰi˥˧tai˨˩pəŋ˩˧]——快跑

坯子[pʰəi˧tsɿ˧]——块头

打啵[tɑ˥˧po˥]——接吻

扁担鬼[pien˥˧tan˥kuəi˥˧]——搬弄是非的人

夜摸子[iɑ˨˩mɑ˥tsɿ˧]——小偷

辵白子 [tʂʰo˧˦pəi˧˦tsɿ˧]——骗子

松构[sən˧kəu˥]——融冰

样范[ian˥˧fan˥]——模样

执古[tʂʅ˧˦ku˥˧]——做事过于细致、刻板

溜扎[liəu˥tsɑ˧]——利索（动作迅速）

咯当[ko˧˦tɑŋ˥]——这里

那当[lai˧˦tɑŋ˥]——那里

别当[pʰiə˦taŋ˧]——别处

在处[tsai˩tɕy˧]——到处

远当[yən˥taŋ˧]——远处

近当[tɕin˩taŋ˧]——近处

高头[kɑo˧təu˧]——上面

脚头[tɕio˦təu˧]——下面

夷的[i˩˧ti˧]——怎么

夷解[i˩˧kai˥˩]——为什么

竟为[tɕiŋ˥uəi˧]——故意

咹罗[an˩lo˧]——对的、是的

呆滞[ŋai˩˧tʂʅ˥]——不灵泛，不灵活

霸蛮[pa˥man˩˧]——坚持，固执

扳俏[pan˥tɕʰiɑo˥]——摆谱

打破[tɑ˥pʰo˥]——极力劝阻、反对

底岸[ti˥ŋan˩]——把握

失格[ʂəi˦kai˦]——丢丑

受摁[ʂəu˩ŋən˥]——受委屈

斗把[təu˥pa˥]——故意作对、开玩笑

筐瓢[kʰuɑŋ˧piɑo˩˧]——失误

你侬家[n˥lən˧kɑ˧]——您老人家

他侬家[tɑ˧lən˧kɑ˧]——他老人家

劲鼓擂哒[tɕiŋ˥ku˥˩ləi˩˧tɑ˧]——很来劲，兴奋得过头

爱煞巴人[ŋai˥sɑ˧pɑ˧in˧]——逗人喜爱，特别可爱

巴不连得[pɑ˧pu˧lien˧tiə˧]——求之不得

利霸[li˥pɑ˥]——做事有劲，又快又好

哦嗬喧天[o˥xo˧ʂəŋ˧tʰien˧]——人声鼎沸

挑是递非[tiɑo˧ʂʅ˩ti˥fəi˧]——挑拨是非

好呷懒做[xɑo˥tɕʰiɑ˦lan˥tsəu˥]——好吃懒做

趁机乱它[tʂən˥tɕi˧loŋ˩lo˩˧]——乘机乱来

神不能通[ʂən˩˧pu˧nəŋ˧tʰəŋ˧]——思想行为不合常理、头脑不清醒

奇里古怪[tɕi˩˧li˧ku˥kuai˥]——非常奇怪

人情南北[in˩˧tsiŋ˩˧nan˩˧pəi˦]——送礼往来

第二节　谚语、歇后语

一、谚语

亲戚不亲戚,萝卜三百钱一担。

师公子斗法,病人吃亏。

拿人的手短,吃人的嘴软。

茄子不开虚花,细人子不讲假话。

不在被窝里钻,不晓得被窝有好宽。

就汤下面,趁热打铁。

人要真心,火要空心。

好狗不咬鸡,好汉不打妻。

娘亲舅大,爹亲叔大。

活到八十八,莫笑跛和瞎。

问人不施礼,多走三十里。

三更想自己,五更想别人。

天天来客不穷,夜夜做贼不富。

不懂装懂,一世饭桶。

读不尽的书,杀不尽的猪。

聪明齐颈,要人提醒。

说你长,不要笑;说你短,不要跳。

远亲不如近邻,近邻不如对门。

细时不蓄,大了是根毛楠竹(作不得用的)。

吃不穷,用不穷,划算不好一世穷。

天上落雨地下流,夫妻吵架莫记仇。

冬吃萝卜夏吃姜,不用郎中(医师)开药方。

千补万补,不如饭补。

千层纱,万层纱,难当四两烂棉花。

头对风,暖烘烘;脚对风,请郎中。

聚钱犹如针挑土,用钱犹如水推沙。

睡前热热脚,胜过吃补药。

不气不愁,活到白头。

大蒜是个宝,常吃身体好。

笑一笑,十年少;愁一愁,白了头。

开水多喝,胜似吃药。

病来如山倒,病去如抽丝。

凡事要好,须问三老。

行要好伴,居要好邻。
若要身体好,天天起得早。
病从口入,祸从口出。
五月金,六月银,错过时光无处寻。
锄头底下生黄金。
一日之计在于晨,一年之计在于春,一生之计在于勤。
星子稀,晒死鸡;星子密,戴斗笠。
交秋脱伏,鬼都晒发哭。
月光生毛,大水滔滔。
一日黄沙三日雨,三日黄沙九日晴。
太阳笑,淋破庙。
四月八(农历),滴一滴,洞庭湖里开大坼(缝)。
红光反照,晴天可靠;反照黄光,明日狂风。
梭子云,有久晴;馒头云,晒死人。
初一落雨满天红,初二落雨到月中;
早雨不过中,晏雨落到鸡上笼。
东虹日出西虹雨。
云走南,雨成潭;云走北,雨冇得;
云走西,雨凄凄;云走东,燥松松。
乌云盖东,不是雨就是风。
先打雷,后落雨,难当一场大露水。
有雨四方亮,无雨顶上空。
秋发南,雨成潭;秋发北,晒死勒(荆棘)。
早散红花,等水烧茶;晚散红花,晒死蛤蟆。
天上起了钩钩云,三五日内雨淋淋。
西北黑云生,天雨必有风。
天上起了鲤鱼斑,明日晒谷不用翻。
一日南风扫,三日狗进灶(指冬季)。
重阳天雨看十三,十三无雨倒冬晴。
小暑南风十八朝,吹得山中竹叶痨(指夏季)。
冬雾晴,春雾雨、夏雾涨大水。
三月三,九月九,无事莫到江边走。
中秋云遮月,雨打上元大了。
纯翻船也只脚背深的水。
乌龟背时壳背时。
山穷出石头,人穷出力气。
屋满锅破,一时难过。
三担牛屎六篼箕。

赚钱姜嚒饭,失本吃咸鱼。
当面叫哥哥,背后摸傢伙。
人不走时运,讨个堂客夜夜病。
笃了梅香(丫环),丑了姑娘。
呷菜要呷茄子,对堂客要对麻子。
少爷是自己屋里喊起来的。
装三根香,打九个尾,菩萨不做声,自己也过不得意。

二、歇后语

牙刷没毛——尽是板眼
三十夜里打草鞋——假忙子忙
半天云里吹喇叭——哪里哪里
飞机上挂水瓶——高水平
叫花子耍雪——穷快活
王木匠斗猪栏——撬口不开
阶基上架铺——外房(行)
吃苋菜屙红屎——通红(行)大屎(市)
屁眼边上生疖子——阴毒
豆腐掉到灰里头——吹不得,拍不得
和尚有头发——人做成的
草帽子冇得边——顶好
驼子作揖——起手不难
娭毑死在楼上——下不得地
黄泥巴掉在裤裆里——不是屎也是屎
阎王老子开饭铺——鬼来
瞎子打堂客——松不得手
麻子打粉——嫌少不怕多
壁上挂团鱼——四脚无靠
麻拐(青蛙)打哈欠——好大的口气
嘴上冇毛(胡须)——做事不牢
竹篮打水——一场空
肉包子打狗——有去无回
和尚打伞——无法(发)无天
鸭婆子下秧田——头一回
脚踩西瓜皮——溜到哪里算哪里
麻布袋绣花——底子太差
屙屎扯地菜——一事两搭界
茅屋里安寿星——不能配

满妹子咳嗽——无痰(谈)

烧开水粘锅——干什么都背时

第五章　婚姻家庭

第一节　婚　姻

“洞房花烛夜”,幸福的婚姻是人生中的第一大喜事。1988-1992年,境内婚姻状况相对稳定。男女双方自由恋爱,虽然有的是媒人介绍,有的是在婚姻介绍所相识,但只是牵线搭桥。只有相互认识、了解,条件成熟后,才登记结婚。5年中,登记结婚14410对,登记离婚1170对,离婚率为8.12%。

1993年始,伴随着改革开放的进行,人民生活条件的改善,也不可避免地形成了许多社会问题。少数人社会道德观沦丧,很多婚姻受到第三者的侵扰,主要包括“婚外情、婚外性行为”等。这种婚外变行为、不忠行为就成了危及婚姻稳定的一种因素。至1997年的5年中,区内登记结婚8855对,登记离婚1710对,离婚率达到19.31%,比上个5年增长11.18%。

1998年起,离婚率逐年上升。是年,区内登记结婚1744对,登记离婚512对,离婚率为29.36%。特别是“80后”的年轻一代中,由于婚姻的放任心态和我行我素的心理,很多人把结婚和离婚当成儿戏。导致“周三领红本(结婚证)、周五办绿本(离婚证)”的潮流出现。究其原因:节外生枝(婚外恋、第三者插足);容颜老去;家务劳动导致纠纷;独生子女的自私劣性;婆媳矛盾;家庭暴力。一些情侣婚前和睦恩爱、相处多年,而婚后却突然无法容忍对方,导致关系破裂。至2007年的10年中,区内登记结婚23089对,登记离婚7867对,离婚率高达33.89%,比1988-1992年的5年中增长25.30%。

第二节　家　庭

1988年,随着经济的发展,人口大规模流动,社会结构发生很大变化,家庭开始呈现结构简化、规模缩小的态势。

1990年,境内共有家庭户87115户,户均人口3.27人。其中一人户6534户,占总户数7.5%;二人户19426户,占总户数22.3%;三人户26222户,占总户数30.1%;四人户20820户,占总户数23.9%;五人户10279户,占总户数11.8%;六人户2352户,占总户数2.7%;七人户957户,八人户370户,九人户98户,十人及以上户57户。总户数中,一代户17074户,占总户数19.6%;二代户40683户,占总户数46.7%;三代户29183户,占总户数33.5%;四代户175户,占总户数0.2%。

2000年,区内二人户、三人户成为家庭户的主体,一代户、二代户增加,空巢家庭、留守家庭、隔代家庭日渐增加,一对夫妇供养一个独生子女和老年人退休后独立居住成为婚姻家庭的主体,家庭规模小型化,家庭结构简单化,家庭类形多元化成为家庭形态变化的趋势。是年,全区有家庭户104426户,户均人口3.3人。其中一人户8771户,占总户数8.4%;二人户23419户,占总户数22.43%;三人户43973户,占总户数42.11%;四人户16374户,占总户数15.68%;五人户8312户,占总户数7.96%;六人户2245户,占总户数2.15%;七人户755户,八人户347户,九人户128户,十人及以上户102户。总户数中,一代户27464户,占总户数26.3%;二代户61820户，占总户数59.2%；三代户14672户，占总户数14.05%；四代户470户，占总户数0.45%。一代户、二代户分别比1990年增长6.7%和12.5%。

2007年，全区家庭户共115118户，户均人口3.22人。其中一人户9094户，占总户数7.9%；二人户25441户，占总户数22.1%；三人户52148户，占总户数45.3%；四人户16922户，占总户数14.7%；五人户8288户，占总户数7.2%；六人户2034户，占总户数1.77%；七人户729户，八人户278户，九人户95户，十人及以上户89户。总户数中一代户32949户，占总户数28.6%；二代户66308户，占总户数57.6%；三代户15541户，占总户数13.5%；四代户320户，占总户数0.28%。一代户、二代户继续成为家庭结构的主体。

20年中，全区总人口增加93892人，总户数增加35041户。户型缩小，户均人口减少0.05人。二人户、三人户成为家庭户的主体，一代户、二代户增加，一对夫妇抚养一个独生子女和老年人退休后独立居住成为社会家庭的主体。

第二十三篇　乡镇街道

第二十三篇　乡镇街道

第一章　乡　镇

第一节　长城乡

长城乡位于雨湖区西南部，东与先锋乡、昭潭乡、窑湾街道接壤，北与羊牯塘街道、湘潭县塔岭乡、响水乡相连，西与湘潭县泉塘子乡毗邻，南临湘江、涟水，总面积24平方公里。1988年，全乡辖犁头、新月、石基、工农、立云、白云、高坪、和平、砂子、洪桥、红旗、羊牯、上新、卫星、花园、繁荣等16个村，156个村民小组。2007年，乡辖16个行政村，161个村民小组，总户数5941户，总人口22791人。其中，农业户5710户，农业人口22070人。乡耕地面积880.16公顷。其中水田666.62公顷，旱地42.49公顷，水面166.67公顷。乡机关驻潭邵路5号。

一、经济

1988年，完成工业产值2218.8万元，农业产值2164万元，实现社会消费品零售总额666.038万元。粮食总产量5121.85吨，蔬菜上市3999.05吨，生猪出栏37871头，鲜鱼上市313吨，家禽出笼65014羽。完成全年应征农业税27万元；乡级财政收入47.34万元，农民人均年纯收入731元。乡办企业24家，村办企业16家，个体工商户376户，合作工商户48户。1990–1992年，在稳固联产承包责任制的基础上，实施农业产业结构三年规划优化调整。1994年，完成工业产值6526万元、农业产值2966.6万元，粮食总产量达7388吨；完成全年应征农业税27.8万元，财政收入383.93万元，农民人均年纯收入1290元。是年，前店后厂的长城工业小区兴建，占地面积6.8万平方米，投入资金300万元；小区内有乡办企业14家，从业人员1500多人。1996年，开发建设犁头、和平、红旗3个蔬菜专业村，发展卫星村13.34公顷小水果基地。启动乡办企业“政企分离”改革。1997年，全乡农民人均年纯收入3500元，达到省级小康验收标准。18家乡直集体所有制企业实行改制。组建长城乡农村合作基金会，实现融资1248.94万元。1998年，完成工业产值1.46亿元，比1994年增长124%；完成农业产值1.42亿元，是1994年的4.7倍；粮食总产量9090吨，完成财政收入613万元，农民

人均年纯收入3568元，分别比1994年增长23%、61.2%、177%。是年，乡办企业29家、村办企业29家，个体工商户1299户，从业人员5991人。1999年，以繁荣、白云、高坪、立云、羊牯等村为主的402公顷高效农业示范片被选为市优质稻示范区。乡农村合作基金会并入农村信用社。

2000年，湘潭槟榔大市场在和平村创办。征用土地1.79公顷，开发建设青山桥皮鞋工业园。2003年，羊牯基地被省蔬菜办公室授予"无公害蔬菜基地"称号。2004年，乡投资271万元，硬化改造道路近9公里；新建沼气池247个。市电力设备有限公司在立云村征地1.07公顷，从浙江引资400余万元，用于技术改造和生产厂房扩建；投资1000多万元，占地面积1.2万平方米，拥有130多个商业门面的广盛公五交化市场开业，该市场吸纳100多户品牌总经销商和各地商贾，成为功能配套齐全的五金专业综合性市场。投资1000余万元的砂子岭农机大市场对外招商。2005年，引进项目8个，总投资7800万元，实现投资2600万元；引入内资4558万元，固定资产投入1.94亿元。2006年，年销售收入500万元以上规模企业达9家。

2007年，乡办企业完成改制。完成工业产值7.92亿元，农业产值3亿元，比1998年增长442%和111%。社会消费品零售总额达4.55亿元，粮食总产量达8633吨，蔬菜上市3.24万吨，生猪出栏24.09万头，鲜鱼上市1650吨，家禽出笼48.5万羽，蛋品52吨。工商户1463家，从业人员7696人。乡级财政收入2092万元，农民人均年纯收入8930元，比1998年增长241%和150%。

二、社会

1988年，乡有中学2所，教职工48人，学生1511人；小学10所，教职工108人，学生3021人；卫生院1所，3个门诊部，设床位26张，医护人员 33 人；敬老院1所，工作人员3人，收养16人。乡出生人口387人，计划生育率89.69%，人口出生率19.38‰，人口自然增长率14.02‰。五保户43户，45人，乡民政部门发放人平口粮折价20元；有贫困户134户，全年发放临时救济金1.44万元。1990年，实现校校无危房。1991年，实施九年制义务教育。1992年，自来水改水2576户，乡村通公路54.5公里，村村通电话。1995年，乡组织资金120万元，对1200米长、13.9万立方米土方的沿江大堤实行加固，同时完成团结渠、丰产垅、宋樟线渠道维修，40口山塘改造等小型水利工程。乡农技站先后获"省百强农科教中心""省农技示范站""市十佳农技站"称号。1996年，乡获"1995-1996年度湖南省社会治安综合治理先进单位"称号。1999年始，募集社会捐款为贫困户新建房屋12栋，维修房屋20多栋，资助贫困学生40余人。

2000年6月，乡组织"长城号"龙舟队参加湖南省首届龙舟大赛湘潭赛区比赛获一等奖。2003年，第一批24户享受城市最低生活保障金，保障金为每户每月50-120元。2004年，乡投资130余万元对乡敬老院进行扩建和改造，改造后的敬老院共收养45人。乡卫生院投入资金67万元，改造中心门诊部、羊牯和高坪两个基层门诊部，添置医疗设备。2005年，191人享受农村最低生活保障，每人每年享受最低生活保障金200-300元。2006年，月塘中学投资21万元，新建一栋4层教学楼。实施以道路、水利、电力、生态能源为主体的农村综合改造项目，农户改水、改灶、改厕、改栏比例达50%。16个村均建有健身场地，是年，获评全国"亿万农民健身周活动先进乡"称号。

2007年，乡有中学2所，教职工61人，学生360人；小学5所，教职工82人，学生1290人；幼儿园4所，幼教职工52人，入托幼儿438人；卫生院1所，设床位31张，医护人员28人；敬老院1所，工作人员3人，收养45人。出生人口228人，计划生育率93%，人口出生率9.9‰，人口自然增长率5‰。乡享受城市最低生活保障户72户，每户每月享受最低生活保障金90-280元；享受农村最低生活保障户285户315人，每人每年享受最低生活保障金360-800元。

第二节 先锋乡

先锋乡位于雨湖区北部，东与护潭乡相接，南与广场街道及昭潭乡毗邻，西与长城乡接壤，北与湘潭县响水乡相连，总面积6.9平方公里。1988年，乡辖金塘、中心、桐梓、建新、先锋5个村和1个综合农场，60个村民小组。2007年，仍辖5村1场60个村民小组。乡总户数3507户，总人口10890人；其中，农业户2047户，农业人口9306人。耕地面积161.07公顷。其中，水田104.40公顷，旱地56.67公顷。乡机关驻高岭路10号。

一、经济

1988年，全乡完成工业产值943万元，农业产值650万元，社会消费品零售总额140万元，乡级财政收入20.5万元，农民人均年纯收入701元。乡办企业34家，村办企业4家；个体工商户23户，从业人员1385人。1992年，完成农业产业结构三年优化调整规划目标任务。1993年，乡工业产值2437万元，农业产值3980万元，社会消费品零售总额370万元，乡级财政收入130.9万元，农民人均年纯收入1000元，分别比1988年增长158%、512%、164%、538.54%、43%。乡办企业37家，村办企业8家；个体工商户47户，从业人员2019人。1998年，乡工业产值4891万元，农业产值4022万元，社会消费品零售总额580万元，乡级财政收入537.23万元，农民人均年纯收入3500元。乡办企业58家，村办企业12家；个体工商户81户，从业人员2413人。2000年，乡、村办企业先后实行改制。同时扩大外引内联，星达机电有限公司与上海电机厂合作开发机电新产品。2003年，乡完成工业产值2.2亿元，农业产值0.89亿元，实现社会消费品零售总额1700万元，乡级财政收入916万元，农民人均年纯收4800元。乡办企业达到90家，村办企业60家；个体工商户108户，从业人员3677人。2005年，招商引资实际到位资金5124万元，比2003年增长141.24%。

2007年，乡完成工业产值6.22亿元、农业产值1.32亿元、实现社会消费品零售总额2601万元，分别比2003年增长183%、49%和53%。粮食总产量达1475吨，蔬菜上市13775吨，食用菌上市60吨，生猪出栏9.2万头，家禽出笼15.14万羽，鲜鱼上市450吨。实现乡级财政收入1673.3万元、农民人均年纯收入8987元，分别比2003年增长83%和87%。是年，乡有非公有制企业45家，从业人员900余人。

二、社会

1988年，乡有中学1所，小学4所，教职工68人，学生882人；卫生院1所，设床位5 张，医护人员3人；敬老院1所，工作人员3人，收养28人。全乡出生人口97人，计划生育率98%，人口出生率12.3‰，人口自然增长率8.1‰。五保户21户37人，乡民政部门发放人平口粮折价20元；贫困户60户，全年发放临时救济金1.5万元。是年，成立乡农业广播学校，负责对农民实施农业技术培训。1993年2月，全国妇联主席彭珮云在省长陈邦柱的陪同下来先锋乡，对乡计划生育工作给予高度评价，并为之题词"计生先锋"。1994年，乡政府筹资130多万元为永红小学建成一栋4层的综合楼，一栋6层12套间的宿舍。1995年，永红小学迁入新址并更名为金桥小学。1996年，乡政府投资54万元新建1栋两层楼房的乡敬老院，可收养80人。

2000年，五保户17户24人，民政部门发放人平口粮折价20元；贫困户30户，发放临时救济金3万元。2003年，桐梓小学合并到金桥小学。乡有154户享受城市最低生活保障金，每户每月50-120元。2004年，由村民组成的桐梓村农村交谊舞队先后赴长沙、江苏泰仓等地演出。乡政府投资75万元对乡敬老院进行改扩建，新增1栋两层楼房。改扩建后，有工作人员12人，收养102人。2005年12月，中心村获司法部、民政部授

"全国民主法治示范村"称号。

2006年12月,先锋中学撤销,在原址建雨湖区青少年校外活动中心。2月,中心小学并入江麓小学。乡有小学2所,教职工25人,学生440人。幼儿园2所,幼教职工21人,入托幼儿258人。敬老院1所,工作人员20人,收养60人。乡出生人口121人,计划生育率100%,人口出生率12.9‰,人口自然增长率8.9‰。183人享受农村最低生活保障,每人每年享受最低生活保障金800元。281人享受城市最低生活保障金,为每户每月220元。是年,乡政府利用国债配套资金启动卫生院扩建工程,新建乡卫生院大楼,占地面积0.78公顷,建筑面积1320平方米。扩建后,设床位50张,医护人员20人。此外,另有村级卫生室5家,私人诊所50余家。

第三节　护潭乡

护潭乡位于雨湖区东北部,东临湘江,南与云塘街道、城正街道相接,西与先锋乡桐梓村、金塘村毗邻,北与响水乡金井村、和平村、星沙村接壤,总面积4.2平方公里。1988年,乡辖湘竹、渔业、文昌、悦星、永红、富强、红星、繁城8个行政村,村民小组88个,总户数4228户,总人口14670人。其中,农业户4093户,农业人口14271人。耕地377.47公顷,以种植水稻和蔬菜为主,水面61.33公顷。1995年10月,与新疆乌鲁木齐二工乡缔结为友好乡。1998年,原繁城村立新组、福新组村民以及其他转户居民共600多人组成繁城新村居委会,土地面积5.23公顷。2000年,繁城新村居委会与繁城村合并。至2006年,行政区划没有变化。2007年,乡辖湘竹、渔业、文昌、悦星、永红、富强、红星、繁城8个行政村,村民小组94个,总户数5172户,总人口15781人。其中,农业户3575户,农业人口11500人。全乡耕地293.80公顷,以蔬菜种植为主;水面57.54公顷,乡机关驻杨家湾繁湖路1号。

一、经济

1988年,全乡完成工业产值2974万元,农业产值2164万元,实现社会消费品零售总额1785 万元;稻谷总产量1722吨,蔬菜上市13120吨,出栏生猪3.4万头,鲜鱼上市210吨,家禽5.36万羽。乡级财政收入114万元,农民人均年纯收入800元。工业企业169家,个体工商户216户,从业人员1408人。1991年,繁城村民主组村民陈术生在0.1公顷土地上采用地膜覆盖、小拱棚种植、遮阳网移栽新技术,生产出蔬菜品种20个,年收入7000多元,被评为省、市"科技示范户"。1993年,完成工业产值6451万元,农业产值3155万元,社会消费品零售总额2253万元,乡级财政收入284万元,农民人均年纯收入1108元,分别比1988年增长1.2倍、46%、26%、149.2%、38.5%。是年,稻谷总产量1537吨,蔬菜上市17337吨,出栏生猪4万头,鲜鱼上市245吨,家禽6.3万羽。1994年6月,湘江发生大洪水,洪峰水位两次超过40米,10月,乡政府动员全乡人民出钱出力整修大堤。1997年,乡政府在全乡树立科技示范户40户,推广遮阳网1万米,2003植物激素410包,两季杂交稻46.67公顷。市第一造纸厂引进新型日用纸生产线,繁城锅炉控制设备厂引进日本20吨油炉控制柜。乡财政投资20万元启动农机厂,创办年产值600万元的炼钢厂。1998年,完成工业产值3.81亿元,完成农业产值24661万元,实现社会消费品零售总额2864万元,财政收入855万元,农民人均年纯收入3600元。稻谷总产量1115吨,蔬菜上市28002吨,出栏生猪4.9万头,鲜鱼上市366吨,家禽9万羽。是年,市政府授予护潭乡"小康乡"称号。

2000年,湘竹村成为大棚蔬菜种植示范基地;富强村成为生猪生产基地;繁城村自力组养鸡专业户李颖军全年出笼土杂鸡8.2万羽,乌鸡0.9万羽,创产值95.5万元,获纯利7.85万元。乡政府将建设千栋大棚特早熟白毛肉丝瓜生产基地作为科技兴农的又一重大项目。5月29日，以色列蔬菜专家迈克尔·默查夫教授到文昌、湘竹两村考察白毛肉丝瓜基地。2003年，完成工业产值4.86亿元、农业产值66289万元、实现社会消费品零售总额3.14亿元、乡财政收入1408万元、农民人年均纯收入4830元，分别比1998年增长27%、1.7倍、10倍、64%和34%。稻谷总产量2204吨，蔬菜上市34000吨，出栏生猪5.6万头，鲜鱼上市342吨，家禽18.5万羽。以湘竹基地为依托创建省级无公害蔬菜基地，注册和推出"文昌阁"牌系列无公害蔬菜。2006年，蔬菜面积由260公顷发展到340公顷；建起湘竹村塑料大棚蔬菜基地，湘竹、文昌、悦星丝瓜基地和富强、红星、永红水藕基地。

2007年，完成农业产值1.36亿元，比2003年下降79%；完成工业产值2.06亿元，社会消费品零售总额3.91亿元，乡级财政收入1663万元，农民人均年纯收入8970万元，分别比2003年增长3.2倍、25%、18%和86%。稻谷总产量2823吨，蔬菜上市31050吨，出栏生猪9万头，鲜鱼上市330吨，家禽21万羽。工商户1954户，从业人员5774人。是年，乡获市政府颁发的"水利建设十强乡镇"奖牌；在全市2005-2007年农村工作目标考核中获第一名。

二、社会

1988年，乡有中学1所，教职工56人，学生427人；小学5所，教职工65人，学生1512人；卫生院1所，设床位16张，医务人员14人；敬老院1所，工作人员3人，收养6人。出生人口318人，计划生育率64%，人口出生率22.1‰，人口自然增长率12.5‰。幼儿园8所，入园幼儿160人，幼师16人。1989年1月31日，一辆大客车因故障停在铁路叉道上，正在巡逻的雷雨平等4名基干民兵奋力将车推出铁道，列车与大客车相撞的恶性事故得以避免，受到市政府通报表彰和奖励。1992年，乡文化站达到省二级标准。1993年，各村成立护村队，有队员78人。护村队成立后，偷菜偷鱼等现象得到遏制。11月，司法部授予红星村黄国民"全国模范人民调解员"称号。1994年，乡、村两级投资67.8万元，对湘江、富强、人民3所小学的部分教室、礼堂、宿舍进行改造。1995年，乡投入34.8万元，加上村民捐资和征收教育费附加共集资300万元，先后重建富强、湘江小学两栋教学楼，总面积3400平方米；新建教师宿舍，建筑面积1000平方米。1996年，乡投资200多万元，重新装修护潭中学五层教学大楼及修建250米环形跑道。基本普及九年义务教育及扫除青壮年文盲，达到省验收标准。1998年，学龄儿童入学率达100%。乡文化技术学校成为市级示范乡（镇）成人文化技术学校。乡文化站设有舞厅、录像厅、万册图书室各1个，电影队2支，文艺宣传队10支，婚丧服务队3支，铜管乐队1支，被省文化厅授予"百强乡镇文化站"称号。

2000年，市政府授予乡"科教兴农先进乡镇"称号。繁城学校并入熙春路学校。2002年，353人开始享受城市低保，共发放低保金5.63万元。2003年6月28日，乡举办第一届农民运动会。是年，红星小学因生源不足撤销。全乡学龄儿童入学率达100%。乡政府推行乡、村卫生一体化，实行分级管理。乡设立6个村级卫生室，卫生室以预防保健为重点，兼及小伤小病的治疗。乡参加基本医疗保险80人，享受居民最低生活保障798人。2005年，全乡201人开始享受农村低保，发放低保金8550元。省残联授予乡"全省残疾人工作先进单位"奖牌。国家体育总局授予乡"2001-2004年度群众体育先进单位"称号。2006年7月1日，乡举办第二届农民运动会。10月，富强村谭德华在全国敬老爱老助老主题教育活动中获"中华孝亲敬老之星"奖。

2007年，乡有中学1所，教职工44人，学生158人；小学3所，教职工45人，学生546人；幼儿园6所，幼教职工132人，入托幼儿773人。学龄儿童入学率达100%。卫生院1所，设病床13床，医护人员8人；敬老院1所，工作人员3人，收养7人。出生人口241人，计划生育率95.5%，人口出生率11.8‰，人口自然增长率

5.1‰。乡参加新型农村合作医疗2860人;享受城市低保765人,发放低保金11.79万元;享受农村低保276人,发放低保金1.21万元;大病救助16人,发放救助金3.7万元,解决残疾人临时救助资金2.28万元。建起乡、村、组、户四级科教网络,8个农业科技咨询服务点,7个科技示范村。

第四节 昭潭乡

昭潭乡位于雨湖区中部,东邻解放路,南接窑湾街道,西连长城乡和平村,北临先锋乡及江麓机械厂,总面积2.5平方公里。1988年,乡辖广场、楷树园、烟竹、高标、许家铺、建城6个行政村,村民小组36个,总户数1925户,总人口5877人;耕地(旱地)面积24.97公顷,林场果园(柑橘)面积8.67公顷,渔场水面4公顷。1992年,乡所有村民成建制转户变成城市居民,但仍有部分居民从事蔬菜种植及养殖业生产。2007年,仍辖上述6个村,村民小组36个,总户数2164户,总人口6874人。尚有少量零散耕地。乡机关驻南盘岭路口东南侧。

一、经济

1988年,乡完成工业产值1579.46万元,农业产值452.71万元,实现社会消费品零售总额8344万元。乡级财政收入63.9万元,农民人均年纯收入838.58元。乡办企业21家,从业人员855人。是年,企业始行"递增包干、超收全留""定额上缴""基数包干、超收分成""租赁经营""股份制"等承包方式,进行经济体制改革。制粉一厂在全国首届食品博览会上获铜奖。上市蔬菜3000吨,生猪1.8万头,鲜鱼210吨。1989年,乡工业企业在完善承包方式的基础上,实行风险抵押承包。1991年,乡投资200万元兴建全市第一家仿古茶楼鹤鸣楼、第一家米市,投入85万元建设西大门市场。投入30多万元新办湘港旅游鞋厂。1992年,筹集资金350万元,将韶山西路侧南盘岭至砂子岭的临街旧门面改造,新建一条长750米、面积为9000平方米的商业街。同时,筹集资金210万元,用于企业更新改造和新产品开发。是年,昭潭化工厂试制生产硝酸铅,填补湘潭市化工产品的一项空白;橡胶厂试制成功彩色仿皮底,获市、区科技进步奖;新产品开发、创收1290万元,实现利润72万元。1993年,完成工业产值1.01亿元,实现社会消费品零售总额2.23亿元,乡级财政收入328.2万元,农民人均年纯收入1980元,分别比1988年增长2.39倍、1.67倍、4.13倍和1.36倍。有乡办企业21家,从业人员980人。是年,昭潭饭店与香港顺达贸易公司合资开办湘潭金豪大酒店,引进港资700万元进行装修改造;为加快第三产业发展,乡投入110多万元,企业、村、个人投入200多万元,在原西大门市场兴办湘潭市西大门物资调剂拍卖市场。第六酱厂生产的白龙牌酱油荣获"93年省科技兴湘新技术产品金奖"。1994年,白龙牌酱油和白猪鬃均获得国优金奖。筹资65万元,将停车场、旅游鞋厂改建成糖酒副食市场一区、二区。创办的湘潭市建筑装饰材料市场,营业面积5000平方米,有商铺120个,是全市唯一的大型建材批发市场。1995年,又先后筹资800多万元兴建建筑装饰材料市场、糖酒副食批发市场等并陆续投入使用;同时投资60万元重建雁凌云、鹤鸣楼酒家及金豪大酒店并正式营业。猪鬃厂被湖南省经贸委、省统计局评为"全省经济活力百强企业"。1996年,商贸特区工程公司投资1200多万元,建起一个占地面积0.267公顷、建筑面积1.5万平方米、拥有399个门面的全省最大的机动车辆配件市场。1997年,乡办企业猪鬃厂、塑料厂、铸管厂、工程公司进行股份制试点。乡政府与湘潭经济贸易实业总公司共同投资建设的湘潭旧货市场(国家级)列入国家试点,享受有关政策优惠。1998年,完成工业产值1.46亿元,实现社会消费品零售总额4.88亿元,乡级财政收入749万元,农民人均年纯收入4600元。乡办企业19家,从业人员749人。

2000年,招商引资2000万元,技改投入3000万元。年内,晨辉化建研制的具有国际先进水平的ABS合金管材管件，在第二届中国高新技术成果交易会上签订1300万元的供货合同；昭潭化工厂开发的D-650聚铣胺树脂，填补国内空白。2002年，闲置多年的昭潭饭店引资400万元，更名为金鑫宾馆，重新开业；引进长沙家乐福建材超市，完成灯饰城、陶瓷城、五金城的建设。2003年，完成工业产值2.06亿元、实现社会消费品零售总额7.15亿元，乡级财政收入1416万元，农民人均纯收入6270元，分别比1998年增长41.10%、46.52%、89.05%和36.30%。2004年，乡投入资金1000多万元，完成糖酒市场二期改造工程，建成后经营门面200个，营业面积6800平方米。2006年，引进新立矿山、天人谷业等工业和农产品加工规模企业。

2007年，全乡完成工业产值2.99亿元、社会消费品零售总额11.95亿元、乡级财政收入1443万元、农民人均纯收入9892元，分别比2003年增长45.15%、67.13%、1.91%和57.77%。有企业12家，从业人员421人。

二、社会

1988年，乡有小学3所，教职工49人，学生1154人；幼儿园1所，幼师24人，入托幼儿150人。乡图书馆1个，藏书近万册。全乡出生人口156人，计划生育率66.7%，人口出生率26‰，人口自然增长率18‰。1991年，实施九年义务教育。1993年，市、区、乡三级政府共投资200万元，征地0.23公顷，扩建广场中心小学，新建1栋4层、面积3000平方米的教学楼。年内，乡政府制定《关于村民养老补贴的实施办法》，584人享受该项补贴，共发放养老补贴42万元。1996年，广场中心完小通过省“两基”验收。年内，区、乡两级政府投资200万元扩建许家铺学校。区属韶西逸夫小学在乡范围内兴建。1998年，乡成立4个村级卫生室，有医护人员12人。

2000年，金星小学撤销，师生分流至广场中心小学和许家铺小学。塑料厂、化工厂为全厂职工加入社会统筹保险。2002年，阳光山庄先后获“湖南省城市物业管理优秀小区”“省级园林示范小区”称号；广场中心小学进行英语实验教学。2003年，因土地征收，乡幼儿园撤销。2004年，广场村引进市老年人活动中心，金鑫宾馆引进780万元开发鑫巴厘娱乐城。317户享受城市最低生活保障金，共发放保障金38万元。2005年，349户享受农村最低生活保障，共发放最低生活保障金和生活补助58.4万元。2006年，启动农村合作医疗，建立村民健康档案，全乡有1975户、5854人参加合作医疗。

2007年，乡范围内有小学3所，教职工130人，学生2727人。幼儿园8所，幼教职工199人，入托幼儿1276人；村级卫生室4个，医护人员12人。乡有多功能的文化活动室和图书馆各1个；4个村均办有农家书屋，并有文化活动室及电视、投影音像等设备。出生人口120人，计划生育率100%，人口出生率17‰，人口自然增长率10‰。年内，乡第十一届一次人大会议通过养老补贴修订方案，提高村民养老补贴发放标准；全乡享受养老补贴的604人，共发放养老补贴49.7万元；享受城市最低生活保障金395户，共发放保障金87.9万元。

第五节　楠竹山镇

楠竹山镇位于湘潭市西北部，地处湘潭县、湘乡市、韶山市交界处，距市中心25公里，是一块为雨湖区所管辖但不与本区毗连的“飞地”，东、南、西、北分别与湘潭县云湖桥镇立新村、楠竹村、北岸村和清风村接壤，总面积8.9平方公里。

1988年，楠竹山镇原为楠竹山街道，辖云湖桥、盛家山、联合3个居民（家属）委员会和罗金塘1个村民委员会，有居民小组391个，居民 1278户；村民小组5个，村民171户；总人口4428人（江南机器厂未计算在内），其中，农业人口519人。1993年，撤街建镇，辖爱国一村、爱国二村、爱国三村、爱国四村、爱国五村、新桥村、勤俭村、楠竹山村、丁字村、永丰村、盛家山、云湖桥、联合13个居民委员会和罗金塘1个村民委员会，有居民小组3216个，居民10849户；村民小组5个，村民201户；总人口27124人（江南机器厂计算在内，下同）。

其中,农业人口618人。2001年,原联合居委会更名为大屋湾社区居民委员会。2003年,全镇辖爱国、楠竹、丁字、永丰、新桥、团结、云湖桥、盛家山、大屋湾9个社区居委会和罗金塘1个村委会,有居民小组3284个,居民11712户;村民小组5个,村民219户;总人口 28876人,其中,农业人口703人。2007年,仍辖上述居委会和村委会,有居民小组3286个,居民11724户;村民小组5个,村民243户;总人口29778人,其中,农业人口797人。镇政府机关驻楠韶路30号。

一、经济

1988年,街道完成工业产值54.5万元,农业产值83.79万元,社会消费品零售总额104万元,财政收入3.6万元。有街办企业7家,村办企业2家;从业人员251人。个体户23户,从业人员102人。罗金塘村有粮食播种面积10.67公顷,总产3.63吨,蔬菜上市253吨,出栏生猪590头,鲜鱼上市9吨;村民人均年纯收入801元。1991年,楠竹山建筑工程队成立,从业人员21人。1993年,撤街建镇后,完成工业产值228.26万元,农业产值348万元,社会消费品零售总额203.82万元,分别是1988年的4.19倍、4.15倍和1.96倍。是年,有镇办企业9家,村办企业2家,从业人员260人;个体户28户,从业人员119人。罗金塘村全年粮食总产4.56吨,蔬菜上市302吨,出栏生猪690头,鲜鱼上市9.6吨;村民人均年纯收入1200元。1996年,镇财政收入首度突破50万元大关,收入60万元;村民人均年纯收入2500元。1998年,完成工业产值4000万元,农业产值216万元,实现社会消费品零售总额1100万元;财政收入90.3万元。分别是1988年的73.4倍、2.57倍、10.58倍和25.1倍。有镇办企业9家,村办企业2家,从业人员292人;个体户36户,从业人员132人。罗金塘村全年粮食总产7.3吨,蔬菜上市560吨,出栏生猪880头,鲜鱼上市11吨;村民人均年纯收入4000元。

2000年,《楠竹山镇城镇总体规划》经评审获得通过。2002年,完成税收360万元。2003年,完成工业产值5820万元,农业产值288万元,实现社会消费品零售总额2600万元。2004年,工商税收完成582万元,比2002年增长61.67%。2005年,总投资211万元的罗金塘村综合大楼建成投入使用。2006年,新增湘潭恒欣实业有限公司、湘潭嘉顺机械制造有限公司、湘潭华盛桥隧钢构有限公司3家规模企业。年内,经省级专业部门探明,楠竹山镇煤炭资源储量164.8万吨。

2007年,完成工业产值1.34亿元,农业产值750万元,实现社会消费品零售总额6270万元,村民人均纯收入9100元,财政收入299万元,分别是1998年的3.35倍、3.47倍、5.70倍、3.3倍和2.28倍。有企业15家,从业人员450人;个体户48户,从业人员135人。罗金塘村全年粮食总产13.5吨,蔬菜上市1100吨,出栏生猪1100头,鲜鱼上市16吨;工商税收完成720万元,比2004年增长23.71%。年内,按照区委、区政府"一园多区"的发展构想,成立楠竹山镇工业小区,小区面积1万平方米,入驻企业11家。2007年4月,省政府办公厅授予楠竹山镇"湖南省级重点镇"称号。

二、社会

1988年,境内有中学或中等专业学校2所,小学2所,幼儿园1所;共有教师113人,学生3770人(含江南机器厂职工子弟),入托幼儿210人。除有江南机器厂职工医院外,另有江南门诊部、楠竹山卫生所,共设床位50张,医务人员18人。1992年,全年发放优抚救补款3965元,社救款1538元。1993年,全年发放优抚费4900元,完成募捐2293元,出售社会有奖募捐5万元。楠竹山卫生所升格为卫生院,设床位23张,有医务人员15人。1995年,全年发放优抚救补款4165元,社救2538元。1996年,发放各项优抚救济金8000多元。年内,投入13.6万元为楠竹山学校建成1栋四层全新教学大楼。1997年,楠竹山镇劳动管理站成立。

2000年,出生人口238人,计划生育率99.26%,人口出生率1.5‰。2002年,被命名为"市级文明镇"。2003

年，镇文化站被省文化厅命名为“全省百强文化站”。2004年，有低保户1351户，2858人，享受低保金额16.56万元。2005年，投入60万元新建文化体育项目江南水上乐园。2006年，镇卫生院获“省百家诚信单位奖”，院长贺爱媛(女)获得“省百位诚信人物奖”。

2007年，镇有中学1所，教职工87人，学生771人；小学1所，教职工65人，学生1276人；幼儿园2所，幼教职工59人，入托幼儿321人。有休闲广场、俱乐部、体育中心、游泳中心；江南医院设在镇区，另有江南门诊部、镇卫生院各1所，床位75张，医护人员60人；民营医院诊所5家，民营药店7家。是年出生人口179人，计划生育率99.25%，人口出生率1.5‰。有低保对象806户、1513人，全年发放低保金170万元，享受低保人口占全镇总人口的5%。实现再就业950人，有劳动能力失业人员就业率80%。

第六节　鹤岭镇

鹤岭镇位于湘潭市北部，距市中心13公里，是一块不与本区毗连的“飞地”，因该地岭上常有白鹤栖息得名。东邻湘潭九华经济开发区，南连湘潭县响水乡，西与宁乡道林镇、湘潭县响塘乡接壤，北与望城县坪塘镇毗邻，总面积6.7平方公里。

1988年，鹤岭镇原为鹤岭街道，下辖红旗、八角亭、跃进、果沙、白冲、冷水冲6个居民(家属)委员会和七亩村1个村民委员会，有居民小组130个，居民4266户；村民小组4个，村民195户；总人口17500人，其中农业人口702人。1993年，撤街建镇，仍辖红旗、八角亭、跃进、果沙、白冲、冷水冲6个居民(家属)委员会和七亩村村民委员会，有居民小组130个，居民4713户；村民小组4个，村民213户；总人口18963人，其中，农业人口732人。1994年-2006年，行政区划没有变化。2007年，仍辖上述居民(家属)委员会和村民委员会，有居民小组125个，居民7473户；村民小组4个，村民238户；总人口19399人，其中，农业人口877人，有耕地28.88公顷。镇机关驻锰城南路。

一、经济

1988年，街道完成工业产值363.4万元，农业产值253万元，实现社会消费品零售总额186万元，财政收入39.9万元。七亩村全年粮食总产244.5吨，蔬菜上市600吨，出栏生猪1800头，鲜鱼上市5吨，村民人均年收入1003元。有街办企业4家，居委会办企业13家，村办企业3家，从业人员300人；个体户20户，从业人员65人。1989年，市原纸油毡厂生产的“双鹤”牌油毡连续3年获得“省优质产品奖”。1990年，组织400余人上七亩村荒山植树造林1.6万余株。1993年，撤街建镇后，有镇办企业6家，从业人员180人；个体户106户，从业人员450人。完成工业产值680万元，农业产值271.2万元，社会消费品零售总额252 万元，分别比1988年增长87%、7.2%和35.5%。七亩村全年粮食总产量259吨，蔬菜上市698吨，出栏生猪2113头，上市鲜鱼6.4吨。1996年，个体户118户。1998年，完成工业产值800万元，农业产值352万元，实现财政收入225万元。社会消费品零售总额347万元。分别是1988年的2.21倍、1.39倍、1.87倍和5.64倍。集体企业全部完成改制。个体户112户，从业人员 500人。七亩村全年粮食总产量278吨，蔬菜上市713吨，出栏生猪3500头，上市鲜鱼8.5吨。村民人均年收入3680元。

2000年，实现税收325万元。2001年，个体经济发展较快，占全镇总产值的48.7%。2002年，城乡居民人均可支配收入达2818元。2003年，完成工业产值5530万元，农业产值430万元，社会消费品零售总额达2800万元，分别比1998年增长5.91倍、22.16%和7.07倍。有企业30家，从业人员6700人；个体户130户，从业人员600人。七亩村粮食总产量304.7吨，蔬菜上市702吨，出栏生猪4300头，鲜鱼上市10.4吨。村民人均年收入达4500元。2004年,镇内始有华业电解锰有限公司、汇丰合金有限公司两个规模以上企业。2005年,镇财政税收完成1025万元。2006年,规模以上企业8家,规模以上工业产值25260万元,规模以下工业产值3556万元,招商引资(内资)到位4710万元。

2007年,完成工业产值2.95亿元,农业产值546万元,实现社会消费品零售总额5751万元,财政收入248万元,分别是2003年的5.33倍、1.26倍、2.05倍和1.10倍。有企业50家,从业人员3900人。个体户160户,从业人员890人。七亩村全年粮食总产量323.5吨,蔬菜上市735吨,出栏生猪4800头,鲜鱼上市12.8吨。村民人均年收入达9835元。

二、社会

1988年,境内有中学2 所,教师 115人,学生1058人;小学3所,幼儿园4所;除湘潭锰矿职工医院外,镇内另有鹤岭街道卫生院1个,共有床位171张,医务人员144人。出生人口326人,计划生育率99%,人口出生率12.8‰。1989年,湘锰小学被湖南省爱国卫生运动会委员会授予"湖南省文明卫生单位"称号。1990年,全年小学升学率100%,初中升学率达78%。1991年,湘锰中学杨拙获省青少年航模比赛第一名、全国第八名。1995年,红旗社区江敏全家代表湘潭市参加湖南省"红豆杯"小家庭文艺会演荣获二等奖。湘锰中学宋皓荣为湖南省高考文科状元。1996年,由湘潭锰矿职工医院改建的湘鹤医院被授予"湖南省文明卫生单位"称号。1997年,鹤岭镇被评为"湘潭市治安模范镇"。1998年,湘潭市居民最低生活保障在镇内启动,首批享受最低生活保障的户数10户16人,月发放最低生活保障金合计1280元。年末,享受最低生活保障的户数19户、29人。是年,区、镇对教育投入资金20.63万元,用于购置电教设备、房屋建筑和维修等。1999年,红旗社区江涛获"中日青少年书法大赛"金奖。

2001年,鹤岭镇被省文化厅授予"百优群众文化艺术镇"称号。2004年,全民健身活动获得省体育局表彰。2003年,817户享受城市最低生活保障金,保障金为每户每月156元。2005年,全镇19人享受农村最低生活保障,每人每年享受最低生活保障金672元。果沙社区被湖南省民政厅授予"全国创建和谐社区先进社区居委会"称号。2006年,鹤岭镇被确定为湘潭市重点建设的小城镇。12月,果沙社区被中华人民共和国老龄工作委员会授予"全国敬老模范社区"称号。

2007年,有中学1所,教师74人,学生972人;小学1所,教师59人,学生1080人;幼儿园5所。九年义务教育覆盖率实现100%。除湘鹤医院外,有鹤岭卫生院1个,另有民营医院诊所3家,民营药店7家。出生人口135人,计划生育率99.5%,人口出生率8.12‰。享受城市最低生活保障1760户4229人,总金额38.62万元,月人均91.32元;享受低保人口占全街总人口的23%。有11户18人享受农村最低生活保障,每人每年享受最低生活保障金1260元。实现再就业1044人,有劳动能力失业人员就业率95%。有残疾人376名,208户残疾家庭享受低保,月享受金额共2.4万元。扶助80名残疾人脱贫,推荐42名残疾人走上就业岗位。

第二章 街 道

第一节 广场街道

广场街道位于雨湖区西北部,东与云塘街道相邻,南与中山路街道、昭潭乡相接,西与长城乡、窑湾街道交界，北与先锋乡毗邻，总面积6.2平方公里。1988年，街道有和平、高岭、金塘、韶山路、广新、南盘岭6个居委会，居民小组135个，居民4438户14503人。另有西塘村未设居委会，设村民小组1个，人口212人。1991年，设立西塘居委会。2002年，撤销广新居委会，将其分成两部分，分别并入和平社区与西塘社区居委会。2006年，街道接收驻街部分破产改制企业的社会事务。2007年，街道有和平、韶山路、高岭、金塘、南盘岭、西塘6个社区居委会，居民8355户23476人。另有江麓机械厂尚未完全移交的5个社区居委会，人口1.8万余人。街道办事处驻解放北路马坡里5号。

一、经济

1988年，完成工业产值85万元，农业产值33.12万元，实现社会消费品零售总额街道143.26万元，财政收入8.9万元。街办企业7家，居委会办企业3家，从业人员221人；商业服务网点11个，其中街办4个，居委会委办7个，从业人员54人。街办企业实行不同形式的承包责任制。1991年，新增街办企业8家，从业人员405人；街道商业网点发展到19个，从业人员89人。1993年，街道兴办兴资经济贸易公司，开业9个月即实现销售收入百万元，新增效益近5万元。是年，完成工业产值284.5万元，实现社会消费品零售总额305.7万元，分别比1988年增长234.64%和113.88%。1998年，完成工业产值650万元，实现社会消费品零售总额766.5万元，分别比1993年增长128.47和150.73%。财政收入248.5万元。有街办企业7家，居委会办企业8家，从业人员 421人；商业服务网点46个，其中街办19个，居委会委办3个，从业人员218人。

2000年，街道集体所有制企业改制，仅剩11家，从业人员220人；新增民营企业15家，从业人员271人。2001年，街道招商引资100万元。2003年，有企业22家，从业人员680人；商业服务网点52个，从业人员302人；完成工业产值4000万元，实现社会消费品零售总额1100万元，财政收入365.4万元。招商引资400万元。

2007年，完成工业产值1.95亿元，实现社会消费品零售总额6000万元，财政收入386.2万元，分别为2003年的4.88倍、5.45倍和1.06倍。集体所有制企业改制全部完成。全街有民营企业46家，从业人员1208人；商业服务网点85个，从业人员521人。招商引资2000万元，同比增长87%。固定资产投资4000万元，同比增长69%。完成工商税入库904万元，同比增长5%。

二、社会

1988年，境内除有广播电视大学等高校外，有中学1所，教职工24人，学生413人；小学2所，教职工35人，学生650人；幼儿园2所，入托幼儿89人。除江麓机械厂职工医院设在街道外，有卫生院1所，设床位8张，医护人员7人；敬老院1所，工作人员8人，供养12人。文化体育设施有江麓职工俱乐部、江麓体育场等。当年计划生育率100%，人口出生率9.6‰。1992年，街道计划生育率、晚育率、节育率全部达到100%。1994年，有10家驻街单位获省级“文明卫生单位”称号。1995年，街道获“全省殡葬工作年度先进单位”称号。1998年，城市最低生活保障工作开始启动，当年审核落实符合低保政策的123户179人，人均每月发放最低生活保障金44.5元，共发放低保金9.55万元。1999年，成立南盘岭社区服务下岗女工钟点工服务社，为下岗女工再就业探索新模式，省市新闻媒体对此予以报道。

2001年4月23日，时任省委书记杨正午等领导考察南盘岭社区家政服务、老年陪护及消毒中心，对广场街道城市居民自治工作给予高度评价；2002年9月23日，杨正午等和全省14个地州市的负责人到南盘岭社区钟点工服务社考察参观。2003年，金塘社区被评为全省年度最充分就业社区。

2007年，街道范围内有中学1所，教职工88人，学生358人；小学2所，教职工80人，学生1128人；九年义务教育覆盖率达到100%。有幼儿园2所，幼教职工90人，入托幼儿620人；敬老院1所，工作人员8人，供养

72人。医疗机构有市第五人民医院、江麓医院、雨湖区卫生防疫站;民营医院(诊所)20家。街道无自立卫生院,江麓医院为定点的卫生服务中心。当年出生人口248人,计划生育率100%,人口出生率8.5‰。街道范围内网吧、歌厅、酒吧、报亭、书摊渐多,每个社区都有文艺宣传队。江麓广场、运动场、篮球场等处早晚有群众自办的多项健身活动。全街享受低保救助的居民达到1410户3180人,人均每月发放104.3元,全年发放低保经费总额397.82万元;享受低保人口占全街总人口的13.54%。新修南盘岭小学至二轻中专的道路500米;为小街小巷安装60多盏路灯,马坡里路、何家湾路成为文明街。

第二节 中山路街道

中山路街道地处雨湖区中东部,东北以解放路为界与平政路、雨湖路街道接壤,东南临湘江,北至韶山西路与广场街道毗邻,西与昭潭乡、窑湾街道相连,总面积1.97平方公里。1988年,街道辖大庆、大码头、迎宾、民主、兴建坪、换新、自力、绿化、商业、朝阳、大湖、湘建12个居委会,居民小组156个;居民10142 户,人口34018人。1994年,原属于昭潭乡广场村的部分村民户划入中山路街道,成立坝子塘居委会。2001年7月,街道13个居委会合并调整为9个社区居委会。即鲁班殿、龙子巷、自力、大码头、罗祖殿、湘建、迎宾、坝子塘、大湖社区居委会。撤消商业、朝阳、兴建坪、绿化4个居委会。2007年,街道辖鲁班殿、龙子巷、自力、大码头、罗祖殿、湘建、迎宾、坝子塘、大湖社区居委会,居民小组164个,居民11235户,人口36147人。街道办事处驻中山路330号。

一、经济

1988年,街道完成工业产值419.23万元,实现社会消费品零售总额396万元。有街办企业8家,居委会办企业24家;三产企业3家,从业人员540人。财政收入56万元。1989年,市变压器厂实行承包责任制。市童服厂生产的"金鸡食兜"布衫,在全国轻工业产品展销会上获金奖。翌年该厂获轻工业部授予的"全国开发儿童用品新产品先进企业"称号。1991年,街道企业普遍推行承包责任制,引进一批技术管理人才。五金翻砂厂与市政公司、利废加工厂与市废旧回收公司实行联营。1993年,完成工业产值850万元,实现社会消费品零售总额480万元,分别是1988年的2.03倍和1.21倍。街办企业8家,居委会办企业12家,三产企业3家,从业人员540人。因市场竞争激烈,自身生产规模小,大部分居委会办企业陆续停产歇业。1994年,市眼镜一厂、中山包装厂倒闭,五金翻砂厂解散,3家企业职工均作一次性安置。街道新办矿山成套电器设备厂、市塑料模具厂两家企业,引进中联日化厂1家企业。1995年,引进中山集团公司。1997年,中联日化厂生产的种子杀虫剂,三氯强氨剂获全国农业优质产品银奖。1998年,完成工业产值3724万元,实现社会消费品零售总额3652万元,财政收入135.68万元,分别为1988年的8.89倍、9.23倍和2.42倍。有街办工业企业5家,居委会办企业2家,商业企业2家,从业人员315人。市变压器厂生产的JS9系列节能变压器进入"九五"全国电网改造专用产品系列。1999年,该厂产值突破1000万元,上缴利税80万元,成为街道第一家产值过千万元的规模企业。

2000年,市变压器厂改制成为民营企业并搬迁至河东吉安路,与街道脱离隶属关系。2003年,完成工业产值3500万元,实现社会消费品零售总额3485万元。有工业企业4家,商业企业2家,从业人员270人。2004年,街道创造条件,相继引进米兰婚纱、海阔天空茶楼、七彩阳光开发商、湘里人家、湘里我家等企业,协助华银歌城创建开业,牵头组建开发中山路小商品一条街、解放南路餐饮一条街,当年新增税收148万元。湖南海洋生物公司投资470万元购进两台德国先进生产设备,年产值达4800万元。2005年,引进株洲开发商将原湘潭军分区旧址开发建设为新型的居民住宅小区，新建商品房9栋。2006年，引进投资2500万元，将原市一酱厂改造成集餐饮、娱乐、住宿、茶酒为一体的大型娱乐休闲中心，安置就业145人，新增税收86万元。湖南海洋生物公司整体搬迁至易俗河工业园后，脱离与街道的隶属关系。

2007年，完成工业产值739万元，比2003年下降78.89%；实现社会消费品零售总额7836万元，比2003年增长1.25倍。有民营工业企业3家，商业企业2家，从业人员254人。财政收入165.12万元。是年，引进威利咖啡、金角湾宾馆、涂氏小杯茶、帝都宾馆、安利公司湘潭分部等企业。

二、社会

街道属老城区，辖区内有湖南省重点文物保护单位始建于元代的庙宇海会寺和清乾隆年间的古建筑鲁班殿。1988年，境内有3所中学，2所小学，1所幼儿园，有教职工473人，学生4296人，入托幼儿103人；有大湖影剧院、人民电影院等文化设施。除湘潭市中医院、省建三公司职工医院设在街道外，有卫生所1个，共有床位124张，医务人员139人。敬老院1所，工作人员5人，供养18人。1989年，成立湘潭市第一家街道法律事务所。1990年，湘潭市二医院迁入辖区。1993年，民主新村居委会人员黄凤楼因积极投入民事调解工作，被授予"全国义务调解工作模范"称号。1995年，街道获"湖南省计划生育工作先进单位"称号。1996年，街道基本扫除青壮年文盲。1997年，人民路学校更名为白石学校，敬老院改为福利旅社。是年，湘潭市居民最低生活保障在街道启动，享受最低生活保障户260户、635人，全年共发放低保金97万元。

2002年，大湖社区建成槟榔市场一条街，年创税97万元，新安置342人就业，社区主任杨新民获省政府颁发的"模范就业领头人"称号。是年，享受最低生活保障户435户1273人，全年发放低保金175万元。2003年，坐落于辖区内、占地26.2公顷的白石公园建成并对外开放。街道文化站组织成立湘潭京剧活动艺术中心，推选张学高、张永清代表湖南省参加在天津举办的京剧艺术《和平杯》表演赛，获优秀表演奖，并应邀参加中央电视台春节晚会录制播放。2005年，街道社保站提供就业岗位1183个，安置下岗失业人员1101人，68人申请获得小额担保贷款。

2007年，辖区有中学2所，教职工226人，在校学生4291人；小学1所，教职工99人，在校学生2139人；幼儿园3所，幼教职工93人，入托幼儿530人。市级医院3所，社区卫生服务中心1所，民营医院(诊所)6家，民营药店4家。出生人口268人，计划生育率100%，人口出生率5‰。享受最低生活保障户976户275人，发放低保金485万元，享受低保人口占全街总人口的15.1%。帮助特困户24户，帮扶金额3.5万元。实现再就业2708人，有劳动能力人员就业率92%。

第三节 云塘街道

云塘街道位于雨湖区北部，东与城正街道相邻，南以韶山路为界，与雨湖路街道相连，西与广场街道毗邻，北与护潭乡接壤，总面积3.6平方公里。

1988年，境内有公园、杉树巷、万人新村、调塘、火车站、繁城、雪园7个居委会，居民小组211个，居民10348户，人口38081人。是年，撤销云塘街道集体经济管理委员会机构，分别成立东风、云塘、雪园3个集体经济管理委员会，原3个转城大队的企业、土地、财产归新成立的3个集体经济管理委员会所有。1991年3月，雪园集体经济管理委员会与雪园居委会合并，集体经济与社会工作由雪园居委会统一管理。1995年1月5日，将万人新村居委会分成两个居委会。车站路以东为杨家湾居委会，车站路以西为万人新村居委会。

2001年6月，成立东环社区居委会。2007年，街道辖杉树巷、公园、万新、调塘、东环、火车站、杨家湾、繁城、雪园9个社区居委会,居民小组211个,居民14580户,人口49088人。街道办事处驻韶山中路福康巷1号。

一、经济

1988年,街道完成工业产值910万元,社会消费品零售总额520万元,财政收入28万元。街办企业1家,集体经济管理委员会办企业10家;从业人员508人。1993年,完成工业产值2750万元,社会消费品零售总额3100万元,分别是1988年的3倍和6倍。街办企业1家,居委会办企业7家,集体经济管理委员会办企业15家,从业人员579人。1996年,美华涂料厂停产,印刷厂处于半停产状态,环保设备厂和兴华机械厂发生经营困难,跃进服装厂因用地征用解散。1998年,完成工业产值1900万元,实现社会消费品零售总额2800万元,分别比1993年下降31%和9.8%。完成财政收入319.2万元,为1988年的11.4倍。工商企业减至18家,从业人员491人。

2000年,全街企业逐步进行改制,部分企业或停或关。2002年,东风停车服务中心由私人承租,更名为青云鞋业城。2003年,完成工业产值1380万元,实现社会消费品零售总额2100万元。工商企业骤减至8家,从业人员327人。2004年,环保设备厂实行产权转让,云塘制钉厂、美华涂料厂、印刷厂、东风大酒家、云塘商场实行租赁经营,兴华机械厂因土地征用而解散。

2007年,全街仅剩民营工业企业1家,从业人员19人;完成工业产值27万元,比2003年减少1353万元;已无商业企业,财政收入419.8万元。至年末,全街菜地、鱼塘面积不足26.8公顷,由无法在企业安置的转城居民自主生产经营,蔬菜种植品种30多个,平均每亩年产值在6000元左右。

二、社会

1988年,辖区有中学3所,小学2所,幼儿园1所;共有教职工304人,学生4159人,入托幼儿51人。有和平公园。卫生院1所,设床位23张,医务人员35人。出生人口391人,计划生育率97.8%,人口出生率16.8‰。1991年,街道免费组织残疾人到韶山旅游观光。1994年,出生人口396人,计划生育率98%,人口出生率16.9‰。1996年,启动区街企业职工养老保险,参保231人。1998年,街道首批享受最低生活保障的户数17户24人,月发放最低生活保障金合计1659元。年末,享受最低生活保障的户数达78户140人。

2000年,街道成立文化站,有图书馆1个,社区有文化活动中心,共有各类图书4.1万册。社区成立秧歌队、腰鼓队,组织跳广场舞,有广场舞活动场所6个。设室内健身馆1个,免费供居民使用。2001年,组织、社区配合,轮流到各社区举办社区大讲堂,邀请有关方面的专家、民警、医师宣讲与居民生活相关的政策法规、安全防范、避灾逃生、防病治病、优生优育等方面的知识。中宣部、国家计生委授予街道"全国婚育新风进万家活动先进街道"称号。2003年,成立社会保障服务站,有低保对象1015户2761人,年发放低保金139.69万元。长期救助对象4户,月发救助金70元。2004年,街道第三次免费组织残疾人到韶山旅游观光。2005年,司法部、中国残联授予街道全国"残疾人维权示范岗"称号。2006年,街道卫生院更名为医疗卫生服务中心,湘潭柴油机厂职工医院改为社区医疗卫生服务中心,两所医疗服务中心占地面积6200平方米,建筑面积5000平方米,设床位72张,有执业医师17名,护士、护师共21名。国家体育总局授予街道"全民健身周活动先进单位"称号。

2007年,辖区有中学4所,教职工267人,学生4723人;小学2所,教师86人,在校学生1551人;幼儿园10所,幼教职工82人,入托幼儿1660人。九年义务教育覆盖率实现100%。有医疗卫生服务中心2个,民营医院诊所16 家,民营药店31家。出生人口457人,计划生育率99.28%,人口出生率18.21‰。享受城市最低生活保障1208户2400人，总金额285.12万元，月人均99元；享受低保人口占全街总人口的4.89%。有劳动能力失业人员就业率为98%。5381人享受城镇医保补助，全年共补贴金额39.9540万元。残疾人429名，209户残疾家庭享受低保，月享受金额4.24万元，共扶助残疾人70名脱贫，推荐23名残疾人走上就业岗位。

第四节　平政路街道

平政路街道位于雨湖区东南部，东北以大埠桥为界，与城正街道相连，东临湘江，西部与中山街道相邻，北抵雨湖公园北墙与雨湖路街道相接，总面积2.1平方公里。1988年，境内有大埠桥、护国寺、南步街、万寿宫、寿佛殿、关圣殿、上河街、新梁街8个居委会，居民小组92个，居民3585户，人口9927人。2000年，大埠桥和护国寺合并为大埠桥社区居委会，南步街和万寿宫合并为南步街社区居委会，上河街和新梁街合并为新梁街社区居委会。2003年，新梁街社区获市首批"示范社区"称号。2007年，辖大埠桥、南步街、新梁街、寿佛殿、关圣殿5个社区居委会，居民小组110个，居民4700户，人口13100人。街道办事处驻平政路425号。

一、经济

1988年，街道完成工业产值654.1万元，实现社会消费品零售总额320万元。财政收入36万元。街办企业8家，居委会办企业10家。1993年，完成工业产值2000万元，实现社会消费品零售总额500万元，分别为1988年的3.06倍和1.56倍；财政收入42万元，比1988年增长16.67%。1996年，全街有13家企业采用承包经营、公有私营、租赁经营等新机制。1998年，完成工业产值3981万元，实现社会消费品零售总额682万元，财政收入47万元，工商企业18家。

2000年，引进台商独资企业—罗源地产开发有限公司。2003年，因企业改制或退出市场等原因，全街仅有工商企业5家；完成工业产值3928万元。实现社会消费品零售总额2105万元，财政收入52万元，分别比1998年增长2.09倍和10.64%。

2007年，街道原有集体企业全部完成改制，辖区有非公有制企业8家，从业人员620人。完成工业产值1000万元，比2003年下降74.54%；社会消费品零售总额3800万元，是2003年的1.81倍；财政收入160万元，是2003年的3.08倍。

二、社会

1988年，境内有初中1所，教师28人，学生300人；小学1所，教师32人，学生550人，九年义务教育覆盖率达100%。街道有卫生院1所。风景名胜有关圣殿、雨湖公园、江西会馆等。全街有救济对象38人，年发放社会救济款1.5万元；优抚对象32人，发放优抚金2.8万元。出生人口260人，计划生育率97.6%，人口出生率9.6‰。1990年，街道获"全国卫生先进单位"称号。1994年，街道作为市精神病防治康复工作试点单位，成立工疗站。街道群众体育工作被省体委授予"先进集体"称号。1995年，关圣殿社区居委会被国家民政部授予"全国模范居委会"称号。街道被湘潭市政府列入旧城改造计划。1997年，街道成立低保工作管理站，有工作人员7人，对945户1089人提供最低生活保障服务，年发放低保金20余万元。

2000年，共发放优抚金1.3万元，发放保障金27.4万元175户。2002年，低保对象901户2147人，每月发放最低生活保障金10.5万元。全年共安置下岗、失业人员2731人。是年，市政路的下水管道全部重新安装，路面重新扩宽、翻新，由柏油路面改为水泥路面。2003年，街道成立社会保障工作站，安置新增就业人数400余人，新梁街社区获省"最充分就业社区"称号。2004年，申办"再就业优惠证"178个，新增就业人员1862

人,下岗失业人员再就业251人,兴办社区就业实体12个,职业培训150多人。2005年,新梁街社区居委会获全市首批“科普示范社区”称号。

2007年,辖区内有初中1所,教职工98人,学生1130人;小学1所,教职工31人,学生403人;幼儿园2所,幼教职工9人,入托幼儿90人。有各级卫生医疗机构3所,门诊部(所)3个,设床位20张,医护人员40人。当年出生人口1065人,计划生育率98.6%,人口出生率8.1‰。低保对象1083户1951人,年发放低保金24万元,享受低保人口占全街总人口的14.89%。年内实现再就业4025人,有劳动能力失业人员就业率93%。居民参加医疗保险3600人,参保率100%;有1430人享受城镇医保补助,全年共补贴金额24.8万元。

第五节 羊牯塘街道

羊牯塘街道位于雨湖区西北部。街道分为东西两区,分别在长城乡的卫星、花园村之内。东区有湘潭大学、羊牯塘社区,西区有花园社区,总面积2.68平方公里。1988年,街道辖花园、羊牯塘、红旗3个居委会和湘潭大学1个家属委员会,居民小组12个,居民 1524户,人口10932人(含学生集体户,下同)。2000年7月,撤销红旗居委会,将原来的居民(家属)委员会改为花园、羊牯塘、湘潭大学3个社区居委会。2007年,街道辖社区居委会仍为3个,居民小组13个,居民1586户,人口11434人。街道办事处驻潭邵路290号。

一、经济

1988年,街道完成工业产值52.2万元,实现社会消费品零售总额3.6万元,财政收入2.65万元。街办企业4家,从业人员259人。1991年,引进湘潭市湘江机械厂。1992年5月,花园社区何涛开办湘潭市正和大米厂。1993年,完成工业产值550.23万元,实现社会消费品零售总额56.8万元,分别是1988年的10.54倍和15.78倍,街办企业23家,从业人员863人。是年,引进市华星进口汽车修理厂,年产值25万元。1996年,引进工商企业27家,从业人员1362人,资金逾80万元。1998年,工商企业25家,从业人员1421人;完成工业产值1052.4万元;实现社会消费品零售总额63.2万元,财政收入17万元,分别是1988年的20.16倍、17.56倍和6.42倍。1999年,民营高科技企业湘潭市丹祥化工电子有限公司、长城电器厂落户街道。2003年,完成工业产值1856.2万元,社会消费品零售总额214万元,分别是1998年的1.76倍和3.39倍。工商企业33家,从业人员1685人。

2007年,完成工业产值2631万元,社会消费品零售总额528万元,财政收入73万元,分别是1998年的2.48倍、8.35倍、4.29倍。工商企业28家,从业人员1692人。

二、社会

1988年,境内有湘潭大学和湘潭大学子弟学校,共有教职工1578人,学生27875人。有湘潭大学图书馆、体育场、新华书店等文化设施。除湘潭大学校办医院设在街道外,街道还有卫生院1所,设床位32张,医护人员11人。1989年,街道成立文化站。1990年,街道成立帮教小组,帮教12名劳动教养、劳动改造回归人员。1992年,出生人口21人,计划生育率100%,人口出生率4.2‰。1993年,羊牯塘社区陈泽良开办羊牯塘电游、桌球、游戏室等,以丰富群众文化生活。1996年,街道基本普及九年义务教育和扫除青壮年文盲,达到省验收标准。1997年,对城镇困难家庭96户262人发放低保费,每人每月最低生活保障费156元,月发放金额2.45万元。

2002年,针对城郊接合部特点,街道多次治理脏、乱、差重点地域,开展清除老鼠、蟑螂、苍蝇、蚊子“四害”活动。是年，有低保对象325人。2004年3月，街道成立由46人组成的护厂队和护校队，开展治安群防群治工作。2005年，街道新增就业再就业100人，完成计划的100%。参加基本医疗保险64人，享受居民低保926人；实行大病救助12人，发放救助金1.77万元。2006年，街道推行合作医疗制度。

2007年，湘潭大学子弟学校，教职工47人，学生665人。幼儿园1所，幼教职工18人，入托幼儿181人。街道卫生院1所，设床位63张，医务人员26人。参加城镇居民医疗保险694人。其中低保人员333人，参保率达95%。享受城市低保待遇的137户333人，每人每月最低生活保障费220元，每月低保费总额3.27万元，享受低保人口占全街总人口的2.91%。实现再就业95人，有劳动能力失业人员就业率96%。

第六节　雨湖路街道

雨湖路街道位于雨湖区中部，东以四面佛为界，与城正街街道相邻，南以雨湖公园为界，与平政路街道相接；西以解放路为界，与中山路街道毗邻；北以韶山中路、韶山西路、建城路为界，与云塘街道相连；总面积0.93平方公里。1988年，街道有雨湖路、古梁巷、解放路、民主路、风车坪、和平桥、车站路、工人新村8个居民委员会，居民小组236个，居民7011户，人口28041人。1991年1月，和平桥居委会划分为和平桥和和平新村两个居委会。2月，成立湘潭市公安局机关家属委员会。1995年，和平桥居委会的蔚霞新村居民移交城正街道繁城西村居委会管理。1999年，成立市人大院家属委员会。2001年6月，成立和平桥、牛车堤、工人、雨湖路、古梁巷、民主路、风车坪、解放路、车站路9个社区居委会。7月，牛车堤社区居委会更名为建城路社区居委会。2007年，街道辖9个社区居委会，居民小组275个，居民13300户，人口38900人。街道办事处驻文化街6号。

一、经济

1988年，街道完成工业产值700.1万元，实现社会消费品零售总额858万元，财政收入12.3万元。街办企业9家，居委会办企业9家，从业人员496人。是年，软轴机具厂研制成功的WD22-9-50型软轴无堵塞泵，被国家计委等部门列为1988年国家级重大新产品。1989年，完成工业产值1013.6万元，是全市首个工业产值突破1000万元的街道。1990年，街道企业试行兼并。市矿山电器厂兼并市宇宙电器设备厂。市软轴机具厂生产的软轴无堵塞泵获湖南省优质产品证书。1992年，湘潭互感器总厂第二互感厂（湘潭市矿山电器厂第二名称）热固性塑料封装成型新型互感器获中国新产品技术博览会金奖。1993年，完成工业产值1542万元，实现社会消费品零售总额5140万元，分别是1988年的2.20倍和5.99倍。街办企业10家，居委会办企业3家，从业人员163人。1994年，成立首家合资企业湘潭丽晶日化有限公司。1996年，市软轴机具厂从集体所有制改组为股份合作制企业。1997年，软轴机具厂、液压元件厂进行股份合作制改造。1998年，完成工业产值4033万元，实现社会消费品零售总额1.2亿元，财政收入64.9万元，分别是1988年的5.76倍、13.64倍和5.28倍。工商企业265家，从业人员1060人。

2002年，财政收入突破110万元。2003年，工商企业318家，从业人员1722人。完成工业产值5141.5万元；实现社会消费品零售总额9255万元；财政收入494万元。2005年，引进内资7150万元，直接利用外资50万美元。引进苏宁电器湘潭店、金湘潭商业广场、易兴房产、湘潭大酒店等企业。2006年，引进资金3050万元。

2007年，全街工商企业432家，从业人员2160人。因街道规模以上工业企业陆续改制或关闭，工业产值下降，完成工业产值2279万元，比1998年下降43.49%。由于街道处在城市商业圈中心，商业繁荣，实现社会消费品零售总额1.85亿元，比1998年增长58.12%。财政收入452万元，为1998年的6.96倍。

二、社会

1988年，境内有湘潭教育学院、湘潭卫校，有和平等3所小学，幼儿园1所，共有教职工217人，学生2741人，入托幼儿68人。有市中心医院、市口腔医院、市档案馆、市图书馆、市少儿图书馆等医疗文化设施。出生人口260人，计划生育率100%，人口出生率5‰。1990年，街道党校被评为全省先进基层党校。1991年11月，工人新村居委会开办幼儿园，有幼师2人，入托幼儿30人。1992年7月9日，和平桥居委会幼儿园新园落成，可容纳80名幼儿入园。街道统计站获"全国统计系统先进集体"称号。1993年，街道法律服务所被评为全省"优秀法律服务所"。1994年，省民政厅授予雨湖路街道办事处"湖南街道之星"称号。1995年，民政部授予雨湖路街道办事处"中国街道之星"称号。是年，街道基本扫除青壮年文盲。街道综合治理工作被评为全省"综合治理先进单位"。1997年4月，王荣林当选湖南省首届街道发展协会常务理事，撰写的《抓班子建设、建文明街道》一文入选中共中央党校《中国社会科学文库·十四大以来中国改革发展的理论与实践》一书。

1998年，街道范围内有省级文明单位5家，市级文明单位12家，区级文明单位18家。1999年，工农学校迁址城正街道，更名为熙春路逸夫小学。

2000年，出生人口221人，计划生育率100%，人口出生率8‰。汪瑞芝（女）被评为全省"十佳优秀司法员"。2003年，低保对象981户2225人，年发放低保金21.64万元。大病救助对象8户，月发14000元。2004年4月，街道成立文化站。9月，成立街道安全监督管理站。成立专职治安巡逻队，有队员12人，刑事案件发案率较上年同期下降32.9%。2005年，全年新增城镇就业人员2310人，下岗失业人员实现再就业1210人，企业基本养老保险金新增参保160人，失业保险新增参保30人。2006年，实现城镇新增就业2314人，下岗失业人员实现再就业939人。其中，困难就业对象人员再就业350人，发放养老保险金32万余元，失业保险新增参保42人。

2007年，辖区有湘潭教育学院、湘潭职业技术学院医学院（原卫校）。市属和平小学，教职工84人，学生1614人；幼儿园2所，幼教职工35人，入托幼儿269人。出生人口234人，计划生育率100%。低保对象1044户2278人，年发放低保金23.74万元，享受低保人口占全街总人口的5.86%。实现再就业2693人，有劳动能力失业人员就业率92%。1140人享受城镇医保补助，全年共补贴金额14万元。

第七节　城正街街道

城正街街道位于雨湖区东部。东北与护潭乡为邻，东南与平政路街道和雨湖路街道相接，东临湘江，西与云塘街道相连。另辖飞地一块，处于响水乡与护潭乡之间；原为石马地区，后称桃园路社区，飞地面积2.634平方公里；总面积4.32平方公里。

1988年，街道辖观湘门、通济门、瞻岳门、泗洲庵、板石巷、三义井、洗脚桥、矿业学院8个居民委员会，居民小组154个，居民7223户，人口24992人。1990年1月，分别成立湘潭县机关大院和二十三冶家属委员会。矿业学院居委会更名为桃园路居委会。1994年6月，为落实党的宗教政策，街边办事处机关从城正街（基督教堂内）迁至熙春路蔚霞新村10栋。1995年，成立繁城西村居委会，街道面积由1988年的2.67平方公里扩至2.8平方公里。1996年12月繁城西村居委会更名为熙春路居委会。2001年10月，原11个居委会和家委会调整为通济门、瞻岳门、观湘门、洗脚桥、三义井、泗洲庵、熙春路、桃园路8个社区居民委员会，居民小组190个。2006年，百姓家园及韶山东路沿路南边临街范围划由城正街管辖。2007年，街道8个社区居民委员会未变，居民小组198个；居民14204户，人口41238人（不含科技大学学生）。街道办事处驻地未变。

一、经济

1988年，有街办企业8家，居委会办企业6家；从业人员414人。完成工业产值512.3万元，实现社会消费品零售总额43.12万元，财政收入9.02万元。红卫拉丝厂与湘潭市饲料公司达成横向联营协议，成立市饲料公司配合饲料二厂。1990年，市配合饲料二厂完成工业产值530.96万元，成为雨湖区首家产值过500万元的企业。1991年，市配合饲料二厂乐美-900猪用浓缩饲料被评为"湖南省优质产品"，获湘潭市"星火计划"推广二等奖。市低压开关厂成为湘潭市第二个产值过100万元的委办企业。1992年，工商企业23家；从业人员652人。乐美-900参加全国优秀科技成果交易会获得"优秀产品奖"。1993年，完成工业产值1529.81万元，实现社会消费品零售总额501万元，分别是1988年的2.99倍和11.62倍。1994年，市配合饲料二厂被评为省"先进单位"，乐美-900再度评为"省优产品"。1995年，工商企业25家；从业人员735人。1996年，全街有19家企业采用承包经营、公有私营、租赁经营等新机制。1998年，工商企业26家，从业人员910人；完成工业产值4035.5万元，社会消费品零售总额1823 万元，财政收入320.96万元。分别为1988年的7.87倍、42.3倍和35.56倍。

2001年，市低压开关厂改制为非公有制企业。2002年，市低压开关厂创办凌天科技工业园，开发地温中央空调。市拉丝厂由集体改为私营。2003年，完成工业产值5870.2万元，实现社会消费品零售总额3253万元，分别是1998年的1.45倍和1.78倍。2005年，引进万利隆食品有限公司、惠天然化工有限公司、永强工贸有限公司、电烤炉厂、翔海物流、心连心超市泗洲庵店。印刷二厂、食品饮料厂改制后解散。

2007年，完成工业产值4408万元，比1998年增加9.23%；实现社会消费品零售总额2.81亿元，是1998年的75.36倍；财政收入487.48万元，是1998年的1.52倍。街道原有集体企业改制全部完成，有非公有制企业132家，从业人员1000多人。

二、社会

城正街街道大部分属原湘潭县城范围，名胜古迹现存宋忠臣李长庚墓碑、刘烈士祠、抗日阵亡将士纪念碑、文庙、唐氏义门、东岳观等处。1988年，境内有湘潭矿业学院、湘潭师范学院等高校。另有中学或中等专业学校5所，小学6所，幼儿园8所；共有教职工1972人，学生7646人，入托幼儿432人。辖区内有百花剧院、县文化馆、录像厅、图书馆、新华书店等文化设施。除市第二人民医院、市卫生防疫站、湘潭县人民医院、县卫生防疫站、县妇幼保健院、国营红卫药店设在街道外，另有街道卫生院1所，设床位5张，医护人员6人。出生人口260人，计划生育率98.98%，人口出生率10.68‰。

1991年，市针织厂幼儿园因企业出现困难而停办。1993年，全街新增录像厅2个，电游室3个，台球室23家，图书室6个。1996年12月，启动区街企业职工养老保险，仅有镀锌铁丝厂和印刷二厂参加。1997年12

月31日，湘潭市首批特困企业职工救济金发放仪式在街道举行，全街67名特困企业职工领取救济金6517元。1998年1月，湘潭市居民最低生活保障在街道启动，首批享受最低生活保障的户数103户226人，月发放最低生活保障金合计1.08万元。年末，享受最低生活保障的户数达216户471人。是年，街道社区服务中心与市卫生防疫站联合成立医疗保健中心，开全市医疗保健服务之先河。1999年1月起，街办特困企业橡胶厂、电器设备厂44名退休工人每人每月可从区解困办领到50元生活费。年内，熙春路逸夫小学建成开学，有教职工35人，学生673人；建校资金中有香港爱国人士邵逸夫捐赠的港币50万元。

2001年，湖南省税务学校撤销。街办4个停产特困企业退休职工每人每月领到生活费120元。2002年，因适龄儿童入学人数下降，文西街学校撤并到曙光学校。是年，特困企业退休职工每人每月所领生活费提至156元。2002年，湘潭师院、湘潭工学院合并为湖南科技大学，在校学生22076人；二十三冶子弟学校改名为桃园路小学。2003年，街道成立社会保障服务站，有低保对象1135户2987人，年发放低保金192.84万元。2005年5月9日，台湾亲民党主席宋楚瑜到街道探访母校曙光学校，捐赠人民币20万元建设校图书馆。2006年，街道成立合作医疗管理站，5200人参加合作医疗。小东门学校并入曙光学校。

2007年，辖区内除有湖南科技大学外，还有中学1所，教职工59人，学生232人；民办职业学校6所，教职工105人，学生1368人；小学4所，教职工163人，学生2624人；幼儿园6所，幼师88人，入托幼儿805人。辖区内有网吧、歌舞厅、电游室、书店、报亭多处，每个社区有文艺宣传队。除市疾病防控中心（市卫生防疫站）、县人民医院、县妇幼门诊、市联合保健医院设在街道外，另有街道卫生院1所（设门诊点3个，床位20张，医护人员31人），民营医院诊所10家，民营药店5家。出生人口304人，计划生育率98%，人口出生率7.37‰。低保对象1434户3031人，低保月标准提至180元，年发放低保金353.23万元，享受低保人口占全街总人口的7.35%。实现再就业1092人，有劳动能力失业人员就业率92%。2876人享受城镇医保补助，全年共补贴金额36.51万元。

第八节　窑湾街道

窑湾街道位于雨湖区西南部。东与中山路街道相邻，东南临湘江，北邻昭潭乡，西邻长城乡；街道所辖杨梅洲系江中陆地，面积0.6平方公里；总面积2.73平方公里。1988年，街道有唐兴街、正福街、文运街、砂子岭、窑湾、立新、水来坪、杨梅洲、梅洲村8个居委会，居（村）民小组87个，居（村）民7223户，人口13142人。2001年，居委会调整，全街划分为唐兴街、正福街、文运街、砂子岭、窑湾、杨梅洲6个社区居委会，居民小组107个，居民5062户，人口13111人。2007年，仍有6个社区居委会，居民小组118个，居民5377户，人口13614人。街道办事处驻沿江西路267号。

一、经济

1988年，街道完成工业产值251.09万元，农业产值40.95万元，实现社会消费品零售总额27万元，财政收入23.1万元。有企业56家。其中，街办企业37家，委办企业19家，从业人员151人。1991年，新增工业企业3家，18家工业企业中有17个盈利。1993年，完成工业产值805万元，农业产值60万元，社会消费品零售总额420万元，分别是1988年的3.21倍、1.47倍和15.56倍。1994年，街道共遭到4次洪水侵袭，有12家企业、4个商业网点被洪水淹没，至第四季度才恢复生产。1996年，上市蔬菜960吨。1998年，有企业68家。其中，街办企业15家，委办企业4家；驻街个体、私营企业49家，从业人员253人；完成工业产值1793.47万元，农业产值75万元，实现社会消费品零售总额905万元，财政收入64.9万元，分别是1988年的7.14倍、1.83倍、33.52

倍和2.81倍。

2000年，有企业36家，从业人员129人；完成工商各税391万元。2001年11月，连接窑湾和江中岛屿杨梅洲的杨梅洲大桥建成通车。2004年，华侨陈尔明在杨梅洲成立湘潭市翔鹏船舶制造有限公司。湘潭电器电瓷厂改制。2005年，湘潭市湘江社会福利印刷厂更名为湘潭市鹏程万里工贸有限公司。2006年，引进内资1200万元，引进外资40万美元。

2007年，完成工业产值3527万元，农业产值316万元，实现社会消费品零售总额3520万元，财政收入159万元，分别是1998年的1.96倍、4.21倍、3.89倍和2.45倍。有企业28家，从业人员107人。引进内资1800万元。

二、社会

窑湾街道为老城区，有唐兴桥、陶侃墓、何腾蛟墓、望衡亭、秋瑾故居、民国初年的潭宝汽车站、潭宝公路记事碑亭等名胜古迹。1988年，境内有中学1所，教职工97 人，学生1033人；小学3所，教师154人，学生1926人；幼儿园1所；入托幼儿49人。街道文化站1个；法律服务所1个；卫生院1所，设床位5张，医护人员7人。出生人口110人，计划生育率100%。1989年7月，窑湾洪灾历时3天，5个居委会被淹，受灾居民1125户5565人，街道组织救灾行动，灾后开展防疫工作。1990年，街道集资1.13万元，成立砂子岭老年人协会，组织合唱队。1992年6月1日，杨梅洲水上公园开园，园有设施8处，总投资114万元。1993年，在砂子岭社区增设湘潭市计算机学校，全面修整石嘴垴小游园。1994年，湘潭发生百年一遇的洪灾，窑湾4次遭洪水侵袭，最高水位41.94米，历时40余天，4个社区1588户、5532人受灾。街道成立抢险组，帮助转移孤寡老人病残64人，发放救济款9万元。1998年，享受最低生活保障金231人，发放最低生活保障费1.6万元。1999年，窑湾学校合并到唐兴寺学校。

2000年，对市万利砂石公司非法设关堵卡，扰乱砂石行业正常秩序进行整治，维护砂石行业正常的经营活动。窑湾、立新、水来坪等5个常年受洪水影响的社区，自来水增压成功。街道被评为省和睦工程先进单位。2001年，共发放低保金3.2万元。社区就业服务中心成立后，培训、推荐、安置下岗工人996人。2002年，低保对象1036户2766人，月发保障金11万多元，实现一次或多次就业的下岗失业人员1600多人。正福街社区被评为省“综治工作先进单位”。2003年，街道先后被评为“湖南省社区就业先进单位”“湖南省抗击非典先进集体”。2004年，享受城市最低生活保障的居民1062户2326人，月保障金额12.92万元，已安置就业2641人，城镇新增就业人数1936人。2005年，街道城镇新增就业人员1323人，新开发社区就业岗位520个，安置下岗失业人员422人。2006年，受台风“碧利斯”影响，唐兴街、窑湾、杨梅洲社区被洪水围困，受灾面积1.55平方公里，受灾居民1646户4619人，居民平安转移并得到妥善安置。是年，成立合作医疗管理委员会，参加合作医疗3954人，参合率为78.8%。

2007年，辖区内的湘潭市五职（九中）并入湘潭市工业贸易职业中专学校；另有小学1所，教职工38人，学生433人；幼儿园3所，入托幼儿113人。街道有文化站1个；法律服务所1个；卫生院1所，设床位8张，医护人员12人。另有民营医院诊所3家,民营药店5家。出生人口108人,计划生育率98%。安置下岗失业人员2586人,城镇新增就业人数1586人,有劳动能力失业人员就业率4.2%;新增医保参保人数118人,1169人享受城镇医保补助,新增养老保险参保人数165人;低保对象1190户2457人,共发放低保保障金352.6万元。是年,文运街社区被省政府授予"文明卫生单位"称号,并被湖南省科学技术协会授予"科普文明社区"称号。

人 物

人 物

一、人物传（以出生年为序）

钱 歌 川

钱歌川（1903–1990），原名慕福，笔名歌川，味橄等，湘潭市雨湖区人。生于清光绪二十九年（1903），著名散文家、翻译家。长沙明德中学肄业，曾任明德等中学教师。民国9年（1920）赴日留学，1929年，赴上海进入中华书局任文艺编辑，并于1933年参与主编《新中华》杂志。1936年，考入英国伦敦大学英美语言文学系，1939年回国后任武汉、东吴等大学教授。曾与鲁迅、矛盾、田汉、邹韬奋、郭沫若、郁达夫等文化名人交往，参加文化运动。40年代初，任武汉大学以及沪江、东吴联合大学教授，抗日战争胜利后，任中国驻日本代表团主任秘书，台湾大学文学院院长，台湾成功大学、陆军官校、海军官校教授。1964年，应聘新加坡，在义安学院、新加坡大学、南洋大学执教。1973年退休，侨居美国纽约，专事著述。中美建交后，多次率儿孙回国观光。1986年捐赠湖南大学8000美元作奖学基金，并应聘为该校名誉教授。著有译作《地狱》《安娜史》《娱妻记》等；译学论著《翻译漫谈》《翻译的技巧》《英文疑难评解》等；文学理论专著有《文学概论》《近代文学之特征》等；散文有《钱歌川散文全集》等二十多部。1990年10月病逝于美国纽约。

黄 显 之

黄显之（1907–1991），湘潭市雨湖区人。生于清光绪三十三年（1907）。民国15年（1926），在武汉军委会第二局工作。1929年，入杭州国立艺专学习，1931年，赴法留学，考入巴黎高等美术学院学习油画。1935年回国后，先后任桂林师范、国立重庆师范美术科主任，国立中央大学艺术系副教授、教授。南京解放后，历任南京大学艺术系主任、南京师范学院美术系教授兼主任、中国美术家协会常务理事、江苏省美术家协会常务理事，南京市美协主席、名誉主席。江苏省文联委员、南京市文联副主席。曾出席第一届全国文代会，当选为南京市第一至第八届人大代表。在高校从教50多年，毕生从事素描、油画的教学、创作和研究工作。其作品参加第一、二、三届全国美展及江苏省和南京市数届美展。油画作品《少女肖像》《卧女》入选法国春季沙龙，获艺术家证书；《武运长久》为美国华莱士副总统收藏；《樱桃》入选第一届全国美展，并被中国美术馆收藏；《今日东篱分外明》为江苏省美术馆收藏。另有代表作《梯田》《晚年》《螃蟹》《芍药花》等。1964年在南京举办个人油画展。1991年病逝。

黄友葵

黄友葵(1908–1990),女,湘潭市雨湖区人。生于清光绪三十四年(1908)。民国9–15年(1920–1926),就读于长沙福湘女中,与杨开慧、李淑一为同窗好友,杨开慧昵称其“小妹”。1933年,毕业于美国阿拉巴玛州女子大学(今亨廷顿大学),获学士学位,并入选为该校的“特立·西格玛荣誉学会”会员。随学校合唱队参加芝加哥世博会音乐会演出,任领唱,成为中国最早在美国演出且任领唱的女歌唱家。同年,任教于荷属爪哇岛布利达中华女中。抗战全面爆发后,毅然回国,被苏州东吴大学聘任为声乐教授。后相继执教于昆明国立艺专、重庆国立音乐学院、南京中山大学、金陵女子大学,任教授及声乐系主任。其间曾在《创世纪》《四季》《茶花女》《蝴蝶夫人》《托兰多特》《柳娘》等中外名剧中担任主角或独唱,以音色优美、表演细腻、感情真挚、技巧娴熟获得音乐界及观众的高度评价。新中国成立后,任南京师范学院声乐教授,旋调任南京戏剧学校声乐系主任兼工会主席。1956年,加入中国共产党,调任南京艺术学院副院长,院党委委员。1961年,受文化部派遣以观察员身份赴保加利亚参加世界青年歌剧演员比赛大会。被国外音乐家誉为“中国第一女高音”“一位非常优秀的声乐教师”。平生致力于声乐研究与教育,为我国现代声乐教育的开拓者之一,先后培养出一批音乐栋梁。曾任中国文联委员、中国音协常务理事、江苏省音协主席、国际文化交流中心副理事长。从事声乐教学60余年,著有《论歌唱艺术》一书,撰有《论声乐教育中的洋为中用问题》《音乐发展史简介》等论文。1990年病逝于南京。

吕骥

吕骥(1909–2002),原名吕展青,笔名穆华、霍士奇等,湘潭市雨湖区人。生于清·宣统元年(1909),系我国著名作曲家、音乐评论家、教育家、活动家。三十年代初,毕业于上海音乐专科学校。民国22年(1933)与聂耳在上海组建左翼剧联音乐小组。1935年,加入中国共产党。聂耳赴日后,主持音乐小组活动,并参加电通公司的音乐工作,投身宣传发动、组织领导抗日救亡歌咏运动。1938–1940年,参与筹建鲁迅艺术学院,旋任院务委员兼音乐系主任,后任教务处长兼音乐系主任。其间,参与创建华北大学,任文艺部副主任兼音乐系主任;主持陕甘宁边区音乐界抗敌协会工作,当选边区文协执行委员。1942年,参加延安文艺座谈会,与安波等组建中国民间音乐研究会,任理事会主席。1945–1947年,当选陕甘宁边区参议员;参与组建东北大学鲁迅文艺学院,并任院长;组建东北音乐工作团,任总团长;创办《人民音乐》刊物,任主编。新中国成立后,当选全国文联委员;筹备并参加全国首届音乐工作者代表大会,当选中华音乐工作者协会主席,该会更名为中国音乐家协会后,连续当选为二、三届主席、荣誉主席,为国际音乐家协会理事会荣誉会员。曾出席全国政协首届会议,参与《国歌》选定工作;参与筹建中央音乐学院,任党总支书记、副院长及全国艺术学科七五规划重点项目——民间音乐五大集成主编。平生创作有《新编九一八小调》《抗日军政大学校歌》等数十首歌曲;撰写《谈社会主义音乐问题》等百余篇论文,出版《吕骥歌曲选集》《新音乐论文集》等多篇选集。2002年病逝。

熊 飞

熊飞(1911–2000),原名熊桂生,湘潭市雨湖区人。生于清·宣统三年(1911),曾系安源煤矿工人,民国19年(1930)参加工人纠察队任队员、班长。是年,参加中国工农红军。1931年,加入中国共产党。土地革命战争时期,先后任湘东独立师师部副官处副官,江西军区后方补充团连长、营长,红6军团政治部巡视团主任,第17师51团机枪连政治指导员,军团后方医院政治委员,军团政治部总务处处长,第161师直属队总支书记,第46团副政治委员。长征中,率部担负军团直属机关的保卫任务,参加了抢渡赤水及金沙江、山城堡等战斗。1936年,入陕北红军大学学习。抗日战争时期,任八路军总兵站政治处主任,军委卫生学校政治教导员,鲁中军区第三军分区政治部主任兼警备第三旅政治委员,第十二团政治委员,参加并指挥反围剿、反扫荡、反吴(化文)讨王(连仲)战斗。解放战争时期,任鲁中军区第一军分区副政治委员兼政治部主任,胶东军区新六师政治委员,第三十二军九十四师政治委员,率部参加莱芜、孟良崮、太蒙、南麻、临朐、昌潍及解放山东青岛、福建东山岛等战斗。中华人民共和国成立后,任渤海军区政治部主任,胶东军区副政治委员,山东军区后勤部政治委员,济南军区后勤部政治委员,济南军区工程兵政治委员。1955年,被授予少将军衔,荣获二级八一勋章,二级独立自由勋章,一级解放勋章。1973年至1975年,任山东省军区政治委员,1975年至1982年,任广东省军区政治委员,第五届全国人民代表大会代表。1988年7月,被中央军委授予“中国人民解放军一级红星功勋”荣誉章。2000年9月26日因病在广州逝世。

黎 涤 尘

黎涤尘(1912–1972),号元模,笔名东方朔、莽头陀,湘潭雨湖区人。1912年出生。他天资聪明,才思敏捷,早在小学时代即崭露头角,文科成绩极其优异。后就读于上海乙种商业学校。因其才华横溢,被家族、故交视为与黎丹、芃昶齐名的“黎门三神童”之一。1930年初,与社会名流李渔叔、楚廉山、胡风毛、尹亚安、周顺棠、齐秋江、张龄、刘旷等诗联唱和,名列“湘潭诗坛八贤”之一,是“八贤”中年龄最小、最具才华的诗人。发起和参与“平社”“雨湖诗社”的活动,极一时之诗风联韵。其为南京鸡鸣寺所撰楹联:“三千里外客登楼,看钦天山色,玄武湖光,无限古今愁,残垒苍苍收旺气 / 五百年间谁是主,听萧市钟声,疏林鸡唱,不胜兴废感,寒烟漠漠锁台城”轰动南京市。曾从事教育工作,后就职于《湘潭民报》任主笔。抗日战争时,他满怀爱国热情,曾参加抗日救国十人团和学生抗日后援会主办的烽火剧团,积极进行抗日救国的宣传。新中国建国前夕,与黎锦熙等人倡修《湘潭县志》。录《湘潭大事记》,该书记载了从秦朝有人在湘水江边建房至1949年8月中国人民解放军进城时止的湘潭历史大事,极具史料价值。1972年病逝。

田 翠 竹

田翠竹(1912–1994),号寿翁,又名寿庭,生于民国元年(1912)5月,湘潭市雨湖区人,5岁入私塾,13岁考入长沙市广雅中学,1927年,长沙发生马日事变而弃学回家,拜乡贤王伯良学习诗词。15岁拜三湘著名经师、学者王闿运门下许笃斋为师,系统学习经史子集,先秦至明清文学。1933年,任长沙《现代日报》编辑,后任《国货导报》和长沙《衡报》编辑。1936年，任长沙市邮电检查所办事员。1939年，任国民党西南游击干部训练班政治部科员，1940年4月，加入国民党，任办公厅秘书兼《开平日报》编辑。翌年赴广西桂林中央军校第六分校政治部任少校科员、中校教官，1941年，为军校政治部主任黄杰上将秘书。1942年11月，回到湖南长沙任湖南省粮政局专员、湖南省田粮处专员。1945年2月，回乡任湘潭县立中学国文教师。在抗战期间，撰写了一部30多万字的以反映抗日内容的长篇小说《夜》，另在《中央日报》及《泱泱》报刊上发表了一系列以抗战为主题的诗篇。田翠竹23岁由南社社长柳亚子介绍加入"南社"，成为社里最年轻诗人，郭沫若赞其诗"颇有渔洋风味"。1946年11月，任国防部军法局上校秘书及军统成员。1948年，黄杰将军任国民党长沙绥靖公署副主任，调田翠竹任上校秘书。1949年3月，由时任舆论导报社长周翊襄和时任民革中央财务委员许松圃的介绍加入民革地下组织，并受命到湘潭开展活动，发展组织成员。中国国民党革命委员会湘潭工作组成立，秦定甫、黎泽荃、田翠竹为领导人。在中共湘潭地下城市工委的领导下，湘潭民革成立了"湘潭人民自救会"，田翠竹任宣传股股长，为迎接湘潭和平解放做出了贡献。

1949年8月9日，湘潭和平解放后，田翠竹在湘潭私立化民中学、湘潭市二中任语文教员。1952年12月，民革湘潭市筹委会组成，田翠竹被选为筹委，并出席湘潭市各界人士代表会议。1957年9月，因政治问题蒙冤，1980年9月，得以平反昭雪，恢复名誉和工作，先后担任湘潭市政协委员、常委、湖南省政协委员、民革湘潭市委顾问。1982年，田翠竹向湘潭市政府倡议建立湘潭齐白石纪念馆。1983年，以田翠竹为首创建了白石诗社（现为白石诗词协会），并被推举为首任社长。1984年12月，任湖南省人民政府参事。1986年当选中华诗词学会顾问，并担任湖南诗词学会、湖南楹联学会顾问。1987年，他的诗作结集为《翠竹诗稿》由湖南文艺出版社出版，全国人大常委马璧作序，著名画家李可染题书名，全国人大常委会副委员长周谷城为诗集题诗："新人新事物，可称颂者多。翠竹诗词美，吾曾早摩挲。爱国忧时作，价值不可磨。出版行于世，引起众讴歌。"田翠竹精通诗词楹联，其诗作收入《太平洋鼓吹集》《中国当代诗词选》《中日友好千家诗》《二十世纪诗词文献汇编》等书。1993年，由天津人民出版社出版其《晚晴楼主名胜古迹楹联集锦》（周渊龙为其作注释）一书。美国纽约出版的《全球当代诗词选辑》选入了其诗作5首。1994年2月病逝。

李良秀

李良秀（1913–1998），民国2年（1913）出生于山西五台县黑石沟掌村的一个贫农家庭，7岁进本村小学读书，因家庭贫困，10岁被迫辍学。民国26年（1937），投身于抗日救国活动，参与减租减息反恶霸斗争和支援抗日前线活动。1940年3月，加入中国共产党。1941年1月至1945年10月，先后任山西省五台县二区区委常委、副组织委员，榆次县三区区委副书记兼组织委员。1945年11月至1949年8月，投身推翻国民党反动统治的解放战争，先后任榆次县区三区区委副书记、二区农会主任，寿阳县十二区区委副书记，随军南下工作团政治干事、小队长等职务。1949年8月，湖南解放后，历任湘阴县河西办事处主任，湘阴县税务局局长，湘潭专区税务局副局长、局长、财委会主任，中共湘潭地委财经部副部长、部长，湘潭地委财贸办公室主任兼省委监委驻湘潭地委监察组成员，湘潭专员公署副专员、生产指挥组副组长兼财贸组组长、财贸办公室主任，湘潭地区行政公署副专员，中共湘潭地委顾问。在党内历任中共湘阴县委委员、中共湘潭地委委员、地委常委。新中国成立后，一直在财贸战线领导岗位上工作。他勤奋学习，刻苦钻研，深入调查研究，炼出了一整套供销、商贸、财政、税务工作领导与管理的本领。在任湘潭地区副专员、分管财贸工作期间，向地委和专署提出许多重大决策建议，为发展湘潭经济、增加财政收入、搞活流通等做了积极有益的工作。他积极响应老干部让位于年轻干部的号召，是湖南省最先自愿申请离休的老同志，被树为全省老干部的典型。1972年11月离职休养。1998年6月4日因病逝世。

沈 醉

沈醉（1914-1996），字叔逸，民国3年（1914）出生于湘潭县县城外的沈家大院（即今雨湖区建设北路和平公园斜对面处）。18岁由其姐夫余乐醒介绍加入复兴社特务处，抗战前长期在上海从事特务活动，曾参与军统暗杀全国人权保障同盟总干事杨铨（杨杏佛）与逮捕第三国际上海代表华尔敦（史称“怪西人”案）的行动，后复兴社改为军事委员会调查统计局。长期服务于国民党军统局，深得戴笠信任，历任军统上海少校行动组长，常德警备司令部稽查处上校处长，军统局总务处少将处长等职，在军统局中“年纪小、资格老”著称。后被聘为国防部保密局云南站站长、国防部少将专员、云南专员公署主任、中将游击司令。1949年12月9日，被卢汉（原云南省主席）扣押，参与卢汉起义，协助卢汉逮捕了在昆明的大多数特务（如：当时在重庆执行完大破坏任务后逃至昆明等候飞去台湾的军统西南区正副区长徐远举、周养浩与军统经理处处长兼重庆办事处主任郭旭三人，皆由沈醉供出而被捕）。1950年3月，人民解放军进驻昆明后，卢汉把沈醉当作要犯交给昆明军管会，是年12月，被转移至重庆歌乐山小白公馆战犯管理所，1957年，转去北京功德林战犯管理所。1960年11月28日，被政府特赦后，任全国政协文史资料委员会专员。1980年被中央有关部门审定核实由战犯改为起义将领。享受副部级待遇，曾任第五、六、七届全国政协委员。著作有《解放前夕军统在云南的活动》《抗战前军统特务在上海的罪恶活动》《我所知道的戴笠》《中美合作所内幕》《爱国将领卢汉》《我这三十年》《我的特务生涯》《人鬼之间》等，20世纪80年代曾到香港探亲访友，不顾以前友人的劝阻，毅然在短暂留港后返回北京。1996年3月18日病逝于北京。

张定厚

张定厚（1914-1991），湖北宣恩县李家河岩角村人。生于民国3年（1914）。1934年4月参加革命，跟随贺龙在湘鄂西革命根据地进行革命活动，参加了举世闻名的二万五千里长征，先后担任班长、副排长、连长。在过雪山草地时，冒着生命危险，英勇抗击敌人的围剿，孤身一人从敌人手里夺回红二方面军当时唯一的一部电台。抗日战争爆发后，他积极投身抗击日本侵略军的战斗，1937年，在山西的一次战斗中，率领全连缴获日伪枪支500余支，受到团部的奖励。1938年5月加入中国共产党。1940年6月到1945年8月在八路军一二〇师教导团学习（1941年改名七分校随后又改名抗日军政大学）。学习期间，他拾得元宝一枚上交给部队，受到学校的通报嘉奖。1945年，任东北松江军区九团营长，参加辽沈、平津两大战役和湖南衡宝战役。在战场上，出生入死，浴血奋战，先后八次英勇负伤，四次立功受奖。1949年8月，组织为照顾他残疾的身体将他调到一四六师司令部第四科任管理科长，先后在第四高级步兵学校学习，中南军区公安后勤部被服科任副科长、广西文化补习学校学习、湖南零陵转业学校学习。1955年1月，转业到湘潭专署粮食局任副局长。1956年11月，调湘潭行政专署商业局工作，任副局长。转业后，仍然保持和发扬部队的优良传统，满腔热情地投入社会主义建设，创办湘潭地区文化用品公司，为发展湘潭商业，搞活经济，保障供给，倾注全部心血。1971年12月退休。1979年改离休，享受副师级干部待遇。卒于1991年12月。

林华国

林华国(1917-2002),湖南武冈县人。民国6年(1917)出生,民国28年(1939)9月考入上海国民党国防医学院医疗系期间集体加入中国国民党。1943年学习毕业。是年3月至1947年,先后在国民党中央军校医院、南京总医院等单位任外科、眼科医师、总住院医师。1948年夏,回湖南老家武冈,在家乡开设小诊所,为老百姓看病。1949年9月家乡解放,关闭诊所赴长沙谋职。

1950年4月,被湖南省人民医院聘为五官科医生,10月,任醴陵县卫生科科长兼人民医院院长。1951年7月,调湘潭专区人民医院任五官科医生,10月,受湖南省政府派遣担任湖南省抗美援朝医疗队队长,率领省医疗队随中国人民志愿军赴朝鲜参加战地救治。1952年8月,回湘潭地区人民医院任五官科医生。1954年4月,加入中国民主同盟,任中国民主同盟湘潭专区人民医院支部主委,10月,在沈阳中国医科大学进修眼科。1955年至1958年,先后15次深入湘阴、平江、湘潭等9县农村和边远山区,在省内率先开展防盲治盲工作,完成沙眼、盲目等眼科疾病的调查20余万人次,眼科门诊5万余人次,眼科大小手术3000余人。1958年,在哈尔滨召开的全国沙眼防治工作现场会上受到卫生部表彰。1962年4月,升任湘潭专区人民医院五官科主任。1964年,晋升为主治医师。他改进的泪囊鼻腔吻合术,具有适应范围广、手术成功率高、手术用时短、病人痛苦小等优点,被人们称为“林氏法”。“文化大革命”期间受到冲击。1983年9月,任市中心医院副主任医师,1984年4月,当选中国民主同盟湘潭市委副主委,9月,加入中国农工民主党。1985年3月,当选中国农工民主党湘潭市委首届主委、湘潭市政协委员、常委。1987年10月,任主任医师。1989年4月,当选为湖南省政协委员、湘潭市政协副主席。至1994年5月退休前共发表眼科专业科研论文34篇,其中全国性专业刊物18篇。1994年9月退休,2002年2月因病去世。

谭肇之

谭肇之(1918-2007),湘潭雨湖区人。民国7年(1918)出生,民国27年(1938)参加新四军,1939年加入中国共产党,历任新四军团政治委员,华东军区政治部组织部副部长。1950年,任志愿军9兵团政治部组织部部长兼朝鲜东海岸防御指挥部政治部组织部部长,先后参加第二、第五次战役,1951年夏秋季防御作战,朝鲜东海岸反登陆防御和1953年夏季进攻战役。荣获朝鲜民主主义共和国三级国旗勋章、二级自由独立勋章。回国后,任总参谋部办公室主任、总政治部副秘书长、南京军区工程兵副政治委员。1955年,被授予大校军衔,荣获二级独立自由勋章、二级解放勋章、独立功勋荣誉章。2007年8月5日在南京去世。

樊茂生

樊茂生(1919-1995),山西榆社县台曲乡人。民国8年(1919)出生,民国27年(1938)5月参加革命,同年加入中国共产党。在八年抗战中,先后在榆社县任村支书、区委组织委员、县委交通干事、区委副书记、县委组织部副部长、部长等职。在党的领导下,开展抗日救亡运动,组织土地革命,发动群众减租减息,开展生产自救,为主力部队组织粮食,扩大地方武装,开展抗日游击战争,参与反奸反特斗争,巩固抗日根据地,夺取抗日战争最后胜利做了大量工作。在解放战争中，先后任榆社县委副书记、平定县委副书记兼组织部长、县委书记等职，为推翻反动统治建立新中国做出了较大贡献。1949年6月，随解放大军南下湖南，任浏阳县委副书记兼组织部长。新中国成立后，先后任湘阴县委书记、湘潭地区党校副校长、湘潭地区监委会副书记、湘潭地委组织部长、湘潭地委副书记兼组织部长、湘潭地委副书记兼纪委书记等职。在此任期中，顾全大局，坚持原则，维护团结，遵守纪律，谦虚谨慎，胸怀坦白，严于律己，联系群众，关心干部、平易近人，艰苦朴素，克己奉公。为建设湘潭、发展湘潭，特别是为湘潭党的组织建设、干部队伍建设和党风党纪建设，付出了毕生精力。1983年9月，在新老干部交替中，主动让贤，离职休养。休养期间，仍然关心党的事业，支持改革开放和在职领导的工作。1995年9月3日在湘潭逝世。

巴茂林

巴茂林(1921-2004)，河北赵县北轮城村人。民国10年(1921)出生，民国30年(1941)8月参加革命，同年8月至1944年10月，在河北省赵县北轮城村组织贫农看青队，组织农会小组并担任农会小组长。1946年8月，加入中国共产党。至1949年2月，先后任河北省赵县贸易局通讯员、税务局稽查员，六区工商主理员，七区工商所所长。3月，南下湖南湘潭市。至1950年2月，任湘潭市地委司务长。3月至1952年9月，任湘潭市地委建设一米厂经理。10月至1957年1月，任湘潭市制革厂厂长。2月至1960年8月，任中共湘潭市伞厂支部书记、河西区委副书记。1960年8月至1964年8月，任湘潭市轻工业局副局长。9月至1969年8月，任湘潭市工业局政治处主任(党委副书记)。8月至1971年1月，任湘潭市二轻局革委会副主任。2月至1980年9月，任湘潭市轻工局党委副书记，轻工业局副局长、副书记。9月至1983年4月，任湘潭市雨湖区委副书记、雨湖区人大常委会主任。5月离职休养。2004年11月逝世。

彭庆生

彭庆生(1923-1999)，河北晋县七区祁底村人。民国12年(1923)出生，1938年7月，参加抗日，任晋县七区祁底村青年抗日救国联合会主任。1940年9月，加入中国共产党。1941年春，由组织分配在本村小学教书，以教书为掩护，从事抗日宣传、组织工作。1942年6月被捕。在狱中坚贞不屈，经组织营救，出狱后继续在本村从事抗日救亡活动。1943年，任晋县七区祁底村村长、党支部书记兼任小区支委。1945年5月，调区公所任管库员。7月至1948年8月，任区小队文书、区委会干事、区公所财粮助理。8月至1949年3月，先后任晋县县政府财政科长、一区区公所区长。7月南下抵达湘潭。至1953年3月，先后任中共湘潭地委生产股经理、石膏矿经理、湘潭地委行政科科长。1955年8月至1957年1月，参加省文化干校学习。2月至1961年9月，先后任茶陵县财贸部部长、湘潭市委基建工作部部长。10月至1969年1月，任湘潭市委组织部副部长、市委候补委员。2月至11月，受文化大革命冲击，蒙冤受审查。是年12月，任湘潭市河西区革委会副主任。1973年4月，任湘潭市委直属机关党委书记。1978年12月，复任湘潭市委组织部副部长。1980年11月，当选为政协湘潭市第四届委员会副主席。1983年2月离职休养。1999年3月1日在湘潭逝世。

石维刚

石维刚(1923-1989),山西平定县南坳镇庙沟村人,民国12年(1923)出生。高小毕业。1940年6月至1946年学徒。1947年,山西省平定县解放,参加土改积极分子培训班学习。是年5月,担任庙沟村村长。7月,加入中国共产党。1948年8月,任平定县第五区区公所文教助理员。1949年3月,随晋中区党委南下工作团于12月到达湖南省浏阳县,任浏阳县西区办事处秘书。1950年1月至5月,任浏阳县六区公所副区长,参加土改、建政等工作。是年6月至1951年3月,任浏阳县粮食局副局长,后因犯生活作风错误,被免职。4月至10月,在北京合作干校学习。11月至1954年10月,先后任浏阳县供销社副主任、主任。11月至1955年7月,任中共浏阳县委财经部部长。8月至1965年11月任中共浏阳县委副书记。县委书记张琴宝调走后,并主持全面工作。1968年12月,任醴陵县核心小组成员,1970年2月,任醴陵县革命委员会副主任。10月,调湘乡任县委书记。10月,任湖南大学革命委员会副主任。1973年9月,任中共湘潭地委副书记兼任酃县县委书记、县革委会主任。1978年3月至12月,任中共湘潭市委书记,市革委会主任。1979年5月,任湘潭地区行署专员。任职期间,积极领导和推进农村改革,建立、完善农业生产责任制,调动农民积极性;发展粮食生产和多种经营,部署山林定权发证,关注农村经营管理和选拔培养农村经营管理干部;全面整顿市国营工业组织,及时组织抗洪救灾,组织开展增产节约和打击经济领域犯罪活动。1983年10月24日,被选举为湘潭市第八届人大常委会主任。1986年3月,在湘潭市第八届人大第四次会议上辞去市人大常委会主任职务,1989年12月4日病逝。

李本昌

李本昌(1923-2006),辽宁新金县人。民国12年(1923)出生,民国36年(1947)参加革命。1949年7月,南下湖南省长沙县、望城县。1952年3月加入中国共产党。先后任长沙县、望城县公安局侦察员、派出所所长。1953年1月至1960年1月,任二八二厂湘潭楠竹山派出所所长、二八二厂保卫处副科长、科长。2月至1969年9月,任中共湘潭市北区、河西区、湘江区区委副书记、区长。9月至1980年8月,任楠竹山镇党委书记、镇长。9月至1981年任中共湘江区委副书记、区人大常委会主任。在任中共湘潭市北区、河西区、湘江区委副书记、区长期间,为区内党的建设、经济建设、城市建设和文教卫事业的发展,呕心沥血,做出较大贡献。在任楠竹山镇革委会主任期间,认真执行"抓革命、促生产"的方针,力促楠竹山镇工农业生产的恢复和发展。"文化大革命"结束后,认真贯彻、执行党的十一届三中全会以来的路线、方针和政策,把工作重点转移到以经济建设为中心的工作上,促进楠竹山镇的物质文明和精神文明建设。在任湘江区委副书记、区人大常委会主任期间,为审议全区政治、经济工作中的重要事项,加强与人民代表的联系,推进全区法治建设,作出不懈努力。1983年5月离职休养。2006年10月逝世。

张伯衡

张伯衡(1924-2002),别名张金宝,江苏江阴县人。民国13年(1924)出生于城市贫民家庭,4岁丧父,随母靠乞讨和救济院救济生活。8岁，母亲病故，由姑父收养，并读私塾两年。10岁在洗澡堂当学徒混饭。12岁赴上海寻姐未果而流浪街头。13岁在上海至扬州的船上遇卖唱艺人陈春林，随收其学戏、卖唱，从此，走上京剧表演生涯。1937年抗战暴发，上海沦陷，他逃难至江西南昌，从师赵子璋学戏。1938年，南昌沦陷后，随师父赵子璋至江西吉安继续唱戏。1939年，参加国民革命军102师铁铮评剧（京剧）团，从师刘圣道学老生，并参师王春梅学跨刀。此后至抗战胜利的6年间，他随铁铮剧团在岳阳、衡阳、长沙、郴州等地演出。1946年3月，铁铮平剧团解散。此后至1953年，先后在九江、安庆、南昌、益阳、辰溪等地10余个京剧班社搭班唱戏。1949年与一起从艺的季云侠结婚。

1954年3月，他与湘潭红星京剧团（民办）姜晓云等改组红星京剧团，地方国营性质，张伯衡任副团长，1956年12月，该团更名为湘潭市京剧团。1960年，加入中国共产党。1971年，任湘潭地区文艺工作团副团长。1978年，被评为湘潭市劳动模范。1979年，任湘潭市京剧团团长。1980年，加入中国戏剧家协会，成为湘潭第一位该会会员。1986年任湘潭市文化局艺术顾问。系湘潭市第三、四、五届人大代表；湘潭市第一至第六届政协委员，第六届政协常委。张伯衡一生以演京剧麒派老生而著称。代表作有《徐策跑城》《宋士杰》《四进士》《宋江》等剧。其行腔苍劲浑厚，吐字清晰，沉郁顿挫而又如行云流水，直逼麒派创始人周信芳。1960年，张伯衡夫妇专程赴长沙为毛泽东主席演出《徐策跑城》《锁麟囊》等剧。同年去“麒派窝子”武汉巡演，受到周信芳大弟子高百岁及另一麒派名家陈鹤峰的赞许。1964年，在现代戏《八一风暴》中饰演方大来（周恩来），从九江沿江直下至南京，历时数月。张伯衡麒派老生形象蜚声江南数省。1990年退休，2002年病逝于湘潭。

张树龙

张树龙（1925-2007），山西孝义县大孝堡乡张家庄村人。民国14年（1925）出生。1948年7月至12月，先后在山西省孝义县第一区粮站、东盘粮村任站长、村长。1949年1月至2月，在太原市从事支前工作。12月，加入中国共产党。至1951年6月，在湘潭县易俗河区先后任财粮助理、秘书、副区长、区长等职。是年7月至1952年9月，任湘潭县财政科科长。10月至1953年4月，任整修南洞庭湖湘潭总队副指挥长。5月至1954年10月，任湘潭县财委会副主任。11月至1956年6月，任湘潭县财贸部部长。7月至1959年11月，任中共湘潭县委副书记、书记。12月至1960年12月，任湘潭市财贸部部长。1961年1月至1972年5月，任中共湘潭市委常委、市人民政府副市长。6月至1974年6月，任湘潭电线厂革委会副主任。7月至1979年9月，任湘潭地区物资局党委书记、局长。10月至11月，任湘潭行署外贸局党委书记、局长。12月至1983年10月，任湘潭地区财贸办副主任、外贸局局长。10月，任政协湘潭市第五届委员会副主席。1985年12月离职休养。先后从事工业、农业、财贸、党务、行政和人民政协工作，尽心尽力，恪尽职守，为中国人民的解放和社会主义建设事业做出了贡献。2007年6月14日因病逝世。

傅述宏

傅述宏（1927-2007），曾用名傅述衡、傅树红，湖南宁乡县道林乡人。民国16年（1927）出生，1935年至1944年在宁乡县当地小学和初中就读。1945年至1946年在宁乡县第一保校和第四保校教书。1947年至

1950年5月就读于湖南省立第一师范学校。1949年3月，加入湖南省立第一师范学校地下党外围组织“新民主主义研究会”，5月加入中国共产党。8月湖南解放后，负责湖南省立第一师范学校团组织筹建工作。1950年负责湖南省立第一师范学校党支部的工作。是年6月至1954年10月在中南局组织部任秘书、干事、副组长等职务。11月调中央组织部任干事。在中南局组织部和中央组织部工作期间，原则性强，作风正派，工作踏实。1956年被开除党籍，1957年1月被划为右派，下放到湘潭县一中任教。1969年3月至1979年6月，遣送回宁乡县道林参加生产劳动。10月，湘潭地委对其错划右派问题给予改正，11月，湘潭县委撤销对其开除党籍的处分。1980年7月，任湘潭市教育局副局长，1983年12月，任湘潭市职教办主任。在教育部门任期中，深入基层，一心扑在工作上，为湘潭市职教事业的发展作出了较大贡献。1986年5月，任湘潭市政府巡视员（副厅级）。1990年12月离职休养。离职休养后，仍然关心湘潭的建设与发展，经常向市政府提出工作建议和意见，为促进湘潭改革开放和经济建设发挥余热。2007年2月24日在湘潭病逝。

任 清 淮

任清淮（1927-1999），河北广平县人，民国16年（1927）出生。1935年进蒋庄村小学读书。1941年，考入广平县抗日高小学习。1943年，转山东省馆陶县抗日高小学习。1944年2月，参加广平县抗日政府工作，9月加入中国共产党。1945年7月至1946年8月，任中共广平县委秘书。9月至1948年10月，任中共广平县委组织部干事。11月至1949年1月，任中共广平县委宣传部干事。4月至6月，任干部南下大队冀南支队区委书记，南下湖南省石门县。7月，任中共湖南省石门县委办公室副主任。1950年2月，调任石门县六区任区委书记。1951年6月，任中共石门县委宣传部长。1952年8月，调中南局组织部工作，先后任党管处组织员，农村组二处副组长。1954年9月，调中共湖南省委组织部工作，先后任党管处科长、副处长，组织处处长。1966年2月，调任中共常德地委副书记兼中共澧县县委书记。1968年3月，任常德地区革委会副主任。他深入疫区，组织和指挥开展血吸虫病防治，不幸染病，以致长期受到血吸虫肝病的困扰。1971年6月，调国家燃化部湘东化工机械厂工作，先后任厂党委副书记、党委书记。1978年5月，调任中共湘潭地委副书记兼中共湘潭市委第一副书记。1980年4月，兼任湘潭市人大常委会党组书记。5月至9月到中央党校学习。10月，当选湘潭市第七届人大常委会主任。1983年11月，任中共湘潭市委副书记。12月，任中共湘潭市委顾问。1990年12月离职休养。1999年2月13日病逝。

郝 朋 柱

郝朋柱（1929-2007），曾用名郝棒柱，山西平定县第一区东郊村人。民国18年（1929）出生，1936年至1943年间，断断续续念了3年私塾。1944年，在家务农并参加抗日救国斗争。1945年8月，参加山西省东平县干部训练班。1946年9月，加入中国共产党。是年7月至1949年1月，先后任山西省平定县文工团演员、县政府警卫员、通讯收发员。2月，参加随军南下工作团到达湖南，为浏阳县地方政权的建立作出贡献。12月至1958年8月历任浏阳县政府秘书科科员、浏阳县第九区副区长、第一区区委书记、浏阳县委常委、农村部部长。9月至1964年8月，调湘潭工作，历任湘潭地委办公室副主任、湘潭县委农村部部长、县委办公室主任。“文化大革命”期间，先后任韶山灌区管理局党委副书记、地区农业局政委、农办副主任、副书记，酃县县委副书记、革委会副主任，其间受"极左"路线影响，受到不公正待遇，1967年2月6日，被省委监委给予留党察看一年的处分。1976年6月至1977年12月，受组织委派担任塞拉利昂援助组副组长，为增强中塞人民的友谊做了大量工作。1978年1月，任湘潭地委常委、行署副专员。湖南省委于1979年4月24日撤销对其错误的处分，平反并恢复名誉。1983年6月，任湘潭市委常委、市人民政府副市长。1990年12月离职休养，享受正厅级待遇。2007年10月19日，因患心脏病突发心肌梗塞逝世。

岳祯锁

岳祯锁(1929–1996)，曾用名岳润生，山西平定县南上庄人，民国18年(1929)出生。10岁辍学在家务农，11岁在山西省临石县富家滩煤矿当童工。1945年11月投身革命，1947年10月，加入中国共产党。抗日战争和解放战争时期，积极参加支前、减租减息和新老解放区土地改革工作，先后任山西省平定县五区南上庄村青救会主席、武装部长，平定县六区区委组织干事，南下工作团区委会组织委员。1949年9月至1952年8月，在湖南省浏阳县(市)从事党务工作和青年工作，先后任浏阳县(市)东区办事处党务组织委员，浏阳县(市)二区区委会副书记，浏阳县(市)一区区委会副书记，浏阳县(市)青委会组织部长工、青委会书记，浏阳县(市)二区区委会副书记兼区长。是年9月始从事财贸工作，先后任长沙专区贸易公司人事科科长，湘潭专署土产公司副经理，湘潭地区供销社副主任，湘潭专署商业局副局长、局长并兼任专区政治学校校长，湘潭地区农产品采购站主任，湘潭地区商业局长，湘潭地区财贸办副主任、主任。1981年至1991年，先后任湘潭地区行署副专员，湘潭市人民政府顾问，分管和协管财贸。此期间，作风朴实，深入实践，为搞活湘潭市场、保障城乡供给、增加财政收入作出贡献。是年离职休养。1996年7月30日在北京逝世。

洪固权

洪固权(1931–2004)，祖籍湖南宁乡县人。民国20年(1931)出生于南京。1945年，回宁乡读书。1953年考入长沙艺术师范学校。1957年，考入湖北艺术学院学声乐，入学不久便被错划为右派分子。1959年，任湖北省襄阳师范学校声乐教员。1961年，调入湘潭市歌舞剧团任教员、演员。1969年，因其父亲曾为国民党部队高级军官和曾被划为右派分子而被遣送回宁乡劳动3年。1972年，任宁乡县文工团教员。1973年调回湘潭市歌舞剧团，1980年，任该团副团长。1981年，加入中国共产党。1983年，任湘潭市文化局副局长。1993年，任湘潭市文化局党委书记、局长。1995年，任正县级调研员。为中国音乐家协会会员。他从艺术师范到艺术学院攻读6年，打下深厚的美声基础。调入湘潭后，又从师当地老艺人学唱花鼓戏、山歌、民歌。在艺术实践中，将美声唱法揉进山歌、民歌，甚至融入花鼓戏腔的某些元素；加上其嗓音宽厚嘹亮，演唱风趣诙谐，生动活泼，达到一种土洋结合，具有个性的声乐效果而颇受观众欢迎。他作词作曲并演唱的《老汉我爱看样板戏》《便民桥上唱支歌》《华主席与我同车水》《如今队里机器多》等歌曲，分两次入选湖南代表队进京参加全国独唱、独奏、重奏调演(1975)和全国民歌独唱、二重唱调演(1977)，"把湖南风味的民歌带到了北京"。其间，与全国著名歌唱家何纪光(湖南省歌舞剧团演员)合作二重唱，被选入独唱、二重唱调演优秀节目，在中南海怀仁堂演出，并在北京多家剧院公演。在湘潭工作的30余年中，他共自创自唱具有浓烈湘潭地方风味的歌曲100余首。其中《满哥哥最爱送槟榔》等12首集成《湘风》由湖南文化音像出版社制成光盘发行。他在坚持声乐创作的同时，歌剧表演方面也取得不俗的成绩。中央歌舞剧院编导认为，洪固权的表演，达到或超过他们团某些主要角色的水平。1997年退休，2004年病逝。

王权生

王权生（1932-2000），湖南湘阴县四区望麓乡（今汨罗市弼时镇）人。民国21年（1932）出生。1949年12月，参加整修家乡大通湖工作。1950年2月，参与乡政府秋征及协助土地改革。1951年5月，到湘北建设学院学习2个月，然后在长沙县第16区开展查田定产工作，是年8月，调长沙县税务局，先后任税务稽查员、统计员、监察员、所长等职，多次被评为优秀工作者，并出席全省税务先进工作者代表会。1953年2月，加入中国共产主义青年团。1954年10月，加入中国共产党。1956年5月，调湘潭地区税务局，连续四年被评为地区先进工作者，受到湘潭地委通报表扬。1960年3月，任湘潭地委财贸部干部科副科长。1963年7月起，先后任湘潭地区监委专职委员、地区商业局副政委。1973年5月，任湘潭地委组织部监察科科长。1976年2月，任湘潭地委组织部副部长。1981年5月，任湘潭地区行署办公室主任。1982年4月，任湘潭地委常委、纪委副书记。1983年3月至1985年2月，在湖南师范大学干部培训部文史专业学习，3月，调任岳阳市委常委、纪委书记（市委副书记待遇）。11月，任湘潭市委常委、纪委书记。在任期中，为深入开展党风廉政建设和反腐败斗争，保持党的组织和队伍纯洁，作出贡献，两次受到省人民政府记大功奖励。1990年7月，任湘潭市委特邀顾问。1992年8月退休。退休后兼任高新区顾问，为修建芙蓉路、引进项目、促进湘潭高新技术产业发展发挥余热。2000年6月23日在湘潭病逝。

许建安

许建安（1932-2007），湖南岳阳县康王乡新华村人。民国21年（1932）出生。1939年至1949年，先后在本村、岳阳县城关镇小学、岳阳县立中学就读。1949年8月，在岳阳人民银行参加工作。1950年5月，加入共产主义青年团。1952年10月至1953年2月，在省委党校学习，3月，加入中国共产党。1954年2月，任岳阳县人民银行副行长。是年调湘潭工作，任湘潭下摄司人民银行副主任。11月至1959年1月，任中国人民银行湘潭市分行副行长。2月至7月，任湘潭市商业局副局长。8月至12月，任湘潭市副食品局副局长。1960年1月至1968年10月，任湘潭市服务局副局长。1969年10月至1971年1月，任中国人民银行湘潭市分行革委会主任。2月至1980年11月，任湘潭市粮食局副局长。12月至1983年7月，任中共湘潭市委组织部部长、市委常委。10月，调湘潭市人大常委会，先后任秘书长、副主任、党组副书记。1993年12月离职休养。2007年5月21日因病逝世。

杨慧君

杨慧君（1933-2000），湘潭县河口乡人。民国22年（1933）出生。1950年3月，参加革命工作。1953年4月，任湘潭市税务局副股长、秘书工作。1956年8月，加入中国共产党。1957年至1962年7月，先后任市医药公司科长，市粮食局办公室主任，市委办公室干事、副科长，市郊区工委办公室副主任。8月至1976年10月，任湘潭市荷塘公社主任。11月至1977年5月，在党校学习。至1981年11月，先后任昭潭公社副书记、护潭公社主任。12月至1985年2月，任雨湖区政府副区长、区委委员。3月至1986年5月，任雨湖区人大常委会副主任。6月至1990年1月，任雨湖区政协副主席；2月，任雨湖区政协主席。2000年4月5日逝世。

张俊贵

张俊贵（1934–1991），湘潭县分水乡人。民国23年（1934）出生。1952年11月，参加革命工作。至1953年8月，在湖南省工会干部学校和汉口工会干部学校学习。9月至1954年1月在株洲机车车辆厂任职教干部。6月加入中国共产党。1961年4月，任湘潭市总工会宣传干事，宣传部副部长。5月至1970年6月，先后任雨湖区委宣传部、河西区委宣传部部长。7月至1978年，任河西区革命委员会政工组副组长、宣传部长、区委常委。1979年至1981年1月，任河西革委会副主任、雨湖区委副书记。2月至1983年11月，任雨湖区委副书记、区长。其间，大力恢复发展集市贸易和个体工商业，解决城区就业问题。推行企业经济承包责任制，促进企业的发展。12月至1987年3月，任雨湖区人大常委会主任。4月至1990年1月，任雨湖区第二届政协主席。在任雨湖区人大常委会主任和区政协主席期间，为推动全区的法律监督和民主监督，促进区政府工作的开展作出积极努力。1991年1月4日病逝。

梁开云

梁开云（1934–2000），湖南洪江市桂花园乡人。民国23年（1934）出生。1951年初参加中国人民解放军，4月参加抗美援朝战争，两次荣立战功。1955年6月回国，历任四十七军一四〇师四二〇团班长、排长、连长、军务股长。1956年5月，加入中国共产党。1970年4月，任湘潭市人武部军事科副科长。1971年2月，任湘潭市革委会人保部副主任、副书记。1973年9月至1980年9月，任湘潭市革委会《五七》干校副校长、党校副校长。11月至1983年12月，任中共板塘区委常委、区人大常委会副主任。1984年1月至1986年12月，任板塘区人大常委会副主任。1987年4月，任湘江区人大常委会副主任。1990年3月，任湘江区人大常委会主任。1992年6月至1994年6月，任雨湖区人大特邀顾问。1995年6月离职休养。2000年12月病逝。

龚赴里

龚赴里（1935–1995），湖南岳阳市人，民国24年（1935）出生。1950年9月参加工作，在湖南省岳阳县公安局任民警。1955年，加入中国共产党。后调湘潭地区公安处政保科，湘潭市公安局技侦科历任民警、副科长、科长，政治教导员、副处级侦察员，一级警督，被公安部破格评为高级工程师，公安大学聘为兼职副教授。在长期从事公安笔迹检验工作中，鉴定各类案件2600多起。其中疑难案件212起，比对笔迹4万多件，从未出差错。1973年，从“五七”干校回原工作岗位任科长。自70年代后期起，他利用业余时间，刻苦钻研业务，克服资金短缺、文化水平低等困难，成功研制出“笔迹微机管理检索系统”。他的研究成果，在1993年9

月海南评比会上脱颖而出，来自北京的一位教授在会上感慨地说："湖南湘潭这个项目是老龚一个人自选课题先搞起来才立项的，条件十分艰苦，想不到却最先成功，真不简单啊！"科研成果通过鉴定后，公安部拨出了专款要求尽快推广，他却提出要进一步完善这项成果，做到检索笔迹、字、人，甚至情况一步到位，将来推广后能为公安技侦工作产生历史性的变革。他从头开始，重新归类编程序，推出具有图像等功能的新版本。并克服病痛，抓紧时间，用几个月时间编写通常需要几年才能完成的《笔迹计算机检索系统》《特征字分类编码图谱》等10多本计几十万字的教材。1995年9月，龚赴里首创的笔迹检索系统项目接班人确定，科研成果推广学习班在湘潭举办，实现了他的愿望。1995年11月病逝。1996年4月25日，公安部追授他为"全国公安系统一级英雄模范"。

舒俊杰

舒俊杰(1937-2004)，湖南湘阴县人，民国26年(1937)出生。1943年，先后在长沙、湘潭读书。1953年，在汉阳中南工艺技术学校读书，因健康原因停学。1955年，考入衡山一中读高中。1956年，加入中国共产主义青年团。1958年，考入北京大学图书馆系。1962年，毕业分配在北京同仁医院，先后任医学图书管理员，院党委办公室工作人员。1964年，加入中国共产党。1972年，调任湘潭市图书馆管理员。1982年，任市图书馆副馆长。1984年，任馆长。其间，市图书馆先后4次(2~3年一次)评为全省文明图书馆，1次评为"全国文明图书馆"。1989年，市图书馆被评为全国文化工作先进单位。1991年，被文化部、人事部评为"全国文化系统先进个人"。1993年，晋升为研究馆员，时为湖南图书馆系统首位正高研究馆员。1995年，兼任市图书馆党支部书记。他长期从事图书馆管理与研究工作，熟练掌握外借、采编、辅导、咨询、古籍整理等各项业务，并有良好的俄语基础，曾分编俄文书籍8000余册(30余种)。在市图书馆工作期间，主持、主审、主编或参与编辑作品多部。主要有《光绪<湘潭县志>人名录》《唐至清末湘潭人士著述目录》《齐白石研究大全》等。其参与编辑的《齐白石全集》获国家图书奖。其主审的《图书管理》由湖南省教育出版社出版，获中国图书馆学会著作奖，并被列入中专教材。此外，他参与编写了《齐白石辞典》初稿，该书2004年由中华书局出版。2001年退休。2004年，因家庭火灾被烧伤，抢救无效去世。

伍克文

伍克文(1939-1994)，湘潭县云湖桥镇(原良湖乡)人。民国28年(1939)出生。1955年，高小毕业后，担任农村基层干部，1958年，转为国家干部。1959年，加入中国共产党。从事农村基层工作10余年，历任云湖桥公社公安特派员、团委书记、秘书、副社长、社长，泉塘子公社党委书记。1974年起，先后任湘潭县革委会副主任兼青山桥区委书记、中共湘潭县委常委、县委副书记兼县革委会副主任。1979年2月，援藏，任中共西藏自治区墨脱县委副书记。1981年2月，任中共湘潭县委副书记、县长。1983年12月，任中共湘潭县委书记。在任湘潭县主要领导期间，认真执行党的方针政策，组织开展整党工作；抓好农业生产责任制，号召全县兴办"五小"(小猪场、小鸡场、小渔场、小果园、小加工)庭院经济，帮助农民脱贫致富；发展乡镇企业，其间，湘潭县乡镇企业曾被评为省、市先进单位；普及义务教育和卫生等社会事业；组织兴修县乡公路，湘潭县1986年被评为湖南省"民工建勤先进县""县乡好公路县"。1988年元月，任湘潭市人民政府副市长，3月，任中共湘潭市委常委、市政法委书记。任期内，突出抓好水利建设，山塘标准化建设工作经验被水利部领导总结为“小工程、大规模、群众性、标准化”，予以推广；组织植树造林，使全市达到国家制定的“灭荒”标准；大力开发吨粮田，为两年后湘潭市成建制亩产过吨粮打下坚实的基础。1993年1月，任湘潭市人大常委会主任、党组书记。参与市委重大事项决策，监督“一府两院”工作。注重调查研究，先后走访一批人大代表和企业单位，帮助解决困难，支持发展生产。他清廉朴实、平易近人。1994年4月病逝。

涂扬幼

涂扬幼(1940–2003)，曾用名幼老，湖北武市人。1940年出生。1948年，受一老先生关照，免费收其读私塾。新中国成立后，免费在公立小学读书。1955年，考入武汉师范附中。1958年，考入湖北艺术学院之美术学院附中(中专)。1959年，加入中国共产主义青年团。1961年毕业后，因家庭困难，就业于湘潭市歌舞剧团任美工。1965年任副团长。1968年10月至1970年2月，先后在湘潭市革命委员会宣传组、市委宣传部协助工作，期间与市歌舞剧团演员陈雪梅结婚(1969)。在工作期间，为30多个演出剧目设计舞台美术，主要作品有《郭亮带兵抓郭亮》《白毛女》《红岩》《李双双》《寻亲记》《红灯记》《红色娘子军》《平原作战》等。由于他熟悉多个画种艺术，尤擅长版画，1970年2月，调任湘潭市文化馆美术干部，先后创作中国画、版画、水彩画、宣传画、连环画数十件。其中在省级以上公开报、刊发表，或入选省级以上美术展览的30余件。《学海》《雪花飘飘》(水印木刻)《钢铁交响乐》(浮雕，与人合作)，分别入选全国第七届、第八届版画展。其中，《学海》由中国展览公司收藏，并选送加拿大参加国际美展。《蛙戏》入选第十一届全国版画展。《收割季节》(水印木刻)入选中国美协举办的第七届全国美展(全国级别最高、影响最大的美展)，并获优秀作品奖，同时入选中国当代版画新作展赴日本展出。《声与色》(版画)，赴西德展出。有三幅作品分别入选1982年、1984年、1985年《中国版画年鉴》。他的版画作品，获得全国版画界终身成就奖——鲁迅版画奖。1979年，加入中国共产党。1988年，评定为副研究馆员。系中国美术家协会会员，中国版画家协会会员，湖南省美协版画艺委会会员。曾任湘潭市美术家协会主席。1997年退休。2003年9月病逝。

易梦姣

易梦姣(1944–1991)，亦作易孟姣，女，湖南长沙市人。民国33年(1944)出生。1957年3月，不顾父母反对，考入湘潭市湘剧团学戏。9月，由剧团保送至湖南省戏曲学校湘剧科读书，师从李霞云、王玉兰学青衣。在省戏校读书期间，饰演《老汉驼妻》《打雁回窑》《琵琶上路》等戏主角，深得老师认可。1961年，毕业分配到湖南省湘剧院当演员，得到著名湘剧表演艺术家彭俐侬的指导。1962年，调湘潭专区湘剧团。1964年，主演现代戏《迎春花》，全剧录音在湖南省广播电台播出。1965年，加入中国共产主义青年团，评为湖南省优秀青年演员。1966年，加入中国共产党。1969年，被下放农村“插队落户”。1971年，调回湘潭地区(原专区)湘剧团。1975年，饰演现代戏《龙江颂》中的江水英，名噪潭城内外。1980年，加入中国戏剧家协会湖南分会。1983年，湖南省广播电台《湘剧知识讲座》专题介绍其演艺生涯的成就和行腔的特点。1987年，主演《龙头杖下》，获首届湖南“洞庭之秋”艺术节剧目二等奖。1988年，被评为国家三级演员，1990年，晋升为国家二级演员。为中共湖南省第四次、第五次代表大会代表。易梦姣一生，在40多个大型剧目中担任主角，塑造了一大批中国古今妇女典型形象。主要作品有《窦娥冤》中的窦娥,《琵琶记》中的赵五娘等,尤以饰演窦娥、秦香莲等古代封建叛逆妇女形象闻名遐迩。易梦姣行腔,在坚持传统的基础上,真假唱法结合,委婉细腻,生动传神。她所主演的各个角色,唱做俱佳,文武兼备;一招一式,干净利落,深得全省湘剧界好评。1991年病逝。

罗在平

罗在平(1944-1999),湘潭县人。民国33年(1944)出生。1970年8月,中山医科大学医疗系毕业后,分配在湘潭地区防疫站工作。1979年,考入湖南医科大学攻读传染病专业硕士研究生学位,1982年,毕业并获医学硕士学位,分配到湘潭市中心医院内科工作。1985年12月,晋升为主治医师,任传染科副主任。1987年,以优秀中青年技术骨干的身份被卫生部派遣到菲律宾首都马尼拉,参加WHO组织举办的西太平洋地区急性腹痛病临床学习班学习一年。在医疗技术上,勇于探索,创建湘潭市唯一的传染病专科实验室,开展各类肝炎病毒抗原、抗体检测等血清素检测。1988年,破格晋升为副主任医师、湖南医科大学副教授,任传染科主任。1991年,获湘潭市政府记功奖励。在医疗工作中,医德医风高尚,至1993年先后七次评为湘潭市中心医院先进工作者。是年,当选湘潭市第十届人大代表、人大常委会教科文委员会委员。1994年,在湖南省内首先开展ELISA法检测抗HFF-lgM出血热检测抗体技术,获湘潭市科技成果二等奖、湖南省科技成果四等奖。该技术向全省地市级医院推广,为湘潭市乃至全省传染病诊断水平的提高做出较大的贡献。系湖南省传染病学会会员、秘书长。是年,晋升为主任医师,担任湖南医科大学教授,为医院传染科培养出一支优秀人才队伍。1999年12月病逝。

伍邵斌

伍邵斌(1945-2004),湘潭县云湖桥人。民国34年(1945)出生。1968年,湖南农学院毕业后,在部队锻炼两年。1970年3月,先后在韶山农技站、农林水利局、农村办工作。1975年4月,先后任韶山区农办综合科副科长、科长,韶山区委副书记、区长。1983年10月,任湘潭市农业局局长、党委书记。1984年1月,任中共湘潭县委副书记、县长。1988年7月,任中共湘潭县委书记。在担任湘潭县主要领导期间,认真执行党的路线、方针、政策,组织领导开展整党工作,发展县域经济。任期内湘潭县粮食生产进入全国百强县行列,农村经济、"普九"工作跨入全省先进行列。组织领导编制《湘潭县1986-2000年经济、社会、科技综合发展规划》,提出建设新县城、彭德怀纪念馆初步规划,并向市、省人民政府申报。1991年12月,任湘潭市人大常委会农经委主任。1993年1月,任湘潭市人大常委会副主任、党组成员、党组副书记。2003年1月,任湘潭市人大特邀顾问。2004年8月病逝。

陈长清

陈长清(1950-2005),湖南石门县人。1950年出生。1969年3月应征入伍。1970年6月加入中国共产党。在中国人民解放军55军任战士、文书、机要参谋、机要处正团职处长。1979年,在对越自卫反击战中,译电3万余组,确保指挥畅通,荣记三等战功,被选入全军英模事迹报告团,到北京等地巡回报告。曾被广州军区评为“五好战士”,授予“机要译电一级能手”,4次荣立三等功。1986年3月,转业至岳塘区,任区人武部部长、政委、区委常委。在岳塘区人武部工作期间,为节省基建经费,他拿起扁担,带头挑砖头、抹墙灰,一身土一身泥,硬是把几间简陋的办公室变成一座整齐方正、较具规模的人武部院落。1998年9月至2005年1月,先后任雨湖区委副书记、区人大常委会党组书记、主任。他积极围绕区委、区政府中心工作,出主意,想办法,创造性地开展工作,特别是在抗洪抢险、整修防洪大堤、整治重点村、建设高速公路连接线、联系重点项目,为企业排忧解难等,工作中,经常深入一线,现场办公,使一个个难题圆满解决。担任区人大常委会主任后,为促进全区社会主义民主政治和法治建设,做出了较大贡献。他一身正气,两袖清风。有个亲属,夫妻双双下岗,想找个工作,被委婉拒绝;想介绍工程,被严词拒绝。2005年1月27日,在参加省人大会议期间,突发心肌梗塞,经抢救无效逝世。2005年4月21日,中共雨湖区委作出《关于向陈长清同志学习的决定》。

李晚文

李晚文(1950-2005),湖南攸县人。1950年出生农民家庭。七岁开始念书。1968年7月考入高中,后转入湖南省军区“五七”干校医学专业培训班学习。1970年,在家乡北联村合作医疗站任副站长。他一边参加农业生产劳动,一边刻苦钻研医学知识,为当地群众治病疗伤,赢得大家的好评。1972年2月,组织上推荐他到湖南医学院学习深造,1975年毕业后,分配在湘潭地区人民医院任外科医师。1976年,参加湖南省中医学院中西结合治疗骨、关节、软组织损伤学习班学习。1982年3月,医院全国临床神经外科进修班学习一年,回院后任神经外科医生。1988年4至5月,参加同济医科大学协和医院主办的颅内动脉瘤显微外科技术成果推广学习班。1989年3月,参加中国医学科学院协和科技交流中心神经外科新进展学习班,经过培训学习和临床实践,能熟练地处理神经外科常见病、多发病,乃至复杂疑难与危重病人的抢救。1992年,主持的科研课题《外伤性颅内血肿非手术疗法临床应用研究》获湘潭市科技进步二等奖。1994年6月,加入中国共产党。8月晋升为副主任医师,并任医院神经外科副主任。1996年,开展的《浮动颅骨瓣在外伤性颅内血肿手术减压的应用研究》获湘潭市科技进步二等奖。李晚文一直秉承“勤勤恳恳工作,老老实实做人”的人生格言,热心为病人服务,先后被评为医院最佳医生、先进工作者,获市政府嘉奖2次,其主要业绩被载入1999年中国人事出版社出版的《中国专家大辞典》中。2001年9月,晋升为主任医师,2004年,被中南大学湘雅医学院聘为兼职教授。2005年2月8日病逝。

陈秋明

陈秋明(1960-2004),湘潭市岳塘区板塘铺人。1960年出生。1981年参加工作,历任原板塘区公安分局刑侦中队侦查员、副中队长、中队长、五里堆派出所所长、岳塘公安分局副局长、雨湖公安分局政委、党组书记、局长。任雨湖公安分局主要领导期间,高举“亲民爱民”旗帜,倡导对群众“态度再和蔼一点,调子再低一点,面部肌肉再松弛一点”。老百姓评价:“秋明是我们的好警察”。他从小就立志当除暴安良、扶危济世的好警察。进入公安战线后,练就一身侦查破案的过硬本领,直接或指挥侦破不少大案要案,成为全市公安战线一位能文能武的分局局长。2001年12月,担任雨湖公安分局局长。他狠抓侦察破案,不到一年的时间,全区刑事案件发案数比上年同期下降12%,治安秩序明显好转。2003年9月19日晚,在指挥“追逃打窜”行动过程中，突然呕吐不止，战友们劝他回家休息。他在家里仍不放心，带病用电话指挥。第二天到医院检查，发现患有基底动脉瘤。在医院治疗5个多月后，又坚守在第一线。担任雨湖公安分局政委、局长期间，他十分注重公安队伍建设，打造一支素质过硬、能征善战的干警队伍。在任分局主要领导的四年中，雨湖公安分局先后被省公安厅授予全省优秀公安分局，全省“三项教育”先进单位，全省公安事业执法考评先进单位，全省严打先进集体，全市行风评议先进单位等荣誉称号。他清正廉洁，不利用自己的职权和影响，帮下岗在家的妻子“活动”找个工作。弟弟是个残疾人，也从未沾过光。2004年7月18日，因操劳过度，突发旧疾逝世。中共雨湖区委作出《关于开展向陈秋明同志学习活动的决定》，是年11月18日，中共湖南省委常委、省政法委书记、省公安厅长李江签署命令，为陈秋明同志追记一等功。同年12月，被公安部追授一等功。

二、人物录

(一)雨湖区革命烈士名录(以牺牲时间为序)

姓　名	性别	政治面貌	出生年月	家庭住址	牺牲时间	所在单位及职务	牺牲原因
杨春龙	男	群众	1966.7	雨湖区鹤岭镇	1988.3	广西武警部队士兵	在广西梧州西江大桥抢险中牺牲
毛建清	男	群众	1969.3	雨湖区楠竹山镇	1989.8	海南省边防部队战士	1989年8月6日执行任务时因车祸牺牲
游炳炎	男	群众	1949.9	雨湖区雨湖路街道	1990	市检察院刑事检察二处干警	1990年在解放路追捕逃犯时牺牲
戴跃龙	男	群众	1978.7	雨湖区广场街道	1996.9	湘潭机电中专电会6班学生	1996年9月26日学校组织到株洲市马家河古桑洲野炊活动时,为抢救落水同学而牺牲
杨　谦	男	群众	1979.12	雨湖区雨湖路街道	1998.8	深圳武警六支队	1998年8月15日在深圳武警六支队一排执行任务牺牲
周述存	男	群众	1953.12	雨湖区一大桥下街27号	2004.1.15	摩的司机	在配合公安民警追捕劫犯时,被歹徒开枪击中,经医院抢救无效身亡

(二)雨湖区区属单位省、部级劳动模范名录(以获奖时间为序)

1988-2007省、部级劳动模范名录

姓名	性别	工作单位	职务	获奖时间	授奖单位	奖项名称	备注
王诚恒	男	江南子弟学校	教师	1989.9	国家教委 国家人事部 全国教育工会	教育系统劳动模范	
赵铁球	男	先锋企业集团	总经理	1995	省政府	省劳动模范	
杨九高	男	先锋乡金塘村	农民	1995	省政府	省劳动模范	
言德君	男	湘潭锰矿	工人	1996	全国总工会	全国劳动模范	
曹应满	男	长城乡新月村	农民	2000	省政府	省劳动模范	
陈荣斌	男	区畜牧水产局	副局长	2003.4	省政府	省劳动模范	
陈荣岳	男	先锋企业集团公司	工程师	2003	全国总工会	全国劳动模范	
陈重新	男	平安电气集团	董事长	2005.4	省政府	省劳动模范	
蔡海波	男	长城乡卫星村	农民	2005	省政府	省劳动模范	

(三)1988-2007年区属单位省、部级先进工作者名录

姓名	性别	工作单位	职务	获奖时间	授奖单位	奖项名称
王璇宫	女	风车坪学校	教师	1988	国家教委	中小学德育先进工作者
				1989	国家教委、人事部、全国教育工会	全国优秀教师
刘竹清	男	江南中学	副书记	1989	国家教委、人事部、全国教育工会	全国优秀教师
潘学成	男	窑湾派出所	所长	1989	公安部	全国公安基层优秀所长
彭嘉森	男	区民政局	局长	1990.12	民政部	抗灾救灾模范
				1991.12	省政府	先进民政工作者
荣龙富	男	区检察院	检察官	1990	最高人民检察院	一等功
闵应章	男	郊区人民政府	区长	1990	省委省政府	党管武装先进个人
				1991	全国老龄委	重视老龄工作功勋奖
陈丽君	女	先锋中学	学生	1991	团中央	学赖宁奖章
龚春梅	女	湘锰小学	校长	1991	国家教委	全国优秀教师
徐骥华	女	唐兴寺学校	教师	1992	全国妇联、团中央、全国总工会	优秀校外辅导员
杨丽华	女	江南中学	教师	1993	国家教委	全国优秀教师
杨仕敏	男	唐兴寺学校	教师	1992	国家教委国家体委	全国优秀体育教师
黄国民		护潭乡红星村	调解员	1993	司法部	全国模范人民调解员
陈茨衡	女	金庭学校	校长	1993	国家教委	全国优秀教师
杨桃英	女	风车坪学校	校长	1995	国家教委	全国优秀教师
陆燕荣	女	雨湖公安分局	警察	1995	公安部	全国优秀人民警察

续上页

姓名	性别	工作单位	职务	获奖时间	授奖单位	奖项名称
彭琳	女	雨湖检察院	检察官	1995	最高人民检察院	全国打击伪造盗窃发票先进个人
范银河	男	雨湖公安分局	警察	1996	公安部	全国优秀人民警察
				1998	公安部	全国优秀人民警察
陈良德	男	区委组织部	副部长	1998	中组部	全国农村党员基层干部培训工作先进个人
萧云辉	女	金庭学校	校长	1998	国家教委	全国优秀教师
袁菊兰	女	先锋乡经管站	干部	1998	农业部	全国农业合作经济经营管理先进个人
王泽其	男	区法院	庭长	1998.10	最高人民法院	全国优秀法官
刘桂秋	女	护潭乡人民学校	校长	1998	教育部	全国教育系统巾帼建功标兵
王泽其	男	区法院	庭长	1998.6	省委	优秀党员
				1998.6	省委、省政府	人民满意公仆
琚小燕	女	雨湖派出所	警察	1999	公安部	全国优秀人民警察
肖云辉	女	金庭学校	校长	1998	省政府	省特级教师
蒋剑文	男	金庭学校	教师	2000	团中央、少工委	全国优秀辅导员
杨松林	男	雨湖公安分局	干警	2001	省政府	一等功
朱良娥	女	区检察院	检察官	2001	最高人民法院	学习三个代表先进个人
杨垣尧	男	雨湖区地税分局	干部	2001	国务院军转干部工作组	全国模范转业干部
王东晖	女	区检察院	副检察长	2001	全国妇联、最高人民检察院	全国三八红旗手
				2002	最高人民检察院	全国模范检察干部
周巧艺	男	中共雨湖区委	区委书记	2001	科技部	创建全国科技进步先进城区先进个人

续上页

姓名	性别	工作单位	职务	获奖时间	授奖单位	奖项名称
周放良	女	区政府	区长	2001	科技部	创建全国科技进步先进城区先进个人
卢卫国	男	云塘派出所	干警	2002	公安部	全国优秀人民警察
黄正林	男	区科技局	局长	2003	科技部	创建全国科技进步先进城区先进个人
陈忠红	男	区政府	区长	2003	科技部	创建全国科技进步先进城区先进个人
陈定辉	女	窑湾街道文运街社区	主任	2003	中组部、民政部	优秀社区工作者
严　杏	女	风车坪学校	教师	2004	教育部	全国优秀教师
萧云辉	女	金庭学校	校长	2004	省政府	徐特立教育奖
刘丽萍	女	区老年公寓	职工	2004	全国敬老爱老助老主题教育活动组委会	中华孝亲敬老之星
姚思明	男	区检察院	检察官	2004	最高人民检察院	“鑫新闻奖”三等奖
杨真平	男	中共雨湖区委	区委书记	2005	科技部	创建全国科技进步先进城区先进个人
宾茂良	男	雨湖路街道	党委书记	2005	中央综治委	全国预防青少年犯罪先进个人
姚纯安	男	雨湖区政府	副区长	2005	科技部	创建全国科技进步先进城区先进个人
黄益群	男	区科技局	副局长	2005	科技部	创建全国科技进步先进城区先进个人
王　蓉	女	风车坪学校	教师	2006	团中央、少工委	全国优秀辅导员
贺卫平	男	区检察院	检察长	2006	最高人民检察院	一等功

续上页

姓名	性别	工作单位	职务	获奖时间	授奖单位	奖项名称
谭德华	男	护潭乡富强村	村民	2006	全国敬老爱老助老主题教育活动组委会	中华孝亲敬老之星
黄周博	女	云塘街道	居民	2006.7	中国残疾人联合会国家体育总局	全国优秀特奥运动员
刘　毅	男	中山路街道	居民	2006.7	中国残疾人联合会国家体育总局	全国优秀特奥运动员
邹晓婷	女	金庭学校	副校长	2007	教育部、人事部全国妇联	全国模范教师、巾帼建功标兵
徐亚健	女	雨湖区政府	区长	2007	科技部	创建全国科技进步先进城区先进个人
曾彩奕	女	中共雨湖区委	区委常委	2007	科技部	创建全国科技进步先进城区先进个人
唐伯赞	男	区科技局	局长	2007	科技部	创建全国科技进步先进城区先进个人
宋定一	男	中共雨湖区委	区委调研员	2007	中共中央纪委	嘉奖
					省政府	一等功
陈新春	女	长城乡政府	干部	2007	国家统计局	全国农业普查工作先进个人
李阳光	男	区安监局	干部	2007	国家安监局	全国安全生产监管煤矿安全监察先进个人
高跃平	男	雨湖区公安分局国保大队	干部	2007	公安部	全国清理“三非”外国人专项整治行动先进个人
陈建铁	男	雨湖路派出所	所长	2007	公安部	全国优秀人民警察

(四)当代人物表(以出生年为序)

姓名	性别	出生年 月	籍贯	政治面貌	工作单位及职务职称	备 注
罗学义	男	1928.5	湘潭县	党员	中共湘江区委顾问	1987.1-1988.12 湘江区委顾问
张肇其	男	1929.11	湘潭县	党员	政协雨湖区主席	1985.5-1986.12 雨湖区政协主席
郭鉴唐	男	1930.1	山西 平遥县	党员	中共湘江区委顾问	1983-1990 雨湖区委顾问
朱传珪	男	1931.6	湘潭县	党员	政协湘江区主席	1987.3-1990.2 湘江区政协主席
楚士泉	男	1932.1	湘潭县	党员	中共湘江区委顾问	1985.4-1992.1
唐同丰	男	1932.6	湘潭县	党员	中共雨湖区委顾问	1984-1992.3 雨湖区委顾问
杨怀德	男	1932.6	湘潭县	党员	中共雨湖区委顾问	1985.1-1990.1 雨湖区委顾问
陈泽声	男	1932.12	湘潭县	党员	郊区人大常委会主任	1980.1-1992.12 郊区人大主任
何炳霖	男	1933.8	长沙县	党员	郊区政协主席	1987.2-1992.6 郊区政协主席
刘伟能	男	1937.11	雨湖区	党员	原国家民政部办公厅巡视员	雨湖区人,1995年调民政部社会福利与社会进步研究所任所长,1997年调民政部办公厅任巡视员继而退休。
闵应章	男	1937.12	江西 奉新县	党员	湘潭市人民政府副巡视员	1987.2-1992.6 郊区区长, 1992.8-1993.7 雨湖区委书记
戚映清	男	1939.12	湘潭县	党员	政协雨湖区主席	1992.10-1997.12 雨湖区政协主席
陈显良	男	1939.12	醴陵县	党员	湘潭市老干局	1989年任 雨湖区委书记

续上页

姓名	性别	出生年 月	籍贯	政治面貌	工作单位及职务职称	备 注
向满红	男	1941.10	溆浦县	党员	雨湖区人大常委会主任	1990.2-2002.12 雨湖区人大主任
吴帅珍	男	1942.10	桃江县	党员	政协湘潭市秘书长	1987.1-1990.2 湘江区人大代主任
陈述钦	男	1944.1	湘乡市	党员	湘潭市高新区工委副书记、管委会副主任	1990.2-1992.6 雨湖区区长
章春亮	男	1943.2	湘潭县	党员	湘潭市工商联党组书记	1985.4-1990.1 郊区党委书记
谭世明	男	1944.2	湘潭县	党员	雨湖区区长	1988.1-1990.2 雨湖区区长
刘异群	男	1943.4	湘潭县	党员	湘潭市人大常委会副主任	1985.3-1992.8 湘江区委书记
符国保	男	1944.4	桃江县	党员	湘潭市人民政府副巡视员	1989.12-1992 郊区区委书记
萧克华	男	1945.12	湘潭县	党员	雨湖区委书记	1986.3-1989.8 雨湖区委书记
孙　峰	男	1946.11	湘阴县	党员	湘江区政府区长	1992.3-1992.6 湘江区区长
张汉良	男	1947.12	衡山县	党员	省政府巡视员、省工商局局长	1988.1-1991.7 湘江区人民政府区长
劳　动	男	1948.7	江苏吴县市	党员	中共湘潭市委副书记	1992.11-1993.7 雨湖区区长 1993.7-1995.7 雨湖区委书记
郭特强	男	1949.3	湘乡市	党员	政协雨湖区主席	1997.12-2007.11 雨湖区政协主席
粟汉云	男	1949.2	长沙县	党员	雨湖区区长	1994.3-1997.8 雨湖区区长
江学恭	男	1950.12	雨湖区	党员	湖南省文联党组书记、副主席	曾任湘潭市文化局创作员，从事宣传文化管理和文艺创作30余年，发表各类文艺作品300篇，专著15部，约250余万字

续上页

姓名	性别	出生年 月	籍贯	政治面貌	工作单位及职务职称	备　注
朱培立	男	1953.6	湘潭县	党员	湖南工程学院副院长	1993.8-1996.5 雨湖区副区长、 区委副书记、
宋厚源	男	1953.10	湘潭县	党员	政协湘潭市副主席	1992年8月， 郊区政府副区长；
刘建元	男	1954.10	雨湖区	党员	湖南天元置业有限公司董事长	曾当选为湘潭市第十二届、十三届人大代表，2005年被评选“CIHAF中国房地产百杰”
杨雄赳	男	1955.1	新化县	党员	政协湘潭市副主席	1992.8-1995.6 雨湖区委副书记
颜向阳	男	1955.9	茶陵县	党员	湖南省水库移民开发管理局局长	1995.8-1997.8 雨湖区区委书记
刘　静	女	1955	雨湖区	党员	湖南省委党校副校长	
汤泽培	男	1956.11	湘潭县	民进	政协湖南省常委、副秘书长、省民进副主委	1992年湘江区副区长 1997.12-2002.12 雨湖区副区长
徐秋良	男	1957.8	湘乡市	党员	雨湖区正县级干部	2005.3-2007.12 雨湖区人大常委会主任
周巧艺	男	1959.3	攸县	党员	湖南省地税局副局长	1997.8-2002.10 雨湖区委书记；
黄俊伟	男	1959.11	雨湖区	民盟	湖南工程学院教学评估中心主任	雨湖区人，发表学术论文60多篇，多篇被国务院《经济内参》等转载
周放良	女	1961.9	湘乡市	党员	政协湘潭市主席	2002.10-2003.5 雨湖区委书记
姜新文	男	1962.1	雨湖区	党员	国防科大计算机学院教授	主要研究方向:算法与复杂性分析、分布式事务处理、工作流、网络应用
李子真	女	1962	雨湖区	党员	广州市番禺区艾琳达珠宝有限公司董事长	

续上页

姓名	性别	出生年 月	籍贯	政治面貌	工作单位及职务职称	备 注
陈忠红	男	1963.3	湘乡市	党员	中共湘潭市委常委、秘书长	2002.12-2006.6雨湖区人民政府副区长，区委副书记、区长。
徐亚健	女	1963.10	湘潭县	党员	湘潭市人大常委会副主任	2006.6-2007.12雨湖区区长
黄赞佳	男	1963.12	宁乡县	党员	湖南省新闻出版局副局长	1996.7-1997.10湘潭市雨湖区人民政府副区长、党组成员
陈重新	男	1964.10	雨湖区	党员	湘潭平安电器股份有限公司董事长	湘潭市第十二届人大代表，曾获“湖南省企业技术创新先进个人、湘潭市首届科技兴企名人”称号。
杨真平	男	1965.10	澧县	党员	湘潭市人大常委会副主任	1992.8-1995.6雨湖区区委书记
陈芳桂	男	1966.1	雨湖区	群众	中国人民解放军二炮文艺创作室、中国美术家协会、专职作家	艺名陈锰，毕业于湖南科技大学美术学院，作品陈列于国务院第三会议室、国务院管理局宴会大厅以及国家领导人办公室
王 填	男	1968.1	湘乡市	党外	湖南步步高商业连锁股份有限公司董事长	1996年来，当选为“湘潭市十一届人大代表”“湘潭市雨湖区第二届人大常委”“湘潭市第六届青年联合会副主席”被授予“湖南省十大杰出青年岗位能手”“全国青年兴业领头人”
梁志峰	男	1970.7	涟源县	党员	湖南省政府经济研究信息中心主任	2003.5-2006.11中共湘潭市雨湖区委书记

附

1988-2007年雨湖区获国家、省级集体荣誉表

（以获奖时间为序）

一、区级集体荣誉表

获奖时间(年)	奖项名称	颁奖单位
1988	全省政协系统先进区	省政协
1991	省文化市场管理先进单位	省委、省政府
1992	全国城市计划生育工作先进单位	国家计生委
1992	政协工作先进单位	省政协
1993	全国城市计划生育工作先进单位	国家计生委
1994	计划生育工作先进单位	省委、省政府
1995	计划生育工作先进单位	省委、省政府
1995	文明单位建设工作先进区	省委、省政府
1996	“两基”工作先进县、市(区)	省政府
1996	残疾人工作先进县、市(区)	省政府
1997	全国科技工作先进城区	国家科委
1997	湖南省小康区	省委、省政府
1997	全省先进县、市(区)	省委、省政府
1997	人口与计划生育目标管理先进单位	省委、省政府
1997	省艺术教育先进县市区	省委、省政府
1997	“两基”工作先进县、市(区)	省政府
1998	文明建设先进县(市)区	省委、省政府
1998	全国计划生育工作先进集体	人事部、计生委
1998	全省文化先进城区	省政府
1999	全国爱心献功臣活动先进区	全国双拥工作领导小组、国家民政部
1999	全省党委政法委执法监督工作先进单位	省委
1999	省文明建设先进区	省委、省政府
1999	人口与计划生育目标管理红旗单位	省委、省政府

续上页

获奖时间(年)	奖 项 名 称	颁 奖 单 位
2000	全国文化先进县(区)	人事部、文化部
2000	全国科技进步先进城区	国家科委
2000	计划生育优质服务先进单位	省委、省政府
2000	人口与计划生育目标管理红旗单位	省委、省政府
2001	“两基”工作先进县、市(区)	省政府
2002	改水改厕先进区	全国爱卫会
2002	社区建设示范区	民政部
2002	计划生育工作模范单位	省委、省政府
2003	“两项督导评估”先进城区	教育部
2004	计划生育优质服务先进单位	省委、省政府
2004	全省社会治安综合治理先进县市区	省委、省政府
2005	全国婚育新风进万家活动先进单位	国家婚育新风进万家活动领导小组
2005	全国社区卫生服务示范区	卫生部、民政部
2005	人口与计划生育优质服务先进单位	省委、省政府
2005	全国残疾人工作示范区	中国残疾人联合会
2005	省科普示范城区	省委、省政府
2006	全国残疾人工作先进区	国务院残疾人工作委员会
2006	平安创建先进县市区	省委
2006	全国计划生育优质服务先进单位	国家计生委
2007	省民族工作先进单位	省政府
2007	“两项评估考核”先进单位。	省政府
2007	全国残疾人社区康复示范区	民政部、卫生部、中国残联
2007	全省社会治安综合治理先进县市区	省委、省政府
2007	全国计划生育优质服务先进单位	国家计生委

二、区属部门、单位获奖荣誉

获奖部门(单位)	获奖时间(年)	奖 项 名 称	颁 奖 单 位
护潭乡人民学校造漆厂	1988	全国中小学勤工俭学先进单位	国家教委、计委、财政部、劳动部
护潭乡人民学校	1989	全国中小学勤工俭学先进单位	国家教委
雨湖区公安分局执勤队	1989	制止动乱斗争先进单位	省委、省政府
平政路街道办事处	1990	全国卫生先进单位	国家卫生部
湘江区计生委	1990	全国计划生育工作先进单位	国家计生委
市童服厂	1990	全国开发儿童用品新产品先进企业	国家轻工业部
区残联	1991	全国残疾人之家先进单位	中国残疾人联合会
窑湾派公安出所	1991	全国公安先进派出所	公安部
平政路街道办事处	1991	全国文明卫生单位	全国爱卫会
雨湖路街道党校	1991	省先进基层党校	省委组织部
雨湖街道统计站	1992	全国统计系统先进单位	国家统计局
区计生委	1993	全国城市计划生育工作先进单位	国家计生委
雨湖学校	1993	全国红领巾助残帮困先进单位	国家教委、团中央
区人民武装部	1993	民兵政治教育改革先进单位	省军区
区法院	1994	“打击伪造、倒卖、盗窃发票活动”先进单位	国家公安部、国家税务总局、最高人民法院、最高人民检察院
护潭信用社	1995	省文明建设先进单位	省委省政府
雨湖路街道办事处	1995	中国街道之星	民政部
平政路街道 关圣殿居委会	1995	全国模范居委会	民政部
风车坪学校	1995	全国雏鹰大队	团中央、全国少工委
湘潭市防爆电器厂	1995	湖南省经济活力百强企业	省政府
先锋乡人民政府	1996	湖南省拥军优属先进单位	省政府
昭潭乡	1997	全国群众体育工作先进单位	国家体育总局
区文化馆	1997	全国标准文化馆	文化部
区物价统计局	1997	全国农业普查办公室先进集体	国家统计局

续上页

获奖部门(单位)	获奖时间(年)	奖 项 名 称	颁 奖 单 位
先锋乡	1998	全国精神文明建设先进单位	中央精神文明建设办
先锋乡	1999	全国创建文明村镇先进单位	中央精神文明建设指导委员会
中山街道民主新村	1999	文明建设示范点	省委、省政府
先锋乡	1999	全国文明村镇建设先进单位	中央文明办
长城乡	1999	全国农业技术推广先进单位	农业部
区政法委	1999	全省党委政法委执法监督工作先进单位	省委
区委组织部	2000	干部人事档案管理工作一级单位	中央组织部
区政法委	2001	全国学校及周边治安综合治理先进集体	中央综治委
区人民检察院	2001	人民满意的检察院	最高人民检察院
羊牯塘街道办事处	2001	全国婚姻新风进万家活动先进街道	国家计生委
云塘街道办事处	2001	全国婚育新风进万家活动先进街道	中宣部、国家计生委
区教育局	2001	全国优秀示范家长学校	国家教委
护潭乡人口普查办公室	2002	第五次全国人口普查先进集体	国务院第五次人口普查领导小组
区政法委	2002	治安模范社区	省委
区计划生育协会	2003	全国协会工作先进单位	中国计划生育协会
雨湖路派出所	2003	全国一级派出所	公安部
雨湖工商分局	2003	优秀青少年维权岗	共青团中央、中央综治办国家工商局
区政法委	2004	全国学校及周边治安综合治理先进集体	中央综治委
区人民检察院控申科	2004	全国文明接待室	最高人民检察院
区检察院驻九华劳教所检察室	2004	三级规范化检察室	最高人民检察院
砂子岭工商所	2004	全国工商行政管理系统先进集体	国家工商总局、国家人事部

续上页

获奖部门(单位)	获奖时间(年)	奖 项 名 称	颁 奖 单 位
先锋企业集团复合肥厂	2004	国家免疫产品称号	国家质量监督检验检疫总局
护潭乡	2005	全国群众体育先进单位	国家体育总局
区发改局	2005	省十八件实事绩效考核先进单位	省政府
中山路街道迎宾社区	2005	全国群众体育先进单位	国家体育总局
区人民检察院	2005	全国先进检察院	最高人民法院
区计划生育药具站	2005	药具工作先进集体	国家计生委
区人武部	2005	学雷锋、学英雄、学李向群先进集体	省军区
窑湾街道正福街社区	2005	全国残疾人工作先进社区	中国残疾人联合会
护潭乡	2005	全国群众体育先进单位	国家体育总局
区教育局	2005	新课程师资培训工作先进单位	中央教育科学研究所
风车坪学校	2005	全国优秀青少年维权岗	团中央、教育部
云塘街道办事处	2005	全国残疾人维权示范岗	国家司法部、中国残联
先锋乡中心村	2005	全国民主法治示范村	国家司法部、民政部
先锋乡	2006	全国人口计划生育科技工作先进单位	国家计生委
长城乡	2006	全国亿万农民健身活动先进乡	农业部、国家体育总局、中国农民体育协会
云塘街道办事处	2006	全民健身周活动先进单位	国家体育总局
昭潭乡	2006	全民健身周活动先进单位	国家体育总局
鹤龄镇果沙社区	2006	全国敬老模范社区	全国老龄委
窑湾街道正福街社区	2006	全国残疾人工作先进社区	中国残疾人联合会
区科技局	2006	湖南省科技系统先进集体	省政府
熙春路学校	2006	全国“双合格”优秀(示范)家长学校	全国小公民道德建设暨全国“双合格”家庭教育宣传实践活动领导小组
金庭学校	2006	中央教育科学研究所重点课题实验学校	中央教科院

续上页

获奖部门(单位)	获奖时间(年)	奖 项 名 称	颁 奖 单 位
昭潭乡	2007	湖南省安全生产示范乡镇	省人民政府
雨湖交警大队	2007	全国优秀基层单位	公安部
护潭乡红星村	2007	全省农村科普示范基地	省科普技术协会
护潭乡湘竹村	2007	民营企业参与社会主义新农村建设示范村	省委统战部、工商联合会、省政府农村工作办公室
韶西学校	2007	创建绿色学校工作先进单位	国家环保总局
金都公司	2007	全国社区健身俱乐部先进单位	国家体育总局
区教育局	2007	全国绿色学校创建活动优秀组织单位	国家环保总局、国家教育部
区委党校	2007	全省甲等党校	中共湖南省委
湘锰小学	2007	全国语文教学研究会、全国“发展与创新教育”课题、全国电影课题实验学校	中央教科院
窑湾街道文运街社区	2007	省文明卫生单位	省政府

附　录

附　录

一、重要文件辑录

关于调整湘潭市市辖区和湘潭县人民政府驻地迁移的通知

湘政函〔1992〕67号

各行政公署，自治州、市、县人民政府，省直机关各单位：

根据民政部民行批〔1992〕64号和民行批〔1992〕65号文件批复，经国务院批准，现就调整湘潭市市辖区和湘潭县人民政府驻地迁移作如下通知：

一、调整湘潭市市辖区。

1. 撤销湘潭市雨湖区、湘江区、岳塘区、板塘区和郊区的行政建制。

2. 以湘江为界，设立雨湖区、岳塘区。

雨湖区：辖原湘江区（窑湾办事处、羊牯塘办事处、广场办事处、楠竹山办事处、中山路办事处），原雨湖区（云塘办事处、鹤岭办事处、城正街办事处、雨湖路办事处、平政路办事处），原郊区的长城、昭潭、先锋、护潭4个乡和先锋农场。调整后，雨湖区共辖10个街道办事处、4个乡、1个农场。区人民政府驻原郊区人民政府驻地。

岳塘区：辖原板塘区（社建村办事处、建设路办事处、五里堆办事处、易家湾办事处、马家河办事处、滴水埠办事处），原岳塘区（书院路办事处、下摄司办事处、中洲路办事处、岳塘办事处、东坪办事处）。原郊区的霞城、宝塔、板塘、荷塘、昭山5个乡和仰天湖、红旗2个农场。调整后，岳塘区共辖11个街道办事处、5个乡、2个农场。区人民政府驻原岳塘区人民政府驻地。

二、湘潭县人民政府驻地由湘潭市迁至易俗河镇。在驻地迁移过程中，其行政机构不变，不增加编制，迁移经费自行解决。

湖南省人民政府

1992年8月13日

中共湘潭市雨湖区委员会　湘潭市雨湖区人民政府 关于科技兴区的决定

潭雨发〔1991〕16号

为了贯彻落实党中央提出的把经济建设真正转移到依靠科技进步和提高劳动者素质轨道上来的重大战略决策，大力加强科技工作，推动我区国民经济和社会发展“八五”计划与十年规划的顺利实施，全面振兴雨湖，特作如下决定：

一、牢固树立科技兴区的战略思想（略）

二、科技兴区的基本构想与目标

科技兴区就是要组织和动员全区人民，坚持党的基本路线，深化企业内部体制改革，大力提高劳动者素质，积极推动我区科技进步，促进我区经济的发展。

根据我区经济发展的特点，科技兴区要以科技兴工为重点，主要目标是：到本世纪末，重点工业企业的技术水平力争达到或接近国内先进水平，同时要大力发展科技为先导的规模经济，全区开发上千万元产值的科技型企业2–3个，科技进步因素在经济增长中的份额，力争达到30%。并尽可能地把先进科学技术应用到全区农副业生产和计划生育、环境保护、卫生等各个方面，促进全区科技、经济、社会协调发展，人民生活达到小康水平。

三、大力推进企业技术进步

围绕产业和产品结构调整，以市场为导向，大力开发新产品和新技术，促进产品更新换代。要按照全区“八五”计划的要求，加快技术改造的步伐，使企业的技术水平普遍提高一个档次。同时，要扩大对外开放，积极引进国内外先进技术。

1. 建立企业技术进步指标体系。开展创建“科技先导型企业”的活动，把技术攻关、新产品开发、优质产品率、固定资产更新和职工素质提高等指标，纳入企业承包责任制，厂长（经理）任期目标责任制和企业上等级的考核指标，没有完成技术考核指标的企业不能升级，不能评为先进企业，厂长（经理）不得评为优秀企业家。

2. 建立健全企业技术开发机构。有条件的企业要建立科研组，要从技术力量、科研手段、物资、资金等方面为他们开展工作提供保障。同时，要认真组织群众性的合理化建议和小改小革等技术改进活动，切实抓好企业专利技术开发实施工作。

3. 全面提高企业职工的文化技术素质。严格执行先培训、后上岗的规定，认真抓好厂长（经理）的岗位培训和技术岗位的等级考核。通过举办短期培训班，在今后三年内，使厂长培训率达100%，使企业职工的全员培训率达到80%以上，80%的中青年职工文化技术素质达到中技以上水平。

四、充分调动科技人员的积极性

1. 进一步落实放活科技人员的政策。加强对科技人员的思想政治工作，引导科技人员正确处理好国家利益、集体利益同个人利益的关系，发扬乐于奉献的精神，鼓励他们为区街企业，为振兴雨湖经济做出自己的贡献。

2. 认真做好专业技术职称的评聘工作和试行区评技术职称和工人技师的工作。对有突出贡献的科技人员,可以破格评聘专业技术职称,不受单位岗位职数的限制,并且享受同等的职称待遇。

3. 要逐步改善科技人员的生活、工作条件,帮助他们解决好住房、家庭子女就业、录干等问题。

4. 要在全社会进一步形成尊重知识、尊重人才的良好风尚,建立健全奖励制度。对有贡献的科技人员进行表彰奖励。区委、区政府决定设立"科技进步奖励基金"和"科技进步奖"。"科技进步奖"是全区科技方面的最高综合奖,由科技兴区领导小组每年评审一次,对获奖者,从奖励基金中提取奖金给予奖励。

同时,要充分发挥我市大专院校和大中型厂矿的人才、技术、信息优势,组建雨湖区科技顾问团,聘请适合我区经济和科技发展需要的高级科技人员和专家、教授,为我区经济和科技发展提供咨询、信息,进行技术攻关和技术服务,对全区较大科技项目进行论证。今后,未经技术论证的不能立项,以促进决策的科学化、民主化。

五、增加对科技的投入

1. 区财政要不断增加科技投入。1992年,区财政对科技三项经费的拨款达到上年度财政总支出的0.5%,到1995年达到1%,2000年达到2%左右。区财政从1992年起按规定拔给区科协科普活动经费。

2. 建立企业技术开发基金。所有企业都要从销售金额中提取1%的科技开发费,全部用于新技术、新产品的开发,不准挪作他用,此项费用摊入企业成本。对没有按规定提取的,各街道办事处或其主管部门应统一收集用作企业的新技术开发。同时,要积极引进国内外资金,加速科技的开发。

六、加强对科技兴区的领导(略)

中共湘潭市雨湖区委员会
湘潭市雨湖区人民政府
1991年12月28日

中共湘潭市雨湖区委员会　湘潭市雨湖区人民政府
关于加快卫生改革与发展的决定

潭雨发〔1997〕09号

卫生事业是人民政府实行一定福利政策的社会公益事业。人人享有初级卫生保健,不断提高全民族的素质,是社会主义现代化建设的重要目标,是人民生活质量改善的重要标志,是社会主义精神文明建设的重要内容,是经济发展和社会进步的重要保障。为贯彻落实全国和省、市卫生工作会议精神,加快全区卫生改革与发展,结合我区实际,特作如下决定。

一、提高认识,加强对卫生工作的领导(略)

二、切实加强农村卫生建设与发展

农村卫生关系到农民享有卫生保健和小康目标的实现,是整个卫生工作的重中之重。要坚持政府负责、部门协作、社会支持、群众参与的方针,在农村以开展初级卫生保健为龙头,全面发展农村卫生事业。

——**加快卫生网络建设。**"九五"期间要力争区卫生防疫站,妇幼保健站达部颁标准,乡、镇卫生院"三项建设”全部达标，村卫生室建设达到80%。

——**全面推进农村合作医疗。**合作医疗要坚持以个人、村、乡为主，政府协助的原则。1997年，以先锋乡为农村合作医疗试点乡，到2000年，合作医疗达到85%以上。

——**努力改善农村的生产、生活卫生环境。**农村改水受益人口达到98%，农户卫生厕所普及率达90%以上。

——**完善乡、镇、街道卫生院管理体制。**对乡、镇、街道卫生院实行区、乡(镇、街道)共管，区卫生局负责编制、人事财务、业务技术管理，杜绝非专业技术人员从事专业技术工作；乡、镇、街道负责卫生院党团组织、行政管理、制订发展规划，加强卫生设施建设，房屋、设备配套。尽快解决“一无三配套”(即：无危房，人员、房屋、设备配套)问题。按省、市要求逐步实行乡、镇、街道卫生院转制。村卫生室坚持集体办的原则，全区4乡2镇38个行政村，1997年要建成10个村卫生室，1998年建15个，1999年建13个。村卫生室实行乡、村共管，乡卫生院负责其人员和医疗业务管理，村卫生室医生可由乡卫生院派人或聘用，招聘时需经严格考试，签订合同，明确责任、权利和义务；房屋、器械和财务由村委会管理和解决，村卫生室医生报酬由村委会统筹解决，不低于当地村干部的报酬标准。

——**培养提高乡、村医务人员的专业水平。**每年选送若干名医务人员参加湘潭卫校举办的乡村医生提高班。

三、认真抓好预防保健工作

预防保健是一项民心工程，政府全面负责，保证必要的投入。

——**加强区卫生防疫站、妇幼保健站，卫生院防保室建设，逐年更新设备。**

——**制定和实施重大疾病预防和防治方案。**集中力量抓好钩端螺旋体病、流行性出血热、肝炎、结核病等传染病的防治，力争到2000年年末，将发病率控制在全市较低水平。

——**强化公共卫生执法监督。**认真抓好食品卫生、公共场所卫生、职业卫生、放射卫生和学校卫生。

——**广泛持久地开展爱国卫生运动。**以农村改水改厕为重点，坚持开展除“四害”(蚊子、苍蝇、老鼠、蟑螂)活动，为创建国家卫生城市做出努力。

——**搞好健康教育。**积极参加“九亿农民健康教育行动”，全区中小学都要开设健康教育课，普及卫生知识，提高广大人民群众健康意识和自我保健能力，引导人民群众养成良好的卫生习惯和文明的生活方式。各乡、镇、街道要成立健康教育领导机构。大力宣传无偿献血。

四、积极推进职工医疗保障制度改革

根据雨湖区人民政府制定的《职工基本医疗保险试行办法》，全区统一政策，统一制度，统一管理。成立区职工医疗保险基金管理中心，具体负责职工医疗保险业务与医疗保险基金的收支、营运和管理。确保职工基本医疗。

五、振兴和发展中医药事业

各级党委、政府要认真贯彻中西医并重的方针，切实加强对中医药工作的领导。

——**加快雨湖中医院建设。**力争把中医院建设成为不低于一级甲等医院标准的县级中医院。乡、镇卫生院都要开设中医门诊和中药房。要按照《湖南省中医管理条例》把中医政策用活用足。

——**积极培养中医药人才。**完善并实行中医药师承制度，做好名老中医药专家学术思想和经验的继承工作。

六、依法整顿医药市场(略)

七、完善卫生经济政策，增加卫生投入

随着经济发展,逐年增加对卫生事业的投入。卫生事业费增加幅度不低于财政支出的增长幅度。

——**加强公办医疗卫生机构的基本建设。**公办医疗卫生机构大型设备的购置、维修,由政府按区域卫生规划逐步组织安排;离退休人员费用和卫生人员的医疗保险费按国家规划逐步实行。政府根据医疗机构的不同情况及其承担的任务,对人员经费给予一定比例的补助,区中医院的补助逐步达到人员工资的40%以上,乡(镇、街道)卫生院要达到人员工资的60%以上。对重点学科发展给予必要的补助。预防保健机构的人员经费和基本预防保健业务经费由财政按照收支两条线的原则统筹安排,卫生执法监督费用由财政予以保证。中医专项经费逐年增加并单列。

——**加大专项经费投入力度。**从1997年起,政府设立农村卫生、重点卫生项目建设、重大疾病防治三项专项资金,纳入预算基数,安排的卫生基建经费要逐年增加。政府安排的救灾款要有5%以上用于救灾防病。

——**公立医疗卫生机构是非营利性公益事业单位。**目前,预防保健和基本医疗服务项目收费标准都低于成本费,应继续享受税费优惠政策,严格执行省委、省政府《关于加快卫生改革与发展决定》中的各项优惠政策。除国家法律和省政府明确规定的以外,不准向医疗卫生单位征收任何税费,切实解决其社会负担过重的问题,关于医疗卫生单位税费征收管理按市政府文件办理。

八、进一步加强卫生监督执法

普及卫生法制宣传教育,增强公民的卫生法制意识。政府支持和维护卫生行政部门依法行使卫生执法监督权,改革和完善卫生执法监督体制,调整充实执法监督力量,逐步形成统一、权威、高效的卫生行政执法监督体系,卫生部门要加大执法力度,规范执法行为,提高执法水平,公、检、法、工商和技术监督部门,要支持卫生执法,对卫生部门移送的案件及时组织查处。财政要安排卫生执法监督专项经费,支持药品、卫生等监督检验机构的建设,改善执法监督工作条件和技术手段,提高技术仲裁能力。

九、加强职业道德教育,树立良好的医德医风(略)

中共湘潭市雨湖区委员会
湘潭市雨湖区人民政府
1997年5月6日

中共湘潭市雨湖区委员会　湘潭市雨湖区人民政府
关于实行依法治区的决定

潭雨发〔1997〕02号

为了认真贯彻落实《中共中央、国务院关于转发中宣部、司法部关于在公民中开展法制宣传教育的第三个五年规划》的通知精神和省、市依法治市会议精神,区委常委就进一步加强我区民主法制建设、实行依法治区的问题进行了认真研究,并作出如下决定:

一、各乡镇、街道、先锋企业集团公司、商贸特区、各部门、单位党委、党组、支部要认真组织干部群众学习"三五"普法、依法治理的有关文件;充分利用各种宣传舆论工具,采取多种形式,广泛宣传依法治区,通过学习、宣传活动,层层统一思想认识,特别是提高各级领导干部的认识,增强依法治区的自觉性。

二、根据省、市“三五”普法整体部署，各级各单位要结合工作实际和各个时期的中心任务，把学习以宪法为核心的各项基本法律以及同自己工作、生产、生活密切相关的法律常识作为一项任务纳入本单位、本系统的学习计划之内，作出具体安排，认真抓紧抓实，使本单位的法制教育经常化、制度化。要采取多种形式，突出抓好干部、特别是副科级以上干部、司法、行政执法人员、企业经营管理人员、青少年等重点人员的学法用法。要建立健全重点人员学法用法的管理、监督、保障、激励等机制，推行普法合格证制度。建立健全办事公开、收费公开、违法案件追究等制度。

三、全区各级国家机关、人民团体、企事业单位和社会组织都应结合本地区、本行业、本单位的实际开展依法治理活动，要依法建立健全、完善各类规章制度，严格依法办事，杜绝违法事件发生，使我区做到各项工作管理法制化。

四、各部门要密切配合，要建立、完善依法治区责任制，区人大同一府两院签订执法责任状，区政府同所属部门签订行政执法责任书，依法治区领导小组同乡镇、街道、驻区有关单位、有关部门等签订依法治区责任状。人大、政协应加强对依法治区工作的监督，适时组织视察；组织、人事部门应将干部学法用法的情况作为考核干部政绩的标准之一。

五、各地、各系统、各单位要加强对依法治区工作的领导，做到议事有依法治区的内容，工作中有安排，经费上有保障，要自上而下成立依法治区（乡镇、街道）领导班子和办事机构，实行党政一把手负总责的领导体制，充实办事人员，保证依法治区所需经费。

中共湘潭市雨湖区委员会
湘潭市雨湖区人民政府
1997年2月26日

中共湘潭市雨湖区委员会　湘潭市雨湖区人民政府
关于开展“创建全国文化先进区”活动的决定

潭雨发〔1998〕11号

为落实党的十五大精神，切实加强精神文明建设和继续开展“文明建设在雨湖”的活动，确保我区文化工作在全市的领先地位，巩固“全省文化先进城区”的成果，力争在两年内达到“全国文化先进城区”的标准，区委、区政府决定在全区范围内广泛深入开展“创建全国文化先进区”的活动。

开展“创建全国文化先进区”活动的指导思想是：高举邓小平理论的伟大旗帜，以争创全国文化先进区为动力，大造发展文化事业舆论，增加文化建设投入，巩固全省文化先进区成果。把我区文化事业发展提高到一个崭新的阶段。

开展“创建全国文化先进区”活动，要围绕“全国文化先进区”条件逐条落实。一是要全面提高文化队伍素质，切实加强文化队伍建设。文体局要加强现有人员的培训提高工作，配齐文化馆专业艺术门类人员，基层文化专干要专职专用，不断提高其业务素质充分发挥其作用；二是各乡、镇要达到“四有”标准，即有文化站、图书室、文艺演出队（团）、电影放映队；各街道文化站要达到有文化站、图书室、文艺演出队

(团)的标准。文化站要做到站站都有一个以上专职干部,各乡、镇、街道、村(居委会)80%以上要建立文化室,80%的村都要有2-3个文化专业户,建立4-5支各门类业余民间艺术团队,每团队每年活动30-50场次。推行百强文化站和百佳文化室建设,每年由区财政适当安排经费作为创建奖金。各乡、镇、街道、先锋企业集团公司要有3000册以上的图书室,并对外开放;三是文化局对筹建区图书馆要拿出具体方案,争取年内达到3万册,明年达到6万册的规模;四是各乡、镇、街道要大力推行文明小区建设,大力提倡企业文化、校园文化、村落文化、社区文化,形成社会主义新型文化的新格局,积极开展以文补文项目,扩大第三产业;五是要加强文化基地建设,要争取省、市的投入,兴建湖南省第一家农村少儿文化园,区财政每年适当安排经费建立文化基地建设专项资金,继续办好区文化艺术培训中心;六是文体局、文化馆、文化站要创作优秀的文艺节目,区财政在九五期间每年适当安排经费设立文化精品奖励基金,强化精品意识,繁荣文化创作,培养创作人才,每两年举办一次区文化艺术节;七是各单位要认真组织有益于身心健康的丰富多彩的、群众喜闻乐见的文艺节目下居委会、村、学校、企业演出,活跃其文化生活,为人民群众提供精神食粮,营造区域文化氛围;八是实施名人名言文化建设工程。全区各主要街道全部建立名人名言语录牌,做到统一规划,由有关单位具体实施;九是要加强文物单位的保护和管理工作,文体局每年要搞好文物普查,建立档案,加强维护,各乡、镇、街道今年内要做好两条固定性文物保护宣传标语,增强公民的文物保护意识;十是要加强文化、新闻出版、版权市场的管理,一手抓繁荣文化市场,一手抓"扫黄打非"净化文化市场。

开展"创建全国文化先进区"活动,各级党政领导一定要加强领导,把它作为一项重要工作认真抓紧抓好抓落实。区文体局要制定出指导这一活动的总体方案,各乡、镇、街道、先锋企业集团公司要制定出实施方案,广泛深入开展"创全国文化先进区"的活动,宣传、文化、教育、广播、工、青、妇、公安、城建等各职能部门,都要通力合作、鼎力支持,形成合力,力争2000年前实现创建"全国文化先进区"的目标。

区委、区政府号召:全区上下总动员,党政军民一齐动手,把"创建全国文化先进区"活动开展得有声有色,促进我区两个文明建设持续发展。

中共湘潭市雨湖区委员会
湘潭市雨湖区人民政府
1998年5月18日

中共湘潭市雨湖区委员会　湘潭市雨湖区人民政府
关于加快个体私营经济发展的若干意见

潭雨发〔1999〕02号

加快发展个体私营经济,是当前我区经济建设的"重头戏",为最大限度地加快我区个体私营经济的发展步伐,特制定如下意见:

一、进一步解放思想,放手发展个体私营经济

1. 充分认识个体私营经济的重要地位和作用。(略)

2. 明确个体私营经济的发展目标。目前,我区个体私营经济突出存在规模不大、档次较低、个体大户少、效益差等问题。从市场看,缺少那种大规模、高起点、高效益、能带动全区经济发展的大市场;从私营企业看,只占全区个体私营经济的6%,缺乏市场竞争力。针对上述存在的问题,各级党委和政府要围绕“市场带动、实业兴区”发展战略和“1268”工程,把发展个体私营经济作为一项经常性工作来抓,到本世纪末,全区个体工商户达到2万户,私营企业450家,其中年创税100万元以上的10家,50万元以上的20家,10万元以上的50家。从业人员6万人,年产值30亿元,年创税6000万元。

3. 理顺个体私营经济的发展思路。在当前和今后一个时期,全区个体私营经济发展要坚持“四个结合”的总体思路。即:与大规模城镇基础设施建设相结合;与国有、集体企业改组、改制和资产重组相结合,个体私营企业主可以购买、租赁、兼并、参股;与农业产业化和产业结构优化相结合,凡兴办种植业、养殖业及其加工业的,可享受省、市关于推进农业产业化的有关优惠政策;与下岗职工再就业工程和农村剩余劳力中从事二、三产业相结合。

4. 突出个体私营经济的发展重点。全区个体私营经济发展要突出四个重点:重点培育砂子岭市场群体。通过优化环境,实施各种优惠政策,加大招商引资力度,尽快搞活,使之上规模、上档次,力争5年内成交金额100万元,利税超过10亿元。重点扶植个体私营经济大户。全区要重点扶植个体私营大户100户,特别注意对农村种养殖大户的培植。要采取领导联点帮扶、纪检监察部门挂牌保护以及政策倾斜等措施加快其发展,充分发挥大户的示范作用。重点鼓励兴办实业。重点支持和积极引导个体私营企业主大力兴办生产型、加工型、科技型、外向型和流通型企业,鼓励发展壮大有特色的支柱产业,进一步优化我区个体私营经济的产业结构。重点培植名牌和特优产品。鼓励个体私营企业主树立名牌意识,注重科技人才的引进培养,提高产品科技含量,增强市场竞争能力。

二、进一步放开政策,鼓励个体私营经济的发展

5. 放开个体私营经济的发展政策。根据潭市发〔1997〕17号文件《关于进一步加快发展个体私营经济的意见》精神,结合我区实际,进一步放开政策,把各项优惠政策落在实处。一是放开经营项目。除法律法规明文规定不准经营的行业和商品外,均允许个体工商户和私营企业生产、经营。有关行业主管部门不得借行业管理之名,对个体工商户和私营企业“挤、卡、压”,更不能搞垄断经营。除法律法规明确的外,任何单位和部门不得自行设立行业许可证。二是简化申办手续。凡申请开办个体私营企业者,只要凭居民身份证、场地证明和计划生育证明,即可到经营所在地工商行政管理机关办理登记注册手续(从事特种行业的,需办理特种行业许可证),其中除有限责任公司需提交有效资信证明外,其他企业注册不受资金数额限制。三是鼓励社会各界人士加入到发展个体私营经济的行列中来。企业职工留职停薪、党政机关和事业单位工作人员离岗从事个体私营经济的,均按市委〔1997〕17号文件办理。实行企业职工按有关规定参加社会保险、缴纳住房公积金的前提下,可连续计算工龄,住房方面享受与在职人员同等待遇。党政机关、事业单位工作人员保留原有干部身份和任职的相应级别,合同期满后,根据本人意愿,既可回原单位上岗,也可续订合同,继续从事个体私营经济,保留工龄,并连续计算;保留原有工资级别和档案工资、补贴,并可按在职员工同等待遇进行调整;保持原有职称,正常的晋职晋级和年终公务员考核与在职人员一视同仁。企事业单位的在职科技人员在不影响本职工作和本单位利益的情况下,经本单位同意可到个体工商户和私营企业兼职。四是鼓励大中专毕业生到个体工商户和私营企业工作或独立、合伙办企业,户口与人事关系可挂靠在工商联、个私协或人事部门的人才交流中心。五是下岗职工从事个体事业,根据实际情况,确实需要并能提供可信、可行的抵押和担保的,政府部门可为其贷款牵线搭桥。鼓励私营企业招聘下岗职工再就业。同当年安置下岗职工60%以上,经劳动、财政部门认定,3年内按“收费卡”低费起步收取各种费用;经主管税务机关审查批准，按比例减免所得税。持证的国有特困职工单独从事个体经营或兴办私营企业的，第一年内减半收取各种税费，三年内免交所得税及各种费用。

三、进一步优化环境，促进个体私营经济的发展

6. 确保个体工商户、私营企业主的社会地位。各级党委、政府要把优化环境作为发展个体私营经济的一条主线来抓，大张旗鼓地宣传个体私营经济的重要地位和作用，大力表彰和宣传个体工商户、私营企业主的先进典型，营造全社会关心、支持个体私营经济发展的良好舆论环境。要在个体私营企业中建立和健全党团组织和工会组织，要培养和发展个体私营企业中的积极分子入团入党；要从知名度较高的个体工商户和私营企业主中选择产生人大代表和政协委员；对在个体私营企业中工作的大中专毕业生、科技人员的转正定级、职称评定等方面与党政机关和事业单位工作人员同等对待；个体私营企业主在评先、子女入托、入学、就业、参军等方面享受优惠。

7. 切实抓好“减负”工作，坚决治理“三乱”。全区各有关部门对个体工商户、私营企业收取规费，要认真执行市人民政府关于“行政事业性收费项目卡”、“行政事业性收费登记卡”制度，并严格实行收缴分离、收支两条线，切实规范收费行为。要严格规范部门行为，坚决实行持证上岗、亮证执法、凭卡收费、依法行政。坚决克服各类交叉重复检查，对滥用职权，乱收费、乱摊派、乱罚款和“索、拿、卡、要”的，要从严查处，对违反单位的主要负责人和直接责任人给予党纪政纪处分，直至追究法律责任。要严厉打击那些强抢恶要、欺行霸市的犯罪分子。区委、区政府将设立举报中心，公布举报电话。

8. 加强教育管理，不断提高个体私营经济的整体素质。要采取多种途径和形式，加强对个体私营企业主和从业人员的政策法纪、职业道德、科技文化教育，使之做到守法经营、照章纳税、文明经商，勤劳致富。个体私营企业人员要主动接受政府的教育管理，增强法制观念，讲求职业道德，自觉抵制和克服掺杂、施假、短尺少秤、哄抬物价、强买强卖等各种违法违章行为。要严肃查处、打击偷税、抗税和制售假冒伪劣商品的行为。进一步规范个体私营企业的经营行为。

9. 树立典型，实行重奖。从1999年起，每年拿出一定资金奖励个体私营经济，对守法经营、贡献大的予以重奖。

四、进一步加强领导，保障个体私营经济的发展

10. 切实加强对个体私营经济的领导。各级党委、政府要把发展个体私营经济列入重要的议事日程。各乡、镇、街道党委和政府，都要成立个体私营经济领导小组。负责制定规划、研究政策、协调解决各种实际问题。各级要坚持一把手亲自抓，负总责；分管领导具体抓，负主责；其他领导配合抓的工作制度。全区各级各部门要实行目标考核、奖罚兑现制度。对发展个体私营经济做出了显著成绩的个人要给予重奖、重用，对于从区外引进的资金，政府将按引资额的1‰-5‰给予奖励。各级党委、政府每年要召开一次发展个体私营经济的奖励表彰大会，奖励上年的纳税大户、明星企业和先进工作者。要加强检查督促，确保发展措施到位。督查部门要对落实发展政策、治理“三乱”、优化环境等工作进行专题督查。对发展个体私营经济政策不到位、措施不落实的单位和领导要限期改正；对拖着不改、顶着不办的提出警告；对情节特别严重的要“摘帽子”“换位子”。各级各部门要下真功夫、花大气力，确保各项措施落实到位，促使全区个体私营经济持续、快速、健康地发展。

中共湘潭市雨湖区委员会
湘潭市雨湖区人民政府
1999年3月1日

中共湘潭市雨湖区委员会　湘潭市雨湖区人民政府
关于加快民营经济发展的意见

潭雨发〔2003〕26号

为促进我区民营经济大发展、大提高，加快全面建设小康社会步伐，根据国家、省、市有关加快民营经济发展的文件精神，特制定如下意见：

一、明确指导思想与发展目标

1. 指导思想。（略）

2. 奋斗目标。力争到2007年，全区民营经济总产值达到100亿元，实现税收2亿元，年均增长15%，其中规模民营企业总数达到80家，总产值达到40亿元；大力引导民营企业向科技型、外向型、环保型方向发展，重点扶植10家民营企业，促使它们做大做强，成为年产值过亿元的规模骨干企业。

二、加大对民营经济发展的财税支持

1. 对安置吸纳下岗职工、失业人员的民营企业，享受湘财企〔2003〕17号文件规定的税收优惠政策。

2. 民营企业其年销售额达到50万元以上，财务核算健全，能够准确提供进项税额、销项税额及应纳税额的，经国税机关批准，可以认定为增值税一般纳税人。

3. 民营企业以产权为纽带，以优势产品为龙头，以骨干企业为依托，通过资产合并、兼并、转让等方式，将产品关联度强的企业组建为企业集团的，享受省政府制定的发展企业集团的税收优惠政策。

4. 经科技行政主管部门认定的民营科技企业，享受省财政厅湘财企业〔2001〕16号文件规定的税收优惠政策。

5. 符合条件的商贸连锁经营企业，享受国家规定的统一纳税政策。

6. 批准认定为增值税一般纳税人的民营企业，直接从农业生产者或小规模纳税人手中购进农产品进行加工销售的，可凭国税机关批准使用的农产品收购凭证或普通发票上注明的金额，依照13%的扣除率抵扣进项税额。

三、加快工业园区建设

1. 园区以吸纳民间资本和外资兴办工业项目为主，引导民营企业进入园区集群发展，园区建立市场化运作体制。

2. 对符合条件的入园企业，优惠提供土地。同时，以园区内企业2001年度税收为基数，新增区级财政收入部分按50%用于园区作为园区招商引资、土地优惠投入补偿，暂定五年不变。

3. 园区内实行代办制服务，园区管委会为入园企业代为办理立项、评估、注册登记、土地使用等手续，其他部门、单位和组织不得要求入园企业办理有关手续。

4. 对入园工业项目免收城市建设配套费、推散费、墙改费、人防费、价格调节基金等规费，减收劳保基金和质监费；对项目的服务性费用，按市政府制定的最低收费标准。

5. 园区对入园企业实行定项目、定人员、定责任的全程跟踪服务。每个项目明确专人负责协调处理企业与外部、周边环境关系。

6. 企业投产后，园区继续实行代办制服务、一个口子收费、一门式办公、封闭型管理。除安全生产、建筑质监检查、社会治安案件处理可入园以外，未经市、区政府优化经济发展环境办公室批准，任何部门、单位和组织不得进入园区检查或收费。

四、建立外向型民营企业支持体系（略）

五、拓宽投融资渠道

1. 积极发挥银信部门投资主渠道作用。（略）

2. 积极吸引民间闲散资金。在国家政策允许范围内，采取灵活多样的方式，以项目为依托，聚集闲散资金进入投资领域。

3. 积极支持符合政策、符合条件的民营企业发行企业债券或上市融资，推荐一批潜在高成长性的民营企业进入证券市场。

4. 设立民营企业发展专项资金。从2003年开始，区政府多渠道筹集资金，每年安排50万元作为民营企业发展专项资金，今后每年增长10%，用于扶持民营企业扩大规模和技术改造贴息，企业向经济主管部门申请立项，会同财政部门论证审核后，专款专用。

5. 积极争取上级资金支持。（略）

六、加强人才队伍建设

1. 鼓励各类企业技术人员、管理人员和大中专毕业生到民营企业就业。对民营企业所需的各类人才和大中专毕业生，有关部门优先办理调入和就业手续，并免收相关费用；享受正常的晋升、晋级和职称评定待遇；要求落户的优先办理户口落户手续，安排其子女就学。

2. 鼓励大中专院校、国有企业专业技术人员到民营企业中兼职，其依靠自身专业知识，为民营企业进行发明创造、技术转让、开发新产品的劳动所得，均视为合法收入。

3. 鼓励公务员创办、领办民营企业或到民营企业工作。在职公务员辞职从事民营经济的，可按规定标准一次性给辞职补助费；鼓励离岗、提前退休的公务员从事民营经济，按机构改革分流人员待遇的有关政策规定予以办理。

4. 鼓励事业单位人员停薪留职从事民营经济，一次性停薪留职时间为五年，期满后要求回原单位工作的，由单位根据工作需要和本人条件安排工作，工龄连续计算；原单位没有条件安排的，进入人才市场另行择业；继续从事民营经济的，可按辞职办理。

七、实行促进民营经济发展的奖励措施

1. 奖励外来投资企业。凡固定资产投资在1000万元以上的区外工业项目，从企业投产纳税之日起，连续3年享受园区的税收优惠政策。

2. 鼓励民营企业做大做强。对重点扶持的10家规模大、贡献大、有发展前景的民营企业，实行政策上重点倾斜、信贷上重点照顾、工作上重点服务，对企业业主在政治待遇上优先考虑。同时，对税收贡献大的民营企业按当年区里制定的有关经济目标考核奖励办法予以奖励。

八、优化发展环境

1. 所有具有行政审批职能的单位必须加快行政审批制度改革，全面推行政务公开，简化办事程序，提高办事效率，做到“工作职责公开、工作程序公开、办事制度公开、收费标准公开”，切实为企业做好服务工作，任何单位在为民营企业办理行政审批手续时，原则上不得超过5个工作日。

2. 对民营企业实行首次免罚制。（略）

3. 建立和完善区级领导联点和人大代表联点制度，区纪检监察部门、优化经济发展环境办公室对企业实行重点服务、重点保护，共同维护企业合法权益，为企业解决实际困难，促进企业发展。

4. 对民营企业实行涉企事项登记制。凡到重点扶持的民营企业检查、收费及办理其他事项的国家工作人员必须如实在“涉企事项登记簿”上进行登记。区优化办对登记情况定期组织检查。

5. 对民营企业实行行政处罚备案制。各行政执法部门、司法机关依法需要对重点扶持的企业进行行政处罚的，须将企业违法违规事实、处罚依据、拟处理意见报区优化办备案。

九、理顺和完善管理体制

1. 区经济局加挂区民营经济发展局的牌子，负责履行对全区民营企业“规划、指导、协调、服务”的职能。成立发展民营经济领导小组，区党政主要领导和分管领导分别担任组长和副组长，相关职能部门为成员单位，领导小组办公室设在区民营经济发展局。各部门、单位要转变职能，改进方式，认真落实扶持民营经济的各项政策措施，提高管理和服务水平。

2. 加强民营企业基层党组织建设。达到条件的企业应当成立党支部或党委，在区委的统一领导下，实行属地党委和区非公有制企业党委双重管理。民营企业中的党组织，要充分发挥基层党组织在非公有制经济中的作用，促进企业的健康发展。

3. 工商联要进一步加强与民营企业及其代表人士的联系，发挥桥梁、纽带和助手作用，坚持“团结、帮助、引导、教育”方针，努力维护企业正当、合法权益。个体劳动者协会和私营企业协会要充分发挥自我教育、自我管理、自我服务的功能和作用。

中共湘潭市雨湖区委员会
湘潭市雨湖区人民政府
2003年11月5日

二、1988-2007年雨湖区各部、办、委、局主要负责人名录

一、区委部门

区委办主任

匡喜仁 萧俭林(湘江区) 蒋鸣鸣(湘江区) 赵志林(郊区)
王继彬(郊区) 胡湘生(女,郊区、雨湖区) 徐亚健(女) 周长林

纪委书记

陈述钦 李乾安(郊区) 唐秀元(湘江区) 谢爱玲(女,湘江区)
陈湘南(女) 池飞舟 宋定一 罗扬义

监察局长

陈湘南(女) 胡迪华(湘江区) 刘少根(郊区) 萧碧光(郊区)
沈淑兰(女) 沈华强

组织部部长

齐宝成 周华林(郊区) 周莉萍(女,湘江区、雨湖区)
刘国坚 徐秋良 邓旭红

宣传部部长

段元满(女) 萧春和(湘江区) 谭四和(郊区)
郭特强 李景风 马良清 柳军辉

宣传统战部部长

李景风

统战部部长

杨慧君 刘光祥 赵福林 邓友生(湘江区、雨湖区)
刘文魁(郊区) 陈颂如(郊区) 张石林(郊区) 刘翠英(女)
曾彩奕(女)

政法委书记

胡宏宇 王理圣 谭学武(湘江区) 赵文翔(郊区)
李枝松(苗族) 刘国平 胡署先 宋善武

社会治安综合治理委员会办公室主任

袁 斌 萧炳南(郊区) 王延光(湘江区、雨湖区) 宋 平
王永龙

610办主任

姚楚龙

机构编制委员会办公室主任

齐宝成(满族) 刘济民 吴有林(湘江区) 田书炜(湘江区)
谭振芳(郊区、雨湖区) 刘金明 王菊兰(女)
陈 萍(女)

机关工委书记

陈应昭 钱伏秋 谭学武(湘江区) 王映玲(女,郊区)
刘治武(郊区) 张谷亮(郊区) 杨放军 丁 毅(女)
曾彩奕(女) 王荣林

老干部工作办公室主任(局长)

刘新民(主任) 刘炳炎(局长) 周海林(主任)
刘代国(主任,郊区,雨湖区) 王菊兰(女,主任,局长) 蒋竹香(女,局长)

信访局局长(主任)

李碧勋(主任) 张浩明(主任) 胡光照(主任,郊区) 李美龙(局长)
谭 联(女,局长)

党校校长

杨雄赳 刘国坚 谢爱华(女) 张伏英(女)

档案局局长

周干保 王惜珍(女) 周爱群(女)

二、人大系统

办公室主任

刘云生 杨放军 叶运丰(郊区) 陈桂兰(女,郊区)
林俊卿(湘江区) 陈懿翔(女,湘江区) 张 岱 裴国贤
李志强 刘建仁

内务司法工作委员会(法制工作委员会)主任

朱盈初 郭凯南 彭建国(郊区) 林俊卿(湘江区)
赵文科(湘江区) 刘翠英(女) 裴国贤 贺立平
冯绍华

任免联络工作委员会(代表联络工作委员会)主任

曾善初 官金莲(女,湘江区) 彭式抚(郊区) 陈桂兰(女)
陈淑兰(女) 潘惠玲(女)

财经工作委员会主任

朱盈初 陈合忠(郊区) 谭世明(湘江区) 陈合忠
陈解平(女)

教育科学文化卫生工作委员会主任

余泽良 侯爱琪(女) 官金莲(女,湘江区) 陈懿翔(女,兼,湘江区)
萧 堃(郊区) 赵志林(郊区) 侯爱琪(女,郊区) 刘建仁
梁 华(女)

城乡建设与环境保护工作委员会(城市建设工作委员会,城乡建设工作委员会)主任

魏炳辉	曾善初	郭厚德(湘江区)	周辛玉(湘江区)
赵志林(郊区)	裴国贤	冯绍华	陈新民

三、政协系统

办公室主任

刘菊珍(女)	罗义球(湘江区)	郭特强(湘江区)	吴任奎(湘江区)
文树安(郊区)	张石林(郊区)	胡芳园	许晓著(女)
肖学明			

提案工作(审查)委员会主任

王　盛	赵声昆	杨则敬(兼,湘江区)	伍洪湘(郊区)
陈运德(郊区)	邓友生(兼,湘江区)	吴任奎(兼,湘江区)	文佐谊(湘江区)
刘家池	谢孟钧	萧席云	

学习委员会主任

何炳南	萧克强(兼,湘江区)	罗义球(兼,湘江区)	李宗茂(湘江区)
吴竹清(郊区)	刘菊珍(女)		

“三胞”联络工作委员会主任

李叙荣

工作组委员会主任

吴任奎(兼,湘江区)	陈运德(郊区)	赵楷林(郊区)
赵声昆		

经济科技委员会主任

赵楷林(郊区)	黄顺康	朱希尔	萧学明
刘跃文			

教卫文史(文史资料研究委员会)主任

吴任奎(兼,湘江区)	文启煌(郊区)	文树安(郊区)
王小琼(女)		

学习联谊委员会主任

刘家池	赵志林	吕新梅(女)

法制群团委员会主任

金月英(女,郊区)　黎起松

文卫法制群团委员会主任

王小琼　　甘小英

学习文史联谊委员会主任

吕新梅(女)	甘小英(女)	周爱群(女)

文化教育卫生体育委员会主任

文树安(郊区)

四、公安、检察、法院

公安分局局长

卢祖钧	杨建杰	李 丹(湘江分局)	朱建明(湘江分局)
余勋甫(郊区分局)		许服民(郊区分局)	刘栋湘
陈秋明	赵 浪	赵自强	

公安分局教导员

彭定良	黄建民(郊区分局)	郭国林(郊区分局)	李翰美(湘江分局)

公安分局政委

彭定良	宋淑端(女)	李翰美(湘江分局)	郭国林(郊区分局)
朱建明	陈秋明	赵 浪	周剑波
贺建平			

交警大队队长

石治国	张维新	丁海清	宋新平

交警大队教导员

张维新	龙胜保	宋文旭	黄军旗
范银河			

消防大队教导员

康纪寅	熊革书	姜文辉	萧卫旗
何 峰	欧阳伟	成中辉	

消防大队队长

阳雪章	汤金榜	申文斌	毛勇志
萧卫旗	欧阳伟		

检察院检察长

荣龙富	欧辉云(郊区)	王国栋(湘江区、雨湖区)	贺卫平

法院院长

刘锡东	吴志勇(湘江区)	彭铁光(湘江区)	周春华(郊区)
刘耀初	王春桃(女)	杨立初	郑 红

五、群团系统

总工会主席

谭文钦	杨顺成(湘江区)	陈胜霞(女,郊区)	萧 堃
吴有林	黄卫平(女)	赵爱云(女)	李志强

团委书记

徐亚健(女)	吴宏华(女,郊区)	刘永珍(女)	周长林
宾茂良	夏建波	颜 炬(女)	

妇联主席(主任)

王金莲(女)	刘翠英(女,湘江区)	刘德芝(女,郊区)	张雪娥(女)

陈懿翔(女,湘江区)　邓维斯(女,湘江区)　梁　华(女)
曾晓玲(女)　杨　柳(女)

工商联主席(总商会会长)

杨梦如　申　勤(女)　余士赫　秦菊芳(女)
贾彦卿

残联理事长

谭立云　黄顺康　邓德林

六、政府部门

政府办主任

刘忠福　谢爱玲(女,湘江区)　谭　岳(湘江区)　周德华(郊区)
韩炳玉　匡喜仁　王兰湘　严　励(女)

法制办主任

贺立平　杨友初　刘大鹏

政务中心主任

罗小雄

计划经济委员会(经济贸易局、工业局、经济局)主任(局长)

彭湘汉　刘恺明(湘江区)　聂治国(湘江区)　刘更明(湘江区)
萧焕然　李志刚　李阳光　李美龙

统计局局长

夏忠道　刘宜琼(女,湘江区)　潘德炳(郊区)　曾桂华(郊区)
王国祥

计划统计局局长

王国祥

计划统计物价局局长

萧俭林(湘江区)　徐建安(郊区)　陈绍华(郊区)　王国祥
涂志新　彭　欣

发展改革统计物价局局长

彭　欣　章咸勋

财政局局长

王树和(湘江区)　段超群　左争天(郊区)　刘更明(湘江区、雨湖区)
龙建华　王振华　唐世荣(女)

审计局局长

龙　敏(女)　刘更明(湘江区)　张厚良(郊区)　胡重前
杨　贵　许俊奇

劳动人事局局长

王世英(女)　刘恺明(湘江区)　吴有林(湘江区)　张六安(郊区)
袁志鹏(雨湖区、郊区)

人事劳动局局长

袁志鹏　张汉湘(女)　胡建光

人事劳动和社会保障局局长

胡建光

民政局局长

彭嘉森　周海林(郊区)　赵修智(湘江区,雨湖区)　夏开科

章咸勋

城市建设(管理)局局长

刘炳炎　刘云生　刘宜琼(女,湘江区)　张新驰(湘江区)

张桂秋(郊区)　黄定坤(女,郊区)

城乡建设管理局局长

张新驰

建设局局长

杨新华

人防办主任

彭冬生(湘江区,雨湖区)

计划生育委员会(局)主任(局长)

唐素娥(女,湘江区)　邓雪梅(女,郊区)　胡芳园(郊区)

李文斌　曾彩奕(女)　李志强　韩莉莉(女,土家族)

商业局局长

周辉军

外经商贸局局长

韩炳玉　周辉军

商业服务局局长

莫　璈(湘江区)

乡镇企业局局长

袁志鹏(郊区)　杨光林(郊区)　熊立克　胡芳园

周维新

工业局局长

萧焕然　李志刚

农村经济局局长

倪再林

农办主任

倪再林　谭建贵　唐治云

农村经营管理站站长

张厚良(郊区)　周幕云(女,郊区)　张桂清(郊区,雨湖区)

农村合作经济管理局局长

张桂清　张超峰

农林局局长

杨申根(郊区)　左友余(郊区)　黄亮辉

蔬菜(经作)局局长

杨申根(郊区)　罗铁军

农林蔬菜局局长

朱希尔

畜牧水产局局长(总站站长)

陈少华(郊区)　周舞椿(郊区、雨湖区)　言建冬

水利局局长(总站站长)

唐大明

农机水电局局长

袁礼贱(郊区)　陈海秋(郊区)　袁子祥(郊区)

农机局局长

唐新林　罗铁军

科技局局长

朱岳汉　何炳南　罗师石　姚意娥(女)

文化局局长

周干保　罗义球(湘江区)　丁剑虹(郊区)　罗银秋(女)

广播电视局局长

李光亮(郊区,雨湖区)

体委主任

贺启喜　黄振林(湘江区)　王兆荣(郊区)

文化体育局局长

罗银秋(女)　李　萍

卫生局局长

姜瑞芬(女,湘江区)　贺意年(郊区)　吴战国(郊区)

赵声昆　陆先根　李丛岳　刘昌文

爱卫办主任

萧荫华　刘宜琼(女)　谭跃安(湘江区)　李立明(郊区)

张国庆　彭建良　陈正光　萧卫华

机关事务管理局局长(主任)

冯桂菊　张浩明　喻少先　邹全林

对外经济管理办公室主任

韩炳玉

环境保护局局长

曾宪昌　牟肇国(女,湘江区)　王兴旺(郊区)　石炳南

黄定坤　黄卫平(女)　陈智勇　唐治云

唐桂清

安监局局长

李阳光

司法局局长

徐秉权	李建国（湘江区）	胡再福（郊区）	邓积钧（郊区）
易和仔	萧学明	谭国强	伍建军

重点工程建设管理办公室主任

王国祥　倪再林

教育局局长

左建强（郊区）	王德霞（女）	杨美群（女，湘江区）	李芬沛（女）
喻少先			

科委主任

楚干储（郊区）	朱岳汉	罗师石（湘江区）	黄正林
唐伯赞			

七、市管分局

雨湖规划分局局长

王先锋　马新良

雨湖国土分局局长

周光艺（湘江区）	彭新华	尹海清	石　涛
王鹏杰	刘炳南	谢明高（郊区、雨湖区）	娄新明

雨湖工商分局局长

张全勇（湘江区）	罗银生（湘江区）	王梅生（郊区）	史国全（郊区）
吕正龙（郊区）	吕晓朵（女，郊区）	王定南	李次生
陈小放	熊建明		

雨湖地方税务分局局长

邹庆生　喻伏莲（女）　陈惠林

国税分局局长

易云辉	吴健寅	刘互助	谭献恒
文　翔			

八、乡镇街道特区

长城乡

党委书记

吴正龙	蔡绍泉	刘国平	宋善武
向四来	沈华强	杨　贵	刘新华

乡长

王家言	李仁军	刘国平	宋善武
沈华强	杨　贵	刘新华	李铁山

昭潭乡

党委书记

张石林	毛建强	涂志新	吴收安
周辉军	张　岱	程　献	

乡长

杨光林	涂志新	吴收安	周辉军
张　岱	程　献	袁典凡	

先锋乡

党委书记

刘少根	赵铁球	周维新	谭建贵
王振华	陈智勇	严端明	干建晖

乡长

周维新	王振华	陈智勇	刘金明
干建晖	刘小毛		

护潭乡

党委书记

王少庚	李松林	杨新华	丁　毅(女)
曾志奎	官国辉(女)	彭建龙	

乡长

丁胜利	曾志奎	彭　欣	张　岱
唐伯赞	彭建龙	郭建平	

鹤岭镇(街道)

党委书记

谢富桥	刘福清	唐治云	罗扬义
彭建良			

镇长(主任)

刘福清	唐治云	罗扬义	沈科武
蒋利军	陈飞舟	侯爱萍(女)	

楠竹山镇(街道)

党委书记

龙于青	黄赞佳	罗俊益	王兰湘

镇长(主任)

谭家煌	罗俊益	唐伯赞	张　辉
彭　军			

城正街街道

党委书记

蒋锡林	王西卡(女)	宋定一	邓德林
张　平	罗学文	陈卫兵(女)	

办事处主任

黄卫平(女)	宋定一	邓德林	罗学文
张兵良			

平政路街道

党委书记

宋　平	王西卡(女)	裴国贤	童仲国
李志强	刘小毛	胡建光	赵正云

办事处主任

王西卡(女)	王跃宗	丁胜利	陈智勇
江裕泉	赵正云	张立忠	

雨湖路街道

党委书记

周中志	彭孝友	王荣林	周长林
宾茂良			

办事处主任

彭孝友	刘署东	周辉军	姚楚龙
章咸勋	萧旭芳		

云塘街道

党委书记

裴国贤	萧学明	刘安平	王海华
罗扬义	胡建中		

办事处主任

傅家文	刘安平	罗铁军	谭秋阳
罗扬义	胡建中	阙严意(女)	

中山路街道

党委书记

张新驰	谢云秋	李　萍	李阳光
彭　欣	凌建洪		

办事处主任

赵文科	唐桂清	王建新	王振华
李阳光	谭国强	杨　柳(女)	彭建龙
彭志耕			

窑湾街道

党委书记

朱光云	刘永珍(女)	黄正林	官国辉(女)
陈卫兵(女)	周复明	王先锋	

办事处主任

刘更明	吴任奎	武阳崇	黄正林

官国辉(女)	程 献	周复明	唐俊杰

广场街道办事处

党委书记

谢云秋	黎起松	萧学明	曾彩奕(女)
余 昊	柳军辉	夏建波	

办事处主任

王延光	黎起松	王球安	凌建洪
柳军辉	匡 龙		

羊牯塘街道

党委书记

谢孟钧	曾志奎	唐伯赞	曾立勤
李铁山	周杏平(女)		

办事处主任

萧泽洪	谢孟钧	曾志奎	王建新
龙建华	李春平	马俊峰	

商贸工业特区

党委书记

朱培立	黄赞佳		

主任

粟汉云	朱培立	黄赞佳	蒋鸣鸣
陈忠红	向四来		

编 后 记

盛世修志，志以载史。历时9年，《雨湖区志（1988-2007）》终于问世，可喜可贺！它走过了三个阶段：

第一阶段：明确职能，筹备修撰（2006.03-2008.08）。区政府根据市政府关于续修县（市区）地方志的通知精神，启动区志编纂工作。由时任政府办副主任罗小雄牵头，抽调余仕赫为工作人员（后由退休教师朱先湘接替），做好前期工作。第二阶段：宣传动员，正式启动（2008.09-2012.02）。2008年6月，全区召开《雨湖区志》编纂动员大会，部署修撰工作，市志办副主任陈育松到会指导。会后，邀请市志办曹建英副编审授课，培训编纂人员。第三阶段：充实力量，狠抓落实（2012.03-2014.10）。2012年2月15日，市委副秘书长、市史志办主任易小兰（女）到区督查工作，提出"编纂思路要调整，篇目要重新组织，修志力量要加强，工作进度要加快，质量要保证"的要求。3月，区政府认真落实市史志办意见，把区志编纂工作列入重要议事日程，切实加强领导，从人、财、物上给予保障，确保了编纂工作的顺利进行。一是加强修志力量。抽调区文体新局原局长李萍到编纂委员会办公室任常务副主任，聘请7名老同志担负编纂工作。二是调整区志编纂委员会。区委、区政府联合下发《关于调整〈雨湖区志（1988-2007年）〉纂委员会组成人员的通知》。时任区委副书记、区长刘永珍（女）任主任，区委常委、常务副区长柳军辉任常务副主任，区委办原主任白云峰任副主任。编纂委员会由区委、区人大、区政府、区政协办公室及教育、民政、城乡建设、经科信、农办等18个部门主要负责人组成。三是重新确定区志篇目，并由区委常委、常务副区长柳军辉负责组织审定。四是2012年4月召开区志编纂工作推进会。区委常委、常务副区长柳军辉作报告，强调"再接再厉，高质高效"大力推进区志编纂工作。五是聘请市志办曹建英副编审担任特约编审，区委原副书记、区纪委书记、调研员、区党史联络组组长宋定一任主编，李萍任副主编。至2013年年底，23篇96章397节110万字的区志初稿基本完成。尔后，精心"打磨"，2014年9月，拿出《雨湖区志》征求意见稿，发出180份，广泛征求全区"四大家"领导和部分老干部及区内各单位、部门的意见。于10月底形成区志评审稿报省、市志办。11月25日召开有省、市和兄弟县（市、区）志办领导、专家，区"四大家"负责人及相关区直部门代表共45人参加的评审会议。省、市志办分别给予"*时代特色鲜明，篇目结构合理，篇章内容翔实，记述有深度；地方特色突出，语言精练流畅，文字错讹较少；相对其他志稿而言，该志整体行文基础较好，为出精品佳志打下了较好基础*"和"*根据地方志质量标准，从总体上看，志稿政治观点鲜明、正确，篇目结构较为科学合理，体例较规范，资料翔实，文风端正，行文简洁流畅，地方特点比较突出，因事系人也做得很好，是一部质量较高的志稿*"的总体评价。会后，编辑部将评审意见综合，拿出修改意见，2015年元月13日经省、市志办领导、专家会审，敲定了修改范围。2016年6月，经过认真修改后的《雨湖区志》（验收稿）经市、省地方志编委会批准和方志出版社审定，付印出版。

回顾9年的修志历程，感触颇深。

1. 领导重视是关键。《雨湖区志（1988-2007）》的编纂是一项浩大的文化系统工程，涉及全区的经济、政治、文化、科技、教育、社会等工作。区委、区政府总揽修志全局。2012年，时任区委副书记、区长刘永珍高度重视，区志工作做到了"一纳入五到位"（纳入议事日程，做到领导、机构、队伍、经费、条件五到位）。区委副书记、区长何锋,区委常委、常务副区长柳军辉,区委常委、区委办主任颜炬(女),区委常委、副区长杨贵,副区长邓望军专题听取工作汇报,排忧解难。市委副秘书长、市史志办主任易小兰(女),副主任陈育松等领导多次到雨湖区指导工作,并亲自带领区史志办的同志赴省志办汇报,取得省志办的大力支持。2012年10月,贯彻中共中央《关于加强和改进新形势下党史工作的意见》(中发〔2010〕10号)文件精神,区志与史融为一体,合并成立区史志办后,首任主任杨去疾总揽全局,创造条件,提供保障,竭诚服务,这一切为编纂工作的顺利进行奠定了坚实的基础。

2. 志书篇目是蓝图。区志编纂原是按照雨湖区、湘江区、郊区分别设置篇目,经搜集资料和撰稿后,市史志办发现这样势必形成三本志稿,这种主次不分的体例不符合省、市史志编纂之规定,已至劳而无功。2012年3月,在市史志办的指导下,重新设计、审定《雨湖区志(1988-2007)》的篇目。各单位依照蓝图"施工",形成新一轮初稿。

3. 修志队伍是基础。盛世修志,关键在人。地方志编纂是一项三苦(艰苦、辛苦、清苦)的工作,青灯黄卷,案牍劳形,工作枯燥、单调、费神。只有组织一支乐于奉献、甘于寂寞、勤奋耕耘、具备一定专业知识的修志队伍,才能扎实推进编纂工作。正如已故地方志专家董一博先生所言:"完成伟大事业的篇章,与其说是智慧的结晶,毋宁说是献身精神的写照。"9年中,先后两次组织队伍。其中,2006年至2012年2月,组织70多人,而区志办仅1人。2012年3月,基层单位人员未变,但区志办先后聘请了8名工作人员。由于编审、撰稿指导力量的充实和加强,使修志的速度加快,质量提高。编辑部宋定一、李萍、陈金培、徐谷昌、朱先湘、林凯、殷新华、刘建仁同志,视修志工作为己任,在游泳中学会游泳,为本轮区志的成书做出了功不可没的贡献。尤其值得一提的是朱先湘老师,由于年逾七旬,考虑到让其安享晚年,在后期编纂中中止了编审工作。但朱老不计较个人得失,聘任与否一个样,把修志作为一种事业,勇于担当,无私奉献,主动地为志稿进行了卓有成效的核对工作,谨此,表示衷心感谢!

4. 专家指导是捷径。区志的成稿过程,自始至终得到市史志办曹建英副编审的指导。曹建英高度负责,及时阅处送审的志稿,从高质量高标准要求出发,对篇、章、节、目结构安排,横排竖写体例表现,语言文字准确,史实数据逻辑推敲,时代、地方、专业特色反映等问题,及时提出了修改意见,使我们少走了弯路。

5. 众手修志是保证。编修区志是一场小型的"人民战争"。区志涉及各行各业、包罗万象。前期要依靠各系统、各单位提供资料长篇,后期有区志编辑部老师的精心修改和众多的领导及专家参与审稿。包括一些离退休的老领导多次参加区志办组织的座谈会,对志稿提出了很多宝贵意见。区党史联络组刘恺明,年纪七十有六,克服视力差的困难,认真审读征求意见稿,写出60条达4000字的修改意见;老干部杨怀德、戚映清、朱光云、蔡绍泉、陈良德、李秀兰、朱传珪及时反馈意见,字里行间折射了老干部的赤子情怀。9年来,参与《雨湖区志》搜集资料、编写初稿、审稿核稿的领导和相关人员达300人,可谓"众人拾柴火焰高",《雨湖区志》就是众人共同努力的结晶。

6. 部门支持是源泉。"众人拾柴火焰高。"区直部门和乡、镇、街道给予地方志工作提供了强有力的支持。全区75个单位,参与写作的85人。区文体局、区教育局等单位在自身任务十分繁重的情况下,选派干部担负组织协调和编纂工作;区审计局原局长,现区委组织部常务副部长许俊奇亲自修改志稿长篇;商务旅游局局长彭易文、副局长蒋亚芳高度重视,把志稿质量视为生命,两次聘任撰稿人员,先后付出劳务费2.8万元,把资金用在刀刃上;建设局、经科信等局聘请退休干部"出山",扎实工作,如质如期完成任务。区就业服务局、区人口计生局、雨湖路街道办事处、鹤岭镇党政办及时反馈修改意见。同时区志编纂工作也得到了驻区单位的支持。

金无足赤,文无至善。《雨湖区志(1988-2007)》一书现已出版,但由于时间和水平有限,肯定还存在一些不足之处。特别是资料严重缺失，对1988-1992年这一时期的原雨湖、湘江及郊区的经济、社会状况反映并不完整。新区成立后，很多部门做了大量卓有成效的工作，但因为人事更迭，档案资料散失，也没有很好地反映出来，甚至讹错之处也在所难免，敬祈读者及专家批评指正，以期在下轮续志中补充。

《雨湖区志（1988-2007）》编辑部

2016年6月

目录索引

K

L

M

N